金樓子疏證校注

修訂本

上

〔南朝梁〕蕭繹 撰
陳志平 熊清元 疏證校注

上海古籍出版社

圖書在版編目(CIP)數據

金樓子疏證校注/(南朝梁)蕭繹撰;陳志平,熊清元疏證校注. —修訂本. —上海:上海古籍出版社,2022.10

ISBN 978-7-5732-0457-8

Ⅰ.①金… Ⅱ.①蕭… ②陳… ③熊… Ⅲ.①政治—謀略—中國—古代 Ⅳ.①D691

中國版本圖書館 CIP 數據核字(2022)第 180176 號

金樓子疏證校注

修訂本

(全二册)

〔南朝梁〕蕭繹 撰

陳志平 熊清元 疏證校注

上海古籍出版社出版發行

(上海市閔行區號景路 159 弄 1-5 號 A 座 5F 郵政編碼 201101)

(1) 網址:www.guji.com.cn

(2) E-mail:gujil@guji.com.cn

(3) 易文網網址:www.ewen.co

江蘇金壇古籍印刷有限公司印刷

開本 850×1168 1/32 印張 40.375 插頁 13 字數 651,000

2022 年 10 月第 1 版 2022 年 10 月第 1 次印刷

印數:1—1,500

ISBN 978-7-5732-0457-8

I·3657 定價:198.00 元

金樓子序

先生曰余於天下爲不賤焉竊念臧文仲既歿其立言於世曹子桓云立德著書可以不朽杜元凱言德者非所企及立言或可庶幾故戸牖懸刀筆而有述作之志矣常笑淮南之假手每蚩不韋之託　由年在志學躬自搜纂以爲一家之言粤以凡庸早賜茅社祚土瀟湘搴帷挾服早攝神州晚居外相文案盈前書幌未輟俾夜作晝勤亦至矣其閒屢事元言亟登講肆外陳玉鉉之文內宏金疊之典從乎華陰之市廢乎昌言之說其

金樓子序　一　知不足齋叢書

《知不足齋叢書》本《金樓子》書影

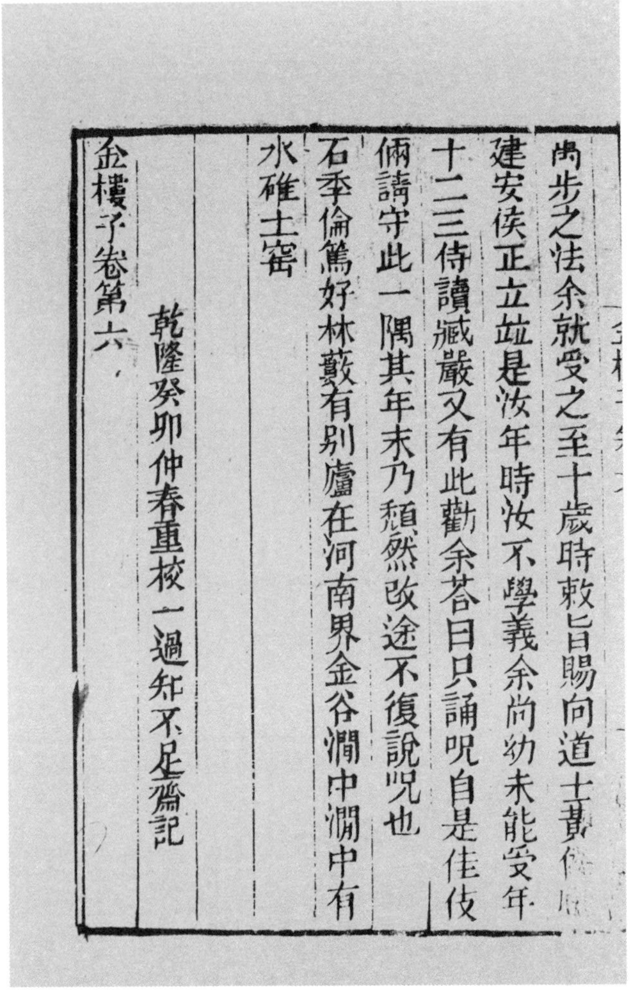
尚步之法余就受之至十歲時敕旨賜向道士黃[illegible][illegible]
建安侯正立並是汝年時汝不學義余尚幼未能受年
十二三侍讀臧嚴又有此勸余荅曰只誦呪自是佳伎
倆請守此一隅其年末乃頹然改途不復說呪也
石季倫篤好林藪有別廬在河南界金谷澗中澗中有
水碓土窟

金樓子卷第六

乾隆癸卯仲春重校一過知不足齋記

《知不足齋叢書》重校本《金樓子》書影

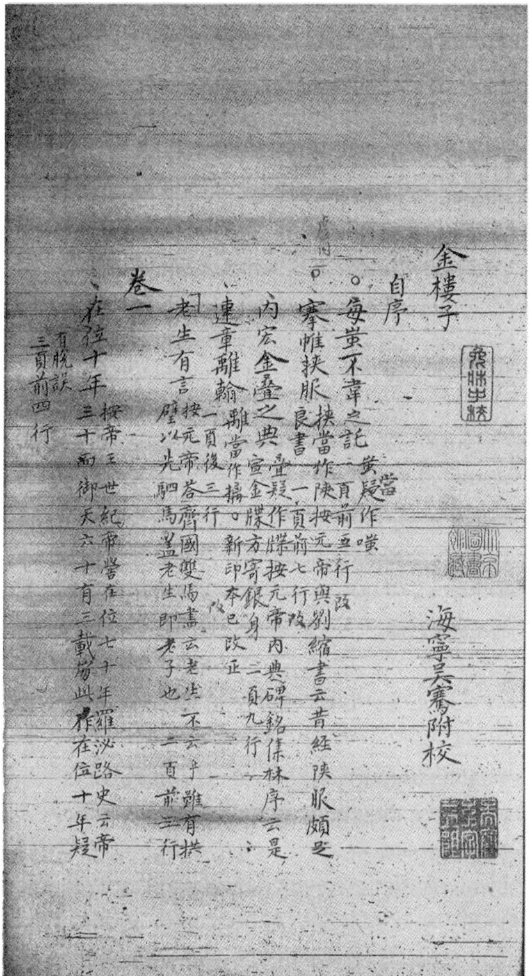

吴騫、鮑廷博校《金樓子》稿本一（現藏於國家圖書館）書影

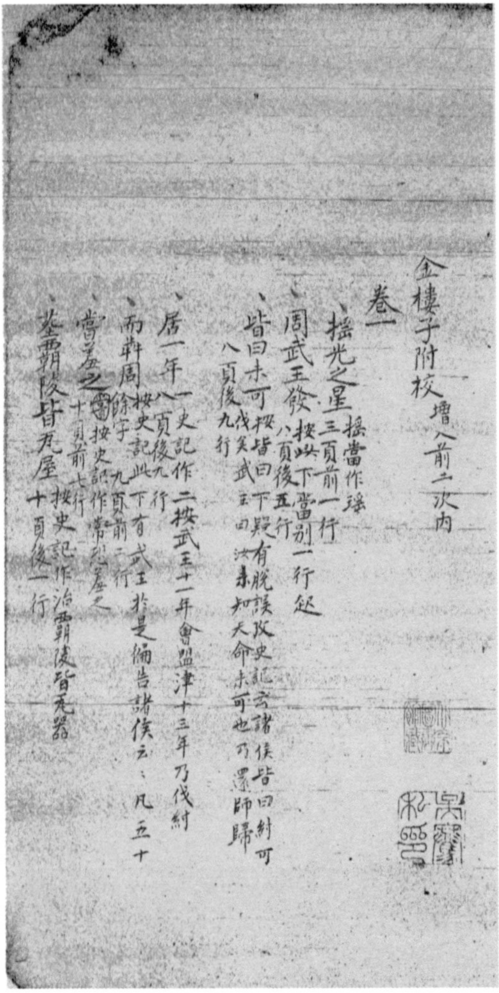

金樓子附校　增入前二次內

卷一

、搖光之星　搖當作瑤　三頁前一行

、周武王發　按此下當別一行起　八頁後五行

、皆曰未可　按皆曰下疑有脫誤攷史記云諸侯皆曰紂可伐矣武王曰汝未知天命未可也乃還師歸　八頁後九行

、居一年　史記作二按武王十一年會盟津十三年乃伐紂　八頁後九行

、而犇周　按史記此下有武王於是徧告諸侯云云凡五十餘字　九頁前二行

、嘗虐之霤　按史記作常烈虐之　十頁前七行

苍霸陵皆瓦屋　按史記作治霸陵皆瓦器　十頁後一行

吴騫、鮑廷博校《金樓子》稿本二（現藏於國家圖書館）書影

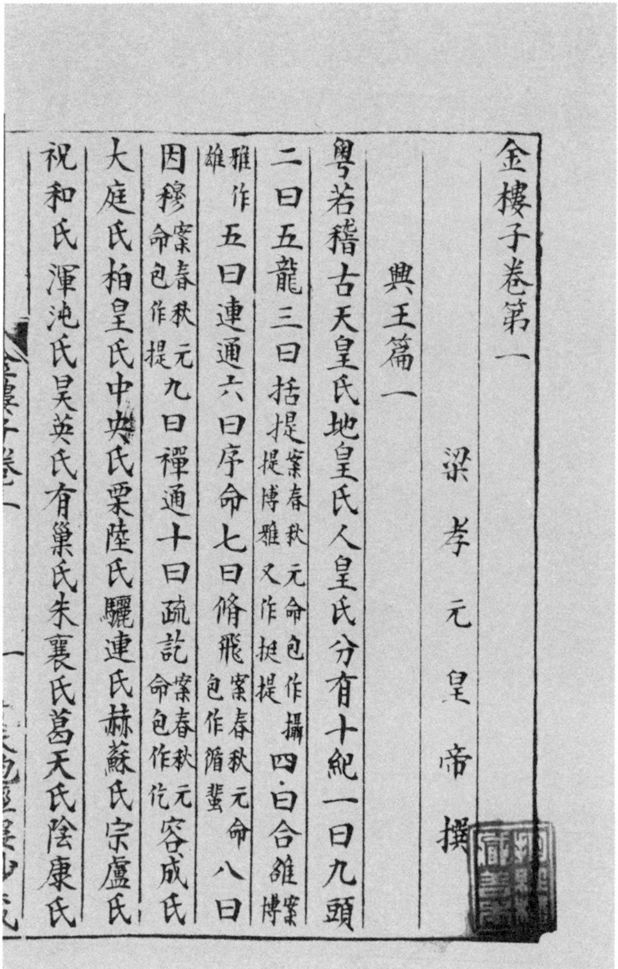

金樓子卷第一

梁孝元皇帝撰

興王篇一

粤若稽古天皇氏地皇氏人皇氏分有十紀一曰九頭二曰五龍三曰括提（案春秋元命包作攝提博雅又作挺提）四曰合雒（案博雅作雄）五曰連通六曰序命七曰脩飛（案春秋元命包作循蜚）八曰因穆（案春秋元命包作提）九曰禪通十曰疏訖（案春秋元命包作仡）容成氏大庭氏柏皇氏中央氏栗陸氏驪連氏赫蘇氏宗盧氏祝和氏渾沌氏昊英氏有巢氏朱襄氏葛天氏陰康氏

沈德壽鈔本《金樓子》（現藏於上海圖書館）書影

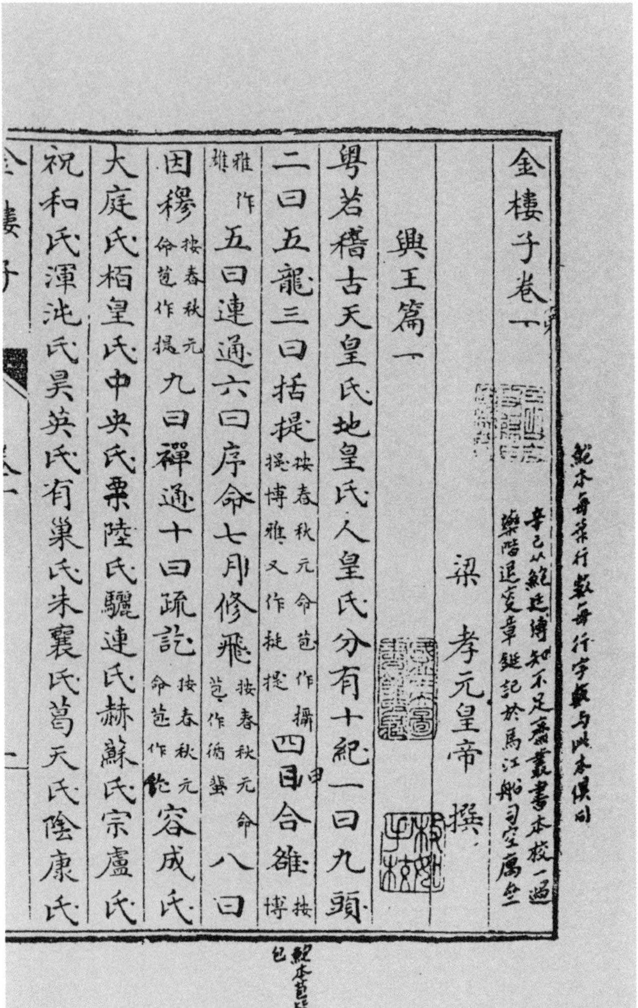
紀本每葉行數每行字數與此本俱同
金樓子卷一
辛巳從紀廷博知不足齋叢書本校一過
樂階退叟章鋌記於馬江船司空廨舍
梁　孝元皇帝　撰
興王篇一
粤若稽古天皇氏地皇氏人皇氏分有十紀一曰九頭
二曰五龍三曰括提（按春秋元命苞作攝提博雅又作挺提）四日合雒（按博雅作雄）
五曰連通六曰序命七月修飛（按春秋元命苞作循蜚）八曰
因穆（按春秋元命苞作提）九曰禪通十曰疏訖（按春秋元命苞作訖）容成氏
大庭氏栢皇氏中央氏栗陸氏驪連氏赫蘇氏宗盧氏
祝和氏渾沌氏昊英氏有巢氏朱襄氏葛天氏陰康氏
紀本苞皆包

《子部珍本叢刊》所收謝章鋌鈔本《金樓子》書影

序

劉躍進

六朝人的著作，《隋書·經籍志》著録了數百種，而能夠流傳至今的，實屬鳳毛麟角。《全唐文》卷一四一魏徵《羣書治要序》：「近古皇王，時有撰述，並皆包括天地，牢籠羣有，競采浮豔之詞，爭馳迂怪之説，騁末學之傳聞，飾雕蟲之小技。」錢鍾書《管錐編》論《金樓子》條，認爲魏徵所説乃指蕭繹。〔一〕如果從魏徵用語看，似指蕭衍《通史》，但是「迂怪之説」則又似指蕭繹，因爲蕭繹《金樓子》就有《志怪篇》，記載很多「迂怪之説」。這部著作既博且雜，有輯録，有自撰，或二者兼而有之。其内容非常龐雜，清代以來一些博學家如俞樾等人，都常常感歎此書不易讀，遑論一般讀者。如《興王篇》載：「時夷雍之子名伯夷、叔齊，不食周粟，餓於首陽，依麋鹿以爲羣。叔齊起害鹿，鹿死，伯夷恚之而死。」這裏，説伯夷、叔齊的父親叫夷雍，古史未有詳載。《困學紀聞》原注：「載陳彭年對真宗語：夷、齊父名初，字子朝，見《春秋少陽篇》。」而《金樓子》謂之夷雍之子，亦不同。這已是異事。伯夷、

〔一〕錢鍾書《管錐編》第四册，第一三八九頁「《全梁文》卷一六論《金樓子》」條，中華書局一九七九年版。

叔齊義不食周粟，以至餓死首陽山。對此，古史多有歧異記載。《文選·辨命論》李善注引《古史考》云：「伯夷、叔齊者，殷之末世，孤竹君之二子也，隱於首陽山，采薇而食之。野有婦人謂之曰：子義不食周粟，此亦周之草木也。於是餓死。」此是一異。而蕭繹又記載叔齊乃是因害鹿而死，又是一異。《列士傳》亦載此事，云夷、齊隱於首陽山，王摩子入山，難之曰：君不食周粟，而隱周山，食周薇，奈何？二人遂不食薇。經七日，天遣白鹿乳之，得數日，夷、齊私念此鹿肉食之必美。鹿知其意，不復來，二子遂餓死。此是三異。俞樾感慨説：「小説家言，鄙俚可笑也。」〔一〕類似這樣的記載，《金樓子》還可以舉出不少，無法考知這些資料的來源。更何況，歷經一千五百多年的風風雨雨，流傳至今的《金樓子》已遠非蕭繹原著舊貌，有些段落明顯錯簡，文字抵牾，幾乎難以句讀。因此，對《金樓子》作認真細緻的清理似已成爲當務之急。

二〇〇八年，陳志平先生在中國社會科學院文學研究所訪學進修時，我知道了他與熊清元先生正在從事《金樓子疏證校注》工作，即充滿期待。翌年，我從中華書局那裏知道許逸民先生《金樓子校箋》即將出版，又不無顧慮，担心兩部著作不相先後，難免會有重合。令人欣喜的是，在閱讀過程中，顧慮逐漸淡去，而這部書稿所獨具的鮮明特點則逐漸浮顯出來。

〔一〕俞樾《茶香室叢鈔》，第六十頁，中華書局《學術筆記叢刊》一九九五年版。

第一個特點是疏證工作。作者仿前人校箋《世説新語》的方式，採取分段標號的形式，使檢閲更加方便。蕭繹徵引文獻非常廣泛，如果在分段校注中採用蕭繹使用的來源資料相互印證，往往支離破碎，面目模糊。因此，作者將資料來源獨立出來，既保持了全貌，又可避免重複。這便是「疏證」。如前引伯夷、叔齊故事，作者先將《史記·伯夷列傳》原原本本過録下來：「武王已平殷亂，天下宗周，而伯夷、叔齊恥之，義不食周粟，隱於首陽山，采薇而食之。及餓且死，作歌。其辭曰：『登彼西山兮，采其薇矣。以暴易暴兮，不知其非矣。神農、虞、夏，忽焉没兮，我安適歸矣？于嗟徂兮，命之衰矣！』遂餓死於首陽山。」而後在校注中，將各類不同之處加以説明。這樣處理，又爲讀者提供了不同的記載，從差異中尋求新解。

第二個特點是校勘工作。我們知道，整理古籍，經史方面，多有傳本可依，或有舊注可據，相對來講，比較容易。而整理《金樓子》則異常繁難。《金樓子》在宋代似仍有流傳。晁公武《郡齋讀書志》卷十二著録爲十卷，「梁元帝繹撰。書十五篇，論歷代興亡之跡。《箴戒》、《立言》、《志怪》、《雜説》、《自叙》、《著書》、《聚書》，通曰『金樓子』者，在藩時自號」。此書大約散佚於元末明初。宛委山堂本《説郛》僅輯録成一卷。明初編《永樂大典》於各韻下頗收録其佚文，但也遠非完帙。清初四庫館臣從中輯出十四篇，釐爲六卷。與此同時，鮑廷博也請朱文藻和吴騫作了輯校工作，其中朱文藻勘定二十五條，吴騫四條，隨即刻板印行。這就是學界經常稱爲善本的「知不足齋」本《金樓子》。事實上，這只是初步校勘本。今上海圖書館藏有《金樓子》沈氏鈔本，其文字大體同於《百子全書》本、龍溪精舍本、《叢書集成》本。據沈氏鈔本第六卷末記載：「乾隆癸卯仲春重校一過，知不足齋記。」乾隆癸卯爲一七八三年，此時距知不足齋本初刻才二年，《金樓子》就已經重校重刻了。由此而知，知不足齋本實際上幾經校勘，故有不同的版本，《百子全書》本、龍溪精舍本、《叢書集成》本即是據後出之知不足齋本印行。國家圖書館還庋藏有《金樓子》吴騫、鮑廷博的兩部手稿，共有校勘記近五百條，其中多數校勘均有根據。如校《金樓子序》「内宏金疊之典」曰：「『疊』疑作『牒』，按元帝《内典碑林銘集林序》云『是宣金牒，方寄銀身』。此是以蕭繹自己的著作作爲校勘依據。而四庫本「疊」後有小字注「案『疊』疑『曡』」。此文上句是「外陳玉鉉之文」，玉鉉本指玉製的舉鼎之具，狀如鉤，用以提鼎之兩耳，出自《易·鼎》：「上九，鼎玉鉉，大吉無不利。」魏晉玄學家以《老子》、《莊子》和《周易》三書爲三玄，玉鉉借指《周易》，玉鉉之文即指玄學。金牒指佛教經典，正與上文「玉鉉」相對，所以吴校爲是。又如《説蕃篇》「山戎伐燕，告急於齊」，吴校：「下重一『燕』字，屬下文。」據《史記》卷三十二《齊太公世家》：「(桓公)二十三年，山戎伐燕，燕告急於齊。齊桓公救燕，遂伐山戎，至於孤竹而還。」吴校是。同篇「宋師大敗，公傷股，國人皆恐」，吴校：「『恐』疑作『怨』。」《史記》卷三十八《宋微子世家》作「國人皆怨公」，吴校是。《立言篇九》「日殫垂泣於甘泉之畫」，吴校：「『殫』當作『磾』。」吴校是，「日磾」即金日磾。這些校勘，充分體現了清儒無徵不信的求是原則。作者充分吸收了前人的研究成果，既省去許多繁瑣考證文字，又可以理清出《金樓子》版本的流傳系統。

第三個特點是注釋工作。蕭繹貴爲皇子，後來又成爲短暫的皇帝，一生却喜愛藏書、勤於著書。《金樓子》專闢「聚書篇」詳盡記録了他一生聚書八萬餘卷的經過。《梁書》本紀還詳盡記録了蕭繹平生著述的目録。從《金樓子·著書篇》看，《研神記》、《晉仙傳》、《繁華傳》、《玉子訣》、《奇字》、《辯林》、《碑集》、《食要》、《譜》、《補闕子》、《詩英》等二十三帙共一百九十五卷，是出自門下劉縠、顔協、劉緩、蕭賁、劉之亨、虞預、王兢、鮑泉、王孝祀等人之手，但確也有很多著作完全是他本人獨立編纂完成的，譬如這部《金樓子》就是如此。他從十五歲就開始著述，前後花費竟長達三十餘年的時間。自序中他又稱羨臧文仲、曹丕、杜預，立志爲「不朽之言」。其用力之勤，自視之高，不難想見。因此，這部書的最大特點，可以用專精與駁雜來概括。專精，是指其十五篇各有專門論題。駁雜，是指其資料來源的廣博難尋。本書作者對於同時見於幾部典籍的材料，均反復比對，選取最相同或相似之材料，或者選擇撰著時代之最早者；若多種舊籍互可補充，則並存之。其餘相同或相似舊籍，則僅注明「亦見」、「並見」、「畧見」云云，以供讀者檢索之用，而避繁冗。有些注釋，作者緊扣當時歷史，注釋往往更加確切。如《戒子篇五》：「中朝名士抑揚於詩酒之際，吟詠於嘯傲之間，自得如山，忽人如草，好爲辭費，頗事抑揚，末甚悔之，以爲深戒。」根據字面，中朝猶朝中。本書作者引《世説新語·文學》「袁彦伯作《名士傳》成」條劉孝標注：「宏以夏侯太初、何平叔、王輔嗣爲正始名士；阮嗣宗、嵇叔夜、山巨源、向子期、劉伯倫、阮仲容、王濬仲爲竹林名士；裴叔則、樂彦輔、王夷甫、庾子嵩、王安期、阮千里、衛叔寶、謝幼輿爲中朝名士。」從而指出，中朝是指偏安江左的東晉對西晉王朝之稱。蕭繹身後，中朝之涵義依然如此。如《晉書》卷八二《王隱傳》：「時著作郎虞預私撰《晉書》，而生長東南，不知中朝事，數訪於隱。」這就注意到語言的時代特性。

據我所知，本書作者之一的熊清元先生多年從事《梁書》研究，出版有《梁書校注》，陳志平先生亦醉心於漢魏六朝文學研究，成果卓著。近五年來，兩位先生精誠合作，不畏艱辛，披覽典籍，旁搜遠紹，爬羅剔抉，匯爲新編，爲我們深入研讀《金樓子》提供了豐富且經過逐一考訂的成果。作爲讀者，我們應當表示感謝。

《金樓子疏證校注》出版在即，作者知道我也是《金樓子》的熱心讀者，便引爲同道，垂顧索序。我畧知作者從事此項工作的甘苦，故不揣譾陋，陳述如上，不辭野人獻芹之譏。

二〇一一年歲杪序於京城愛吾廬

前言

《金樓子》，南朝時一部重要子書，梁元帝蕭繹撰。

一、梁元帝蕭繹生平

蕭繹，字世誠，小字七符，南蘭陵（郡治在今江蘇武進西北萬綏鎮）人。梁高祖蕭衍第七子。天監七年八月丁巳（公元五〇八年九月十六日）生。

天監十三年（五一四），繹封湘東王，邑二千户。十五年（五一六），與徐昭佩成婚。〔一〕天監十八年（五一九），出爲會稽太守。〔二〕普通三年（五二二），入爲侍中、宣威將軍、丹陽尹。〔三〕普通七年（五二六），出爲荆州刺史，都督荆、湘、郢、益、寧、南梁六州諸軍事。中大通五年（五三三），召入爲安右

〔一〕徐昭佩即後世稱作徐妃、徐娘者。

〔二〕蕭繹出爲會稽太守時間，史書失載。據《顔氏家訓・勉學篇》：「梁元帝嘗爲吾説：『昔在會稽，年始十二，便已好學。』」蕭繹年十二，當天監十八年。亦參吴光興《二蕭年譜》卷一「天監十八年」條考證。

〔三〕蕭繹赴任丹陽尹之時間，史無明文。此據吴光興《二蕭年譜》卷一「普通三年」條考證。

將軍、護軍將軍，領石頭戍軍事。六年，出爲鎮南將軍、江州刺史。太清元年（五四七），徙荊州刺史，都督荊、雍、湘、司、郢、寧、梁、南、北秦九州諸軍事。

太清二年（五四八）八月，侯景叛亂，次年三月，陷京師。梁武帝蕭衍、太子蕭綱均困於城中。此時的蕭繹本受密詔承制，且擁有長江中游最强的軍事力量，却「不急莽、卓之誅，先行昆弟之戮」，〔一〕在攻殺了侄兒信州刺史桂陽王蕭慥、湘州刺史河東王蕭譽〔二〕，穩定了荊州周邊形勢後，才遣部將王僧辯率水軍東征侯景。同時，又阻止邵陵王蕭綸、武陵王蕭紀等其他兄弟前往京師救援〔三〕。大寶三年（五五二），侯景之亂平息，蕭繹於江陵稱帝，改元承聖。承聖二年（五五三），與西魏合力攻殺蕭紀。承聖三年（五五四），蕭繹侄兒蕭詧聯合西魏，反攻江陵。十一月，城破被俘。十二月，蕭詧使人以土囊壓殺蕭繹，時年四十七。承聖四年（五五五）四月，其子方智承制，追尊爲孝元皇帝，廟號

〔一〕《梁書》卷六《梁敬帝紀》。

〔二〕蕭慥事詳《南史》卷五一《梁宗室上》，蕭譽事詳《梁書》卷五五。

〔三〕《南史》卷五三《梁武帝諸子·蕭綸傳》載蕭綸曾寫信蕭繹，勸其不要攻打蕭譽，應共同攻打侯景，蕭繹不聽。「蕭綸於是大修器甲，將討侯景。元帝聞其盛，乃遣王僧辯帥舟師一萬以逼綸」。蕭綸兵潰，最後爲西魏將楊忠所害。同卷《梁武帝諸子·蕭紀傳》載：「大寶元年六月辛酉，紀乃移告諸州征鎮，遣世子圓照領二蜀精兵三萬，受湘東王繹節度。繹命圓照且頓白帝，未許東下。七月甲辰，湘東王繹遣鮑檢報紀以武帝崩問。十一月壬寅，紀總戎將發益鎮，繹使胡智監至蜀，以書止之曰：『蜀中斗絶，易動難安，弟可鎮之，吾自當滅賊。』又別紙云：『地擬孫、劉，各安境界；情深魯、衛，書信恒通。』」

世祖。

蕭繹勤奮好學，博綜羣書，下筆成章，出言爲論，才辯敏速，冠絶一時。他是梁代宫體詩的代表作家，也擅長繪畫。生前有著作多種，然這些作品只有《金樓子》、《古今同姓名録》和少量詩文流傳至今。〔一〕

二、《金樓子》的寫作背景、目的和過程

「金樓」本是蕭繹爲湘東王時的自號。〔二〕《郡齋讀書志》卷一二「《金樓子》」條：「曰『金樓子』者，在藩時自號。」蕭繹自號金樓，從《金樓子·著書篇》中也可以證明，如「《連山》三秩三十卷」下自注：

〔一〕《四庫全書總目》子部類書録《古今同姓名録》二卷（《永樂大典》本），提要曰：「梁孝元皇帝撰是書，見於《梁書》本紀及《隋書·經籍志》者皆作一卷。唐陸善經續而廣之，故《讀書志》、《書録解題》皆作三卷。其本皆不傳。此本爲《永樂大典》所載，又元人葉森所增補者也。雖輾轉附益，已非其舊，然幸其體例分明，不相淆雜。」

〔二〕蕭繹何以自號金樓，尚不得而知。《抱朴子》内篇卷一六《黄白》：「金樓先生所從青林子受作黄金法。」《金樓子·志怪篇》：「前金樓先生是嵩高道士，多遊名山，尋丹砂。」可知前代已有號「金樓」者。同時，道家和佛教中均有關於「金樓」的傳説，如《抱朴子》内篇卷一五《雜應》：老君「金樓玉堂，白銀爲階」。後秦佛陀耶舍共竺佛念譯《佛説長阿含經》卷第三：妙匠天造法殿，「法殿上有八萬四千寶樓，其金樓者銀爲户牖」。蕭繹少時喜占卜、符咒之術，又喜佛法，或受此諸種影響，故號「金樓」。

「金樓年在弱冠著此書。」「《金樓秘訣》一秩二十二卷」下自注：「金樓纂。」後蕭繹以此自號爲自己著述之名，《金樓子》前序曰：「今纂開闢已來，至乎耳目所接，即以先生爲號，名曰《金樓子》。」

《金樓子》的撰著，與南朝的社會文化氛圍有關。

南朝是一個「知識至上」的時代，[一]上層社會極度重文，以能文爲榮，甚至貴族高官平日宴會亦多以賦詩爲戲，不能者則罰酒，爲人所恥。[二] 齊梁時，此風愈演愈烈，「江南閭里間，士大夫或不學問，羞爲鄙朴」。[三] 繼而連武人也日益向文，力争在文學上有所表現。《南史》卷五五《曹景宗傳》載梁武將曹景宗凱旋入朝，武帝於華光殿宴飲連句，「景宗不得韻，意色不平，啓求賦詩。帝曰：『卿伎能甚多，人才英拔，何必止在一詩？』景宗已醉，求作不已，詔令約賦韻。時韻已盡，唯餘競病二字。景宗便操筆，斯須而成」，令武帝和沈約等驚歎不已。

齊梁文士宴游、賦詩，又喜隸事炫博，以顯示學問。《梁書》卷一三《沈約傳》載：沈約嘗侍高祖蕭衍宴，「值豫州獻栗，徑寸半，帝奇之，問曰：『栗事多少？』與約各疏所憶，少帝三事。出謂人曰：『此公護前，不讓即羞死。』」讀書不多，記事太少是很没面子的。

[一] 胡寶國《知識至上的南朝學風》，《文史》，二〇〇九年第四期。
[二] 《金樓子・雜記篇》就記載三國魏高貴鄉公宴會時和晉石崇金谷聚會時，不能著詩者罰酒事。
[三] 《顔氏家訓》卷三《勉學篇》。

要多讀書，首先得聚書。齊梁時期，官、私聚書都達到了高潮。〔一〕《金樓子》單列《聚書篇》，講述自己搜書的經歷：「初出閤，在西省，蒙敕旨賚《五經》正副本。」出閤指出内宮，就封爵，此指封爲湘東郡王，時在天監十三年（五一四），蕭繹年僅七歲，却是他聚書之始。經過四十年、六十餘次的積聚，蕭繹得書八萬卷，和當時國家藏書相當。蕭繹聚書途徑有四：一是「蒙敕給書」，即父王的賞賜；二是「寫得書」，即借書來鈔，或者派人去鈔；三是「下都市得書」，即購買。四是「經餉書」，即他人贈送。《隋書》卷三三《經籍志》著録「梁元帝注《漢書》一百一十五卷」，《金樓子・聚書篇》載：「又於江州江革家得元嘉《前漢書》五帙，又就姚凱處得三帙，又就江録處得四帙：足爲一部，合二十帙，〔二〕一百一十五卷，並是元嘉書，紙墨極精奇。」蓋蕭繹所注《漢書》即是他從江革、姚凱、江録三人處所聚的元嘉寫本《漢書》。一書之完聚，輾轉三人，聚書之辛勤堅韌可見一斑。

其次得勤學。《金樓子・自序》載：「吾小時，夏日夕中下絳紗蚊綯，中有銀甌一枚，貯山陰甜酒。卧讀有時至曉，率以爲常。又經病瘡，肘膝爛盡。比以來三十餘載，泛玩衆書萬餘矣。自余年十四，苦眼疾沈痼，比來轉暗，不復能自讀書。三十六年來，恒令左右唱之，曾生所謂『誦詩讀書，與古人居；讀書誦詩，與古人期』，兹言是也。」蕭繹的勤學，除其自述外，還有顔之推《顔氏家訓》可以

〔一〕參胡寶國《知識至上的南朝學風》，《文史》二〇〇九年第四期。
〔二〕此前後相加僅得十二帙，非二十帙，疑「二十」爲「十二」之倒誤。

爲證：「梁元帝嘗爲吾説：『昔在會稽，年始十二，便已好學。時又患疥，手不得拳，膝不得屈。閑齋張葛幃避蠅獨坐，銀甌貯山陰甜酒，時復進之，以自寬痛。率意自讀史書，一日二十卷，既未師受，或不識一字，或不解一語，要自重之，不知厭倦。』」〔一〕《南史》卷八《梁紀・梁元帝》亦載「蕭繹性愛書籍，既患目，多不自執卷。置讀書左右，番次上直，晝夜爲常，畧無休已，雖睡，卷猶不釋。五人各伺一更，恒致達曉。常眠熟大鼾，左右有睡，讀失次第，或偷卷度紙，帝必驚覺，更令追讀，加以檟楚」。《金樓子》的撰著還和蕭繹自身的境遇有關。

蕭繹的母親阮修容本姓石。其入梁武帝宮之前，已經歷侍齊鬱林王、齊始安王遥光、東昏侯蕭寶卷。天監七年（五〇八），得到梁武帝寵幸時，年齡已是不小，〔二〕《南史》卷五三《蕭續傳》：「始元帝母阮修容得幸，由丁貴嬪之力。」且此時阮修容只是一名采女，生下蕭繹後，才賜姓阮氏，升爲修容，其身份地位自然不能和蕭統、蕭綱之母丁貴嬪相提並論。〔三〕

〔一〕《顔氏家訓》卷三《勉學篇》。顔之推曾爲蕭繹湘東王國左常侍。

〔二〕阮修容生於四七七年，此時已經三十二歲。

〔三〕《南齊書》卷二〇《皇后傳》：「六宫位號，漢、魏以來，因襲增置，世不同矣。建元元年，有司奏置貴嬪、夫人、貴人爲三夫人，修華、修儀、修容、淑妃、淑媛、淑儀、婕妤、容華、充華爲九嬪，美人、中才人、才人爲散職。永明元年，有司奏貴妃、淑妃並加金章紫綬，佩于寘玉。淑妃舊擬九棘，以淑爲温恭之稱，妃爲亞后之名，進同貴妃，以比三司。」

出生之後的蕭繹因患眼疾，武帝下意治之，結果導致一眼失明。此缺陷使蕭繹日後往往成爲被人取笑和挖苦的對象：《南史》卷一二《后妃下·徐妃傳》載：「帝三二年一入房。妃以帝眇一目，每知帝將至，必爲半面妝以俟，帝見則大怒而出。」兄弟邵陵王蕭綸曾賦詩戲蕭繹曰：「湘東有一病，非啞復非聾。相思下隻淚，望直有全功。」〔一〕侯景部將王偉亦曾爲檄文曰：「項羽重瞳，尚有烏江之敗；湘東一目，寧爲赤縣所歸？」〔二〕

在南朝這樣一個講究出身和風度的社會氛圍中，蕭繹却於兩方面均十分欠缺，雖貴爲皇子，「聯華日月，天下不賤」，〔三〕但作爲皇室的第七子，蕭繹基本上没有做皇帝的可能性，皇子地位也不能和蕭統、蕭綱相比。自身處境的不利，促使蕭繹「希望通過自身的努力獲取相貌以外的成功，並且希望通過自己在更多領域的成功來博取世人對他的肯定」，從而忽略他生理和出身上的不足。〔四〕追求學術上的成功，就成爲了蕭繹努力的主要方向。此一方面符合當時「知識至上」的大的社會文化環境，另一方面也和「三不朽」的傳統思想相符。在《金樓子序》中，蕭繹稱：

〔一〕《太平御覽》卷七四〇引《南史》。

〔二〕《南史》卷八〇《賊臣·王偉傳》。

〔三〕蕭繹《馳檄告四方》。

〔四〕參洪衛中《從「吾於天下爲不賤焉」到「擬跡桓、文」——關於梁元帝蕭繹行爲的心理學解釋》，《揚州大學學報》社科版，二〇一〇年第一期。

余於天下爲不賤焉。竊念臧文仲既殁，其立言於世，曹子桓云「立德著書，可以不朽」，杜元凱言「德者非所企及，立言或可庶幾」，故户牖懸刀筆，而有述作之志矣。常笑淮南之假手，每蚩不韋之託〔人〕。由〔是〕年在志學，躬自搜纂，以爲一家之言。

《左傳・襄公二十四年》有「大上有立德，其次有立功，其次有立言」三不朽之説。對於立德，蕭繹雖以「五百年運」自許，〔一〕儼然上比周公、孔子，但此畢竟太難太虚，需要立功、立言作爲支撑。〔二〕而在處理立功、立言問題上，蕭繹是既注重事功政績，又注重著書立説的。「余好爲詩賦及著書，宣修容敕旨曰：『夫政也者，生民之本也，爾其勗之。』余每留心此處，恒舉燭理事，夜分而寢。」〔三〕受母親勸戒影響，蕭繹留心政事，自謂「性頗尚仁，每宏解綱。重囚將死，或許伉儷自看；城樓夜寒，必綈袍之賜。狴牢併遣，犴圄空虚」。〔四〕「刑獄決罪，多從厚降；大辟之時，必有不忍之色。多所捶扑，左

〔一〕《金樓子・立言篇九上》：「周公没五百年有孔子，孔子没五百年有太史公。五百年運，余何敢讓焉？」

〔二〕晚清魏源《默觚・學篇九》有四不朽之説：「立德、立功、立言、立節，謂之四不朽。自夫雜霸爲功，意氣爲節，文詞爲言，而三者始皆不出於道德，而崇道德者又或不盡兼功、節言，大道遂爲天下裂。君子之言，有德之言也；君子之功，有體之用也；君子之節，仁者之勇也。故無功、節、言之德，於世爲不曜之星，無德之功、節、言，於身心爲無原之雨；君子皆弗取焉。」魏氏强調德與功、節、言之統一，可參考。《魏源集》，中華書局一九七六年版。

〔三〕《金樓子・后妃篇》。

〔四〕《金樓子・立言篇上》。

右之間耳」。〔一〕在地方上爲政，蕭繹多有成就，裴子野曾寫有《丹陽尹湘東王善政碑》，表彰蕭繹在丹陽尹任上的政績。〔二〕

蕭繹也曾夢想征戰沙場，建功立業，樹立名節。

> 吾嘗欲稜威瀚海，絶幕居延，出萬死而不顧，必令威振諸夏，然後度聊城而長望，向陽關而凱入，盡忠盡力，以報國家，此吾之上願焉。〔三〕

甚至著書，蕭繹也頗留心於軍事著作：「其後著書之中，唯《玉韜》最善。」〔四〕但梁武帝蕭衍在位期間，南北朝政局相對穩定，情勢無統一之可能。而在外統兵者多是武帝信任的弟弟蕭宏、蕭秀、蕭偉，武將曹景宗、韋叡、陳慶之等。蕭繹只能在長江中游江州、荆州一帶爲政，是没有機會領兵打仗的。〔五〕

〔一〕《金樓子·自序篇》。

〔二〕文存《藝文類聚》卷五二。

〔三〕《金樓子·立言篇上》。

〔四〕章如愚《羣書考索》後集卷五〇《兵門》「兵法」條：「自今觀之，兵法以韜名者，如《太公之韜》，梁元帝《玉韜》，劉裕《金韜》，皆韜也。」王應麟《玉海》卷一四一《兵制·兵法》「梁《玉韜》」條：「《隋志》梁元帝《玉韜》十卷。」《金樓子·立言篇上》：「吾少讀兵書，三十餘年，搜纂數千，止爲一秩。菁華領袖，備在其中。」此「一秩」，當指《玉韜》。

〔五〕蕭繹爲荆州刺史時可能參與了一些鎮壓蠻夷的行動。《金樓子·序》説「六戎多務，千乘紛紜」，似是指其參與軍事行動。

他不得不自我安慰：「我韜於文士，愧於武夫。」〔一〕

立功無望，蕭繹不得不努力證明，立言同立功一樣具有同等重要的價值：

> 嘗謂人曰：諸葛武侯、桓宣武並翼贊王室，宣威遐外，此鄙夫之所以慕也；董仲舒、劉子政深精《洪範》，妙達《公羊》，鄙夫之所以希也；榮啓期擊磬，縱酒行歌，斯爲至樂，鄙夫之所以重也。何者？請試論之：夫以武侯之賢，宣武之智，自天祐之，蓋有以然也。假使逢文明之后，值則哲之君，不足爲鄙夫扶轂，豈青紫之可望邪？東方鼠虎之諭，斯得之矣。及仲舒之學術，子政之探微，見重元光之初，聲高建始之末，通宵忘寐，終日下帷，不有學術，何以成器？川溜決石，可不勉乎！馳光不留，逝川倏忽。尺日爲寶，寸陰可惜。文武二途，並得儔匹。〔二〕

梁武帝之世，在蕭繹看來是當然的文明盛世，其立言從文也就是必然的了。

蕭繹以文學學術爲使命，更與其父蕭衍提倡文化治國的策畧相符，亦可以討得父親歡心。蕭衍親眼目睹了南朝齊宗室內部的血腥殘殺，並且參與了齊代高層的權利鬬爭。在其登基後，頗注意親

〔一〕《南史》卷八《梁紀·梁元帝紀》。值得注意的是，和蕭繹差不多同時的《劉子·文武》也説：「文武異材，並爲大益。……文以贊治，武以淩敵，趍舍殊律，爲績平焉。」

〔二〕《金樓子·立言篇上》。

族間關係的處理，提倡以孝治國，鼓勵子孫學習文化，有意淡化武力軍事特點，〔一〕並且自己帶頭著述。《梁書》卷三《武帝紀》載蕭衍「雖萬機多務，猶卷不輟手，燃燭側光，常至戊夜。造《制旨孝經義》、《周易講疏》，及六十四卦、二《繫》、《文言》、《序卦》等義，《樂社義》、《毛詩答問》、《春秋答問》、《尚書大義》、《中庸講疏》、《孔子正言》、《老子講疏》，凡二百餘卷，並正先儒之迷，開古聖之旨」。在其影響下，弟南平王偉精玄學，著《二旨義》，别爲新通，又制《性情》、《幾神》等論，周舍、殷鈞俱不能屈。弟安成王秀精意學術，搜集傳記，招劉孝標爲《類苑》，未畢而已行於世。〔二〕子蕭統「所著文集二十卷；又撰古今典誥文言，爲《正序》十卷；五言詩之善者，爲《文章英華》二十卷；《文選》三十卷」。〔三〕子蕭綱七歲就有「詩癖」，後著《昭明太子傳》五卷，《諸王傳》三十卷，《禮大義》二十卷，《老子義》二十卷，《莊子義》二十卷，《長春義記》一百卷，《法寶連璧》三百卷。〔四〕子蕭紀勤學，有文才，屬詞不好輕華，甚有骨氣。以蕭衍爲首的蕭氏家族已經表現出好文勤學的特點，具有濃厚的文化氛圍，蕭繹就出生在這樣的家族中。

〔一〕《梁書·太宗十一王·南郡王大連傳》：「高祖問曰：『汝等習騎不？』對曰：『臣等未奉詔，不敢輒習。』」連學習騎馬都要「奉詔」，可見武帝蕭衍平日是不提倡子孫學習武力軍事技能的。

〔二〕見清人趙翼《廿二史札記》卷一二「齊梁之君多才學」條。

〔三〕《梁書》卷八《昭明太子傳》。

〔四〕《梁書》卷四《簡文帝傳》。

蕭繹十分清楚父親的看法對自己的前途有直接的影響，他也很在意父親對自己的態度，很想在父親面前有所表現，學文就是最好的辦法了。《金樓子・自序》載：「余六歲解爲詩，奉敕爲詩曰：『池萍生已合，林花發稍稠。風入花枝動，日映水光浮。』因爾稍學爲文也。」則蕭繹著力學文是受到父親的影響。又，《金樓子・雜記篇上》載：「余以九日從上幸樂遊苑……上諸子之中，特垂慈愛，賜賚相接。其日賦詩蒙賞，其晚道義被稱，左右拭目，朋友改觀。」「賦詩蒙賞」，「道義被稱」，在蕭繹看來，父親對自己文學和學術才能的認可，提高了自己在兄弟中的地位，使左右和朋友拭目改觀，從而自己的自尊心和自信心大大增加。父親、兄弟均重視文藝並有大量著述，受此影響，蕭繹也勤於著述。《金樓子・著書篇》載其著作三十七種，六百餘卷，有的書在幼年就在創作中或者已經完成。如「《連山》三秩三十卷」下自注：「金樓年在弱冠著此書，至於立年其功始就，躬親筆削，極有其勞。」「《仙異傳》一秩三卷」下自注：「金樓年小時自撰。」「《黄妳自序》一秩三卷」下自注：「金樓小時自撰。」《金樓子》的創作過程則長達三十餘年。〔一〕「由是年在志學，躬自搜纂，以爲一家之言。」〔二〕「年

〔一〕劉躍進認爲「倘若以蕭繹十五歲爲著述之始，則該書寫作前後花費了竟達三十餘年的時間」，參《關於〈金樓子〉研究的幾個問題》，收《古典文獻學論稿》，學苑出版社一九九九年第二版。杜志强認爲「《金樓子》不會是倉促間成書」，「定《金樓子》完成於五五二—五五四年間，即蕭繹登極之後。」參《蕭繹〈金樓子〉的版本及其寫作時間》，載《文獻》二〇〇四年第一期。其實像《金樓子》這種「雜鈔」性質的作品，不可能在一個集中的時間段内完成，逐步添加的痕跡是很明顯的。

〔二〕《金樓子》序。

在志學」指十五歲，〔一〕此爲蕭繹創作《金樓子》之始。後，蕭繹對裴子野祖露心跡，稱「隆暑不辭熱，凝冬不憚寒，著《鴻烈》」。〔二〕裴子野卒於中大通二年（五三〇），時蕭繹二十三歲。《雜記篇上》又載：「余作《金樓子》未竟，從荆州還都。」據《梁書》卷三《武帝紀》及卷五《元帝紀》，蕭繹於普通七年至大同五年、太清元年至承聖元年兩度出任荆州刺史。此當是指大同五年卸荆州刺史任返京，時在大同五年（五三九）。《説蕃篇》又載：「我高祖、王元長、謝玄暉、張思光、何憲、任昉、孔廣、江淹、虞炎、何僩、周顒之儔，皆當時之傑，號士林也。」《立言篇上》：「先帝朔望，盡哀慟哭。」稱父蕭衍爲高祖、先帝，則此時蕭衍已崩。蕭衍卒於太清三年（五四九），而《金樓子》仍在創作中。《金樓子・聚書篇》稱「吾今年四十六歲」，蕭繹天監七年（五〇八）八月生，其年「四十六歲」，時當承聖二年（五五三），《金

〔一〕《論語・爲政》：「吾十有五而志於學。」

〔二〕《金樓子・立言篇上》。《鴻烈》即《湘東鴻烈》。《隋書》卷三四《經籍志》「《鬼谷子》三卷」下注：「梁有《補闕子》十卷，《湘東鴻烈》十卷，並元帝撰。亡。」姚振宗《隋書經籍志考證》：「案此一篇（《金樓子・立言》所引）似即《湘東鴻烈》之序文，《淮南》内篇號曰《鴻烈》，意蓋仿其名稱，以此爲内篇歟？而自爲著述，不令賓客參預，則謂異於《淮南》也。稱湘東則在未即位之前。此與《補闕子》兩書雖曰『梁有』而皆非《七録》所載，其列於縱横家者，豈其文辯仿戰國策士之所爲，亦畧如《補闕子》者歟？諸書罕見引述，莫得而詳。《金樓子・著書篇》未見記録，則殘缺之餘，不免遺漏也。」吴光興《二蕭年譜》：「蕭繹既以《湘東鴻烈》與《吕氏春秋》、《淮南子》相類比，《湘東鴻烈》與《金樓子》卷數亦同，疑『湘東鴻烈』者，乃《金樓子》一書之初名。」吴氏之説頗有道理。

樓子》尚未完成，此時距蕭繹去世只有一年。《立言篇》稱：「余將養性養神，獲麟於《金樓》之制也。」〔一〕蕭繹是將《金樓子》當作了自己的絶筆之作的，可以推想，如果不是西魏來侵，江陵敗亡，《金樓子》仍會一直撰寫下去。

笑不韋、淮南之假手於人，稱立德著書，可以不朽，蕭繹對《金樓子》期望不可謂不高；由年在志學，即有志著書，而至死方歇，蕭繹對《金樓子》用力不可謂不勤。然歷史和蕭繹開了個不大不小的玩笑，《金樓子》竟並没有完整地流傳下來。

三、《金樓子》的内容和價值

今本《金樓子》是四庫館臣從《永樂大典》中輯出，六卷十四篇。《郡齋讀書志》載：「《金樓子》十卷。右梁元帝繹撰。書十〔五〕篇，論歷代興亡之跡，《箴戒》、《立言》、《志怪》、《雜説》、《自叙》、《著書》、《聚書》，通曰『金樓子』者，在藩時自號。」晁氏舉篇目僅七，尚有《興王》、《后妃》、《終制》、《二南五霸》、《捷對》、《戒子》、《説蕃》七篇未提及。而今本較晁氏所載，尚脱一篇。《雜説》，今本作《雜

〔一〕《春秋·哀公十四年》：「春，西狩獲麟。」杜預注：「麟者仁獸，聖王之嘉瑞也。時無明王出而遇獲，仲尼傷周道之不興，感嘉瑞之無應，故因《魯春秋》而修中興之教。絶筆於『獲麟』之一句，所感而作，固所以爲終也。」後世多以「獲麟」喻指著作絶筆。

記》;《自叙》,今本作《自序》。而《二南五霸篇》,四庫館臣僅輯得三條,並且與《説蕃篇》重複,四庫館臣全部輯入《説蕃篇》。故《二南五霸篇》有目無辭,徹底亡佚。〔一〕《終制篇》篇幅短小,與他篇篇幅不相稱;《雜記篇》條目混亂;《自序篇》前後不貫,大約均有脱文。

關於《金樓子》的内容,據其前序稱:「今纂開闢已來,至乎耳目所接。」今本大致也是分門別類按照時間順序記載歷代有資借鑒的帝王、后妃、諸侯王的事蹟,以及名人名言和古怪之事。《興王篇》記載歷代帝王神異、建國、聖明之善事;《箴戒篇》記載歷代帝王、諸侯亡國、敗德之事;《后妃篇》歷記后妃之事;《終制篇》歷記名士臨終之囑託;《戒子篇》歷記訓子之事;《説蕃篇》「雜舉古侯王善惡之事,以列勸戒,而宗室爲多。其事多以類相從,如所謂昔藩屏之盛德者某某,功業無成者某某是也。其他如劉章以下四人則以武功著,劉長以下十二人則多以悖逆得罪」;〔二〕《立言篇》多記前言往行;《捷對篇》記歷代思維敏捷、應對得體之事;《志怪篇》記古怪奇異之事。另,《聚書篇》記叙自己收集圖書的經過;《著書篇》排列自己所著書的目録和序言;最後一篇是自序,叙述自己的成長經歷。

〔一〕四庫館臣還懷疑「《説蕃篇》中有『二南五霸』之事,後人因誤(《四庫全書》本下有「譔」字)分之,非原有之目也」。見《二南五霸篇》題下小字注。

〔二〕知不足齋本、《四庫全書》本《金樓子·説蕃篇》題下注。

《金樓子》取材多援據舊籍，但在材料使用上頗具特色。如《立言篇》〔一〕第一則：「與人善言，暖於布帛；傷人以言，深於矛戟。贈人以言，重於金石珠玉；觀人以言，美於黼黻文章；聽人以言，樂於鐘鼓琴瑟。」此文前半顯然鈔自《荀子》卷二《榮辱》：「與人善言，暖於布帛；傷人之言，深於矛戟。」後半部分鈔自《荀子》卷三《非相》：「故贈人以言，重於金石珠玉；觀人以言，美於黼黻文章；聽人之言，樂於鐘鼓琴瑟。」作者將前人不同篇目的文字組合在一起，巧妙地表達了自己對「言語」的看法。

又如同篇第二則：

儉約之德，其義大哉！齊之遷衛於楚丘也，衛文公大布之服、大帛之冠，務材、訓農，敬教、勸學。元年，有車三十乘；季年，三百乘也。豈不(宏)〔弘〕之在人。

同篇第三則：

明月之夜可以遠視，不可以近書；霧露之朝可以近書，不通以遠視。人才性亦如是，各有不同也。

〔一〕此篇前有序。

前者鈔自《左傳・閔公二年》，〔一〕後者襲自《淮南子》卷一七《説林訓》〔二〕。但前者「豈不（宏）〔弘〕之在人」，後者「人才性亦如是，各有不同也」却是作者的斷語。《雜記篇上》篇題下小字注曰：「此篇雜引子史，疑皆有斷語。」通過斷語，剿襲的材料變作了作者觀念的佐證，而非簡單的轉録。

蕭繹採取這種對前人典籍摘録、重組和論斷的編撰方式，頗受後世詬病。劉咸炘《舊書别録》卷四（乙二）論《金樓子》説：

書今存者凡十四篇。其曰《興王》，曰《箴戒》，曰《后妃》，曰《説蕃》，皆鈔古事，或未加數語；其曰《戒子》，曰《立言》，則雜鈔古言，與己作混列。子史文篇無所不録，大氐鈔八而作二，叙次無理，傳寫又亂之。其曰《捷對》，曰《志怪》，曰《雜記》，則記瑣屑諧戲甚多，亦有幾條古言；其曰《終制》，曰《自序》，則自述；曰《著書》，則自載所著之書及其序跋。統觀全體，竟是書鈔文集，陳言累累，絶少胸中之造，謂之纂言可耳，何謂立乎？……觀其立意，蓋亦欲以和會羣言，仿《吕覽》、《淮南》之所爲，而學識不逮，既無統宗，又無鑒别，智小謀大，故並類書而不成，僅

〔一〕《左傳・閔公二年》：「僖之元年，齊桓公遷邢於夷儀。二年，封衛於楚丘。邢遷如歸，衛國忘亡。衛文公大布之衣，大帛之冠，務材、訓農，通商、惠工，敬教、勸學，授方、任能。元年，革車三十乘；季年，乃三百乘。」

〔二〕《淮南子》卷一七《説林訓》：「明月之光可以遠望，而不可以細書；甚霧之朝可以細書，而不可以遠望尋常之外。」

與當時鈔詞之書(原闕)之流校其長短。〔一〕

但如果從蕭繹所處的時代看，他正是受到了時代「知識至上」之風的影響，同時也和他自己對「學」的看法有關。六朝炫博之風盛行，貴族遊宴重要的遊戲就是隸事，即背誦關於某一事物的典故。〔二〕然而人的記憶力畢竟是有限的，同時一卷書從頭到尾讀下來，也頗費時間，於是有些人就將書中新奇稀見的事項分門別類地鈔在一起做成簡本或選本，以便記誦。如庾仲容、沈約均鈔撰有《子鈔》，劉孝標編撰《類苑》，徐僧權等撰《華林遍畧》，蕭繹也曾撰《內典博要》，均是爲了記誦、翻閱的方便。《金樓子》同樣受到了此種鈔書之風的影響：

> 諸子興於戰國，文集盛於二漢，至家家有製，人人有集。其美者足以叙情志，敦風俗；其弊者祇以煩簡牘，疲後生。往者既積，來者未已。翹足志學，白首不徧。或昔之所重，今反輕；今之所重，古之所賤。嗟我後生，博達之士，有能品藻異同，删整蕪穢，使卷無瑕玷，覽無遺功，可謂學矣。〔三〕

〔一〕《劉咸炘學術論集》，黃曙輝編校，廣西師範大學出版社二〇〇七年版。

〔二〕《梁書》卷四〇《劉顯傳》載：沈約「於坐策顯經史十事，顯對其九。約曰：『老夫昏忘，不可受策；雖然，聊試數事，不可至十也。』顯問其五，約對其二。陸倕聞之歎曰：『劉郎可謂差人，雖吾家平原詣張壯武，王粲謁伯喈，必無此對。』」

〔三〕見《金樓子·立言篇上》。

和其兄昭明太子蕭統的《文選》相比，雖然蕭繹和他一樣是感覺文集太多，無法「覽無遺功」，故摘其精華，但和蕭統全篇照録不同，蕭繹是「品藻異同，删整蕪穢」，主觀傾向性更明顯。蕭繹「一邊鈔寫，一邊斷章取義，借古典來表達自己思想感情」，而「如此斷章取義、編輯成書，正是六朝式的方法」，是基於時代變化而産生的新批評標準來編的現代的選集。〔一〕

另一方面，《金樓子》又是一部極其「私人化和個性化」的作品。〔二〕首先，蕭繹極力保持此書的獨撰性，儘管有《吕氏春秋》、《淮南子》等「集體性」著作的先例和下屬「共著」的好心建議，〔三〕蕭繹依然堅持獨立完成此書。正因爲如此，所以《金樓子》的具體内容在很長一段時間内是不爲人所知的，故有人以爲其爲真金鍛造的實物。其次，蕭繹在書中屢屢談及很多有關自己個人生活的細節，如自己的父母、婚姻、學習、藏書等，甚至一些一般人會迴避的「敏感内容」也載入其中。如詳細記載了其母

〔一〕〔日〕興膳宏著，戴燕譯《梁元帝蕭繹的生涯和〈金樓子〉》，收《異域之眼——興膳宏中國古典論集》，復旦大學出版社二〇〇六年版。

〔二〕參田曉菲《諸子的黄昏：中國中古時代的子書》，載《中國文化》第二十七期。

〔三〕裴子野曾問蕭繹：「子何不詢之有識，共著此書，曷爲區區自勤如此？」蕭繹答曰：「予之術業，豈賓客之能闕？斯蓋以莛撞鐘，以蠡測海也！予嘗切齒淮南、不韋之書，謂爲賓遊所製；每至著述之間，不令賓客闕之也。」

阮修容曾入侍四主之事，〔一〕又如記載不足爲外人道的自己妻子徐妃的淫行。〔二〕在《金樓子》中，「這些文字所呈現出來的，也不再是那個以理智控制感情的傳統子書的作者，而是一個充滿野心、欲望、焦慮、嫉妒，性格缺點重重，一生被身體殘疾所苦，甚至被身體殘疾所定義的個人。就這樣，蕭繹用一部既沿襲傳統又改造了傳統的子書，宣告了子書的黄昏」。〔三〕

可見，從子書發展歷程看，《金樓子》無論是編撰體例還是内容選擇，均表現出不同於傳統子書的特點。它因其剿襲體例而宣告了傳統子書的末路，但又因其「個性化和私人化」而暗示了日後全新的形式——筆記。

《金樓子》的「個性化和私人化」，却能使我們通過閲讀該書而更全面地認識蕭繹。

〔一〕清代吴騫校《金樓子》時認爲：「按《梁書》及《南史》阮修容傳並謂初爲齊始安王遥光所納，遥光敗，入東昏宫。今據此書，則在遥光之前曾入榆林之宫，逮遥光敗後未嘗入東昏之宫，且齊世祖因荀昭華進修容於鬱林王所屬一大節目不應抹煞。此足箴史氏之失。」

〔二〕《南史》卷一二《后妃下·徐妃傳》載：「與荆州後堂瑶光寺智遠道人私通。……帝左右暨季江有姿容，又與淫通。……時有賀徽者美色，妃要之於普賢尼寺，書白角枕爲詩相贈答。既而貞惠世子方諸母王氏寵愛，未幾而終，元帝歸咎於妃。及方等死，愈見疾。太清三年，遂逼令自殺。妃知不免，乃透井死。帝以屍還徐氏，謂之出妻。葬江陵瓦官寺。帝制《金樓子》述其淫行。」今本《金樓子》僅於《后妃篇》中云「饋人失禮」，於《志怪篇》中記結婚時之「怪異」，並未明言徐妃淫行，或是今本有亡佚。

〔三〕參田曉菲《諸子的黄昏：中國中古時代的子書》，載《中國文化》第二十七期。

在《梁書》、《南史》等正史的記載中，蕭繹被描述成爲一個野心勃勃的陰謀家，他自私、殘忍、變態。尤其是面對國破家亡的慘劇，蕭繹的行爲被描寫得更加不堪。他不孝不悌。在侯景之亂中，坐觀父蕭衍、兄蕭綱被滅而不救，隱瞞父親死亡的消息，〔一〕攻殺兄弟蕭綸、蕭紀，殘害子侄。他忌刻殘忍，報復心强。無論是兄弟還是旁人，誰開罪於他，他都要找各種機會報復。爲了「西歸内人」，〔二〕他和兄弟廬陵王蕭續書問不通，「及續薨，元帝時爲江州，聞問，入閤而躍，屧爲之破」。並在《金樓子》中載續多蓄侍姬，後却被侯景之兵掠奪一空，以醜化自己的兄弟。〔三〕他狹隘自私，承聖三年（五五四），蕭繹兵敗，竟命舍人高善寶焚古今圖書十四萬卷。〔四〕一把火，却差不多毀掉整個南朝的古籍，給文化造成了巨大損失。

唐代魏徵在評價梁元帝蕭繹時指出：「内懷觖望，坐觀國變，以爲身幸。不急莽、卓之誅，先行

〔一〕《南史·蕭繹紀》載：「（大寶元年）四月，尅湘州，斬譽，湘州平。……先是，邵陵王綸書已言凶事，秘之，以待湘州之捷。是月壬寅，始命陳瑩報武帝崩問，帝哭於正寢。」

〔二〕《南史》卷五三《梁武帝諸子傳》載：「元帝之臨荆州，有宫人李桃兒者，以才慧得進，及還，以李氏行。時行宫户禁重，續具狀以聞。元帝泣對使訴於簡文，簡文和之得止。元帝猶懼，送李氏還荆州，世所謂西歸内人者。」

〔三〕見《金樓子·雜記篇上》。

〔四〕見《資治通鑑》卷一六五《梁紀》二一「梁元帝承聖三年」。十四萬卷書包括蕭繹自己藏書和建康的國家藏書，《隋書》卷三二《經籍志》曰：「元帝克平侯景，收文德之書及公私經籍，歸於江陵，大凡七萬餘卷。周師入郢，咸自焚之。」

昆弟之戮。又沉猜忍酷，多行無禮，騁智辯以飾非，肆忿戾以害物。爪牙重將，心膂謀臣，或顧眄以就拘囚，或一言而反菹醢，朝之君子，相顧懍然。」〔一〕受正史描寫的影響，後世評論蕭繹，多持批評意見，甚至他的盲眼都被後世的小説家演繹爲心腸不好的結果。〔二〕明張溥《漢魏六朝百三家集題辭·梁元帝集》甚至認爲蕭繹「狡人好語，固難以嘗測也」，即蕭繹的文章並不能反映其真實的思想。這點也是我們在解讀《金樓子》時遇到的困難。在書中，我們讀到了一個完全不同的蕭繹。

在《金樓子》中，呈現在讀者面前的是一位文雅好學，風度翩翩的貴族公子。他以孝立身，母親之死，「拊膺屠裂，貫裁心髓」。〔三〕他勤奮好學，「比以來三十餘載，泛玩衆書萬餘矣」。〔四〕他喜聚書、勤著述。四十年，聚書八萬卷，著書六百餘卷。他明事理，善其身，能正確認識和反省自身的缺點。

〔一〕見《梁書》卷六《敬帝紀》。當時對梁元帝也曾有不同評價，如《顔氏家訓》對梁元帝就並不厭惡，而何之元《梁典序》説：「洎高祖晏駕之年，太宗幽辱之歲，謳歌獄訟，向西陝不向東都；不庭之民，流逸之士，征伐禮樂，歸世祖不歸太宗。撥亂反正，厥庸斯在，治定功成，其勳有屬。」肯定了蕭繹的歷史功績。見《陳書》卷三四《文學·何之元傳》。

〔二〕《太平御覽》卷七四〇引《梁書》：「修容常失珠，謂是左右所盜，乃炙魚目，不知其珠。孝元吞之，信宿之間，珠遂便出，一目致眇。魚之報焉。」

〔三〕《金樓子·后妃篇》。

〔四〕《金樓子·自序篇》。

蕭繹自稱「性頗尚仁」，〔一〕但又説自己性情急躁，在《金樓子》中，多次指出和反省自己這種缺點。《立言篇上》：「但性頗狷急，或有不堪，不欲藴蓄胸襟，須令豁然無滯，將令士庶文武，見我所懷。」《雜記篇上》載南陽劉類性急，吏題其門曰：「劉府君，三不肯。」〔二〕蕭繹反省「余豈可不三復斯言哉」？《自序篇》説：「余不閑什一，憎人治生，性乃隘急。刑獄決罪，多從厚降；大辟之時，必有不忍之色。多所捶扑，左右之間耳。」

將《金樓子》的自述和正史比對，就會發現二者差距很大。雖然我們並不能完全排除蕭繹在《金樓子》中故意拔高美化自己的可能性，但因其也詳細記載了私人化的「敏感内容」，仍使人相信蕭繹在書中的記載大體是可信的。一方面六朝子書逐漸與文集合流，其由對社會政治人生的關照轉向對自身命運的留戀，子書成爲個人生命的記録，這使得子書中的文字記載出奇的「真實」。另一方面，正史記載的蕭繹主要是他在侯景之亂爆發後的種種行爲，此時蕭繹的政治野心高度膨脹；而《金樓子》的完成雖然經歷了一個漫長的過程，但其主體完成是在侯景之亂爆發前，此時的蕭繹只是没有任何登基希望的諸侯王，他的夢想就是在不能立功的情況下，通過立德和立言討得父親的歡心，進而青史留名。故而，《金樓子》中的蕭繹和正史中的蕭繹相互補充，爲我們展現了一個更真實、

〔一〕《立言篇上》。
〔二〕三不肯，謂遷、免與死。

更全面的蕭繹形象。

同時，《金樓子》所記之事多有蕭繹之親聞親歷者，可以補史籍之不足。書中記載了梁武帝、梁代后妃和諸侯王們的大量史實，如關於阮修容的生平事蹟，〔一〕關於蕭賁「忌日拜官」和偷祖母物件事，〔二〕關于廬陵威王好内事等，〔三〕均爲正史所無。《金樓子》是作者自撰，其記載的一些親身經歷的事件可信度是很高的，可以校後代史籍記載之誤。如《后妃篇》載蕭繹母親阮修容「大同九年，太歲癸亥，六月二日庚申薨於江州之内寢，春秋六十七」。「九年」，《梁書》卷七《阮修容傳》作「六年」，中華書局點校本《南史》卷一二《后妃傳·阮修容》作「九年」。王鳴盛《十七史商榷》卷五九云：「阮太后生於宋順帝昇明元年丁巳，薨於大同九年癸亥，年六十七。自丁巳至癸亥正六十七年。」朱季海校：「案《梁書》及《南史》阮修容傳俱作大同六年，謹據下文云『太歲癸亥』，則是『九年』，非『六年』；且云『六月二日庚申』，考《武帝本紀》六年六月有丁未，則其月二日無庚申，此可證《梁書》之誤。」〔四〕

〔一〕見《金樓子·后妃篇》。
〔二〕見《金樓子·立言篇上》。
〔三〕見《金樓子·雜記篇上》。
〔四〕朱季海《南齊書校議》，中華書局一九八四年版。

《金樓子》也記載了一些不見於前代典籍記載的史料、軼聞和傳説。這些記載一則可以補充史書未備，二則可佐證史書之記載。《四庫全書總目·金樓子》稱：「其書於古今聞見事蹟，治忽貞邪，咸爲苞載，附以議論，勸戒兼資。蓋亦雜家之流。而當時周秦異書未盡亡佚，具有徵引，如許由之父名，兄弟七人，十七而隱，成湯凡有七號之類，皆史外軼聞，他書未見。又《立言》、《聚書》、《著書》諸篇，自表其撰述之勤，所紀典籍源流，亦可補諸書所未備。」如《箴戒篇》載「齊東昏侯以青油爲堂」、「齊東昏侯初於宮中取空輦行之」、「齊東昏侯嘗爲潘妃御車」、「齊東昏侯潘妃嘗著裲襠袴」諸事均不見正史記載。又如：「齊武帝内殿則張帷，雜色錦複帳。帳之四角爲金鳳凰銜九子鈴，形如二三石甕，垂流蘇珥羽，其長拂地。施畫屏風、白紫貂皮褥、雜寶枕、金衣机，名香之氣充滿其中。外議既畢，則環而卧。」此事似乎與《南齊書》卷三《武帝紀》所載矛盾：「上剛毅有斷，爲治總大體，以富國爲先。頗不喜遊宴、雕綺之事，言常恨之，未能頓遣。臨崩又詔：『凡諸遊費，宜從休息。自今遠近薦獻，務存節儉，不得出界營求，相高奢麗。金粟繒纊，弊民已多，珠玉玩好，傷工尤重，嚴加禁絶，不得有違準繩。』」其實，蕭繹所述此事雖不載於今本《南齊書》、《南史》，然今本《南齊書》於齊武帝奢侈亦有涉及，如卷二〇《皇后傳》載：「世祖嗣位，運藉休平，壽昌前興，鳳華晚搆，香柏文檉，花梁繡柱，雕金鏤寶，頗用房帷，趙瑟《吴趨》，承閑奏曲，歲費傍恩，足使充牣，事由私蓄，無損國儲。」正可與此參證，能更全面地瞭解齊武帝。

《金樓子》多「剿襲」前代典籍，或存其佚文，或可與今流傳本互勘，頗具文獻價值。如《立言篇下》載河上公《老子》序言，就不見於其他典籍。《箴戒篇》載：「漢靈帝嘗藏寄小黄門、常侍錢，累數千萬。」此事又見《後漢書》卷七八《宦者列傳・張讓傳》：「(靈帝)復臧寄小黄門、常侍錢各數千萬。」中華書局點校本《後漢書》卷七八《宦者列傳・張讓傳》校勘記：「臧，據李慈銘説删。按：李云《治要》無下『臧』字，是也，當據删。」臧，即藏。而據《金樓子》本篇，「臧」字不衍，中華書局點校本《後漢書》校勘記有誤。清李慈銘《越縵堂讀書記・金樓子》曰：

惟其時古書多存，偶一引用，亦足以證佐見聞。如云：「居家治理，可移於官，何也？治國須如治家，所以自家刑國。」此可證《孝經》舊本「居家理」下無「故」字，「理治」與「治理」，傳寫偶異耳。元行沖疏言「故」字明皇所加，信而有徵。云：「菁茅，薪草也，《書》尊其貴；王雎，野鳥也，《詩》重其辭；羊、雁，賤畜也，《禮》見其質；蒺棘，鄙木也，《易》以定刑。」此足見古「贄」字祇作「質」。又如《世説》載楊氏子答孔坦夫子家禽語，此作楊子州答孔永。《晉書》載習鑿齒、釋道安「四海」「彌天」之語，此作習語云：「四海習鑿齒，故故來看爾。」道安應曰：「彌天釋道安，無暇得相看。」蓋皆以韻語取勝，截去下兩句在，則無謂也。《顔氏家訓》載江南一權貴誤讀《蜀都賦注》「蹲鴟，芋也」爲羊字，此作王翼於宋孝武坐呼羊肉爲蹲鴟，翼即向謝超宗求觀鳳毛者。〔一〕

〔一〕清李慈銘《越縵堂讀書記》，中華書局二〇〇六年版。

同時，作爲一部「私人化」的著作，蕭繹還在書中表達了自己的文藝理論觀念。《立言篇上》：「擣衣清而徹，有悲人者，此是秋士悲於心。擣衣感於外，内外相感，愁情結悲，然後哀怨生焉。苟無感，何嗟何怨也？」此無疑是對傳統「物感説」的繼承，但蕭繹意識到情緒的産生既是外物刺激的結果，同時還是「受者」心緒回應的結果，在外物和受者之間增加了「心」的雙向交流。自先秦至魏晉，「情由物興」的「物感説」十分流行，如《禮記·樂記》：「凡音之起，由人心生也。人心之動，物使之然也。」晉陸機《文賦》提出「遵四時以歎逝，瞻萬物而思紛。悲落葉於勁秋，喜柔條於芳春」，《文心雕龍》謂「人稟七情，應物斯感」（《明詩》），「歲有其物，物有其容；情以物遷，辭以情發」（《物色》），鍾嶸《詩品序》説「氣之動物，物之感人，故摇盪性情，形諸舞詠」。諸家均只是認爲心受外物影響，蕭繹提出心和物相互感應，比諸家更加深入。

蕭繹的文學觀，主要還是反映在《金樓子·立言》中。他把「古人之學」分爲「儒」與「文」二類，又把「今人之學」分爲「儒」、「學」、「文」、「筆」四類，從四者所構成相互作用的關係中來考察「文」和「筆」。〔二〕從「儒」與「文」區别來説，是要分開經學與廣義的文學；從「文」與「筆」的區别來説，是要分開實用文章與抒情詩文。這種細緻的區别，是前人未有的。

〔二〕〔日〕興膳宏著，戴燕譯《梁元帝蕭繹的生涯和〈金樓子〉》，見《異域之眼——興膳宏中國古典論集》，復旦大學出版社二〇〇六年版。

至於文、筆的區分，蕭繹能夠在前人基礎上更進一步，從强烈的抒情特徵、聲音與辭采之美來確定「文」的概念，提出「吟詠風謡，流連哀思者，謂之文」。〔一〕從而將藝術的、抒情的作品與實用的文章區別开來。他要求「文」的特點有三：辭采之美、聲調音律之美、能夠撼動心靈的强烈抒情性。簡言之，他是從美學特徵來認識文學的，這就比較直接地把握住了文學的本質，〔二〕代表了南朝人對文學性質認識的新水準。

總之，《金樓子》雜採先秦至南朝衆多典籍精華，間出己意，内容涉及到古代的政治、軍事、哲學、歷史、文學等諸多方面，是研究南北朝歷史、思想和文藝的直接材料，具有重要的學術價值。

四、《金樓子》的流傳與整理

最早著録《金樓子》的是《隋書·經籍志》，其載「《金樓子》十卷，梁元帝撰」，〔三〕《南史·梁元帝

〔一〕前人多以有韻者爲文，無韻者爲筆。如《文心雕龍》卷九《總術》：「今之常言，有文有筆，以爲無韻者筆也，有韻者文也。」

〔二〕參看章培恒、駱玉明主編《中國文學史》，復旦大學出版社二〇〇五年版。

〔三〕中華書局一九八二年排印本。然《子略》引《隋書·經籍志》作「二十卷」，《四庫全書總目·金樓子》亦稱「《隋書·經籍志》、《唐書》、《宋史》藝文志俱載其目爲二十卷」。

傳》也載蕭繹著「《玉韜》、《金樓子》、《補闕子》各十卷」。後《日本國見在書目》、《舊唐書・經籍志》、《新唐書・藝文志》、《崇文總目》、《郡齋讀書志》、《直齋書録解題》、《通志・藝文畧・雜家》、《文獻通考・經籍考》、《宋史・藝文志》俱載爲《金樓子》十卷。

明代書目少有關於《金樓子》的記載，惟陳第《世善堂書目》載有「《金樓子》十卷」。然《世善堂藏書目録》是一部真假參半的書目。〔一〕故此記載是否可信尚值得懷疑。清四庫館臣根據明人多不録《金樓子》這一情況，推測該書於明初漸已湮没散佚。〔二〕

然考明代書籍，多有引用此書者，亦有人稱曾經見過此書，如：

（一）楊慎（一四八八—一五五九）《丹鉛餘録續録》卷七「高齋無白鳥」條：

荆州江右岸有李姥浦，浦中偏無蚊蚋之患。梁元帝《金樓子》云：荆州高齋，暑月無白鳥，余亟寢處其中。及移餘齋，則蚊聲如雷。數丈之間，如此之異。（筆者注：所引見今六卷本

〔一〕參王重民《中國目録學史料》四，吉林省圖書館學會會刊一九八一年第六期。據王氏考證，陳第的曾孫陳孝受爲替祖宗炫博，提高書目身價，對陳第的藏書之目進行了增竄。

〔二〕《四庫全書總目・金樓子》：「是宋代尚無闕佚。至宋濂《諸子辨》、胡應麟《九流緒論》所列子部皆不及是書，知明初漸已湮没，明季遂竟散亡，故馬驌撰《繹史》徵采最博，亦自謂未見傳本，僅從他書摭録數條也。」中華書局一九九七年版。

《志怪篇》

（二）方以智（一六一一——一六七一）《通雅》卷四三載：

又見《金樓子》及俞益期云：「扶南人一木五香。」（筆者注：所引見今六卷本《志怪篇》）

（三）周嬰〔一〕《卮林》卷五「魯定公記」載：

此爲古語，宜從梁元帝《金樓子》云：名山之下生蒽薤者，是古人食石種也。故語云：「寧得一把五加，不用金玉滿車；寧得一斤地榆，不用明月寶珠。」五加一名金鹽，地榆一名玉豉，此二物可煮石也。（筆者注：所引見今六卷本《志怪篇》）

（四）胡爌《拾遺録》引：

《金樓子》曰：曾生謂「誦詩讀書，與古人居；讀書誦詩，與古人期」。（筆者注：所引見今六卷本《自序篇》）

〔一〕周嬰，莆田人，生卒年月無考，其活動時間約在萬曆至崇禎間。

（五）賀復徵編《文章辨體彙選》卷四六三引：〔二〕

《金樓子》有云：　班固碩學，尚云讚頌相似。（筆者注：　所引見今六卷本《立言篇下》）

《永樂大典》本藏於大内，非一般人所能得見，故其不會是諸書引文之來源。而統計有明一代對《金樓子》的引用，均是出自後面幾篇，即《立言篇九》、《志怪篇十二》、《雜記篇十三》等，則明人所見似爲後半部《金樓子》。又，《本草綱目》卷一《引據古今經史百家書目》中所引用的四百四十家中就有梁元帝《金樓子》，則李時珍（一五一八——一五九三）曾見過此書，而所引四條也均出自《志怪篇》。

胡應麟（一五五一——一六〇二）在《詩藪》外編卷二稱：

武帝、簡文、湘東製作，千不存一，似亦不在多也。諸書名俱載《梁史》，已録《卮言》中，此不列。今惟元帝《金樓子》尚行，小説易傳，亦一驗也。

此可注意者二，一是此時尚有《金樓子》流行，此可與《本草綱目》印證。二是胡應麟以《金樓子》爲小説，正因爲是小説，所以流傳易廣。劉躍進在《關於〈金樓子〉研究的幾個問題》中敏鋭地注意到

〔二〕賀復徵，生於萬曆二十八年（一六〇〇），順治十三年（一六五六）尚在世。參陸林《〈文章辨體彙選〉「四庫提要」辨誤——兼論「施伯雨」撰〈水滸傳自序〉的來源》，《文學遺産》二〇〇八年第三期。

此問題，指出胡應麟「所强調的是小説的故事性，所以將『志怪』、『傳奇』列在首位。在他的心目中，『志怪』無疑是古小説最重要的方面。用這種標準來衡量《金樓子》，『志怪』一篇理所當然地應當進入古小説研究者的視野」。「《金樓子》還記載了許多古今人物的奇聞佚事及各地的風土民情。這部分内容較之『志怪』不僅量大，而且更爲傳神動人。這類故事，多集中在『志怪篇』之後的『雜記篇』中。」〔一〕此可説明胡應麟見到的流行的《金樓子》，其實是以《志怪篇》、《雜記篇》爲主體的，即亦是後半部《金樓子》。而南宋《紺珠集》所選三十二條《金樓子》内容，也全部來自後半部。

綜合明人諸種記載，我們可以作一個大膽的推測：南宋以來，曾有一種《金樓子》是以後半部的形式流傳的。至明代，此半部《金樓子》依然流傳。而全帙之《金樓子》，雖有《永樂大典》所引之「元至正刊本」，從諸家書目均無記載來看，至明永樂後實已亡佚。〔二〕

清初，諸家書目均未見關於《金樓子》的記載。至孫星衍《孫氏祠堂書目》中著録有「《金樓子》六

〔一〕見《古典文獻學論稿》，學苑出版社一九九九年第二版。第二二六頁、二二八頁。

〔二〕明末陳正學輯有《金樓子》，見所著《灌園集》。所輯《金樓子》共五十六條，以之與四庫全書六卷本對照，有五十一條見於六卷本，另外兩條可以確定爲《金樓子》佚文（「劉先主叛走」條，亦見《太平御覽》卷六〇〇引《金樓子》；「五尺之鯉」條，亦見《太平御覽》卷九三六、《天中記》卷五六引《金樓子》），三條爲陳氏誤輯（「武帝求神仙」條，見《太平御覽》卷八二五引《東方朔別傳》；「曹操嘗使阮瑀作書」條，見《天中記》卷三七引《三國典略》；「齊魯争汶陽」條，見《太平御覽》卷九五一引《符子》）。所輯亦大體不出後半部《金樓子》範圍。

卷，梁元帝撰」，此《金樓子》爲從《永樂大典》中輯出之六卷本，此後書目均載爲六卷本。

今傳《金樓子》六卷本有知不足齋本、《四庫全書》本、《子書百家》本、《百子全書》本、〔一〕龍溪精舍本、《叢書集成初編》本，另有謝章鋌、沈德壽二鈔本。〔二〕

從源頭上説，知不足齋本、《四庫全書》本均由四庫館臣所輯，只是一流傳於民間，一藏於宫内。流傳於民間的後刻入《知不足齋叢書》，並幾經校勘，形成了不同的版本，《子書百家》本、《百子全書》本、龍溪精舍本、《叢書集成》本其實是以知不足齋本爲底本校勘過的不同版本罷了。〔三〕

知不足齋本後附有汪輝祖「書《金樓子》後」，明確交代了六卷本《金樓子》的來源：汪輝祖曾通

〔一〕《子書百家》本和《百子全書》本爲同一版本系統。

〔二〕謝章鋌鈔本今藏臺灣，許德平的《金樓子校注》以之爲底本，今《子部珍本叢刊》第一五二册據此影印。核其文字，實同於《四庫全書》本。謝氏鈔本卷一云：「辛巳，從鮑廷博《知不足齋叢書》本校一過。」正文頁脚往往有校語「鮑本作某字」。據其描述，所校鮑本應是知不足齋重刻本。張舜徽《清人筆記條辨》稱謝氏「既耗日於場屋應試之文，復疲精神於書院講習之地，未遑問學，見書不多」。沈德壽鈔本藏於上海圖書館，實鈔自知不足齋重校本，因爲其卷六尾有「乾隆癸卯仲春重校一過，知不足齋記」標識。

〔三〕學界對《金樓子》散佚時間和版本系統等問題多有探討，如劉躍進《關於〈金樓子〉研究的幾個問題》，收《古典文獻學論稿》，學苑出版社一九九九年第二版；杜志强《蕭繹〈金樓子〉的版本及其寫作時間》，《文獻》，二〇〇四年第一期；鍾仕倫《〈金樓子〉研究》，中華書局二〇〇四年版；劉洪波《〈金樓子〉的版本系統》，《北華大學學報》，二〇〇四年第四期。

過邵晉涵和羅有高讓周永年太史〔一〕給自己生母徐氏和父妾王氏寫「雙節詩」，周永年寫成後交邵晉涵，又輾轉多人，汪輝祖才得到，同時附在一起的還有一部《金樓子》：

> 蓋二年以來，輾轉付託，閱十有餘人。題緘之字，已磨滅殆盡，不可辨識，而緘封且半敝矣。啓而讀之，不惟「雙節」贈言無恙也，太史從《永樂大典》輯録《金樓子》六卷，命致鮑君以文者亦儼然在焉。

然據王鳴盛《十七史商榷》卷五九載：

> 此書久亡，吾友邵太史晉涵鈔得，鮑文學廷博刻之，已非足本。

「鈔得」所指，有兩種可能：一則邵晉涵從別處鈔得此書，而別處或即是周永年處，而王鳴盛只知邵晉涵有此書；一是邵晉涵從《永樂大典》輯録出《金樓子》六卷，命鮑廷博刻之。據汪輝祖序，此書確曾經邵晉涵之手，抑或邵晉涵別鈔一份。周永年、邵晉涵爲好友，且俱爲四庫館臣，均有機會鈔出《金樓子》。然汪輝祖「後序」何以只提是周永年輯出，而博學如王鳴盛却不知此書爲周氏輯出，徑曰「吾友邵太史晉涵鈔得」，箇中具體情況難以辨明，故今只説此書爲四庫館臣鈔出。

〔一〕周永年（一七三〇—一七九一），字書昌，別號林汲山人，山東歷城人，清代圖書館學理論家、藏書家，曾入四庫館校書。《金樓子》後序作「書倉」。

據知不足齋本《金樓子》前序，《永樂大典》本的底本爲元至正三年刻本，因爲前序後有「至正三年癸未歲春二月望日葉森書於西湖書院大學明新齋」落款。〔一〕《金樓子》至鮑廷博之手，鮑氏請朱文藻和吴騫作了簡單校勘，即刻板印行。其中朱文藻勘定二十五條，吴騫四條。不久，又有知不足齋重校本《金樓子》流傳，其於卷六尾有「乾隆癸卯仲春重校一過，知不足齋記」標識。乾隆癸卯爲一七八三年，此時距初刻僅二年，《金樓子》就已經重校重刻了。

現國家圖書館藏有《金樓子》的兩種稿本，一題「《金樓子》附校六卷，清吴騫撰，稿本（清鮑廷博校補）一册」，「《金樓子》附校，凡一百九十條，增文二篇」（簡稱「稿本一」）；一題「《金樓子》附校六卷，存五、一、三至六，清吴騫撰，稿本一册」，「《金樓子》附校，續補凡二十七條，合前通計二百一十八條」（簡稱「稿本二」）。經比對，可以發現吴騫、鮑廷博此次校勘所用的底本爲知不足齋本初刻本。〔二〕稿本二中有「四次校」、「《金樓子》第五次補校」字樣，可知他們對《金樓子》多次校勘，重校本就是吸收了吴騫、鮑廷博的校勘成果的新本子。經查核，稿本一實際存校勘記四百餘條，稿本二實際存校勘記四十餘條。二者关係不明。此兩稿本當撰寫於一七八一年至一七八三年間。

〔一〕關於是否有「元至正三年刻本」存在，陳志平有《〈金樓子〉版本三題》討論，見《圖書館雜誌》，二〇一〇年第四期。

〔二〕稿本一後有序曰：「此草稿未及繕清，本並不留副，日後仍望擲還，騫白；賤名下從馬，前刊附訂誤從鳥，又及。」查，知不足齋初刻本前校勘記吴騫之「騫」字下正誤作「鳥」。

比較知不足齋初刻本、重校(刻)本、《百子全書》本、龍溪精舍本、《叢書集成》本，後四本文字除少數錯訛之外，大體相同，但與初刻本差別較大。可以推知，《百子全書》本、龍溪精舍本、《叢書集成》本是以重校本爲基礎衍生出來的本子。

在民間流傳的知不足齋本經過不斷完善，漸成善本，而藏於深宮高閣之《四庫全書》本《金樓子》和知不足齋本同源，且少有改動，因此也別具版本校勘價值。〔一〕

至此，可列六卷本流傳譜系如下：

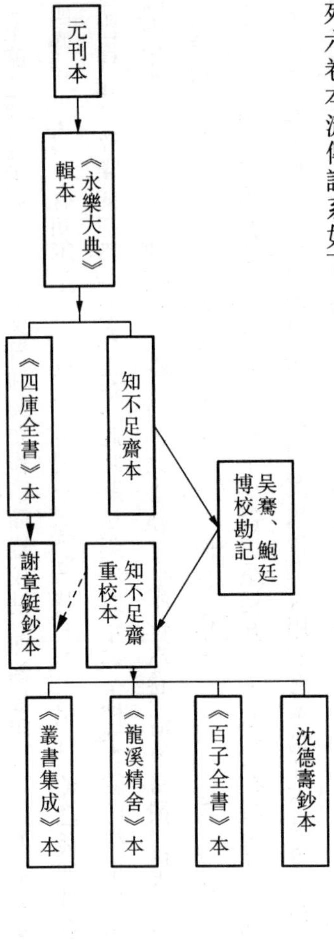

〔一〕關於知不足齋本與《四庫全書》本的異同，陳志平撰有《論鮑廷博、吳騫對〈金樓子〉的整理》，見《蘭臺世界》二〇一二年第四期。

除六卷本外，《金樓子》尚有一卷本流傳。

目前所知《金樓子》的一卷本有《紺珠集》本、〔一〕《説郛》本、《五朝小説》本、《五朝小説大觀》本〔二〕、《龍威秘書》本。《龍威秘書》本第五集《古今叢説拾遺》中有《説郛雜著》十種，第三種即是《金樓子》一卷，題梁湘東王撰。顯然其本自《説郛》。《五朝小説》本、《五朝小説大觀》本與《説郛》本條目、内容相同，但後出於《説郛》本，當也源於《説郛》本。而《説郛》本却不是選自全本的《金樓子》，而是源自南宋《紺珠集》。《紺珠集》卷一選《金樓子》三十二條，題梁湘東王繹著。《説郛》本與《紺珠集》本所選條目完全一樣，只是極少數文字略有區别，如第七條，「瑩徹如水精」，《説郛》本作「瑩徹如冰」；第十五條「豫章有石，水灌之可以燃鼎」，《説郛》本作「豫章有水石，灌之可以燃鼎」。但仍可判

〔一〕《紺珠集》著者姓名不詳，據《四庫全書總目·紺珠集》：「《紺珠集》，不著編輯者名氏。案晁公武《郡齋讀書志》載有《紺珠集》十三卷，稱爲朱勝非編百家小説而成。……然書首有紹興丁巳灌陽令王宗哲序，稱『《紺珠集》不知起自何代，建陽詹寺丞出鎮臨門，命之校勘，將鏤版以廣其傳』云云。考丁巳爲紹興七年。而《宋史》列傳勝非以紹興二年入相，既罷後，以五年起知湖州，後引疾歸，廢居八年而卒。是宗哲作序時，勝非方以故相里居。使此書果出其手，何至刊校之人俱不能詳知姓氏，於情理殊爲可疑。或公武所記有誤，未可知也。其書皆鈔撮説部，摘録數語，分條件繫，以供獺祭之用。……且其所見之書多爲古本，亦有足與世所行本互相參討者。」本文所選《紺珠集》文字源於中國社科院藏明天順刊本。

〔二〕《五朝小説》爲明代文言小説叢書。佚名編輯。一九二六年上海掃葉山房取《五朝小説》稍加抽换，石印出版，改題爲《五朝小説大觀》。

定《説郛》本即源於此本。[一]

一卷本流傳譜系如下：

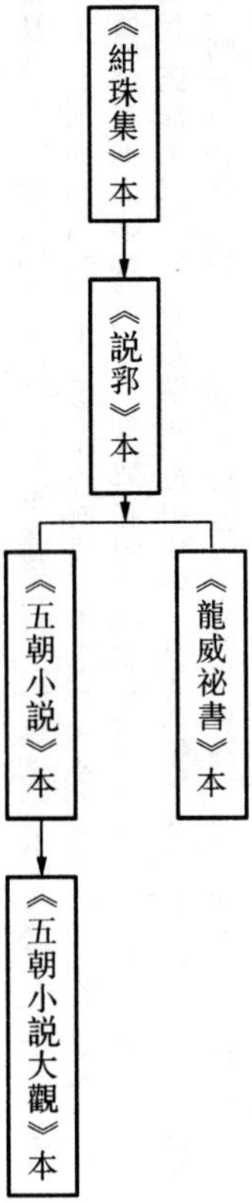

《金樓子》内容駁雜，引事用典，錯雜己意，加之後人輯録轉鈔過程中帶來的種種問題，爲正確解讀和研究《金樓子》造成很大困難，以至讓人有難以卒讀之歎。故自六卷本《金樓子》輯出之初，四庫館臣、鮑廷博、吴騫均曾進行校勘整理，其後孫詒讓《札迻》、俞樾《茶香室叢鈔》等清人筆記中亦有少量條目對《金樓子》進行校勘。而第一部對《金樓子》進行全面校勘和整理的是臺灣學者許德平先生的《金樓子校注》，該書二十餘萬字，草創之功自不可没，然存在的問題亦不少。[二]

[一] 參陳志平《〈金樓子〉版本三題》討論，見《圖書館雜誌》二〇一〇年第四期。

[二] 《金樓子校注》，梁蕭繹著，許德平校注，嘉新水泥公司文化基金會研究論文第一〇三種。關於該書的問題，參熊清元《〈金樓子校注〉訂補舉例》，《黄岡師範學院學報》二〇〇九年第五期。

此次我們以乾隆四十六年（一七八一）知不足齋本爲底本，重新整理六卷本《金樓子》，該本是從《永樂大典》本中輯出的最早的兩個版本之一（另一個是《四庫全書》本），且流傳極廣，後世重刻本、龍溪精舍本、《百子全書》本、《叢書集成》本的源頭均是此本。

此次整理，我們力争爲學界提供一個新的方便使用的善本，爲讀者正確理解《金樓子》貢獻一個可信賴的校注本，爲學人研究《金樓子》提供必要的參考資料。

是否達到了既定目標，還請方家、讀者不吝賜教。

陳志平　熊清元

二〇一二年一月十日

例言

一、本書對《金樓子》文本之整理包括疏證與校注，疏證乃條列《金樓子》本文各條之所出，校注則是對文本文字之校勘與本事、典實、地名、職官、典制、詞語等之詮釋。

二、本書對《金樓子》全書各篇分條、段，並加現代通用標點符號。爲清眉目，於一篇之中，仿今人箋疏《世説新語》之例，按底本已分條目，用阿拉伯數字1，2，3……標明順序；若條目内容甚多，篇幅過長，則斷以己意，再分小段，以1·1，1·2，1·3……標序。

三、蕭繹一生博覽羣書，所撰《金樓子》多援據舊籍。考其運用，蓋有三法：或照録原文，或删畧節取，或概述大意。而其行文之時，於所採舊籍之書（篇）名、撰者，有標明者，有未標明者。本書之疏證，儘可能考明其出處，尋求其本源。疏證時，若不能確定其出處必爲某舊籍時，則遵循以下三原則：若《金樓子》某條文本與多種舊籍之文字互有異同，則取與《金樓子》文字最接近者；若《金樓子》某條與多種舊籍之文字相同或相似，則取舊籍中撰著時代之最早者；若多種舊籍互可補充，則並存之。其餘相同或相似舊籍，則僅注明「亦見」、「並見」、「畧見」云云，以供讀者檢索之用，而避繁冗。

四、本書以乾隆四十六年（一七八一）《知不足齋叢書》第九集《金樓子》爲底本（簡稱「《知不足齋》本」，有時亦稱「底本」），用以通校之版本有：

（一）六卷本系統：

文淵閣《四庫全書》子部《金樓子》（簡稱「《四庫全書》本」）

乾隆四十八年（一七八三）知不足齋重校《金樓子》（簡稱「重校本」）

掃葉山房《百子全書·金樓子》（簡稱「《百子全書》本」）

龍溪精舍校刊《金樓子》（簡稱「龍溪精舍本」）

民國上海商務印書館輯《叢書集成初編》第五九四册《金樓子》（簡稱「《叢書集成》本」）

（二）一卷本系統：

中國社科院藏明天順刊《紺珠集》卷一《金樓子》（簡稱「《紺珠集》本」）

宛委山堂本《説郛》卷二三《金樓子》（簡稱「《説郛》本」）

以上諸本，本書校注中如統稱即稱「各本」；單稱時則列版本簡稱。

五、古人關於《金樓子》之校勘成果，今之可見者有數種：

（一）底本前有仁和朱文藻附訂二十六條，海寧吴騫附訂四條，朱文藻附訂簡稱爲「朱校」，吴騫附訂者則稱「吴騫校」。

（二）國家圖書館藏清人吴騫、鮑廷博《金樓子》校勘記稿本兩種：一題「《金樓子》附校六卷，清吴騫撰，稿本（清鮑廷博校補）一册」；一題「《金樓子》附校六卷，存五，一、三至六，清吴騫撰，稿本一册」。二稿本主要撰寫者爲吴騫，故簡稱作「吴校」。

（三）《四庫全書》本卷一《箴戒》後有考證二條。

以上校勘成果，本書一一採録，分别列於《金樓子》各條相應文字之校語下，且畧作説明。

六、本書於今人關於《金樓子》之校勘成果亦儘量吸收。凡所引用皆注明出處，如許德平《金樓子校注》、吴光興《蕭綱蕭繹年譜》，分别標明「許《注》」、「吴《譜》」，而於其全稱、作者及版本等則見於《主要參考文獻》。

七、《金樓子》問世後，歷代典籍如《初學記》、《藝文類聚》、《太平御覽》等不乏徵引，是校勘《金樓子》之重要材料。本書全面搜集，並與底本一一對勘，有價值者出校記。

八、本書之疏證、校勘，儘量採用蕭繹可能見到的材料，如《史記》、《漢書》、《三國志》及裴松之注、《後漢書》、《淮南子》、《説苑》等。凡有校勘底本之價值者，本書悉以取資，並出校記。至於蕭繹不得見之材料如唐修《晉書》、《南史》，則僅在校注中使用，不用於疏證，其文字之有校勘價值者，僅出校説明，不用於改訂底本文字。

九、本書於底本及疏證、校注所引用舊籍，一般異體字均徑改爲通行正體字，不出校記。而避諱字一般僅出注説明，不改字；唯「玄」字，後人避諱改作「元」字，今存《金樓子》其例甚多，今徑改回，以免重複説明。

一〇、本書各本對勘時，凡有價值之異文均一一出校；他本明顯訛誤，或常見異體字、古今字及個别虚字，則不出校記，免增冗贅。校勘一般不改底本之文字，凡可確知爲底本之訛字、衍字，用圓括號（）標示，其字小一號，訂補文字則用方括號〔〕標示，字號同正文，皆出校説明。

一一、本書對於《金樓子》本文較生僻之字則在校注中於該字後括注漢語拼音，對於不太常見的詞語及人名、地名、職官、典制酌加詮釋。對於《金樓子》本文所涉人物，一般僅簡述其姓名、籍貫、所處時代、主要仕歷，同時提供可供檢索之史傳或相關資料名稱。但若此人之事蹟關涉到對《金樓子》文本之理解者，則不在此例。

一二、本書之疏證、校注以條（段）爲單元。疏證以正文所採文獻的先後順序排列，以便對應；校注詞條以〔一〕〔二〕〔三〕……標示。同一篇目中，校注詞條及内容全同者，不重出，不同篇目中則不避重。疏證、校注材料中必要的補字以方括號〔〕標示。爲避免枝蔓，有時對材料作必要的删減，删減處以省畧號……標示，或以「云云」提示。

一三、《金樓子·著書篇》既著録蕭繹所著之書，又録其序。該篇篇題下有小字云：「《（永樂）大典》又别載《金樓子·著書篇》五條，其二條與《藝文類聚》所載梁元帝《孝子傳序》、《懷舊志序》相出入，而首尾殘缺，文亦互異，知原書具（龍溪精舍本作「其」）載序論，非僅目録。今徧考諸書，凡可補者悉附於後，庶存其大畧云。」可知今本《金樓子·著書篇》中部份序跋乃四庫館臣從「諸書」中補入，然蕭繹所自撰之序跋仍多有可補佚者，今仿四庫館臣做法，從《初學記》、《藝文類聚》、《太平御覽》等書悉輯出，附於相關條目（段）下，而不作校勘注釋。

一四、本書疏證、校注直接引用之文獻，一般都注明名稱、卷次。而於其作者、出版單位、時間、版本等，則俱詳本書所附《主要參考文獻》，疏證、校注中不另贅述。

一五、古今行政區劃、地名變化頗爲繁雜。本書箋注州、郡、縣，僅明其治所之今地所在，且今地之縣以下，一般不注何鎮。其他地名之今地則儘量具體。本書所注之今地，其行政區劃大體以一九九四年十二月底行政區劃爲準。

目録

金樓子序〔一〕

【校注】

〔一〕序：《四庫全書》本作「原序」。

先生曰：〔一〕余於天下爲不賤焉。〔二〕竊念臧文仲既殁，〔三〕其立言於世，〔四〕曹子桓云「立德著書，可以不朽」，〔五〕杜元凱言「德者非所企及，立言或可庶幾」，〔六〕故户牖懸刀筆，〔七〕而有述作之志矣。常笑淮南之假手，〔八〕每蚩不韋之託〔人〕。〔九〕由〔是〕年在志學，〔一〇〕躬自搜纂，以爲一家之言。〔一一〕

【校注】

〔一〕先生：文人學者的通稱。可自稱，亦可稱人。此處是蕭繹自指。《史記》卷一三《三代世表》褚少孫補《後序》「張夫子問褚先生曰」云云。又，《晉書》卷五一《皇甫謐傳》載謐《篤論》云：「玄晏先生以爲存亡天地之定制。」蕭繹受前人影響，亦自稱金樓先生。

〔二〕不賤：《史記》卷三三《魯周公世家》：「周公戒伯禽曰：『我文王之子，武王之弟，成王之叔父，我於天下亦不賤矣。』」蕭繹《馳檄告四方》：「況聯華日月，天下不賤，爲臣爲子，兼國兼家者哉！」

〔三〕臧文仲：即臧孫氏，名辰，謚文仲，春秋時魯國正卿，歷事魯莊公、閔公、僖公、文公四君。生平詳《左傳》莊公十一年、僖公二十年、襄公二十四年、文公二年等。《國語》卷一四《晉語八》：魯襄公使叔孫穆子來聘，對范宣子問曰：「魯先大夫臧文仲，其身殁矣，其言立於後世，此之謂死而不朽。」事亦見《左傳·襄公二十四年》。

〔四〕立言：《四庫全書》本作「言立」，嚴可均《全梁文》卷一七録此序，亦作「言立」。今按：依上下文意及《國語·晉語八》，似以「言立」爲允。

〔五〕曹子桓：魏文帝曹丕，字子桓。性好文學，有《魏文帝集》、《典論》。《三國志》卷二有紀。《三國志·魏書·文帝紀》裴松之注引《魏書》：「帝初在東宫，疫癘大起，時人彫傷，帝深感歎，與素所敬者大理王朗書曰：『生有七尺之形，死唯一棺之土，唯立德揚名，可以不朽，其次莫如著篇籍。』」

〔六〕杜元凱：杜預字元凱，西晉京兆杜陵人。著有《春秋左氏經傳集解》及《春秋釋例》等。《晉書》卷三四有傳。《世説新語·方正》「杜預之荆州」條劉孝標注引王隱《晉書》：「預，知謀淵博，明於治亂，常稱『德者非所企及，立功、立言所庶幾也』。」

〔七〕户牖懸刀筆：《後漢書》卷四九《王充傳》：「充好論説，始若詭異，終有理實。以爲俗儒守文，多失其真，乃閉門潛思，絶慶吊之禮，户牖牆壁各置刀筆。」户牖，門窗。刀筆，古代書寫工具。《後漢書》卷一一《劉盆子傳》：「酒未行，其中一人出刀筆書謁欲賀。」李賢注：「古者記事書於簡册，謬誤者以刀削而除之，故曰刀筆。」

〔八〕淮南：指淮南王劉安。安，西漢宗室，高祖孫。《史記》卷一一八、《漢書》卷四四有傳。《漢書》本傳：「淮南王安爲人好書，鼓琴，不喜弋獵狗馬馳騁，亦欲以行陰德拊循百姓，流名譽。招致賓客方術之士數千人，作爲《内書》二十一篇，《外書》甚衆。又有《中篇》八卷，言神仙黄白之術，亦二十餘萬言。」假手：藉别人之手達到自己的目的。此處指讓人代爲著述。

〔九〕蚩：各本同。吴校：「『蚩』當作『嗤』。」今按：「蚩」、「嗤」通。不韋：即吕不韋，戰國末衛國人。原爲陽翟大商人，秦王政時，任相國，被尊爲仲父。《史記》卷八五有傳。《史記》本傳：「是時諸侯多辯士，如荀卿之徒，著書布天下。吕不韋乃使其客人人著所聞，集論以爲八覽、六論、十二紀，二十餘萬言。以爲備天地萬物古今之事，號曰《吕氏春秋》。」人：底本作空格，《四庫全書》本下有小字云：「原缺一字。」重校本、《叢書集成》本、《百子全書》本、龍溪精舍本作「人」字。嚴可均《全梁文》卷一七録此序亦作「人」。今按：當以作「人」爲是，據補。

〔一〇〕由是：底本、《四庫全書》本、重校本無「是」字，《叢書集成》本、《百子全書》本、龍溪精舍本、嚴可均《全梁文》卷一七録此序「由」下有「是」字。吴校：「『由』下當脱一『是』字。」今按：以有「是」爲當，據補。志學：借指十五歲。《論語・爲政》：「吾十有五而志於學。」三國魏曹植《武帝誄》：「年在志學，謀過老成。」

〔一一〕一家之言：漢司馬遷《報任少卿書》：「欲以究天人之際，通古今之變，成一家之言。」

粤以凡庸，〔一〕早賜茅社，〔二〕祚土瀟湘，〔三〕搴帷（挾）〔陜〕服，〔四〕早攝神州，〔五〕晚居外相，〔六〕文案盈前，書幌未輟，俾夜作晝，〔七〕勤亦至矣。其間屢事玄言，亟登講肆。外陳玉鉉之文，〔八〕内宏金（疊）〔牒〕之典。〔九〕從乎華陰之市，〔一〇〕廢乎昌言之説。〔一一〕其事一也。六（戒）〔戎〕多務，〔一二〕千乘糺紛。〔一三〕夕望湯池，〔一四〕觀仰月之勢；〔一五〕朝瞻美氣，〔一六〕眺非烟之色。〔一七〕替於筆削。其事二也。復有西園秋月，岸幘舉杯；〔一八〕左海春朝，〔一九〕連章（離）〔摛〕翰。〔二〇〕雖有欣乎寸錦，〔二一〕而久棄於尺璧。〔二二〕其事三也。而體多羸病，心氣頻動。〔二三〕卧治終日，（睢）〔淮〕陽得善政之聲；〔二四〕足不跨鞍，聊城有却兵之術。〔二五〕吾不解一也。常貴無爲，〔二六〕每嗤有待。〔二七〕閒齋寂寞，對林泉而握談柄；〔二八〕虚宇遼曠，玩魚鳥而拂叢蓍。〔二九〕愛静之心，〔三〇〕彰乎此矣。而候騎交馳，〔三一〕仍麾白羽之扇；〔三二〕兵車未息，還控蒼兕之軍。〔三三〕此吾不解二也。〔三四〕有「三廢學」、「二不解」，而著書不息，何哉？若非隱淪之愚谷，〔三五〕是謂高陽之狂生者也。〔三六〕竊重管夷吾之雅談，〔三七〕諸葛孔明之宏論，〔三八〕足以言人世，足以陳政術，竊有慕焉。

【校注】

〔一〕粵：《漢書》卷八四《翟義傳》：「粵其聞日，宗室之儁有四百人，民獻儀九萬夫，予敬以終於此謀繼嗣圖功。」顏師古注：「粵，發語辭也。」

〔二〕茅社：古天子分封諸侯，授之茅土使歸國立社，稱作茅社。《尚書·禹貢》「厥貢惟土五色」，孔安國傳：「王者封五色土爲社，建諸侯則割其方色土與之，使立社。燾以黃土，苴以白茅，茅取其絜，黃取王者覆四方。」

〔三〕祚土：封賜土邑。　瀟湘：湘江與瀟水的合稱，此處指湘州。據《梁書》卷五《元帝紀》，蕭繹天監七年（五〇八）生，十三年（五一四）封湘東王。

〔四〕搴帷：指高級地方官履任。《後漢書》卷三一《賈琮傳》：「以琮爲冀州刺史。舊典，傳車驂駕，垂赤帷裳，迎於州界。及琮之部，升車言曰：『刺史當遠視廣聽，糾察美惡，何有反垂帷裳以自掩塞乎？』乃命御者褰之。百城聞風，自然竦震。」　陝服：指古荆州地。《南齊書》卷一五《州郡志》：「弘農郡陝縣，周世二伯總諸侯，周公主陝東，召公主陝西，故稱荆州爲陝西也。」《文選》卷六〇任彦昇《齊竟陵文宣王行狀》：「初，沈攸之跋扈上流，稱亂陝服。」呂向注：「上流，荆州也。時攸之爲荆州刺史，宋順帝即位，起兵作亂。時以荆州比陜州，爲分陜之望也，如侯、甸之服，故云陜服也。」蕭繹《與劉綰書》云：「昔經陜服，頗足良書。」據《梁書》之《武帝紀》及《元帝紀》，蕭繹普通七年（五二六）十月出爲荆州刺史。陜，底本、《四庫全書》本作「㛺」，重校本、《叢書集成》本、《百子全書》本、龍溪精舍本作「陜」。吴校：「『㛺』當作『陜』。」今按：吴校是，據改。

〔五〕攝：官制術語。以低職官代行高級職務。　神州：指揚州。《梁書》卷三六《孔休源傳》載：普通七年，揚州刺史臨川王蕭宏薨，高祖以孔休源監揚州。「時論榮之，而神州都會，簿領殷繁。」蕭繹於普通七年（五二六）夏秋間以丹陽尹攝揚州刺史，時年十九。此事《梁書》卷五《元帝紀》及《南史》卷八《梁本紀・元帝》俱失載，説詳吴《譜》卷一「普通七年」下「湘東王代理揚州刺史」條。揚州爲當時京師所在，地位隆重，故蕭繹以攝揚州刺史爲榮。

〔六〕外相：指朝廷重臣而都督諸軍且主政方面者。《晉書》卷六六《陶侃傳》載：侃爲使持節、侍中、太尉、都督荆江雍梁交廣益寧八州諸軍事、荆江二州刺史。史臣曰：「（陶侃）超居外相，宏總上流。」《梁書》卷五《元帝紀》：太清元年，蕭繹爲使持節、都督荆、雍、湘、司、郢、寧、梁、南、北秦九州諸軍事、鎮西將軍、荆州刺史，「三年三月，侯景寇没京師。四月，太子舍人蕭歆至江陵宣密詔，以世祖爲侍中、假黄鉞、大都督中外諸軍事、司徒承制，餘如故」。余嘉錫《目録學發微》卷三：「考太清三年，侯景寇没京師，密詔以帝爲侍中，假黄鉞大都督中外諸軍事，司徒承制，所謂『晚居外相』也。」

〔七〕俾夜作晝：意同夜以繼日。今按：蕭繹乃反「俾晝作夜」用之。《詩經・大雅・蕩》：「既衍爾止，靡明靡晦。式號式呼，俾晝作夜。」

〔八〕玉鉉之文：指玄學著作。玉鉉，本指玉製的舉鼎之具。狀如鉤，用以提鼎之兩耳。《周易·鼎卦》：「上九，鼎玉鉉，大吉，無不利。」

〔九〕金牒：指佛教經典，與上文「玉鉉」相對。《廣弘明集》卷二八録梁武帝《金剛般若懺文》：「得金剛之妙寶，見金牒之深經。」蕭繹《法寶聯璧序》：「金牒空解，生文章之外。」牒，各本作「疊」，《四庫全書》本「疊」下有小字云：「案『疊』疑『曡』。」吴校：「『疊』疑作『牒』。按元帝《内典碑林銘集林序》云『是宣金牒，方寄銀身』。」今按：吴校是，據改。

〔一〇〕華陰之市：《後漢書》卷三六《張楷傳》載：東漢張楷字公超，「隱居弘農山中，學者隨之，所居成市，後華陰山南遂有公超市。」

〔一一〕昌言：《尚書·皋陶謨》：「禹拜昌言曰：『俞！』」孔安國傳：「以皋陶言爲當，故拜受而然之。」

〔一二〕六戎：各本作「六戒」。今按：「六戒」當爲「六戎」之訛。今改正。六戎，我國古代西方戎族之六部。《周禮·夏官·職方氏》「五戎六狄」，鄭玄注引《爾雅》曰：「九夷、八蠻、六戎、五狄，謂之四海。」邢昺疏：「《風俗通》云：『斬伐殺生，不得其中。戎者兇也，其類有六。』李巡云：『一曰僥夷，二曰戎央（一作「戎夷」），三曰老白，四曰耆羌，五曰鼻息，六曰天剛。』」梁簡文帝蕭綱《讓驃騎揚州刺史表》：「故以彈壓六戎，冠冕九牧。」

〔一三〕千乘糺紛：指戰事頻繁。千乘，千輛兵車，指軍隊。

〔一四〕湯池：指難以逾越的護城河。

〔一五〕仰月之勢：指護城河狀如仰月。仰月，弧上弦下之月。

〔一六〕美氣：《南史》卷二五《到溉傳》載：陸倕贈任昉詩有云：「和風雜美氣，下有真人游。」

〔一七〕非烟之色：即卿雲。《史記》卷二七《天官書》：「若烟非烟，若雲非雲，鬱鬱紛紛，蕭索輪囷，是謂卿雲。卿雲見，喜氣也。」

〔一八〕西園秋月：曹植《公宴詩》有云：「公子敬愛客，終宴不知疲。清夜游西園，飛蓋相追隨。明月澄清景，列宿正參差。」西園，爲三國曹操所築，在今河北臨漳縣西。岸幘：推起頭巾，露出前額。形容態度灑脱，或衣著簡率不拘。漢孔融《與韋端書》：「聞僻疾動，不得復與足下岸幘廣坐，舉杯相於，以爲邑邑。」柸：同「杯」。

〔一九〕左海：東海。據《梁書》卷五《元帝紀》，蕭繹曾爲會稽太守，會稽郡東臨東海，故云。左，《詩經·唐風·有杕之杜》：「有杕之杜，生於道左。」鄭玄箋：「道左，道東也。」

〔二〇〕連章摛翰：指寫作著述。摛翰，鋪陳辭藻。摛，底本、《四庫全書》本作「離」，重校本、《叢書集成》本、龍溪精舍本、嚴可均《全梁文》卷一七録此序作「摛」，《百子全書》本作「螭」。吴騫校：「『離』當作『摛』。新印已改正。」今按：作「摛」是。連章，綴合文章。

〔二一〕寸錦：《北堂書鈔》卷一〇〇引《抱朴子》曰：「小文雖巧，猶之寸錦。」

〔二二〕尺璧：比喻大而可貴的創作。晉潘尼《答陸士衡》詩：「慚無琬琰，以訓尺璧。」

〔二三〕心氣頻動：《金樓子·自序篇》：「吾年十三，誦百家譜，雖略上口，遂感心氣疾，當時犇走，及長漸善。頻喪五男，銜悲悅忽，心地荼苦。居則常若尸存，行則不知所適，有時覺神在形外，不復附身。及以大兒爲南征不復，繼奉國諱，隨念灰滅，萬慮盡矣。」蕭繹所謂「心氣」病今稱之精神病。古人以心爲思維器官，故稱爲心氣病。

〔二四〕「卧治」二句：《史記》卷一二〇《汲黯傳》：「上以爲淮陽，楚地之郊，乃召拜黯爲淮陽太守。黯伏謝不受印，詔數彊予，然後奉詔。詔召見黯……上曰：『君薄淮陽邪？吾今召君矣。顧淮陽吏民不相得，吾徒得君之重，卧而治之。』黯既辭行。……黯居郡如故治，淮陽政清。」淮陽，各本原作「睢陽」。今按：「睢陽」當作「淮陽」，郡名，治所在今河南淮陽。「淮」，形近而訛「睢」。

〔二五〕「聊城」句：《史記》卷八三《魯仲連傳》：「齊田單攻聊城歲餘，士卒多死而聊城不下。魯連乃爲書，約之矢以射城中，遺燕將。……燕將見魯連書，泣三日，猶豫不能自決。……乃自殺。聊城亂，田單遂屠聊城。」聊城，春秋時齊邑。在今山東聊城西北。

〔二六〕無爲：《老子》第三七章：「道常無爲而無不爲，侯王若能守之，萬物將自化。」

〔二七〕有待：《莊子·逍遥遊》：「夫列子御風而行，泠然善也，旬有五日而後反。彼於致福者，未數數然也。此雖免乎行，猶有所待者也。」亦參錢鍾書《管錐編》第四册《全晉文》第一六二「有待」條。

〔二八〕談柄：古人清談時所執之麈尾。宋羅願《爾雅翼》二〇卷「麈」條：「麈，大鹿也。其字從主，若鹿之主焉。麈之所在，衆從之。其尾可用爲拂，談者執之以揮，言其談論所指，衆不能易也。」

〔二九〕叢蓍：古代用來占卜的蓍草。《周易·繫辭上》：「是故蓍之德，圓而神；卦之德，方以知。」

〔三〇〕愛静之心：《四庫全書》本「静」下無「之」字。

〔三一〕候騎：擔任偵察巡邏任務的騎兵。《史記》一一〇《匈奴列傳》：「（單于）使奇兵入燒回中宫，候騎至雍甘泉。」司馬貞《索隱》引崔浩曰：「候，邏騎。」

〔三二〕白羽之扇：古代常用爲指揮軍事戰鬬之標誌。《晉書》卷一〇〇《陳敏傳》載：顧榮率軍與陳敏戰，「榮以白羽扇麾之，敏衆潰散」。參周一良《魏晉南北朝史札記·〈晉書〉札記》「白羽扇」條。

〔三三〕蒼兕：傳説中的水獸名，善奔突。此處借指勇猛的軍隊。梁元帝蕭繹《南郊頌序》：「塵清世晏，蒼兕無用其武功。」

〔三四〕「體多羸病」至「此吾不解二也」句：錢鍾書《管錐編》第四册《全梁文》卷一六「《金樓子序》之『不解』條云：「按機杼仿《全三國文》卷五八諸葛亮《聞孫權破曹休魏兵東下關中虚弱上言》：『此臣之未解一也……此臣之未解二也。』意謂己初不能自解，人更出乎意表，事無不舉，而心有餘閒，詞若憾而實乃深喜自負也。」

〔三五〕愚谷：「愚公谷」省稱。此處代指「愚公」。漢劉向《説苑》卷七《政理》：「齊桓公出獵，逐鹿而走入山谷之中，見一老公而問之曰：『是爲何谷？』對曰：『爲愚公之谷。』桓公曰：『何故？』對曰：『以臣名之……臣故畜牸牛，生子而大，賣之而買駒。少年曰：牛不能生馬！遂持駒去。傍鄰聞之，以臣爲愚，故名此谷爲愚公之谷。』」今按：蕭繹此文用「愚谷」而不徑用「愚公」者，蓋「公」爲平聲，「谷」爲仄聲，故用「谷」，以避與下句「生」同聲調。

〔三六〕高陽之狂生：《史記》卷九七《酈生傳》：「初，沛公引兵過陳留，酈生踵軍門上謁曰：『高陽賤民酈食其，竊聞沛公暴露，將兵助楚討不義，敬勞從者，願得望見，口畫天下便事。』使者入通，沛公方洗，問使者曰：『何如人也？』使者對曰：『狀貌類大儒，衣儒衣，冠側注。』沛公曰：『爲我謝之，言我方以天下爲事，未暇見儒人也。』使者出謝曰：『沛公敬謝先生，方以天下爲事，未暇見儒人也。』酈生瞋目案劍叱使者曰：『走！復入言沛公，吾高陽酒徒也，非儒人也。』」高陽，鄉名。在今河南杞縣西南高陽鎮。

〔三七〕管夷吾之雅談：指管子之著述。劉向《管子書序》云：「凡管子書，務富國安民，道約言要，可以曉合經義。」管仲，字夷吾，春秋時齊國潁上人。爲齊桓公上卿。今傳有《管子》十九卷。《史記》卷六二有傳。雅談，正論。此指著述。

〔三八〕諸葛孔明之宏論：指諸葛亮之著述。《三國志·蜀書·諸葛亮傳》裴松之注引《魏氏春秋》曰：「亮作八務、七戒、六恐、五懼，皆有條章，以訓厲臣子。」同傳又載陳壽論諸葛亮曰：「其聲教遺言，皆經事綜物，公誠之心，形於文墨，足以知其人之意理，而有補於當世。」孔明，諸葛亮字孔明，琅邪陽都人。三國蜀漢丞相。有《諸葛亮集》。《三國志》卷三五有傳。宏論，見識高明的言論。此指著述。

老生有言：〔一〕「知我者希，則我者貴矣。」〔二〕有是哉，有是哉！裴幾原、劉嗣芳、蕭光侯、張簡憲，〔三〕余之知己也。伯牙之琴，〔四〕嗟綠綺之長廢；〔五〕巨卿之驥，〔六〕驅白馬其安歸？昔爲俎豆之人，〔七〕今成介胄之士。〔八〕智小謀大，〔九〕功名其安在哉？蓋以金樓子爲文也，氣不遂文，文常使氣，〔一〇〕材不值運，〔一一〕必欲師心。〔一二〕（霞）〔暇〕閒得語，〔一三〕莫非撫臆，松石能言，必解其趣，風雲玄感，〔一四〕儻獲見知。今纂開闢已來，至乎耳目所接，即以先生爲號，名曰《金樓子》。〔一五〕蓋士安之《玄晏》，〔一六〕稚川之《抱朴》者焉！〔一七〕

【校注】

〔一〕老生：《四庫全書》本作「老氏」。朱校：「老生當作老子。」吴校：「按元帝《答齊國雙馬書言》云：『老生不云乎，「雖有拱璧，以先駟馬」。』蓋老生即老子也。」今按：吴校是。老生即老子，著有《老子》五千言。《史記》卷六三有傳。

〔二〕「知我」二句：出自《老子》第七〇章，通行本無「矣」字。今按：《梁書》卷三八《賀琛傳》高祖口授敕引《老子》曰「知我者希，則我貴矣」，「則我」後無「者」字。馬王堆漢墓帛書《老子》甲、乙兩本均無「者」字。《三國志》卷二九《管輅傳》及卷三八《秦宓傳》並引作「知我者希，則我貴矣」。

〔三〕裴幾原：裴子野字幾原，祖籍河東聞喜。《梁書》卷三〇、《南史》卷三三有傳。蕭繹任丹陽尹，裴子野撰有《丹陽尹湘東王善政碑》。子野去世，蕭繹爲作墓誌銘。《梁書》本傳：「子野與沛國劉顯、南陽劉之遴、陳郡殷芸、陳留阮孝緒、吴郡顧協、京兆韋棱，皆博極羣書，深相賞好，顯尤推重之。時吴平侯蕭勸、范陽張纘，每討論墳籍，咸折中於子野焉。」劉嗣芳：劉顯字嗣芳，祖籍沛國相縣。《梁書》卷四〇、《南史》卷五〇有傳。《梁書》本傳：「顯與河東裴子野、南陽劉之遴、吴郡顧協，連職禁中，遞相師友，時人莫不慕之。顯博聞强記，過於裴、顧。」蕭光侯：指蕭勱。勱字文約，南蘭陵人，梁宗室。卒，謚曰光侯。《南史》卷五一有傳。《南史》本傳：「（蕭勱）聚書至三萬卷，披玩不倦，尤好《東觀漢記》，略皆誦憶。劉顯執卷策勱，酬應如流，乃至卷次行數亦不差失。少交結，唯與河東裴子野、范陽張纘善。」及其卒，蕭繹爲作《侍中吴平光侯墓誌》，見《藝文類聚》卷四八。張簡憲：指張纘。纘字伯緒，祖籍范陽方城。謚簡憲公。《梁書》卷三四、《南史》卷五六有傳。《梁書》本傳：「纘有識鑒，自見元帝，便推誠委結。及元帝即位，追思之，嘗爲詩，其《序》曰：『簡憲之爲人也，不事王侯，負才任氣，見余則申旦達夕，不能已已。懷夫人之德，何日忘之。』」

〔四〕伯牙：春秋時人。精於琴藝，相傳琴曲《水仙操》、《高山流水》均爲他所作。事蹟詳《荀子》卷一《勸學》、《吕氏春秋》卷一四《孝行覽·本味》等。

〔五〕緑綺：嚴可均《全晉文》卷四五傅玄《琴賦序》：「神農氏造琴，所以協和天下人性，爲至和之主。齊桓公有鳴琴曰號鐘，楚莊有鳴琴曰繞梁，中世司馬相如有琴曰緑綺，蔡邕有琴曰焦尾，皆名器也。」

〔六〕巨卿：東漢范式字巨卿。范式與汝南張劭（字元伯）爲好友，後張劭死，「式未及到，而喪已發引，既至壙，將窆，而柩不肯進。其母撫之曰：『元伯，豈有望邪？』遂停柩移時，乃見有素車白馬，號哭而來。其母望之曰：『是必范巨卿也。』巨卿既至，叩喪言曰：『行矣元伯！死生路異，永從此辭。』會葬者千人，咸爲揮涕。式因執紼而引，柩於是乃前。式遂留止冢次，爲修墳樹，然後乃去。」事詳《後漢書》卷八一《獨行列傳・范式傳》。

〔七〕俎豆之人：指文士。俎豆，古代祭祀、宴饗時盛食物用的兩種禮器，亦泛指各種禮器。或借指祭祀禮儀。《論語・衛靈公》：「俎豆之事則嘗聞之矣，軍旅之事未之學也。」

〔八〕介冑之士：披甲戴盔之士，指武士。介，甲。冑，盔。

〔九〕智小謀大：《周易・繫辭下》：「子曰：『德薄而位尊，知小而謀大，力小而任重，鮮不及矣。』《易》曰：『鼎折足，覆公餗，其形渥，凶。』言不勝其任也。」

〔一〇〕使氣：發抒志氣或才氣。《文心雕龍》卷三《雜文》：「宋玉含才，頗亦負俗，始造對問，以申其志，放懷寥廓，氣實使之。」同書《才略》：「嵇康師心以遣論，阮籍使氣以命詩。」

〔一一〕材不值運：指没有與「文」相配的寫作才能。值，相當。

〔一二〕師心：以心爲師，猶言獨出心裁。《關尹子・五鑒》：「善心者，師心不師聖。」

〔一三〕暇：各本作「霞」。錢鍾書《管錐編》第四册《全梁文》卷一六「《金樓子序》之『不解』」條云：「按『霞』當是『暇』之譌。」今按：錢説是，據改。

〔一四〕風雲玄感：即風雲感應。《周易・乾卦》：「九五曰『飛龍在天，利見大人』，何謂也？子曰：『同聲相應，同氣相求。水流濕，火就燥，雲從龍，風從虎，聖人作而萬物睹。本乎天者親上，本乎地者親下，則各從其類也。』」《文選》卷三六傅季友《爲宋公修張良廟教》：「風雲玄感，蔚爲帝師。」

〔一五〕「即以」二句：《郡齋讀書志》卷一二「《金樓子》」條：「曰『金樓子』者，在藩時自號。」蕭繹自號金樓，《金樓子・著書篇》亦可證明，如「《連山》三秩三十卷」下自注：「金樓年在弱冠著此書。」「《金樓秘訣》一秩二十二卷」下自注：「金樓纂。」

〔一六〕士安：皇甫謐字士安，西晉安定朝那人。《晉書》卷五一有傳。《晉書》本傳：「（謐）沈静寡欲，始有高尚之志，以著述爲務，自號玄晏先生。……又撰《帝王世紀》、《年曆》、《高士》、《逸士》、《列女》等傳、《玄晏春秋》，並重於世。」《文選》卷四五《三都賦序》李善注：「謐自序曰：『始志乎學，而自號玄晏先生。』玄，静也。晏，安也。先生，學人之通稱也。」《玄晏》：《隋書》卷三三《經籍志》：「《玄晏春秋》三卷，皇甫謐撰。」

〔一七〕稚川：葛洪字稚川，東晉丹陽郡句容人。《晉書》卷七二有傳。《晉書》本傳：「（洪）自號抱朴子，因以名書。」《抱朴》：《隋書》卷三四《經籍志》：「《抱朴子》内篇二十一卷，音一卷」，「《抱朴子》外篇三十卷，葛洪撰。」

志怪　雜記上　雜記下　自序

至正三年癸未歲春二月望日葉森書於西湖書院大學明新齋〔一〕

【校注】

〔一〕《四庫全書》本無所附《金樓子》篇目名和「至正三年癸未歲春二月望日葉森書於西湖書院大學明新齋」句。　至正：元惠宗年號，自一三四一年至一三七〇年。至正三年是公元一三四三年，歲在癸未。　書：從序文之口吻可知此序實爲蕭繹自撰，葉森並非撰者，此「書」非「撰寫」之意。可能因葉森工書畫，故請其鈔寫此序。　葉森：元有數人名葉森。有泉州葉森者，《元史》卷一九七《孝友傳》：「今觀史氏之所載，其事親篤孝者，則有臨江劉良臣……泉州葉森。」有吉水葉森者，《江西通志》卷五三：「葉森，吉水人，湘潭知縣。」有錢塘葉森者，《浙江通志》卷一七八「葉森」條：「《萬曆杭州府志》：字景修，錢塘人，早從吾衍遊，古文歌詩，咸有法則，所著有《瓦釜鳴集》。」《千頃堂書目》卷二九：「葉森《瓦釜集》三卷。」《西湖遊覽志餘》卷二二「度宗全皇后」條：「宋亡，從少帝入朝於燕京，後爲尼正智寺而終。世祖令詞臣皆作挽詩，葉森詩云：『繁華如夢習空門，曾是慈明秘殿尊。一夕頓拋塵世事，半生知感聖朝恩。五千里外無家別，八十年來有命存。回首錢唐江上月，夜深誰與賦招魂。』」《圖繪寶鑑》卷四：「葉森畫山水。」《六藝之一録》卷一一〇：「泰定五年春二月，吴郡王達、莫維賢、葉森、陸友同遊，在香林洞隸書，字徑三寸。」《雲烟過眼録》卷三：「葉森於大德十一年以百一十五定得之於骨董，兼有一香楠木座、黑漆光套，蓋今亦屬之他人矣。」《六藝之一録》卷一一二「武林弭災記」條：「蓋至正三年十二月望日耆儒朱慶宗……教導葉森……等立石。」此外尚有不知籍貫者，如《四庫全書總目》卷一三五：「《古今同姓名録》二卷，梁孝元皇帝撰。……此本爲《永樂大典》本所載，又元人葉森所增補者也。」今按：從地緣關係判斷，書此序的葉森當是錢塘葉森，即字景修者。此人工書畫，有極高的藝術鑒賞能力。所謂增補《古今同姓名録》者，當亦是此人。西湖書院：南宋滅亡後，元至元二十八年（一二九一）在宋國子監基礎上改建西湖書院。宋國子監書版二十餘萬均由西湖書院修訂重補，書院亦繼續刻書，先後刻印馬端臨《文獻通考》、蘇天爵《國朝文類》、岳珂《金陀萃編》等。

重編金樓子篇目〔一〕

雜記篇十三下

自序篇十四〔二〕

【校注】

〔一〕「重編」句：《四庫全書》本作「金樓子目録」，《叢書集成》本、龍溪精舍本作「金樓子篇目」。《百子全書》本無此重編篇目。

〔二〕「第一卷」至「自序篇十四」數句：《四庫全書》本「金樓子目録」作：「梁元帝自序一篇；《金樓子》十五篇（內《二南五霸篇》有録無書）：興王篇一、箴戒篇二、后妃篇三、終制篇四、戒子篇五、聚書篇六、二南五霸篇七、説蕃篇八、立言篇九上、立言篇九下、著書篇十、捷對篇十一、志怪篇十二、雜記篇十三上、雜記篇十三下、自序篇十四。」不分卷。

金樓子卷第一〔一〕

梁孝元皇帝撰

【校注】

〔一〕卷第一：《四庫全書》本無「第」字，下每卷同，不再出校。

興王篇一〔一〕

1　粵若稽古，〔二〕天皇氏、地皇氏、人皇氏，分有十紀：〔三〕一曰九頭，〔四〕二曰五龍，〔五〕三曰括提，〔六〕四曰合雒，〔七〕五曰連通，〔八〕六曰序命，〔九〕七曰脩飛，〔一〇〕八曰因〔穆〕〔提〕，〔一一〕九曰禪通，〔一二〕十曰疏訖。〔一三〕容成氏、〔一四〕大庭氏、〔一五〕柏皇氏、〔一六〕中央氏、〔一七〕栗陸氏、〔一八〕驪連氏、〔一九〕赫蘇氏、〔二〇〕宗盧氏、〔二一〕祝和氏、〔二二〕渾沌氏、〔二三〕昊英氏、〔二四〕有巢氏、〔二五〕朱襄氏、〔二六〕葛天氏、〔二七〕陰康氏、〔二八〕無懷氏。〔二九〕

【疏證】

《太平御覽》卷七八引《三五曆紀》曰：「天皇、地皇、人皇爲太古。」

唐司馬貞《補史記·三皇紀》引《春秋緯》曰：「自開闢至於獲麟，凡三百二十七萬六千歲，分爲十紀，凡世七萬六百年：一曰九頭紀，二曰五龍紀，三曰攝提紀，四曰合雒紀，五曰連通紀，六曰序命紀，七曰脩飛紀，八曰因提紀，九曰禪通紀，十曰流訖紀。」亦見三國魏時張揖《廣雅·釋天》。

《初學記》卷九引《帝王世紀》曰：「及女媧氏没，次有大庭氏、柏皇氏、中央氏、栗陸氏、驪連氏、赫胥氏、尊盧氏、混沌氏、有巢氏、朱襄氏、葛天氏、陰康氏、無懷氏，凡十五世，皆襲庖犧之號。」亦畧見《莊子·胠篋》、《太平御覽》卷七八引《遁甲開山圖》、《漢書》卷二〇《古今人表》、《梁書》卷四〇《許懋傳》等。

【校注】

〔一〕興王：勵精圖治或開創基業的君主。《國語》卷一二《晉語六》：「興王賞諫臣，逸王罰之。」《後漢書》卷四八《翟酺傳》載酺上書有云：「帝王圖籍，陳列左右，心存亡國所以失之，覽觀興王所以得之，庶災害可息，豐年可招矣。」本題蓋兼此二義。

〔二〕粤若：《尚書·堯典》：「曰若稽古，帝堯曰放勳。」蔡沈《集傳》：「曰、粤、越通，古文作粤。曰若者，發語辭。」　稽古：考察古事。《廣雅・釋言》：「稽，考也。」

〔三〕「天皇氏」二句：《通志》卷一《三皇紀》：「三皇伏羲但稱氏，神農始稱帝，堯舜始稱國，自上古至夏商皆稱名，至周始稱謚。而稱氏者，三皇以來未嘗廢也，年代則稱紀。自開闢至獲麟，凡二百七十六萬歲，分爲十紀。」

〔四〕九頭：《藝文類聚》卷一一引項峻《始學篇》曰：「人皇九頭，兄弟各三百歲，依山川土地之勢財，度爲九州，各居其一方，因是而區別。」《太平御覽》卷七八引《春秋命曆序》曰：「人皇氏九頭，駕六羽，乘雲車，出谷口，分九州。」宋均注曰：「九頭，兄弟九人。」又同卷引《洞紀》曰：「古人質，以頭爲數，猶今數鳥獸以頭計也。若云十頭鹿，非十頭也。」宋羅泌《路史》卷二：「其一曰九頭，是爲一姓紀，則泰皇氏紀也。」是人皇氏兄弟九人，故稱九頭。

〔五〕五龍：《文選》卷一一王文考《魯靈光殿賦》：「五龍比翼，人皇九頭。」李善注引《春秋命曆序》曰：「皇伯、皇仲、皇叔、皇季、皇少，五姓同期，俱駕龍，號曰五龍。」《路史》卷二：「五龍二，是謂五姓紀，治在五方，司五類，布山嶽。方是時也，世亟巢穴，日月貞明，蓋龍德而正中者也。」

〔六〕括提：各本「提」下有小字云：「案《春秋元命苞》作『攝提』，《博雅》又作『挺提』。」今按：括提、攝提、挺提，蓋一名之異稱。《路史》卷二：「攝提三，是謂五十九姓紀。」

〔七〕合雒：各本「雒」下有小字云：「案《博雅》作『雄』。」《路史》卷二：「合雒四，是謂三姓紀，教人穴居，乘蜚鹿以理。」

〔八〕連通：各本同，《廣雅・釋天》作「建通」。《路史》卷二：「連通五，是謂六姓紀，乘蜚麟以理。」

〔九〕序命：《路史》卷二：「叙命六，是謂四姓紀，駕六龍而治。」

〔一〇〕脩飛：各本「飛」下有小字云：「案《春秋元命苞》作『循蜚』。」今按：「蜚」、「飛」通。《路史》卷二：「循蜚七，是謂二十一姓紀，自鉅靈氏而下紀也。」《讀書紀數畧》卷一五：「循蜚紀：德厚信立，人循其化，速若飛也，有號無世。鉅靈、句彊、譙明、涿光、鉤陣、黄神、狟神、犂靈、大騩、鬼騩、弇兹、泰逢、冉相、蓋盈、大敦、靈陽、巫常、泰壹、空桑、神民、猗帝、次民。」

〔一一〕因提：各本作「因穆」，且「穆」下有小字云：「案《春秋元命苞》作『提』。」今按：《廣雅·釋天》作「因提」。「穆」蓋「提」之訛，據改。《路史》卷二：「因提八，如辰放氏之衣皮，有巢氏之編堇，遂人氏之出穴，皆因其變而舉之也。」《讀書紀數畧》卷一五：「因提紀，十三氏，代有製作，後人可因以利時也，有號有世。辰放、蜀山、豗傀、渾沌、東户、皇覃、啓統、吉夷、几蘧、豨韋、有巢、燧人、庸成。」

〔一二〕禪通：《路史》卷二：「禪通九，是謂十有八姓，紀史皇氏之通封禪者，十有八姓也。」《讀書紀數畧》卷一五：「禪通紀十九氏，禪讓之德通天道也，皆太昊臣，舊自史皇至無懷，皆在太昊前，今從四明陳氏，獨軒轅、祝融在前。軒轅、祝融、太昊伏羲、史皇、柏皇、中央、大庭、栗陸、昆連、赫胥、葛天、尊盧、昊英、古皇、朱襄、陰符、無懷、女皇、炎帝神農。」

〔一三〕疏訖：各本「訖」下有小字云：「案《春秋元命苞》作『仡』。」《路史》卷二：「疏仡十，自黄帝氏而紀。」《讀書紀數畧》卷一五：「疏仡紀九氏，疏以知遠，仡以審斷，仁義道德之所用也。《世紀》、《史考》俱始黄帝，訖周；惟《路史》訖於夏。黄帝軒轅氏、少昊金天氏、顓頊高陽氏、帝嚳高辛氏、帝堯陶唐氏、帝舜有虞氏、夏后氏、商、周。」

〔一四〕容成氏：各本同，《路史》卷五作「庸成氏」，且云：「庸成氏，庸成者，垣墉城郭也。羣玉之山，平阿無隘，四徹中繩，庸成氏之所守，先王之册府也。册府所在，庸成是立，故號曰庸成氏。云容成者，非也。方是時，人結繩而用之，其民僮蒙，莫知西東，摩唇蓐食，而莫知其止息，託嬰巢中，棲糧隴首，虎豹可尾，虺蚍可踐，而人無有相媢之心。」

〔一五〕大庭氏：《通志》卷二一《年譜》：「大庭氏繼女媧爲天子，其後皆相繼爲之，未知族系。」

〔一六〕柏皇氏：《路史》卷六：「柏皇氏，姓柏名芝，是爲皇柏。出榑日之陽，駕六龍。以木紀德。爲而不有，應而不求。立于正陽之南。是爲皇人山。其後爲柏，有柏氏。」

〔一七〕中央氏：《路史》卷六：「中皇氏，封禪之帝也。當是時，人結繩而用之。居皇人山之西，是爲嶓鄗山。一曰中央氏，後有中央氏、中黄氏。」

〔一八〕栗陸氏：《周易·繫辭下》孔穎達疏：「包犧氏没，女媧氏代立爲女皇，亦風姓也。女媧氏没，次有大庭氏、柏黄氏、中央氏、栗陸氏。」《路史》卷六：「栗陸氏，是爲栗睦，敖昏勤民，愎諫自用，于是乎民始攜。東里子者，賢臣也，諫不行而醳之，栗陸氏殺之。天下叛之，栗陸氏以亡。後有栗氏、睦氏。」

〔一九〕驪連氏：《路史》卷七：「昆連氏，一曰鼇連氏，一曰鼇蓄氏。鼇，本又作驪。昆連者，昏晦之謂也。後有鼇氏、厘氏、驪氏。」

〔二〇〕赫蘇氏：明張萱《疑耀》卷七：「古有赫胥氏，一曰赫蘇氏，古『蘇』、『胥』通。」《莊子·馬蹄》：「夫赫胥氏之時，民居不知所爲，行不知所之，含哺而熙，鼓腹而遊。」《路史》卷七：「赫蘇氏，是爲赫胥。赫胥氏之治也，尊民而重事。方是之時，人居不知所爲，行不知所之，鼓腹而游，含哺而嘻，晝而動，夕而息，渴則求飲，饑則求食，莫知作善而作慝也。出三入一，惝怳如遺，光曜赫奕而隆，名有不居，即以胥而自況。九洛泰定，爰脱灑於潛山，葬朝陽。後有赫氏、赫胥氏。」

〔二一〕宗盧氏：《路史》卷八：「尊盧氏是爲宗盧。其立政也，官天地，府萬物，革天下之故，惟以幣行，無所甚親，無所甚疎，抱德揚和，以順天下而世用寧焉。治九十餘載，位嵑臺之陽，葬浮肺山之陰。後有尊氏、尊盧氏、鐏氏、董氏。」

〔二二〕祝和氏：《路史》卷八：「祝誦氏，一曰祝龢，是爲祝融氏。未有耆谷，無所造作，師於廣壽，以毓其德，刑罰未施，而民勸化，三綱正，九疇序，是以天下洽和，萬物咸若。于是聽弇州之鳴鳥，以爲樂歌，作樂屬續，以通倫類，諧神明而和人聲，是以耳目聰明，血氣龢平，而壽令長。移風易俗，天下大治，則歌樂爲之節文也。以火施化，號赤帝，故後世火官，因以爲謂。都於會，故鄭爲祝融之墟。其治百年，葬衡山之陽，是以謂祝融峯也。後有祝氏、融氏、祝宗氏、祝龢氏。」

〔二三〕渾沌氏：亦作「混沌氏」。《通志》卷二一「混沌氏」，原注：「一曰啓統。」《路史》卷四：「啓統氏別無考見，獨起居舍人章衡《運紹記若通載》有之，而乃序之尊盧氏之後。」

〔二四〕昊英氏：《商君書》卷四《畫策》：「昔者，昊英之世，以伐木殺獸，人民少而木獸多。」《路史》卷九：「昊英氏，或曰子英。昔者昊英之世，以伐木與殺獸，人民少，而木獸衆。人帝之世，不麛不卵，官無共備之勞，而死不得用享。事不同而階王，以時異也。伐木者，衣薪之世也。後有昊氏。」

〔二五〕有巢氏：《韓非子》卷一九《五蠹》：「上古之世，人民少而禽獸衆，人民不勝禽獸蟲蛇；有聖人作，構木爲巢，以避羣害，而民悦之，使王天下，號曰有巢氏。」《路史》卷九：「昔在上世，人固多難，有聖人者教之巢居，冬則營窟，夏則居曾巢。未有火化，搏獸而食，鑿井而飲，擔菽秸以爲蓐，以辟其難。而人説之，使王天下，號曰有巢氏。」

〔二六〕朱襄氏：《吕氏春秋》卷五《仲夏紀·古樂》：「昔古朱襄氏之治天下也，多風而陽氣畜積，萬物散解，果實不成，故士達作爲五弦瑟，以來陰風，以定羣生。」《路史》卷九：「有巢氏没，數閲世而朱襄氏立，於是多風，羣陰閟遏，諸陽不成，百物散解，而果蓏草木不遂，遲春而黄落，盛夏而痁痎，乃令士達作五弦之瑟以來陰氣，以定羣生。令曰來陰，都於朱，故號曰朱襄氏。」

〔二七〕葛天氏：《吕氏春秋》卷五《仲夏紀·古樂》：「昔葛天氏之樂，三人操牛尾投足以歌八闋。」《路史》卷七：「葛天氏，葛天者，權天也。爰儗旋穹作權象，故以葛天爲號。其爲治也，不言而自信，不化而自行，湯湯乎無能名之。其及樂也，八士捉紒投足摻尾叩角亂之而歌八終。塊柎瓦缶，武喿從之，是謂廣樂。于是封泰山，興貨幣，以制數會，故沈滯通而天下泰矣。」

〔二八〕陰康氏：《路史》卷九：「陰康氏之時，水瀆不疏，江不行其原，陰凝而易閟。人既鬱於内，腠理墆著而多重膇，得所以利其關節者乃製爲之舞，教人引舞以利道之，是謂大舞。治於華原，葬浮肺山之陰。」

〔二九〕無懷氏：《管子》卷一六《封禪》：「昔無懷氏封泰山。」唐尹知章注：「古之王者，在伏羲前。」《路史》卷九：「無懷氏，帝太昊之先。其撫世也，以道存生，以德安刑，過而不悔，當而不愉。當世之人甘其食，樂其俗，安其居，而重其生。意恚不見於色，堅白不刑於心，而漸毒不萌於動。形有動作，心無好惡，雞犬之音相聞，而民至老死不相往來，令之曰無懷氏之民。世用太平，鳳凰降，鼂龍閣，風雨節，而寒暑時。于是陞中泰山以宗天，禪云云以復墜仂石昭示，而天下益趣於文矣。」

2　太昊帝庖犧氏，〔一〕風姓也，母曰華胥。燧人之世，〔二〕有大跡出靁澤，〔三〕華胥履之，〔四〕生庖犧，蛇身人首，有聖德。燧人氏没，庖犧氏代之，繼天而王，首德於木，爲百王之先，〔五〕都陳。〔六〕至于共工，〔七〕霸而不王。〔八〕

【疏證】

《初學記》卷九引《帝王世紀》曰：「庖犧氏，風姓也，蛇身人首，有聖德。燧人氏没，庖犧代之，繼天而王，首德於木，爲百王先。帝出於震，未有所因，故位在東方，主春，象日之明，是稱太昊，都陳。」並見《太平御覽》卷七八引《皇王世紀》。

《藝文類聚》卷一〇引《帝王世紀》曰：「燧人之世，有大跡出雷澤，華胥履之，生庖犧氏於成紀也。」並見《藝文類聚》卷一一引《帝王世紀》、《初學記》卷九引《詩含神霧》、《太平御覽》卷一三五引《河圖》、《宋書》卷二七《符瑞志》等。

【校注】

〔一〕太昊帝庖犧氏：古代傳説中的三皇之一。相傳爲人類始祖，與女媧氏兄妹爲婚，製嫁娶，正姓氏，又始畫八卦。庖犧，亦作「炮犧」、「伏戲」、「伏犧」、「伏羲」、「宓羲」。事蹟詳《周易·繫辭》、《帝王世紀》等。今按：「庖」、「伏」、「宓」古通。昊，通「皞」。《荀子》卷一二《正論》：「自太皞、燧人莫不有也。」楊倞注：「太皞，伏羲也。」《漢書》卷二〇《古今人表》：「太昊帝宓羲氏。」顔師古注引張晏曰：「太昊，有天下號也。作罔罟田漁以備犧牲，故曰宓羲氏。」晉王嘉《拾遺記·春皇庖犧》：「庖者包也，言包含萬象；以犧牲登薦於百神，民服其聖，故曰庖犧，亦曰伏羲。變混沌之質，文宓其教，故曰宓犧。」

〔二〕燧人：《韓非子》卷一九《五蠹》：「有聖人作，鑽燧取火，以化腥臊，而民悦之，使王天下，號之曰燧人氏。」漢班固《白虎通》卷二《號》：「鑽木燧取火，教民熟食，養人利性，避臭去毒，謂之燧人也。」

〔三〕靁澤：古澤名。在今河南范縣東南接山東菏澤界。靁，「雷」之古字。

〔四〕華胥履之：北魏酈道元《水經注》卷二四「瓠子河」：「瓠河又左逕雷澤北，其澤藪在大成陽縣故城西北十餘里，昔華胥履大跡處也。」

〔五〕「首德」二句：古人以木土金水火五行相生相尅附會王朝之興廢，有五德始終説。參顧頡剛《秦漢的方士與儒生》。相傳太昊最先以五行配德，且以木自配，故稱「首德於木，爲百王先」。《漢書》卷二一下《律曆志》：「太昊帝，《易》曰『炮犧氏之王天下也』，言炮犧繼天而王，爲百王先，首德始於木，故爲帝太昊。」首，各本「首」下有小字云：「案『首』原本作『者』，今依《帝王世紀》校改。」

〔六〕陳：古地名。《左傳·昭公十七年》：「陳，大皞之虚也。」《元和郡縣志》卷九「宛丘縣」：「州理城，楚襄王所築，即古陳國城也。包羲氏、神農氏並都於此。」即今河南淮陽。

〔七〕共工：《淮南子》卷四《墬形》：「共工，景風之所生也。」高誘注：「共工，天神也。人面蛇身，離爲景風。」《初學記》卷九引《帝王世紀》曰：「(女媧氏)末有諸侯共工氏，任知刑以强，伯而不王，以水承木，非行次，故《易》不載。」

〔八〕霸而不王：《四庫全書》本作「霸而不已」，且下有小字云：「案此下疑有脱文。」

3　炎帝神農氏，〔一〕姜姓也。母曰女登，〔二〕爲少典妃，〔三〕遊華陽，〔四〕有神龍感女登，生炎帝。人身牛首，有聖德，以火承木，〔五〕都陳，遷魯。〔六〕嘉禾生，〔七〕醴泉出。〔八〕在位百二十年。

【疏證】

《初學記》卷九引《帝王世紀》曰：「神農氏，姜姓也。母曰妊姒，有喬氏之女，名女登，遊於華陽，有神龍首感女登於尚羊，生炎帝。人身牛首，長於姜水。有聖德，以火承木，位在南方，主夏，故謂之炎帝。都於陳，在位百二十年而崩。」並見《史記》卷一《五帝本紀》張守節《正義》及《太平御覽》卷七〇、七八、一三五引《帝王世紀》。

《宋書》卷二七《符瑞志》：「炎帝神農氏，母曰女登，遊於華陽，有神龍首感女登於常羊山，生炎帝。人身牛首，有聖德，致大火之瑞，嘉禾生，醴泉出。」

【校注】

〔一〕炎帝神農氏：太古帝王名。傳説始教民爲耒耜，務農業，故稱神農氏。以火德王，故稱炎帝。事蹟詳《史記》卷一《五帝本紀》、《淮南子》卷五《時則》等。

〔二〕女登：相傳爲有蟜氏女。事蹟詳《史記》卷一《五帝本紀》。

〔三〕少典：人名。《國語》卷一〇《晉語四》：「昔少典娶於有蟜氏，生黃帝、炎帝。」韋昭注：「賈侍中云：『少典，黃帝、炎帝之先。』虞唐云：『少典，黃帝、炎帝之父。』」

〔四〕華陽：各本同，《宋書》卷二七《符瑞志》、《藝文類聚》卷一〇引《帝王世紀》作「常羊」。地名，或即《尚書·禹貢》之「華陽、黑水惟梁州」之「華陽」，在今陝西商州境。

〔五〕以火承木：《漢書》卷二一下《律曆志》：「炎帝，《易》曰：『炮犧氏没，神農氏作。』言共工伯而不王，雖有水德，非其序也。以火承木，故爲炎帝。」

〔六〕魯：地名。今山東曲阜一帶。

〔七〕嘉禾：《藝文類聚》卷八五引《孝經援神契》曰：「德下至地，則嘉禾生。」

〔八〕醴泉：《禮記·禮運》：「天降膏露，地出醴泉。」

4　黄帝有熊氏，〔一〕號軒轅，〔二〕亦曰帝鴻，〔三〕少典之子，姬姓也，又姓公孫。〔四〕少典娶有蟜女附寶，見大電光繞北斗樞星，〔五〕照郊野，〔感〕附寶，孕二十月生黄帝。〔六〕龍顔，〔七〕有聖德，生而神靈，〔八〕弱而能言，〔九〕幼而循齊，〔一〇〕長而敦敏，成而聰明。〔一一〕受國於有熊，居軒轅之丘，〔一二〕迺與炎帝戰於阪泉之野，〔一三〕三戰，然後得行其志。〔一四〕屈軼草生庭，〔一五〕佞人入，則指之。又有景星、麟鳳之瑞。〔一六〕乃以風后配上台，天老配中台，五聖配下台，謂之三公。〔一七〕置左右大監以治人。〔一八〕得寶鼎，興封禪。〔一九〕帝座於玄扈之上，〔二〇〕太一下來。〔二一〕有大螻如羊，〔二二〕帝曰「土氣勝」，故以土德王。〔二三〕在位一百年，有四妃，〔二四〕生二十五子。

【疏證】

《史記》卷一《五帝本紀》：「黄帝者，少典之子，姓公孫，名曰軒轅。生而神靈，弱而能言，幼而徇齊，長而敦敏，成而聰明。……炎帝欲侵陵諸侯，諸侯咸歸軒轅。軒轅乃修德振兵，治五氣，蓺五種，撫萬民，度四方，教熊羆貔貅貙虎，以與炎帝戰於阪泉之野。三戰，然後得其志。……置左右大監，監于萬國。萬國和，而鬼神山川封禪與爲多焉。獲寶鼎，迎日推筴。舉風后、力牧、常先、大鴻以治民。……有土德之瑞，故號黄帝。黄帝二十五子，其得姓者十四人。」亦見《大戴禮記》卷七《五帝德》。

《宋書》卷二七《符瑞志》：「黃帝軒轅氏，母曰附寶，見大電光繞北斗樞星，照郊野，感而孕。二十五月而生黃帝於壽丘。弱而能言，龍顔，有聖德，劾百神朝而使之。……天下既定，聖德光被，羣瑞畢臻。有屈軼之草生於庭，佞人入朝，則草指之，是以佞人不敢進。有景雲之瑞，有赤方氣與青方氣相連，赤方中有兩星，青方中有一星，凡三星，皆黄色，以天清明時見於攝提，名曰景星。黃帝黃服齋於中宫，坐於玄扈洛水之上，有鳳皇集，不食生蟲，不履生草，或止帝之東園，或巢於阿閣，或鳴於庭，其雄自歌，其雌自舞。麒麟在囿，神鳥來儀。有大螻如羊，大螾如虹。黃帝以土氣勝，遂以土德王。」亦見《藝文類聚》卷一一引《帝王世紀》、《初學記》卷九引《帝王世紀》及《太平御覽》卷七、一三、七九及卷一三五引《帝王世紀》。

【校注】

〔一〕黃帝：古帝名。生平詳《史記》卷一《五帝本紀》。《周易·繫辭下》：「神農氏没，黃帝、堯、舜氏作，通其變，使民不倦。」孔穎達疏：「黃帝，有熊氏少典之子，姬姓也。」《史記》卷一《五帝本紀》司馬貞《索隱》：「有土德之瑞，土色黃，故稱黃帝，猶神農火德王而稱炎帝然也。」 有熊：本古地名。傳説爲黃帝都城，故址在今河南新鄭。後以爲黃帝的國號。《史記》卷一《五帝本紀》：「自黃帝至舜禹，皆同姓而異其國號，以章明德。故黃帝爲有熊。」漢班固《白虎通》卷二《號》：「黃帝有天下，號有熊。有熊者，獨宏大道德也。」

〔二〕軒轅：《史記》卷一《五帝本紀》司馬貞《索隱》：「按：皇甫謐云『黄帝生於壽丘，長於姬水，因以爲姓。居軒轅之丘，因以爲名，又以爲號』。」

〔三〕帝鴻：《左傳·文公十八年》：「昔帝鴻氏有不才子，掩義隱賊，好行兇德。」杜預注：「帝鴻，黄帝。」

〔四〕公孫：《史記》卷一《五帝本紀》司馬貞《索隱》：「是本姓公孫，長居姬水，因改姓姬。」

〔五〕北斗樞星：北斗七星的第一顆星。

〔六〕「感附寶」二句：底本及《四庫全書》本脱「感」字，重校本「附」上邊側有小字「感」，《叢書集成》本、龍溪精舍本作「感附寶」。吴校：「『附寶』上脱『感』字。」今按：《宋書》卷二七《符瑞志》作「感而孕」，吴校是，據補。二十月，重校本「十」下邊側有小字「四」，《叢書集成》本、龍溪精舍本作「二十四月」。《史記》卷一《五帝本紀》張守節《正義》作「二十四月」，《藝文類聚》卷一〇引《帝王世紀》作「二十月」，《太平御覽》卷七九引《帝王世紀》作「二十五月」。吴校：「『二十』下脱『四』字。」今按：作「二十月」、「二十五月」、「二十四月」當是傳聞異辭。

〔七〕龍顔：謂眉骨圓起，多用以形容帝王的容貌。《史記》卷一《五帝本紀》張守節《正義》：「(黄帝)生日角龍顔，有景雲之瑞。」又，卷八《高祖本紀》「高祖爲人隆準而龍顔」，司馬貞《索隱》：「《爾雅》：『顔，額也。』」

〔八〕生而神靈：《史記》卷一《五帝本紀》張守節《正義》：「言神異也。《易》曰『陰陽不測之謂神』，《書》云

『人惟萬物之靈』，故謂之神靈也。」

〔九〕弱而能言：《史記》卷一《五帝本紀》司馬貞《索隱》：「弱謂幼弱時也。蓋未合能言之時而黄帝即言，所以爲神異也。潘岳有《哀弱子》篇，其子未七旬曰弱。」

〔一〇〕幼而循齊：各本「循」下有小字云：「案《史記》作『徇』，《索隱》曰：『一作「濬」。』」《史記》卷一《五帝本紀》作「幼而徇齊」，裴駰《集解》：「徐廣曰：『墨子曰「年踰十五，則聰明心慮無不徇通矣」。』駰案：徇，疾；齊，速也。言聖德幼而疾速也。」司馬貞《索隱》：「斯文未明。今案：徇、齊皆德也。《書》曰『聰明齊聖』，《左傳》曰『子雖齊聖』，謂聖德齊肅也。又案：《孔子家語》及《大戴禮》並作『叡齊』，一本作『慧齊』。叡、慧皆智也。太史公採《大戴禮》而爲此紀，今彼文無作『徇』者，《史記》舊本亦有作『濬齊』。蓋古字假借『徇』爲『濬』，濬，深也，義亦並通。《爾雅》『齊』、『速』俱訓爲疾。《尚書大傳》曰『多文而齊給』，鄭注云『齊，疾也』。今裴氏注云徇亦訓疾，未見所出，或當讀『徇』爲『迅』，迅於《爾雅》與齊俱訓疾，則迅濬雖異字，而音同也。又《爾雅》曰：『宣、徇，遍也。濬，通也。』是『遍』之與『通』，義亦相近。言黄帝幼而才智周徧，且辯給也。故《墨子》亦云『年踰五十，則聰明心慮不徇通矣』。」

〔一一〕成而聰明：《史記》卷一《五帝本紀》張守節《正義》：「成謂年二十冠，成人也。聰明，聞見明辯也。」

〔一二〕軒轅之丘：古地名。在今河南新鄭西北。

〔一三〕阪泉：古地名。《史記》卷一《五帝本紀》張守節《正義》：「《括地志》云：『阪泉，今名黄帝泉，在嬀州懷戎縣東五十六里。出五里至涿鹿東北，與涿水合。又有涿鹿故城，在嬀州東南五十里，本黄帝所都也。《晉太康地理志》云涿鹿城東一里有阪泉，上有黄帝祠。』案：阪泉之野則平野之地也。」在今河北涿鹿東南。

〔一四〕得行其志：各本同。《史記》卷一《五帝本紀》「得」下無「行」字。

〔一五〕屈軼草：《文選》卷四六王元長《三月三日曲水詩序》李善注引《田俅子》曰：「黄帝時有草生於帝庭階，若佞臣入朝，則草指之，名曰屈軼，是以佞人不敢進也。」

〔一六〕景星：班固《白虎通》卷六《封禪》：「景星者，大星也。月或不見，景星常見，可以夜作，有益於人民也。」《淮南子》卷二一《要畧》：「所以覽五帝三王，懷天氣，抱天心，執中含和，德形於内，以君凝天地，發起陰陽，序四時，正流方，綏之斯寧，推之斯行，乃以陶冶萬物，遊化羣生，唱而和，動而隨，四海之内，一心同歸。故景星見，祥風至，黄龍下，鳳巢列樹，麟止郊野。」

〔一七〕風后、天老、五聖：相傳爲黄帝輔臣。《後漢書》卷五九《張衡傳》：「方將師天老而友地典，與之乎高睨而大談。」李賢注：「《帝王紀》曰：『黄帝以風后配上台，天老配中台，五聖配下台，謂之三公。』」今按：《帝王紀》即《帝王世紀》，李賢避唐諱省。《晉書》卷一一《天文志》：「三台六星，兩兩而居。……在人曰三公，在天曰三台，主開德宣符也。西近文昌二星曰上台，爲司命，主壽。次二星曰中台，爲司中，主宗室。東二星曰下台，爲司禄，主兵，所以昭德塞違也。」

〔一八〕左右大監：《史記》卷一《五帝本紀》張守節《正義》：「若周、邵分陝也。」

〔一九〕封禪：古代帝王祭天地的大典。《史記》卷二八《封禪書》張守節《正義》：「此泰山上築土爲壇以祭天，報天之功，故曰封；此泰山下小山上除地，報地之功，故曰禪。」

〔二〇〕座：《宋書》卷二七《符瑞志》、重校本、《叢書集成》本、《百子全書》本、龍溪精舍本作「坐」。吴校：「『座』當作『坐』。」　玄扈：山名。在陝西洛南西，洛水之南。《山海經・中山經》：「自鹿蹄之山至於玄扈之山，凡九山。」此處指玄扈山上之石室。《初學記》卷三〇引《春秋合誠圖》曰：「黄帝坐玄扈洛水上，與大司馬容光等臨觀，鳳皇銜圖置黄帝前，帝再拜受圖。」宋均注：「玄扈，石室名。」

〔二一〕太一：天神名。《史記》卷二八《封禪書》：「天神貴者太一。」司馬貞《索隱》引宋均云：「天一、太一，北極神之別名。」　下來：吴校：「『下來』當作『來下』。」重校本、《叢書集成》本、《百子全書》本、龍溪精舍本作「來下」。底本、《四庫全書》本「下來」下有小字云：「按別卷引此（《四庫全書》本無「此」字）作『來下』。」

〔二二〕大螻：即土螻。《山海經・西山經》：「西南四百里，曰昆侖之丘。……有獸焉，其狀如羊而四角，名曰土螻，是食人。」

〔二三〕「帝曰」二句：《吕氏春秋》卷一三《有始覽・應同》云：「黄帝之時，天先見大螾大螻，黄帝曰『土氣勝』，土氣勝，故其色尚黄，其事則土。」《漢書》卷二一下《律曆志》：「黄帝，《易》曰『神農氏没，黄帝氏作』，火生土，故爲土德。」

〔二四〕四妃：《漢書》卷二〇《古今人表》：「方雷氏，黄帝妃，生玄囂，是爲青陽；絫祖，黄帝妃，生昌意；彤魚氏，黄帝妃，生夷鼓；嫫母，黄帝妃，生倉林。」今按：絫，同「累」。《太平御覽》卷一三五引《帝王世紀》曰：「黃帝四妃，生二十五子。元妃西陵氏累祖；次妃方雷氏，曰女節；次曰彤魚氏；次曰嫫母。」今按：彤魚氏即肜魚氏。《通志》卷二六《氏族畧二》：「肜氏，本彤氏，避仇改爲肜。」明陳士元撰《名疑》卷一：「黃帝四妃：……三妃彤魚氏，或作彤魚，或作彤雷。」

5　少昊金天氏，〔一〕一號窮桑，〔二〕一曰白帝朱宣。〔三〕帝，黃帝之子，姬姓，母曰女節。黃帝時有大星如虹，下流華渚，意感，生少昊於窮桑，是爲玄囂，〔四〕姓姬氏，或云己氏。〔五〕降居江水，〔六〕以登帝位，以金承土，〔七〕都曲阜。〔八〕有鳳鳥之瑞，以鳥紀官：鳳鳥氏以爲司歷正，〔九〕玄鳥氏爲司分，〔一〇〕伯趙氏爲司至，〔一一〕青鳥氏爲司開，〔一二〕丹鳥氏爲司閉。〔一三〕祝鳩氏爲司徒，〔一四〕雎鳩氏爲〔司馬，鳲鳩氏爲〕司空，〔一五〕爽鳩氏爲司寇，〔一六〕鶻鳩氏爲司事。〔一七〕〔五鳩，鳩民者也。〕〔一八〕五雉爲五工正，〔一九〕九扈爲九農正，〔二〇〕天下大治焉。

【疏證】

《初學記》卷九引《帝王世紀》曰：「少昊帝名摯，字青陽，姬姓也，母曰女節。黃帝時有大星如虹，下流華渚，女節意感而生少昊，是爲玄囂。降居江水，邑于窮桑，以登帝位，都曲阜，在位百年而崩。」亦見《藝文類聚》卷一一引《帝王世紀》、《太平御覽》卷七九引《帝王世紀》。

《宋書》卷二七《符瑞志》：「(少昊)登帝位，有鳳皇之瑞。」

《左傳·昭公十七年》：「秋，郯子來朝，公與之宴。昭子問焉，曰：『少皞氏鳥名官，何故也？』郯子曰：『……我高祖少皞摯之立也，鳳鳥適至，故紀於鳥，爲鳥師而鳥名：鳳鳥氏，曆正也；玄鳥氏，司分者也；伯趙氏，司至者也；青鳥氏，司啓者也；丹鳥氏，司閉者也；祝鳩氏，司徒也；鴡鳩氏，司馬也；鳲鳩氏，司空也；爽鳩氏，司寇也；鶻鳩氏，司事也。五鳩，鳩民者也。五雉，爲五工正，利器用，正度量，夷民者也。九扈，爲九農正，扈民無淫者也。』」亦見《潛夫論》卷八《五德志》。

【校注】

〔一〕少昊：《四庫全書》本「昊」下有「帝」字。生平詳《史記》卷一《五帝本紀》。《左傳·昭公十七年》杜預注：「少皞，金天氏，黄帝之子，己姓之祖也。」《漢書》卷二〇《古今人表》：「上上聖人，少昊帝，金天氏。」顔師古注引張晏曰：「以金德王，故號曰金天。」今按：皞，同「昊」。

〔二〕窮桑：傳説中少昊氏所居處，亦爲少昊之號。《左傳·昭公二十九年》：少皞氏「世不失職，遂濟窮桑」。杜預注：「地在魯北。」今按：魯北即今山東曲阜北。

〔三〕二：重校本、《叢書集成》本、《百子全書》本、龍溪精舍本作「一」。吴校：「『二』乃『一』誤。」白帝朱宣：《文選》卷三六王元長《永明十一年策秀才文》李善注：「《河圖》曰：『大星如虹，下流華渚，女節意感，生白帝朱宣。』宋均曰：『朱宣，少昊氏。』」

〔四〕玄囂：《史記》卷一《五帝本紀》：「（嫘祖）生二子，其後皆有天下：其一曰玄囂，是爲青陽，青陽降居江水；其二曰昌意，降居若水。」裴駰《集解》：「駰案：太史公乃據《大戴禮》，以累祖生昌意及玄囂，玄囂即青陽也。皇甫謐以青陽爲少昊，乃方雷氏所生。是其所見異也。」今按：皇甫謐以黄帝次妃方雷氏爲女節，生玄囂，參本篇第四節注釋〔二四〕《太平御覽》卷一三五引《帝王世紀》。蕭繹承皇甫謐，亦以玄囂爲少昊。

〔五〕「姓姬」二句：《國語》卷一〇《晉語四》：「公子欲辭，司空季子曰：『同姓爲兄弟。黄帝之子二十五人，其同姓者二人而已，唯青陽與夷鼓皆爲己姓。……唯青陽與蒼林氏同於黄帝，故皆爲姬姓。』」

〔六〕降居江水：《史記》卷一《五帝本紀》司馬貞《索隱》：「降，下也。言帝子爲諸侯，降居江水。江水、若水皆在蜀，即所封國也。」

〔七〕以金承土：《漢書》卷二一下《律曆志》：「少昊帝，《考德》曰『少昊曰清』。清者，黄帝之子清陽也，是其子孫名摯立。土生金，故爲金德，天下號曰金天氏。」

〔八〕曲阜：地名。在今山東曲阜東北。《史記》卷三三《魯周公世家》：「封周公旦於少昊之虚曲阜。」

〔九〕以：《四庫全書》本脱。歷正：《左傳·昭公十七年》杜預注：「鳳鳥知天時，故以名曆正之官。」孔穎達疏：「曆正，主治曆數正天時之官。」今按：「歷」、「曆」通。

〔一〇〕玄鳥：《左傳·昭公十七年》杜預注：「玄鳥，燕也。」司分：《左傳·昭公十七年》孔穎達疏：「此鳥以春分來，秋分去，故以名官，使之主二分。」

〔一一〕伯趙：《左傳·昭公十七年》杜預注：「伯趙，伯勞也。以夏至鳴，冬至止。」司至：《左傳·昭公十七年》孔穎達疏曰：「此鳥以夏至來，冬至去，故以名官，使之主二至也。」

〔一二〕青鳥：《左傳·昭公十七年》杜預注：「青鳥，鶬鴳也。以立春鳴，立夏止。」司開：《左傳·昭公十七年》作「司啓」。《左傳·昭公十七年》孔穎達疏：「立春、立夏謂之啓。此鳥以立春鳴，立夏止，故以名官，使之主立春、立夏。」今按：作「開」者，蓋避漢諱改。

〔一三〕丹鳥：《左傳·昭公十七年》杜預注：「丹鳥，鷩雉也，以立秋來，立冬去，入大水爲蜃。」司閇：《左傳·昭公十七年》孔穎達疏：「立秋、立冬謂之閉。此鳥以秋來冬去，故以名官。使之主立秋、立冬也。」閇，各本同。吴校：「當作『閉』。」今按：「閇」爲「閉」的異體字。又，《左傳·昭公十七年》杜預注：「上四鳥皆曆正之屬官。」孔穎達疏：「分、至、啓、閉，立四官使主之，鳳皇氏爲之長，故云四鳥皆曆正之屬官也。」

〔一四〕祝鳩：《左傳·昭公十七年》杜預注：「祝鳩，鵻鳩也。鵻鳩孝，故爲司徒，主教民。」孔穎達疏：「《詩》云：『翩翩者隹。』毛傳云：『鵻，夫不也。一宿之鳥。』鄭玄云：『一宿者，一意於其所宿之木。』又云：『夫不，鳥之慤謹者，人皆愛之。』則此是謹慤孝順之鳥，故名司徒之官，教人使之孝也。」司徒：官名。掌管土地和人民的教化。詳《周禮·地官》。

〔一五〕「睢鳩」二句：　各本「睢」下有小字云：「案《左傳》作『鴡』。」「空」下有小字云：「案《左傳》：『鴡鳩氏，司馬也；鳴（《四庫全書》本、《叢書集成》本作「鳲」）鳩氏，司空也。』此疑有脱誤。」今按：　據《左傳·昭公十七年》「「鴡鳩氏」主司馬，主司空者乃是「鳲鳩氏」，此有脱誤，今於「睢鳩氏爲」後補「司馬鳲鳩氏爲」六字。　鴡鳩，《左傳·昭公十七年》杜預注：「鴡鳩，王鴡也。鷙而有别，故爲司馬。主法制。」孔穎達疏：「鴡鳩是鷙擊之鳥，又能雄雌有别也。司馬主兵，又主法制。擊伐又當法制分明故以此鳥名官，使主司馬之職。」「睢」、「鴡」同。《重修玉篇》卷二四：「鴡，王鴡，亦作『睢』。」司馬，官名。掌軍旅之事。詳《周禮·夏官》。　鳲鳩，《左傳·昭公十七年》杜預注：「鳲鳩，鴶鵴也。鳲鳩平均，故爲司空。」孔穎達疏：「布穀是鳲鳩明矣。《詩》云：『鳲鳩在桑，其子七兮。』毛傳云：『鳲鳩之養其子，朝從上下，莫從下上，平均如一。』是鳲鳩平均，故爲司空。《尚書·舜典》云：『伯禹作司空。帝曰：「禹，汝平水土，惟時懋哉。」』是司空主平水土也。」司空，官名。掌管工程。參《禮記·王制》。

〔一六〕爽鳩：　《左傳·昭公十七年》杜預注：「爽鳩，鷹也。鷙，故爲司寇，主盜賊。」孔穎達疏：「鷹是鷙擊之鳥，司寇主擊盜賊，故爲司寇。」　司寇：　官名。掌管刑獄、糾察等事。詳《周禮·秋官》。

〔一七〕鶻鳩：　《左傳·昭公十七年》杜預注：「鶻鳩，鶻鵰也。春來冬去，故爲司事。」孔穎達疏：「所論班鳩、鳴鳩，雖有異同，其言春來冬去，舊有此説。國家營事，繕治器物，一年之間，無時暫止，故以此鳥名司事之官也。」　司事：　官名。《左傳·昭公十七年》孔穎達疏：「司事謂營造之事，於六官皆屬司空。此司空、司事各爲一官者，古今代異，猶如《舜典》司空與共工各爲一官也。」

〔一八〕「五鳩」句：各本脱此句，《左傳・昭公十七年》、《潛夫論》卷八《五德志》「鶻鳩氏爲司事」下有「五鳩鳩民者也」六字，今據補。五鳩，指上文之祝鳩、鴡鳩、鳲鳩、爽鳩、鶻鳩。鳩，《左傳・昭公十七年》杜預注：「鳩，聚也。治民上聚，故以鳩爲名。」孔穎達疏：「治民上其集聚，惡其流散，故以鳩爲官名。欲其聚散民也。」

〔一九〕五雉：《左傳・昭公十七年》杜預注：「五雉，雉有五種：西方曰鷷雉，東方曰鶅雉，南方曰翟雉，北方曰鵗雉，伊洛之南曰翬雉。」孔穎達疏：「雉聲近夷，雉訓夷，夷爲平，故以雉名工正之官，使其利便民之器用，正丈尺之度、斗斛之量，所以平均下民也。」工正：官名。掌百工。參《左傳・莊公二年》。

〔二〇〕九扈：《左傳・昭公十七年》杜預注：「扈有九種也：春扈鳻鶞，夏扈竊玄，秋扈竊藍，冬扈竊黄，棘扈竊丹，行扈唶唶，宵扈嘖嘖，桑扈竊脂，老扈鷃鷃。以九扈爲九農之號，各隨其宜，以教民事。」漢蔡邕《獨斷》卷上：「少昊之世，置九農之官如左。春扈氏農正，趣民耕種；夏扈氏農正，趣民芸除；秋扈氏農正，趣民收斂；冬扈氏農正，趣民蓋藏；棘扈氏農正，常謂茅氏，一曰掌人百果；行扈氏農正，晝爲民驅鳥；宵扈氏農正，夜爲民驅獸；桑扈氏農正，趣民養蠶；老扈氏農正，趣民收麥。」扈，通「鳸」。農桑候鳥的通稱。《詩經・小雅・小宛》：「交交桑扈，率場啄粟。」孔穎達疏：「桑扈，食肉之鳥。」農正：官名。《國語》卷一《周語上》：「及籍，后稷監之，膳夫、農正陳籍禮，太史贊王，王敬從之。」韋昭注：「農正，田大夫也，主敷陳籍禮而祭其神，爲農祈也。」

6 帝顓頊高陽氏，〔一〕黃帝之孫，昌意之子，母曰女樞。金天氏之末，摇光之星，〔二〕貫（日）〔月〕如虹，〔三〕感女樞於幽房之宫。〔四〕右脅有九色毛，生顓頊。以水承金，〔五〕始都窮桑，徙商丘。〔六〕

【疏證】

《初學記》卷九引《帝王世紀》曰：「顓頊，黃帝之孫，昌意之子，姬姓也。母曰景僕，蜀山氏女，爲昌意正妃，謂之女樞。金天氏之末，瑶光之星，貫月如虹，感女樞幽房之宫，生顓頊於若水。首戴干戈，有聖德。生十年而佐少昊，十二而冠，二十登帝位。以水承金，位在北方，主冬，以水事紀官。始都窮桑，後徙商丘。在位七十八年，年九十八歲。」亦畧見《宋書》卷二七《符瑞志》、《藝文類聚》卷一一引《帝王世紀》、《太平御覽》卷七九引《帝王世紀》、《大戴禮記》卷七《五帝德》、《潛夫論》卷八《五德志》、《初學記》卷二引《詩含神霧》及《太平御覽》卷七九、八三、一三五引《河圖》。

【校注】

〔一〕顓頊：上古帝王。生平詳《史記》卷一《五帝本紀》。《史記・五帝本紀》司馬貞《索隱》：「宋衷云：『顓頊，名；高陽，有天下號也。』張晏云：『高陽者，所興地名也。』」

〔二〕摇光之星：《漢書》卷五七下《司馬相如傳》載其《大人賦》曰：「悉徵靈圉而選之兮，部署衆神於摇光。」顔師古注引張揖曰：「摇光，北斗杓頭第一星。」《淮南子》卷八《本經》：「瑶光者，資糧萬物者也。」高誘注：「瑶光，謂北斗杓第七星也。居中而運歷，指十二辰，擿起陰陽，以殺生萬物也。一説瑶光，和氣之見者也。」摇，重校本、《叢書集成》本、《百子全書》本、龍溪精舍本作「瑶」。吴校：「『摇』當作『瑶』。」今按：《宋書》卷二七《符瑞志》、《初學記》卷九引《帝王世紀》作「瑶」。「摇」、「瑶」古通。

〔三〕月：各本作「日」。今按：《宋書》卷二七《符瑞志》、《初學記》卷九引《帝王世紀》作「月」，據改。

〔四〕宮：各本「宮」下有小字云：「案别卷作『中』。」

〔五〕以水承金：《漢書》卷二一下《律曆志》：「顓頊帝，《春秋外傳》曰『少昊之衰，九黎亂德，顓頊受之，乃命重黎』。蒼林昌意之子也。金生水，故爲水德。天下號曰高陽氏。」

〔六〕商丘：地名。在今河南商丘一帶。

7 帝嚳高辛氏，〔一〕少昊之孫，蟜極之子。生而神靈，自言其名曰夋，〔二〕齗齒。〔三〕以木承（火）〔水〕，〔四〕都亳。〔五〕在位十年。〔六〕元妃有邰氏女，〔七〕曰姜嫄，〔八〕生后稷。〔九〕次妃有娀氏女，〔一〇〕曰蕑翟，〔一一〕生契。〔一二〕次陳酆氏女，〔一三〕曰慶都，生堯。〔一四〕次陬訾氏女，〔一五〕曰常儀，生子摯。〔一六〕摯立，不善，〔一七〕乃立堯。

【疏證】

《史記》卷一《五帝本紀》：「帝嚳高辛者，黄帝之曾孫也。高辛父曰蟜極，蟜極父曰玄囂，玄囂父曰黄帝。自玄囂與蟜極皆不得在位，至高辛即帝位。高辛於顓頊爲族子。高辛生而神靈，自言其名。……帝嚳娶陳鋒氏女，生放勳。娶娵訾氏女，生摯。帝嚳崩，而摯代立。帝摯立，不善，而弟放勳立，是爲帝堯。」亦見《大戴禮記》卷七《帝系》。

《初學記》卷九引《帝王世紀》曰：「帝嚳，姬姓也，其母不覺。生而神異，自言其名曰夋，齗齒，有聖德。年十五而佐顓頊，三十而登帝位。都亳，以木承水。在位七十年，年一百五歲而崩。」陶弘景云：「在位六十三年，年九十二。」

《太平御覽》卷八〇引《帝王世紀》曰：「帝嚳高辛氏，姬姓也，其母不見。生而神異，自言其名曰逡，齗齒，有聖德，年十五而佐顓頊，三十登帝位，都亳。……亦納四妃，卜其子皆有天下。元妃有台氏女，曰姜嫄，生后稷；次有娀氏女，曰簡翟，生卨；次陳豐氏女，曰慶都，生放勳；次娵訾氏女，曰常儀，生帝摯。帝嚳在位七十五年，年一百五歲而崩，葬東郡頓丘廣陽里。」陶弘景云：「在位六十三年，年九十二。」

【校注】

〔一〕帝嚳：古帝名。生平詳《史記》卷一《五帝本紀》。《史記·五帝本紀》司馬貞《索隱》：「宋衷曰：『高辛，地名；因以爲號；嚳，名也。』皇甫謐云：『帝嚳，名夋也。』」

〔二〕曰：各本「曰」下有小字云：「案原本脱『曰』字，今依《帝王世紀》校補。」

〔三〕䶔(bìng)齒：並齒。《白虎通》卷七《聖人》：「帝嚳䶔齒，上法月參。」

〔四〕以木承火：各本同。今按：《漢書》卷二一下《律曆志》：「帝嚳，《春秋外傳》曰『顓頊之所建，帝嚳受之』。清陽玄囂之孫也。水生木，故爲木德。天下號曰高辛氏。」高辛氏乃木承水德，且《初學記》卷九引《帝王世紀》正作「以木承水」。故此處「火」爲「水」之訛，今改。

〔五〕亳：地名。《史記》卷一《五帝本紀》裴駰《集解》引皇甫謐曰：「都亳，今河南偃師也。」今按：偃師，即今河南偃師。

〔六〕在位十年：各本同。吴校：「按《帝王世紀》帝嚳在位七十年，羅泌《路史》云『帝三十而御天，六十有三載崩』。此作『在位十年』，疑有脱誤。」今按：《初學記》卷九引《帝王世紀》作「在位七十年」，《太平御覽》卷八〇引《帝王世紀》作「在位七十五年」。二書下均有小字注曰：「陶弘景云：『在位六十三年，年九十二。』」或傳説有異，或本條有脱訛，疑莫能明。

〔七〕元妃：國君或諸侯的嫡妻。《左傳・隱公元年》：「惠公元妃孟子。」杜預注：「言元妃，明始適夫人也。」有邰：古國名。《詩經・大雅・生民》毛傳：「邰，姜嫄之國也。堯見天因邰而生后稷，故國后稷於邰。」《史記》卷四《周本紀》：「周后稷，名棄。其母有邰氏女，曰姜原。」張守節《正義》引《説文》：「邰，炎帝之後，姜姓，封邰，周棄外家。」故址在今陝西武功西南。

〔八〕姜嫄：帝嚳之妻。傳説於郊野踐巨人足跡懷孕而生稷。事蹟詳《史記》卷四《周本紀》、《詩經·大雅·生民》等。

〔九〕后稷：周之先祖。虞舜曾命其爲農官，教民耕稼，故稱「后稷」。事蹟詳《詩經·大雅·生民》、《史記》卷四《周本紀》等。

〔一〇〕有娀（sōng）：古國名。《史記》卷三《殷本紀》裴駰《集解》引《淮南子·墬形》：「有娀在不周之北。」故址在今山西永濟。

〔一一〕蕳翟：相傳爲有娀氏之女，帝嚳之妻。吞玄鳥卵懷孕而生商代始祖契。事詳《史記》卷三《殷本紀》。蕳，重校本、《叢書集成》本、《百子全書》本、龍溪精舍本作「簡」。各本「翟」下有小字云：「案《世本》作『簡狄』。」吴校：「『蕳』當從『竹』。」今按：蕳翟、簡狄當是傳寫之異，通常寫作「簡狄」。

〔一二〕契：人名。傳説中帝嚳之子。舜時佐禹治水有功，任爲司徒，封於商，賜姓子氏。生平詳《尚書·舜典》、《史記》卷三《殷本紀》。《史記·殷本紀》：「殷契，母曰簡狄，有娀氏之女，爲帝嚳次妃。三人行浴，見玄鳥墮其卵，簡狄取吞之，因孕生契。」

〔一三〕陳酆：底本、重校本、《叢書集成》本、《百子全書》本、龍溪精舍本「酆」下有小字云：「案《大戴禮記》作『陳隆』。又案此今《戴記》本誤字，《生民》、《檀弓》疏引《大戴》作『鋒』。」《四庫全書》本小字云：「案『酆』，《生民》詩疏引《大戴禮記》作『鋒』，今刻本作『隆』。」《史記》卷一《五帝本紀》作「陳峯」，張守節《正義》：「鋒音峯，又作豐。」

〔一四〕堯：名放勳。初封於陶，又封於唐，號陶唐氏，史稱唐堯。生平詳《史記》卷一《五帝本紀》。

〔一五〕陬（zōu）訾（zī）：複姓。底本、重校本、《叢書集成》本、《百子全書》本、龍溪精舍本「訾」下有小字云：「案《大戴禮記》『陬』作『娵』，《世本》又作『訾陬』。」

〔一六〕摯：帝嚳長子。帝嚳卒，摯嗣立。封異母弟放勳爲唐侯。在位九年，政衰，而堯德盛，摯乃禪位於堯。一説摯立未久而崩。生平詳《史記》卷一《五帝本紀》。

〔一七〕不善：《史記》卷一《五帝本紀》司馬貞《索隱》曰：「古本作『不著』……俗本作『不善』。不善謂微弱，不著猶不著明。衛宏云：『摯立九年而唐侯德盛，因禪位焉。』」張守節《正義》引《帝王紀》曰：「帝摯之母於四人中班最在下，而摯於兄弟最長，得登帝位。封異母弟放勳爲唐侯。摯在位九年，政微弱，而唐侯德盛，諸侯歸之，摯服其義，乃率羣臣造唐而致禪。唐侯自知有天命，乃受帝禪。乃封摯於高辛。」

8　帝堯，字放勳，一名同成育，陶唐氏，〔一〕帝嚳之子，伊祁姓也。〔二〕母曰慶都，爲嚳妃，出觀河渚，遇赤龍而孕。〔三〕寄伊長儒家産，〔四〕甲申歲而生堯丹陵也。〔五〕堯眉八采，〔六〕日角方目，〔七〕足有「玄武」之字，〔八〕手有三河之文，〔九〕豐下鋭上。〔一〇〕就之如日，〔一一〕望之如雲。〔一二〕黄收純衣，〔一三〕彤車白馬。冬則鹿裘，夏則絺葛。〔一四〕采椽不斲，〔一五〕土階三等。〔一六〕克明俊德，〔一七〕以親九族。九族既睦，平章百姓。〔一八〕百姓昭明，〔一九〕協和萬邦。焦僥氏來獻没羽。〔二〇〕常年之人得神獸若羊，名曰獬豸，〔二一〕堯乃緝其皮以爲帳。〔二二〕分命羲仲、〔羲叔〕、和仲、〔和叔〕：〔二三〕日中星鳥，以殷仲春；〔二四〕日永星火，以定仲夏；〔二五〕宵中星虚，以正仲秋；〔二六〕日短星昴，以正仲冬。〔二七〕時許耳之子名曰由，〔二八〕字道開，一字仲武。〔二九〕仲武黄白色，長八尺九寸，兄弟七人，十九而隱。堯欲禪之，由乃洗耳。是後，景星曜於天，〔三〇〕甘露降於地，〔三一〕朱草生於囿，〔三二〕鳳凰止於庭，〔三三〕以翟莆、蓂莢之瑞，〔三四〕都於平陽，〔三五〕命羲仲、羲叔、和仲、和叔掌四方。在位四十一年，〔三六〕洪水滔天，懷山襄陵。〔三七〕四岳舉鯀治水，〔三八〕九年績庸不成。〔三九〕五十年乃更咨四岳，得舜。乃在璿璣玉衡，以齊七政。〔四〇〕類於上帝，〔四一〕禋於六宗，〔四二〕望於山川，辨升羣瑞。〔四三〕堯崩，乃葬濟陰城〔陽〕。〔四四〕廟居齊郡，〔四五〕有柏樹死而更生焉。舜攝政二十八年，〔四六〕堯乃殂。三年禮畢，〔四七〕舜避丹朱於南河，〔四八〕諸侯朝覲，〔四九〕訟獄者不之丹朱而之舜，舜曰「乃天命也」。初，堯教丹朱棋，〔五〇〕以文桑爲局，犀象爲子。

【疏證】

《宋書》卷二七《符瑞志》：「帝堯之母曰慶都，生於斗維之野，常有黄雲覆護其上。及長，觀於三河，常有龍隨之，一旦龍負《圖》而至，其文要曰：『亦受天祐。』眉八彩，鬢髮長七尺二寸，面銳上豐下，足履翼宿。既而陰風四合，赤龍感之。孕十四月而生堯於丹陵，其狀如圖。」

《史記》卷一《五帝本紀》：「帝堯者，放勳。其仁如天，其知如神。就之如日，望之如雲。富而不驕，貴而不舒。黃收純衣，彤車乘白馬。能明馴德，以親九族。九族既睦，便章百姓。百姓昭明，合和萬國。」亦見《大戴禮記·五帝德》。

《藝文類聚》卷一一引《帝王世紀》曰：「帝堯陶唐氏，祁姓也。母慶都，孕十四月而生堯於丹陵，名曰放勳。鳥庭河勝，或從母姓伊氏。年十五而佐帝摯，受封於唐，爲諸侯。身長十尺，嘗夢天而上之。故二十而登帝位，都平陽。置敢諫之鼓，命羲和四子羲仲、羲叔、和仲、和叔，分掌四時方嶽之職，故名曰四嶽也。諸侯有苗氏，處南蠻而不服，堯征而克之于丹水之浦。乃以尹壽、許由爲師。夔放山川溪谷之音，作樂大章。天下大和，百姓無事。有五十老人，擊壤於道，觀者歎曰：『大哉，帝之德也！』老人曰：『吾日出而作，日入而息，鑿井而飲，耕田而食，帝何力於我哉！』於是景星曜於天，甘露降於地，朱草生於郊，鳳皇止於庭，嘉禾孳於畝，澧泉湧於山。焦僥民來貢没羽。廚中自生肉脯，其薄如翣形，摇鼓自生風，使食物寒而不臭，名曰翣脯。又有草夾階而生，隨月生死，王者以是占日月之數。惟盛德之君，應和而生，故堯有之，名曰蓂莢。始封稷契咎繇，褒進伯禹，納舜於大麓。後年二月，又率羣臣，刻璧爲書，東沉洛水，言天命當傳舜之意，今《中候運衡》之篇是也。凡堯即位九十八年，年百一十八歲乃殂，百姓如喪考妣。三載，四海遏密八音。葬于濟陰之成陽西北，是爲穀林。堯取富宜氏女，曰女皇，生丹朱。又有庶子九人，皆不肖，故以天下命舜，曰：『咨爾舜，天之曆數在爾躬，允執其中。四海困窮，天祿永終。』及堯三年喪畢，舜踐天子位。」亦見《太平御覽》卷八〇引《帝王世紀》。

《太平御覽》卷八九〇引《田俅子》曰：「堯時獲獬豸，緝其尾以爲帝帳。」

晉皇甫謐《高士傳・許由》：「堯讓天下於許由……由於是遁耕於中岳潁水之陽，箕山之下，終身無經天下色。堯又召爲九州長，由不欲聞之，洗耳於潁水濱。」亦畧見《吕氏春秋》卷二二《慎行論・求人》。

梁任昉《述異記》卷上：「堯爲仁君，一日十瑞。宫中芻化爲禾，鳳凰止於庭，神龍見於宫沼，歷草生階，宫禽五色，鳥化白，神木生蓮，萐蒲生廚，景星耀於天，甘露降於地。是爲十瑞。」

《尚書・堯典》：「曰若稽古，帝堯曰放勳，欽明文思安安，允恭克讓，光被四表，格於上下。克明俊德，以親九族。九族既睦，平章百姓。百姓昭明，協和萬邦，黎民于變時雍。乃命羲和，欽若昊天，曆象日月星辰，敬授人時。分命羲仲，宅嵎夷，曰暘谷。寅賓出日，平秩東作。日中星鳥，以殷仲春。厥民析，鳥獸孳尾。申命羲叔，宅南交，曰明都。平秩南訛，敬致。日永星火，以正仲夏。厥民因，鳥獸希革。分命和仲，宅西，曰昧谷。寅餞納日，平秩西成。宵中星虚，以殷仲秋。厥民夷，鳥獸毛毨。申命和叔，宅朔方，曰幽都。平在朔易。日短星昴，以正仲冬。……帝曰：『咨！四岳，湯湯洪水方割，蕩蕩懷山襄陵，浩浩滔天。下民其咨，有能俾乂？』僉曰：『於！鯀哉。』帝曰：『吁！咈哉，方命圮族。』岳曰：『異哉！試可乃已。』帝曰，『往欽哉！』九載績用弗成。帝曰：『咨！四岳。朕在位七十載，汝能庸命巽朕位？』岳曰：『否德忝帝位。』曰：『明明揚側陋。』師錫帝曰：『有鰥在下，曰虞舜。』帝曰：『俞！予聞，如何？』岳曰：『瞽子，父頑，母嚚，象傲，克諧，以孝烝烝，乂不格奸。』帝曰：『我其試哉！』女于時，觀厥刑於二女。釐降二女於嬀汭，嬪于虞。帝曰：『欽哉！』」並見《史記》卷一《五帝本紀》。

《尚書·舜典》：「舜讓於德，弗嗣。正月上日，受終於文祖。在璿璣玉衡，以齊七政。肆類於上帝，禋於六宗，望於山川，遍於羣神。輯五瑞。既月乃日，覲四岳羣牧，班瑞於羣后。」並見《史記》卷一《五帝本紀》。

《史記》卷一《五帝本紀》：「堯立七十年得舜，二十年而老，令舜攝行天子之政，薦之於天。堯辟位凡二十八年而崩。百姓悲哀，如喪父母。三年，四方莫舉樂，以思堯。堯知子丹朱之不肖，不足授天下，於是乃權授舜。授舜，則天下得其利而丹朱病；授丹朱，則天下病而丹朱得其利。堯曰『終不以天下之病而利一人』，而卒授舜以天下。堯崩，三年之喪畢，舜讓辟丹朱於南河之南。諸侯朝覲者不之丹朱而之舜，獄訟者不之丹朱而之舜，謳歌者不謳歌丹朱而謳歌舜。舜曰『天也』，夫而後之中國踐天子位焉，是爲帝舜。」並見《孟子》卷九《萬章上》。

【校注】

〔一〕陶唐氏：《左傳·襄公二十四年》：「宣子曰：『昔匄之祖，自虞以上，爲陶唐氏。』」杜預注：「陶唐，堯所治地，太原晉陽縣也。終虞之世以爲號，故曰自虞以上。」

〔二〕伊祁：複姓。《周禮·秋官·序官》「伊耆氏下士一人」，清孫詒讓《正義》：「《易·繫辭》孔疏引《帝王世紀》：『帝堯陶唐氏，伊祈姓。』伊祈，即伊耆。」

〔三〕「母曰」四句：《論衡》卷三《奇怪篇》：「讖書又言：『堯母慶都野出，赤龍感己，遂生堯。』」《藝文類聚》卷一〇引《春秋合誠圖》曰：「堯母慶都，出觀三河，奄然陰風，赤龍與慶都合，生堯。」

〔四〕儒：重校本、《叢書集成》本、《百子全書》本、龍溪精舍本作「孺」。吴校：「『儒』，《帝王世紀》作『孺』。」今按：《太平御覽》卷八〇引《春秋合誠圖》曰：「（慶都）及年二十，寄伊長孺家。」《太平御覽》卷三六二引《三輔舊事》曰：「堯母字慶都，配高辛氏而生堯，因主人伊長孺爲姓，謂之伊。」據此，似當以作「孺」爲是。

〔五〕甲申：《史記》卷一《五帝本紀》裴駰《集解》引皇甫謐曰：「堯以甲申歲生，甲辰即帝位，甲午徵舜，甲寅舜代行天子事，辛巳崩，年百一十八，在位九十八年。」　丹陵：地名。學界有在今湖南攸縣、河北唐縣等多説。

〔六〕八采：《孔叢子·居衛》：「昔堯身修十尺，眉分八采。」

〔七〕日角：額骨中央部分隆起。舊時相術家認爲是大貴之相。《後漢書》卷一《光武帝紀上》李賢注引鄭玄《尚書中候》：「日角，謂庭中骨起，狀如日。」

〔八〕「足有」句：《宋書》卷二七《符瑞志》作「足履翼宿」。玄武，二十八宿中北方七宿斗、牛、女、虚、危、室、壁的合稱，以其排列之形如龜而得名。此指堯脚底紋理如同玄武星宿之形。《史記》卷二七《天官書》：「北宫玄武。」司馬貞《索隱》：「南斗六星，牽牛六星，並北宫玄武之宿。」翼宿，指二十八宿中南方朱鳥七宿中的第六宿。今按：「玄武」、「翼宿」當是傳聞異詞。

〔九〕三河：三條河流，指黄河、淮河和洛河。

〔一〇〕豐下鋭上：額頭狹，頣頰寬。豐下，《左傳·文公元年》：「穀也豐下，必有後於魯國。」杜預注：「豐下，蓋面方。」

〔一一〕就之如日：《史記》卷一《五帝本紀》司馬貞《索隱》：「如日之照臨，人咸依就之，若葵藿傾心以緰日也。」

〔一二〕望之如雲：《史記》卷一《五帝本紀》司馬貞《索隱》：「如雲之覆渥，言德化廣大而浸潤生人，人咸仰望之，故曰如百穀之仰膏雨也。」

〔一三〕黄收純衣：《史記》卷一《五帝本紀》裴駰《集解》：「《太古冠冕圖》云『夏名冕曰收』。《禮記》曰『野夫黄冠』。鄭玄曰『純衣，士之祭服』。」《史記》卷一《五帝本紀》司馬貞《索隱》：「收，冕名。其色黄，故曰黄收，象古質素也。純，讀曰緇。」各本「收」下有小字云：「案『收』原本訛作『牧』，今依《史記》校改。」

〔一四〕絺葛：葛布。《尚書·禹貢》：「厥貢鹽絺，海物惟錯。」孔安國傳：「絺，細葛。」《太平御覽》卷六九四引《韓子》：「冬則鹿裘，夏則葛絺。」

〔一五〕采椽不斲：不對做房梁的木頭進行雕飾，言居室儉樸。《韓非子》卷一九《五蠹》：「堯之王天下也，茅茨不翦，采椽不斫；糲粢之食，藜藿之羹；冬日麑裘，夏日葛衣：雖監門之服養，不虧於此矣。」采椽，柞櫟木做的椽子。

〔一六〕土階三等：形容居室簡陋。《子華子·晏子問黨》：「嬰聞之，堯不以土階爲陋，而有虞氏怵戒於塗髹，其尚儉之謂歟？」

〔一七〕克明俊德：《史記》卷一《五帝本紀》作「能明馴德」。裴駰《集解》：「徐廣曰：『馴，古訓字。』」司馬貞《索隱》：「《史記》『馴』字，徐廣皆讀曰訓。訓，順也。言聖德能順人也。案：《尚書》作『俊德』，孔安國云『能明用俊德之士』，與此文意别也。」

〔一八〕平章百姓：各本同，《史記》卷一《五帝本紀》作「便章百姓」。裴駰《集解》：「《尚書》並作『平』字。孔安國曰『百姓，百官』。鄭玄曰『百姓，羣臣之父子兄弟』。」司馬貞《索隱》曰：「《古文尚書》作『平』，此文蓋讀『平』爲浦耕反。平既訓便，因作『便章』。其今文作『辯章』。古『平』字亦作『便』，音婢緣反。便則訓辯，遂爲辯章。」平章，辨别彰明。

〔一九〕昭明：顯明，顯著。《尚書·堯典》孔安國傳：「昭亦明也。」

〔二〇〕「焦僥」句：《藝文類聚》卷一一引《帝王世紀》曰：「焦僥民來貢没羽。」焦僥（yáo），亦作「僬僥」。《淮南子》卷四《墬形》：「西南方曰焦僥。」高誘注：「焦僥，短人之國也，長不滿三尺。」《國語》卷五《魯語下》：「仲尼曰：『僬僥氏長三尺，短之至也。』」韋昭注：「僬僥，西南蠻之别也。」没羽，箭名。

〔二一〕𧳜(xiè)豸：傳説中的異獸。《後漢書·輿服志下》：「法冠……或謂之獬豸冠。獬豸神羊，能别曲直，楚王嘗獲之，故以爲冠。」李賢注引《異物志》曰：「東北荒中有獸名獬豸，一角，性忠，見人鬭，則觸不直者；聞人論，則咋不正者。」𧳜，重校本、《叢書集成》本、《百子全書》本、龍溪精舍本作「獬」。吴校：「『𧳜』當從『犬』。」今按：「𧳜」、「獬」同。

〔二二〕緝：縫紉。《説文解字·糸部·緝》段玉裁注：「緝，引申之，用縷以縫衣服亦爲緝。」

〔二三〕羲仲、羲叔、和仲、和叔：底本及《四庫全書》本作「羲仲、和仲」，重校本「羲仲」下旁側有小字「羲叔」，「和仲」下旁側有小字「和叔」；《叢書集成》本、《百子全書》本、龍溪精舍本作「羲仲、羲叔、和仲、和叔」。朱校：「當增『羲叔、和叔』字。」吴校：「『命羲仲和仲』，當作『命羲仲、羲叔、和仲、和叔』。」今按：《尚書·堯典》及《史記》卷一《五帝本紀》並云堯分命羲仲、羲叔、和仲、和叔駐四方，觀天文。《太平御覽》卷八〇引《帝王世紀》曰：「（帝堯）命羲、和四子羲仲、羲叔、和仲、和叔分掌四岳。」故「命羲仲和仲」，當作「命羲仲、羲叔、和仲、和叔」，據補。羲、和爲同族兩氏，即羲氏和和氏。《尚書·堯典》漢孔安國傳認爲羲、和是「重黎之後，羲氏和氏世掌天地四時之官，故堯命之使敬順昊天」。

〔二四〕「日中」二句：《尚書·堯典》漢孔安國傳：「日中，謂春分之日。鳥，南方朱鳥七宿。殷，正也。春分之昏，鳥星畢見，以正仲春之氣節，轉以推季、孟，則可知。」

〔二五〕「日永」二句：《尚書·堯典》漢孔安國傳：「永，長也，謂夏至之日。火，蒼龍之中星，舉中，則七星見可知。以正仲夏之氣節，季、孟亦可知。」

〔二六〕「宵中」二句：《尚書·堯典》漢孔安國傳：「宵，夜也。春言日，秋言夜，互相備。虛，玄武之中星，亦言七星皆以秋分日見，以正三秋。」宵中，謂晝夜時間相等。此指秋分。

〔二七〕「日短」二句：《尚書·堯典》漢孔安國傳：「日短，冬至之日。昴，白虎之中星，亦以七星並見，以正冬之三節。」

〔二八〕許耳：人名。俞樾《茶香室叢鈔》卷二「許耳」條引《金樓子》此文曰：「按許由父名世所罕聞，並其儀狀亦僅見於此。」　由：許由，傳説中的隱士。事蹟見《莊子·逍遥遊》、《史記》卷六一《伯夷列傳》等。

〔二九〕仲武：重校本、《叢書集成》本、《百子全書》本、龍溪精舍本作「武仲」。吳校：「《高士傳》作『武仲』。」今按：皇甫謐《高士傳》卷上「許由」條：「許由，字武仲，陽城槐里人也。」《藝文類聚》卷三六引嵇康《高士傳》曰：「許由，字武仲，堯舜皆師之。」《經典釋文》卷二六：「許由，隱人也，隱於箕山。司馬云：『潁川陽城人。』簡文云：『陽城槐里人。』李云：『字仲武。』」「武仲」、「仲武」當是傳聞異詞。

〔三〇〕曜：《百子全書》本作「耀」。今按：「曜」、「耀」同。

〔三一〕甘露：《老子》第三二章：「天地相合，以降甘露。」《白虎通》卷六《封禪》：「甘露者，美露也，降則物無不盛者也。」

〔三二〕朱草：《鶡冠子·度萬》：「膏露降，白丹發，醴泉出，朱草生，衆祥具。」晉葛洪《抱朴子》内篇卷四《金丹》：「朱草狀似小棗，栽長三四尺，枝葉皆赤，莖如珊瑚。喜生名山巖石之下，刻之汁流如血，以玉及八石金銀投其中，立便可丸如泥，久則成水，以金投之，名爲金漿，以玉投之，名爲玉醴，服之皆長生。」

〔三三〕鳳凰：《白虎通》卷六《封禪》：「鳳凰者，禽之長也。上有明王，太平乃來，居廣野之都。」

〔三四〕以：重校本、《叢書集成》本、《百子全書》本、龍溪精舍本作「有」。吴校：「『以』當作『有』。」今按：「以」有「有」義。漢趙曄《吴越春秋》卷三《王僚使公子光傳》：「季札曰：『苟前君無廢祀，社稷以奉，乃吾君也。』」社稷以奉，《史記》卷三一《吴太伯世家》作「社稷有奉」。《楚辭・九辯》：「豈不鬱陶而思君兮？君之門以九重。」此並可證。吴校非。　翣（shà）莆：各本「莆」下有小字云：「案《説文》『翣』作『萐』，《述異記》『莆』作『蒲』，《宋書・符瑞志》又作『箑脯』。」今按：翣莆，瑞草名。翣，同「萐」、「箑」，指扇子；「莆」，也作「脯」、「蒲」。漢班固《白虎通》卷六《封禪》：「孝道至則萐莆生庖廚。萐莆者，樹名也。其葉大於門扇，不摇自扇，於飲食清涼，助供養也。」《説文解字・艸部》「萐」下云：「萐莆，瑞艸也。堯時生於庖廚，扇暑而涼。」《宋書》卷二七《符瑞志上》：「（堯時）廚中自生肉，其薄如箑，摇動則風生，食物寒而不臭，名曰『箑脯』。」同書卷二九《符瑞志下》：「萐甫，一名倚扇，狀如蓬，大枝葉小，根根如絲，轉而成風，殺蠅。堯時生於廚。」　蓂莢：一名曆莢。古代傳説中的一種瑞草。《白虎通》卷六《封禪》：「蓂莢，樹名也，月一日一莢生，十五日畢。至十六日一莢去，故莢階而生，以明日月也。」《抱朴子》内篇卷三《對俗》：「唐堯觀蓂莢以知月。」

〔三五〕平陽：地名。《史記》卷一《五帝本紀》張守節《正義》引《帝王世紀》云：「堯都平陽，於《詩》爲唐國。」

《漢書》卷二八《地理志》「河東郡平陽縣」，顏師古注引應劭曰：「堯都也，在平河之陽。」在今山西臨汾西南十八里金殿鎮。

〔三六〕「在位」句：即在位之第四十一年。

〔三七〕懷山襄陵：《尚書·堯典》漢孔安國傳：「懷，包。襄，上也。包山上陵。」

〔三八〕四岳：指羲仲、羲叔、和仲、和叔。《史記》卷一《五帝本紀》裴駰《集解》：「鄭玄曰：『四岳，四時官，主方岳之事』。」張守節《正義》：「孔安國云：『四岳，即上羲和四子也。分掌四岳之諸侯，故稱焉』。」

鯀：禹之父。奉堯命治水未成，被舜殺死在羽山。事蹟詳《尚書·堯典》、《山海經·海內經》、《楚辭·天問》等。

〔三九〕績庸：功用。庸，用。

〔四〇〕「乃在」二句：《尚書·舜典》漢孔安國傳：「在，察也。璿，美玉。璣、衡，王者正天文之器，可運轉者。七政，日、月、五星各異政。舜察天文，齊七政，以審己當天心與否。」孔穎達疏引馬融曰：「渾天儀，可旋轉，故曰璣；衡，其横簫，所以視星宿也。以璿爲璣，以玉爲衡，蓋貴天象也。」引蔡邕曰：「玉衡長八尺，孔徑一寸，下端望之以視星辰。蓋懸璣以象天而衡望之。」《史記》卷一《五帝本紀》裴駰《集解》引鄭玄曰：「璿璣、玉衡，渾天儀也；七政，日月五星也。」

〔四一〕類：《尚書·舜典》漢孔安國傳：「類，謂攝位事類，遂以攝告天及五帝。」孔穎達疏：「祭於上帝，祭昊天及五帝也。」《禮記·王制》：「天子將出，類乎上帝，宜乎社，造乎禰。」鄭玄注：「類、宜、造，皆祭名，其禮亡。」孔穎達疏：「類乎上帝，謂祭告天也。」

〔四二〕禋於六宗：《尚書・舜典》漢孔安國傳：「精意以享謂之禋。宗，尊也。所尊祭者，其祀有六：謂四時也，寒暑也，日也，月也，星也，水旱也。祭亦以攝告。」禋，祭名。升烟祭天以求福。《詩經・大雅・生民》：「厥初生民，時維姜嫄。生民如何？克禋克祀，以弗無子。」鄭玄箋：「乃禋祀上帝於郊禖，以祓除其無子之疾而得其福也。」孔穎達疏：「經傳之中，亦非祭天而稱禋祀者，諸儒遂以禋爲祭之通名。……先儒云，凡絜祀曰禋。若絜祀爲禋，不宜别六宗與山川也。凡祭祀無不絜，而不可謂皆精。然則精意以享，宜施燔燎，精誠以做，烟氣之升，以達其誠故也。」王國維《觀堂集林・洛誥解》：「《周禮・大宗伯》：『以禋祀祀昊天上帝，以實柴祀日月星辰，以槱燎祀司中、司命、風師、雨師。』三者互言，皆實牲於柴而燎之，使烟徹於上。禋之言烟也，殷人祀人鬼亦用此禮。」六宗，古所尊祀的六神。六宗爲何神，漢以來諸説不一。

〔四三〕「望於」二句：各本「辨」下有小字云：「案古字『辨』、『徧』通。」「瑞」下有小字云：「案《舜典》作『神』。」《尚書・舜典》作「望於山川，遍於羣神」，漢孔安國傳：「九州名山大川、五岳四瀆之屬，皆一時望祭之。羣神謂丘陵墳衍，古之聖賢皆祭之。」望，古祭名。《淮南子》卷一八《人間》：「郊望禘嘗。」高誘注：「望，祭日月、星辰、山川也。」

〔四四〕濟陰城陽：即濟陰郡成陽縣。治所在今山東菏澤。《呂氏春秋》卷一〇《孟冬紀・安死》「堯葬於穀林」，高誘注：「《傳》曰『堯葬成陽』，此云穀林，成陽山下有穀林。」陽，底本、《四庫全書》本脱；重校本

「城」下旁側有小字「陽」;《叢書集成》本、《百子全書》本、龍溪精舍本「城」下有「陽」字。吴校:「『城』下疑有『陽』字,按《前漢·地理志》濟陰郡成陽縣有堯冢,『成』或作『城』。」今按:據《藝文類聚》卷一一引《帝王世紀》、《漢書》卷二八《地理志》等補「陽」字。

〔四五〕齊郡:郡名。治所在今山東淄博東北臨淄北。今按:堯祠在今山西臨汾南五里堯廟村,即堯都平陽附近。《魏書》卷七《高祖紀》:太和十六年(四九二)「詔祀唐堯於平陽」。此作「齊郡」,疑有誤。

〔四六〕二十八年:《史記》卷一《五帝本紀》:「堯立七十年得舜,二十年而老,令舜攝行天子之政,薦之於天。堯辟位凡二十八年而崩。」「堯老,使舜攝行天子政,巡狩。舜得舉,用事二十年,而堯使攝政,攝政八年而堯崩。」今按:據《史記》卷一《五帝本紀》,舜用事二十年,攝政八年,本文蕭繹總言之爲攝政二十八年。

〔四七〕三年禮畢:各本同。吴校:「『禮』當作『喪』。」今按:三年禮畢者,三年喪禮結束之意。古禮,臣爲君、子爲父、妻爲夫服喪三年。《禮記·喪服四制》:「貴貴尊尊,義之大者也,故爲君亦斬衰三年。」吴校有膠柱之嫌,未可從。

〔四八〕丹朱:堯之子,名朱,居丹淵,因名丹朱。堯因其不孝,且傲慢荒淫,禪位於舜。事蹟詳《史記》卷一《五帝本紀》、《尚書·益稷》。南河:《四庫全書》本作「河南」,疑訛。古稱黄河自今潼關以下西東流向一段爲南河。《史記》卷一《五帝本紀》裴駰《集解》引劉熙曰:「南河,九河之最在南者。」張守節

《正義》：「《括地志》云：『故堯城在濮州鄄城縣東北十五里。《竹書》云昔堯德衰，爲舜所囚也。又有偃朱故城，在縣西北十五里。《竹書》云舜囚堯，復偃塞丹朱，使不與父相見也。』案：濮州北臨漯，大川也。河在堯都之南，故曰南河。《禹貢》『至于南河』是也。其偃朱城所居，即『舜讓避丹朱於南河之南』處也。」

〔四九〕朝覲：臣子朝見君主。《禮記·樂記》：「朝覲，然後諸侯知所以臣。」《文選》卷二〇曹子建《應詔詩》：「嘉詔未賜，朝覲莫從。」李善注：「毛萇《詩傳》曰：覲，見也。」

〔五〇〕「堯教」句：《藝文類聚》卷七四引《博物志》曰：「堯造圍棋，丹朱善棋。」《太平御覽》卷七五三引《博物志》曰：「堯造圍棋，丹朱善之。」

9 帝舜有虞氏，〔一〕龍顔大口，圓天日角，〔二〕出額重鼻，〔三〕足履龜文，〔四〕目重瞳子，〔五〕身長九尺一寸，〔六〕常夢擊天鼓。〔七〕母曰握登，早終。瞽叟更娶，〔八〕生象。象傲，瞽叟頑，後母嚚，咸欲殺舜。使舜入井，舜鑿井旁行。〔九〕二十（里）以孝聞。〔一〇〕三十而帝堯問可用者，四岳咸舉舜。堯於是降以女娥皇、女瑩配之妻舜，〔一一〕以觀其内；使九男與處，以觀其外。二女不敢以貴驕事舜親戚，〔一二〕甚有婦道。堯九男皆益篤。舜耕於歷山，〔一三〕歷山之人皆讓畔，耕地得金枝銀節；漁於雷澤，〔一四〕〔雷澤〕上人皆讓（民）

〔居〕；〔一五〕陶於河濱，河濱器皆不苦窳。〔一六〕一年而所居成聚，二年成邑，三年成都。〔一七〕堯乃試舜五典百官，〔一八〕皆治。布五教於四方。〔一九〕堯乃老，使舜攝行天子政，巡狩，〔二〇〕得舉用事。卿雲出，〔二一〕景星見。西王母使使乘白鹿，〔二二〕駕羽車，〔二三〕建紫旗，來獻白環（之）〔及〕玦、益地之圖、乘黄之駟。〔二四〕（綏）〔緩〕耳、貫胸之民來獻珠蝦。〔二五〕既陟帝位，以土承火，都平陽，命禹爲司空，〔二六〕棄爲后稷，〔二七〕契爲司徒，〔二八〕咎繇爲士，〔二九〕垂爲共工，〔三〇〕益爲朕虞，〔三一〕伯夷爲秩宗，〔三二〕夔爲典樂，〔三三〕龍爲納言。〔三四〕庶績咸熙，〔三五〕羣瑞畢集，《簫韶》九成，鳳凰來儀，〔三六〕擊石拊石，百獸率舞。〔三七〕生子商均，〔三八〕不肖，〔三九〕舜復禪禹，入九疑山，〔四〇〕置銅劍一枚，化爲礫。〔四一〕今濟南歷城有祠，〔四二〕太陽山有虞氏三石闕也。〔四三〕禹即位後（十）五年，舜乃殂。〔四四〕禹讓商均，避之陽城。〔四五〕天下不歸商均而之禹。初，商均一名章鷂。〔四六〕

【疏證】

《太平御覽》卷八一引《帝王世紀》曰：「瞽瞍妻曰握登，見大虹意感而生舜於姚墟，故姓姚，名重華，字都君。龍顔大口，黑色，身長六尺一寸。有聖德，始遷於夏，於頓丘，責於傅虛。家本冀州，每徙則百姓歸之。其母早死，瞽瞍更娶，生象。象傲而父頑、母嚚，咸欲殺舜。舜能和諧，大杖則避，小杖則受。年二十始以孝聞。堯以二女娥皇、女英妻之。」亦見《宋書》卷二七《符瑞志》。

《史記》卷一《五帝本紀》：「舜，冀州之人也。舜耕歷山，漁雷澤，陶河濱，作什器於壽丘，就時於負夏。舜父瞽叟頑，母嚚，弟象傲，皆欲殺舜。舜順適不失子道，兄弟孝慈。欲殺，不可得；即求，嘗在側。舜年二十以孝聞。三十而帝堯問可用者，四岳咸薦虞舜，曰可。於是堯乃以二女妻舜以觀其內，使九男與處以觀其外。舜居嬀汭，內行彌謹。堯二女不敢以貴驕事舜親戚，甚有婦道。堯九男皆益篤。舜耕歷山，歷山之人皆讓畔；漁雷澤，雷澤上人皆讓居；陶河濱，河濱器皆不苦窳。一年而所居成聚，二年成邑，三年成都。堯乃賜舜絺衣，與琴，爲築倉廩，予牛羊。瞽叟尚復欲殺之，使舜上塗廩，瞽叟從下縱火焚廩。舜乃以兩笠自扞而下，去，得不死。後瞽叟又使舜穿井，舜穿井爲匿空旁出。舜既入深，瞽叟與象共下土實井，舜從匿空出，去。……舜復事瞽叟愛弟彌謹。於是堯乃試舜五典百官，皆治。……舉八元，使布五教于四方。……堯老，使舜攝行天子政，巡狩。舜得舉用事二十年，而堯使攝政。」並見《尚書・堯典》、《孟子・萬章》、《淮南子》卷一《原道》及卷二〇《泰族》。

《藝文類聚》卷一一引《帝王世紀》曰：「帝有虞氏，姚姓也，目重瞳，故名重華，字都君。有聖德，始遷於負夏，販於頓丘，債於傳虛。家本冀州，每徙則百姓歸之。……禹爲司空，功被天下；棄爲后稷，播時百穀；契爲司徒，敬敷五教；皋繇爲士，典刑惟明；倕爲共工，莫不致力；益爲朕虞，庶物繁植；伯夷爲秩宗，三禮不闕；夔爲樂正，神人以和；龍爲納言，出内惟允。於是俊乂在官，羣后德讓，百僚師師。以五采章施于五色爲服，以六律五聲八音協治，治用之和，蒸民乃粒，萬邦作乂，庶績咸熙。乃作大韶之樂，《簫韶》九成，鳳皇來儀，擊石拊石，百獸率舞，故孔子稱《韶》盡美矣，又盡善也。景星曜於房，羣瑞畢致，地出乘黄。舜於是德被天下，薦於天，使禹攝政。有苗氏叛，南征，崩于鳴條，殯以瓦棺，葬於蒼梧九疑山之陽，是爲零陵，謂之紀市，在今營道，下有羣象爲之耕。」亦見《尚書·舜典》、《史記》卷一《五帝本紀》、《大戴禮記》卷七《五帝德》。

《初學記》卷二〇引皇甫謐《帝王世紀》曰：「西王母慕舜德，來獻白環及玦，並貢益地圖。」《史記》卷二《夏本紀》：「帝舜薦禹於天，爲嗣。十七年而帝舜崩。三年喪畢，禹辭辟舜之子商均於陽城。天下諸侯皆去商均而朝禹。禹於是遂即天子位，南面朝天下，國號曰夏后，姓姒氏。」並見《史記》卷一《五帝本紀》。

【校注】

〔一〕舜：五帝之一，姚姓，有虞氏，名重華，史稱虞舜或舜。相傳受堯禪讓，後禪位於禹，死在蒼梧。生平詳《史記》卷一《五帝本紀》。

〔二〕圓天：天庭飽滿。

〔三〕出額：額頭突出。

〔四〕足履龜文：《後漢書》卷六三《李固傳》：「固貌狀有奇表，鼎角匿犀，足履龜文。」李賢注：「足履龜文者二千石。見《相書》。」《文選》卷五四劉孝標《辯命論》：「河目龜文，公侯之相。」李周翰注：「龜文，謂足有龜文也。」

〔五〕目重瞳子：《史記》卷七《項羽本紀》贊：「吾聞之周生曰『舜目蓋重瞳子』，又聞項羽亦重瞳子。羽豈其苗裔邪？」裴駰《集解》引《尸子》：「舜兩眸子，是謂重瞳。」

〔六〕「身長」句：朱校：「案後《立言篇》云『身長六尺』。考孔氏《尚書正義》亦云『身長六尺一寸』，則『九』字誤，《立言篇》内脱『一寸』二字。」吴校：「按《孔叢子》云舜長八尺有奇。《路史》云舜長九尺。以云長六尺一寸者爲非。今此云九尺一寸，而後《立言篇》又云舜長六尺。蓋《金樓》雜采諸書，偶未檢勘，故未免彼此互異耳。」今按：吴説有理。關於舜之身高説法不一，《孔叢子》卷上《居衛第七》：「舜身修八尺有奇，面頷無毛，亦聖。」《宋書》卷二七《符瑞志》、《太平御覽》卷八一引《帝王世紀》均載舜「身長六尺一寸」。然未見他籍有舜長「九尺一寸」的記載，且《金樓子・立言篇下》載「子思云『堯身長十尺，眉乃八采；舜身長六尺，面頷無毛』」，故疑「九」字乃「六」字形誤。

〔七〕「常夢」句：《太平御覽》卷三九七引《夢書》曰：「堯夢乘龍上天，舜夢擊天鼓。」

〔八〕叟：《四庫全書》本作「瞍」。今按：「瞍」、「叟」通。《史記》卷一《五帝本紀》：「重華父曰瞽叟。」張守節《正義》引孔安國曰：「無目曰瞽。舜父有目不能分别好惡，故時人謂之瞽，配字曰『叟』。叟，無目之稱也。」

〔九〕鑿井旁行：意謂鑿井壁穿孔從旁而出。旁，重校本、《叢書集成》本、《百子全書》本、龍溪精舍本作「傍」。今按：「旁」、「傍」通。

〔一〇〕「二十」句：各本「十」下有「里」字。今按：《太平御覽》卷八一引《帝王世紀》、《史記》卷一《五帝本紀》均載舜二十以孝聞，故「里」是衍文，當删。

〔一一〕瑩：各本「瑩」下有小字云：「案《列女傳》作『英』。」今按：女瑩，劉向《列女傳》卷一《母儀傳・有虞二妃》、王逸《楚辭章句・湘君》等並作女英。《漢書》卷二〇《古今人表》：「女瑩，舜妃。」顔師古注：「即女英。瑩，音于耕反。」

〔一二〕親戚：《史記》卷一《五帝本紀》張守節《正義》：「親戚，謂父瞽叟、後母、弟象、妹顆手等也。」

〔一三〕歷山：在今浙江餘姚北二十八里歷山鎮。《史記》卷一《五帝本紀》張守節《正義》引《括地志》：「越州餘姚縣有歷山、舜井。」一説在今山西永濟蒲州鎮南雷首山。《水經》卷四《河水注》：「（河東）郡南有歷山，謂之歷觀，舜所耕處也。有舜井，嬀、汭二水出焉。南曰嬀水，北曰汭水，西逕歷山下。」《後漢書》卷一〇九《地理志》：「（河東郡）蒲坂有雷首山。」李賢注：「縣南二十里有歷山，舜所耕處。」另，今山西西垣東北、山東濟南南郊、山東菏澤東等地均有傳爲舜耕處。

〔一四〕雷澤：重校本「雷澤」下旁側重小字「雷澤」，《叢書集成》本、《百子全書》本、龍溪精舍本「雷澤」重。吴校：「當重『雷澤』二字，屬下句。」今按：吴校是。《史記》、《五帝本紀》「雷澤」重，據補。雷澤，一名雷夏澤，在今山東菏澤東北。

〔一五〕居：底本作「民」，《四庫全書》本、重校本、《叢書集成》本、《百子全書》本、龍溪精舍本作「居」。今按：《史記》卷一《五帝本紀》作「居」，據改。

〔一六〕苦（gǔ）窳（yǔ）：粗劣不堅牢。《史記》卷一《五帝本紀》裴駰《集解》：「窳，病也。」張守節《正義》：「苦，讀如盬，音古，盬，粗也。」《韓非子》卷一五《難一》：「東夷之陶者器苦窳，舜往陶焉，朞年而器牢。」參桂馥《札樸》卷五「苦窳」條。

〔一七〕「一年」三句：《史記》卷一《五帝本紀》張守節《正義》：「聚，謂村落也。《周禮》郊野法云『九夫爲井，四井爲邑，四邑爲丘，四丘爲甸，四甸爲縣，四縣爲都』也。」

〔一八〕五典：《史記》卷一《五帝本紀》裴駰《集解》引鄭玄注曰：「五典，五教也。蓋試以司徒之職。」《尚書·舜典》：「慎徽五典，五典克從。」孔安國傳：「五典，五常之教。父義、母慈、兄友、弟恭、子孝。」

〔一九〕五教：五典之教。《尚書·舜典》：「汝作司徒，敬敷五教。」孔安國傳：「布五常之教。」

〔二〇〕巡狩：亦作「巡守」。謂天子出行，視察邦國州郡。《尚書·舜典》：「歲二月，東巡守，至於岱宗，柴。」孔安國傳：「諸侯爲天子守土，故稱守。巡，行之。」《孟子·梁惠王下》：「天子適諸侯曰巡狩。巡狩者，巡所守也。」

〔二一〕「卿雲」句：《太平御覽》卷四〇五引《尚書大傳》曰：「舜爲賓客，禹爲主人。于時，卿雲聚，俊乂集，百工相和而歌卿雲。」《藝文類聚》卷一引《尚書大傳》曰：「於時俊乂百工相和而歌卿雲，帝舜乃唱之曰：『卿雲爛兮，禮縵縵兮，日月光華，旦或旦兮。』」卿雲，《史記》卷二七《天官書》：「若烟非烟，若雲非雲，鬱鬱紛紛，蕭索輪囷，是謂卿雲。卿雲，喜氣也。」

〔二二〕西王母：《山海經·西山經》：「西王母，其狀如人，豹尾虎齒而善嘯。」《穆天子傳》卷三：「乙丑，天子觴西王母於瑶池之上，西王母爲天子謡。」

〔二三〕羽車：傳説中神仙所乘之車。

〔二四〕白環及玦：各本作「白環之玦」。今按：環，圓圈形的玉器。玦，環形有缺口的玉器。環和玦是兩種不同的玉器，故許《注》疑「之」是「及」之誤，《初學記》卷二〇引《帝王世紀》曰「西王母慕舜德，來獻白環及玦，並貢益地圖」可證，據改。　益地之圖：《藝文類聚》卷一一引《雒書靈准聽》曰：「舜受終，鳳皇儀，黄龍感，朱草生，蓂莢孳，西王母授益地圖。西王母得益地之圖來獻。」《太平御覽》卷六六一引《集仙録》曰：「黄帝在位，王母遣使乘白鹿，集帝庭，授以地圖。其後舜在位，遣使獻白玉環及益地圖，遂廣黄帝九州爲十二州。」　乘黄：神馬名。古人認爲是吉祥之物。《管子》卷八《小匡》：「昔人之受命者，龍龜假，河出圖，雒出書，地出乘黄。」

〔二五〕「緩耳」句：宋謝維新《古今合璧事類備要》別集卷八七「民來獻」條：「舜攝天子，有緩耳、貫胸之民來獻珠蝦。」緩耳，各本作「綏耳」，《太平御覽》卷九四三及《天中記》卷五七引《金樓子》作「緩耳」，《廣博物志》卷五〇引《金樓子》作「援耳」，宋祝穆《古今事文類聚》後集卷三四作「鈸耳」。今按：綏耳，當從《太平御覽》卷九四三及《天中記》卷五七引《金樓子》作「緩耳」。緩耳，即儋耳，古部族名，在今海南省。《後漢書》卷八〇《杜篤傳》載《論都賦》「連緩耳，瑣雕題」，李賢注：「緩耳，耳下垂，即儋耳也。」

《説文解字・耳部》「聸，垂耳也。从耳詹聲。南方有聸耳國。」清段玉裁注：「古祇作『耽』，一變爲聸耳，再變則爲儋耳矣。」貫胸，傳説中的古國名。《山海經・海外南經》：「貫匈國在其東，其爲人匈有竅。」珠蝦，疑爲蝦的一種，體内有珠。此處指産於蝦體内之大珠。

〔二六〕「命禹」句：顧炎武《日知録》卷二「司空」條：「司空，孔傳謂『主國空土以居民』，未必然。顔師古曰：『空，穴也。古人穴居，主穿土爲穴以居人也。』《易傳》云：『上古穴居而野處。』《詩》云：『古公亶父，陶複陶穴，未有家室。』今河東之人尚多人穴居者。洪水之後，莫包于奠民居，故伯禹作司空，爲九官之首。」

〔二七〕棄：人名。周之先祖，舜曾命其爲農官，故亦稱「后稷」。《國語》卷一《周語上》：「農師一之，農正再之，后稷三之。」

〔二八〕契：商代始祖，帝嚳之子。其母簡狄吞玄鳥卵懷孕而生。佐禹治水有功，舜乃命契爲司徒。事蹟詳《史記》卷三《殷本紀》、《詩經・商頌・玄鳥》。

〔二九〕咎繇：亦作「皋陶」。虞舜時的司法官，以正直稱。禹繼位，委之以政，被選爲繼承人。早卒。事詳《史記》卷一《五帝本紀》及卷二《夏本紀》、《尚書・皋陶謨》。士：《尚書・舜典》孔安國傳：「士，理官也。」孔穎達疏：「士，即《周禮》司寇之屬。有士師、卿士等皆以士爲官名。鄭玄云：『士，察也，主察獄訟之事。』《月令》云：『命大理。』昭十四年《左傳》云：『叔魚攝理。』是謂獄官爲理官也。」

〔三〇〕垂：人名。堯時舉用爲工師，舜時命主百工之事。事蹟詳《尚書・舜典》、《史記》卷一《五帝本紀》。

共工：本謂供百工之職，後爲官名。《尚書・舜典》孔安國傳：「共，謂供其職事。」孔穎達疏：「今命此人云：『汝作共工。』明是帝謂此人堪供此職，非是呼此官名爲共工也。」《史記》卷一《五帝本紀》：「舜曰：『誰能馴予工？』皆曰垂可。於是以垂爲共工。」裴駰《集解》引馬融注：「爲司空，共理百工之事。」

〔三一〕益：即伯益，人名。堯舜時大臣。事蹟詳《尚書・舜典》、《史記》卷一《五帝本紀》。　朕虞：山澤之官名。一説「虞」爲官名，「朕」爲舜自稱。《史記》卷一《五帝本紀》裴駰《集解》引馬融注：「虞，掌山澤之官名。」

〔三二〕伯夷：舜的臣子，齊太公的祖先。生平詳《尚書・舜典》、《史記》卷一《五帝本紀》。《尚書・舜典》孔安國傳：「伯夷，臣名，姜姓。」《文選》卷三張平子《東京賦》：「伯夷起而相儀，后夔坐而爲工。」薛綜注：「伯夷，唐虞時明禮儀之官也。」　秩宗：官名。掌宗廟祭祀。《史記》卷一《五帝本紀》裴駰《集解》引鄭玄注：「主次秩尊卑。」

〔三三〕夔：人名。生平詳《尚書・舜典》、《史記》卷一《五帝本紀》。《禮記・樂記》：「昔者舜作五弦之琴，以歌《南風》。夔始製樂，以賞諸侯。」鄭玄注：「夔，舜時典樂者也。」《孔子家語》卷五《五帝德》：「（帝堯）富而不驕，貴而能降。伯夷典禮，夔龍典樂。」

〔三四〕龍：人名。堯時已舉用，舜命爲納言。事蹟詳《史記》卷一《五帝本紀》、《尚書・舜典》。　納言：古官名。《尚書・舜典》孔安國傳：「納言，喉舌之官，聽下言納於上，受上言宣於下，必以信。」

〔三五〕庶績咸熙：各種事功都興盛。《尚書·堯典》孔安國傳：「績，功。咸，皆。熙，廣也。」

〔三六〕「《簫韶》」二句：《尚書·益稷》：「《簫韶》九成，鳳皇來儀。夔曰：『於！予擊石拊石，百獸率舞。』」孔安國傳：「《韶》，舜樂名，言簫，見細器之備。雄曰鳳，雌曰皇，靈鳥也。儀，有容。儀備，樂九奏而致鳳皇，則餘鳥獸不待九而率舞。」孔穎達疏：「《簫韶》之樂作之九成，以致鳳皇來而有容儀也。」九成，《尚書·益稷》孔穎達疏：「成猶終也，每曲一終，必變更奏。故《經》言九成，《傳》言九奏，《周禮》謂之九變，其實一也。」

〔三七〕「擊石」二句：《尚書·舜典》孔安國傳：「石，磬也，磬音之清者。拊，亦擊也。舉清者和，則其餘皆從矣。樂感百獸，使相率而舞，則神人和可知。」

〔三八〕商均：舜之子。舜以其不肖，乃使伯禹繼位。事詳《孟子·萬章上》、《史記》卷一《五帝本紀》。

〔三九〕不肖：《禮記·雜記下》：「主人對曰：『某之子不肖，不敢辟誅。』」鄭玄注：「肖，似也。不似，言不如人。」《史記》卷一《五帝本紀》：「堯知子丹朱之不肖，不足授天下。」司馬貞《索隱》引鄭玄曰：「言不如父也。」

〔四〇〕九疑山：亦作「九嶷山」。《史記》卷一《五帝本紀》：「（舜）踐帝位三十九年，南巡狩，崩於蒼梧之野。葬於江南九疑，是爲零陵。」裴駰《集解》引《皇覽》曰：「舜冢在零陵營浦縣。其山九溪皆相似，故曰九疑。傳曰『舜葬蒼梧，象爲之耕』。《禮記》曰『舜葬蒼梧，二妃不從』。《山海經》曰『蒼梧山，帝舜葬于陽，丹朱葬于陰』。」《異苑》卷一：「衡陽山、九嶷山皆有舜廟，每太守修理祭祀潔敬，則聞弦歌之聲。」

山在今湖南寧遠。

〔四一〕礫：小石，碎石。

〔四二〕歷城：古地名。即今山東濟南。

〔四三〕闕：古代宮殿、廟宇、墳墓前兩旁的巨柱，多用石雕成。《金石萃編・漢祀三公山碑》：「就衡山起堂立壇，雙闕夾門，薦牲納禮。」清李富孫《漢魏六朝墓銘纂例》卷三：「闕者，墓道外左右所立石闕，古人即題氏諱官爵於上，以表識之。」

〔四四〕「禹即位」三句：吳校：「按《尚書》舜薦禹於天，十有七年而崩，史傳無異辭。此云十五年乃殂，未詳。」今按：《孟子・萬章上》：「昔者舜薦禹於天，十有七年，舜崩。」《史記》卷一《五帝本紀》：舜「薦禹於天，十七年而崩」。《初學記》卷九引《帝王世紀》曰：「舜年八十一即真，八十三而薦禹，九十五而使禹攝政，攝政五年崩，年百歲也。」《太平御覽》卷八一引《帝王世紀》曰：「九十五而使禹攝政，攝五年有苗氏叛，南征，崩於鳴條，年百歲。」則舜八十三歲薦禹，至百歲崩時，正十七年，《孟子》、《史記》、《帝王世紀》所載無異辭。此言「禹即位後十五年，舜乃殂」，據《帝王世紀》，舜九十五歲禹攝政，禹即位（今注：實際是攝政）五年，舜百歲，崩。「十」當是衍文，刪。

〔四五〕「禹讓」三句：《孟子・萬章上》曰：「孟子曰：『昔者，舜薦禹於天，十有七年，舜崩，三年之喪畢，禹避舜之子於陽城，天下之民從之，若堯崩之後不從堯之子而從舜也。』」陽城，《史記》卷二《夏本紀》：「禹辭避舜之子商均於陽城。」裴駰《集解》引劉熙曰：「今潁川陽城是也。」在今河南登封東南告城鎮附近。

〔四六〕章鷁：各本同。俞樾《茶香室叢鈔》卷二「章鷁」條引《金樓子》此文曰：「按『鷁』疑作『鐲』字之誤。商、章同聲，均與鐲一聲之轉耳。」

10

帝禹夏后氏，名曰文命，字高密。〔一〕母脩己，山行見流星貫昴，〔二〕意感，又吞神珠、薏苡，〔三〕胸拆而生禹於石（坳）〔紐〕，〔四〕夜有神光。長於隴西大夏縣，〔五〕龍角珠庭，〔六〕虎鼻大口，兩耳參鏤，〔七〕首戴鉤鈐，〔八〕身長九尺九寸，〔九〕胸有黑子如玉斗焉，〔一〇〕手長至膝，脛無毛，〔一一〕左手中十七黑子。爲人敏給克勤。〔一二〕其德不違，〔一三〕其言可信；聲爲律，〔一四〕身爲度。〔一五〕乃遂與益、后稷奉帝令，〔令〕諸侯百姓〔興人徒以傅土，行山表木，定高山大川〕。〔一六〕傷先人父鯀之功不成受誅，乃勞身焦思，過門不入，而洪水平。既陟元后，〔一七〕以金承土，都平陽，或營安邑，〔一八〕薄衣食而致孝於鬼神，卑宮室而致美於黻冕。〔一九〕陸行乘車，水行乘舟，泥行乘橇，山行乘檋。〔二〇〕神鹿出於河水，〔二一〕天錫玄圭，〔二二〕乾吾國獻裘，〔二三〕毛有五采。復薦咎繇於天，〔二四〕將以致禪，會咎繇終，復薦益。禹殂，葬會稽。〔二五〕廟中有鐵屧、鐵蔾、石船，〔二六〕廟裏有塗山神姑之像，〔二七〕珠璣爲帳，寶玉琱華，〔二八〕諸廟莫及。當中山水之盛，良辰吉日，羅綺袨服，〔二九〕滿橋梁之上，皆金翠爲飾。神又甚靈，彼人所敬。初，禹娶塗山氏之女，生啓。〔三〇〕三年禮畢，〔三一〕益避啓，人不歸益而歸啓。〔三二〕一名建，一名余，母化而爲石。〔三三〕啓即位，伐有扈氏，〔三四〕啓庶兄也。〔三五〕夏禹氏絶，少康出於竇之中，復禹跡也。〔三六〕

【疏證】

《初學記》卷九引《帝王世紀》曰：「禹，姒姓也。其先出顓頊。顓頊生鯀，堯封爲崇伯，納有莘氏女曰志，是爲脩己。見流星貫昴，又吞神珠，意感而生禹於石紐。名文命，字高密，長於西羌，西夷人也。堯命以爲司空，繼鯀治水。十三年而洪水平。堯美其績，乃賜姓姒氏，封爲夏伯，故謂之伯禹。及堯崩，舜復命居故官。禹年七十四，舜始薦之於天。薦後十二年，舜老，始使禹代攝行天子事。五年舜崩，禹除舜喪，明年始即真。以金承土，都平陽，或都安邑，年百歲，崩于會稽。始納塗山氏之女，生子啓，即位。」亦見《太平御覽》卷八二引《帝王世紀》。

《宋書》卷二七《符瑞志上》：「帝禹有夏氏，母曰脩己，出行，見流星貫昴，夢接意感，既而吞神珠。脩己背剖，而生禹於石紐。虎鼻大口，兩耳參鏤，首戴鉤鈐，胸有玉斗，足文履己，故名文命。

長有聖德。長九尺九寸。」

《史記》卷二《夏本紀》：「禹爲人敏給克勤；其德不違，其仁可親，其言可信；聲爲律，身爲度，稱以出；亹亹穆穆，爲綱爲紀。禹乃遂與益、后稷奉帝命，命諸侯百姓興人徒以傅土，行山表木，定高山大川。禹傷先人父鯀功之不成受誅，乃勞身焦思，居外十三年，過家門不敢入。薄衣食，致孝於鬼神。卑宫室，致費於溝減。陸行乘車，水行乘船，泥行乘橇，山行乘檋。……於是帝錫禹玄圭，以告成功於天下。天下於是太平治。……帝禹立而舉皋陶薦之，且授政焉，而皋陶卒。封皋陶之後於英、六，或在許。而後舉益，任之政。十年，帝禹東巡狩，至於會稽而崩。以天下授益。三年之喪畢，益讓帝禹之子啓，而辟居箕山之陽。禹子啓賢，天下屬意焉。及禹崩，雖授益，益之佐禹日淺，天下未洽。故諸侯皆去益而朝啓，曰『吾君帝禹之子也』。於是啓遂即天子位，是爲夏后帝啓。夏后帝啓，禹之子，其母塗山氏之女也。有扈氏不服，啓伐之，大戰於甘。……遂滅有扈氏。」

《太平御覽》卷八二引《帝王世紀》曰：「帝啓，一名建，一名余。」

【校注】

〔一〕「帝禹」三句：《史記》卷二《夏本紀》司馬貞《索隱》：「《尚書》云『文命敷於四海』，孔安國云『外布文德教命』，不云是禹名。太史公皆以放勳、重華、文命爲堯、舜、禹之名，未必爲得。孔又云『虞氏，舜名』，則堯、舜、禹、湯皆名矣。蓋古者帝王之號皆以名，後代因其行，追而爲謚。其實禹是名。故張晏云『少昊已前，天下之號象其德；顓頊已來，天下之號因其名』。又按：《系本》『鯀取有莘氏女，謂之女志，是生高密』。宋衷云『高密，禹所封國』。」張守節《正義》：「《帝王紀》云：『父鯀妻脩己，見流星貫昴，夢接意感，又吞神珠、薏苡，胸坼而生禹。名文命，字密，身九尺二寸長，本西夷人也。』《大戴禮》云：『高陽之孫，鯀之子，曰文命。』」命，《叢書集成》本作「名」。今按：《史記》卷二《夏本紀》：「夏禹，名曰文命。」《史記》卷二四庫館臣《考證》：「禹之名曰文命，則『名曰』二字亦可屬之當時頌美之詞，不必爲舜禹之命名也。」據此，作「名」誤。

〔二〕昴：又名髦頭、旄頭。二十八宿之一，白虎七宿的第四宿。

〔三〕薏苡：植物名。《後漢書》卷二四《馬援傳》：「初，援在交阯，常餌薏苡實，用能輕身省慾，以勝瘴氣。」

〔四〕坼：裂開。　石紐：底本、《四庫全書》本、《藝文類聚》卷一一引《帝王世紀》作「石坳」，重校本、《叢書集成》本、《百子全書》本、龍溪精舍本作「石紐」。吴校：「乃『石紐』之誤。」今按：《史記》卷二《夏本紀》張守節《正義》引漢揚雄《蜀王本紀》云：「禹本汶山郡廣柔縣人也，生於石紐。」並引《括地志》云：「茂州汶川縣石紐山在縣西七十三里。」《三國志》卷三八《秦宓傳》：「禹生石紐，今之汶山郡是也。」則作「石紐」是，據改。石紐，地名。在今四川汶川境。《太平御覽》卷八二引揚雄《蜀王本紀》曰：「禹本没（今按：當是「汶」之誤）山廣柔縣人，生於石紐，其地名痢兒畔。禹母吞珠孕禹，坼堛而生於縣，塗山娶妻，生子啓。」

〔五〕隴西大夏縣：即隴西郡大夏縣，治所在今甘肅廣河西阿力麻土鄉古城。

〔六〕龍角：猶日角。珠庭：飽滿的天庭。

〔七〕參鏤：亦作「參漏」，即三孔。《淮南子》卷一九《修務》：「禹耳參漏，是謂大通。」高誘注：「參，三；漏，穴也。」各本「鏤」下有小字云：「案《淮南子》作『漏』，別卷又作『僂』。」

〔八〕首戴鉤鈐：疑指頭頂有兩骨隆起如兩星。鉤鈐，星座名。屬房宿的輔官，共兩星。《漢書》卷二六《天文志》：「其後熒惑守房之鉤鈐。鉤鈐，天子之御也。」《隋書》卷二〇《天文志上》：「北二小星曰鉤鈐，房之鈐鍵，天之管籥，主閉藏，鍵天心也。王者孝則鉤鈐明。」底本、《四庫全書》本「鈐」下有小字云：「案別卷作『鈞鈐』。」吴校：「按羅泌《路史》注曰『鉤，謂有骨表如鉤；鈐，星也』，別卷作『鈞鈐』者，誤。」今按：《藝文類聚》卷一一引《帝王世紀》作「鉤鈐」，《太平御覽》卷八二引《帝王世紀》作「鉤」，下有小字云：「鉤，鈐也。」同卷引《雒書靈准聽》作「成鈐」，下有小字云：「有骨表如鉤鈐。」

〔九〕九尺九寸：各本同，《初學記》卷一九及《太平御覽》卷三七七引《帝王世紀》亦作「九尺九寸」。《藝文類聚》卷一一及《太平御覽》卷八二引《帝王世紀》作「九尺二寸」。今按：此或是傳聞有異。

〔一〇〕「胸有」句：《初學記》卷九引《洛書》曰：「有人出石夷掘地代，戴成鈐，懷玉斗。」鄭玄注：「懷璿璣玉衡之道，姚氏以禹胸有黑子如北斗。」黑子，黑痣。玉斗，北斗星。

〔一一〕脛：小腿。《韓非子》卷一九《五蠹》：「禹之王天下也，身執耒臿以爲民先，股無胈，脛不生毛，雖臣虜之勞不苦於此矣。」

〔一二〕敏給：猶敏捷。《莊子·徐無鬼》：「有一狙焉，委蛇攫搔，見巧乎王。王射之，敏給搏捷矢。」成玄英疏：「敏給，猶速也。」

〔一三〕其德不違：違，過失，錯誤。又，《史記》卷二《夏本紀》「違」下有「其仁可親」句。

〔一四〕聲爲律：《史記》卷二《夏本紀》司馬貞《索隱》曰：「言禹聲音應鐘律。」

〔一五〕身爲度：《史記》卷二《夏本紀》裴駰《集解》：「王肅曰：『以身爲法度。』」司馬貞《索隱》曰：「按今巫猶稱『禹步』。」

〔一六〕「乃遂」四句：各本「姓」下有小字云：「案《史記》作『奉帝命命諸侯百姓』。」今按：原文顯有誤脱。《史記》卷二《夏本紀》：「禹乃遂與益、后稷奉帝命，命諸侯百姓興人徒以傅土，行山表木，定高山大川。」《史記·夏本紀》「奉帝」重「命」字，一屬下。「命」，原文作「令」。「命」、「令」義通。今據《史記·夏本紀》補一「令」字以與前一律，「百姓」下補「興人徒以傅土，行山表木，定高山大川」十五字。司馬貞《索隱》：「《尚書》作『旉土，隨山刊木』。今按《大戴禮》作『傅土』，故此《紀》依之。傅即付也，謂付功屬役之事。若《尚書》作『敷』。敷，分也。謂令人分布理九州之土地也。表木，謂刊木，立爲表記。」

〔一七〕元后：天子。《尚書·大禹謨》：「天之歷數在汝躬，汝終陟元后。」孔安國傳：「言天道在汝身，汝終當升爲天子。」

〔一八〕安邑：古都邑名。《史記》卷二《夏本紀》裴駰《集解》引皇甫謐曰：「都平陽，或在安邑，或在晉陽。」故地在今山西夏縣西北。

〔一九〕黻冕：《論語·泰伯》「子曰：『禹，吾無間然矣。菲飲食而致孝乎鬼神，惡衣服而致美乎黻冕，卑宮室而盡力乎溝洫。』」朱熹《集注》：「黻，蔽膝也，以韋爲之；冕，冠也：皆祭服也。」《宋書》卷一八《禮志五》：「夏后崇約，猶美黻冕。」

〔二〇〕「陸行」四句：《史記》卷二九《河渠書》：「《夏書》曰：『禹抑洪水十三年，過家不入門。陸行載車，水行載舟，泥行蹈毳，山行即橋。』」橇，《史記》卷二《夏本紀》裴駰《集解》：「孟康曰『橇形如箕，擿行泥上』。如淳曰『橇音「茅蕝」之「蕝」。謂以板置泥上以通行路也。』」張守節《正義》：「按橇形如船而短小，兩頭微起，人曲一脚，泥上擿進，用拾泥上之物。今杭州、温州海邊有之也。」楳（jú），又名楳車。《史記》卷二《夏本紀》裴駰《集解》：「徐廣曰：『楳，一作「橋」。』駰案：如淳曰：『楳車，謂以鐵如錐頭，長半寸，施之履下，以上山不蹉跌也。』」張守節《正義》：「按：上山，前齒短，後齒長；下山，前齒長，後齒短也。」

〔二一〕出：《太平御覽》卷九〇六、《記纂淵海》卷九八、《天中記》卷五四、《廣博物志》卷四六、《格致鏡原》卷八三引《金樓子》，皆作「行」。

〔二二〕玄圭：一種上尖下方的黑色玉器，古代用以賞賜建立特殊功績的人。《尚書·禹貢》：「禹錫玄圭，告厥成功。」孔安國傳：「玄，天色，禹功盡加於四海，故堯賜玄圭以彰顯之，言天功成。」《史記》卷二《夏本紀》張守節《正義》：「以禹理水功成，故錫玄圭以表顯之。」

〔二三〕乾吾國：待考。今按：《太平御覽》卷六九四引《帝王世紀》曰：「夏禹時渠搜國來獻裼裘也。」《隋書》卷八三《西域列傳》曰：「鏺汗國，都葱嶺之西五百餘里，古渠搜國也。」疑「乾吾國」或即是「渠搜國」。

〔二四〕薦咎繇於天：《史記》卷二《夏本紀》張守節《正義》：「《帝王紀》云：『皋陶生於曲阜。曲阜偃地，故帝因之而以賜姓曰偃。堯禪舜，命之作士。舜禪禹，禹即帝位，以咎陶最賢，薦之於天，將有禪之意。未及禪，會皋陶卒。』」咎繇，即皋陶。

〔二五〕會稽：山名。《史記》卷二《夏本紀》贊：「或言禹會諸侯江南，計功而崩，因葬焉，命曰會稽。會稽者，會計也。」裴駰《集解》：「《皇覽》曰：『禹冢在山陰縣會稽山上。會稽山本名苗山，在縣南，去縣七里。《越傳》曰禹到大越，上苗山，大會計，爵有德，封有功，因而更名苗山曰會稽。因病死，葬，葦棺，穿壙深七尺，上無瀉泄，下無邸水，壇高三尺，土階三等，周方一畝。』《呂氏春秋》曰『禹葬會稽，不煩人徒』。《墨子》曰『禹葬會稽，衣衾三領，桐棺三寸』。《地理志》云『山上有禹井、禹祠，相傳以爲下有羣鳥耘田者也』。」張守節《正義》引《括地志》云：「禹陵在越州會稽縣南十三里，廟在縣東南十一里。」會稽山在今浙江紹興南。

〔二六〕鐵屧（xiè）：鐵履，鐵鞋。鐵爽（shuǎng）：《四庫全書》本作「鐵莢」。今按：《太平寰宇記》卷九六載：山陰縣，「塗山在縣西北四十三里南，會萬國之所。《郡國志》云：『有石船，長一丈，云禹所乘者。宋元嘉中有人於船側掘得鐵履一雙。』」《太平御覽》卷四七及卷七七〇引《郡國志》、《會稽志》卷一三「古器物」條載畧同，均未見有載「鐵爽」、「鐵莢」者，疑原文有誤。宋司馬光等編《類篇》卷二下：

「⿱艹爽，所兩切，草名。」⿱艹爽，通「⿰糸爽」。

〔二七〕塗山神姑：指大禹之妻塗山氏。《尚書·益稷》載：禹曰：「娶於塗山，辛壬癸甲。啓呱呱而泣，予弗子，惟荒度土功。」孔安國傳：「塗山，國名。」《大戴禮記》卷七《帝系》：「禹娶於塗山氏之子，謂之女憍氏，産啓。」像：各本同，《四庫全書》本作「象」。今按：《周易·繫辭下》：「象者像也。」「象」、「像」古通。

〔二八〕寶玉琱華：謂廟内用華麗的寶玉裝飾。《漢書》卷七二《貢禹傳》：「牆塗而不琱。」顔師古注：「琱字與彫同。彫，畫也。」

〔二九〕袨服：《文選》卷三九鄒陽《上書吴王》：「夫全趙之時，武力鼎士，袨服叢臺之下者，一旦成市。」李善注引服虔曰：「袨服，大盛玄黄服也。」

〔三〇〕啓：夏代國君。姒姓，禹之子。生平詳《史記》卷二《夏本紀》、《墨子·非樂》、《楚辭·離騷》等。

〔三一〕禮：重校本、《叢書集成》本、《百子全書》本、龍溪精舍本作「喪」。

〔三二〕歸啓：《孟子》卷九《萬章上》：孟子曰：「禹薦益於天，七年，禹崩，三年之喪畢，益避禹之子於箕山之陰。朝覲訟獄者不之益而之啓，曰：『吾君之子也。』謳歌者不謳歌益而謳歌啓，曰：『吾君之子也。』」

〔三三〕「母化」句：《藝文類聚》卷六引《隨巢子》曰：「禹産於崑石，啓生於石。」《太平御覽》卷一三五引《山海經》曰：「太室嵩高咸陽西，啓母化爲石焉。」《漢書》卷六《武帝紀》載：元封元年春正月，武帝詔曰：

「朕用事華山，至於中嶽，獲駮麃，見夏后啓母石。」顔師古注：「應劭曰：『啓生而母化爲石。』文穎曰：『在嵩高山下。』師古曰：『啓，夏禹子也。其母塗山氏女也。禹治鴻水，通轘轅山，化爲熊，謂塗山氏曰：「欲餉，聞鼓聲乃來。」禹跳石，誤中鼓。塗山氏往，見禹方作熊，慚而去，至嵩高山下化爲石，方生啓。禹曰：「歸我子。」石破北方而啓生。事見《淮南子》。』」《太平御覽》卷五一引《淮南子》曰：「禹娶塗山，化爲石，在嵩山下，方生啓，曰『歸我子』，石破北方而生啓。」今按：今本《淮南子》無載。

〔三四〕有扈氏：古國名。《尚書·甘誓》：「啓與有扈戰於甘之野。」孔安國傳：「有扈與夏同姓，恃親而不恭。」故地在今陝西户縣北。

〔三五〕庶兄：《淮南子》卷一一《齊俗》：「昔有扈氏爲義而亡。」高誘注：「有扈，夏啓之庶兄也。以堯舜舉賢，禹獨與子，故伐啓。啓亡之。」《史記》卷二《夏本紀》太史公曰：「禹爲姒姓，其後分封，用國爲姓，故有夏后氏、有扈氏、有男氏、斟尋氏、彤城氏、褒氏、費氏、杞氏、繒氏、辛氏、冥氏、斟戈氏。」

〔三六〕「夏禹氏」三句：《左傳·哀公元年》載：吴王夫差敗越於夫椒，欲接受越之降，伍員諫曰：「不可。臣聞：『樹德莫如滋，去疾莫如盡。』昔有過澆殺斟灌以伐斟鄩，滅夏后相。后緡方娠，逃出自竇，歸於有仍，生少康焉。爲仍牧正，惎澆能戒之。澆使椒求之，逃奔有虞，爲之庖正，以除其害。虞思於是妻之以二姚，而邑諸綸。有田一成，有衆一旅。能布其德，而兆其謀，以收夏衆，撫其官職；使女艾諜澆，使季杼誘豷。遂滅過、戈，復禹之績，祀夏配天，不失舊物。」並見《史記》卷二《夏本紀》司馬貞《索隱》。少康，傳説爲夏代國君。姒姓，相之子。相爲寒浞之子澆所殺，相妻后緡有孕，逃歸有仍，生少康。後，少康得各部落相助，攻殺浞與澆，爲夏帝。生平事蹟詳《史記》卷二《夏本紀》。禹跡，大禹的功績。此處指由大禹奠定基業的夏朝。

11 成湯姓子，〔一〕名履，字天乙。〔二〕狼星之精，感黑龍而生。〔三〕高天、廣角、隆準，〔四〕手有縱理，如印綬之文。豐下兑上，〔五〕晳而有鬚，〔六〕長九尺四寸，〔七〕八肘。〔八〕凡有七號：〔九〕一名姓生，二云履長，三云瘠肚，〔一〇〕四云天成，五云天乙，六云地甲，七云成湯。成湯始居亳，〔一一〕從先王居，〔一二〕作《商誥》。〔一三〕湯征諸侯，葛伯不祀，〔一四〕湯始伐之。湯曰：「汝不能敬命，予大伐殛之，無有攸赦。」〔一五〕作《湯征》。伊尹號阿衡。〔一六〕阿衡欲干湯而無由，〔一七〕乃爲有莘氏媵臣，〔一八〕負鼎俎，〔一九〕以滋味説湯，致於王道。湯謂之曰：「自進非道也。」乃令還其本居，使人聘迎之，五反然後從之，任以國政。白狼銜劍。〔二〇〕有神人身虎首，獻玉鏡、白狐九尾。〔二一〕諸國貢玉盤，入自北門，遇女房，作《女房》之歌。〔二二〕林樹久不花，一旦生如鳳翼。湯出，見野張網四面，祝曰：「自上下四方皆入吾網。」湯曰：「噫！盡之矣！」乃去其三面，祝之曰：「欲左，左；欲右，右。不用命，〔二三〕乃入吾網。」諸侯聞之，曰：「湯德至矣！及於禽獸。」當是時，夏桀爲虐政淫荒，而諸侯昆吾氏爲亂。〔二四〕湯乃興師，率諸侯伐桀。敗於有娀氏之墟，〔二五〕犇於鳴條之野。〔二六〕乃改正朔、服色，〔二七〕朝諸侯。崩，葬於濟陰亳縣東北郭，去縣三里，冢高七尺。漢哀帝時，〔二八〕遣大司空行湯冢。〔二九〕又説曰「殷湯無葬處」，〔三〇〕此言非焉。武丁、大戊，〔三一〕並賢君也。

【疏證】

《宋書》卷二七《符瑞志》載：高辛氏之世妃簡狄，見玄鳥銜卵而墜之，取而吞之，遂孕，生契。長爲堯司徒，受封於商。「後十三世，生主癸。主癸之妃曰扶都，見白氣貫月，意感，以乙日生湯，號天乙。豐下鋭上，晰而有髯，句身而揚聲，身長九尺，臂有四肘，是曰殷湯。……有神牽白狼銜鉤而入商朝」。亦見《藝文類聚》卷一二引《帝王世紀》。

《史記》卷三《殷本紀》：「成湯，自契至湯八遷。湯始居亳，從先王居，作《帝誥》。湯征諸侯。葛伯不祀，湯始伐之。湯曰：『予有言：人視水見形，視民知治不。』伊尹曰：『明哉！言能聽，道乃進。君國子民，爲善者皆在王官。勉哉，勉哉！』湯曰：『汝不能敬命，予大罰殛之，無有攸赦。』作《湯征》。伊尹名阿衡。阿衡欲奸湯而無由，乃爲有莘氏媵臣，負鼎俎，以滋味説湯，致于王道。或曰，伊尹處士。湯使人聘迎之，五反然後肯往從湯，言素王及九主之事。湯舉任以國政。伊尹去湯適夏。既醜有夏，復歸于亳。入自北門，遇女鳩、女房，作《女鳩》、《女房》。湯出，見野張網四面，祝曰：『自天下四方皆入吾網。』湯曰：『嘻，盡之矣！』乃去其三面，祝曰：『欲左，左；欲右，右；不用命，乃入吾網。』諸侯聞之，曰：『湯德至矣！及禽獸。』當是時，夏桀爲虐政淫荒，而諸侯昆吾氏爲亂，湯乃興師率諸侯。伊尹從湯，湯自把鉞以伐昆吾，遂伐桀。……桀敗於有娀之虛，桀犇於鳴條，夏師敗績。……湯乃改正朔，易服色，上白，朝會以晝。……帝雍己崩，弟太戊立，是爲帝太戊。帝太戊立伊陟爲相。……殷復興，諸侯歸之，故稱中宗。……帝小乙崩，子帝武丁立。帝武丁即位，思復興殷。……武丁修政行德，天下咸歡，殷道復興。」畧見《尚書·胤征》。

《史記》卷三《殷本紀》裴駰《集解》：「《皇覽》曰：『湯冢在濟陰亳縣北東郭，去縣三里。冢四方，方各十步，高七尺，上平，處平地。漢哀帝建平元年，大司空史御長卿案行水災，因行湯冢。劉向曰：「殷湯無葬處。」』」

【校注】

〔一〕「成湯」句：《史記》卷三《殷本紀》：「殷契……封於商，賜姓子氏。」成湯，名履，契之後裔。夏桀無道，湯發兵滅之，建立商朝。生平詳《史記》卷三《殷本紀》。裴駰《集解》：「張晏曰：『禹、湯，皆字也。二王去唐、虞之文，從高陽之質，故夏、殷之王皆以名爲號。』《謚法》曰：『除虐去殘曰湯。』」司馬貞《索隱》：「湯名履，《書》曰『予小子履』是也。又稱天乙者，譙周云『夏、殷之禮，生稱王，死稱廟主，皆以帝名配之。天亦帝也，殷人尊湯，故曰天乙』。從契至湯凡十四代，故《國語》曰『玄王勤商，十四代興』。玄王，契也。」姓，標誌家族系統的稱號。《通志》卷二五《氏族略序》：「三代之前，姓氏分而爲二，男子稱氏，婦人稱姓……三代之後，姓氏合而爲一。」清顧炎武《日知録》卷二三「氏族」條：「姓氏之稱，自太史公始混而爲一。」

〔二〕天乙：《史記》卷三《殷本紀》：「主癸卒，子天乙立，是爲成湯。」

〔三〕「狼星」二句：《尚史》卷四、《錦繡萬花谷》前集卷一八、《天中記》卷一二、《駢志》卷一三、《御定淵鑑類函》卷四八引《金樓子》「狼星」上有「成湯母感」四字；「感黑龍」上有「又」字；「生」作「成」。《廣博物志》卷一一小注引《金樓子》文字同於《尚史》等，「而成」下有「以乙日生湯，號天乙」八字。狼星，星名。《史記》卷二七《天官書》：「其東有大星曰狼。」

〔四〕高天：頂骨隆起。《説文解字·一部》：「天，顛也。」章炳麟《小學答問》：「天即顛耳。顛爲頂，亦爲額。」廣角：額頭寬。《釋名·釋形體》：「角者，生于額角也。」隆準：高鼻。《史記》卷八《高祖本紀》：「高祖爲人，隆準而龍顔。」裴駰《集解》引文穎曰：「準，鼻也。」

〔五〕兑：《四庫全書》本作「鋭」。今按：「兑」、「鋭」通。《金樓子·興王篇》第八節載帝堯「豐下鋭上」。

〔六〕皙：《詩經·鄘風·君子偕老》毛傳：「皙，白皙。」

〔七〕九尺四寸：各本同。《宋書》卷二七《符瑞志》、《初學記》卷九引《帝王世紀》作「九尺」，《孟子》卷一二《告子下》亦云「湯九尺」。今按：此或爲傳聞異辭。

〔八〕八肘：各本同。《宋書》卷二七《符瑞志》、《初學記》卷九引《帝王世紀》作「四肘」。《藝文類聚》卷一二引《春秋元命苞》曰：「湯臂四肘，是謂神肘。」《太平御覽》卷三六九引《春秋元命苞》曰：「湯臂四肘，是謂神剛。象月推移，以綏四方。」另有湯臂「二肘」的説法：《論衡》卷三《骨相篇》「湯臂再肘」；《劉子・命相》「湯臂二肘」；《太平御覽》卷八三引《雒書靈准聽》曰：「黑帝子湯，長八尺一寸，或曰七尺，連珠庭，臂二肘。」同卷引《春秋元命苞》曰：「湯臂二肘，是謂神剛。」卷三六九引《白虎通》曰：「湯臂二肘，是謂抑翼。攘去不義，萬民蕃息。」今按：此或爲傳聞異辭。

〔九〕「凡有」句：《太平御覽》卷八三引《紀年》曰：「湯有七名而九征。」清徐文靖《竹書統箋》卷五「湯有七名而九征」，箋云：「湯名帝乙，見《易緯》；名天乙，見《世本》；名履，見《魯論》；名祖乙，見《白虎通》；曰成湯，曰武王，見《詩》。是七名也。」今按：所謂「七名」，或出於緯書，不可盡信。楊樹達《積微居甲文説》卷下「《竹書紀年》所見殷王名疏證」條云：「今湯名可知者，湯(卜辭作唐)、太乙、履三名而已。」

〔一〇〕三云瘠肚：吴校：「須考。」

〔一一〕亳：古都邑名。商湯的都城。傳有三處。(一)在今河南商丘東南，傳説湯曾居於此，又名南亳。(二)在今河南商丘北，傳説諸侯擁戴湯爲盟主於此，又名北亳。(三)在今河南偃師西，傳説湯攻克夏時所居，又名西亳。《史記》卷三《殷本紀》裴駰《集解》：「皇甫謐曰：『梁國穀熟爲南亳，即湯都也。』」張守節《正義》引《括地志》云：「宋州穀熟縣西南三十五里南亳故城，即南亳，湯都也。宋州北五十里大蒙城爲景亳，湯所盟地，因景山爲名。河南偃師爲西亳，帝嚳及湯所都，盤庚亦徙都之。」

〔一二〕從先王居：《史記》卷三《殷本紀》裴駰《集解》引孔安國曰：「契父帝嚳都亳，湯自商丘遷焉，故曰『從先王居』。」張守節《正義》：「按：亳，偃師城也。商丘，宋州也。湯即位，都南亳，後徙西亳也。《括地志》云：『亳邑故城在洛州偃師縣西十四里，本帝嚳之墟，商湯之都也。』」

〔一三〕商誥：各本同，《尚書·商書》作「湯誥」，《史記》卷三《殷本紀》作「帝誥」。

〔一四〕葛伯不祀：《孟子》卷六《滕文公下》載：孟子答萬章問曰：「湯居亳，與葛爲鄰。葛伯放而不祀。湯使人問之曰：『何爲不祀？』曰：『無以供犧牲也。』湯使遺之牛羊。葛伯食之，又不以祀。湯又使人問之曰：『何爲不祀？』曰：『無以供粢盛也。』湯使亳衆往爲之耕，老弱饋食。葛伯率其民，要其有酒食黍稻者奪之，不授者殺之。有童子以黍肉餉，殺而奪之。《書》曰：『葛伯仇餉。』此之謂也。爲其殺是童子而征之，四海之内皆曰：『非富天下也，爲匹夫匹婦復讎也。』湯始征，自葛載，十一征而無敵於天下。」葛伯，葛國國君，伯爵。葛，古國名。《史記》卷三《殷本紀》裴駰《集解》：「《孟子》曰：『湯居亳，與葛伯爲鄰。』《地理志》曰『葛，今梁國寧陵之葛鄉』。」故地在今河南寧陵西北葛伯屯。

〔一五〕攸赦：赦免。王引之《經傳釋詞》「攸」條：「攸，語助也。」

〔一六〕「伊尹」句：各本同，《四庫全書》本作「政由伊尹阿衡」。伊尹，商湯大臣，名伊，一名摯，尹是官名。其人本是湯妻陪嫁的奴隸，後助湯伐夏桀，被尊爲阿衡。生平事蹟詳《尚書·伊訓》、《左傳·襄公二十一年》、《呂氏春秋》卷一四《孝行覽・本味》、《史記》卷三《殷本紀》等。阿衡，商代官名，師保之官。伊尹曾任此職，故又用以指伊尹。《詩經・商頌・長發》：「實維阿衡，實左右商王。」毛傳：「阿衡，伊尹也。」《史記》卷三《殷本紀》司馬貞《索隱》曰：「《孫子兵書》：『伊尹名摯。』孔安國亦曰『伊摯』。然解者以阿衡爲官名。按：阿，倚也，衡，平也。言依倚而取平。《書》曰『惟嗣王弗惠于阿衡』，亦曰保衡，皆伊尹之官號，非名也。皇甫謐云：『伊尹，力牧之後，生於空桑。』又《呂氏春秋》云：『有侁氏女採桑，得嬰兒于空桑，後居伊水，命曰伊尹。』尹，正也，謂湯使之正天下。」

〔一七〕干：各本同，《史記》卷三《殷本紀》作「奸」。今按：干、奸均有「干求」之意。《尚書・大禹謨》孔安國傳：「干，求也。」《說文通訓定聲》：「奸，假借爲干。」

〔一八〕有莘（shēn）：古國名。故地在今河南開封。《史記》卷三《殷本紀》裴駰《集解》：「《列女傳》曰：『湯妃有莘氏之女。』」張守節《正義》曰：「《括地志》云：『古莘國在汴州陳留縣東五里，故莘城是也。』《陳留風俗傳》云：『陳留外黄有莘昌亭，本宋地，莘氏邑也。』」《呂氏春秋》卷一四《孝行覽・本味》：「有侁氏女子採桑，得嬰兒于空桑之中，獻之其君，其君令烰人養之，察其所以然，曰：『其母居伊水之上，孕。……』，故命之曰伊尹。」高誘注：「侁，讀曰莘。」一說，在今山東曹縣西北。《左傳・僖公二十八年》：「晉侯登有莘之虛以觀師。」楊伯峻注：「莘，舊國名。……據《春秋輿圖》，有莘氏之虛在今山東曹縣西北。」　媵臣：古代隨嫁的臣僕。

〔一九〕鼎俎：《韓非子》卷一《難言》：「上古有湯至聖也，伊尹至智也。夫至智說至聖，然且七十說而不受，身執鼎俎爲庖宰，昵近習親，而湯乃僅知其賢而用之。」

〔二〇〕銜劍：　各本同，《宋書》卷二七《符瑞志》、《太平御覽》卷八三引《尚書璿璣鈐》、《太平御覽》卷九〇九引《帝王世紀》均作「銜鈎」。《宋書》卷二七《符瑞志》：「有神牽白狼銜鈎而入商朝。」《太平御覽》卷八三引《尚書璿璣鈐》曰：「湯受金符，白狼銜鈎入殷朝。鈎，縛束之要，明湯得天下之要也。」今按：　疑作「銜鈎」爲是。

〔二一〕白狐九尾：　即九尾狐。《太平御覽》卷九〇九引《山海經》曰：「青丘之國有狐而九尾。」郭璞注：「世平則出爲瑞也。」狐，各本同，《百子全書》本作「狼」。

〔二二〕「遇女房」二句：　各本「歌」下有小字云：「案《書序》作『遇女鳩、女房』。」今按：《史記》卷三《殷本紀》：「遇女鳩、女房，作《女鳩》、《女房》。」本文作「遇女房，作《女房》之歌」，疑兩「女房」下均脱「女鳩」。《史記·殷本紀》裴駰《集解》引孔安國曰：「鳩、房二人，湯之賢臣也。二篇言所以醜夏而還之意也。」

〔二三〕用命：　聽從命令。《尚書·甘誓》：「用命，賞於祖；弗用命，戮於社。」

〔二四〕昆吾氏：　夏商之間部落名。己姓，初封於濮陽。夏衰，昆吾爲夏伯，遷於舊許，即今河南許昌，後爲商湯所滅。《詩經·商頌·長發》：「韋顧既伐，昆吾夏桀。」毛傳：「有昆吾國者。」鄭玄箋：「顧、昆吾皆己姓也。」《史記》卷三《殷本紀》張守節《正義》：「帝嚳時陸終之長子，昆吾氏之後也。《世本》云『昆吾者，衛氏』，是。」

〔二五〕有娀：　《史記》卷三《殷本紀》：「母曰簡狄，有娀氏之女。」張守節《正義》：「按《記》云『桀敗於有娀之墟』，有娍當在蒲州也。」今按：其故地在今山西永濟。

〔二六〕鳴條：古地名。《史記》卷三《殷本紀》張守節《正義》引《括地志》云：「高涯原在蒲州安邑縣北三十里南阪口，即古鳴條陌也。鳴條戰地，在安邑西。」在今山西運城安邑鎮北。

〔二七〕改正朔：《禮記·大傳》孔穎達疏：「改正朔者，正，謂年始；朔，謂月初。言王者得政示從我始，改故用新，隨寅丑子所損也。周子、殷丑、夏寅，是改正也；周半夜、殷雞鳴、夏平旦，是易朔也。」《史記》卷二五《曆書》：「王者易姓受命，必慎始初，改正朔，易服色，推本天元，順承厥意。」服色：《禮記·大傳》：「易服色。」鄭玄注：「服色，車馬也。」孔穎達疏：「謂夏尚黑，殷尚白，周尚赤，車之與馬，各用從所尚之正色也。」

〔二八〕漢哀帝：即劉欣。公元前六年至前一年在位。卒，謚號哀。《漢書》卷一一有紀。

〔二九〕「遣大司空」句：《史記》卷三《殷本紀》裴駰《集解》引《皇覽》曰：「大司空史御長卿案行水災，因行湯冢。」司馬貞《索隱》：「長卿，諸本多作劫姓。按：《風俗通》有御氏，爲漢司空史，其名長卿，明劫非也。亦有劫彌，不得爲御史。」張守節《正義》：「《括地志》云：『薄城北郭東三里平地有湯冢。』按：在蒙，即北薄也。又云洛州偃師縣東六里有湯冢，近桐宫，蓋此是也。」大司空，官名。漢成帝時，改御史大夫爲大司空，哀帝時曾復舊稱，後再改爲大司空，與大司徒、大司馬並稱三公，爲共同負責最高國務的長官。參《通典》卷二〇《職官·司空》。行，《呂氏春秋》卷六《季夏紀》：「乃命虞人入山行木，無或斬伐。」高誘注：「行，察也。」

〔三〇〕殷湯無葬處：《漢書》卷三六《楚元王傳》載：漢成帝建延陵，制度泰奢，劉向上疏諫曰：「殷湯無葬處。」顏師古注：「謂不見傳記也。」

〔三一〕武丁：盤庚弟小乙之子。相傳少時生活在民間，即位後，重用傅説，殷國大治。後世稱爲高宗。大戊：又作太戊，天戊。太庚之子，雍己之弟。時商衰微，太戊任用伊陟、巫咸，商復興。世稱中宗。二人生平詳《史記》卷三《殷本紀》。

12 周文王昌，〔一〕狼星之精。母曰大任，〔二〕夢長人感己，〔三〕有胎。目不視惡色，〔四〕耳不聽淫聲，〔五〕以胎教之。〔六〕溲於豕牢，〔七〕生文王。龍顔虎肩，〔八〕身長十尺，胸有四乳。即位爲西伯。〔九〕有雀生鸇於殷城隅。〔一〇〕文王增修政，三年，〔一一〕四方諸侯皆服。崇侯譖之於紂，〔一二〕紂不納。費仲又言於紂，〔一三〕欲誅之，紂不從。九年春三月，率六州諸侯朝於殷。〔一四〕崇侯虎又譖之，紂怒，囚文王於羑里。〔一五〕雖有憂患，方修先聖之業，廣解六十四卦，〔一六〕著其卦詞，〔一七〕謂爲《周易》。〔一八〕時謂西伯爲聖，紂疑而未達。長子伯邑考質於殷，〔一九〕爲紂御，紂烹之爲羹，〔二〇〕賜文王以試之：實聖，當不食子羹。文王得而食焉，紂笑曰：「誰謂西伯聖者？食其子而尚不知。」紂謂西伯曰：「譖汝者，長鼻決耳也。〔二一〕」文王曰：「此崇侯虎之狀。」紂赦文王。四十三年春正月庚子朔，文王在酆，〔二二〕九州諸侯咸朝，五緯聚房、心，〔二三〕周之分野。〔二四〕時有烏銜丹書，集於周社。〔二五〕文王乃獻洛西赤壤之國，〔二六〕方千里，請除炮烙之刑。〔二七〕紂許焉，賜以弓矢鈇鉞，使專征。〔二八〕天下大悅，有鳳凰銜書而至，文王稽首受命。〔二九〕是歲即位，化被江漢之域，〔三〇〕以受命之始年也。〔三一〕

【疏證】

《列女傳》卷一《母儀傳·太任》：「太任者，文王之母，摯任氏中女也，王季娶爲妃。太任之性端一誠莊，惟德之行。及其有娠，目不視惡色，耳不聽淫聲，口不出敖言，能以胎教，溲於豕牢而生文王。」

《宋書》卷二七《符瑞志》：「季歷之妃曰大任，夢長人感己，溲於豕牢而生昌，是爲周文王。龍顔虎肩，身長十尺，胸有四乳。」並見《藝文類聚》卷一二及《太平御覽》卷八四引《帝王世紀》。

《孔子家語》卷一《五儀解》：「孔子曰：『昔者殷王帝辛之世，有雀生大鳥於城隅焉。占之曰：凡以小生大，則國家必王，而名必昌。於是帝辛介雀之德，不修國政，亢暴無極，朝臣莫救，外寇乃至，殷國以亡。』」亦見《說苑》卷一〇《敬慎》。

《太平御覽》卷八四引《帝王世紀》曰：「文王合六州之諸侯以朝紂，紂以崇侯之讒而怒，諸侯請送文王，棄于程。」

《太平御覽》卷八四引《吕氏春秋》曰：「文王修德，百姓親附，是時，崇侯虎與文王同列爲諸侯，德不能及文王，常嫉妒之。乃譖文王於紂曰：『西伯昌聖人也，長子發、中子旦皆聖，合謀，君其慮之。』紂乃囚文王於羑里，將欲殺之。於是文王四臣散宜生等乃周流海内，經歷豐土，得美女二人，水中文貝，白馬朱鬣以獻於紂，陳於中庭。紂立出西伯。文王在羑里時，演《易》八卦爲六十四。」

《史記》卷四《周本紀》：「崇侯虎譖西伯於殷紂曰：『西伯積善累德，諸侯皆嚮之，將不利於帝。』帝紂乃囚西伯於羑里。閎夭之徒患之，乃求有莘氏美女，驪戎之文馬，有熊九駟，他奇怪物，因殷嬖臣費仲而獻之紂。紂大説，曰：『此一物足以釋西伯，況其多乎！』乃赦西伯，賜之弓矢斧鉞，使西伯得征伐。曰：『譖西伯者，崇侯虎也。』西伯乃獻洛西之地，以請紂去炮格之刑。紂許之。」亦略見《史記》卷三《殷本紀》。

《史記》卷三《殷本紀》張守節《正義》引《帝王世紀》曰：「囚文王，文王之長子曰伯邑考質於殷，爲紂御，紂烹爲羹，賜文王，曰：『聖人當不食其子羹。』文王食之。紂曰：『誰謂西伯聖者？食其子羹尚不知也。』」

《宋書》卷二七《符瑞志》：「孟春六旬，五緯聚房。後有鳳皇銜書，游文王之都。《書》又曰：

『殷帝無道，虐亂天下。皇命已移，不得復久。靈祇遠離，百神吹去，五星聚房，昭理四海。』」

《呂氏春秋》卷一三《有始覽・應同》：「及文王之時，天先見火，赤烏銜丹書集於周社，文王曰『火氣勝』。火氣勝，故其色尚赤，其事則火。」

《韓非子》卷一五《難二》：「文王乃懼，請入洛西之地、赤壤之國，方千里，以解炮烙之刑，天下皆説。」

《太平御覽》卷八四引《帝王世紀》曰：「文王繼父爲西伯，都於雍州之地，及受命，復兼梁荆二州，化被於江漢之域。於是諸侯歸附之者六州，而文王不失臣節。」

【校注】

〔一〕周文王昌：即姬昌。商紂王時爲西伯。崩，謚爲文王。生平詳《史記》卷四《周本紀》。

〔二〕「母曰」句：《詩經・大雅・思齊》：「思齊大任，文王之母，思媚周姜，京室之婦。」大，各本同，《永樂大典》卷一三一三六引《金樓子・興王篇》作「太」。今按：「大」、「太」通。

〔三〕「夢長人」句：《太平御覽》卷八四引《詩含神霧》曰：「大任夢長人感己，生文王。」長人，《史記》卷四七《孔子世家》：「孔子長九尺有六寸，人皆謂之『長人』而異之。」

〔四〕惡色：《孟子・萬章下》：「伯夷目不視惡色，耳不聽惡聲。」

〔五〕淫聲：古代以雅樂爲正聲，以俗樂爲淫聲。《周禮・春官・大司樂》：「凡建國，禁其淫聲、過聲、凶聲、慢聲。」鄭玄注：「淫聲，若鄭衛也。」

〔六〕胎教：《韓詩外傳》卷九載：孟子母親曰：「吾懷姙是子，席不正不坐，割不正不食，胎教之也。」

〔七〕豕牢：《國語》卷一〇《晉語四》載：胥臣對晉文公問，曰：「臣聞昔者大任娠文王不變，少溲於豕牢，而得文王不加疾焉。」韋昭注：「溲，便也。豕牢，厠也。」

〔八〕肩：重校本、《叢書集成》本、《百子全書》本、龍溪精舍本作「眉」。吴校：「《帝王世紀》作『眉』。」今按：《宋書》卷二七《符瑞志》、《藝文類聚》卷一二及《太平御覽》卷八四引《帝王世紀》等並作「肩」，唯《太平御覽》卷三六五引《帝王世紀》作「眉」。

〔九〕西伯：《孟子·離婁上》：「吾聞西伯善養老者。」焦循《正義》：「西伯，即文王也。紂命爲西方諸侯之長，得專征伐，故稱西伯。」

〔一〇〕鸇：猛禽名。又名晨風。似鷂，羽色青黄，以鳩鴿燕雀爲食。城隅：《周禮·考工記·匠人》鄭玄注：「城隅謂角浮思也。」孫詒讓《正義》：「角浮思者，城之四角爲屏以障城，高於城二丈，蓋城角隱僻，恐奸宄踰越，故加高耳。」

〔一一〕三年：指文王爲伯的第三年。《淮南子》卷一二《道應》：「文王砥德修政，三年而天下二垂歸之。」

〔一二〕「崇侯」句：《太平御覽》卷五七一引《古今樂録》曰：「是時崇侯虎與文王列爲諸侯，德不及文王，常疾之。乃譖文王於紂曰：『西伯昌，聖人也。長子發、仲子旦，皆聖。三聖合謀，將不利於君。君宜慮之。』紂曰：『冠雖敝，宜加於上；履雖新，宜處於下。文王雖聖，安可尅我？』崇侯譖文王至十，紂用其言。」崇侯，名虎，有崇氏國君，紂臣。紂殘暴，無罪而醢九侯，脯鄂侯，西伯姬昌聞而竊歎，虎知之而讒於紂。事詳《史記》卷三《殷本紀》及卷四《周本紀》。崇，諸侯國名。《史記·周本紀》張守節《正義》：「皇甫謐曰夏鯀封。虞、夏、商、周皆有崇國，崇國蓋在豐鎬之間。《詩》云『既伐于崇，作邑于豐』，是國之地也。」

〔一三〕費仲：亦作「費中」，紂寵臣，善於阿諛奉承，貪利，國人勿親。事蹟詳《史記》卷四《周本紀》、《韓非子》卷一二《外儲説左下》、《淮南子》卷一二《道應》。

〔一四〕「率六州」句：《逸周書》卷二《程典解》：「維三月既生魄，文王合六州之侯，奉勤于商。商王用宗讒，震怒無疆。諸侯不娱，逆諸文王。文王弗忍，乃作《程典》，以命三忠。」

〔一五〕羑(yǒu)里：《莊子·盜蹠》：「文王拘羑里。」成玄英疏：「羑里，殷獄名。」一説古城名。在今河南湯陰北。《史記》卷三《殷本紀》：「九侯有好女，入之紂。九侯女不憙淫，紂怒，殺之，而醢九侯。鄂侯爭之彊，辨之疾，並脯鄂侯。西伯昌聞之，竊歎。崇侯虎知之，以告紂，紂囚西伯羑里。」裴駰《集解》：「《地理志》曰河内湯陰有羑里城，西伯所拘處。」張守節《正義》曰：「羑城在相州湯陰縣北九里，紂囚西伯城也。」

〔一六〕「廣解」句：《史記》卷四《周本紀》載：文王「囚羑里，蓋益《易》之八卦爲六十四卦」。

〔一七〕「著其」句：《史記》卷四《周本紀》張守節《正義》：「《乾鑿度》云：『垂黄策者羲，益卦演德者文，成命者孔也。』《易正義》云伏羲製卦，文王《卦辭》，周公《爻辭》，孔《十翼》也。」卦詞，即卦辭，解釋《易》六十四卦每卦要義的筮辭。一説，包括卦形和卦名。

〔一八〕《周易》：孔穎達《周易正義·論三代易名》：「《周易》稱周，取岐陽地名，《毛詩》云『周原膴膴』是也。又文王作《易》之時，正在羑里，周德未興，猶是殷世也，故題周別於殷，以此文王所演，故謂之《周易》。其猶《周書》、《周禮》題周以別餘代。故《易緯》云『因代以題周』是也。」

〔一九〕伯邑考：周文王姬昌長子。質於商，爲紂御。紂囚文王於羑里，烹伯邑考爲羹，賜文王食。事蹟詳《史記》卷三五《管蔡世家》。質：此處指作人質。

〔二〇〕羹：用肉類或菜蔬等製成的帶濃汁的食物。《詩經·商頌·烈祖》：「亦有和羹。」孔穎達疏：「羹者，五味調和。」

〔二一〕決耳：耳朵向外張着。《説苑》卷一七《雜言》載：子石登吴山而四望，喟然而歎息，弟子問之，子石曰：「昔者，費仲、惡來革，長鼻決耳，崇侯虎順紂之心，欲以合於意。武王伐紂，四子身死牧之野，頭足異所。」

〔二二〕酆：地名。《史記》卷四《周本紀》：「明年，伐崇侯虎。而作豐邑，自岐下而徙都豐。」裴駰《集解》：「徐廣曰：『豐在京兆鄠縣東，有靈臺。……在長安南數十里。』」張守節《正義》：「《括地志》云：『周豐宮，周文王宫也，在雍州鄠縣東三十五里。』」今按：酆，故地在今陝西長安西灃河西岸。

〔二三〕「五緯」句：《藝文類聚》卷一〇引《春秋元命苞》曰：「殷紂之時，五星聚於房。房者，蒼神之精，周據而興。周起於房，而五星聚之，得天下之祥。」五緯，《周禮·春官·大宗伯》「以實柴祀日月星辰」，鄭玄注：「星謂五緯，辰謂日月。」賈公彥疏：「五緯，即五星：東方歲星，南方熒惑，西方太白，北方辰星，中央鎮星。言緯者，二十八宿隨天左轉爲經，五星右旋爲緯。」房，星宿名，即房宿，二十八宿之一，蒼龍七宿之第四宿。心，星宿名，即心宿，二十八宿之一，蒼龍七宿的第五宿，有星三顆。《詩經・唐風・綢繆》：「綢繆束薪，三星在天。」漢鄭玄箋：「三星，謂心星也。」

〔二四〕分野：古以十二星次的位置劃分地面上州、國的位置，與之相對應。就天文説，稱作分星；就地面説，稱作分野。《漢書》卷二六《天文志》：「房、心，豫州」，「宋、鄭之疆，候歲星，占房、心。」《漢書》卷二八下《地理志》：「宋地，房、心之分野也。」據同卷，西周故地豳、岐一帶後爲六國時秦所有，「故秦地於《禹貢》時跨雍、梁二州，《詩・風》兼秦、豳兩國。昔后稷封斄，公劉處豳，大王徙邠，文王作酆，武王治鎬，其民有先王遺風」，「秦地，於天官東井、輿鬼之分野也」。故房、心非周之分野，原文或有脱誤。

〔二五〕「時有」二句：《墨子》卷五《非攻下》：「赤鳥銜珪，降周之岐社。」社，祀社神之所在。《春秋公羊傳・哀公四年》：「社者，封也。」何休注：「封土爲社。」

〔二六〕洛西：各本同。《韓非子・難二》「西」下有「之地」二字。《史記・殷本紀》「西伯出而獻洛西之地」，張守節《正義》：「洛水一名漆沮水，在同州。洛西之地，謂洛西之丹、坊等州也。」赤壤：陳奇猷《韓非子新校注》：「松平康國曰：『赤壤，猶言美土也。』奇猷案：松説是，國亦地也。」

〔二七〕炮烙：亦作「炮格」。《荀子》卷一〇《議兵》：「紂刳比干，囚箕子，爲炮烙刑。」《史記》卷三《殷本紀》：「紂乃重刑辟，有炮格之法。」裴駰《集解》引《列女傳》：「膏銅柱，下加之炭，令有罪者行焉，輒墮炭中，妲己笑，名曰炮格之刑。」司馬貞《索隱》：「鄒誕生云『格，一音閣』。又云『見蟻布銅斗，足廢而死，於是爲銅格，炊炭其下，使罪人步其上』，與《列女傳》少異。」《吕氏春秋》卷二三《貴直論·過理》：「糟丘酒池，肉圃爲格。」高誘注：「格以銅爲之，布火其下，以人置上，人爛墮火而死。」參清盧文弨《鍾山札記》卷二「炮格」條。

〔二八〕使專征：《孔叢子·居衛》：「子思曰：『吾聞諸子夏，殷王帝乙之時，王季以功，九命作伯，受珪瓚秬鬯之賜，故文王因之，得專征伐。此以諸侯爲伯，猶周召之君爲伯也。』」專征，受命自主征伐。《太平御覽》卷二七四引《禮記》曰：「諸侯賜弓矢，然後專征；賜斧鉞，然後專殺。」

〔二九〕「有鳳凰」二句：《太平御覽》卷二四引《尚書中候》曰：「周文王爲西伯，季秋之月甲子，赤雀銜丹書入豐鄗，止於昌户，乃拜稽首，受取，曰：『姬昌，蒼帝子；亡殷者，紂也。』」稽首，古時一種跪拜禮，叩頭至地，是九拜中最恭敬者。

〔三〇〕江漢之域：指長江與漢水一帶地區。《詩經·周南·漢廣》小序曰：「文王之道被於南國，美化行乎江漢之域。」

〔三一〕「以受命」句：指西伯稱王之年。《史記》卷四《周本紀》：「詩人道西伯，蓋受命之年稱王而斷虞芮之訟。」張守節《正義》：「二國相讓後，諸侯歸西伯者四十餘國，咸尊西伯爲王。蓋此年受命之年稱王也。《帝王世紀》云：『文王即位四十二年，歲在鶉火，文王更爲受命之元年，始稱王矣。』又《毛詩疏》云：『文王九十七而終，終時受命九年，則受命之元年年八十九也。』」又，底本、《四庫全書》本、重校本此節和下節合爲一節，《叢書集成》本、《百子全書》本、龍溪精舍本從「也」下另爲一段。吴校：「按『以』下當别一行起。」今按：此節言周文王之事，下節言周武王之事，另起一節爲宜，今從《叢書集成》等本分節。

13 周武王發，〔一〕望羊高視，〔二〕骿齒，〔三〕生而有光。太公、周公作輔。〔四〕武王渡河伐紂，中流，白魚躍入舟，長一尺四寸。一説云丹鯉，未知孰是。武王俯取以祭。既渡，有火至於王屋，流爲烏，其色赤，其聲魄云。〔五〕是時，諸侯不期而會盟津者八百，〔六〕諸侯皆曰：〔「紂可伐矣。」〕武王曰：「女未知天命，」未可。」〔七〕乃還歸。〔八〕居（一）〔二〕年，〔九〕聞紂昏亂暴虐滋甚，殺王子比干，〔一〇〕囚箕子。〔一一〕太師疵、少師彊抱其樂器而犇周。〔於是武王遍告諸侯曰：「殷有重罪，不可以不畢伐。」〕乃遵文王，遂率戎車三百乘，虎賁三千人，甲士四萬五千人，以東伐紂。十一年十二月〕戊午，〔一二〕師渡盟津，諸侯咸會，共行天罰。〔一三〕〔二月〕甲子昧爽，〔一四〕武王朝至於商郊牧野，〔一五〕乃誓。武王左仗黄鉞，右秉白旄。〔一六〕紂聞武王來，亦發兵七十萬人距武王。紂師雖衆，皆無戰心，心欲武王亟入。（及）紂師皆倒兵以戰，〔一七〕以開武王。〔一八〕武王馳之，持太白旗以麾諸侯，〔諸侯〕畢拜武王〔一九〕，王乃揖諸侯，諸侯畢從。武王至商國，商百姓待於郊。於是天錫黃鳥之旗。〔二〇〕遂入至紂死所，武王身射之，三發而後下車，以輕劍擊之，以黃鉞斬紂頭，懸之大白之旗。〔二一〕肅昚氏獻石砮、楛矢，〔二二〕苦庭之國獻文犀、紫駞。〔二三〕命釋百姓之囚，表商容之閭，〔二四〕命南宮括散鹿臺之財，〔二五〕發巨橋之粟，〔二六〕以賑貧弱。時夷雍之子名伯夷、叔齊，〔二七〕不食周粟，餓於首陽，〔二八〕依麋鹿以爲羣。叔齊起害鹿，鹿死，伯夷恚之而死。〔二九〕

【疏證】

《宋書》卷二七《符瑞志》：「武王騈齒望羊。」

《史記》卷四《周本紀》：「武王即位，太公望爲師，周公旦爲輔，召公、畢公之徒左右王，師修文王緒業。……武王渡河，中流，白魚躍入王舟中，武王俯取以祭。既渡，有火自上覆于下，至於王屋，流爲烏，其色赤，其聲魄云。是時，諸侯不期而會盟津者八百諸侯。諸侯皆曰：『紂可伐矣。』武王曰：『女未知天命，未可也。』乃還師歸。居二年，聞紂昏亂暴虐滋甚，殺王子比干，囚箕子。太師疵、少師彊抱其樂器而犇周。於是武王徧告諸侯曰：『殷有重罪，不可以不畢伐。』乃遵文王，遂率戎車三百乘，虎賁三千人，甲士四萬五千人，以東伐紂。十一年十二月戊午，師畢渡盟津，諸侯咸會。曰：『孳孳無怠！』武王乃作《太誓》，告於衆庶：『今殷王紂乃用其婦人之言，自絶于天，毁壞其三正，離逷其王父母弟，乃斷棄其先祖之樂，乃爲淫聲，用變亂正聲，怡説婦人。故今予發維共行天罰。勉哉夫子，不可再，不可三！』二月甲子昧爽，武王朝至於商郊牧野，乃誓。武王左杖黄鉞，右秉白旄，以麾。……帝紂聞武王來，亦發兵七十萬人距武王。武王使師尚父與百夫致師，以大卒馳帝紂師。紂師雖衆，皆無戰之心，心欲武王亟入。紂師皆倒兵以戰，以開武王。武王馳之，紂兵皆崩畔紂。紂走，反入登于鹿臺之上，蒙衣其殊玉，自燔于火而死。武王持大白旗以麾諸侯，諸侯畢拜武王，武王乃揖諸侯，諸侯畢從。武王至商國，商國百姓咸待於郊。於是武王使羣臣告語商百姓曰：『上天降休！』商人皆再拜稽首，武王亦答拜。遂入，至紂死所。武王自射之，三發而後下車，以輕劍擊之，以黄鉞斬紂頭，縣大白之旗。」

《國語》卷五《魯語下》：「仲尼在陳，有隼集于陳侯之庭而死，楛矢貫之，石砮其長尺有咫。陳惠公使人以隼如仲尼之館問之。仲尼曰：『隼之來也遠矣！此肅慎氏之矢也。昔武王克商，通道於九夷、百蠻，使各以其方賄來貢，使無忘職業。於是肅慎氏貢楛矢、石砮，其長尺有咫。』」

《史記》卷四《周本紀》載：周武王攻入殷都後，「命召公釋箕子之囚。命畢公釋百姓之囚，表商容之閭。命南宫括散鹿臺之財，發鉅橋之粟，以振貧弱萌隸。」亦畧見《尚書·武成》、《史記》卷三《殷本紀》。

《史記》卷六一《伯夷列傳》：「武王已平殷亂，天下宗周，而伯夷、叔齊恥之，義不食周粟，隱於首陽山，采薇而食之。及餓且死，作歌。其辭曰：『登彼西山兮，采其薇矣。以暴易暴兮，不知其非矣。神農、虞、夏忽焉没兮，我安適歸矣？于嗟徂兮，命之衰矣！』遂餓死於首陽山。」

【校注】

〔一〕周武王發：姓姬名發，文王子。遵父遺志，滅商，建立周王朝。後二年死，謚曰武王。生平詳《史記》卷四《周本紀》。

〔二〕望羊：亦作「望洋」、「望陽」、「望佯」、「眈洋」，聯綿詞，仰視貌。一説遠視貌。

〔三〕骿齒：《太平御覽》卷八四引《春秋元命苞》曰：「武王駢齒，是謂剛强，承命誅害，以順天心。」

〔四〕太公：指姜尚。姜姓，吕氏，名尚，字子牙，東海人。佐文王、武王滅商，有大功。封於齊，爲齊國始祖。生平詳《史記》卷三二《齊太公世家》。　周公：姓姬名旦，周文王之子，武王之弟。生平詳《史記》卷四《周本紀》、卷三三《魯周公世家》。

〔五〕「有火」四句：《史記》卷四《周本紀》裴駰《集解》：「馬融曰：『王屋，王所居屋。流，行也。魄然，安定意也。』鄭玄曰：『《書説》云烏有孝名。武王卒父大業，故烏瑞臻。赤者，周之正色也。』」司馬貞《索隱》：「按：《今文泰誓》『流爲鵰』。鵰，摯鳥也。馬融云『明武王能伐紂』，鄭玄云『烏是孝鳥。言武王能終父業』，亦各隨文而解也。」

〔六〕盟津：古黄河津渡名。在今河南孟津東北、孟縣西南。相傳周武王在此盟會諸侯並渡河，故名。一名孟津。

〔七〕「諸侯」五句：重校本「曰下」旁側有小字「紂可伐也，武王曰」，《叢書集成》本、《百子全書》本、龍溪精舍本「諸侯皆曰」下有「紂可伐也，武王曰」七字。吴校：「按『皆曰』下疑有脱誤，考《史記》云『諸侯皆曰：「紂可伐矣。」武王曰：「汝未知天命，未可也。」乃還師歸。』」今按：吴校是，據《史記》卷四《周本紀》補。

〔八〕還歸：各本同，《史記》卷四《周本紀》「還」下有「師」字。

〔九〕二：底本及《四庫全書》本作「一」，重校本、《叢書集成》本、《百子全書》本、龍溪精舍本作「二」。吴校：「『一』，《史記》作『二』，按武王十一年會盟津，十三年乃伐紂。」今按：吴校是，據改。

〔一〇〕比干：紂之叔父，一説紂之庶兄。直言諫紂，被剖心而死。事蹟詳《史記》卷三《殷本紀》及張守節《正義》引《括地志》。

〔一一〕箕子：名胥餘，紂之諸父，一説紂之庶兄。封子爵，國於箕。紂暴虐，箕子諫而不聽，乃披髮佯狂爲奴，爲紂所囚。周武王滅紂，獲釋。事詳《史記》卷三《殷本紀》。

〔一二〕「太師」數句：吴校：「按《史記》此下有『武王於是遍告諸侯』云云，凡五十餘字。」今按：吴校是，據《史記》卷四《周本紀》補。太師，《國語》卷五《魯語下》：「昔正考父校商之名頌十二篇於周太師。」韋昭注：「太師，樂官之長，掌教詩、樂。」疵，太師之名。少師，《儀禮·大射》：「僕人正徒相大師，僕人師相少師。」鄭玄注：「大師、少師，工之長也。」彊，少師之名。

〔一三〕共行：虔誠地執行。各本「共」下有小字云：「案古文『共』、『恭』通。」　天罰：《尚書·泰誓下》：「奉予一人，恭行天罰。」

〔一四〕「二月」句：各本脱「二月」二字。今按：《史記》卷四《周本紀》「甲子」上有「二月」二字，據補。　昧爽：《尚書·牧誓》：「時甲子昧爽，王朝至於商郊牧野。」《史記》卷四《周本紀》裴駰《集解》：「孔安國曰：『昧，冥也；爽，明：蚤旦也。』」又，武王克紂時間，説法不一，最早的認爲在前一一三〇年，最晚的認爲在前一〇一八年，一般認爲在前一〇二七年，夏商周斷代工程定於前一〇四六年，參《夏商周斷代工程一九九六—二〇〇〇年階段成果報告》。

〔一五〕牧野：地名。在今河南淇縣西南。

〔一六〕「武王」二句：《史記》卷四《周本紀》裴駰《集解》引孔安國曰：「鉞，以黄金飾斧。左手杖鉞，示無事於誅；右手把旄，示有事於教令。」

〔一七〕紂師：各本「紂」上有「及」字，《史記》卷四《周本紀》上無「及」字。今按：據上下文意，「及」字衍，當删。

〔一八〕開：導引。《逸周書》卷三《武順解》：「一卒居前曰開。」孔晁注：「開謂啓。」

〔一九〕「持太白」二句：各本「麾」下「諸侯」一。今按：《史記》卷四《周本紀》，「諸侯」二字當重，一屬上，一屬下。據補。

〔二〇〕黄鳥之旗：旗名。《墨子》卷五《非攻下》：「武王乃攻狂夫，反商之周，天賜武王黄鳥之旗。」《拾遺記》卷二：「周武王東伐紂，夜濟河時，雲明如晝，八百之族皆齊而歌，有大蜂狀如丹鳥，飛集王舟，因以鳥畫其旗，翌日而梟紂。……武王使畫其像於幡旗，以爲吉兆，今人幡信皆爲鳥畫，則遺像也。」

〔二一〕大白之旗：即太白旗。《戰國策》卷二〇《趙三》「苦成常謂建信君」章載：希寫見建信君，曰：「昔者，文王之拘於牖里，而武王羈於玉門，卒斷紂之頭而縣於太白者，是武王之功也。」

〔二二〕肅眘(shèn)：古民族名，居於我國東北地區。《漢書》卷六《武帝紀》：「海外肅眘，北發渠搜，氐羌徠服。」顔師古注：「《周書》序云『成王既伐東夷，肅眘來賀』，即謂此。」　石砮(nǔ)：石頭製成箭鏃。《尚書·禹貢》：「礪砥砮丹。」孔穎達疏引賈逵曰：「砮，矢鏃之石也。」　楛(hù)矢：用楛木製成的箭。楛，木名，荆屬。莖堅韌，可製箭杆及器物。《尚書·禹貢》：「惟箘簵楛。」孔安國傳：「楛，中矢干。」

〔二三〕苦庭之國：待考。　文犀：《國語》卷一九《吴語》：「建肥胡，奉文犀之渠。」韋昭注：「文犀，犀之有文理者。」　紫駞：即紫駝，赤栗色駱駝。駞，同「駝」。

〔二四〕商容：人名。紂時大夫，以直諫被貶謫。周武王滅商後，對其加以表彰。事蹟詳《尚書·武成》、《史記》卷四《周本紀》、《高士傳·商容》。《史記》卷三《殷本紀》司馬貞《索隱》：「皇甫謐云『商容與殷人觀周軍之入』，則以爲人名。鄭玄云：『商家典樂之官，知禮容，所以禮署稱容臺。』」《史記》卷五五《留侯世家》載：張良爲劉邦籌劃，曰：「武王入殷，表商容之閭，釋箕子之拘，封比干之墓。」司馬貞《索隱》：「崔浩云『表者，標榜其里門』。商容，紂時賢人也。《韓詩外傳》曰『商容執羽籥馮於馬徒，欲以化紂而不能，遂去，伏於太行山。武王欲以爲三公，固辭不受』。」閭：《尚書·武成》：「式商容閭。」孔穎達疏引《説文》：「閭，族居里門也。」

〔二五〕南宫括：周武王之臣。事蹟詳《史記》卷四《周本紀》。鹿臺：殷紂王貯藏珠玉錢帛之所。《尚書·武成》：「散鹿臺之財。」孔穎達疏：「《新序》云：鹿臺，其大三里，其高千尺。」臺址在今河南湯陰朝歌鎮南。

〔二六〕巨橋：糧倉名。《尚書·尚武》：「發鉅橋之粟。」孔安國傳：「紂所積之府倉，皆散發以賑貧民。」《史記》卷三《殷本紀》：「盈鉅橋之粟。」裴駰《集解》引服虔曰：「鉅橋，倉名。許慎曰，鉅鹿水之大橋也，有漕粟也。」司馬貞《索隱》引鄒誕生曰：「鉅，大；橋，器名也。紂厚賦税，故因器而大其名。」倉址在今河北曲周東北。

〔二七〕夷雍：《史記》卷六一《伯夷列傳》：「其傳曰：伯夷、叔齊，孤竹君之二子也。」司馬貞《索隱》：「『其傳』蓋《韓詩外傳》及《吕氏春秋》也。其傳云孤竹君，是殷湯三月丙寅日所封。相傳至夷、齊之父，名初，字子朝。伯夷名允，字公信。叔齊名智，字公達。解者云夷、齊，謚也；伯、仲，又其長少之字。」今按：據司馬貞《索隱》，則伯夷、叔齊之父名初字子朝，與本文所載有别。

〔二八〕首陽：山名。《論語·季氏》：「伯夷、叔齊，餓於首陽之下。」今按：首陽山具體方位，舊説不一。《史記》卷六一《伯夷傳》裴駰《集解》：「馬融曰：『首陽山在河東蒲坂華山之北，河曲之中。』」張守節

《正義》：「曹大家注《幽通賦》云：『夷齊餓於首陽山，在隴西首。』又戴延之《西征記》云：『洛陽東北首陽山有夷齊祠。』今在偃師縣西北。又《孟子》云：『夷、齊避紂，居北海之濱。』首陽山，《說文》云首陽山在遼西。史傳及諸書，夷、齊餓於首陽凡五所，各有案據，先後不詳。《莊子》云：『伯夷、叔齊西至岐陽，見周武王伐殷，曰：「吾聞古之士，遭治世不避其任，遇亂世不爲苟存。今天下闇，周德衰，其並乎周以塗吾身也，不若避之以絜吾行。」二子北至於首陽之山，遂飢餓而死。』又下詩『登彼西山』，是今清源縣陽山，在岐陽西北，明即夷、齊餓死處也。』」

〔二九〕「叔齊」三句：《琱玉集》卷一二引漢劉向《列士傳》曰：「伯夷，殷時遼東孤竹君之子也，與弟叔齊俱讓其位而歸於國。見武王伐紂，以爲不義，遂隱於首陽之山，不食周粟，以薇菜爲糧。時有王麋子往難之曰：『雖不食我周粟，而食我周木，何也？』伯夷兄弟遂絶食，七日，天遣白鹿乳之。逕由數日，叔齊腹中私曰：『得此鹿完噉之，豈不快哉！』於是鹿知其心，不復來下。伯夷兄弟，俱餓死也。」錢鍾書《管錐編》第三册《全後漢文》卷二八「漢賦似小說」條論杜篤《首陽山賦》，曰：「玩索斯篇，可想像漢人小說之仿佛焉。《金樓子·興王》所記夷、齊於首陽依麋鹿等事，賦未之及，當尚無此類傳聞，故說鬼而未志怪耳。」今按：《琱玉集》卷一二引漢劉向《列士傳》已載鹿奶故事，錢氏所論似不確。

14 漢高祖〔名〕〔劉〕季，〔一〕父名執嘉，母曰含始，〔二〕入池中浴，見玉雞銜赤珠，名曰玉英，〔三〕吞之有孕。昔孔子夢三槐間，豐、沛邦有赤蛇，〔四〕化爲黃玉，〔五〕上有文曰「卯金刀」字，〔六〕此其瑞矣。帝美髭髯，隆準，容受直言，好謀，多欲。平秦楚之難，撥亂反正，〔七〕雖不修文學，〔八〕而性明達聰，自監門戍卒，〔九〕見之如舊。初從民心作三章之約。〔一〇〕天下既定，命蕭何次律令，〔一一〕韓信申軍法，〔一二〕張蒼定章程，〔一三〕叔孫通定禮儀，〔一四〕陸賈造《新語》。〔一五〕又與功臣剖符作誓，〔一六〕丹書鐵券，〔一七〕金匱石室，〔一八〕藏之宗廟。雖日不暇給，規模弘遠矣。〔一九〕

【疏證】

《宋書》卷二七《符瑞志》：「漢高帝父曰劉執嘉。執嘉之母，夢赤鳥若龍戲己，而生執嘉，是爲太上皇帝。母名含始，是爲昭靈后。昭靈后游於洛池，有玉雞銜赤珠，刻曰玉英，吞此者王。昭靈后取而吞之。又寢於大澤，夢與神遇。是時雷電晦冥，太上皇視之，見蛟龍在其上，遂有身而生季，是爲高帝。」畧見《太平御覽》卷八七引《帝王世紀》、卷一三六引《詩含神霧》及同卷引《春秋握成圖》。

《宋書》卷二七《符瑞志》：「魯哀公十四年，孔子夜夢三槐之間，豐、沛之邦，有赤烟氣起，乃呼顔淵、子夏往視之。……天乃洪鬱起白霧摩地，赤虹自上下，化爲黄玉，長三尺，上有刻文。孔子跪受而讀之曰：『寶文出，劉季握。卯金刀，在軫北。字禾子，天下服。』」

《漢書》卷一《高帝紀》：「高祖爲人，隆準而龍顔，美須髯，左股有七十二黑子。寬仁愛人，意豁如也。常有大度，不事家人生産作業。及壯，試吏，爲泗上亭長，廷中吏無所不狎侮。好酒及色。……亞父范增説羽曰：『沛公居山東時，貪財好色。』……（高祖十二年）五月丙寅，葬長陵。已下，皇太子羣臣皆反至太上皇廟。羣臣曰：『帝起細微，撥亂世反之正，平定天下，爲漢太祖，功最高。』上尊號曰高皇帝。初，高祖不修文學，而性明達，好謀，能聽，自監門戍卒，見之如舊。初順民心作三章之約。天下既定，命蕭何次律令，韓信申軍法，張蒼定章程，叔孫通製禮儀，陸賈造《新語》。又與功臣剖符作誓，丹書鐵契，金匱石室，藏之宗廟。雖日不暇給，規摹弘遠矣。」亦見《史記》卷八《高祖本紀》。

【校注】

〔一〕劉：底本及《四庫全書》本作「名」，重校本、《叢書集成》本、《百子全書》本、龍溪精舍本作「劉」。吴校：「『名』疑作『劉』。」今按：「季」乃劉邦之字，作「劉」，是。據重校本等改。

〔二〕含：《四庫全書》本作「合」，《叢書集成》本、龍溪精舍本作「舍」。《宋書》卷二七《符瑞志》、《太平御覽》卷一三六引《詩含神霧》及同卷引《春秋握成圖》俱作「含」。今按：當以「含」爲是。

〔三〕名：各本同，《宋書》卷二七《符瑞志》作「刻」。

〔四〕豐：縣名，治所在今江蘇豐縣。沛：縣名，治所在今江蘇沛縣。邦：各本同，《天中記》卷一二、

《廣博物志》卷四九、《格致鏡原》卷九九「蛇異」條引《金樓子》作「市」。　蛇：　各本同，《永樂大典》卷一三一三九引《金樓子・興王篇》、《宋書》卷二七《符瑞志》作「虹」，《天中記》卷一二、《廣博物志》卷四九、《格致鏡原》卷九九「蛇異」條引《金樓子》作「蛇」。

〔五〕玉：　各本同，《天中記》卷一二、《廣博物志》卷四九、《格致鏡原》卷九九「蛇異」條引《金樓子》作「金」。

〔六〕卯金刀：　各本同，《天中記》卷一二、《廣博物志》卷四九、《格致鏡原》卷九九「蛇異」條引《金樓子》下有「後高祖起豐、沛」六字。　今按：　卯金刀，即「劉」字。

〔七〕撥亂反正：　《春秋公羊傳・哀公十四年》：「撥亂世，反諸正，莫近諸《春秋》。」何休注：「撥，猶治也。」反，同「返」。

〔八〕文學：　指文獻經典。《吕氏春秋》卷七《孟秋紀・蕩兵》：「今世之以偃兵疾説者，終身用兵而不自知悖，故説雖彊，談雖辯，文學雖博，猶不見聽。」

〔九〕監門：　門衛。《周禮・地官・司門》：「祭祀之牛牲繫焉，監門養之。」鄭玄注：「監門，門徒。」

〔一〇〕三章之約：　《史記》卷八《高祖本紀》：「與父老約，法三章耳：　殺人者死，傷人及盜抵罪。」

〔一一〕蕭何：　泗水沛人。　漢高祖稱帝，封酇侯，拜相國。　定漢律令制度。　卒，謚曰文終侯。《史記》卷五三、《漢書》卷三九有傳。

〔一二〕韓信：　淮陰人。　善用兵，有戰功。　西漢初，封楚王，後以謀反罪被斬。《史記》卷九二、《漢書》卷三四有傳。

〔一三〕張蒼：河南陽武人。高祖時爲常山守，後封北平侯。文帝時爲丞相。卒，謚曰文侯。精通律曆，明習圖書，曾改定音律曆法。《史記》卷九六、《漢書》卷四二有傳。　章程：《史記》卷一三〇《太史公自序》：「張蒼爲章程。」裴駰《集解》引如淳曰：「章，曆數之章術也；程者，權衡丈尺斛斗之平法也。」

〔一四〕叔孫通：魯國薛人。劉邦稱帝，通爲立朝儀。拜太常。後徙太子太傅。惠帝即位，定宗廟儀法。《史記》卷九九、《漢書》卷四三有傳。

〔一五〕陸賈：楚人。以客從劉邦定天下，拜太中大夫。《史記》卷九七、《漢書》卷四三有傳。《史記》本傳：「（高帝）迺謂陸生曰：『試爲我著秦所以失天下，吾所以得之者何，及古成敗之國。』陸生迺粗述存亡之徵，凡著十二篇。每奏一篇，高帝未嘗不稱善，左右呼萬歲，號其書曰《新語》。」張守節《正義》：「《七録》云『《新語》二卷，陸賈撰』也。」

〔一六〕剖符：古代帝王分封諸侯、功臣時，將竹製信證，剖分爲二，君臣各執其一，故稱。

〔一七〕丹書鐵券：古代皇帝頒賜功臣授以世代享受某種特權的憑證。鐵製的契券上用丹砂書寫誓詞，從中剖開，朝廷和受賜者各保存一半。

〔一八〕金匱石室：《漢書》卷一《高帝紀》顔師古注：「如淳曰：『金匱，猶金縢也。』師古曰：『以金爲匱，以石爲室，重緘封之，保慎之義。』」

〔一九〕「日不暇給」句：《漢書》卷一《高帝紀》顔師古注：「鄧展曰：『若畫工規模物之摹。』韋昭曰：『正員之器曰規。摹者，如畫工未施采事摹之矣。』師古曰：『取喻規摹，謂立制垂範也。給，足也。日不暇足，言衆事繁多，常汲汲也。』」模，各本同，《漢書》卷一《高帝紀》作「摹」。今按：「模」、「摹」通。

15　漢太宗恒即位，〔一〕宮室苑囿車騎服御無所增益，有不便，輒弛以利民。嘗欲作露臺，〔二〕臺基已成，將構，召匠計之，直百金，乃曰：「百金，中人十家之産也。吾奉先帝宮室，嘗〔恐〕羞之，〔三〕何以臺爲？」身衣弋綈，〔四〕所幸慎夫人衣不曳地，〔五〕幃帳無文繡，常集上書囊以爲殿帷。兵器無刃，以示敦樸，爲天下先。葬霸陵，皆瓦（屋）〔器〕，〔六〕不以金銀銅（鐵）〔錫〕爲飾，〔七〕因山，不起墳。〔八〕南粵尉佗自立爲帝，〔九〕召佗兄弟，〔一〇〕以德懷之，〔一一〕佗遂稱臣。與匈奴結和親，〔一二〕而背約入盜，令邊備守，不發兵深入，恐煩百姓。吴王濞詐病不朝，〔一三〕錫以几杖。〔一四〕羣臣袁盎等諫雖切，〔一五〕常假借納用焉。〔一六〕張武等受賂金錢，〔一七〕覺，更加賞賜，以愧其心。專務以德化民，是以海内殷富，興於禮儀。〔一八〕斷獄數百，幾致刑措。〔一九〕至於中宗宣帝，〔二〇〕樞機周密，品式備具。工巧器械，〔二一〕（先代）〔元成〕莫及。〔二二〕民畏其法，吏奉其職矣。

【疏證】

《漢書》卷四《文帝紀》：「贊曰：　孝文皇帝即位二十三年，宮室苑囿車騎服御無所增益。有不便，輒弛以利民。嘗欲作露臺，召匠計之，直百金。上曰：『百金，中人十家之産也。吾奉先帝宮室，常恐羞之，何以臺爲！』身衣弋綈，所幸慎夫人衣不曳地，帷帳無文繡，以示敦樸，爲天下先。治霸陵，皆瓦器，不得以金銀銅錫爲飾，因其山，不起墳。南越尉佗自立爲帝，召貴佗兄弟，以德懷之，佗遂稱臣。與匈奴結和親，後而背約入盗，令邊備守，不發兵深入，恐煩百姓。吴王詐病不朝，賜以几杖。羣臣袁盎等諫説雖切，常假借納用焉。張武等受賂金錢，覺，更加賞賜，以媿其心。專務以德化民，是以海内殷富，興於禮義，斷獄數百，幾致刑措。」亦見《史記》卷一〇《孝文本紀》。

《漢書》卷八《宣帝紀》：「上始親政事，又思報大將軍功德，乃復使樂平侯山領尚書事，而令羣臣得奏封事，以知下情。五日一聽事，自丞相以下各奉職奏事，以傅奏其言，考試功能。侍中尚書功勞當遷及有異善，厚加賞賜，至於子孫，終不改易。樞機周密，品式備具，上下相安，莫有苟且之意也。……贊曰：孝宣之治，信賞必罰，綜核名實，政事文學法理之士咸精其能。至於技巧工匠器械，自元、成間鮮能及之，亦足以知吏稱其職，民安其業也。」

【校注】

〔一〕漢太宗恒：即劉恒。恒，漢高祖中子。初封代王，吕后死，大臣誅諸吕，迎立爲帝。謚文，廟號太宗。《史記》卷一〇、《漢書》卷四有紀。

〔二〕露臺：高臺。《漢書》卷四《文帝紀》顏師古注：「今新豐縣南驪山之頂有露臺鄉，極爲高顯，猶有文帝所欲作臺之處。」今按：唐新豐縣即今陝西西安臨潼。

〔三〕嘗恐羞之：底本、《四庫全書》本脱「恐」字，重校本「嘗」下旁側有小字「恐」，《叢書集成》本、《百子全書》本、龍溪精舍本「嘗」下有「恐」。吴校：「『嘗』，按《史記》作『常恐羞之』。」今按：《史記》卷一〇《孝文本紀》、《漢書》卷四《文帝紀》皆作「常恐羞之」，據補。又，「嘗」、「常」通。

〔四〕弋綈：《漢書》卷四《文帝紀》顏師古注：「如淳曰：『弋，皂也。賈誼曰身衣皂綈。』師古曰：『弋，黑色也。綈，厚繒。』」

〔五〕慎夫人：西漢邯鄲人，漢文帝夫人。生平詳《史記》卷一〇《孝文本紀》、《漢書》卷四《文帝紀》及《史記》卷一〇一《袁昂傳》、《漢書》卷四九《爰盎傳》。

〔六〕「葬霸陵」三句：吴校：「按《史記》作『治霸陵，皆瓦器』。」今按：《史記》卷一〇《孝文本紀》、《漢書》卷四《文帝紀》皆作「治霸陵，皆瓦器」，「屋」作「器」，據改。霸陵，故址在今陝西西安東霸河南。

〔七〕錫：各本作「鐵」。吴校：「『鐵』當作『錫』。」今按：《史記》卷一〇《孝文本紀》、《漢書》卷四《文帝紀》作「錫」，據改。

〔八〕墳：《禮記·檀弓上》：「古者墓而不墳。」鄭玄注：「墓，謂兆域，今之封塋也。古，謂殷時也。土之高者曰墳。」

〔九〕尉佗：姓趙氏，西漢初真定人。秦末爲南海龍川令。秦滅，自立爲南越武王。漢高帝十一年，立爲南越王。孝文帝時以德懷之。武帝建元四年卒。生平詳《史記》卷一一三《南越列傳》、《漢書》卷九五《西南夷兩粵朝鮮傳》。《史記·南越列傳》：「孝文帝元年，初鎮撫天下，使告諸侯四夷從代來即位意，喻盛德焉。乃爲佗親冢在真定，置守邑，歲時奉祀。召其從昆弟，尊官厚賜寵之。」

〔一〇〕「召佗」句：吴校：「按《史記》作『召佗，貴佗兄弟』，《漢書》作『召貴佗兄弟』。」

〔一一〕懷：《禮記·中庸》：「懷諸侯則天下畏之。」孔穎達疏：「懷，安撫也。」

〔一二〕「與匈奴」句：《史記》卷一〇《文帝紀》：「後二年，上曰：『朕既不明，……間者累年，匈奴並暴邊境，多殺吏民，邊臣兵吏又不能諭吾内志，以重吾不德也。夫久結難連兵，中外之國將何以自寧？今朕夙興夜寐，勤勞天下，憂苦萬民，爲之怛惕不安，未嘗一日忘於心，故遣使者冠蓋相望，結軼於道，以諭朕意於單于。今單于反古之道，計社稷之安，便萬民之利，親與朕俱棄細過，偕之大道，結兄弟之義，以全天下元元之民。和親已定，始於今年。』後六年冬，匈奴三萬人入上郡，三萬人入雲中。以中大夫令勉爲車騎將軍，軍飛狐；故楚相蘇意爲將軍，軍句注；將軍張武屯北地；河内守周亞夫爲將軍，居細柳；宗正劉禮爲將軍，居霸上；祝兹侯軍棘門：以備胡。數月，胡人去，亦罷。」結，《四庫全書》本脱。

〔一三〕吴王濞：即劉濞，漢高祖兄劉仲之子。高祖十一年，立爲吴王。景帝前三年，反，啓「七國之亂」。《史記》卷一〇六《吴王濞列傳》、《漢書》卷三五《荆燕吴傳》有傳。《史記》本傳：「孝文時，吴太子入見，得侍皇太子飲博。吴太子師傅皆楚人，輕悍，又素驕，博，争道，不恭，皇太子引博局提吴太子，殺之。於是遣其喪歸葬。至吴，吴王愠曰：『天下同宗，死長安即葬長安，何必來葬爲！』復遣喪之長安葬。吴王由此稍失藩臣之禮，稱病不朝。京師知其以子故稱病不朝，驗問實不病，諸吴使來，輒繫責治之。吴王恐，爲謀滋甚。及後使人爲秋請，上復責問吴使者，使者對曰：『王實不病，漢繫治使者數輩，以故遂稱病。且夫「察見淵中魚，不祥」。今王始詐病，及覺，見責急，愈益閉，恐上誅之，計乃無聊。唯上棄之而與更始。』於是天子乃赦吴使者歸之，而賜吴王几杖，老，不朝。」

〔一四〕几杖：坐几和手杖，古常用爲敬老者之物。《禮記・曲禮上》：「謀於長者，必操几杖以從之。」

〔一五〕袁盎：姓或作「爰」，字絲。西漢楚人。文帝時爲郎中，以數直諫，名重朝廷。歷任齊相、吴相。後因諫止帝立梁孝王爲嗣，爲王刺客所殺。《史記》卷一〇一、《漢書》卷四九有傳。諫：重校本「諫」下旁側有小字「説」，《叢書集成》本、《百子全書》本、龍溪精舍本「諫」下有「説」字。吴校：「『諫』下本有『説』字。」今按：《史記》卷一〇《孝文本紀》、《漢書》卷四《文帝紀》「諫」下有「説」字，然作「諫」亦通。切：懇切率直。《廣雅・釋詁》：「切，直也。」

〔一六〕假借：寬容。今按：袁盎切諫及文帝寬容之事頗多，事詳《史記》卷一〇一、《漢書》卷四九袁盎本傳。如《史記》卷一〇一《袁盎傳》載：「文帝從霸陵上，欲西馳下峻阪。袁盎騎，並車擥轡。上曰：『將軍怯邪？』盎曰：『臣聞千金之子坐不垂堂，百金之子不騎衡，聖主不乘危而徼幸。今陛下騁六騑，馳下峻山，如有馬驚車敗，陛下縱自輕，奈高廟、太后何？』上乃止。」

〔一七〕張武：人名。漢文帝即位，任郎中令。後爲車騎將軍，屯北地備匈奴。文帝遺詔，令武爲復土將軍，主穿壙填瘞事。事蹟詳《史記》卷一〇《孝文本紀》、卷一一〇《匈奴列傳》及《漢書》卷四《文帝紀》、卷九四《匈奴傳》等。

〔一八〕儀：重校本、《叢書集成》本、《百子全書》本、龍溪精舍本作「義」。吴校：「『儀』，《漢書》作『義』。」今按：《史記》卷一〇《孝文本紀》亦作「義」。義，同「儀」。《説文解字·我部》：「義，己之威儀也。」段玉裁注：「古者威儀字作義，今仁義字用之；儀者，度也，今威儀字用之；誼者，人所宜也，今情誼字用之。」

〔一九〕幾致刑措：《漢書》卷四《文帝紀》顔師古注：「應劭曰：『措，置也。民不犯法，無所刑也。』師古曰：『斷獄數百者，言普天之下死罪人不過數百。幾，近也。』」

〔二〇〕中宗宣帝：漢宣帝劉詢，初名病已，字次卿。昭帝死，昌邑王廢，被立爲帝。謚曰宣，廟號中宗。《漢書》卷八有紀。

〔二一〕工巧器械：各本同，《漢書》卷八《宣帝紀》作「技巧工匠器械」。

〔二二〕元成：各本作「先代」。今按：《漢書》卷八《宣帝紀》作「元成」，「先代」當是「元成」形訛，據改。指漢元帝劉奭和漢成帝劉驁。

16 漢世祖文叔，〔一〕建平元年十二月甲子夜生於武帝故宫，〔二〕有赤光照室，影如五麟七鳳。〔三〕後望氣蘇伯阿爲王莽使，〔四〕至南陽，〔五〕遥見（春）〔舂〕陵城郭，〔六〕曰：「佳哉美氣！鬱鬱葱葱。」帝美鬚眉，身長八尺七寸，〔七〕脚下有文色如銀印，厚一分。(更)〔及〕始起兵還(春)〔舂〕陵，〔八〕遠望舍内，火光赫然屬天。夢乘赤龍登天，〔九〕上珠階玉闥。〔一〇〕乃以三千人破王莽百萬衆。〔一一〕及即位，故能平隗囂、公孫述等。〔一二〕在兵既久，厭武事，嘗思息肩。皇太子嘗問攻戰之事，帝諭曰：〔一三〕「衛靈公問陳於孔子，〔一四〕孔子不對。非爾所及也。」每旦視事，日仄乃罷。斷遠方餉異味奇珍。功臣高枕，無所誅殺。引公卿講(經論)〔論經理〕，〔一五〕夜分乃寐。〔一六〕太子諫曰：「陛下有禹、湯之明，失彭、聃之福，〔一七〕願(怡)〔頤〕愛精神。〔一八〕」帝曰：「我自樂之，不爲疲也。」雖身濟大業，兢兢如不及，〔一九〕故能明慎政體，〔二〇〕總覽權綱。〔二一〕嘗有獻千里馬者，帝曰：「鑾旗在前，屬車在後，〔二二〕朕乘此安之？」乃以駕鼓車。〔二三〕初，巡狩(春)〔舂〕陵，父老曰：「乞蠲十年。」帝曰：「天下艱難，三年已外，豈能自保？」乃蠲三年。退勳臣，進文吏。身衣大(絹)〔練〕，〔二四〕色無重采。耳不聽鄭衛之音，〔二五〕手不持珠玉之(扇)〔玩〕。〔二六〕〔宫房無私愛，〔二七〕左右無偏恩。損池籞，〔二八〕廢弋獵。賜州國，並皆一札十行，〔二九〕(成文細書)〔細書成文〕，勤約之〔風，行於上下〕。〔三〇〕嘗著《瑞火龍賦》。〔三一〕内外匪懈，〔三二〕百姓寬息。戢弓矢，〔三三〕散馬牛，上信止戈爲武也。〔三四〕

【疏證】

《後漢書》卷一下《光武帝紀》論曰：「皇考南頓君初爲濟陽令，以建平元年十二月甲子夜生光武於縣舍，有赤光照室中。欽異焉，使卜者王長占之。長辟左右曰：『此兆吉不可言。』……後望氣者蘇伯阿爲王莽使，至南陽，遥望見春陵郭，唶曰：『氣佳哉！鬱鬱葱葱然。』及始起兵還舂陵，遠望舍南，火光赫然屬天，有頃不見。」亦見《宋書》卷二七《符瑞志》、《太平御覽》卷九〇引《東觀漢記》。

《後漢書》卷一上《光武帝紀》：「(光武)身長七尺三寸，美鬚眉，大口，隆準，日角。」亦見《太平御覽》卷九〇引《東觀漢記》。

《後漢書》卷一下《光武帝紀》：「初，帝在兵間久，厭武事，且知天下疲耗，思樂息肩。自隴、蜀平後，非儆急，未嘗復言軍旅。皇太子嘗問攻戰之事，帝曰：『昔衛靈公問陳，孔子不對。此非爾所及。』每旦視朝，日仄乃罷。數引公卿、郎、將講論經理，夜分乃寐。皇太子見帝勤勞不怠，承間諫曰：『陛下有禹、湯之明，而失黄、老養性之福，願頤愛精神，優遊自寧。』帝曰：『我自樂此，不爲疲也。』雖身濟大業，兢兢如不及，故能明慎政體，總攬權綱，量時度力，舉無過事。退功臣而進文吏，戢弓矢而散馬牛，雖道未方古，斯亦止戈之武焉。」

《後漢書》卷七六《循吏列傳》：「初，光武長於民間，頗達情僞，見稼穡艱難，百姓病害，至天下已定，務用安静，解王莽之繁密，還漢世之輕法。身衣大練，色無重綵，耳不聽鄭衛之音，手不持珠玉之玩，宫房無私愛，左右無偏恩。建武十三年，異國有獻名馬者，日行千里，又進寶劍，賈兼百金，詔以馬駕鼓車，劍賜騎士。損上林池籞之官，廢騁望弋獵之事。其以手跡賜方國者，皆一札十行，細書成文。勤約之風，行於上下。數引公卿郎將，列於禁坐，廣求民瘼，觀納風謡，故能内外匪懈，百姓寬息。」

【校注】

〔一〕漢世祖文叔：漢光武帝劉秀，字文叔。南陽蔡陽人。漢高祖九世孫。王莽末，起兵，建武元年稱帝，定都洛陽。崩，謚曰光武皇帝，廟號世祖。《後漢書》卷一有紀。漢世祖，各本同，《四庫全書》本無「漢」字。

〔二〕建平：西漢哀帝劉欣的年號，自公元前六年至前三年。武帝：漢武帝劉徹，景帝中子。《史記》卷一二、《漢書》卷六有紀。《宋書》卷二七《符瑞志》：「光武皇帝，父爲濟陽令。濟陽有武帝行宫，常封閉。哀帝建平元年十二月甲子夜，光武將産，乃開而居之。」

〔三〕「影如」句：《宋書》卷二七《符瑞志》：「時又有鳳凰集濟陽，於是畫宫爲鳳皇之象。」今按：此與本書有别，當是傳聞異詞。又，明徐應秋《玉芝堂談薈》卷一引《金樓子》曰：「光武父欽爲濟陽令，有赤光照室，影如五麟七鳳，而生光武。」

〔四〕望氣：古代方士的一種占候術。《墨子·迎敵祠》：「凡望氣，有大將氣，有小將氣，有往氣，有來氣，有敗氣，能得明此者，可知成敗吉凶。」蘇伯阿：人名。望氣者。生平無考。《北堂書鈔》卷一五一「美氣」條：「《東觀漢記》云：望氣者蘇伯阿望舂陵城曰：『美哉！王氣鬱鬱葱葱。』」王莽：字巨君，西漢末濟南東平陵人。平帝時，爲大司馬。後稱帝，改國號新。緑林軍入長安，新朝滅亡，被殺。《漢書》卷九九有傳。

〔五〕南陽：郡名。治所在宛縣，即今河南南陽。

〔六〕舂陵：縣名，屬南陽郡，治所在今湖北棗陽南。舂，底本、重校本作「春」，《四庫全書》本、《叢書集成》本、《百子全書》本、龍溪精舍本作「舂」，本節正文下同。今按：春當是「舂」之訛，改。

〔七〕八尺七寸：各本同。吴校：「按《後漢書》作『七尺三寸』。」今按：《後漢書》卷一上《光武帝紀》、《太平御覽》卷九〇引《東觀漢記》並作「七尺三寸」，此或是傳聞異詞。

〔八〕及始：各本作「更始」。今按：《後漢書》卷一下《光武帝紀》作「及始」，作「及始」是，據改。

〔九〕赤龍：《四庫全書》本無「赤」字。

〔一〇〕玉闥：華美的門，指帝王或仙人的居所。《廣雅·釋宫》：「闥謂之門。」

〔一一〕「乃以」句：《後漢書》卷一上《光武帝紀》載：更始元年，王莽遣大司徒王尋、大司空王邑將兵百萬，其甲士四十二萬人，光武以數千人破之。

〔一二〕隗囂：字季孟，天水成紀人。王莽末起兵，據隴西。後歸光武帝，又叛附公孫述。建武九年，以屢爲漢軍所敗，幽憤死。《後漢書》卷一三有傳。　公孫述：　字子陽，扶風茂陵人。更始中，自立爲蜀王，次年稱帝。後爲漢所敗，被創而死。《後漢書》卷一三有傳。

〔一三〕諭：《四庫全書》本作「對」。吴校：「『諭』字衍。」今按：　此段述光武事蹟，非照録舊史，「諭」或是蕭繹綜述時所加。《説文解字・言部》：「諭，告也。」

〔一四〕「衛靈公」句：《論語・衛靈公》：「衛靈公問陳於孔子。孔子對曰：『俎豆之事，則嘗聞之矣；軍旅之事，未之學也。』明日遂行。」

〔一五〕講論經理：底本、《四庫全書》本作「講經論」，重校本作「講論經」，「經」下旁側有小字「理」；《叢書集成》本、《百子全書》本、龍溪精舍本作「講論經理」。吴校：「『講經論』，本作『講論經理』。」今按：《後漢書》卷一《光武帝紀》作「講論經理」，據改。

〔一六〕夜分：　夜半。《後漢書》卷一《光武帝紀》李賢注：「分，猶半也。」

〔一七〕失彭、聃之福：　吴校：「按《後漢書》作『失黄、老養性之福』。」又校：「『聃』，《説文》從『目』。」彭聃，彭祖與老聃的並稱。傳説二人均極長壽。彭祖，事詳漢劉向《列仙傳・彭祖》。老聃，《史記》卷六三有傳。

〔一八〕頤：　底本、《四庫全書》本作「怡」，重校本、《叢書集成》本、《百子全書》本、龍溪精舍本作「頤」。吴校：「『怡』當作『頤』。」今按：《後漢書》卷一《光武帝紀》作「頤」，據改。《莊子・列御寇》：「彼宜女與，予頤與？」成玄英疏：「頤，養也。」

〔一九〕兢兢：《詩經・小雅・小旻》：「戰戰兢兢，如臨深淵，如履薄冰。」毛傳：「兢兢，戒也。」　如不及：《論語・泰伯》：「子曰：『學如不及，猶恐失之。』」

〔二〇〕政體：爲政的要領。漢荀悅《申鑒・政體》：「承天惟允，正身惟常，任賢惟固，恤民惟勤，明制惟典，立業惟敦，是謂政體也。」

〔二一〕總覽：漢王符《潛夫論》卷四《三式》：「此於主德大洽，列侯大達，非執術督責總覽獨斷御下方也。」汪繼培箋：「覽即攬之省。」

〔二二〕「鑾旗」句：《漢書》卷六四《賈捐之傳》顔師古注：「鸞旗，編以羽毛，列繫橦旁，載於車上，大駕出，則陳於道而先行。屬車，相連屬而陳於後也。」《文選》卷三張平子《東京賦》：「屬車九九，乘軒並轂。」薛綜注：「副車曰屬。」鑾，通鸞。

〔二三〕鼓車：載鼓之車。古代皇帝出行時的儀仗之一。又，《後漢書》卷七六上《循吏列傳》及《東觀漢記》卷一僅載光武帝詔以千里馬駕鼓車，無退千里馬事。今按：《漢書》卷六四下《賈捐之傳》：「（孝文帝）時有獻千里馬者，詔曰：『鸞旗在前，屬車在後，吉行日五十里，師行三十里，朕乘千里之馬，獨先安之？』於是還馬，與道里費，而下詔曰：『朕不受獻也，其令四方毋求來獻。』」《漢書》所載爲漢文帝事，且與此條文字畧同，當是蕭繹誤記。

〔二四〕大練：底本、《四庫全書》本作「大絹」，重校本、《叢書集成》本、《百子全書》本、龍溪精舍本作「練」。吴校：「本作『大練』。」今按：《後漢書》卷七六《循吏列傳》作「大練」，當以「大練」爲是，據改。《後漢書》

卷一〇《皇后紀上・明德馬皇后》：「常衣大練，裙不加緣。」李賢注：「大練，大帛也。杜預注《左傳》曰：『大帛，厚繒也。』」

〔二五〕鄭衛之音：鄭衛二國的音樂。相傳兩國音樂輕靡淫逸，因以借指浮華淫靡的音樂。《禮記・樂記》：「鄭衛之音，亂世之音也。」

〔二六〕玩：各本作「扇」，《後漢書》卷七六《循吏列傳》作「玩」。今按：當以「玩」爲是，據改。

〔二七〕宮房：底本、《四庫全書》本脱此二字，重校本「無」上旁側有小字「宮房」，《叢書集成》本、《百子全書》本、龍溪精舍本「無」上有「宮房」二字。吴校：「句上疑有脱誤。《傳》『無』上有『宮房』二字。」今按：《後漢書》卷七六《循吏列傳》有「宮房」二字，據補。

〔二八〕池籞：指帝王的園林。《漢書》卷八《宣帝紀》：「池籞未御幸者，假與貧民。」顔師古注：「蘇林曰：『折竹以繩緜連禁籞，使人不得往來，律名爲籞。』應劭曰：『池者，陂池也；籞者，禁苑也。』」

〔二九〕札：《後漢書》卷七六《循吏列傳》李賢注：「《説文》曰：『札，牒也。』」即古代書寫用的小而薄的木片。

〔三〇〕「細書成文」三句：底本、《四庫全書》本作「成文細書」，且「之」下脱「風行於上下」五字，重校本、《叢書集成》本、《百子全書》本、龍溪精舍本作「細書成文，勤約之風，行於上下」。吴校：「本作『細書成文，勤約之風，行於上下』。」今按：與《後漢書》卷七六《循吏列傳》對勘，重校等本是，據以補正。細書，小字。

〔三一〕《瑞火籠賦》：賦名，今不存。

〔三二〕匪懈：《詩經・大雅・烝民》：「夙夜匪解，以事一人。」鄭玄箋：「匪，非也。」孔穎達疏：「早起夜卧，非有懈倦之時。」

〔三三〕戢：《詩經・周頌・時邁》：「載戢干戈，載櫜弓矢。」毛傳：「戢，聚也。」

〔三四〕上：底本、《四庫全書》本「上」下有小字云：「案别卷引此無『上』字。」吴校：「『上』字衍。」重校本、《叢書集成》本、《百子全書》本、龍溪精舍本無「上」字。　止戈爲武：《左傳・宣公十二年》：楚子曰：「夫文，止戈爲武。武王克商，作《頌》曰：『載戢干戈，載櫜弓矢。我求懿德，肆于時夏，允王保之。』」

17　魏武帝曹操，〔一〕用師大較依孫、吴之法，〔二〕而因事設奇，〔三〕量敵制勝，〔四〕變化如神。自作兵書十餘萬言，〔五〕諸將征伐，皆以新書從事。臨時（乂）〔又〕手爲節度，〔六〕從令者克捷，違教者負敗。與虜對陣，意思安閒，如不欲戰，然及至決機乘利，氣勢盈溢，故每戰必克。取張遼、徐晃於亡虜之中，〔七〕皆佐命立功，列爲名將；其餘拔出細微，登爲牧守者，不可勝數。是以創造大業，文武並施。御（事）〔軍〕三十餘年，〔八〕手不捨書，晝則講軍策，夜則思經傳。登高必賦，〔九〕被之管弦，〔一〇〕皆成樂章。才力絶人，手射飛鳥，躬擒猛獸，嘗於南皮一日射雉六十三頭。〔一一〕及造〔作〕宫室，〔一二〕繕治器械，無不爲之法則，皆盡其意。雅性節儉，不好華麗。攻城拔邑，得靡麗之物，則悉以賜有功。勳勞宜賞，不吝千金；無功望施，分毫不與。四方所獻，與羣下共之。豫自制送終衣服，四篋而已。

【疏證】

《三國志》卷一《魏武帝紀》裴松之注引《魏書》曰：「太祖自統御海内，芟夷羣醜，其行軍用師，大較依孫、吴之法，而因事設奇，譎敵制勝，變化如神。自作兵書十萬餘言，諸將征伐，皆以新書從事。臨事又手爲節度，從令者克捷，違教者負敗。與虜對陳，意思安閒，如不欲戰，然及至決機乘勝，氣勢盈溢，故每戰必克，軍無幸勝。知人善察，難眩以僞，拔于禁、樂進於行陳之閒，取張遼、徐晃於亡虜之内，皆佐命立功，列爲名將；其餘拔出細微，登爲牧守者，不可勝數。是以創造大業，文武並施。御軍三十餘年，手不捨書，晝則講武策，夜則思經傳。登高必賦，及造新詩，被之管弦，皆成樂章。才力絶人，手射飛鳥，躬禽猛獸，嘗於南皮一日射雉，獲六十三頭。及造作宫室，繕治器械，無不爲之法則，皆盡其意。雅性節儉，不好華麗，後宫衣不錦繡，侍御履不二采，帷帳屏風，壞則補納，茵蓐取温，無有緣飾。攻城拔邑，得美麗之物，則悉以賜有功。勳勞宜賞，不吝千金；無功望施，分毫不與。四方獻御，與羣下共之。常以送終之制，襲稱之數，繁而無益，俗又過之，故預自制終亡衣服，四篋而已。」亦見《太平御覽》卷九三引《魏書》。

【校注】

〔一〕曹操：字孟德，一名吉利，小名曹瞞，沛國譙人。東漢末，天下大亂，迎獻帝都許，進位丞相，封魏王。卒，謚武。子曹丕代漢，追尊爲武帝。《三國志》卷一有紀。

〔二〕大較：《史記》卷一二九《貨殖列傳》：「此其大較也。」司馬貞《索隱》：「大較猶大畧也。」　孫、吴：指孫武和吴起。孫武，春秋時齊國樂安人。曾爲吴王闔廬將。有《孫子兵法》傳世。吴起，戰國時衛國左氏人。曾事魏文侯，爲西河守。文侯死，奔楚，爲相。楚悼王死，爲宗室大臣殺害。《史記》卷六五有《孫子吴起列傳》。

〔三〕設奇：使用奇謀，設置奇兵。《六韜·奇兵》：「詭伏設奇，遠張誑誘者，所以破軍擒將也。」

〔四〕量：《三國志》卷一《魏武帝紀》裴松之注引《魏書》作「譎」。量、譎均有「揣度、考量」之意，《荀子》卷四《儒效篇》：「譎德而定次，量能而授官。」

〔五〕「自作」句：《隋書》卷三四《經籍志》著録：《孫子兵法》二卷，吴將孫武撰，魏武帝注；《續孫子兵法》二卷，魏武帝撰；《兵書接要》十卷，魏武帝撰；《兵法接要》三卷，魏武帝撰；《兵書畧要》九卷，魏武帝撰；《魏武帝兵法》一卷。作，《百子全書》本作「著」。

〔六〕臨時：《三國志》卷一《魏武帝紀》裴松之注引《魏書》、《册府元龜》卷四四引《魏書》作「臨事」。　又手：各本作「乂手」，《叢書集成》本作「叉手」。《三國志》卷一《魏武帝紀》裴松之注引《魏書》、《太平御覽》卷九三及《册府元龜》卷四四引《魏書》皆作「又手」。今按：「乂」、「叉」并爲「又」之訛。手，親手，親自。節度：調度，指揮。

〔七〕「取張遼」句：《三國志》卷一《魏武帝紀》裴松之注引《魏書》、《太平御覽》卷九三引《魏書》「取」上有「知人善察，難眩以僞，拔于禁、樂進於行陳之間」數句。張遼，字文遠，漢末雁門馬邑人。先從吕布，後降曹操，屢有戰功。《三國志》卷一七有傳。徐晃，字公明，三國魏河東楊人。曹操討楊奉於梁，晃遂歸之。數從征伐，有戰功，累遷平寇將軍。《三國志》卷一七有傳。

〔八〕御軍：各本作「御事」，《三國志》卷一《魏武帝紀》裴松之注引《魏書》、《太平御覽》卷九三引《魏書》作「御軍」。今按：當以「御軍」爲是，據改。

〔九〕登高必賦：《韓詩外傳》卷七：「孔子遊於景山之上，子路、子貢、顔淵從。孔子曰：『君子登高必賦，小子願者，何言其願。』」《漢書》卷三〇《藝文志十》：「傳曰：『不歌而誦謂之賦，登高能賦可以爲大夫。』」

〔一〇〕被：《三國志》卷一《魏武帝紀》裴松之注引《魏書》、《太平御覽》卷九三引《魏書》「被」上有「及造新詩」四字。

〔一一〕南皮：縣名。《文選》卷四二曹子桓《與朝歌令吴質書》：「每念昔日南皮之遊，誠不可忘。」李善注引《漢書》曰：「渤海郡有南皮縣。」治所在今河北南皮東北。

〔一二〕造作：各本脱「作」字，《三國志》卷一《魏武帝紀》裴松之注引《魏書》、《太平御覽》卷九三引《魏書》並作「造作」。今按：「造作」與下文「繕治」對應，當以有「作」爲是，據補。

18　晉世祖安世，〔一〕少厲高行，造次必於忠恕，〔二〕未曾有過言失色於人。〔三〕然而明達善謀，〔四〕能斷大事。　暨登大阼之日，〔五〕制强國，御下有禮，所以鎮壓内外，輯静四方，〔六〕威惠參洽，文武必舉，故天下服焉。　承魏氏奢侈尅弊之後，百姓思古之遺風，帝既謙儉寡欲，〔七〕亦雅識時變，臨朝愷悌，〔八〕務崇簡泰。〔九〕有人餉雉頭裘者，即令燒之。朝廷輯睦，興居可觀，〔一〇〕故威服强吴，〔一一〕規模宏遠。　雖饗國未久，〔一二〕德洽於民矣。其後，惠、懷喪亂，〔一三〕中宗東渡，〔一四〕所謂「五馬俱渡江，一馬化爲龍」者也。

【疏證】

《初學記》卷九引王隱《晉書》曰：「武帝少厲高行，造次於忠恕，未嘗有過言失色於人。」又曰：「武帝寬惠仁厚，深密有智量。」

《藝文類聚》卷六七引晉《咸寧起居注》曰：「大醫司馬程據，上雉頭裘一領，詔據『此裘非常衣服，消費功用，其於殿前燒之』，敕外内有造異服，依禮治罪。」

《藝文類聚》卷一三引《晉陽秋》曰：「太安中，童謡曰：『五馬浮渡江，一馬化爲龍。』永嘉大亂，王室淪覆，唯琅琊、西陽、汝南、南頓、彭城五王獲濟，至是中宗登祚。　先是五鐸見於晉陵，靈數玄感，若合符契。」亦見《宋書》卷三一《五行志二》。

【校注】

〔一〕晉世祖：即晉武帝司馬炎，字安世，河内温縣人。於魏元帝咸熙二年代魏，建立晉朝。謚曰武帝，廟號世祖。《晉書》卷三有紀。

〔二〕「造次」句：造次，倉猝，匆忙。《論語·里仁》：「君子無終食之間違仁，造次必於是，顛沛必於是。」忠恕，《論語·里仁》：「夫子之道，忠恕而已矣。」朱熹《集注》：「盡己之謂忠，推己之謂恕。」忠，重校本、《叢書集成》本、《百子全書》本、龍溪精舍本作「仁」。吴校：「『忠』當作『仁』。」今按：吴校或誤。雖今本《晉書》卷三《武帝紀》作「仁」，但爲唐人撰，不足爲據。《初學記》卷九引王隱《晉書》即作「忠」。

〔三〕失色於人：《禮記·表記》：「子曰：『君子不失足於人，不失色於人，不失口於人。是故君子貌足畏也，色足憚也，言足信也。』」

〔四〕然而：各本同。吴校：「『然而』，衍。」

〔五〕阼：本指大堂前東面的臺階，借指皇位。

〔六〕輯静：平定、安撫。輯，《四庫全書》本作「緝」。今按：「緝」、「輯」通。

〔七〕「承魏氏」三句：《晉書》卷三《武帝紀》：「承魏氏奢侈革弊之後，百姓思古之遺風，乃厲以恭儉，敦以寡欲。有司嘗奏御牛青絲紖斷，詔以青麻代之。」尅，重校本、《叢書集成》本、《百子全書》本、龍溪精舍本作「剋」。

〔八〕愷悌：和樂平易。《左傳·僖公十二年》：「《詩》曰：『愷悌君子，神所勞矣。』」杜預注：「愷，樂也；

悌，易也。」

〔九〕務崇簡泰：《晉書》卷三《武帝紀》：「制曰：武皇承基，誕膺天命，握圖御宇，敷化導民，以佚代勞，以治易亂。絶縑綸之貢，去雕琢之飾，制奢俗以變儉約，止澆風而反淳朴。」

〔一〇〕興居：猶言起居。指日常生活。

〔一一〕威伏强吴：指滅東吴事。《晉書》卷三《武帝紀》：「（太康元年）三月壬寅，王濬以舟師至於建鄴之石頭，孫晧大懼，面縛輿櫬，降于軍門。濬杖節解縛焚櫬，送於京都。」

〔一二〕饗國：帝王在位年數。饗，通「享」。今按：晉武帝在位二十五年，似乎不當稱「饗國未久」，此當指武帝享年。據《晉書》卷三《武帝紀》，帝太熙元年夏四月己酉崩於含章殿，時年五十五。年壽不高。

〔一三〕惠、懷：指晉惠帝和晉懷帝。惠帝司馬衷，字正度，武帝第二子。性癡呆。「八王之亂」中被害，謚曰孝惠。《晉書》卷四有紀。懷帝司馬熾，字豐度，武帝第二十五子。「永嘉之禍」中被俘，後二年被殺。謚曰孝懷。《晉書》卷五有紀。

〔一四〕中宗：即晉元帝司馬睿，字景文，司馬懿曾孫。西晉亡，即位於建康。廟號中宗。《晉書》卷六有紀。

19　宋高祖德輿，〔一〕清簡寡欲，嚴整有法度，〔二〕未嘗視珠玉輿馬之飾，後庭無紈綺絲竹之音。寧州嘗獻琥珀枕，〔三〕光色甚麗。時諸將北征，〔四〕以琥珀治金瘡，帝大悦，命擣分付諸將。〔五〕平關中，〔六〕得姚興從女，〔七〕有盛寵，以廢事。謝晦諫，〔八〕即時遣出。

財帛皆在外府，〔九〕内無私藏。宋臺建，〔一〇〕有司奏東西堂施局脚牀、銀塗釘，〔一一〕帝不許；使用直脚牀，釘用鐵。諸主出適，遣送不過二十萬，無錦繡金玉。〔一二〕内外奉禁，〔一三〕莫不節儉。後孝武帝大明中，〔一四〕壞帝所居陰室，〔一五〕於其處起玉燭殿，〔一六〕與羣臣觀之。牀頭有土鄣，〔一七〕壁上掛葛燈籠。廣州所部二千石，〔一八〕有獻入筒細布，〔一九〕一端八丈，〔二〇〕帝既見，惡其精麗勞民力，即付所司彈牧守，以布還之，並制嶺南勿作此布。〔二一〕帝素有熱疾，〔二二〕並患金瘡，末年尤劇，坐卧常須冷物，而未能得。後，人獻石牀，帝見，善之，〔二三〕寢其上即覺，〔二四〕極以爲佳，乃歎曰：「木牀猶用功不少，況乃鐫石！」即還其人，亦令毁之。帝始遊軍彭城，〔二五〕置酒，命紙筆，賦詩曰：「先蕩臨淄寇，〔二六〕却清河洛塵。〔二七〕華陽有逸驥，〔二八〕桃林無伏輪。〔二九〕」於是羣才並作也。〔三〇〕

【疏證】

《宋書》卷三《武帝本紀下》：「上清簡寡欲，嚴整有法度，未嘗視珠玉輿馬之飾，後庭無紈綺絲竹之音。寧州嘗獻虎魄枕，光色甚麗。時將北征，以虎魄治金創，上大悦，命擣碎分付諸將。平關中，得姚興從女，有盛寵，以之廢事。謝晦諫，即時遣出。財帛皆在外府，内無私藏。宋臺既建，有司奏東西堂施局脚牀、銀塗釘，上不許；使用直脚牀，釘用鐵。諸主出適，遣送不過二十萬，無錦繡金玉。内外奉禁，莫不節儉。……孝武大明中，壞上所居陰室，於其處起玉燭殿，與羣臣觀之。牀頭有土鄣，壁上掛葛燈籠、麻繩拂。」

《初學記》卷二五引《宋書》曰：「高祖嘗患體熱，有獻石牀，乃碎之，惡勞人也。」

《太平御覽》卷五九一引《宋書》曰：「高祖過彭城，置酒，命紙筆，爲詩曰：『先蕩臨淄穢，却清河洛塵。華陽有逸驥，桃林無伏輪。』於是羣才並作也。」

【校注】

〔一〕宋高祖：即宋武帝劉裕，字德輿，小名寄奴，祖籍彭城，東晉時遷居京口。代晉稱帝，國號宋。謚武，廟號高祖。《宋書》卷一至卷三、《南史》卷一《宋本紀》有紀。

〔二〕法度：《四庫全書》本無「法」字。

〔三〕寧州：州名。治所在味縣，即今雲南曲靖北。　琥珀：《宋書》卷三《武帝本紀》作「虎魄」。今按：「虎魄」即「琥珀」。古代松柏樹脂的化石。《本草綱目》卷三下《百病主治藥・瘀血》：「琥珀，並消瘀血。」卷四中《百病主治藥・金鏃竹木傷》：「琥珀，金瘡悶絶，尿服一錢。」

〔四〕北征：《宋書》卷一《武帝本紀中》載：義熙十二年(四一六)，後秦國主姚興死，「子泓立，兄弟相殺，關中擾亂，公乃戒嚴北討」。

〔五〕付：重校本、《叢書集成》本、《百子全書》本、龍溪精舍本作「賜」。吴校：「『付』當作『賜』。」今按：《宋書》卷三《武帝本紀下》作「付」，《南史》卷一《宋本紀·武帝》作「賜」。

〔六〕關中：指函谷關以西的地區。今按：劉宋時，後秦佔據長安一帶，即古關中之地。

〔七〕姚興：字子畧，羌族人，後秦皇帝。屢與北魏、東晉抗衡。《晉書》卷一一七《載記》、《北史》卷九三《僭僞附庸列傳》有傳。

〔八〕謝晦：字宣明，祖籍陳郡陽夏。曾爲劉裕太尉參軍。入宋，遷中領軍，封武昌縣公。文帝元嘉初，舉兵拒命，被誅。《宋書》卷四四、《南史》卷一九有傳。

〔九〕外府：即外庫，與王室倉庫「内府」相對之稱。《春秋穀梁傳·僖公二年》：「如受我幣而借吾道，則是我取之中府而藏之外府，取之中廄而置之外廄也。」

〔一〇〕宋臺建：指劉裕受封宋公，建臺治事。據《宋書》卷二《武帝本紀中》，時在晉義熙十二年（四一六）。

〔一一〕局脚：曲腿。　銀塗釘：用銀粉鍍飾的釘子。塗，重校本、《叢書集成》本、《百子全書》本、龍溪精舍本作「塗」。吴校：「『塗』乃『塗』之誤。」今按：「塗」、「塗」通。《集韻》：「塗，塗也。」

〔一二〕「諸主」三句：《南史》卷一《宋本紀·武帝》：「制諸主出適，遣送不過二十萬，無錦繡金玉。内外奉禁，莫不節儉。」主，指公主。出適，出嫁。

〔一三〕内外：指朝廷和地方。

〔一四〕孝武帝：指劉駿。駿，字休龍，小字道民，宋文帝第三子。文帝爲太子劉劭所殺，駿即位。謚孝武帝，廟號世祖。《宋書》卷六、《南史》卷二《宋本紀》有紀。　大明：宋孝武帝劉駿的年號，自四五七年至四六四年。

〔一五〕陰室：《資治通鑑》卷一二九《宋紀十一》「孝武帝大明七年」，胡三省注：「江左諸帝既崩，以其所居殿爲陰室，藏諸御服。」

〔一六〕玉燭殿：殿名。宋周應合《景定建康志》卷二一「城闕志二・古宮殿」：「宋玉燭殿，宋孝武帝所造，在宫中。舊《志》。考證：孝武壞武帝所居治室，於其處起玉燭殿，與從臣觀之。牀頭有土障，壁上掛葛燈籠、麻繩拂。侍中袁顗稱武帝儉素之德，帝不答，獨言曰：『田舍翁得此已過矣。』案《南史》，晉諸帝多處内房，朝晏所臨，東西二堂。而孝武末年清暑方建，永初受命，無所改作，所居惟稱西殿，不制嘉名。文帝因之，亦有合殿之稱。孝武承統，制度滋長，犬馬餘菽粟，土木被綈繡，追陋前規，更造正光、玉燭、紫極諸殿，彫欒綺節，珠窗網户。」

〔一七〕土鄣：以泥土修建的類似屏風的設施。

〔一八〕「廣州」句：《南史》卷一《宋本紀・武帝》：「廣州嘗獻入筒細布，一端八丈，帝惡其精麗勞人，即付有司彈太守，以布還之，並制嶺南禁作此布。帝素有熱病，並患金創，末年尤劇，坐卧常須冷物。後有人獻石牀，寢之，極以爲佳，乃歎曰：『木牀且費，而況石邪。』即令毁之。」廣州，州名。治所在番禺縣，即今廣東廣州。二千石，漢制，郡守俸禄爲二千石，世因稱郡守爲「二千石」。《漢書》卷八九《循吏傳序》：「庶民所以安其田里而亡歎息愁恨之心者，政平訟理也。與我共此者，其唯良二千石乎！」顏師古注：「謂郡守、諸侯相。」

〔一九〕入筒細布：謂布之尤細薄者，能卷一匹入竹筒中。《文選》卷四左太沖《蜀都賦》「黄潤比筒，籯金所過」，李善注：「黄潤，謂筒中細布也。」

〔二〇〕端：布帛長度單位。《左傳·昭公二十六年》「幣錦二兩」，杜預注：「二丈爲一端，二端爲一兩，所謂匹也。」《資治通鑑》卷六〇《漢紀五十二》「孝獻帝初平二年」下，胡三省注：「布帛六丈曰端，一曰八丈曰端。按，古以二丈爲端。」

〔二一〕嶺南：指五嶺以南的地區，即今廣東、廣西一帶。

〔二二〕熱疾：中醫指熱性過盛所致的病癥。《左傳·昭公元年》：「陰淫寒疾，陽淫熱疾。」

〔二三〕善：《四庫全書》本作「喜」。

〔二四〕覺：減省。意謂帝熱疾減輕。詳郭在貽《訓詁叢稿·六朝俗語雜釋》「覺、覺損」條。

〔二五〕遊軍：無固定防地、機動出擊之軍隊。此處用作動詞。　彭城：地名。即今江蘇徐州。

〔二六〕臨淄：故址在今山東淄博東北。劉宋時爲十六國南燕慕容超政權屬地。劉裕於義熙五年（四〇九）親率大軍北伐，次年二月，滅南燕。　寇：各本同，《太平御覽》卷五九一引《宋書》、《南史》卷一九《謝晦傳》作「穢」。

〔二七〕却：然後，以後。參周一良《魏晉南北朝史札記·〈宋書〉札記》「却」字條。　河洛：黄河和洛水交匯處及附近地區。劉宋時爲姚泓後秦政權控制區。

〔二八〕華陽：相當今陝西秦嶺以南及川、滇、黔一帶，因在華山之陽得名。當時爲姚泓後秦政權控制區。逸驥：奔跑的駿馬。馬放南山，表示天下太平，不再打仗。《尚書·武成》：「厥四月哉生明，王來自商，至於豐。乃偃武修文，歸馬於華山之陽，放牛於桃林之野，示天下弗服。」

〔二九〕桃林：地名。在今河南靈寶北老城以西至陝西潼關以東地區。當時爲姚泓後秦政權控制區。伏輪：倒下的車輪。古戰爭有車戰，車輪倒下指戰爭激烈，故以伏輪喻戰爭。今按：劉裕此詩既用《尚書·武成》典，又切當下實際，語帶雙關。

〔三〇〕「於是」句：《南史》卷一九《謝晦傳》：「帝深加愛賞，從征關、洛，内外要任悉委之。帝於彭城大會，命紙筆賦詩，晦恐帝有失，起諫帝，即代作曰：『先蕩臨淄穢，却清河洛塵。華陽有逸驥，桃林無伏輪。』於是羣臣並作。」今按：《南史》此載，與《太平御覽》卷五九一引《宋書》、《金樓子》異。又，《宋書》卷五四《孔季恭傳》載宋臺初建，孔辭事東歸，「高祖餞之戲馬臺，百僚咸賦詩以述其美」。《文選》卷二〇《公宴》類存有謝靈運、謝宣遠二人詩，題俱作《九日從宋公戲馬臺集送孔令詩》。《宋書》卷六三《王曇首傳》載：「行至彭城，高祖大會戲馬臺，豫坐者皆賦詩，曇首文先成。」此兩次記載或與《南史·謝晦傳》所載爲同一事。

20 宋太祖義隆，〔一〕年十四，身長七尺〔三〕〔五〕寸，〔二〕好讀史書，善楷隸，能文章，温和有人君之德。及南面負扆，〔三〕深以子民爲先，臺殿堂宇，無所改易，爲吏長子孫，〔四〕

居官成姓號，〔五〕明法令。〔六〕時人謂有建（安）〔武〕、永平之風。〔七〕每至諸侯王宴集，必先論國家政務，自朝訖晡，〔八〕迺設食。〔九〕既而語人曰：「千乘之君，幼居人貴，吾所以未便設食，〔一〇〕令此輩稍知飢寒也。」經巡歷至上庫，〔一一〕謂左右曰：「此庫内大有錢，殊可羨願。〔一二〕」左右曰：「此縣官之物耳，〔一三〕何羨願耶？」帝曰：「此皆國家之物，吾奉先帝之祀，常懼羞之。」四方豐稔，〔一四〕倉粟皆紅，〔一五〕省租賦，米五錢也。〔一六〕

【疏證】

《宋書》卷五《文帝本紀》：「太祖文皇帝諱義隆……（永初元年）是歲入朝，時年十四。長七尺五寸，博涉經史，善隸書。」

《太平御覽》卷八四八引《宋書》曰：「文帝宴於武帳堂上，將行，勅諸子且勿食，至會所賜饌。日旰，食不至，有飢色。上誡之曰：『汝曹少長豐佚，不見百姓艱難，今使爾識飢苦。』」

【校注】

〔一〕宋太祖義隆：即宋文帝劉義隆，小字車兒，宋武帝第三子。少帝廢，即位。後爲太子劉劭所殺。本廟號中宗，宋孝武帝追改爲太祖。《宋書》卷五、《南史》卷二有紀。

〔二〕「年十四」二句：年十四，據《宋書》卷五和《南史》卷二，指是年劉義隆加都督，入朝，而非指十四歲時身長「七尺五寸」，頗疑「十四」下有脱文。五，底本、《四庫全書》本作「三」，重校本、《叢書集成》本、《百子全書》本、龍溪精舍本作「五」。吴校：「『七尺三寸』，本作『七尺五寸』。」今按：《宋書》卷五、《南史》卷二均作「七尺五寸」，「三」當是「五」之誤，今改。

〔三〕南面：面向南而坐，此處指居帝位。《周易・説卦》：「聖人南面而聽天下，嚮明而治。」負扆：背靠屏風。指皇帝臨朝聽政。《淮南子》卷一三《氾論》：「周公繼文王之業……負扆而朝諸侯。」高誘注：「負，背也。扆，户牖之間。言南面也。」

〔四〕爲吏長子孫：《史記》卷三〇《平準書》：「守閭閻者食粱肉，爲吏者長子孫。」裴駰《集解》：「如淳曰：『時無事，吏不數轉，至於子孫長大而不轉職任。』」

〔五〕居官成姓號：《史記》卷三〇《平準書》：「居官者以爲姓號。」裴駰《集解》：「如淳曰：『倉氏、庾氏是也。』」《漢書》卷八六《王嘉列傳》：「孝文時，吏居官者或長子孫，以官爲氏，倉氏、庫氏則倉庫吏之後也。」

〔六〕明法令：《宋書》卷五《文帝本紀》史臣曰：「(太祖)及正位南面，歷年長久，綱維備舉，條禁明密，罰有恒科，爵無濫品。故能内清外晏，四海謐如也。」

〔七〕建武：各本作「建安」。今按：建安乃東漢獻帝年號，時曹操挾天子以令諸侯，天下戰亂，與宋文帝元嘉時不類。前人多以「建武、永平」並稱，以爲善政，如《後漢書》卷二《明帝紀》論曰：「明帝善刑理，法令分明。日晏坐朝，幽枉必達。内外無倖曲之私，在上無矜大之色。斷獄得情，號居前代十二。故後之言事者，莫不先建武、永平之政。」《宋書》卷五《文帝本紀》史臣曰：「昔漢氏東京常稱建武、永平故事，自兹厥後，亦每以元嘉爲言，斯固盛矣。」則「建安」當是「建武」之誤，據改。建武，漢光武帝劉秀年號，自公元二五年至五六年。永平：東漢明帝劉莊年號，自公元五八年至七五年。

〔八〕自朝訖晡：從朝時至晡時。朝，辰時，即午前七時至九時；晡，申時，即午後十五時至十七時。

〔九〕迺設食：《四庫全書》本「食」下無「既而語人曰千乘之君幼居人貴吾所以未便設食」二十字。

〔一〇〕便：時間副詞。立即，就。

〔一一〕經：曾經。上庫：指國庫。

〔一二〕羡願：羡慕。願，《荀子》卷二《榮辱》：「小人莫不延頸舉踵而願。」楊倞注：「願，猶慕也。」

〔一三〕縣官：《史記》卷五七《絳侯周勃世家》：「庸知其盜買縣官器。」司馬貞《索隱》：「縣官謂天子也，所以謂國家爲縣官者，夏官王畿内縣即國都也，王者官天下，故曰縣官也。」此處指宋太祖劉義隆。

〔一四〕豐稔：《後漢書》卷三八《法雄傳》：「在郡數歲，歲常豐稔。」李賢注：「稔，熟也。」

〔一五〕倉粟皆紅：形容糧食富足。《漢書》卷六四《賈捐之傳》：「至孝武皇帝元狩六年，太倉之粟紅腐而不可食。」顔師古注：「粟久腐壞，則色紅赤也。」

〔一六〕米五錢：各本同。朱校：「『米』字上疑脱『斗』字。」今按：《宋書》卷七《前廢帝紀》載：大明八年(四六四)時：「去歲及是歲，東諸郡大旱，甚者米一升數百，京邑亦至百餘，餓死者十有六七。」此是大明年間米價極貴時。《宋書》卷七二《文九王・劉休祐傳》：「休祐素無才能，强梁自用，大明之世，年尚少，未得自專，至是貪淫，好財色。在荆州，裒刻所在，多營財貨。以短錢一百賦民，田登，就求白米一斛，米粒皆令徹白，若有破折者，悉删簡不受。民間糴此米，一升一百。至時又不受米，評米責錢。」此是泰始年間（四六五—四七一）劉休祐以極低米價收租。據兩者可推知劉宋時米價，貴時斗米可至千餘或數千錢，低賤時或十錢。故宋太祖時糧食豐稔，斗米或至五錢。然古人往往不出量詞，如《論語·雍也篇》：「原思爲之宰，與之粟九百。」楊伯峻《譯注》：「下無量名，不知是斛是斗，還是别的。習慣上常把最通用的度、量、衡的單位省略不説，古今大致相同。」故此處或原無量詞。

21·1 梁高祖武皇帝，〔一〕生而靈異，有聖德。頸光龍液，〔二〕舌文八字，頂垂帶重丘，〔三〕額照日象，〔四〕有文在手，曰「武帝」並上諱三字。始在髫髮，〔五〕便愛琴書，容止進退，自然合禮。常與兒童鬬技，手無所持，躡空而立，觀者擊節，咸共稱神。及遭獻太后憂，〔六〕哭踊大至，〔七〕居喪之哀，高柴不能過也。〔八〕每讀《孝子傳》，〔九〕未曾終軸，輒輟書悲慟。〔一〇〕由是家門愛重，不使垂堂。〔一一〕

【疏證】

唐釋道宣《廣弘明集》卷二九梁武帝《孝思賦序》：「每讀《孝子傳》，未嘗不終軸輟書悲恨，拊心嗚咽。」

【校注】

〔一〕高祖武皇帝：梁武帝蕭衍，字叔達，南蘭陵人。廟號高祖，謚武。《梁書》卷一至三、《南史》卷六至卷七《梁本紀》有紀。《南史》卷六《梁本紀·武帝》：「帝以宋孝武大明八年歲次甲辰生於秣陵縣同夏里三橋宅。初，皇妣張氏嘗夢抱日，已而有娠，遂産帝。帝生而有異光，狀貌殊特，日角龍顔，重岳虎顧，舌文八字，項有浮光，身映日無影，兩髈駢骨，項（今按：《梁書》作「頂」）上隆起，有文在右手曰『武』。帝爲兒時，能蹈空而行。及長，博學多通，好籌畧，有文武才幹。所居室中，常若雲氣，人或遇者，體輒肅然。」亦畧見《梁書》卷一《武帝紀上》。

〔二〕頸光龍液：各本同，《南史》卷六《梁本紀·武帝》作「項有浮光」。

〔三〕頂垂帶重丘：吴校：「按《南史》作『重岳虎顧』。」今按：疑即《梁書》卷一所云「頂上隆起」之相。《永樂大典》卷一一九五一引《金樓子·興王篇》作：「梁高祖武皇，生而靈異，頂垂帶，有聖德。」

〔四〕額照日象：即額骨中央部分隆起，形狀如日。舊時相術家認爲是大貴之相。

〔五〕髫髮：指童年。《後漢書》卷二六《伏湛傳》載杜詩上疏薦湛云：「髫髮厲志，白首不衰。」李賢注：「《埤蒼》曰：髫，髦也。髫髮謂童子垂髮。」

〔六〕「及遭」句：《梁書》卷三《武帝本紀》：「高祖生知淳孝。年六歲，獻皇太后崩，水漿不入口三日，哭泣哀苦，有過成人，内外親黨，咸加敬異。」並見《南史》卷七《梁本紀·武帝》。獻太后，蕭衍母親張尚柔，范陽方城人。宋泰始七年卒。梁天監元年五月甲辰，追上尊號爲皇后，謚曰獻。《梁書》卷七《后妃傳》、《南史》卷一二《后妃列傳》有傳。遭憂，遭父母之喪。

〔七〕哭踊：頓足痛哭。《禮記・問喪》：「動尸舉柩，哭踊無數。惻怛之心，痛疾之意，悲哀志懣氣盛，故袒而踊之，所以動體安心下氣也。」《漢書》卷二二《禮樂志》「哀有哭踊之節」，顏師古注：「踊，跳也。哀甚則踊。」

〔八〕高柴：字子皋，春秋時衛國人。孔子弟子，以孝著稱。事蹟見《史記》卷六七《仲尼弟子列傳》。《禮記・檀弓上》：「高子皋之執親喪也，泣血三年，未嘗見齒，君子以爲難。」

〔九〕《孝子傳》：《隋書》卷三三《經籍志》著録有《孝子傳》六種：《孝子傳贊》三卷，王韶之撰；《孝子傳》十五卷，晉輔國將軍蕭廣濟撰；《孝子傳》十卷，宋員外郎鄭緝之撰；《孝子傳》八卷，師覺授撰；《孝子傳》二十卷，宋躬撰；《孝子傳畧》二卷，未署撰人。

〔一〇〕終軸：終卷。軸，古時書之寫於簡帛者，多卷成軸形。葉德輝《書林清話》卷一《書之稱卷》：「《舊唐書・經籍志》：『集賢院御書，經庫皆鈿白牙軸，朱帶，白牙籤。』蓋隋唐間簡册已亡，存者止卷軸，故一書又謂之幾軸。韓愈詩：「鄴侯家多書，插架三萬軸。一一懸牙籤，新若手未觸。」三萬軸即三萬卷也。」

〔一一〕垂堂：《漢書》卷四九《爰盎傳》：「千金之子不垂堂，百金之子不騎衡。」顏師古注：「垂堂，謂坐堂外邊，恐墜墮也。」

21·2 登於晚年，〔一〕探賾索隱，〔二〕窮理盡性，〔三〕究覽墳籍，神悟知機。〔四〕讀書不待温故，〔五〕一閲皆能誦憶，所以馳騁古今，備該内外，〔六〕辨解聯環，〔七〕論精堅白。〔八〕沛國劉瓛，〔九〕當時馬、鄭，〔一〇〕上每析疑義，雅相推揖。深沈静默，不雜交游，所與往來，一時才儁，至於得人，門稱多士。〔一一〕居宇精肅，常有烟霧。垂簾拱帳，望者竦然。〔一二〕六義四始，〔一三〕尤解禮體。登高必賦，莫非警策。〔一四〕弱冠升朝，〔一五〕令問籍甚。〔一六〕太尉王儉，〔一七〕齊國阿衡，〔一八〕欽上風雅，請爲户曹屬。〔一九〕司徒竟陵王，〔二〇〕齊室驃騎，〔二一〕招納士林，待上賓友之禮。〔二二〕

【校注】

〔一〕登於晚年：意謂進入晚年。登，《説文解字·癶部》：「登，上車也。」段玉裁注：「引伸之，凡上陞曰登。」

〔二〕探賾索隱：《周易·繫辭上》：「探賾索隱，鉤深致遠，以定天下之吉凶，成天下之亹亹者，莫大乎著龜。」孔穎達疏：「探謂窺探求取，賾謂幽深難見。卜筮則能闚探幽昧之理，故云探賾也。索謂求索，隱謂隱藏。」

〔三〕窮理盡性：《周易·説卦》：「窮理盡性以至於命。」

〔四〕知機：同「知幾」。《周易·繫辭下》：「知幾其神乎！君子上交不諂，下交不瀆，其知幾乎？幾者，動之微，吉之先見者也。」

〔五〕温故：《論語・爲政》：「子曰：『温故而知新，可以爲師矣。』」

〔六〕内外：佛教徒稱佛經爲内典，佛經以外的典籍爲外典。南朝梁慧皎《高僧傳》卷一一《習禪・釋僧從》：「隱居始豐瀑布山，學兼内外，精修五門。」

〔七〕聯環：同「連環」，連結成串的玉環。「連環可解」爲戰國時名家的重要論題之一。《莊子・天下篇》：「惠施多方，其書五車，其道舛駁，其言也不中。歷物之意，曰：『……今日適越而昔來，連環可解也。』」《淮南子》卷二《俶真訓》：「智終天地，明照日月，辯解連環，澤潤玉石。」

〔八〕堅白：「堅白同異」爲戰國時名家學説的命題。《荀子》卷一三《禮論》：「禮之理誠深矣，堅白同異之察，入焉而溺。」《史記》卷七四《孟子荀卿列傳》：「趙亦有公孫龍爲堅白同異之辯。」今按：魏晉以來，玄學盛行，「辨解聯環，論精堅白」是形容蕭衍玄學造詣深厚。

〔九〕沛國：本王國名，東漢時改沛郡置，治所在相縣，即今安徽淮南西北。三國時移治沛縣，即今江蘇沛縣。西晉還舊治。南朝齊時實已爲郡。劉瓛：字子珪，祖籍沛國相縣。少篤學，博通《五經》。以儒業冠於當世。《南齊書》卷三九、《南史》卷五〇有傳。

〔一〇〕馬、鄭：東漢馬融與鄭玄。兩人皆爲經學大師。馬融，《後漢書》卷六〇有傳。鄭玄，《後漢書》卷三五有傳。《文心雕龍》卷一〇《序志》：「敷讚聖旨，莫若注經，而馬、鄭諸儒，宏之已精；就有深解，未足立家。」

〔一一〕門稱多士：《梁書》卷一《武帝本紀》：「及長，博學多通，好籌畧，有文武才幹，時流名輩咸推許焉。」並見《南史》卷六《梁本紀·武帝》。多士，指衆多的賢士。《尚書·多方》：「猷，告爾有方多士暨殷多士。」

〔一二〕竦然：恭肅貌。《梁書》卷一《武帝本紀》：「所居室常若雲氣，人或過者，體輒肅然。」並見《南史》卷六《梁本紀·武帝》。

〔一三〕六義：《〈詩〉大序》：「詩有六義焉：一曰風，二曰賦，三曰比，四曰興，五曰雅，六曰頌。」孔穎達疏：「風、雅、頌者，詩篇之異體；賦、比、興者，詩文之異辭耳。大小不同而得並爲六義者，賦、比、興是詩之所用，風、雅、頌是詩之成形，用彼三事，成此三事，是故同稱爲義，非別有篇卷也。」四始：舊説《詩經》有四始，各家説法不一。如《史記》卷四七《孔子世家》：「《關雎》之亂以爲『風』始，《鹿鳴》爲『小雅』始，《文王》爲『大雅』始，《清廟》爲『頌』始。」

〔一四〕警策：《文選》卷一七陸士衡《文賦》：「立片言而居要，乃一篇之警策。」李善注：「以文喻馬也。言馬因警策而彌駿，以喻文資片言而益明也。夫駕之法，以策駕乘。今以一言之好，最於衆辭，若策驅馳，故云警策。」

〔一五〕弱冠：《禮記·曲禮上》：「二十曰弱，冠。」孔穎達疏：「二十成人，初加冠，體猶未壯，故曰弱也。」

〔一六〕令問：《文選》卷四七史孝山《出師頌》：「傳子傳孫，顯顯令問。」李善注：「《毛詩》曰：『假樂君子，顯顯令德。』又曰：『令問令望。』」李周翰曰：「令，善也。人有積善，則天下相問者皆稱其善，故曰令問也。」問，各本同，《四庫全書》本作「聞」。今按：「問」、「聞」古通。　籍甚：《文選》卷五八王仲寶《褚淵碑文》：「光昭諸侯，風流籍甚。」劉良注：「籍甚，言多也。」

〔一七〕太尉：官職名。古三公之一，秦始置，爲全國最高軍事長官。魏晉南北朝時，已成爲一種榮譽銜，並無實權。王儉：字仲寶，祖籍琅邪臨沂。齊代，封南昌縣公。官至中書監。卒，贈太尉，謚文憲。《南齊書》卷二三、《南史》卷二二有傳。

〔一八〕阿衡：商代官名，師保之官，引申爲國家輔弼之任、宰相之職。今按：魏晉南北朝時，無宰相之名，尚書、中書、門下三省長官尚書令，左、右僕射，中書監、令及侍中以及大將軍均行使相權。王儉曾爲侍中、尚書令、中書監，故蕭繹稱之爲「齊國阿衡」。

〔一九〕「請爲」句：《梁書》卷一《武帝本紀》：「起家巴陵王南中郎法曹行參軍，遷衛將軍王儉東閣祭酒。儉一見深相器異，謂廬江何憲曰：『此蕭郎三十内當作侍中，出此則貴不可言。』」並見《南史》卷六《梁本紀・武帝》。户曹屬，官職名。六朝時王公軍府僚屬有户曹，掌民户、祠祀、農桑等事。南齊户曹有户曹屬一職，員一人。參《南齊書》一六《百官志》。

〔二〇〕司徒：官職名。古三公之一，掌管國家的土地和人民的教化。六朝時，掌國家民政，參與決策。竟陵王：指蕭子良。子良字雲英，南蘭陵人，齊武帝子。武帝時，封竟陵郡王。《南齊書》卷四〇《武十七王傳》、《南史》卷四四《齊武帝諸子傳》有傳。

〔二一〕驃騎：驃騎將軍的簡稱，將軍名號。《史記》卷一一一《衛將軍驃騎列傳》張守節《正義》：「《漢書》云霍去病征匈奴有絶幕之勳，始置驃騎將軍，位在三司，品秩同大將軍。」南朝時爲重號將軍，用以加授大臣或重要地方長官。今按：考諸史蕭子良本傳及《文選》卷六〇任彦昇《齊竟陵王行狀》，子良曾爲護軍將軍，後進號車騎將軍，未爲驃騎將軍。

〔二三〕「招納」二句：《梁書》卷一《武帝本紀》：「竟陵王子良開西邸，招文學，高祖與沈約、謝朓、王融、蕭琛、范雲、任昉、陸倕等並遊焉，號曰『八友』。」並見《南史》卷六《梁本紀・武帝》。士林，《文選》卷四四陳孔璋《爲袁紹檄豫州》：「自是士林憤痛，民怨彌重。」李善注：「林，喻多也。」

21·3　范雲時爲司徒記室，〔一〕深慕上德，自結神遊，驅車到門，頃日驟至。〔二〕上嘗旦往報雲，雲聞街衢灑掃，喚呼清道，〔三〕俄聞笳鼓之聲。雲意天子出幸南苑，〔四〕尋乃上遣通焉，心獨怪之，未敢言也。上哲於知人，〔五〕慮無遺事。歷司徒法曹、祭酒、掾，〔六〕會輔友仁之職。〔七〕

【校注】

〔一〕范雲：字彦龍，祖籍南鄉舞陰。齊司徒竟陵王蕭子良參軍，「竟陵八友」之一。蕭衍代齊建梁，遷散騎常侍、吏部尚書，封霄城縣侯。卒，謚文。《梁書》卷一三、《南史》卷五七有傳。記室：「記室參軍」的簡稱。王公府軍府屬官，掌書記文翰。《梁書》卷一三《范雲傳》：「子良爲司徒，又補記室參軍事。」

〔二〕驟：多次。《廣雅・釋詁》：「驟，數也。」

〔三〕清道：清除道路，驅散行人。舊時常於帝王、官員出行時行之。《南史》卷五七《范雲傳》：「初，梁武爲司徒祭酒，與雲俱在竟陵王西邸，情好歡甚。永明末，梁武與兄懿卜居東郊之外，雲亦築室相依。梁武每至雲所，其妻常聞蹕聲。又嘗與梁武同宿顧暠之舍，暠之妻方産，有鬼在外曰：『此中有王有相。』雲起曰：『王當仰屬，相以見歸。』因是盡心推事。」

〔四〕南苑：御苑名。因在皇宫之南，故名。劉宋時南苑故址在今江蘇南京市區西南。

〔五〕哲於知人：謂能鑒察人的品行才能。《尚書·臯陶謨》：「知人則哲，能官人。」

〔六〕司徒法曹、祭酒、掾：即司徒法曹參軍、司徒祭酒、司徒掾，并爲司徒府屬官。法曹參軍，掌律令、定罪、盗賊等事。祭酒，古時宴飲，必推一尊長者舉酒先祭，稱爲祭酒。後爲官名。朝廷、公府均置是官。參清趙翼《陔餘叢考》卷二六《祭酒》。司徒祭酒，掌司徒府内部事務。司徒掾，司徒府諸曹之長，掌諸曹事。

〔七〕會輔友仁：《論語·顔淵》：「曾子曰：『君子以文會友，以友輔仁。』」何晏《集解》引孔安國曰：「友相切磋之道，所以輔成己之仁。」《論語·衛靈公》：「事其大夫之賢者，友其士之仁者。」

21·4 永明九年，〔一〕出爲鎮西（諷）〔諮〕議，〔二〕西上述職，〔三〕行過牛渚，〔四〕直暴風卒起，入泊龍濆。〔五〕既波浪不可静，登岸逍遥，〔六〕四望梁山，〔七〕瞻眺墟落，見一長老，披儒服至，揖上曰：「君龍顔虎步，〔八〕相不可言。天下方亂，四海未一，安蒼生者其在君

乎？」上笑之曰：「觀公長者，不容見戲。」俄而風静，此夕竟屆姑熟。〔九〕

【校注】

〔一〕永明：齊武帝蕭賾年號，自四八三年至四九三年。

〔二〕鎮西：指鎮西將軍蕭子隆。子隆字雲興，齊武帝子。封隨郡王。永明八年爲鎮西將軍、荆州刺史。《南齊書》卷四〇《武十七王傳》有傳。　諮議：各本作「諷議」。今按：當作「諮議」，《梁書》卷三《武帝本紀》載蕭衍丁父憂時「爲齊隨王諮議」，《南史》卷六《梁本紀・高祖》亦云「累遷隨王鎮西諮議參軍」，均可證。據改。諮議，即「諮議參軍」之省稱。王公軍府屬官，主諷議事。

〔三〕西上：謂赴荆州。時隨郡王蕭子隆爲鎮西將軍、荆州刺史，治所在今湖北荆州江陵，地處京師建康之西，故云。　述職：就職。

〔四〕牛渚：山名。又名牛渚圻、采石山，即今安徽馬鞍山西南采石山。《元和郡縣志》卷二八「當塗縣」：「牛渚山，在縣北三十五里，山突出江中，謂之牛渚圻。津渡處也。」《南史》卷六《梁本紀・武帝》：「累遷隨王鎮西諮議參軍。行經牛渚，逢風，入泊龍濆，有一老人謂帝曰：『君龍行虎步，相不可言，天下方亂，安之者其在君乎？』問其名氏，忽然不見。」

〔五〕龍濆：地名。今地無考。

〔六〕逍遥：徘徊不進。《楚辭・離騷》：「欲遠集而無所止兮，聊浮游以逍遥。」

〔七〕四望：各本同。今按：疑「四」爲「西」之訛，以與前「西上」照應。本書《箴戒篇》第三十五節「漢靈帝嘗於西園弄狗」，即訛「西」作「四」。　梁山：　即天門山。長江東岸者稱東梁山，屬今安徽蕪湖，長江西岸者稱西梁山，屬今安徽和縣，二者合稱天門山。

〔八〕虎步：　喻威儀莊重，氣度不凡。常以形容帝王之相。《宋書》卷一《武帝紀上》：「劉裕龍行虎步，視瞻不凡。」

〔九〕姑熟：　即姑蘇，今江蘇蘇州。

21·5　永明十年，太祖登遐。〔一〕上始承不豫，〔二〕便即言歸。輕舟仍發，州府贈遺，一無所受。齊（隋）〔隨〕郡王苦留一宿，〔三〕不許。得單艇，望星上路，犯風冒浪，兼行不息。〔四〕雖狂飆地發，高浪天湧，船行平正，常若安流，舟中之人皆稱神異。及舟漏臨没，叫不輟聲，鵲頭戍主周達奉上一船，〔五〕犇波就路，至京不踰二旬。〔六〕自在途便不盥櫛，寢食俱廢，焦憂易形，〔七〕視人不識。望宅奉諱，〔八〕氣絶良久。既葬，嘔血數升，水漿不入口者四日。〔九〕憂服之内，〔一〇〕不復嘗米，所資麤麥，日中二溢。〔一一〕再拜山陵，〔一二〕杖而後起，涕淚所灑，松爲變色。及號思廬室，〔一三〕未嘗見齒，〔一四〕仍留山陵，因欲隱遁，太傅宣武王苦諫乃止。〔一五〕

【疏證】

唐釋道宣《廣弘明集》卷二九梁高祖《孝思賦序》：「先君體有不安，晝則輟食，夜則廢寢，方寸煩亂，容身無所，便投刺解職，以遵歸路。於時齊隋郡王子隆鎮撫陝西，頻煩信命，令停一夕，明當早出，江津送别。心慮迫切，不獲承命，止得小船，望星就路，夜冒風浪，不遑寧處，途次定陵，船又損壞。於時門賓周仲連爲鵲頭戍主，借得一舸，奔波兼行，屢經危險，僅而獲濟。及至戾止，已無逮及，五内屠裂，肝心破碎，便欲歸身山下，畢志墳陵，長兄哀愍，未許獨行。」

【校注】

〔一〕太祖：指蕭衍父蕭順之。順之字文緯，爲齊高帝蕭道成族弟。南齊時歷任侍中、衛尉、太子詹事、領軍將軍、丹陽尹。卒，謚曰懿。梁武帝即位，追尊爲太祖文皇帝。生平詳《梁書》卷一《武帝本紀》、《南史》卷六《梁本紀》。《梁書》卷三《武帝紀下》：「及丁文皇帝憂，時爲齊隨王諮議，隨府在荆鎮，髣髴奉聞，便投劾星馳，不復寢食，倍道就路，憤風驚浪，不暫停止。高祖形容本壯，及還至京都，銷毁骨立，親表士友，不復識焉。望宅奉諱，氣絶久之，每哭輒歐血數升。服内不復嘗米，惟資大麥，日止二溢。拜掃山陵，涕淚所灑，松草變色。及居帝位，即於鍾山造大愛敬寺，青溪邊造智度寺，又於臺内立至敬等殿。又立七廟堂，月中再過，設净饌。每至展拜，恒涕泗滂沱，哀動左右。」並見《南史》卷七《梁本紀·武帝》。　登遐：《墨子·節葬下》：「秦之西有儀渠之國者，其親戚死，聚柴薪而焚之，燻上，謂之登遐。」後因以「登遐」爲對人死婉稱。

〔二〕不豫：尊長有疾之婉稱。《逸周書》卷八《祭公》：「我聞祖不豫有加。」朱右曾《校釋》：「今言不豫，尊之也。」

〔三〕齊隨郡王：即鎮西將軍隨郡王蕭子隆。隨，底本、《四庫全書》本作「隋」，重校本、《叢書集成》本、《百子全書》本、龍溪精舍本作「隨」。吴校：「『隋』當作『隨』。」今按：吴校是，據改。

〔四〕兼行：以加倍速度趕路。

〔五〕鵲頭：山名。在今安徽銅陵北十里長江中。戍主：戍守一地的軍隊長官。南北朝時，於邊境州郡的軍事要地駐兵戍守，大者稱鎮，小者稱戍。戍的守將即稱戍主。周達：人名，當即梁武帝《孝思賦序》中的「門賓周仲連」。生平無考。

〔六〕京：指京口，即今江蘇鎮江。南朝人慣以「京」稱京口。詳近人逯欽立遺著《漢魏六朝文學論集·〈古詩紀〉補正叙例》。今按：蕭氏過江居南蘭陵武進縣，京口爲郡縣治所，蕭衍急歸家以吊父也。

〔七〕焦：《四庫全書》本作「憔」。

〔八〕奉諱：《禮記·曲禮上》：「卒哭乃諱。」陳澔《集説》：「凡卒哭之前，猶用事生之禮，故卒哭乃諱其名。」後人諱死者名，因稱居喪爲「奉諱」。

〔九〕曰：《叢書集成》本作「口」，疑誤。

〔一〇〕憂服：謂因父母死而居憂服喪。

〔一一〕溢：古代容量單位。約今一百克。一說，滿手一掬曰溢。《儀禮·喪服》：「歠粥，朝一溢米，夕一溢米。」陸德明《經典釋文》：「鄭云：『二十兩曰溢，爲米一升二十四分升之一。』射慈同。王肅、劉逵、袁準、孔倫、葛洪皆云滿手曰溢。」

〔一二〕再：各本同，《太平御覽》卷九五三、《山堂肆考》卷二〇九、《御定淵鑑類函》卷四一二引《金樓子》皆作「每」。今按：疑作「每」爲是。山陵：帝王或皇后的墳墓。

〔一三〕號思廬室：《四庫全書》本卷一附《考證》：「『號恩廬室』，查『號恩』二字不可解，『恩』字自屬『思』字之訛，今遵。」號思，慟哭。廬室，古人服喪期間在喪者墓旁搭蓋的守護墳墓的小屋。

〔一四〕見齒：指笑。笑則露齒，故云。《禮記·檀弓上》：「高子皋執親之喪也，泣血三年，未嘗見齒，君子以爲難。」《孔子家語》卷九《弟子解》：「執親之喪，未嘗見齒，是高柴之行也。」

〔一五〕太傅宣武王：指蕭懿。懿字元達，梁武帝之兄。齊末，官尚書令。以功高，爲東昏侯所害。宣德太后臨朝，贈太傅。梁武帝即位，追贈丞相，謚曰宣武。生平見《梁書》卷二三《長沙嗣王傳》、《南史》卷五一《梁宗室傳》。

21·6 有桑門釋僧輝，〔一〕不知從何來也。〔二〕自云有許負之法，〔三〕通名詣上，見而驚曰：「檀越頂有伏龍，〔四〕此非人臣之相，貧道所未見也，若封泰山，〔五〕願能見覓。」上笑而不答。此後莫知所之。

【校注】

〔一〕「有桑門」句：《南史》卷六《梁本紀・武帝》：「（建武二年）尋爲司州刺史。有沙門自稱僧惲，謂帝曰：『君項有伏龍，非人臣也。』復求，莫知所之。」桑門，《後漢書》卷四二《楚王英傳》李賢注：「桑門，即沙門。」輝，各本同，《南史》卷六《梁本紀・武帝》作「惲」。

〔二〕從何：各本同，《永樂大典》卷一一九五一引《金樓子・興王篇》作「何從」。

〔三〕許負：漢代善於相面的許姓老嫗，曾相周亞夫曰：「君後三歲而侯，侯八歲爲將相，持國秉，貴重矣，於人臣無兩。其後九歲，而君餓死。」竟如其言。見《史記》卷五七《絳侯周勃世家》。

〔四〕檀越：梵語音譯，意爲施主。　項：各本同，《南史》卷六《梁本紀・武帝》作「項」；《永樂大典》卷一一九五一引《金樓子・興王篇》「項」下有「上」字。

〔五〕封泰山：古代帝王在泰山舉行祭天地的大典。《史記》卷二八《封禪書》：「自古受命帝王，曷嘗不封禪？」今按：封泰山乃帝王之事，此用以婉指稱帝。

21·7 齊明密敕上爲雍州，〔一〕領兵往救新野。〔二〕仍即發引，振旅長途，號令清嚴，所過秋毫不犯，信賞分明，士卒咸思盡命。凡公私行旅，多停大雷，〔三〕輒逾信次，〔四〕不肯時發。上軍浦口，〔五〕值風起浪生，沿流溯波，無敢行者。軍直兵啓：〔六〕「風浪大，不可冒，宜入浦待静，兼應解周、何郎神。〔七〕」上曰：「周公瑾、何無忌，在昔勤王，〔八〕如我今日，亦復何異？爾若有靈，當令風静。」因打上鼓催進，行途未遠，便波恬風息。於是利涉，〔九〕常乘便風。漢沔穀貴，〔一〇〕百姓多饑，上賑救乏絶，闔境不匱。

【校注】

〔一〕齊明：即齊明帝蕭鸞。鸞字景棲，小字玄度，齊高帝侄。齊武帝末，受遺詔輔政，後自立爲帝。謚明，廟號高宗。《南齊書》卷六、《南史》卷五《齊本紀》有紀。雍州：州名。治所在襄陽縣，即今湖北襄陽。《梁書》卷一《武帝紀》：「建武四年，魏帝自率大衆寇雍州，明帝令高祖赴援。」

〔二〕新野：雍州屬郡，治所在新野縣，即今河南新野。

〔三〕大雷：即大雷戍，爲南朝軍事重鎮。在今安徽望江。

〔四〕信次：《左傳·莊公三年》：「凡師一宿爲舍，再宿爲信，過信爲次。」

〔五〕浦口：即涌口。在今湖北洪湖境長江北岸。

〔六〕直兵：「直兵參軍」之省稱。公軍府屬官，掌親兵衛隊。

〔七〕「兼應」句：《四庫全書》本卷一附《考證》：「案樂府有《聖郎曲》、《白石郎曲》，《太平廣記》有『郎子神』諸稱，似六朝時亦有以郎名神者。然此字於周瑜爲宜，於何無忌不甚相合，其『解』字雖有『禳解』一義，亦未明晰。查《南史·王僧辨傳》有僧辨進師尋陽，夢周、何二廟神助天子討賊之語，正與此所稱相合，以史文相證，『郎神』或當作『二神』。謹遵。」解，向鬼神祈禱消災。《淮南子》卷一九《脩務》：「是故禹之爲水，以身解於陽盱之河。」高誘注：「爲治水解禱，以身爲質。」周、何，指周瑜、何無忌。周瑜字公瑾，三國吴盧江郡舒縣人。輔佐孫策、孫權在江東建立政權。《三國志》卷五四有傳。何無忌，東晉東海郯人。曾與劉裕等起兵討伐篡位的桓玄。後在盧循之亂戰死，謚忠肅。《晉書》卷八五有傳。郎，青少年男子的通稱。《三國志》卷五四《周瑜傳》：「時瑜年二十四，吴中皆呼爲周郎。」又，《藝文類聚》卷七九有謝朓《祭大雷周何二神文》。

〔八〕勤王：出兵救援朝廷。

〔九〕利涉：順利渡河。《周易·需卦》：「貞吉，利涉大川。」

〔一〇〕漢沔：據《水經注》卷二七《沔水》，今漢水有漢、沔二源，合流後通稱漢水或沔水。《資治通鑑》卷一四四《齊紀十》「和帝中興元年」，胡三省注：「沔即漢也，一水二名。」今按：此漢沔即漢水流域，南朝屬雍州之地。

21·8 九月九日，〔一〕上出講武，〔二〕時士女觀者，遠近畢至。中間忽暴風起，烟塵四合；當上所居，獨白日清照，有紫雲特起。始齊高在府夢著屐上太極殿，〔三〕三人從：一人齊武，〔四〕一人齊明，一人張天地圖而不識，〔五〕意言是太祖子弟。〔六〕及踐阼，嘗與太祖密謀,〔七〕謂太祖曰:「我辛苦得天下,而祚不傳孫。我死,龍子當得;〔八〕龍子死,當屬阿度。〔九〕此後當還卿子孫。」遂至大霸。及太傅援京邑,〔一〇〕夜在越城假寐,〔一一〕忽夢見一大人,著朱衣,牽三匹馬來。太傅因騎一匹,騰空半天而墜;次衡陽王一馬,〔一二〕踴過屋而落;後上騎一匹,因化成龍,遂飛上天。此幽讚神明,〔一三〕吉之先見。

【校注】

〔一〕九月九日:南朝齊梁時有此日馬射之習俗。《南齊書》卷九《禮上》:「九月九日馬射。或説云,秋金之節,講武習射,像漢立秋之禮。」《南史》卷六《梁本紀·武帝》:「季秋出九日臺,忽暴風起,烟塵四合,帝所居獨白日清朗,其上紫雲騰起,形如繖蓋,望者莫不異焉。」

〔二〕講武:《國語》卷一《周語上》:「三時務農,而一時講武。」韋昭注:「講,習也。」

〔三〕「始齊高」句:《南史》卷七《梁本紀·武帝》:「初,齊高帝夢屐而登殿,顧見武、明二帝後一人手張天地圖而不識,問之,答曰:『順子後。』及崔慧景之逼,長沙宣武王入援,至越城,夢乘馬飛半天而墜,帝所馭化爲赤龍,騰虛獨上。時臺内有宿衛士爲覡,常見太極殿有六龍各守一柱,末忽失其二,後見在宣武王宅。時宣武爲益州,覡乃往蜀伏事。及宣武在郢,此覡還都,乃見六龍俱在帝所寢齋,遂去郢之雍。中途遇疾且死,謂同侣曰:『蕭雍州必作天子。』具以前事語之。推此而言,蓋天命也。」《南齊書》卷一八《祥瑞志》：「（宋世祖）及在襄陽，夢著桑屐行度太極殿階。庚温云：『屐者，運應木也。』臣案，桌字爲四十而二點，世祖年過此即帝位，謂著屐爲木行也。屐有兩齒有聲，是爲明兩之齒至四十二而行即真矣。」齊高，指齊高帝蕭道成。道成字紹伯，小字鬭將，南蘭陵人。代宋建齊。卒，謚高，廟號太祖。《南齊書》卷一《武帝紀》、《南史》卷四《齊本紀》有紀。屐，各本「屐」下有小字云：「案別卷引此作『履』。」太極殿，殿名。故址在今江蘇南京内。《初學記》卷二四：「歷代殿名，或沿或革，唯魏之太極，自晉以降，正殿皆名之。」《六朝事迹編類》卷二「玄武湖」：「又於湖側作大竇，通水入華林園天淵池，引殿内諸溝經太極殿，由東西掖門下注城南塹。」

〔四〕齊武：指齊武帝蕭賾。賾字宣遠，齊高帝長子。高帝死後繼位。卒，謚武，廟號世祖。《南齊書》卷三、《南史》卷四《齊本紀》有紀。

〔五〕天地圖：疑爲一種繪有日月星辰和大地疆域的地圖。

〔六〕太祖：指蕭衍父蕭順之，爲齊高帝蕭道成族弟。

〔七〕謀：各本「謀」下有小字云：「案別卷引此作『燕』。」今按：《永樂大典》卷一三一三九引《金樓子·興王篇》作「燕」。燕，宴會。

〔八〕龍子：各本「得」下有小字云：「龍子，齊武小名。」《南齊書》卷三《武帝紀》：「世祖武皇帝諱賾，字宣遠，太祖長子也。小諱龍兒。」

〔九〕阿度：各本「度」下有小字云：「阿度，齊明小名。」《南齊書》卷六《明帝紀》：「高宗明皇帝諱鸞，字景栖，始安貞王道生子也。小諱玄度。」

〔一〇〕太傅：指梁武帝蕭衍之兄蕭懿。《南齊書》卷七《東昏侯紀》：「（永元二年三月）崔慧景於廣陵舉兵襲京師。……甲子，慧景入京師，宫内據城拒守。豫州刺史蕭懿起義救援。」

〔一一〕夜在：各本同，《永樂大典》卷一三一三九引《金樓子・興王篇》無「夜」字。越城：《六朝事迹編類》卷三「越城」：「春秋時越既滅吴，盡有江南之地，於是築城江上，以鎮江險。《圖經》云：周迴二里八十步，在秣陵縣長干里。後崔慧景寇建鄴，蕭懿入援，自采石濟岸頓越城，舉火臺上，鼓噪相慶，茲建康之南也。今南門外有越臺，與天禧寺相對，見作軍寨處是也。」故址在今江蘇南京中華門外長干橋附近。

〔一二〕衡陽王：指蕭暢。暢，梁武帝蕭衍弟。仕齊至太常，封江陵縣侯。梁武帝即位，追封爲衡陽郡王。生平事蹟詳《梁書》卷二三《衡陽嗣王傳》、《南史》卷五一《梁宗室傳》。

〔一三〕幽讚：謂神明暗中佐助。《周易・説卦》：「昔者聖人之作《易》也，幽贊於神明而生蓍。」

21·9　及受終太祖，〔一〕允恭寶歷，〔二〕臺城内起至敬殿，〔三〕庶羞百品，〔四〕若殷薦焉。〔五〕其中隋珠和璧，〔六〕圓淵方井，〔七〕侔於宗廟。上晦朔恒號慟哽絶，〔八〕躬至寢門，〔九〕若文王之爲世子也。〔一〇〕又奉爲太祖於鍾山起大愛敬寺，〔一一〕又奉爲獻后起大智度寺。〔一二〕

即位五十年，〔一三〕至於安上治民，移風易俗，度越終古，無得而稱焉。〔一四〕又作《聯珠》五十首，〔一五〕以明孝道云。伏尋我皇之爲孝也，〔一六〕四運推移，〔一七〕不以榮落遷貿；〔一八〕五德更用，〔一九〕不以貴賤革心。臨朝端默，過隙之思彌慚；〔二〇〕垂拱巖廊，〔二一〕風樹之悲踰切。〔二二〕齊潔宗廟，〔二三〕虔事郊禋，〔二四〕言未發而涕零，容弗改而傷慟，〔二五〕所謂終身之憂者，〔二六〕是之謂也。〔二七〕蓋虞舜、夏禹、周文、梁帝，萬載之中，〔二八〕四人而已。

【疏證】

唐釋道宣《廣弘明集》卷二九梁高祖《孝思賦序》：「父母之恩，云何可報？慈如河海，孝若涓塵。今日爲天下主，而不及供養，譬猶荒年而有七寶，飢不可食，寒不可衣，永慕長號，何解悲思？乃於鍾山下建大愛敬寺，於青溪側造大智度寺，以表罔極之情，達追遠之心。不能遺《蓼莪》之哀，復於宮內起至敬殿，竭工匠之巧，盡世俗之奇，水石周流，芳樹雜還。限以國事，亦復不能得朝夕侍食，唯有朔望親奉饋奠，雖復薦珍羞，而無所瞻仰，內心崩潰，如焚如灼，情切於衷，事形於言。」

【校注】

〔一〕受終：承受帝位。《尚書・舜典》：「正月上日，受終於文祖。」孔穎達疏：「受終者，堯爲天子，於此事終而授與舜。故知終謂堯終帝位之事，終言堯終舜始也。」太祖：疑是「文祖」之訛。蕭衍爲開國皇帝，非受終於其父順之。《史記》卷一《五帝本紀》：「正月上日，舜受終於文祖。文祖者，堯太祖也。」裴駰《集解》引鄭玄曰：「文祖者，五府之大名，猶周之明堂。」張守節《正義》：「舜受堯終帝之事於文祖也。」《藝文類聚》卷一四蕭繹《高祖武皇帝謚議》述蕭衍即位事，有云：「受終文祖，允恭克讓。」《全梁文》卷五〇徐勉《故侍中司空永陽昭王墓誌銘》言及蕭衍即位，亦云：「聖上應期革命，受終文祖。」並可爲佐證。

〔二〕允恭寶歷：指勤於國政。允恭，《尚書·堯典》：「允恭克讓，光被四表，格於上下。」孔安國傳：「允，信。」孔穎達疏引鄭玄曰：「不懈於位曰恭。」寶歷，指國祚，皇位。

〔三〕臺城：宋洪邁《容齋續筆》卷五《臺城少城》：「晉宋間，謂朝廷禁省爲臺，故稱禁城爲臺城。」梁時臺城在今江蘇南京雞鳴山南，乾河沿北，其地本三國吴後苑城，東晉成帝時改建作，爲臺省和宮殿所在地，因專名臺城。宋陳亮《戊申再上孝宗皇帝書》：「臺城在鍾阜之側，其地據高臨下，東環平岡以爲固，西城石頭以爲重，帶玄武湖以爲險，擁秦淮、清溪以爲阻。」

〔四〕庶羞：多種佳餚。羞，《文選》卷一九束廣微《補亡詩》李善注：「羞，有滋味者。」

〔五〕殷薦：奏盛大樂歌，祭祀天地鬼神。《漢書》卷二二《禮樂志》：「《易》曰：『先王以作樂崇德，殷薦之上帝，以配祖考。』」顏師古注：「此《豫卦》象辭也。殷，盛也。上帝，天也。言王者作樂崇表其德，大薦於天，而以祖考配饗之也。」

〔六〕隋珠和璧：泛指珍貴的珠寶。隋珠，傳説中隋侯所得的寶珠，見《淮南子》卷六《覽冥》高誘注。和璧，和氏璧省稱，見《韓非子》卷四《和氏》。

〔七〕圓淵方井：繪有圓形水池的天花板。井，屋頂梁棟間架木板爲方形如井者。《文選》卷一一王文考《魯靈光殿賦》：「爾乃懸棟結阿，天窗綺疏，圓淵方井，反植荷蕖。」

〔八〕上晦朔：《四庫全書》本無「上」字。

〔九〕寢門：古禮天子寢廟五門，諸侯三門，大夫二門。最内之門曰寢門，即路門。《儀禮·士喪禮》：「君使人吊，徹帷，主人迎於寢門外，見賓不哭。」鄭玄注：「寢門，内門也。」

〔一〇〕「若文王」句：《禮記·文王世子》：「文王之爲世子，朝於王季日三。雞初鳴而衣服，至於寢門外，問内豎之御者曰：『今日安否？何如？』内豎曰：『安。』文王乃喜。及日中又至，亦如之。及莫又至，亦如之。其有不安節，則内豎以告文王，文王色憂，行不能正履。王季復膳，然後亦復初。食上，必在視寒暖之節；食下，問所膳，命膳宰曰：『末有原。』應曰：『諾。』然後退。」世子，帝王和諸侯的嫡長子。《春秋公羊傳·僖公五年》：「世子，貴也。世子猶世世子也。」

〔一一〕「又奉爲」句：《梁書》卷三《武帝紀》：「及居帝位，即於鍾山造大愛敬寺，青溪邊造智度寺，又於臺内立至敬等殿。又立七廟堂，月中再過，設淨饌。每至展拜，恒涕泗滂沱，哀動左右。」《建康實録》卷一七：「（普通元年）置大愛敬寺，西南去縣十八里，武帝爲太祖文皇帝造。」《文苑英華》卷七八五引梁簡文帝《大愛敬寺刹下銘》：「乃於鍾山竹澗，奉爲皇考太祖文皇帝造大愛敬寺焉。」奉爲，各本同，《四庫全書》本作「爲奉」，本節下同。鍾山，即今江蘇南京東紫金山。

〔一二〕獻后：蕭衍母獻太后張尚柔，梁初追尊爲皇后，謚曰獻。《梁書》卷七《后妃傳》、《南史》卷一二《后妃列傳》有傳。大智度寺：寺廟名。在清溪旁，即今江蘇南京市區東。

〔一三〕「即位」句：梁武帝天監元年（五〇二）登基，太清三年（五四九）卒，在位四十八年。此言「五十年」，概言之也。

〔一四〕無得而稱：無恰當辭語可用以稱道。形容德行廣大。《論語·泰伯》：「泰伯，其可謂至德也已矣，三以天下讓，民無得而稱焉。」

〔一五〕聯珠：即「連珠」，文體名。《文選》卷五五《連珠》李善注：「傅玄《叙連珠》曰：『所謂連珠者，興於漢章之世，班固、賈逵、傅毅三子受詔作之。其文體辭麗而言約，不指説事情，必假喻以達其旨，而覽者微悟，合於古詩諷興之義。欲使歷歷如貫珠，易看而可悦，故謂之《連珠》。』」今按：梁武帝蕭衍《連珠》今存三首，見《藝文類聚》卷五七引。

〔一六〕伏尋：尋思，推想。伏，敬詞。

〔一七〕四運：指四季。晉陸機《梁甫吟》：「四運循環轉，寒暑自相承。」

〔一八〕榮落：義同「榮枯」，本指草木的盛衰，此喻人生之得意與失意。落，各本同，《續高僧傳》卷一《譯經篇·釋寶唱傳》引梁元帝此文作「枯」。遷貿：變遷。

〔一九〕五德更用：指王朝之更替。五德，秦漢方士以金、木、水、火、土相生相尅説附會王朝之更替，稱五德，有五德始終説。參顧頡剛《秦漢方士與儒生》。

〔二〇〕過隙：喻時間短暫，光陰易逝。《説苑》卷三《建本》：「子路曰：『……枯魚銜索，幾何不蠹。二親之壽，忽如過隙！草木欲長，霜露不使，賢者欲養，二親不待！』」

〔二一〕垂拱：形容帝王無爲而治。《尚書·武成》：「惇信明義，崇德報功，垂拱而天下治。」孔穎達疏：「謂所任得人，人皆稱職，手無所營，下垂其拱。」巖廊：同「巖郎」。高峻的廊廡。借指朝廷。《漢書》卷五六《董仲舒傳》：「蓋聞虞舜時，游於巖郎之上，垂拱無爲，而天下太平。」顔師古注引晉灼曰：「堂邊廡巖郎，謂巖峻之郎也。」

〔二二〕風樹之悲：指父母去世，不得奉養之悲。《韓詩外傳》卷九：「皋魚曰：『……樹欲静而風不止，子欲養而親不待。』」

〔二三〕齊潔：各本同，《續高僧傳》卷一《譯經篇·釋寶唱傳》引梁元帝此文作「潔齋」。齊潔，即齋戒。指古人在祭祀前沐浴更衣、整潔身心，以示虔誠。《逸周書》卷三《酆保》：「恭敬齊潔，咸格而祀於上帝。」今按：「齊」同「齋」。

〔二四〕郊禋：古帝王於郊外升烟祭祀天地。《文選》卷七楊子雲《甘泉賦》：「徠祇郊禋，神所依兮。」

〔二五〕弗：各本同，《續高僧傳》卷一《譯經篇·釋寶唱傳》引梁元帝此文作「不」。

〔二六〕終身之憂：《禮記·檀弓上》：「子思曰：『喪三日而殯，凡附於身者，必誠必信，勿之有悔焉耳矣。三月而葬，凡附於棺者，必誠必信，勿之有悔焉耳矣。喪三年以爲極，亡則弗之忘矣。故君子有終身之憂，而無一朝之患，故忌日不樂。』」又《禮記・祭義》：「君子有終身之喪，忌日之謂也。」

〔二七〕是之謂也：各本同，《續高僧傳》卷一《譯經篇・釋寶唱傳》引梁元帝此文作「是也」。

〔二八〕萬載之中：各本同，《續高僧傳》卷一《譯經篇・釋寶唱傳》引梁元帝此文作「萬載論孝」。

箴戒篇二

1　末喜，〔一〕桀之妃。〔二〕美於色，薄於德，亂孽無道；女子行丈夫志，〔三〕身常帶劍。桀嘗置末喜於膝上。喜謂桀曰：「羣臣盡憎妾之貴，乃以益慢於君。〔四〕君威衰，令多不從，皆以妾爲亂君，願賜死。」桀於是大怒，行苛法。賜與嬖妾，侈益無度，府藏空虛。譽者昌，諫者亡，羣下杜口，莫敢正言。造酒池可以運舟，一鼓而牛飲者三千人，於酒池醉而溺死者無數，於是末喜笑之以爲樂。

【疏證】

《列女傳》卷七《孽嬖傳・夏桀末喜》：「末喜者，夏桀之妃也。美於色，薄於德，亂孽無道；女子行丈夫心，佩劍帶冠。……日夜與末喜及宮女飲酒，無有休時。置末喜於膝上，聽用其言。昏亂天道，驕奢自恣。爲酒池可以運舟，一鼓而牛飲者三千人。輢其頭而飲之於酒池，醉而溺死者，末喜笑之以爲樂。」

《路史》卷二三注引《列女傳》曰：「大臣諫，喜謂桀曰：『君之威衰，今不從，皆以妾爲亂習，願賜妾死。』桀乃行法，過喜者誅，忤喜者死，譽者昌，諫者亡。羣下杜口矣。」

【校注】

〔一〕末喜：《史記》卷四九《外戚世家》：「桀之放也，以末喜。」司馬貞《索隱》：「《國語》：『桀伐有施，有施人以妺喜女焉。』韋昭云：『有施氏女，姓喜。』」《經典釋文》卷二〇：「末喜本或作嬉，音同。《國語》云：『桀伐有施，有施氏以末喜女焉。』韋昭注：『《漢書》云嬉姓也。』」

〔二〕桀：夏代最後一個君主，名履癸。生平詳《史記》卷二《夏本紀》。

〔三〕志：各本同，《列女傳》卷七《孽嬖傳·夏桀末喜》作「心」。

〔四〕慢：輕忽，怠慢。《尚書·咸有一德》：「夏王弗克庸德，慢神虐民。」

2　夏桀作爲璿臺瑶室、象牙之（席）〔廊〕、白玉之牀以處之。〔一〕

【疏證】

《淮南子》卷八《本經》：「晚世之時，帝有桀、紂，爲琁室、瑶臺、象廊、玉牀。」亦見《太平御覽》卷八二引《紀年》及同卷引《尸子》。

【校注】

〔一〕「夏桀」句：吴校：「按此條似連上文。」《淮南子》卷八《本經》高誘注：「琁、瑶，石之似玉，以飾室臺也。用象牙飾廊殿，以玉爲牀，言淫役也。琁或作旋，瑶或作摇。言室施機關，可轉旋也；臺可摇動，極土木之巧也。」《文選》卷三張平子《東京賦》李善注引《汲冢古文》：「夏桀作傾宫、瑶臺，殫百姓之財。」廊，各本作「席」，今據《淮南子》改。

3　夏桀淫於婦人，求四方美女，積之後宫。俳優、侏儒、狎徒能爲奇瑋戲者，〔一〕聚之於傍，造爛熳之樂。〔二〕

【疏證】

《列女傳》卷七《孽嬖傳·夏桀末喜》：「桀既棄禮義，淫於婦人，求美女，積之於後宫。收倡優、侏儒、狎徒能爲奇偉戲者，聚之於旁，造爛漫之樂。」亦見《太平御覽》卷八二引《帝王世紀》。

【校注】

〔一〕「俳優」句：各本同。俳優，《列女傳》卷七《孽嬖傳·夏桀末喜》作「倡優」，且上有「收」字。俳優、倡優義同，即古代以樂舞諧戲爲業的藝人。《荀子》卷一二《正論》：「今俳優、侏儒、狎徒，詈侮而不鬬者，是豈鉅知見侮之爲不辱者！」侏儒，《禮記·王制》鄭玄注：「侏儒，短人也。」《文選》卷八司馬長卿《上林賦》：「俳優侏儒，狄鞮之倡，所以娱耳目樂心意者，麗靡爛漫於前。」狎徒，指陪主人嬉戲逗趣的人。

〔二〕爛熳：亦作「爛漫」，放蕩，淫佚。熳，重校本、《叢書集成》本、《百子全書》本、龍溪精舍本作「漫」。吴校：「『熳』當作『漫』。」今按：爛熳，聯綿詞，熳、漫通。

4 夏桀嘗鑿霍山，通於淵闕。〔一〕

【校注】

〔一〕霍山：山名。宋毛晃《禹貢指南》卷一：「霍山有二，在冀州者又謂之太岳，在荆州者又謂之天柱山。」亦參宋王觀國《學林》卷六「霍山」條。今按：《今本竹書紀年》載：夏桀二十九年冬十月，「鑿山穿陵以通于河」。「三十年，瞿山崩」。王國維《疏證》引《太平御覽》卷八二太公《六韜》：「桀時有瞿山之地，桀十月鑿山陵，通之於河。」並云「『地』字疑本作『崩』」。霍、瞿形近，不知是否有關聯，故列於此以備參考。淵闕：今地不詳。

5 夏桀時，兩日並出，〔一〕黑光偏天，〔二〕攝提之星失其常所，〔三〕伊、洛水竭，〔四〕天雨血，月流精，火神回祿見於黔隧。〔五〕

【校注】

〔一〕兩日並出：《太平御覽》卷四引王充《論衡》曰：「桀無道，兩日並照，在東者將起，在西者將滅。費昌問馮夷曰：『何者爲殷，何者爲夏？』馮夷曰：『西，夏也；東，殷也。』於是費昌徙族歸殷，殷果克隆。」

《呂氏春秋》卷一五《慎大覽・慎大》：「伊尹又復往視曠夏，聽於末嬉。末嬉言曰：『今昔天子夢西方有日，東方有日，兩日相與鬬，西方日勝，東方日不勝。』」

〔二〕黑光：謂如漆之黑而發光。任昉《述異記》卷上：「闔閭夫人墓中，周迴八里，别館洞房迤邐相屬。漆燈照爛如日月焉。」

〔三〕攝提之星：《四庫全書》本無「之」字。攝提，星名。屬亢宿，位於大角星兩側。《史記》卷二七《天官書》：「大角者，天王帝廷，其兩旁各有三星，鼎足句之，曰攝提。」

〔四〕伊、洛水竭：《國語》卷一《周語》：「伊、洛竭而夏亡。」韋昭注：「竭，盡也。伊出熊耳，洛出冢嶺，禹都陽城伊洛所近。」伊，洛水分支，源出河南欒川伏牛山北麓，東北流至偃師縣南入洛水。洛，即今河南洛河，黄河支流。

〔五〕「火神」句：《國語》卷一《周語》：「昔夏之興也，融降於崇山；其亡也，回禄信於聆隧。」韋昭注：「回禄，火神。……聆隧，地名。」黔隧，吴校：「《國語》作『聆隧』，《左傳・正義》引與此同。」《後漢書》卷八四《楊賜傳》李賢注引《國語》作「黔遂」。今按：黔隧、聆隧、黔遂，同。

6 昔夏后既衰，〔一〕妖精並見，蚩虹滿野，〔二〕夷羊在牧。〔三〕

【疏證】

《藝文類聚》卷九四引《周書》曰：「子夏曰：桀德衰，夷羊在牧，飛蛤滿野。」亦見《太平御覽》卷九〇二引《周書》。

【校注】

〔一〕夏后：亦稱夏后氏。指禹受舜禪而建立的夏王朝。

〔二〕「蜚虹」句：《史記》卷四《周本紀》「蜚鴻滿野」，司馬貞《索隱》：「按高誘曰：『蜚鴻，蠛蠓也。』言飛蟲蔽田滿野，故爲災，非是鴻雁也。《隨巢子》作『飛拾』，飛拾，蟲也。」張守節《正義》：「蜚，音飛，古飛字也。」虹，吳校：「《史記》『虹』作『鴻』。」今按：虹、鴻可通。清錢大昕《廿二史考異》卷一二《後漢書三·馬融傳》：「『虹洞』與『鴻絅』同。」

〔三〕夷羊在牧：《國語》卷一《周語上》：「商之興也，檮杌次於丕山；其亡也，夷羊在牧。」韋昭注：「夷羊，神獸。牧，商郊牧野。」《史記》卷四《周本紀》「麋鹿在牧」，裴駰《集解》引晉徐廣曰：「此事出《周書》及《隨巢子》，云『夷羊在牧』。牧，郊也。夷羊，怪物也。」一説，夷羊爲土神。《淮南子》卷八《本經》載：「逮至衰世，『夷羊在牧，飛蛩滿野』，高誘注：「夷羊，土神。殷之將亡，見於商郊牧野之地。」今按：「夷羊在牧」，典籍記載多以爲商紂時事，且以「牧」爲牧野；惟本文及《藝文類聚》卷九四引《周書》、《太平御覽》卷九〇二引《周書》以爲夏桀時事。

7 殷帝乙無道，〔一〕爲偶人，〔二〕謂之天神，與之博，〔三〕令人爲行。〔四〕天神不勝，乃戮辱之。〔五〕

【疏證】

《史記》卷三《殷本紀》：「帝武乙無道，爲偶人，謂之天神，與之博，令人爲行。天神不勝，乃僇辱之。」

【校注】

〔一〕帝乙：商朝國王，姓子名羡。事蹟畧見《史記》卷三《殷本紀》。

〔二〕偶人：《史記》卷三《殷本紀》張守節《正義》：「偶，對也。以土木爲人，對象於人形也。」

〔三〕博：通「簙」。《說文解字·竹部》：「簙，局戲也，六箸十二棋也。」局戲爲古代一種擲采下棋的比賽遊戲，亦稱「六博」。《楚辭·招魂》：「菎蔽象棋，有六簙些。分曹並行，遒相迫些。成梟而牟，呼五白些。」王逸注：「投六箸，行六棋，故爲六簙也。」

〔四〕爲行：代天神行棋。《史記》卷三《殷本紀》張守節《正義》：「爲，于僞反。」行，指行棋。揚雄《方言》卷五：「簙謂之蔽，或謂之箘。秦晉之間謂之簙，吳楚之間或謂之蔽，或謂之箭裏，或謂之簙毒，或謂之夗專，或謂之匴璇，或謂之棋。所以投簙謂之枰，或謂之廣平；所以行棋謂之局，或謂之曲道。」宋何薳《春渚紀聞》卷五「畫字行棋」條：「弈棋，古亦謂之行棋。」

〔五〕戮：《史記》卷三《殷本紀》作「僇」。今按：「戮」、「僇」通。《廣雅·釋詁三》：「戮，辱也。」

8 **殷武乙無道，〔一〕嘗爲革囊，盛血，仰而射之，命曰「射天」。〔二〕獵於河、渭之間，暴震而死。**

【疏證】

《史記》卷三《殷本紀》：「（武乙）爲革囊，盛血，仰而射之，命曰『射天』。武乙獵於河、渭之間，暴雷，武乙震死。」

【校注】

〔一〕武乙：商代國君。事蹟詳《史記》卷三《殷本紀》。

〔二〕射天：古代暴君爲示威武而與天爭衡之行爲。《史記》卷三八《宋微子世家》：「君偃十一年，自立爲王……盛血以韋囊，縣而射之，命曰『射天』。」又卷一二八《龜策列傳》：「（紂）殺人、六畜，以韋爲囊。囊盛其血，與人懸而射之，與天帝爭彊。」

9 **殷帝紂囚西伯羑里。〔一〕西伯乃獻獸，黄金目，毛如織錦，〔二〕玉女、駭雞犀、九江**

大貝、青狐、玄豹、黃熊、白虎，〔三〕因費仲獻紂。〔四〕紂喜之。

【疏證】

《淮南子》卷一二《道應》：「屈商乃拘文王於羑里。於是散宜生乃以千金求天下之珍怪，得騶虞、雞斯之乘，玄玉百工，大貝百朋，玄豹、黃羆、青豻、白虎文皮千合，以獻於紂，因費仲而通。紂見而説之，乃免其身，殺牛而賜之。」亦見《藝文類聚》卷一二引《琴操》、卷八四及卷九三引太公《六韜》等。

【校注】

〔一〕「殷帝」句：《史記》卷四《周本紀》：「帝紂乃囚西伯於羑里。閎夭之徒患之，乃求有莘氏美女，驪戎之文馬，有熊九駟，他奇怪物，因殷嬖臣費仲而獻之紂。紂大説，曰：『此一物足以釋西伯，況其多乎！』」紂，商代最後一位君主。名受，號帝辛。事蹟詳《史記》卷三《殷本紀》。《史記·殷本紀》：「帝乙崩，子辛立，是爲帝辛，天下謂之紂。」裴駰《集解》引《謚法》：「殘義損善曰『紂』。」西伯，《孟子·離婁上》：「吾聞西伯善養老者。」焦循《正義》：「西伯，即文王也。紂命爲西方諸侯之長，得專征伐，故稱西伯。」事蹟詳《史記》卷四《周本紀》。羑里，《莊子·盜蹠》：「文王拘羑里。」成玄英疏：「羑里，殷獄名。」《太平御覽》卷六四三引漢應劭《風俗通》：「《周禮》三王始有獄……殷曰羑里，言不害人，若於閭里。紂拘文王是也。」一説爲古城名。在今河南湯陰北。羑水經城北東流。《漢書》卷二八《地理志上》：「蕩陰……有羑里城，西伯所拘也。」

〔二〕「西伯」句：《藝文類聚》卷九三引太公《六韜》曰：「商王拘周伯昌於羑里，太公與散宜生，以金十鎰，求天下珍物，以免君之罪。於是得犬戎氏文馬，毫毛朱鬣，目如黃金，名雞斯之乘，以獻商王。」《山海經·海内北經》：「（犬戎之國）有文馬，縞身朱鬣，目若黃金，名曰吉量，乘之壽千歲。」郭璞注：「《周書》曰：『犬戎文馬，赤鬣白身，目若黃金，名曰吉黃之乘。成王時獻之。』《六韜》曰：『文身朱鬣，眼若黃金，項若雞尾，名曰雞斯之乘。』《大傳》曰：『駮身，朱鬣，雞目。』《山海經》亦有吉黃之乘壽千歲者，惟名有不同，説有小錯，其實一物耳。」

〔三〕駭雞犀：犀角名。《抱朴子》内篇卷一七《登涉》：「通天犀角有一赤理如綖，有自本徹末，以角盛米置雞羣中，雞欲啄之，未至數寸，即驚却退。故南人或名通天犀爲駭雞犀。」九江大貝：《藝文類聚》卷八四引太公《六韜》曰：「商王拘西伯昌於羑里，太公謂散宜生，求珍物以免君罪，之九江，得大貝百馮。《詩》作百朋。」同卷引《尚書大傳》曰：「文王囚於羑里，散宜生之江淮之浦，而得大貝，如車渠，以獻紂。」

〔四〕費仲：人名。殷紂嬖臣。《史記》卷五《秦本紀》：「大費生子二人，一曰大廉，實鳥俗氏；二曰若木，實費氏。其玄孫曰費昌，子孫或在中國，或在夷狄。」司馬貞《索隱》：「殷紂時費仲，即昌之後也。」

10 殷帝紂淫虐，王子比干諫，〔一〕弗聽。剖其心，十二穴，破而觀之。

【疏證】

《史記》卷三《殷本紀》：「紂愈淫亂不止。……比干曰：『爲人臣者，不得不以死争。』迺强諫紂。紂怒曰：『吾聞聖人心有七竅。』剖比干，觀其心。」

【校注】

〔一〕比干：商紂王的叔父，官少師。事蹟詳《史記》卷三《殷本紀》。《莊子·人間世》：「昔者桀殺關龍逢，紂殺王子比干。」成玄英疏：「比干，殷紂之庶叔，忠諫而被割心。」

11　帝紂垂胡長尺四寸，〔一〕手格猛獸，愛妲己色，〔二〕重師涓聲。〔三〕狗馬奇物，充牣後庭。〔四〕使男女躶形相隨，爲長夜之飲。〔五〕時人爲之語曰：「車行酒，騎行炙，〔六〕百二十日爲一夜。」

【疏證】

《史記》卷三《殷本紀》：「帝紂資辨捷疾，聞見甚敏；材力過人，手格猛獸；知足以距諫，言足以飾非；矜人臣以能，高天下以聲，以爲皆出己之下。好酒淫樂，嬖於婦人。愛妲己，妲己之言是從。於是使師涓作新淫聲，北里之舞，靡靡之樂。厚賦税以實鹿臺之錢，而盈鉅橋之粟。益收狗馬奇物，充仞宫室。益廣沙丘苑臺，多取野獸蜚鳥置其中。慢於鬼神。大冣樂戲於沙丘，以酒爲池，縣肉爲林，使男女倮相逐其間，爲長夜之飲。」

《太平御覽》卷八三引《帝王世紀》曰：「（紂）宫中九市。車行酒，馬行炙，以百二十日爲一夜。」

《論衡》卷七《語增篇》：「傳又言：『紂懸肉以爲林，令男女倮而相逐其間。』……傳者之説，或言：『車行酒，騎行炙，百二十日爲一夜。』」

【校注】

〔一〕垂胡：《漢書》卷二五《郊祀志》「有龍垂胡髯下迎黄帝」，顔師古注：「胡謂頸下垂肉也。」今按：「垂胡」疑「垂腴」之訛。《論衡》卷七《語增篇》：「堯若臘，舜若腒，桀、紂之君，垂腴尺餘。」《説文解字·肉部》：「腴，腹下肥也。」謝肇淛《五雜組》卷五：「堯、舜至聖，身如脯臘，桀、紂無道，肥膚三尺。」

〔二〕妲己：姓己名妲，有蘇氏女，商紂的寵妃。事蹟詳《國語》卷七《晉語一》、《史記》卷三《殷本紀》等。

〔三〕師涓：人名。又名師延。樂師。《韓非子》卷三《十過》：「師曠曰：『此師延之所作，與紂爲靡靡之樂也。及武王伐紂，師延東走，至於濮水而自投，故聞此聲者必於濮水之上。先聞此聲者其國必削，不可遂。』」亦略見劉向《九歎》王逸注。

〔四〕充牣：《文選》卷七司馬長卿《子虛賦》李善注引《廣雅》曰：「充牣，滿也。」

〔五〕爲：各本同，《永樂大典》卷一二〇四三引《金樓子·箴戒篇》「爲」上有「帝紂好」三字。

〔六〕「車行酒」二句：即以車騎傳送酒肉。今按：《後漢書》卷六〇《馬融傳》載融《廣成頌》「清醪車湊，燔炙騎將」，正其例。

12 帝紂時，木林之地宵陷爲池，池生淫魚。〔一〕取而食之，池一夜而竭，得淫魚數百。大悦之，錫之宫人，〔二〕宫人悉淫亂。

【校注】

〔一〕淫魚：《淮南子》卷一六《説山》：「瓠巴鼓瑟而淫魚出聽。」高誘注：「淫魚，長頭身相半，長丈餘，鼻正白，身正黑，口在頷下，似鬲獄魚而身無鱗，出江中也。」

〔二〕錫：同「賜」。

13 帝紂時，天雨丹血、(布)〔灰〕及石，〔一〕大者如甕，小者如箕。〔二〕

【疏證】

《太平御覽》卷八三引《六韜》曰：「武王伐殷，得二大夫而問之曰：『殷國將亡，亦有妖乎？』

一人曰：『殷常雨血，雨灰，雨石，小者如雞子，大者如箕。嘗六月而雨雪，深尺餘。』」又，卷八七四引《六韜》：「其一人對曰：『有。殷國常雨血雨石，大者如甕，小者如箕。常六月雨雪，深尺餘。』」亦見卷二二、卷五一、卷八七一引《六韜》。

【校注】

〔一〕灰：各本作「布」。今按：參以《太平御覽》所引《六韜》，「布」當是「灰」字之訛，據改。

〔二〕箕：畚箕。

14 周厲王好利，〔一〕近榮公。〔二〕大夫（茜）〔芮〕良夫諫之。〔三〕王怒，問衛巫，〔四〕使監謗者，〔五〕以告，則殺之。喜曰：「能弭謗矣！」〔六〕召公曰：〔七〕「防人之口，甚於防川。川潰傷人，人亦如之。故近臣盡規，〔八〕親戚補察，〔九〕瞽瞍教誨，〔一〇〕耆艾修之。〔一一〕」王不聽，於是莫敢出言。

【疏證】

《史記》卷四《周本紀》：「夷王崩，子厲王胡立。厲王即位三十年，好利，近榮夷公。大夫芮良夫諫厲王曰：『王室其將卑乎？夫榮公好專利而不知大難。夫利，百物之所生也，天地之所載也，而有專之，其害多矣。……今王學專利，其可乎？ 匹夫專利，猶謂之盜，王而行之，其歸鮮矣。榮公若用，周必敗也。』厲王不聽，卒以榮公爲卿士，用事。 王行暴虐侈傲，國人謗王。 召公諫曰：『民不堪命矣。』王怒，得衛巫，使監謗者，以告，則殺之。 其謗鮮矣，諸侯不朝。 三十四年，王益嚴，國人莫敢言，道路以目。 厲王喜，告召公曰：『吾能弭謗矣，乃不敢言。』召公曰：『是鄣之也。 防民之口，甚於防水。 水壅而潰，傷人必多，民亦如之。 是故爲水者決之使導，爲民者宣之使言。 故天子聽政，使公卿至於列士獻詩，瞽獻曲，史獻書，師箴，瞍賦，矇誦，百工諫，庶人傳語，近臣盡規，親戚補察，瞽史教誨，耆艾修之，而后王斟酌焉，是以事行而不悖。 民之有口也，猶土之有山川也，財用於是乎出；猶其有原隰衍沃也，衣食於是乎生。 口之宣言也，善敗於是乎興。 行善而備敗，所以産財用衣食者也。 夫民慮之於心而宣之於口，成而行之。 若壅其口，其與能幾何？』王不聽。 於是國莫敢出言，三年，乃相與畔，襲厲王。 厲王出奔於彘。」亦畧見《國語》卷一《周語上》。

【校注】

〔一〕周厲王： 姬姓，名胡。 即位後，貪利暴虐，民人相與起事襲之，奔彘。 卒，謚曰厲王。 生平詳《國語》卷一《周語上》、《史記》卷四《周本紀》。

〔二〕榮公： 亦稱榮夷公，厲王時爲卿士。 生平詳《國語》卷一《周語上》、《史記》卷四《周本紀》。

〔三〕芮良夫：周大夫芮伯，名良夫。生平詳《國語》卷一《周語上》、《史記》卷四《周本紀》。芮，底本作「苪」，《四庫全書》本、重校本、《叢書集成》本、《百子全書》本、龍溪精舍本作「芮」。吴校：「『苪』乃之『芮』誤。」今按：《國語》卷一《周語上》、《史記》卷四《周本紀》作「芮」，據改。芮，周姬姓諸侯國。又，據《國語》卷一《周語上》、《史記》卷四《周本紀》，「芮良夫諫」與「王怒」是二事，故疑「芮良夫諫之」下有脱文。

〔四〕衛巫：《史記》卷四《周本紀》裴駰《集解》：「韋昭曰：『衛國之巫也。』」張守節《正義》：「以巫人神靈，有謗毁必察也。」

〔五〕謗：《玉篇・言部》：「謗，對他人言其惡也。」

〔六〕弭：《左傳・襄公二十五年》杜預注：「弭，止也。」

〔七〕召公：《史記》卷四《周本紀》裴駰《集解》：「韋昭曰：『召康公之後穆公虎，爲王卿士也。』」

〔八〕近臣：《史記》卷四《周本紀》裴駰《集解》：「近臣，驂僕之屬。」　盡規：《國語》卷一《周語上》韋昭注：「盡規，盡其規計以告王也。」

〔九〕親戚：指與國君同宗的大臣。　補察：《史記》卷四《周本紀》張守節《正義》：「言親戚補王過失，及察是非也。」

〔一〇〕瞽瞍：《史記》卷四《周本紀》、《國語・周語上》作「瞽史」。本指盲人，古代多以盲人充任樂師。《史記》卷四《周本紀》裴駰《集解》：「韋昭曰：『瞽，樂太師。』」

〔一一〕耆艾：《史記》卷四《周本紀》裴駰《集解》：「韋昭曰：『耆艾，師傅也。修理瞽史之教以聞於王。』」《爾雅·釋詁》：「耆、艾，長也。」《漢書》卷六《武帝紀》：「然則於鄉里先耆艾，奉高年，古之道也。」顔師古注：「六十曰耆，五十曰艾。」

15　其先夏后氏衰，有二龍止於夏庭曰：「余，褒之二君也。〔一〕」帝殺而埋其漦。〔二〕三代莫敢視。〔三〕厲王發而觀之，使婦人躶而譟之。〔四〕漦化爲玄黿，後宫未齔者遭之，〔五〕既笄而孕褒姒矣。〔六〕

【疏證】

《史記》卷四《周本紀》：「昔自夏后氏之衰也，有二神龍止於夏帝庭而言曰：『余，褒之二君。』夏帝卜殺之與去之與止之，莫吉。卜請其漦而藏之，乃吉。於是布幣而策告之，龍亡而漦在，櫝而去之。夏亡，傳此器殷。殷亡，又傳此器周。比三代，莫敢發之。至厲王之末，發而觀之。漦流於庭，不可除。厲王使婦人裸而譟之。漦化爲玄黿，以入王後宫。後宫之童妾既齔而遭之，既笄而孕，無夫而生子，懼而棄之。……褒人有罪，請入童妾所棄女子者於王以贖罪。棄女子出於褒，是爲褒姒。」亦見《國語》卷一六《鄭語》、《列女傳》卷七《孽嬖傳·周幽褒姒》。

【校注】

〔一〕「余褒」句：《史記》卷四《周本紀》裴駰《集解》：「虞翻曰：『龍自號褒之二先君也。』」褒，古國名。《國語》卷七《晉語一》：「周幽王伐有褒，褒人以褒姒女焉。」韋昭注：「有褒，姒姓之國。」故地在今陝西勉縣東南。

〔二〕漦：《史記》卷四《周本紀》裴駰《集解》：「韋昭曰：『漦，龍所吐沫。沫，龍之精氣也。』」

〔三〕三代：指夏、商、周三朝。

〔四〕譟：《史記》卷四《周本紀》裴駰《集解》：「韋昭曰：『譟，歡呼也。』唐固曰：『羣呼曰譟。』」

〔五〕未齔：各本同，《史記》卷四《周本紀》作「既齔」，《列女傳》卷七《孽嬖傳·周幽褒姒》作「未毀」。齔，《史記》卷四《周本紀》裴駰《集解》：「韋昭曰：『毀齒曰齔，女七歲而毀也。』」

〔六〕笄：《說文解字·竹部》：「笄，簪也。」《禮記·內則》：「（女子）十有五年而笄。」古代女子年十五，挽起頭髮，加簪，意謂成年。此處指年十五。　褒姒：姒姓，周幽王妃。爲褒人所進，有寵。後犬戎殺幽王於驪山下，擄褒姒。生平詳《史記》卷四《周本紀》。

16　周幽王嬖愛褒姒，〔一〕褒姒生子伯服，〔二〕廢太子而立之，用褒姒爲后。〔三〕褒姒者，宣王時歌云：〔四〕「嗷嗷（伯）〔白〕服，〔五〕實亡周國。」宣王下國內有白服者殺之。時褒姒初生，父母不養而棄。白服者聞嬰兒啼，因取以犇褒。後褒人以姒贖罪，〔六〕因名褒姒焉。

【疏證】

《史記》卷四《周本紀》：「宣王之時童女謡曰：『檿弧箕服，實亡周國。』於是宣王聞之，有夫婦賣是器者，宣王使執而戮之。逃於道，而見鄉者後宮童妾所棄妖子出於路者，聞其夜啼，哀而收之，夫婦遂亡，奔於褒。褒人有罪，請入童妾所棄女子者於王以贖罪。棄女子出於褒，是爲褒姒。當幽王三年，王之後宮見而愛之，生子伯服，竟廢申后及太子，以褒姒爲后，伯服爲太子。」亦見《國語》卷一六《鄭語》。

【校注】

〔一〕周幽王：西周末代君主。姓姬，名宫涅。在位十一年。生平詳《史記》卷四《周本紀》。

〔二〕伯服：周幽王與褒姒之子。幽王廢太子宜臼而立伯服爲太子。生平詳《史記》卷四《周本紀》。伯，重校本、《叢書集成》本、《百子全書》本、龍溪精舍本作「白」。據改。

〔三〕「用褒姒」句：《百子全書》本從此下另爲一節。今按：本篇第十五、十六節俱述褒姒之事，當合爲一條。然第十五節及十六節「周幽王嬖愛褒姒」至「用褒姒爲后」可從《史記》卷四《周本紀》、《國語·鄭語》等書得到疏證。「褒姒者」下所載，與《國語·鄭語》、《史記》卷四《周本紀》、《漢書》卷二七《五行志》所載有異，或蕭繹採自他書，今已亡佚。

〔四〕宣王：西周天子。姓姬名静，幽王父。生平詳《史記》卷四《周本紀》。重校本「宣」上旁側有小字「周」，《叢書集成》本、《百子全書》本、龍溪精舍本「宣」上有「周」字。

〔五〕「皦皦」句：《國語》卷一六《鄭語》、《史記》卷四《周本紀》、《漢書》卷二七下之上《五行志》引童謡作：「檿弧箕服，實亡周國。」《史記》卷四《周本紀》裴駰《集解》：「韋昭曰：『山桑曰檿；弧，弓也；箕，木名；服，矢房也。』」白，底本、《四庫全書》本作「伯」，重校本、《叢書集成》本、《百子全書》本、龍溪精舍本作「白」。吴校：「『伯』疑作『白』。」又校：「宣王時歌云『皦皦伯服』，上當有『周』字，『伯』當作『白』。此與《國語》異。」今按：「皦皦」形容衣服，爲明亮潔白之意；且下文亦作「白服」，故此「伯」當作「白」，據改。

〔六〕後褒人：《四庫全書》本「後」下無「褒」字。

17　西周君奔秦，〔一〕蹶角受罪，〔二〕遣獻其邑。秦受其獻，歸其君於周。周赧王卒，〔三〕降爲西〔周〕武公。〔四〕

【疏證】

《史記》卷四《周本紀》：「(周赧王)五十九年，秦取韓陽城負黍，西周恐，倍秦，與諸侯約從，將天下鋭師出伊闕攻秦，令秦無得通陽城。秦昭王怒，使將軍摎攻西周。西周君奔秦，頓首受罪，盡獻其邑三十六，口三萬。秦受其獻，歸其君於周。周君、王赧卒，周民遂東亡。」

【校注】

〔一〕西周君：即西周武公，戰國時西周國君。周赧王末，秦入侵，武公入秦獻地，其民不樂屬秦，遂東逃。秦取周九鼎神器。西周亡。事詳《史記》卷四《周本紀》。

〔二〕蹶角：亦作「厥角」，以額角叩地，表示臣服。《文選》卷四三丘希範《與陳伯之書》：「朝鮮昌海，蹶角受化。」李善注：「《孟子》曰：『武王之伐殷也，百姓若崩厥角。』趙岐曰：『厥角，叩頭，以額角犀厥地也。』」

〔三〕周赧王：姬姓名延，戰國時周天子。時周已分東周、西周兩小國。赧王名爲天子，實寄居於西周。西周武公盡獻其地於秦，赧王亦卒，周王朝滅亡。在位五十九年。生平詳《史記》卷四《周本紀》。

〔四〕西周武公：底本、《四庫全書》本脱「周」字，重校本、《叢書集成》本、《百子全書》本、龍溪精舍本「西」下有「周」字。吴校：「按宋忠曰『秦謚赧王爲西周武公』，『西』下疑脱『周』字。然西周武公實非赧王，詳《史記索隱》。」今按：《史記》卷四《周本紀》「周君、王赧卒」，裴駰《集解》：「宋忠曰：『謚曰西周武公。』」司馬貞《索隱》：「非也。徐(廣)以西周武公是惠公之長子，此周君即西周武公也。蓋此時武公與王赧皆卒，故連言也。」司馬貞《索隱》所説有理，此處「周君、王赧」實爲西周君和周赧王二人。周赧王卒後，秦降西周君爲西周武公。今據重校本等於「西」下補「周」字。

18 秦始皇聞鬼谷先生言，因遣徐福入海求玉蔬金菜並一寸椹。〔一〕

【校注】

〔一〕「秦始皇」三句：底本、重校本、《叢書集成》本、《百子全書》本、龍溪精舍本「椹」下有小字云：「附案此條見後《志怪篇》，此蓋誤入。」今按：此節疏箋見本書《志怪篇》第十五節。

19 秦二世即位，〔一〕自幽深宮，〔二〕以鹿爲馬，〔三〕以蒲爲脯。〔四〕

【校注】

〔一〕秦二世：即胡亥，始皇帝少子。始皇卒，襲帝位，稱二世皇帝。生平詳《史記》卷六《秦始皇本紀》。

〔二〕自幽深宮：《史記》卷六《秦始皇本紀》：「趙高説二世曰：『先帝臨制天下久，故羣臣不敢爲非，進邪説。今陛下富於春秋，初即位，奈何與公卿廷決事？事即有誤，示羣臣短也。天子稱朕，固不聞聲。』於是二世常居禁中，與高決諸事。其後公卿希得朝見。」

〔三〕以鹿爲馬：《史記》卷六《秦始皇本紀》：「趙高欲爲亂，恐羣臣不聽，乃先設驗，持鹿獻於二世，曰：『馬也。』二世笑曰：『丞相誤耶？謂鹿爲馬。』問左右，左右或默，或言馬以阿順趙高。或言鹿，高因陰中諸言鹿者以法。後羣臣皆畏高。」

〔四〕以蒲爲脯：《文選》卷一〇潘安仁《西征賦》「野蒲變而成脯，苑鹿化以爲馬」，李善注：「《風俗通》曰：

『秦相趙高指鹿爲馬，束蒲爲脯，二世不覺。』」《北堂書鈔》卷一四五「蒲脯」條引《古今注》云：「秦二世時丞相趙高用事，乃先獻蒲脯鹿馬以驗羣臣也。」《藝文類聚》卷八二引《史記》曰：「趙高將爲亂，先設驗，獻蒲以爲脯，惑二世，有言蒲者，誅之。」宋王楙《野客叢書》卷二二「以蒲爲脯」條：「《文選》潘安仁《西征賦》曰：『野蒲變而爲脯，苑鹿化而爲馬。』銑注：『趙高欲爲亂，恐羣臣不聽，乃先設驗，以蒲爲脯，以鹿爲馬，獻於二世。羣臣言蒲與鹿者，陰誅之。』按今《史記》但聞指鹿爲馬，不聞以蒲爲脯之説，此見漢人雜説，臧榮緒《晉書》常引以爲言。《藝文類聚》『蒲門』載趙高此事，謂出於《史記》，誤矣。」錢鍾書《管錐編》第一册《史記·秦始皇本紀》「束蒲爲脯」條：「馬鹿雖異，皆爲畜獸；玄黄固殊，均屬顔色。若蒲與脯，物狀逕庭，豈二世騃愚，竟如黄葉之可止嬰啼乎？余嘗疑之。後讀《論衡·是應》篇，有曰：『儒者言脯生於庖廚者，言廚中自生肉脯，薄如箑形，摇鼓生風，寒涼食物，使之不臭。』若有所會。箑，扇也，《藝文類聚》卷六九陸機、傅咸《羽扇賦》有『蓋受則於箑甫』、『下等美於箑甫』等句，『甫』即『脯』也。以蒲作扇，想古已然；晉人賦扇雖無道者，而《世説·輕詆》門『君乃復作裴氏學』句注引《續晉陽秋》云：『嶺南凋敝，惟有五萬蒲葵扇。』二世時當有蒲扇而復流行『箑脯』俗語，故趙高得牽合以售奸欺耳。」

20 漢昌邑王賀。〔一〕初，昭帝崩，〔二〕無嗣，霍光徵賀典喪。〔三〕到濟陽，〔四〕求長鳴雞卵五百枚，〔五〕道買積竹杖。〔六〕過弘農，〔七〕使大奴宋善以衣車載女子行。〔八〕居道上，不素食，常私買雞豚。漢有三璽，〔九〕賀受之（上）〔大行〕前，〔一〇〕就次（不拜）〔發璽不封〕。〔一一〕初至國都不哭，言「嗌痛不能哭」。〔一二〕後，即位二十七日，見廢。

【疏證】

《漢書》卷六三《武五子·劉賀傳》：「昭帝崩，無嗣，大將軍霍光徵王賀典喪。……賀到濟陽，求長鳴雞，道買積竹杖。過弘農，使大奴善以衣車載女子。……賀到霸上，大鴻臚郊迎，騶奉乘輿車。王使僕壽成御，郎中令遂參乘。旦至廣明東都門，遂曰：『禮，奔喪望見國都哭。此長安東郭門也。』賀曰：『我嗌痛，不能哭。』……王受皇帝璽綬，襲尊號。即位二十七日，行淫亂。大將軍光與羣臣議，白孝昭皇后，廢賀歸故國。」

《漢書》卷六八《霍光傳》：「羣臣以次上殿，召昌邑王伏前聽詔。光與羣臣連名奏王，尚書令讀奏曰：『……孝昭皇帝早棄天下，亡嗣，臣敞等議，禮曰「爲人後者爲之子也」，昌邑王宜嗣後，遣宗正、大鴻臚、光禄大夫奉節使徵昌邑王典喪。服斬縗，亡悲哀之心，廢禮誼，居道上不素食，使從官畧女子載衣車，内所居傳舍。始至謁見，立爲皇太子，常私買雞豚以食。受皇帝信璽、行璽大行前，就次發璽不封。』」

【校注】

【一】漢昌邑王賀：劉賀，漢武帝孫。昭帝始元元年嗣爵昌邑王。昭帝崩，霍光迎爲帝。即位二十七日，因淫亂被廢。《漢書》卷六三《武五子傳》有傳。昌邑，國名。治所在昌邑縣，即今山東巨野東南。

【二】昭帝：即劉弗陵。弗陵，漢武帝少子。年幼即位，霍光輔政。元平元年夏四月癸未，崩於未央宫。《漢書》卷七有紀。

【三】霍光：字子孟，西漢河東平陽人。武帝後元二年，爲大司馬大將軍。昭帝年幼即位，與桑弘羊等同受武帝遺詔輔政。昭帝死，迎立昌邑王，旋廢之而立宣帝。卒，謚宣成。《漢書》卷六八有傳。

【四】濟陽：縣名，漢屬陳留郡。治所在今河南蘭考東北堌陽鎮。

【五】長鳴雞：《漢書》卷六三《武五子·劉賀傳》顔師古注：「鳴聲長者也。」

【六】積竹杖：《漢書》卷六三《武五子·劉賀傳》顔師古注：「文穎曰：『合竹作杖也。』」《太平御覽》卷七一〇《服用部》一二引《新序》曰：「昌邑王徵爲天子，到營陽，買積竹刺杖二枚。龔遂諫曰：『積竹刺杖者，驕蹇少年杖也。大王奉大喪，當拄竹杖。』」

【七】弘農：縣名。治所在函谷關，即今河南靈寶市北。

【八】大奴：《漢書》卷六三《武五子·劉賀傳》顔師古注：「凡言大奴者，謂奴之尤長大也。」宋善：人名。生平無考。衣車：《釋名·釋車》：「衣車，前户。所以載衣服之車也。」王先謙《釋名疏證補》引蘇輿云：「《漢書·霍光傳》：『昌邑王畧女子，載之衣車。』則衣車亦婦人所乘，故有窗與櫺。亦爲隱蔽形容之用，又兼載衣服，可卧息也。」一説泛指有帷幕遮蔽的車子。《説文解字・車部》：「輜，輜軿，衣車也。」

〔九〕三璽：重校本、《叢書集成》本、《百子全書》本、龍溪精舍本作「二璽」。吴校：「《漢書》作『信璽』。」今按：作「三璽」是。《漢書》卷六八《霍光傳》：「受皇帝信璽、行璽大行前。」顔師古注：「孟康曰：『漢初有三璽，天子之璽自佩，行璽、信璽在符節臺。』」

〔一〇〕大行：底本、《四庫全書》本作「上」，重校本、《叢書集成》本、《百子全書》本、龍溪精舍本作「大行」。今按：「上」當作「大行」，據改。《漢書》卷六八《霍光傳》顔師古注：「孟康曰：『大行前，昭帝柩前也。』韋昭曰：『大行，不反之辭也。』」

〔一一〕「就次」句：重校本「就次」下旁側有小字「發璽」，《叢書集成》本、《百子全書》本、龍溪精舍本作「就次，發璽不封」。吴校：「『受之上前，就次不拜』，本作『受之大行前，就次，發璽不封』。」今按：吴校是，據改。《漢書》卷六八《霍光傳》顔師古注：「璽既國器，常當緘封，而王於大行前受之，退還所次，遂爾發漏，更不封之，得令凡人皆見，言不重慎也。」次，住地。

〔一二〕嗌：《春秋穀梁傳・昭公十九年》陸德明《經典釋文》：「嗌音益，咽喉也。」

21　漢昌邑王賀嘗召皇太后御果下馬，〔一〕使官奴服之。〔二〕

【疏證】

《漢書》卷六八《霍光傳》：「羣臣以次上殿，召昌邑王伏前聽詔。光與羣臣連名奏王，尚書令讀奏曰：『……(賀)召皇太后御小馬車，使官奴騎乘，遊戲掖庭中。』」

【校注】

〔一〕皇太后：即孝昭上官皇后，隴西上邽人，六歲立爲皇后。昌邑王賀即位，尊爲皇太后。《漢書》卷九七上《外戚傳》有傳。　果下馬：《漢書》卷六八《霍光傳》顔師古注：「張晏曰：『皇太后所駕遊宮中輦車也，漢廄有果下馬，高三尺，以駕輦。』師古曰：『小馬可於果樹下乘之，故號果下馬。』」

〔二〕服：駕馭。《詩經·鄭風·叔於野》：「叔適野，巷無服馬。」鄭玄箋：「服馬猶乘馬也。」朱熹《集注》：「服，乘也。」

22　漢昌邑王賀嘗封奴二百餘人，常與居禁闥，〔一〕使中〔御〕府令高昌奉黃金千斤，〔二〕賜侍中君卿取十妻。〔三〕

【疏證】

《漢書》卷六八《霍光傳》：「羣臣以次上殿，召昌邑王伏前聽詔。光與羣臣連名奏王，尚書令讀奏曰：『……從官更持節，引内昌邑從官騶宰官奴二百餘人，常與居禁闥内敖戲。自之符璽取節十六，朝暮臨，令從官更持節從。爲書曰「皇帝問侍中君卿：使中御府令高昌奉黄金千斤，賜君卿取十妻」。』」

【校注】

〔一〕禁闥：宫禁之中。《廣雅·釋詁》：「闥，謂之門。」

〔二〕中御府令：底本、《四庫全書》本、重校本脱「御」字，《叢書集成》本、《百子全書》本、龍溪精舍本「中」下有「御」字。吴校：「按《漢書》卷六八《霍光傳》『中』下有『御』字。」今按：「中府令」當作「中御府令」。中御府令，官名。兩漢時，掌管宫中宫婢製作衣服及洗浣之事，由宦官充任，秩六百石。高昌：人名。生平無考。

〔三〕侍中：官名。秦始置，本爲丞相屬吏，以往來殿内東廂奏事，故稱侍中。西漢爲加官之一，無定員。君卿：人名。《漢書》卷六八《霍光傳》顔師古注：「昌邑之侍中名君卿也。」

23 漢昌邑王嘗夢青蠅之矢積西階東，〔一〕可五六石，〔二〕以屋板瓦覆，〔三〕發視之，青蠅之矢也。以問龔遂，〔四〕遂曰：「（皆）宜進先帝大臣子孫親近以爲左右。〔五〕如不忍昌邑故人，信用讒諛，必有凶咎。願詭禍爲福，〔六〕皆放逐之。臣當先逐矣。」

【疏證】

《漢書》卷六三《武五子·劉賀傳》：「(賀)既即位，後王夢青蠅之矢積西階東，可五六石，以屋版瓦覆，發視之，青蠅矢也。以問遂，遂曰：『陛下之《詩》不云乎？「營營青蠅，至於藩；愷悌君子，毋信讒言。」陛下左側讒人衆多，如是青蠅惡矣。宜進先帝大臣子孫親近以爲左右。如不忍昌邑故人，信用讒諛，必有凶咎。願詭禍爲福，皆放逐之。臣當先逐矣。』賀不用其言，卒至於廢。」

【校注】

〔一〕西階：指堂西臺階，尊禮之位。《禮記·曲禮上》：「主人就東階，客就西階。客若降等，則就主人之階。」

〔二〕石(dàn)：量詞。計算容量的單位。十斗爲一石。

〔三〕板瓦：各本同，《漢書》卷六三《武五子·劉賀傳》作「版瓦」。今按：「板」同「版」。《漢書》卷六三《武五子·劉賀傳》顔師古曰：「版瓦，大瓦也。」

〔四〕龔遂：字少卿，西漢山陽南平陽人。曾官昌邑郎中令，事王賀。爲人忠厚，剛毅有大節。《漢書》卷八九有傳。

〔五〕宜：底本、《四庫全書》本作「皆宜」，重校本、《叢書集成》本、《百子全書》本、龍溪精舍本「宜」上無「皆」字。吴校：「『皆』衍字。」今按：《漢書》卷六三《武五子傳》無「皆」字，據删。

〔六〕詭：《漢書》卷六三《武五子·劉賀傳》顔師古注：「詭，猶反。」

24　漢昌邑王在藩時，有大鳥集於宮中，血汙王坐席。其怪如此。

【疏證】

《漢書》卷六三《武五子·劉賀傳》：「(初賀在國時)大鳥飛集宮中，王知，惡之，輒以問郎中令(龔)遂。」

25　漢昌邑王賀在藩，嘗見大白狗戴法冠。〔一〕問左右，左右皆曰「不見」。〔二〕後，王即位二十七日見廢。〔三〕

【疏證】

《漢書》卷六三《武五子·劉賀傳》：「初賀在國時，數有怪。嘗見白犬，高三尺，無頭，其頸以下似人，而冠方山冠。後見熊，左右皆莫見。」

《漢書》卷二七中之上《五行志》：「賀爲王時，又見大白狗冠方山冠而無尾，此服妖，亦犬禍也。賀以問郎中令龔遂，遂曰：『此天戒，言在仄者盡冠狗也。去之則存，不去則亡矣。』賀既廢數年，宣帝封之爲列侯，復有罪，死不得置後，又犬禍無尾之效也。京房《易傳》曰：『行不順，厥咎人奴冠，天下亂，辟無適，妾子拜。』又曰：『君不正，臣欲篡，厥妖狗冠出朝門。』」「昭帝時，昌邑王賀聞人聲曰『熊』，視而見大熊。左右莫見，以問郎中令龔遂，遂曰：『熊，山野之獸，而來入宫室，王獨見之，此天戒大王，恐宫室將空，危亡象也。』賀不改寤，後卒失國。」

【校注】

〔一〕嘗見：《四庫全書》本無「嘗」。　法冠：古代冠名。《史記》卷一一八《淮南衡山列傳》：「漢使節法冠。」裴駰《集解》引蔡邕曰：「法冠，楚王冠也。秦滅楚，以其君冠賜御史。」今按：《漢書》卷六三《武五子・劉賀傳》及卷二七中之上《五行志》作「方山冠」，《漢書》卷二七中之上《五行志》顔師古注引鄧展曰：「方山冠，以五采縠爲之，樂舞人所服。」

〔二〕「左右」句：各本同。今按：據《漢書》卷六三《武五子・劉賀傳》及《漢書》卷二七中之上《五行志》，左右不見者乃「熊」，疑本文於「問左右」上有脱文。

〔三〕王即位：《四庫全書》本「即」上無「王」字。

26　**漢哀帝即位，〔一〕寵任董賢，〔二〕均田之制從此墮壞。〔三〕百姓訛言，持籌相驚，〔四〕被髮徒跣而走。漢氏衰矣。**

【疏證】

《漢書》卷八六《王嘉傳》：「後數月，日食，舉直言，嘉復奏封事曰：『……詔書罷苑，而以賜賢二千餘頃，均田之制從此墮壞。奢僭放縱，變亂陰陽，災異衆多，百姓訛言，持籌相驚，被髮徒跣而走，乘馬者馳，天惑其意，不能自止。或以爲籌者策失之戒也。』」

【校注】

〔一〕漢哀帝：即劉欣。欣即位後，實行限田、限奴婢等政策。又重用外戚，寵倖董賢，賞賜無度，朝政日衰。崩，謚哀。《漢書》卷一一有紀。

〔二〕董賢：字聖卿，西漢馮翊雲陽人。哀帝時，封高安侯，官至給事禁中，領尚書事。性柔和便辟，深得哀帝寵信。哀帝死，罷官，自殺。《漢書》卷九三有傳。

〔三〕均田：漢代按等級分賜田地的制度。《漢書》卷八六《王嘉傳》顔師古注引孟康曰：「自公卿以下至於吏民名曰均田，皆有頃數，於品制中令均等。今賜賢二千餘頃，則壞其等制也。」

〔四〕持籌：《漢書》卷八六《王嘉傳》顔師古注：「言行西王母籌也。」《漢書》卷一一《哀帝紀》：「（建平）四年春，大旱。關東民傳行西王母籌，經歷郡國，西入關，至京師。」顔師古注：「西王母，元后壽考之象。行籌，又言執國家籌策行於天下。」《漢書》卷二七下之上《五行志》：「哀帝建平四年正月，民驚走，持槀或棷一枚，傳相付與，曰行詔籌。道中相過逢多至千數，或被髮徒踐，或夜折關，或逾牆入，或乘車騎奔馳，以置驛傳行，經歷郡國二十六，至京師。」顔師古注：「如淳曰：『棷，麻幹也。』師古曰：『槀，禾稈也。』」籌，記數的用具。據《漢書》卷二七下之上《五行志》，百姓所持實麻幹、禾稈也。

27 漢哀帝時，董賢母病，長安廚給祠具，〔一〕道中過者皆飲(酒)〔食〕。〔二〕爲賢治器，成，〔三〕奉御乃行。〔四〕賜及蒼頭奴婢，〔五〕人十萬錢。

【疏證】

《漢書》卷八六《王嘉傳》：「後數月，日食，舉直言，嘉復奏封事曰：『……賢母病，長安廚給祠具，道中過者皆飲食。爲賢治器，器成，奏御乃行。或物好，特賜其工，自貢獻宗廟三宮，猶不至此。賢家有賓婚及見親，諸官並共，賜及倉頭奴婢，人十萬錢。』」

【校注】

〔一〕長安廚：《漢書》卷八六《王嘉傳》顔師古曰：「長安有廚官，主爲官食。」

〔二〕飲食：各本作「飲酒」，《漢書》卷八六《王嘉傳》作「飲食」。顔師古注引如淳曰：「禱於道中，故行人皆得飲食。」今按：道中人所得非僅「酒」，故據改。

〔三〕成：《漢書》卷八六《王嘉傳》「成」上有「器」字。

〔四〕奉：各本同，《漢書》卷八六《王嘉傳》作「奏」。

〔五〕蒼頭：《漢書》卷七二《鮑宣傳》：「使奴從賓客漿酒霍肉，蒼頭廬兒皆用致富。」顔師古注引孟康：「黎民、黔首，黎、黔，皆黑也。下民陰類，故以黑爲號。漢名奴爲蒼頭，非純黑，以別於良人也。」蒼，各本同，《後漢書》卷八六《王嘉傳》作「倉」。今按：「蒼」、「倉」同。

28 漢桓帝常在南宮長秋、和(曜)〔驩〕殿上作樂。〔一〕

【校注】

〔一〕漢桓帝：即劉志。在位時興「黨錮之禍」。崩，謚桓。《後漢書》卷七有紀。　和驩殿：各本作「和曜殿」。吴校：「『曜』，《續漢志》作『驩』。」今按：「和曜」當作「和驩」。《後漢書》卷八《靈帝紀》李賢注引《續漢志》曰：「時燒靈臺殿、樂成殿，延及北闕，度道西燒嘉德、和驩殿。」又，《後漢書》卷七《桓帝紀》：「延熹八年閏月甲午，南宮長秋、和驩殿後鉤楯、掖庭、朔平署火。」是桓帝時有「和驩殿」，而「和曜殿」史料無載，蓋「驩」、「曜」形近而誤，據改。

29 漢桓帝時，黄龍、千秋萬歲殿皆被災。〔一〕

【疏證】

《後漢書》卷七《桓帝紀》：「(延熹八年二月)己酉，南宮嘉德署黄龍見。千秋萬歲殿火。」《後漢書·五行志二》：「(延熹)八年二月己酉，南宮嘉德署、黄龍、千秋萬歲殿皆火。」

【校注】

〔一〕「漢桓帝」句：黄龍、千秋萬歲，俱殿名。《初學記》卷二四引《洛陽故宮名》云：「洛陽南宮，有玉堂前殿、黃龍殿、翔平殿、竹殿。」清錢大昕《廿二史考異》卷一〇「《後漢書一・桓帝紀》」下有云：「依此文，似龍見一事，火災又一事。《志》於黃龍下無『見』字，萬歲殿下多『皆』字。則黃龍亦是殿名，與嘉德署同日火也。」

30 漢靈帝本侯家，〔一〕宿貧。〔二〕即位，常歎曰：「桓帝不能作家居，都無私錢。」乃賣官，自關內侯、虎賁、羽林各有差。〔三〕私令左右賣公卿錢，〔四〕公錢（十）〔千〕萬，〔五〕卿錢五百萬。

【疏證】

《後漢書》卷七八《宦者列傳・張讓傳》：「帝本侯家，宿貧，每歎桓帝不能作家居，故聚爲私臧。」

《後漢書》卷八《孝靈帝紀》：「初開西邸賣官，自關內侯、虎賁、羽林，入錢各有差。私令左右賣公卿，公千萬，卿五百萬。」

【校注】

〔一〕漢靈帝：即劉宏。宏在位時重用宦官曹節等，公開賣官。崩，謚靈。《後漢書》卷八有紀。

〔二〕宿：《漢書》卷六四《徐樂傳》顏師古注：「宿，久也。」

〔三〕關内侯：爵名。秦漢時置，爲二十等級之第十九級，地位次於列侯。《漢書》卷一九上《百官公卿表》「十九關内侯」，顏師古注：「言有侯號而居京畿，無國邑。」虎賁：即虎賁郎。由虎賁中郎將率領，侍衛國君及保衛王宮。羽林：即羽林郎。漢武帝時選隴西、天水、安定、北地、上郡、西河等六郡良家子宿衛建章宮，稱建章營騎。後改名羽林騎，取爲國羽翼，如林之盛意；一説象天文羽林星，主車騎。差：等次。《廣雅·釋詁》：「差，次也。」

〔四〕錢：各本同。今按：有「錢」字文意難通，疑衍。

〔五〕千：底本作「十」，《四庫全書》本、《百子全書》本作「千」。吴校：「『十』，《後漢書》作『千』。」今按：吴校是，據改。

31　漢靈帝嘗藏寄小黄門、常侍錢，〔一〕累數千萬。

【疏證】

《後漢書》卷七八《宦者列傳·張讓傳》：「(靈帝)復臧寄小黄門、常侍錢各數千萬。」

【校注】

〔一〕藏：中華書局點校本《後漢書》卷七八《宦者列傳·張讓傳》作「臧」，校勘記云：「臧，據李慈銘説删。」

按：李云《治要》無下『臧』字，是也，當據删。」今按：臧，即藏。據本篇，「臧」字非衍，中華書局點校本《後漢書》此校有誤。小黄門：宦官名。《後漢書·百官志三》：「小黄門，六百石。〔本注曰〕：宦者，無員。掌侍左右，受尚書事。上在内宫，關通中外，及中宫已下衆事。諸公主及王太妃等有疾苦，則使問之。」常侍：官職名。秦漢以來，經常在皇帝左右奉侍的官員，均稱常侍。東漢以後，常侍改用宦官，常給事帝、后左右，兼掌文書、詔令。

32 漢靈帝嘗鑄銅人四，列於蒼龍、玄武闕外。〔一〕

【疏證】

《後漢書》卷八《孝靈帝紀》：「(中平三年春)復修玉堂殿，鑄銅人四，黄鐘四，及天禄、蝦蟆。」

《後漢書》卷七八《宦者列傳·張讓傳》：「又使掖庭令畢嵐鑄銅人四，列於倉龍、玄武闕。」

【校注】

〔一〕蒼龍、玄武：《後漢書》卷七八《宦者列傳·張讓傳》李賢注：「倉龍，東闕。玄武，北闕。」蒼，各本同，《後漢書·張讓傳》作「倉」。今按：「蒼」、「倉」同。闕：《三輔黄圖》卷六《雜録》：「闕，觀也。周置兩觀以表宫門，其上可居，登之可以遠觀，故謂之觀。人臣將朝，至此則思其所闕。」

33 漢靈帝時鑄四鐘，皆受二千斛，〔一〕懸於玉堂及雲臺殿前。〔二〕

【疏證】

《後漢書》卷七八《宦者列傳・張讓傳》：「又鑄四鐘，皆受二千斛，縣於玉堂及雲臺殿前。」

【校注】

〔一〕斛：量詞。《儀禮・聘禮》：「十斗曰斛。」

〔二〕雲臺殿：漢曾於南宮築雲臺，以其高起於雲，故稱。故址在今河南洛陽東北漢魏故城中。《後漢書》卷三二《陰興傳》李賢注：「洛陽南宮有雲臺、廣德殿。」

34 漢靈帝起（箪）〔罼〕圭、靈（琨）〔昆〕苑，〔一〕以珉玉爲壁，〔二〕以博山柏節爲牀。〔三〕

【疏證】

《後漢書》卷八《靈帝紀》：「（光和三年）作罼圭、靈昆苑。」

【校注】

〔一〕「漢靈帝」句：《四庫全書》「箪」下有小字云：「案《後漢書》『箪』作『罼』，『琨』作『昆』。」吴校：「按《後漢書》『箪』作『罼』，『琨』作『昆』。」重校本、《叢書集成》本、《百子全書》本、龍溪精舍本「箪」作「罼」，

「琨」作「昆」。今按：吴校是，據改。罼圭，《後漢書》卷九《孝獻帝紀》、卷八四《楊震傳》、卷一〇二《董卓傳》等作「畢圭」。《後漢書》卷八《靈帝紀》李賢注：「罼圭苑有二：東罼圭苑週一千五百步，中有魚梁臺；西罼圭苑週三千三百步。並在洛陽宣平門外也。」靈昆，苑名。故址在今河南洛陽東北漢魏故城附近。

〔二〕珉玉：似玉的美石。

〔三〕「以博山」句：《四庫全書》本無此句。博山柏，當即博山所産之柏。博山，山名。在今江西廣豐西南。

35 漢靈帝嘗於〔四〕〔西〕園弄狗，〔一〕著進賢冠，〔二〕帶綬。〔三〕

【疏證】

《後漢書》卷八《孝靈帝紀》：「（光和四年）於西園弄狗，著進賢冠，帶綬。」亦見《太平御覽》卷九二引《續漢書》。

【校注】

〔一〕西園：《文選》卷三張平子《東京賦》：「歲惟仲冬，大閱西園。」薛綜注：「西園，上林苑也。」故址在今河南洛陽市東。西，底本作「四」，《四庫全書》本、重校本、《叢書集成》本、《百子全書》本、龍溪精舍本作「西」。吴校：「『四』當作『西』。」今按：《後漢書》卷八《靈帝紀》「四」作「西」，據改。

〔二〕進賢冠：《後漢書・輿服志下》：「進賢冠，古緇布冠也，文儒者之服也。前高七寸，後高三寸，長八寸。公侯三梁，中二千石以下至博士兩梁，自博士以下至小史私學弟子，皆一梁。宗室劉氏亦兩梁冠，示加服也。」

〔三〕綬：《禮記・玉藻》：「天子佩白玉而玄組綬，公侯佩山玄玉而朱組綬。」鄭玄注：「綬者，所以貫佩玉相承受者也。」

36　漢靈帝時作列肆於後宫，〔一〕使采女販賣，〔二〕更相盗竊，鬬争之聲聞於人間。帝著商賈服，飲宴於其間。

【疏證】

《後漢書》卷八《孝靈帝紀》：「（光和四年）帝作列肆於後宫，使諸采女販賣，更相盗竊争鬬。帝著商估服，飲宴爲樂。」亦見《太平御覽》卷九二引《續漢書》。

【校注】

〔一〕列肆：成列的商鋪。《文選》卷二二謝叔源《游西池》李善注：「鄭玄《禮記注》曰：『肆，市中陳物處也。』」

〔二〕采女：慧琳《一切經音義》卷二一引漢應劭《風俗通》曰：「六宫采女凡數千人。天子遣掖庭丞相率於鄉中閱視童女年十三已上、二十已下，長壯皎潔有法相者，因載入宫，謂之采女也。」

37 漢靈帝時，養驢數百，帝自騎之，驅馳徧京師。有時駕四驢入市裏。〔一〕

【疏證】

《後漢書》卷八《孝靈帝紀》：「（光和四年）駕四驢，帝躬自操轡，驅馳周旋，京師轉相放效。」《後漢書》卷二七《五行志》：「靈帝於宫中西園駕四白驢，躬自操轡，驅馳周旋，以爲大樂。」亦見《太平御覽》卷九二引《續漢書·五行志》。

【校注】

〔一〕「有時」句：《太平御覽》卷九〇一、《天中記》卷五五、《廣博物志》卷四六引《金樓子》此節，「漢靈帝」下無「時」字，「百」下有「頭」字，「帝自」作「常自」，「市」下無「裏」字。

38 漢靈帝時，黄巾賊起。〔一〕帝自稱「無上將軍」，耀兵平樂館。〔二〕上設九葉蓋，〔三〕蓋皆安〔孔〕〔九〕子真金鈴，〔四〕銀、珠玉之飾稱是也。

【疏證】

《後漢書》卷八《孝靈帝紀》：「(中平五年)冬十月，青、徐黄巾復起，寇郡縣。甲子，帝自稱『無上將軍』，耀兵於平樂觀。」

《後漢書》卷六九《何進傳》：「(中平)五年，天下滋亂，望氣者以爲京師當有大兵，兩宫流血。大將軍司馬許涼、假司馬伍宕説進曰：『《太公六韜》有天子將兵事，可以威厭四方。』進以爲然，入言之於帝。於是乃詔進大發四方兵，講武於平樂觀下。起大壇，上建十二重五采華蓋，高十丈，壇東北爲小壇，復建九重華蓋，高九丈，列步兵、騎士數萬人，結營爲陳。天子親出臨軍，駐大華蓋下，進駐小華蓋。禮畢，帝躬擐甲介馬，稱『無上將軍』，行陳三匝而還。」

《太平御覽》卷九二引《獻帝春秋》曰：「初黄巾賊起，靈帝建九重華蓋，自稱『無上將軍』，身被介冑練兵，講兵京城。」

【校注】

〔一〕黄巾賊：東漢末年，張角領導農民起義，因起義軍頭戴黄巾爲標幟，故稱黄巾軍。事詳《後漢書》卷七一《皇甫嵩傳》等。

〔二〕平樂館：又名「平樂觀」。故址在今河南洛陽東北漢魏故城。

〔三〕九葉蓋：各本同。今按：《後漢書》卷六九《何進傳》、《太平御覽》卷九二引《獻帝春秋》作「九重華蓋」。

〔四〕九子真金鈴：古代宮殿、寺觀風簷前或帷帳上掛的裝飾鈴，用金玉等材料製成。《西京雜記》卷一：「(昭陽殿)上設九金龍，皆銜九子金鈴。」九，底本作「孔」，《四庫全書》本、重校本、《叢書集成》本、《百子全書》本、龍溪精舍本作「九」。吴校：「句疑有誤。」又校：「『孔子』當作『九子』，『銀』字衍。」今按：「孔」作「九」是，據改。本篇第五十六節載：「齊武帝内殿則張帷，雜色錦複帳。帳之四角爲金鳳凰銜九子鈴。」正作「九子鈴」，可證。

39　漢靈帝時，樂(城)〔成〕門災，〔一〕延及北闕，〔二〕度道燒嘉德、和(曜)〔驩〕殿。〔三〕廣陽門外(上)屋自壞。〔四〕收天下田，〔五〕畝十錢，以治室。〔六〕

【疏證】

《後漢書》卷八《孝靈帝紀》：「(中平二年)二月己酉，南宮大災，火半月乃滅。(癸)亥，廣陽門外屋自壞。稅天下田，畝十錢。」李賢注引《續漢志》曰：「時燒靈臺殿、樂成殿，延及北闕，度道西燒嘉德、和驩殿。」《後漢書・五行志二》：「中平二年二月己酉，南宮雲臺災。庚戌，樂(城)〔成〕門災，延及北闕，〔度〕道西燒嘉德、和歡殿。」亦見《太平御覽》卷九二引《續漢書》。

【校注】

〔一〕欒成門：各本作「欒城門」。吳校：「按『門』，《續漢志》作『殿』。」《後漢書·五行志二》作「欒城門」，梁劉昭注「南宮中門」；李賢注引《續漢志》作「欒成殿」。中華書局點校本《後漢書·五行志二》校勘記云：「惟『欒城』之『城』，應從章懷注作『成』。志注既明言南宮中門，而紀注以爲欒成殿，蓋門係於殿，以殿言，則知是宮中之門，非城門，或紀注『殿』下原有『門』字，轉寫脱去耳。今據改。」今按：此校是，改「城」作「成」。

〔二〕北闕：皇宮北面的門樓。《漢書》卷一《高帝紀下》：「蕭何治未央宮，立東闕、北闕、前殿、武庫、太倉。」顔師古注：「未央宮雖南嚮，而上書、奏事、謁見之徒皆詣北闕。」

〔三〕度道：各本同。今按：《後漢書》卷八《靈帝紀》李賢注、《後漢書·五行志二》「道」下有「西」字。

驩：各本作「曜」。吳校：「『曜』，《續漢志》作『驩』。」今按：吳校是，説見本篇第二十八節注〔一〕。

〔四〕廣陽門：《後漢書》卷八《靈帝紀》李賢注：「洛陽城西面南頭門也。」屋：底本、《四庫全書》本作「上屋」，重校本、《叢書集成》本、《百子全書》本、龍溪精舍本無「上」字。吳校：「按《後漢書》無『上』字。」今按：據《後漢書》卷八《靈帝紀》删「上」字。

〔五〕收：各本同，《後漢書》卷八《靈帝紀》作「税」。

〔六〕以治室：各本同。吳校：「按《後漢書》注作『以修宮室』。」《太平御覽》卷九二引《續漢書》作「以治宮殿」，《晉書》卷二六《食貨志》作「用營宮宇」。

40　魏明帝於列殿北，〔一〕立八坊，〔二〕諸才人以次第處其中，〔三〕貴人、夫人以上，〔四〕轉南附焉，〔五〕其（名）〔秩石〕擬百官之數。〔六〕帝常遊宴在内。

【疏證】

《三國志》卷三《明帝紀》：「（青龍三年）是時大治洛陽宫，起昭陽、太極殿，築總章觀。」裴松之注引《魏畧》：「是年起太極諸殿，築總章觀，高十餘丈，建翔鳳於其上；又於芳林園中起陂池，楫櫂越歌；又於列殿之北，立八坊，諸才人以次序處其中，貴人、夫人以上，轉南附焉，其秩石擬百官之數。帝常游宴在内。」亦見《太平御覽》卷九四引《魏書》、卷一四五引《魏畧》。

【校注】

〔一〕魏明帝：即曹叡，字元仲，沛國譙人。三國魏文帝曹丕子。在位十三年。《三國志》卷三有紀。

〔二〕坊：《文選》卷一一何平叔《景福殿賦》：「屯坊列署，三十有二；星居宿陳，綺錯鱗比。」李善注：「《聲類》曰：『坊，别屋也。』方與坊古字通。《釋名》曰：『坊，别室名。』」

〔三〕才人：宫中女官名。多爲嬪妃的稱號。漢置，晉朝爵視千石以下。

〔四〕貴人：嬪妃稱號。東漢光武帝始置，地位次於皇后。　夫人：後宫嬪妃的稱號之一。《三國志》卷五《后妃傳》：「（明帝）太和中始復命夫人，登其位於淑妃之上。」

〔五〕轉南附：指用公爵之名比附。南，官爵名。後亦作「男」。《孔子家語·正論解》：「鄭伯，男南也，而使從公侯之貢，懼弗給也。」王肅注：「『南』，左氏作『男』。古字作『南』，亦多有作此『南』。連言之，猶言公侯也。」

〔六〕秩石：各本作「名」，《三國志》卷三《魏明帝紀》裴松之注引《魏略》、《太平御覽》卷一四五引《魏略》作「秩石」，《太平御覽》卷九四引《魏書》作「秩名」。今按：名，當爲「石」之訛，據《三國志》裴松之注引《魏略》等改補爲「秩石」。《三國志》卷五《后妃傳》：「魏因漢法，母后之號，皆如舊制，自夫人以下，世有增損。太祖建國，始命王后，其下五等：有夫人，有昭儀，有婕妤，有容華，有美人。文帝增貴嬪、淑媛、脩容、順成、良人。明帝增淑妃、昭華、脩儀；除順成官。太和中始復命夫人，登其位於淑妃之上。自夫人以下爵凡十二等：貴嬪、夫人，位次皇后，爵無所視；淑妃位視相國，爵比諸侯王；淑媛位視御史大夫，爵比縣公；昭儀比縣侯；昭華比鄉侯；修容比亭侯；修儀比關内侯；婕妤視中二千石；容華視真二千石；美人視比二千石；良人視千石。」

41　魏明帝時徙長安鍾簴、駱駝、銅人、承露盤。〔一〕盤折，銅人重不可致，留於霸城。〔二〕大發銅鑄人二，號曰翁仲，〔三〕列坐司馬門外。〔四〕

【疏證】

《三國志》卷三《明帝紀》：「（景初元年十二月）己未，有司奏文昭皇后立廟京都。」裴松之注引

《魏畧》曰：「是歲，徙長安諸鍾簴、駱駝、銅人、承露盤。盤折，銅人重不可致，留於霸城。大發銅鑄作銅人二，號曰翁仲，列坐於司馬門外。」亦畧見《宋書》卷三〇《五行志一》。

【校注】

〔一〕鍾簴：鐘和懸掛鐘的横架。鍾，通「鐘」；簴，同「虡」，而「虡」古文作「虞」，《説文解字·虍部》：「虡，鐘鼓之柎也。」承露鎜：漢武帝篤信神仙，於京師長安建章宫築神明臺，立銅仙人舒掌捧銅盤承接甘露，冀飲以延年。後三國魏明帝亦於洛陽芳林園置承露盤。《漢書》卷二五《郊祀志上》：「其後又作柏梁、銅柱、承露仙人掌之屬矣。」顔師古注：「蘇林曰：『仙人以手掌擎盤承甘露。』師古曰：『《三輔故事》云：建章宫承露盤高二十丈，大七圍，以銅爲之，上有仙人掌承露，和玉屑飲之。蓋張衡《西京賦》所云「立修莖之仙掌，承雲表之清露，屑瓊蕊以朝餐，必性命之可度」也。』」各本「鎜」下有小字云：「案《三國志》注作『盤』，下同。」今按：「鎜」是「盤」的古字。

〔二〕霸城：「霸城門」的省稱。《三輔黄圖》卷一《都城十二門》：「長安城東出南頭第一門曰霸城門，民見門色青，名曰青城門，或曰青門。」《後漢書》卷八二下《方術列傳·薊子訓》：「後人復於長安東霸城見之，與一老公共摩挲銅人，相謂曰：『適見鑄此，已近五百歲矣。』」

〔三〕翁仲：《淮南子》卷一三《氾論》高誘注：「秦皇帝二十六年，初兼天下，有長人見於臨洮，其高五丈，足跡六尺。放寫其形，鑄金人以象之，翁仲、君何是也。」後遂稱銅像或石像爲「翁仲」。

〔四〕司馬門：《史記》卷七《項羽本紀》裴駰《集解》：「駰案：凡言司馬門者，宫垣之内，兵衛所在，四面皆有司馬主武事，總言之，外門爲司馬門也。」司馬貞《索隱》：「按，天子門有兵欄，曰司馬門也。」

42　魏明帝時鑄黄龍、鳳凰各一。龍高四丈，鳳高三丈餘，置内殿前。〔一〕

【疏證】

《三國志》卷三《明帝紀》：「（景初元年十二月）分襄陽郡之鄀葉縣屬義陽郡。」裴松之注引《魏署》曰：「是歲……又鑄黄龍、鳳皇各一，龍高四丈，鳳高三丈餘，置内殿前。」

【校注】

〔一〕内殿：皇帝召見大臣和處理國事之處。因在皇宫内進，故稱。

43　魏明帝時引穀水過九龍前，〔一〕爲玉井綺闌，〔二〕蟾蜍含受，〔三〕神龍吐流。歲首建巨獸，魚龍曼延，〔四〕弄馬倒騎，如漢西京之制。〔五〕

【疏證】

《三國志》卷三《明帝紀》：「（青龍三年）是時，大治洛陽宫，起昭陽、太極殿，築總章觀。」裴松之注引《魏署》曰：「是年……通引穀水過九龍殿前，爲玉井綺欄，蟾蜍含受，神龍吐出。使博士馬均作司南車，水轉百戲。歲首建巨獸，魚龍曼延，弄馬倒騎，備如漢西京之制。」

【校注】

〔一〕穀水：即今河南澠池南澠水及其下游澗水。東流至洛陽市西注入洛河。東漢、三國魏時都洛陽，曾導穀水，使東出王城北，合纏水東注爲陽渠，經洛陽城，東至偃師市東南入洛。九龍：各本同，《三國志》卷三《明帝紀》裴松之注引《魏略》「龍」下有「殿」字。九龍，殿名。《資治通鑑》卷七三《魏紀五》「魏明帝青龍三年」：「詔復立崇華殿，更名曰九龍。通引穀水過九龍殿前，爲玉井綺欄，蟾蜍含受，神龍吐出。使博士扶風馬鈞作司南車，水轉百戲。」胡三省注：「據《高堂隆傳》，時郡國有九龍見，因以名殿。《水經注》穀渠東歷故金市南，直千秋門，枝流入石逗，伏流注靈芝九龍池。」

〔二〕綺闌：雕花的圍欄。闌，各本同，《三國志》卷三《明帝紀》裴松之注引《魏略》作「欄」。今按：「闌」、「欄」同義。

〔三〕蟾蜍含受：井上儲水之器，爲蟾蜍開口之狀。

〔四〕魚龍：《漢書》卷九六《西域傳贊》顔師古注：「魚龍者，爲舍利之獸，先戲於庭極，畢乃入殿前激水，化成比目魚，跳躍漱水，作霧障日，畢，化成黄龍八丈，出水敖戲於庭，炫燿日光。《西京賦》云『海鱗變而成龍』，即爲此色也。」曼延：古代百戲的一種。《文選》卷二張平子《西京賦》：「巨獸百尋，是爲曼延。」李善注：「作大獸長八十丈，所謂魚龍曼延也。」

〔五〕西京：西漢都長安，東漢改都洛陽，因稱洛陽爲東京，長安爲西京。今按：西漢時長安繁華，雜耍表演盛極一時。《漢書》卷九六《西域傳贊》：「(長安)設酒池肉林以饗四夷之客，作《巴俞》都盧、海中《碭極》、漫衍魚龍、角抵之戲以觀視之。」《文選》卷二張平子《西京賦》：「複陸重閣，轉石成雷。礔礰激而增響，磅磕象乎天威。巨獸百尋，是爲曼延。神山崔嵬，欻從背見。熊虎升而拏攫，猨狖超而高援。怪獸陸梁，大雀踆踆。白象行孕，垂鼻轔囷。海鱗變而成龍，狀蜿蜿以蝹蝹。含利颬颬，化爲仙車。驪駕四鹿，芝蓋九葩。蟾蜍與龜，水人弄蛇。奇幻儵忽，易貌分形。」

44　魏明帝起土山於芳林西北陬，[一]使公卿皆負土，捕禽獸置其中。羣臣穿方舉土，[二]面目垢黑，沾體塗足，衣冠了鳥，[三]以崇無益，其所以不能興國也。

【疏證】

《三國志》卷三《明帝紀》：「(景初元年十二月)分襄陽郡之鄀葉縣屬義陽郡。」裴松之注引《魏略》曰：「是歲……起土山於芳林園西北陬，使公卿羣僚皆負土成山，樹松竹雜木善草於其上，捕山禽雜獸置其中。……司徒軍議掾河東董尋上書諫曰：『……今陛下既尊羣臣，顯以冠冕，被以文繡，載以華輿，所以異於小人。而使穿方舉土，面目垢黑，沾體塗足，衣冠了鳥，毀國之光，以崇無益，甚非謂也。』」

【校注】

〔一〕芳林：園名。東漢末建，爲皇家園林。在今河南洛陽東北漢魏故城北隅。陬：《史記》卷五七《絳侯周勃世家》裴駰《集解》引如淳曰：「陬，隅也。」

〔二〕穿方：元李治《敬齋古今黈》卷九：「穿方者，穿土爲方也。黄帝《九章》，五曰『商功』，『以御功程積實』，其術皆以立方定率。穿土爲方，則穿空作立方以程功也。」

〔三〕了鳥：《資治通鑑》卷七三《魏紀五》「明帝景初元年」胡三省注：「了鳥，衣冠摧敝之貌。」《敬齋古今黈》卷九：「衣冠了鳥，了鳥當並音去聲。今世俗人謂腰膂四支不相收拾者，謂之了鳥，即此語也。音料掉。」

45 魏明帝作延休殿、永寧殿、昌宴殿。〔一〕

【校注】

〔一〕延休殿、永寧殿：皆殿名。《藝文類聚》卷六二引魏韋誕《景福殿賦》曰：「若乃離殿别館，粲如列星。安昌、延休、清宴、永寧，美百號之特居，嘉休祥之令名。」昌宴殿：各本同。今按：考《初學記》卷二四「延休」條引《洛陽宮殿簿》及《太平御覽》卷一七五引《晉宮閣名》並有「安昌殿」，無「昌宴殿」，疑「昌宴」或是「安昌」之倒訛，亦或是「安昌」、「清宴」之脱誤。然本書《立言篇下》第一節「魏明修許昌宮，作景福、承光、永寧、昌宴、百子、延休諸殿」，亦作「昌宴」。

46 魏齊王芳不親萬機，〔一〕耽淫內寵，日延倡優，迎六宮家人留止內房。〔二〕嘗於芙蓉殿前裸袒相逐。又於淩雲臺曲施帷，〔三〕見九親婦女，〔四〕芳臨宣曲觀，〔五〕呼小優郭懷、袁信，〔六〕使入帷共飲酒。清商令令狐景曰：〔七〕「先帝持門户急，〔八〕今陛下日將后妃遊戲無度，乃至共觀（爲陛下計耳）優倡，〔九〕裸袒爲亂，恐不可令皇太后聞。臣不愛死，〔爲陛下計耳。〕〔一〇〕」芳曰：「我作天子，不得自在耶？向使先帝使外人淫內侍，〔一一〕子孫豈不衆多？太后何與我事！」使人縛景，燒鐵灼之，舉體皆爛。

【疏證】

《三國志》卷四《三少帝紀》：「（嘉平六年秋九月）甲戌，太后令曰：『皇帝芳春秋已長，不親萬機，耽淫內寵，沈漫女德，日延倡優，縱其醜謔；迎六宮家人留止內房，毀人倫之叙，亂男女之節；恭孝日虧，悖慠滋甚，不可以承天緒，奉宗廟。使兼太尉高柔奉策，用一元大武告於宗廟，遣芳歸藩于齊，以避皇位。』」裴松之注引《魏書》載羣臣言有云：「皇帝即位，纂繼洪業，春秋已長，未親萬機，耽淫內寵，沈漫女色，廢捐講學，棄辱儒士，日延小優郭懷、袁信等於建始芙蓉殿前裸袒遊戲，使與保林、女尚等爲亂，親將後宫瞻觀。又於廣望觀上，使懷、信等於觀下作遼東妖婦，嬉褻過度，道路行人掩目，帝於觀上以爲宴笑。於陵雲臺曲中施帷，見九親婦女，帝臨宣曲觀，呼懷、信使入帷共飲酒。懷、信等更行酒，婦女皆醉，戲侮無別。使保林李華、劉勳等與懷、信等戲，清商令令狐景呵華、勳曰：『諸女，上左右人，各有官職，何以得爾？』華、勳數讒毁景。帝常喜以彈彈人，以此恚景，彈景不避首目。景語帝曰：『先帝持門户急，今陛下日將妃后遊戲無度，至乃共觀倡優，裸袒爲亂，不可令皇太后聞。景不愛死，爲陛下計耳。』帝言：『我作天子，不得自在邪？太后何與我事！』使人燒鐵灼景，身體皆爛。」

【校注】

〔一〕魏齊王芳：曹芳字蘭卿，沛國譙人。魏明帝養子。嗣位，司馬師擅權，廢爲齊王。卒，謚厲。《三國志》卷四有紀。

〔二〕六宫：古代后妃的寢宫，正寢一，燕寢五，合爲六宫。《禮記·昏義》：「古者，天子后立六宫，三夫人、九嬪、二十七世婦、八十一御妻，以聽天下之内治，以明章婦順，故天下内和而家理。」鄭玄注：「天子六寢，而六宫在後，六官在前，所以承副施外内之政也。」

〔三〕凌雲臺：魏黄初二年（二二一）築，在今河南洛陽漢魏故城中部偏西。曲：通道。又，《三國志》卷四《三少帝紀》裴松之注「曲」下有「中」字。

〔四〕九親：猶九族。此泛指親屬。

〔五〕宣曲觀：宮觀名。在今河南洛陽東北漢魏洛陽故城内。

〔六〕郭懷、袁信：俱三國魏時人。事詳《三國志》卷四《三少帝紀》。

〔七〕清商令：官名。朝廷管理民間樂舞的長官。　令狐景：三國魏時人。事詳《三國志》卷四《三少帝紀》。

〔八〕持門户：即治家。《樂府詩集》卷三七《相和歌辭十二·隴西行》：「健婦持門户，一勝一丈夫。」門户，家庭。　急：嚴格，嚴厲。漢徐幹《中論·修本》：「孔子之制《春秋》也，詳内而畧外，急己而寬人。」

〔九〕「乃至」句：重校本、《叢書集成》本、《百子全書》本、龍溪精舍本「觀」下無「爲陛下計耳」五字。今按：《三國志》卷四《三少帝紀》裴松之注引《魏書》此五字在「不愛死」後，今移正。

〔一〇〕「臣不」二句：重校本、《叢書集成》本、《百子全書》本、龍溪精舍本「死」下有「爲陛下計耳」五字。吴校：「此段疑多有舛錯。按夏侯湛《魏書》云：『乃至共觀優倡，裸袒爲亂，不可令皇太后聞。景不愛死，爲陛下計耳。』」

〔一一〕先帝：指魏明帝。今按：明帝無子，養曹芳及曹詢，故曹芳發此荒唐之言。

47 **魏齊王芳日延倡優。及司馬昭初入朝，〔一〕司馬師將有問鼎之志。〔二〕芳與左右小臣謀，〔三〕因昭辭，殺之，勒其衆以〔退〕師。〔四〕昭既入，〔五〕芳方食（粟）〔栗〕，〔六〕優人唱**

曰「青頭雞」。青頭雞者，鴨也。〔七〕芳懼不敢發。

【疏證】

《三國志》卷四《三少帝紀》：「(嘉平六年)秋九月，大將軍司馬景王將謀廢帝，以聞皇太后。」裴松之注：「《世語》及《魏氏春秋》並云：『此秋，姜維寇隴右。時安東將軍司馬文王鎮許昌，徵還擊維，至京師，帝於平樂觀以臨軍過。中領軍許允與左右小臣謀，因文王辭，殺之，勒其衆以退大將軍。已書詔於前。文王入，帝方食栗，優人雲午等唱曰：「青頭雞，青頭雞。」青頭雞者，鴨也。帝懼不敢發。文王引兵入城，景王因是謀廢帝。』」

【校注】

〔一〕司馬昭：字子上，魏河内温縣人。司馬懿子，司馬師弟。魏齊王時進爵晉王。卒，子炎代魏稱帝，追尊爲文帝。《晉書》卷二有紀。　初入朝：指司馬昭於嘉平六年(二五四)秋至京師事。

〔二〕司馬師：字子元。魏嘉平年間，以輔軍大將軍輔政，廢齊王芳，立魏文帝孫高貴鄉公髦爲帝。病死。侄炎建晉朝，追尊爲景帝。《晉書》卷二有紀。　問鼎：《左傳·宣公三年》：「楚子伐陸渾之戎，遂至於雒，觀兵於周疆。定王使王孫滿勞楚子，楚子問鼎之大小輕重焉。」按，禹鑄九鼎，三代視之爲國寶。楚王問鼎，有取而代周之意。後遂稱圖謀王位爲「問鼎」。

〔三〕小臣：《國語》卷八《晉語二》韋昭注：「小臣，官名。掌陰事陰命，閹士也。」

〔四〕勒：統領。　以退師：底本無「退」字，《四庫全書》本作「以退師」，重校本、《叢書集成》本、《百子全書》本、龍溪精舍本作「以退」。吴校：「『以』下疑脱『討』字。」又校：「『師』當作『退』。」今按：《三國志》卷四《三少帝紀》裴松之注引《世語》及《魏氏春秋》作「勒其衆以退大將軍」，「以」下有「退」字，據補。師，指司馬師。

〔五〕昭既入：《四庫全書》本無「既」字。

〔六〕食栗：底本作「食粟」，《四庫全書》本、重校本、《叢書集成》本、《百子全書》本、龍溪精舍本作「食栗」。吴校：「本作『食栗』。」今按：粟，《太平御覽》卷九一九及《記纂淵海》卷九七引《魏氏春秋》同；《三國志》卷四《三少帝紀》裴松之注引《世語》及《魏氏春秋》、《藝文類聚》卷八七及《御定淵鑑類函》卷四〇三引《魏志》、《册府元龜》卷三七〇作「栗」。當以作「栗」爲是，據改。

〔七〕「青頭雞」三句：清顧炎武《日知録》卷二八「押字」條引《三國志·少帝紀》裴松之注，加按云：「按鴨者，勸帝押詔書耳。是則以親署爲押，已見於三國時矣。」

48　晉惠帝衷爲太子時，〔一〕武帝宴羣臣於式乾殿，〔二〕歡甚。衛瓘被酒，〔三〕拊帝座云：〔四〕「此座可惜。」帝（猶不）悟，〔五〕乃佯言曰：「公醉耶？」後朝臣多言衷不可立。〔六〕及即位後，爲趙王倫所簒。〔七〕

【疏證】

《世説新語・規箴》：「晉武帝既不悟太子之愚，必有傳後意。諸名臣亦多獻直言。帝嘗在陵雲臺上坐，衛瓘在側，欲申其懷，因如醉跪帝前，以手撫牀曰：『此坐可惜！』帝雖悟，因笑曰：『公醉邪？』」亦見《世説新語・規箴》劉孝標注引《晉陽秋》、《太平御覽》卷四五三引臧榮緒《晉書》。

【校注】

〔一〕晉惠帝衷：即司馬衷，字正度，河内温縣人，武帝第二子。性癡呆，即位初，楊駿輔政，尋由賈后專權。「八王之亂」中，被東海王司馬越毒死。謚曰孝惠皇帝。《晉書》卷四有紀。

〔二〕武帝：即司馬炎。炎字安世，司馬昭長子。昭死，嗣爲相國、晉王。不久代魏，建晉朝。《晉書》卷三有紀。式乾殿：晉宫殿名。《藝文類聚》卷八一引《晉室閣名》曰：「太極殿前芸香四畦，式乾殿前芸香八畦。」

〔三〕衛瓘：字伯玉，河東安邑人。魏末，官廷尉卿。入晉，累官司空。惠帝立，與汝南王司馬亮共輔政，爲賈后所殺。謚成。《晉書》卷三六有傳。被酒：爲酒所醉。《史記》卷八《高祖本紀》：「高祖被酒，夜徑澤中，令一人行前。」張守節《正義》：「被，加也。」

〔四〕座：各本同，《世説新語・規箴》及劉孝標注引《晉陽秋》、《太平御覽》卷四五三引臧榮緒《晉書》作「牀」。今按：牀亦是古代坐具，與座同義。《禮記・内則》陳澔《集説》：「牀，《説文》云：『安身之几坐。』非今之卧牀也。」

〔五〕悟：底本、《四庫全書》本作「猶不悟」，重校本、《叢書集成》本、《百子全書》本、龍溪精舍本「帝」下無「猶不」二字。吴校：「『猶不』二字衍。」今按：下文帝「乃佯言」，則實悟也。吴校是，據改。

〔六〕「後朝臣」句：《晉書》卷四《惠帝紀》：「帝之爲太子也，朝廷咸知不堪政事，武帝亦疑焉。賈妃遣左右代對，多引古義。給事張泓曰：『太子不學，陛下所知，今宜以事斷，不可引書。』妃從之。泓乃具草，令帝書之。武帝覽而大悦，太子遂安。……帝又嘗在華林園，聞蝦蟆聲，謂左右曰：『此鳴者爲官乎，私乎？』或對曰：『在官地爲官，在私地爲私。』及天下荒亂，百姓餓死，帝曰：『何不食肉糜？』其蒙蔽皆此類也。」司馬衷之不堪早爲朝臣所知，或勸武帝另立太子，或别有所屬意者。《晉書》卷三八《文六王·齊獻王攸傳》：「及帝晚年，諸子並弱，而太子不令，朝臣内外，皆屬意於攸。」卷五四《和嶠傳》：「嶠見太子不令，因侍坐曰：『皇太子有淳古之風，而季世多僞，恐不了陛下家事。』帝默然不答。」

〔七〕「爲趙王」句：《晉書》卷四《惠帝紀》：「永寧元年春正月乙丑，趙王倫篡帝位。丙寅，遷帝於金墉城，號曰太上皇，改金墉曰永昌宫。」趙王，即司馬倫，字子彝，司馬懿子。司馬炎稱帝，封趙王。惠帝元康中，爲太子太傅，後任大都督、相國，執朝政，幽惠帝於金墉城，僭帝位。終被殺。《晉書》卷五九有傳。

49　晉惠帝昏酒過常，每見大官上食有蚶，〔一〕帝慘然作色曰：「自今勿復制此，〔二〕糜費人力。〔三〕」

【校注】

〔一〕大官：即太官，官名。《後漢書》卷一〇《皇后紀上·和熹鄧皇后》李賢注：「《漢官儀》曰：『大官，主膳羞也。』」 蚶(hān)：又名魁陸、魁蛤。海産軟體動物，肉味鮮美可食。

〔二〕今：《百子全書》本作「令」，疑訛。

〔三〕糜費：耗費，浪費。糜，《百子全書》本作「縻」。今按：「糜」、「縻」、「靡」通。

50 宋景和子業，〔一〕孝建之太子也。〔二〕即皇帝位，〔三〕興改制度，或取之前史。〔四〕謝莊爲誄宣妃文，〔五〕曰「贊軌堯門」，〔六〕方之漢鉤弋也。〔七〕帝下莊於獄。乃發貴妃墓，縱糞於孝建冢曰：「查奴何意生我？〔八〕」孝建多昏縱，故有「查奴」之目。〔九〕太后臨卒，〔一〇〕遣人召帝。帝曰：「病人間多鬼，不可往。」太后怒曰：「引刀破我腹，那得生如此兒！」其不孝皆此類也。

【疏證】

《宋書》卷八五《謝莊傳》：「初，世祖寵姬殷貴妃薨，莊爲誄云：『贊軌堯門。』引漢昭帝母趙婕好堯母門事，廢帝在東宮，銜之。至是遣人詰責莊曰：『卿昔作殷貴妃誄，頗知有東宮不？』將誅之。或説帝曰：『死是人之所同，政復一往之苦，不足爲深困。莊少長富貴，今且繫之尚方，使知天下苦劇，然後殺之未晚也。』帝然其言，繫於左尚方。太宗定亂，得出。」

《宋書》卷七《前廢帝紀》：「初太后疾篤，遣呼帝。帝曰：『病人間多鬼，可畏，那可往。』太后怒，語侍者：『將刀來，破我腹，那得生如此寧馨兒！』及太后崩後數日，帝夢太后謂之曰：『汝不孝不仁，本無人君之相。子尚愚悖如此，亦非運祚所及。孝武險虐滅道，怨結人神，兒子雖多，並無天命。大運所歸，應還文帝之子。』其後湘東王紹位，果文帝子也。」

【校注】

〔一〕景和：宋前廢帝劉子業年號（四六五年）。子業：劉子業，小字法師，宋孝武帝長子，文穆皇后王憲媛所生。性凶暴，荒淫無度。在位一年被殺。《宋書》卷七《前廢帝紀》、《南史》卷二《宋本紀》有紀。

〔二〕孝建：宋孝武帝劉駿年號（四五四—四五六年）。此以年號代帝號。劉駿，字休龍，小字道民，宋文帝第三子。廟號世祖。《宋書》卷六、《南史》卷二《宋本紀》有紀。

〔三〕即皇帝位：《宋書》卷七《前廢帝紀》：「（大明）八年閏五月庚申，世祖崩。其日，太子即皇帝位。」

〔四〕「興改」二句：《宋書》卷七《前廢帝紀》載：劉子業大明八年五月庚申即皇帝位，秋七月「乙卯，罷南北二馳道。孝建以來所改制度，還依元嘉」。《宋書》卷五七《蔡興宗傳》：「先是大明世，奢侈無度，多所造立，賦調煩嚴，徵役過苦。至是發詔，悉皆削除，由此紫極殿南北馳道之屬，皆被毀壞。自孝建以來至大明末，凡諸制度，無或存者。興宗於都坐慨然謂顔師伯曰：『先帝雖非盛德主，要以道始終。三年無改，古典所貴。今殯宫始徹，山陵未遠，而凡諸制度興造，不論是非，一皆刊削。雖復禪代，亦不至爾。天下有識，當以此窺人。』」

〔五〕謝莊：字希逸，祖籍陳郡陽夏。宋孝武帝即位，除侍中，遷左衛將軍。前廢帝時，以爲金紫光禄大夫。明帝時，官至中書令，加金紫光禄大夫。卒，謚憲。《宋書》卷八五、《南史》卷二〇有傳。宣妃：宋孝武寵姬殷貴妃。大明六年(四六二)卒，追進爲貴妃，謚曰宣。孝武曾數至其墓地，並爲之立寺，且擬漢武帝《李夫人賦》悼念之。丘靈鞠亦獻挽歌詩三首，謝莊爲作《宋孝武宣貴妃誄》。事詳《宋書》卷四五《劉懷慎傳》附《劉德願傳》、卷八〇《孝武十四王傳》、卷八五《謝莊傳》、卷九七《夷蠻傳》及《南齊書》卷五二《丘靈鞠傳》等。

〔六〕贊軌：謂輔佐天子成其功業。《文選》卷五七謝希逸《宋孝武宣貴妃誄》：「翼訓姒幄，贊軌堯門。」呂延濟注：「翼，輔；贊，佐也。姒，禹姓也。軌，跡也。」堯門：即堯母門。漢昭帝降生地鈎弋宫的門名。《史記》卷四九《外戚世家》張守節《正義》引《括地志》云：「鈎弋宫在長安城中，門名堯母門也。」

〔七〕鈎弋：《漢書》卷九七《外戚傳》：「孝武鈎弋趙婕妤，昭帝母也，家在河間。武帝巡狩過河間，望氣者言此有奇女，天子亟使使召之。既至，女兩手皆拳，上自披之，手即時伸。由是得幸，號曰拳夫人。先是，其父坐法宫刑，爲中黄門，死長安，葬雍門。拳夫人進爲婕妤，居鈎弋宫。大有寵，太始三年生昭帝，號鈎弋子。任身十四月乃生，上曰：『聞昔堯十四月而生，今鈎弋亦然。』乃命其所生門曰堯母門。」

〔八〕查（zhā）奴：《南史》卷二《宋本紀·前廢帝》：「（景和元年）九月癸巳，幸湖熟，奏鼓吹。戊戌，還宮。帝自以爲昔在東宮，不爲孝武所愛，及即位，將掘景寧陵，太史言於帝不利而止。乃縱糞於陵，肆罵孝武帝爲『齇奴』，又遣發殷貴嬪墓，忿其爲孝武所寵。初，貴嬪薨，武帝爲造新安寺，乃遣壞之。」《魏書》卷九七《島夷劉裕傳》附《劉子業傳》：「入其父駿廟，指駿像曰：『此渠大好色，不擇尊卑。』顧謂左右曰：『渠大䶥鼻，如何不䶥之？』即令畫工䶥駿像鼻。」查，即「齇」之省，亦作「䶥」。《資治通鑑》卷一三〇《宋紀十二》「宋明帝泰始元年」胡三省注：「䶥，壯加翻。鼻上皰也。柳宗元詩曰：『嗜酒鼻成䶥。』」即俗所謂酒糟鼻。詳清桂馥《札樸》卷三「齇」字條。　何意：爲什麼，何故。南朝梁任昉《奏彈劉整》：「整聞聲仍打逡，范唤問：『何意打我兒？』」

〔九〕故有：《四庫全書》本無「有」字。

〔一〇〕太后：指孝武帝文穆王皇后王憲媛。憲媛，琅邪臨沂人，前廢帝即位，尊曰皇太后。《宋書》卷四一《后妃傳》、《南史》卷一一《后妃傳》有傳。

51　**宋蒼梧王昱嘗置射雉場二百處，〔一〕翳中帷帳皆緑紅錦爲之，〔二〕金銀鏤弩牙，〔三〕玳瑁帖箭。〔四〕**

【疏證】

《南齊書》卷七《東昏侯紀》：「東昏侯寶卷字智藏，高宗第二子也。……（及嗣位）置射雉場二百九十六處，翳中帷帳及步鄣，皆袷以緑紅錦，金銀鏤弩牙，瑇瑁帖箭。」

【校注】

〔一〕「宋蒼梧王」句：吴校：「按《宋書》、《南史》蒼梧王紀中皆不載此事，惟《南齊書》東昏侯紀有之，然則此本東昏侯事，《金樓子》誤記爲蒼梧王昱。『二百處』，《南齊書》作『二百九十六處』。」今按：吴校是。朱季海《南齊書校議》「卷七校議」條：「豈蒼梧、東昏，先後一轍，抑梁元此文本屬東昏，或《大典》隸事有誤，或書倉輯録失次，遂令今書猥題蒼梧耶？」宋蒼梧王昱，即宋後廢帝劉昱，字德融，小字慧震，宋明帝長子。性乖戾嗜殺，後爲蕭道成所殺，以太后令追貶爲蒼梧郡王。《宋書》卷九、《南史》卷三《宋本紀》有紀。射雉場，清趙翼《廿二史劄記》卷一二「南朝以射雉爲獵」條曰：「南朝都金陵，無蒐狩之地，故嘗以射雉爲獵。」今按：漢魏以下置場射雉，頗爲流行。周一良《魏晉南北朝史札記·〈南齊書〉札記》「射雉」條有考，可參。

〔二〕翳：《禮記·月令》鄭玄注：「翳，射者所以自隱也。」緑紅錦：《南齊書》卷一七《輿服志》：「玉輅……錦複黄絞鄣泥。八幅，長九尺，緣紅錦苍帶，纖成花苍的。」朱季海《南齊書校議》「卷十七校議」條：「緑緣字形相近，未知是一種錦否？」

〔三〕金銀鏤弩牙：即用錯金銀裝飾弩牙。今江蘇南京博物院即藏有一件漢泗水王陵錯金銀「一箭雙雕」銅弩機。弩牙，《尚書・太甲上》「若虞機張」，孔安國傳：「機，弩牙也。」《釋名・釋兵》釋弩曰：「鉤弦者曰牙，似齒牙也。」

〔四〕玳瑁：亦作「瑇瑁」。爬行動物，形似龜，甲殼可做裝飾品。

52　宋蒼梧王，鈐鑿錐鋸之徒不離左右。〔一〕嘗以槌搥人陰破，〔二〕左右見之有斂眉者，大怒，令此人袒膊正立，以矛刺膊洞過。〔三〕

【疏證】

《宋書》卷九《後廢帝紀》：「（及嗣位）有白棓數十枚，各有名號，鍼椎鑿鋸之徒，不離左右。嘗以鐵椎椎人陰破，左右人見之有斂眉者，昱大怒，令此人袒胛正立，以矛刺胛洞過。」

【校注】

〔一〕鈐，各本同。吴校：「『鈐』，《南史》作『鉗』。」《宋書》卷九《後廢帝紀》作「鍼」；《南史》卷三《宋本紀》作「鉗」；《資治通鑑》一三四《宋紀十六》「順帝昇明元年」亦作「鍼」，胡三省注：「『鍼』與『鉗』同，其淹翻。」今按：「鈐」、「鍼」、「鉗」音同義通，乃用以束頸之刑具。

〔二〕槌搥：《百子全書》本作「槌槌」，《宋書》卷九《後廢帝紀》作「椎椎」。今按：「槌」、「椎」同，指捶擊的工具。「搥」、「槌」作「敲擊」解，亦同「椎」。

〔三〕刺：「刺」之異體字。

53　宋蒼梧王昱，嘗於七月七日乘（靈）〔露〕車往新安寺，〔一〕從曇（慶）〔度〕道人飲酒。〔二〕

【疏證】

《宋書》卷九《後廢帝紀》：「（元徽五年）七月七日，昱乘露車，從二百許人，無復鹵簿羽儀，往青園尼寺，晚至新安寺就曇度道人飲酒。醉，夕扶還於仁壽殿東阿氈幄中卧。」

【校注】

〔一〕露車：無帷蓋的車子。《資治通鑑》卷五九《漢紀五十一》「靈帝中平六年」胡三省注：「露車者，上無巾蓋，四旁無帷裳，蓋民家以載物者耳。」露，底本、《四庫全書》本作「靈」，重校本、《叢書集成》本、《百子全書》本、龍溪精舍本作「露」。吴校：「『靈』，《南史》作『露』。」今按：《宋書》卷九《後廢帝紀》、《南史》卷三《宋本紀・後廢帝》、《建康實録》卷一四《後廢帝》皆作「露」，據改。　新安寺：《資治通鑑》卷一三四《宋紀十六》「宋順帝昇明元年」胡三省注：「孝武寵姬殷貴妃死，爲之立寺。貴妃子子鸞封新安王，故以新安爲寺名。」

〔二〕曇度：佛教徒名。《高僧傳》卷七《義解四・宋京師靈根寺釋僧瑾傳》：「復有沙門曇度，續爲僧主。度本琅琊人。善三藏及《春秋》、《莊》、《老》、《易》。宋世祖、太宗並加欽賞。及少帝乖禮，度亦行藏得所，舉動無忤，止於新安寺。」度，各本作「慶」。吴校：「『慶』，《宋書》、《南史》並作『度』。」今按：吴校是，據改。道人：六朝時佛教徒的別稱。説詳清錢大昕《十駕齋養新録》卷一九「道人道士之別」條。

54 宋蒼梧王昱，嘗飲酒醉，於仁壽殿東阿氈幄中卧。〔一〕時楊玉夫見昱醉無所知，〔二〕乃與楊萬年同入氈幄中，〔三〕以千牛刀斬之。〔四〕

【疏證】

《宋書》卷九《後廢帝紀》：「王敬則先結昱左右楊玉夫、楊萬年……俞孫等二十五人，謀共取昱。其夕，敬則出外，玉夫見昱醉熟無所知，乃與萬年同入氈幄内，以昱防身刀斬之。」

【校注】

〔一〕東阿：東隅。《説文解字・阜部》：「阿，曲阜也。」段玉裁注：「引申之，凡曲處皆得稱阿。」

〔二〕楊玉夫：人名。宋蒼梧王昱之侍從。入齊，爲尚書。事詳《宋書》卷九《後廢帝紀》、《南齊書》卷一《高帝紀》及《通典》卷二八《職官》「左右千牛衛」條。

〔三〕楊萬年：人名。宋蒼梧王劉昱侍從。事詳《宋書》卷九《後廢帝紀》。

〔四〕千牛刀：《莊子·養生主》：「(庖丁)所解數千牛矣，而刀刃若新發於硎。」後因以「千牛刀」稱鋒利的刀，亦代稱御刀。　今按：第五十三、五十四節所述爲同一事，似當並爲一條。

55　齊武帝，嘗與王公大臣共集石頭烽火樓，〔一〕令長沙王晃歌《子夜》之曲。〔二〕曲終，輒以犀如意打牀，〔三〕折爲數段。爾日遂碎如意數枚。〔四〕

【校注】

〔一〕齊武帝：即蕭賾，字宣遠，小字龍兒，南蘭陵人，高帝長子。高帝死後繼位，在位十二年。病死，謚武，廟號世祖。《南齊書》卷三、《南史》卷四《齊本紀》有紀。　石頭：即石頭城，在今江蘇南京西清涼山上。《六朝事迹編類》卷二「石城建康之西。」：「吴孫權沿淮立栅，又於江岸必争之地築城，名曰石頭，常以腹心大臣鎮守之。……《輿地志》云：『環七里一百步，在縣西五里，去臺城九里，南抵秦淮口，今清涼寺之西是也。』」　烽火樓：《六朝事迹編類》卷四「烽火樓」：「《圖經》云：『在石頭城西南最高處。』楊修之詩注云：『沿江築臺，以舉烽燧，自建康至江陵五千七百里，有警半日而達。』」烽，各本同，《四庫全書》本脱。

〔二〕長沙王晃：即蕭晃，字宣明，小字白象，齊高帝子。高帝即位，封長沙王。武帝立，遷南徐州刺史。

卒，謚威。《南齊書》卷三五《高帝十二王》、《南史》卷四三《齊高帝諸子》有傳。　《子夜》：樂府吳聲歌曲名。《宋書》卷一九《樂志一》：「《子夜哥》者，有女子名子夜，造此聲。晉孝武太元中，琅邪王軻之家有鬼哥《子夜》。殷允爲豫章時，豫章僑人庾僧度家亦有鬼哥《子夜》。殷允爲豫章，亦是太元中，則子夜是此時以前人也。」

〔三〕如意：《能改齋漫録》卷二「如意」條：「齊高祖賜隱士明僧紹竹根如意，梁武帝賜昭明太子木犀如意，石季倫、王敦皆執鐵如意，三者以竹、木、鐵爲之，蓋爪杖也。故《音義指歸》云：『如意者，古之爪杖也。』或骨、角、竹、木削作人手指爪，柄可長三尺許，或脊有癢，手所不到，用以搔抓，如人之意然。釋流以文殊亦執之，豈欲搔癢耶？　蓋講僧尚執之，私記節文祝辭於柄，以備忽忘，手執目對，如人之意。凡兩意耳。」

〔四〕「爾日」句：宋陳暘《樂書》卷一六三「齊樂章」，陳氏論曰：「臣嘗觀武帝命歌姬舞女奏帷幔之樂，爲歡曲則撫几稱善，作哀音則引巾拭淚，甚者至於曲終而碎犀如意數枚，是不知禮有樂不可極之戒。」原注：「武帝與王公集石頭烽火樓，令長沙王晃歌《子夜歌》之曲。曲終，打牀爲數段，碎犀如意數枚。」

56　齊武帝内殿則張帷，〔一〕雜色錦複帳。〔二〕帳之四角爲金鳳凰銜九子鈴，形如二三石甕，〔三〕垂流蘇珥羽，〔四〕其長拂地。施畫屏風、白紫貂皮褥、雜寶枕、金衣机，〔五〕名香之氣充滿其中。外讌既畢，則環而卧。

【校注】

〔一〕「齊武帝」句：《南齊書》卷三《武帝紀》載：武帝終制曰：「内殿鳳華、壽昌、耀靈三處，是吾所治製。夫貴有天下，富兼四海，宴處寢息，不容乃陋，謂此爲奢儉之中，慎勿壞去。」又載：「上剛毅有斷，爲治總大體，以富國爲先。頗(不)喜遊宴、雕綺之事，言常恨之，未能頓遣。臨崩又詔：『凡諸游費，宜從休息。自今遠近薦獻，務存節儉，不得出界營求，相高奢麗。金粟繒纊，弊民已多，珠玉玩好，傷工尤重，嚴加禁絶，不得有違準繩。』」同書卷二〇《皇后傳》載：「世祖嗣位，運藉休平，壽昌前興，鳳華晚搆，香柏文檉，花梁繡柱，雕金鏤寶，頗用房帷，趙瑟《吴趨》，承閑奏曲，歲費傍恩，足使充牣，事由私蓄，無損國儲。」可與此參證。朱季海《南齊書校議》「卷三校議」條引《南齊書·武帝紀》云：「頗不喜遊宴、雕綺之事，言常恨之，未能頓遣。」又引《金樓子》云：「是賾未嘗不好遊宴雕綺，《金樓子》書齊武事，乃在《箴戒篇》，良有以也。子顯既曲爲之諱，宜多所刊削，《金樓子》亦殘闕已甚，故其遺事不盡可見耳。然視鬱林、東昏之童昏狂狡，自不可同日而語。史稱『爲治總大體，以富國爲先』，雖未能無愧斯言，要有永明之盛，亦足書也。」

〔二〕複帳：帳名。《初學記》卷二五引《鄴中記》曰：「石季龍冬月爲複帳，四角安純金銀鏨鏤香爐。」《太平御覽》六九九引《鄴中記》曰：「石虎御牀，辟方三丈，冬月施熟錦流蘇斗帳，四角安純金龍頭，銜五色流蘇。或用青綈光錦，或用緋綈登高文錦，或用紫綈大小錦，絮以房子綿百二十斤，白綈爲裏，名爲裏複帳。」

〔三〕石：量詞。

〔四〕流蘇：《文選》卷三張平子《東京賦》：「駙承華之蒲梢，飛流蘇之騷殺。」薛綜注：「流蘇，五采毛雜之，以爲馬飾而垂之。」　珥羽：插羽毛爲飾。《文選》卷一三潘安仁《秋興賦》李善注：「珥，猶插也。」

〔五〕金衣机：以金鏤爲飾之几案。机，通「几」，《文選》卷四三嵇叔夜《與山巨源絶交書》：「堆案盈机，不相酬答。」呂延濟注：「机，案也。」

57　齊武帝時，宮内深密，不聞端門鼓漏聲，〔一〕乃置鐘於景陽樓上，〔二〕宮人聞鐘，則起裝飾也。〔三〕

【疏證】

《南齊書》卷二〇《皇后傳·武穆裴皇后》：「上數游幸諸苑囿，載宮人從後車，宮内深隱，不聞端門鼓漏聲，置鐘於景陽樓上，宮人聞鐘聲，早起裝飾。至今此鐘唯應五鼓及三鼓也。」

【校注】

〔一〕端門：《資治通鑑》卷一三《漢紀五》「高皇后八年」胡三省注：「宮之正南門曰端門。」　鼓漏：鼓和漏，古代報時用器具。《後漢書·祭祀志下》：「其親陵所宮人隨鼓漏理被枕，具盥水，陳嚴具。」

〔二〕景陽樓：樓名。《六朝事迹編類》卷四「景陽樓」：「《輿地志》云：『宋元嘉二十二年築，至孝武大明中，紫雲出景陽樓，因名之。今法寶寺西南遺址尚存。』」故址在今江蘇南京雞鳴寺南臺城內。

〔三〕裝飾：各本同。吴校：「『裝』，疑作『妝』。」今按：「裝飾」不誤。裝飾，打扮，修飾。《後漢書》卷八三《逸民傳·梁鴻》：「（孟光）及嫁，始以裝飾入門，七日而鴻不答。」

58　齊武帝有寵姬何美人死，〔一〕帝深悽愴。後因射雉，登巖石以望其墳，〔二〕乃命布席奏伎，呼工歌陳尚歌之，〔三〕爲吴聲鄙曲，帝掩歎久之，賜錢三萬，絹二十匹。

【校注】

〔一〕美人：嬪妃的稱號。《南齊書》卷二〇《皇后傳》：「六宮位號，漢、魏以來，因襲增置，世不同矣。建元元年，有司奏置貴嬪、夫人、貴人爲三夫人……美人、中才人、才人爲散職。」

〔二〕「登巖石」句：《南史》卷四七《崔祖思傳》附《崔元祖傳》載：「（祖思）子元祖，有學行，好屬文，仕至射聲校尉。（齊）武帝取爲延昌主帥。從駕至何美人墓，上爲悼亡詩，特詔元祖使和，稱以爲善。」以望，《四庫全書》本無「以」字。

〔三〕陳尚：人名。《樂府詩集》卷四六作「朱子尚」。《樂府詩集》卷四六《清商曲詞三·讀曲歌八十九首》郭茂倩按：「南齊時，朱碩仙善歌吴聲《讀曲》。武帝出遊鍾山，幸何美人墓，碩仙歌曰：『一憶所歡時，緣山破芿荏。山神感儂意，盤石鋭鋒動。』帝神色不悦，曰：『小人不遜，弄我。』時朱子尚亦善歌，復爲一曲云：『暖暖日欲冥，觀騎立踟蹰。太陽猶尚可，且願停須臾。』於是俱蒙厚賚。」

59　齊武帝數幸琅邪城，〔一〕宮人常從之。早發至湖北埭，〔二〕雞始鳴。

【疏證】

《南齊書》卷二〇《皇后傳·武穆裴皇后》：「車駕數幸琅邪城，宮人常從，早發至湖北埭，雞始鳴。」

【校注】

〔一〕琅邪城：南琅邪郡治所，在今江蘇南京西北金川門外。《太平寰宇記》卷九〇《江南東道》：「齊武帝永明六年，移琅邪於白石壘，在(江乘)縣西北十八里。」亦參《六朝事迹編類》卷三「琅琊郡城」條。

〔二〕湖：指玄武湖。在今江蘇南京市内。埭：攔水的土壩。《六朝事迹編類》卷六「雞鳴埭」：「《建康實録》：『青溪有橋，名募士橋。橋西南過溝有埭，名雞鳴埭。齊武帝早遊鍾山，射雉至此，雞始鳴。』《圖經》云：『今在青溪西南潮溝之上。』又按《南史》：『齊武帝永明中，數遊幸諸苑，載宮人從車至内，深隱不聞端門鼓漏聲，置鐘景陽樓上，應五鼓及三鼓。宮人聞鐘聲，並早起粧飾。帝數幸琅琊城，宮人常從，早發至湖北埭，雞始鳴，故呼爲雞鳴埭。』若爾其埭又當近北。父老傳曰：『今清化市真武廟側是其處也。』二埭恐皆當時所歷，姑兩存之。」

60 齊武帝嘗於内殿環卧，合歌姬舞女，奏樂於帷幔之前，爲歡曲則拊几稱佳，起哀聲則引巾拭淚。〔一〕

【校注】

〔一〕「齊武帝」數句：宋陳暘《樂書》卷一六三「齊樂章」，陳氏論曰：「臣嘗觀武帝命歌姬舞女奏帷幔之樂，爲歡曲則撫几稱善，作哀音則引巾拭淚。」

61 齊武帝時，隱靈寺雕飾炫麗，四月八日皆往。〔一〕往以宦閽防門，〔二〕有禮拜者，男女不得同日至也。僧尼並皆妍少，俗心不盡，或以箱籠貯姦人而進之。後爲覘伺所得，並皆誅死。

【校注】

〔一〕四月八日：傳説爲佛釋迦誕生之日，亦稱浴佛日。《魏書》卷一一四《釋老志》：「釋迦即天竺迦維衛國王之子，天竺其總稱，迦維别名也。初釋迦於四月八日夜從母右脅而生。」《魏書》卷一百二《西域傳》：「焉耆國……俗事天神並崇信佛法，尤重二月八日、四月八日。」《宋書》卷四七《劉敬宣傳》：「四月八日，敬宣見衆人灌佛，乃下頭上金鏡以爲母灌，因悲泣不自勝。」

〔二〕闇：各本同。今按：《永樂大典》卷一三八二三引《金樓子・箴戒篇》作「門」，疑誤。闇，守門人。防門：守門。

62 齊武帝時，內人出家，〔一〕爲異衣，〔二〕住禪靈寺者，〔三〕猶愛帶之如初。〔四〕

【校注】

〔一〕內人：指宮中女伎。

〔二〕異衣：各本同。今按：疑「異衣」爲「黑衣」之誤。南北朝時出家僧尼著黑衣。《弘明集》卷一一釋法明《答李交州難佛不見形》：「黑衣五六，朱張數四，薄爾奉接，遂相勝舉。」《廣弘明集》卷二六梁武帝《斷酒肉文》曰：「夫匡正佛法，是黑衣人事，乃非弟子白衣所急。」

〔三〕禪靈寺：佛寺名。故址在今江蘇南京西南。《資治通鑑》卷一六四《梁紀二十》「梁元帝承聖元年」胡三省注：「禪靈寺，齊武帝所建。」

〔四〕「猶愛」句：吳校：「句疑有誤。」

63 齊鬱林王初欲廢明帝，〔一〕其文則內博士韓蘭英所作也。〔二〕蘭英號「韓公」，總知內事，善於文章，〔三〕始入爲後宮司儀。〔四〕

【疏證】

《南齊書》卷二〇《皇后傳·韓蘭英》：「吴郡韓蘭英，婦人有文辭。宋孝武世，獻《中興賦》，被賞入宫。宋明帝世，用爲宫中職僚。世祖以爲博士，教六宫書學，以其年老多識，呼爲『韓公』。」

【校注】

〔一〕鬱林王：即蕭昭業，字元尚，小名法身，齊武帝蕭賾之孫。武帝死，嗣位，以狂悖無道被殺。《南齊書》卷四、《南史》卷五《齊本紀》有紀。明帝：即蕭鸞，字景栖，小字玄度，齊高帝侄。齊武帝臨終，遺詔輔政，連續廢殺鬱林王、海陵王，自立爲帝。卒，謚曰明，廟號高宗。《南齊書》卷六、《南史》卷五《齊本紀》有紀。今按：鬱林王蕭昭業即位後，荒淫奢侈，蕭鸞屢諫不納。蕭昭業疑蕭鸞有異志，謀誅之。蕭鸞慮變，定謀廢帝，立海陵王昭文。事詳《南齊書》卷四《鬱林王紀》。

〔二〕内博士：後宫博士，即女性博士官。《三國志》卷五《后妃傳·文昭甄皇后》裴松之注引三國魏王沈《魏書》曰：「(甄皇后)年九歲，喜書，視字輒識，數用諸兄筆硯，兄謂后言：『汝當習女工。用書爲學，當作女博士邪？』」韓蘭英：吴郡人。齊武帝以爲博士。《南齊書》卷二〇《皇后傳》、《南史》卷一一《后妃傳》有傳。蘭，《南齊書·皇后傳》作「藺」，中華書局點校本校勘記云：「『藺』南監本、毛本、殿本、局本並作『蘭』，《南史》同。按毛本、局本蘭字下有小注，云宋本作『藺』。」朱季海《南齊書校議》「卷二十校議」條：「『藺』字疑誤。」

〔三〕善於文章：鍾嶸《詩品》列韓蘭英於下品，與鮑令暉合論，有云：「蘭英綺密，甚有名篇。又善談笑，齊武謂韓云：『藉使二媛生於上葉，則「玉階」之賦，「紈素」之辭，未詎多也。』」《隋書》卷三五《經籍志》「宋司徒《袁粲集》十一卷」後注：「宋後宮司儀《韓蘭英集》四卷，亡。」姚振宗《隋書經籍志考證》云：「蓋宋時爲後宮司儀，至齊武帝時爲後宮博士，至鬱林王時爲又總知内事，則入齊久矣。鍾氏（今按：即鍾嶸）以爲齊人，是。本《志》以其集題宋後宮云云，故列於宋代之末。」

〔四〕後宮司儀：《宋書》卷四一《皇后傳》：「後宮司儀，準左僕射，銓人士。」

64　齊鬱林王，武帝嫡孫，〔一〕嗣位之日，〔二〕與妃何氏書，〔三〕題作一「喜」字，又作三十許細「喜」字繞四邊。

【校注】

〔一〕武帝嫡孫：鬱林王蕭昭業是文惠太子蕭長懋嫡長子，文惠太子是武帝嫡長子，故蕭昭業爲武帝嫡孫。

〔二〕嗣位之日：《南史》卷五《齊本紀·廢帝鬱林王》載：武帝有疾，鬱林王令楊氏日夜禱祈，令宮車早晏駕。「時何妃在西州，武帝未崩，數日疾稍危，與何氏書紙，中央作一大『喜』字，而作三十六小『喜』字繞之。」今按：據《南史》卷五《齊本紀·廢帝鬱林王》所載，則其與何氏書云云，在嗣位之前，與此異。

〔三〕妃何氏：名婧英，廬江灊人。鬱林王即位，爲皇后。帝被廢，貶爲王妃。《南齊書》卷二〇《皇后傳》、

《南史》卷一一《后妃傳》有傳。

65 齊鬱林王昭業既嗣位，武帝有甘草杖，〔一〕宫人寸斷用之。

【疏證】

《南齊書》卷四《鬱林王紀》：「世祖御物甘草杖，宫人寸斷用之。」

【校注】

〔一〕甘草：宋王讜《唐語林·補遺四》：「甘草非國老之藥者，乃南方藤名也。……以條葉俱甘，故謂之甘草藤，土人但呼爲『甘草』而已。」

66 齊鬱林王嘗取武帝衣箱開之，有金射雉、玻瓈、貫納等，〔一〕悉賜左右。

【校注】

〔一〕金射雉：疑指金子做的「雉錢」。古有「射雉戲」，宋洪遵《泉志》卷六：「顧烜曰：（雉錢）小者至徑六分，重二銖半。世有射雉戲，用此錢也。」玻瓈：亦作「玻璃」、「頗黎」。明李時珍《本草綱目》卷八《金石二·玻瓈》：「本作『頗黎』。頗黎，國名也。其瑩如水，其堅如玉，故名水玉。與水精同名。」

貫納：待考。

67　齊鬱林王既嗣位，恒在内與宦者及宫人戲，以玉爲墮公，〔一〕以金擲之。〔二〕

【校注】

〔一〕墮公：靶子。墮，猶「垛」。《玉篇・土部》：「垛，射垛。」

〔二〕《四庫全書》本無此條。

68　齊鬱林王既嗣位，〔一〕嘗夜中與宦者共刺鼠至曉，皆用金銀釵。〔二〕以金花獸紅綸爲襦。〔三〕

【校注】

〔一〕既嗣位：《叢書集成》本無「既」字。

〔二〕「嘗夜中」二句：《太平御覽》卷九一一、《天中記》卷五四、《御定淵鑑類函》卷四三二引《金樓子》皆作：「齊鬱林王夜中與宦（《太平御覽》作「官」）者共刺鼠至曉，夜輒得十籃。」又，《南齊書》卷七《東昏侯紀》：「嘗夜捕鼠達旦，以爲笑樂。」今按：齊東昏侯有通宵「捕鼠」事，疑蕭繹誤記。或鬱林、東昏同有此癖。

〔三〕金花獸紅綸：用金線繡有動物花紋的紅色絲布。襦，短衣，短襖。襦有單、複，單襦則近乎衫，複襦則近襖。

69　齊鬱林王既嗣位，常列胡伎二部夾閣迎奏，極意賞賜，〔一〕動百數十萬。

【疏證】

《南齊書》卷四《鬱林王紀》：「在世祖喪，哭泣竟，入後宮，嘗列胡妓二部夾閤迎奏。爲南郡王時，文惠太子禁其起居，節其用度，昭業謂豫章王妃庾氏曰：『阿婆，佛法言，有福德生帝王家。今日見作天王，便是大罪，左右主帥，動見拘執，不如作市邊屠酤富兒百倍矣。』及即位，極意賞賜，動百數十萬。」

【校注】

〔一〕極：《四庫全書》本作「隨」。

70　齊鬱林王既嗣位，賞賜無度，武帝庫儲垂盡。嘗開(生)〔主〕衣庫與皇后寵姬觀之，〔一〕又給閹人豎子各十數人，〔二〕隨其所欲，恣意輦取；〔取〕諸寶器以相剖擊破碎

之，〔三〕以爲笑樂。

【疏證】

《南齊書》卷四《鬱林王紀》：「及即位，極意賞賜，動百數十萬。每見錢，輒曰：『我昔時思汝一文不得，今得用汝未？』朞年之間，世祖齋庫儲錢數億垂盡。開主衣庫與皇后寵姬觀之，給閹人竪子各數人，隨其所欲，恣意輦取；取諸寶器以相剖擊破碎之，以爲笑樂。」

【校注】

〔一〕主：底本、《四庫全書》本作「生」，重校本、《叢書集成》本、《百子全書》本、龍溪精舍本作「主」。吴校：「『生』乃『主』之誤。」今按：《南齊書》卷四《鬱林王紀》、《南史》卷五《齊本紀》作「主」，吴校是，據改。

〔二〕閹人：指宦者。竪子：《莊子·山木》：「故人喜，命竪子殺雁而烹之。」郭慶藩《集釋》：「竪子，童僕也。」各十數人：各本同，《南齊書》卷四《鬱林王紀》作「各數人」。

〔三〕取：底本、《四庫全書》本下「取」字脱，重校本、《叢書集成》本、《百子全書》本、龍溪精舍本「取」字重。吴校：「本重『取』字，屬下文。」今按：吴校是。《南齊書》卷四《鬱林王紀》「取」字重，據補。

71　齊鬱林王時，有顔氏女，夫嗜酒，父母奪之，〔一〕不出，〔二〕入宫爲列職。帝以春夜命後宮司儀蘭英爲顔氏賦詩，〔三〕曰：「絲竹（獨）〔猶〕在御，〔四〕愁人獨向隅。棄置將已矣，誰憐微薄軀。」帝乃還之。

【校注】

〔一〕奪：《玉篇·奞部》：「奪，易也。」《文選》卷二七李令伯《陳情表》：「生孩六月，慈父見背；行年四歲，舅奪母志。」張銑注：「奪志，謂舅嫁其母，不得守節。」

〔二〕不出：重校本、《叢書集成》本、《百子全書》本、龍溪精舍本無此二字。吴校：「『不出』二字衍。」今按：不出，不願離開夫家，不願離婚。此乃女子之意願，與「入宮爲列職」並不矛盾，下文「還之」可證。故「不出」二字不衍。出，休棄，離婚。《戰國策》卷六《秦策四》：「薛公入魏而出齊女。」高誘注：「婦人大歸曰出。」

〔三〕後宮司儀蘭英：重校本、《叢書集成》本、《百子全書》本、龍溪精舍本「儀」下有「韓」字。吴校：「『蘭英』上脱『韓』字。」今按：蘭英即韓蘭英。本篇第六三節：「蘭英號『韓公』，總知内事，善於文章，始入爲後宮司儀。」

〔四〕猶：底本、《四庫全書》本作「獨」，重校本、《叢書集成》本、《百子全書》本、龍溪精舍本作「猶」。吴校：「『獨』疑作『猶』。」今按：「獨」與下句「愁人獨向隅」之「獨」犯複，疑是「猶」形誤。今從重校本等改。

72 東昏侯寶卷，〔一〕黑色，身纔長五尺，猛眉，出口。〔二〕

【校注】

〔一〕東昏侯寶卷：蕭寶卷，本名明賢，後改名寶卷，字智藏，明帝次子。永泰元年即位。殘暴酷虐，奢侈荒淫，被殺。和帝立，追封爲東昏侯。《南齊書》卷七、《南史》卷五《齊本紀》有紀。

〔二〕出口：即俗言「翹嘴巴」。出，《周禮·考工記·玉人》鄭玄注：「射，琰出者也。」賈公彦疏：「向上謂之出。」

73 齊東昏侯時，後宮遭火之後，更起仙華、神仙、玉壽殿，〔一〕刻畫雕彩，青金（鉛）〔釦〕帶，〔二〕錦幔珠簾，窮極巧麗。

【疏證】

《南齊書》卷七《東昏侯紀》：「後宮遭火之後，更起仙華、神仙、玉壽諸殿，刻畫雕綵，青荭金口帶，麝香塗壁，錦幔珠簾，窮極綺麗。」

【校注】

〔一〕「更起」句：《海録碎事》卷四下「玉壽殿」條：「東昏爲徐妃起神仙、永壽、玉壽三殿，皆匝飾以金璧。」

〔二〕青金釦帶：各本作「青金鉛帶」，朱校：「『鉛』字似誤。」吴校：「按《南齊書》作『青玕金口帶』。」中華書局點校本《南齊書》校勘記：「『青玕』，《元龜》二百十八作『青葩』，按『玕』不成字，故舊校以爲疑。」朱季海《南齊書校議》「卷七校議」條：「季海按《金樓子·箴戒篇》作『青金鉛帶』。今謂『金口帶』字不誤，《輿服志·輦車》『扶轅，銀口帶』，是其比。但此《紀》所云，是壁帶耳。口借爲釦，《説文·金部》：『釦，金飾器口，从金从口，口亦聲。』（《唐韻》：『苦厚切。』）是其義。《金樓子》或作『釦帶』，又奪青下一字，因謂青金是鉛，遂誤改『釦』作『鉛』字耳。」青金，《説文解字·金部》：「鉛，青金也。」今按：「青金」與「鉛」重，朱季海校是，據改。

74 齊東昏侯以青油爲堂，〔一〕名琉璃殿。〔二〕穿針樓在其南，〔三〕最可觀望。上施織成帳，懸千條玉佩，聲晝夜不絶；地以錦石爲之；殿（北）〔内〕開千門萬户。〔四〕又有千合香，〔五〕香氣芬馥，〔六〕聞之使人動諸邪態，〔七〕兼令人睡眠。〔八〕

【校注】

〔一〕青油：朱季海《南齊書校議》「卷七校議」條：「其云『青油』，即『青釉』字，今云琉璃瓦者近之。」

〔二〕琉璃殿：《南齊書》卷七《東昏侯紀》：「世祖興光樓上施青漆，世謂之『青樓』。帝曰：『武帝不巧，何不純用琉璃。』」朱季海《南齊書校議》「卷七校議」條：「東昏譏武帝興光樓施青漆爲不巧，云『何不純用琉璃』，遂自作之爾。」

〔三〕穿針樓：亦名層城觀。在今江蘇南京市内。《六朝事迹編類》卷四「層城觀一名穿針樓。」：「《輿地志》云：『齊武帝七月七日使宫人集此。是夕穿針以爲乞巧之所，亦曰穿針樓。在臺城内。』」

〔四〕内：各本作「北」，《太平御覽》卷九八一引《金樓子》作「内」。今按：以常情揆之，當作「内」，據改。

〔五〕千合香：疑即蘇合香。《後漢書》卷八八《西域傳》：「合會諸香，煎其汁以爲蘇合。」《梁書》卷五四《諸夷傳》：「蘇合是合諸香汁煎之，非自然一物也。」《太平御覽》卷九八一引《金樓子》無「千」字，「合」作「和」。

〔六〕芬馥：香氣濃郁。芬，《四庫全書》本、《太平御覽》卷九八一引《金樓子》作「紛」。今按：「芬」、「紛」通。

〔七〕「聞之」句：《太平御覽》卷九八一引《金樓子》作「聞之使人歡悦，生諸雅態」。

〔八〕令人：各本同，《太平御覽》卷九八一引《金樓子》「令」下無「人」字。

75　**齊東昏侯初於宫中取空輦行之，**〔一〕**繞臺如天子儀服，**〔二〕**自捉玉手版，金梁、路帶。**〔三〕

【校注】

〔一〕輂：《宋書》卷一八《禮志》：「輂車，《周禮》王后五路之卑者也。後宫中從容所乘，非王車也。漢制乘輿御之，或使人挽，或駕果下馬。」

〔二〕臺：指朝廷禁省。《容齋續筆》卷五「臺城少城」條：「晉宋間，謂朝廷禁省爲臺，故稱禁城爲臺城，官軍爲臺軍，使者爲臺使。」　儀服：禮服。《尸子》卷下：「仲尼志意不立，子路侍，儀服不修。」

〔三〕手版：亦作「手板」，即笏。古時大臣朝見時所執，用以記事的狹長板子。參《宋書》卷一八《禮志》。金粱：以金爲粱之冠。粱，冠上横脊。　路帶：大綬帶。路，《詩經·大雅·生民》毛傳：「路，大也。」又，底本、沈氏鈔本、《叢書集成》本、《百子全書》本、龍溪精舍本「帶」下有小字云：「案此段疑有脱誤。」《四庫全書》本無此小字注。

76　齊東昏侯於芳樂苑諸樓觀壁上畫男女淫褻之狀，〔一〕又於苑中立市，太官則每日進酒肉雜〔肴〕，〔二〕使宫人屠沽。

【疏證】

《南齊書》卷七《東昏侯紀》：「（永泰）三年夏，於閲武堂起芳樂苑，山石皆塗以五采；跨池水立紫閣諸樓觀，壁上畫男女私褻之像。……又於苑中立市，太官每日進酒肉雜肴，使宫人屠酤，潘氏爲市令，帝爲市魁，執罰，争者就潘氏決判。」

【校注】

〔一〕芳樂苑：故址在今江蘇南京市區東北。《六朝事迹編類》卷四「芳樂苑」：「齊東昏侯方在位，時與宫人於閲武堂元會，皇后正位，閹人行儀，帝戎服臨視。又於閲武堂爲芳樂苑，窮奇極麗，多種樹木，日與潘妃放恣褻瀆不可言。」

〔二〕太官：官名。南齊尚書省起部有太官，掌皇帝膳食，置令、丞各一人。見《南齊書》卷一六《百官志》。雜肴：各本脱「肴」字。今按：《南齊書》卷七《東昏侯紀》「雜」下有「肴」字，據補。

77 齊東昏侯寶卷潘氏服御，〔一〕極選珍寶，琥珀釧一隻，〔二〕直七千萬。〔三〕

【疏證】

《南齊書》卷七《東昏侯紀》：「潘氏服御，極選珍寶。主衣庫舊物，不復周用，貴市民間金銀寶物，價皆數倍。虎魄釧一隻，直百七十萬。」

【校注】

〔一〕東昏侯寶卷潘氏：《四庫全書》本「侯」下無「寶卷」二字，有「妃」字。潘氏，寶卷寵妃，事詳《南齊書》卷七《東昏侯紀》、《南史》卷五《齊本紀・廢帝東昏侯》。

〔二〕釧：《説文解字・金部》新附：「釧，臂環也。」一隻：朱季海《南齊書校議》「卷七校議」條：「季海按《金樓子・箴戒篇》：『琥珀釧一隻，直七千萬。』觀此知今言一隻，猶是江東舊語。」

〔三〕七千萬：底本、重校本、《叢書集成》本、《百子全書》本、龍溪精舍本「萬」下有小字云：「案《南齊書》作『百七十萬』。」今按：《南齊書》卷七《東昏侯紀》、《南史》卷五《齊本紀・廢帝東昏侯》皆作「百七十萬」。

78 齊東昏侯嘗爲潘妃御車。〔一〕製雜色錦伎衣，綴以金花玉鏡。

【疏證】

《南齊書》卷七《東昏侯紀》：「拜愛姬潘氏爲貴妃，乘卧輿，帝騎馬從後。……帝有膂力，能擔白虎橦。自製雜色錦伎衣，綴以金花玉鏡衆寶，逞諸意態。」

【校注】

〔一〕「齊東昏侯」句：朱季海《南齊書校議》「卷七校議」條：「季海按：《金樓子・箴戒篇》：『齊東昏侯嘗爲潘妃御車』，又云『齊東昏侯潘妃嘗著裲襠袴』，蕭史並不書。」

79　齊東昏侯潘妃嘗著裲襠袴。〔一〕

【校注】

〔一〕裲襠：亦作「兩襠」。《釋名》卷五《釋衣服》：「裲襠，其一當胸，其一當背也。」王先謙《釋名疏證補》曰：「按即唐宋時之半背，今俗謂之背心，當背當心，亦兩當之義也。」南朝梁王筠《行路難》詩：「裲襠雙心共一抹，袙復兩邊作八撮。」《資治通鑑》卷一三四《宋紀十六》「順帝昇明元年」：「攸之有素書十數行，常韜在裲襠角，云是明帝與己約誓。」胡三省注：「《博雅》曰：『裲襠謂之袙腹。』」《宋書》卷三〇《五行志》：「陵遲至元康末，婦人出兩襠，加乎脛之上，此内出外也。」袴：古代指左右各一、分裹兩脛的套褲。今按：南朝婦女多上身著襦、衫，下身著裙，而男子有上身著裲襠衫、裲襠甲，下身著褲者。今中國歷史博物館、上海博物館均有上身著裲襠衫，下身著褲的男子人俑實物。參周錫保《中國古代服飾史》。潘妃著裲襠、袴，顯然是男子裝扮，故以爲異。

金樓子卷第一〔一〕

【校注】

〔一〕卷第一：《四庫全書》本作「卷一」，下每卷同，不再出校。

金樓子卷第二

梁孝元皇帝撰

后妃篇三

1　夫以坤維厚載，〔一〕實配乾道，〔二〕月以陰精，〔三〕用扶陽德，〔四〕故能輔佐天子，求賢審臣。二妃擅於虞朝，〔五〕十亂興乎周室，〔六〕其所以卜世隆長，〔七〕誠有以矣。

【校注】

〔一〕坤維厚載：《周易·坤卦》：「地勢坤，君子以厚德載物」，「坤厚載物，德合無疆」。《後漢書》卷一〇《皇后紀》贊：「坤惟厚載，陰正乎内。」

〔二〕乾道：天道。今按：古以乾坤象徵天地、父母等。《周易·説卦》：「乾，天也，故稱乎父；坤，地者，故稱乎母。」

〔三〕陰精：漢丁鴻《日食上封事》：「月者陰精，盈毁有常，臣之表也。」《文選》卷一三謝希逸《月賦》李善注：「《春秋感精符》云：『月者陰之精。』」

〔四〕陽德：《文選》卷一三謝希逸《月賦》：「日以陽德，月以陰靈。」李善注：「《春秋説題辭》曰：『陽精爲日。』《易辯終備》曰：『日之既，陽德消。』鄭玄曰：『日既蝕，明盡也。』」《藝文類聚》卷一引晉傅玄《衆星詩》：「陽德雖普濟，非陰亦不成。」今按：古以日、月象徵天子、后妃。《禮記・昏義》：「故天子之與后，猶日之與月，陰之與陽，相須而後成者也。」

〔五〕二妃：指舜的妃子娥皇、女英。虞：指舜。舜姚姓，有虞氏，名重華，史稱虞舜或舜。事蹟詳《尚書・堯典》、《史記》卷一《五帝本紀》。

〔六〕十亂：十個輔佐周武王治國的賢能之臣。《尚書・泰誓》：「予有亂臣十人，同心同德。」孔安國傳：「我治理之臣雖少而心德同。」孔穎達疏：「《釋詁》云：亂，治也。」《論語・泰伯》：「舜有臣五人而天下治。武王曰：『予有亂臣十人。』孔子曰：『才難，不其然乎？唐虞之際，于斯爲盛。有婦人焉，九人而已。』」此十人中有一位婦人，一説指文王之后大姒，一説指武王之妻邑姜。

〔七〕卜世：占卜預測傳國的世數。《左傳・宣公三年》：「成王定鼎於郟鄏，卜世三十，卜年七百，天所命也。」

2 有虞二妃者，帝堯之二女也，〔一〕長曰娥皇，次曰女英。四岳薦舜於堯，〔二〕堯乃妻以二女，以觀厥内。〔三〕事舜於畎畝之中。〔四〕事瞽叟，〔五〕不以天子之女故而驕盈怠慢，猶謙讓恭儉，思盡婦道。瞽叟使塗廩，〔六〕舜歸告二女：「父母使我塗廩，我其往。〔七〕」二女曰：「衣鳥工往。〔八〕」舜既治廩，瞽叟焚廩，舜飛去。舜入朝，瞽叟使舜浚井，舜告二女，二女曰：「往哉！衣龍工往。〔九〕」舜往浚井，石殞于上，舜潛出其旁。迨既納于百揆，〔一〇〕賓于四門，〔一一〕選〔于〕林木，〔一二〕入于大麓，〔一三〕每事常謀于二女。舜既嗣位，升爲天子，娥皇爲后，女英爲妃，封象于有庳。〔一四〕二妃聰明貞仁。舜陟方，〔一五〕死于蒼梧，〔一六〕號曰重華。〔一七〕二妃死于江湘之間也。〔一八〕

【疏證】

漢劉向《列女傳》卷一《母儀傳·有虞二妃》：「有虞二妃者，帝堯之二女也。長娥皇，次女英。舜父頑母嚚。父號瞽瞍，弟曰象，敖遊於嫚，舜能諧柔之，承事瞽瞍以孝。母憎舜而愛象，舜猶内治，靡有姦意。四岳薦之於堯，堯乃妻以二女，以觀厥内。二女承事舜於畎畝之中，不以天子之女故而驕盈怠嫚，猶謙謙恭儉，思盡婦道。瞽瞍與象謀殺舜，使塗廩。舜歸告二女，曰：『父母使我塗廩，我其往？』二女曰：『往哉。』舜既治廩，乃捐階，瞽瞍焚廩，舜往飛出。象復與父母謀，使舜浚井。舜乃告二女，二女曰：『俞，往哉。』舜往浚井，格其出入，從掩，舜潛出。時既不能殺舜，瞽瞍又使舜飲酒，醉將殺之。舜告二女，二女乃與舜藥浴汪，遂往。舜終日飲酒，不醉。舜之女弟繫憐之，與二嫂諧。父母欲殺舜，舜怒之不已，舜猶不怨。舜往於田號泣，曰呼旻天、呼父母。惟害若兹，思慕不已，不怨其弟，篤厚不怠。既納于百揆，賓于四門，選于林木，入于大麓，堯試之百方，每事常謀于二女。舜既嗣位，升爲天子，娥皇爲后，女英爲妃，封象于有庳，事瞽瞍猶若焉。天下稱二妃聰明貞仁。舜陟方，死於蒼梧，號曰重華。二妃死於江湘之間，俗謂之湘君。」

《史記》卷一《五帝紀》張守節《正義》引《通史》曰：「瞽叟使舜滌廩，舜告堯二女，女曰：『時其焚汝，鵲汝衣裳，鳥工往。』舜既登廩，得免去也。……舜穿井，又告二女。二女曰：『去汝裳衣，龍工往。』入井，瞽叟與象下土實井，舜從他出去也。」《宋書》卷二七《符瑞志》：「舜父母憎舜，使其塗廩，自下焚之，舜服鳥工衣服飛去。又使浚井，自上填之以石，舜服龍工衣自傍而出。」

【校注】

〔一〕堯：古帝名。事蹟詳《史記》卷一《五帝本紀》。

〔二〕「四岳」句：《史記》卷一《五帝本紀》：「舜年二十以孝聞。三十而帝堯問可用者，四岳咸薦虞舜，曰可。」四岳，堯臣羲、和之四子，分掌四方之諸侯。《尚書·堯典》：「帝曰：『咨，四岳。』」孔安國傳：「四岳，即羲、和之四子，分掌四岳之諸侯，故稱焉。」一説，四岳即四嶽，《史記·五帝本紀》裴駰《集解》：「鄭玄曰：『四嶽，四時官，主方嶽之事。』」

〔三〕「堯乃」二句：《尚書・堯典》：「帝曰：『我其試哉！』女於時，觀厥刑於二女。釐降二女於嬀汭，嬪於虞。帝曰：『欽哉！』」《史記》卷一《五帝本紀》：「於是堯乃以二女妻舜以觀其內，使九男與處以觀其外。」

〔四〕甽畝：《四庫全書》本作「畎畒」。今按：「甽」爲「畎」之異體字，「畒」爲「畝」之異體字。

〔五〕瞽叟：舜之父。《史記》卷一《五帝本紀》張守節《正義》引孔安國注云：「無目曰瞽。舜父有目不能分別好惡，故時人謂之瞽，配字曰『叟』。叟，無目之稱也。」叟，《四庫全書》本作「瞍」，本節正文下同。

〔六〕塗廩：修理糧倉。廩，糧倉。《孟子・萬章上》：「父母使舜完廩。」

〔七〕我其往：各本同。吴校：「『往』下疑有『乎』字。」

〔八〕衣鳥工：指著鳥工之服。《史記》卷一《五帝紀》司馬貞《索隱》：「言以笠自扞己身，有似鳥張翅而輕下，得不損傷。」鳥工，指習飛翔之功者。宋曾慥《類説》卷一引《列女傳》「鳥工往」條小注云：「習鳥飛之巧以往鵲錯也。」

〔九〕衣龍工：指著龍工之服。《史記》卷一《五帝紀》張守節《正義》：「言舜潛匿穿孔，旁從他井而出也。」龍工，指習水性，善治水者。宋曾慥《類説》卷一引《列女傳》「鳥工往」條小注云：「龍知水泉脈理也。」

〔一〇〕百揆：《尚書・舜典》「納於百揆」，蔡沈注：「百揆者，揆度庶政之官，惟唐虞有之，猶周之冢宰也。」

〔一一〕四門：指明堂四方的門。《尚書・舜典》「賓於四門，四門穆穆」，蔡沈注：「四門，四方之門。古者以賓禮親邦國諸侯，各以方至，而使主焉，故曰賓。」

〔一二〕選于林木：各本無「于」字。朱校：「『選』字下脱『于』字。」今按：朱校是，據補。選，《廣雅・釋詁三》：「選，入也。」

〔一三〕大麓：《淮南子》卷二〇《泰族》：「既入大麓，烈風雷雨而不迷。」高誘注：「林屬於山曰麓。堯使舜入林麓之中，遭大風雨不迷也。」一説猶總領，謂領録天子之事。《尚書・舜典》：「納于大麓，烈風雷雨弗迷。」孔安國傳：「麓，録也。納舜使大録萬機之政，陰陽和，風雨時，各以其節，不有迷錯愆伏。」《後漢書》卷一一四《百官志一》李賢注：「《新論》曰：『昔堯試於大麓者，領録天子事，如今尚書官矣。』」參清宋翔鳳《過庭録》卷四《尚書畧説上》「大麓」。

〔一四〕有庳(bì)：《孟子・萬章上》：「象至不仁，封之有庳。」《漢書》卷五一《鄒陽傳》：「昔者，舜之弟象日以殺舜爲事，及舜立爲天子，封之於有卑。」顔師古注：「地名也，音鼻，今鼻亭是也，在零陵。」故址在今湖南道縣北。

〔一五〕陟方：天子外出巡視。《尚書・舜典》：「舜生三十徵庸，三十在位，五十載陟方乃死。」孔安國傳：「方，道也。舜即位五十年，升道南方巡守，死於蒼梧之野而葬焉。」孔穎達疏：「升道，謂乘道而行也，天子之行，必是巡其所守之國，故通以巡守爲名。」

〔一六〕蒼梧：地域名。其地在今湖南九嶷山以南，廣西賀江、桂江、鬱江區域。

〔一七〕重華：虞舜之名。《尚書・舜典》：「曰若稽古，帝舜曰重華，協於帝。」孔安國傳：「華，謂文德。言其光文重合於堯，俱聖明。」又，《史記》卷一《五帝本紀》：「虞舜者，名曰重華。」張守節《正義》：「目重瞳子，故曰重華。」

〔一八〕江湘：長江和湘江。亦指長江和湘江流域。《楚辭·九章·涉江》：「哀南夷之莫知兮，旦余濟乎江湘。」

3 湯妃，有㜪氏之女也。〔一〕殷湯娶爲妃，生三子：太丁、仲壬、外丙，〔二〕亦明教訓，致其功。太丁早卒，丙、壬嗣登大位。妃領九嬪，後宫有序，咸無妒媢逆理之人。〔三〕伊尹爲之媵臣，〔四〕與之入殷，卒致王功。〔五〕君子謂有㜪明而有序。《詩》云「窈窕淑女，君子好逑」，言賢女爲君子和好衆妾，〔六〕其有㜪之謂也。

【疏證】

漢劉向《列女傳》卷一《母儀傳·湯妃有㜪》：「湯妃有㜪者，有㜪氏之女也。殷湯娶以爲妃，生仲壬、外丙，亦明教訓，致其功。有㜪之妃湯也，統領九嬪，後宫有序，咸無妒媢逆理之人，卒致王功。君子謂妃明而有序。《詩》云『窈窕淑女，君子好逑』，言賢女能爲君子和好衆妾，其有㜪之謂也。」

《太平御覽》卷一三五引《列女傳》曰：「湯妃，有莘之女也，德高而伊尹者爲之媵臣，佐湯致王，訓正後宮，嬪御有序，咸無嫉妒逆理之人。生三子：太丁、外丙、仲壬，教誨有成。太丁早卒，丙、壬嗣登大位。」

【校注】

〔一〕有㜪（shēn）：亦作「有莘」、「有侁」，古國名。《史記》卷三《殷本紀》張守節《正義》引《括地志》曰：「古莘國在汴州陳留縣東五里，故莘城是也。《陳留風俗傳》云陳留外黄有莘昌亭，本宋地，莘氏邑也。」其地在今河南開封舊陳留縣東。一説，在今山東曹縣西北。《左傳·僖公二十八年》：「晉侯登有莘之虚以觀師。」楊伯峻注：「莘，舊國名。……據《春秋輿圖》，有莘氏之虚在今山東曹縣西北。」

〔二〕太丁、仲壬、外丙：均商王湯之子。太丁爲長，外丙次之，仲壬最幼。《初學記》卷九引《帝王世紀》曰：「湯娶有莘氏女爲正妃，生太子丁、外丙、仲壬。太子早卒，外丙代立。」《史記》卷三《殷本紀》：「湯崩，太子太丁未立而卒，於是乃立太丁之弟外丙，是爲帝外丙。帝外丙即位三年，崩，立外丙之弟中壬，是爲帝中壬。帝中壬即位四年，崩，伊尹乃立太丁之子太甲。」今按：疑「太丁、仲壬、外丙」當作「太丁、外丙、仲壬」。

〔三〕娟（mào）：《四庫全書》本作「媢」。今按：娟或是「媢」之形訛。媢（mào）：《漢書》卷二七《五行志中》顔師古注：「媢，謂夫妒婦也。」

〔四〕伊尹：姓伊字尹，名摯，有侁之空桑人。初仕桀，歸相湯，爲阿衡。太甲尊爲保衡。生平事蹟詳《史記》卷三《殷本紀》。《史記・殷本紀》云：「伊尹名阿衡。阿衡欲奸湯而無由，乃爲有莘氏媵臣，負鼎俎，以滋味説湯，致於王道。」 媵臣：古代隨嫁的臣僕。

〔五〕王功：各本同，《四庫全書》本「功」上脱「王」字。

〔六〕「《詩》云」二句：「窈窕」句出自《詩經・周南・關雎》，後「言賢女爲君子和好衆妾」乃魯詩義。清王先謙《詩三家義集疏》：「魯説曰：窈窕，好貌。……『魯逑作仇』者，《釋詁》：『仇，匹也。』……今本《列女傳》作『好逑』。案：既云『和好衆妾』，字當作『仇』，今本乃後人據《毛詩》妄改。謂衆妾有怨者，淑女能和好之。此魯義也。《女曰雞鳴》篇『知子之好之』，箋：『謂與己和好。』彼亦釋『好』爲『和』。《常棣》篇『妻子好合』，謂妻子和合也。《孟子》『凡我同盟，既盟之後，言歸於好』，謂言歸於和也。箋云『言后妃之德和諧，則幽閒處深宮。貞專之善女，能爲君子和好衆妾之怨者，言皆化后妃之德，不嫉妒』，係用魯説改毛。《孔疏》：『此衆妾所以得有怨者，以其職卑德小，不能無怨，故淑女和好之。見后妃和諧，能化羣下，雖有小怨，和好從化，亦所以明后妃之德也。』」

4 光烈陰后麗華，〔一〕南陽新野人也。〔二〕初，漢世祖適新野，〔三〕聞后美，心悦之。後至長安，見執金吾車騎甚盛，〔四〕因歎曰：「仕宦當作執金吾，娶妻當得陰麗華。」

【疏證】

《後漢書》卷一〇《皇后紀上·光烈陰皇后》：「光烈陰皇后諱麗華，南陽新野人。初，光武適新野，聞后美，心悅之。後至長安，見執金吾車騎甚盛，因歎曰：『仕宦當作執金吾，娶妻當得陰麗華。』」

【校注】

〔一〕光烈陰后麗華：陰麗華，光武帝皇后。崩，謚曰光烈。《後漢書》卷一〇《皇后紀上》有紀。《後漢書·皇后紀下》史臣論曰：「漢世皇后無謚，皆因帝謚以爲稱。雖吕氏專政，上官臨制，亦無殊號。中興，明帝始建光烈之稱。」

〔二〕南陽新野：南陽郡新野縣，治所在今河南新野。

〔三〕漢世祖：指劉秀，字文叔，南陽新蔡人。王莽地皇三年，與兄縯起兵於宛。更始三年六月即皇帝位。在位三十三年。崩，謚曰光武皇帝，廟號世祖。《後漢書》卷一有紀。

〔四〕執金吾：官名。負責皇帝警衛、儀仗以及徼循京師、掌管治安的武職官員。《漢書》卷一九《百官公卿表上》：「中尉，秦官，掌徼循京師，有兩丞、候、司馬、千人。武帝太初元年更名執金吾。」顏師古注：「應劭曰：『吾者，禦也，掌執金革以禦非常。』師古曰：『金吾，鳥名也，主辟不祥。天子出行，職主先導，以禦非常。故執此鳥之象，因以名官。』」晉崔豹《古今注》：「漢朝執金吾，『金吾』亦棒也。以銅爲之，黃金塗兩末，謂爲『金吾』。」

5　漢世祖時，追爵謚陰貴人父爲宣恩〔哀〕侯。〔一〕

【疏證】

《後漢書》卷一〇《皇后紀上·光烈陰皇后》：「（建武）九年，有盜劫殺后母鄧氏及弟訢，帝甚傷之，乃詔大司空曰：『吾微賤之時，娶於陰氏，因將兵征伐，遂各別離。幸得安全，俱脱虎口。以貴人有母儀之美，宜立爲后，而固辭弗敢當，列於媵妾。朕嘉其義讓，許封諸弟。未及爵土，而遭患逢禍，母子同命，愍傷於懷。《小雅》曰：「將恐將懼，惟予與汝。將安將樂，汝轉棄予。」風人之戒，可不慎乎？其追爵謚貴人父陸爲宣恩哀侯。』」

【校注】

〔一〕宣恩哀侯：各本脱「哀」字。今按：據《後漢書》卷一〇《皇后紀上·光烈陰皇后》，宣恩侯爲封爵號，哀爲謚號。此條「侯」上脱「哀」字，當補。

6　漢明德馬皇后，〔二〕身長七尺二寸，方口，美髮。

【疏證】

《後漢書》卷一〇《皇后紀上·明德馬皇后》：「身長七尺二寸，方口，美髮。」

【校注】

〔一〕馬皇后：東漢明帝皇后。漢光武帝建武二十八年入太子宮，明帝永平三年立爲皇后。漢章帝四年卒，謚明德。《後漢書》卷一〇《皇后紀上》有傳。

7·1　梁宣修容本姓石，〔一〕揚州會稽上虞人。〔二〕粵自周仕衛，入趙徙温。〔三〕有石化字士風者，與渤海諸石同出而異源，〔四〕仕吴爲中書令。〔五〕生鑑，字子奇，曉仰觀，〔六〕見知于王隱，〔七〕游寓卒于歷陽，〔八〕葬于會稽。王父元恭，〔九〕宋昇明中仕至武騎常侍。〔一〇〕考靈寶，〔一一〕齊永明中爲奉朝請。〔一二〕

【校注】

〔一〕宣修容：《梁書》卷七《高祖阮修容傳》：「高祖阮修容諱令嬴，本姓石，會稽餘姚人也。齊始安王遥光納焉。遥光敗，入東昏宫。建康城平，高祖納爲綵女。天監七年八月，生世祖。尋拜爲修容，常隨世祖出蕃。大同（六）〔九〕年六月，薨于江州内寢，時年六十七。其年十一月，歸葬江寧縣通望山。謚曰宣。世祖即位，有司奏追崇爲文宣太后。承聖二年，追贈太后父齊故奉朝請靈寶散騎常侍、左衛將軍，封武康縣侯，邑五百户；母陳氏，武康侯夫人。」亦見《南史》卷一二《后妃下》。修容，古代宫内女官名。爲九嬪之一。

〔二〕上虞人：各本同。朱校：「案《梁書》及《南史》俱作『餘姚人』。」吴校：「按《梁書》、《南史》並作餘姚人，誤。」李慈銘《越縵堂讀書簡端記・王鳴盛〈十七史商榷〉卷五十九》云：「當以《金樓子》爲是。」上虞，會稽郡上虞縣，治所在今浙江上虞百官鎮。

〔三〕「自周」二句：石氏出自姬姓。西周初，武王姬發封弟衛康叔於衛。至衛莊公時，衛有賢臣公孫碏，字石，人稱石碏，是衛康叔八世孫。石碏後人遂以石爲氏，石氏自此起源。故曰「自周仕衛」。後衛國因戰亂多次遷都，石姓亦因此播遷。漢代石姓著名者有石奮，號「萬石君」。《漢書》卷四六《萬石傳》載：「萬石君石奮，其父趙人也。趙亡，徙温。」可知石姓一支曾入趙，後遷徙温地。衛，西周封國，始都沬邑，即今河南淇縣。后屢遷都。公元前二〇九年，爲秦所滅。趙，古國名。戰國七雄之一，疆域包括河北西南部、山西中部和陝西東北隅。温，《漢書》卷四六《萬石傳》顔師古注曰：「温，河内之縣。」今按：温縣，西漢屬河内郡。治所在今河南温縣西南三十里。

〔四〕渤海：郡名，轄今山東濱州、河北南皮一帶。今按：西晉石苞、石崇等均是渤海人。參《晉書》卷三三《石苞傳》。

〔五〕中書令：官職名。中書省長官。三國時，總攬政事，掌詔命之草擬與發佈，三品。

〔六〕仰觀：借指天文。《周易·繫辭下》：「古者包犧氏之王天下也，仰則觀象於天，俯則觀法於地，觀鳥獸之文與地之宜，近取諸身，遠取諸物，於是始作八卦，以通神明之德，以類萬物之情。」

〔七〕王隱：字處叔，東晉陳郡陳人。博學多聞，曾爲著作郎，爵平陵鄉侯。撰有《晉書》九十三卷。今僅存佚文。《晉書》卷八二有傳。

〔八〕歷陽：郡名。治所在今安徽和縣境内。

〔九〕王父：《尚書·牧誓》孔穎達疏：「《釋親》云『父之考爲王父』，則王父是祖也。」

〔一〇〕昇明：南朝宋順帝劉準年號，自四七七年至四七九年。武騎常侍：官職名。漢景帝時置，秩六百石，常從車駕游獵，格射猛獸。宋世祖大明二年復置。比奉朝請，爲禁衛低級武官。

〔一一〕考：《禮記·曲禮下》：「生曰父，曰母，曰妻；死曰考，曰妣，曰嬪。」靈寶：《太平寰宇記》卷九四「阮公溪」引《梁陳故事》曰：「石英寶者，會稽上虞人，常寓於武康。其女有殊色，天監元年選爲采女。及生元帝，爲修容，賜姓阮氏，拜其父爲奉朝請。時人名所居之溪爲阮公溪。英寶以承聖二年追封武康侯。」今按：英，或是「靈」之訛。

〔一二〕永明：南朝齊武帝蕭賾年號，自四八三年至四九三年。奉朝請：官職名。古代諸侯春季朝見天子爲朝，秋季朝見爲請。因稱定期參加朝會爲奉朝請。漢代退職大臣、將軍和皇室、外戚多以奉朝請名義參加朝會。晉代以奉車、駙馬、騎三都尉爲奉朝請，南北朝設以安置閒散官員。參宋王觀國《學林》卷九「奉朝請」。

7·2 修容誕中粹之至和，〔一〕涵祥明之純氣，賢明之稱，女師之德，〔二〕言爲閨門之則，行爲椒蘭之表。〔三〕以昇明元年丁巳六月十一日生，生而紫胞，朝請府君以爲靈異。〔四〕年數歲能誦《三都賦》；《五經》指歸，〔五〕過目便解。同生弟妹各二人，〔六〕爲家之長。朝請永明之朝，〔七〕密勿王事，〔八〕與茹法亮、紀僧真對直，〔九〕多在禁省，〔一〇〕不得休外，〔一一〕處分家計，〔一二〕專以仰委，號爲女王。拊循弟妹，〔一三〕閨門輯睦。〔一四〕隆昌元年，〔一五〕齊世祖因荀昭華薦以入宫，〔一六〕時值少主失德，〔一七〕好爲虐戲，手刺禽鳥，必斂容正色。少主非直深加嚴憚，乃反賜金錢，前後無算。每對之而泣，人問之故，答曰：「朝請府君、陳夫人在家供奉未足，用此何爲？」有諸尼入臺齋會，乃密以達之，徑寄南金數百兩還家，〔一八〕此人仍負之而趨。其人後肉袒銜璧。〔一九〕乃云：「不憶有此。」

【校注】

〔一〕中粹：内心純淨。至和：極和諧、安順。《大戴禮記》卷一《主言》：「所謂天下之至知者，能用天下之至和者也。」

〔二〕女師：《詩經·周南·葛覃》：「言告師氏，言告言歸。」毛傳：「師，女師也。古者女師教以婦德、婦言、婦容、婦功。」孔穎達疏：「女師者，教女之師，以婦人爲之。」《白虎通》卷九《嫁娶》：「婦人所以有師何？學事人之道也。《詩》云：『言告師氏，言告言歸。』《昏禮經》曰：『告于公宫三月，婦人學一時，足以成矣。』與君無親者，各教於宗廟婦之室。國君取大夫之妾、士之妻老無子者而明於婦道，又禄之，使教宗室五屬之女，大夫、士皆有宗族，自于宗子之室學事人也。女必有傅姆何？尊之也。《春秋傳》曰：『傅至矣，姆未至。』」此處指女子的楷模。

〔三〕椒蘭：《文選》卷三〇謝靈運《擬魏太子鄴中集詩八首·徐幹》：「已免負薪苦，仍游椒蘭室。」六臣李周翰注：「椒蘭室，貴人之居也。」此處代指后妃。

〔四〕朝請：指阮修容之父石靈寶，因其官奉朝請，故稱。府君：漢魏以下對人的敬稱。《世説新語·言語》：「孔文舉年十歲，隨父到洛。時李元禮有盛名，爲司隷校尉，詣門者，皆俊才清稱及中表親戚乃通。文舉至門，謂吏曰：『我是李府君親。』」

〔五〕《三都賦》：西晉左思作，構思十年乃成，豪貴之家競相傳寫，洛陽爲之紙貴。詳《文選》卷三《三都賦序》李善注引臧榮緒《晉書》。《五經》：漢班固《白虎通》卷九《五經》：「《五經》何謂？謂《易》、《尚書》、《詩》、《禮》、《春秋》也。」指歸：意旨。《梁書》卷七《高祖丁貴嬪傳》：「高祖所立經義，皆得其指歸。」

〔六〕同生：同母所生。《文選》卷二四曹子建《贈白馬王彪》：「奈何念同生，一往形不歸。」李善注：「《魏志》曰：武皇帝卞皇后生任城王彰、陳思王植。《左氏傳》曰：鄭罕、駟、豐同生。杜預曰：罕，子皮。駟，子晳。豐，公孫段也。三家本同母兄弟也。《漢書》，武帝詔曰：梁王親慈同生，願以邑分弟。」

〔七〕永明：齊武帝年號，自四八三年至四九三年。

〔八〕密勿：勤勉努力。《漢書》卷三六《劉向傳》：「故其詩曰：『密勿從事，不敢告勞。』」顔師古注：「密勿，猶黽勉從事也。」

〔九〕茹法亮：南朝齊吴興武康人。齊武帝時深爲寵信，轉給事中。東昏侯即位，出爲大司農。《南齊書》卷五六、《南史》卷七七有傳。　紀僧真：南朝齊丹陽建康人。歷事齊高帝、武帝、明帝三朝，皆得重用，自寒官歷建威將軍。《南齊書》卷五六、《南史》卷七七有傳。　對直：共同值班。《南齊書》卷四二《江祏傳》載：「高宗爲驃騎，鎮東府，以祏爲諮議參軍，領南平昌太守，與蕭誄對直東府省内。」

〔一〇〕禁省：指皇宫，因宫門有禁，故稱。《文選》卷一〇潘安仁《西征賦》：「禁省鞠爲茂草，金狄遷於灞川。」李善注：「如淳《漢書注》曰：『本名禁中。』《漢儀注》：『孝元皇后父名禁，避之，故曰省。』」

〔一一〕休外：謂官員休假在家。《南史》卷四七《荀伯玉傳》：「高帝重伯玉盡心，愈見信，使掌軍國密事，權動朝右。每暫休外，軒蓋填門。」

〔一二〕處分：安排，處置。《古詩爲焦仲卿妻作》：「處分適兄意，那得自任專。」

〔一三〕拊循：《荀子》卷六《富國》：「垂事養民，拊循之，唲嘔之。」楊倞注：「拊與撫同。拊循，慰悦之也。」

〔一四〕輯睦：和睦。《管子》卷三《五輔》：「和協輯睦，以備寇戎。」

〔一五〕隆昌：南朝齊鬱林王蕭昭業的年號，時在四九四年。

〔一六〕「齊世祖」句：吴校：「按《梁書》及《南史》阮修容傳並謂初爲齊始安王遥光所納，遥光敗，入東昏宫。

今據此書，則在遥光之前曾入鬱林之宮，逮遥光敗後未嘗入東昏之宮，且齊世祖因荀昭華進修容於鬱林王所屬一大節目不應抹煞。此足箴史氏之失。」今按：　據《南齊書》卷三《武帝紀》和卷四《鬱林王紀》，齊世祖蕭賾永明十一年(四九三)七月病死，鬱林王蕭昭業繼位，次年改年號隆昌。故疑此處「隆昌元年，齊世祖」云云有誤。齊世祖，齊武帝蕭賾，字宣遠，小字龍兒，高帝長子。高帝死後繼位，在位十二年。病死，謚武，廟號世祖。《南齊書》卷三、《南史》卷四《齊本紀》有紀。荀昭華，齊武帝寵姬。《南齊書》卷二〇《皇后傳》：「永明中無太后、皇后，羊貴嬪居昭陽殿西，范貴妃居昭陽殿東，寵姬荀昭華居鳳華柏殿。」

〔一七〕少主：指鬱林王蕭昭業。昭業字元尚，齊武帝之孫，文惠皇太子之子。在位沉湎酒色，信用佞邪，賞賜無度，不久被殺。《南齊書》卷四、《南史》卷五《齊本紀》有紀。

〔一八〕南金：《詩經·魯頌·泮水》：「元龜象齒，大賂南金。」毛傳：「南謂荆、揚也。」鄭玄箋：「荆、揚之州，貢金三品。」孔穎達疏：「金即銅也。」

〔一九〕肉袒：《史記》卷八一《廉頗藺相如傳》：「廉頗聞之，肉袒負荆，因賓客至藺相如門謝罪。」司馬貞《索隱》：「肉袒者，謂袒衣而露肉也。」　銜璧：古代國君投降時的一種儀式。《左傳·僖公六年》：「許男面縛銜璧，大夫衰絰，士輿櫬。」杜預注：「縛手於後，唯見其面，以璧爲贄，手縛故銜之。」

7·3 **及建武之時，**〔一〕**始安王遥光聘焉，**〔二〕**專掌内政，承上接下，莫不得中。遥光**(非)

〔妃〕王氏，〔三〕不被禮遇，每因哂戲之際，同類多侮慢王氏，修容每盡禮謹肅。王氏恒釃酒酹地，〔四〕曰：「將使自天佑之，吉無不利。」〔五〕東昏之世，〔六〕就遥光求金，〔七〕既而獻之，乃從容諫曰：「盜憎主人，民惡其上。〔八〕生於亂世，將使貴人能貪無厭之求，不如早而勿與。」遂不見信。後遥光還東第，〔九〕又諫曰：「駟馬高蓋，〔一〇〕其憂實重。少主貪虐，〔一一〕不過欲得州城，不如稱老歸第，于事爲善。若其不爾，悔將何及！」又不納。及遥光破敗之後，〔一二〕其子詡等並多躓弊，〔一三〕悉皆贍卹，〔一四〕飢寒俱解。

【校注】

〔一〕建武：齊明帝蕭鸞年號，自四九四年至四九八年。

〔二〕始安王遥光：蕭遥光，字元暉，南蘭陵人。襲封始安郡王。明帝即位，累遷大將軍。東昏侯立，謀反，被殺。《南齊書》卷四五《宗室列傳》、《南史》卷四一《齊宗室列傳》有傳。

〔三〕妃：各本作「非」。今按：許《注》「非」作「妃」，是，據改。　王氏：各本同。吴校：「『氏』下疑有『出』字。」

〔四〕釃(shī)酒：斟酒。　酹地：以酒灑地而表示祭奠。《漢書》卷九七《外戚傳下·孝元傅昭儀》：「爲人有材畧，善事人，下至宮人左右，飲酒酹地，皆祝延之。」

〔五〕「將使」二句：《周易·繫辭上》：「君子居則觀其象而玩其辭，動則觀其變而玩其占，是以『自天祐之，吉無不利』。」《周易・繫辭下》：「《易》窮則變，變則通，通則久。是以『自天祐之，吉無不利』。」

〔六〕東昏：東昏侯蕭寶卷，明帝次子。建武元年，立爲太子。永泰元年即位，殘暴荒淫，被殺。和帝立，追封爲東昏侯。《南齊書》卷七、《南史》卷五《齊本紀》有紀。

〔七〕「就遥光」句：吴校：「『就遥光求金』至『遂不見信』，按自『求金』以下一段字句間疑有脱誤。」

〔八〕「盜憎」二句：《左傳・成公十五年》：「伯宗每朝，其妻必戒之曰：『盜憎主人，民惡其上，子好直言，必及於難。』」

〔九〕東第：《漢書》卷五七《司馬相如傳下》：「故有剖符之封，析圭而爵，位爲通侯，居列東第。」顔師古注：「東第，甲宅也。居帝城之東，故曰東第也。」今按：此「東第」當即「東府」。東府故址在今江蘇南京市内。東晉南朝，以孝建三年爲界，前此諸王以宰相録尚書事而兼揚州刺史者居東府，其後，在正常情況下，凡揚州刺史皆居東府。說詳熊清元《南朝之揚州刺史及其治所考析》。《南齊書》卷四五《宗室・蕭遥光傳》：「建武元年，以爲持節、都督揚南徐二州諸軍事、前將軍、揚州刺史。……遥光既輔政，見少主即位，潛與江祏兄弟謀自樹立。弟遥欣在荆楚，擁兵居上流，密相影響。遥光當據東府號令，使遥欣便星速急下。潛謀將發，而遥欣病死。……及遥欣喪還葬武進，停東府前渚，荆州衆力送者甚盛。帝誅江祏後，慮遥光不自安，欲轉爲司徒還第，召入喻旨。遥光慮見殺，八月十二日晡時，收集二州部曲，於東府門聚人衆，街陌頗怪其異，莫知指趣也。」是遥光自建武以後居東府。其還「東第」，即還東府第宅。

〔一〇〕駟馬高蓋：指勢位顯貴者。《漢書》卷七一《于定國傳》：「始定國父于公，其閭門壞，父老方共治之。于公謂曰：『少高大閭門，令容駟馬高蓋車。我治獄多陰德，未嘗有所冤，子孫必有興者。』至定國爲丞相，永爲御史大夫，封侯傳世云。」

〔一一〕少主：指齊東昏侯蕭寶卷。

〔一二〕遥光破敗：齊明帝蕭鸞崩，蕭寶卷即位，蕭遥光受遺詔輔政，因謀自樹立，兵敗被殺。事詳《南齊書》卷四五《宗室傳》、《南史》卷四一《齊宗室傳》。

〔一三〕詡：蕭詡，生平事跡無考。　躓弊：顛沛困頓。

〔一四〕贍卹：救濟，撫恤。

7·4　天監元年，〔一〕選入爲露采女。〔二〕賜姓阮氏，進位爲修容。〔三〕於是辨物書數，〔四〕詔獻稽稑。〔五〕初習《浄名經》義，〔六〕備該玄理，權實之道，〔七〕妙極沙門。〔八〕末持《雜阿毗曇心論》，〔九〕精研無比，一時稱首。三十年中，恒自講説，自爲《雜心講疏》，〔一〇〕廣有宏益。繹始習方（物）名，〔一一〕示以無誑；〔一二〕及在幼學，〔一三〕親承慈訓，初受《孝經》、《正覽》、《論語》、《毛詩》。〔一四〕及隨繹數番，〔一五〕指以吏道，政無繁寡，皆荷慈訓。時值水旱，變食深憂。居常儼敬，無喜愠之色，恭儉仁恕，未嘗疾言親指。〔一六〕至于醴酏品式、衣裳制度，〔一七〕家人有善，莫不仰則。

【校注】

〔一〕天監：梁武帝蕭衍的年號，自五〇二年至五一九年。

〔二〕露采女：疑爲「露門采女」，即皇宫内室宫女。露門，即路門。宫室最内之正門。露，通「路」。《左傳·桓公二年》孔穎達疏：「路訓大也，君之所在，以大爲號，門曰路門。」采女，原爲漢代六宫的一種稱號，因其選自民家，故曰「采女」。後用作宫女的通稱。

〔三〕賜姓阮氏：《梁書》卷七《高祖阮修容傳》：「建康城平，高祖納爲采女。天監七年八月，生世祖。尋拜爲修容。」《南史》卷一二《后妃傳·阮修容》載：「建康城平，爲武帝采女。在孕，夢龍罩其牀。天監七年八月，生元帝於後宫。是日大赦。尋拜爲修容，賜姓阮氏。」今按：據《梁書》卷七《高祖阮修容傳》、《南史》卷一二《后妃傳·阮修容》，阮修容在天監元年爲采女，天監七年爲修容，賜姓阮氏。頗疑此文「賜姓」上脱「七年」二字。

〔四〕辨物：《周易·同人》：「君子以類族辨物。」孔穎達疏：「辨物，謂分辨事物各同其黨，使自相同不間雜也。」書數：六藝中的六書、九數之學。《列子·仲尼》：「有善治聲樂者，有善治書數者。」

〔五〕詔獻穜稑：吴校：「句未詳。」《周禮·天官·内宰》：「上春，詔王后帥六宫之人，而生穜稑之種，而獻之於王。」鄭玄注引鄭司農曰：「先種後孰謂之穜，後種先孰謂之稑。」

〔六〕《浄名經》：《維摩詰經》的通稱，大乘佛教的早期經典之一，因經的主人公爲維摩詰居士，故而得名。

今按：阮修容習《浄名經》，當受梁武帝蕭衍影響。《梁書》卷三《武帝紀》：「（高祖）兼篤信正法，尤長釋典，製《涅盤》、《大品》、《浄名》、《三慧》諸經義記，復數百卷。」義：一種疏釋前人著作的文體。明徐師曾《文體明辨·義》：「按字書云，義者理也。本其理而疏之亦謂之義。若《禮記》所載《冠義》、《祭義》、《射義》諸篇是已，後人依倣，遂有此作。」

〔七〕權實：謂佛法之權、實二教。權教爲小乘説法，取權宜義，法理明淺；實教爲大乘説法，顯示真要，法理高深。南朝梁簡文帝《大法頌序》：「二諦現空有之津，二智包權實之底。」

〔八〕沙門：指佛教僧侣。晉袁宏《後漢紀》卷一〇《明帝紀下》：「浮屠者，佛也……其精者，號爲沙門。沙門者，漢言息心，蓋息意去欲而歸於無爲也。」

〔九〕《雜阿毗曇心論》：佛教典籍，亦稱《雜阿毗曇心》、《雜心論》。秦漢間，尊者法勝鈔集《阿毗曇經》事要，爲二百五十偈，名爲《阿毗曇心》；東晉時，尊者達摩多羅搜采衆經，補《阿毗曇心》之所闕，增三百五十偈，並前凡六百偈，號曰《雜阿毗曇心》。劉宋元嘉中，外國沙門伊葉波羅及天竺法師求那跋摩等將《雜阿毗曇心論》譯爲中文。詳《出三藏記集》卷一〇劉宋闕名《雜阿毗曇心序》及焦鏡法師《後出雜心序》。

〔一〇〕《雜心講疏》：當是關於《雜阿毗曇心論》的解釋類著作。

〔一一〕方名：各本「方」下衍「物」。吴校：「《内則》『教之數與方名』，『物』字衍。」今按：吴校是，據删。方名，即四方之名，指辨識方向。《禮記·内則》：「六年，教之數與方名。」鄭玄注：「方名，東西。」《隋書》卷三二《經籍志一》：「古者童子示而不誑，六年教之數與方名。十歲入小學，學書計。」

〔一二〕誑：惑亂，欺騙。《禮記・曲禮上》：「幼子常視毋誑。」鄭玄注：「小未有所知，常示以正物，以正教之，無誑欺。」

〔一三〕幼學：《禮記・曲禮上》：「人生十年曰幼，學。」鄭玄注：「名曰幼，時始可學也。」因稱十歲爲「幼學之年」。

〔一四〕《正覽》：《隋書》卷三四《經籍志》：「《正覽》六卷，梁太子詹事周捨撰。」姚振宗《隋書經籍志考證》「正覽」條曰：「案梁元帝《金樓子・后妃篇》載其母宣修容事，云：『及在幼學，親承慈訓。初受《孝經》、《正覽》、《論語》、《毛詩》。』不知是否即此《正覽》也。考周捨於梁初爲太子洗馬、太子右衛率、左衛率，遷詹事，始終皆兼爲宮僚，或其初爲是書以進太子。元帝幼時亦諷誦之，未可知也。」《毛詩》：即今存《詩經》。相傳爲漢初學者毛亨和毛萇所傳，故稱。

〔一五〕數番：各本同。吴校：「『數番』疑作『就番』。」今按：「數」下疑脱「出」或「就」字。《梁書》卷七《高祖阮修容傳》載：「尋拜爲修容，常隨世祖出蕃。」「番」、「蕃」、「藩」通，「出番」即「就藩」，指諸侯王就任藩國。

〔一六〕疾言：急遽地説話。親指：用手指指點點。《論語・鄉黨》：「車中不内顧，不疾言，不親指。」邢昺疏：「疾，急也。」

〔一七〕醴酏(yí)：亦作「酏醴」。梁簡文帝《臨城公夫人停省太子妃令》：「頃者敬進酏醴，已傳婦事之則。」

醴，甘酒。酏，《説文解字・酉部》：「酏，黍酒也。」 品式：標準，法式。式，各本同，龍溪精舍本作「食」，疑訛。

7·5 先是丁朝請之憂，毁瘠過禮，〔一〕見者不復能識。母陳氏繼而艱故，〔二〕攀號慟絶，〔三〕殊不勝哀。乃刻木爲二親之像，朝夕虔事。每歲時伏臘，〔四〕言必隨淚下。從母浄粲法師，〔五〕常所供奉，及粲師遷神，〔六〕孺慕過禮。〔七〕異姓之服，禮不過緦，〔八〕氣朔雖改，纏悲愈切，孝思不匱，〔九〕繄此類歟！〔一〇〕隨繹歸會稽，〔一一〕或謂衣錦歸鄉，〔一二〕古今罕例。詢求故實，〔一三〕瞻卹鄉黨，扶老攜幼，並沐恩猷。〔一四〕修容既在昆弟之長，撫育兩弟，備加訓戒。及兩弟云亡，諸姪十有餘人，皆稟規勗。有庶生之妹，〔一五〕(受)〔愛〕均同産，〔一六〕及殞殁之後，收養諸甥，復隆恒日。季妹爲臺采女，〔一七〕每隔歲時，未有書翰，必流涕忘食。及采女告殂，因此感氣。〔一八〕「孝乎惟孝，友于兄弟」，〔一九〕實見斯言。抱孫之愛，〔二〇〕垂慈尤篤，孫方諸、方等、方規、方智、含貞、含介、含芷等，〔二一〕爰自翦鬌，〔二二〕躬親襁育。〔二三〕居家卹隱，〔二四〕不嚴而治，御下以和，而傍無游手，〔二五〕刀尺綺縞，〔二六〕各盡其業。方諸、含貞等婚嫁，皆躬自經始，〔二七〕旬日之中，内外衆事，爰及禮儀，一時舉辦，公家發遣，〔二八〕啓臺悉停。外及饋人失禮，〔二九〕接之彌篤。每語繹曰：「吾垂白之年，〔三〇〕雖親所聞見，然而德不孤，必有鄰。〔三一〕且妒婦不憚破家，〔三二〕況復甚於此者也！」于是愛接彌隆。〔三三〕

【校注】

〔一〕毀瘠：《禮記·曲禮上》：「居喪之禮，毀瘠不形，視聽不衰。」賈公彦疏：「毀瘠，羸瘦也。」《禮記·雜記下》：「喪食雖惡必充饑，饑而廢事，非禮也。……孔子曰：『身有瘍則浴，首有創則沐，病則飲酒食肉。毀瘠爲病，君子弗爲也。毀而死，君子謂之無子。』」《孝經·喪親章》：「三日而食，教民無以死傷生。毀不滅性，此聖人之政也。」

〔二〕艱故：指陳氏去世。艱，憂，古代丁憂又稱丁艱。故，去世。

〔三〕攀號：痛哭。傳説黄帝鑄鼎於荆山下，鼎成，有龍下迎，黄帝乘之升天，羣臣後宫從上者七十餘人。餘小臣不得上龍身，乃持龍髯，而龍髯拔落，並墮黄帝之弓。百姓遂抱其弓與龍髯而號哭。事詳《史記》卷二八《封禪書》。慟，各本同。吴校：「『慟』本作『痛』。」

〔四〕伏臘：指伏祭和臘祭之日，亦泛指節日。

〔五〕從母：《爾雅·釋親》：「母之姊妹爲從母。」

〔六〕遷神：僧人逝世之婉稱。南朝梁慧皎《高僧傳·義解四·慧嚴》：「嚴法師器識淵遠，學道之匠，奄爾遷神，痛悼於懷。」

〔七〕孺慕：《禮記・檀弓下》：「有子與子游立，見孺子慕者，有子謂子游曰：『予壹不知夫喪之踊也，予欲去之久矣。情在於斯，其是也夫？』」鄭玄注：「喪之踊，猶孺子之號慕。」本指幼童對親人之思慕，此處用以表達對尊長的哀悼、懷念。

〔八〕緦：細麻布。此處指緦服。緦服，五服中之最輕者，孝服用緦布製成。《儀禮・喪服》：「緦麻三月者。」

〔九〕孝思：孝親之思。《詩經・大雅・下武》：「永言孝思，孝思維則。」鄭玄箋：「長我孝心之所思。所思者其維則三后之所行。子孫以順祖考爲孝。」不匱：《詩經・大雅・既醉》：「孝子不匱，永錫爾類。」毛傳：「匱，竭。」鄭玄箋：「孝子之行，非有竭極之時。」

〔一〇〕繄(yì)：《左傳・隱公元年》杜預注：「繄，語助。」

〔一一〕歸會稽：《梁書》卷五《元帝紀》：「初爲寧遠將軍，會稽太守。」《顏氏家訓》卷三《勉學篇》：「梁元帝嘗爲吾説：『昔在會稽，年始十二，便已好學。』」是蕭繹年十二歲，出爲會稽太守。其母阮修容當隨之。而會稽乃阮氏故鄉，故曰歸。

〔一二〕衣錦歸鄉：即「衣錦還鄉」，富貴後回到故鄉。《梁書》卷九《柳慶遠傳》載，柳慶遠出爲雍州刺史，梁武帝餞之於新亭，謂曰：「卿衣錦還鄉，朕無西顧之憂矣。」

〔一三〕故實：有參考或借鑒意義的舊事。《國語》卷一《周語上》：「賦事行刑，必問於遺訓而咨於故實。」韋昭注：「故實，故事之是者。」

〔一四〕恩猷：恩澤。謝朓《侍筵西堂落日望鄉》：「幸遇慶筵渥，方且沐恩猷。」

〔一五〕庶生：非正妻所生。

〔一六〕愛：底本作「受」，《四庫全書》本、重校本、《叢書集成》本、《百子全書》本、龍溪精舍本作「愛」。吴校：「『受』疑作『愛』。」今按：揆之常情，以「愛」爲是，據《四庫全書》等本改。同産：同母所生。

〔一七〕臺采女：宫中普通宫女。

〔一八〕感氣：中醫病癥之一，心中鬱結不暢之疾。

〔一九〕友于兄弟：兄弟之間友愛。《尚書・君陳》：「王若曰：『君陳，惟爾令德孝恭。惟孝友于兄弟，克施有政。』」

〔二〇〕抱孫：《禮記・曲禮上》：「《禮》曰：『君子抱孫不抱子。』」

〔二一〕「孫方諸」句：各本同。朱校：「案《梁書》世祖長子方等，次子方諸，則方等宜在方諸前。」吴校：「按元帝諸子見於《梁書》、《南史》者：長方等；第二子方諸，字明智；第四子方矩，字德規；第十子方畧。自餘無考不顯。此所載先後及名疑皆有誤。」今按：吴校是。《梁書》卷四四《世祖二子傳》：「世祖諸男：徐妃生忠壯世子方等；王夫人生貞惠世子方諸；其愍懷太子方矩，本書不載所生，别有傳；夏賢妃生敬皇帝。自餘諸子，並本書無傳。……忠壯世子方等字實相，世祖長子也。……貞惠世子方諸字智相，世祖第二子。」《梁書》卷八《愍懷太子傳》：「愍懷太子方矩字德規，世祖第四子也。」

《梁書》卷六《敬帝紀》：「敬皇帝諱方智，字慧相，小字法真，世祖第九子也。」《南史》卷五四《梁元帝諸子傳》：「王貴嬪生貞惠世子方諸、始安王方畧。……始安王方畧，元帝第十子。」《梁書》卷七《世祖徐妃傳》：「生世子方等、益昌公主含貞。」方規、含介、含芷等均無考。

〔二二〕翦鬌（duǒ）：指嬰兒出生三月。《禮記・内則》：「三月之末，擇日翦髮爲鬌：男角，女羈；否則男左，女右。」鄭玄注：「鬌，所遺髮也。」孔穎達疏：「三月翦髮，所留不翦者謂之鬌。」《説文解字・髟部》：「鬌，髮墮也。」清段玉裁注：「鬌本髮落之名，因以爲存髮不翦者之名。」鬌，《四庫全書》本作「鬐（qí）」，誤。

〔二三〕襁育：照料嬰兒。《史記》卷三三《魯世家》「武王既崩，成王少，在强葆之中」，司馬貞《索隱》：「强葆即『襁褓』，古字少，假借用之。」張守節《正義》：「强，闊八寸，長八尺，用約小兒於背而負行。」

〔二四〕卹隱：《國語》卷一《周語上》：「勤恤民隱而除其害也。」韋昭注：「恤，憂也；隱，痛也。」卹，同「恤」。

〔二五〕游手：無所事事之人。

〔二六〕刀尺：指裁剪縫紉。　綺縞：指刺繡。《楚辭・招魂》：「纂組綺縞，結琦璜些。」洪興祖《補注》：「綺，文繒也；縞，音杲，素也，一曰細繒。」

〔二七〕經始：開始經營。《詩經・大雅・靈臺》：「經始靈臺，經之營之。」

〔二八〕發遣：指送嫁之財禮。《宋書》卷八七《蕭惠開傳》：「惠開妹當適桂陽王休範，女又當適世祖子，發遣之資，應須二千萬。」

〔二九〕饋人失禮：指徐妃不守婦道。清李慈銘《越縵堂讀書記·金樓子》：「《四庫提要》謂《南史·徐妃傳》言元帝著《金樓子》以道其穢行，今此書無之。按今本既非完書，而其述宣修容事有云：『及饋人失禮，接之彌篤。每語繹曰：「妒婦不憚破家，況復甚於此者也！」』所云饋人，猶今言室人，此即斥徐妃事。」《南史》卷一二《后妃傳·徐妃》：「元帝徐妃諱昭佩，東海郯人也。……妃無容質，不見禮，帝三二年一入房。妃以帝眇一目，每知帝將至，必爲半面粧以俟，帝見則大怒而出。妃性嗜酒，多洪醉，帝還房，必吐衣中。與荆州後堂瑶光寺智遠道人私通。酷妒忌。見無寵之妾，便交杯接坐。纔覺有娠者，即手加刀刃。帝左右暨季江有姿容，又與淫通。季江每歎曰：『柏直狗雖老猶能獵，蕭溧陽馬雖老猶駿，徐娘雖老猶尚多情。』時有賀徽者美色，妃要之於普賢尼寺，書白角枕爲詩相贈答。既而貞惠世子方諸母王氏寵愛，未幾而終，元帝歸咎於妃；及方等死，愈見疾。太清三年，遂逼令自殺。妃知不免，乃透井死。帝以屍還徐氏，謂之出妻。葬江陵瓦官寺。帝制《金樓子》述其淫行。」章學誠《乙卯劄記》：「《南史·后妃傳》：梁元帝徐妃淫通多人，及死，以屍還徐氏，帝制《金樓子》述其淫行。今《金樓子》無及徐妃事，蓋書有缺也。第《金樓子》文多依理，中有《后妃三篇》，亦載古今后妃内行可鑒戒者，或有述徐妃事爲戒耳。如《南史》傳文，似《金樓子》一書專爲述徐妃淫事而作，文法未分明也。」饋人，中饋之人，猶言室人。《周易·家人》：「無攸遂，在中饋。」孔穎達疏：「婦人之道……其所職，主在於家中饋食供祭而已。」《顏氏家訓》卷二《風操》：「婦主中饋，唯事酒食衣服之禮耳。」此處指蕭繹妻徐妃。

〔三〇〕垂白：《漢書》卷六〇《杜鄴傳》：「誠哀老姊垂白，隨無狀子出關。」顏師古注：「垂白者，言白髮下垂也。」

〔三一〕「然而」二句：《論語・里仁》：「子曰：『德不孤，必有鄰。』」朱熹注：「鄰，猶親也。德不孤立，必以類應。故有德者，必有其類從之，如居之有鄰也。」

〔三二〕「且妒婦」句：《意林》卷二引《申子》曰：「妒妻不難破家。」《焦氏易林》卷二《蠱》之《訟》：「長舌亂家，大斧破車。」同書卷二《賁》之《乾》：「八口九頭，長舌破家。」卷二《觀》之《隨》：「馬躓破車，惡婦破家。」又，梁武帝之郗后好妒，錢鍾書《管錐編》第四册《全宋文》卷五五「妒婦記」條曰：「梁元帝《金樓子・后妃》自記其母阮修容言『妒婦不憚破家』；修容於梁武誅東昏侯後，始爲『采女』，未及遭郗之虐，語自有指，却非緣身受耳。」

〔三三〕「于是」句：各本「隆」下有小字云：「案數語疑有脱(《四庫全書》本無「脱」字)誤。」

7・6 又善許負之術，〔一〕曾正會登樓，〔二〕還語人曰：「太尉今年必當不濟。〔三〕」時(静)〔靖〕惠王尚康勝，〔四〕咸以爲不然。〔五〕曰：「行步向前，氣韻殊下。〔六〕若其不爾，不復言相！」其年末，〔七〕(静)〔靖〕惠王薨。及昭明入朝，〔八〕又云：「必無嗣立之相。」俄而昭明薨。兼善雲氣，〔九〕初至九派，〔一〇〕云：「天文不利南方，更將有妖氣。」時李敞既新平，〔一一〕謂必無敢繼踵之者，言之甚正。無何之間，〔一二〕而劉敬宮反。〔一三〕嘗有銀帶被匣，左右就邊（皺）〔剔〕之，〔一四〕將近盈把，乃笑而言曰：「此人後身，〔一五〕會當更屬我。」初無一言呵責。值吉日良辰，大小萃聚，並令相次起舞，感恩流惠，爰及童稚。〔一六〕每戒繹曰：「言出於近，千里必應。〔一七〕士之生世，束脩而已。〔一八〕廣則難周，無勞交結。玉尚待沽，〔一九〕而況人乎？勤營功德，恒事賑賜，此爲上也。」

【校注】

〔一〕許負：漢代河内温地許姓老嫗，善於相術，曾相周亞夫説：「君後三歲而侯。侯八歲爲將相，持國秉，貴重矣，於人臣無兩。其後九歲，而君餓死。」後竟如其言。事詳《史記》卷五七《絳侯周勃世家》。

〔二〕正會：皇帝正月旦日朝會羣臣、接受朝賀的禮儀。《晉書》卷二一《禮志下》：「漢儀有正會禮。正旦，夜漏未盡七刻，鐘鳴受賀，公侯以下執贄夾庭，二千石以上升殿稱萬歲，然後作樂宴饗。」

〔三〕太尉：官名。秦至西漢設置，爲全國軍政首腦，與丞相、御史大夫並稱三公。漢武帝時改稱大司馬。東漢時太尉與司徒、司空並稱三公。六朝時多爲大臣加官，無實際職掌。一品。今按：據下文，此「太尉」指靖惠王蕭宏，於梁普通元年遷太尉。

〔四〕靖惠王：蕭宏，字宣達，蕭衍異母弟。普通七年卒，謚曰靖惠。《梁書》卷二二《太祖五王》、《南史》卷五一《梁宗室上》有傳。靖，各本作「静」。今按：「静」當作「靖」，本節正文下同，均改正。中華書局點校本《梁書》卷二二《太祖五王傳》「陳太妃生臨川靖惠王宏」下有校云：「『靖』各本作『静』。王鳴盛《十七史商榷》六三：『静惠，文中作靖惠，標題傳寫誤。張敦頤《六朝事迹編類》卷下《墳陵》《碑刻》二門，皆作靖惠，是。』按《八瓊室金石補正》卷十一著録『梁故假黄鉞侍中大將軍揚州牧臨川靖惠王之神道』，亦作『靖惠』。」 康勝： 康健安好。

〔五〕咸： 各本同，《太平御覽》卷七三一引《金樓子》作「或」。

〔六〕氣韻： 指人的神采風度。 下： 低。 這裏指精神萎靡。

〔七〕其年末： 各本同，《太平御覽》卷七三一引《金樓子》「其」上有「至」字。 今按： 據《梁書》卷三《武帝紀下》及卷二二《太祖五王・臨川王傳》，臨川王宏卒於普通七年（五二六）四月，與此異。

〔八〕昭明： 指蕭統。 統字德施，小字維摩，梁武帝蕭衍長子。 天監元年，立爲皇太子。 中大通三年（五三一）卒，謚曰昭明。《梁書》卷八、《南史》卷五三有傳。

〔九〕雲氣： 指觀雲氣以知人事災祥之術。

〔一〇〕九派： 《文選》卷一二郭景純《江賦》：「流九派乎潯陽。」李善注引應劭《漢書注》曰：「江自廬江潯陽分爲九也。」本指長江之九支流，而九支流自潯陽分，故亦指潯陽，即今江西九江。 潯陽，梁時屬柴桑縣，爲江州治所。 蕭繹大同六年（五四〇）出爲江州刺史。 事詳《梁書》卷五《元帝紀》。

〔一一〕李敞： 人名。 生平無考。 今按： 疑是「李賁」。《梁書》卷三《武帝紀》載： 大同七年，「是歲，交州土民李賁攻刺史蕭諮，諮輸賂，得還越州」。 然李賁事至中大同二年（五四七）方平，與本文所載有異。

〔一二〕無何：不久。

〔一三〕劉敬宫：人名。《梁書》卷三《武帝紀》：「（大同）八年春正月，安成郡民劉敬躬挾左道以反，内史蕭説委郡東奔，敬躬據郡，進攻廬陵，取豫章，妖黨遂至數萬，前逼新淦、柴桑。」中華書局點校本校勘記云：「『劉敬躬』，本書及《南史·張綰傳》作『劉敬宫』。」

〔一四〕剔：各本作「駊」。吴校：「『駊』乃『剔』之誤。」今按：「駊」意爲「輕侮，怠慢」，「剔」意爲「挖出，往外挑」，吴校是，據改。

〔一五〕後身：佛教有「三世」的説法，謂轉世之身爲「後身」。

〔一六〕爰：句首助詞，無義。龍溪精舍本作「爲」，疑訛。

〔一七〕「言出」二句：《周易·繫辭上》：「子曰：『君子居其室，出其言善，則千里之外應之，況其邇者乎？居其室，出其言不善，則千里之外違之，況其邇者乎？』」

〔一八〕束脩：約束、修養。

〔一九〕待沽：等待善價出售，亦比喻懷才待人任用。《論語·子罕》：「子貢曰：『有美玉於斯，韞匵而藏諸？求善賈而沽諸？』子曰：『沽之哉，沽之哉！我待賈者也。』」

7·7 又躬自禮千佛，無隔冬夏，人不堪其苦，而不改其德。常無蓄積，必行信捨。〔一〕京師起梁安寺，〔二〕上虞起等福寺，在荆州起禪林、祇洹等寺，〔三〕潯陽治靈丘、嚴慶等寺，前後營諸寺佛寶帳百餘領，〔四〕躬事後素，〔五〕親加雕飾，妙於思理，若有神功。性好賑施，自春及冬，無日而怠。往年穀粒騰涌，〔六〕蒙袂而濟者，〔七〕不可勝言。方固南山，〔八〕永（明）〔期〕眉壽，〔九〕繹亹結幽祇，〔一〇〕奄罹偏罰。〔一一〕大同九年，〔一二〕太歲癸亥，〔一三〕六月二日庚申薨于江州之内寢，春秋六十七。自孟夏弗豫，〔一四〕有遺旨：「金銀珠玉不許自隨。凡厥凶事，每存儉約。」神色審正，〔一五〕終始不擾。〔一六〕卜遠有期，〔一七〕詔曰：「能施盛德曰宣，可謚宣。〔一八〕」信至京都，梁安、宣業、福成、定果、靈光、正覺等寺同皆號哭，如喪親戚焉。〔一九〕及渚宮祇洹、禪林等寺，又如此也。

【校注】

〔一〕信捨：施捨。《玉篇·手部》：「捨，施也。」

〔二〕梁安寺：寺名。故址在今江蘇南京。《藝文類聚》卷七六有梁元帝《揚州梁安寺碑序》，卷七七有梁簡文帝《梁安寺釋迦文佛像銘》及梁元帝《梁安寺刹下銘》。

〔三〕荆州：州名。治所在今湖北荆州。

〔四〕寶帳：佛家的帷帳。《法華經·信解品》：「覆以寶帳，垂諸華幡。」

〔五〕躬事後素：即親自描繪。後素，《論語·八佾》：「繪事後素。」此處以「後素」代繪事，屬修辭中藏詞格。

〔六〕騰涌：即「騰踴」，指物價驟漲。蕭繹《馳檄告四方》：「穀粟騰踴。」

〔七〕蒙袂：用袖子蒙住臉。指飢餓者。《禮記·檀弓下》：「有餓者蒙袂輯屨，貿貿然來。」鄭玄注：「蒙袂，不欲見人也。」

〔八〕南山：喻長壽。《詩經·小雅·天保》：「如南山之壽，不騫不崩。」

〔九〕期：底本、《四庫全書》本作「明」，重校本、《叢書集成》本、《百子全書》本、龍溪精舍本作「期」。吴校：「『明』疑作『期』。」今按：吴校是，據改。　眉壽：長壽。《詩經·豳風·七月》：「爲此春酒，以介眉壽。」毛傳：「眉壽，豪眉也。」孔穎達疏：「人年老者必有豪眉秀出者。」

〔一〇〕舋（xìn）：《百子全書》本作「𧯛」。吴校：「『舋』乃『釁』之誤。」今按：舋、𧯛、釁同。舋，過失，罪過。晉袁宏《後漢紀·桓帝紀下》：「罪深舋重，人鬼同疾。」　幽祇：指鬼神。《藝文類聚》卷七六梁簡文帝蕭綱《慈覺寺碑序》：「叨恩作牧，釁結幽祇，一訣椒慈，長違寶幄。」祇，《四庫全書》本、重校本、《叢書集成》本、《百子全書》本、龍溪精舍本作「祗」。吴校：「『祇』當作『祗』，前後『祇洹等』下皆不當有畫。」今按：「祇」、「祗」通。

〔一一〕奄：忽然，驟然。《文選》卷六〇任彦昇《齊竟陵文宣王行狀》：「天不憖遺，奄見薨落。」李善注引《方言》：「奄，遽也。」　罹：遭受。《尚書·湯誥》：「爾萬方百姓，罹其凶害。」孔安國傳：「罹，被也。」《漢書》卷四《文帝紀》：「今崩，又使重服久臨，以罹寒暑之數。」顔師古注：「罹，遭也。」　偏罰：此處指喪母。

〔一二〕大同九年：各本同。朱校：「案《梁書》及《南史》阮修容傳俱作大同六年，謹據下文云『太歲癸亥』，則是『九年』，非『六年』；且云『六月二日庚申』，考《武帝本紀》六年六月有丁未，則其月二日無庚申，此可證《梁書》之誤。」今按：清王鳴盛《十七史商榷》卷五九云：「阮太后生於宋順帝昇明元年丁巳，薨於大同九年癸亥，年六十七。自丁巳至癸亥正六十七年。」《梁書》卷七《阮修容傳》作「六年」誤。大同，梁武帝年號，自五三五年至五四五年。

〔一三〕太歲：天文學中假設的歲星。古人多以每年太歲所在的位置來紀年。參閱《爾雅·釋天》、《淮南子》卷三《天文訓》、《史記》卷二七《天官書》、清王引之《經義述聞》卷二九及三〇《太歲考》。

〔一四〕弗豫：指身體有病。《尚書·金縢》：「既克商二年，王有疾，弗豫。」孔安國傳：「武王有疾，不悅豫。」

〔一五〕審正：《文選》卷五九沈休文《齊故安陸昭王碑文》：「公臨危審正，載惟話言。」張銑曰：「審正，其意不至迷亂，則遺於話言也。」

〔一六〕擾：《左傳·襄公四年》杜預注：「擾，亂也。」

〔一七〕卜遠：占卜決定下葬之日。《禮記·曲禮上》：「凡卜筮日，旬之外曰遠某日，旬之內曰近某日。喪事先遠日，吉事先近日。」《左傳·宣公八年》：「禮，卜葬，先遠日，辟不懷也。」

〔一八〕宣：《逸周書》卷六《謚法》：「聖善周聞曰宣。」漢蔡邕《獨斷》卷下：「聖善同文曰宣。」

〔一九〕親戚：《墨子》卷四《兼愛下》孫詒讓《閒詁》引錢大昕云：「古人稱父母爲親戚。」

7·8 繹始學弱年，患眼之始，〔一〕衣不解帶，冬則不近炎火，夏則不敢風涼，如此者離寒暑也。〔二〕每大官供進，〔三〕並以準取錢，纖毫已上，皆施宣業寺。數年之中，僧徒衆食，並是豐飽。繹聞玄獺有祭，〔四〕丹烏哺糧，〔五〕矧乃禽魚，〔六〕猶能感動，況稟含靈之氣者也。〔七〕東入禹川，〔八〕西浮雲夢，〔九〕冬溫夏清，〔一〇〕二紀及茲。〔一一〕昏定晨省，一朝永奪，几筵寂寞，〔一二〕日深月遠，觸目屠殞，自咎自悼。昔泝淮涘，〔一三〕侍奉舟艫；今還宮寺，仰瞻帷幙。顧復之恩，〔一四〕終天莫報；〔一五〕陟（岵）〔屺〕之心，〔一六〕鯁慕何已。〔一七〕樹葉將夏，彌切風樹之哀；〔一八〕戒露已濡，〔一九〕倍縈霜露之戚。〔二〇〕過隙難留，〔二一〕川流不舍。〔二二〕往而不還者，年也；逝而不見者，親也。〔二三〕獻年回斡，〔二四〕恒有再見之期；就養閨闈，〔二五〕無復盡歡之日。〔二六〕拊膺屠裂，貫裁心髓。日往月來，暑流寒襲，仰惟平昔，彌遠彌深。煩冤拔懊，〔二七〕肝心屠裂，〔二八〕攀號腷臆，〔二九〕貫截骨髓，竊深游張之感，〔三〇〕彌切蒼舒之報。〔三一〕每讀孟軻、皇甫謐之傳，〔三二〕未嘗不拊膺哽慟也；讀詩人「蓼悴」之章，〔三三〕未嘗不廢書而泣血也。乙丑歲之六月，〔三四〕氣候如平生焉。〔三五〕冥然永絕，入無瞻奉，慈顏緬邈，〔三六〕肝膽糜潰，貫切痛絕，奈何奈何！〔三七〕

【校注】

〔一〕患眼之始：蕭繹患有眼病，後一目盲。吴《譜》繫此事於天監十一年（五一二）蕭繹五歲時。《梁書》卷五《元帝紀》：「世祖聰悟俊朗，天才英發。年五歲，高祖問：『汝讀何書？』對曰：『能誦《曲禮》。』高祖曰：『汝試言之。』即誦上篇，左右莫不驚歎。初生患眼，高祖自下意治之，遂盲一目，彌加愍愛。既長好學，博總羣書，下筆成章，出言爲論，才辯敏速，冠絶一時。」又，《太平廣記》卷一三一引《諧對記》曰：「梁元帝諱繹，母阮修容曾失一珠，元帝時絶幼，吞之，謂是左右所盜。乃炙魚眼以厭之，信宿之間，珠便出，帝尋一目致眇。蓋魚之報也。」

〔二〕離：《漢書》卷九四《匈奴傳下》顔師古注：「離，歷也。」

〔三〕大官：即太官，官名。《後漢書》卷一〇《皇后紀上·和熹鄧皇后》李賢注：「《漢官儀》曰：『大官，主膳羞也。』」

〔四〕玄獺有祭：《吕氏春秋》卷一《孟春紀》：「魚上冰，獺祭魚。」高誘注：「獺獱，水禽也。取鯉魚置水邊，四面陳之，世謂之祭魚爲時候者。」

〔五〕丹烏：《文選》三五張景陽《七命》李善注引蔡邕曰：「烏，反哺之鳥，至孝之應也。」《太平御覽》卷九二〇引成公綏《烏賦序》曰：「夫烏爲瑞久矣，以其反哺識養，故爲吉鳥。」

〔六〕矧乃禽魚：各本同。吴校：「『矧乃』二字疑衍。」矧，況且，而況。

〔七〕「況稟」句：梁武帝《孝思賦》：「靈蛇銜珠以酬德，慈烏反哺以報親。在蟲鳥其尚爾，況三才之令人？」含靈之氣者，指具有靈性的人類。也，各本同。吴校：「『也』疑作『耶』。」今按：「也」用於句末，表疑問語氣，與「耶」同義。其例甚多，如《周易・同人》：「出門同人，又誰咎也？」《論語・爲政》：「子張問：『十世可知也？』」

〔八〕東入禹川：指蕭繹爲會稽太守，時在天監十八年（五一九）。參吴《譜》「天監十八年」條。禹川，指會稽。傳大禹葬於此，故稱。

〔九〕西浮雲夢：指蕭繹出爲荆州刺史，時在普通七年（五二六）。見《梁書》卷五《元帝紀》。雲夢，春秋戰國時楚王的遊獵區，後借指古代楚地。荆州爲古楚都所在，故稱。

〔一〇〕冬温夏清：《禮記・曲禮上》：「凡爲人子之禮，冬温而夏清，昏定而晨省，在醜夷不争。」清，《禮記・曲禮上》「冬温而夏清」，陸德明《經典釋文》：「七性反。字从冫。冰，冷也。本或作水旁，非也。」參清宋翔鳳《過庭録》卷八「冬温而夏清」。

〔一一〕二紀：《國語》卷一〇《晉語四》韋昭注：「十二年歲星一周，爲一紀。」今按：自天監十八年（五一九）阮修容隨蕭繹至會稽，至大同九年（五四三）卒，共二十四年，正二紀。

〔一二〕几筵：亦作「几梃」，猶几席。几席乃祭祀的席位，後亦因以稱靈座。《國語》卷一《周語上》：「設桑主，布几筵。」曹植《卞太后誄》：「仰瞻帷幄，俯察几筵，物不毁故，而人不存。」几，《説文解字・几部》段玉裁注云：「古人坐而憑几。」

〔一三〕昔泝淮涘：指蕭繹出爲荆州刺史。泝，逆流而上。淮，淮水。涘，水邊。

〔一四〕顧復：指父母之養育。《詩經·小雅·蓼莪》：「父兮生我，母兮鞠我。拊我畜我，長我育我，顧我復我，出入腹我。」鄭玄箋：「顧，旋視；復，反覆也。」孔穎達疏：「覆育我，顧視我，反覆我，其出入門户之時常愛厚我，是生我劬勞也。」

〔一五〕終天：久遠。意謂如天之久遠無窮，多用於死喪永别等不幸事。晉陶潛《祭程氏妹文》：「如何一往，終天不返！」

〔一六〕陟屺：各本作「陟岵」。吴校：「『岵』當作『屺』。」今按：《詩經·魏風·陟岵》：「陟彼岵兮，瞻望父兮。」《後漢書》卷六七《黨錮·李膺傳》：「荀爽恐其名高致禍，欲令屈節以全亂世，爲書貽曰：『久廢過庭，不聞善誘，陟岵瞻望，惟日爲歲。』」李賢注：「爽致敬於膺，故以父爲喻也。」是「陟岵」爲思念父親之典。《詩經·魏風·陟岵》：「陟彼屺兮，瞻望母兮。」鄭玄箋：「此又思母之戒，而登屺山而望也。」是「陟屺」爲思念母親之典。蕭繹思母，故當用「陟屺」。《藝文類聚》卷七六梁簡文帝蕭綱《慈覺寺碑序》，言及思母丁貴嬪之情，有云：「一訣椒慈，長違寶幄，風枝弗静，陟屺何期？」亦可佐證。吴校是，據改。

〔一七〕鯁慕：嗚咽，哭泣。鯁，通「哽」。慕，《禮記·檀弓上》：「其往也如慕，其反也如疑。」鄭玄注：「慕，謂小兒隨父母啼呼。」孔穎達疏：「謂父母在前，嬰兒在後，恐不及之，故在後啼呼而隨之。」

〔一八〕風樹之哀：指父母去世，不得奉養之哀。《韓詩外傳》卷九：「皋魚曰：『樹欲静而風不止，子欲養而親不待也。』」梁武帝《孝思賦》：「仲由念枯魚而永慕，丘吾感風樹而長悲。」

〔一九〕戒露：指露水。《文選》卷三三宋玉《九辯》：「秋既先戒以白露兮，冬又申之以嚴霜。」《藝文類聚》卷九〇引《風土記》曰：「鳴鶴戒露。此鳥性警，至八月白露降，流於草上，滴滴有聲，因即高鳴相警，移徙所宿處，慮有變害也。」濡：浸漬，沾濕。

〔二〇〕霜露之戚：《禮記・祭義》：「霜露既降，君子履之，必有悽愴之心，非其寒之謂也。春，雨露既濡，君子履之，必有怵惕之心，如將見之。」戚，《四庫全書》本作「切」。《詩經・小雅・小明》：「心之憂矣，自詒伊戚。」毛傳：「戚，憂也。」

〔二一〕過隙：喻時間短暫。《禮記・三年問》：「三年之喪，二十五月而畢，若駟之過隙。」

〔二二〕川流不舍：喻時光消逝。《論語・子罕》：「子在川上，曰：『逝者如斯夫！不舍晝夜。』」梁武帝《孝思賦》：「念過隙之倏忽，悲逝川之不停。踐霜露而悽愴，懷燧穀而涕零。」

〔二三〕「往而」四句：《説苑》卷一〇《敬慎》：「孔子行游，中路聞哭者聲，其音甚悲。孔子曰：『驅之！驅之！前有異人音。』少進，見之，丘吾子也。擁鐮帶索而哭。孔子辟車而下，問曰：『夫子非有喪也，何哭之悲也？』丘吾子對曰：『吾有三失。』孔子曰：『願聞三失。』丘吾子曰：『吾少好學問，周遍天下，還後，吾親亡，一失也；事君奢驕，諫不遂，是二失也；厚交友而後絶，三失也。樹欲静乎風不定，子欲養吾親不待。往而不來者，年也；不可得再見者，親也。請從此辭！』則自刎而死。孔子曰：『弟子記之，此足以爲戒也！』於是弟子歸養親者十三人。」

〔二四〕獻年回斡：歲月流轉。獻年，猶「獻歲」。《招魂》：「獻歲發春兮，汩吾南征。」王逸注：「獻，進也。言歲始來進，春氣奮揚，萬物皆感氣而生。」回斡，旋轉。梁簡文帝《晚春賦》：「嗟時序之回斡，歎物候之推移。」梁武帝《孝思賦》：「年揮忽而莫反，時瞬睒其如電。想慈顔之在昔，哀不可而重見。痛生育之靡答，報顧復而無片。」

〔二五〕就養：《禮記·檀弓上》：「事親有隱而無犯，左右就養無方。」孫希旦《集解》：「就養者，近就而奉養之也。」 閨闈：內室。亦特指婦女居住的地方。蕭繹此處用以指其母。

〔二六〕盡歡：《禮記·檀弓下》：「啜菽飲水，盡其歡，斯之謂孝。」孔穎達疏：「謂使親盡其歡樂。」

〔二七〕煩冤：煩躁憤懣。《楚辭·九章·思美人》：「蹇蹇之煩冤兮，陷滯而不發。」王逸注：「忠謀盤紆，氣盈胸也。」《藝文類聚》卷一四引梁元帝《高祖武皇帝謚議》曰：「慟切陟方，哀深遏密；煩冤荼毒，貫切心髓。風樹不静，陟岵何期？」 拔：各本同。吴校：「『拔』字疑誤。」

〔二八〕屠裂：比喻悲痛至極。梁武帝蕭衍《孝思賦序》：「五内屠裂，肝心破碎。」

〔二九〕腷臆：因哀傷而情緒鬱結。王粲《夢賦》：「於是夢中驚怒，腷臆紛紜。」

〔三〇〕游張：人名。即漢時汝南步游張。《水經注》卷二四《睢水》：「睢水又東逕臨淮郡之取慮縣故城北。昔汝南步游張少失其母，及爲縣令，遇母于此，乃使良馬踟蹰，輕軒罔進，顧訪病嫗，乃其母也。誠願宿憑，而冥感昭徵矣。」

〔三一〕蒼舒：《四庫全書》本作「蒼野」，疑訛。今按：「蒼舒」亦作「倉舒」，即宿倉舒。《太平御覽》卷四一三引蕭廣濟《孝子傳》云：「宿倉舒，陳留尉氏人也。年七歲遭荒，父母飢苦。倉舒求自賣與潁川王氏，得大麥九斛。後王氏免之，累官，除上黨太守。後尋覓父母，經太原南郭，忽見母，遂還舊居。母卒，悲號而死。」

〔三二〕孟軻：戰國時期魯國人。《史記》卷七四有傳。孟母仉氏，善教子，爲選擇好的環境教育孩子，多次遷居，後世有「孟母三遷」、「孟母斷織」的故事。見《列女傳》卷一《母儀傳·鄒孟軻母》、漢趙岐《孟子題辭》。　皇甫謐：幼名静，字士安，自號玄晏先生。西晉安定朝那人。《晉書》卷五一有傳。《晉書》本傳：「年二十，不好學，游蕩無度，或以爲癡。嘗得瓜果，輒進所後叔母任氏。任氏曰：『《孝經》云：「三牲之養，猶爲不孝。」汝今年餘二十，目不存教，心不入道，無以慰我。』因歎曰：『昔孟母三徙以成仁，曾父烹豕以存教，豈我居不卜鄰，教有所闕，何爾魯鈍之甚也！修身篤學，自汝得之，于我何有！』因對之流涕。謐乃感激，就鄉人席坦受書，勤力不怠。」

〔三三〕勞悴：亦作「勞瘁」。辛苦勞累。《詩經·蓼莪》云：「蓼蓼者莪，匪莪伊蔚。哀哀父母，生我勞瘁。」毛傳：「《蓼莪》，刺幽王也。民人勞苦，孝子不得終養爾。」

〔三四〕乙丑歲：大同十一年（五四五），歲在乙丑。今按：《禮記·三年問》：「三年之喪，二十五月而畢。」阮修容大同九年（五四三）六月卒，至此二十五月，正是除服之時。本文亦當作於此時。

〔三五〕氣候：指人的神態風貌。《三國志》卷五六《朱然傳》：「然長不盈七尺，氣候分明，內行修絜，其所文采，惟施軍器，餘皆質素。」　如平生焉：即如活着一樣。《金樓子·立言篇上》：「伏見臺内別造至敬殿，甘旨百品，月祭日祀；又爲寢室，昏定晨省，如平生焉。」

〔三六〕緬邈：《文選》卷一六潘安仁《寡婦賦》：「遥逝兮逾遠，緬邈兮長乖。」吕延濟注：「緬邈，長遠貌。」

〔三七〕蕭繹對母情深，亦有他籍爲證。《顔氏家訓》卷二《風操》：「江南風俗，兒生一期，爲製新衣，盥浴裝飾，男則用弓矢紙筆，女則刀尺針縷，並加飲食之物，及珍寶服玩，置之兒前，觀其發意所取，以驗貪廉愚智，名之爲試兒。親表聚集，致讌享焉。自兹已後，二親若在，每至此日，嘗有酒食之事耳。無教之徒，雖已孤露，其日皆爲供頓，酣暢聲樂，不知有所感傷。梁孝元年少之時，每八月六日載誕之辰，常設齋講；自阮修容薨殁之後，此事亦絶。」《南史》卷八《梁本紀·元帝》：「始居文宣太后憂，依丁蘭作木母。」又，蕭衍有《孝思賦並序》，見唐釋道宣《廣弘明集》卷二九，蕭繹此節顯受其影響。

終制篇四〔一〕

1·1　吾企及推延，〔二〕豈能及病？〔三〕偶屬炎夏，流金煎石，〔四〕氣息綿微，心用惝怳，〔五〕慮不支久，方從風燭。〔六〕夫有生必有死，〔七〕達人恒分。〔八〕

【校注】

〔一〕「終制篇」：終制，古代帝王士大夫生前對喪葬禮制之遺囑。《三國志》卷二《文帝紀》：「（黄初三年）冬十月甲子，表首陽山東爲壽陵，作終制曰……（七年）六月戊寅，葬首陽陵。自殯及葬，皆以終制從事。」《三國志》卷二三《常林傳》裴松之注引《魏畧》曰：沐並「年六十餘，自慮身無常，豫作終制，戒其子以儉葬云云」。《顔氏家訓》卷七亦有《終制》篇。又，各本「四」下有小字云：「案原本不列篇名，考其文義，應係《終制篇》，謹校補。又前半或有缺文，謹識。」

〔二〕企及推延：希望生命能延續下去。

〔三〕及病：《顔氏家訓》卷二《風操》：「父母疾篤，醫雖賤雖少，則涕泣而拜之，以求哀也。梁孝元在江州，嘗有不豫，世子方等親拜中兵參軍李猷焉。」是蕭繹在江州刺史任上曾疾篤，此可能是促發他寫作此文的原因。據《梁書》卷三《武帝紀》及卷五《元帝紀》，蕭繹大同六年（五四〇）十二月爲江州刺史，至太清元年（五四七）正月方改任荆州刺史，《終制篇》或作於此期間。

〔四〕流金煎石：形容氣候酷熱。《楚辭·招魂》：「十日代出，流金鑠石些。」
〔五〕惝怳：亦作「惝恍」。神情恍惚。
〔六〕風燭：喻臨近死亡之人。《樂府詩集》卷四一《古辭·怨歌行》：「百年未幾時，奄若風吹燭。」
〔七〕有生必有死：《後漢書》卷三九《趙咨傳》載咨遺書敕子胤曰：「夫含氣之倫，有生必終，蓋天地之常期，自然之至數。是以通人達士，鑒兹性命，以存亡爲晦明，死生爲朝夕，故其生也不爲娱，亡也不知戚。」晉陶潛《輓歌辭》：「有生必有死，早終非命促。昨暮同爲人，今旦在鬼録。」
〔八〕達人：《左傳·昭公七年》：「聖人有明德者，若不當世，其後必有達人。」孔穎達疏：「謂知能通達之人。」晉葛洪《抱朴子》外篇《行品》：「順通塞而一情，任性命而不滯者，達人也。」恒分：《顔氏家訓》卷七《終制》：「死者，人之常分，不可免也。」

1·2 棺槨之造，起自軒轅。〔一〕周室有牆翣之飾、旌銘之儀。〔二〕晉文公請隧，〔三〕桓司馬石槨，〔四〕甚非謂也。〔五〕送終之禮，思以裁之。觀荀卿、不韋、淮南、崔寔、王符、仲長，〔六〕其制書旨，本自不同，俱非厚葬，〔七〕孱若一也。〔八〕

【疏證】

《後漢書》卷三九《趙咨傳》載：趙咨臨卒，遺書敕子胤曰：「棺椁之造，自黄帝始。爰自陶唐，逮于虞、夏，猶尚簡樸，或瓦或木，及至殷人而有加焉。周室因之，制兼二代。復重以牆翣之飾，表以旌銘之儀，招復含斂之禮，殯葬宅兆之期，棺椁周重之制，衣衾稱襲之數，其事煩而害實，品物碎而難備。」

【校注】

〔一〕「棺槨」三句：《山堂肆考》卷一五六「《孝經》一卷」條引《金樓子》曰：「棺槨起自軒轅。」棺槨，亦作「棺椁」。古代棺木有兩重，内曰棺，外曰椁，統稱棺椁。《周易·繫辭下》：「古之葬者，厚衣之以薪，葬之中野，不封不樹，喪期無數。後世聖人易之以棺椁。」漢董仲舒《春秋繁露·服制》：「生有軒冕、服位、貴禄、田宅之分，死有棺槨、絞衾、壙襲之度。」軒轅，傳説黄帝曾居於軒轅之丘，故稱軒轅。生平事蹟詳《史記》卷一《五帝紀》。

〔二〕「周室」句：《古今事文類聚》前集卷五七「以書徇葬」條引《金樓子》「飾」下無「旌銘之儀」四字。《山堂肆考》卷一五六「《孝經》一卷」條引《金樓子》作「牆翣製自周室」。《淮南子·氾論》：「有虞氏用瓦棺，夏后氏堲周，殷人用槨，周人牆置翣，此葬之不同者也。」牆，《儀禮·既夕禮》：「奠席於柩西。巾奠，乃牆。」鄭玄注：「牆，飾柩也。」賈公彦疏：「牆即帷荒，與棺爲飾。」《禮記·檀弓上》：「孔子之喪，公西赤爲志焉。飾棺牆，置翣。」鄭玄注：「牆之障柩，猶垣牆障家。牆，柳衣。」孔穎達疏：「牆之障柩猶垣牆障家，故謂障柩之物爲牆。障柩之物即柳也。」一説即載棺車廂。《後漢書》卷三九《趙咨傳》李賢注引盧植曰：「牆，載棺車廂也。」翣（shà），《禮記・禮器》：「天子崩七月而葬，五重，八翣；諸侯五月而葬，三重，六翣；大夫三月而葬，再重，四翣。此以多爲貴也。」《後漢書》卷三九《趙咨傳》李賢注引《三禮圖》曰：「翣，以竹爲之，高二尺四寸，廣三尺，衣以白布，柄長五尺，葬時令人執之於柩車傍。」旌銘，又稱銘旌。舊時靈柩前書寫死者姓名官銜的旗幡。《後漢書》卷三九《趙咨傳》李賢注引《禮記》曰：「銘，明旌也。以死者爲不可别，故以其旗識之。」

〔三〕「晉文公」句：《左傳・僖公二十五年》：「（夏四月）戊午，晉侯朝王，王饗醴，命之宥。請隧，弗許，曰：『王章也。未有代德而有二王，亦叔父之所惡也。』」孔穎達《正義》：「隱元年傳曰：『闕地及泉，隧而相見。』是闕地通路曰隧也。天子之葬，棺重禮大，尤須謹慎，去壙遠，而闕地通路從遠處而漸邪下之。諸侯以下，棺輕禮小，臨壙上而直縣下之，故隧爲王之葬禮，諸侯皆縣柩而下，故不得用隧。晉侯請隧者，欲請以王禮葬也。」晉文公，春秋時晉國國君，名重耳。春秋五霸之一。生平事蹟詳《左傳》僖公二十五年、二十八年、三十年、三十二年、三十三年及《史記》卷三九《晉世家》。隧，墓道。

〔四〕「桓司馬」句：《禮記・檀弓上》：「子游曰：『昔者夫子居於宋，見桓司馬自爲石椁，三年而不成。夫子曰：「若是其靡也，死不如速朽之愈也。」死之欲速朽，爲桓司馬言之也。』」鄭玄注：「桓司馬，宋向戌之孫，名魋。」桓司馬，宋桓公後代。事蹟畧見《史記》卷三八《宋微子世家》、卷四七《孔子世家》。司馬，官職名，周時爲六卿之一。掌軍旅之事。春秋時各國沿置，地位和職掌不盡相同。

〔五〕非謂：没有意義，不合道理。非，各本同。吴校：「『非』當作『無』。」《古今事文類聚》前集卷五七「以書徇葬」條引《金樓子》作「亡」，《山堂肆考》卷一五六「《孝經》一卷」條引《金樓子》作「無」。

〔六〕荀卿：戰國時趙國人，名況，字卿。著有《荀子》。《史記》卷七四有傳。不韋：呂不韋，戰國末衛人。秦王政時，任相國，尊爲仲父。曾令賓客編撰《呂氏春秋》。《史記》卷八五有傳。淮南：指淮南王劉安。漢高祖孫，襲父爵爲淮南王。曾招致賓客方術之士作《鴻烈》，後稱《淮南鴻烈》，亦稱《淮南子》。《史記》卷一一八、《漢書》卷四四有傳。崔寔：字子真，又名臺，字元始。東漢涿郡安平人。桓帝時爲遼東太守，召拜尚書。著《政論》、《四民月令》等。《後漢書》卷五二有傳。寔，各本同，龍溪精舍本作「實」。今按：「寔」、「實」通。王符：東漢安定臨涇人。終生不仕，隱居著書，曰《潛夫論》，以譏當時失得。《後漢書》卷四九有傳。仲長：即仲長統，字公理。東漢山陽高平人。獻帝建安時，爲尚書郎。著《昌言》。《後漢書》卷四九有傳。

〔七〕「俱非」句：荀子主張喪葬應合乎制度。《荀子》卷五《王制》認爲「王者之制」的標準之一就是「喪祭械用皆有等宜」。又，卷一三《禮論》云：「禮者，謹於治生死者也。生，人之始也；死，人之終也；終始俱善，人道畢矣。故君子敬始而慎終。終始如一，是君子之道，禮義之文也。夫厚其生而薄其死，是敬其有知而慢其無知也，是姦人之道而倍叛之心也。君子以倍叛之心接臧穀，猶且羞之，而況以事其所隆親乎！故死之爲道也，一而不可得再復也，臣之所以致重其君，子之所以致重其親，於是盡矣。故事生不忠厚、不敬文謂之野，送死不忠厚、不敬文謂之瘠。君子賤野而羞瘠，故天子棺槨十重，諸侯五重，大夫三重，士再重，然後皆有衣衾多少厚薄之數，皆有翣蔞文章之等以敬飾之，使生死終始若一，足以爲人願，是先王之道，忠臣孝子之極也。」　吕不韋主張節葬，《吕氏春秋》卷一〇《孟冬紀·節喪》云：「古之人有藏於廣野深山而安者矣，非珠玉國寶之謂也，葬不可不藏也。葬淺則狐狸扣之，深則及於水泉。故凡葬必於高陵之上，以避狐狸之患、水泉之濕。此則善矣，而忘姦邪、盜賊、寇亂之難，豈不惑哉？譬之若瞽師之避柱也，避柱而疾觸杙也。狐狸、水泉、姦邪、盜賊、寇亂之患，此杙之大者也。慈親孝子避之者，得葬之情矣。善棺槨，所以避螻蟻蛇蟲也。今世俗大亂之主愈侈其葬，則心非爲乎死者慮也，生者以相矜尚也。侈靡者以爲榮，節儉者以爲陋，不以便死爲故，而徒以生者之誹譽爲務，此非慈親孝子之心也。父雖死，孝子之重之不怠；子雖死，慈親之愛之不懈。夫葬所愛所重，而以生者之所甚欲，其以安之也，若之何哉？」　淮南王劉安主張喪葬度量，不强人所不及。《淮南子》卷一一《齊俗》云：「是故入其國者從其俗，入其家者避其諱。不犯禁而入，不忤逆而進，雖之夷狄徒倮之國，結軌乎遠方之外，而無所困矣。禮者，實之文也；仁者，恩之效也。故禮因人情而爲之節文，而仁發怲以見容。禮不過實，仁不溢恩也，治世之道也。夫三年之喪，是强人所不及也，而以僞輔情也。三月之服，是絶哀而迫切之性也。夫儒、墨不原人情之終始，而務以行相反之制，五縗之服。悲哀抱於情，葬薶稱於養，不强人之所不能爲，不絶人之所能已。度量不失於適，誹譽無所由生。古者非不知繁升降槃還之禮也，蹀《采齊》、《肆夏》之容也，以爲曠日煩民而無所用，故制禮足以佐實喻意而已矣。古者非不能陳鐘鼓，盛管簫，揚干戚，奮羽旄，以爲費財亂政，制樂足以合歡宣意而已，喜不羨於音。非不能竭國麋民，虛府殫財，含珠鱗施，綸組節束，追送死也，以爲窮民絶業而無益於槁骨腐肉也，故葬薶足以收斂蓋藏而已。昔舜葬蒼梧，市不變其肆；禹葬會稽之山，農不易其畝。明乎生死之分，通乎侈儉之適者也。」崔寔以爲耗盡家業作送終之用是愚蠢。《太平御覽》卷五五六引崔寔《政論》曰：「送終之家，亦大無度。至念親將終，無以奉遺，乃約其供養衣服，豫修已没之制，竭家盡業，甘之不恨。窮阨既迫，起爲盜賊，拘執陷罪，爲世大戮。痛乎！此俗之愚民也。」王符在《潛夫論》中對當世的奢侈厚葬之風進行了激烈批評。其書卷三《浮侈》云：「子曰：『古之葬者，厚衣之以薪，葬之中野，不封不樹，喪期無時；後世聖人易之以棺槨。』桐木爲棺，葛采爲緘，下不及泉，上不泄臭。後世以楸梓槐柏杶樗，各取方土所出。膠漆所致，釘細要，削除鏟靡，不見際會，其堅足恃，其用足任，如此可矣。其後京師貴戚，必欲江南檽梓豫章梗柟，邊遠下土，亦競相倣傚。夫檽梓豫章，所出殊遠，又乃生於深山窮谷，經歷山岑，立千丈之高，百丈之溪，傾倚險阻，崎嶇不便，求之連日然後見之，伐斫連月然後訖，會衆然後能動擔，牛列然後能致水，油潰入海，連淮逆河，行數千里，然後到雒。工匠雕治，積累日月，計一棺之成，功將千萬。夫既其終用，重且萬斤，非大衆不能舉，非大車不能輓。東至樂浪，西至敦煌，萬里之中，相競用之。此之費功傷農，可爲痛心！古者墓而不崇，仲尼喪母，冢高四尺，遇雨而墮，弟子請治之。夫子泣曰：『禮不修墓。』鯉死，有棺而無槨。文帝葬於芷陽，明帝葬於洛南，皆不藏珠寶，不造廟，不起山陵。陵墓雖卑而聖高。今京師貴戚，郡縣豪家，生不極養，死乃崇喪。或至刻金鏤玉，檽梓梗柟，良家造塋，黄壤致藏，多埋珍寶偶人車馬，造起大冢，廣種松柏，廬舍祠堂，崇侈上僭。寵臣貴戚，州郡世家，每有喪葬，都官屬縣，各當遣吏齎奉，車馬帷帳，貸假待客之具，競爲華觀。此無益於奉終，無增於孝行，但作煩攪擾，傷害吏民。今按鄗、畢之郊，文、武之陵；南城之壘，曾皙之冢。周公非不忠也，曾子非不孝也，以爲褒君顯父，不在聚財；揚名顯祖，不在車馬。孔子曰：『多貨財傷於德，弊則没禮。』晉靈厚賦以雕牆，《春秋》以爲非君。華元、樂吕厚葬文公，《春秋》以爲不臣。況於羣司士庶，乃可僭侈主上，過天道乎？景帝時，武原侯衛不害坐葬過律奪國。明帝時，桑民摐陽侯坐冢過制髡削。今天下浮侈離本，僭奢過上，亦已甚矣。」仲長統非厚葬之説，今無考。

〔八〕孱：吴校：「『孱』字疑。」今按：孱，通「僝」（zhuàn），《尚書·堯典》：「共工方鳩僝功。」孔安國傳：「僝，見也。歎共工能方方聚見其功。」孔穎達疏：「此人於所在之方，能立事業，聚見其功。」

1·3 高平劉道真、京兆摯仲治，〔一〕並遺令薄葬。〔二〕楊王孫遺令躶葬，〔三〕晉代江應元又然。〔四〕樊靡卿言葬禮唯約。〔五〕沐（浴）並終制令掘埳，〔六〕氣絶令兩人轝尸即埳，〔七〕止婦人之送，禁吊祭之賓，後亡者不得入藏，〔八〕不得封樹。〔九〕裴潛遺令曰：〔一〇〕「墓中唯置一座，瓦器數枚。」皇甫士安言：〔一一〕「以蘧篨裹屍，〔一二〕覆卷三重，麻繩約二頭，〔一三〕置尸靈牀上，擇不毛之地，〔一四〕坑訖，去牀，下尸而已。」石苞曰：〔一五〕「死皆斂以時服，〔一六〕〔不得兼重，〕〔一七〕不得（斂）〔飯〕唅，〔一八〕（不得兼重，）又不得設牀帳盟器，〔一九〕不得起墳種樹。」郝昭曰：〔二〇〕「吾爲將，數見發冢，取其木爲攻具，知厚葬之無益，汝必斂以時服也。」（郝）〔何〕並敕子曰：〔二一〕「吾生素餐，〔二二〕日已久矣，可葬爲小槨，裁容下棺。〔二三〕」張奐遺令：〔二四〕「措尸靈牀，幅巾而已。〔二五〕」盧植敕其子：〔二六〕「以單帛附身，葬於土穴。」雖制度不同，同歸於薄也。

【疏證】

《三國志》卷二三《常林傳》裴松之注引《魏畧》曰：「（沐並）年六十餘，自慮身無常，豫作終制，戒其子以儉葬……至嘉平中，病甚。臨困，又敕豫掘坎，戒氣絶，令二人舉屍即埳，絶哭泣之聲，止婦女之送，禁吊祭之賓，無設摶治粟米之奠。又戒後亡者不得入藏，不得封樹。妻子皆遵之。」

《三國志》卷二三《裴潛傳》：「正始五年薨，追贈太常，謚曰貞侯。子秀嗣。遺令儉葬，墓中惟置一坐，瓦器數枚，其餘一無所設。」

《太平御覽》卷五五四引王隱《晉書》曰：「皇甫謐《篤終論》曰：『氣絶之後，便時服、幅巾，以蘧蒢裹屍，覆卷三重，麻繩約二頭，置屍靈牀上。擇不毛之地，穿坑十尺，長一丈二尺，廣六尺。坑訖，去牀，下屍。平生之物，皆無自隨，唯賫《孝經》一卷，示不忘孝道。』」

《三國志》卷三《明帝紀》裴松之注引《魏畧》曰：「（郝昭）會病亡，遺令戒其子凱曰：『吾爲將，知將不可爲也。吾數發冢，取其木以爲攻戰具，又知厚葬無益於死者也。汝必斂以時服。且人，生有處所耳，死復何在耶？今去本墓遠，東西南北，在汝而已。』」

《漢書》卷七七《何並傳》：「疾病，召丞掾作先令書，曰：『告子恢，吾生素餐日久，死雖當得法賻，勿受。葬爲小椁，亶容下棺。』」

《後漢書》卷六五《張奂傳》：「光和四年卒，年七十八。遺命曰：『吾前後仕進，十要銀艾，不能和光同塵，爲讒邪所忌。通塞命也，始終常也，但地底冥冥，長無曉期，而復纏以纊綿，牢以釘密，爲不喜耳。幸有前窀，朝殞夕下，措屍靈牀，幅巾而已。奢非晉文，儉非王孫，推情從意，庶無咎吝。』諸子從之。」

《後漢書》卷六四《盧植傳》：「初平三年卒。臨困，敕其子儉葬於土穴，不用棺椁，附體單帛而已。」

【校注】

〔一〕高平：縣名，屬邵陵郡。治所在今湖南隆回。　劉道真：人名。唐顔師古《漢書叙例》：「劉寶字道真，高平人。晉中書郎、河内太守、御史中丞、太子中庶子、吏部郎、安北將軍，侍皇太子講《漢書》，别有《駁議》。」《世説新語·德行》「劉道真嘗爲徒」條劉孝標注：「《晉百官名》曰：『劉寶字道真，高平人。』徒，罪役作者。」　京兆：京都。《漢書》卷一九《百官公卿表》顔師古注：「京，大也。兆者，衆數。

言大衆所在，故云京兆也。」此指長安。　摯仲治：摯虞，字仲治，西晉京兆長安人。惠帝時官太常卿。懷帝永嘉中，遭亂餓死。有《三輔決録注》、《文章流別志論》等。《晉書》卷五一有傳。

〔二〕劉道真、摯虞二人遺令薄葬事，待考。

〔三〕楊王孫：西漢武帝時人。《漢書》卷六七有傳。《漢書》本傳：「楊王孫者，孝武時人也。學黃老之術，家業千金，厚自奉養生，亡所不致。及病且終，先令其子，曰：『吾欲臝葬，以反吾真，必亡易吾意。死則爲布囊盛屍，入地七尺，既下，從足引脱其囊，以身親土。』」　躶葬：裸體而葬。謂不用衣衾棺槨。《後漢書》卷三九《趙咨傳》：「王孫裸葬，墨夷露骸。」宋馬永卿《嬾真子》卷一：「王孫裸葬，雖非聖人之道，然其意在於矯厚葬也。」

〔四〕江應元：江統字應元，西晉陳留圉人。惠帝時，官至散騎常侍。《晉書》卷五六有傳。今按：江統遺令待考。

〔五〕樊靡卿：樊宏字靡卿。東漢南陽湖陽人。建武中封壽張侯。卒，謚曰恭侯。《後漢書》卷三二有傳。《後漢書》本傳：「（建武）二十七年，卒。遺勅薄葬，一無所用，以爲棺柩一臧，不宜復見，如有腐敗，傷孝子之心，使與夫人同墳異臧。」

〔六〕沐並：各本作「沐浴並」。今按：「浴」字衍，當删。並字德信，三國魏河間人。魏文帝黃初中，爲成皐令。齊王正始中，爲三府長史。出爲濟陰太守，還拜議郎。事見《三國志》卷二三《常林傳》裴松之注引《魏畧》、《册府元龜》卷九〇九、《太平御覽》卷五五四引《魏畧》畧同。

〔七〕舉：同「舁」。抬，扛。《禮記・曾子問》：「下殤土周葬于園，遂輿機而往。」孔穎達疏：「輿，猶抗也。」

〔八〕「後亡」句：古人有夫妻死後同穴埋葬的風俗。沐並遺令「後亡者不得入藏」，即妻子死後不必重新打開墓穴，與其埋於同一墓室。上文東漢樊宏遺令「以爲棺柩一臧，不宜復見，如有腐敗，傷孝子之心，使與夫人同墳異臧」，亦是同意。藏，墓穴，墳墓。《三輔黄圖》卷六「陵墓」：「文帝霸陵，在長安城東七十里，因山爲藏，不復起墳。」

〔九〕封樹：堆土爲墳，植樹爲標識。乃古代士以上的葬禮。《禮記・王制》：「庶人縣封，葬不爲雨止，不封不樹，喪不貳事。」孔穎達疏：「庶人既卑小，不須顯異，不積土爲封，不標墓以樹。」

〔一〇〕裴潛：字文行，三國魏河東聞喜人。曹操時，爲兗州刺史。後歷事魏文、明二帝，封清陽亭侯，進尚書令。《三國志》卷二三有傳。

〔一一〕皇甫士安：皇甫謐字士安，西晉安定朝那人。自號玄晏先生。《晉書》卷五一有傳。

〔一二〕蘧蒢：用葦或竹編成的粗席。《方言》第五：「簟，其粗者謂之蘧蒢。」

〔一三〕約：《詩經・小雅・斯干》毛傳：「約，束也。」

〔一四〕不毛之地：指荒瘠之地。《春秋公羊傳・宣公十二年》：「君如矜此喪人，錫之不毛之地。」何休注：「磽埆不生五穀曰不毛。」

〔一五〕石苞：字仲容，西晉渤海南皮人。晉武帝時，爲大司馬，進封樂陵郡公。泰始八年薨。謚曰武。《晉書》卷三三有傳。《晉書》本傳：「苞豫爲《終制》曰：『延陵薄葬，孔子以爲達禮；華元厚葬，《春秋》以爲不臣。古之明義也。自今死亡者，皆斂以時服，不得兼重。又不得飯含，爲愚俗所爲。又不得設牀帳明器也。定窆之後，復土滿坎，一不得起墳種樹。昔王孫裸葬矯時，其子奉命，君子不譏，況於合禮典者耶？』」亦見《太平御覽》卷五五四引《晉書》。

〔一六〕時服：《禮記·檀弓下》：「（季札長子死，孔子）往而觀其葬焉，其坎深不至於泉，其斂以時服。」鄭玄注：「以時行之服，不改制節。」

〔一七〕不得兼重（chóng）：各本原置於下文「不得飯唅」後。今按：《晉書》卷三三《石苞傳》、《太平御覽》卷五五四引《晉書》「不得兼重」均置於「斂以時服」後，今改從。「不得兼重」即不得殮以二層時服，以示薄葬。又，《四庫全書》本脱「不得」二字。

〔一八〕飯唅：亦作「飯含」。古喪禮，以珠、玉、貝、米等物納於死者之口。《荀子》卷一三《禮論》：「始卒，沐浴鬠體飯唅，象生執也。」《後漢書·禮儀志下》：「飯唅珠玉如禮。」劉昭注引《禮稽命徵》：「天子飯以珠，唅以玉；諸侯飯以珠，唅以璧；卿大夫、士飯以珠，唅以貝。」飯，各本作「斂」。今按：《晉書》卷三三《石苞傳》載苞終制明云「不得飯含」，故知「斂」當是「飯」之誤，據改。

〔一九〕盟器：即明器，古代隨葬品的統稱。《孔子家語》卷一〇《曲禮子夏問》：「夫以盟器，鬼器也。」同卷《曲禮公西赤問》：「其曰盟器，神明之也。」《禮記·檀弓上》並作「明器」。盟，《四庫全書》本作「明」。吴校：「『盟』疑作『明』。」今按：「明」、「盟」通。

〔二〇〕郝昭：人名。字伯道，三國時魏太原人。生平事蹟詳《三國志》卷三《明帝紀》裴松之注引《魏畧》。

〔二一〕何並：各本作「郝並」。今按：當作「何並」，蓋涉上文「郝昭」而誤。何並字子廉，西漢扶風平陵人。哀帝時爲隴西太守，徙潁川太守。《漢書》卷七七有傳。

〔二二〕素餐：《詩經·魏風·伐檀》：「彼君子兮，不素餐兮。」毛傳：「素，空也。」陳奂疏：「今俗以徒食爲白餐。餐，猶食也。趙岐注《孟子·盡心篇》云：『無功而食，謂之素餐。』」

〔二三〕裁：《後漢書》卷二四《馬援傳》李賢注：「裁，僅也，與纔同。」

〔二四〕張奂：字然明，東漢敦煌酒泉人。漢桓帝時，曾爲武威太守，遷度遼將軍，轉太常。《後漢書》卷六五有傳。

〔二五〕幅巾：古代男子以全幅細絹束髮，故稱。《三國志·魏書·武帝紀》裴松之注引晉傅玄《傅子》曰：「漢末王公，多委王服，以幅巾爲雅。」

〔二六〕盧植：字子幹，東漢涿郡涿人。漢靈帝時累官廬江太守，尚書，北中郎將。獻帝初平中，卒。《後漢書》卷六四有傳。

1·4 趙岐畫晏嬰、叔向、子産、季札。〔一〕生不能及，死而畫之，甚非所以。〔二〕晉成帝曰：〔三〕「山陵之事，〔四〕一從節儉。陵中唯潔浄而已，不得施塗車芻靈。〔五〕」此事雖大，又可諭小。

【校注】

〔一〕趙岐：字邠卿，東漢京兆長陵人。初名嘉，字臺卿。桓帝時官并州刺史，獻帝時遷太僕。《後漢書》卷六四有傳。《後漢書》本傳載：「年九十餘，建安六年卒。先自爲壽藏，圖季札、子産、晏嬰、叔向四像居賓位，又自畫其像居主位，皆爲讚頌。敕其子曰：『我死之日，墓中聚沙爲牀，布簟白衣，散髮其上，覆以單被，即日便下，下訖便掩。』」晏嬰：字平仲，春秋時齊國人。歷事齊靈公、莊公、景公。長於辭令，以節儉力行重於齊，顯名於諸侯。後人集其行事言論爲《晏子春秋》，傳於世。《史記》卷六二有傳。叔向：羊舌肸字叔向。學識淵博，善於辭令。晉平公任爲太傅。生平事蹟參《左傳》襄公十六年、二十一年及昭公三年、五年、六年。子産：公孫僑字子産，又字子美。春秋時鄭國人。仕鄭爲正卿，執政。孔子稱之爲仁人、惠人。生平事蹟詳《左傳》襄公三十年、三十一年及昭公元年、六年，《史記》卷四二《鄭世家》等。季札：春秋時吴國人。吴王壽夢少子。賢明博學。壽夢欲立之，辭讓。兄諸樊欲讓之，又辭。生平事蹟詳《左傳》襄公十四年、二十九年，《史記》卷三一《吴太伯世家》及《禮記・檀弓下》等。

〔二〕所以：所爲。《論語・爲政》：「子曰：『視其所以，觀其所由，察其所安。』」

〔三〕晉成帝：即司馬衍。衍字世根，東晉明帝長子。在位十七年。卒，謚曰成皇帝，廟號顯宗。《晉書》卷七有紀。《晉書》卷三二《后妃傳・成恭杜皇后》載成帝《葬恭杜皇后詔》曰：「吉凶典儀，誠宜備設。然豐約之度，亦當隨時，況重壤之下，而崇飾無用邪！今山陵之事，一從節儉，陵中唯潔掃而已，不得施塗車芻靈。」

〔四〕山陵：北魏酈道元《水經注》卷一九《渭水》：「秦名天子冢曰山，漢曰陵，故通曰山陵矣。」

〔五〕塗車芻靈：《禮記·檀弓下》：「塗車芻靈，自古有之，明器之道也。」鄭玄注：「芻靈，束茅爲人馬，謂之靈者，神之類。」孫希旦《集解》：「塗車芻靈，皆送葬之物也。」

1·5 吾之亡也，可以王服周身，〔一〕示不忘臣禮。《曲禮》一卷、《孝經》一帙、《孝子傳》並陶華陽劍一口以自隨。〔二〕此外珠玉不入，銅鐵勿藏也。〔三〕田國讓求葬於西門豹側，〔四〕杜元凱求葬於（蔡）〔祭〕仲冢邊，〔五〕杜臧求葬於蘧伯玉之側，〔六〕梁伯鸞求葬於要離之旁：〔七〕彼四子者，異乎吾之意也。山地東北隅，始生山陵，小墓之前，可以爲冢，已具別圖。庶魂兮有奉，〔八〕歸骨有地，然壙中石屏風、木人、車馬、塗車、芻靈之物，〔九〕一切勿爲。金蠶無〔吐〕絲之實，〔一〇〕瓦雞乏司晨之用，〔一一〕愼無以血（臚）〔膻〕膋腥爲祭也。〔一二〕

【校注】

〔一〕「吾之」二句：《古今事文類聚》前集卷五七「以書徇葬」條、《山堂肆考》卷一五六「《孝經》一卷」條同引此節，文字畧同諸本，但順序有較大區別，今將《古今事文類聚》前集卷五七「以書徇葬」所引附於此，以備參考：「梁元帝《金樓子》曰：『吾之亡也，可以一卷《孝經》，一帙《老子》，陶華陽劍一口以自隨。外此珠玉不入，銅錫不藏也。田國讓求葬於西門豹側，杜元凱求葬於路仲冢邊，曹子臧求葬於蘧伯玉側，梁伯鸞求葬於要離之傍：彼四子者異乎吾之意也。金蠶無吐絲之實，瓦雞無司晨之用，謹毋以血膻膋腥爲祭也。棺槨之造，起自軒轅，周室有牆翣之飾，晉文公請隧，桓司馬石槨，甚亡謂也。』」

〔二〕《曲禮》：一爲《儀禮》的别名。一爲《禮記·曲禮篇》。今按：《儀禮》存十七篇，非一卷，故蕭繹所謂「《曲禮》一卷」當指《禮記》之篇名，有上下篇。元陳澔《禮記集説》於《曲禮上》題下注：「《經》曰：『曲禮三千。』言節目之委曲，其多如是也。此即古《禮經》之篇名，後人以編簡多，故分爲上下。」《孝經》：儒家的經典之一。《隋書》卷三二《經籍志一》載自西漢至魏晉南北朝注解著作甚衆，並云：「夫孝者，天之經，地之義，人之行。自天子達于庶人，雖尊卑有差，及乎行孝，其義一也。先王因之以治國家，化天下，故能不嚴而順，不肅而成。斯實生靈之至德，王者之要道。孔子既叙六經，題目不同，指意差別，恐斯道離散，故作《孝經》以總會之，明其枝流雖分，本萌於孝者也。」帙：《四庫全書》本作「袟」。今按：「袟」、「袠」、「帙」，互爲異體字。《説文解字·巾部》「袠：帙，或从衣。」《重修玉篇》卷二八「帙：小囊也，書衣也，或作『袠』。」《集韻》卷九：「帙、袠：《説文》書衣也，或从衣。」《孝子傳》：《隋書》卷三三《經籍志》著録：晉輔國將軍蕭廣濟撰《孝子傳》十五卷，宋員外郎鄭緝之撰《孝子傳》十卷，師覺授撰《孝子傳》八卷，宋躬撰《孝子傳》二十卷。陶華陽：即陶弘景，字通明，南朝梁丹陽秣陵人。著名道教徒。自號華陽隱居，謚貞白先生。《梁書》卷五一、《南史》卷七六有傳。《郡齋讀書志》卷一四下著録梁陶弘景《古今刀劍録》一卷，「記古今刀劍」。《太平御覽》卷三四三引陶弘景《刀劍録》曰：「梁武帝蕭衍天監元年即位，至普通中，歲在庚申，命弘景造神劍十三口，用金銀銅鐵錫五色合爲此劍，長短各依劍洞術法。……所以作十三口，象閏月故也。取上元甲子時加斗魁，加歲正月旦合，合之取風雷雨震，日止環偏，長八寸。文曰：『服之者永治四方。』小篆文。」唐李綽《尚書故實》：「陶貞白所著《太清經》，一名《劍經》。凡學道術者，皆須有好劍、鏡隨身。」

〔三〕「銅鐵」句：鐵，《古今事文類聚》前集卷五七「以書徇葬」條、《山堂肆考》卷一五六「《孝經》一卷」條引《金樓子》作「錫」。藏，《山堂肆考》引作「求」。

〔四〕田國讓：田豫字國讓，三國魏漁陽雍奴人。《三國志》卷二六有傳。《三國志》本傳裴松之注引《魏畧》曰：豫罷官歸，居魏縣。後豫病篤，「戒其妻子曰：『葬我必於西門豹祠邊。』妻子難之，言：『西門豹古之神人，那可葬於其邊乎？』豫言：『豹所履行與我敵等耳，使死而有靈，必與我善。』妻子從之」。西門豹：戰國時魏國人。曾爲鄴令，廢河伯娶妻陋習。《史記》卷一二六《滑稽列傳》載其事。

〔五〕杜元凱：杜預字元凱。西晉京兆杜陵人。晉受禪，歷官秦州刺史、度支尚書，進爵當陽縣侯，徵爲司隸校尉。《晉書》卷三四有傳。《太平御覽》五五四引王隱《晉書》云：「杜頒（今按：當作「預」）薨，遺令曰：『吾往爲公使過密縣，邢山之上有冢。問耕者，云是鄭大夫祭仲或子産之冢也，遂帥從者登而觀焉。其造冢居山之頂，四望周達，連山體南北之正而邪東北，向新鄭城，意不忘本也。藏無珍寶，不取於重深。居(今按：當作「君」)子尚其儉，小人無利可動，歷千載無毁，儉之致也。吾去春入朝，因自營洛陽城東首陽之南爲將來兆域，而所得地中有小山，上無舊冢，其高顯雖未足比邢山，然東奉二陵，西瞻宫闕，南觀伊洛，北望夷叔，曠然遠覽，情之所安也。故遂表樹開道，爲一定之制，取法鄭大夫，欲以儉自完耳。棺器小斂之事，皆當稱此。』」祭仲：字仲足。春秋時鄭國人。莊公時爲卿。生平詳《史記》卷四二《鄭世家》。祭，各本作「蔡」，《古今事文類聚》前集卷五七「以書徇葬」條作「路」，《山堂肆考》卷一五六「《孝經》一卷」條作「祭」。吴校：「『蔡』乃『祭』之誤。」今按：吴校是，據改。

〔六〕杜臧：各本同，《古今事文類聚》前集卷五七「以書徇葬」條、《山堂肆考》卷一五六「《孝經》一卷」條引作「曹子臧」。今按：「杜臧」疑當據《古今事文類聚》、《山堂肆考》作「曹子臧」，子臧或即曹衮字。曹衮，曹操子。《三國志》卷二〇《武文世王公傳》有傳。《三國志》本傳：「衮疾困，敕令官屬曰：『吾寡德忝寵，大命將盡。吾既好儉，而聖朝著終誥之制，爲天下法。吾氣絶之日，自殯及葬，務奉詔書。昔衛大夫蘧瑗葬濮陽，吾望其墓，常想其遺風，願託賢靈以弊髮齒，營吾兆域，必往從之』。」此事亦略見本書《説蕃篇》第十四節。又，《太平御覽》卷五五六引解道處《齊記》曰：「魏黄初三年，文帝弟𤅢封濮陽王。臨終顧命：『葬近蘧瑗之墓。吾常想其爲人，願託賢哲之靈。』」文帝弟𤅢史傳無考，「𤅢」或是「衮」之訛。　蘧伯玉：名瑗，字伯玉。春秋時衛國人。其人外寬而内直，直己而不直人。吴季札許爲君子，孔子稱其行。生平事蹟詳《左傳》襄公十四年、襄公二十六年及《禮記·檀弓上》等。《水經注》卷八《濟水》引《陳留風俗傳》曰：「長垣縣有蘧伯鄉，一名新鄉，有蘧亭、伯玉祠、伯玉冢。」

〔七〕梁伯鸞：梁鴻字伯鸞。東漢扶風平陵人。鴻家貧好學，不求仕進。與妻孟光共入霸陵山中，以耕織爲業。《後漢書》卷八三《逸民列傳》有傳。《後漢書》本傳：「（梁鴻）疾且困，告主人曰：『昔延陵季子葬子於嬴博之間，不歸鄉里，慎勿令我子持喪歸去。』及卒，伯通等爲求葬地於吴要離冢傍。咸曰：『要離烈士，而伯鸞清高，可令相近。』葬畢，妻子歸扶風。」亦見《太平御覽》五五三引《東觀漢記》。要離：戰國時吴國人。吴王闔閭欲派人刺殺出逃在外的公子慶忌，伍子胥推薦要離。要離殺妻殘身，假意投奔慶忌，最終刺殺慶忌。事見《吴越春秋》卷四《闔閭内傳》。

〔八〕庶：《詩經・大雅・江漢》鄭玄箋：「庶，幸。」有奉：有人祭祀。《左傳・昭公三十二年》：「社稷無常奉，君臣無常位，自古以然。」

〔九〕壙：《説文解字・土部》：「壙，塹穴也。」段玉裁注：「謂塹地爲穴也，墓穴也。」

〔一〇〕吐：底本、重校本作空格，《叢書集成》本、《百子全書》本、龍溪精舍本作「吐」。《四庫全書》本「無」下有小字云：「原缺一字。」吴校：「空處當作『珥』字，或作『吐』字，後有『吐絲』語。」《古今事文類聚》前集卷五七、《山堂肆考》卷一五六引《金樓子》均作「吐」字。今按：據《古今事文類聚》、《叢書集成》本等補「吐」字。

〔一一〕「瓦雞」句：本書《立言篇上》第三十五節、《立言篇下》第三十節均有「瓦雞無司晨之益」語。

〔一二〕慎：《古今事文類聚》前集卷五七「以書徇葬」條、《山堂肆考》卷一五六「《孝經》一卷」條引《金樓子》作「謹」。今按：慎、謹義同。　臚：各本作「臚」，《古今事文類聚》「以書徇葬」條、《山堂肆考》「《孝經》

一卷」條引作「羶」。羶，像羊肉的氣味。亦泛指臊氣。臚，肚腹。《急就篇》卷四：「寒氣泄注腹臚張。」顔師古注：「腹前曰臚。」今按：作「羶」是，與下「腥」相應。「臚」於此無義。　膋（liáo）：《詩經・小雅・信南山》：「執其鸞刀，以啓其毛，取其血膋。」鄭玄箋：「膋，脂膏。」

戒子篇五

1 東方生戒其子以上容：〔一〕「首陽爲拙，〔二〕柱下爲工；〔三〕飽食安步，〔四〕以仕易農；依隱玩世，詭時不逢。〔五〕」詳其爲談，異乎今之世也。方今堯舜在上，〔六〕千載一朝，人思自勉，吾不欲使汝曹爲之也。〔七〕

【疏證】

《漢書》卷六五《東方朔傳》班固贊：「然朔名過實者，以其詼達多端，不名一行，應諧似優，不窮似智，正諫似直，穢德似隱。非夷齊而是柳下惠，戒其子以上容：『首陽爲拙，柱下爲工；飽食安步，以仕易農；依隱玩世，詭時不逢。』其滑稽之雄乎！」亦見揚子《法言》卷一一《淵騫》、《太平御覽》卷四五九引《東方朔集》、卷五九三引《東方生傳》。

【校注】

〔一〕東方生：指東方朔。朔字曼倩，西漢平陽厭次人。武帝時，入長安自薦，爲常侍郎、大中大夫。滑稽有急智，直言善諫。有《東方朔》二十篇，今佚。《史記》卷一二六《滑稽列傳》、《漢書》卷六五有傳。上容：以容身避禍爲上。《漢書》卷六五《東方朔傳》顔師古注曰：「容身避害也。」又，各本「容」下有小字云：「案《太平御覽》載《朔集》戒其子曰：『明者處世，莫尚於中庸。』」吴校：「『庸』字衍。」

〔二〕首陽：山名。相傳爲伯夷、叔齊采薇隱居處。此處代指伯夷、叔齊。《史記》卷六一《伯夷列傳》：「武王已平殷亂，天下宗周，而伯夷、叔齊恥之，義不食周粟，隱於首陽山，采薇而食之。」《漢書》卷六五《東方朔傳》顔師古注：「應劭曰：『伯夷、叔齊不食周粟，餓死首陽山，爲拙。』」

〔三〕柱下爲工：《漢書》卷六五《東方朔傳》顔師古注：「應劭曰：『老子爲周柱下史，朝隱，故終身無患，是爲工也。』」柱下，各本同。吴校：「本『柱』作『柳』，似亦可通。」今按：《漢書》卷六五《東方朔傳》、《太平御覽》卷四五九引《東方朔集》均作「柱」。然亦有作「柳」字者，如《三國志》卷二七《王昶傳》裴松之注：「善乎東方之誡子也，以首陽爲拙，柳下爲工，寄旨古人，無傷當時。」柳下，「柳下惠」的省稱，姓展，字季，又字禽，春秋時魯國人。食邑柳下，謚惠。曾三爲士師，三次被黜，不以爲意。事詳《論語·微子》、《左傳·僖公二十六年》等。

〔四〕飽食安步：《戰國策》卷一一《齊策四》「齊宣王見顔斶」章載顔斶曰：「斶願得歸，晚食以當肉，安步以當車，無罪以當貴，清静貞正以自虞。」

〔五〕「依隱」二句：《漢書》卷六五《東方朔傳》顔師古注：「如淳曰：『依違朝隱，樂玩其身於一世也。反時直言正諫，則與富貴不相逢矣。』臣瓚曰：『行與時詭而不逢禍害也。』師古曰：『瓚説是也。詭，違也。』」

〔六〕堯舜：唐堯、虞舜，此處借指梁武帝。

〔七〕「吾不」句：各本「之也」下有小字云：「案此段似小序。」

2 后稷廟堂《金人銘》曰：〔一〕「戒之哉！無多言，多言多敗；無多事，多事多患。〔二〕勿謂何傷，其禍將長；勿謂何害，其禍將大。」崔子玉《座右銘》曰：〔三〕「無道人之短，無説己之長。施人慎勿念，受恩慎勿忘。〔四〕」凡此兩銘，並可習誦。杜恕《家戒》曰：〔五〕「張子臺，視之似鄙樸人，〔六〕然其心中不知天地間何者爲美，何者爲惡，〔七〕敦然與陰陽合德。〔八〕作人如此，自可不富貴，禍害何因而生？」

【疏證】

《説苑》卷一〇《敬慎》：「孔子之周，觀於太廟，右陛之前，有金人焉，三緘其口，而銘其背曰：『古之慎言人也。戒之哉！戒之哉！無多言，多言多敗；無多事，多事多患。安樂必戒，無行所悔。勿謂何傷，其禍將長；勿謂何害，其禍將大。』」亦見《孔子家語》卷三《觀周》、《顏氏家訓》卷五《省事》、《藝文類聚》卷一九引《周太廟金人銘》、《太平御覽》卷三九〇引《孫卿子》、卷四五八引《家語》。

《文選》卷五六崔子玉《座右銘》：「無道人之短，無説己之長。施人慎勿念，受施慎勿忘。世譽不足慕，唯仁爲紀綱。隱心而後動，謗議庸何傷！無使名過實，守愚聖所臧。在涅貴不淄，曖曖内含光。柔弱生之徒，老氏誡剛强。行行鄙夫志，悠悠故難量。慎言節飲食，知足勝不祥。行之苟有恒，久久自芬芳。」

《三國志》卷一一《邴原傳》「永寧太僕東郡張閣以簡質聞」，裴松之注：「杜恕著《家戒》稱閣曰：『張子臺，視之似鄙樸人，然其心中不知天地間何者爲美，何者爲好，敦然似如與陰陽合德者。作人如此，自可不富貴，然而患禍當何從而來？世有高亮如子臺者，皆多力慕，體之不如也。』」亦畧見《太平御覽》卷五九三引杜恕《家事戒》。

【校注】

〔一〕后稷：周之先祖。虞舜命爲農官，教民耕稼，故稱「后稷」。生平事蹟詳《詩經·大雅·生民》、《史記》卷四《周本紀》等。　銘：刻寫在器物上的文辭。明徐師曾《文體明辨序説》：「按鄭康成曰：『銘者，名也。』劉勰云：『觀器而正名也。』故曰：『作器能銘，可以爲大夫矣。』考諸夏商鼎彝、尊卣、盤匜之屬，莫不有銘，而文多殘缺，獨《湯盤》見於《大學》，而《大戴禮》備載武王諸銘，使後人有所取法。是以其後作者寖繁，凡山川、宫室、門、井之類皆有銘辭，蓋不但施之器物而已。」

〔二〕「多事」句：《説苑》卷一〇《敬慎》、《孔子家語》卷三《觀周》、《藝文類聚》卷一九所引《金人銘》，「患」下尚有「安樂必戒，無行所悔」八字。

〔三〕崔子玉：崔瑗字子玉，東漢涿郡安平人。順帝時舉茂才，遷濟北相。善文辭，工章草，著有《草書勢》。《後漢書》卷五二有傳。

〔四〕「施人」二句：《文選》卷五六崔子玉《座右銘》李善注：「《戰國策》，唐雎謂信陵君曰：人之有德於我，不可忘也；吾之有德於人，不可不忘也。」恩，各本「恩」下有小字云：「案《太平御覽》作『施』。」今按：《文選》卷五六、《藝文類聚》卷二三、《太平御覽》卷四五九及卷四七七、《遵生八牋》卷二等引崔子玉《座右銘》均作「施」。施，與「恩」同義。《國語》卷八《晉語二》：「夫齊侯好示，務施與力而不務德。」韋昭注：「施，惠也。」

〔五〕「杜恕」句：朱校：「案此似另一段，誤連上文。」杜恕，字務伯，三國魏京兆杜陵人。魏明帝時爲散騎黄門侍郎，出爲幽州刺史，使持節，護烏丸校尉。《三國志》卷一六有傳。

〔六〕張子臺：張閣字子臺。三國時魏東郡人，曾爲永寧太僕，以簡質聞。生平詳《三國志》卷一一《邴原傳》。

〔七〕惡：各本同。《三國志》卷一一《邴原傳》裴松之注引杜恕《家戒》作「好」。《太平御覽》卷五九三引杜恕《家事戒》此數句作：「然其心中不知天地間何者爲惡，殺然如與陰陽合德。作人如此，富貴禍害何由而生？」

〔八〕陰陽：指天道。《周易・説卦》：「是以立天之道曰陰與陽。」合德：猶同德。漢王充《論衡・譴告》：「天人同道，大人與天合德。」

3 馬文淵曰：〔一〕「聞人之過失，如聞親之名。親之名，〔耳〕可聞，〔二〕而口不可得言也。好論人長短，忘其善惡者，〔三〕寧死不願聞〔子孫有此行〕也。〔四〕龍伯高敦厚周慎，〔五〕謙約節儉，吾愛之重之，願汝曹效之。杜季良憂人之憂，〔六〕樂人之樂，有喪致客，〔七〕數郡畢至，吾愛之重之，不願汝曹效之。效伯高不得，猶爲謹敕之士，〔八〕所謂刻鵠不成尚類鶩者也。〔九〕效季良不得，〔陷爲天下輕薄子，〕〔一〇〕所謂畫虎不成反類狗者也。〔一一〕」裴松之以爲援此戒「可謂切至之言，〔一二〕不刊之訓。〔一三〕若乃行事，得失已暴於世，因其善惡，即以爲戒云。然戒〔稱〕龍伯高之美，言杜季良之惡〔行〕〔一四〕」，吾謂託古人以見意，斯爲善也。

【疏證】

《後漢書》卷二四《馬援傳》：「初，兄子嚴、敦並喜譏議，而通輕俠客。援前在交阯，還書誡之曰：『吾欲汝曹聞人過失，如聞父母之名，耳可得聞，口不可得言也。好論議人長短，妄是非正法，此吾所大惡也，寧死不願聞子孫有此行也。汝曹知吾惡之甚矣，所以復言者，施衿結褵，申父母之戒，欲使汝曹不忘之耳。龍伯高敦厚周慎，口無擇言，謙約節儉，廉公有威，吾愛之重之，願汝曹效之。杜季良豪俠好義，憂人之憂，樂人之樂，清濁無所失，父喪致客，數郡畢至，吾愛之重之，不願汝曹效也。效伯高不得，猶爲謹勅之士，所謂刻鵠不成尚類鶩者也。效季良不得，陷爲天下輕薄子，所謂畫虎不成反類狗者也。」」

《三國志》卷二七《王昶傳》載：昶作書戒子曰：「昔伏波將軍馬援戒其兄子，言：『聞人之惡，當如聞父母之名，耳可得而聞，口不可得而言也。』斯戒至矣。」裴松之注：「臣松之以爲援之此誡，可謂切至之言，不刊之訓也。凡道人過失，蓋謂居室之愆，人未之知，則由己而發者也。若乃行事，得失已暴於世，因其善惡，即以爲誡，方之於彼，則有愈焉。然援誡稱龍伯高之美，言杜季良之惡，致使事徹時主，季良以敗。言之傷人，孰大於此？與其所誡，自相違伐。」

【校注】

〔一〕馬文淵：馬援字文淵，東漢扶風茂陵人。光武帝建武中拜隴西太守，後拜伏波將軍。曾以「馬革裹屍」自誓。《後漢書》卷二四有傳。

〔二〕耳可聞：各本無「耳」。吴校：「『可聞』上脱『耳』字。」今按：《後漢書》卷二四《馬援傳》「可」上有「耳」字，「耳」與下「口」對應，吴校是，據補。

〔三〕「忘其」句：各本同。吴校：「本作『妄是非正法』。」

〔四〕「寧死」句：各本無「子孫有此行」五字，《後漢書》卷二四《馬援傳》、《太平御覽》卷五九三引《後漢書》「聞」下有「子孫有此行」五字，有此五字方文意完足，據補。

〔五〕龍伯高：東漢時人。曾爲山都長，擢拜零陵太守。《後漢書》卷二四《馬援傳》：「伯高名述，亦京兆人。」

〔六〕杜季良：《後漢書》卷二四《馬援傳》：「季良名保，京兆人，時爲越騎司馬。保仇人上書，訟保『爲行浮薄，亂羣惑衆，伏波將軍萬里還書以誡兄子，而梁松、竇固以之交結，將扇其輕僞，敗亂諸夏』。書奏，帝召責松、固，以訟書及援誡書示之，松、固叩頭流血，而得不罪。詔免保官。」

〔七〕有：重校本、《叢書集成》本、《百子全書》本、龍溪精舍本作「父」。今按：《後漢書》卷二四《馬援傳》作「父」，然作「有」亦通。

〔八〕謹敕：謹慎自飭。《漢書》卷九八《元后傳》「不如御史大夫音謹敕」，顔師古注：「敕，整也。」

〔九〕刻鵠不成尚類鶩：比喻仿效雖不逼真，但還相似。鵠，通稱天鵝。鶩，《後漢書》卷二四《馬援傳》李賢注：「鶩，鴨也。」

〔一〇〕「效季良」二句：各本無「陷爲」等七字，《後漢書》卷二四《馬援傳》「不得」下有「陷爲天下輕薄子」七字，《太平御覽》卷五九三引《後漢書》同。今按：當據補，以與上文「猶爲謹敕之士」相對。

〔一一〕畫虎不成反類狗：比喻仿效失真，反而弄得不倫不類。

〔一二〕裴松之：字世期，祖籍河東聞喜。宋初，歷太子洗馬。出爲永嘉太守，轉國子博士，進太中大夫。著《三國志注》、《晉紀》。《宋書》卷六四有傳。

〔一三〕不刊：古代文書書於竹簡，有誤，即削除，謂之刊。不刊謂不容更動和改變。引申爲不可磨滅。漢劉歆《答揚雄書》：「是縣諸日月，不刊之書也。」

〔一四〕「然戒」二句：吴校：「按所言杜季良似未可謂之惡行，句疑有誤。」又校：「『云然戒龍伯高之美，言杜季良之惡行』，當作『云然戒稱龍伯高之美，言杜季良之惡』，下『行』字衍。」《三國志》卷二七《王昶傳》，「戒」作「誡」，「然戒」下有「稱」字，「惡」下無「行」字。今按：「戒」、「誡」通；補「稱」字；删「行」字。又，原文語意未完，似有脱文。

4 王文舒曰：〔一〕「孝敬仁義，百行之首，而立身之本也。〔二〕孝敬則宗族安之，仁義則鄉黨重之，行成於内，〔三〕名著於外者矣。未有干名要利，欲而不厭，而能保於世，永全福禄者也。欲使汝曹立身行己，遵儒者之教，履道家之言，故以玄默沖虚爲名，〔四〕欲使顧名思義，不敢違越也。古者盤盂有銘，〔五〕几杖有戒，〔六〕俯仰察焉。夫物速成而疾亡，晚就而善終。朝華之草，戒旦零落；〔七〕松柏之茂，隆冬不衰。〔八〕是以大雅君子，〔九〕惡速成，戒闕黨也。〔一〇〕夫人有善，鮮不自伐，〔一一〕有能寡不自矜，伐則掩人，〔一二〕矜則陵人。掩人者人亦掩之，陵人者人亦陵之也。」

【疏證】

《三國志》二七《王昶傳》載：王昶爲書戒其子曰：「夫人爲子之道，莫大於寶身全行，以顯父母。此三者人知其善，而或危身破家，陷於滅亡之禍者，何也？由所祖習非其道也。夫孝敬仁義，百行之首，行之而立，身之本也。孝敬則宗族安之，仁義則鄉黨重之，此行成於內，名著於外者矣。人若不篤於至行，而背本逐末，以陷浮華焉，以成朋黨焉，浮華則有虛僞之累，朋黨則有彼此之患。此二者之戒，昭然著明，而循覆車滋衆，逐末彌甚，皆由惑當時之譽，昧目前之利故也。夫富貴聲名，人情所樂，而君子或得而不處，何也？惡不由其道耳。患人知進而不知退，知欲而不知足，故有困辱之累，悔吝之咎。語曰：『如不知足，則失所欲。』故知足之足常足矣。覽往事之成敗，察將來之吉凶，未有干名要利，欲而不厭，而能保世持家，永全福禄者也。欲使汝曹立身行己，遵儒者之教，履道家之言，故以玄默沖虛爲名，欲使汝曹顧名思義，不敢違越也。古者盤杅有銘，几杖有誡，俯仰察焉，用無過行；況在己名，可不戒之哉！夫物速成則疾亡，晚就則善終。朝華之草，夕而零落；松柏之茂，隆寒不衰。是以大雅君子惡速成，戒闕黨也。若范匄對秦客而武子擊之，折其委笄，惡其掩人也。夫人有善鮮不自伐，有能者寡不自矜，伐則掩人，矜則陵人。掩人者人亦掩之，陵人者人亦陵之。」

【校注】

〔一〕王文舒：王昶字文舒，三國魏太原晉陽人。歷侍魏文帝、明帝、齊王曹芳。高鄉貴公正元中，進位驃騎將軍，遷司空。卒，謚曰穆。《三國志》卷二七有傳。

〔二〕「而立」句：《三國志》二七《王昶傳》作「行之而立，身之本也」。

〔三〕行成於內：在家內養成美好的品德。《孝經·廣揚名章》：「子曰：『是以行成於內，而名立於後世矣。』」

〔四〕「故以」句：《三國志》二七《王昶傳》：「其爲兄子及子作名字，皆依謙實，以見其意，故兄子默字處靜，沈字處道，其子渾字玄沖，深字道沖。」玄默，謂沉靜不語。《淮南子》卷九《主術》：「天道玄默，無容無則。」沖虛，沖淡虛靜，無所拘繫。《老子》：「道沖而用之，久不盈。」朱謙之《校釋》引俞樾曰：「『道盅而用之』，『盅』訓虛，與『盈』正相對，作『沖』者假字也。」《後漢書》卷六七《黨錮傳·劉祐》：「微妙玄通，沖而不盈。」

〔五〕鎜盂有銘：《藝文類聚》卷六七引後漢崔瑗《遺葛龔珮銘》曰：「禹湯罪己，仲尼多誨，盤盂有銘，几杖有誡。」「鎜」、「盤」義同。

〔六〕戒：文體名。南朝梁任昉《文章緣起》：「誡，後漢杜篤作《女誡》。誡，警也，慎也。」明徐師曾《文體明辨序說·戒》：「按字書云：『戒者，警敕之辭，字本作誡。』文既有箴，而又有戒，則戒者，箴之別名歟？」

〔七〕戒旦：《三國志・王昶傳》作「夕而」。本意爲報曉警醒。《藝文類聚》卷一六梁任昉《爲皇太子求一日一入朝表》：「臣聞内豎告安，姬昌怡色，鳴雞戒旦，周發冠履。」此指黎明。

〔八〕「松柏」二句：《論語・子罕》：「子曰：『歲寒，然後知松柏之後凋也！』」

〔九〕大雅：《文選》卷一班孟堅《西都賦》：「大雅宏達，於兹爲羣。」李善注：「大雅，謂有大雅之才者。《詩》有《大雅》，故以立稱焉。」

〔一〇〕戒闕黨：以闕黨童子爲戒。《論語・憲問》：「闕黨童子將命。或問之曰：『益者與？』子曰：『吾見其居於位也，見其與先生並行也，非求益者也，欲速成者也。』」

〔一一〕鮮：《爾雅・釋詁》：「鮮，寡也。」郭璞注：「謂少。」 自伐：自誇。《老子》第二四章：「自伐者無功，自矜者不長。」

〔一二〕掩人：《國語》卷三《周語下》：「犯則陵人，迂則誣人，伐則掩人。」韋昭注：「掩人之美。」

5 陶淵明言曰：〔一〕「天地賦命，〔二〕有生必終，自古聖賢，誰能獨免？但恨室無萊婦，〔三〕抱兹苦心，良獨惘惘。〔四〕汝輩既稚小，雖不同生，〔五〕當思四海皆爲兄弟之義。〔六〕鮑叔、敬仲，〔七〕分財無猜；〔八〕歸生、伍舉，〔九〕班荆道舊。〔一〇〕遂能以敗爲成，〔一一〕因喪立功。〔一二〕他人尚爾，況共父之人哉？潁川（陳）〔韓〕元長，〔一三〕漢末名士，身處卿佐，〔一四〕八十而終，〔一五〕兄弟同居，至於没齒。〔一六〕濟北〔氾〕〔氾〕稚春，〔一七〕晉時積行人也，七世同〔居〕〔財〕，〔一八〕家人無怨色。《詩》云：『高山仰止，景行行止。』〔一九〕汝其慎哉！」

【疏證】

《宋書》卷九三《陶淵明傳》：「與子書以言其志，並爲訓戒曰：天地賦命，有往必終，自古賢聖，誰能獨免。子夏言曰：『死生有命，富貴在天。』四友之人，親受音旨，發斯談者，豈非窮達不可妄求，壽夭永無外請故邪。吾年過五十，而窮苦荼毒，以家貧弊，東西遊走。性剛才拙，與物多忤，自量爲己，必貽俗患，僶俛辭世，使汝幼而飢寒耳。常感孺仲賢妻之言，敗絮自擁，何慚兒子。此既一事矣。但恨鄰靡二仲，室無萊婦，抱茲苦心，良獨罔罔。少年來好書，偶愛閑静，開卷有得，便欣然忘食。見樹木交蔭，時鳥變聲，亦復歡爾有喜。嘗言五六月北窗下卧，遇涼風暫至，自謂是羲皇上人。意淺識陋，日月遂往，緬求在昔，眇然如何。疾患以來，漸就衰損，親舊不遺，每以藥石見救，自恐大分將有限也。恨汝輩稚小，家貧無役，柴水之勞，何時可免，念之在心，若何可言。然雖不同生，當思四海皆弟兄之義。鮑叔、敬仲，分財無猜；歸生、伍舉，班荆道舊。遂能以敗爲成，因喪立功。他人尚爾，況共父之人哉。潁川韓元長，漢末名士，身處卿佐，八十而終，兄弟同居，至於没齒。濟北氾稚春，晉時操行人也，七世同財，家人無怨色。《詩》云：『高山仰止，景行行止。』汝其慎哉！吾復何言。」

【校注】

〔一〕陶淵明：陶潛字淵明，一説名淵明，字元亮。廬江潯陽人。曾爲彭澤令，後歸田。卒，世號「靖節先生」。今存《陶淵明集》輯本。《晉書》卷九四、《宋書》卷九三、《南史》卷七五並有傳。

〔二〕賦命：給予人生命。《漢書》卷一一《哀帝紀》顔師古注：「賦，給予也。」

〔三〕萊婦：春秋楚老萊子之妻。漢劉向《列女傳》卷二《賢明傳·楚老萊妻》載：萊子逃世耕於蒙山之陽，楚王遣使聘其出仕，其妻曰：「妾聞之，可食以酒肉者，可隨以鞭捶；可授以官禄者，可隨以鈇鉞。今先生食人酒肉，受人官禄，爲人所制也，能免於患乎？妾不能爲人所制。」遂行不顧，至江南而止。老萊子乃隨其妻而居之。後因以「萊婦」作爲賢婦的代稱。《文選》卷五九任昉《劉先生夫人墓誌》：「既稱萊婦，亦曰鴻妻。」張銑注：「老萊子婦，梁鴻妻，並古之賢婦人也。」

〔四〕惘惘：《楚辭·九章·悲回風》：「撫珮衽以案志兮，超惘惘而遂行。」王逸注：「失志偟遽。」

〔五〕不同生：非同母所生。故下文有「共父之人」語。

〔六〕四海皆爲兄弟：《論語·顔淵》曰：「司馬牛憂曰：『人皆有兄弟，我獨亡！』子夏曰：『商聞之矣，死生有命，富貴在天。君子敬而無失，與人恭而有禮。四海之内皆兄弟也，君子何患乎無兄弟也？』」

〔七〕鮑叔：即鮑叔牙，春秋時齊國大夫。齊桓公時薦管仲代己爲宰。事詳《史記》卷三二《齊太公世家》、《史記》卷六二《管仲傳》。　敬仲：《四庫全書》本《陶淵明集》、《漢魏六朝百三名家集·陶淵明集》作

「管仲」。敬仲即管仲，名夷吾，字仲，春秋時齊國潁上人。齊桓公時爲上卿。謚號敬。《史記》卷六二有傳。

〔八〕「分財」句：《史記》卷六二《管仲傳》：「管仲曰：『吾始困時，嘗與鮑叔賈，分財利多自與，鮑叔不以我爲貪，知我貧也。吾嘗爲鮑叔謀事而更窮困，鮑叔不以我爲愚，知時有利不利也。吾嘗三仕三見逐於君，鮑叔不以我爲不肖，知我不遭時也。吾嘗三戰三走，鮑叔不以我怯，知我有老母也。公子糾敗，召忽死之，吾幽囚受辱，鮑叔不以我爲無恥，知我不羞小節而恥功名不顯於天下也。生我者父母，知我者鮑子也。』」

〔九〕歸生：即公孫歸生，號聲子，春秋時蔡國人。生平詳《左傳·襄公二十六年》。伍舉：春秋時楚國人，伍子胥祖父。以直諫事楚莊王。生平詳《左傳·襄公二十六年》、《史記》卷六六《伍子胥傳》等。

〔一〇〕班荆道舊：《左傳·襄公二十六年》：「初，楚伍參與蔡太師子朝友，其子伍舉與聲子相善也。伍舉娶於王子牟，王子牟爲申公而亡，楚人曰：『伍舉實送之。』伍舉奔鄭，將遂奔晉。聲子將如晉，遇之於鄭郊，班荆相與食，而言復故。」杜預注：「班，布也。布荆坐地，共議歸楚事。朋友世親。」

〔一一〕以敗爲成：指管仲事。管仲輔佐公子糾，公子糾被殺，管仲被囚。後因鮑叔舉薦，管仲爲齊相，佐齊桓公成就霸業。事詳《史記》卷六二《管晏列傳》。

〔一二〕因喪立功：指伍舉事。伍舉因罪逃亡國外，得歸生幫助，回到楚國，後來協助公子圍繼承了王位。事詳《左傳·昭公元年》。

〔一三〕潁川：郡名，治所陽翟，即今河南禹州。　韓元長：韓融字元長，東漢潁川人。少能辯理而不爲章句學。獻帝初，至太僕。《後漢書》卷六二《韓韶傳》有附傳，然韓氏「兄弟同居，至於没齒」事無載。韓，各本作「陳」，《宋書》卷九三《陶淵明傳》、《南史》卷七五《陶淵明傳》、《太平御覽》卷五一六、《册府元龜》卷八一六、《通志》卷一七七、《四庫全書》本《陶淵明集》、《漢魏六朝百三名家集·陶淵明集》引此文均作「韓」。今按：「陳」當是「韓」之誤。

〔一四〕卿佐：指輔佐國君的執政大臣。《左傳·昭公九年》：「君之卿佐，是謂股肱。」

〔一五〕八：各本同。吴校：「『八』，《陶集》作『七』。」《宋書》卷九三《陶淵明傳》、《南史》卷七五《陶淵明傳》、《太平御覽》卷五一六、《册府元龜》卷八一六、《通志》卷一七七、《漢魏六朝百三名家集·陶淵明集》引作「八」。《四庫全書》本《陶淵明集》作「七」，且有小注：「《集》本作八十」。今按：據《後漢書》卷六二《韓韶傳》附《韓融傳》，融年七十卒，當以「七」爲是。然蕭繹所據或爲《宋書》，故不改。

〔一六〕没齒：猶言終身。

〔一七〕濟北：郡名。治所博陽，即今山東泰安。　氾稚春：氾毓字稚春，西晉濟北盧人。《晉書》卷九一《儒林傳》有傳。《晉書》本傳：「奕世儒素，敦睦九族，客居青州，逮毓七世，時人號其家『兒無常父，衣無常主』。毓少履高操，安貧有志業。」氾，各本作「汎」，《四庫全書》本作「氾」。今按：稱姓氏，當作「氾」，據改。

〔一八〕同財：各本作「同居」，《宋書》卷九三《陶淵明傳》作「同財」。今按：上文已有「同居」，此當不複，以

「同財」爲是，據改。

〔一九〕「高山」二句：《詩經·小雅·車舝》：「高山仰止，景行行止。」鄭玄箋云：「景，明也。……有高德者則而慕仰之，有明行者則而行之。」

6 顔延年云：〔一〕「喜怒者性所不能無，〔二〕常起於褊量，〔三〕而止於宏識。〔四〕然喜過則不重，怒過則不威，能以恬漠爲體，寬（裕）〔愉〕爲器，〔五〕善矣。〔六〕大喜蕩心，微抑則定；甚怒（傾）〔煩〕性，〔七〕小忍則歇。〔八〕故動無（響）〔愆〕容，〔九〕舉無失度，則爲善也。欲求子孝，必先爲慈；〔一〇〕將責弟悌，務念爲友。〔一一〕雖孝不待慈，而慈固植孝；〔一二〕悌非期友，而友亦立悌。夫和之不備，或應以不和；猶信不足焉，必有不信。倘知恩意相生，情理相出，可以使家有參、柴，〔一三〕人皆由、損。〔一四〕枚叔有言：〔一五〕『欲人不聞，莫若不言；欲人不知，莫若勿爲。〔一六〕』禦寒莫如重裘，止謗莫若自修。〔一七〕《論語》云：『内省不疚，夫何憂何懼？』」〔一八〕

【疏證】

《太平御覽》卷五九三引顔延年《庭誥》曰：「喜怒者，有性所不能無，常起於褊量而止於弘識。

然喜過則不重，怒過則不威，能以恬漠爲體，寬愉爲器，則爲美矣。大喜蕩心，微抑則定；甚怒煩性，稍忍即歇。故動無堡容，舉無失度，則爲善也。欲求子孝，必先爲慈；將責弟悌，務念爲友。雖孝不待慈，而慈能植孝；悌非期友，而友亦立悌。夫和之不備，或應以不和；猶信不足焉，必有不信。儻知恩意相生，情理相出，可使家有參、柴，人皆由、損。枚叔有言：『欲人勿聞，莫若勿爲。』禦寒莫若重裘，止謗莫若自修。《論語》云：『内省不疚，何憂何懼？』」亦見《宋書》卷七三《顔延年傳》。

【校注】

〔一〕顔延年：顔延之字延年，祖籍琅邪臨沂。仕宋，爲太子舍人。歷始安、永嘉二郡太守，官至金紫光禄大夫。卒，謚曰憲子。《宋書》卷七三、《南史》卷三四有傳。又，蕭繹此節乃節録顔氏《庭誥》之文，與《太平御覽》卷五九三引顔延年《庭誥》同，然與《宋書·顔延年傳》所引《庭誥》文字順序多有不同，如《宋書》「欲求子孝」至「人皆由、損」一段在「喜怒者」云云上。

〔二〕性：《宋書》卷七三《顔延年傳》、《太平御覽》卷五九三引顔延年《庭誥》「性」上有「有」字。

〔三〕褊量：褊狹的器度。

〔四〕宏：各本同，《宋書》卷七三《顔延年傳》、《太平御覽》卷五九三引顔延年《庭誥》作「弘」。今按：「宏」、「弘」常通用。

〔五〕寬愉：寬舒和樂。愉，各本作「裕」，《宋書》卷七三《顔延年傳》、《太平御覽》卷五九三引顔延年《庭誥》作「愉」。今按：作「愉」是，據改。

〔六〕善矣：各本同，《太平御覽》卷五九三引顔延年《庭誥》作「則爲美矣」。中華書局點校本《宋書》卷七三《顔延年傳》校勘記曰：「各本並無『則爲美矣』四字，有『者』字一字。」

〔七〕煩：各本作「傾」，《宋書》卷七三《顔延年傳》、《太平御覽》卷五九三引顔延年《庭誥》作「煩」。今按：作「煩」是，據改。

〔八〕小：各本同，《太平御覽》卷五九三引顔延年《庭誥》作「稍」。

〔九〕愆：各本作「響」，《宋書》卷七三《顔延年傳》作「愆」，《太平御覽》卷五九三引顔延年《庭誥》作「堡」。今按：作「愆」是，據改。《左傳·昭公二十六年》：「王昏不若，用愆厥位。」杜預注：「愆，失也。」

〔一〇〕必先爲慈：各本同，《宋書》卷七三《顔延年傳》「先」下無「爲」字。

〔一一〕務念爲友：各本同，《宋書》卷七三《顔延年傳》「務」下無「念」字。

〔一二〕固：各本同，《太平御覽》卷五九三引顔延年《庭誥》作「能」。

〔一三〕參、柴：指曾參、高柴。曾參字子輿，春秋末魯國南武城人。高柴字子羔，春秋時衛國人。二人皆孔子弟子，並以孝道著稱。傳俱見《史記》卷六七《仲尼弟子列傳》。

〔一四〕由、損：指仲由、閔損。仲由，即子路。春秋時魯國卞人。性忠直。閔損，即閔子騫。春秋時魯國人。性至孝。以德行與顔淵並稱。二人皆孔子弟子。孔門四科，子路列政事科，閔子騫列德行科。傳俱見《史記》卷六七《仲尼弟子列傳》。

〔一五〕枚叔：枚乘字叔，西漢臨沂淮陰人。善辭賦。曾爲吴王劉濞郎中，景帝召爲弘農都尉。《漢書》卷五一有傳。

〔一六〕「欲人不聞」四句：《太平御覽》卷五九三引顔延年《庭誥》作「欲人勿聞，莫若不爲」。《漢書》卷五一《枚乘傳》載：吴王劉濞謀爲逆，枚乘奏諫書有云：「欲人勿聞，莫若勿言；欲人勿知，莫若勿爲。」勿，《百子全書》本作「弗」。

〔一七〕「禦寒」二句：《三國志》卷二七《王昶傳》載：昶作書戒子姪，引俗諺曰：「救寒莫如重裘，止謗莫如自修。」《中論・虛道》：「故語稱：救寒莫如重裘，止謗莫如修身，療暑莫如親冰。」

〔一八〕内省不疚：《論語・顔淵》：「司馬牛問君子。子曰：『君子不憂不懼。』曰：『不憂不懼，斯謂之君子已乎？』子曰：『内省不疚，夫何憂何懼？』」疚，因有過失而内心慚愧痛苦。

7　單襄公曰：〔一〕「君子不自稱也，〔二〕必以讓也，〔三〕惡其蓋人也。〔四〕」吾弱年重之。中朝名士抑揚於詩酒之際，〔五〕吟詠於嘯傲之間，自得如山，忽人如草，〔六〕好爲辭費，〔七〕頗事抑揚，末甚悔之，〔八〕以爲深戒。

【疏證】

《國語》卷二《周語中》：「(單)襄公曰：『人有言曰：「兵在其頸。」其郤至之謂乎！君子不自稱也，非以讓也，惡其蓋人也。』」

【校注】

〔一〕單襄公：名朝，春秋時周人。周定王卿士，食邑於單。曾奉命聘宋、楚等國，預見陳國將亡。生平事蹟詳《國語》卷二、卷三《周語》。

〔二〕自稱：自我稱揚。稱，《國語》卷二《周語中》吴韋昭注：「稱，舉也。」

〔三〕必：各本同，《國語》卷二《周語中》作「非」。

〔四〕蓋：《國語》卷二《周語中》吴韋昭注：「蓋，掩也。」

〔五〕中朝名士：《世説新語・文學》「袁彦伯作名士傳成」條劉孝標注：「宏以夏侯太初、何平叔、王輔嗣爲正始名士；阮嗣宗、嵇叔夜、山巨源、向子期、劉伯倫、阮仲容、王濬仲爲竹林名士；裴叔則、樂彦輔、王夷甫、庾子嵩、王安期、阮千里、衛叔寶、謝幼輿爲中朝名士。」中朝，晉室南渡以後對西晉王朝之稱。《晉書》卷八二《王隱傳》：「時著作郎虞預私撰《晉書》，而生長東南，不知中朝事，數訪於隱。」參徐震堮《世説新語校箋》附録《世説新語詞語簡釋》「中朝」條。　抑揚：本指聲音高低，此處指肆意褒貶人事。

〔六〕「自得」二句：《三國志》卷二七《王昶傳》載：昶作書戒子姪，曰：「潁川郭伯益，好尚通達，敏而有知。其爲人弘曠不足，輕貴有餘。得其人重之如山，不得其人忽之如草。」

〔七〕辭費：《禮記·曲禮上》：「禮不妄説人，不辭費。」孔穎達疏：「凡爲人之道，當言行相副。今直有言而無行，爲辭費。」

〔八〕末甚悔之：所謂「抑揚於詩酒之際」云云，實指中朝名士清談；「末甚悔之」指他們對自己崇尚玄虛、清談誤國的行爲表示後悔。此尤以西晋末年王衍（字夷甫）爲代表。《世説新語·輕詆》「桓公入洛」條劉孝標注引《晋陽秋》曰：「夷甫將爲石勒所殺，謂人曰：『吾等若不祖尚浮虛，不至於此！』」《晋書》卷四三《王衍傳》載：「衍將死，顧而言曰：『嗚呼！吾曹雖不如古人，向若不祖尚浮虛，戮力以匡天下，猶可不至今日。』」

8 向朗遺言戒子曰：〔一〕「貧非人患，以和爲貴，汝其勉之！」以爲深戒。〔二〕酒酌之設，可樂而不可嗜；聲樂之會，可簡而不可違。淫華怪飾，〔三〕奇服麗食，慎毋爲也。〔四〕

【疏證】

《三國志》卷四一《向朗傳》裴松之注引《襄陽記》曰：「朗遺言戒子曰：『《傳》稱師克在和不在

衆，此言天地和則萬物生，君臣和則國家平，九族和則動得所求，靜得所安，是以聖人守和，以存以亡也。吾，楚國之小子耳，而早喪所天，爲二兄所誘養，使其性行不隨禄利以墮。今但貧耳；貧非人患，惟和爲貴，汝其勉之！』」

《宋書》卷七三《顔延年傳》載：延年屏居里巷，閒居無事，爲《庭誥》之文，曰：「酒酌之設，可樂而不可嗜，嗜而非病者希，病而遂眚者幾。既眚既病，將蠛其正。若存其正性，紓其妄發，其唯善戒乎？聲樂之會，可簡而不可違，違而不背者鮮矣，背而非弊者反矣。既弊既背，將受其毁。必能通其礙而節其流，意可爲和中矣。……浮華怪飾，滅質之具；奇服麗食，棄素之方。動人勸慕，傾人顧盼，可以遠識奪，難用近欲從。若睹其淫怪，知生之無心，爲見奇麗，能致諸非務，則不抑自貴，不禁自止。」

【校注】

〔一〕向朗：字巨達，三國蜀襄陽宜城人。劉禪時累官步兵校尉、左將軍，封顯明亭侯。《三國志》卷四一有傳。

〔二〕和爲貴：《論語·學而》載有子曰：「禮之用，和爲貴。」

〔三〕淫：《宋書》卷七三《顔延年傳》作「浮」。

〔四〕「酒酌之設」至「慎毋爲也」數句：許《注》認爲「此數語亦撮引顔延之《庭誥》之文，宜併入上節」，即本篇第六節。

9 曾子曰：「狎甚則相簡，〔一〕莊甚則不親。是故君子之狎足以交歡，其莊足以成禮也。」〔二〕

【疏證】

《孔子家語》卷二《好生》：「曾子曰：『狎甚則相簡，莊甚則不親。是故君子之狎足以交歡，其莊足以成禮。』孔子聞斯言也，曰：『二三子志之，孰謂參也不知禮乎？』」亦見《説苑》卷一六《談叢》。

【校注】

〔一〕簡：《吕氏春秋》卷二〇《恃君覽・驕恣》：「自驕則簡士，自智則專獨，輕物則無備。」高誘注：「簡，傲也。」

〔二〕各本「禮也」下有小字云：「按别卷載此條下有『孔子聞斯言也，曰二三子志之，孰謂參也不如孔子』二十字。」《四庫全書》本此二十字下還有「但自稱孔子似亦有誤」九字。

10 子夏曰：〔一〕「與人以實，雖疎必密；與人以虛，雖戚必疎。〔二〕」帥人以正，誰敢不正；敬人以禮，孰敢不禮。使人必須先勞後逸，先功後賞。戒慎乎其所不睹，恐懼乎其所不聞。〔三〕莫見乎隱，莫顯乎微，故君子慎其獨也。〔四〕必使長者安之，幼者愛之，朋友信之。是以「君子居其室，出其言善，則千里之外應之；出其言不善，則千里之外違之。況其邇者乎！言出乎身，加乎民；行發乎近，至于遠也。言行，君子之樞機，〔五〕樞機之發，榮辱之主，可不慎乎」！

【疏證】

《韓詩外傳》卷九「子夏過曾子」章：「子夏曰：『善哉！謹身事一言，愈於終身之誦；而事一士，愈於治萬民之功。夫知人者不可以不知也，何也？吾嘗菑焉吾田，期歲不收。土莫不然，何況於人乎？與人以實，雖疎必密；與人以虛，雖戚必疎。夫實之與實，如膠如漆。虛之與虛，如薄冰之見晝日。君子可不留意哉！』」

《論語·顏淵》：「季康子問政於孔子。孔子對曰：『政者，正也。子帥以正，孰敢不正？』」

《禮記·中庸》：「天命之謂性，率性之謂道，修道之謂教。道也者，不可須臾離也，可離非道也。是故君子戒慎乎其所不睹，恐懼乎其所不聞。莫見乎隱，莫顯乎微，故君子慎其獨也。」

《論語·公冶長》：「子路曰：『願聞子之志。』子曰：『老者安之，朋友信之，少者懷之。』」

《周易·繫辭上》：「子曰：『君子居其室，出其言善，則千里之外應之，況其邇者乎！居其室，出其言不善，則千里之外違之，況其邇者乎！言出乎身，加乎民；行發乎邇，見乎遠。言行，君子之樞機。樞機之發，榮辱之主也。言行，君子之所以動天地也，可不慎乎！』」

【校注】

〔一〕子夏：卜商字子夏，春秋末衛國人，一説晉國温人。孔子弟子，以文學見稱。孔子死後，講學於西河。相傳作《詩序》。《史記》卷六七《仲尼弟子列傳》有傳。

〔二〕戚：《吕氏春秋》卷二二《慎行論·求人》：「戚愛習故，不以害之。」高誘注：「戚，親也。」《漢書》卷八五《杜鄴傳》：「夫戚而不見殊，孰能無怨？」顔師古注：「戚，近也。」

〔三〕「戒慎」二句：《禮記·中庸》鄭玄注：「小人閒居爲不善，無所不至也。君子則不然，雖視之無人，聽之無聲，猶戒慎恐懼自修正，是其不須臾離道。」

〔四〕「莫見」三句：《禮記·中庸》鄭玄注：「慎獨者，慎其閒居之所爲。小人於隱者，動作言語自以爲不見睹、不見聞，則必肆盡其情也。若有佔聽之者，是爲顯見，甚於衆人之中爲之。」

〔五〕樞機：比喻事物的關鍵部分。《周易·繫辭上》王弼注：「樞機，制動之主。」孔穎達疏：「樞謂户樞，機謂弩牙。」

11 處廣廈之下，細氈之上，明師居前，勸誦在後，〔一〕豈與夫馳騁原獸同日而語哉？〔二〕凡讀書必以《五經》爲本，〔三〕所謂非聖人之書勿讀。〔四〕讀之百遍，其義自見。〔五〕此外衆書，自可汎觀耳。〔六〕正史既見得失成敗，〔七〕此經國之所急。《五經》之外，宜以正史爲先。譜牒所以別貴賤，〔八〕明是非，尤宜留意。或復中表親疏，〔九〕或復通塞升降，百世衣冠，〔一〇〕不可不悉。

【校注】

〔一〕「處廣廈」四句：《漢書》卷七二《王吉傳》：「吉上疏諫，曰：『夫廣廈之下，細旃之上，明師居前，勸誦在後，上論唐虞之際，下及殷周之盛，考仁聖之風，習治國之道，訢訢焉發憤忘食，日新厥德，其樂豈徒銜橛之間哉！』」顏師古注：「廣廈，大屋也。旃，與氈同。」

〔二〕原獸：野獸。《左傳·襄公四年》：「不修民事，而淫於原獸。」

〔三〕《五經》：指《詩》、《書》、《易》、《禮》、《春秋》。漢揚雄《法言》卷二《吾子》：「觀書者譬諸觀山及水，升東嶽而知衆山之邐迤也，況介丘乎？浮滄海而知江河之惡沱也，況枯澤乎？舍舟航而濟乎瀆者，末矣；舍《五經》而濟乎道者，末矣。」

〔四〕非聖人之書勿讀：《漢書》卷八七《揚雄傳》：「（揚雄）自有大度，非聖哲之書不好也；非其意，雖富貴不事也。」

〔五〕「讀之」二句：《三國志》卷一三《王肅傳》裴松之注引《魏略》曰：董遇好學，「人有從學者，遇不肯教，而云『必當先讀百遍』。言『讀書百遍而義自見』」。

〔六〕汎觀：各本同，《太平御覽》卷六一六引《金樓子》「汎」下有「而」字。

〔七〕正史：指《史記》、《漢書》等以帝王本紀爲綱的紀傳體史書。《隋書》卷三三《經籍志》：「自是世有著述，皆擬班、馬，以爲正史，作者尤廣。」

〔八〕譜牒：記述氏族或宗族世系的書籍。魏晉南北朝時期重門第，講士庶之別，故譜牒學極盛。《南齊書》卷五二《文學・賈淵傳》：「先是譜學未有名家，淵祖弼之廣集百氏譜記，專心治業。晉太元中，朝廷給弼之令史書吏，撰定繕寫，藏秘閣及左民曹。淵父及淵三世傳學，凡十八州士族譜，合百帙七百餘卷，該究精悉，當世莫比。永明中，衛軍王儉鈔次《百家譜》，與淵參懷撰定。」此可見一斑。

〔九〕中表：父親的姐妹的子女爲外表，母親的兄弟姐妹的子女爲內表，互稱中表。漢蔡邕《貞節先生陳留范史雲銘》：「君離其罪，閉門静居，九族中表，莫見其面。」

〔一〇〕衣冠：《漢書》卷六〇《杜欽傳》顔師古注：「衣冠謂士大夫也。」

12　任彦〔升〕〔昇〕云：〔一〕「人皆有榮進之心，政復有多少耳。〔二〕然口不及，跡不營，居當爲勝。」王文舒曰：「人或毁己，當退而求之於身。若己有可毁之行，則彼言當矣；若己無可毁之行，則彼言妄矣。當則無怨於彼，妄則無害於身，又何反報焉？且聞人毁己而忿者，惡醜聲之加己〔三〕，反報者滋甚，〔四〕不如默而自修也。」顔延年言：「流言謗議，有道所不免，況在闕薄，〔五〕難用算防。應之之方，必先本己。或信不素積，嫌間所爲；或性不和物，尤怨所聚。有一於此，何處逃之？日省吾躬，〔六〕月料吾志，斯道必存，〔七〕何卹人言？」任嘏每獻忠言，〔八〕輒手〔書〕懷草，〔九〕自在禁省，〔一〇〕歸書不封，何其美乎！入仕之後，此其勗哉！昔孔光有人問温室之樹，〔一一〕笑而不答，誠有以也。

【疏證】

《三國志》卷二七《王昶傳》載：昶作書戒子姪曰：「人或毁己，當退而求之於身。若己有可毁之行，則彼言當矣；若己無可毁之行，則彼言妄矣。當則無怨於彼，妄則無害於身，又何反報焉？且聞人毁己而忿者，惡醜聲之加人也，人報者滋甚，不如默而自修己也。」

《宋書》卷七三《顔延之傳》載《庭誥》曰：「流言謗議，有道所不免，況在闕薄，難用算防。接應之方，言必出己。或信不素積，嫌間所襲，或性不和物，尤怨所聚，有一於此，何處逃毁？苟能反悔在我，而無責於人，必有達鑒，昭其情遠，識跡其事。日省吾躬，月料吾志，寬默以居，潔静以期，神道必在，何恤人言？」

《三國志》卷二七《王昶傳》裴松之注引《别傳》曰：「文帝時，（任嘏）爲黄門侍郎。每納忠言，輒手書懷本，自在禁省，歸書不封。帝嘉其淑慎，累遷東郡、趙郡、河東太守，所在化行，有遺風餘教。」

《漢書》卷八一《孔光傳》：「沐日歸休，兄弟妻子燕語，終不及朝省政事。或問光：『温室省中樹皆何木也？』光嘿不應，更答以它語，其不泄如是。」

【校注】

〔一〕任彦昇：任昉字彦昇，祖籍樂安博昌。歷仕宋、齊、梁三朝。《梁書》卷一四、《南史》卷五九有傳。昇，各本作「升」。今按：「升」、「昇」通。

〔二〕政復：只不過，只是。詳郭在貽《訓詁叢稿·六朝俗語雜釋》「正復」條。

〔三〕已：各本同，《三國志》卷二七《王昶傳》作「人」。

〔四〕反報：各本同，《三國志》卷二七《王昶傳》作「人報」。

〔五〕闕薄：指道德修養欠缺，淺薄。

〔六〕日省：每天自我反省。《論語·學而》：「吾日三省吾身。」

〔七〕斯道：各本同，《宋書》卷七三《顔延之傳》載《庭誥》作「神道」，且上有「寬默以居，潔静以期」八字。

〔八〕任嘏：字昭先，三國魏樂安博昌人。漢建安中爲臨菑侯庶子，入魏歷東郡、趙郡、河東太守。生平詳《三國志》卷二七《王昶傳》裴松之注引《别傳》。

〔九〕輒手書懷草：各本脱「書」字。今按：《三國志》卷二七《王昶傳》裴松之注引《别傳》作「輒手書懷本」，據補。手書，親自手寫。草，即「本」，指手稿。

〔一〇〕禁省：指皇宫。因皇宫有門禁，故稱。參蔡邕《獨斷》卷上「禁省」條。

〔一一〕孔光：字子夏，西漢魯人，孔子後裔。成帝時爲丞相，封博山侯。哀帝時復爲丞相。以居官謹守法度著稱。《漢書》卷八一有傳。　温室：《漢書》卷八一《孔光傳》顔師古注：「晉灼曰：『長樂宫中有温室殿』。」清顧炎武《歷代帝王宅京記》卷五曰：「温室殿，在未央宫殿北，武帝建，冬處之温暖也。《西京雜記》曰：『温宫以椒塗壁，被之文繡，香桂爲柱，設火齊屏風、鴻羽帳，規地以罽賓、氍毹。』《漢書》京房奏考功課吏法，上令公卿朝臣會議温室。孔光爲尚書令，歸休與兄弟妻子燕語，終不及朝省政事，或問『温室省中樹何木』，光不應。」

13　（中行桓子）〔高季羔〕爲衛之士師，〔一〕刖人之足。〔二〕俄而衛有蒯聵之亂，〔三〕刖者守門焉，謂季羔曰：「於此有室！」季羔入焉。既追者罷，季羔將去，問刖者曰：〔四〕「今吾在難，此正子報怨之時，而子逃我何？」曰：「曩君治臣以法，〔五〕臣知之。獄決罪定，臨當論刑，君愀然不樂，見於顔〔色〕，〔六〕臣又知之。君豈私於臣哉！天生君子，其道固然。此臣之所以待君子。」孔子聞之曰：「善哉爲吏，其用法一也。」

【疏證】

《孔子家語》卷二《致思》：「季羔爲衛之士師，刖人之足。俄而衛有蒯聵之亂，季羔逃之。走郭門，刖者守門焉，謂季羔曰：『彼有缺！』季羔曰：『君子不踰。』又曰：『彼有竇！』季羔曰：『君子不隧。』又曰：『於此有室！』季羔乃入焉。既而追者罷，季羔將去，謂刖者曰：『吾不能虧主之法而親刖子之足矣。今吾在難，此正子之報怨之時，而逃我者三，何故哉？』刖者曰：『斷足固我之罪，無可奈何。曩者君治臣以法，令先人後臣，欲臣之免也，臣知。獄決罪定，臨當論刑，君愀然不樂，見君顔色，臣又知之。君豈私臣哉！天生君子，其道固然。此臣之所以悦君也。』孔子聞之，曰：『善哉爲吏，其用法一也。思仁恕則樹德，加嚴暴則樹怨，公以行之，其子羔乎！』」亦見《韓非子》卷一二《外儲説左下》、《説苑》卷一四《至公》。

【校注】

〔一〕高季羔：底本、《四庫全書》本作「中行桓子」，重校本、《叢書集成》本、《百子全書》本、龍溪精舍本作「高季羔」。吴校：「『中行桓子』當作『高季羔』三字。」今按：吴校是，據改。高季羔即孔子弟子高柴，字子羔，春秋時衛國人。　士師：《孔子家語》卷二《致思》：「季羔爲衛之士師，刖人之足。」王肅注：「獄官。」

〔二〕刖：古代肉刑之一。《漢書》卷二三《刑法志》：「今法有肉刑三。」顔師古注引孟康曰：「黥、劓二，刖左右趾合一，凡三也。」 足：《四庫全書》本「足」下有小字云：「案二語與下不相屬，疑有脱誤。」許《注》云：「此言非是。」今按： 許《注》是。

〔三〕蒯聵之亂： 春秋衛出公十二年（前四八一），流亡在晉的蒯聵得姊孔伯姬之助，入衛奪取衛出公之位。此次動亂，孔子弟子高柴出逃，另一位弟子子路死之。 蒯聵，即衛莊公。 春秋末衛國國君，衛靈公子。在位三年，爲己氏所殺。 謚曰莊公。 事蹟詳《左傳》定公十四年、哀公十七年及《史記》卷三七《衛康叔世家》。

〔四〕問： 《四庫全書》本「將去」下無「問」字，有小字云：「案此下疑脱一『謂』字。」

〔五〕曩： 《莊子·齊物論》成玄英疏：「曩，昔也，向也。」

〔六〕顔色： 各本脱「色」，今據《孔子家語》補。

14 歸義隱蕃，〔一〕爲豪傑所善，潘承明子翥與之善。〔二〕承明問曰：「何故與輕薄通？ 使人心震面熱。〔三〕」廣陵（陽）〔楊〕竺，〔四〕幼而有聲，陸遜謂之必敗，〔五〕令其兄（子）穆與其別族。〔六〕（季）〔李〕豐年十五，〔七〕賓客填門，乃曰神童，而遂無過身之防，〔八〕果見誅夷。〔九〕相國掾魏諷有盛名，〔一〇〕同郡任覽與諷善，〔一一〕鄭（袞）〔袤〕謂：〔一二〕「諷姦雄，必以禍終，子宜絶之。」諷果敗焉。 王仲回加子以櫝楚，〔一三〕朱公叔寄言以絶交。〔一四〕此有深意，最宜思之。

【疏證】

《三國志》卷六一《潘濬傳》裴松之注引《吴書》曰：「歸義隱蕃，以口辯爲豪傑所善，濬子翥亦與周旋，饋餉之。濬聞大怒，疏責翥曰：『吾受國厚恩，志報以命，爾輩在都，當念恭順，親賢慕善，何故與降虜交，以糧餉之？在遠聞此，心震面熱，惆悵累旬。疏到，急就往使受杖一百，促責所餉。』當時人咸怪濬，而蕃果圖叛誅夷，衆乃歸服。」

《三國志》卷五八《陸遜傳》：「廣陵楊竺少獲聲名，而遜謂之終敗，勸竺兄穆令與別族。其先睹如此。」

《太平御覽》卷四一〇引徐廣《晉記》曰：「相國掾魏諷有盛名，同郡任覽與諷友善。鄭袤謂覽曰：『諷姦雄，必以禍終，子宜絶之。』後諷果敗。」卷四四二引作徐廣《晉書》。

【校注】

〔一〕歸義：歸附正義。《史記》卷一二六《滑稽列傳》：「遠方當來歸義，而騶牙先見。」隱蕃：人名。三國時魏國間諜。事蹟詳《三國志》卷六二《胡綜傳》及裴松之注引《吴録》。《三國志·胡綜傳》：「（黄龍）二年，青州人隱蕃歸吴……（孫）權以蕃盛論刑獄，用爲廷尉監。左將軍朱據、廷尉郝普稱蕃有王佐之才，普尤與之親善，常怨歎其屈。後蓄謀叛，事覺伏誅。」

〔二〕潘承明：潘濬字承明，三國吴武陵漢壽人。孫權稱帝，拜少府，封劉陽侯，遷太常。《三國志》卷六一有傳。　子翥：潘濬子潘翥。《三國志》卷六一《潘濬傳》裴松之注引《吴書》曰：「翥字文龍，拜騎都尉，後代領兵，早卒。」

〔三〕心震面熱：形容羞慚難當。

〔四〕楊竺：三國吴大臣，依附魯王孫霸，中傷太子孫和。後孫權廢孫和，改立孫亮爲太子，賜孫霸死，誅竺，流屍於江。生平事蹟詳《三國志》卷六一《陸凱傳》附《陸胤傳》裴松之注引《吴録》。楊，各本作「陽」，吴校：「『陽』當作『楊』。」今按：吴校是，據改。

〔五〕陸遜：本名議，字伯言，三國吴吴郡人。孫權黄武初，任大都督，拜輔國將軍，領荆州牧，後爲丞相。卒，謚曰昭侯。《三國志》卷五八有傳。

〔六〕其兄：各本作「其兄子」。吴校：「按《三國志・陸遜傳》無『子』字。」今按：吴校是，據删。

〔七〕李豐：各本作「季豐」。今按：當是「李豐」。李豐字安國，三國時魏馮翊人。生平事蹟詳《三國志》卷九《夏侯玄傳》及裴松之注引《魏畧》等。《三國志・夏侯玄傳》裴松之注引《魏畧》：「豐字安國，故衛尉李義子也。黄初中，以父任召隨軍。始爲白衣時，年十七八，在鄴下名爲清白，識別人物，海内翕然，莫不注意。後隨軍在許昌，聲稱日隆。」

〔八〕週身：保全自身。週，各本同。吴校：「『週』當作『周』。」今按：「週」、「周」義通。

〔九〕果見誅夷：《三國志》卷九《夏侯玄傳》載：曹爽、司馬懿争權，李豐依違其間，莫有適從。後豐密謀殺司馬師，「大將軍微聞其謀，請豐相見，豐不知而往，即殺之」。裴松之注引《魏氏春秋》曰：「大將軍責豐，豐知禍及，遂正色曰：『卿父子懷奸，將傾社稷，惜吾力劣，不能相禽滅耳！』大將軍怒，使勇士以刀環築豐腰，殺之。」

〔一〇〕相國掾：官名。相國府屬吏，掾主之。《後漢書·百官志》：「本注曰：《漢舊注》東西曹掾比四百石，餘掾比三百石。」劉昭注：「《漢書音義》曰：正曰掾。」魏諷：《三國志》卷一《魏武帝紀》裴松之注：「《世語》曰：『諷字子京，沛人，有惑衆才，傾動鄴都，鍾繇由是辟焉。大軍未反，諷潛結徒黨，又與長樂衛尉陳禕謀襲鄴。未及期，禕懼，告之太子，誅諷，坐死者數十人。』王昶《家誡》曰『濟陰魏諷』，而此云沛人，未詳。」

〔一一〕任覽：人名。滎陽人。事蹟詳《晉書》卷四四《鄭袤傳》、《太平御覽》卷四一〇引徐廣《晉記》。

〔一二〕鄭袤：各本作「鄭袞」。許《注》認爲「鄭袞」當作「鄭袤」。今按：許《注》是，據改。鄭袤字林叔，滎陽開封人。初仕魏爲臨淄侯文學，遷濟陰、廣平太守。魏曹奂景元初，拜光禄大夫。入晉，封密陵侯。拜司空。卒，謚元。《三國志》卷一六裴松之注引《晉陽秋》、《晉書》卷四四有傳。

〔一三〕王仲回：王丹字仲回，京兆下邽人。西漢哀、平時，仕州郡。王莽時徵爲太子少傅、太子太傅。《後漢書》卷二七有傳。《後漢書》本傳：「丹子有同門生喪家，家在中山，白丹欲往奔慰。結侶將行，丹怒而撻之，令寄縑以祠焉。或問其故，丹曰：『交道之難，未易言也。世稱管、鮑，次則王、貢。張、陳凶其終，蕭、朱隙其末，故知全之者鮮矣。』時人服其言。」　檟楚：《禮記·學記》：「夏楚二物，收其威也。」鄭玄注：「夏，槄也；楚，荆也。二者所以撲撻犯禮者。」今按：夏，通「檟」。

〔一四〕朱公叔：朱穆字公叔，南陽宛人。漢桓帝時爲侍御史、冀州刺史，後徵拜尚書。《後漢書》卷四三有傳。《後漢書》本傳：「穆又著《絶交論》，亦矯時之作。……（史臣）論曰：朱穆見比周傷義，偏黨毁俗，志抑朋游之私，遂著《絶交》之論。」今按：《絶交論》見《後漢書》本傳李賢注引《穆集》。

聚書篇六

1·1 初出閤，〔一〕在西省，〔二〕蒙敕旨賚《五經》正副本。〔三〕爲琅琊郡時，〔四〕蒙敕給書，並私有繕寫。

【校注】

〔一〕出閤：本指皇子出就封國，此處指出内宫，就封爵。魏晉以來諸王初封，不必就封國。《梁書》卷二《武帝紀》：「（天監十三年）秋七月乙亥，立皇子綸爲邵陵郡王，繹爲湘東郡王，紀爲武陵郡王。」《梁書》卷五《元帝紀》載：天監十三年（五一四），封繹湘東郡王，邑二千户。閤，《四庫全書》本作「閣」。今按：「閤」、「閣」通。

〔二〕西省：晉宋時西省指中書省，齊梁時亦可指永福省。此處指永福省。《資治通鑑》卷一四一《齊紀七》「齊明帝永泰元年」：召「高、武諸孫處西省」，胡三省注：「據《蕭子恪傳》，西省，永福省也。」洪頤煊《諸史考異》卷一六《南史下》「永福省」條：「《竟陵王昭冑傳》：『明帝慮有同異，召諸王侯入宫，晉安王寶義及江陵公寶覽住中書省，高武諸孫住西省，其夜並將加害。』頤煊案：《南康縣侯子恪傳》：『始安王遥光勸上並誅高武諸子孫，於是並敕竟陵王昭冑等六十餘人入永福省，期三更當殺之。』西省即永福省也。」今按：永福省在禁中，皇子未冠時居此。

〔三〕賚：《詩經・商頌・烈祖》毛傳：「賚，賜也。」朱熹《集傳》：「賚，與也。」《五經》：漢班固《白虎通》卷九《五經》：「《五經》何謂？謂《易》、《尚書》、《詩》、《禮》、《春秋》也。」正副本：謂書籍的正本和副本。《隋書》卷三二《經籍志》：「（隋開皇時）召天下工書之士，京兆韋霈、南陽杜頵等，於秘書內補續殘缺，爲正副二本，藏於宫中，其餘以實秘書內、外之閣。」副本，指著作、書籍正本以外的複製本。

〔四〕琅琊郡：據嚴耕望《魏晉南北朝地方行政制度》，南琅琊、彭城爲「雙頭郡」，古文獻或省「南」字。此琅琊郡當即南琅琊郡。吴《譜》：「《宋書・州郡志》，晉成帝時，桓温求割丹陽郡江乘縣境以爲南琅琊郡實土，又分江乘地爲臨沂縣。後又割臨沂、建康土地立費縣等。據《補梁疆域志》，南琅琊郡屬南徐州，領縣三：江乘、臨沂、費。南彭城郡則郡無實土，寄於琅琊郡。《南齊書・州郡志》：『南琅琊郡，本治金城，永明徙治白下。』《方輿紀要》卷二〇應天府『白下城』：『在府治北十四里。《輿地志》：即江乘廢縣之白石壘也。』按：白石壘，爲濱江鎮戍要地，北接大江，在石頭城東北，臺城西北。齊永明之後，爲南琅琊太守治所。」今按：蕭繹於天監十六年（五一七）至十七年爲琅琊、彭城二郡太守，説詳吴《譜》天監十六年下「湘東王繹出爲寧遠將軍，琅琊彭城二郡太守」條。

1·2 爲東州時，〔一〕寫得《史》、《漢》、《三國志》、《晉書》；〔二〕又寫劉選部孺家、謝通直彥遠家書；〔三〕又遣人至吴興郡，〔四〕就夏侯亶寫得書；〔五〕又寫得虞太中闡家書。〔六〕

【校注】

〔一〕東州：即東揚州，亦即會稽郡。據《梁書》卷一《武帝紀》及卷五五《武陵王傳》，梁普通五年（五二四）以會稽郡爲東揚州。今按：蕭繹出爲會稽太守時間，史無明載，據吴《譜》考證，時在天監十八年（五一九）。

〔二〕《史》：指西漢司馬遷所撰的《史記》。《漢》：指東漢班固所撰的《漢書》。《三國志》：西晉陳壽所撰。《晉書》：今本《晉書》一百三十卷，爲唐初唐房玄齡等撰，蕭繹不可能見到。《隋書》卷三十三《經籍志》著録《晉書》八十六卷，晉著作郎王隱撰；《晉書》二十六卷，晉散騎常侍虞預撰；《晉書》，晉中書郎朱鳳撰；《晉中興書》七十八卷，宋湘東太守何法盛撰；《晉書》三十六卷，宋臨川内史謝靈運撰；《晉書》一百一十卷，齊徐州主簿臧榮緒撰；《晉書》十一卷，蕭子雲撰；《晉史草》三十卷，梁蕭子顯撰；鄭忠《晉書》七卷；沈約《晉書》一百一十一卷；庾銑《東晉新書》七卷等。這些書籍，蕭繹或能見到。

〔三〕劉選部孺：即吏部郎劉孺。選部，官署名。漢置，三國魏改爲吏部。此處爲吏部郎的代稱。劉孺，字孝稚，原籍彭城安上里。曾爲太子中庶子，尚書吏部郎，吏部尚書。卒，謚曰孝。《梁書》卷四一、《南史》卷三九有傳。又，各本「孺」下有小字云：「案『孺』原本作『儒』，考《梁書》有『劉孺爲吏部尚書』，無劉儒。謹校正。」謝通直彦遠：即通直散騎侍郎謝彦遠。通直，官職名，「通直散騎侍郎」的省稱。謝彦遠，人名。生平無考。

〔四〕吳興郡： 三國時置，治所烏程，即今浙江湖州。

〔五〕夏侯亶： 字世龍，祖籍譙郡譙縣。 仕梁，曾官宣城太守，豫、南豫二州刺史，加都督。 卒，謚襄。《梁書》卷二八、《南史》卷五五有傳。《梁書》本傳：「亶爲人美風儀，寬厚有器量，涉獵文史，辯給能專對。」

〔六〕虞太中闡： 即太中虞闡。 太中，即「太中大夫」的省稱，官職名。 秦漢時爲皇帝近侍，備顧問應對，奉詔出使。 六朝時多用以安置退免官員，或爲加官、兼官，無職事。 梁天監中革選，定流内官職爲十八班，以班多者爲貴，太中大夫爲十一班。 虞闡，人名。 會稽餘姚人。 仕梁，曾官中書侍郎，事蹟畧見《陳書》卷一九《虞荔傳》。

1·3 爲丹陽時，〔一〕啓請先宫書；〔二〕又就新渝、上黄、新吳寫格五戲，〔三〕得少許。

【校注】

〔一〕丹陽： 郡名。 治所在今江蘇南京。 東晉以來，丹陽爲京師所在，故置丹陽尹。 據《梁書》卷一《武帝紀》及卷五《元帝紀》，蕭繹於普通年間曾爲丹陽尹。

〔二〕先宫： 指昭明太子蕭統。 據《梁書》卷八《昭明太子傳》，統於天監元年立爲皇太子，中大通三年（五三一）薨。 繹撰此文時，蕭統已卒，繼居東宫者乃蕭綱，故稱統爲先宫。《周書》卷四八《蕭詧傳》曰：「元帝大懼，乃遣參軍庾奐謂詧曰：『正德肆亂，天下崩離。汝復效尤，將欲何謂？吾蒙先宫愛顧，以汝兄弟見屬。今以姪伐叔，逆順安在？』」今按：蕭詧爲統之子，元帝之侄。元帝蕭繹稱統爲先宫，此可佐證。又，《梁書》卷八《昭明太子傳》載：「於時東宫有書幾三萬卷，名才並集，文學之盛，晉宋以來未之有也。」

〔三〕新渝：指新渝侯蕭暎。暎字文明，梁宗室始興忠武王蕭憺之子。普通二年，封廣信侯，後改封新渝縣侯，曾官吴興太守，廣州刺史。卒，謚曰寬。《南史》卷五二《梁宗室下》有傳。　上黄：指上黄侯蕭曄。曄字通明，暎弟。初封安陸侯，後改封上黄侯，位兼宗正卿，遷給事黄門侍郎，出爲晉陵太守。卒，謚替。《南史》卷五二《梁宗室下》有傳。　新吴：當指新吴侯。然考諸史籍，梁宗室中未見有封新吴侯者。《梁書》卷一《武帝紀上》載：齊和帝璽書有「今遣使持節、兼太保、侍中、中書監、兼尚書令汝南縣開國侯亮，兼太尉、散騎常侍、中書令新吴縣開國侯志，奉皇帝璽紱」云云，是齊末王志曾爲新吴侯。然據《梁書》卷二一、《南史》卷二二《王志傳》，王志卒於天監十二年，蕭繹爲丹陽尹遠在此後，且天監十二年，蕭繹年僅五六歲，似非就人鈔書之年齡。另，《南齊書》卷三八《蕭景先傳》載蕭景先曾封新吴侯，其卒於齊代，似更非此人。　格五：古代博戲名，棋類。《漢書》卷六四《吾丘壽王傳》：「吾丘壽王字子贛，趙人也。年少，以善格五召待詔。」顔師古注：「劉德曰：『格五，棊行。』《簺法》曰：『簺白乘五，至五格不得行，故云格五。』」

1·4 爲揚州時，〔一〕就吴中諸士大夫寫得《起居注》；〔二〕又得徐簡肅勉《起居注》。〔三〕

【校注】

〔一〕爲揚州時：蕭繹爲揚州刺史，《梁書》卷五《元帝紀》無載，而其實於普通七年（五二六）曾代理揚州刺史。説詳吴《譜》普通七年「湘東王繹代理揚州刺史」條。揚州，州名，治所在今江蘇南京。

〔二〕吴中：春秋時吴國有今江蘇、上海大部分和安徽、浙江的一部分，後世泛指吴地爲吴中。《起居注》：《隋書》卷三三《經籍志》：「起居注者，録紀人君言行動止之事。《春秋傳》曰：『君舉必書。書而不法，後嗣何觀？』《周官》：『内史掌王之命，遂書其副而藏之，是其職也。』」

〔三〕徐簡肅勉：徐勉字修仁，祖籍東海郯縣。仕梁，拜中書侍郎，遷尚書左丞，累官至侍中，中衛將軍。卒，謚簡肅。《梁書》卷二五、《南史》卷六〇有傳。《梁書》本傳：「勉善屬文，勤著述，雖當機務，下筆不休。嘗以起居注煩雜，乃加删撰爲《流别起居注》六百卷。」《隋書》卷三三《經籍志》：「《流别起居注》三十七卷。」

1·5 前在荆州時，〔一〕晉安王子時鎮雍州，〔二〕啓請書寫。比應入蜀，〔三〕又寫得書。又遣州民宗孟堅下都，市得書。〔四〕又得鮑中記泉上書。〔五〕安成煬王於湘州薨，〔六〕又遣人就寫得書。劉大南郡之遴、小南郡之亨、江夏樂法才、別駕庾喬、宗仲回、主簿庾格、僧正法持絓經書，〔七〕是其家者，皆寫得。又得招提琰法師衆義疏及衆經序。〔八〕又得頭陀寺曇智法師陰陽、卜祝、冢宅等書。〔九〕又得州民朱澹遠送異書。〔一〇〕又於長沙寺經藏，〔一一〕就京公寫得四部。〔一二〕又於江州江革家，〔一三〕得元嘉《前（後）〔漢〕書》五帙，〔一四〕又就姚凱處得三帙，〔一五〕又就江録處得四帙：〔一六〕足爲一部，合二十帙，一百一十五卷，〔一七〕並是元嘉書，紙墨極精奇。又聚得元嘉《後漢》並《史記》、《續漢》、《春秋》、《周官》、《尚書》及諸子集等可一千餘卷。〔一八〕又聚得細書《周易》、《尚書》、《周官》、《儀禮》、《禮記》、《毛詩》、《春秋》各一部。〔一九〕又使孔昂寫得《前漢》、《後漢》、《史記》、《三國志》、《晉陽秋》、《莊子》、《老子》、《肘後方》、《離騷》等，〔二〇〕合六百三十四卷，悉在一巾箱中，〔二一〕書極精細。

【校注】

〔一〕前在荊州時：蕭繹於普通七年（五二六）出爲荊州刺史。大同五年（五三九），入爲安右將軍、護軍將軍，領石頭戍軍事。太清元年（五四七）又徙爲鎮西將軍、荊州刺史。事詳《梁書》卷五《元帝紀》。蕭繹兩爲荊州刺史，此稱「前在荊州時」，當指第一次，時間爲普通七年至大同五年。

〔二〕晉安王子：指蕭綱。綱字世纘，小字六通。南朝梁武帝第三子。初，封晉安王。昭明太子蕭統死，繼立爲太子。太清末即位，爲侯景所殺。廟號太宗。《梁書》卷四、《南史》卷八《梁本紀》有紀。據《梁書》本紀，普通四年（五二三）至中大通二年（五三〇），蕭綱任雍州刺史。　雍州：東晉孝武帝時始僑置，治襄陽縣，即今湖北襄陽。

〔三〕應：各本同。朱校：「『應』疑『因』。」　入蜀：吴《譜》：「蕭綱入蜀事，史籍無載，應在普通七年鄱陽嗣王蕭範入蜀之後，中大通二年蕭綱入爲揚州刺史之前，俟考。」今按：「入蜀」，當指蕭繹事。《梁書》卷五《元帝本紀》：「普通七年，出爲使持節、都督荆、湘、郢、益、寧、南梁六州諸軍事、西中郎將、荆州刺史。」據知蕭繹普通七年至大同五年爲荆州刺史時，所督六州中有益州，而蜀正益州治下，蕭繹或在此期間曾「入蜀」。

〔四〕宗孟堅：人名。生平無考。疑出荆州江陵宗氏。湘東王府中有宗夬、宗懔等，俱世居荆州江陵，爲著姓。　下都：往都城。因都城建康在江陵之下游，故稱。《顔氏家訓》卷三《勉學》：「上荆州必稱陝西，下揚都言去海郡。」

〔五〕鮑中記泉：即中記室參軍鮑泉。鮑泉，字潤岳，祖籍東海。少事蕭繹，及蕭繹承制，累遷至信州刺史。《梁書》卷三〇、《南史》卷六二有傳。中記，「中記室參軍」的省稱，官名。皇弟、皇子府屬官。

〔六〕安成煬王：指蕭機。機字智通，梁武帝弟安成王秀之子。襲封安成郡王。普通三年，遷湘州刺史。大通二年（五二八），薨，謚曰煬。機家既多書，博學强記。所著詩賦數千言，蕭繹集而序之。《梁書》卷二二、《南史》卷五二有傳。　湘州：西晉永嘉元年分荆、廣兩州置，梁時仍置。治所臨湘縣，即今湖南長沙。

〔七〕劉大南郡之遴：即南郡太守劉之遴。之遴字思貞，祖籍南陽涅陽縣，劉虯子，世居江陵。仕梁，曾官湘東王蕭繹長史、南郡太守。南郡，治所在今湖北荆州江陵。　小南郡之亨：即南郡太守劉之亨。之亨字嘉會，之遴弟。曾代兄爲湘東王蕭繹長史、南郡太守。《梁書》卷四〇、《南史》卷五〇有二人傳。《梁書》卷四〇《劉之亨傳》：「又代兄之遴爲安西湘東王長史、南郡太守。在郡有異績。數年卒於官，時年五十。荆士至今懷之，不忍斥其名，號爲『大南郡』、『小南郡』云。」　江夏樂法才：即江夏太守樂法才。法才字元備，祖籍南陽淯陽縣。仕梁，累遷太舟卿、江夏太守。《梁書》卷一九、《南史》卷五六有傳。江夏，即江夏郡，治所在今湖北武漢武昌。　別駕庾喬：即荆州別駕庾喬。庾喬，祖籍新野。蕭繹爲荆州刺史時，任荆州別駕。《南史》卷四九有傳。別駕，官名，即「別駕從事史」之省稱。州、府佐吏，掌官吏選署事。　宗仲回：人名。生平無考。今按：疑爲宗懍。懍字元懍。普通中，爲蕭繹湘東王府兼記室。後又爲繹荆州別駕。《梁書》卷四一有傳。　庾格：人名。生平無考。今按：許《注》疑爲「庾持」。庾持字允德（今按：《南史》作「元德」），祖籍潁川鄢陵。曾爲吴興郡丞。《陳書》卷三四、《南史》卷七三有傳。但史傳中未載庾持曾爲蕭繹主簿。主簿，中央和地方諸官的屬吏。魏晉以下，多居將帥重臣幕僚之右，參與機要，總領府事。　僧正：僧官名。十六國後秦始立，統管本地僧尼。南朝歷代亦設。《高僧傳》卷八《齊山陰法華山釋慧基》：「基既德被三吴，聲馳海内，乃敕爲僧主，掌任十城，蓋東土僧正之始也。」　法持：佛徒名。生平無考。　絓經書：特有的經書。《方言》卷六：「絓，特也。」

〔八〕招提：佛寺名。《高僧傳》卷八有《梁京師招提釋慧集》，是招提寺在京師建康。　琰法師：即慧琰法師。《陳書》卷二四《周弘正傳》：「元帝嘗著《金樓子》，曰：『余於諸僧重招提琰法師，隱士重華陽陶貞白，士大夫重汝南周弘正，其於義理，清轉無窮，亦一時之名士也。』」《昭明太子集》卷六《昭明太子解二諦義》曰「招提寺慧琰諮曰」云云，《廣弘明集》卷一六有蕭綱《與慧琰法師書》，可見招提寺慧琰法師與梁武帝諸子交往頗多。

〔九〕頭陀寺：佛寺名。宋大明五年，沙門釋慧宗始立，故址在今湖北武漢江夏，梁時屬郢州治下。參《文選》卷五九王簡棲《頭陀寺碑文》及李善注。今按：蕭繹爲荆州刺史時，郢州爲其所督六州之一。《建康實録》卷一七《高祖武皇帝》載：梁大同元年，「置頭陀寺，東北去縣二十二里。」原注：「案，《寺記》舍人石興造，其寺在蔣山頂第一峯。」是大同元年(五三五)，京師建康亦有頭陀寺。　曇智法師：梁定林寺釋法通弟子。生平事蹟詳《高僧傳》卷八《梁上定林寺釋法通》。　陰陽、卜祝、冢宅等書：指關於星相、占卜、祭祀、相宅、相墓等方術的書。

〔一〇〕朱澹遠：人名。《顏氏家訓》卷三《勉學》：「義陽朱詹，世居江陵，後出揚都，好學，家貧無資……猶不廢業，卒成學士，官至鎮南録事參軍，爲孝元所禮。」王利器《集解》以爲顏之推避祖顏見遠諱，故去「遠」字，而稱「朱詹」。《隋志》卷三四《經籍志》三：「《語對》十卷，朱澹遠撰；《語麗》十卷，朱澹遠撰。」《直齋書録解題》卷一四「類書類」：「《語麗》十卷，梁湘東王功曹參軍朱澹遠撰。採摭書語之麗者爲四十門。……澹遠又有《語對》一卷，不傳。」

〔一一〕長沙寺：佛寺名，在荆州。蕭繹有《荆州長沙寺阿育王像碑》；《續高僧傳》卷一六《釋法聰傳》：「荆州苦旱，長沙寺遣僧至聰所請雨。」

〔一二〕京公：即法京。姓孫，太原人，寓居江陵。爲長沙寺僧，甚爲梁朝皇帝敬重，曾爲僧正。《續高僧傳》卷一六有傳。

〔一三〕江革：字休映，祖籍濟陽考城。仕梁，累官御史中丞、都官尚書、度支尚書，南北兗二州大中正。卒，謚曰彊。《梁書》卷三六、《南史》卷六〇有傳。《梁書》本傳：「武陵王出鎮江州……乃表革同行。」今按：考《梁書》卷三《武帝紀》及卷五五《武陵王傳》，武陵王爲江州刺史在中大通元年（五二九）二月至四年二月，其間江革必在江州。

〔一四〕元嘉：南朝宋文帝劉義隆的年號，從四二四年至四五三年。《前漢書》：各本作「前後書」，吴《譜》疑爲「前漢書」之誤。今按：從下文「足爲一部」看，作《前漢書》是，據改。《前漢書》乃相對《後漢書》而言；元嘉《前漢書》乃元嘉時寫本。

〔一五〕姚凱：人名。生平事蹟無考。

〔一六〕江録：許《注》以爲即「江禄」，或是。《顔氏家訓》卷一《治家》有「濟陽江禄讀書未竟」云云，王利器《集解》亦以「江録」當是「江禄」，「録」蓋「禄」之誤。禄字彦遐，祖籍濟陽考城。曾爲湘東王蕭繹録事參軍。《南史》卷三六有傳。

〔一七〕「合二十帙」二句：此前後相加僅得十二帙，非二十帙。故疑「二十」爲「十二」之倒誤。《隋書》卷三三《經籍志》著録「《漢疏》四卷」，下有小注：「梁元帝注《漢書》一百一十五卷。」蓋梁元帝蕭繹所注或即其所聚元嘉寫本《漢書》一百一十五卷。

〔一八〕《後漢》：即《後漢書》，南朝宋范曄撰，成書於宋元嘉中，故稱「元嘉《後漢》」。《續漢》：即《續漢書》，晉秘書監司馬彪撰。司馬彪著《續漢書》「紀」、「志」、「傳」凡八十篇。後八志入范曄《後漢書》，其餘佚。《周官》：又名《周禮》。漢世初出，稱《周官》，因與《尚書·周官篇》相混，改稱《周官經》。西漢末列爲經而屬於禮，故又稱《周禮》。

〔一九〕細書：小字。《南史》卷四一《蕭鈞傳》：「鈞常手自細書，寫《五經》部爲一卷，置於巾箱中，以備遺忘。侍讀賀玠問曰：『殿下家自有墳素，復何須蠅頭細書，别藏巾箱中？』答曰：『巾箱中有《五經》，於檢閲既易，且一更手寫，則永不忘。』諸王聞而争效爲巾箱《五經》，巾箱《五經》自此始也。」

〔二〇〕「又使」句：《太平御覽》卷六一八引《金樓子》無「使孔昂」、「得」、「後漢」六字；「又」下有「有」字。孔昂，人名。生平無考。《晉陽秋》，東晉庾翼撰。記述兩晉史事，久佚，今有輯本。《肘後方》，全稱《肘後備急方》，原名《肘後救卒方》。東晉葛洪著，係將其所著《金匱藥方》擷要而成。後經梁代陶弘景增訂爲《補闕肘後百一方》。收録民間驗方驗法。

〔二一〕巾箱：古時放置頭巾、手巾的小箱子。齊梁以下亦用以存放書卷、文件等物品。

1·6 還石城爲戍軍時，〔一〕寫得玄、儒衆家義疏。〔二〕

【校注】

〔一〕「還石城」：《梁書》卷五《元帝紀》：「（大同）五年，入爲安右將軍、護軍將軍，領石頭戍軍事。」石城，石頭城之簡稱，故址在今江蘇南京清涼山上。爲六朝軍事要地，常置軍戍守。

〔二〕玄、儒衆家義疏：指衆家疏釋玄學、儒學的著作。玄、儒，指玄學和儒學。今按：南朝宋文帝元嘉十五年（四三八）立儒、玄、史、文四學。見《宋書》卷九三《隱逸・雷次宗傳》。又，《南齊書》卷五四《高逸・顧歡傳》：「歡年二十餘，更從豫章雷次宗諮玄、儒諸義。」《陳書》卷三三《儒林・戚衮傳》：「梁簡文在東宮，召衮講論。又嘗置宴集玄儒之士，先命道學互相質難，次令中庶子徐摛馳騁大義，間以劇談。」

1·7 爲江州時，〔一〕又寫蕭諮議賁、劉中（紀）〔記〕緩、周録事（宏）〔弘〕直等書。〔二〕時羅鄉侯蕭説於安成失守，〔三〕又遣王諮議僧辯取得説書。〔四〕又值吴平光侯廣州下，〔五〕遣何集曹沔寫得書。〔六〕又值衡山侯雍州下，〔七〕又寫得書。又蘭左衛欽從南鄭還，〔八〕又寫得蘭書。往往未渡江時書，〔九〕或是此間製作，〔一〇〕甚新奇。

【校注】

〔一〕爲江州時：《梁書》卷五《元帝紀》：「(大同)六年，出爲使持節、都督江州諸軍事、鎮南將軍、江州刺史。太清元年，徙爲……荆州刺史。」蕭繹爲江州刺史時間爲大同六年(五四〇)至太清元年(五四七)。

〔二〕蕭諮議賁：即諮議參軍蕭賁。賁字文奂，南朝梁南蘭陵人。起家湘東王蕭繹法曹參軍。《南史》卷四四有傳。諮議，官名，「諮議參軍」之省稱。梁王公軍府屬官，掌諷議。今按：賁爲諮議事，史傳失載。

劉中記緩：即中記室參軍劉緩。緩字含度，祖籍平原高唐。歷官安西湘東王蕭繹記室，時西府盛集文學，緩居其首。遷鎮南湘東王中録事，復隨府江州，卒。《梁書》卷四九、《南史》卷七二有傳。中記，各本作「中紀」，《百子全書》本作「中記」。今按：作「中記」是，據改。中記，官名，「中記室參軍」之省稱。今按：劉緩爲中記室參軍，史傳失載。

周録事弘直：即録事參軍周弘直。「宏」、「弘」舊常通，但人名從主人，故此處當作「弘」。作「宏」，或是避諱改。周弘直，字思方，祖籍汝南安成。起家梁太學博士，遷西中郎湘東王蕭繹外兵記室參軍。湘東王鎮江荆二州，累除諮議參軍。入陳，位至太常卿、光禄大夫。《陳書》卷二四、《南史》卷三四有傳。録事，官名，「録事參軍」之省稱。公、軍、州府屬官，掌總録衆曹文簿，舉彈善惡。

〔三〕「時羅鄉侯」句：《梁書》卷三《武帝本紀》：「(大同)八年春正月，安成郡民劉敬躬挾左道以反，内史蕭説委郡東奔，敬躬據郡，進攻廬陵，取豫章，妖黨遂至數萬，前逼新淦、柴桑。二月戊戌，江州刺史湘東王繹遣中兵曹子郢討之。」此事亦畧見《梁書》卷三四《張綰傳》及卷四五《王僧辯傳》。蕭説，人名。安成，郡名。南朝梁置，屬定州。治所安成縣，即今廣西賓陽東黎塘鎮。

〔四〕王諮議僧辯：即諮議參軍王僧辯。僧辯字君才，祖籍太原祁縣。曾爲湘東王蕭繹左常侍，隨府轉丹陽尹參軍、會稽中兵、荆州中兵、荆州諮議參軍，歷竟陵太守。侯景之亂中，任大都督，從繹討景。《梁書》卷四五、《南史》卷六三有傳。《資治通鑑》卷一五八《梁紀十四》「武帝大同八年」載：劉敬躬反，「江州刺史湘東王繹遣司馬王僧辯、中兵曹子郢討敬躬」。今按：王僧辯取得蕭説書，或在此際。

〔五〕吴平光侯：指蕭勱。勱字文約，梁宗室。襲封吴平侯。曾官廣州刺史，徵爲太子左衛率。聚書至三萬卷，披玩不倦。卒，謚曰光侯。《南史》卷五一《梁宗室上》有傳。廣州：州名。治所番禺縣，即今廣東廣州。下：退出，離開。此處指離廣州刺史任，回京城，任太子左衛率。

〔六〕何集曹沔：即集曹參軍何沔。何沔，人名。生平無考。集曹，官名，「集曹參軍」之省稱。南朝位從公以上開府者置諸曹參軍，集曹爲諸曹之一，長官爲參軍或行參軍。

〔七〕衡山侯：指蕭恭。恭字敬範，梁宗室。梁武帝天監八年封衡山縣侯，累遷湘州刺史、雍州刺史。《梁書》卷二二、《南史》卷五二《梁宗室下》有傳。《梁書》本傳：「時世祖居藩，頗事聲譽，勤心著述，卮酒未嘗妄進。恭每從容謂人曰：『下官歷覩世人，多有不好歡樂，乃仰眠牀上，看屋梁而著書，千秋萬歲，誰傳此者。勞神苦思，竟不成名，豈如臨清風，對朗月，登山泛水，肆意酣歌也。』」蕭恭雖不喜書，然其世子蕭静好學多書，《梁書》卷二二《太祖五王・南平王偉傳》附《蕭静傳》：「有文才，而篤志好學，既内足於財，多聚經史，散書滿席，手自讎校。」

〔八〕蘭左衛欽：即左衛將軍蘭欽。欽字休明，祖籍中昌魏。仕梁，封曲江縣公，徵爲散騎常侍、左衛將軍。改授廣州刺史。《梁書》卷三二、《南史》卷六一有傳。左衛，將軍名號，「左衛將軍」之省稱。南鄭：地名。梁州治所，即今陝西漢中。今按：考《梁書》卷二《武帝紀》及卷三二《蘭欽傳》等，梁天監三年（五〇四）梁州長史夏侯道遷以州叛入魏，蘭欽收復梁州，事在梁大同元年（五三五）十一月；其自南鄭還，當在十一月之後。

〔九〕未渡江時：指東晉以前。渡江，渡長江也。史有「五馬渡江」之稱，即指東晉建都建康。

〔一〇〕此間製作：意謂有江南書傳至北方，此番又經蘭欽帶回者。此間，指江南。

1·8 張湘州纘經餉書，〔一〕如樊光注《爾雅》之例是也。〔二〕張豫章綰經餉書，〔三〕如《高僧傳》之例是也。〔四〕范鄱陽胥經餉書，〔五〕如高誘注《戰國策》之例是也。〔六〕隱士王（縝）〔瑱〕之經餉書，〔七〕如《童子傳》之例是也。

【校注】

〔一〕張湘州纘：即湘州刺史張纘。纘字伯緒，祖籍范陽方城。梁大同二年徵爲吏部尚書。九年，遷湘州刺史。太清末爲蕭詧所殺。《梁書》卷三四、《南史》卷五六有傳。經：曾經。餉：贈送。《廣雅·釋詁》：「餉，遺也。」

〔二〕樊光：《經典釋文》卷一「《爾雅》」條有「樊光注六卷」，其下小注：「京兆人，後漢中散大夫。」《隋書》卷三二《經籍志》一：「《爾雅》三卷，漢中散大夫樊光注。」

〔三〕張豫章綰：即豫章内史張綰。綰字孝卿，張纘弟。起家秘書郎。梁武帝大同中出爲豫章内史，遷御史中丞。太清中，爲吏部尚書。《梁書》卷三四、《南史》卷五六有傳。豫章，郡名。治所在今江西南昌東。

〔四〕《高僧傳》：《郡齋讀書志》卷八：「《高僧傳》十四卷。右蕭梁僧釋慧皎以劉義慶《宣驗記》、陶潛《搜神録》等數十家並書諸僧，乃博采諸書，咨訪古老，起於永平十年，終於天監十八年，凡四百五十二載，二百五十七人，又附見者二百餘人。分爲《譯經》、《義解》、《習禪》、《遺身》、《誦經》、《興福》、《經師》、《唱道》十科。」湯用彤校注《高僧傳》附録《關於慧皎》：「張綰於梁大同間（公元五三九至五四〇）作豫章長史，其所送的《高僧傳》當是慧皎的書。」

〔五〕范鄱陽胥：即鄱陽内史范胥。胥字長才，祖籍南鄉舞陰。曾爲平西湘東王蕭繹諮議參軍，出爲鄱陽内史，卒於郡。《梁書》卷四八、《南史》卷五七有傳。鄱陽，縣名。爲梁吴州治所，在今江西鄱陽東北一帶。

〔六〕高誘：東漢涿郡涿人。建安中，曹操辟爲司空掾，除東郡濮陽令，遷監河東。著有《戰國策注》、《吕氏春秋注》、《淮南子注》等。生平詳《淮南子序》。又，各本「誘」下有小字云：「案『誘』原本作『遒』，謹校改。」

〔七〕王瑱之：人名。生平無考。《隋書》卷三三《經籍志》：「《童子傳》二卷，王瑱之撰。」《初學記》卷一七、《太平御覽》卷四六四皆引有王瑱之《童子傳》之文。瑱，各本作「縝」，下有小字云：「按《隋書·經籍志》作『瑱』。」今按：作「瑱」是，據改。

1·9 又就東林寺智表法師寫得書〔一〕。法書初得韋護軍叡餉數卷；〔二〕次又殷貞子鈞餉；〔三〕爾後又遣范普市得法書；〔四〕又使潘菩提市得法書：〔五〕並是二王書也。〔六〕郡五官虞曒大有古跡，〔七〕可五百許卷，并留之；伏事客、房篆又有三百許卷，〔八〕並留之。因爾遂蓄諸跡。又就會稽宏普惠皎道人搜聚之。〔九〕及臨汝靈侯益州還，〔一〇〕遂巨有所辦。後又有樂彥春、劉之遴等書，〔一一〕將五千卷。又得南平嗣王書，〔一二〕又得張雍州書，〔一三〕又得桂陽藩王書，〔一四〕又得留之遠書。〔一五〕

【校注】

〔一〕東林寺：佛寺名。東晉名僧慧遠所創，故址在今江西廬山。智表：僧名。《廣弘明集》卷二八邵陵王蕭綸《設無礙福會教》：「廬山東林寺禪房智表法師，德稱僧傑，實號人龍。懷道守素，多歷年所。不爲事屈，不爲時伸。上下無常，一相無相。遂能捨彼耆闍，來遊垢濁。與言一面，定交杵臼。」

〔二〕法書初得：《四庫全書》本「初」上有「如」字，下無「得」字。法書，書跡之可以爲楷法者。《顏氏家訓》

卷七《雜藝》：「吾幼承門業，加性愛重，所見法書亦多，而翫習功夫頗至，遂不能佳者，良由無分故也。」　韋護軍叡：　即護軍將軍韋叡。韋叡，字懷文，祖籍京兆杜陵。仕宋爲雍州主簿，齊時累遷至建威將軍。入梁遷廷尉，封梁都子，改封永昌。卒，謚曰嚴。《梁書》卷一二、《南史》卷五八有傳。《梁書》卷一《武帝紀》：「(天監十五年十一月)壬午，以雍州刺史韋叡爲護軍將軍。」護軍，將軍名號，「護軍將軍」省稱。掌監督京師以外諸軍，權任頗重。

〔三〕殷貞子鈞：　即殷鈞。鈞字季和，祖籍陳郡長平。梁武帝天監初拜駙馬都尉，歷秘書丞，官至國子祭酒。卒，謚曰貞子。《梁書》卷二七、《南史》卷六〇有傳。

〔四〕范普：　人名。生平無考。今按：「普」疑是「胥」之訛。范胥，即本篇一·八節之「范鄱陽胥」。

〔五〕潘菩提：　人名。生平無考。

〔六〕二王：　指晉書法家王羲之、王獻之父子。《顏氏家訓》卷七《雜藝》：「梁氏祕閣散逸以來，吾見二王真草多矣。」今按：　蕭繹曾向皇太子蕭綱上二王法書，蕭綱有《答湘東王上王羲之書》，見《藝文類聚》卷七四。

〔七〕五官虞皭：　即五官掾虞皭。皭，南朝梁人。史書無傳。《梁書》卷五三《良吏·伏暅傳》有「治書侍御史虞皭奏曰」云云。《隋書》卷三五《經籍志》：「梁尚書祠部郎《虞皭集》十卷。」姚振宗《隋書經籍志考證》引《金樓子·聚書篇》此節，加按曰：「江左虞氏大抵皆吴虞翻仲翔氏之後，會稽餘姚人。梁元帝稱郡五官，似即會稽郡五官掾，其初爲是官也。」五官，「五官掾」之省稱。州郡屬官，主祭祀。

〔八〕伏事客：各本同。今按：《文選》卷二六陸士衡《吴王郎中時從梁陳作》：「誰謂伏事淺，契闊踰三年。」李善注：「《周禮》，大司徒頒職事十有二，曰服事。鄭司農曰：服事，謂爲公家服事也。服與伏同，古字通。」又，或疑是「伏曼容」之訛。見陳直《古籍述聞・全漢三國晉南北朝詩詩人爵里訂正》。伏曼容，字公儀，祖籍平昌安丘。齊初，爲通直散騎侍郎。梁臺建，召拜司徒司馬，出爲臨海太守。《梁書》卷四八、《南史》卷七一有傳。房篆：人名。生平無考。篆有《金樂歌》一首傳世，見《文苑英華》卷一九三、《樂府詩集》卷七四《雜曲歌辭十四》、《先秦漢魏晉南北朝詩・梁詩》卷二八。

〔九〕宏普惠皎：惠皎即慧皎，湯用彤《漢魏兩晉南北朝佛教史》第一五章《南北朝釋教撰述・目録》引《金樓子》此節，曰：「此慧皎者，即《高僧傳》之作者。」又，同書附録《關於慧皎》引《金樓子》此節，曰：「蕭繹的生母阮修容是會稽上虞人，篤信釋教，與僧尼多有往來。蕭繹早年作會稽太守時，其母同他在一起。慧皎也是會稽上虞人，可能那時他們已曾相識。蕭繹與僧人來往也很多。據《全梁文》所載，他給寺院作的碑記有十餘處之多。據上文所説，就慧皎所搜聚的是法書墨跡。慧皎對法書似亦通曉，如本書卷四《道潛傳》、卷八《法瑶傳》均曾提到法書。又『宏普』或係寺名。」道人：六朝時佛教徒之别稱。參錢大昕《十駕齋養新録》卷一九「道人道士之别」條。

〔一〇〕臨汝靈侯：即臨汝侯蕭淵猷。淵猷，梁宗室。封臨汝侯，爲吴興郡守。歷仕益州刺史、侍中、中護軍。卒，謚曰靈。《南史》卷五一《梁宗室上》有傳。吴《譜》：「臨汝靈侯蕭淵猷自益州還，約與鄱陽嗣王範赴任同時或稍後。普通七年，或大通元年也。」益州：州名。治所在今四川成都。

〔一一〕樂彦春：人名。生平無考。

〔一二〕南平嗣王：指蕭恪。恪字敬則，南朝梁南蘭陵人。梁武帝弟蕭偉之子。嗣爵南平王。元帝時曾爲尚書令、司空。謚曰靖節王。《南史》卷五二《梁宗室下》有傳。

〔一三〕張雍州：指雍州刺史張纘。纘於太清二年(五四八)受任雍州刺史。三年，爲蕭詧所殺。《南史》卷五六《張纘傳》：「晚頗好積聚，多寫圖書數萬卷。……初，纘之往雍州，資産悉留江陵。性既貪婪，南中貲賄填積。及死，湘東王皆使收之，書二萬卷並揵還齋。」

〔一四〕桂陽藩王：指蕭慥。慥字元貞，梁宗室桂陽簡王蕭融之孫。襲爵，爲信州刺史。後被蕭繹囚殺。《南史》卷五一《梁宗室上》有傳。

〔一五〕留之遠：《四庫全書》本「遠」下有小字云：「案『留之遠』疑『劉之遴』之訛。」吴校：「『留』疑作『劉』。」今按：沈約爲東陽太守時，作《祭故徐崔文教》，有云：「貴邦冠衣不少，有士如林。劉、鄭、傅、駱之家，樓、留、徐、楊之族，雖晚運雕疏，不違疇往，而餘風未改，舊俗猶存。」見《文館詞林》卷六九九。是東陽留氏亦有士人，「留」未必是「劉」之訛。

1·10　吾今年四十六歲，〔一〕自聚書來四十年，〔二〕得書八萬卷，〔三〕河間之侔漢室，〔四〕頗謂過之矣。〔五〕

【校注】

〔一〕「吾今」句：據《梁書》卷五《元帝紀》，蕭繹天監七年（五〇八）八月生，其年「四十六歲」，時當承聖二年（五五三）。

〔二〕自聚書：各本同，《太平御覽》卷六一八、《古今事文類聚》別集卷三、《記纂淵海》卷八三、《山堂肆考》卷一二四引《金樓子》無「自」字。

〔三〕「得書」句：蕭繹私藏書籍八萬卷，非妄言。《資治通鑑》卷一六五《梁紀二十一》「元帝承聖三年」載：西魏入侵，蕭繹兵敗，「命舍人高善寶焚古今圖書十四萬卷」。此十四萬卷包括蕭繹私藏和得自建康之書。建康所藏國家書數，有「七萬」、「八萬」之異説。《南史》卷八〇《賊臣傳·侯景》：「收圖書八萬卷歸江陵。」《隋書》卷四九《牛弘傳》載：弘上表請開獻書之路，有云：「蕭繹據有江陵，遣將破平侯景，收文德之書及公私典籍，重本七萬餘卷，悉送荆州。故江表圖書，因斯盡萃於繹矣。」《隋書》卷三二《經籍志》：「元帝克平侯景，收文德之書及公私經籍，歸於江陵，大凡七萬餘卷。」十四萬卷書，除去建康所得，蕭繹自己藏書確實不少。

〔四〕河間：指河間王劉德。德，漢景帝第三子。修古好學，從民間得善書，必爲好寫與之，留其真，加賜金帛。由是四方有先祖舊書多奉德，皆古文先秦舊書。卒，謚獻。《史記》卷五九、《漢書》卷五三有傳。《漢書》本傳載河間獻王「得書多，與漢朝等」。庾肩吾《和劉明府觀湘東王書詩》：「陳王擅書府，河間富典墳。」可見，以「河間」比湘東王蕭繹，當時府僚早有此擬。然承聖二年，繹已經即位，余嘉錫《目録學發微》以爲《金樓子》文有誤，曰：「其文自比河間之侔漢室，明是未即位時之語。『今年四十六歲』及『聚書四十年』句，必皆傳寫之誤。」吴《譜》：「仍以漢諸侯河間王自喻，大概就自身多數生涯而言也。」

〔五〕矣：各本同，《太平御覽》卷六一八、《古今事文類聚》別集卷三、《記纂淵海》卷八三、《山堂肆考》卷一二四引《金樓子》作「也」。《太平御覽》卷六一八引《金樓子》「也」下有小字云：「此金樓子自稱也。」《記纂淵海》卷八三引《金樓子》「也」下有「華賈十重，緹巾十襲」八字。

二南五霸篇七〔一〕

【校注】

〔一〕各本「七」下有小字云：「案此篇僅存三條，皆與《説蕃篇》同。疑《説蕃篇》中有『二南五霸』之事，後人因誤（《四庫全書》本下有「譔」字）分之，非原有之目也。觀晁氏《讀書志》亦無此目，可見。今存其目，而删其文。謹識於此。」今按：《郡齋讀書志》卷一二：「《金樓子》十卷。右梁元帝繹撰。書十〔五〕篇，論歷代興亡之跡，《箴戒》、《立言》、《志怪》、《雜説》、《自叙》、《著書》、《聚書》，通曰『金樓子』者，在藩時自號。」《雜説》，今本《金樓子》作《雜記》；《自叙》，今本作《自序》。今本十四篇，較晁氏所載，尚脱一篇。且晁氏舉其篇目僅七，尚有《興王》、《后妃》、《終制》、《二南五霸》、《捷對》、《戒子》、《説蕃》七篇未提及。四庫館臣以《郡齋讀書志》未提及《二南五霸》，遂疑爲後人誤分，似不足信。且其所提及三條，均未在《説蕃》中標明，已無從辨識。惟《永樂大典》卷一八二〇七存《金樓子・二南五霸篇》一條，文字與《説蕃八》第五節大體相同。今據《永樂大典》補之於下，以畧窺本篇一斑。

秦穆公滅滑，晉之邊邑也。當是時晉文公喪，尚未葬，太子襄公怒，衰（經）〔絰〕發兵，遮秦兵於殽，擊之，虜三將。晉文公夫人，繆公女也，曰：繆公怨此三人入骨髓，心願歸之，我君得此，快意烹之。晉君許三將歸。歸至，繆公素服郊迎。哭曰：「孤不用百里奚、蹇叔之言，以辱三子，三子何辠乎？」

金樓子卷第二

金樓子卷第三

梁孝元皇帝撰

説蕃篇八〔一〕

1 周公攝政，〔二〕管叔欲爲亂。〔三〕因是流言於國曰：「公將不利孺子。〔四〕」奄君聞之，〔五〕説禄父舉兵。〔六〕禄父及三監遂貳於公。〔七〕公謂召公曰：〔八〕「我攝政者，恐天下叛周也，無以告我先王。」乃奉成王命，〔九〕東征尅殷，殺禄父；踐奄，〔一〇〕誅其君；戮管叔，（殺）〔放〕蔡叔，〔一一〕降霍叔爲庶人。〔一二〕王既惑流言，意愈不悦。時雷電且風，禾黍盡偃，〔一三〕大木皆拔。王懼，與大夫啓金縢書。〔一四〕王執書泣曰：「公勤勞王家，予不知，今天動威，彰公之德。」王遂夜迎公。天乃雨，反風，禾盡起。公定鼎郟鄏。〔一五〕越裳氏以三象重九譯獻白雉；〔一六〕肅慎又來入貢，〔一七〕獻白雉。且讀書一百篇，夕則見士七十人也。〔一八〕鸞鳳至，蓂莢生。〔一九〕公以天下既定，宜有事於河洛，示神祇之變，定人神之徵。往從之，沈璧於河，有光滿河，青龍銜玄甲圖而出。玄龜甲有赤字，公寫之。書成，其赤字隨滅，龜於是墮甲而去。景星見，〔二〇〕醴泉吐，麒麟出，朱草生。〔二一〕王以公勳勞天下。〔二二〕九十九薨。

【疏證】

《史記》卷三三《魯周公世家》：「周公旦者，周武王弟也。……武王克殷二年，天下未集，武王有疾，不豫，羣臣懼，太公、召公乃繆卜。周公曰：『未可以戚我先王。』周公於是乃自以爲質，設三壇，周公北面立，戴璧秉圭，告於太王、王季、文王。……周公已令史策告太王、王季、文王，欲代武王發，於是乃即三王而卜。卜人皆曰吉，發書視之，信吉。周公喜，開籥，乃見書遇吉。周公入賀武王曰：『王其無害。旦新受命三王，維長終是圖。茲道能念予一人。』周公藏其策金縢匱中，誡守者勿敢言。明日，武王有瘳。其後武王既崩，成王少，在强葆之中。周公恐天下聞武王崩而畔，周公乃踐阼代成王攝行政當國。管叔及其羣弟流言於國曰：『周公將不利於成王。』周公乃告太公望、召公奭曰：『我之所以弗辟而攝行政者，恐天下畔周，無以告我先王太王、王季、文王。三王之憂勞天下久矣，於今而後成。武王蚤終，成王少，將以成周，我所以爲之若此。』……管、蔡、武庚等果率淮夷而反。周公乃奉成王命，興師東伐，作《大誥》。遂誅管叔，殺武庚，放蔡叔。……初，成王少時，病，周公乃自揃其蚤沈之河，以祝於神曰：『王少未有識，奸神命者乃旦也。』亦藏其策於府。成王病有瘳。及成王用事，人或譖周公，周公奔楚。成王發府，見周公禱書，乃泣，反周公。……周公卒後，秋未穫，暴風雷，禾盡偃，大木盡拔。周國大恐。成王與大夫朝服以開金縢書，王乃得周公所自以爲功代武王之説。二公及王乃問史百執事，史百執事曰：『信有，昔周公命我勿敢言。』成王執書以泣，曰：『自今後其無繆卜乎！昔周公勤勞王家，惟予幼人弗及知。今天動威以彰周公之德，惟朕小子其迎，我國家禮亦宜之。』王出郊，天乃雨，反風，禾盡起。二公命國人，凡大木所偃，盡起而築之。歲則大孰。於是成王乃命魯得郊祭文王。魯有天子禮樂者，以褒周公之德也。」亦見《尚書·金縢》。

《宋書》卷二七《符瑞志》：「武王没，成王少，周公旦攝政七年，制禮作樂，神鳥鳳皇見，蓂莢生。乃與成王觀於河洛，沈璧。禮畢，王退俟，至于日昧，榮光並出幕河，青雲浮至，青龍臨壇，銜玄甲之圖，坐之而去。禮於洛，亦如之。玄龜青龍蒼兕止於壇，背甲刻書，赤文成字。周公援筆以世文寫之，書成文消，龜墮甲而去。其言自周公訖於秦、漢盛衰之符。麒麟遊苑，鳳凰翔庭。」

【校注】

〔一〕「説蕃」句：各本「八」下有小字云：「案此篇蓋雜舉古侯王善惡之事，以列勸戒，而宗室爲多。其事多以類相從，如所謂昔藩屏之盛德者某某，功業無成者某某是也。其他如劉章以下四人則以武功著，劉長以下十二人則多以悖逆得罪。意原書必各有標目，半佚之矣。今未敢輒補，謹識於此。」藩，封建王朝分封的侯國。

〔二〕周公：姬姓，名旦，亦稱叔旦、周公旦。周文王之子，武王之弟。武王卒，成王幼，周公攝政。生平詳《史記》卷四《周本紀》、卷三三《魯周公世家》。攝政：代國君處理國政。《禮記·文王世子》：「昔者周公攝政，踐阼而治。」

〔三〕管叔：即武王弟管叔鮮。生平詳《史記》卷三五《管蔡世家》。《史記》卷三五《管蔡世家》：「武王既崩，成王少，周公旦專王室。管叔、蔡叔疑周公之爲不利於成王，乃挾武庚以作亂。周公旦承成王命伐誅武庚，殺管叔，而放蔡叔。」

〔四〕孺子：《太平御覽》卷八四引《帝王世紀》曰：「周公居冢宰攝政。成王年少，未能治事，故號曰『孺子』。」

〔五〕奄：古國名，故地在今山東曲阜東。

〔六〕禄父：即紂之子武庚禄父。武王克商，封爲殷君，以續殷祀。生平詳《史記》卷三《殷本紀》、卷四《周本紀》等。

〔七〕三監：《史記》卷四《周本紀》張守節《正義》：「《地理志》云河內，殷之舊都。周既滅殷，分其畿內爲三國，《詩》邶、鄘、衛是。邶以封紂子武庚；鄘，管叔尹之；衛，蔡叔尹之：以監殷民，謂之三監。《帝王世紀》云：『自殷都以東爲衛，管叔監之；殷都以西爲鄘，蔡叔監之；都以北爲邶，霍叔監之：是爲三監。』按：二説各異，未詳也。」

〔八〕召公：姓姬，名奭，西周開國重臣。封於北燕，爲燕國始祖。生平詳《史記》卷三四《燕召公世家》。

〔九〕成王：姓姬，名誦，周武王之子。西周第二代國君，謚成王。生平詳《史記》卷四《周本紀》。

〔一〇〕踐：通「翦」，滅除。《尚書・蔡仲之命》：「成王東伐淮，遂踐奄。」孔穎達疏：「鄭玄讀踐爲翦。翦，滅也。」

〔一一〕蔡叔：即武王弟蔡叔度。生平詳《史記》卷三五《管蔡世家》。 放：各本作「殺」。今按：據《史記》卷三五《管蔡世家》，蔡叔並未被殺，只是「放」。故「殺」當是「放」之訛，據改。

〔一二〕霍叔：即武王弟霍叔處。生平詳《史記》卷三五《管蔡世家》。

〔一三〕偃：倒伏。《字彙・人部》：「偃，仆也，靡也。」

〔一四〕金縢（téng）：《尚書・金縢》：「公歸，乃納册於金縢之匱中。」蔡沈《集傳》：「金縢，以金緘之也。」

〔一五〕定鼎：舊傳禹鑄九鼎，以象九州，作爲傳國重器，置於國都。後因稱立國定都爲「定鼎」。 郟鄏：周朝東都。故地在今河南洛陽。《左傳・宣公三年》：「成王定鼎於郟鄏。」楊伯峻注：「郟鄏即桓七年《傳》之郟，周之王城，漢之河南，在今洛陽市。《楚世家索隱》云：『按《周書》，郟，雒北山名，音甲。』京相璠云：『郟，山名；鄏，地邑也。』」

〔一六〕越裳：古南海國名。在今越南義靜西北甘禄一帶。《白虎通》卷六《封禪》：「後果有越裳氏重譯而來矣。」《後漢書》卷八六《南蠻傳》：「交趾之南有越裳國。周公居攝六年，制禮作樂，天下和平，越裳以三象重譯而獻白雉。」　重九譯：　輾轉翻譯。《史記》卷一二三《大宛列傳》：「重九譯，致殊俗。」張守節《正義》：「言重重九遍譯語而致。」《文選》卷三張平子《東京賦》：「重舌之人九譯，僉稽首而來王。」薛綜注：「九譯，九度譯言始至中國者也。」

〔一七〕肅愼：　古民族名。居於我國東北地區。一般認爲漢以後的挹婁、勿吉、靺鞨、女真都和它有淵源關係。亦泛指遠方之國。《漢書》卷六《武帝紀》：「海外肅昚，北發渠搜，氐羌徠服。」顔師古注：「《周書》序云：『成王既伐東夷，肅昚來賀。』即謂此。」

〔一八〕「旦讀書」二句：　《墨子》卷一二《貴義》載：　子墨子南游使衛，載書甚多。弦唐子見而怪問之，子墨子曰：「昔者周公旦朝讀書百篇，夕見漆十士，故周公旦佐相天子，其修至於今。」今按：「漆」、「七」通。

〔一九〕蓂莢：　《白虎通》卷六《封禪》：「蓂莢，樹名也，月一日生一莢，十五日畢，至十六日去莢，故莢階生似日月也。」

〔二〇〕景星：　大星。古人認爲其現於有道之國。《文子》卷二《精誠》：「故精誠内形，氣動於天，景星見，黄龍下，鳳凰至，醴泉出，嘉穀生，河不滿溢，海不波湧。」

〔二一〕朱草：　紅色的瑞草。《鶡冠子·度萬》：「膏露降，白丹發，醴泉出，朱草生，衆祥具。」《淮南子》卷八《本經》：「當此之時，玄元至碭而運照，鳳麟至，著龜兆，甘露下，竹實滿，流黄出，而朱草生，機械詐僞莫藏於心。」

〔一二〕「王以」句：重校本、《叢書集成》本、《百子全書》本、龍溪精舍本「公」下有「有」字，「勞」下有「於」字。吴校：「『勳勞』上有『有』字，下有『於』字。下當有『封曲阜，禮以天子禮樂』一段，如明堂從之所云。」今按：「天下」下疑有脱文。《册府元龜》卷一三二《帝王部·褒功》：「成王以周公爲有勳勞於天下，是日封周公於曲阜，地方七百里，革車千乘，命魯世世祀周公以天子之禮樂。」宋陳暘《樂書》卷七三「閟宫·萬舞洋洋」條：「明堂位曰：『成王以周公爲有勳勞於天下，封曲阜，命魯公世世祀之以天子之禮樂。』」

2　召公奭與周同姓姬氏。〔一〕周武王之滅紂，〔二〕封召公於燕。〔三〕其在成王時，召公爲三公：自陝以西，〔四〕召公主之；自陝以東，周公主之。成王既幼，周公攝政，當國〔踐〕祚，〔五〕召公疑之，作《君奭》。〔六〕《君奭》不説周公。〔七〕周公稱「湯時有伊尹，〔八〕假於皇天；〔九〕在太戊時，〔一〇〕則有若伊陟、臣扈，〔一一〕假於上帝，〔一二〕巫咸治（于）〔王〕家；〔一三〕祖乙時，〔一四〕有巫賢；〔一五〕武丁時，〔一六〕有甘盤：〔一七〕保乂於殷也」。〔一八〕於是召公乃説之。召公治西方，甚得兆民和。〔一九〕召公巡行鄉邑，有棠樹，〔二〇〕決獄政事於其下。自侯伯庶人各得其所，〔二一〕無失職者。

【疏證】

《史記》卷三四《燕召公世家》：「召公奭與周同姓，姓姬氏。周武王之滅紂，封召公於北燕。其在成王時，召公爲三公：自陝以西，召公主之；自陝以東，周公主之。成王既幼，周公攝政，當國踐祚，召公疑之，作《君奭》。《君奭》不説周公。周公乃稱『湯時有伊尹，假於皇天；在太戊時，則有若伊陟、臣扈，假於上帝，巫咸治王家；在祖乙時，則有若巫賢；在武丁時，則有若甘般：率維兹有陳，保乂有殷』。於是召公乃説。召公之治西方，甚得兆民和。召公巡行鄉邑，有棠樹，決獄政事其下。自侯伯至庶人各得其所，無失職者。」

【校注】

〔一〕召公奭：《史記》卷三四《燕召公世家》裴駰《集解》引譙周曰：「周之支族，食邑於召，謂之召公。」司馬貞《索隱》：「召者，畿内采地。奭始食於召，故曰召公。或説者以爲文王受命，取岐周故墟周、召地分爵二公，故詩有《周》、《召》、二《南》，言皆在岐山之陽，故言南也。後武王封之北燕，在今幽州薊縣故城是也。亦以元子就封，而次子留周室代爲召公。至宣王時，召穆公虎其後也。」

〔二〕周武王：姬發，周文王子，嗣爲西伯。滅商，建立周王朝。生平事蹟詳《史記》卷四《周本紀》。

〔三〕燕：又稱北燕，周代諸侯國。其地在今河北北部和遼寧西部；都城薊，在今北京西南隅。《史記》卷三四《燕召公世家》裴駰《集解》：「《世本》曰：『居北燕。』宋忠曰：『有南燕，故云北燕。』」

〔四〕陜：《史記》卷三四《燕召公世家》裴駰《集解》引何休注：「陜者，蓋今弘農陜縣是也。」在今陜西西南。

〔五〕當國踐祚：各本脱「踐」字，《史記》卷三四《燕召公世家》「國」下有「踐」字，據補。踐祚，即位，登基。《史記》卷三三《魯周公世家》：「周公恐天下聞武王崩而畔，周公乃踐阼代成王攝行政當國。」

〔六〕《君奭》：周公作，收《尚書·周書》中。《史記》卷三四《燕召公世家》裴駰《集解》引孔安國注：「尊之曰君，陳古以告之，故以名篇。」

〔七〕《君奭》不説周公：《史記》卷三四《燕召公世家》裴駰《集解》引馬融曰：「召公以周公既攝政致太平，功配文、武，不宜復列在臣位，故不説，以爲周公苟貪寵也。」

〔八〕伊尹：商湯大臣，名伊，一名摯。湯妻陪嫁的奴隸，後助湯伐夏桀，被尊爲阿衡。事蹟詳《尚書·伊訓》、《左傳·襄公二十一年》、《吕氏春秋》卷一四《孝行覽·本味》、《史記》卷三《殷本紀》等。尹，官名。

〔九〕假於皇天：《史記》卷三四《燕召公世家》裴駰《集解》：「孔安國曰：『伊摯佐湯，功大至天，謂致太平也。』」孫星衍《尚書今古文注疏》卷廿二《君奭》曰：「史公『格』作『假』者，今文格皆爲假。格者，《釋詁》云：『陞也。』謂湯得伊尹輔助而成功，升配於天也。」假，各本同，《尚書·君奭》作「格」。今按：「假」、「格」通。皇天，《史記》卷三四《燕召公世家》裴駰《集解》引鄭玄曰：「皇天，北極天帝也。」後用作對天及天神的尊稱。

〔一〇〕太戊：即殷中宗。《史記》卷三《殷本紀》：「帝雍己崩，弟太戊立，是爲帝太戊。帝太戊立伊陟爲相。

亳有祥桑穀共生於朝，一暮大拱。帝太戊懼，問伊陟。伊陟曰：『臣聞妖不勝德，帝之政其有闕與？帝其修德。』太戊從之，而祥桑枯死而去。伊陟贊言于巫咸。巫咸治王家有成，作《咸艾》，作《太戊》。帝太戊贊伊陟於廟，言弗臣，伊陟讓，作《原命》。殷復興，諸侯歸之，故稱中宗。」

〔一一〕伊陟：伊尹之子，殷帝太戊時爲相。臣扈：殷帝太戊時大臣。與伊陟共事太戊，相繼爲相。能繼伊尹之法，使帝不墜祖業。二人事蹟詳《史記》卷三《殷本紀》。

〔一二〕上帝：《史記》卷三四《燕召公世家》裴駰《集解》引鄭玄曰：「上帝，太微中其所統也。」泛指天帝。

〔一三〕「巫咸」句：《史記》卷三四《燕召公世家》裴駰《集解》：「孔安國曰：『伊陟、臣扈率伊尹之職，使其君不隕祖業，故至天之功不隕。巫咸治王家，言其不及二臣。』馬融曰：『道至於上帝，謂奉天時也。』」巫咸，商時吴地人，商王太戊之臣。生平事蹟詳《史記》卷三《殷本紀》。王，底本、《四庫全書》本作「于」，重校本、《叢書集成》本、《百子全書》本、龍溪精舍本作「王」。吴校：「『于』乃『王』之誤。」今按：吴校是，據改。《史記》卷三四《燕召公世家》作「王」，同書卷三《殷本紀》亦曰：「巫咸治王家有成，作《咸艾》。」王，指殷王。

〔一四〕祖乙：商國君。《史記》卷三《殷本紀》：「河亶甲時，殷復衰。河亶甲崩，子帝祖乙立。帝祖乙立，殷復興。巫賢任職。」

〔一五〕巫賢：《史記》卷三四《燕召公世家》裴駰《集解》引孔安國曰：「賢，咸子；巫，氏也。」

〔一六〕武丁：商代國君。相傳少時長於民間，後復興殷商。生平詳《史記》卷三《殷本紀》。

〔一七〕甘盤：一作「甘般」，商代人。武丁嘗從之學，後舉以爲相。稱賢臣。事蹟詳《史記》卷三《殷本紀》。《史記》卷三四《燕召公世家》裴駰《集解》引孔安國曰：「高宗即位，甘般佐之。後有傅説。」

〔一八〕「保乂」句：《尚書·君奭》：「公曰：『君奭，我聞在昔成湯既受命時，則有若伊尹，格於皇天；在太甲時，則有若保衡；在太戊時，則有若伊陟、臣扈，格於上帝，巫咸乂王家；在祖乙時，則有若巫賢；在武丁時，則有若甘盤。率惟兹有陳，保乂有殷。』」孔安國傳：「以安治有殷。」《史記》卷三四《燕召公世家》「保」上有「率維兹有陳」五字。率維兹有陳保乂于殷，裴駰《集解》：「徐廣曰：『一無此九字。』駰案：王肅曰：『循此數臣，有陳列之功，安治有殷也』。」乂，治理。於，《史記》卷三四《燕召公世家》作「有」。

〔一九〕兆民：古稱天子之民，後泛指衆民，百姓。《禮記·月令》：「（孟春之月）命相布德和令，行慶施惠，下及兆民。」鄭玄注：「天子曰兆民。」

〔二〇〕棠樹：亦稱甘棠，俗稱野梨。三國吴陸璣《毛詩草木鳥獸蟲魚疏·蔽芾甘棠》：「甘棠，今棠梨，一名杜梨。」《史記》卷三四《燕召公世家》張守節《正義》：「今之棠梨樹也。《括地志》云：『召伯廟在洛州壽安縣西北五里。召伯聽訟甘棠之下，周人思之，不伐其樹，後人懷其德，因立廟，有棠在九曲城東阜上。』」《詩經·召南》有《甘棠》篇，小序云：「《甘棠》，美召伯也。召伯之教，明於南國。」

〔二一〕侯伯庶人：各本同，《史記》卷三四《燕召公世家》「侯伯」下有「至」字。

3 齊桓公小白。〔一〕雍林人襲殺齊君無知。〔二〕桓公之立，發兵攻魯，心欲殺管仲。〔三〕鮑叔諫，〔四〕桓公從之，乃佯爲召管仲欲甘心，實用之。管仲知之，故往見桓公。桓公序禮以爲大夫，任政。桓公既得管仲，〔與〕鮑叔、隰朋、高傒修政齊國，〔五〕連五家之兵伐魯。〔六〕魯莊公請獻遂邑以平。〔七〕諸侯會桓公於甄，〔八〕而桓公始霸焉。山戎伐燕，〔九〕〔燕〕告急於齊。桓公救燕，遂伐山戎，至孤竹而還。〔一〇〕衛文公有狄亂，〔一一〕告急於齊，率諸侯城楚丘，〔一二〕而立衛君。伐蔡，〔一三〕蔡潰。遂伐楚，楚盟而去。（狄）〔秋〕，〔一四〕伐陳。夏，會諸侯於葵丘。〔一五〕周襄王賜桓公文武胙、彤弓、大輅。〔一六〕是歲秦繆入晉公子夷吾，〔一七〕桓公於是討晉亂，至高梁，〔一八〕使隰朋立晉君而還。是時周室衰微，獨齊爲中國令諸侯〔城〕成周也。〔一九〕

【疏證】

《史記》卷三二《齊太公世家》：「桓公元年春，齊君無知游於雍林。雍林人嘗有怨無知，及其往游，雍林人襲殺無知。……桓公之立，發兵攻魯，心欲殺管仲。鮑叔牙曰：『臣幸得從君，君竟以立。君之尊，臣無以增君。君將治齊，即高傒與叔牙足也。君且欲霸王，非管夷吾不可。夷吾所居國國重，不可失也。』於是桓公從之。乃詳爲召管仲欲甘心，實欲用之。管仲知之，故請往。

鮑叔牙迎受管仲，及堂阜而脱桎梏，齋祓而見桓公。桓公厚禮以爲大夫，任政。桓公既得管仲，與鮑叔、隰朋、高傒修齊國政，連五家之兵，設輕重魚鹽之利，以贍貧窮，禄賢能，齊人皆説。……五年，伐魯，魯將師敗。魯莊公請獻遂邑以平，桓公許，與魯會柯而盟。……七年，諸侯會桓公於甄，而桓公於是始霸焉。……二十三年，山戎伐燕，燕告急於齊。齊桓公救燕，遂伐山戎，至於孤竹而還。……二十八年，衛文公有狄亂，告急於齊。齊率諸侯城楚丘而立衛君。二十九年，桓公與夫人蔡姬戲船中。蔡姬習水，蕩公，公懼，止之，不止，出船，怒，歸蔡姬，弗絶。蔡亦怒，嫁其女。桓公聞而怒，興師往伐。三十年春，齊桓公率諸侯伐蔡，蔡潰。遂伐楚。……齊師進次於陘。夏，楚王使屈完將兵扞齊，齊師退次召陵。桓公矜屈完以其衆。屈完曰：『君以道則可；若不，則楚方城以爲城，江、漢以爲溝，君安能進乎？』乃與屈完盟而去。過陳，陳袁濤塗詐齊，令出東方，覺。秋，齊伐陳。……三十五年夏，會諸侯於葵丘。周襄王使宰孔賜桓公文武胙、彤弓矢、大路，命無拜。……是歲，晉獻公卒，里克殺奚齊、卓子，秦穆公以夫人入公子夷吾爲晉君。桓公於是討晉亂，至高梁，使隰朋立晉君，還。是時周室微，唯齊、楚、秦、晉爲彊。晉初與會，獻公死，國内亂。秦穆公辟遠，不與中國會盟。楚成王初收荆蠻有之，夷狄自置。唯獨齊爲中國會盟，而桓公能宣其德，故諸侯賓會。」

【校注】

〔一〕齊桓公：春秋時齊國國君，姜姓，名小白，襄公弟。齊内亂，奔莒；襄公被殺，歸國即位。生平詳《史記》卷三二《齊太公世家》。

〔二〕雍林：《史記》卷三二《齊太公世家》司馬貞《索隱》：「亦有本亦作『雍廩』。賈逵曰『渠丘大夫』。《左傳》云『雍廩殺無知』，杜預曰『雍廩，齊大夫』。此云『游雍林，雍林人嘗有怨無知，遂襲殺之』，蓋以雍林爲邑名，其地有人殺無知。賈言『渠丘大夫』者，渠丘邑名，雍林爲渠丘大夫也。」齊君無知：即公孫無知，春秋時齊僖公侄。僖公卒，襄公立。無知與連稱、管至父爲亂，殺襄公，自立爲齊君。生平詳《史記》卷三二《齊太公世家》。

〔三〕管仲：字仲，名夷吾。齊國潁上人。謚號敬，史稱管子。《史記》卷六二有傳。今按：管仲少與鮑叔友善。齊襄公時，齊亂，管仲隨公子糾奔魯。襄公被殺，糾與公子小白即後來的齊桓公争位，管仲襲小白歸路，射中其帶鉤。小白佯死，得先回國即位。即位後，齊桓公攻打魯國，欲得管仲而殺之。事詳《史記》卷三二《齊太公世家》。

〔四〕鮑叔：即鮑叔牙，春秋時齊國大夫。事蹟詳《史記》卷三二《齊太公世家》、《史記》卷六二《管晏列傳》。

〔五〕與：各本脱。今按：《史記》卷三二《齊太公世家》「鮑叔」上有「與」字，據補。隰朋：春秋齊國公族。桓公時爲大夫。事蹟詳《國語》卷六《齊語》、《史記》卷三二《齊太公世家》及卷三九《晉世家》等。高傒：字敬仲，春秋時齊國人。曾爲齊卿。事蹟詳《史記》卷三二《齊太公世家》。

〔六〕五家：《國語》卷六《齊語》：「管子於是制國：五家爲軌，軌爲之長。」

〔七〕魯莊公：春秋時魯國國君，姓姬，名同。在位三十二年。莊公九年，從齊桓公請，殺來奔之齊公子糾，送管仲於齊。生平詳《史記》卷三三《魯周公世家》。遂邑：《史記》卷三二《齊太公世家》裴駰《集解》引杜預曰：「遂在濟北蛇丘縣東北。」在今山東肥城南。

〔八〕甄：《史記》卷三二《齊太公世家》裴駰《集解》引杜預曰：「甄，衛地，今東郡甄城也。」在今山東甄城北。

〔九〕山戎伐燕：各本同。吴校：「下重一『燕』字，屬下文。」《史記》卷三二《齊太公世家》「燕」字重。今按：吴校是，據補，屬下文。山戎，《史記》卷三二《齊太公世家》裴駰《集解》：「服虔曰：『山戎，北狄，蓋今鮮卑也。』何休曰：『山戎者，戎中之别名也。』」

〔一〇〕孤竹：商周時國名。在今河北盧龍。《國語》卷六《齊語》：「（齊桓公）遂北伐山戎，刜令支、斬孤竹而南歸。」韋昭注：「二國，山戎之與也。……令支，今爲縣，屬遼西，孤竹之城存焉。」

〔一一〕衛文公：初名辟疆，改名燬，春秋時衛國國君。生平詳《史記》卷三八《宋微子世家》。狄：我國古代民族名。春秋前，長期活動於齊、魯、晉、衛、宋、邢等國之間，與諸國有頻繁的接觸。《禮記·王制》：「北方曰狄，衣羽毛，穴居，有不粒食者矣。」

〔一二〕城：築城。《詩經·小雅·出車》：「天子命我，城彼朔方。」楚丘：春秋時衛地，在今河南滑縣東。

〔一三〕蔡：周時諸侯國名。周武王弟叔度始封於蔡，後因反叛，被流放而死，周成王復封其子蔡仲於此。建都上蔡，即今河南上蔡西南。春秋時，因故多次遷移。前四四七年爲楚所滅。事詳《史記》卷三五《管蔡世家》。

〔一四〕秋：各本作「狄」。今按：《史記》卷三二《齊太公世家》作「秋」。「狄」乃「秋」之形誤，據改。

〔一五〕葵丘：春秋時宋邑。《史記》卷三二《齊太公世家》裴駰《集解》引杜預曰：「陳留外黄縣東有葵丘也。」在今河南民權東北。

〔一六〕周襄王：姬姓，名鄭，春秋時周國君。生平詳《史記》卷四《周本紀》。　文武胙：祭祀周文王、武王的酒肉。胙，《左傳・僖公四年》：「太子祭于曲沃，歸胙於公。」杜預注：「祭之酒肉。」　彤弓：各本同，《史記》卷三二《齊太公世家》作「彤弓矢」。今按：彤弓指朱漆的弓，古代天子往往與「彤矢」一起賜予有功的諸侯。《尚書・文侯之命》：「用賚爾秬鬯一卣，彤弓一，彤矢百。」孔安國傳：「諸侯有大功，賜弓矢，然後專征伐。彤弓以講德習射，藏示子孫。」亦有以「彤弓」代指彤弓、矢二物者，如《左傳・僖公二十八年》載：城濮之戰後，晉師向周天子獻楚俘，天子「賜之大輅之服，戎輅之服，彤弓一，彤矢百，玈弓矢千，秬鬯一卣，虎賁三百人」。《左傳・襄公八年》：「宣子曰：『城濮之役，我先君文公獻功於衡雍，受彤弓於襄王，以爲子孫藏。』」　大輅：亦作「大路」。《禮記・樂記》：「所謂大輅者天子之車也。」《史記》卷三四《魯周公世家》裴駰《集解》引賈逵曰：「大路，諸侯朝服之車，謂之金路。」

〔一七〕秦繆：即秦穆公，名任好，春秋時秦國國君。曾長期左右晉國局勢。爲春秋五霸之一。生平詳《史記》卷五《秦本紀》。繆，《史記》卷三四《魯周公世家》裴駰《集解》：「徐廣曰：『古書「穆」字多作「繆」。』」夷吾：春秋時晉國國君晉惠公，晉獻公第三子。初，晉國内亂，夷吾出奔國外，後賂秦河西之地求入。周襄王二年（前六五〇），秦繆公以兵送入境即位。生平詳《史記》卷三九《晉世家》。

〔一八〕高梁：《史記》卷三二《齊太公世家》裴駰《集解》：「服虔曰：『晉地也。』杜預曰：『在平陽縣西南。』」其地在今山西臨汾東北。

〔一九〕「獨齊」句：底本、《四庫全書》本無「城」字，重校本、《叢書集成》本、《百子全書》本、龍溪精舍本「諸侯」下有「城」字。吴校：「『諸侯』下脱『城』字。」今按：原文文意不通。此或「諸侯」下脱「城」字，或「成」當作「城」，築城之意。今從重校本等於「諸侯」下補「城」字。「成周」指洛邑。《史記》卷四《周本紀》：「（周）敬王元年，晉人入敬王，子朝自立，敬王不得入，居澤。四年，晉率諸侯入敬王於周，子朝爲臣，諸侯城周。」《左傳·昭公三十二年》：「冬十一月，晉魏舒、韓不信如京師，合諸侯之大夫於狄泉，尋盟，且令城成周。」《春秋穀梁傳·昭公三十二年》：「冬，仲孫何忌會晉韓不信、齊高張、宋仲幾、衛大叔申、鄭國參、曹人、莒人、邾人、薛人、杞人、小邾人城成周。天子微，諸侯不享覲。天子之在者，惟祭與號。故諸侯之大夫相帥以城之，此變之正也。」又，史籍所載多晉與諸侯城周，齊率諸侯城成周事不見於今史書，《史記》卷三二《齊太公世家》「中國」下作「會盟」，頗疑原文作「獨齊爲中國會盟」，「令諸侯城成周也」七字或是本篇第四節文字，誤置至此，或是蕭繹誤記。中國，泛指中原地區。

4　晉文公重耳，〔一〕生而駢脅，〔二〕年十七，〔有〕賢士五人：〔三〕曰趙衰、狐偃咎犯、賈佗、先軫、〔魏武子〕。〔四〕晉惠公卒，〔五〕重耳得入，是爲文公，晉人多附焉。周襄王以弟難出居鄭〔六〕，告急。晉乃發兵，至陽樊，〔七〕圍温，〔八〕入襄王於周。周王賜晉河内陽樊，〔九〕命晉侯爲伯。〔一〇〕

【疏證】

《史記》卷三九《晉世家》：「晉文公重耳，晉獻公之子也。自少好士，年十七，有賢士五人：曰趙衰；狐偃咎犯，文公舅也；賈佗；先軫；魏武子。……是時晉惠公十四年秋。惠公以九月卒，子圉立。十一月，葬惠公。十二月，晉國大夫欒、郤等聞重耳在秦，皆陰來勸重耳、趙衰等反國，爲内應甚衆。……重耳出亡凡十九歲而得入，時年六十二矣，晉人多附焉。文公元年……即位爲晉君，是爲文公。……(二年)三月甲辰，晉乃發兵至陽樊，圍温，入襄王於周。四月，殺王弟帶。周襄王賜晉河内陽樊之地。……(五年)五月丁未，獻楚俘於周，駟介百乘，徒兵千。天子使王子虎命晉侯爲伯，賜大輅，彤弓矢百，玈弓矢千，秬鬯一卣，珪瓚，虎賁三百人。……於是晉文公稱伯。」

【校注】

〔一〕晉文公重耳：春秋時晉國國君，晉獻公次子。驪姬之亂，重耳出奔，在外十九年。後依靠秦繆公之力歸國即位，成爲春秋五霸之一。生平詳《左傳》僖公二十五年、二十八年、三十年、三十二年、三十三年及《史記》卷三九《晉世家》。

〔二〕骿脇：即「骿脅」，亦作「駢脅」。《左傳·僖公二十三年》：「（重耳）及曹，曹共公聞其駢脅，欲觀其裸。」杜預注：「駢脅，合幹。」孔穎達疏：「脅是腋下之名，其骨謂之肋。……駢訓比也，骨相比迫若一骨然。」《説文解字·骨部》：「骿，并脅也。」

〔三〕有賢士：各本脱「有」。吴校：「按《晉世家》『賢士』上有『有』字。」今按：吴校是。《史記》卷三九《晉世家》有「有」字，據補。

〔四〕趙衰：字子餘。從重耳流亡，重耳即位，論功爲原大夫。佐晉文公創立霸業。事蹟詳《左傳》文公二年、五年、僖公二十五年及《史記》卷三九《晉世家》。狐偃咎犯：晉文公之舅，又稱舅犯。爲大夫，隨從重耳流亡。重耳即位，任上軍之佐。事蹟詳《史記》卷三九《晉世家》。賈佗：晉文公曾長事之。事蹟詳《國語》卷一〇《晉語》、《左傳》文公六年及昭公十三年。先軫：即原軫。初爲下軍之佐，後爲中軍元帥，佐晉文公稱霸。與狄戰，死之。事蹟詳《左傳·僖公三十三年》。魏武子：各本脱。今按：上有言「賢士五人」，此僅有四人名字，據《史記》卷三九《晉世家》，補「魏武子」。魏武子，即魏犨。犨從重耳流亡，後歸國爲大夫，治於魏。卒，謚武。事蹟詳《史記》卷三九《晉世家》、卷四四《魏世家》及《左傳》僖公二十八年、宣公十五年。

〔五〕晉惠公：名夷吾，春秋時晉國國君。生平詳《史記》卷三九《晉世家》。

〔六〕「周襄王」句：《史記》卷四《周本紀》載：「周惠王崩，子襄王鄭立。襄王母蚤死，後母曰惠后。惠后生叔帶。」襄王以翟人女爲后，後又絀之，翟人來誅。「初，惠后欲立王子帶，故以黨開翟人，翟人遂入周。襄王出奔鄭，鄭居王于氾。子帶立爲王，取襄王所絀翟后與居温。十七年，襄王告急於晉，晉文公納王而誅叔帶。襄王乃賜晉文公珪鬯弓矢，爲伯，以河内地與晉。」

〔七〕陽樊：《史記》卷三九《晉世家》裴駰《集解》引服虔曰：「陽樊，周地。陽，邑名也。樊仲山之所居，故曰陽樊。」其地在今河南濟源西南。

〔八〕温：諸侯國名，故地在今河南温縣西南。

〔九〕河内：《史記》卷四四《魏世家》張守節《正義》：「古帝王之都多在河東、河北，故呼河北爲河内，河南爲河外。」河，指黄河。

〔一〇〕伯：方伯，即諸侯之長。《史記》卷四《周本紀》：「周室衰微，諸侯彊併弱，齊、楚、秦、晉始大，政由方伯。」裴駰《集解》引鄭司農曰：「長諸侯爲方伯。」今按：《史記》卷四《周本紀》載：周襄王十七年（前六三五），「襄王乃賜晉文公珪鬯弓矢，爲伯，以河内地與晉」。梁玉繩《史記志疑》卷三《周本紀》「襄王乃賜晉文公珪鬯弓矢，爲伯」條：「案：賜晉爲伯是二十年狩河陽時事，此誤書於十七年也。或云此十三字當在後文『狩於河陽』之下，錯簡於十七年。」本節承《史記·周本紀》之誤。

5 秦穆公任好即位，〔一〕晉獻公滅虞、虢，〔二〕虜虞君。秋，公自將伐晉，戰於河西。〔三〕晉驪姬作亂，〔四〕夷吾使人謂秦求入晉，公許。使百里奚將兵送夷吾。〔五〕夷吾謂曰：「若得立，請割晉之河西八城予秦。〔六〕」及至，已立而不予。旱，請粟於秦公，公與之。〔七〕秦饑，〔八〕請粟於晉，晉因饑伐秦，使丕豹往擊之，〔九〕與晉惠公夷吾合戰於韓地。〔一〇〕晉君棄其軍，與秦争利。還而馬縶，〔一一〕穆公追之不得，反爲晉軍所圍。〔一二〕岐山下食善馬者三百人馳冒解圍，〔一三〕遂脱穆公，反生得晉公。獻其河西地。發兵襲鄭，〔一四〕賈人弦高持十二牛賣之，〔一五〕因見秦兵，獻其牛，曰：「聞大國將誅鄭，鄭君謹修守備，令臣以牛勞軍士。」秦三將軍相謂曰：〔一六〕「將襲鄭，鄭人已覺之，〔一七〕往無及已。」滅滑。〔滑〕，晉之邊邑。〔一八〕當是時，晉文公喪尚未葬，〔一九〕太子襄公怒，縗絰發兵，〔二〇〕遮秦兵於殽，〔二一〕擊，大破之，〔二二〕虜三將。晉文公夫人，穆公女也，曰：繆公怨此三人〔入〕於骨髓，〔二三〕心願歸之，我君得此，快意烹之。晉君許三將歸。歸至，繆公素服郊迎。〔二四〕哭曰：「孤不用百里奚、蹇叔之言以辱三子，〔二五〕三子何罪乎？」復官秩，益厚之。使孟明等伐晉，〔二六〕取王官及鄗，〔二七〕以報殽之役。秦用由余，〔二八〕謀伐戎王，益國十二，開地千里也。

【疏證】

《史記》卷五《秦本紀》：「晉獻公卒。立驪姬子奚齊，其臣里克殺奚齊。荀息立卓子，克又殺卓子及荀息。夷吾使人請秦，求入晉。於是繆公許之，使百里傒將兵送夷吾。夷吾謂曰：『誠得立，請割晉之河西八城與秦。』及至，已立，而使丕鄭謝秦，背約不與河西城。……晉旱，來請粟。丕豹説繆公勿與，因其饑而伐之。繆公問公孫支，支曰：『饑穰更事耳，不可不與。』問百里傒，傒曰：『夷吾得罪於君，其百姓何罪？』於是用百里傒、公孫支言，卒與之粟。以船漕車轉，自雍相望至絳。十四年，秦饑，請粟於晉。晉君謀之羣臣。虢射曰：『因其饑伐之，可有大功。』晉君從之。十五年，興兵將攻秦。繆公發兵，使丕豹將，自往擊之。九月壬戌，與晉惠公夷吾合戰於韓地。晉君棄其軍，與秦爭利，還而馬鷙。繆公與麾下馳追之，不能得晉君，反爲晉軍所圍。晉擊繆公，繆公傷。於是岐下食善馬者三百人馳冒晉軍，晉軍解圍，遂脱繆公而反生得晉君。初，繆公亡善馬，岐下野人共得而食之者三百餘人，吏逐得，欲法之。繆公曰：『君子不以畜産害人。吾聞食善馬肉不飲酒，傷人。』乃皆賜酒而赦之。三百人者聞秦擊晉，皆求從，從而見繆公窘，亦皆推鋒爭死，以報食馬之德。於是繆公虜晉君以歸。……十一月，歸晉君夷吾，夷吾獻其河西地。……鄭人有賣鄭於秦曰：『我主其城門，鄭可襲也。』……三十三年春，秦兵遂東。……兵至滑，鄭販賣賈人弦高，持十二牛將賣之周，見秦兵，恐死虜，因獻其牛，曰：『聞大國將誅鄭，鄭君謹修守禦備，使臣以牛十二勞軍士。』秦三將軍相謂曰：『將襲鄭，鄭今已覺之，往無及已。』滅滑。滑，晉之邊邑也。當是時，晉文公喪尚未葬。太子襄公怒曰：『秦侮我孤，因喪破我滑。』遂墨衰絰，發兵遮秦兵於殽，擊之，大破秦軍，無一人得脱者。虜秦三將以歸。文公夫人，秦女也，爲秦三囚將請曰：『繆公之怨此三人入於骨髓，願令此三人歸，令我君得自快烹之。』晉君許之，歸秦三將。三將至，繆公素服郊迎，嚮三人哭曰：『孤以不用百里傒、蹇叔言以辱三子，三子何罪乎？子其悉心雪恥，毋怠。』遂復三人官秩如故，愈益厚之。……三十六年，繆公復益厚孟明等，使將兵伐晉，渡河焚船，大敗晉人，取王官及鄗，以報殽之役。……三十七年，秦用由余謀伐戎王，益國十二，開地千里，遂霸西戎。」

【校注】

〔一〕穆：重校本、《叢書集成》本、《百子全書》本、龍溪精舍本作「繆」。吴校：「本段後又作『秦繆公』，不畫一。」今按：《史記》卷三四《魯周公世家》裴駰《集解》：「徐廣曰：『古書「穆」字多作「繆」。』」

〔二〕「晉獻公」句：《左傳·僖公二年》：「獻公亡虢，五年而後舉虞。」《僖公五年》：「冬，晉人執虞公。」晉獻公，名詭諸，春秋時晉國國君。晚年寵愛驪姬，欲立其子奚齊。殺太子申生，逼走公子重耳、夷吾，終亂晉國。事詳《左傳》僖公四年、五年、六年、九年、十五年及《史記》卷三九《晉世家》。虞，古國名。故地在今山西平陸東北。虢，古國名。地居於今山西平陸大陽之南、濱河之北。

〔三〕河西：指今山西、陝西兩省間黄河南段之西。《左傳·文公十三年》：「秦伯師於河西。」

〔四〕驪姬：春秋時驪戎之女。晉獻公伐驪戎，得驪姬以歸。有寵，立爲夫人。獻公卒，晉亂，被殺。事蹟詳《左傳》莊公二十八年、僖公四年及《史記》卷三九《晉世家》。

〔五〕百里奚：百里氏，一説百氏，名奚，字里，或説字井伯。秦穆公大夫，與蹇叔、由余等共同輔佐秦穆公以建霸業。事蹟詳《史記》卷五《秦本紀》、《孟子·萬章上》。

〔六〕河西八城：《史記》卷三九《晉世家》唐張守節《正義》：「謂同、華等州地。」

〔七〕「請粟」二句：重校本、《叢書集成》本、《百子全書》本、龍溪精舍本作「請粟於秦，繆公與之」。吴校：「『公公』當作『穆公』。」

〔八〕饑：《詩經·小雅·雨無正》毛傳：「穀不熟曰饑，蔬不熟曰饉。」

〔九〕丕豹：春秋時晉國人丕鄭之子。晉獻公即位，殺丕鄭，丕豹奔秦。事蹟詳《史記》卷五《秦本紀》。

〔一〇〕韓地：《史記》卷三九《晉世家》張守節《正義》：「《左傳》云：『僖公十五年，秦、晉戰於韓原，秦獲晉侯以歸。』《括地志》云：『韓原在同州韓城縣西南十八里。』」在今陝西韓城西南。

〔一一〕縶：《詩經·小雅·白駒》毛傳：「縶，絆。」

〔一二〕軍：《四庫全書》本作「君」。

〔一三〕岐山：山名。《文選》卷二張平子《西京賦》：「岐、梁、汧、雍。」薛綜注引《説文》：「岐山在長安西美陽縣界，山有兩岐，因以名焉。」在今陝西岐山境。

〔一四〕鄭：春秋國名。本周西都畿内地，周宣王封弟友於此。在今陝西華縣西北。平王東遷，鄭徙於溱洧之上，是爲新鄭，即今河南新鄭。

〔一五〕弦高：鄭國商人。事詳《左傳·僖公三十三年》及《史記》卷五《秦本紀》。

〔一六〕秦三將軍：指孟明視、西乞術、白乙丙。秦國襲鄭之師的將領。

〔一七〕鄭人已覺之：《四庫全書》本「人」下無「已」字。

〔一八〕「滅滑」三句：各本「滑」字不重。今按：《史記》卷五《秦本紀》「滑」字重，據補。滑，一名費滑。姬姓小國。原都於今河南睢縣西北，後徙都於費，即今河南偃師東南。又，今存《永樂大典》卷一八二〇七引《金樓子·二南五霸篇》一條，文字與此節「滅滑……三子何罪」同。

〔一九〕尚未葬：《四庫全書》本無「尚」字。

〔二〇〕縗絰：古時服喪期間戴在頭上和結在腰間的麻帶。本處用爲動詞，意爲穿喪服。《説文解字·系部》：「縗，服衣。」「絰，喪首戴也。」

〔二一〕遮：遏止，攔截。《吕氏春秋》卷一三《有始覽·應同》高誘注：「遮，後遏也。」殽：山名。在今河南洛寧西北六十里。

〔二二〕大破之：《永樂大典》卷一八二〇七引《金樓子·二南五霸篇》「之」上無「大破」二字。

〔二三〕入於：各本作「於」，《永樂大典》卷一八二〇七引《金樓子·二南五霸篇》作「入」。今按：《史記》卷五《秦本紀》作「入於」。原文或脱「入」字，或「入」字誤爲「於」。今從《史記》卷五《秦本紀》補「入」字。

〔二四〕素服：本色或白色的衣服，居喪或遭遇凶事時所穿。《禮記·郊特牲》：「皮弁素服而祭，素服以送終也。」鄭玄注：「素服，衣裳皆素。」

〔二五〕蹇叔：春秋時人，秦大夫，佐穆公稱霸。襲鄭之役，蹇叔極諫，穆公不從，終敗。事蹟詳《左傳》僖公三十二年、三十三年及《史記》卷五《秦本紀》。

〔二六〕孟明：即孟明視，百里奚之子。事蹟詳《左傳》僖公三十二年、三十三年及文公二年、《史記》卷五《秦本紀》等。

〔二七〕「取王官」句：《史記》卷五《秦本紀》裴駰《集解》：「徐廣注：『《左傳》作「郊」。』駰案：伏虔曰『皆晉地，不能有』。」張守節《正義》：「鄗，音郊。《左傳》作『郊』。杜預云：『書取，言易也。』《括地志》云：『王官故城在同州澄城縣西北九十里。又云南郊故城在縣北十七里。又有北郊故城，又有西郊古城。《左傳》云文公三年，秦伯伐晉，濟河焚舟，取王官及郊也。』」王官，春秋晉邑，其地在今山西聞喜南。

〔二八〕由余：本晉人，亡入戎。戎王聞秦穆公賢，使入秦以觀。穆公與之語，以爲賢，欲得之，乃遺戎王女樂，並數間由余與戎王。由余降秦。穆公用其謀伐戎，遂霸西戎。事蹟詳《史記》卷五《秦本紀》。

6　楚莊王即位，〔一〕不出號令，日夜爲樂，有諫（死者）〔者死〕。〔二〕伍舉入諫，〔三〕不從。居數月，益甚。〔四〕蘇從乃入諫。〔五〕於是乃罷淫樂，聽政，任伍舉、蘇從以政，國人悦。

是歲滅（戎）〔庸〕，〔六〕伐陸渾戎。〔七〕遂至洛，觀兵於周郊，〔八〕問鼎之輕重而歸。〔九〕若敖（氏）〔氏〕反，〔一〇〕擊滅之。伐陳，〔一一〕殺夏徵舒。〔一二〕圍鄭，尅之。引兵去三十里而（避）舍，〔一三〕遂許之平。〔一四〕大敗晉師河上，〔一五〕至衡雍而歸。〔一六〕圍宋，以宋殺楚使也。〔一七〕宋華元出，告以情，〔一八〕遂罷兵焉。

【疏證】

《史記》卷四〇《楚世家》：「（穆王卒，）子莊王侶立。莊王即位三年，不出號令，日夜爲樂，令國中曰：『有敢諫者死無赦！』伍舉入諫。莊王左抱鄭姬，右抱越女，坐鐘鼓之間。伍舉曰：『願有進隱。』曰：『有鳥在於阜，三年不蜚不鳴，是何鳥也？』莊王曰：『三年不蜚，蜚將沖天；三年不鳴，鳴將驚人。舉退矣，吾知之矣。』居數月，淫益甚。大夫蘇從乃入諫。王曰：『若不聞令乎？』對曰：『殺身以明君，臣之願也。』於是乃罷淫樂，聽政，所誅者數百人，所進者數百人，任伍舉、蘇從以政，國人大説。是歲滅庸。……八年，伐陸渾戎，遂至洛，觀兵於周郊。周定王使王孫滿勞楚王。楚王問鼎小大輕重，對曰：『在德不在鼎。』莊王曰：『子無阻九鼎！楚國折鉤之喙，足以爲九鼎。』王孫滿曰：『嗚呼！君王其忘之乎？昔虞夏之盛，遠方皆至，貢金九牧，鑄鼎象物，百物而爲之備，使民知神姦。桀有亂德，鼎遷於殷，載祀六百。殷紂暴虐，鼎遷於周。德之休明，雖小必重；其姦回昏亂，雖大必輕。昔成王定鼎於郟鄏，卜世三十，卜年七百，天所命也。周德雖衰，天命未改。鼎之輕重，未可問也。』楚王乃歸。……九年，相若敖氏。人或讒之王，恐誅，反攻王，王擊滅若敖氏之族。十三年，滅舒。十六年，伐陳，殺夏徵舒。徵舒弑其君，故誅之也。……十七年春，楚莊王圍鄭，三月克之。……莊王自手旗，左右麾軍，引兵去三十里而舍，遂許之平。……夏六月，晉救鄭，與楚戰，大敗晉師河上，遂至衡雍而歸。二十年，圍宋，以殺楚使也。圍宋五月，城中食盡，易子而食，析骨而炊。宋華元出告以情。莊王曰：『君子哉！』遂罷兵去。」

【校注】

〔一〕楚莊王：熊氏，名旅。春秋時楚穆王之子，爲春秋五霸之一。生平詳《左傳·宣公十二年》、《史記》卷四〇《楚世家》。

〔二〕死者：底本、《四庫全書》本作「死者」，重校本、《叢書集成》本、《百子全書》本、龍溪精舍本作「者死」。吴校：「『死者』當作『者死』。」今按：《史記》卷四〇《楚世家》：「令國中曰：『有敢諫者，死無赦！』」則「有敢諫者死」乃楚莊王令，非真有因諫而死者。吴校是，據改。

〔三〕伍舉：亦稱椒舉，春秋時楚國大夫。生平詳《左傳》襄公二十六年、昭公四年及《史記》卷四〇《楚世家》。

〔四〕益甚：各本同。《史記》卷四〇《楚世家》「益」上有「淫」字。

〔五〕蘇從：楚莊王時大夫。生平詳《史記》卷四〇《楚世家》。

〔六〕庸：各本作「戎」。今按：下文又有「陸渾戎」，亦「戎」一種，不當兩滅之。據《史記》卷四〇《楚世家》，當作「庸」，今改。庸，本是殷周時國名。《史記》卷四〇《楚世家》張守節《正義》：「今房州竹山縣是也。」其地在今湖北竹山西南。

〔七〕陸渾戎：《史記》卷一一〇《匈奴列傳》：「於是戎狄或居於陸渾，東至於衛，侵盜暴虐中國。」司馬貞《索隱》：「《春秋左氏》：『秦、晉遷陸渾之戎于伊川。』杜預以爲允姓之戎居陸渾，在秦、晉之間，二國誘而徙之伊川，遂從戎號，今陸渾縣是也。」

〔八〕觀兵：檢閱軍隊以示兵威。《左傳·襄公十一年》：「圍鄭，觀兵於南門。」杜預注：「觀，示也。」

〔九〕問鼎：《左傳·宣公三年》：「楚子伐陸渾之戎，遂至於雒，觀兵於周疆。定王使王孫滿勞楚子。楚子問鼎之大小輕重焉。」今按：禹鑄九鼎，三代視爲國家政權之象徵。楚王問鼎，有取而代周之意。

〔一〇〕若敖氏：各本「若敖」下無「氏」字。今按：據《左傳·宣公四年》，造反者爲若敖氏子越椒，非若敖熊儀，故補「氏」字。《左傳·宣公四年》：「（楚）令尹子文卒，鬬般爲令尹，子越爲司馬。蔿賈爲工正，譖子揚而殺之，子越爲令尹，己爲司馬。子越又惡之，乃以若敖氏之族圄伯嬴於轑陽而殺之，遂處烝野，將攻王。王以三王之子爲質焉，弗受。師於漳澨。秋七月戊戌，楚子與若敖氏戰於皋滸。伯棼射王，汏輈，及鼓跗，著于丁寧。又射汏輈，以貫笠轂。師懼，退。王使巡師曰：『吾先君文王克息，獲三矢焉。伯棼竊其二，盡於是矣。』鼓而進之，遂滅若敖氏。」若敖，本西周時楚國國君，芈姓，名熊儀。生平詳《史記》卷四〇《楚世家》。其後人以若敖爲氏。

〔一一〕陳：春秋諸侯國名。在今河南淮陽及安徽亳州一帶。

〔一二〕夏徵舒：春秋時陳國大夫。陳靈公及大夫孔寧、儀行父與其母夏姬私通，夏徵舒殺靈公自立，孔寧、儀行父二人奔楚。楚莊王伐陳，殺夏徵舒。事詳《史記》卷三六《陳杞世家》。

〔一三〕舍：各本作「避舍」，《史記》卷四〇《楚世家》「舍」上無「避」字。今按：《史記》卷四〇《楚世家》裴駰《集解》：「杜預曰：『退一舍而禮鄭。』」楚軍克鄭後主動撤退以禮鄭，非避，故「避」當是衍文，今删。舍，駐紮。

〔一四〕平：媾和，和好。《左傳・隱公六年》：「夏，盟于艾，始平於齊也。」杜預注：「春秋前，魯與齊不平，今乃棄惡結好，故言始平於齊。」

〔一五〕河上：黄河邊。楊勇《世説新語校箋》上《言語》「陸機詣王武子」條箋云：「吾國古籍中凡地名、物名後有『上』、『下』字者，皆有旁側之義。」

〔一六〕衡雍：春秋鄭邑。在今河南原陽西圈城。

〔一七〕宋殺楚使：《左傳・宣公十四年》：「楚子使申舟聘於齊，曰：『無假道於宋。』亦使公子馮聘於晉，不假道於鄭。申舟以孟諸之役惡宋，曰：『鄭昭、宋聾，晉使不害，我則必死。』王曰：『殺女，我伐之。』見犀而行。及宋，宋人止之，華元曰：『過我而不假道，鄙我也。鄙我，亡也。殺其使者，必伐我，伐我亦亡也。亡一也。』乃殺之。楚子聞之，投袂而起，屨及於窒皇，劍及於寢門之外，車及於蒲胥之市。秋九月，楚子圍宋。」

〔一八〕華元：春秋時宋國大夫。歷事宋文公、共公、平公三君。生平詳《史記》卷三八《宋微子世家》。

7 宋襄公茲甫即位，〔一〕宋地隕星如雨，與〔雨〕俱下，〔二〕六鷁退飛。〔三〕公爲鹿上之盟，〔四〕以求諸侯於楚，楚人許之。秋，諸侯會宋公於盂。〔五〕於是楚執宋公以伐宋。冬，會於亳，〔六〕以釋宋公。又〔與〕楚成王戰於泓，〔七〕宋師大敗，公傷股，國人皆（恐）〔怨〕。〔八〕

【疏證】

《史記》卷三八《宋微子世家》：「三十一年春，桓公卒，太子茲甫立，是爲襄公。……襄公七年，宋地霣星如雨，與雨偕下；六鶂退蜚，風疾也。……十二年春，宋襄公爲鹿上之盟，以求諸侯於楚，楚人許之。公子目夷諫曰：『小國争盟，禍也。』不聽。秋，諸侯會宋公盟於盂。目夷曰：『禍其在此乎？君欲已甚，何以堪之！』於是楚執宋襄公以伐宋。冬，會於亳，以釋宋公。……十三年夏，宋伐鄭。……秋，楚伐宋以救鄭。……冬，十一月，襄公與楚成王戰於泓。……宋師大敗，襄公傷股。國人皆怨公。」亦見《左傳》僖公十六年、二十一年、二十二年。

【校注】

〔一〕宋襄公：名兹甫，春秋時宋國國君，桓公之子。即位後，曾與楚争霸。生平詳《史記》卷三八《宋微子世家》。

〔二〕「宋地」二句：《左傳・僖公十六年》：「十六年春，隕石於宋五，隕星也。六鷁退飛過宋都，風也。」《史記》卷三八《宋微子世家》司馬貞《索隱》：「按：僖十六年《左傳》：『霣石於宋五，霣星也。六鶂退飛，過宋都。』是當宋襄公之時。訪内史叔興曰『吉凶焉在』？對曰『君將得諸侯而不終』也。然莊七年《傳》又云『恒星不見，夜中星霣如雨，與雨偕也』。且與雨偕下，自在別年，不與霣石退鶂之事同。此史以霣石爲霣星，遂連恒星不見之時與雨偕爲文，故與《左傳》小不同也。」與雨俱下，各本脱「雨」字。今按：《史記》卷三八《宋微子世家》「與」下有「雨」字，據補。

〔三〕「六鷁」句：《史記》卷三八《宋微子世家》裴駰《集解》：「《公羊傳》曰：『視之則六，察之則鷁，徐察之則退飛。』」鷁（yì），水鳥名，形如鷺而大，善高飛。

〔四〕鹿上：《史記》卷三八《宋微子世家》裴駰《集解》：「杜預曰：『鹿上，宋地。汝陰有原鹿縣。』」司馬貞《索隱》：「按：汝陰原鹿其地在楚，僖二十一年『宋人、楚人、齊人盟於鹿上』是也。然襄公求諸侯於楚，楚纔許之，計未合至汝陰鹿上。今濟陰乘氏縣北有鹿城，蓋此地也。」汝陰原鹿縣在今安徽阜陽南。鹿城在今山東曹縣東北。

〔五〕「諸侯」句：《春秋・僖公二十一年》：「秋，宋公、楚子、陳侯、蔡侯、鄭伯、許男、曹伯會於盂。執宋公以伐宋。」於盂，《史記》卷三八《宋微子世家》「於」上有「盟」字。盂，裴駰《集解》：「杜預曰：『盂，宋地。』」其地在今河南睢縣西北。

〔六〕亳(bó)：各本同，《春秋・僖公二十一年》、《左傳・僖公二十一年》作「薄」。今按：亳，通「薄」。地名。在今河南偃師西尸鄉溝一帶。

〔七〕又與：各本作「又」。吴校：「『又』下疑脱『與』字。」今按：《史記》卷三八《宋微子世家》作「襄公與楚成王戰於泓」，《左傳・僖公二十二年》作「宋公及楚人戰於泓」，據《史記》補「與」字。泓：《四庫全書》本作「宏」。泓，裴駰《集解》：「駰案：《穀梁傳》曰：『戰于泓水之上。』」泓水，古渙水支流，故道在今河南柘縣西北。

〔八〕國人皆怨：各本作「國人皆恐」。吴校：「『恐』疑作『怨』。」今按：吴校是。《左傳・僖公二十二年》作「國人皆咎公」，《史記》卷三八《宋微子世家》作「國人皆怨公」，據《史記》改。

8 昔藩屏之盛德者，〔一〕則劉德字君道，〔二〕造次儒服，〔三〕卓爾不羣。好古文，〔四〕每就人間求善書，必爲好寫與之，留其真本，〔五〕加以金帛。士有不遠千里而至者，多獻其先祖舊書：《周官》、《尚書》、《禮》、《禮記》、《孟子》、《老子》，〔六〕獻王好之。采《周官》及諸子之樂事，作《樂記》，獻八佾之舞，〔七〕使弟子王定傳之，二十四。〔八〕首表立《毛詩》、

《左氏春秋》博士。〔九〕武帝在位，〔一〇〕來朝，對辟雍、明堂、靈臺，〔一一〕故世謂之「三雍對」也，〔一二〕及（令）詔策〔所〕問三十餘事。〔一三〕及著《樂語》五均事云：〔一四〕「天子取諸侯之（士）〔土〕已立五均，〔一五〕則市無二價，四（時）〔民〕常均。〔一六〕强者不得困弱，富者不得要貧，則（五）〔公〕家有餘，〔一七〕恩及於小民矣。」王既有哲，〔因獻所集雅樂。〕〔一八〕天子下大樂官，常存〔肄〕之，〔一九〕歲時以備數。常山王禹世受河間樂，〔二〇〕能説其義。弟子宋曄上書云：〔二一〕「河間王躬求幽隱，〔二二〕興禮樂，蓋有漢之所以興也。」王常謂人曰：「禹鑿江，〔二三〕通乎九谷，〔二四〕灑分五湖而注東海，〔二五〕民不怨者，利也。吾將行之。」時玄俗自言餌巴豆、雲母，〔二六〕賣〔藥〕於都市，〔二七〕七丸一錢，治百病。王病〔瘕〕，〔二八〕服之，下蛇十餘頭。俗言王病乃六世餘殃，〔二九〕非王所招也。王常放乳鹿，〔三〇〕仁心感天，故當遇耳。俗形無影，〔三一〕獻王〔欲〕以女配之，〔俗夜亡去。〕〔三二〕故武帝遣所忠問王，〔三三〕王輒對無影。帝曰：〔三四〕「湯以七十里，文王以百里，〔三五〕其勉之。」王知意，即縱酒聽樂。又爲《周制》二十篇。〔三六〕

【疏證】

《漢書》卷五三《景十三王·河間獻王傳》：「河間獻王德以孝景前二年立，修學好古，實事求是。從民得善書，必爲好寫與之，留其真，加金帛賜以招之。繇是四方道術之人不遠千里，或有先祖舊書，多奉以奏獻王者，故得書多，與漢朝等。是時，淮南王安亦好書，所招致率多浮辯。獻王所得書皆古文先秦舊書，《周官》、《尚書》、《禮》、《禮記》、《孟子》、《老子》之屬，皆經傳説記，七十子之徒所論。其學舉六藝，立《毛氏詩》、《左氏春秋》博士。修禮樂，被服儒術，造次必於儒者。山東諸儒多從而游。武帝時，獻王來朝，獻雅樂，對三雍宫，及詔策所問三十餘事。」

《漢書》卷三〇《藝文志》：「武帝時，河間獻王好儒，與毛生等共采《周官》及諸子言樂事者，以作《樂記》，獻八佾之舞，與制氏不相遠。其内史丞王定傳之，以授常山王禹。禹，成帝時爲謁者，數言其義，獻二十四卷記。」

《漢書》卷二四《食貨志下》：「(王)莽乃下詔曰：『夫《周禮》有賒貸，《樂語》有五均。』」顔師古注：「鄧展曰：『《樂語》，《樂元語》，河間獻王所傳，道五均事。』臣瓚曰：『其文云：天子取諸侯之土以立五均，則市無二賈，四民常均，强者不得困弱，富者不得要貧，則公家有餘，恩及小民矣。』」

《漢書》卷二二《禮樂志》：「是時，河間獻王有雅材，亦以爲治道非禮樂不成，因獻所集雅樂。天子下大樂官，常存肄之，歲時以備數，然不常御，常御及郊廟皆非雅聲。然詩樂施於後嗣，猶得有所祖述。……至成帝時，謁者常山王禹世受河間樂，能説其義，其弟子宋曄等上書言之，下大夫博士平當等考試。當以爲『漢承秦滅道之後，賴先帝聖德，博受兼聽，修廢官，立大學，河間獻王聘求幽隱，修興雅樂以助化』。」

《説苑》卷一《君道》：「河間獻王曰：『禹稱民無食，則我不能使也；功成而不利於人，則我不能勸也。故疏河以導之，鑿江通於九派，灑五湖而定東海，民亦勞矣，然而不怨苦者，利歸於民也。』」

《列仙傳》卷下「玄俗」條：「玄俗者，自言河間人也。餌巴豆，賣藥都市，七丸一錢，治百病。河間王病瘕，買藥服之。下蛇十餘頭。問藥意，俗云：『王瘕乃六世餘殃下墮，即非王所招也。王常放乳鹿，麟母也。仁心感天，故當遭俗耳。』王家老舍人，自言父世見俗，俗形無影。王乃呼俗日中看，實無影。王欲以女配之，俗夜亡去，後人見於常山下。」並見《太平廣記》卷六〇引《女仙傳》「玄俗妻」條、《廣博物志》卷二二引《搜神記》。

《史記》卷五九《五宗世家・河間獻王》「(河間獻王)二十六年卒」，裴駰《集解》引《漢名臣奏》：「杜業奏曰：河間獻王經術通明，積德累行，天下雄俊衆儒皆歸之。孝武帝時，獻王朝，被服造次必於仁義。問以五策，獻王輒對無窮，孝武帝艴然難之，謂獻王曰：『湯以七十里，文王百里，王其勉之。』王知其意，歸即縱酒聽樂，因以終。」亦見《太平御覽》卷一五〇引《漢名臣奏議》。

【校注】

〔一〕藩屏：本藩籬屏蔽之意。此處喻指護衛皇室的諸侯王。　盛德者：各本同，《永樂大典》卷六六二引《金樓子・説蕃篇》「盛」下無「德」字。

〔二〕劉德：西漢景帝第三子，封河間王。卒，謚獻。《史記》卷五九《五宗世家》、《漢書》卷五三《景十三王傳》有傳。

〔三〕造次：《漢書》卷五三《景十三王・河間獻王傳》顔師古注：「謂所嚮所行也。」

〔四〕古文：指春秋戰國時代的文字。許慎《説文解字・叙》：「宣王太史籀著大篆十五篇，與古文或異。」

〔五〕真本：《漢書》卷五三《景十三王・河間獻王傳》顔師古注：「真，正也。留其正本。」

〔六〕《周官》：又稱《周禮》。漢世初出，稱《周官》，因與《尚書・周官》篇相混，改稱《周官經》。西漢末列爲經而屬於禮，故又稱《周禮》。河間獻王曾得《周官》，缺《冬官》，補以《考工記》，獻於朝廷。《禮》：各本「禮」下有小字云：「案原本脱一『禮』字，師古注《漢書》曰：『《禮》，《禮經》也。』謹校補。」《禮》，指《儀禮》。春秋戰國時禮制彙編，古只稱《禮》，又稱《禮經》。自西晉初，以戴聖四十九篇稱《禮記》，因稱《禮經》爲《儀禮》。《禮記》：書名。一般認爲爲西漢人戴聖編定，共四十九篇，采自先秦舊籍，是對《禮經》的補充和闡發。

〔七〕八佾：古代天子用的一種樂舞。佾，舞列。《論語・八佾》：「孔子謂季氏，八佾舞於庭，是可忍也，孰不可忍也！」朱熹《集注》：「佾，舞列也，天子八，諸侯六，大夫四，士二。」

〔八〕「使弟子」三句：王定，人名。曾爲河間獻王内史。事蹟詳《漢書》卷三〇《藝文志》。二十四，各本「四」下有小字云：「案《漢書・藝文志》序：『獻王作《樂記》，其内史丞王定傳之，以授常山王禹。禹，成帝時爲謁者，數言其義。』獻二十四卷，即《志》所謂《王禹記》二十四篇也。此句與《漢書》不同，疑有脱誤。」今按：王定傳之《樂記》，史無卷數；二十四卷者乃是王禹所獻，故疑「二十四」上有脱文。又，「二十四」下應有「卷」或「篇」字，但古人習慣上常把最通用的度、量、衡的單位省略不説，故此處或原無量詞。

〔九〕《毛詩》：各本同。吴校：「『毛』下脱一『氏』字。」今按：《漢書》卷五三《景十三王傳》有「氏」字，但作「《毛詩》」亦通。《漢書》卷三六《楚元王傳》：「及(劉)歆親近，欲建立《左氏春秋》及《毛詩》、《逸禮》、《古文尚書》皆列於學官。」是漢人亦有「毛詩」説法。《毛詩》，相傳爲漢初學者毛亨和毛萇所傳之《詩》。《漢書》卷三〇《藝文志》著録有《毛詩》二十九卷、《毛詩故訓傳》三十卷。博士：古代學官名。以博通古今而備顧問。六國時有博士，秦因之，諸子、詩賦、術數、方伎皆立博士。漢文帝置一經博士，武帝時置「五經」博士，職責是教授、課試，或奉使、議政。

〔一〇〕武帝：即劉徹，西漢皇帝。在位期間「獨尊儒術」，兼用法術刑名。《史記》卷一二、《漢書》卷六有紀。

〔一一〕辟雍：亦作「辟雝」。漢班固《白虎通・辟雍》：「天子立辟雍何？所以行禮樂宣德化也。辟者，璧也，象璧圓，又以法天，於雍水側，象教化流行也。」雍，各本同，《永樂大典》卷六六二引《金樓子・説蕃篇》作「廱」，本篇下同，疑誤。明堂：古代帝王宣明政教的地方。凡朝會、祭祀、慶賞、選士、養老、教學等大典，都在此舉行。《孟子・梁惠王下》：「夫明堂者，王者之堂也。」靈臺：臺名。在長安西北，爲觀測天象之所。

〔一二〕「故世」句：《漢書》卷五三《景十三王列傳》：「(獻王)對三雍宫。」顔師古注引應劭曰：「辟雍、明堂、靈臺也。雍，和也，言天地君臣人民皆和也。」各本「也」下有小字云：「案《漢書·藝文志》作『河間獻王《對上下三雍宫》三篇』。」

〔一三〕及詔策所問：底本、《四庫全書》本作「及令詔策問」，重校本、《叢書集成》本、《百子全書》本、龍溪精舍本作「及詔策所問」。吴校：「『及令詔策問』，本作『及詔策所問』，衍『令』字，脱『所』字。」今按：吴校是，據《漢書》卷五三《景十三王列·河間獻王傳》改。

〔一四〕《樂語》：各本「云」下有小字云：「案《漢書·食貨志》『《樂語》有五均』注鄧展曰：『《樂語》，《樂元語》，河間獻王所傳，道五均事。』《白虎通德論》亦作《樂元語》。」五均：古代管理市場物價的官。《逸周書·大聚》：「市有五均，早暮如一，送行逆來，振乏救窮。」孔晁注：「均，平也。言早暮一價。」

〔一五〕「天子」句：「士」，各本作「土」，「已」下有小字云：「案《漢書》注『土』作『士』，『已』作『以』。」今按：「土」當作「士」，據改。又，「以」、「已」古同。

〔一六〕四民：《春秋穀梁傳·成公元年》：「古者有四民：有士民，有商民，有農民，有工民。」《漢書》卷二四《食貨志上》：「士、農、工、商，四民有業：學以居位曰士，闢土殖穀曰農，作巧成器曰工，通財鬻貨曰商。」民，各本作「時」，「時」下有小字云：「案《漢書》注作『民』。」今按：《漢書》卷二四《食貨志》顔師古注引《樂語》文曰：「四民常均。」「時」正作「民」，據改。

〔一七〕公：各本作「五」，「五」下有小字云：「案《漢書》注作『公』。」今按：《漢書》卷二四《食貨志》臣瓚注：

「則公家有餘。」「五」正作「公」，據改。

〔一八〕「王既」二句：底本、《四庫全書》本無「因獻所集雅樂」六字，「哲」下有小字云：「案此句疑有脱誤。」哲，重校本、《叢書集成》本、《百子全書》本、龍溪精舍本作「雅材」，下尚有「因獻所集雅樂」六字，重校本「集雅樂」三字爲旁側小字。吴校：「當作『王既有雅材，因獻所集雅樂』。」今按：吴校乃據《漢書》卷二二《禮樂志》，然「有雅材」，本文作「有哲」，亦通。而下文「常存〔肄〕之」之「之」字前無所承，故補「因獻所集雅樂」六字。

〔一九〕存肄：底本、《四庫全書》本脱「肄」字，重校本「存」旁側有小字「肄」，《叢書集成》本、《百子全書》本、龍溪精舍本「存」下有「肄」字。吴校：「當作『常□肄之』，□字諱。」今按：《漢書》卷二二《禮樂志》有「肄」字，據補。《漢書》卷二二《禮樂志》顔師古注：「肄，習也。」

〔二〇〕常山：郡名。治所在真定縣，即今河北石家莊東北。　王禹：西漢常山人。成帝時爲謁者。事蹟詳《漢書》卷二二《禮樂志》。

〔二一〕「弟子」二句：《漢書》卷二二《禮樂志》「河間獻王聘求幽隱」，此爲平當語，非宋曄語。疑「宋曄上書云」下有脱文，抑或蕭繹誤記。宋曄，人名。王禹弟子。事蹟詳《漢書》卷二二《禮樂志》。

〔二二〕躬：各本「躬」下有小字云：「案《漢書·禮樂志》作『聘』。」　幽隱：指隱居未仕的人。

〔二三〕禹鑿江：各本「禹」下有小字云：「案《説苑》有『疏河以導之』五字。」禹，姒姓，名文命。舜時天下洪水，禹爲司空治水。舜卒，禹得各部族擁戴，建立夏代。生平詳《史記》卷二《夏本紀》。

〔二四〕谷：各本「谷」下有小字云：「案《説苑》作『派』。」

〔二五〕「灑分」句：賈誼《新書》卷九《修政語上》：「鬟河而導之九牧，鑿江而導九路，澄五湖而定東海。」《淮南子》卷八《本經》：「舜乃使禹疏三江五湖，闢開伊闕，導廛澗，平通溝陸，流注東海。」灑分，各本「灑」下有小字云：「案《説苑》作『釃』，下無『分』字。」今按：《説苑》卷一《君道》向宗魯校證：「『灑』，明鈔本及《困學紀聞》十引此作『釃』。《史記・河渠書》：『禹乃廝二渠。』《漢書・溝洫志》『廝』作『釃』，孟康曰：『釃，分也。』（《史記索隱》引《漢書》作「灑」）案《説文》：『斯，析也。』『斯』、『廝』、『灑』、『釃』《聲類》同。」又，各本「注」下有小字云：「案《説苑》作『定』。」

〔二六〕玄俗：西漢河間人。傳爲仙人，曾爲河間王劉德治病。事詳《列仙傳》卷下「玄俗」條。巴豆：植物名。産於巴蜀，其形如豆，故名。其果實入藥，主治寒結便秘、腹水腫脹等。雲母：礦石名，可供藥用。

〔二七〕賣藥：各本脱「藥」字。吴校：「『賣』下脱『藥』字。」今按：吴校是。《列仙傳》卷下「玄俗」條有「藥」字，據補。

〔二八〕病瘕：底本、《四庫全書》本、《百子全書》本、龍溪精舍本脱「瘕」字，重校本「病」下旁側有小字「瘕」，《叢書集成》本「病」下有「瘕」字。吴校：「本『王病』下有『瘕』字。」今按：吴校是。《列仙傳》卷下「玄俗」條有「瘕」字，據補。瘕，腹中結塊的病，多由寄生蟲引起。《素問・大奇論》：「腎脈小急，肝脈小急，心脈小急，不鼓皆爲瘕。」馬蒔注：「瘕者，假也。塊似有形，而隱見不常，故曰瘕。」孫詒讓《札迻》

卷一一《列仙傳・玄俗》：「案：《金樓子・説蕃篇》以此病瘕爲河間獻王事。……梁元帝正本此傳也。」

〔二九〕餘殃：後患。《周易・坤卦》：「積不善之家，必有餘殃。」

〔三〇〕常：重校本、《叢書集成》本、《百子全書》本、龍溪精舍本作「嘗」。吴校：「『常』當作『嘗』。」今按：「常」、「嘗」通，曾經。

〔三一〕無影：《太平御覽》卷三八八引《地鏡圖》曰：「人行日月中無影者，神仙人也。與虚合體，故居日月中無影，履霜無跡，火中無影也。」

〔三二〕「獻王」二句：底本、《四庫全書》本無「俗夜亡去」四字，重校本「王」下旁側有小字「欲」，「之」下旁側有小字「俗遁去」；《叢書集成》本、《百子全書》本、龍溪精舍本「王」下有「欲」字，「之」下有「俗遁去」三字。吴校：「『王』下脱『欲』字，『配之』下脱『俗遁去』三字。」今按：《列仙傳》卷下「玄俗」條有「俗夜亡去」云云，據補。

〔三三〕所忠：人名，漢武帝時爲諫議大夫。見《史記》卷二八《封禪書》、卷一一七《司馬相如傳》等。《司馬相如傳》張守節《正義》：「姓所，名忠也。《風俗通・姓氏》云：『《漢書》有諫大夫所忠氏。』」

〔三四〕「王輒」二句：無影，吴校：「疑。」謝章鋌鈔本地脚批語云：「影，疑當作隱。」據《史記》卷五九《五宗世家・河間獻王》裴駰《集解》引《漢名臣奏》，是武帝問以五策，河間獻王「輒對無窮」，引起武帝不滿，故「帝曰」云云。疑「帝曰」上有脱文，或「無影」當作「無窮」。

〔三五〕「湯以」二句：《孟子》卷三《公孫丑上》：「孟子曰：『以力假仁者霸，霸必有大國，以德行仁者王，王不待大。湯以七十里，文王以百里。以力服人者，非心服也，力不贍也；以德服人者，中心悦而誠服也，如七十子之服孔子也。』」湯，名履。夏桀無道，湯發兵滅之，建立商朝。生平詳《史記》卷三《殷本紀》。文王，即周文王姬昌。商紂王時爲西伯，招賢納士，實力日强，爲其子武王滅紂打下了基礎。生平詳《史記》卷四《周本紀》。

〔三六〕「又爲」句：各本「篇」下有小字云：「案《漢書·藝文志》，《河間周制》十八篇，注：『似河間獻王所造也。』今作二十篇，與《漢書》不同。」

9 劉游好書，多才藝，〔一〕少時嘗與魯穆生、白生、申公俱受《詩》於浮丘伯。〔二〕（丘）伯者，〔三〕孫卿門人也。〔四〕高后時，〔五〕浮丘伯在長安，元王遣子郢客與申公俱卒業。〔六〕文帝時，〔七〕聞申公爲《詩》最精，以爲博士。元王好《詩》，諸子皆讀《詩》，申公始爲《詩》傳，號《魯詩》。〔八〕元王亦次《詩》傳，〔九〕號曰《元王詩》。

【疏證】

《漢書》卷三六《楚元王傳》：「楚元王交字游，高祖同父少弟也。少時嘗與魯穆生、白生、申公俱受《詩》于浮丘伯。伯者，孫卿門人也。及秦焚書，各别去。……高后時，浮丘伯在長安，元王遣子郢客與申公俱卒業。文帝時，聞申公爲《詩》最精，以爲博士。元王好《詩》，諸子皆讀《詩》，申公始爲《詩》傳，號《魯詩》。元王亦次之《詩》傳，號曰《元王詩》，世或有之。」

【校注】

〔一〕劉游：劉交，字游，漢高祖劉邦同父異母弟。好書，多材藝。劉邦即位，封爲楚王。卒，謚元。《漢書》卷三六有傳。

〔二〕魯穆生：西漢魯人。劉交爲楚王，以穆生爲中大夫。及孫劉戊嗣位，穆生謝病去。事詳《漢書》卷三六《楚元王傳》。白生：《漢書》卷三六《楚元王傳》顏師古注引服虔曰：「白生，魯國奄里人。」劉交以爲中大夫，使傅其孫戊。戊即位，淫暴，諫不聽，害之。事詳《漢書》卷三六《楚元王傳》。申公：名培，亦稱申培公，西漢魯人。爲劉交中大夫。文帝時爲博士。武帝初徵爲太中大夫。《漢書》卷八八《儒林傳》有傳。浮丘伯：荀況門人。事蹟詳《漢書》卷三六《楚元王傳》。顏師古引服虔注曰：「浮丘伯，秦時儒生。」

〔三〕伯：各本作「丘伯」。吴校：「案《漢書》無『丘』字。」今按：浮丘，複姓。吴校是，據删。

〔四〕孫卿：即荀子，名況，字卿，戰國時趙國人。著有《荀子》。《漢書》卷三六《楚元王傳》顏師古注曰：「孫卿姓荀名況，爲楚蘭陵令，漢以避宣帝諱，改之曰孫。」《史記》卷七四有傳。

〔五〕高后：指漢高祖劉邦皇后吕雉。雉，單父人。劉邦稱帝，立爲皇后。子惠帝卒，臨朝稱制。《史記》卷九、《漢書》卷三有紀。

〔六〕郢客：即劉郢客，楚元王劉交子。曾封上邳侯，嗣楚王爵，爲漢宗正。生平參《漢書》卷一五《王子侯表》、漢書卷一九《百官公卿表》。

〔七〕文帝：即高祖劉邦中子劉恒。初封代王。吕后死，大臣迎立以爲帝。《史記》卷一〇、《漢書》卷四有紀。

〔八〕傳：《漢書》卷三六《楚元王傳》顔師古注曰：「凡言傳者，謂爲之解説，若今《詩毛氏傳》也。」

〔九〕次：各本同，《漢書》卷三六《楚元王傳》作「次之」。顔師古注曰：「次，謂綴集之。」劉攽曰：「次之，『之』字衍。」

10 劉蒼好經史，〔一〕博學多識，恭肅畏敬。明帝重其器能，〔二〕特愛異之。入爲相，薦郇恁、桓榮等。〔三〕其後，蒼數上疏，陳藩職至重，不宜久留京師。蒼爲人體貌長大，美鬚髯，腰八尺二寸，故帝言副其腰腹也。〔四〕帝以所自作《光武本紀》示蒼，〔五〕蒼因上《世祖受命中興頌》，〔六〕咸言類相如、揚雄、前世史岑也。〔七〕章帝時，王入朝，〔八〕以王觸寒涉道，使中謁者逢迎，〔九〕賜王乘輿貂裘。

【疏證】

《後漢書》卷四二《光武十王·東平憲王蒼傳》：「蒼少好經書，雅有智思，爲人美鬚髯，要帶八闈，顯宗甚愛重之。及即位，拜爲驃騎將軍，置長史掾史員四十人，位在三公上。……蒼在朝數載，多所隆益，而自以至親輔政，聲望日重，意不自安，上疏歸職曰：『……前事之不忘，來事之師也。自漢興以來，宗室子弟無得在公卿位者。惟陛下審覽虞帝優養母弟，遵承舊典，終卒厚恩。乞上驃騎將軍印綬，退就蕃國，願蒙哀憐。』帝優詔不聽。其後數陳乞，辭甚懇切。五年，乃許還國。……（永平）十一年，蒼與諸王朝京師。月餘，還國。帝臨送歸宫，悽然懷思，乃遣使手詔國中傅曰：『辭別之後，獨坐不樂，因就車歸，伏軾而吟，瞻望永懷，實勞我心，誦及《采菽》，以增歎息。日者問東平王處家何等最樂，王言爲善最樂，其言甚大，副是要腹矣。今送列侯印十九枚，諸王子年五歲已上能趨拜者，皆令帶之。』十五年春，行幸東平，賜蒼錢千五百萬，布四萬匹。帝以所作《光武本紀》示蒼，蒼因上《光武受命中興頌》。帝甚善之，以其文典雅，特令校書郎賈逵爲之訓詁。……（建初）六年冬，蒼上疏求朝。明年正月，帝許之。特賜裝錢千五百萬，其餘諸王各千萬。帝以蒼冒涉寒露，遣謁者賜貂裘，及太官食物珍果，使大鴻臚竇固持節郊迎。」《東觀漢記》卷七「東平憲王蒼」條畧同。

【校注】

〔一〕劉蒼：東漢光武帝之子。封爵號東平王。卒，謚憲。《後漢書》卷四二《光武十王列傳》有傳。

〔二〕明帝：即劉莊。初名陽，光武帝第四子。卒，謚曰孝明皇帝，廟號顯宗。《後漢書》卷二有紀。

〔三〕郇恁（xún rèn）：字君大，東漢太原廣武人。少修清節。明帝初，東平王劉蒼辟之，月餘罷歸。《後漢書》卷五三有傳。桓榮：字春卿，東漢沛郡龍亢人。少習《歐陽尚書》。光武帝時，拜博士，遷太子少傅，官至太常。明帝即位，尊以師禮，拜爲五更，封關内侯。《後漢書》卷三七有傳。

〔四〕「故帝言」句：其，重校本、《叢書集成》本、《百子全書》本、龍溪精舍本作「是」。吴校：「『其』當作『是』。」今按：《後漢書》卷四二《光武十王·東平憲王蒼傳》、《東觀漢記》卷七「東平憲王蒼」條作「是」。此蕭繹以第三者身份述劉蒼事，作「其」亦通。「要」、「腰」，古今字。

〔五〕光武：即東漢光武帝劉秀，字文叔，南陽蔡陽人。王莽末，起兵。建武元年稱帝，定都洛陽。廟號世祖。《後漢書》卷一有紀。本紀：紀傳體史書中帝王的傳記。《史記》卷一《五帝本紀》唐張守節《正義》：「裴松之《史目》云：『天子稱本紀，諸侯曰世家。』本者，繫其本系，故曰本；紀者，理也，統理衆事，繫之年月，名之曰紀。」唐劉知幾《史通·本紀》：「及司馬遷之著《史記》也，又列天子行事，以本紀名篇，後世因之，守而勿失。」

〔六〕《世祖受命中興頌》：今佚。

〔七〕相如：司馬相如，字長卿。西漢蜀郡成都人。工辭賦，有《上林》、《大人》等賦。《史記》卷一一七有傳。揚雄：字子雲，西漢蜀郡成都人。長於辭賦，有《甘泉》、《河東》、《羽獵》、《長楊》等賦。《漢書》卷八七、八八有傳。史岑：字子孝，沛國人。新莽時爲謁者。《後漢書》卷八〇上《文苑傳》有傳。《文選》卷四七史孝山《出師頌》李善注：「范曄《後漢書》曰：『王莽末，沛國史岑，字孝山，以文章顯。』

《文章志》及《集林》、《今書七志》並同，皆載岑《出師頌》，而《流別集》及《集林》又載岑《和熹鄧后頌並序》。計莽之末，以訖和熹，百有餘年。又《東觀漢記》：『東平王蒼上《光武中興頌》，明帝問校書郎：「此與誰等？」，對云：「前世史岑之比。」』斯則莽末之史岑，明帝之時，已云前世，不得爲和熹之頌明矣。然蓋有二史岑，字子孝者仕王莽之末，字孝山者當和熹之際。但書典散亡，未詳孝山爵里，諸家遂以孝山之文，載於子孝之集，非也。」

〔八〕章帝：即劉炟，明帝第五子。在位期間曾集諸儒於白虎觀講論《五經》異同。卒，謚曰孝章皇帝，廟號肅宗。《後漢書》卷三有紀。

〔九〕中謁者：漢官名。爲皇帝左右之侍臣，掌傳達。

11　劉輔性矜嚴，〔一〕有盛名，深沈，〔二〕好經書，善説《京氏易》，〔三〕論集經傳及圖讖文，〔四〕作《五經通論》，儒者得以明事，〔五〕世號之曰《沛王通論》。〔六〕明帝甚敬之，〔七〕賞賜恩寵加異，數訪問以事。京師少雨，上御雲臺，〔八〕召尚席取卦具自卦，〔九〕以《周易卦林》占之。〔一〇〕其繇曰：〔一一〕「蟻封穴户，大雨將集。」〔一二〕明日大雨。上即以詔書問輔，〔輔〕對，〔一三〕深被知遇。詔報曰：「善哉，王次序之也。」月爲一卦，以當游戲，稱爲賢王。

【疏證】

《後漢書》卷四二《光武十王·沛獻王傳》：「輔矜嚴有法度，好經書，善說《京氏易》、《孝經》、《論語》傳及圖讖，作《五經論》，時號之曰《沛王通論》。在國謹節，終始如一，稱爲賢王。顯宗敬重，數加賞賜。」

《東觀漢記》卷七「沛獻王輔」條：「沛獻王輔，善《京氏易》。永平五年秋，京師少雨，上御雲臺，召尚席取卦具自爲卦，以《周易卦林》卜之。其繇曰：『蟻封穴户，大雨將集。』明日大雨。上即以詔書問輔曰：『道豈有是耶？』輔上書曰：『案《易》卦《震》之《蹇》，蟻封穴户，大雨將集。《蹇》，艮下坎上，艮爲山，坎爲水，山出雲爲雨，蟻穴居而知雨，將雲雨，蟻封穴，故以蟻爲興文。』詔報曰：『善哉，王次序之。』」

【校注】

〔一〕劉輔：東漢光武帝之子。初爵中山王，後徙封沛王。卒，謚曰獻。《後漢書》卷四二《光武十王列傳》有傳。

〔二〕深沈：各本同，《太平御覽》卷六〇二引《金樓子》作「沉深」。

〔三〕《京氏易》：西漢京房著，三卷。京房傳焦延壽《易》學，以陰陽五行、天人感應說《易》。漢元帝時立於官學，爲漢代《易》學一大流派。

〔四〕圖讖：古代方士或儒生編造的關於帝王受命徵驗一類的書。始於秦，盛於東漢。《後漢書》卷一《光武帝紀上》：「宛人李通等以圖讖説光武。」李賢注：「圖，河圖也；讖，符命之徵驗也。」

〔五〕「作《五經通論》」二句：各本同，《太平御覽》卷六〇二引《金樓子》「論」下無「儒者得以明事」六字。《五經通論》，今佚。

〔六〕《沛王通論》：各本同，《太平御覽》卷六〇二引《金樓子》「通」下無「論」字。

〔七〕敬之：重校本「敬」下旁側有小字「重」，《叢書集成》本、《百子全書》本、龍溪精舍本「敬」下有「重」字。《太平御覽》卷六〇二引《金樓子》無「敬」字，有「重」字。吴校：「《經義考》引『敬』下有『重』字。」

〔八〕雲臺：臺名。《後漢書》卷三二《陰興傳》李賢注：「洛陽南宫有雲臺、廣德殿。」

〔九〕尚席：官名。掌管宴席帳幔之事，爲皇帝近侍。《史記》卷五七《絳侯周勃世家》：「景帝居禁中，召條侯，賜食。獨置大胾，無切肉，又不置櫡。條侯心不平，顧謂尚席取櫡。」裴駰《集解》引應劭曰：「尚席，主席者。」《文選》卷二〇顔延之《皇太子釋奠會作詩》：「尚席函杖，丞疑奉帙。」李善注引《漢書音義》：「晉灼曰：舊有五尚，有尚席。」

〔一〇〕《周易卦林》：書名。《隋書》卷三四《經籍志》：「《周易卦林》一卷。」未題撰人。

〔一一〕繇：《左傳·閔公二年》杜預注：「繇，卦兆之占辭。」

〔一二〕螘：同「蟻」。《焦氏易林》卷四《震》之《蹇》：「蟻封户穴，大雨將集。」

〔一三〕「上即」二句：底本、《四庫全書》本「輔」不重，重校本「輔」下旁側重小字「輔」，《叢書集成》本、《百子全書》本、龍溪精舍本「輔」字重。吴校：「當重一『輔』字，一屬上句，一屬下句。」今按：吴校是，據補。

12 劉羨少好學，〔一〕博通經傳，有威嚴，與諸儒講論於白虎殿。〔二〕帝以廣平在北，〔三〕多有邊費，乃徙羨爲（平西）〔西平〕王。〔四〕又徙封陳王。〔五〕

【疏證】

《後漢書》卷五〇《孝明八王·陳敬王傳》：「陳敬王羨，永平三年封廣平王。建初三年，有司奏遣羨與巨鹿王恭、樂成王黨俱就國。肅宗性篤愛，不忍與諸王乖離，遂皆留京師。明年，案輿地圖，令諸國户口皆等，租入歲各八千萬。羨博涉經書，有威嚴，與諸儒講論於白虎殿。七年，帝以廣平在北，多有邊費，乃徙羨爲西平王，分汝南八縣爲國。及帝崩，遺詔徙封爲陳王，食淮陽郡，其年就國。」

【校注】

〔一〕劉羨：東漢明帝之子。卒，謚曰敬。《後漢書》卷五〇《孝明八王傳》有傳。

〔二〕白虎殿：《漢書》卷六〇《杜周傳》：「上盡召直言之士詣白虎殿對策。」顔師古注：「此殿在未央宫也。」

〔三〕帝：指漢章帝劉炟。　廣平：縣名，西漢置，屬太原郡，故地在今山西代縣西。

〔四〕西平王：底本、《四庫全書》本作「平西王」，重校本、《叢書集成》本、《百子全書》本、龍溪精舍本作「西平王」。吴校：「本作『西平王』。」今按：《後漢書》卷五〇《孝明八王·陳敬王傳》作「西平王」，據改。西平，縣名，西漢置，屬汝南郡。治所在今河南西平西七十里。

〔五〕陳：郡名。秦置，治所在陳縣，即今河南淮陽。西漢改爲淮陽國，東漢章帝章和二年改爲陳國。

13　劉睦少好學，〔一〕博通書傳，光武愛之，數被延納。顯宗在東宫，尤見幸〔二〕，入則諷誦，出則執轡。〔三〕中興初，〔四〕禁網尚闊，而睦性謙恭好士，千里交結，自大儒宿德莫不造門，〔五〕由是聲價益廣。永平中，〔六〕法憲頗峻，睦乃謝絶賓客，放心音樂。歲〔終〕，遣〔中〕大夫奉璧朝賀，〔七〕召而謂曰：「朝廷設問寡人，〔八〕大夫將何辭以對？」使者曰：「大王忠孝仁慈，敬賢樂士。」睦曰：「吁，〔九〕子危我也！其對以孤襲爵以來，志意衰惰，聲色是娱，犬馬是好。」使者受命而行。其能屈伸如此。初，靖王薨，〔一〇〕悉推財産與諸弟，雖王車服珍寶非列侯制，〔一一〕皆以爲分，然後隨以金帛贖之。能屬文，作《春秋旨義終始論》及賦頌數十篇。〔一二〕又〔喜〕〔善〕史書，〔一三〕當時以爲楷則。〔一四〕及寢疾，〔一五〕帝驛馬令作草書尺牘十首。〔一六〕

【疏證】

《後漢書》卷一四《宗室四王三侯・北海靖王傳》附《敬王睦傳》：「睦少好學，博通書傳，光武愛之，數被廷納。顯宗之在東宮，尤見幸待，入侍諷誦，出則執轡。中興初，禁網尚闊，而睦性謙恭好士，千里交結，自名儒宿德莫不造門，由是聲價益廣。永平中，法憲頗峻，睦乃謝絶賓客，放心音樂。然性好讀書，常爲愛翫。歲終，遣中大夫奉璧朝賀，召而謂之曰：『朝廷設問寡人，大夫將何辭以對？』使者曰：『大王忠孝慈仁，敬賢樂士。臣雖螻蟻，敢不以實？』睦曰：『吁，子危我哉！此乃孤幼時進趣之行也。大夫其對以孤襲爵以來，志意衰惰，聲色是娱，犬馬是好。』使者受命而行。其能屈申若此。初，靖王薨，悉推財産與諸弟，雖王車服珍寶非列侯制，皆以爲分，然後隨以金帛贖之。睦能屬文，作《春秋旨義終始論》及賦頌數十篇。又善史書，當世以爲楷則。及寢病，帝驛馬令作草書尺牘十首。」亦見《東觀漢記》卷八「北海敬王」條。

【校注】

〔一〕劉睦：光武帝長兄齊武王劉縯之孫，北海靖王劉興之子。襲父爵。卒，謚曰敬。《後漢書》卷一四《宗室四王三侯列傳》有傳。

〔二〕尤見幸：各本同，《後漢書》卷一四《宗室四王三侯列傳》「幸」下有「待」字。幸，寵愛。

〔三〕執轡：《後漢書》卷一四《宗室四王三侯列傳》李賢注：「乘輿，尊者居中，執轡在左。」

〔四〕中興：王朝由衰落而重新興盛。此處指光武帝建立東漢王朝。《後漢書》卷一《光武帝紀》：「（中元元年）是夏，京師醴泉湧出，飲之者固疾皆愈，惟眇、蹇者不瘳。又有赤草生於水崖。郡國頻上甘露。羣臣奏言：『地祇靈應而朱草萌生。孝宣帝每有嘉瑞，輒以改元，神爵、五鳳、甘露、黄龍，列爲年紀，蓋以感致神祇，表彰德信。是以化致升平，稱爲中興。』」

〔五〕宿德：年老有德者。《文選》卷四二應休璉《與侍郎曹長思書》：「王肅以宿德顯授，何曾以後進見拔。」

〔六〕永平：東漢明帝劉莊的年號，自公元五八年至七五年。

〔七〕「歲終」二句：各本脱「終」、「中」字。今按：《後漢書》卷一四《宗室四王三侯列傳》、《東觀漢記》卷八「北海敬王」條「歲」下有「終」字，「遣」下有「中」字。據補。《後漢書》卷一四《宗室四王三侯列傳》李賢注：「中大夫，王國官也。《續漢志》曰：『中大夫，比六百石，無員，掌奉王使京都奉璧賀正月，及使諸國。本皆持節，後去節。』《爾雅》曰：『肉倍好謂之璧。』好，孔也。」

〔八〕朝廷：《後漢書》卷一四《宗室四王三侯列傳》李賢注：「朝廷，謂天子也。」

〔九〕吁：《後漢書》卷一四《宗室四王三侯列傳》李賢注：「吁音于。孔安國注《尚書》曰：『吁者，疑怪之聲也。』」

〔一〇〕靖王：指劉睦之父劉興。興封北海王，謚靖。《後漢書》卷一四《宗室四王三侯列傳》有傳。

〔一一〕列侯：爵位名。秦制爵分二十級，徹侯位最高。漢承秦制，爲避漢武帝劉徹諱，改徹侯爲通侯，或稱

「列侯」。

〔一二〕《春秋旨義終始論》：書名。今佚。

〔一三〕善：各本作「喜」，《太平御覽》卷五九五引《金樓子》、《後漢書》卷一四《宗室四王三侯列傳》及《東觀漢記》卷八「北海敬王」條並作「善」。今按：下文曰「當時以爲楷則」，則作「善」是，據改。　史書：《漢書》卷九《元帝紀》贊曰：「元帝多材藝，善史書。」顔師古注引應劭曰：「周宣王太史史籀所作大篆。」

〔一四〕時：各本同，《太平御覽》卷五九五引《金樓子》、《後漢書》卷一四《宗室四王三侯列傳》作「世」。今按：「當世」、「當時」義同，作「時」或是後人避唐諱改。

〔一五〕疾：各本同，《太平御覽》卷五九五引《金樓子》、《後漢書》卷一四《宗室四王三侯列傳》作「病」。今按：「寢病」、「寢疾」義同。

〔一六〕令作草書：各本同，《太平御覽》卷五九五引《金樓子》「令」下有「其」字。　尺牘：《後漢書》卷一四《宗室四王三侯列傳》李賢注：「《説文》云：『牘，書版也。』蓋長一尺，因取名焉。」

14　曹(哀)〔衮〕好學，〔一〕讀書，左右常恐精力爲病，〔二〕苦諫之。〔三〕每弟兄游娛，(哀)〔衮〕獨覃思經典。〔四〕文學防輔相與言曰：〔五〕「受詔察公舉措，有過當奏，及有善，亦宜以聞，不可匿其美也。」遂共表稱陳(哀)〔衮〕美。(哀)〔衮〕聞之，大驚，責文學曰：「修身自守，常人之行耳。諸君乃以上聞，是適所以增負累也。」後黃龍見鄴西漳水，〔六〕（裒）〔衮〕上書讚頌。性尚儉約，教敕妃妾紡績，習爲家人之事。〔七〕病困，敕令官屬曰：「吾寡德忝寵，〔八〕（天）〔大〕命將盡。吾既好儉，而聖朝著終詒之制，〔九〕爲天下法。吾氣絶之日，自殯及葬，務奉詔書。衛大夫蘧瑗葬濮陽，〔一〇〕吾望其（基）〔墓〕，〔一一〕常想遺風，願託賢靈以弊髮齒，營吾兆域，〔一二〕必往從之。《禮》：〔一三〕男子不卒婦人之手。〔一四〕亟以時成東堂。」堂成，名之曰遂志之堂。

【疏證】

《三國志》卷二〇《武文世王公·中山恭王衮傳》：「中山恭王衮，建安二十一年封平鄉侯。少好學，年十餘歲能屬文。每讀書，文學左右常恐以精力爲病，數諫止之，然性所樂，不能廢也。二十二年，徙封東鄉侯，其年又改封贊侯。黄初二年，進爵爲公。……每兄弟游娱，衮獨覃思經典。文學防輔相與言曰：『受詔察公舉錯，有過當奏，及有善，亦宜以聞，不可匿其美也。』遂共表稱陳衮美。衮聞之，大驚懼，責讓文學曰：『修身自守，常人之行耳。而諸君乃以上聞，是適所以增負累也。且如有善，何患不聞，而遽共如是，是非益我者。』其戒慎如此。黄初三年，爲北海王。其年，黄龍見鄴西漳水，衮上書贊頌。……四年，改封贊王。七年，徙封濮陽。太和二年就國。尚約儉，教敕妃妾紡績織紝，習爲家人之事。……（青龍）三年秋，袞得疾病，詔遣太醫視疾，殿中、虎賁齎手詔，賜珍膳相屬，又遣太妃、沛王林並就省疾。袞疾困，敕令官屬曰：『吾寡德忝寵，大命將盡。吾既好儉，而聖朝著終誥之制，爲天下法。吾氣絶之日，自殯及葬，務奉詔書。昔衛大夫蘧瑗葬濮陽，吾望其墓，常想其遺風，願託賢靈以弊髮齒，營吾兆域，必往從之。《禮》：男子不卒婦人之手。亟以時成東堂。』堂成，名之曰遂志之堂，輿疾往居之。」

【校注】

〔一〕曹袞：三國魏沛國譙人。曹操子。初封平鄉侯，多次改封。明帝太和六年（二三二），又改封中山王。以病終。《三國志》卷二〇《武文世王公傳》有傳。袞，各本作「哀」，下有小字云：「《魏書（重校本、《叢書集成》本、《百子全書》本、龍溪精舍本作「志」）》作『袞』，別本作『褒』。」吴校：「當從《魏志》作『袞』。」

今按：小注中《魏書》是《三國志·魏書》的省稱。《三國志》卷二〇《武文世王公傳》作「袞」，據改，本節下同。

〔二〕精力：專心竭力。《漢書》卷八八《顔安樂傳》：「家貧，爲學精力，官至齊郡太守丞。」

〔三〕苦諫之：各本同，《三國志》卷二〇《武文世王公傳》作「數諫止之」。

〔四〕覃思：孔安國《古文尚書序》：「研精覃思。」陸德明《經典釋文》：「覃，深也。」

〔五〕文學：官名。漢代於州郡及王國置，或稱文學掾，或稱文學史，掌地方教育。三國魏諸王國置，多爲皇帝監督王侯之耳目。　防輔：《資治通鑑》卷六九《魏紀一》「文帝黄初三年」：「王國各有老兵百餘人以爲守衛，隔絶千里之外，不聽朝聘，爲設防輔監國之官以伺察之。」胡三省注：「防輔者，言防其爲非而輔之以正也。」

〔六〕鄴：城名。漢獻帝建安十八年(二一三)，曹操爲魏王，定都於此。故城在今河北臨漳西南古鄴城。漳水：即漳河。今山西東部清、濁二漳河東南流至河北、河南兩省邊境，合而爲一，稱漳河。

〔七〕家人：《漢書》卷八八《儒林·轅固傳》顔師古注：「家人，言僮僕之屬。」

〔八〕大：底本、《四庫全書》本作「天」，重校本、《叢書集成》本、《百子全書》本、龍溪精舍本作「大」。吴校：「『天』本作『大』。」今按：《三國志》卷二〇《武文世王公傳》作「大」，據改。

〔九〕終誥之制：各本同。朱校：「疑『終制之誥』。」終誥之制指皇帝生前對喪葬禮制的誥命。今按：魏曹操和曹丕均有臨終之制。《三國志》卷一《武帝紀》：「(建安二十三年)六月，令曰：古之葬者，必居瘠薄之地。其規西門豹祠西原上爲壽陵，因高爲基，不封不樹。《周禮》冢人掌公墓之地，凡諸侯居左右以前，卿大夫居後，漢制亦謂之陪陵。其公卿大臣列將有功者，宜陪壽陵，其廣爲兆域，使足相容。」《三國志》卷二《文帝紀》：「黄初三年冬，十月，甲子，表首陽山東爲壽陵，作終制曰：禮，國君即位爲椑，存不忘亡也。昔堯葬穀林，通樹之，禹葬會稽，農不易畝，故葬于山林，則合乎山林。封樹之制，非上古也，吾無取焉。壽陵因山爲體，無爲封樹，無立寢殿，造園邑，通神道。夫葬也者，藏也，欲人之不得見也。骨無痛癢之知，冢非棲神之宅，禮不墓祭，欲存亡之不黷也，爲棺槨足以朽骨，衣衾足以朽肉而已。故吾營此丘墟不食之地，欲使易代之後不知其處。無施葦炭，無藏金銀銅鐵，一以瓦器，合古塗車、芻靈之義」云云。又見《宋書》卷一五《禮志》。

〔一〇〕蘧瑗：字伯玉，春秋時衛國人。其人外寬而內直，直己而不直人。吴季札許爲君子，孔子稱其行。事蹟詳《左傳》襄公十四年、二十六年及《禮記·檀弓上》等。《水經注》卷八《濟水》引《風俗傳》曰：「長垣縣有蘧伯鄉，一名新鄉，有蘧亭、伯玉祠、伯玉冢。」濮陽：縣名，治所在今河南濮陽西南。

〔一一〕其墓：底本、《四庫全書》本作「其基」，重校本、《叢書集成》本、《百子全書》本、龍溪精舍本作「其墓」。吴校：「乃『其墓』之誤。」今按：《三國志》卷二〇《武文世王公傳》作「其墓」，吴校是，據改。

〔一二〕兆域：墓地四周的疆界。亦以稱墓地。《周禮·春官·冢人》：「掌公墓之地，辨其兆域而爲之圖。」孫詒讓《正義》：「辨其兆域者，謂墓地之四畔有營域堳埒也。」

〔一三〕《禮》：指《儀禮》。清皮錫瑞《經學通論·三禮》：「漢所謂《禮》，即今十七篇之《儀禮》。」

〔一四〕「男子」句：《儀禮·既夕禮》：「男子不絕於婦人之手，婦人不絕於男子之手。」

15 司馬攸，少以奇英見稱，〔一〕長好經書。武帝受禪，〔二〕攸督帥府，鎮撫中外，〔三〕有佐命之勳，封齊王。初，居文帝喪，〔四〕上以攸至孝毀甚，文明皇太后親臨省攸，〔五〕攸毀瘠塵墨，〔六〕貌不可識。太后留攸宅，撫慰旬日。及還，中詔勉攸曰：〔七〕「若萬一加以他疾，將復如何？宜遠慮深計，不可守一意以陷於不孝。〔八〕若復不從往言，當遣人監守飲食。」攸好學不倦，借人書，皆爲治護。攸自受國秩，表求絶御府常賜，前後十餘，輒不見聽。國之文武，下至士卒，分租賦以給之。疾病死亡，醫藥皆有差。時有水旱，國内百姓則加賑貸，〔九〕須豐年乃責，〔一〇〕十減其二，國内賴之。文明皇太后臨崩，謂武帝曰：「桃符性急，汝宜（宏）〔容〕之。〔一一〕」詔攸當（世）〔出〕總方嶽，〔一二〕遂加都督青州，〔一三〕增封濟南郡，〔一四〕備物典策，〔一五〕軒懸之樂，〔一六〕六佾之舞；〔一七〕馮紞意也。〔一八〕攸結氣病黄，〔一九〕暴薨。〔二〇〕

【疏證】

《藝文類聚》卷四五引王隱《晉書》曰：「齊王攸，學不倦，借人書，皆爲治護，時還。有水旱，則出租秩加賦，以賑國人，須豐年乃收入本直。太康三年，詔攸當出方嶽，遂撫其國，加都督青州，增封濟南郡，德物典策，軒懸之樂，六佾之舞，賜金鉞朝車乘輿之副。」亦畧見《太平御覽》卷六一九引王隱《晉書》。

《北堂書鈔》卷七〇「求絶常賜」條：「王《晉書·齊王傳》云：『攸自受國租秩，表求絶御府常賜。』」

《初學記》卷一〇引王隱《晉書》曰：「齊王攸，國中文武，下至士卒，法令不食廩賜者，皆以秩賦與，疾病死亡者。時有水旱，出租税加十二賦，以賑國人，須豐年乃收入本直。已上王之才能。」《太平御覽》卷一五一引《晉書》曰：「文帝崩，齊王攸率禮過哀，上以攸至孝毀甚，二年五月，文明皇大后親臨省攸，攸毀瘠塵黑，貌不可識。太后留攸(宅)，慰撫旬日。還，中詔勉攸曰：『若萬一加以他疾，將復如何？宜遠慮深思，不可專守一意以陷於不孝。若復不從往言，當遣人監守飲食。』」

【校注】

〔一〕司馬攸：字大猷，小字桃符，河內温縣人，司馬昭子。晉初，封齊王。武帝晚年，諸子並弱，太子癡呆，朝臣內外皆屬意於攸。帝忌之，遣就國，幽憤卒。《晉書》卷三八有傳。

〔二〕武帝：指晉武帝司馬炎。炎字安世，司馬昭子。魏元帝咸熙二年代魏，建立晉朝。廟號世祖。《晉書》卷三有紀。

〔三〕中外：指中央與地方。《世説新語·言語》：「孔融被收，中外惶怖。」

〔四〕文帝：指晉文帝司馬昭。昭字子上。咸熙二年(二六五)卒。子炎即位，追尊爲文帝。《晉書》卷二有紀。

〔五〕文明皇太后：姓王，名元姬，東海郯人。既笄，歸於文帝。晉武帝受禪，尊爲皇太后。卒，謚曰明。

《晉書》卷三一有傳。　省（xǐng）：探望。

〔六〕毀瘠塵墨：居喪時因悲哀過度而身體瘦弱，面貌黧黑。墨，各本同，《太平御覽》卷一五一引《晉書》作「黑」。

〔七〕中詔：《資治通鑑》卷一二四《宋紀六》「文帝元嘉二十一年」胡三省注：「詔自中出，不經門下者，謂之中詔，今之手詔是也。」

〔八〕不可守：各本同。《晉書》卷三八《司馬攸傳》、《太平御覽》卷一五一引《晉書》「守」上有「專」字。　不孝：《禮記·曲禮上》：「居喪之禮，頭有創則沐，身有瘍則浴，有疾則飲酒食肉，疾止復初。不勝喪，乃比於不慈不孝。」

〔九〕賑：《四庫全書》本作「振」。今按：「振」、「賑」通。

〔一〇〕責：《説文解字·貝部》：「責，求也。」王筠《句讀》：「責，謂索求負家償物也。」

〔一一〕容之：各本作「宏之」。吳校：「乃『容之』二字之誤。」今按：《晉書》卷三八《司馬攸傳》：「及太后臨崩，亦流涕謂帝曰：『桃符性急，而汝爲兄不慈，我若遂不起，恐必不能相容。以是屬汝，勿忘我言。』」作「容之」合文意，據改。

〔一二〕出：各本作「世」。《初學記》卷一〇引王隱《晉書》作「出」，《晉書》卷三八《司馬攸傳》詔亦云「或出御方嶽」，故當以「出」爲是。　方嶽：指地方州郡。

〔一三〕青州：州名，治所在臨淄縣，即今山東淄博臨淄北。

〔一四〕濟南郡：郡名，治所在歷城，即今山東濟南。

〔一五〕備物典策：指儀衛、祭祀等所用的器物和記載典章制度等的重要册籍。《左傳·定公四年》：「備物典策。」孔穎達疏：「服虔云：『備物，國之職物之備也，當謂國君威儀之物，若今繖扇之屬。』……備物典策，謂史官書策之典，若傳之所云發凡之類，賜之以法，使依法書時事也。」王引之《經義述聞》卷一九《春秋左傳下》「備物典策」：「備物即服物也。……『服』與『備』古字通。」

〔一六〕軒懸：《周禮·春官·小胥》：「正樂縣之位，王宫縣，諸侯軒縣。」鄭玄注：「鄭司農云：『宫縣，四面縣。軒縣，去其一面。』」縣，同「懸」。

〔一七〕六佾：周諸侯所用樂舞之規格。六列，每列六人。或云，六列，每列八人。《左傳·隱公五年》：「公問羽數於衆仲，對曰：『天子用八，諸侯用六。……』公從之，於是初獻六羽，始用六佾也。」杜預注：「六六三十六人。」孔穎達疏：「何休説如此，服虔以用六爲六八四十八人。」後世遂以爲公爵重臣的樂舞規格。漢潘勗《册魏公九錫文》：「是用錫君軒懸之樂，六佾之舞。」

〔一八〕馮紞：字少冑，西晉安平人。博洽機辯，得晉武帝寵信。《晉書》卷三九有傳。《晉書》本傳：「帝病篤得愈，紞與（荀）勖見朝野之望，屬在齊王攸。攸素薄勖。勖以太子愚劣，恐攸得立，有害於己，乃使紞言於帝曰：『陛下前者疾若不差，太子其廢矣。齊王爲百姓所歸，公卿所仰，雖欲高讓，其得免乎！宜遣還藩，以安社稷。』帝納之。及攸薨，朝野悲恨。」

〔一九〕病黄：患黄疸病。明朱橚《普濟方》卷一二一《傷寒總論》：「黄病曰疸，《内經瘧論》中謂疸爲熱，《活人書》以黄爲疸，南方暑濕，近夏癉熱，故病黄也，疸與癉同，因熱而病黄疸也。」

〔二〇〕「暴薨」句：《四庫全書》本此節與下段合，不分節。

16　司馬泰，〔一〕廉静，不近聲色之譏，位至太尉，〔二〕衣食有如布素。〔三〕任真簡率，〔四〕每朝會，〔五〕不識者不知其王公也。事親恭謹，居處謙和，爲宗室儀表。當時諸王唯高密王泰、下邳王晃俱以儉稱。〔六〕晃字子明，爲太傅。〔七〕

【校注】

〔一〕司馬泰：字子舒，河内温縣人，晉宗室。晉惠帝時，歷仕司空、録尚書事、太尉，封高密王。《晉書》卷三七有傳。

〔二〕太尉：官名。秦至西漢設置，爲全國軍政首腦，與丞相、御史大夫並稱三公。漢武帝時改稱大司馬。東漢時太尉與司徒、司空並稱三公。歷代亦多曾沿置，但漸變爲加官，無實權。

〔三〕布素：布衣素服。此處借指平民。

〔四〕任真：晉陶潛《連雨獨飲》詩：「天豈去此哉，任真無所先。」逯欽立《陶淵明集校注》引《莊子・齊物論》郭象注：「任自然而忘是非者，其體中獨任天真而已。」

〔五〕朝會：古諸侯、臣屬朝見天子，春見曰朝，時見曰會。

〔六〕下邳王晃：司馬晃，字子明，晉宗室。其人孝友貞廉，謙虛下士。晉武帝代魏，封下邳王。《晉書》卷三七有傳。

〔七〕太傅：官名。三公之一。周代始置，輔弼天子治理天下。秦廢。漢復置，次於太師。歷代沿置，多以他官兼領。

17 **劉休(慶)〔度〕，〔一〕少而閒素，〔二〕篤好文籍。文帝寵愛殊常，〔三〕爲立第於雞籠山，〔四〕盡山水之美。建平國職高他國。〔五〕爲尚書左僕射，〔六〕謙儉周慎，禮賢接士，曉明政事，〔七〕上深信仗之。**

【疏證】

《宋書》卷七二《文九王·建平宣簡王傳》：「建平宣簡王宏字休度，文帝第七子也。……少而閒素，篤好文籍。太祖寵愛殊常，爲立第於雞籠山，盡山水之美。建平國職，高他國一階。……元凶弑立，以宏爲左將軍、丹陽尹。又以爲散騎常侍、鎮軍將軍、江州刺史。世祖入討，劭録宏殿内。世祖先嘗以一手板與宏，宏遣左右親信周法道齎手板詣世祖。事平，以爲尚書左僕射。……爲人謙儉周慎，禮賢接士，明曉政事，上甚信仗之。」

【校注】

〔一〕劉休度：劉宏字休度，祖籍彭城，宋文帝第七子。封建平王。《宋書》卷七二、《南史》卷一四有傳。度，各本作「慶」。吴校：「按《宋書》建平王宏字休度。」今按：「慶」當作「度」，據改。

〔二〕閒素：清静純樸。

〔三〕文帝：即宋文帝劉義隆。義隆小字車兒，南朝宋武帝第三子。初，廟號中宗，宋孝武帝即位，追改爲太祖。《宋書》卷五、《南史》卷二《宋本紀》有紀。

〔四〕雞籠山：又名雞鳴山。在今江蘇南京西北。其山狀如雞籠，故名。

〔五〕他國：重校本、《叢書集成》本、《百子全書》本、龍溪精舍本「國」下有「一階」二字。吴校：「按《宋書》本傳下有『一階』兩字。」

〔六〕尚書左僕射：官名。漢始置，佐尚書令執行政務。劉宋時兼領殿中、主客二曹。三品。

〔七〕曉明政事：重校本、《叢書集成》本、《百子全書》本、龍溪精舍本作「明曉政事」。吴校：「本作『明曉政事』。」今按：《宋書》卷七二《文九王傳・建平宣簡王傳》作「明曉政事」。

18 劉義慶爲荊州刺史，〔一〕性謙虚。始至及去鎮，迎送物並不受。〔二〕在州八年，爲（安於西土）〔西土所安〕。〔三〕撰《徐州先賢傳》，〔四〕奏上之。又擬班固《典引》爲《典序》，〔五〕

以述皇代之美。爲性簡素，寡嗜欲，愛好文義，爲宗室之表。受任歷藩，無浮淫之過。善騎乘。〔六〕招聚才學之士，近遠必至。〔袁淑〕文冠當時，〔七〕〔請〕爲衛軍咨議參軍；〔八〕吴郡陸(扆)〔展〕，東海何長瑜、鮑照等，〔九〕引爲佐史。

【疏證】

《宋書》卷五一《宗室傳》：「（劉義慶）在京尹九年，出爲使持節、都督荆雍益寧梁南北秦七州諸軍事、平西將軍、荆州刺史。……性謙虚。始至及去鎮，迎送物並不受。……在州八年，爲西土所安。撰《徐州先賢傳》十卷，奏上之。又擬班固《典引》爲《典叙》，以述皇代之美。……爲性簡素，寡嗜欲，愛好文義，文詞雖不多，然足爲宗室之表。受任歷藩，無浮淫之過。……少善騎乘，及長，以世路艱難，不復跨馬。招聚文學之士，近遠必至。太尉袁淑，文冠當時，義慶在江州，請爲衛軍諮議參軍；其餘吴郡陸展，東海何長瑜、鮑照等，並爲辭章之美，引爲佐史國臣。」

【校注】

〔一〕劉義慶：宋武帝劉裕侄。劉宋初，襲封臨川王。宋文帝時，官散騎常侍、衛將軍，歷任荆州、江州、南兖州刺史。愛好文義，撰有《世説新語》、《集林》等。《宋書》卷五一、《南史》卷一三有傳。

〔二〕迎送：後漢至南朝，地方官赴任，當地遣吏相迎，離任時，屬下僚佐相送。即所謂迎新送故。劉宋以後，迎新送故乃地方官之特權，可獲得大量錢財。説詳周一良《魏晋南北朝史札記·〈晉書〉札記》「送故」條。

〔三〕「爲西土」句：底本、《四庫全書》本作「爲安於西土」，重校本、《叢書集成》本、《百子全書》本、龍溪精舍本作「爲西土所安」。吴校：「本作『爲西土所安』。」今按：《宋書》卷五一《宗室傳》作「爲西土所安」，據改。

〔四〕《徐州先賢傳》：《隋書》卷三三《經籍志》：「《徐州先賢傳贊》九卷，劉義慶撰。」

〔五〕班固：字孟堅，東漢扶風安陵人。潛心二十餘年，修成《漢書》。又善辭賦，所撰有《兩都賦》、《幽通賦》、《答賓戲》、《應譏》等。《後漢書》卷四〇下《班彪列傳》有附傳。《典引》：《文選》卷四八有班孟堅《典引》一首，蔡邕注曰：「《典引》者，篇名也。典者，常也，法也；引者，伸也，長也。《尚書》疏堯之常法，謂之《堯典》。漢紹其緒，伸而長之也。」班固《典引序》云：「竊作《典引》一篇，雖不足雍容明盛萬分之一，猶啓發憤滿，覺悟童蒙，光揚大漢，軼聲前代，然後退入溝壑，死而不朽。」《典序》：《宋書》卷五一《宗室傳》作「《典叙》」。序、叙同。文今不存。

〔六〕善騎乘：各本同，《宋書》卷五一《宗室傳》「善」前有「少」字，「乘」後有「及長，以世路艱難，不復跨馬」十一字，疑本文有脱誤。

〔七〕袁淑：底本、《四庫全書》脱此二字，重校本、《叢書集成》本、《百子全書》本、龍溪精舍本「文冠」上有「袁淑」二字。吴校：「『文冠』上本有『袁淑』二字。」今按：吴校是，據《宋書》卷五一《宗室傳》補。淑，字陽源，祖籍陳郡陽夏。其人博涉多通，好屬文。宋文帝元嘉中，累遷尚書吏部郎，太子左衛率。《宋書》卷七〇、《南史》卷二六有傳。

〔八〕請：底本、《四庫全書》本脱。重校本、《叢書集成》本、《百子全書》本、龍溪精舍本「爲」上有「請」字。吴校：「『爲』上本有『請』字。」今按：據《宋書》卷五一《宗室傳》補。衛軍：「衛將軍」之省稱。地位隆重，多用以加大臣、重要地方長官，二品。今按：劉義慶時爲衛將軍、江州刺史。咨議參軍：官名。王公軍府屬官，掌諷議。咨，重校本、《叢書集成》本、《百子全書》本、龍溪精舍本作「諮」。吴校：「『咨』本作『諮』。」今按：「咨」、「諮」通。

〔九〕陸展：底本、《四庫全書》本作「陸扆」，重校本、《叢書集成》本、《百子全書》本、龍溪精舍本作「陸展」。吴校：「本作『陸展』。」今按：《宋書》卷五一《宗室傳》作「陸展」，據改。展，吴郡吴人。曾爲劉義慶州府僚佐。事蹟詳《宋書》卷九二、五一、六六、六七、一〇〇及《南齊書》卷三九等。何長瑜：原籍東海。曾爲臨川王義慶王國侍郎。事蹟詳《宋書》卷六七《謝靈運傳》。鮑照：字明遠，原籍東海。宋文帝元嘉中，臨川王義慶以爲國侍郎。有《鮑參軍集》。《宋書》卷五一有傳。

19 竟陵蕭子良，〔一〕開私倉賑貧民。少有清尚，禮才好士，居不疑之地，〔二〕傾意賓客，天下才學皆游集焉。善立勝事，夏月客至，爲設瓜飲及甘果，著之文教。〔三〕士子文章及朝貴辭翰，皆發教撰録。居雞籠山西邸，〔四〕集學士抄《五經》、百家，依《皇覽》〔列〕

〔例〕爲《四部要畧》千卷。〔五〕招致名僧，講論佛法，造經唄新聲，〔六〕道俗之盛，江左未有也。〔七〕好文學。我高祖、王元長、謝玄暉、張思光、何憲、任昉、孔廣、江淹、虞炎、何僩、周顒之儔，〔八〕皆當時之傑，號士林也。

【疏證】

《南齊書》卷四〇《武十七王·竟陵文宣王傳》：「建元二年，穆妃薨，去官。仍爲征虜將軍、丹陽尹。開私倉賑屬縣貧民。……子良少有清尚，禮才好士，居不疑之地，傾意賓客，天下才學皆遊集焉。善立勝事，夏月客至，爲設瓜飲及甘果，著之文教。士子文章及朝貴辭翰，皆發教撰録。……（永明）五年，正位司徒，給班劍二十人，侍中如故。移居雞籠山邸，集學士抄《五經》、百家，依《皇覽》例爲《四部要畧》千卷。招致名僧，講論佛法，造經唄新聲。道俗之盛，江左未有也。」

【校注】

〔一〕蕭子良：字雲英，南朝齊南蘭陵人，齊武帝子。齊武帝即位，封竟陵郡王。歷司徒、侍中、揚州刺史、中書監。鬱林王即位，進位太傅，不久病死。《南齊書》卷四〇、《南史》卷四四有傳。

〔二〕居不疑之地：指與皇帝關係非常密切，且爲皇帝所倚重。《宋書》卷七〇《袁淑傳》載：宋文帝末，太子劉劭將爲弑逆，問袁淑：「事當克否？」淑曰：「居不疑之地，何患不克。」《魏書》卷六五《李平傳》：

「世宗臨式乾殿，勞遣平曰：『愉，朕之元弟，居不疑之地，豺狼之心，不意而發。』」《舊唐書》卷五四《竇建德傳》載：宇文化及僭號於魏縣，孔德紹諫竇建德曰：「宇文化及與國連姻，父子兄弟受恩隋代，身居不疑之地，而行弑逆之禍，篡隋自代，乃天下之賊也。」《舊五代史》卷四八《末帝紀下》載：河東節度使石敬瑭叛。「初，帝疑河東有異志，與近臣語及其事，帝曰：『石郎與朕近親，在不疑之地，流言毀譽，朕心自明，萬一失歡，如何和解？』」

〔三〕文教：文告教令。教，文體之一種，上對下的諭告。《文心雕龍》卷四《詔策》：「教者，效也，出言而民效也。」

〔四〕雞籠山：山名。在今南京市西北，因其狀似雞籠，故名。參《六朝事蹟編類》卷六《雞籠山》條。西邸：官舍名。以其在都城西，故稱。

〔五〕《皇覽》：爲我國最早的類書。《三國志》卷二《文帝紀》：「初，帝好文學，以著述爲務，自所勒成垂百篇。又使諸儒撰集經傳，隨類相從，凡千餘篇，號曰《皇覽》。」《隋書》卷三四《經籍志三》：「《皇覽》一百二十卷，繆襲等撰。梁六百八十卷。梁又有《皇覽》一百二十三卷，何承天合；《皇覽》五十卷，徐爰合；《皇覽目》四卷；又有《皇覽抄》二十卷，梁特進蕭琛抄。亡。」例：各本作「列」。今按：《南齊書》卷四〇《武十七王傳》作「例」，據改。《四部要畧》：書名。《隋書·經籍志》無著録。早佚。

〔六〕經唄新聲：指南齊永明年間中國審音文士及善聲沙門依據及摹擬轉讀佛經之聲所創漢語四聲。詳陳寅恪《金明館叢稿初編·四聲三問》。唄，梵語「唄匿」音譯之畧，意爲「止息」、「贊歎」。印度謂以短偈形式贊唱宗教頌歌，後泛指讚頌佛經或誦經聲。南朝梁慧皎《高僧傳》卷一三《經師論》：「天竺方俗，凡是歌詠法言，皆稱爲唄。至於此土，詠經則稱爲轉讀，歌讚則號爲梵唄。」

〔七〕江左：指長江下游以東地區，東晉及南朝基業都在此，故當時人稱其統治下的地區爲江左。清魏禧《日録·雜説》：「江東稱江左，江西稱江右，何也？曰：自江北視之，江東在左，江西在右耳。」

〔八〕我高祖：即梁高祖蕭衍。《梁書》卷一至三、《南史》卷六《梁本紀》有紀。王元長：王融字元長，祖籍琅邪臨沂。博涉有文才。竟陵王子良以爲寧朔將軍、軍主。《南齊書》卷四七、《南史》卷二一有傳。謝玄暉：謝朓字玄暉，祖籍陳郡陽夏。爲「竟陵八友」之一。長於五言詩，爲永明體代表作家，世稱「小謝」。《南齊書》卷四七、《南史》卷一九有傳。張思光：張融字思光，南齊吴郡吴人。仕齊累官太子中庶子、司徒左長史。有《玉海集》，已亡佚。《南齊書》卷四一有傳。何憲：字子思，祖籍廬江灊。博通羣籍。曾官國子博士。《南齊書》卷三四、《南史》卷四九有傳。任昉：字彦昇，祖籍樂安博昌。仕齊爲竟陵王子良記室，「竟陵八友」之一。入梁，拜秘書監，出爲新安太守。昉以文才見知，時與沈約詩並稱「任筆沈詩」。《梁書》卷一四、《南史》卷五九有傳。孔廣：字淹源，南朝齊會稽人。曾官揚州中從事。《南齊書》卷三四、《南史》卷七二有傳。江淹：字文通，祖籍濟陽考城。仕齊，官侍中、衛尉卿。入梁，封臨沮縣伯。卒，謚曰憲。作詩善擬古，世傳《恨賦》、《别賦》。《梁書》卷一四、《南史》卷五九有傳。虞炎：南朝齊會稽人。官至驍騎將軍。事蹟詳《南齊書》卷五二、《南史》卷四八。何僩：南朝齊人。稱才子，曾以散騎常侍出使魏。事蹟詳《南史》卷二六《袁彖傳》。《通志》卷六九：「義興郡丞《何倜集》三卷。」 周顒：字彦倫，祖籍汝南安城。仕齊，官至國學博士兼著作。著《三宗論》、《四聲切韻》。《南齊書》卷四一、《南史》卷三四有傳。

20 (隋)〔隨〕郡王子隆好文章，〔一〕體肥，常服蘆(茄)〔茹〕丸以自消，〔二〕猶無益也。

【疏證】

《南齊書》卷四〇《武十七王・隨郡王傳》：「子隆年二十一，而體過充壯，常服蘆茹丸以自銷損。」

【校注】

〔一〕隨郡王子隆：蕭子隆字雲興。齊武帝子。封隨郡王，歷官侍中、荊州刺史、中軍大將軍。有文集，今存《山居序》。《南齊書》卷四〇、《南史》卷四四有傳。隨，各本作「隋」。今按：《南齊書》卷四〇《武十七王傳》、《南史》卷四四《齊武帝諸子傳》皆作「隨」，據改。

〔二〕蘆茹：又名茜草，多年生攀援草本植物，根可入藥。茹，底本、《四庫全書》本作「茄」，重校本、《叢書集成》本、《百子全書》本、龍溪精舍本作「茹」。吴校：「『茄』本作『茹』。」今按：《南齊書》卷四〇《武十七王傳》、《南史》卷四四《齊武帝諸子傳》作「茹」，據改。

21　劉安有文才，〔一〕好書，鼓琴，不喜弋獵狗馬馳騁。行陰德，拊循百姓，〔二〕沽名譽。招致賓客方術之士數千人，作《内書》二十一篇，〔三〕《外書》甚衆。〔四〕又有《中（書）〔篇〕》八（篇）〔卷〕，〔五〕言神仙黄白之術，〔六〕亦二十餘萬言。時武帝方好藝文，以安屬爲諸父，〔七〕辯博善爲文辭，甚尊重之。每爲報書及賜，常召司馬相如等視草乃遣。〔八〕初，安入朝，獻所作《内篇》，〔九〕新出，上愛秘之。使爲《離騷傳》，〔一〇〕旦受詔，日食時上。〔一一〕又獻頌及賦。每見談説，昏暮而罷。

【疏證】

《漢書》卷四四《淮南衡山濟北王傳》：「淮南王安爲人好書，鼓琴，不喜弋獵狗馬馳騁，亦欲以行陰德，拊循百姓，流名譽。招致賓客方術之士數千人，作爲《内書》二十一篇，《外書》甚衆，又有《中篇》八卷，言神仙黄白之術，亦二十餘萬言。時武帝方好藝文，以安屬爲諸父，辯博善爲文辭，甚尊重之。每爲報書及賜，常召司馬相如等視草乃遣。初，安入朝，獻所作《内篇》，新出，上愛秘之。使爲《離騷傳》，旦受詔，日食時上。又獻《頌德》及《長安都國頌》。每宴見，談説得失及方技賦頌，昏莫然後罷。」亦見《史記》卷一一八《淮南王傳》。

【校注】

〔一〕劉安：漢高祖孫，淮南王劉長子。襲父封爵。吴楚七國反，曾謀響應，因國相反對而未遂。武帝即位，安暗整武備，事敗，自殺。《史記》卷一一八、《漢書》卷四四有傳。

〔二〕拊循：《荀子》卷六《富國》楊倞注：「拊循，慰悦之也。」

〔三〕《内書》：後人疑即《淮南子》。《漢書》卷三〇《藝文志》：「《淮南内》二十一篇。王安。」晁公武《郡齋讀書志》卷一二：「《淮南子》二十一卷。右漢劉安撰。淮南厲王子也。襲封。招致儒士賓客講論道德，總統仁義，作爲《内書》二十一篇。」參王應麟《漢藝文志考證》卷七「淮南内二十一篇」條。

〔四〕《外書》：《漢書》卷三〇《藝文志》：「《淮南外》三十三篇。」

〔五〕《中篇》八卷：底本、《四庫全書》本作「《中書》八篇」，重校本、《叢書集成》本、《百子全書》本、龍溪精舍本作「《中篇》八篇」。吴校：「按《漢書》作《中篇》八卷。」今按：吴校是，據改。

〔六〕黄白之術：指術士煉丹之法術。《漢書》卷四四《淮南衡山濟北王傳》顔師古注引張晏曰：「黄，黄金；白，白銀也。」

〔七〕諸父：天子對同姓諸侯、諸侯對同姓大夫，凡伯叔輩，多尊稱爲「諸父」。《漢書》卷四四《淮南衡山濟北王傳》顔師古注：「安於天子服屬爲從父叔父。」

〔八〕賜：《漢書》卷四四《淮南衡山濟北王傳》顔師古注：「賜，賜書也。」　草：《漢書》卷四四《淮南衡山濟北王傳》顔師古注：「草謂爲文之藁草。」

〔九〕《内篇》：待考。或即所謂《内書》之篇。

〔一〇〕《離騷傳》：王逸《楚辭章句》引班固《離騷序》：「昔在孝武，博覽古文，淮南王安《叙離騷傳》，以『《國風》好色而不淫，《小雅》怨悱而不亂，若《離騷》者，可謂兼之。蟬蜕濁穢之中，浮游塵埃之外，皭然泥而不滓，推此志，與日月争光可也』。斯論似過其真。又説五子以失家巷，謂五子胥也。及至羿、澆、少康、貳姚、有娀佚女，皆各以所識，有所增損，然猶未得其正也。」《離騷》，楚辭篇名。戰國時屈原所作。傳，《漢書》卷四四《淮南衡山濟北王傳》顔師古注：「傳，謂解説之，若《毛詩傳》。」

〔一一〕食時：早餐之時。相當於十二時之辰時。

22　曹子建善屬文。〔一〕魏武帝見其文，〔二〕謂植曰：「汝倩人邪？〔三〕」植跪曰：「臣言出爲論，下筆成章，故當面試，〔四〕奈何倩人邪？」時鄴銅爵臺新成，〔五〕武帝悉將諸子登臺，使各爲賦。植援筆立成，文彩可觀。

【疏證】

《三國志》卷一九《任城陳蕭王傳》：「陳思王植字子建。年十歲餘，誦讀《詩》、《論》及辭賦數十萬言，善屬文。太祖嘗視其文，謂植曰：『汝倩人邪？』植跪曰：『言出爲論，下筆成章，顧當面試，奈何倩人？』時鄴銅爵臺新成，太祖悉將諸子登臺，使各爲賦。植援筆立成，可觀，太祖甚異之。」

【校注】

〔一〕曹子建：曹植字子建，三國魏沛國譙人，曹操子。初封平原侯，徙封臨淄侯。明帝即位，徙封東阿，又改封陳王，鬱鬱而終。謚思，世稱陳思王。《三國志》卷一九有傳。

〔二〕魏武帝：即曹操，字孟德。漢末獻帝時封魏王。卒，謚武。子曹丕代漢，追尊爲武帝。《三國志》卷一有紀。

〔三〕倩人：請託別人。《文選》卷四一陳孔璋《爲曹洪與魏文帝書》：「怪乃輕其家丘，謂爲倩人，是何言歟！」五臣張銑注：「謂我文辭皆倩人所作，是何言歟！」

〔四〕故：各本同，《三國志》卷一九《任城陳蕭王傳》作「顧」；《藝文類聚》卷四五引《魏志》作「頗」，卷五六引《魏志》作「原」；《太平御覽》卷一五一引《魏志》作「顧」，卷五八七引《魏志》作「固」，卷六〇〇及卷六〇二引《魏志》作「願」。故，語氣助詞，猶云「乃」也。

〔五〕銅爵臺：漢末曹操所建。鑄大孔雀置於樓頂，舒翼奮尾，勢若飛動，故名。故址在今河北臨漳西南古鄴城的西北隅。《三國志》卷一《武帝紀》：「（建安十五年）冬，作銅雀臺。」晉陸翽《鄴中記》：「銅爵臺高一十丈，有屋一百二十間。」「爵」、「雀」通。

23 劉休玄少好學，〔有文才，〕〔一〕嘗爲《水仙賦》，〔二〕當時以爲不減《洛神》；〔三〕《擬古詩》，〔四〕時人以爲陸士衡之流。〔余謂《水仙》不及《洛神》，《擬古》勝乎士衡矣。〕〔五〕頻征戰，皆獻捷。

【校注】

〔一〕劉休玄：劉鑠字休玄，祖籍彭城，宋文帝第四子。《宋書》卷七二、《南史》卷一四有傳。　少好學：各本同。今按：《太平御覽》卷五八七引《金樓子》「好學」下有「有文才」三字，據補。

〔二〕《水仙賦》：賦名。今佚。明周嬰《卮林》卷三《彈高·劉子玄〈水仙賦〉》：「高似孫字續古，作《緯畧》云：『余二十年前作《水仙賦》，自恨筆力乏奇偉。五年前楊仲困自蕭山致水仙花一二百本，極盛，乃以二古銅洗藝之，學《洛神賦》再作《後水仙花賦》，頗愜人意。近讀《金樓子》，云：「劉子玄好學，有文才，爲《水仙花賦》，時人以爲不減《洛神賦》；《擬古詩》，時人謂陸士衡之流也。」』彈曰：『……《御鑒》引《金樓子》：「劉休玄好學，有文才，爲《水仙賦》，時人以爲《洛神賦》；《擬古詩》，時人謂陸士衡之流也。」予謂《水仙》不及《洛神》，《擬古》勝乎士衡矣。』據此，則是宋南平王劉鑠也，《擬古詩》今在《文選》。水仙，乃水上神女，陶弘景亦有賦。高氏以休玄爲子玄，謂水仙爲花名，豈不謬與？」

〔三〕《洛神》：各本同，《太平御覽》卷五八七引《金樓子》「洛神」下有「賦」字。《洛神賦》，曹植所作，見《文選》卷一九。

〔四〕《擬古詩》：《文選》卷三一《雜擬》有劉休玄《擬行行重行行詩》、《擬明月何皎皎》二首，另《玉臺新詠》卷三有《擬孟冬寒氣至》、《擬青青河邊草》二首。

〔五〕陸士衡：陸機字士衡，吴郡吴人。機有文名於當時，著《晉記》四卷，《洛陽記》一卷，《要覽》若干卷。後人輯有《陸士衡集》。《晉書》卷五四有傳。《文選》卷三〇有陸士衡《擬古詩十二首》。之流：各本同。今按：《太平御覽》卷五八七引《金樓子》「之流」下有「余謂《水仙》不及《洛神》，《擬古》勝乎士衡矣」十五字，據補。

24 劉章年二十，〔一〕忿劉氏不得職。常入侍燕飲，〔二〕高后令章爲酒吏。章自請曰：「臣，將種也，請得以軍法行酒。」高后曰：「可。」酒酣，章進歌舞，已而曰：「請爲太后言耕田。」高后兒子畜之，〔三〕笑曰：「顧而父知田耳，〔四〕若生而爲王子，〔五〕安知田？」章曰：「臣知之。」太后曰：「試爲我言田意。」章曰：「深耕穊種，立苗欲疏。〔六〕非其種者，鉏而去之。〔七〕」太后默然。頃之，諸吕一人醉，亡，章斬之。自是後，諸吕憚之，雖大臣皆依朱虚侯。劉氏爲强。其明年，吕産欲作亂，〔八〕章首先斬産，以定天下。〔九〕

【疏證】

《漢書》卷三八《高五王・齊悼王肥傳》附《劉章傳》：「章年二十，有氣力，忿劉氏不得職。嘗入侍燕飲，高后令章爲酒吏。章自請曰：『臣，將種也，請得以軍法行酒。』高后曰：『可。』酒酣，章進歌舞，已而曰：『請爲太后言耕田。』高后兒子畜之，笑曰：『顧乃父知田耳，若生而爲王子，安知田乎？』章曰：『臣知之。』太后曰：『試爲我言田意。』章曰：『深耕穊種，立苗欲疏。非其種者，鉏而去之。』太后默然。頃之，諸呂有一人醉，亡酒，章追，拔劍斬之，而還報曰：『有亡酒一人，臣謹行軍法斬之。』太后左右大驚。業已許其軍法，亡以罪也。因罷酒。自是後，諸呂憚章，雖大臣皆依朱虛侯。劉氏爲彊。其明年，高后崩。趙王呂禄爲上將軍，呂王產爲相國，皆居長安中，聚兵以威大臣，欲爲亂。……呂禄、呂產欲作亂，朱虛侯章與太尉勃、丞相平等誅之。章首先斬呂產，太尉勃等乃盡誅諸呂。」亦見《史記》卷五二《齊悼惠王世家》。

【校注】

〔一〕劉章：漢高祖庶男齊悼惠王肥子。高后時封爲朱虛侯。呂后死，與周勃等殺諸呂，引代王劉恒爲帝，封城陽王。《史記》卷五二、《漢書》卷三八有傳。

〔二〕常：各本同，《史記》卷五二《齊悼惠王世家》、《漢書》卷三八《高五王傳》作「嘗」。常，通「嘗」，曾經。

〔三〕兒子畜之：《漢書》卷三八《高五王傳》顏師古注：「比之於子也。」

〔四〕顧而父：《漢書》卷三八《高五王傳》作「顧乃父」，顏師古注：「顧，念也。乃，汝也。汝父謂高帝也。」今按：而父，顏師古以爲指高祖，誤，當指劉章之父劉肥。《史記》卷五二《齊悼惠王世家》：「齊悼惠王劉肥者，高祖長庶男也。其母外婦也，曰曹氏。」《漢書》卷三八《高五王傳》：「齊悼惠王肥，其母高祖微時外婦也。」而，《小爾雅・廣詁》：「而，汝也。」

〔五〕若：《漢書》卷三八《高五王傳》顏師古注：「若亦汝也。」

〔六〕「深耕」二句：《漢書》卷三八《高五王傳》顏師古注：「概，稠也。概種者，言多生子孫也。疏立者，四散置之，令爲藩輔也。」

〔七〕「鋤而」句：《漢書》卷三八《高五王傳》顏師古注：「以斥諸呂也。」鋤，各本同，《史記》卷五二《齊悼惠王世家》、《漢書》卷三八《高五王傳》作「鉏」。今按：鉏，同「鋤」。

〔八〕呂產：西漢單父人，呂后侄。呂后時，官至相國。呂后卒，欲爲亂，爲劉章所殺。生平詳《史記》卷九、卷一〇、卷五一、卷五七、《漢書》卷九七等。

〔九〕「章首」二句：《史記》卷九《呂太后本紀》載：高后呂雉卒，呂產「入未央宮，欲爲亂，殿門弗得入，裵回往來。平陽侯恐弗勝，馳語太尉。太尉尚恐不勝諸呂，未敢訟言誅之，乃遣朱虛侯謂曰：『急入宮衛帝。』朱虛侯請卒，太尉予卒千餘人。入未央宮門，遂見產廷中。日餔時，遂擊產。產走，天風大起，以故其從官亂，莫敢鬭。逐產，殺之郎中府吏廁中。」

25 劉非爲汝南王。〔一〕吳楚反時，〔二〕非年十五，有才氣，〔三〕上書自請擊吳。景帝賜非將軍印，擊吳。吳已破，徙王江都，〔四〕治故吳國，〔五〕以軍功賜天子旗。

【疏證】

《漢書》卷五三《景十三王·江都易王傳》：「江都易王非以孝景前二年立爲汝南王。吴楚反時，非年十五，有材氣，上書自請擊吴。景帝賜非將軍印，擊吴。吴已破，徙王江都，治故吴國，以軍功賜天子旗。」亦見《史記》卷五九《五宗世家》。

【校注】

〔一〕劉非：漢景帝第五子。景帝前元二年（前一五五），立爲汝南王。卒，謚曰易。《史記》卷五九、《漢書》卷五三有傳。

〔二〕吴楚反：景帝前元三年（前一五四），以劉邦之侄吴王劉濞爲首的同姓七王發動了一次聯合大叛亂。參與叛亂的有吴王劉濞、楚王劉戊、趙王劉遂、濟南王劉辟光、淄川王劉賢、膠西王劉昂、膠東王劉雄渠。史稱此次叛亂爲「七國之亂」。事詳《史記》卷一〇六《吴王濞傳》、《漢書》卷三五《荆燕吴傳》。

〔三〕才：各本同。吴校：「『才』，《漢書》作『材』。」《史記》卷五九《五宗世家》、《漢書》卷五三《景十三王傳》均作「材」。今按：「才」、「材」古通。

〔四〕江都：王國名，西漢景帝前元三年置，治所在今江蘇揚州西北蜀岡上。

〔五〕治故吴國：《漢書》卷五三《景十三王·江都易王傳》顔師古注：「治謂都之。劉濞所居也。」

26 曹子文少善射御，〔一〕膂力過人，手格猛獸，不避險阻。數從征伐，志（章）〔意〕慷慨。〔二〕魏武帝常抑之曰：「汝不念讀書而好乘汗馬擊劍，〔三〕此一夫之用，何足貴也？」課彰讀書。〔四〕彰謂左右曰：「丈夫一爲衛、霍，〔五〕將十萬騎馳沙漠，驅戎狄，立功建號耳，〔六〕何能作博士邪？〔七〕」烏丸反，〔八〕以子文爲北中郎將，〔九〕行驍騎將軍。〔一〇〕時兵馬未集，〔一一〕唯有步卒千人，騎數百匹。用田豫計，〔一二〕固守要隙，虜乃散退。彰追之，身自搏戰，射胡騎，應弦而倒者前後相屬。戰過半日，彰鎧中數箭，意氣益厲，乘勝逐北，至於桑乾。〔一三〕諸將以爲新涉遠，士馬疲，〔一四〕又受節度，不得過代，〔一五〕不得深進。〔一六〕遂上馬，〔一七〕令軍中：「後出者斬。」一日一夜與虜相及，擊，〔一八〕破之，斬首獲生以千數。〔一九〕魏武喜，（將）〔捋〕彰鬚曰：〔二〇〕「黄鬚兒竟大奇也！〔二一〕」

【疏證】

《三國志》卷一九《任城陳蕭王傳》：「任城威王彰，字子文。少善射御，膂力過人，手格猛獸，不避險阻。數從征伐，志意慷慨。太祖嘗抑之曰：『汝不念讀書慕聖道，而好乘汗馬擊劍，此一夫之用，何足貴也！』課彰讀《詩》、《書》，彰謂左右曰：『丈夫一爲衛、霍，將十萬騎馳沙漠，驅戎狄，立功建號耳，何能作博士邪？』……（建安）二十三年，代郡烏丸反，以彰爲北中郎將，行驍騎將軍。

臨發，太祖戒彰曰：『居家爲父子，受事爲君臣，動以王法從事，爾其戒之！』彰北征，入涿郡界，叛胡數千騎卒至。時兵馬未集，唯有步卒千人，騎數百匹。用田豫計，固守要隙，虜乃退散。彰追之，身自搏戰，射胡騎，應弦而倒者前後相屬。戰過半日，彰鎧中數箭，意氣益厲，乘勝逐北，至於桑乾，去代二百餘里。長史、諸將皆以爲新涉遠，士馬疲頓，又受節度，不得過代，不可深進，違令輕敵。彰曰：『率師而行，唯利所在，何節度乎？胡走未遠，追之必破。從令縱敵，非良將也。』遂上馬，令軍中：『後出者斬。』一日一夜與虜相及，擊，大破之，斬首獲生以千數。……北方悉平。時太祖在長安，召彰詣行在所。彰自代過鄴，太子謂彰曰：『卿新有功，今西見上，宜勿自伐，應對常若不足者。』彰到，如太子言，歸功諸將。太祖喜，捋彰鬚曰：『黃鬚兒竟大奇也！』」

【校注】

〔一〕曹子文：曹彰字子文，三國魏沛國譙人，曹操子。初封鄢陵侯。魏文帝黃初三年(二二二)，封任城王。明年，朝京師，暴卒。《三國志》卷一九有傳。

〔二〕意：底本作「章」，《四庫全書》本、重校本、《叢書集成》本、《百子全書》本、龍溪精舍本作「意」。吴校：「『章』當作『意』。」今按：《三國志》卷一九《任城陳蕭王傳》作「意」，據改。

〔三〕汗馬：即汗血馬。《史記》卷二四《樂書》裴駰《集解》：「應劭曰：大宛舊有天馬種，蹋石汗血，汗從前肩髆出，如血。號一日千里。」亦用以指戰馬。

〔四〕「課彰」句：讀書，各本同，《三國志》卷一九《任城陳蕭王傳》「書」前有「詩」字。又，各本「書」下有小字云：「子文名彰。」課，督促。

〔五〕衛、霍：衛青和霍去病。衛青字仲卿，西漢河東平陽人。曾前後七次出擊匈奴，屢立戰功，官至大將軍，封長平侯。霍去病，衛青姊子。曾六次出擊匈奴，涉沙漠，遠至狼居胥山。爲驃騎將軍，封冠軍侯。二人傳並見《史記》卷一一一、《漢書》卷五五。

〔六〕建號：建立名號。謂受封爲侯王。

〔七〕博士：古代學官名。六國時有博士，秦因之，諸子、詩賦、術數、方伎皆立博士。漢文帝置一經博士，武帝時置「五經」博士，掌教授、課試，或奉使、議政。

〔八〕烏丸：古時北方少數民族名。《三國志》卷一《武帝紀》：建安二十三年，「夏四月，代郡、上谷烏丸無臣氏等叛，遣鄢陵侯彰討破之」。

〔九〕北中郎將：將軍名號。東漢時置，爲統軍長官，地位高於一般將軍。

〔一〇〕行：官制術語。指大官兼任小官之職事。驍騎將軍：將軍名號。西漢時置，東漢沿之，爲雜號將軍，統兵出征。

〔一一〕「時兵馬」句：吴校：「按《魏志》云『北征，入涿郡界，叛寇數千騎猝至。時兵馬未集』云云，此疑有脱誤。」

〔一二〕田豫：字國讓，三國魏漁陽雍奴人。初從劉備，後入曹操幕。魏文帝初，使持節護烏丸校尉，威震沙漢，封長樂亭侯，官至太中大夫。《三國志》卷二六有傳。

〔一三〕桑乾：縣名。屬代郡，治所在今河北蔚縣東北。

〔一四〕疲：重校本「疲」下旁側有小字「頓」，《叢書集成》本、《百子全書》本、龍溪精舍本「疲」下有「頓」字。吳校：「按《魏志》有『頓』字。」

〔一五〕代：郡名。秦、西漢時治所在代縣，即今河北蔚縣西南；東漢移治高柳縣，在今山西陽高西南。

〔一六〕得：重校本、《叢書集成》本、《百子全書》本、龍溪精舍本作「可」。吳校：「按《魏志》作『不可深進』，下有：『違令輕敵。彰曰：「率師而行，唯利所在，何節度乎？寇走未遠，追之必破。徒令縱敵，非良將也。」』此下疑有脱誤。」又校：「一本『得』作『可』，句下脱『彰』字，屬下句。」

〔一七〕遂：重校本「遂」上旁側有小字「彰」，《叢書集成》本、《百子全書》本、龍溪精舍本「遂」上有「彰」字。

〔一八〕擊：各本同。吳校：「『擊』下《魏志》有『大』字。」

〔一九〕生：《漢書》卷七《昭帝紀》：「今破烏桓，斬虜獲生，有功。」顔師古曰：「既斬反虜，又獲生口也。俘取曰獲。」

〔二〇〕捋：底本作「將」，《四庫全書》本、重校本、《叢書集成》本、《百子全書》本、龍溪精舍本作「捋」。吳校：「『捋』誤『將』。」今按：《三國志》卷一九《任城陳蕭王傳》作「捋」，據改。

〔二一〕黄鬚兒：《三國志》卷一九《任城陳蕭王傳》裴松之注引《魏畧》曰：「太祖在漢中，而劉備棲於山頭，使劉封下挑戰。太祖駡曰：『賣履舍兒，長使假子拒汝公乎！待呼我黄鬚來，令擊之。』乃召彰。彰晨夜進道，西到長安而太祖已還，從漢中而歸。彰鬚黃，故以呼之。」

27 司馬承身居藩屏，〔一〕躬處儉約，乘葦笨車，〔二〕家無别室。王敦懷無君之心，〔三〕元帝召承曰：〔四〕「湘州南楚險固，〔五〕在上流之要，控三州之會，〔六〕是用武之國，全勝之地。今以叔父居之，如何？」承曰：「君之所命，敢有辭焉！」承行達武昌，〔七〕釋戎備，見王敦，敦因宴集，謂承曰：「大王雅素佳士，非將御才也。」承曰：「安知鉛刀不能一割！〔八〕」敦果謂錢鳳曰：〔九〕「彼不知懼而學壯語，此(不知)〔之不〕武，〔一〇〕何能爲焉。」

【疏證】

《太平御覽》卷一五一引《晉中興書》曰：「譙王丞鎮湘州，至武昌，釋軍備見王敦。敦因宴集，謂丞曰：『大王雅素佳士，非將御才也。』丞曰：『公未盡耳，安知鉛刀不能一割！』丞以敦欲測其情，故發此言。敦果謂錢鳳曰：『彼不知懼而學壯語，此之不武，何能爲。』聽丞之鎮。」

【校注】

〔一〕司馬承：字敬才，祖籍河内温縣。司马懿弟進之孫。東晉元帝時，封譙王，領左軍將軍。王敦專恣，帝以承爲南中郎將、湘州刺史。敦起兵，承討之。城陷被執，遇害。《晉書》卷三七有傳。

〔二〕葦笨車：各本同，《晉書》卷三七《宗室·司馬承傳》作「葦茭車」。今按：葦笨車、葦茭車當與薄笨車是一物。薄笨車，用竹製作粗簡而行駛緩慢的車子。《宋書》卷九三《隱逸·劉凝之傳》：「妻亦能不慕榮華，與凝之共安儉苦。夫妻共乘薄笨車，出市買易，周用之外，輒以施人。」《資治通鑑》卷一二八《宋紀十》「孝武孝建三年」：「（顔）延之子竣貴重，凡所資供，延之一無所受，布衣茅屋，蕭然如故。常乘羸牛笨車，逢竣鹵簿，即屏住道側。」胡三省注：「笨，竹裏也；一曰，不精也。」

〔三〕王敦：字處仲，祖籍琅邪臨沂，晉武帝婿。曾官揚州刺史。東晉立，遷大將軍、荆州牧。元帝欲抑制王氏勢力，敦舉兵反，攻入建康，自爲丞相，還屯武昌，遥制朝政。後病死。《晉書》卷九八有傳。

〔四〕元帝：晉元帝司馬睿字景文，司馬懿曾孫。西晉亡，即位於建康，史稱東晉，偏安江東。王敦挾制朝政，帝幽憤而卒。《晉書》卷六有紀。

〔五〕湘州：州名。西晉永嘉元年（三〇七）分荆、廣兩州置。治所在臨湘縣，即今湖南長沙。

〔六〕三州：《資治通鑑》卷九一《晉紀十三》「元帝大興三年」胡三省注：「三州，謂荆、交，廣。」

〔七〕武昌：縣名，亦武昌郡治所，即今湖北鄂州。

〔八〕鉛刀：比喻才力微薄。鉛刀雖不鋒利，但也能割斷東西。《東觀漢記》卷一六載班超上疏曰：「臣乘聖漢威神，冀效鉛刀一割之用。」左思《詠史》：「鉛刀貴一割，夢想騁良圖。」

〔九〕錢鳳：《晉書》卷九八《王敦傳》附《沈充傳》：「鳳字世儀，敦以爲鎧曹參軍，數得進見。知敦有不臣之心，因進邪説，遂相朋構，專弄威權，言成禍福。遭父喪，外託還葬，而密爲敦使，與（沈）充交構。」

〔一〇〕此之不武：各本皆作「此不知武」，《太平御覽》卷一五一引《晉中興書》、《晉書》卷三七《司馬承傳》作「此之不武」。《資治通鑑》卷九一《晉紀十三》「晉元帝太興三年」：「敦謂錢鳳曰：『彼不知懼而學壯語，足知其不武，無能爲也。』」胡三省注：「承雖忠有餘而才不足，敦窺見而知其無能爲。」今按：據上下文意，非司馬承「不知武」，而是王敦窺知承「不武」，故作「此之不武」爲是，據改。不武，無軍事才能。

28 劉長，〔一〕母本張敖美人，〔二〕坐貫高事，〔三〕繫之河内。〔四〕弟趙兼因辟陽侯告呂后，〔五〕后妒，不肯白，辟陽侯不强争。美人已生厲王，恚，即自殺。長有材，力扛鼎，〔六〕乃往請辟陽侯，侯出見之，即袖金椎椎之。〔七〕居處無度，爲黄屋蓋擬天子，〔八〕擅〔爲〕法令，〔九〕不用漢法。以罪徙處蜀嚴道，〔一〇〕日三食，給薪菜鹽炊食器席蓐，制曰：〔一一〕「食長給肉日五斤，酒二斗。令故美人才人得幸者從之。〔一二〕」乃不食而死。

【疏證】

《史記》卷一一八《淮南衡山傳》：「淮南厲王長者，高祖少子也，其母故趙王張敖美人。高祖八年，從東垣過趙，趙王獻之美人。厲王母得幸焉，有身。趙王敖弗敢内宫，爲築外宫而舍之。及貫高等謀反柏人事發覺，並逮治王，盡收捕王母兄弟美人，繫之河内。厲王母亦繫，告吏曰：『得幸上，有身。』吏以聞上，上方怒趙王，未理厲王母。厲王母弟趙兼因辟陽侯言吕后，吕后妒，弗肯白，辟陽侯不彊争。及厲王母已生厲王，恚，即自殺。……厲王有材力，力能扛鼎，乃往請辟陽侯。辟陽侯出見之，即自袖鐵椎椎辟陽侯，令從者魏敬剄之。……當是時，薄太后及太子諸大臣皆憚厲王，厲王以此歸國益驕恣，不用漢法，出入稱警蹕，稱制，自爲法令，擬於天子。六年，令男子但等七十人與棘蒲侯柴武太子奇謀，以輂車四十乘反谷口，令人使閩越、匈奴。事覺，治之，使使召淮南王。淮南王至長安。『丞相臣張倉、典客臣馮敬、行御史大夫事宗正臣逸、廷尉臣賀、備盜賊中尉臣福昧死言：淮南王長廢先帝法，不聽天子詔，居處無度，爲黄屋蓋乘輿，出入擬於天子，擅爲法令，不用漢法。……長當棄市，臣請論如法。』制曰：『朕不忍致法於王，其與列侯二千石議。』『臣倉、臣敬、臣逸、臣福、臣賀昧死言：臣謹與列侯吏二千石臣嬰等四十三人議，皆曰「長不奉法度，不聽天子詔，乃陰聚徒黨及謀反者，厚養亡命，欲以有爲」。臣等議論如法。』制曰：『朕不忍致法於王，其赦長死罪，廢勿王。』『臣倉等昧死言：長有大死罪，陛下不忍致法，幸赦，廢勿王。臣請處蜀郡嚴道邛郵，遣其子母從居，縣爲築蓋家室，皆廩食給薪菜鹽豉炊食器席蓐。臣等昧死請，請布告天下。』制曰：『計食長給肉日五斤，酒二斗。令故美人才人得幸者十人從居。他可。』盡誅所與謀者。於是乃遣淮南王，載以輜車，令縣以次傳。……縣傳淮南王者皆不敢發車封。淮南王乃謂侍者曰：『誰謂乃公勇者？　吾安能勇！吾以驕故不聞吾過至此。人生一世間，安能邑邑如此！』乃不食死。」亦見《漢書》卷四四《淮南王傳》。

【校注】

〔一〕劉長：西漢沛人，高祖劉邦第六子。高祖十一年（前一九六）封淮南王。文帝時圖謀叛亂，事泄被拘，謫徙蜀嚴道，途中絶食死。謚爲厲王。《史記》卷一一八、《漢書》卷四四有傳。

〔二〕張敖：西漢大梁人。高祖五年，嗣爲趙王，妻高祖長女魯元公主。高祖七年，從平城過趙，執子婿禮甚恭，反遭辱駡。趙相貫高以高祖傲慢，欲謀殺之，敖不許。九年事發被捕，降爲宣平侯。《史記》卷八九、《漢書》卷三二有傳。　美人：帝王或諸侯王宫中嬪妃及後宫女官名。

〔三〕貫高：張敖家相。事蹟詳《史記》卷八九《張耳傳》、《漢書》卷三二《張耳傳》。

〔四〕河内：郡名。治所在懷縣，即今河南沁陽。

〔五〕趙兼：西漢真定人，淮南王劉長之舅，張敖美人之弟。文帝元年，封爲周陽侯。六年，有罪，國除。生平詳《史記》卷一〇、卷一一八、卷一二二及《漢書》卷四四等。　辟陽侯：審食其，西漢沛人。高祖六年，封辟陽侯。吕后元年爲左丞相。文帝即位，免相。後爲劉長所殺。生平詳《史記》卷八、卷九、卷一〇、卷一一八及《漢書》卷四四等。

〔六〕「長有材」三句：各本同。吴校：「按《漢書》作『有材力，力扛鼎』。」今按：《史記》卷一一八《淮南衡山傳》作「有材力，力能扛鼎」，《漢書》卷四四《淮南衡山濟北王傳》作「有材力，力扛鼎」。

〔七〕金椎：各本同，《史記》卷一一八《淮南衡山傳》作「鐵椎」。司馬貞《索隱》：「案：《漢書》作『褎金椎椎之』。案：魏公子無忌使朱亥袖四十斤鐵椎椎之也。」《漢書》卷四四《淮南王傳》顔師古注：「褎，古袖字也。謂以金椎藏置褎中，出而椎之。」

〔八〕黄屋蓋：古代帝王專用的黄繒車蓋。《史記》卷六《秦始皇本紀》裴駰《集解》：「蔡邕曰：黄屋者，蓋以黄爲裏。」

〔九〕擅爲：底本、《四庫全書》本脱「爲」字，重校本「擅」下旁側有小字「爲」；《叢書集成》本、《百子全書》本、龍溪精舍本「擅」下有「爲」字。吴校：「按《漢書》『擅』下有『爲』字。」今按：吴校是，據《史記》卷一一八《淮南衡山傳》、《漢書》卷四四《淮南衡山濟北王傳》補「爲」字。

〔一〇〕嚴道：《史記》卷一一八《淮南衡山傳》裴駰《集解》：「徐廣曰：『嚴道有邛僰九折阪，又有郵置。』駰案：張晏曰：『嚴道，蜀郡縣。』」司馬貞《索隱》：「按：嚴道，蜀郡之縣也。縣有蠻夷曰道。嚴道有邛萊山，有郵置，故曰『嚴道邛郵』也。」《史記》卷二二《漢興以來將相名臣年表》：文帝前元六年「廢淮南王，遷嚴道，道死雍」，司馬貞《索隱》：「嚴道在蜀，雍在扶風。」

〔一一〕制：《史記》卷六《秦始皇紀》：「臣等昧死上尊號，王爲『泰皇』，命爲『制』，令爲『詔』。」裴駰《集解》引蔡邕曰：「制書，帝者制度之命也。其文曰『制』。」

〔一二〕才人：帝王或諸侯王宫中女官名。

29 （刺）〔刺〕王旦，〔一〕壯大就國，爲人辯〔略〕，〔二〕博學經書雜説，好星曆術數倡優射獵之事，〔三〕招致游士。及衛太子敗，〔四〕齊懷王又薨，〔五〕旦自以次第當立，〔六〕上書求入宿衛。上怒，下其使獄。〔七〕後坐藏匿亡命，〔八〕削良鄉、安次、文安三縣。〔九〕武帝由是惡旦，後遂立少子爲太子。帝崩，太子立，是爲昭帝。〔一〇〕賜諸侯王璽書。〔一一〕旦不肯哭，〔一二〕曰：「璽書封小，〔一三〕京師疑有變。〔一四〕」興宗室，〔一五〕遂招來（羣）〔郡〕國姦人，〔一六〕賦斂銅鐵作甲兵，數閲其車騎材官卒，〔一七〕建旌旗鼓車，旄頭先敺，〔一八〕郎中侍從著貂羽、黄金附蟬，〔一九〕皆號侍中。〔二〇〕旦從相、中尉以下，〔二一〕勒車騎，發民會圍，大獵文安縣，以講士馬，須期日。〔二二〕時天雨，虹下屬宫中，〔二三〕飲井水，井水竭。〔二四〕厠中豕羣出，〔二五〕壞大官竈。〔二六〕烏鵲鬭死。〔二七〕鼠舞殿端門中。〔二八〕殿上户自閉，不〔可〕開。〔二九〕天火燒城門。〔三〇〕大風壞宫城樓，折拔樹木。〔三一〕流星下墮。王驚病，使人祠葭水、台水。〔三二〕王客吕廣等知星，〔三三〕爲王言：「當有兵圍城，期在九月十月，漢當有大臣戮死者。」會燕倉告蓋主、上官桀與旦有逆謀，〔三四〕桀等皆伏誅。有赦令到，王讀之，曰：「嗟乎！獨赦吏民，不赦我。」因迎后姬諸夫人之明光殿，〔三五〕王曰：「老虜曹爲事當族。〔三六〕」欲自殺。〔三七〕以綬自絞。后夫人隨旦自殺者二十餘人。

【疏證】

《漢書》卷六三《武五子・燕剌王傳》：「旦壯大就國，爲人辯略，博學經書雜説，好星曆數術倡優射獵之事，招致游士。及衛太子敗，齊懷王又薨，旦自以次第當立，上書求入宿衛。上怒，下其使獄。後坐臧匿亡命，削良鄉、安次、文安三縣。武帝由是惡旦，後遂立少子爲太子。帝崩，太子立，是爲孝昭帝。賜諸侯王璽書。旦得書，不肯哭，曰：『璽書封小。京師疑有變。』……時大將軍霍光秉政，褒賜燕王錢三千萬，益封萬三千户。旦怒曰：『我當爲帝，何賜也！』遂與宗室中山哀王子劉長、齊孝王孫劉澤等結謀，詐言以武帝時受詔，得職吏事，修武備，備非常。……即與劉澤謀爲姦書，言少帝非武帝子，大臣所共立，天下宜共伐之。使人傳行郡國，以搖動百姓。澤謀歸發兵臨淄，與燕王俱起。旦遂招來郡國姦人，賦斂銅鐵作甲兵，數閲其車騎材官卒，建旌旗鼓車，旄頭先驅，郎中侍從者著貂羽、黄金附蟬，皆號侍中。旦從相、中尉以下，勒車騎，發民會圍，大獵文安縣，以講士馬，須期日。……是時天雨，虹下屬宫中，飲井水，(水泉)〔井水〕竭。厠中豕羣出，壞大官竈。烏鵲鬭死。鼠舞殿端門中。殿上户自閉，不可開。天火燒城門。大風壞宫城樓，折拔樹木。流星下墮。后姬以下皆恐。王驚病，使人祠葭水、台水。王客吕廣等知星，爲王言『當有兵圍城，期在九月十月，漢當有大臣戮死者』。……會蓋主舍人父燕倉知其謀，告之，由是發覺。丞相賜璽書，部中二千石逐捕孫縱之及左將軍桀等，皆伏誅。……有赦令到，王讀之，曰：『嗟乎！獨赦吏民，不赦我。』因迎后姬諸夫人之明光殿，王曰：『老虜曹爲事當族！』欲自殺。左右曰：『黨得削國，幸不死。』后姬夫人共啼泣止王。會天子使使者賜燕王璽書。……旦得書，以符璽屬醫工長，謝相二千石：『奉事不謹，死矣。』即以綬自絞。后夫人隨旦自殺者二十餘人。天子加恩，赦王太子建爲庶人，賜旦謚曰剌王。」

【校注】

〔一〕剌王旦：即劉旦，漢武帝第三子，封燕王。昭帝時謀廢帝自立，事敗自殺。謚剌王。《史記》卷六〇、《漢書》卷六三有傳。《漢書》卷六三《武五子傳》顔師古注：「謚法『暴戾無親曰剌』。」剌，各本作「刺」。今按：當是「剌」之誤，改正。

〔二〕辯畧：底本、《四庫全書》本脱「畧」，重校本「辯」下旁側有小字「畧」；《叢書集成》本、《百子全書》本、龍溪精舍本「辯」下有「畧」字。吳校：「按《漢書》『辯』下有『畧』字。」今按：吳校是，據補。辯畧，智而有謀。

〔三〕術數：各本同。吳校：「按『術數』《漢書》作『數術』。」「數術」即「術數」，指古代關於天文、曆法、占卜的學問。　事：各本同。吳校：「『事』，《漢書》作『士』。」今按：「士」、「事」通。《詩經·豳風·東山》「勿士行枚」，鄭箋：「士，事也。」

〔四〕衛太子：即戾太子劉據，漢武帝長子。元狩初立爲太子。武帝末年，爲江充所誣，舉兵斬充，與丞相劉屈氂戰於長安，兵敗自經死。宣帝即位，追謚戾。《漢書》卷六三《武五子傳》有傳。

〔五〕齊懷王：即劉閎，漢武帝次子。元狩六年封齊王。卒，謚曰懷。《史記》卷六〇《三王世家》、《漢書》卷六三《武五子傳》有傳。

〔六〕次第當立：漢武帝共有六子。衛太子劉據是長子，齊懷王劉閎是次子，刺王劉旦是三子。劉據自殺，劉閎早卒，故劉旦認爲自己當立爲太子。

〔七〕下其使獄：各本同，《漢書》卷六三《武五子・燕刺王傳》亦同，《史記》卷六〇《三王世家》則曰「斬其使于闕下」。

〔八〕亡命：指逃亡者。

〔九〕良鄉：縣名，屬涿郡，治所在今北京房山東南十八里竇店西土城。安次：縣名，屬渤海郡，治所在今河北廊坊西北古縣村。文安：縣名，屬渤海郡，治所在今河北文安東北二十五里大柳河。

〔一〇〕昭帝：漢昭帝劉弗陵。武帝少子。年幼即位，霍光輔政。《漢書》卷七有紀。

〔一一〕璽書：皇帝用印章封記的詔書。

〔一二〕旦不肯哭：各本同，《漢書》卷六三《武五子・燕刺王傳》「旦」下有「得書」二字。

〔一三〕封小：《漢書》卷六三《武五子・燕刺王傳》顏師古注：「張晏曰：『文少則封小。』」

〔一四〕「京師」句：《史記》卷六〇《三王世家》：「會武帝崩，昭帝初立，旦果作怨而望大臣。自以長子當立，與齊王子劉澤等謀爲叛逆，出言曰：『我安得弟在者！』」司馬貞《索隱》：「案：昭帝，鉤弋夫人所生，武帝崩時年纔七八歲耳。胥、旦早封在外，實合有疑。然武帝春秋高，惑於内寵，誅太子而立童孺，能不使胥、旦疑怨？亦由權臣輔政，貪立幼主之利，遂得鉤弋子當陽。斯實父德不弘，遂令子道不順。」

〔一五〕與宗室：各本同。吴校：「三字衍。」今按：「與宗室」蓋發動宗室諸王之意。劉旦認爲自己當立，故對昭帝不服，串聯宗室齊王子劉澤、中山哀王子劉長等，意圖謀反。亦可能是「與宗室」云云之訛脱。參《漢書》卷六三《武五子·燕剌王傳》。

〔一六〕郡：底本、《四庫全書》本作「羣」，重校本、《叢書集成》本、《百子全書》本、龍溪精舍本作「郡」。吴校：「『羣』乃『郡』之誤。」今按：《漢書》卷六三《武五子·燕剌王傳》作「郡」，據改。

〔一七〕車騎材官：秦漢始置的地方預備兵兵種。《後漢書》卷一《光武帝紀下》李賢注引《漢官儀》曰：「高祖命天下郡國選能引關蹶張、材力武猛者，以爲輕車、騎士、材官、樓船，常以立秋後講肄課試，各有員數。平地用車騎，山阻用材官，水泉用樓船。」

〔一八〕旄頭：古代皇帝儀仗中擔任先驅之騎兵。先毆：先驅。毆，吴校：「『毆』，《漢書》作『歐』，師古曰『歐與驅同』。」又校：「『毆』或作『敺』。」今按：「毆」、「敺」、「歐」同。

〔一九〕郎中：官名。郎中令屬官。掌宫殿門户、出入侍從宿衛。因其爲郎，居於内廷，故稱郎中。貂羽、黄金附蟬：《漢書》卷六三《武五子·燕剌王傳》顔師古注：「晉灼曰：『以翠羽飾冠也。』師古曰：『貂羽，以貂尾爲冠之羽也。附蟬，爲金蟬以附冠前也。凡此旄頭先驅，皆天子之制。而貂羽附蟬，又天子侍中之飾，王僭爲之。』」

〔二〇〕侍中：職官名。秦始置，兩漢沿置，爲正規官職外的加官之一。因侍從皇帝左右，出入宫廷，與聞朝政，逐漸變爲親信貴重之職。《漢書》卷一九《百官公卿表上》：「侍中、左右曹諸吏、散騎、中常侍，皆加官。……侍中、中常侍得入禁中。」

〔二一〕從：率領。　相：漢諸侯王國内的行政長官，地位畧高於郡太守，秩二千石。　中尉：漢諸侯王國官名，掌武職。

〔二二〕「以講」二句：《漢書》卷六三《武五子・燕剌王傳》顔師古曰：「講，習也；須，待也。」

〔二三〕屬：《漢書》卷六三《武五子・燕剌王傳》顔師古注曰：「屬，猶注也。」

〔二四〕井水竭：各本同。吴校：「按《漢書》作『井水泉竭』。」今按：中華書局標點本《漢書》卷六三《武五子・燕剌王傳》作「(水泉)〔井水〕竭」，其校勘記曰：「景祐本作『井水』。王念孫説景祐本是。」

〔二五〕厠：《漢書》卷六三《武五子・燕剌王傳》顔師古注曰：「厠，養豕圂也。」

〔二六〕大官：即「太官」，官名。《後漢書》卷一〇《皇后紀上・和熹鄧皇后》李賢注：「《漢官儀》曰：『大官，主膳羞也。』」

〔二七〕「烏鵲」句：《漢書》卷二七中之下《五行志》：「昭帝元鳳元年，有烏與鵲鬭燕王宫中池上，烏墮池死，近黑祥也。時燕王旦謀爲亂，遂不改寤，伏辜而死。」

〔二八〕「鼠舞」句：《漢書》卷二七下之上《五行志》：「昭帝元鳳元年九月，燕有黄鼠銜其尾舞王宫端門中，往視之，鼠舞如故。王使夫人以酒脯祠，鼠舞不休，夜死。黄祥也。時燕刺王旦謀反將敗，死亡象也。其月，發覺伏辜。京房《易傳》曰：『誅不原情，厥妖鼠舞門。』」端門，《漢書》卷六三《武五子·燕刺王傳》顔師古曰：「端門，正門也。」

〔二九〕不可開：底本、《四庫全書》本無「可」字，重校本「不」下旁側有小字「可」，《叢書集成》本、《百子全書》本、龍溪精舍本「不」下有「可」字。吴校：「『不』下《漢書》有『可』字。」今按：吴校是，據補。

〔三〇〕「天火」句：《漢書》卷二七上《五行志》：「昭帝元鳳元年，燕城南門災。劉向以爲時燕王使邪臣通於漢，爲讒賊，謀逆亂。南門者，通漢道也。天戒若曰，邪臣往來，爲姦讒於漢，絶亡之道也。燕王不寤，卒伏其辜。」天火，《左傳·宣公十六年》：「凡火，人火曰火，天火曰災。」

〔三一〕「大風」二句：《漢書》卷二七下之上《五行志》：「昭帝元鳳元年，燕王都薊大風雨，拔宫中樹七圍以上十六枚，壞城樓。燕王旦不寤，謀反發覺，卒伏其辜。」

〔三二〕葭水、台水：《漢書》卷六三《武五子·燕刺王傳》顔師古注引晉灼曰：「《地理志》葭水在廣平南和，台水在雁門。」

〔三三〕吕廣：人名。生平無考。

〔三四〕燕倉：人名。西漢昭帝時任稻田使者。先發覺上官桀等謀反事，以告，封宜城侯。卒，謚戴。事蹟詳《史記》卷二〇《建元以來侯者年表》及《漢書》卷七《昭帝紀》、卷一七《景武昭宣元成功臣表》、卷六三《武五子·燕刺王傳》。　蓋（gě）主：指劉旦姊鄂邑蓋長公主。《漢書》卷六三《武五子·燕刺王傳》

顔師古注：「張晏曰：『食邑鄂，蓋侯王信妻也。』師古曰：『爲蓋侯妻是也，非王信。信者，武帝之舅耳，不取鄂邑主爲妻，當是信子頃侯充耳。』」生平詳《漢書》卷六三《武五子·燕剌王傳》、卷六七《胡建列傳》、卷九七《外戚傳》等。　上官桀：字少叔，西漢隴西上邽人。昭帝時，封安陽侯，孫女爲昭帝皇后。後謀廢立，事敗族誅。《漢書》卷九七上有傳。

〔三五〕夫人：《四庫全書》本作「婦」。　明光殿：漢京師宫殿名。遺址在今陝西西安西北。《三輔黄圖》卷二《漢宫》：「《關輔記》云：『桂宫在未央北，中有明光殿。』」今按：燕王旦壯大就國，是不當於長安明光殿自絞，抑燕國亦有明光殿。

〔三六〕老虜：詈詞，猶老奴。漢劉向《説苑》卷二〇《反質》：「始皇望見侯生，大怒曰：『老虜不良，誹謗而主，迺敢復見我！』」　曹：《漢書》卷六三《武五子傳》顔師古曰：「曹，輩也。」

〔三七〕欲自殺：吴校：「按《漢書》『欲自殺』下有『左右諫止，會天子賜璽書云云，且得書乃以綬自絞』，此疑有脱誤。」

30　劉胥，〔一〕壯大，好倡樂逸遊，力扛鼎，空手搏熊彘猛獸。動作無法度，故終不得爲漢嗣。宣帝即位，〔二〕封胥四子聖、曾、寶、昌皆爲列侯，又立胥小子弘爲高密王。〔三〕所褒賞甚厚。始，昭帝時，〔四〕胥見上年少無子，有覬欲心。而楚地巫鬼，〔五〕胥迎女巫李

（子）〔女〕須，〔六〕使下神祝詛。女須泣曰：「孝武帝下我。」左右皆伏。〔七〕言「吾必令胥爲天子」。胥多賜女須錢，使禱巫山。〔八〕及昌邑王徵，〔九〕復使巫咒詛之。〔一〇〕後王廢，胥寖信女須等，〔一一〕數賜予錢物。宣帝立，胥曰：「太子孫何以反得立？」復使女須咒咀如前。〔一二〕胥宫園中棗樹生十餘莖，莖正赤，葉白如素。池水變赤，魚死。有鼠晝立舞王后庭中。胥謂姬南等曰：〔一三〕「棗水魚鼠之怪，甚可惡也。」居數月，咒詛事發，自殺。

【疏證】

《漢書》卷六三《武五子·廣陵厲王傳》：「孝武皇帝六男。……李姬生燕刺王旦、廣陵厲王胥。……胥壯大，好倡樂逸游，力扛鼎，空手搏熊彘猛獸。動作無法度，故終不得爲漢嗣。……及宣帝即位，封胥四子聖、曾、寶、昌皆爲列侯，又立胥小子弘爲高密王。所以褒賞甚厚。始，昭帝時，胥見上年少無子，有覬欲心。而楚地巫鬼，胥迎女巫李女須，使下神祝詛。女須泣曰：『孝武帝下我。』左右皆伏。言『吾必令胥爲天子』。胥多賜女須錢，使禱巫山。會昭帝崩，胥曰：『女須良巫也！』殺牛塞禱。及昌邑王徵，復使巫祝詛之。後王廢，胥浸信女須等，數賜予錢物。宣帝即位，胥曰：『太子孫何以反得立？』復令女須祝詛如前。……胥宫園中棗樹生十餘莖，莖正赤，葉白如素。池水變赤，魚死。有鼠晝立舞王后廷中。胥謂姬南等曰：『棗水魚鼠之怪，甚可惡也。』

居數月，祝詛事發覺，有司按驗，胥惶恐，藥殺巫及宫人二十餘人以絶口。公卿請誅胥，天子遣廷尉、大鴻臚即訊。……即以綬自絞死。」

【校注】

〔一〕劉胥：漢武帝第四子。初立爲廣陵王。宣帝即位，胥使女巫詛咒害帝，事發自殺。謚厲王。《史記》卷六〇、《漢書》卷六三有傳。

〔二〕宣帝：指漢宣帝劉詢。詢初名病已，字次卿，武帝曾孫，戾太子孫。昭帝死，霍光迎立昌邑王賀，旋以荒淫而廢之，乃迎立詢爲帝。卒，謚曰宣，廟號中宗。《漢書》卷八有紀。

〔三〕「又立」句：《漢書》卷六三《武五子·廣陵厲王傳》：「初，高密哀王弘本始元年以廣陵王胥少子立，九年薨。」

〔四〕昭帝：漢昭帝劉弗陵。武帝少子。《漢書》卷七有紀。

〔五〕楚地巫鬼：《四庫全書》本「地」下有「多」字。《漢書》卷六三《武五子·廣陵厲王傳》顏師古注：「言其土俗尊尚巫鬼之事。」

〔六〕女須：各本作「子須」。吴校：「『子』，《漢書》作『女』。」今按：《漢書》卷六三《武五子·廣陵厲王傳》作「女」，據改。顏師古注：「女須者，巫之名也。」

〔七〕「左右」句：《漢書》卷六三《武五子·廣陵厲王傳》顏師古注：「見女須云武帝神下，故伏而聽之。」

〔八〕巫山：山名。在四川、湖北兩省交界處。

〔九〕昌邑王：即劉賀，漢武帝孫。昭帝始元元年嗣父爵爲昌邑王。昭帝崩，無嗣，霍光徵之至京師，立爲帝。即位二十七日，因淫亂被廢。宣帝時，封海昏侯。《漢書》卷六三有傳。

〔一〇〕咒詛：《四庫全書》本、重校本、《叢書集成》本、《百子全書》本、龍溪精舍本作「祝詛」。吴校：「當作『祝詛』，與上文一律。下文『咀』亦當作『詛』。」今按：「咒」、「祝」同。唐玄應《一切經音義》卷六：「祝，《説文》作詶。詶，詛也。今皆作咒。」《集韻・宥韻》：「祝，詛也。或从口，或从言，亦作『詶』。」

〔一一〕寖：《漢書》卷六三《武五子・廣陵厲王傳》顔師古注：「寖，古浸字也。寖，漸也，益也。」

〔一二〕咒咀：《四庫全書》本、重校本、《叢書集成》本、《百子全書》本、龍溪精舍本作「咒詛」。今按：「咀」、「詛」同。

〔一三〕姬南：劉胥姬，名南，生平無考。

31 劉荆，〔一〕光武崩，飛書與東海王彊，〔二〕恐説之，勸令興兵爲逆亂。乃封荆廣陵，〔三〕遣就國。後復呼相工謂曰：「我貌最類先帝。先帝三十得天下，〔四〕我今年亦三十，可起兵未？」相者詣吏告之。後竟使巫祝咀。〔五〕自殺。

【疏證】

《後漢書》卷四二《光武十王・廣陵思王傳》：「荆性刻急隱害，有才能而喜文法。光武崩，大行在前殿，荆哭不哀，而作飛書，封以方底，令蒼頭詐稱東海王彊舅大鴻臚郭況書與彊：……彊得書惶怖，即執其使，封書上之。顯宗以荆母弟，秘其事，遣荆出止河南宫。時西羌反，荆不得志，冀天下因羌驚動有變，私迎能爲星者與謀議。帝聞之，乃徙封荆廣陵王，遣之國。其後荆復呼相工謂曰：『我貌類先帝。先帝三十得天下，我今亦三十，可起兵未？』相者詣吏告之，荆惶恐，自繫獄。帝復加恩，不考極其事，下詔不得臣屬吏人，惟食租如故，使相、中尉謹宿衛之。荆猶不改。其後使巫祭祀祝詛，有司舉奏，請誅之，荆自殺。」

【校注】

〔一〕劉荆：東漢南陽蔡陽人，光武帝子。初封山陽公，後進爵爲王。徙封廣陵王。明帝時，欲謀反，事泄自殺。謚曰思王。《後漢書》卷四二有傳。

〔二〕飛書：《後漢書》卷六四《梁統傳》唐李賢注：「飛書者，無根而至，若飛來也。即今匿名書也。」東海王彊：即劉彊，光武帝長子。郭后所生，初立爲皇太子。郭后廢，彊不自安，請出就藩國，封爲東海王。卒，謚恭。《後漢書》卷四二有傳。《後漢書·五行志一》：「光武崩，山陽王荆哭不哀，作飛書與東海王，勸使作亂。」

〔三〕廣陵：郡名。治所在今江蘇揚州西北蜀岡上。

〔四〕先帝：指漢光武帝。光武生於公元前六年，公元二五年即位，時年三十一歲。

〔五〕咀：《四庫全書》本、《叢書集成》本、《百子全書》本、龍溪精舍本作「詛」。今按：咀，同「詛」。

32 劉英，〔一〕交通賓客，晚節學黃老、浮屠。〔二〕永平八年詔令天下死辠皆入縑贖。〔三〕英遣郎中令詣國相曰：〔四〕「過惡〔累〕積，〔五〕惶懼，〔六〕歡喜大恩，奉送黃縑〔二十五〕〔白紈三十〕匹入贖。〔七〕」楚相以聞。詔書示諸國中傅，〔八〕曰：「楚王誦黃老之微言，尚浮屠之仁祠，〔九〕潔齋三月，與神爲誓，何嫌？〔一〇〕當有悔吝。還贖縑紈，以助伊〔蒲〕塞桑門之盛饌。〔一一〕」是後，英遂交通方士。十三年中，男子燕廣告英作金龜玉鵠，〔一二〕謀反。坐死，徙者以千數。

【疏證】

《後漢書》卷四二《光武十王·楚王傳》：「英少時好遊俠，交通賓客，晚節更喜黃老，學爲浮屠齋戒祭祀。八年，詔令天下死罪入縑贖。英遣郎中令奉黃縑白紈三十匹詣國相曰：『託在蕃輔，過惡累積，歡喜大恩，奉送縑帛，以贖愆罪。』國相以聞。詔報曰：『楚王誦黃老之微言，尚浮屠之仁祠，絜齋三月，與神爲誓，何嫌何疑？當有悔吝。其還贖，以助伊蒲塞桑門之盛饌。』因以班示諸國中傅。英後遂大交通方士，作金龜玉鶴，刻文字以爲符瑞。十三年，男子燕廣告英與漁陽王平、顔忠等造作圖書，有逆謀，事下案驗。有司奏英招聚姦猾，造作圖讖，擅相官秩，置諸侯王公將軍二千石，大逆不道，請誅之。帝以親親不忍，乃廢英，徙丹陽涇縣，賜湯沐邑五百户。……明年，英至丹陽，自殺。立三十三年，國除。」

【校注】

〔一〕劉英：光武帝子。封楚王。被告逆謀，廢徙丹陽涇縣，自殺。謚厲。《後漢書》卷四二有傳。

〔二〕黄老：黄帝與老子。代指道家學説。　浮屠：亦作「浮圖」。梵語 Buddha 的音譯。《後漢書》卷四二《光武十王·楚王傳》李賢注：「袁宏《漢紀》：『浮屠，佛也，西域天竺國有佛道焉。佛者，漢言覺也，將以覺悟羣生也。其教以修善慈心爲主，不殺生，專務清静。』」

〔三〕「永平」句：《後漢書》卷二《顯宗孝明帝紀》載：永平八年（六五）冬十月，丙子，詔：「亡命者令贖罪各有差。」永平，漢明帝年號，自公元五八年至七五年。辠，《説文解字·辛部》：「辠，犯法也。从辛从自，言辠人蹙鼻苦辛之憂。秦以辠似皇字，改爲罪。」縑，雙絲織成的淺黄色細絹。

〔四〕郎中令：王國屬官。掌顧問參議、宿衛侍從及傳達招待之官。　國相：漢諸侯王國置國相，職爲輔佐諸侯王主政，有匡輔督察職責。

〔五〕過惡累積：底本、《四庫全書》本脱「累」字，重校本、《叢書集成》本、《百子全書》本、龍溪精舍本「惡」下有「累」字。吴校：「『惡』下《後漢書》有『累』字。」今按：據《後漢書》卷四二《光武十王·楚王傳》補

「累」字。

〔六〕惶懼：重校本、《叢書集成》本、《百子全書》本、龍溪精舍本無此二字。吴校：「『惶懼』衍。」今按：有「惶懼」二字亦通。

〔七〕黄縑白紈三十匹：底本、《四庫全書》本作「黄縑二十五疋」，重校本、《叢書集成》本、《百子全書》本、龍溪精舍本作「黄縑白紈三十匹」。吴校：「『奉送黄縑二十五疋』，按《後漢書》作『黄縑白紈三十疋』，觀下文『還贖縑紈』之語，則此疑有脱誤；『入贖』，按《後漢書》作『以贖愆罪』。」又校：「《後漢書》『黄縑白紈三十匹』，此下亦作『縑紈』。」今按：本條下文又云「還贖縑紈」，是作「黄縑白紈」爲是，據改。

〔八〕傅：「太傅」省稱，官名。漢諸侯王國國主的輔佐，秩二千石。

〔九〕仁祠：佛教的祭祀。

〔一〇〕何嫌：各本同。吴校：「『何嫌』，按《後漢書》作『何嫌何疑』。」

〔一一〕伊蒲塞：各本同脱「蒲」。吴校：「『以助伊塞』，按《後漢書》『伊』下有『蒲塞』字。」今按：當據《後漢書》卷四二《光武十王・楚王傳》補「蒲」字。伊蒲塞，梵語音譯。指不出家的男性佛教徒。《後漢書》卷四二《光武十王・楚王傳》李賢注：「伊蒲塞即優婆塞也，中華翻爲近住，言受戒行堪近僧住也。」

桑門：僧侣。「沙門」的異譯。《後漢書・楚王傳》李賢注：「桑門，即沙門。」

〔一二〕燕廣：人名。生平無考。　金龜玉鵠：吴校：「『金龜玉鵠』，『鵠』，《後漢書》作『鶴』。」今按：「鵠」通「鶴」，《莊子・庚桑楚》：「奔蜂不能化藿蠋，越雞不能伏鵠卵。」陸德明《釋文》：「鵠，本亦作

「鶴」，同。」

33 劉端爲人賊（螫）〔盭〕，〔一〕又陰痿，一近婦人，病數月。有所愛幸少年，以爲郎。郎與後宮亂，端擒滅之，及殺其子母。數犯法，漢公卿數請誅端，帝弗忍，而所爲滋甚。〔二〕有司比再請，削其國，去大半。〔三〕端心愠，遂爲無訾省。〔四〕封其宮門，從一門出入。數變姓名，爲布衣，之他國。〔五〕死，無子，國除。

【疏證】

《漢書》卷五三《景十三王・膠西于王傳》：「膠西于王端，孝景前三年立。爲人賊盭，又陰痿，一近婦人，病數月。有所愛幸少年，以爲郎。郎與後宮亂，端禽滅之，及殺其子母。數犯法，漢公卿數請誅端，天子弗忍，而端所爲滋甚。有司比再請，削其國，去太半。端心慍，遂爲無訾省。府庫壞漏，盡腐財物，以鉅萬計，終不得收徙。令吏毋得收租賦。端皆去衛，封其宮門，從一門出入。數變名姓，爲布衣，之它國。……立四十七年薨，無子，國除。地入於漢，爲膠西郡。」

【校注】

〔一〕劉端：漢景帝第七子。景帝前元三年立爲膠西王。卒，謚于。《史記》卷五九、《漢書》卷五三有傳。

賊螫：各本作「賊螯」。《史記》卷五九《五宗世家》作「賊戾」，《漢書》卷五三《景十三王·膠西于王傳》作「賊螫」，顏師古注：「螫，古戾字也，言其性賊害而佷戾也。」今按：螯，當是「螫」形誤，據《漢書》卷五三《景十三王傳》改。此亦足證本文源自《漢書》而非《史記》。

〔二〕滋：《漢書》卷五三《景十三王·膠西于王傳》顏師古注：「滋，益也。」

〔三〕大半：各本同。吴校：「『大』本作『太』。」今按：「大」、「太」通。

〔四〕無訾省：《漢書》卷五三《景十三王·膠西于王傳》顏師古注：「蘇林曰：『爲無所省録也。』師古曰：『訾，訾財也。省，視也。言不視訾財也。』」

〔五〕之：《漢書》卷五三《景十三王·膠西于王傳》顏師古注：「之，往也。」

34 劉彭祖爲人巧佞，〔一〕卑諂足恭，〔二〕而心刻深，〔三〕好法律，持詭辯以中人。〔四〕多内寵姬及子孫。相二千石欲奉漢法以治，〔五〕則害於王家。是以每相二千石至，彭祖衣帛布單衣，〔六〕自行迎除舍，〔七〕多設疑事以詐動之。故二千石莫敢治，而趙王擅〔權〕。〔八〕使使即縣爲賈人榷會，〔九〕入多於國租税。以是多金錢，然所賜姬諸子，亦盡之。彭祖不好治宫室機祥，〔一〇〕好（書史）〔爲吏〕。〔一一〕上書願督國中盜賊。〔一二〕常夜從走卒行邀邯鄲中。〔一三〕諸使過客，〔一四〕以彭祖險詖，〔一五〕莫敢留。

【疏證】

《漢書》卷五三《景十三王・趙敬肅王傳》：「彭祖爲人巧佞，卑諂足共，而心刻深，好法律，持詭辯以中人。多内寵姬及子孫。相二千石欲奉漢法以治，則害於王家。是以每相二千石至，彭祖衣帛布單衣，自行迎除舍，多設疑事以詐動之，得二千石失言，中忌諱，輒書之。二千石欲治者，則以此迫劫；不聽，乃上書告之，及汙以姦利事。彭祖立六十餘年，相二千石無能滿二歲，輒以罪去，大者死，小者刑。以故二千石莫敢治，而趙王擅權。使使即縣爲賈人榷會，入多於國租税。以是趙王家多金錢，然所賜姬諸子，亦盡之矣。彭祖不好治宮室禨祥，好爲吏。上書願督國中盜賊。常夜從走卒行徼邯鄲中。諸使過客，以彭祖險陂，莫敢留邯鄲。」

【校注】

〔一〕劉彭祖：漢景帝第八子。初爲廣川王，後徙王趙。卒，謚敬肅。《史記》卷五九、《漢書》卷五三有傳。

巧佞：奸詐機巧，阿諛奉承。

〔二〕足恭：過度謙敬，以取媚於人。恭，《漢書》卷五三《景十三王・趙敬肅王傳》作「共」，顔師古注曰：「共讀曰恭；足恭，謂便辟也。」

〔三〕刻深：苛刻，嚴酷。《戰國策》卷三《秦策一》「衛鞅亡魏入秦」章：「刻深寡恩，特以强服之耳。」

〔四〕詭辯：《漢書》卷五三《景十三王・趙敬肅王傳》顔師古注曰：「詭辯，違道之辯也。」中人：傷害人。《漢書》卷五三《景十三王・趙敬肅王傳》顔師古注曰：「中，傷也。」

〔五〕二千石：《漢書》卷八九《循吏傳序》：「庶民所以安其田里而亡歎息愁恨之心者，政平訟理也。與我共此者，其唯良二千石乎！」顔師古注：「謂郡守、諸侯相。」

〔六〕帛布單衣：《漢書》卷五三《景十三王・趙敬肅王傳》顔師古注曰：「或帛或布以爲單衣。」

〔七〕迎除舍：《漢書》卷五三《景十三王・趙敬肅王傳》顔師古注曰：「至除舍迎之也。除舍，謂初所至之舍。」

〔八〕擅權：各本脱「權」。吴校：「『擅』下《後漢書》有『權』字。」今按：吴校是，據補。

〔九〕「使使」句：《漢書》卷五三《景十三王・趙敬肅王傳》顔師古注：「韋昭曰：『平會兩家買賣之賈者。榷者，禁他家，獨王家得爲之也。』師古曰：『即，就也。就諸縣而專榷賈人之會，若今和市矣。』」

〔一〇〕機祥：《漢書》卷五三《景十三王・趙敬肅王傳》顔師古注：「禨，鬼俗也，字或作䰯。《淮南子》曰『荆人鬼，越人䰯』。禨祥，總謂鬼神之事也。」

〔一一〕好爲吏：底本、《四庫全書》本作「好書史」，重校本、《叢書集成》本、《百子全書》本、龍溪精舍本作「好爲吏」。吴校：「『好書史』，按《漢書》本傳作『好爲吏』。」今按：吴校是，據改。

〔一二〕督：《漢書》卷五三《景十三王・趙敬肅王傳》顔師古注：「督，視察也。」

〔一三〕邀：各本同。吴校：「『邀』，《漢書》作『徼』，注：徼，巡察也。」《漢書》卷五三《景十三王・趙敬肅王傳》顔師古注：「徼，謂巡察也。」今按：「徼」、「邀」通。

〔一四〕諸使過客：《漢書》卷五三《景十三王傳》顔師古注：「使，謂京師使人也。過客，行客從趙過者也。」

〔一五〕詖（bì）：各本同，《史記》卷五九《五宗世家》、《漢書》卷五三《景十三王·趙敬肅王傳》作「陂」。《漢書》卷五三《景十三王傳》顔師古注：「陂，謂傾側也。」今按：作「詖」亦通。詖，諂佞。《漢書》卷八四《翟義傳》：「義父故丞相方進，險詖陰賊。」顔師古注：「詖，佞也。」

35　劉建游章臺，〔一〕令女子乘小船，以足蹈覆其船，四人皆溺，二人死。後游雷陂，〔二〕天大風，建使郎二人乘小舟入波中。船覆，兩郎攀船，乍見乍没。建臨觀大笑，令皆死。宫人姬（人）〔八〕子有過者，〔三〕輒令贏立擊鼓，〔四〕或居樹上，〔五〕久者三十日乃得衣；或髡鉗以鉛杵舂，〔六〕不中程，〔七〕輒掠；〔八〕或縱狼令齧殺之，建觀而大笑；或閉不食，令餓死。建欲令人與禽獸交而生子，强令宫人贏而與羝羊、狗交。〔九〕專爲淫虐。〔號〕王后父胡應爲將軍。〔一〇〕中大夫疾有材力，〔一一〕善騎射，號曰靈武君。〔一二〕作治黄屋蓋；刻皇帝璽，鑄將軍、都（騎）〔尉〕金銀印；〔一三〕作漢使節二十，〔一四〕綬千餘。〔一五〕具。〔一六〕積數歲，以謀反自殺。

【疏證】

《漢書》卷五三《景十三王·江都易王傳》附《劉建傳》：「建游章臺宮，令四女子乘小船，建以足蹈覆其船，四人皆溺，二人死。後游雷波，天大風，建使郎二人乘小船入波中。船覆，兩郎溺，攀船，乍見乍没。建臨觀大笑，令皆死。宫人姬八子有過者，輒令贏立擊鼓，或置樹上，久者三十日乃得衣；或髡鉗以鉛杵舂，不中程，輒掠；或縱狼令齧殺之，建觀而大笑；或閉不食，令餓死。凡殺不辜三十五人。建欲令人與禽獸交而生子，强令宫人贏而四據，與羝羊及狗交。專爲淫虐，自知罪多，國中多欲告言者，建恐誅，心内不安，與其后成光共使越婢下神，祝詛上。與郎中令等語怨望：『漢廷使者即復來覆我，我決不獨死！』建亦頗聞淮南、衡山陰謀，恐一日發，爲所并，遂作兵器。號王后父胡應爲將軍。中大夫疾有材力，善騎射，號曰靈武君。作治黄屋蓋；刻皇帝璽，鑄將軍、都尉金銀印；作漢使節二十，綬千餘；具置軍官品員，及拜爵封侯之賞；具天下之輿地及軍陳圖。……積數歲，事發覺，漢遣丞相長史與江都相雜案，索得兵器璽綬節反具，有司請捕誅建。制曰：『與列侯吏二千石博士議。』議皆曰：『建失臣子道，積久，輒蒙不忍，遂謀反逆。所行無道，雖桀紂惡不至於此。天誅所不赦，當以謀反法誅。』有詔宗正、廷尉即問建。建自殺，后成光等皆棄市。六年國除，地入於漢，爲廣陵郡。」

【校注】

〔一〕劉建：漢景帝孫，江都王劉非子。武帝元朔二年嗣王。淮南王、衡山王謀反，建爲黨。有司請捕誅，自殺。《史記》卷五九、《漢書》卷五三有傳。　章臺：《漢書》卷五三《景十三王傳》作「章臺宫」。戰國時秦國咸陽有章臺宫，以宫内有章臺而名，故址在今陝西西安長安故城西南隅。或劉建時尚存。

〔二〕雷陂(pō)：陂名。故址在今江蘇揚州北十里。陂，各本同，《漢書》卷五三《景十三王·江都易王傳》作「波」，顔師古注：「波讀爲陂。其下云入波中亦同。」陂，池塘湖泊。

〔三〕八：底本作「人」，《四庫全書》本、重校本、《叢書集成》本、《百子全書》本、龍溪精舍本作「八」。吴校：「『宫人姬八子』，宫中等級有七子、八子、長使、少使諸品，初刻(今按：指最初從《永樂大典》中輯出而傳至鮑廷博之手的《金樓子》)與《漢書》合，改『姬人八子』誤。」今按：吴校是。人，當是「八」之訛。《漢書》卷五三《景十三王·江都易王傳》作「八」，顔師古注：「八子，姬妾官名也。」

〔四〕羸：「裸」之異體字。

〔五〕居：重校本、《叢書集成》本、《百子全書》本、龍溪精舍本作「置」。吴校：「『居』本作『置』。」今按：「居」有「放置」義，與「置」同。

〔六〕髡鉗：一種剃去頭髮而以鐵圈束頸的刑罰。《漢書》卷一《高祖紀》：「郎中田叔、孟舒等十人自髡鉗爲王家奴。」顔師古注：「鉗，以鐵束頸也。」　舂：用杵臼搗去穀物的皮殼。《漢書》卷二《惠帝紀》：「有罪當刑，及當爲城旦、舂者。」顔師古注引應劭曰：「舂者，婦人不豫外徭，但舂作米。」

〔七〕中程：合乎要求、規格。《漢書》卷五三《景十三王・江都易王傳》顏師古注：「程者，作之課也。」

〔八〕掠：《漢書》卷五三《景十三王・江都易王傳》顏師古注：「掠，笞擊也。」

〔九〕羝羊：《漢書》卷五三《景十三王・江都易王傳》顏師古注：「羝羊，牡羊。」即公羊。　狗：《叢書集成》本、《百子全書》本、龍溪精舍本「狗」上有「及」字。吴校：「本『狗』上有『及』字。」

〔一〇〕號：各本脱，《漢書》卷五三《景十三王・江都易王傳》「王后」上有「號」字。今按：劉建欲謀反，故以王后父胡應爲將軍，非其真爲漢將軍，故當補「號」字。

〔一一〕中大夫：官名。爲郎中令屬官，掌議論、顧問應對。　疾：《漢書》卷五三《景十三王傳》顏師古注：「疾者，中大夫之名。」今按：此人生平無考。

〔一二〕靈武君：戰國時趙武靈王行胡服騎射，國勢大盛。劉建以中大夫疾善騎射，號靈武君，疑仿趙武靈王之號。

〔一三〕都尉：官名。漢景帝時改秦之郡尉爲都尉，輔佐郡守並掌全郡的軍事。尉，底本、《四庫全書》本作「騎」，重校本、《叢書集成》本、《百子全書》本、龍溪精舍本作「尉」。吴校：「『騎』，《漢書》作『尉』。」今按：《漢書》卷五三《景十三王傳》作「尉」，據改。

〔一四〕使節：《周禮・地官・掌節》鄭玄注：「使節，使卿大夫聘於天子諸侯，行道所執之信也。」

〔一五〕綬：古代用以繫佩玉、官印等的絲帶。《禮記・玉藻》：「天子佩白玉而玄組綬，公侯佩山玄玉而朱組綬。」鄭玄注：「綬者，所以貫佩玉相承受者也。」

〔一六〕具：各本同。今按：據《漢書》卷五三《景十三王傳》，「具」下當有脱文。清張宗泰《魯巖所學集》卷一一《書金樓子後》以爲：「『具』下脱『置軍官品員』五字。」

36　劉去，〔一〕嗣爲廣川王。〔二〕其殿門有成慶畫，〔三〕短衣大袴長劍，〔四〕去好之，作七尺五寸劍，被服皆效焉。有幸姬王昭平、〔王〕地餘，〔五〕許以爲后。去嘗疾，姬陽成昭信侍甚謹，〔六〕更愛之。去與地餘戲，得褏中刀，〔七〕笞問狀，服欲與昭平共殺昭信。笞問昭平，不服，以鐵鍼鍼之，彊服。乃會諸姬，去以劍自擊地餘，令昭信擊昭平，皆死。去（令）〔立〕昭信爲后；〔八〕幸姬陶望卿爲脩靡夫人，主繒帛；崔脩成爲（貞明）〔明貞〕夫人，〔九〕主永巷。〔一〇〕昭信復譖望卿曰：「與我無禮，衣服常鮮於我，〔一一〕盡取善繒匄諸宫人。〔一二〕」去未（知）〔之〕信。〔一三〕又巧譖之。昭信知去已怒，即誣言望卿歷指諸郎吏卧處，俱知其主名，〔一四〕又言郎中令錦被，〔一五〕疑有姦。〔去〕即與昭信從諸姬至望卿所，〔一六〕贏其身，更擊之。令諸姬各持燒鐵灼望卿。望卿走，投井死。諸幸於去者，昭信輒譖殺之，凡十四人。去坐徙自殺，昭信棄市。

【疏證】

《漢書》卷五三《景十三王・廣川惠王傳》附《劉去傳》：「廣川惠王越以孝景中二年立，十三年薨。子繆王齊嗣，四十四年薨。……有司請除國，奏可。後數月，下詔曰：『廣川惠王于朕爲兄，朕不忍絶其宗廟，其以惠王孫去爲廣川王。』去即繆王齊太子也，師受《易》、《論語》、《孝經》皆通，好文辭、方技、博弈、倡優。其殿門有成慶畫，短衣大絝長劍，去好之，作七尺五寸劍，被服皆效焉。有幸姬王昭平、王地餘，許以爲后。去嘗疾，姬陽成昭信侍視甚謹，更愛之。去與地餘戲，得褏中刀，笞問狀，服欲與昭平共殺昭信。笞問昭平，不服，以鐵鍼鍼之，彊服。乃會諸姬，去以劍自擊地餘，令昭信擊昭平，皆死。……後去立昭信爲后，幸姬陶望卿爲脩靡夫人，主繒帛；崔脩成爲明貞夫人，主永巷。昭信復譖望卿曰：『與我無禮，衣服常鮮於我，盡取善繒匄諸宫人。』去曰：『若數惡望卿，不能減我愛；設聞其淫，我亨之矣。』後昭信謂去曰：『前畫工畫望卿舍，望卿袒裼傅粉其傍。又數出入南户窺郎吏，疑有姦。』去曰：『善司之。』以故益不愛望卿。後與昭信等飲，諸姬皆侍，去爲望卿作歌曰……使美人相和歌之。去曰：『是中當有自知者。』昭信知去已怒，即誣言望卿歷指郎吏卧處，具知其主名，又言郎中令錦被，疑有姦。去即與昭信從諸姬至望卿所，臝其身，更擊之。令諸姬各持燒鐵共灼望卿。望卿走，自投井死。……諸幸於去者，昭信輒譖殺之，凡十四人。……本始三年，相內史奏狀，具言赦前所犯。天子遣大鴻臚、丞相長史、御史丞、廷尉正雜治鉅鹿詔獄，奏請逮捕去及后昭信。制曰：『王后昭信、諸姬奴婢證者皆下獄。』辭服。有司復請誅王。制曰：『與列侯、中二千石、二千石、博士議。』議者皆以爲去悖虐，聽后昭信讒言，燔燒亨煮，生割剥人，距師之諫，殺其父子。凡殺無辜十六人，至一家母子三人，逆節絶理。其十五人在赦前，大惡仍重，當伏顯戮以示衆。制曰：『朕不忍致王於法，議其罰。』有司請廢勿王，與妻子徙上庸。奏可。與湯沐邑百户。去道自殺，昭信棄市。」

【校注】

〔一〕劉去：漢景帝曾孫，廣川惠王越之孫，繆王齊之子。嗣祖父越爵爲廣川王。《漢書》卷五三《景十三王》有傳。

〔二〕廣川：王國名。漢景帝時立，治所在信都縣，即今河北冀州。

〔三〕成慶：春秋齊國的勇士。《漢書》卷五三《景十三王·廣川惠王傳》顔師古注：「晉灼曰：『成慶，荆軻也，衛人謂之慶卿，燕人謂之荆卿。』師古曰：『成慶，古之勇士也，事見《淮南子》，非荆卿也。』」

〔四〕袴（kù）：《禮記·内則》：「衣不帛襦袴。」孫希旦《集解》：「袴，下衣。」郝懿行《證俗文》：「案袴與褌別，古人皆先著褌，而後施袴於外。」《漢書》卷三《景十三王·廣川惠王傳》作「絝」。今按：「袴」、「絝」同。

〔五〕王地餘：底本、《四庫全書》本脱「王」字，重校本「地餘」上旁側有小字「上」，《叢書集成》本、《百子全書》本、龍溪精舍本「地餘」上有「王」字。吴校：「本上亦有『王』字。」今按：《漢書》卷五三《景十三王・廣川惠王傳》有「王」字，據補。另，重校本作「上」字，訛。

〔六〕陽成昭信：顔師古注：「陽成姓也，昭信名也。」侍甚謹：各本同，《漢書》卷五三《景十三王・廣川惠王傳》「侍」下有「視」字。

〔七〕裦：同「袖」。《漢書》卷五三《景十三王・廣川惠王傳》顔師古注：「裦，古衣袖字。」

〔八〕立：各本作「令」。《漢書》卷五三《景十三王・廣川惠王傳》作「立」，清張宗泰《魯巖所學集》卷一一《書金樓子後》亦以爲「『令』是『立』字」。今據改。

〔九〕明貞：各本作「貞明」。吴校：「『貞明』《漢書》作『明貞』。」今按：《漢書》卷五三《景十三王・廣川惠王傳》作「明貞」，據改。

〔一〇〕永巷：《後漢書》卷一〇《皇后紀上・賈貴人》李賢注：「永巷，宫中署名也，後改爲掖庭。永巷宫人，即宫婢也。」

〔一一〕鮮：《漢書》卷五三《景十三王・廣川惠王傳》顔師古注：「鮮，謂新華也。」

〔一二〕匃（gài）：同「丐」，給予。《漢書》卷五三《景十三王・廣川惠王傳》顔師古注：「匃，乞，遺之也。」

〔一三〕去未知信：各本「知」作「之」。吴校：「『知』疑作『之』。」今按：吴校是，據改。

〔一四〕俱：重校本、《叢書集成》本、《百子全書》本、龍溪精舍本作「具」。吴校：「『俱』當作『具』。」今按：「具」、「俱」通。

〔一五〕郎中令：官職名。秦漢九卿之一，掌宫殿掖門户，領諸郎而爲之長，秩中二千石。漢諸侯王國亦置。

〔一六〕去：底本、《四庫全書》本脱，重校本「即」上旁側有小字「去」，《叢書集成》本、《百子全書》本、龍溪精舍本「即」上有「去」字。吴校：「『即與昭信』上脱一『去』字。」今按：《漢書》卷五三《景十三王》有「去」字，據補。

37 劉讓，〔一〕嗣爲梁王。〔二〕初，孝王有罍尊，〔三〕直千金，〔四〕戒後世善寶之，〔五〕毋得以與人。讓之后曰任后，聞而欲得之。讓之祖母李太后曰：「〔后〕先王有命，〔六〕毋得以尊予人也。他物雖鉅萬，〔七〕猶自恣。」〔八〕王讓直使人開府，〔九〕即以尊賜任后。〔一〇〕又，王及母陳后事李太后多不順。有漢使者來，太后欲自言，王使謁者中郎胡等遮止，〔一一〕閉門。太后與爭門，（損）〔措〕指。〔一二〕太后後病薨，病時任后未嘗請疾，〔一三〕又不侍喪。

【疏證】

《漢書》卷四七《文三王列傳》：「梁共王買立十年薨，子平王襄嗣。……梁平王襄，母曰陳太后。共王母曰李太后。李太后，親平王之大母也，而平王之后曰任后，任后甚有寵於襄。初，孝王有罍尊，直千金，戒後世善寶之，毋得以與人。任后聞而欲得之。李太后曰：『先王有命，毋得以尊與人。他物雖百鉅萬，猶自恣。』任后絶欲得之。王襄直使人開府取尊賜任后。又王及母陳太后事李太后多不順。有漢使者來，李太后欲自言，王使謁者中郎胡等遮止，閉門。李太后與爭門，措指，太后啼謼，不得見漢使者。李太后亦私與食官長及郎尹霸等姦亂，王與任后以此使人風止李太后。李太后亦已，後病薨。病時，任后未嘗請疾；薨，又不侍喪。元朔中，睢陽人犴反，人辱其父，而與睢陽太守客俱出同車。犴反殺其仇車上，亡去。睢陽太守怒，以讓梁二千石。二千石以下求反急，執反親戚。反知國陰事，乃上變告梁王與大母爭尊狀。時相以下具知之，欲以傷梁長吏，書聞。天子下吏驗問，有之。公卿治奏，以爲不孝，請誅王及太后。天子曰：『首惡失道，任后也。朕置相吏不逮，無以輔王，故陷不誼，不忍致法。』削梁王五縣，奪王太后湯沐成陽邑，梟任后首於市。」亦見《史記》卷五八《梁孝王世家》。

【校注】

〔一〕劉讓：漢梁孝王劉武孫。武帝建元五年嗣父爵爲梁王。卒，謚曰平王。《史記》卷五八、《漢書》卷四七有傳。讓，各本「讓」小有小字云：「前史作『襄』。」今按：《史記》卷五八《梁孝王世家》「梁平王襄」，司馬貞《索隱》云：「《漢書》作『讓』。」又《太平御覽》卷七六一引《漢書》亦作「讓」。或蕭繹所見《漢書》實作「讓」，與今本不同。

〔二〕梁王：《百子全書》本作「□□」。梁，王國名，漢高帝五年（前二〇二）立，都定陶，即今山東定陶。文帝時移都睢陽縣，即今河南商丘。

〔三〕孝王：指梁孝王劉武。漢文帝第二子。初立爲代王，徙爲淮陽王，又徙爲梁王。卒，謚孝。《史記》卷五八、《漢書》卷四七有傳。　罍尊：《漢書》卷四七《文三王列傳》顔師古注：「應劭曰：『《詩》云「酌彼金罍」。罍，畫雲雷之象，以金飾之也。』鄭氏曰：『上蓋刻爲山雲雷之象。』師古曰：『鄭説是也。罍，古雷字。』」《爾雅·釋器》：「彝、卣、罍，器也。」郭璞注：「皆盛酒尊，彝其總名。」

〔四〕直：同「值」。

〔五〕寶：《漢書》卷四七《文三王列傳》顔師古注：「寶謂愛守也。」

〔六〕先王有命：各本「先王」上有「后」字，《永樂大典》卷三五八四引《金樓子·説蕃篇》、重校本、《叢書集成》本、《百子全書》本、龍溪精舍本無「后」字。吴校：「按《漢書》無『后』字。」今按：「后」字衍，據《漢書》卷四七《文三王列傳》删。

〔七〕鉅萬：《史記》卷五八《梁孝王世家》、《漢書》卷四七《文三王列傳》「鉅」上有「百」字。今按：無「百」字亦通。鉅萬，《漢書》卷二四《食貨志》：「庶人之富者累鉅萬，而貧者食糟糠。」顔師古注：「鉅，大也。大萬，謂萬萬也。」

〔八〕猶自恣：《永樂大典》卷三五八四引《金樓子·説蕃篇》、《漢書》卷四七《文三王列傳》「恣」下有「任后絶欲得之」六字。「恣」及下文「王」，《百子全書》本作「□□」。

〔九〕直：《四庫全書》本脱。

〔一〇〕「即以」句：《永樂大典》卷三五八四引《金樓子·説蕃篇》無「即」字；「任后」下有「天子下吏驗問，公卿治奏，以爲不孝，讓誅也」十七字，並有小字云：「《漢書》、《太平御覽》並同。」今按：《太平御覽》卷七六一引《漢書》同於《永樂大典》本。而《史記》卷五八《梁孝王世家》、《漢書》卷四七《文三王列傳》所載與此異。兩書本傳皆明載被誅者爲任后，非劉襄，襄數年後方卒。

〔一一〕謁者：官名。掌司儀、出使及收捕貴戚大臣等，秩比六百石。諸侯國亦置。中郎：官名。宫廷侍衛諸郎之一，掌守門户、出充車騎，秩比六百石。諸侯國亦置。胡：人名。生平無考。

〔一二〕措：底本、《四庫全書》本作「損」，重校本、《叢書集成》本、《百子全書》本、龍溪精舍本作「措」。吴校：「按《漢書》作『措』。」今按：作「措」是，據改。措，通「笮(zé)」，擠壓。《漢書》卷四七《文三王列傳》顔師古注：「晉灼曰：『許慎云「措，置」。字借以爲笮耳。』師古曰：『音壯客反，謂爲門扉所笮。』」

〔一三〕請：《百子全書》本作「問」。今按：《漢書》卷四七《文三王列傳》顔師古注引張晏曰：「請，問也。」請、問，同爲「問候」意。

38 劉次昌爲齊王，〔一〕其母曰紀太后。〔太后〕取弟紀氏女爲王后，〔二〕〔王〕不愛，〔三〕紀太后欲其家重寵，令其長女紀翁主入王宫，〔四〕〔正〕其後宫無（主）〔令〕得近王，〔五〕欲令愛紀氏女。王因與其姊翁主姦。齊有宦者徐甲，〔六〕入侍漢皇太后。〔七〕〔皇太后〕有愛女曰脩成君，〔八〕非劉氏子，〔九〕太后憐之。脩成君有女娥，〔一〇〕太后欲嫁之於諸侯。宦者甲乃請使齊，必令王上書請娥。皇太后喜，使甲之齊。時主父偃知甲使齊以取后事，〔一一〕亦因謂甲：「即成，〔一二〕幸言偃女願得充王後宫。」甲至齊，風以此事。〔一三〕紀太后怒，曰：「王有后，後宫備具。〔一四〕且甲，齊貧人，及爲宦者入事漢，初無補益，乃欲亂吾王家！且主父偃何爲者？乃欲以女充後宫！」甲大窮，還報皇太后曰：「王已願尚娥，〔一五〕然事有所害，恐如燕王。〔一六〕」燕王者，與其子昆弟姦，〔一七〕新坐死，故以燕感皇太后。〔一八〕太后曰：「毋復言嫁女齊事者也。」事寖淫聞於上。〔一九〕

【疏證】

《漢書》卷三八《高五王·齊悼惠王傳》附《劉次昌傳》載：齊孝王自殺，召立孝王太子壽，二十三年薨。「子厲王次昌嗣。其母曰紀太后。太后取其弟紀氏女爲王后，王不愛。紀太后欲其家重寵，令其長女紀翁主入王宫，正其後宫無令得近王，欲令愛紀氏女。王因與其姊翁主姦。齊有宦者徐甲，入事漢皇太后。皇太后有愛女曰脩成君，脩成君非劉氏子，太后憐之。脩成君有女娥，太后欲嫁之於諸侯。宦者甲乃請使齊，必令王上書請娥。皇太后大喜，使甲之齊。時主父偃知甲之使齊以取后事，亦因謂甲：『即事成，幸言偃女願得充王後宫。』甲至齊，風以此事。紀太后怒曰：『王有后，後宫備具。且甲，齊貧人，及爲宦者入事漢，初無補益，乃欲亂吾王家！且主父偃何爲者？乃欲以女充後宮！』甲大窮，還報皇太后曰：『王已願尚娥，然事有所害，恐如燕王。』燕王者，與其子昆弟姦，坐死。故以燕感太后。太后曰：『毋復言嫁女齊事。』事寖淫聞於上。」亦見《史記》卷五二《齊悼惠王世家》。

【校注】

〔一〕劉次昌：名一作次景，西漢齊孝王劉將閭孫。武帝元光四年嗣王。因與姊紀翁主姦，齊相主父偃按治其事，次昌飲藥自殺。《史記》卷五二、《漢書》卷三八有傳。齊：漢諸侯國名。都臨淄，即今山東淄博東北。

〔二〕太后：底本、《四庫全書》本脱，重校本「取」上旁側有「太后」二小字；《叢書集成》本、《百子全書》本、龍溪精舍本「取」上有「太后」二字。吴校：「下本重『太后』二字，屬下句。」今按：吴校是。《漢書》卷三八《高五王·齊悼惠王傳》有「太后」二字，據補。

〔三〕王不愛：底本、《四庫全書》本、重校本脱「王」字。《叢書集成》本、《百子全書》本，龍溪精舍本「不愛」上有「王」字。吴校：「『不愛』上脱一『王』字。」今按：吴校是，《漢書》卷三八《高五王·齊悼惠王傳》有「王」字，據補。

〔四〕翁主：《漢書》卷一《高帝紀下》：「重臣之親，或爲列侯，皆令自致吏，得賦斂，女子公主。」顔師古注：「天子不親主婚，故謂之公主。諸王即自主婚，故其女曰翁主。翁者，父也，言父主其婚也。亦曰王主,言王自主其婚也。」《漢書》卷三八《高五王·齊悼惠王傳》顔師古注:「諸王女曰翁主,而紀氏所生,故謂之紀翁主。」

〔五〕「正其」句:底本、《四庫全書》本脱「正」字,「令」作「主」;重校本「正」爲旁側有小字,「令」作「今」;《叢書集成》本、《百子全書》本、龍溪精舍本作「正其後宫無令得近王」。吴校:「『其後宫無主得近王』,按《漢書》作『正其後宫無令得近王』,此似有脱誤。」今按:吴校是,據《漢書》卷三八《高五王·齊悼惠王傳》改。

〔六〕宦者:《漢書》卷三八《齊悼惠王劉肥傳》顔師古注:「宦者,奄人。」徐甲:人名。生平無考。

〔七〕侍:重校本、《叢書集成》本、《百子全書》本、龍溪精舍本作「事」。吴校:「『侍』本作『事』。」今按:「侍」、「事」通。

〔八〕皇太后:底本、《四庫全書》本脱,重校本、《叢書集成》本、《百子全書》本、龍溪精舍本「有愛女」上有「皇太后」三字,重校本爲旁側小字。吴校:「下重『皇太后』三字,屬下句。」今按:據《漢書》卷三八《高五王·齊悼惠王傳》於「有」上補「皇太后」三字。　脩成君:漢武帝母王太后在民間與金王孫所生女。武帝親迎之,呼大姊。入宫謁太后。號脩成君。生平事蹟詳《漢書》卷九七上《外戚傳》。皇太后:《漢書》卷三八《高五王·齊悼惠王傳》顔師古注引張晏曰:「皇太后,武帝之母。」

〔九〕非劉氏子:《漢書》卷三八《高五王傳》顔師古注引蘇林曰:「皇太后前嫁金氏所生。」

〔一〇〕脩成君:《四庫全書》本「成」下無「君」字。

〔一一〕主父偃：西漢齊國臨淄人。武帝時，以上疏言事，拜謁者，遷中大夫。後任齊王相，告齊王與姊姦事，齊王自殺，偃亦被族誅。《史記》卷一一二、《漢書》卷六四有傳。

〔一二〕即成：重校本「即」下旁側有小字「事」，《叢書集成》本、《百子全書》本、龍溪精舍本「即」下有「事」字。吴校：「『即』下《漢書》有『事』字。」今按：無「事」字亦通。

〔一三〕風：婉言勸告。《漢書》卷三八《高五王傳》顔師古注：「風，讀曰諷。」

〔一四〕「王有」三句：《四庫全書》本作「王有後，后宫備具」。吴校：「按《漢書》作『王有后，後宫備具』。」

〔一五〕尚：《史記》卷八九《張耳陳餘列傳》：「張敖已出，以尚魯元公主故，封爲宣平侯。」司馬貞《索隱》：「韋昭曰：『尚，奉也，不敢言取。』崔浩云：『奉事公主。』」

〔一六〕燕王：指劉定國。高祖劉邦時，封從祖昆弟劉澤爲營陵侯。文帝元年，徙澤爲燕王。劉定國爲劉澤之孫，嗣爵爲燕王。《史記》卷五一、《漢書》卷三五有傳。《史記》本傳：「至孫定國，與父康王姬姦，生子男一人。奪弟妻爲姬。與子女三人姦。定國有所欲誅殺臣肥如令郢人，郢人等告定國，定國使謁者以他法劾捕格殺郢人以滅口。至元朔元年，郢人昆弟復上書具言定國陰事，以此發覺。詔下公卿，皆議曰：『定國禽獸行，亂人倫，逆天，當誅。』上許之。定國自殺，國除爲郡。」

〔一七〕子昆弟：《漢書》卷三八《高五王傳》顔師古注：「《燕王定國傳》云『與其子女三人姦』。子昆弟者，言是其子女又長幼非一，故云子昆弟也。一曰，子昆弟者，定國之姊妹也。言定國姦其子女及其姊妹。」

〔一八〕「故以」句：《漢書》卷三八《高五王傳》顔師古注：「言齊王與其姊妹姦，終當坐之致死，不足嫁女與之。」

〔一九〕寖淫：《漢書》卷三八《高五王列傳》顔師古注：「寖，古浸字也。寖淫，猶言漸染也。」

39 劉宇，〔一〕壯大，通姦犯法，〔二〕上以至親弗辠，〔三〕傅相連坐。〔四〕久之，事太后，内不相得，太后上書言之。璽書敕諭。〔五〕元帝崩，宇謂中謁者信等曰：〔六〕「漢大臣議天子少弱，未能治天下，以爲我知文法，建言欲使我輔佐天子。〔七〕我見尚書晨夜極勞苦，〔八〕使我爲之，不能也。今暑熱，縣官年少，〔九〕持服恐無處所，〔一〇〕我危得之。〔一一〕」比至（闕）下，〔一二〕宇凡三哭，飲酒食肉，妻妾不離側。後爲妻妾告之，〔一三〕坐削兩縣。

【疏證】

《漢書》卷八〇《宣元六王・東平思王傳》：「東平思王宇，甘露二年立。元帝即位，就國。壯大，通姦犯法，上以至親貰弗罪，傅相連坐。久之，事太后，内不相得，太后上書言之，求守杜陵園。上於是遣太中大夫張子蟜奉璽書敕諭之。……宇立二十年，元帝崩。宇謂中謁者信等曰：『漢大臣議天子少弱，未能治天下，以爲我知文法，建欲使我輔佐天子。我見尚書晨夜極苦，使我爲之，不能也。今暑熱，縣官年少，持服恐無處所，我危得之！』比至下，宇凡三哭，飲酒食肉，妻妾不離側。又姬朐臑故親幸，後疏遠，數歎息呼天。宇聞，斥朐臑爲家人子，掃除永巷，數笞擊之。朐臑私疏宇過失，數令家告之。宇覺知，絞殺朐臑。有司請逮捕，有詔削樊、亢父二縣。」

【校注】

〔一〕劉宇：漢宣帝第四子。封東平王。卒，謚思。《漢書》卷八〇有傳。

〔二〕通姦犯法：《漢書》卷八〇《宣元六王·東平思王傳》顔師古注：「與姦猾交通，好犯法。」

〔三〕至親弗辠：各本同，《漢書》卷八〇《宣元六王·東平思王傳》「親」下有「貰」字。

〔四〕傅相：古輔導國君、諸侯王的官。漢景帝中元五年（前一四五）令諸侯王不得治國，改丞相曰相，通稱傅相。連坐：《漢書》卷八〇《宣元六王·東平思王傳》顔師古注：「頻坐王獲罪。」《韓非子》卷一八《八説》：「明君之道，賤德義貴，下必坐上，決誠以參，聽無門户，故智者不得詐欺。」陳奇猷《集釋》：「下必坐上者，謂主官有罪，屬員不爲告發，則須連坐。」

〔五〕敕諭：《漢書》卷八〇《宣元六王·東平思王傳》顔師古注：「約敕而曉告之也。」

〔六〕中謁者：官名。在内廷給事，掌引見賓客、贊導受事的謁者。信：人名。生平無考。

〔七〕建：《漢書》卷八〇《宣元六王·東平思王傳》顔師古注：「建，謂立其議。」

〔八〕尚書：職官名。秦漢屬少府。因其職在殿中主發書，故稱。漢武帝時，地位漸重。漢成帝時設尚書五人，始分曹辦事。事務頗繁。

〔九〕縣官：《史記》卷五七《絳侯周勃世家》司馬貞《索隱》：「縣官謂天子也。所以謂國家爲縣官者，《夏官》王畿内縣即國都也。王者官天下，故曰縣官也。」《漢書》卷八〇《宣元六王・東平思王傳》顔師古注引張晏曰：「不敢指斥成帝，謂之縣官也。」

〔一〇〕持服：守孝，服喪。　無處所：《漢書》卷八〇《宣元六王・東平思王傳》顔師古注引如淳曰：「言不從道，冀如昌邑王也。」

〔一一〕我危得之：各本同。朱校：「句似誤。」《漢書》卷八〇《宣元六王・東平思王傳》顔師古注：「孟康曰：『危，殆也。我殆得爲天子也。』師古曰：『危者，猶今之言險不得之矣。』」

〔一二〕比至下：各本「至」下衍「闕」字，《漢書》卷八〇《宣元六王・東平思王傳》無「闕」字。今按：顔師古注引張晏注曰：「下，下棺也。」故「闕」字衍，當删。

〔一三〕「後爲」句：重校本、《叢書集成》本、《百子全書》本、龍溪精舍本作「後爲姬朐臑遺其家告之」。吴校：「上云『妻妾不離側』，即接以此句，頗非情理，當從本書云『後爲姬朐臑遺其家告之』。」今按：「後爲妻妾告之」即指劉宇爲姬朐臑遺其家告發，事詳《漢書》卷八〇《宣元六王・東平思王傳》。

40　其功業無成者，則司馬穎。〔一〕初起軍河朔，〔二〕三軍畢從。每夜刀戟之端，有光若火，壘中井皆有龍像。〔三〕長沙王既死，〔四〕增封穎二十郡，〔五〕拜丞相，一如魏武九錫故事。〔六〕乘輿服御，皆遷於鄴。其掾步熊私曰：〔七〕「雖爲太弟，〔八〕不得嗣也。」穎遂立邦，〔九〕郊兆於鄴城。〔一〇〕及敗，爲頓丘太守馮嵩所執。〔一一〕穎素爲鄴都所服，慮爲變，僞稱臺使，〔一二〕賜穎死。穎曰：「我放逐於今三年，身體手足，不見洗沐，取五斗湯來。」其二子號泣，穎叱去。浴訖，散髮（束）〔東〕首卧，〔一三〕命縊之。二子皆死。鄴中爲之悲哀。

【校注】

〔一〕司馬穎：字章度，西晉河内温人，武帝第十六子。封成都王，鎮鄴。晉惠帝立，八王亂起，穎起兵討滅趙王司馬倫、長沙王司馬乂，以皇太弟、丞相制朝政。後兵敗，被殺。《晉書》卷五九有傳。

〔二〕河朔：古代泛指黄河以北的地區。《書·泰誓中》：「惟戊午，王次於河朔。」孔安國傳：「戊午渡河而誓，既誓而止於河之北。」

〔三〕壘：《禮記·曲禮上》：「四郊多壘，此卿大夫之辱也。」鄭玄注：「壘，軍壁也。」此指軍營。

〔四〕長沙王：指司馬乂。乂字士度，武帝第六子。趙王倫篡位，乂帥兵助齊王冏等攻殺倫。齊王冏專權，河間王顒等起兵反齊王冏，乂在洛陽爲内應，殺冏。顒與成都王穎起兵反乂，乂於京郊與顒等大戰三月，後爲東海王越潛結殿中諸將囚之，送顒部將張方，被殺。《晉書》卷五九有傳。

〔五〕「增封」句：各本同。朱校：「句似有誤。」今按：參《晉書》卷五九《成都王穎傳》，不誤。

〔六〕魏武：即曹操。《三國志》卷一《武帝紀》載：建安十八年（二一三）五月丙申，漢獻帝使御史大夫郗慮持節策命曹操爲魏公，加九錫。九錫：《春秋公羊傳·莊公元年》：「錫者何？賜也。命者何？

加我服也。」漢何休注：「禮有九錫：一曰車馬，二曰衣服，三曰樂則，四曰朱户，五曰納陛，六曰虎賁，七曰弓矢，八曰鈇鉞，九曰秬鬯。」魏晉六朝掌政大臣奪取政權、建立新王朝率皆襲王莽謀漢先邀九錫故事，後以九錫爲權臣篡位先聲。

〔七〕掾：佐屬官吏的通稱。　步熊：人名。生平無考。

〔八〕太弟：皇帝弟之尊稱。

〔九〕立邦：指另立政權。邦，指國家。

〔一〇〕郊兆：祭壇外所圍的土界。亦泛指祭壇。《周禮·春官·小宗伯》：「兆五帝於四郊。」鄭玄注：「兆爲壇之營域。」

〔一一〕頓丘：郡名，屬司州。治所在頓丘縣，今河南清豐西南。　馮嵩：人名。生平無考。

〔一二〕臺使：朝廷派出的使者。臺，指朝廷、禁中。

〔一三〕東首：頭朝東。古禮君子寢必東首，人卧病將死，亦應東首。《禮記·玉藻》：「君子之居恒當户，寢恒東首。」《禮記·喪大記》：「疾病……寢東首於北牖下。」孔穎達疏：「以東方生長，故東首鄉生氣。」東，各本作「束」，《晉書》卷五九《司馬穎傳》作「東」。今按：「束」當爲「東」之訛，改。　散髮：披散頭髮。多指棄官隱居，逍遥自在。《後漢書》卷四五《袁閎傳》：「延熹末，黨事將作，閎遂散髮絶世，欲投跡深林。」此用以表示司馬穎死時之從容。

41 司馬乂，〔一〕忠毅方正。成都王穎、河間王顒同攻京師，〔二〕乂敗績。時東海王越領中書監，〔三〕慮外難已逼，潛與殿中將士收乂送金墉城。〔四〕成都軍不彊，〔殿中左右〕恨乂功垂成而敗之，〔五〕謀共劫乂，更以距穎。朝廷及東海王越懼難復作，欲遂誅乂。黄門侍郎潘滔曰：〔六〕「不可，將自有静之者。〔七〕」征西將軍張方遣將郅輔勒兵三千，〔八〕至金墉城收乂，馬負至營，縊之。〔九〕三軍莫不爲之垂涕。

【校注】

〔一〕司馬乂：《晉書》卷五九《長沙王乂傳》：「顒遂與穎同伐京都。穎遣刺客圖乂。……乂前後破穎軍，斬獲六七萬人。戰久糧乏，城中大饑，雖曰疲弊，將士同心，皆願效死。而乂奉上之禮未有虧失，張方以爲未可克，欲還長安。而東海王越慮事不濟，潛與殿中將收乂送金墉城。……殿中左右恨乂功垂成而敗，謀劫出之，更以距穎。越懼難作，欲遂誅乂。黄門郎潘滔勸越密告張方，方遣部將郅輔勒兵三千，就金墉收乂，至營，炙而殺之。乂冤痛之聲達於左右，三軍莫不爲之垂涕。時年二十八。」

〔二〕河間王顒：司馬顒字文載，西晉宗室，封河間王。惠帝時，「八王之亂」起，拜太尉。懷帝永嘉初，爲南陽王司馬模所害。《晉書》卷五九有傳。

〔三〕東海王越：司馬越字元超，西晉宗室，封東海王。「八王之亂」中，曾殺長沙王乂，征成都王穎。懷帝立，越爲丞相。永嘉中憂懼而卒。謚孝獻。《晉書》卷五九有傳。中書監：中書省的長官。掌贊詔令，記會時事，典作文書。

〔四〕「潛與」句：《晉書》卷五九《東海王越傳》：「成都王穎攻長沙王乂，乂固守洛陽，殿中諸將及三部司馬疲于戰守，密與左衛將軍朱默夜收乂别省，逼越爲主，啓惠帝免乂官。」金墉城，三國魏明帝築，在今河南洛陽東北漢魏故城西南隅。西晉時廢黜之皇帝、皇后、太子曾安置於此。

〔五〕「成都」二句：吴校：「『成都軍不彊』，按《晉書》作『殿中左右』。」今按：據《晉書》卷五九《司馬乂傳》載：太安末，河間王顒與成都王穎起兵反乂，乂在京郊與顒等大戰三月。「乂前後破穎軍，斬獲六七萬人」，此正是「成都軍不彊」之證。後乂爲東海王越潛結殿中將囚之，此即所謂「功垂成而敗」者，故「殿中左右」又欲劫乂出。故本文當於「恨乂功垂成而敗之」前補「殿中左右」四字。

〔六〕黄門侍郎：官名。《後漢書·百官志》：「黄門侍郎，六百石。」自注：「無員。掌侍從左右，給事中，關通中外。及諸王朝見於殿上，引王就坐。」　潘滔：人名。滎陽人。曾爲東海王越司馬、河南尹等。事蹟詳《晉書》卷五、五一、五九、六一等。

〔七〕静：《四庫全書》本作「靖」。今按：静，通「靖」。

〔八〕征西將軍：將軍名號。與征東、征南、征北將軍，合稱四征將軍。多爲持節都督，出鎮方面，地位顯要。晉三品。　張方：西晉河間人。仕晉，官至中領軍、録尚書事，領京兆太守。後爲司馬顒所殺。《晉書》卷六〇有傳。《晉書》本傳：「東海王越等執乂，送于金墉城。方使郅輔取乂還營，炙殺之。」郅輔：人名。生平無考。

〔九〕縊之：吴校：「『縊之』，《晉書》作『炙而殺之』。」今按：《晉書》卷五九《司馬乂傳》及《晉書》卷六〇《張方傳》均載爲「炙殺」，而非「縊」。

42 司馬越少有令名。〔一〕自許昌率苟晞及冀州刺史丁劭討汲桑，〔二〕破之。越拜太傅。〔三〕先是謠曰：「元超兄弟大落度，〔四〕上桑打椹爲苟作。〔五〕」晞亦懼逼，説越曰：〔六〕「兗州天下之要，〔七〕公宜自牧。」大治官舍以待越。有大星，頭如箕，〔八〕長五六丈，起西方流東，行至地。有赤散流光若血，所照皆赤。日中若飛燕者十八日。有流星若箕，自東北西南行至地。〔九〕越請討石勒，〔一〇〕且鎮集兗豫，〔一一〕以援京師。越專擅威權，圖爲霸業，州郡攜貳，〔一二〕上下崩離，憂懼成疾，薨。

【疏證】

《宋書》卷三一《五行志》：「司馬越還洛，有童謠曰：『洛中大鼠長尺二，若不蚤去大狗至。』及苟晞將破汲桑，又謠曰：『元超兄弟大落度，上桑打椹爲苟作。』由是越惡晞，奪其兗州，隙難遂構。」

【校注】

〔一〕司馬越：《晉書》卷五九《東海王越傳》載：越字元超，「少有令名，謙虚持布衣之操，爲中外所宗。……永嘉初，自許昌率苟晞及冀州刺史丁劭討汲桑，破之。越還于許，長史潘滔説之曰：『兗州天下樞要，公宜自牧。』及轉苟晞爲青州刺史，由是與晞有隙。尋詔越爲丞相，領兗州牧，督兗、豫、司、冀、幽、并六州。越辭丞相不受，自許遷于鄄城。……越自誅王延等，大失衆望，而多有猜嫌。散騎侍郎高韜有憂國之言，越誣以訕謗時政害之，而不自安。乃戎服入見，請討石勒，且鎮集兗豫以援京師。……越專擅威權，圖爲霸業，朝賢素望，選爲佐吏，名將勁卒，充于己府，不臣之跡，四海所知。而公私罄乏，所在寇亂，州郡攜貳，上下崩離，禍結釁深，遂憂懼成疾。永嘉五年，薨于項。」

〔二〕許昌：縣名。治所在今河南許昌東。　苟晞：字道將，西晉河内山陽人。東海王越引爲通事令史。齊王冏輔政，參冏軍事，官至撫軍將軍、假節、都督青兗諸軍事，封東平郡侯。後起兵反司馬越，越卒，晞爲大將軍、大都督。《晉書》卷六一有傳。　冀州：州名。晉時治所在房子縣，即今河北高邑西南。　刺史：官名。原爲朝廷所派督察地方之官，後沿爲地方官職名稱。魏晉於要州置都督兼領刺史，職權益重。　丁劭：人名。生平無考。　汲桑：西晉平陽人，牧民首領。惠帝永興二年與石勒率牧民起事，戰敗。懷帝永嘉元年，再次起事，攻破鄴城，殺新蔡王司馬騰。後爲苟晞敗，爲人所殺。事蹟詳《晉書》卷六一《苟晞傳》及卷一〇四《石勒傳》。

〔三〕太傅：官名。古三公之一。魏晉時位上公，總領朝政，地位隆重。一品。

〔四〕落度（tuò）：《資治通鑑》卷七三《魏紀五》「明帝青龍三年」胡三省注：「度，徒洛翻。落度，失意也。」參周一良《魏晉南北朝史札記·〈三國志〉札記》「落度」條。

〔五〕椹：《詩經·衛風·氓》：「於嗟鳩兮，無食桑葚。」陸德明《經典釋文》：「葚，本又作椹，音甚，桑實也。」

〔六〕「晞亦」三句：各本同。今按：據《晉書》卷五九《司馬越傳》，説司馬越者非苟晞，乃長史潘滔。

〔七〕兖州：州名。魏晉時治所廩丘，在今山東鄆城西。

〔八〕箕：《禮記·曲禮上》鄭玄注：「箕，去棄物。」孔穎達疏：「箕是棄物之器。」

〔九〕「有大星」至「自東北西南行至地」十句：各本同。今按：此所載似是三事，原文疑有脱誤。「有大星，頭如箕，長五六丈，起西方流東，行至地」是永嘉元年事。《晉書》卷五《懷帝紀》：「（永嘉元年）九月戊申，苟晞又破汲桑，陷其九壘。辛亥，有大星如日，小者如斗，自西方流于東北，天盡赤，俄有聲如雷。」《晉書》卷一三《天文志》：「（懷帝永嘉）元年九月辛卯，有大星如日，自西南流于東北，小者如斗，相隨，天盡赤，聲如雷。占曰：『流星爲貴使，星大者使大。』是年五月，汲桑殺東燕王騰，遂據河北。十一月，始遣和鬱爲征北將軍，鎮鄴西。田甄等大破汲桑，斬于樂陵。於是以甄爲汲郡太守，弟蘭鉅鹿太守。小星相隨者，小將別帥之象也。」「有赤散流光若血，所照皆赤。日中若飛燕者十八日」是懷帝永嘉五年事。《宋書》卷三四《五行志》：「永嘉五年三月庚申，日散，光如血，下流，所照皆赤。日中有若飛燕鳥者。」《晉書》卷一二《天文志》：「（懷帝永嘉）五年，劉聰破京都，帝蒙塵於寇庭。五年三月庚申，日散光，如血下流，所照皆赤。日中有若飛燕者。」「有流星若箕，自東北西南行至地」是永嘉四年事。《晉書》卷五《懷帝紀》：「（永嘉四年）冬十月辛卯，晝昏，至於庚子。大星西南墜，有聲。」《晉書》卷一三《天文志》：「（永嘉）四年十月庚子，大星西北墜，有聲。尋而帝蒙塵於平陽。」本文作「東北西南行至地」，與《晉書》卷五《懷帝紀》合。故此節文字當補充，順序可調整如下：「永嘉元年九月辛卯，有大星，頭如箕，長五六丈，起西方流東，行至地。四年十月庚子，有流星若箕，自東北西南行至地。五年三月庚申，有赤散流光若血，所照皆赤。日中若飛燕者十八日。」

〔一〇〕石勒：字世龍，上黨武鄉人。羯族。曾與汲桑聚衆反晉，事敗，投前趙石淵。後自稱趙王，建立後趙。《晉書》卷一〇四、一〇五有傳。

〔一一〕豫：州名。西晉治陳縣，即今河南睢陽。

〔一二〕攜貳：《國語》卷一《周語上》韋昭注：「攜，離；貳，二心也。」

43 **劉餘之封爲淮陽王，〔一〕吴楚反破後，徙王魯。〔二〕好治宮室苑囿狗馬，季年好音。〔三〕口吃難言。初，壞孔子舊宅以廣其宮，聞鐘磬琴瑟之聲，遂不敢壞，〔四〕於其壁中得古文經傳。〔五〕**

【疏證】

《漢書》卷五三《景十三王·魯恭王傳》：「魯恭王餘以孝景前二年立爲淮陽王。吴楚反破後，以孝景前三年徙王魯。好治宮室苑囿狗馬，季年好音，不喜辭。爲人口吃難言。……恭王初好治宮室，壞孔子舊宅以廣其宮，聞鐘磬琴瑟之聲，遂不敢復壞，於其壁中得古文經傳。」

【校注】

〔一〕劉餘：西漢景帝第五子。初封淮陽王，後徙封魯王。卒，謚恭。《史記》卷五九、《漢書》卷五三有傳。之：重校本、《叢書集成》本、《百子全書》本、龍溪精舍本作「初」。吴校：「『之』字衍，或可改爲『初』字。」

〔二〕魯：王國名。西漢高后元年（前一八七）改薛郡置。治所魯縣，在今山東曲阜東北。

〔三〕季年：晚年。

〔四〕不敢壞：各本同，《漢書》卷五三《景十三王·魯恭王傳》「不敢」下有「復」字。

〔五〕古文經傳：指用篆文書寫的儒家經籍，相對漢時用隸書書寫的「今文經」而言。《漢書》卷三〇《藝文志》：「武帝末，魯共王壞孔子宅，欲以廣其宮。而得《古文尚書》及《禮記》、《論語》、《孝經》凡數十篇，皆古字也。共王往入其宅，聞鼓琴瑟鍾磬之音，於是懼，乃止不壞。孔安國者，孔子後也，悉得其書，以考二十九篇，得多十六篇。安國獻之。遭巫蠱事，未列于學官。劉向以中古文校歐陽、大小夏侯三家經文。」

44 劉京性恭孝，〔一〕好經學。京都莒，〔二〕好宮室，窮極伎巧，殿館壁帶皆飾以金

銀。〔三〕數上詩賦頌德，帝嘉美之。〔四〕京國中有城陽景王祀，〔五〕吏民奉祠，神數下言宮中多不便，乃復徙宮開陽。〔六〕

【疏證】

《後漢書》卷四二《光武十王·琅邪孝王傳》：「京性恭孝，好經學。……京都莒，好修宮室，窮極伎巧，殿館壁帶皆飾以金銀。數上詩賦頌德，帝嘉美，下之史官。京國中有城陽景王祠，吏人奉祠。神數下言宮中多不便利，京上書願徙宮開陽。」

【校注】

〔一〕劉京：東漢南陽蔡陽人，光武帝子。封琅邪王。卒，謚孝。《後漢書》卷四二有傳。

〔二〕莒：縣名，秦始置，東漢屬琅邪國。治所在今山東莒縣。

〔三〕「殿館」句：《後漢書》卷四二《光武十王·琅邪孝王傳》李賢注：「壁帶，壁中之横木也。以金銀爲釭，飾其上。」

〔四〕「數上」二句：《後漢書》卷四二《光武十王·琅邪孝王傳》「嘉美之」下有「下之史官」四字。帝，指漢明帝劉莊。《後漢書》卷三有紀。又，劉京所上詩賦今不存。

〔五〕城陽景王：指劉章。章，西漢宗室。吕后死，章與周勃等殺諸吕，奉劉恒爲文帝，封城陽王。卒，謚曰景。《史記》卷五二、《漢書》卷三八有傳。祀：各本同。吴校：「『祀』，《漢書》作『祠』。」今按：

「祀」、「祠」通，指祭祀供奉的處所。《禮記・檀弓下》：「吳侵陳，斬祀殺厲，師還出竟。」鄭玄注：「祀，神位有屋樹者。」

〔六〕開陽：縣名，東漢爲琅邪國都。治所在今山東臨沂北。

45 司馬道子於府第内築土山，〔一〕穿池沼，樹竹木，用功數十百萬。又使宮人爲酒肆，酤賣於水側，道子與親幸乘船就其家飲宴，若在市肆，以爲笑樂。子元顯時年十六，〔二〕爲政苛刻，生殺自己，矜豪奢侈。發東諸郡免奴爲客者，〔三〕號曰「樂屬」，移置京師，以充兵役。道子既失威權，〔四〕遂終日昏醉，不復厝意，政無大小，一委元顯。元顯大治兵器，聚徒十萬。百姓饑饉，人情危懼，而道子、元顯置酒作樂，竟以此敗。

【疏證】

《太平御覽》卷八二八引《晉中興徵祥記》曰：「烈宗世，會稽王輔政，於府内園中穿池築山，山池之間處處有肆，使婢酤酒賣肉於其中。道子將見幸，乘船至酒肆，輒攜入肆，買酒肉，狀如市廛，以爲笑樂。」

【校注】

〔一〕司馬道子：字道子，以字行，祖籍河内温縣，東晉簡文帝子。初封琅邪王。孝武帝太元中爲揚州刺史、録尚書，都督中外諸軍事。改封會稽王。安帝立，道子輔政，後委政元顯。桓玄舉兵東下，破建康，道子被放逐，尋被鴆殺。《晉書》卷六四有傳。

〔二〕元顯：司馬道子之子。生平詳《晉書》卷六四。

〔三〕東諸郡：《晉書》卷六四《司馬道子傳》「東」下有「土」字。

〔四〕「道子」句：各本同。今按：據《晉書》卷六四《司馬道子傳》，道子失權，乃其子元顯趁其有疾且酒醉，然後奪之。此處上下文意不貫，疑「道子」上有脱誤。

46　劉休祐在荆州〔一〕，哀刻（在所）〔所在〕，〔二〕多營財貨。以短錢一百賦民，〔三〕田登既，〔四〕就求白米一斛，米粒皆令潔白，〔五〕若有破折者，悉删揀不受。〔六〕民間糴此米，一（斗）〔升〕一百。〔七〕至時又不受米，計米責錢。〔八〕百姓嗷然，〔九〕不復堪命。性狠戾，前後忤上非一。且慮將來難制，遂方便殺之。〔一〇〕謚（刺）〔剌〕王。〔一一〕

【疏證】

《宋書》卷七二《文九王·晉平刺王傳》：「休祐素無才能，强梁自用，大明之世，年尚少，未得自專，至是貪淫，好財色。在荊州，裒刻所在，多營財貨。以短錢一百賦民，田登，就求白米一斛，米粒皆令徹白，若有破折者，悉刪簡不受。民間糴此米，一升一百。至時又不受米，評米責錢。凡諸求利，皆悉如此，百姓嗷然，不復堪命。……休祐狠戾強梁，前後忤上非一。在荊州時，左右苑景達善彈棋，上召之，休祐留不遣。上怒，詰責之曰：『汝剛戾如此，豈爲下之義！』積不能平。且慮休祐將來難制，欲方便除之。七年二月，車駕於巖山射雉，有一雉不肯入場，日暮將反，令休祐射之。語云：『不得雉，勿歸。』休祐時從在黃麾內，左右從者並在部伍後，休祐便馳去，上遣左右數人隨之。上既還，前驅清道，休祐人從悉分散，不復相得，上因遣壽寂之等諸將追之。日已欲暗，與休祐相及，逼令墜馬。休祐素勇壯有氣力，奮拳左右排擊，莫得近。有一人後引陰，因頓地，即共毆拉殺之。乃遣人馳白上，行唱：『驃騎落馬。』上曰：『驃騎體大，落馬殊不易。』即遣御醫絡驛相係。頃之，休祐左右人至，久已絕。去車脚，輿以還第，時年二十七。」

【校注】

〔一〕劉休祐：祖籍彭城，宋文帝第十三子。初封山陽王，後改封晉平王，先後爲湘州、豫州、荊州、南徐州刺史。以狠戾忤上，被殺，謚曰刺王。《宋書》卷七二、《南史》卷一四有傳。

〔二〕裒刻：謂苛斂民財。所在：各本作「在所」，《四庫全書》本作「所在」。今按：《宋書》卷七二《文九王傳》作「所在」，據改。所在，即所處或所到之地。

〔三〕短錢：古錢本以一百爲陌，是爲足陌。晉以下有以八十、七十爲陌者，此類陌錢稱爲短錢或短陌。葛洪《抱朴子》内篇卷六《微旨》：「取人長錢，還人短陌；決放水火，以術害人。……凡有一事，輒是一罪。」《隋書》卷二四《食貨志》述梁代錢制，云：「自破嶺以東，八十爲百，名曰東錢。江、郢已上，七十爲百，名曰西錢。京師以九十爲百，名曰長錢。中大同元年，天子乃詔通用足陌。詔下而人不從，錢陌益少。至於末年，遂以三十五爲百云。」是短陌之數，因時代不同而有異。參顧炎武《日知録》卷一一《短陌》條及周一良《魏晉南北朝史論集》上編《讀書雜識》。

〔四〕田登既：各本同。吴校：「『既』字衍。」《宋書》卷七二《文九王傳》及《南史》卷一四《宋宗室及諸王傳》作「田登」。今按：有「既」字亦可通。既，作「已」、「終了」解。登，《淮南子》卷九《主術》：「歲登穀豐，乃始縣鐘鼓，陳干戚。」高誘注：「登，成也。年穀豐熟也。」

〔五〕潔白：各本同。吴校：「『潔』，《宋書》作『徹』。」《宋書》卷七二《文九王傳》及《南史》卷一四《宋宗室及諸王傳下》作「徹白」。徹白，透白。

〔六〕揀：各本同，《宋書》卷七二《文九王傳》作「簡」。今按：揀、簡，選也。義同。

〔七〕升：各本作「斗」。吴校：「『斗』，《宋書》作『升』。」《宋書》卷七二《文九王傳》作「升」，《南史》卷一四《宋宗室及諸王傳下》作「斗」。今按：升、斗均是容量單位。十升爲一斗。《宋書》卷七《前廢帝紀》：「（大明八年）去歲及是歲，東諸郡大旱，甚者米一升數百，京邑亦至百餘，餓死者十有六七。」據此，則當從《宋書》卷七二《文九王傳》作「升」。

〔八〕計：各本同。吳校：「『計』，《宋書》作『評』。」《宋書》卷七一《文九王傳》、《南史》卷一四《宋宗室及諸王傳下》作「評」。今按：作「計」亦可通。

〔九〕嗷然：哀號貌。《東觀漢記》卷二《孝殤皇帝》：「國祚中絶，社稷無主，天下嗷然。」

〔一〇〕方便：隨機乘便。

〔一一〕刺：各本作「刺」，《宋書》卷七二《文九王·晉平剌王傳》作「剌」。今按：作「剌」是。《史記》卷一七《漢興以來諸侯王年表》司馬貞《索隱》：「《謚法》：暴慢無親曰剌。」

47

劉義康性好吏職，〔一〕鋭意文案，〔二〕〔糾剔〕是非，〔三〕莫不精盡。爲侍中、司徒、録尚書事。〔四〕既專總朝政，生殺大事皆以録命斷之。〔五〕凡所陳奏，入無不可。方伯以下，〔六〕並委義康授用。由是朝野輻湊，〔七〕勢傾天下。義康亦自强不息，無有懈倦。府門每旦常有數百乘車，雖復位卑人微，皆被引接。又聰識過人，一聞必記，嘗所暫遇，終身不忘，〔八〕稠人廣坐，每標題所憶以示聰明，〔九〕物議益以此推服之。〔一〇〕愛惜官爵，未嘗以階級私人，〔一一〕凡朝士有才用者皆引入己府，無施及忤旨，〔一二〕即度爲臺官。〔一三〕自下樂爲竭力。私置僮六千餘人，〔一四〕不以言臺。時四方獻饋，皆以上品薦義康，而以次者供御。上嘗冬月噉柑，歎其形味並劣，義康在坐曰：「今年柑殊有佳者。」遣人還東府取柑，〔一五〕大供御者三寸。因此見廢。

【疏證】

《宋書》卷六八《武二王・彭城王義康傳》：「（元嘉）六年，司徒王弘表義康宜還入輔，徵侍中、都督揚南徐兗三州諸軍事、司徒、録尚書事，領平北將軍、南徐州刺史，持節如故。……十二年，又領太子太傅，復加侍中、班劍。義康性好吏職，鋭意文案，糾剔是非，莫不精盡。既專總朝權，事決自己，生殺大事，以録命斷之。凡所陳奏，入無不可。方伯以下，並委義康授用，由是朝野輻湊，勢傾天下。義康亦自强不息，無有懈倦。府門每旦常有數百乘車，雖復位卑人微，皆被引接。又聰識過人，一聞必記，常所暫遇，終生不忘，稠人廣坐，每標所憶以示聰明，人物益以此推服之。愛惜官爵，未嘗以階級私人，凡朝士有才用者，皆引入己府，無施及忤旨，即度爲臺官。自下樂爲竭力，不敢欺負。……義康素無術學，暗於大體，自謂兄弟至親，不復存君臣形跡，率心逕行，曾無猜防。私置僮部六千餘人，不以言臺。四方獻饋，皆以上品薦義康，而以次者供御。上嘗冬月噉甘，歎其形味並劣，義康在坐曰：『今年甘殊有佳者。』遣人還東府取甘，大供御者三寸。」

【校注】

〔一〕劉義康：小字車子，宋武帝子。初封彭城王，文帝徵爲侍中、司徒。專總朝權，勢傾天下。後改授江州刺史。以范曄謀迎立事，免爲庶人。數年後被逼自殺。《宋書》卷六八、《南史》卷一三有傳。

〔二〕文案：公文案卷。《宋書》卷六一《武三王・江夏文獻王義恭傳》：「世祖立太子，東宮文案，使先經義恭。」

〔三〕糾剔是非：各本脱「糾剔」，《宋書》卷六八《武二王・彭城王義康傳》、《南史》卷一三《宋宗室及諸王傳上》「是非」上並有「糾剔」二字。今按：據文意，當補。糾剔，亦作「糾逖」。督察懲治。《左傳・僖公二十八年》：「敬服王命，以綏四國，糾逖王慝。」楊伯峻注引惠棟《補注》：「《魯頌》『狄彼東南』，鄭箋云：『狄當爲剔。剔，治也。』此《傳》當訓爲治也。」

〔四〕侍中：官名。劉宋時侍中省長官，掌贊導左右，顧問應對，地位尊貴。三品。司徒：官職名。三公之一，六朝時多爲大臣加官。一品。録尚書事：東漢始置，爲總領尚書臺的長官，或由宰相兼銜。自魏晉以後，掌有重權的公卿大臣常兼此職。

〔五〕録命：録尚書事之命令。

〔六〕方伯：本指殷周時一方諸侯之長。此處指地方長官。《漢書》卷八六《何武傳》：「刺史，古之方伯，上所委任，一州表率也。」

〔七〕輻湊：亦作「輻輳」。比喻人或物聚集一處。《文選》卷一班孟堅《東都賦》：「平夷洞達，萬方輻湊。」

〔八〕終身：各本同，《宋書》卷六八《武二王・彭城王義康傳》作「終生」。今按：「終身」、「終生」義通。

〔九〕標題：各本同，《宋書》卷六八《武二王・彭城王義康傳》「標」下無「題」字。標題，標示題寫。

〔一〇〕物議：各本同，《宋書》卷六八《武二王・彭城王義康傳》、《南史》卷一三《宋宗室及諸王傳上》作「人物」。物議，衆人的議論。

〔一一〕階級：本指官的品位、等級。此指官職。私：徇私。《荀子》卷九《君道》：「故明主有私人以金石珠玉，無私人以官職事業。」

〔一二〕無施：即無才用，與上句「有才用者」相對應。施，《後漢書》卷一七《賈復傳》李賢注：「施，用也。」

〔一三〕度：陞遷。臺官：宋洪邁《容齋續筆》卷五《臺城少城》：「晉宋間，謂朝廷禁省爲臺，故稱禁城爲臺城，卿士爲臺官。」

〔一四〕僮：各本同，《宋書》卷六八《武二王・彭城王義康傳》「僮」下有「部」字。僮，指僮部，以家奴組成之部曲。

〔一五〕東府：南朝劉宋時丞相兼領揚州刺史之治所。故址在今江蘇南京市内。《文選》卷六〇謝惠連《祭古冢文》：「東府掘城北塹，入丈餘，得古冢。」李善注引《丹陽記》：「東府城，西則簡文會稽王時第，東則孝文王道子府。道子領揚州，仍住先舍，故俗稱東府。」今按：據《宋書》卷六八《武二王・彭城王義康傳》，義康時爲録尚書事、領揚州刺史，居東府。

48 劉義恭鎮彭城，〔一〕（伐）魯郡孔子舊廟柏樹二十四株，〔二〕經歷漢、晉，其大連抱者二株先倒折，〔三〕土人崇敬，〔四〕莫之敢犯，義恭悉遣人伐取之，父老莫不歎息。義恭性嗜不恒，與時移變，〔五〕自始至終，屢遷第宅。與人游款，〔六〕意好亦多不終。而奢侈無度，不愛財寶，左右親幸者，一日先與一二百萬，〔七〕小有忤旨，〔八〕輒追奪之。大明時，資供豐厚，〔九〕而用常不足，賒市百姓物，無錢可還，民有通辭求錢者，輒題後作「原」字。〔一〇〕善騎馬，解音樂。游行或三五百里。東至吴郡，〔一一〕登虎丘山，〔一二〕又登無錫烏山以望太湖。〔一三〕

【疏證】

《宋書》卷六一《武三王·江夏文獻王義恭傳》：「（元嘉）二十七年春，索虜寇豫州，太祖因此欲開定河、洛。其秋，以義恭總統羣帥，出鎮彭城。……魯郡孔子舊庭有柏樹二十四株，經歷漢、晉，其大連抱。有二株先折倒，士人崇敬，莫之敢犯，義恭悉遣人伐取，父老莫不歎息。……義恭性嗜不恒，日時移變，自始至終，屢遷第宅。與人遊款，意好亦多不終。而奢侈無度，不愛財寶，左右親幸者，一日乞與，或至一二百萬；小有忤意，輒追奪之。大明時，資供豐厚，而用常不足，賒市百姓物，無錢可還，民有通辭求錢者，輒題後作『原』字。善騎馬，解音律，游行或三五百里，世祖恣其所之。東至吴郡，登虎丘山，又登無錫縣烏山以望太湖。」

【校注】

〔一〕劉義恭：宋武帝子。文帝初，封江夏王。太子劉劭殺文帝，義恭擁立武陵王駿，進位太傅。前廢帝即位，狂悖無道，義恭與柳元景謀廢立，事敗被殺。《宋書》卷六一、《南史》卷一三《宋宗室及諸王傳上》有傳。彭城：郡名。治所在彭城縣，即今江蘇徐州。今按：劉義恭出鎮彭城在元嘉二十七年（四五〇）秋。

〔二〕魯郡：各本「魯郡」上衍「伐」字，《宋書》卷六一《武三王·江夏文獻王義恭傳》、《南史》卷一三《宋宗室及諸王傳上》「魯郡」上無「伐」字。今按：下文有「伐取之」，此衍，據删。舊廟：各本同，中華書局點校本《宋書·武三王·江夏文獻王義恭傳》作「舊庭」，校勘記云：「弘治本、毛本、殿本、局本作『舊庭』；《元龜》二九九作『舊廟』。」魯郡：郡名。治所在魯縣，即今山東曲阜東北。

〔三〕「其大」句：各本同，《宋書》卷六一《武三王·江夏文獻王義恭傳》作「其大連抱，有二株先折倒」。今按：《宋書·武三王·江夏文獻王義恭傳》之意是指二十四株柏樹均大「連抱」，本篇是指有兩株大至「連抱」，二者意思有差異。頗疑本篇「者」或爲「有」之訛。

〔四〕土人：當地人。土，各本同，《宋書》卷六一《武三王·江夏文獻王義恭傳》作「士」。今按：下文曰「父老莫不歎息」，則作「土」似更有理。

〔五〕與時：各本同，《宋書》卷六一《武三王·江夏文獻王義恭傳》、《南史》卷一三《宋宗室及諸王傳上》作「日時」。

〔六〕游款：交往，親近。款，《四庫全書》本作「欵」，《宋書》卷六一《武三王・江夏文獻王義恭傳》、《南史》卷一三《宋宗室及諸王傳上》作「款」。

〔七〕先：重校本、《叢書集成》本、《百子全書》本、龍溪精舍本作「乞」。吴校：「『先』乃『乞』之誤。」《宋書》卷六一《武三王・江夏文獻王義恭傳》、《南史》卷一三《宋宗室及諸王傳上》作「一日乞與，或至一二百萬」。今按：乞與，給與。然作「先與」亦可通。

〔八〕忤旨：重校本、《叢書集成》本、《百子全書》本、龍溪精舍本作「忤意」。吴校：「本作『忤意』。」今按：《宋書》卷六一《武三王・江夏文獻王義恭傳》、《南史》卷一三《宋宗室及諸王傳上》作「忤意」。「忤意」、「忤旨」義同。

〔九〕大明：南朝宋孝武皇帝劉駿的年號，自四五七年至四六四年。

〔一〇〕原：《後漢書》卷一〇五《劉焉傳》：「犯法者先加三原。」李賢注：「原，免也。」

〔一一〕吴郡：郡名。治所在吴縣，即今江蘇蘇州。

〔一二〕虎丘山：山名。在今江蘇蘇州西北，亦名海湧山。漢袁康《越絶書》卷二《外傳記吴地傳》：「闔廬冢在閶門外，名虎丘。……築三日而白虎居上，故號爲虎丘。」

〔一三〕無錫：縣名。治所在今江蘇無錫。　烏山：山名。今按：無錫太湖附近無名烏山者，唯有「馬山」，即馬跡山，在今無錫西南、太湖北岸。頗疑「烏」爲「馬」之訛。　太湖：湖名。地跨江蘇、浙江兩省。舊時稱三萬六千頃，烟波浩渺，景色多姿，自古稱勝景。

49 劉義宣在荆鎮十年，〔一〕兵强財富，既首創大義，〔二〕誅元凶劭，〔三〕威名蓋天下，凡所求欲，無不畢從。〔四〕朝廷所下制度，意所不同者，一不遵奉。嘗獻世祖酒，〔五〕先自酌飲，封送所餘，其不識大體也如此。〔六〕爲臧質所説，〔七〕俄舉兵反。以第八子慆爲輔國將軍、荆州刺史，〔八〕左司馬竺超民輔之。〔九〕王玄謨舟師頓梁山洲内，〔一〇〕東西兩岸爲却月城，〔一一〕營栅甚固。撫軍柳元景據姑熟。〔一二〕臧質徑入梁山，去玄謨一里許結營。義宣屯蕪湖，〔一三〕西南風猛，質乘風從流攻玄謨西壘，〔一四〕冗從僕射胡子友等戰失利，〔一五〕棄壘渡就玄謨。義宣至梁山，步軍東岸攻玄謨。玄謨分遣游擊將軍垣護之、竟陵太守薛安都出壘奮擊，〔一六〕大破之，軍人一時投水。護之因風縱火，焚其舟乘，風勢猛，烟燄覆江。縱兵攻之，大衆奔潰。義宣與質相失，各單舸〔逆〕〔迸〕走，〔一七〕與義宣相隨船舸猶有百餘艘。〔一八〕女先適臧質子，過尋陽，〔一九〕入城取女，載以西奔。至江夏，〔二〇〕聞巴陵有軍，〔二一〕懼被鈔，〔二二〕回入遥口，〔二三〕步向江陵。〔二四〕衆散且盡，脚痛不復行，就民間僦露車自載。〔二五〕無復食，緣道求告。至江陵郭外，遣人報竺超民，超民具羽儀兵衆迎之。時内外猶自如舊，〔二六〕帶甲尚萬餘人。義宣既入城，仍出聽事見客，〔二七〕左右翟靈寶戒使拊慰，〔二八〕云：「昔漢高祖百敗，〔二九〕終成大業。」而義宣忘所戒，誤云「項羽千敗」。〔三〇〕衆咸掩口而笑。〔魯秀、竺超人等猶爲之爪牙，欲收合餘燼，更圖一決。而義宣惛墊無復神守，入内不復出。左右腹心，相率奔叛。魯秀北走，義宣不復自立，欲隨秀去。〕乃於内戎服，〔三一〕攜息慆及所愛妾五人，〔三二〕皆著男子服相隨〔入〕。〔三三〕城内擾亂，白刃交横，義宣大懼落馬，仍便步出，〔三四〕超民送出城外。未至郭，〔三五〕將士逃散都盡，唯餘慆及五妾兩黄門而已。〔三六〕夜還向城，入南郡空廨，〔三七〕無牀，席地寢至旦。遣黄門報超民，〔超民〕遣故車一乘，〔三八〕載送刺姦。〔三九〕義宣至獄户内，〔四〇〕坐地歎曰：「臧質老奴誤我！」始與五妾俱入獄，五妾尋被遣出，義宣號泣語獄吏曰：「常日非苦，今日分别始是苦。」尋盡殺之。

【疏證】

《宋書》卷六八《武二王・南郡王義宣傳》：「義宣在鎮十年，兵强財富，既首創大義，威名著天下，凡所求欲，無不必從。朝廷所下制度，意所不同者，一不遵承。嘗獻世祖酒，先自酌飲，封送所餘，其不識大體如此。初，臧質陰有異志，以義宣凡弱，易可傾移，欲假手爲亂，以成其姦。自襄陽往江陵見義宣，便盡禮，事在《質傳》。及至江州，每密信説義宣，以爲『有大才，負大功，挾震主之威，自古尠有全者，宜在人前，蚤有處分。且萬姓莫不繫心於公，整衆入朝，内外孰不欣戴。不爾一旦受禍，悔無所及』。義宣陰納質言。而世祖閨庭無禮，與義宣諸女淫亂，義宣因此發怒，密治舟甲，克孝建元年秋冬舉兵。報豫州刺史魯爽、兗州刺史徐遺寶使同。爽狂酒失旨，其年正月便反。遣府户曹送版，以義宣補天子，並送天子羽儀；遺寶亦勒兵向彭城。義宣及質狼狽起兵。……以第八子慆爲輔國將軍，留鎮江陵。……上先遣豫州刺史王玄謨舟師頓梁山洲内，東西兩岸爲却月城，營栅甚固。義宣屢與玄謨書，要令降。……撫軍柳元景據姑孰爲大統，偏帥鄭琨、武念戍南浦。質逕入梁山，去玄謨一里許結營，義宣屯蕪湖。五月十九日，西南風猛，質乘風順流攻玄謨西壘，冗從僕射胡子友等戰失利，棄壘渡就玄謨。質又遣將龐法起數千兵從洲外趨南浦，仍使自後掩玄謨。與琨、念相遇，法起戰大敗，赴水死略盡。二十一日，義宣至梁山，質上出軍東岸攻玄謨。玄謨分遣游擊將軍垣護之、竟陵太守薛安都等出壘奮擊，大敗質軍，軍人一時投水。護之等因風縱火，焚其舟乘，風勢猛盛，烟燭覆江。義宣時屯西岸，延火燒營殆盡。諸將乘風火之勢，縱兵攻之，衆一時奔潰。義宣與質相失，各單舸迸走，東人士庶並歸順，西人與義宣相隨者，船舸猶有百餘。女先適臧質子，過尋陽，入城取女，載以西奔。至江夏，聞巴陵有軍，被抄斷，回入逕口，步向江陵。衆散且盡，左右唯十許人，脚痛不復能行，就民僦露車自載。無復食，緣道求告。至江陵郭外，遣人報竺超民，超民具羽儀兵衆迎之。時外猶自如舊，帶甲尚萬餘人。義宣既入城，仍出聽事見客，左右翟靈寶誡使撫慰衆賓，以『臧質違指授之宜，用致失利，今治兵繕甲，更爲後圖；昔漢高百敗，終成大業』。而義宣忘靈寶之言，誤云『項羽千敗』。衆咸掩口而笑。魯秀、竺超民等猶爲之爪牙，欲收合餘燼，更圖一決，而義宣惛墊無復神守，入内不復出。左右腹心，相率奔叛。魯秀北走，義宣不復自立，欲隨秀去，乃於内戎服，幐囊盛糧，帶佩刀，攜息慆及所愛妾五人，皆著男子服相隨。城内擾亂，白刃交横，義宣大懼落馬，仍便步進，超民送城外，更以馬與之，超民因還守城。義宣冀及秀，望諸將送北入虜。既失秀所在，未出郭，將士逃散盡，唯餘慆及五妾兩黄門而已。夜還向城，入南郡空廨，無牀，席地至旦。遣黄門報超民，超民遣故車一乘，載送刺姦。義宣送止獄户，坐地歎曰：『臧質老奴誤我。』始與五妾俱入獄，五妾尋被遣出，義宣號泣語獄吏曰：『常日非苦，今日分别始是苦。』大司馬江夏王義恭諸公王八座與荆州刺史朱修之書曰……書未達，修之至江陵，已於獄盡焉。時年四十。」

【校注】

〔一〕劉義宣：宋武帝子。文帝初，封竟陵王。劉劭弑文帝自立，義宣起兵助討。孝武帝即位，封南郡王。後起兵争位，敗死。《宋書》卷六八、《南史》卷一三《宋宗室及諸王傳上》有傳。在荆鎮十年：各本同，《宋書》卷六八《武二王列傳》、《南史》卷一三《宋宗室及諸王傳上》無「荆」字。今按：劉義宣於元嘉二十一年（四四四）授荆州刺史，孝建元年（四五四）起兵，正十年。

〔二〕大義：此處指討伐劉劭事。

〔三〕元凶劭：即劉劭。劭字休遠，文帝長子。六歲立爲皇太子。文帝元嘉三十年（四五三），弑帝自立，改元太初。不久即爲孝武帝所誅。史稱「元凶」。《宋書》卷九九、《南史》卷一四有傳。《宋書》卷九九《劉劭傳》載：劉劭弑文帝即位，「世祖及南譙王義宣、隨王誕諸方鎮並舉義兵。」

〔四〕畢：各本同，《宋書》卷六八《武二王列傳》、《南史》卷一三《宋宗室及諸王傳上》作「必」。今按：「畢」通「必」。漢桓寬《鹽鐵論》卷八《結和》：「今有帝名而不信長城，反賂遺而尚踞敖，此五帝所不忍，三王所畢怒也。」盧文弨校補：「〔畢〕」，『必』同。」

〔五〕世祖：指孝武帝劉駿。駿字休龍，小字道民，宋文帝第三子。初封武陵王。文帝爲太子劉劭所殺，駿率兵進討，至新亭即位稱帝，殺劉劭。廟號世祖。《宋書》卷六、《南史》卷二《宋本紀》有紀。

〔六〕大體也如此：各本同，《永樂大典》卷一二〇四三引《金樓子·説藩篇》及《宋書》卷六八《武二王列傳》、《南史》卷一三《宋宗室及諸王傳上》「體」下無「也」字。大體，大禮。此處指君臣之禮。

〔七〕臧質：字含文，祖籍東莞莒縣。宋文帝元嘉末，官雍州刺史。後與諸將生擒劉劭，封始興郡公。孝武帝立，遭猜忌，謀立南郡王劉義宣，舉兵反，兵敗被殺。《宋書》卷七四、《南史》卷一八有傳。

〔八〕輔國將軍：雜號將軍名，三品。

〔九〕左司馬：職官名。協掌軍務。竺超民：人名，曾爲劉義宣司馬。事蹟詳《宋書》卷六八《武二王列傳》、《南齊書》卷四一《張融傳》。

〔一〇〕王玄謨：字彦德，祖籍太原祁縣。宋文帝元嘉中，爲汝陰太守。劉劭殺文帝自立，劉駿起兵討之，玄謨將兵響應。駿稱帝，除徐州刺史，封曲江縣侯。明帝時官至南豫州刺史。卒，謚莊。《宋書》卷七六、《南史》卷一六有傳。　梁山洲：地名，在今安徽和縣西梁山一帶長江中。《資治通鑑》卷一二八《宋紀十》「孝武帝孝建元年」胡三省注：「時梁山江中有洲，玄謨等舟師據之。」

〔一一〕却月：半月形。今按：王玄謨所爲却月城實際上是却月陣，一種半月形的營壘。《宋書》卷四八《朱超石傳》：「高祖乃遣白直隊主丁旿，率七百人，及車百乘，于河北岸上，去水百餘步，爲却月陣，兩頭抱河，車置七仗士，事畢，使豎一白毦。」梁吴均《從軍行》：「陳頭横却月，馬腹帶連錢。」

〔一二〕撫軍：「撫軍將軍」之省稱，將軍名號。權任頗重，劉宋三品。　柳元景：字孝仁。祖籍河東解縣。劉駿鎮襄陽時，以爲廣威將軍、隨郡太守。劉駿死，與江夏王劉義恭等受詔輔政。前廢帝時，密謀廢立，事泄被殺。《宋書》卷七七、《南史》卷三八有傳。　姑熟：一作「姑孰」。故地在今安徽當塗。地當長江要津。

〔一三〕蕪湖：地名，在今安徽蕪湖北。

〔一四〕乘風從流：各本同。吴校：「『乘風從流』，按，從《宋書》本作『順』，梁諱『順』，故改曰『從』。」

〔一五〕冗從僕射：官名。曹魏時置，掌皇宫侍衛，與虎賁中郎將、羽林監合稱三將。員一人，五品。　胡子友：人名。生平無考。

〔一六〕游擊將軍：將軍名號。掌宿衛。劉宋四品。　垣護之：字彦宗，祖籍略陽桓道縣。孝武帝孝建元年，劉義宣起兵争位，護之率水軍大破之。遷徐州刺史，封益陽縣侯。卒。謚壯侯。《宋書》卷五〇、

《南史》卷二五有傳。　竟陵：　郡名。屬荆州，治所在石城，即今湖北鍾祥。　薛安都：　字休達，祖籍河東汾陰縣。初仕北魏，宋文帝元嘉中率衆南歸。元嘉末劉駿討劉劭，安都爲前驅，以功封南鄉縣男。及駿即位，累官徐州刺史。明帝即位，安都舉兵擁晉安王子勳爲帝。後，降魏。卒，贈河東王。《魏書》卷六一、《北史》卷三九有傳。

〔一七〕迸：　底本、《四庫全書》本作「逆」。重校本、《叢書集成》本、《百子全書》本、龍溪精舍本作「迸」。吴校：「『逆』，《宋書》作『迸』。」今按：　作「迸」是，據改。《説文解字辵部·新附》：「迸，散走也。」

〔一八〕百餘艘：　各本同。吴校：「按《宋書》無『艘』字。」

〔一九〕尋陽：　郡名。治所在今江西九江西南。

〔二〇〕江夏：　郡名。治所在今湖北武漢武昌。

〔二一〕巴陵：　郡名。治所在今湖南岳陽。

〔二二〕鈔：《方言》卷一二：「鈔，强也。」郭璞注：「强取物也。」

〔二三〕逕口：　地名。今地所在無考。

〔二四〕江陵：　縣名。治所在今湖北荆州。

〔二五〕僦：《説文解字人部·新附》：「僦，賃也。」　露車：《資治通鑑》卷五八《漢紀五十一》「靈帝中平六年」胡三省注：「露車者，上無巾蓋，四旁無帷裳，蓋民家以載物者耳。」

〔二六〕内外：　各本同，《宋書》卷六八《武二王列傳》無「内」字。

〔二七〕聽事：亦作「廳事」。官署視事問案的廳堂。

〔二八〕翟靈寶：人名。生平無考。　拊：各本同，《宋書》卷六八《武二王列傳》、《南史》卷一三《宋宗室及諸王傳上》作「撫」。今按：「拊」、「撫」，古今字。

〔二九〕漢高祖：即劉邦。邦字季，西漢沛人。在楚漢争霸中，劉邦多次爲項羽所敗，但終戰勝項羽，建立漢朝。廟號高祖。《史記》卷八、《漢書》卷一有紀。

〔三〇〕項羽：名籍，字羽，秦末下相人。曾破秦軍主力，自立爲西楚霸王，繼與劉邦争衡，兵敗，自殺。《史記》卷七有紀，《漢書》卷三一有傳。

〔三一〕「衆咸」數句：吴校：「按《宋書》『掩口而笑』下有云：『魯秀、竺超民等猶爲之爪牙，欲收合餘燼，更圖一決，而義宣惛墊無復神守，入内不復出。左右腹心，相率奔叛。魯秀北走，義宣不復自立，欲隨秀去，乃於内戎服，縢囊盛糧，帶佩刀攜息慆』云云。」今按：吴校是，闕此一節，文意不暢，據補。惛墊，迷惘昏亂。

〔三二〕息：《正字通·心部》：「息，子息。子，吾所生者，故曰息。」

〔三三〕相隨：各本「隨」下衍「入」字。吴校：「『相隨入』，按《宋書》無『入』字，此疑衍。」《宋書》卷六八《武二王列傳》、《南史》卷一三《宋宗室及諸王傳上》無「入」字。今按：劉義宣乃出城亡命，非「入」，據删。

〔三四〕便步出：各本同，中華書局點校本《宋書》卷六八《武二王列傳》作「便步進」，校勘記云：「『步進』各本並作『步地』，據《通鑑》改。」便步，步行。

〔三五〕未至郭：各本同。吴校：「『至』，《宋書》作『出』。」《宋書》卷六八《武二王列傳》、《南史》卷一三《宋宗室及諸王傳上》作「出」。今按：原文作「至」亦通。

〔三六〕黄門：宦者之稱。東漢給事内廷的黄門令、中黄門令諸官皆以宦者充任，後遂稱宦者爲黄門。

〔三七〕南郡：郡名。治所在江陵縣，即今湖北荆州。

〔三八〕「超民遣」句：各本脱「超民」二字，《宋書》卷六八《武二王列傳》、《南史》卷一三《宋宗室及諸王傳上》「遣」上有「超民」二字。今按：有「超民」語意更明，據補。

〔三九〕刺姦：官名。掌督察奸吏。《資治通鑑》卷一二八《宋紀十》「孝武帝孝建元年」：「且日，超民收送刺姦。」胡三省注：「自漢以來，公府有刺姦掾。」

〔四〇〕至：各本同，《宋書》卷六八《武二王列傳》、《南史》卷一三《宋宗室及諸王傳上》作「止」。獄户：監獄。

50　劉休範欲舉兵襲朝廷，〔一〕密與典籤新蔡人許公輿謀之。〔二〕上表治城樓堞，〔三〕多解榜板，〔四〕擬以供用。〔五〕遂舉兵反。虜發百姓船乘，使軍隊稱力請受，〔六〕付以先解榜板，〔七〕合手裝治，〔八〕二三日間，便悉整辦。率衆二萬，鐵騎數百匹，〔九〕發自尋陽，晝夜取道。〔一〇〕大雷戍主杜道欣馳下告變。〔一一〕道欣至一宿，休範已至新林，〔一二〕朝廷震動。〔一三〕步上，攻新亭壘，〔一四〕自臨城南，於（前巘樓）〔臨滄觀〕上，〔一五〕以數百人自衛。〔一六〕屯騎校尉黄回見其可乘，〔一七〕乃僞往請降，並詐宣齊王意旨，〔一八〕休範大説，以二子德宣、德嗣與回爲質，至即斬之。

【疏證】

《宋書》卷七九《文五王·桂陽王休範傳》：「太宗晏駕，主幼時艱，素族當權，近習秉政，休範自謂宗戚莫二，應居宰輔，事既不至，怨憤彌結。……元徽元年，乃以第五皇弟晉熙王燮爲郢州刺史，長史王奂行府州事，配以資力，出鎮夏口。慮爲休範所撥留，自太子洑去，不過尋陽。休範大怒，欲舉兵襲朝廷，密與典籤新蔡人許公輿謀之。表治城池，修起樓堞，多解榜板，擬以備用。其年，進位太尉。明年五月，遂舉兵反。虜發百姓船乘，使軍隊稱力請受，付以榜解板，合手裝治，二三日間，便悉整辦。率衆二萬，鐵騎數百匹，發自尋陽，晝夜取道。……大雷戍主杜道欣馳下告變。道欣至一宿，休範已至新林，朝廷震動。平南將軍齊王出次新亭壘，領軍將軍劉勔、前兖州刺史沈懷明據石頭，征北將軍張永屯白下，衛將軍袁粲、中軍褚淵、尚書左僕射劉秉等入衛殿省。時事起倉卒，不暇得更處分，開南北二武庫，隨將士意取。休範於新林步上，及新亭壘，自臨城南，於臨滄觀上，以數十人自衛。屯騎校尉黄回見其可乘，乃僞往請降，並宣齊王意旨，休範大悦，以二子德宣、德嗣付回與爲質，至即斬之。回與越騎校尉張敬兒直前斬休範首，持還，左右並奔散。」

【校注】

〔一〕劉休範：宋文帝第十八子。初封順陽王，改封桂陽王。歷官江州刺史、驃騎大將軍、司空、侍中。明帝死，主幼時艱，休範在尋陽起兵反，不久被殺。《宋書》卷七九、《南史》卷一四《宋宗室及諸王下》有傳。

〔二〕典籤：官名。本爲掌管文書的小吏。南朝宋齊時諸王出任刺史，朝廷則設長史、典籤作爲佐屬官。諸王子往往尚在童年，所以郡内軍政大權實際都由長史、典籤掌握。典籤多由時主的親近充任，權力尤重，稱爲籤帥。　新蔡：郡名。治所在新蔡縣，即今河南新蔡。　許公輿：人名。生平無考。中華書局點校本《宋書》校勘記云：「《南齊書》卷一《高帝紀》作『許公與』。」朱季海《南齊書校議》「卷一校議」條：「《通鑑·宋紀》蒼梧王元徽二年亦書『許公輿詐稱桂陽王在新亭』，不云子顯《齊書》有異，疑北宋本尚不作『與』。」

〔三〕「上表」句：各本同。吴校：「『上表治樓堞』，《宋書》作『表治城池，修起樓堞』。」樓堞，城樓與城堞。泛指城牆。

〔四〕榜板：板材。榜，《資治通鑑》卷一四四《齊紀十》「和帝中興元年」胡三省注：「榜，木片也。」

〔五〕供：各本同，《宋書》卷七九《文五王列傳》作「備」。

〔六〕稱力：盡力。　請受：領受，領用。

〔七〕「付以」句：各本同，《宋書》卷七九《文五王列傳》作「付以榜解板」。榜板，朱季海《南齊書校議》「卷七校議」條：「《通鑑・宋紀》元徽二年夏五月壬午云：『桂陽王休範反，掠民船，使軍隊稱力請受，付以材板，合乎裝治，數日即辦。』以榜板爲材板，得之。大徐本《説文》：『榜，所以輔弓弩，从木旁聲。』《唐韻》：『補盲切。』臣鉉等案李舟《切韻》：『一音北孟切，淮船也；又音北朗切，木片也。今俗作牓，非。』此正當作北朗切，木片也。」

〔八〕合手：猶聯手，協力。

〔九〕數百匹：《四庫全書》本「百」下有「餘」字。

〔一〇〕盡晝夜：各本同。吴校：「按《宋書》無『盡』字。」

〔一一〕大雷戍主：即大雷戍戍主。大雷戍，東晉置，在今安徽望江，爲東晉、南朝重要軍事據地。戍主，南北朝時，於邊境州郡的軍事要地駐兵戍守，大者稱鎮，小者稱戍。戍的守將即稱戍主。杜道欣：人名。生平無考。

〔一二〕新林：地名。又名新林港。在今江蘇南京西南。

〔一三〕「朝廷」句：各本同。吴校：「按《宋書》此下有『平南將軍齊王出次新亭壘』一段。」

〔一四〕新亭壘：當是在新亭附近修建的軍事設施。新亭，亭名。故址在今江蘇南京西南。爲古軍事和交通要地。《世説新語・言語》「過江諸人」條劉孝標注引《丹陽記》曰：「新亭，吴舊立，先基崩淪。隆安中，丹陽尹司馬恢之徙創今地。」又，《六朝事迹編類》卷四「新亭」：「宋孝武即位於新亭，僕射王僧達改爲中興亭，去城西南十五里，俯近江渚。」

〔一五〕「於臨滄觀」句：各本同。吴校：「『步上，攻新亭壘，自臨城南，於前巘樓上』，按《宋書》作『休範於新林步上，及新亭壘，自臨城南，於臨倉觀上』。」中華書局點校本《宋書》卷七九《文五王列傳》作「自臨城南，於臨滄觀上」。臨滄觀，各本作「前巘樓」。今按：當作「臨滄觀」，《資治通鑑》卷一三三《宋紀十五》「蒼梧王元徽二年」亦作「臨滄觀」，胡三省注：「臨滄觀在勞山上，江寧縣南十五里，亦曰勞勞亭。」《太平寰宇記》卷九〇「江南東道」云：「臨滄觀，在勞山。山上有亭七間，名曰新亭。吴所築，宋改爲新亭。中間名臨滄觀。晉周顗與王導等常春日登之會宴，顗曰『風景不殊，舉目有江山之異』即此。謂之勞勞亭，古送别所。」據改。

〔一六〕百：各本同。吴校：「『百』，《宋書》作『十』。」

〔一七〕屯騎校尉：漢武帝始置，秩二千石，掌騎士宿衛。劉宋時爲侍衛武職，不領兵。四品。黄回：南朝宋竟陵人。出身郡府雜役，累以戰功封葛陽縣男。劉宋末，蕭道成以回終不附己，上表順帝，殺之。《宋書》卷八三、《南史》卷四〇有傳。

〔一八〕齊王：指齊高帝蕭道成。道成字紹伯，南蘭陵人。宋順帝昇明三年（四七九），進位相國，封齊公，備九錫之禮。四月，進爵爲王。旋即代宋自立，改國號齊。謚高，廟號太祖。《南齊書》卷一、《南史》卷四《齊本紀》有紀。今按：劉休範反在元徽二年（四七四），時蕭道成領石頭戍軍事，加使持節、都督征討諸軍、平南將軍，尚未稱王。

51 蕭遥光將敗，〔一〕都不復識人。孫樂祖、曹樹生常心腹委付，〔二〕後望見火起，問左右：「此是何火？」答曰：「下官向令人燒外閤。〔三〕」（左右）仍問：〔四〕「卿是誰？」曹樹生答曰：「是孫樂祖。」仍問曹：「〔卿〕復是誰？」〔五〕曹以名答。仍言左右：「下官熱發，可覓冷瀋飲。〔六〕」並勸始安且還別省消息。〔七〕於是呼舉至，始安便移殺。〔八〕於時名士皆在側，見不識人，沈昭略、昭光之徒，〔九〕一時皆去。遥光美風姿，眉目如畫，髮鬢若點漆，〔一〇〕隆準，〔一一〕口如含丹而足蹇，〔一二〕體殊肥壯，脚如三歲小兒。性聰察，善吏政，每至理朝廷大事及揚州曹獄，〔一三〕動至三四更，前列倡人，後列侍女，華燭照爛於其間，手捉玉柄毛扇。有時以金鏤炙刀自割牛胘而食之。〔一四〕每明帝有所誅殺，〔一五〕必先取其名。明帝大漸，〔一六〕託以後事，後主疑焉。〔一七〕常就王索寶物，王奉琥珀盤螭二枚，〔一八〕枚廣五寸，烱然洞澈，無有瑕滓。後主怒云：「琥珀者，欲使虎來拍我也。」仍匍匐下地作羊行，〔一九〕遂動心疾。〔二〇〕有時著衣袷而伏地，〔二一〕入户扇裏。〔二二〕王交道素壯，〔二三〕不勝忿怒，一旦以手扳陰，遂長數尺。屢有別舍恒見丈夫，露髻，〔二四〕從屋來下以齧人，俄失所在。又有殺鬼來其齋閤，〔二五〕舉兒鞭之，〔二六〕流血而反。〔二七〕常所親信鮮卑道兒及閹人吳明紹，〔二八〕頭卧道兒膝上，至四更中覓飲，已而無人矣。喚道兒又不得，唯明紹伏牀下，答云：「人皆叛去。」衆軍悉至，於牀下斬之。

【校注】

〔一〕蕭遥光：字元暉，南朝齊南蘭陵人。齊宗室。襲封始安郡王。明帝即位，累遷大將軍。明帝死，東昏侯立，遥光輔政，與江祏兄弟謀自樹立。江祏被誅，遥光懼。永元元年（四九九），謀反被殺。《南齊書》卷四五、《南史》卷四一有傳。

〔二〕孫樂祖：人名。齊末曾爲魯山城主，後以城降梁。事詳《南齊書》卷八《和帝紀》、《梁書》卷一《武帝紀》。曹樹生：人名。仕齊，曾爲中兵參軍。事詳《南史》卷四一《蕭遥光傳》。

〔三〕下官：古代郡國屬吏對其長官及國主自稱下官。向：時間副詞，剛纔。《莊子·庚桑楚》：「向吾見若眉睫之間，吾因以得汝矣，今汝又言而信之。」《説文解字·日部》「曏」段玉裁注：「曏或作鄉，今人語曰向年、向時、向者，即曏字也。」

〔四〕仍問：各本「仍」上有「左右」二字。今按：發問者應是遥光，不是左右，疑原文有脱誤。明王禕《大事記續編》卷四〇「遥光據東府起兵，己未，敗死」，解題曰：「按梁元帝《金樓子》：遥光將敗，都不識人，孫樂祖、曹樹生常心腹委付，問孫：『卿是誰？』樹生曰：『是孫樂祖。』仍復問：『卿是誰？』曹以名答。於時名士皆在側，見不識人，沈昭畧、昭光之徒一時皆去。」此明確記載是遥光問孫樂祖，曹樹生代孫回答，遥光又問曹是誰。各本「左右」當是衍文，删。

〔五〕「仍問」二句：《四庫全書》本「曹」下有「卿」字。明王禕《大事記續編》卷四〇引《金樓子》作「仍復問卿是誰」。今按：據《四庫全書》本補「卿」字。

〔六〕冷瀋：冷飲料。瀋，《類篇》卷三一：「瀋，汁也。」

〔七〕始安：指蕭遥光，其封爵爲始安郡王。　消息：休養，調養。

〔八〕移殺：各本同。今按：「移殺」義不可通。「殺」，疑是「殿」之訛。

〔九〕沈昭畧：字茂隆，吴興武康人。齊高帝即位，以爲前軍將軍，累遷侍中、冠軍將軍、撫軍長史。始安王遥光起兵，執昭畧於城内。昭畧潛自南出。　昭光：沈昭畧弟。二人傳並見《南齊書》卷四四、《南史》卷三七。

〔一〇〕鬢：《四庫全書》本作「髩」。今按：「髩」，同「鬢」。

〔一一〕隆準：高鼻。《史記》卷八《高祖本紀》：「高祖爲人，隆準而龍顔。」裴駰《集解》引文穎曰：「準，鼻也。」

〔一二〕蹇：《説文解字·足部》：「蹇，跛也。」

〔一三〕揚州：州名。治所建康東府城，在今江蘇省南京市東。今按：據《南齊書》卷四五《宗室·始安王遥光傳》，遥光於齊明帝建武元年以後一直任揚州刺史，故理揚州曹獄。　曹獄：訴訟案件。

〔一四〕胘：牛胃。《説文解字·肉部》：「胘，牛百葉也。」北魏賈思勰《齊民要術》卷九《炙法》：「牛胘炙：老牛胘，厚而脆。」

〔一五〕明帝：即齊明帝蕭鸞。鸞字景棲，小字玄度。齊武帝時，爲侍中、尚書左僕射、右衛將軍。受遺詔輔政，連續廢殺鬱林王、海陵王，自立爲帝。在位時，高帝、武帝子孫幾被殺盡。卒，謚明，廟號高宗。《南齊書》卷六、《南史》卷五《齊本紀》有紀。

〔一六〕大漸：謂病危。《列子》卷六《力命》：「季梁得病，七日大漸。」張湛注：「漸，劇也。」

〔一七〕後主：指齊東昏侯蕭寶卷。寶卷本名明賢，後改名寶卷，字智藏。明帝次子。即位後，殘暴酷虐，奢侈荒淫。蕭衍起兵討之，京城破，被殺。和帝立，追封爲東昏侯。《南齊書》卷七、《南史》卷五《齊本紀》有紀。

〔一八〕盤螭：蟠曲的無角龍。

〔一九〕「仍匍匐」句：各本同。吴校：「『仍匍匐下地作羊行』，按自此至末，觀其文義疑多脱誤。」今按：朱季海《南齊書校議》「卷四十五校議」條引《金樓子》此段，云：「尋『仍匍匐』以下今本直承上文，則似斥東昏而言。然此下所叙，並記遥光。『動心疾』云云，竟不知誰指。《東昏紀》不云有心疾，此《傳》下云『遥光大怒，於牀上自竦踴』，又《説藩篇》下文所記『不勝忿怒』及『不復識人』云云，似與有心疾者情狀都合，或者此文所云亦遥光事，但書有譌奪，故不可讀耳。」

〔二〇〕心疾：即今所謂精神病。今按：考遥光目不識人、冷飲、狂躁等行爲表現，頗疑其所謂「心疾」乃服寒食散過量所致。

〔二一〕袷（jiā）：夾衣。史記卷一一〇《匈奴傳》：「服繡袷綺衣。」司馬貞《索隱》：「《字林》云：『袷，衣無絮也。』」

〔二二〕户扇：指門户。《説文解字·户部》：「扉，户扇也。」

〔二三〕交道：男性生殖器。

〔二四〕髻：在頭頂或腦後盤成各種形狀的髮髻。

〔二五〕殺鬼：各本同。吴校：「『殺』，疑作『數』。」今按：殺鬼，即凶神惡鬼。東漢王充《論衡》卷二二《訂鬼篇》：「甲乙鬼，庚辛報甲乙，故病人且死，殺鬼之至者，庚辛之神也。」殺，通「煞」。《顔氏家訓》卷二《風操》：「偏傍之書，死有歸殺。」盧文弨《補注》：「俗本『殺』作『煞』，道家多用之。」齋閤：書房。

〔二六〕轝（yú）兒：疑指駕車的年輕侍從。轝，同「輿」。

〔二七〕反：同「返」。

〔二八〕鮮卑道兒：當是鮮卑族人，名道兒，生平無考。吴明紹：人名。生平無考。

52 蕭子響在荆州造仗，〔一〕長史、司馬皆以啓聞。〔二〕王知大怒，乃僞請入坐，起既至坐，厲聲色而語，曰：「身父則是天子，政復造五千人仗，〔三〕此復何嫌，而君遂以上啓？」二人下牀叩頭，拔褥刀自下斬之。〔四〕甚有膂力，曾出獵，頭亂，呼梳取刷，於馬上以手捉左右襢帶，〔五〕去地數尺，令料頭，〔六〕竟乃放之。此其勇也。〔七〕竟被誅。

金樓子疏證校注

修訂本

下

〔南朝梁〕蕭繹 撰 陳志平 熊清元 疏證校注

上海古籍出版社

金樓子卷第四

梁孝元皇帝撰

立言篇九上〔一〕

1·1　案《祭法》，〔二〕天子、諸侯宗廟，皆月祭之。又有《月令》皆「薦新」，〔三〕並云「先薦寢廟」。〔四〕此皆是月祭正文。《國語》云，〔五〕古者先王月祭日祀，〔六〕雖諸侯不得祖天子。〔七〕而宗廟在都，〔八〕匈奴未滅，〔九〕拊心長叫，〔一〇〕萬恨不追。〔一一〕

【疏證】

《禮記·祭法》：「王立七廟，一壇，一墠。曰考廟，曰王考廟，曰皇考廟，曰顯考廟，曰祖考廟，皆月祭之。……諸侯立五廟，一壇，一墠。曰考廟，曰王考廟，曰皇考廟，皆月祭之。」

《禮記·月令》：「仲春之月……天子乃鮮羔，開冰，先薦寢廟。……仲夏之月……天子乃以雛嘗黍。羞以含桃，先薦寢廟。……孟秋之月……農乃登穀，天子嘗新，先薦寢廟。……仲秋之月……以犬嘗麻，先薦寢廟。……季秋之月……天子乃以犬嘗稻，先薦寢廟。……季冬之月……命漁師始漁。天子親往。乃嘗魚，先薦寢廟。」

《國語》卷一八《楚語下》載：觀射父對楚昭王問：「是以古者先王日祭、月享、時類、歲祀。諸侯舍日，卿、大夫舍月，士、庶人舍時。天子徧祀羣神品物，諸侯祀天地、三辰及其土之山川，卿、大夫祀其禮，士、庶人不過其祖。」

【校注】

〔一〕「立言」句：各本「上」下有小字云：「案目録有《立言》上、下，原本合爲一篇，其散見複出者猶有上下之名。謹參考分之如左。」

〔二〕《祭法》：《禮記》篇名。

〔三〕「又有」句：各本同。吴校：「『有』字、『皆』字並衍。」今按：吴校恐非。「又有《月令》皆『薦新』」，意謂《月令》有每季「薦新」之文，與下文「並云『先薦寢廟』」文氣一貫。《月令》，《禮記》篇名。禮家抄合《吕氏春秋》十二月紀之首章而成。所記爲農曆十二個月的時令、行政及相關事物。後亦用以特指農曆某個月的氣候和物候。薦新，以時鮮的食品祭獻。《禮記·檀弓上》：「有薦新，如朔奠。」孔穎達疏：「薦新，謂未葬中間得新味而薦亡者。」

〔四〕寢廟：《禮記·月令》：「寢廟畢備。」鄭玄注：「凡廟，前曰廟，後曰寢。」孔穎達疏：「廟是接神之處，其處尊，故在前；寢，衣冠所藏之處，對廟爲卑，故在後。但廟制有東西廂，有序牆，寢制唯室而已。故《釋宮》云『室有東西廂曰廟，無東西廂有室曰寢』是也。」

〔五〕《國語》：我國最早的一部國別史著作。記録了周朝王室和魯國、齊國、晉國、鄭國、楚國、吴國、越國等諸侯國的部份歷史。相傳爲左丘明撰。

〔六〕月祭日祀：《國語》卷一八《楚語下》韋昭注：「日祭於祖、考，月薦於曾、高。」

〔七〕諸侯不得祖天子：《禮記·郊特牲》：「諸侯不敢祖天子，大夫不敢祖諸侯。而公廟之設於私家，非禮也。」祖，立廟以祭。

〔八〕宗廟：古代帝王、諸侯祭祀祖宗的廟宇。《國語》卷四《魯語上》：「夫宗廟之有昭穆也，以次世之長幼，而等胄之親疏也。」　都：《左傳·莊公二十八年》：「凡邑，有宗廟先君之主曰都，無曰邑。」杜預注：「宗廟所在，則雖邑曰都，尊之也。」此處指京師建康。梁武帝即位，建宗廟於京師建康。事詳《隋書》卷七《禮儀志二》。

〔九〕匈奴未滅：《史記》卷一一一《衛將軍驃騎列傳》：「驃騎將軍爲人少言不泄，有氣敢任。天子嘗欲教之孫吴兵法，對曰：『顧方略何如耳，不至學古兵法。』天子爲治第，令驃騎視之，對曰：『匈奴未滅，無以家爲也。』由此上益重愛之。」今按：此指侯景之亂没有平定。侯景，鮮卑化羯人，見《梁書》卷五六《侯景傳》。

〔一〇〕拊心：拍胸。表示哀痛或悲憤。《玉篇·手部》：「拊，拍也。」

〔一一〕萬恨不追：蕭繹撰此篇必在太清三年（五四九）梁武死後，觀本篇一·三節稱「先帝」云云可知。時蕭繹在荆州，未能滅侯景且回京都祀先祖，故有此痛心之語。

1·2　昔魯國孔氏有仲尼車輿冠服；〔一〕漢明帝錫東平王蒼光烈皇后假髻帛巾，〔二〕衣一篋。《王沈集》稱：〔三〕「日（殫）〔磾〕垂泣於甘泉之畫，〔四〕揚雄顯頌於麒麟之圖，〔五〕遂畫先君先妣之像。〔六〕」《傅咸集·畫讚》曰：〔七〕「敬圖先君先妣之容像，畫之丹青。」曹休畫其父像，〔八〕對之流泣，誠可悲也。陸機有《丞相像讚》、《大司馬夫人像讚》，〔九〕即其（列）〔例〕焉。〔一〇〕

【校注】

〔一〕「昔魯國」句：《史記》卷四七《孔子世家》：「孔子冢大一頃。故所居堂弟子内，後世因廟藏孔子衣冠琴車書，至於漢二百餘年不絶。……太史公曰：《詩》有之：『高山仰止，景行行止。』雖不能至，然心鄉往之。余讀孔氏書，想見其爲人。適魯，觀仲尼廟堂車服禮器，諸生以時習禮其家，余低回留之不能去云。」司馬貞《索隱》：「孔子没後，後代因廟藏夫子平生衣冠琴書於壽堂中。」《後漢書》卷四二《光武十王列傳》李賢注：「孔子廟在魯曲阜城中。伍緝之《從征記》曰：『魯人藏孔子所乘車於廟中，是顔路所請者也。獻帝時，廟遇火，燒之。』」《後漢書》卷四一《鍾離意傳》李賢注引《意別傳》曰：「意爲魯相，到官，出私錢萬三千文，付户曹孔訢修夫子車，身入廟，拭几席劍履。」

〔二〕「漢明帝」句：《後漢書》卷四二《光武十王·東平王蒼傳》：「（肅宗建初）三年，帝饗衛士於南宫，因從皇太后周行掖庭池閣，乃閲陰太后舊時器服，愴然動容，乃命留五時衣各一襲，及常所御衣合五十篋，餘悉分布諸王主及子孫在京師者各有差。特賜蒼及琅邪王京書曰：『……今送光烈皇后假紒帛巾各一，及衣一篋，可時奉瞻，以慰《凱風》寒泉之思，又欲令後生子孫得見先后衣服之製。今魯國孔氏，尚有仲尼車輿冠履，明德盛者光靈遠也。』」漢明帝，即劉莊。光武帝第四子，陰麗華所生。《後漢書》卷二有紀。錫，通「賜」。東平王蒼，即劉蒼，光武帝之子。建武十七年封東平王。卒，謚憲。《後漢書》卷四二有傳。光烈皇后，即陰麗華。東漢南陽新野人，東漢光武帝皇后。卒，謚號光烈。《後漢書》卷一〇有紀。假髻，亦作「假紒」、「假結」，假髮所作之髻，供婦女裝飾用。古稱編，漢以後稱假髻。髻，各本「髻」下有小字云：「案《後漢書》作『紒』」，注：《周禮》『追師掌爲副編』，鄭玄云『副婦人首服，三輔謂之假紒』。」今按：「髻」、「紒」、「結」通。帛巾，各本同。《後漢書·光武十王·東平王蒼傳》「帛巾」下有「各一」二字。又，原文「帛」下有小字云：「案《後漢書》作（吴校：「作」字衍。原本無「作」字）注（重校本、《叢書集成》本、《百子全書》本、龍溪精舍本「注」下有「引」字）《續漢書》『帛』字作『皁』（《四庫全書》本作「皁」）。」

〔三〕王沈：字處道，西晉初太原晉陽人。好書，善屬文。《晉書》卷三九有傳。《隋書》卷三五《經籍四》：

「晉《王沈集》五卷。」

〔四〕「日磾」句：《漢書》卷六八《金日磾傳》：「日磾母教誨兩子，甚有法度，上聞而嘉之。病死，詔圖畫於甘泉宮，署曰『休屠王閼氏』。日磾每見畫常拜，鄉之涕泣，然後乃去。」日磾（dī），即金日磾，字翁叔。本匈奴休屠王太子。漢武帝元狩中，從渾邪王將衆降漢。入侍武帝左右，拜車騎將軍。武帝死，與霍光同受遺詔輔昭帝。卒，謚敬。《漢書》卷六八有傳。磾，各本作「殫」。吴校：「『殫』當作『磾』。」今按：吴校是，據改。甘泉，宮殿名。一名雲陽宮。故址在今陝西淳化西北甘泉山。

〔五〕「揚雄」句：《漢書》卷六九《趙充國傳》載：「初，充國以功德與霍光等列，畫未央宮。成帝時，西羌嘗有警，上思將帥之臣，追美充國，乃召黄門郎揚雄即充國圖畫而頌之云云。」今按：未央宮之麒麟閣有霍光、趙充國等十一功臣畫像，見《漢書》卷五四《李廣蘇建列傳》附《蘇武傳》。揚雄此「頌」，即《太平御覽》卷五八八《文部》引《文章流別論》所云「揚雄《趙充國頌》」，亦即《文心雕龍》卷二《頌贊》所謂「子雲之表充國」。揚雄，字子雲，西漢蜀郡成都人。長於辭賦。成帝時任給事黄門郎。後仕王莽，爲大夫，校書天禄閣。《漢書》卷八七有傳。

〔六〕先君先妣：指亡父亡母。

〔七〕傅咸：字長虞，西晉北地泥陽人，傅玄子。好屬文論，雖綺麗不足，而言成規鑒。《晉書》卷四七有傳。《隋書》卷三五《經籍志》：「晉司隸校尉《傅咸集》十七卷，梁三十卷，録一卷。」今按：其《畫讚》已佚。

〔八〕「曹休」句：《三國志》卷九《曹休傳》裴松之注引《魏書》曰：「休祖父嘗爲吴郡太守。休於太守舍，見壁上祖父畫像，下榻拜涕泣，同坐者皆嘉歎焉。」則曹休對祖父畫像流涕，非父畫像，且畫像亦非曹休繪。此或蕭繹誤記。曹休，字文烈，曹操族子，三國魏沛國譙人。魏文帝時，拜揚州牧。明帝時，進封長平侯，遷大司馬。病卒，謚壯。《三國志》卷九有傳。

〔九〕陸機：字士衡，吴郡吴縣人，吴丞相陸遜孫，大司馬陸抗子。孫晧時爲牙門將。晉武帝太康末，與弟雲入洛。《晉書》卷五四有傳。今按：陸機《丞相像讚》、《大司馬夫人像讚》均亡佚。丞相：指陸機祖父陸遜，曾爲吴丞相。大司馬：指陸機父親陸抗，曾爲吴大司馬。

〔一〇〕例：底本、《四庫全書》本作「列」，重校本、《叢書集成》本、《百子全書》本、龍溪精舍本作「例」。吴校：「『列』本『例』字。」今按：吴校是，據改。

1·3 竊尋《孝經》所説，必稱先王，蓋是先王之行，不敢以不行也。〔一〕伏見臺内別造至敬殿，〔二〕甘旨百品，〔三〕月祭日祀；又爲寢室，昏定晨省，〔四〕如平生焉。先帝朔望，〔五〕盡哀慟哭。又宣修容奉造二親像，〔六〕朝夕禮敬，虔事孜孜，〔七〕四十年中，聿修功德，〔八〕追薦繼孝，丁蘭無以尚此。〔九〕繹竊慕考妣之盛則，〔一〇〕立尊像，供養於道場，〔一一〕内設花幡燈燭，使僧尼頂禮，〔一二〕正以烏鳥之心，〔一三〕係戀罔極。〔一四〕不厭丁年之内，〔一五〕遭此百憂，〔一六〕一同見似，〔一七〕甘心殞越。〔一八〕雖復於《禮經》無文，〔一九〕家門之內，行之已久。故月祭日祀，用遵《祭法》；車輿篋衣，謹同魯聖。〔二〇〕止令朋友知余此心。

【校注】

〔一〕「必稱」三句：《孝經·卿大夫章》：「非先王之法服不敢服，非先王之法言不敢道，非先王之德行不敢行。」

〔二〕臺內：臺城內。臺城在今江蘇南京雞鳴山南，乾河沿北，爲南朝中央機構和宮殿所在地。至敬殿：殿名。本書《興王篇》：「（梁武帝）臺城內起至敬殿，庶羞百品，若殷薦焉。其中隋珠和璧，圓淵方井，侔於宗廟。上晦朔恒號慟哽絶，躬至寢門，若文王之爲世子也。」

〔三〕甘旨：美食。《韓詩外傳》卷五：「鼻欲嗅芬香，口欲嗜甘旨。」

〔四〕昏定晨省：舊時子女侍奉父母的日常禮節。《禮記·曲禮上》：「凡爲人子之禮，冬温而夏清，昏定而晨省。」

〔五〕先帝：指梁高祖蕭衍。《梁書》卷一至三、《南史》卷六《梁本紀》有紀。

〔六〕宣修容：蕭繹母阮氏號修容。卒，謚宣，故稱。《梁書》卷七有傳。本書《后妃篇》：「（宣修容）先是丁朝請之憂，毀瘠過禮，見者不復能識。母陳氏繼而艱，故攀號慟絶，殊不勝哀。乃刻木爲二親之像，朝夕虔事。每歲時伏臘，言必隨淚下。」

〔七〕孜孜：《尚書・益稷》孔穎達疏：「孜孜者，勉功不怠之意。」

〔八〕聿修：《詩經・大雅・文王》：「無念爾祖，聿修厥德。」毛傳：「聿，述。」聿，本助詞，後多訓爲「述」，因以「聿修」謂繼承發揚先人的德業。《文選》卷四九干令升《晉紀總論》：「聿修祖宗之志，思輯戰國之苦。」吕向注：「聿，循；修，治也。」

〔九〕丁蘭：漢代著名孝子。《初學記》卷一七引孫盛《逸人傳》曰：「丁蘭者，河内人也。少喪考妣，不及供養，乃刻木爲人，髣髴親形，事之若生，朝夕定省。其後鄰人張叔妻從蘭妻有所借，蘭妻跪報木人，木人不悦，不以借之。叔醉疾來誶罵木人，以杖敲其頭。蘭還，見木人色不懌，乃問其妻，妻具以告之，即奮劍殺張叔。吏捕蘭，蘭辭木人去。木人見蘭，爲之垂淚。郡縣嘉其至孝，通於神明，圖其形像於雲臺也。」三國魏曹植《靈芝篇》：「丁蘭少失母，自傷早孤煢。刻木當嚴親，朝夕致三牲。」

〔一〇〕盛則：美好的法則。梁任昉《求薦士詔》：「夫進賢茂賞，蔽善明罰。前王盛則，咸必由之。」

〔一一〕道場：寺觀。宋趙彦衛《雲麓漫鈔》卷六：「漢明帝夢金人，而摩騰竺法始以白馬駝經入中國，明帝處之鴻臚寺。後造白馬寺居之，取鴻臚寺之義。隋曰道場，唐曰寺，本朝則大曰寺，次曰院。」今按：蕭繹已稱寺觀爲道場，是趙氏「隋曰道場」不無小誤。又按：《資治通鑑》卷一六三《梁紀十九》「大寶元年」載：「繹自去歲聞高祖之喪，以長沙未下，故匿之。（夏四月）壬寅，始發喪，刻檀爲高祖像，置於百福殿，事之甚謹，動静必咨焉。」

〔一二〕頂禮：雙膝下跪，兩手伏地，以頭頂尊者之足，是佛教徒最崇敬的禮節。北魏曇鸞《贊阿彌陀佛偈》：

「法身光輪遍法界，照世盲冥故頂禮。」

〔一三〕烏鳥之心：古稱烏鳥反哺，因以喻孝親之心。《文選》卷三七李令伯《陳情表》：「烏鳥私情，願乞終養。」

〔一四〕罔極：《詩經·小雅·蓼莪》：「父兮生我，母兮鞠我。……欲報之德，昊天罔極。」朱熹《集傳》：「言父母之恩，如天無窮，不知所以爲報也。」

〔一五〕不厭：各本同。吴校：「『厭』疑當作『慮』。」今按：吴校恐非。「不厭」作「不合，不應該」解。丁年：《文選》卷四一李少卿《答蘇武書》李善注：「丁年，謂丁壯之年也。」

〔一六〕百憂：《詩經·王風·兔爰》：「我生之初，尚無造，我生之後，逢此百憂。」

〔一七〕一同見似：各本同。今按：此四字難解。或謂一見到似父母之貌者。一同，一樣。見似，《禮記·雜記下》：「免喪之外，行於道路，見似目瞿，聞名心瞿。」鄭玄注：「似，謂容貌似其父母也。」孔穎達《正義》：「見似目瞿者，謂既除喪之後，若見他人形狀似於其親，則目瞿然。」

〔一八〕殞越：殞同「隕」。《左傳·僖公九年》：「恐隕越於下，以遺天子羞。」楊伯峻注：「隕越，同義連緜詞，猶顛墜也。」

〔一九〕《禮經》無文：謂《儀禮》中無刻木爲像以祭奠之文。《禮經》，指《儀禮》。清皮錫瑞《經學通論·三禮》：「漢所謂《禮》，即今十七篇之《儀禮》，而漢不名《儀禮》，專主經言，則曰《禮經》，合記而言，則曰《禮記》。許慎、盧植所稱《禮記》，皆即《儀禮》與篇中之記，非今四十九篇之《禮記》也。其後《禮記》之名爲四十九篇之記所奪，乃以十七篇之《禮經》別稱《儀禮》。」

〔二〇〕魯聖：指孔子。今按：「車輿篋衣，謹同魯聖」指同於孔子弟子及其後人做法，弟子及其後人藏孔子之車輿篋衣於宗廟，蕭繹亦藏父母之遺物於宗廟。

1·4 潘岳賦云：〔一〕「太夫人御板輿，〔二〕乘輕軒。〔三〕柳垂陰，車結軌。〔四〕或宴於林，或宴於沚。〔五〕兄弟斑白，〔六〕兒童稚齒。〔七〕稱福壽以獻觴，〔八〕咸一懼而一喜。〔九〕」嗟夫，天下之至樂，唯斯而已矣！天下之至樂，唯斯而已矣！忽忽窮生，〔一〇〕百年之内，曷由復如此矣。痛矣過隙，〔一一〕哀哉逝川，〔一二〕淚盡而繼之以血，〔一三〕不知復何從陳也。〔一四〕

【疏證】

《文選》卷一六潘安仁《閑居賦》：「於是凜秋暑退，熙春寒往。微雨新晴，六合清朗。太夫人乃御版輿，升輕軒，遠覽王畿，近周家園。體以行和，藥以勞宣。常膳載加，舊痾有痊。席長筵，列孫子。柳垂陰，車結軌。陸擿紫房，水掛頳鯉。或宴於林，或禊於汜。昆弟班白，兒童稚齒。稱萬壽以獻觴，咸一懼而一喜。壽觴舉，慈顏和。浮杯樂飲，絲竹駢羅。頓足起舞，抗音高歌。人生安樂，孰知其佗？」

【校注】

〔一〕潘岳：字安仁，西晉滎陽中牟人。早辟司空太尉府。舉秀才，出爲河陽令，轉懷縣令。後累遷爲給事黄門侍郎。有文采，善辭賦。《晉書》卷五五有傳。

〔二〕太夫人：古代官紳之母稱太夫人。　板輿：各本同，《文選》卷一六潘安仁《閑居賦》作「版輿」，李善注：「版輿，車名。傅暢《晉諸公贊》曰：『傅祗以足疾，版輿上殿。版輿一名步輿。』周遷《輿服雜事記》曰：『步輿方四尺，素木爲之，以皮爲襻，摑之，自天子至庶人通得乘之。』」今按：「板」、「版」通。

〔三〕乘：各本「乘」下有小字云：「案《文選》作『升』。」　輕軒：指婦女乘坐的小車。

〔四〕結軌：軌跡交結。形容車輛絡繹不絶。《漢書》卷五七《司馬相如傳下》：「結軌還轅，東鄉將報，至於蜀都。」顔師古注：「結，屈也。軌，車跡也。」

〔五〕或宴於沚：各本「沚」下有小字云：「案《文選》作『或禊於氾』。」沚，水中小塊陸地。《詩經·秦風·蒹葭》：「溯游從之，宛在水中沚。」

〔六〕兄弟：各本同，《文選》卷一六潘安仁《閑居賦》作「昆弟」。　斑白：各本同，《文選》作「班白」。今按：「班」、「斑」通。班白，指頭髮黑白相雜，謂年老。《禮記·祭義》：「斑白者不以其任行乎道路。」鄭玄注：「斑白者，髮雜色也。」

〔七〕稚：《文選》卷一六潘安仁《閑居賦》李善注：「《爾雅》曰：『幼，稚也。』《方言》曰：『稚，小也。』」

〔八〕福：各本「福」下有小字云：「案《文選》作『萬』。」　壽：《文選》卷一六潘安仁《閑居賦》李善注：「《毛詩》曰：『萬壽無疆。』《史記》曰：『武安君起爲壽。』如淳曰：『上酒爲稱壽。』」　獻觴：猶獻酒。《文選》卷一六潘安仁《閑居賦》李善注：「黄香《天子頌》曰：『獻萬年之玉觴。』」

〔九〕一懼而一喜：《文選》卷一六潘安仁《閑居賦》李善注：「《論語》，子曰：『父母之年，不可不知。一則以喜，一則以懼。』孔安國曰：『見其壽則喜，見其衰老則懼。』」

〔一〇〕忽忽：倏忽，急速貌。《楚辭·離騷》：「欲少留此靈瑣兮，日忽忽兮其將暮。」

〔一一〕過隙：《莊子·知北遊》：「人生天地之間，若白駒之過郤，忽然而已。」陸德明《經典釋文》：「郤，本亦作『隙』。隙，孔也。」《禮記·三年問》：「三年之喪，二十五月而畢，若駟之過隙。」

〔一二〕逝川：《論語·子罕》：「子在川上曰：『逝者如斯夫！不舍晝夜。』」

〔一三〕「淚盡」句：《韓非子》卷四《和氏》載：楚人和氏得玉璞楚山中，奉而獻之厲王及武王，均以爲誑，刖其雙足。「武王薨，文王即位，和乃抱其璞而哭於楚山之下，三日三夜，泣盡而繼之以血。」

〔一四〕陳：《文選》卷二九《古詩一十九首·今日良宴會》：「今日良宴會，歡樂難具陳。」李善注：「陳，猶説也。」

2　與人善言，暖於布帛；傷人以言，深於矛戟；贈人以言，重於金石珠玉；觀人以言，美於黼黻文章；〔一〕聽人以言，樂於鐘鼓琴瑟。〔二〕

【疏證】

《荀子》卷二《榮辱》：「與人善言，暖於布帛；傷人之言，深於矛戟。」

《荀子》卷三《非相》：「故贈人以言，重於金石珠玉；觀人以言，美於黼黻文章；聽人之言，樂於鐘鼓琴瑟。」

【校注】

〔一〕黼黻：禮服上所繡的華美花紋。　文章：錯雜的色彩或花紋。《荀子》卷六《富國》：「誠美其德也，故爲之雕琢、刻鏤、黼黻、文章以藩飾之，以養其德也。」

〔二〕鐘鼓琴瑟：俱樂器名。《詩經·周南·關雎》：「窈窕淑女，琴瑟友之。」「窈窕淑女，鐘鼓樂之。」又，《四庫全書》本此節和下節合爲一節。

3　儉約之德，其義大哉！〔一〕齊之遷衛於楚丘也，〔二〕衛文公大布之服、大帛之冠，〔三〕務材訓農，〔四〕敬教勸學。〔五〕元年，有車三十乘；〔六〕季年，三百乘也。〔七〕豈不（宏）〔弘〕之在人。〔八〕

【疏證】

《左傳・閔公二年》：「僖之元年，齊桓公遷邢於夷儀。二年，封衛於楚丘。邢遷如歸，衛國忘亡。衛文公大布之衣、大帛之冠，務材訓農，通商惠工，敬教勸學，授方任能。元年，革車三十乘；季年，乃三百乘。」

【校注】

〔一〕「儉約」二句：《左傳・莊公二十四年》載：御孫諫魯莊公曰：「臣聞之：『儉，德之共也；侈，惡之大也。』」

〔二〕「齊之」句：《史記》卷三二《齊太公世家》：「（桓公）二十八年，衛文公有狄亂，告急於齊。齊率諸侯城楚丘而立衛君。」又，《史記》卷三七《衛康叔世家》：「齊桓公以衛數亂，乃率諸侯伐翟，爲衛築楚丘，立戴公弟燬爲衛君，是爲文公。」楚丘，春秋時衛地，在今河南滑縣東。

〔三〕衛文公：初名辟疆，改名燬。春秋時衛國國君。生平詳《史記》卷三七《衛康叔世家》。大布之服、大帛之冠：《左傳・閔公二年》杜預注：「大布，粗布。大帛，厚繒。蓋用諸侯諒闇之服。」楊伯峻注：「大帛，《禮記・雜記上》鄭《注》引作『大白』，又云：『大白冠，大古之布冠也。』大布衣、大白冠，所以示儉。」大布之服，各本同，《四庫全書》本、《左傳・閔公二年》作「大布之衣」。

〔四〕務材訓農：各本同，《左傳・閔公二年》「農」下有「通商惠工」四字。《左傳・閔公二年》孔穎達疏：

「務材，務在植材用也；訓農，訓民勸農業也。」

〔五〕敬教勸學：各本同，《左傳·閔公二年》「學」下有「授方任能」四字。《左傳·閔公二年》孔穎達疏：「敬教，敬民五教也；勸學，勸民學問也。」

〔六〕元年：《春秋公羊傳·隱公元年》：「元年者何？君之始年也。」今按：衛文公元年是公元前六五九年。有車：各本同，《左傳·閔公二年》作「革車」。革車，即兵車。

〔七〕「季年」二句：《左傳·閔公二年》杜預注：「衛文公以此年冬立，齊桓公始平魯亂，故傳因言齊之所以霸，衛之所由興。……季年，在僖二十五年。蓋招懷迸散，故能致十倍之衆。」楊伯峻注：「三十乘，齊桓所饋；三百乘，治國所得。」季年，末年。指魯僖公二十五年（前六三七）。

〔八〕弘：各本作「宏」。今按：當以「弘」字爲是，作「廓大」、「光大」解，此蓋避諱改，今改回。《論語·衛靈公》：「人能弘道，非道弘人。」

4　明月之夜可以遠視，〔一〕不可以近書；〔二〕霧露之朝可以近書，不通以遠視。〔三〕人才性亦如是，各有不同也。

【疏證】

《淮南子》卷一七《説林》：「明月之光可以遠望，而不可以細書；甚霧之朝可以細書，而不可以遠望尋常之外。」

【校注】

〔一〕夜：各本同，《淮南子》卷一七《説林》作「光」。

〔二〕近書：各本同，《淮南子》卷一七《説林》作「細書」。

〔三〕不通以：各本同，《淮南子》卷一七《説林》作「不可以」。今按：「不通以」費解，疑「通」爲「適」之誤。

5　君子無邑邑於窮，〔一〕無忽忽於賤，〔二〕譽之而不加勸，〔三〕非之而不加沮，〔四〕定外内之分，〔五〕夷（平）榮辱之心，〔六〕立不易方，〔七〕斯有恒也。

【疏證】

《大戴禮記》卷五《曾子制言中》：「君子無悒悒於貧，無勿勿於賤，無憚憚於不聞。」

《莊子·逍遥遊》：「舉世而譽之而不加勸，舉世而非之而不加沮，定乎内外之分，辨乎榮辱之境，斯已矣。」

《周易·恒卦》：「《象》曰：『雷風，《恒》。君子以立不易方。』」

【校注】

〔一〕邑邑：憂鬱，愁悶。各本「邑邑」下有小字云：「案『邑』、『悒』古通。」

〔二〕忽忽：《四庫全書》本下有小字云「按《大戴禮》作『勿勿』」。重校本、《百子全書》本、龍溪精舍本作「勿勿」；《叢書集成》本作「匆匆」。吳校：「《大戴》『忽忽』本作『勿勿』。」今按：「勿」與「忽」聲近而義同。忽忽，猶勿勿，憂愁貌。

〔三〕勸：《説文解字·力部》：「勸，勉也。」段玉裁注：「《廣韻》曰：『奬，勉也。』按勉之而悦從亦曰勸。」

〔四〕沮：沮喪，灰心失望。

〔五〕外内：《莊子·逍遥遊》作「内外」。《莊子·逍遥遊》郭象注：「内我而外物。」

〔六〕夷：底本、《四庫全書》本「夷」下衍「平」字，重校本、《叢書集成》本、《百子全書》本、龍溪精舍本無「平」字。吴校：「『平』字疑衍。」又校：「三行『平』字衍。」今按：「三行『平』字」即「夷平榮辱之心」之「平」字。「夷」即「平」，作「夷平」亦通。然此句與前句「定外内之分」相對，故「平」字當删。

〔七〕立不易方：《周易·恒卦》孔穎達疏：「君子以立不易方者，君子立身得其恒久之道，故不改易其方。方猶道也。」

6 夫言行在於美，不在於多。出一美言美行，而天下從之；或見一惡意醜事，而萬民違之，可不慎乎？《易》曰：〔一〕「言行，君子之樞機。〔二〕樞機之發，榮辱之主也。」

昔成湯教民去三面之網，〔三〕而諸侯向之；齊宣王活釁鐘之牛，〔四〕而孟軻以王道求之；〔五〕周文王掘地得死人骨，〔六〕哀憫而收葬，而天下嘉之也。

【疏證】

桓譚《桓子新論·言體》：「夫言行在於美善，不在於衆多。出一美言美行，而天下從之；或見一惡意醜事，而萬民違之，可不慎乎？故《易》曰：『言行，君子之樞機。樞機之發，榮辱之主，所以動天地者也。』」

【校注】

〔一〕《易》曰：《周易·繫辭上》：「言行，君子之樞機。樞機之發，榮辱之主也。言行，君子之所以動天地也，可不慎乎！」

〔二〕樞機：《周易·繫辭上》王弼注：「樞機，制動之主。」孔穎達疏：「樞謂户樞，機謂弩牙。」

〔三〕成湯：名履，契之後裔。夏桀無道，湯發兵滅之，建立商朝。生平詳《史記》卷三《殷本紀》。《史記·殷本紀》：「湯出，見野張網四面，祝曰：『自天下四方皆入吾網。』湯曰：『嘻，盡之矣！』乃去其三面，祝曰：『欲左，左。欲右，右。不用命，乃入吾網。』諸侯聞之，曰：『湯德至矣，及禽獸。』」

〔四〕齊宣王：戰國時齊國國君田辟彊，威王子。在位十九年。謚宣。生平詳《戰國策》卷九《齊策二》、《史記》卷四六《田敬仲完世家》等。　釁(xìn)鐘：古代新鐘鑄成，殺牲以血塗鐘行祭。王夫之《孟子稗疏》：「釁，祭名，血祭也。凡落成之祭曰釁。」

〔五〕「而孟軻」句：《孟子》卷一《梁惠王上》：「齊宣王問曰：『齊桓、晉文之事可得聞乎？』孟子對曰：『仲尼之徒無道桓文之事者，是以後世無傳焉，臣未之聞也。無以，則王乎？』曰：『德何如則可以王矣？』曰：『保民而王，莫之能禦也。』曰：『若寡人者，可以保民乎哉？』曰：『可。』曰：『何由知吾可也？』曰：『臣聞之胡齕曰：王坐於堂上，有牽牛而過堂下者，王見之，曰：「牛何之？」對曰：「將以釁鐘。」王曰：「舍之！吾不忍其觳觫，若無罪而就死地。」對曰：「然則廢釁鐘與？」曰：「何可廢也？以羊易之！」不識有諸？』曰：『有之。』曰：『是心足以王矣。百姓皆以王爲愛也，臣固知王之不忍也。』」孟軻，戰國時儒家代表人物。其言行被編爲《孟子》一書。《史記》卷七四有傳。

〔六〕「周文王」句：《呂氏春秋》卷一〇《孟冬紀·異用》：「周文王使人抇池，得死人之骸，吏以聞於文王，文王曰：『更葬之。』吏曰：『此無主矣。』文王曰：『有天下者，天下之主也；有一國者，一國之主也。今我非其主也？』遂令吏以衣棺更葬之。天下聞之曰：『文王賢矣，澤及髊骨，又況於人乎？』」周文王，姬姓，名昌。商紂王時爲西伯。其子姬發建周，追尊爲文王。生平詳《史記》卷四《周本紀》。

7 《易》言「不恒其德，或承之羞」，〔一〕《論語》言「無恒之人，不可卜筮」，〔二〕故知人之爲行，不可不恒，《詩》言「無恒之人，其如飄風。胡不自南，胡不自北」者也。〔三〕般輸不爲拙工改繩準，〔四〕逢羿不爲拙射變弦筈，〔五〕君子懷道德之有檢。〔六〕《詩》云：〔七〕「如月之恒，如日之升。」〔八〕孔子稱：「大哉，中庸之爲德，其至矣乎！」〔九〕又曰：「君子之道，〔一〇〕忠恕而已矣。〔一一〕」

【疏證】

《周易·恒卦》：「九三：不恒其德，或承之羞，貞吝。」

《論語·子路》：「子曰：『南人有言曰：「人而無恒，不可以作巫醫。」善夫！』『不恒其德，或承之羞。』子曰：『不占而已矣。』」

《詩經·小雅·何人斯》：「彼何人斯？其爲飄風。胡不自北？胡不自南？胡逝我梁？祇攪我心。」

《孟子·盡心上》：「孟子曰：『大匠不爲拙工改廢繩墨，羿不爲拙射變其彀率。』」

《詩經·小雅·天保》：「如月之恒，如日之升。」

《論語·雍也》：「子曰：『中庸之爲德也，其至矣乎！民鮮久矣。』」

《論語·里仁》：「子曰：『參乎！吾道一以貫之。』曾子曰：『唯。』子出。門人問曰：『何謂也？』曾子曰：『夫子之道，忠恕而已矣。』」

【校注】

〔一〕「《易》言」句：《周易·恒卦》孔穎達疏：「執心不定，德行無恒，故曰『不恒其德』。德既無恒，自相違錯，則爲羞辱承之，所羞非一，故曰『或承之羞也』。」

〔二〕「《論語》」句：吴校：「按《論語》曰『人而無恒，不可以作巫醫』，《禮·緇衣》云『無恒之人，不可爲卜筮』，此蓋《金樓子》偶誤記《禮記》爲《論語》耳。」今按：《禮記·緇衣》：「子曰：『南人有言曰：「人而無恒，不可以爲卜筮。」古之遺言與。』龜、筮猶不能知也，而況於人乎？……《易》曰：『不恒其德，或承之羞。』『恒其德偵，婦人吉，夫子凶。』」古代巫和醫常常是一種職業，巫常用禳禱之術替人治療，故稱巫醫。是《禮記·緇衣》和《論語》所記實爲同一件事。

〔三〕「《詩》言」句：《詩經·小雅·何人斯》毛傳：「飄風，暴起之風。」鄭玄箋：「何人乎？女行來而去，疾如飄風，不欲入見我，何不乃從我國之南，不則乃從我國之北？何近之我梁，適亂我之心，使我疑女？」朱熹注：「飄風，暴風也。……言其往來之疾，若飄風然。自北自南，則與我不相值也。今則逝我之梁，則適所以攪亂我心而已。」

〔四〕般輪：亦作「班輪」。《漢書》卷一〇〇《叙傳上》：「逢蒙絶技於弧矢，班輪榷巧於斧斤。」顔師古注：「班輪即魯公輸班也。一説，班，魯班也，與公輸氏爲二人也，皆有巧藝也。《古樂府》云：『誰能爲此器，公輸與魯班。』」繩準：《淮南子》卷一一《齊俗》：「今夫爲平者準，爲直者繩也。若夫不在於繩準之中，可以平直者，此不共之術也。」

〔五〕逢羿：即逢蒙和羿。羿，古代神話傳説中善射的人；逢蒙，亦古之善射者，相傳學射於羿。《孟子·離婁下》：「逢蒙學射於羿，盡羿之道，思天下惟羿爲愈己，於是殺羿。」弦筈：弓弦與箭末扣弦處。

〔六〕檢：《文選》卷五二魏文帝《典論·論文》李善注引《蒼頡篇》曰：「檢，法度也。」

〔七〕《詩》：《叢書集成》本作「首」。今按：上文稱「《易》」，稱「《論語》」，此處當稱「《詩》」，「首」字疑誤。

〔八〕「如月」二句：《詩經·小雅·天保》毛傳：「恒，弦。」鄭玄箋：「月上弦而就盈。」朱熹注：「恒，弦；升，出也。月上弦而就盈，日始出而就明。」

〔九〕「大哉」三句：《論語·雍也》何晏《集解》：「庸，常也，中和可常行之道。」宋邢昺疏：「中謂中和；庸，常也。……言中和可常行之德也，其至極矣乎。」

〔一〇〕君子：《論語·里仁》作「夫子」。今按：《論語·里仁》爲曾子轉述老師孔子之言，故稱「夫子」。本文徑直以爲孔子之言，故稱「君子」。《韓詩外傳》卷三亦曰：「故君子之道，忠恕而已矣。」

〔一一〕忠恕：《論語·里仁》朱熹注：「盡己之謂忠，推己之謂恕。」

8 伯樂教其所憎者相千里馬，〔一〕其所愛者相駑馬。〔二〕千里之馬不時有，其利緩；駑馬日售，其利急。所謂「下言而上用者」也。〔三〕

【疏證】《韓非子》卷八《説林下》：「伯樂教其所憎者相千里之馬，教其所愛者相駑馬。以千里之馬時一有，其利緩；駑馬日售，其利急。此《周書》所謂『下言而上用者，惑也』。」

【校注】

〔一〕伯樂：春秋秦穆公時人，以善相馬著稱。事蹟詳《呂氏春秋》卷二〇《恃君覽·觀表》、《列子·説符》等。《莊子·馬蹄》：「及至伯樂，曰：『我善治馬。』」陸德明《經典釋文》：「伯樂，姓孫，名陽，善馭馬。」

〔二〕駑馬：《周禮·夏官·馬質》：「馬量三物，一曰戎馬，二曰田馬，三曰駑馬。」

〔三〕「所謂」句：《韓非子》卷八《説林下》「所謂」上有「周書」二字，「者」下有「惑」字。清王先慎《韓非子集解》：「孫詒讓曰：此所引蓋《逸周書》佚文，《淮南子·氾論訓》云：『昔者《周書》有言曰：「上言者下用也；下言者上用也。上言者常也；下言者權也。」』高《注》：『用，可否相濟也。常，謂君常也。權，謀也。謀度事宜，不失其道。』兩文同出一原，而意恉皆不甚明晰。以高説推之，似謂上言而下用之者爲事之常，下言而上用之者則爲權時暫用。『權』與『常』相對爲文。故《文子·道德篇》亦云『上言者常用也，下言者權用也』，即隱襲《淮南》書語，蓋尚得其恉。此云『下言而上用者，惑也』，『惑』，古字與『或』通用，『或』亦不常用之言，與《淮南子》、《文子》言『權』畧同。韓子引之者，以況『千里馬時一有，其利緩』，猶下言上用之不可爲常耳。」

9·1 君子以宴安爲鴆毒，〔一〕富貴爲不幸。故溺於情者，忘月滿之虧；〔二〕在乎道者，知日損之爲貴。〔三〕斯固誹謗之木，〔四〕唐虞之道興；瓊瑶之臺，〔五〕辛癸之祚亡（在）。〔六〕酣歌終日，求數刻之歡；〔七〕耽淫長夜，騁亡歸之樂。〔八〕而或四知必顯，〔九〕五美常在，〔一〇〕譬金舟不能淩陽侯之波，〔一一〕玉馬不能偶騏（畢）〔羿〕之跡。〔一二〕是猶炙冰使燥，（清柹）〔積灰〕令熾，〔一三〕不可得也。夫驕奢者衆，縱逸（日）〔者〕多，〔一四〕如輕埃之應風，似宵蟲之赴燭也。玉不琢，不成器；人不學，不知道。若雖有天縱，〔一五〕曾無學術。猶若伯牙空彈，〔一六〕無七弦則不悲；〔一七〕王良失轡，〔一八〕處駟馬則不疾。

【疏證】

《漢書》卷五三《景十三王傳》贊：「昔魯哀公有言：『寡人生於深宮之中，長於婦人之手，未嘗知憂，未嘗知懼。』信哉斯言也！雖欲不危亡，不可得已。是故古人以宴安爲鴆毒，亡德而富貴，謂之不幸。」

《抱朴子》外篇《用刑》：「金舟不能淩陽侯之波，玉馬不任騁千里之跡也。」

《抱朴子》外篇《刺驕》：「所論薦則蹇驢蒙龍駿之價，所中傷則孝已受商臣之談。故小人之赴也，若決積水於萬仞之高隄，而放烈火乎雲夢之枯草焉。欲望肅雍濟濟，後生有式，是猶之炙冰使燥，積灰令熾矣。」

《抱朴子》外篇《疾謬》：「於是馳遂之庸民，偶俗之近人，慕之者猶宵蟲之赴明燭，學之者猶輕毛之應飇風。」

《禮記・學記》：「玉不琢，不成器；人不學，不知道。是故古之王者建國君民，教學爲先。」

【校注】

〔一〕宴安爲鴆毒：《左傳・閔公元年》：「宴安酖毒，不可懷也。」杜預注：「以宴安比之酖毒。」孔穎達疏：「宴安自逸，若鴆毒之藥，不可懷戀也。」鴆毒，古以鴆羽有毒，入酒，能殺人，故稱毒酒爲鴆毒。

〔二〕「忘月」句：各本同。吴校：「『虧』上疑脱『必』字。」今按：此句與下「知日損之爲貴」對，故疑「虧」上脱一字，吴校或是。

〔三〕日損之爲貴：《老子》第四八章：「爲學日益，爲道日損。損之又損，以至於無爲。無爲無不爲。取天下常以無事，及有其事，不足以取天下。」《文子》卷三《九守・守弱》：「老子曰：『天道極即反，盈即損，日月是也。故聖人日損而沖氣不敢自滿，日進以牝，功德不衰，天道然也。』」

〔四〕誹謗之木：《吕氏春秋》卷二四《不苟論・自知》：「堯有欲諫之鼓，舜有誹謗之木，湯有司過之士，武王有戒慎之鞀，猶恐不能自知。」高誘注：「書其過失以表木也。」晉葛洪《抱朴子》外篇《博喻》：「誹謗之木設，則有過必知；敢諫之鼓懸，則直言必獻。」

〔五〕瓊瑶：《詩經·衛風·木瓜》毛傳：「瓊，玉之美者。」《尚書·禹貢》孔安國傳：「瑶、琨皆美玉。」

〔六〕辛癸：商紂、夏桀的並稱。商紂名帝辛，夏桀名履癸，兩人均爲有名的暴君。《文選》卷三張平子《東京賦》：「必以肆奢爲賢，則是黄帝合宫，有虞總期，固不如夏癸之瑶臺，殷辛之瓊室也。」李善注：「《汲冢古文》曰：『夏桀作傾宫瑶台，殫百姓之財，殷紂作瓊室，立玉門也。』」　亡：底本、《四庫全書》本「亡」下衍「在」字，重校本、《叢書集成》本、《百子全書》本、龍溪精舍本無「在」字。吴校：「『在』字衍。」今按：此句與上文「唐虞之道興」對應，吴校是，據删。

〔七〕刻：古代以漏壺計時，一晝夜分爲百刻。漢哀帝建平二年分晝夜爲百二十刻。梁武帝天監年間，以八刻爲一辰，晝夜十二辰共得九十六刻。《漢書》卷一一《哀帝紀》：「漏刻以百二十爲度。」顔師古注：「舊漏晝夜共百刻，今增其二十。」

〔八〕「耽淫」二句：桀紂等暴君酣歌耽飲，前典有載。《帝王世紀第三》：桀「大進侏儒倡優，爲爛熳之樂，設奇偉之戲，縱靡靡之聲。日夜與妹喜及宫女飲酒」。《帝王世紀第四》：紂「宫中九市，車行酒，馬行炙，以百二十日爲一夜。……爲長夜之飲，七日七夜，失忘曆數，不知甲乙」。「淫」，疑爲「飲」之訛。

〔九〕四知：《後漢書》卷五四《楊震傳》：「當之郡，道經昌邑，故所舉荆州茂才王密爲昌邑令，謁見，至夜懷金十斤以遺震。震曰：『故人知君，君不知故人，何也？』密曰：『暮夜無知者。』震曰：『天知，神知，我知，子知。何謂無知！』密愧而出。」又同傳贊云：「震畏四知。」

〔一〇〕五美：《左傳·襄公二十八年》：「大適小有五美，宥其罪戾，赦其過失，救其菑患，賞其德刑，教其不及。」《論語·堯曰》：「子張曰：『何謂五美？』子曰：『君子惠而不費，勞而不怨，欲而不貪，泰而不驕，威而不猛。』」

〔一一〕陽侯：《楚辭·九章·哀郢》：「淩陽侯之氾濫兮，忽翺翔之焉薄。」王逸注：「淩，乘也。陽侯，大波之神。」《淮南子》卷六《覽冥》：「武王伐紂，渡於孟津，陽侯之波，逆流而擊。」高誘注：「陽侯，陵陽國侯也。其國近水，溺死於水，其神能爲大波，有所傷害，因謂之陽侯之波。」

〔一二〕騏馵（zhù）：《説文解字·馬部》：「騏，馬青驪文如綦也。」又：「馵，馬後左足白也。从馬，二其足。」《詩經·秦風·小戎》：「文茵暢轂，駕我騏馵。」毛傳：「騏，騏文也。左足白曰馵。」孔穎達疏：「色之青黑者名爲綦。馬名爲騏，知其色作綦文。」馵，各本作「馽」。馽（zhí），拴縛馬足的繩索，絆子。今按：「騏馽」於此句不通，且與上句「陽侯」失對，「馽」當是「馵」之形誤。

〔一三〕積灰：各本作「清柿」。今按：「清柿」義不可解，《抱朴子》外篇《刺驕》作「積灰」，據改。

〔一四〕者多：底本、《四庫全書》本作「日多」，重校本、《叢書集成》本、《百子全書》本、龍溪精舍本作「者多」字。吴校：「『日』上疑有『者』。」今按：「日」或是「者」字之殘。今改「日」作「者」，與上句「驕奢者衆」對。

〔一五〕天縱：意謂上天所賦予，指人之資質。《論語·子罕》：「大宰問于子貢曰：『夫子聖者與？何其多能也？』子貢曰：『固天縱之將聖，又多能也。』」

〔一六〕伯牙：《荀子》卷一《勸學》：「伯牙鼓琴而六馬仰秣。」楊倞注：「伯牙，古之善鼓琴者，亦不知何代人。」《吕氏春秋》卷一四《孝行覽・本味》：「伯牙鼓琴，鍾子期聽之。方鼓琴而志在太山，鍾子期曰：『善哉乎鼓琴，巍巍乎若太山。』少選之間，而志在流水，鍾子期又曰：『善哉乎鼓琴，湯湯乎若流水。』鍾子期死，伯牙破琴絶弦，終身不復鼓琴，以爲世無足復爲鼓琴者。」高誘注：「伯，姓；牙，名，或作『雅』。」

〔一七〕七弦：七弦琴。漢應劭《風俗通義》卷六《聲音・琴》：「今琴長四尺五寸，法四時五行也；七弦者，法七星也。」《宋史》卷一二九《樂志四》：「絲部有五：曰一弦琴，曰三弦琴，曰五弦琴，曰七弦琴，曰九弦琴。」

〔一八〕王良：春秋時之善馭馬者。《孟子・滕文公下》：「昔者趙簡子使王良與嬖奚乘，終日而不獲一禽。嬖奚反命曰：『天下之賤工也。』或以告王良。良曰：『請復之。』强而後可，一朝而獲十禽。嬖奚反命曰：『天下之良工也。』」　轡：《詩經・邶風・簡兮》：「有力如虎，執轡如組。」朱熹注：「轡，今之韁也。」

9·2　晉平公問師曠曰：〔一〕「吾年已老，學將晚耶？」對曰：「少好學者如日盛陽，老好學者如炳燭夜行。〔二〕」追味斯言，可爲師也。《淮南》言：〔三〕「蕭條者，形之君；寂寞者，(身)〔音〕之主。〔四〕」又云：「教者生於君子，以被小人；利者興於小人，以潤君子。」孟子言：「禹惡旨酒而樂善言。」〔五〕又云：「若我得志，不爲食前方丈，〔六〕〔侍〕妾數百人。〔七〕」斯言至矣。故原憲之緼袍，〔八〕賢於季孫之狐貉；〔九〕趙宣之肉食，〔一〇〕旨於智伯之芻豢；〔一一〕子〔思〕之銀佩，〔一二〕美於虞公之垂棘。〔一三〕嬌婬之理，豈可恣歟！人非有柳下、延陵之才，〔一四〕蒙莊、柱史之志，〔一五〕其以此者，蓋有以焉。雖復拔山蓋世之雄，〔一六〕回天倒地之力，〔一七〕玉几爲(樽)〔尊〕，〔一八〕金湯設險，〔一九〕驪山無罪之囚，〔二〇〕五嶺不歸之戍，〔二一〕一有驕奢，三代同滅。鐫金石者難爲力，〔二二〕摧枯朽者易爲功，居得其勢也。

【疏證】

《說苑》卷三《建本》：「晉平公問於師曠曰：『吾年七十，欲學，恐已暮矣。』師曠曰：『何不炳燭乎？……臣聞之，少而好學，如日出之陽；長而好學，如日中之光；老而好學，如炳燭之明。炳燭之明，孰與昧行乎？』」

《淮南子》卷一一《齊俗》：「故蕭條者，形之君；而寂寞者，音之主也。」

《淮南子》卷一〇《繆稱》：「教本乎君子，小人被其澤；利本乎小人，君子享其功。」亦見《文子》卷下《微明》。

《孟子·離婁下》：「孟子曰：『禹惡旨酒而好善言。』」

《孟子·盡心下》：「孟子曰：『説大人，則藐之，勿視其巍巍然。堂高數仞，榱題數尺，我得志，弗爲也。食前方丈，侍妾數百人，我得志，弗爲也。般樂飲酒，驅騁田獵，後車千乘，我得志，弗爲也。在彼者，皆我所不爲也；在我者，皆古之制也，吾何畏彼哉？』」

《鹽鐵論》卷四《貧富》：「原憲之緼袍，賢於季孫之狐貉；趙宣孟之魚食，甘於知伯之芻豢；子思之銀佩，美於虞公之垂棘。」

《漢書》卷一三《異姓諸侯王表》：「鐫金石者難爲功，摧枯朽者易爲力，其勢然也。」

【校注】

〔一〕晉平公：名彪，春秋時晉國國君。生平詳《史記》卷三九《晉世家》。　師曠：字子野，晉國樂師。生平詳《左傳·襄公十八年》、《吕氏春秋》卷一一《仲冬紀·長見》等。

〔二〕炳燭：《文選》卷四二魏文帝《與吴質書》：「古人思炳燭夜遊，良有以也。」李善注：「古詩曰：『晝短苦夜長，何不秉燭遊。』秉或作炳。」

〔三〕《淮南》：即《淮南子》，亦稱《淮南鴻烈》，是西漢宗室淮南王劉安招致賓客編寫的一部子書。《漢書》卷三〇《藝文志》：「《淮南内》二十一篇，《淮南外》三十三篇。」顔師古注曰：「内篇論道，外篇雜説。」

今按：今存《淮南内》二十一篇。

〔四〕「蕭條」四句：《淮南子》卷一一《齊俗》高誘注：「蕭條，深静也；微音生於寂漠。」音，各本作「身」，《淮南子·齊俗》作「音」。今按：「身」當是「音」之訛，據改。

〔五〕「禹惡」句：《戰國策》卷二三《魏二》「梁王魏嬰觴諸侯於范臺」章：「梁王魏嬰觴諸侯於范臺。酒酣，請魯君舉觴。魯君興，避席擇言曰：『昔者，帝女令儀狄作酒而美，進之禹，禹飲而甘之，遂疏儀狄，絶旨酒，曰：「後世必有以酒亡其國者。」』」又，《尚書·皋陶謨》：「曰若稽古，皋陶曰：『允迪厥德，謨明弼諧。』禹曰：『俞！如何？』皋陶曰：『都！慎厥身，修思永。惇叙九族，庶明勵翼，邇可遠在兹。』禹拜昌言曰：『俞！』」《尚書·大禹謨》亦載「禹拜昌言」。昌言即善言。

〔六〕食前方丈：《孟子·盡心下》趙岐注：「極五味之饌食，列於前，方一丈。」

〔七〕侍妾：各本脱「侍」字。吴校：「『妾』上疑脱『侍』字。」今按：吴校是。《孟子·盡心下》「妾」上有「侍」字，據補。

〔八〕「原憲」句：《史記》卷六七《仲尼弟子列傳》：「孔子卒，原憲遂亡在草澤中。子貢相衛，而結駟連騎，排藜藿入窮閻，過謝原憲。憲攝敝衣冠見子貢。子貢恥之，曰：『夫子豈病乎？』原憲曰：『吾聞之，無財者謂之貧，學道而不能行者謂之病。若憲，貧也，非病也。』子貢慚，不懌而去，終身恥其言之過也。」原憲，字子思，一稱原思、仲憲，春秋時魯國人，一説宋人，孔子弟子。甘貧而樂道。《史記》卷六七《仲尼弟子列傳》有傳。縕，《禮記·玉藻》：「纊爲繭，縕爲袍。」鄭玄注：「纊謂今之新綿也，縕謂今纊及舊絮也。」《漢書》卷六五《東方朔傳》：「衣緼無文。」顔師古注：「緼，亂絮也。」

〔九〕季孫：即季康子季孫肥，春秋時魯國掌權的貴族。卒，謚康。生平詳《史記》卷三三《魯周公世家》。狐貉：《論語·子罕》：「子曰：『衣弊緼袍，與衣狐貉者立而不恥者，其由也與？』」孔穎達疏：「緼袍，衣之賤者；狐貉，裘之貴者。」

〔一〇〕「趙宣」句：《春秋公羊傳·宣公六年》載：晉靈公使勇士某者往殺趙盾，「勇士入其大門，則無人門焉者；入其閨，則無人閨焉者；上其堂，則無人焉。俯而窺其户，方食魚飧。勇士曰：『嘻！子誠仁人也！吾入子之大門，則無人焉；入子之閨，則無人焉；上子之堂，則無人焉：是子之易也。子爲晉國重卿而食魚飧，是子之儉也。君將使我殺子，吾不忍殺子也。雖然，吾亦不可復見吾君矣。』遂刎頸而死。」趙宣，即春秋時晉國人趙盾，執晉國國政多年。卒，謚宣。生平詳《左傳》文公六年、宣公二年及《史記》卷四三《趙世家》。肉食，各本同，《鹽鐵論》卷四《貧富》作「魚食」，四庫館臣疑「魚食」爲「魚飧」之訛。見下注〔一三〕引。

〔一一〕旨：各本同，《鹽鐵論》卷四《貧富》作「甘」。今按：「旨」「甘」，古義同。《論語·陽貨》：「食旨不甘。」何晏《集解》：「孔曰：旨，美也。」《説文解字·甘部》：「甘，美也。」段玉裁注：「五味之可口皆曰甘。」　智伯：亦稱知伯，名瑶，春秋末晉國正卿。曾與趙、魏、韓四分范氏、中行氏地爲邑。後爲趙、韓、魏聯合所滅。謚襄。生平詳《國語》卷一五《晉語九》、《史記》卷三九《晉世家》及卷四三《趙世家》等。　芻豢：指肉類食品。《孟子·告子上》：「故義理之悦我心，猶芻豢之悦我口。」朱熹《集注》：

「草食曰芻，牛羊是也；穀食曰豢，犬豕是也。」又，各本「豢」下有小字云：「原注（《四庫全書》本「原注」作「案」）：原本缺三字。」

〔一二〕子思：底本、《四庫全書》本脱「思」字，重校本「子」下旁側有小字「思」，《叢書集成》本、《百子全書》本、龍溪精舍本「子」下有「思」字。吴校：「『子』下脱『思』字，三語俱見《鹽鐵論》。」今按：據《鹽鐵論》卷四《貧富》補「思」字。子思，孔伋字子思，孔子之孫。相傳受業於曾子，孟子發揮其學説，形成思孟學派。生平詳《史記》卷四七《孔子世家》、《孟子·告子下》。「子思銀佩」，事不詳。然《禮記·玉藻》稱「古之君子必佩玉……君子無故，玉不去身，君子于玉比德焉」，則銀似爲卑賤者之佩。

〔一三〕虞公：春秋時虞國國君。晉獻公十九年，晉滅虢，還師，襲滅虞。《左傳·僖公二年》：「晉荀息請以屈産之乘與垂棘之璧假道於虞以伐虢。」《左傳·僖公五年》：「冬十二月丙子朔，晉滅虢。虢公醜奔京師。師還，館於虞，遂襲虞，滅之。執虞公及其大夫井伯，以媵秦穆姬，而修虞祀，且歸其職貢於王。」　垂棘：本春秋晉地名。以産美玉著稱，故後亦代指美玉。《文選》卷一班孟堅《西都賦》：「懸黎垂棘，夜光在焉。」吕向注：「懸黎、垂棘，皆璧也。」《淮南子》卷一一《齊俗》：「釐負羈之壺餐，愈於晉獻公之垂棘；趙宣孟之束脯，賢於智伯之大鐘。」庾信《擬連珠》：「子思銀佩，美虞公之垂棘。」又，《四庫全書》本「棘」下有小字云：「案《鹽鐵論·貧富篇》云：『趙宣孟之魚食，甘於智伯之芻豢；子思之銀佩，美於虞公之垂棘。』似此文所本。原缺三字疑當作『魯子思』，下『子』字上下有脱文。趙盾食魚事見《公羊》。『肉食』與『芻豢』無别，疑亦『魚飧』之訛。今未敢輒改，姑仍其舊。」

〔一四〕柳下：「柳下惠」的省稱，春秋魯大夫展獲，字季，又字禽。曾爲魯士師官，食邑柳下，以賢能著稱。謚惠。生平詳《論語·微子》、《左傳·僖公二年》。　延陵：本爲古邑名，故地在今江蘇常州。此處代指季札。相傳春秋時，吴王壽夢少子季札因辭讓國君之位，離國赴延陵（一説封於延陵），終身不入吴，故世稱延陵季子。事見《春秋公羊傳·襄公二十九年》、《史記》卷三一《吴太伯世家》。

〔一五〕蒙莊：指莊周，戰國時宋國蒙人。嘗爲蒙漆園吏，後居家講學，著書。今存《莊子》一書。《史記》卷六三有傳。　柱史：「柱下史」的省稱。相傳老子曾爲周柱下史，後以「柱史」爲老子或老子《道德經》的代稱，此處指老子。老子，春秋時楚國苦縣人。即老聃，姓李名耳，字聃。曾任周守藏室之史。孔子曾向他問禮。著《老子》五千言。《史記》卷六三有傳。

〔一六〕拔山蓋世：謂勇猛無敵於天下。《史記》卷七《項羽本紀》：「力拔山兮氣蓋世，時不利兮騅不逝。」

〔一七〕回天倒地：形容力量之大，能左右或扭轉難以挽回的局勢。今按：「回天倒地」於古籍僅見於此。「地」疑當作「日」。倒日，使太陽返行，極言力大而能勝天。《淮南子》卷六《覽冥》：「魯陽公與韓搆難，戰酣日暮，援戈而撝之，日爲之反三舍。」晉陸機《吊魏武帝文》：「夫以回天倒日之力，而不能振形骸之内；濟世夷難之智，而受困魏闕之下。……伊君王之赫奕，實終古之所難。威先天而蓋世，力蕩海而拔山。」

〔一八〕尊：各本作「樽」，許《注》以爲當作「尊」。今按：許《注》是。《周禮·春官宗伯》「几筵」鄭玄注：「爲王設席，左右有几，優至尊也。」　玉几：玉飾的矮桌。《尚書·顧命》：「相被冕服，憑玉几。」

〔一九〕金湯：「金城湯池」之省稱，形容城池險固。《後漢書》卷一《光武帝紀》贊：「金湯失險，車書共道。」李賢注：「金以喻堅，湯取其熱。」《漢書》卷五四《蒯通傳》：「必將嬰城固守，皆爲金城湯池，不可攻也。」顔師古注：「金以喻堅，湯喻沸熱不可近。」

〔二〇〕「驪山」句：《史記》卷六《秦始皇本紀》：「始皇初即位，穿治酈山，及并天下，天下徒送詣七十餘萬人，穿三泉，下銅而致槨，宮觀百官奇器珍怪徙臧滿之。」驪山，亦作「酈山」，在今陝西臨潼東南，因古驪戎居此得名。

〔二一〕「五嶺」句：《史記》卷八九《張耳陳餘列傳》：「武臣等從白馬渡河至諸縣，説其豪桀曰：『秦爲亂政虐刑以殘賊天下，數十年矣。北有長城之役，南有五嶺之戍，外内騷動，百姓罷敝，頭會箕斂，以供軍費，財匱力盡，民不聊生。』」五嶺，大庾嶺、越城嶺、騎田嶺、萌渚嶺、都龐嶺的總稱，位於今江西、湖南、廣東、廣西四省之間，是長江與珠江流域的分水嶺。

〔二二〕鑴：各本同。吴校：「『鑴』乃『鐫』字誤。」今按：「鑴」、「鐫」異體字。《漢書》卷一三《異姓諸侯王表》顔師古注：「鐫，琢石也。」

10　哲人君子，戒盈思沖者，〔一〕何也？政以戒懼所不睹，恐畏所不聞。況其甚此者乎！夫生自深宮之中，長於婦人之手，憂懼之所不加，寵辱之所未至，粤自齠齓，〔二〕便作邦君。〔三〕其天姿卓爾，〔四〕則河間所以高步；〔五〕窮兇極悖，廣川所以顯戮：〔六〕致之有由者也。錫瑞藩國，〔七〕執玉秉圭，〔八〕春朝則驅馳千乘，〔九〕秋謁則儀百辟。〔一〇〕江都廣川，〔一一〕可以意者耳。〔一二〕請論之：〔一三〕一曰驕，二曰富，三曰婬，四曰忌。幼饗尊貴，〔一四〕驕也；名田縣道，〔一五〕富也；歌鐘盈室，婬也；殺戮無辜，忌也。夫刑罰不中，則民無所措手足，況倍此者邪！夫貴而不驕者鮮矣！驕則輕於憲網，〔一六〕富則恃於金寶，婬則惑於昏縱，忌則輕於生殺。既不知稼穡之艱難，〔一七〕又不知民天之有本，徒見珠璣犀甲之翫，金錢翠羽之奇，〔一八〕動容則燕歌鄭舞，顧盼則秦箏齊瑟，謂與椿鵠齊齡，〔一九〕寧知蕣華易晚，〔二〇〕覆其宗社，曾不三省，〔二一〕損其身名，不逢八議，〔二二〕異矣哉！古之欲明明德於天下者，〔二三〕先治其國；欲治其國者，先齊其家；欲齊其家者，先修其身；欲修其身者，先正其心。欲正其心者，無（爲）〔身〕不善而怨人，〔二四〕刑已至而呼天。〔二五〕身不善而怨人，不亦反乎！刑至而呼天，〔二六〕不亦晚乎！太公曰：〔二七〕「夫爲人惡聞其情，而喜聞人之情，惡聞己之惡，喜聞人之惡，是以不必治也。」

【疏證】

《禮記·中庸》：「天命之謂性，率性之謂道，修道之謂教。道也者，不可須臾離也，可離非道也。是故君子戒慎乎其所不睹，恐懼乎其所不聞。莫見乎隱，莫顯乎微，故君子慎其獨也。」

《荀子》卷二〇《哀公》：「魯哀公問於孔子曰：『寡人生於深宮之中，長於婦人之手，寡人未嘗知哀也，未嘗知憂也，未嘗知勞也，未嘗知懼也，未嘗知危也。』」

《論語·子路》：「子曰：『野哉，由也！君子于其所不知，蓋闕如也。名不正，則言不順；言不順，則事不成；事不成，則禮樂不興；禮樂不興，則刑罰不中；刑罰不中，則民無所錯手足。故君子名之必可言也，言之必可行也。君子于其言，無所苟而已矣。』」

《禮記·大學》：「古之欲明明德於天下者，先治其國；欲治其國者，先齊其家；欲齊其家者，先修其身；欲修其身者，先正其心；欲正其心者，先誠其意；欲誠其意者，先致其知。」

《荀子》卷二〇《法行》：「曾子曰：『無內人之疏而外人之親，無身不善而怨人，無刑已至而呼天。內人之疏而外人之親，不亦遠乎！身不善而怨人，不亦反乎！刑已至而呼天，不亦晚乎！』」

《説苑》卷一《君道》：「武王曰：『善！其爲國何如？』太公對曰：『其爲人惡聞其情，而喜聞人之情，惡聞其惡，而喜聞人之惡，是以不必治也。』武王曰：『善！』」

【校注】

〔一〕沖：《老子》第四章：「道沖，而用之久不盈。」朱謙之《校釋》引俞樾曰：「『道盅而用之』，『盅』訓『虚』，與『盈』正相對，作『沖』者假字也。」《老子》第四五章：「大盈若沖，其用不窮。」晉陸機《演連珠》之一：「山盈川沖，后土所以播氣。」

〔二〕粤：句首助詞，表示審慎的語氣。　齠（tiáo）齔（chèn）：垂髫换齒之時，指童年。齠，通「髫」；齔，亦作「齓」。《東觀漢記》卷一三《伏湛傳》：「齠齔勵志，白首不衰。」

〔三〕邦君：指諸侯國君主。《尚書·伊訓》：「卿士有一於身，家必喪；邦君有一於身，國必亡。」

〔四〕天姿：即天資。《釋名·釋姿容》：「姿，資也。」　卓爾：形容超羣出衆。《漢書》卷八〇《淮陽憲王欽傳》：「卓爾非世俗之所知。」顔師古注：「卓爾，高遠貌也。」

〔五〕河間：指河間獻王劉德。德，漢景帝第三子，封爵號河間王。修禮樂，好儒術，藏書與朝廷等。卒，謚獻。《史記》卷五九《五宗世家》、《漢書》卷五三《景十三王傳》有傳。　高步：得意貌。此謂得意於朝廷。

〔六〕廣川：指廣川王劉去。去，漢景帝曾孫，繆王齊之子。嗣祖父越爵爲廣川王。《漢書》卷五三《景十三王》有傳。《漢書》本傳載：去多行不義，「有司復請誅王。制曰：『與列侯、中二千石、二千石、博士議。』議者皆以爲去悖虐，聽后昭信讒言，燔燒亨煮，生割剥人，距師之諫，殺其父子。凡殺無辜十六人，至一家母子三人，逆節絶理。其十五人在赦前，大惡仍重，當伏顯戮以示衆。制曰：『朕不忍致王於法，議其罰。』有司請廢勿王，與妻子徙上庸。奏可。與湯沐邑百户。去道自殺。」

〔七〕錫瑞：清毛奇齡《春秋毛氏傳》卷一八：「凡諸侯新立，王有錫命，則錫瑞之命也。《周禮·大宗伯》以玉作六瑞，以等邦國，謂之命圭，以命而後錫也。」

〔八〕執玉秉圭：古代君主賜圭給功臣，使執持以朝見。且以不同形制之玉圭區別爵位。圭，亦作「珪」。

《尚書·金縢》：「爲壇於南方，北面，周公立焉。植璧秉珪，乃告大王、王季、文王。」

〔九〕朝：《周禮·春官宗伯·大宗伯》：「春見曰朝。」

〔一〇〕儀：各本「儀」下有小字云：「案『儀』下疑脱一字。」今按：「儀」下疑脱「形」字。儀形，法式，榜樣。《南齊書》卷四七《王融傳》載：永明末融上疏稱齊世祖：「可謂區宇儀形，齊民先覺者也。」百辟：《文選》卷三張平子《東京賦》李善注：「百辟，諸侯也。」

〔一一〕江都：指漢江都王劉非、劉建父子。非，漢景帝第五子，好治宫觀，性驕奢。薨，子建嗣，淫亂暴虐更甚。以與聞淮南王、衡山王謀反事，自殺。二人生平見《史記》卷五九《五宗世家》、《漢書》卷五三《景十三王列傳》。

〔一二〕意者：各本同。吴校：「『意』下疑脱『度』字。」意，意料，猜測。

〔一三〕請論之：各本同。吴校：「『請』下疑有『試』字。」

〔一四〕饗：通「享」。《左傳·哀公十五年》：「子，周公之孫也，多饗大利，猶思不義。」

〔一五〕名田縣道：《漢書》卷一一《哀帝紀》：「（綏和二年六月）有司條奏：『諸王、列侯得名田國中，列侯在長安及公主名田縣道，關内侯、吏民名田，皆無得過三十頃。』」顔師古注：「如淳曰：『名田國中者，自其所食國中也，既收其租税，又自得有私田三十頃。名田縣道者，令甲，諸侯在國，名田他縣，罰金二兩。今列侯有不之國者，雖遥食其國租税，復自得田於他縣道，公主亦如之，不得過三十頃。』」名田，以私名佔有田地。《漢書》卷二四《食貨志上》：「限民名田，以澹不足。」顔師古注：「名田，占田也。

各爲立限，不使富者過制，則貧弱之家可足也。」縣道，縣和道。《史記》卷一一七《司馬相如列傳》裴駰《集解》：「《漢書·百官表》曰：『縣有蠻夷曰道。』」

〔一六〕則：《四庫全書》本作「而」。

〔一七〕「既不知」句：《尚書·無逸》：「周公曰：『嗚呼！君子所，其無逸。先知稼穡之艱難，乃逸，則知小人之依。相小人，厥父母勤勞稼穡，厥子乃不知稼穡之艱難，乃逸。』」

〔一八〕金錢：各本同。今按：「金錢」不當稱奇，疑「錢」或是「膏」字之訛。金膏，傳説中的仙藥。《文選》卷五五劉孝標《廣絶交論》：「金膏翠羽將其意，脂韋便辟導其誠。」《穆天子傳》卷一「黄金之膏」，晉郭璞注：「金膏，亦猶玉膏，皆其精汋也。」《文選》卷三一江文通《雜體詩·效王徵君微「養疾」》：「水碧驗未黷，金膏靈詎緇。」李周翰注：「水碧，水玉也。與金膏並仙藥。」

〔一九〕椿：大椿。《莊子·逍遥遊》：「上古有大椿者，以八千歲爲春，八千歲爲秋。」鵠：各本同。吴校：「『鵠』疑作『鶴』。」今按：「鵠」、「鶴」同。《莊子·天運》「夫鵠不日浴而白」，陸德明《經典釋文》卷二七：「鵠，本又作鶴，同。」《淮南子》卷一七《説林》：「鶴壽千歲，以極其遊，蜉蝣朝生而暮死，而盡其樂。」

〔二〇〕蕣華：《説文解字·艸部》：「蕣，木堇，朝華莫落者。」南朝宋鮑照《擬行路難》詩之十：「君不見蕣華不終朝，須臾奄冉零落銷。」

〔二一〕三省：《論語·學而》：「曾子曰：『吾日三省吾身：爲人謀而不忠乎？與朋友交而不信乎？傳不

習乎？』」《後漢書》卷三〇《郎顗傳》：「伏惟陛下躬日昃之聽，温三省之勤，思過念咎，務消祇悔。」

〔二二〕八議：即八辟。《周禮・秋官司寇・小司寇》：「以八辟麗邦法，附刑罰：一曰議親之辟，二曰議故之辟，三曰議賢之辟，四曰議能之辟，五曰議功之辟，六曰議貴之辟，七曰議勤之辟，八曰議賓之辟。」賈公彦疏：「案《曲禮》云：『刑不上大夫。』鄭玄注云：『其犯法，則在八議輕重，不在刑書。』若然，此八辟爲不在刑書，若有罪當議，議得其罪，乃附邦法而附於刑罰也。」漢代改名八議，三國魏正式寫入法典。此處指法律。

〔二三〕明明德：《禮記・大學》鄭玄注：「明明德，謂顯明其至德也。」

〔二四〕身：各本作「爲」，《荀子》卷二〇《法行》作「身」。今按：「爲」當是「身」之形訛，據改。

〔二五〕「刑已至」句：各本同。吴校：「『刑已至而呼天』句疑衍。」《荀子》卷二〇《法行》「刑」上有「無」字。

〔二六〕刑至：各本同。吴校：「『刑』下疑脱『已』字。」《荀子》卷二〇《法行》「刑」下有「已」字。

〔二七〕太公：即姜尚。尚，東海人，釣於渭濱，周文王遇之，與語，大悦曰：「吾太公望子久矣。」故稱太公望。佐文王、武王滅商，有大功。封於齊，爲齊國始祖。《史記》卷三二有傳。

11　鳥與鳥遇則相躅，〔一〕獸與獸遇則相角，〔二〕馬與馬遇則趹踶，〔三〕愚與愚遇則相傷。〔四〕天之生此物，多其力而少其智。智者之謀，萬有一失；狂夫之言，萬有一得。是以君子取狂夫之言，補萬得之一失也。行人不休息於松柏而止於楊柳者，以松柏有幽僻之窮，〔五〕楊柳有路側之勢故也。

【疏證】

《史記》卷九二《淮陰侯列傳》：「廣武君曰：『臣聞智者千慮，必有一失；愚者千慮，必有一得。故曰狂夫之言，聖人擇焉。』」亦見《漢書》卷三四《韓信傳》。

【校注】

〔一〕躅（zhú）：輕跳。《六書故·人九》：「躅，小踴也。」今按：躅，或是「噣（zhuó）」之訛。《淮南子》卷一一《齊俗》：「故諺曰：『鳥窮則噣，獸窮則觟，人窮則詐。』」噣，通「啄」。《韓詩外傳》卷二：「顏淵曰：『獸窮則齧，鳥窮則啄，人窮則詐。』」《爾雅·釋鳥》：「生噣，雛。」陸德明《經典釋文》：「噣，音啄。」

〔二〕角：《廣雅·釋言》：「角，觸也。」王念孫《疏證》：「角、觸，古聲相近。獸角可以抵觸，故謂之角。」

〔三〕趹（jué）踶（dì）：尥蹶子。

〔四〕「愚與愚」句：各本「傷」下有小字云：「案《太平御覽》引此段作『馬與馬遇則趹踶相傷』，『愚與愚遇則』五字疑衍。」今按：《太平御覽》卷八九七引《金樓子》曰：「鳥與鳥遇則相躅，獸與獸遇則相觸，馬與馬遇則趹蹄相傷。天之生此物，多其力而少其智也。」

〔五〕窮：荒僻，邊遠。

12　君子當去二輕，〔一〕取四重：〔二〕言重則有法，行重則有德，〔三〕貌重則有威，好重則有觀；〔四〕言輕則招罪，貌輕則招辱。

【疏證】

揚雄《法言》卷三《修身》：「或問：『何如斯謂之人？』曰：『取四重，去四輕，則可謂之人。』曰：『何謂四重？』曰：『重言，重行，重貌，重好。言重則有法，行重則有德，貌重則有威，好重則有觀。』『敢問四輕。』曰：『言輕則招憂，行輕則招辜，貌輕則招辱，好輕則招淫。』」

【校注】

〔一〕二輕：各本同。今按：《法言》卷三《修身》有「四輕」，此「二輕」，或蕭繹減省，或原文有脱訛。

〔二〕重：庄重。《論語·學而》：「子曰：『君子不重則不威。』」

〔三〕「言重」二句：《太玄》卷九《玄掜》：「擬行於德，行得其中。擬言於法，言得其正。言正則無擇，行中則無爽。」

〔四〕「好重」句：《法言》卷三《修身》汪榮寶疏：「《論語》云：『君子正其衣冠，尊其瞻視，儼然，人望而畏之，斯不亦威而不猛乎？』……觀，示也。《考工記》云：『嘉量既成，以觀四國。』鄭注云：『以觀示於四方，使人放象之。』《釋文》：『以觀，古亂反，示也。』『好重則有觀』者，好是懿德，所以視民不恌。」

13　周公没五百年有孔子，〔一〕孔子没五百年有太史公。〔二〕五百年運，余何敢讓焉！但水至清則無魚，人至察則無徒，〔三〕斯言至矣。正當不窮似智，正諫似直，應諧似優，〔四〕穢德似隱。〔五〕嘗謂人曰：「諸葛武侯、桓宣武並翼贊王室，〔六〕宣威遐外，〔七〕此鄙夫之所以慕也；董仲舒、劉子政深精《洪範》，〔八〕妙達《公羊》，〔九〕鄙夫之所以希也；榮啓期擊磬，〔一〇〕縱酒行歌，斯爲至樂，鄙夫之所以重也。何者？請試論之：夫以武侯之賢，宣武之智，自天祐之，〔一一〕蓋有以然也。〔一二〕假使逢文明之后，〔一三〕值則哲之君，〔一四〕不足爲鄙夫扶轂，〔一五〕豈青紫之可望邪？〔一六〕東方鼠虎之諭，〔一七〕斯得之矣。及仲舒之學術，子政之探微，見重元光之初，〔一八〕聲高建始之末，〔一九〕通宵忘寐，〔二〇〕終日下帷，〔二一〕不有學術，何以成器？川溜決石，〔二二〕可不勉乎！馳光不留，〔二三〕逝川倏忽。〔二四〕尺日爲寶，〔二五〕寸陰可惜。文武二途，〔二六〕並得儔匹。啓期擊磬，彼獨何人？寧止伯鸞之詩，〔二七〕將同威輦之詠。〔二八〕一以我爲馬，一以我爲牛，莊周往矣，〔二九〕嗣宗長逝。〔三〇〕吾知宇宙之内，更有人哉！」

【疏證】

《史記》卷一三〇《太史公自序》：「太史公曰：『先人有言：「自周公卒五百歲而有孔子。孔子卒後至於今五百歲，有能紹明世，正《易傳》，繼《春秋》，本《詩》《書》《禮》《樂》之際。」意在斯乎！意在斯乎！小子何敢讓焉。』」亦見《漢書》卷六二《司馬遷傳》。

《大戴禮記》卷八《子張問入官》：「子張問入官於孔子，孔子曰：『安身取譽爲難也。』子張曰：『安身取譽如何？』孔子曰：『……水至清則無魚，人至察則無徒。』」亦見《孔子家語》卷五《顔回》、《漢書》卷六五《東方朔傳》載《答客難》。

《漢書》卷六五《東方朔傳》贊：「然朔名過實者，以其詼達多端，不名一行，應諧似優，不窮似智，正諫似直，穢德似隱。」亦見《法言》卷一一《淵騫》。

【校注】

〔一〕「周公」句：《孟子·盡心下》：「孟子曰：『由堯舜至於湯，五百有餘歲。若禹、皋陶，則見而知之；若湯，則聞而知之。由湯至於文王，五百有餘歲，若伊尹、萊朱，則見而知之；若文王，則聞而知之。由文王至於孔子，五百有餘歲，若太公望、散宜生，則見而知之；若孔子，則聞而知之。由孔子而來至於今，百有餘歲，去聖人之世若此其未遠也，近聖人之居若此其甚也，然而無有乎爾，則亦無有乎爾。』」周公，姬姓，名旦。周文王之子，武王之弟。武王卒，成王幼，周公攝政。平管叔、蔡叔之變，定東夷之亂。成王長，還政於王。又製定禮樂制度，分封諸侯，使周王朝强盛。生平詳《史記》卷四《周本紀》、卷三三《魯周公世家》。

〔二〕太史公：指司馬遷。遷字子長，西漢左馮翊夏陽人，繼父司馬談爲太史令，撰史。後，因李陵之禍下獄，受腐刑。出獄後任中書令，寫成《史記》。生平詳《史記》卷一三〇《太史公自序》、《漢書》卷六二《司馬遷傳》。

〔三〕徒：《漢書》卷六五《東方朔傳》顔師古注：「徒，衆也。」

〔四〕應諧：對答詼諧。

〔五〕「穢德」句：《法言》卷一一《淵騫》汪榮寶疏：「穢德謂自汙濁其行，託於陽狂之爲以示高。夏侯孝若《東方朔畫贊》所謂『潔其道而穢其跡，清其質而濁其文』是也。」

〔六〕諸葛武侯：即諸葛亮。亮字孔明，琅邪陽都人。謚曰忠武侯。《三國志》卷三五有傳。桓宣武：即桓溫。溫字元子，譙國龍亢人。歷仕東晉成、康以下六帝，平西蜀，伐秦、燕，輔朝政，行廢立。卒。子桓玄稱帝，追尊爲宣武皇帝。《晉書》卷九八有傳。翼贊：輔佐。

〔七〕遐外：指邊遠地區。

〔八〕董仲舒：西漢信都人。武帝時，以賢良對策，主張「罷黜百家，獨尊儒術」，爲武帝採納。曾仕諸侯王相。後託病辭官，專心著述，爲經學大家，闡《公羊春秋》，撰《春秋繁露》、《舉賢良對策》等。《漢書》卷五六有傳。劉子政：劉向字子政。西漢沛人，楚元王劉交四世孫。歷仕宣、元、成三帝，官至中壘校尉。善治《尚書·洪範》，曾撰《洪範五行傳論》。《漢書》卷三六《楚元王傳》有傳。《洪範》：《尚書》篇名。傳爲箕子撰。篇中托武王與箕子對話，言禹治水有功，上帝賜其「洪範九疇」。提出「五行」説，認爲天象與政情關係密切。董仲舒、劉向等均受此説影響。

〔九〕《公羊》：《春秋公羊傳》的簡稱，亦稱《公羊春秋》，相傳戰國時公羊高所著。專門闡釋《春秋》，最初只有口頭流傳，漢初才成書。

〔一〇〕榮啓期：人名。春秋時隱士。《説苑》卷一七《雜言》：「孔子見榮啓期，衣鹿皮裘，鼓瑟而歌。孔子問曰：『先生何樂也？』對曰：『吾樂甚多：天生萬物，唯人爲貴，吾既已得爲人，是一樂也。人以男爲貴，吾既已得爲男，是二樂也。人生不免繦褓，吾年已九十五，是三樂也。夫貧者，士之常也；死者，民之終也。處常待終，當何憂乎？』」又見《列子・天瑞》、《慎子・外篇》、《孔子家語》卷四《六本》等。

〔一一〕自天祐之：《周易・大有卦》：「上九，自天祐之，吉，無不利。」

〔一二〕「蓋有」句：各本「也」下有小字云：「案此下有脱文。」《四庫全書》本作：「案此下疑有缺文。」

〔一三〕后：《爾雅・釋詁》：「后，君也。」

〔一四〕則哲：《尚書・皋陶謨》：「知人則哲，能官人。」此以「則哲」代「知人」。《後漢書》卷五〇《樂成靖王黨傳》：「朕無則哲之明，致簡統失序，罔以尉承大姬，增懷永歎。」

〔一五〕扶轂：扶翼車輪，推車。《文選》卷八楊子雲《羽獵賦》：「齊桓曾不足使扶轂，楚莊未足以爲驂乘。」

〔一六〕青紫：本爲古時公卿綬帶之色，因借指高官顯爵。《漢書》卷七五《夏侯勝傳》：「勝每講授，常謂諸生曰：『士病不明經術；經術苟明，其取青紫如俛拾地芥耳。』」王先謙《補注》引葉夢得曰：「漢丞相太尉，皆金印紫綬，御史大夫，銀印青綬。此三府官之極崇者，勝云『青紫』謂此。」

〔一七〕東方：指東方朔。朔字曼倩，西漢平陽厭次人。武帝時，爲常侍郎、太中大夫。《史記》卷一二六《滑稽列傳》、《漢書》卷六五有傳。《漢書》本傳：「客難東方朔曰：『蘇秦、張儀一當萬乘之主，而都卿相之位，澤及後世。今子大夫修先王之術，慕聖人之義……然悉力盡忠以事聖帝，曠日持久，官不過侍郎，位不過執戟，意者尚有遺行邪？同胞之徒無所容居，其故何也？』東方先生喟然長息，仰而應之曰：『是固非子之所能備也。彼一時也，此一時也，豈可同哉？……遵天之道，順地之理，物無不得其所；故綏之則安，動之則苦；尊之則爲將，卑之則爲虜；抗之則在青雲之上，抑之則在深泉之下；用之則爲虎，不用則爲鼠；雖欲盡節效情，安知前後？夫天地之大，士民之衆，竭精談説，並進輻湊者不可勝數，悉力慕之，困於衣食，或失門户。使蘇秦、張儀與僕並生於今之世，曾不得掌故，安敢望常侍郎乎？故曰時異事異。』」論：各本同，龍溪精舍本作「論」。

〔一八〕元光：西漢武帝年號，自公元前一三四年至前一二九年。

〔一九〕建始：西漢成帝年號，自公元前三二年至前二八年。

〔二〇〕通宵忘寐：《漢書》卷三六《劉向傳》：「向爲人簡易無威儀，廉靖樂道，不交接世俗，專積思於經術，晝誦書傳，夜觀星宿，或不寐達旦。」

〔二一〕終日下帷：《史記》卷一二一《儒林·董仲舒傳》：「以治《春秋》，孝景時爲博士。下帷講誦，弟子傳以久次相受業，或莫見其面，蓋三年董仲舒不觀於舍園，其精如此。」

〔二二〕川溜：指瀑布。決：《資治通鑑》卷七《秦紀二》「二世皇帝元年」胡三省注：「決，裂也。」

〔二三〕馳光：南朝宋鮑照《從拜陵登京峴》詩：「傷哉良永矣，馳光不再中。」

〔二四〕逝川：《論語·子罕》：「子在川上曰：『逝者如斯夫！不舍晝夜。』」

〔二五〕尺日爲寶：重校本、《叢書集成》本、《百子全書》本、龍溪精舍本作「尺璧非寶」。吴校：「當作『尺璧非寶』。」又，日，《四庫全書》本作「石」。今按：「尺石」即「尺璧」。《藝文類聚》卷一一引《帝王世紀》曰：「（禹）乃勞身涉勤，不重徑尺之璧，而愛日之寸陰。」作「尺日爲寶」亦通，尺日指短暫的時光。《隋書》卷四二《李德林傳》：「千變萬化，譬彼懸河；寸陰尺日，不棄光景。」

〔二六〕文武：《詩經·小雅·六月》：「文武吉甫，萬邦爲憲。」朱熹《集傳》：「非文無以附衆，非武無以威敵，能文能武，則萬邦以之爲法矣。」

〔二七〕寧止：豈止。寧，反詰語氣詞。伯鸞：梁鴻字伯鸞，東漢扶風平陵人。鴻家貧好學，不求仕進。與妻孟光共入霸陵山中，以耕織爲業。《後漢書》卷八三《逸民列傳》有傳。《後漢書》本傳：「因東出關，過京師，作《五噫之歌》曰：『陟彼北芒兮，噫！顧覽帝京兮，噫！宫室崔嵬兮，噫！人之劬勞兮，噫！遼遼未央兮，噫！』肅宗聞而非之，求鴻不得。乃易姓運期，名耀，字俟光，與妻子居齊魯之間。有頃，又去適吴。將行，作詩曰：『逝舊邦兮遐征，將遥集兮東南。心惙怛兮傷悴，志菲菲兮升降。欲乘策兮縱邁，疾吾俗兮作讒。競舉枉兮措直，咸先佞兮唌唌。固靡慚兮獨建，冀異州兮尚賢。聊逍摇兮遨嬉，纘仲尼兮周流。儻云睹兮我悦，遂舍車兮即浮。過季札兮延陵，求魯連兮海隅。雖不察兮光貌，幸神靈兮與休。惟季春兮華阜，麥含含兮方秀。哀茂時兮逾邁，愍芳香兮日臭。悼吾心兮不獲，長委結兮焉究！口囂囂兮余訕，嗟恇恇兮誰留？』」

〔二八〕威輦：董京字威輦，西晉隱士。《晉書》卷九四《隱逸傳》有傳。《太平御覽》卷五〇二引王隱《晉書》曰：「董京字威輦，不知何許人。太始初，值魏禪晉，遂披髮佯狂，常宿白社中。時乞於市，得殘碎繒絮，結以自覆，全帛佳綿則不肯受。著作郎孫楚就社中與語，遂載與歸，終不肯坐。後數年去，莫知其所。其寢處得一石子及詩，曰：『末世流奔，以文代質。逝將抱此玄虛，歸我寂寞之室。』」

〔二九〕莊周：戰國時宋國蒙人。道家學派代表人物。《史記》卷六三有傳。《莊子》卷三《應帝王》：「齧缺問于王倪，四問而四不知。齧缺因躍而大喜，行以告蒲衣子。蒲衣子曰：『而乃今知之乎？有虞氏不及泰氏。有虞氏，其猶藏仁以要人；亦得人矣，而未始出於非人。泰氏，其卧徐徐，其覺于于；一以已爲馬，一以已爲牛；其知情信，其德甚真，而未始入於非人。』」

〔三〇〕嗣宗：阮籍字嗣宗，三國魏陳留尉氏人。仕魏，曾任散騎常侍、步兵校尉。世稱阮步兵。好《老》、《莊》，嘗著《達莊論》以述志。爲竹林七賢之一。《晉書》卷四九有傳。

14 天下一致而百慮，同歸而殊途，〔一〕何者？夫儒者列君臣父子之禮，序夫婦長幼之别；墨者堂高三尺，土階三等，〔二〕茅茨不剪，〔三〕采椽不斲，〔四〕冬日以鹿裘爲禮，〔五〕盛暑以葛衣爲貴；〔六〕法家不殊貴賤，不别親疎，嚴而少恩，所謂法也；〔七〕名家苛察（儌倖）〔繳繞〕，〔八〕檢而失真，〔九〕是謂名也；道家虛無〔爲〕本，〔一〇〕因循爲務，中原喪亂，實爲此風，何、鄧誅於前，〔一一〕裴、王滅於後，〔一二〕蓋爲此也。

【疏證】

《史記》卷一三〇《太史公自序》載：司馬談論六家之要指曰：「《易大傳》：『天下一致而百慮，同歸而殊塗。』……（儒者）若夫列君臣父子之禮，序夫婦長幼之別，雖百家弗能易也。……墨者亦尚堯舜道，言其德行曰：『堂高三尺，土階三等，茅茨不翦，采椽不刮。食土簋，啜土刑，糲粱之食，藜藿之羹。夏日葛衣，冬日鹿裘。』……法家不別親疏，不殊貴賤，一斷於法，則親親尊尊之恩絕矣。可以行一時之計，而不可長用也，故曰『嚴而少恩』。……名家苛察繳繞，使人不得反其意，專決於名而失人情，故曰『使人儉而善失真』。若夫控名責實，參伍不失，此不可不察也。道家無爲，又曰無不爲，其實易行，其辭難知。其術以虛無爲本，以因循爲用。」

【校注】

〔一〕「天下」二句：《周易·繫辭下》：「子曰：『天下何思何慮？天下同歸而殊途，一致而百慮。』」

〔二〕土階：指居室簡陋。《子華子·晏子問黨》：「嬰聞之，堯不以土階爲陋，而有虞氏怵戒於塗髹，其尚儉之謂歟？」

〔三〕茅茨：茅草蓋的屋頂。《史記》卷一三〇《太史公自序》張守節《正義》：「屋蓋曰茨，以茅覆屋。」《墨子・三辯》：「昔者堯舜有茅茨者，且以爲禮，且以爲樂。」《韓非子》卷一九《五蠹》：「堯之王天下也，茅茨不翦，采椽不斲。」

〔四〕采椽：柞櫟木做的椽子。《史記》卷一三〇《太史公自序》司馬貞《索隱》引韋昭曰：「采椽，櫟榱也。」張守節《正義》：「採取爲椽，不刮削也。」

〔五〕鹿裘：鹿皮做的大衣。常用爲隱士之服。《列子》卷一《天瑞》：「孔子遊於太山，見榮啓期行乎郕之野，鹿裘帶索，鼓琴而歌。」

〔六〕葛衣：用葛布製成的夏衣。《韓非子》卷一九《五蠹》：「冬日麛裘，夏日葛衣。」

〔七〕謂：《四庫全書》本作「爲」。今按：「爲」，通「謂」。《穀梁傳・宣公二年》：「孰爲盾而忍弑其君者乎？」王引之《經義述聞・春秋穀梁傳》：「爲，猶謂也。」

〔八〕繳(jiǎo)繞：底本、《四庫全書》本作「儌倖」，重校本、《叢書集成》本、《百子全書》本、龍溪精舍本作「繳繞」。吴校：「乃『繳繞』之誤。」今按：吴校是。《史記》卷一三〇《太史公自序》作「繳繞」，據改。繳繞，《史記》卷一三〇《太史公自序》裴駰《集解》：「服虔曰：『繳音近叫呼，謂煩也。』如淳曰：『繳繞猶纏繞，不通大體也。』」

〔九〕檢：各本同，《史記》卷一三〇《太史公自序》作「儉」。司馬貞《索隱》：「劉向《别録》云：『名家流出於禮官。古者名位不同，禮亦異數，孔子「必也正名乎」。』案：名家知禮亦異數，是儉也；受命不受辭，故失其真也。」《四庫全書》本《史記》卷一三〇《太史公自序》附四庫館臣《考證》「使人儉而善失真」條：「董份曰：墨者儉是矣，若名家言儉似不可曉。蓋此乃檢字，因上有儉字，寫者遂誤耳。解曰：檢者，法也。又曰：檢者，束也。下文『苛察繚繞』即檢束之意也。」

〔一〇〕爲：底本、《四庫全書》本脱，重校本「本」上旁側有小字「爲」，《叢書集成》本、《百子全書》本、龍溪精舍本「本」上有「爲」字。吴校：「『本』上脱『爲』字。」今按：《史記》卷一三〇《太史公自序》曰「其術以虚無爲本，以因循爲用」，據文意，「本」上補「爲」字。

〔一一〕何、鄧：指何晏、鄧颺。何晏字平叔，三國魏南陽宛人。齊王芳正始中，累官散騎侍郎、尚書，典選舉，賜爵列侯。坐曹爽同黨，爲司馬懿所殺。好《老》、《莊》，與夏侯玄、王弼等倡玄學，事清談，形成一時風氣。撰有《論語集解》等。《三國志》卷九有傳。鄧颺字玄茂，三國魏南陽人。少有士名。明帝時爲中書郎，以「浮華」被黜。齊王芳立，曹爽輔政，倚爲心腹。後與曹爽、何晏等同爲司馬懿所殺。生平詳《三國志》卷九裴松之注引《魏略》。

〔一二〕裴、王：指裴頠、王衍。裴頠字逸民，西晉河東聞喜人。晉惠帝時，累遷侍中。後被殺。頠善清言，時稱「言談之林藪」。著有《崇有論》。《晉書》卷三五有傳。王衍字夷甫，西晉琅邪臨沂人。妙善玄言，唯談《老》、《莊》。仕晉，累居顯職，不以經國爲念，專謀自保。後爲石勒所俘，被殺。《晉書》卷四三有傳。《晉書·王衍傳》：「衍將死，顧而言曰：『嗚呼！吾曹雖不如古人，向若不祖尚浮虚，戮力以匡天下，猶可不至今日。』」

15 裴幾原問曰：〔一〕「西伯拘而闡《易》，〔二〕仲尼厄而作《春秋》，〔三〕孫子之遇龐涓，〔四〕韓非之值秦后，〔五〕虞卿窮愁，〔六〕不韋遷蜀，〔七〕士贏疾行，〔八〕夷齊潛隱：〔九〕皆心有不悦，爾乃著書。夫子實尊千乘，〔一〇〕搴帷萬里，〔一一〕地得周旦，聲齊燕奭，〔一二〕豪匹四君，〔一三〕威同五伯，〔一四〕玳簪之客，〔一五〕雁行接踵，〔一六〕珠劍之賓，肩隨鱗次，〔一七〕下帷著書，其義何也？殊爲牴牾，良用於邑。〔一八〕」予答曰：「吾於天下亦不賤也，所以一沐三握髮，一食再吐哺，〔一九〕何者？正以名節未樹也。吾嘗欲稜威瀚海，〔二〇〕絶幕居延，〔二一〕出萬死而不顧，必令威振諸夏，〔二二〕然後度聊城而長望，〔二三〕向陽關而凱入，〔二四〕盡忠盡力，以報國家，此吾之上願焉。次則清濁一壺，〔二五〕彈琴一曲。有志不遂，命也如何！〔二六〕脱畧刑名，〔二七〕蕭散懷抱，〔二八〕而未能爲也。但性過抑揚，〔二九〕恒欲權衡稱物，〔三〇〕所以隆暑不辭熱，凝冬不憚寒，著《鴻烈》者，〔三一〕蓋爲此也。」又問之曰：〔三二〕「子何不詢之有識，共著此書，曷爲區區自勤如此？」予答曰：「夫荷旃被毳者，難與道純綿之緻密；〔三三〕羹藜含糗者，不足論太牢之滋味。〔三四〕故服絺綌之涼者，不苦盛暑之鬱煩；〔三五〕襲貂狐之暖者，不知至寒之淒愴。予之術業，豈賓客之能闚？斯蓋以莛撞鐘，以蠡測海也！〔三六〕予嘗切齒淮南、不韋之書，〔三七〕謂爲賓遊所製；每至著述之間，不令賓客闚之也。」

【疏證】

《史記》卷一三〇《太史公自序》：「七年而太史公遭李陵之禍，幽於縲紲。乃喟然而歎曰：『是余之罪也夫？是余之罪也夫！身毁不用矣。』退而深惟曰：『夫《詩》《書》隱約者，欲遂其志之思也。昔西伯拘羑里，演《周易》；孔子戹陳蔡，作《春秋》；屈原放逐，著《離騷》；左丘失明，厥有《國語》；孫子臏脚，而論兵法；不韋遷蜀，世傳《吕覽》；韓非囚秦，《説難》、《孤憤》；《詩》三百篇，大抵賢聖發憤之所爲作也。此人皆意有所鬱結，不得通其道也，故述往事，思來者。』」

《文選》卷四七王子淵《聖主得賢臣頌》：「夫荷旃被毳者，難與道純綿之麗密；羹藜唅糗者，不足與論太牢之滋味。……記曰：……故服絺綌之涼者，不苦盛暑之鬱燠；襲貂狐之暖者，不憂至寒之悽愴。」亦見《漢書》卷六四《王褒傳》。

【校注】

〔一〕裴幾原：裴子野字幾原，祖籍河東聞喜。仕齊爲江夏王參軍。入梁，爲著作郎。遷中書侍郎、鴻臚卿，領步兵校尉。文章典雅，爲世所稱。卒，謚貞子。《梁書》卷三〇有傳。

〔二〕西伯：即周文王，姬姓，名昌。商紂王時爲西伯。生平詳《史記》卷四《周本紀》。《史記·周本紀》：

「西伯蓋即位五十年。其囚羑里，蓋益《易》之八卦爲六十四卦。」　《易》：各本同，《四庫全書》本作「《周易》」。

〔三〕「仲尼」句：《史記》卷四七《孔子世家》：「子曰：『弗乎弗乎，君子病没世而名不稱焉。吾道不行矣，吾何以自見於後世哉？』乃因史記作《春秋》，上至隱公，下訖哀公十四年，十二公。」

〔四〕孫子：指孫臏，戰國時齊國阿人。與龐涓同學兵法。涓爲魏將，忌臏才能，乃陰召臏至魏，假他事處以臏刑，故稱孫臏。後爲齊使秘載歸齊，威王以爲師。協助田忌在桂陵、馬陵大破魏軍。著《孫臏兵法》。生平詳《史記》卷六五《孫子吴起列傳》。　龐涓：戰國時人，曾與孫臏同學兵法而不如臏。爲魏惠王將，陷害孫臏。後兵敗桂陵、馬陵，自殺。一説被擒。事蹟詳《史記》卷六五《孫子吴起列傳》。

〔五〕韓非：戰國末韓國人。與李斯同師事荀子。所著《孤憤》、《五蠹》等傳入秦，爲秦王政所重視。秦攻韓，迫非至秦，秦王悦之。後爲李斯、姚賈陷害，入獄，自殺。著有《韓非子》。《史記》卷六三有傳。　秦后：指秦始皇嬴政。《史記》卷六有紀。

〔六〕虞卿：戰國時游説之士。因游説趙孝成王，爲趙上卿，故號虞卿。後因救魏相魏齊，棄相印與魏齊逃亡，困於梁。《史記》卷七六有傳。《史記》本傳：「魏齊已死，不得意，乃著書，上采《春秋》，下觀近世，曰《節義》、《稱號》、《揣摩》、《政謀》，凡八篇，以刺譏國家得失，世傳之曰《虞氏春秋》。太史公曰：……虞卿料事揣情，爲趙畫策，何其工也！及不忍魏齊，卒困於大梁，庸夫且知其不可，況賢人乎？然虞卿非窮愁，亦不能著書以自見於後世云。」

〔七〕不韋：即吕不韋，戰國末衛人。原爲陽翟大商人，以助秦莊襄王，任秦相，封文信侯。秦王政立，繼任相國，尊爲仲父。後，被免職徙蜀，憂懼自殺。曾招致賓客撰《吕氏春秋》，凡二十餘萬言。《史記》卷八五有傳。今按：吕不韋令賓客編撰《吕氏春秋》是在遷蜀之前，蕭繹承司馬遷之誤。

〔八〕士嬴：其人無考。抑或「士嬴」字有誤。

〔九〕夷齊：伯夷、叔齊的合稱。伯夷，墨胎氏，商末人。孤竹國君初之子。叔齊，伯夷弟。相傳伯夷父遺命立其弟叔齊爲君，叔齊讓伯夷，伯夷遁去，叔齊亦不立而相與往歸西伯。周武王伐紂，兩人叩馬諫，以爲不仁。及周滅商，夷、齊恥食周粟而隱於首陽山，采薇而食，作《采薇》之歌，遂餓死。《史記》卷六一有二人傳。

〔一〇〕夫子：古代對男子的敬稱。此處指蕭繹。　千乘：指諸侯國。蕭繹以皇子之尊，受封湘東王，故云。

〔一一〕褰帷：指高級地方官履任。《後漢書》卷三一《賈琮傳》：「以琮爲冀州刺史。舊典，傳車驂駕，垂赤帷裳，迎於州界。及琮之部，升車言曰：『刺史當遠視廣聽，糾察美惡，何有反垂帷裳以自掩塞乎？』乃命御者褰之。百城聞風，自然竦震。」

〔一二〕燕奭：即姬奭，周之支族，西周開國重臣。武王滅紂，封之於北燕，爲燕國始祖。與周公共輔成王，治陜以西，甚有聲譽。事蹟見《史記》卷三四《燕召公世家》。

〔一三〕四君：指戰國時四位有名公子。《史記》卷四八《陳涉世家》載賈誼《過秦論》：「當是時，齊有孟嘗，趙有平原，楚有春申，魏有信陵：此四君者，皆明知而忠信，寬厚而愛人，尊賢重士。」

〔一四〕五伯：春秋時五位霸主。説法不一。《吕氏春秋》卷一一《仲冬紀・當務》：「備説非六王、五伯。」高誘注：「五伯，齊桓、晉文、宋襄、楚莊、秦繆也。」《荀子》卷七《王霸》：「雖在僻陋之國，威動天下，五伯是也。……故齊桓、晉文、楚莊、吴闔閭、越句踐，是皆僻陋之國也，威動天下，彊殆中國。」《漢書》卷一四《諸侯王表》：「衰則五伯扶其弱，與其守。」顔師古注：「伯讀曰霸。此五霸謂齊桓、宋襄、晉文、秦穆、吴夫差也。」

〔一五〕玳簪：即「玳瑁簪」，亦作「瑇瑁簪」。《史記》卷七八《春申君列傳》：「趙使欲誇楚，爲瑇瑁簪，刀劍室以珠玉飾之，請命春申君客。春申君客三千餘人，其上客皆躡珠履以見趙使，趙使大慙。」

〔一六〕雁行：如羣雁之飛行，排列整齊而有次序。

〔一七〕肩隨：《禮記・曲禮上》：「十年以長，則兄事之；五年以長，則肩隨之。」鄭玄注：「肩隨者，與之並行差退。」

〔一八〕於邑：聯緜詞，憂鬱煩悶。《楚辭・九章・悲回風》：「傷太息之湣憐兮，氣於邑而不可止。」王逸注：「氣逆憤懣，結不下也。」

〔一九〕「吾於」三句：《史記》卷三三《魯周公世家》：「周公戒伯禽曰：『我文王之子，武王之弟，成王之叔父，我於天下亦不賤矣。然我一沐三捉髮，一飯三吐哺，起以待士，猶恐失天下之賢人。子之魯，慎無以國驕人。』」

〔二〇〕稜威：威嚴，威勢。此用爲動詞。　瀚海：地名。其含義隨時代而變。或曰即今呼倫湖、貝爾湖，或曰即今貝加爾湖，或曰爲杭愛山之音譯。多用爲征戰、武功等典故。《史記》卷一一一《衛將軍驃騎列傳》：「（霍去病）封狼居胥山，禪於姑衍，登臨瀚海。」

〔二一〕絶幕：《史記》卷一一〇《匈奴列傳》「漢信教單于益北絶幕」，裴駰《集解》：「應劭曰：『幕，沙幕，匈奴之南界。』瓚曰：『沙土曰幕，直度曰絶。』」　居延：《史記》卷一〇九《李將軍列傳》：「天子以爲李氏世將，而使將八百騎，嘗深入匈奴二千餘里，過居延。」張守節《正義》：「《括地志》云：『居延海在甘州張掖縣東北六十四里。』《地理志》云：『居延澤，古文以爲流沙甘州，在京西北二千四百六十里。』」居延本爲一湖，中段淤塞後形成二泊。在今内蒙古自治區額濟納旗北境。

〔二二〕諸夏：原指周代分封的中原各個諸侯國。泛指中原地區和中國。《左傳·閔公元年》：「諸夏親暱，不可棄也。」

〔二三〕聊城：春秋時齊邑。在今山東聊城西北。《史記》卷八三《魯仲連鄒陽列傳》：「魯仲連者，齊人也。好奇偉俶儻之畫策，而不肯仕宦任職，好持高節。遊於趙。……燕將攻下聊城，聊城人或讒之燕，燕將懼誅，因保守聊城，不敢歸。齊田單攻聊城歲餘，士卒多死而聊城不下。魯連乃爲書，約之矢以射城中，遺燕將。……燕將見魯連書，泣三日，猶豫不能自決。欲歸燕，已有隙，恐誅；欲降齊，所殺虜於齊甚衆，恐已降而後見辱。喟然歎曰：『與人刃我，寧自刃。』乃自殺。聊城亂，田單遂屠聊城。歸而言魯連，欲爵之。魯連逃隱於海上，曰：『吾與富貴而詘於人，寧貧賤而輕世肆志焉。』」

〔二四〕陽關：古關名。《漢書》卷二八《地理志下》：「敦煌郡，縣六：……龍勒。有陽關、玉門關，皆都尉治。」在今甘肅敦煌西南古董灘附近，因位於玉門關以南，故稱。　凱入：奏著勝利的樂曲歸來。《文選》卷四七陸士衡《漢高祖功臣頌》：「霸楚寔喪，皇漢凱入。」漢代多有將軍出陽關建功立業。詳《漢書》卷九六上《西域傳上》及《後漢書》卷四七《班超傳》等。

〔二五〕清濁：《四庫全書》本、重校本、《叢書集成》本、《百子全書》本、龍溪精舍本作「清酒」。吴校：「或是『清酒一壺』，或是『濁酒一壺』。」今按：吴校是。《文選》卷四三嵇叔夜《與山巨源絶交書》：「今但願守陋巷，教養子孫，時與親舊叙闊，陳説平生，濁酒一盃，彈琴一曲，志願畢矣。」

〔二六〕「有志」二句：《藝文類聚》卷七五引《三輔決録》曰：「趙岐初名嘉，年三十餘，有重疾，卧蓐七年，自慮奄忽，乃爲遺令，敕兄子：可立一員石於吾墓前，刻之曰：『漢有逸民，姓趙名嘉，有志無時，命也奈何！』其後疾瘳。」

〔二七〕脱畧：輕慢，不拘。《文選》卷一六江文通《恨賦》：「脱畧公卿，跌宕文史。」李善注：「杜預《左氏傳》注曰：『脱，易也。』賈逵《國語》注曰：『畧，簡也。』」　刑名：刑律。《史記》卷六《秦始皇本紀》：「秦聖臨國，始定刑名。」

〔二八〕蕭散：形容舉止、神情等自然，不拘束。《西京雜記》卷二：「司馬相如爲《上林》、《子虚》賦，意思蕭散，不復與外事相關。」

〔二九〕性過抑揚：指喜歡褒貶評論人物。抑揚，褒貶。

〔三〇〕稱物：與事物相符。晉陸機《文賦》序：「恒患意不稱物，文不逮意，蓋非知之難，能之難也。」

〔三一〕《鴻烈》：吴校：「按《隋書·經籍志》縱横家有《湘東鴻烈》十卷，梁元帝撰，亡。後諸書篇中不載，疑有脱誤。」今按：西漢淮南王劉安曾招致賓客方術之士撰《鴻烈》，後世稱爲《淮南鴻烈》，亦稱《淮南子》，見高誘《淮南鴻烈叙》。本文中《鴻烈》或即《湘東鴻烈》，蓋仿漢淮南王之《鴻烈》。

〔三二〕又問之曰：各本同，《太平御覽》卷六〇二引《金樓子》作「或問余曰」。

〔三三〕「夫荷」二句：《漢書》卷六四《王褒傳》顔師古曰：「純，絲也。謂織爲繒帛之麗，絲纊之密也。一説純綿，不雜綿也。」《文選》卷四七王子淵《聖主得賢臣頌》六臣注：「善曰：『應劭曰：不知純緜之密也。』瓚以爲純絲。良曰：『荷，負也；旃，氊也；被，服也；純緜，繒帛也；言夷狄負氊服毛者難與論繒帛之麗密也。』」毳，指毛皮或毛織品所製衣服。緻密，《漢書》卷六四《王褒傳》作「麗密」。

〔三四〕「羹藜」二句：《漢書》卷六四《王褒傳》顔師古注：「服虔曰：唅，音含。師古曰：糗，即今之熬米麥所爲者。」《文選》卷四七王子淵《聖主得賢臣頌》六臣注：「唅，五臣作含。善曰：『糗，乾食也。』翰曰：『藜，野菜；含，食也。糗，麥飯也；太牢，牛也。言人食藜羹糗飯者，不足與説太牢之滋味也。』」含，各本同，《漢書·王褒傳》、《文選·聖主得賢臣頌》作「唅」。不足論，各本同，《漢書·王褒傳》、《文選·聖主得賢臣頌》「足」下有「與」字。

〔三五〕「故服」二句：《漢書》卷六四《王褒傳》顔師古注：「鬱，熱氣也。」「悽愴，寒冷也。」《文選》卷四七王子淵《聖主得賢臣頌》六臣注：「善曰：『《論語》曰：當暑袗絺綌。孔安國曰：絺綌，葛也。《論語》

曰：狐貉之厚以居。』翰曰：『鬱燠，熱也。襲，衣也。狐貉，裘也。悽愴，寒之甚也。夫服葛衣之涼，不苦盛暑之熱；衣狐裘之暖，不憂至寒之甚者。蓋有具而易爲備也。』」苦，各本同，《太平御覽》卷六〇二引《金樓子》作「知」。鬱煩，各本同，《文選·聖主得賢臣頌》、《太平御覽》卷六〇二、《天中記》卷三七引《金樓子》作「鬱燠」。今按：《文選》卷四二應休璉《與廣川長岑文瑜書》：「頃者炎旱，日更增甚。沙礫銷鑠，草木焦卷。處涼臺而有鬱蒸之煩，浴寒水而有灼爛之慘。」是作「鬱煩」亦通。

〔三六〕「斯蓋」二句：《文選》卷四五東方曼倩《答客難》：「語曰：『以筦窺天，以蠡測海，以筳撞鐘。』豈能通其條貫，考其文理，發其音聲哉！」六臣注：「銑曰：『筳，小木枝也；撞，擊也。言以竹管窺於天，以蚌蛤量其海，以木枝擊其鐘，其條貫文理聲音終不可通發矣。』……張晏曰：『蠡，瓠瓢也。』」

〔三七〕嘗：各本同，《太平御覽》卷六〇二引《金樓子》作「常」。切齒：錢鍾書《管錐編》第三册《全漢文》卷二六「發憤著書」條引本文，評云：「（蕭繹）則以己度他，謂富貴人亦能撰述，吕、劉書非（今按：疑「非」字衍）假手而横被誣妄。」淮南、不韋之書：指《淮南鴻烈》和《吕氏春秋》。今按：蕭繹對自己親手著述頗爲自負。本書《序》曰：「常笑淮南之假手，每蚩不韋之託〔人〕。由〔是〕年在志學，躬自搜纂，以爲一家之言。」

16 余見宰人，〔一〕歎曰：「伊尹與易牙同知調鼎，〔二〕而有賢不肖之殊。」既而歎曰：「無識之徒，尚以伊尹方易牙，〔三〕余何有哉？」退而復歎曰：「碧盧似玉，〔四〕猗頓別之；〔五〕白骨似牙，離婁別之。〔六〕猗頓、離婁，千年不曾遇；牙、骨之怨，何時當弭？〔七〕」余見人爲鮓，〔八〕歎曰：「龍之爲物也，謂之四靈，而亦爲鮓；〔九〕魚之爲物，謂之五（協酉），〔一〇〕而又爲鮓。抑乃有莘之調鼎，〔一一〕瀟湘之開國歟！〔一二〕」退而復歎曰：「靈龜五色似玉金，〔一三〕不免爲臛，〔一四〕余何有哉，余何有哉！」

【校注】

〔一〕宰人：《漢書》卷二七《五行志中之上》顏師古注：「宰人，主膳者也。」

〔二〕伊尹：名伊，一名摯，尹是官名。相傳生於伊水，故名。商湯大臣。事蹟詳《尚書·伊訓》、《左傳·襄公二十一年》、《呂氏春秋》卷一四《孝行覽·本味》、《史記》卷三《殷本紀》等。《史記》卷三《殷本紀》：「伊尹名阿衡。阿衡欲奸湯而無由，乃爲有莘氏媵臣，負鼎俎，以滋味説湯，致於王道。」易牙：春秋時齊桓公寵臣，長於調味，善逢迎。桓公寵信之。桓公卒，易牙擅權，齊亂。事蹟詳《左傳·僖公十七年》、《史記》卷三二《齊太公世家》等。《戰國策》卷二三《魏策二》「梁王魏嬰觴諸侯於范臺」章：「齊桓公夜半不嗛，易牙乃煎敖燔炙，和調五味而進之，桓公食之而飽，至旦不覺。」《韓非子》卷二《二柄》：「桓公好味，易牙蒸其子首而進之。」

〔三〕方：《廣韻·陽韻》：「方，比也。」

〔四〕碧盧：《淮南子》卷一三《氾論》：「故劍工惑劍之似莫邪者，唯歐冶能名其種；玉工眩玉之似碧盧者，唯猗頓不失其情。」俞樾《諸子平議・淮南子三》：「『劍工惑劍之似莫邪者』，莫邪是良劍之名，則碧盧亦必是美玉之名。」

〔五〕猗頓：春秋時魯國人。學陶朱公之術，大畜牛羊於猗氏之南，貲擬王公，馳名天下。以興富於猗氏，故曰猗頓。《史記》卷一二九《貨殖列傳》、《漢書》卷九一《貨殖傳》有傳。《劉子・正賞》：「以燕石爲美玉者，唯猗頓不謬其真。」《弘明集》卷一《牟子理惑論》：「玉石同匱，猗頓爲之改色；朱紫相奪，仲尼爲之歎息。」《太平御覽》卷八〇九引《矯世論》曰：「碧似玉，惟猗頓別之。」

〔六〕離婁：《孟子・離婁上》：「孟子曰：『離婁之明，公輸子之巧，不以規矩，不能成方圓。』」焦循《正義》：「離婁，古之明目者，黄帝時人也。黄帝亡其玄珠，使離朱索之。離朱，即離婁也，能視於百步之外，見秋毫之末。」《太平御覽》卷八〇五引《矯世論》曰：「白玉之肖牙者，惟離婁能察之。」

〔七〕弭：《四庫全書》本作「彌」。今按：「彌」，通「弭」。《玉篇・弓部》：「弭，息也，止也，滅也。」

〔八〕鮓（zhǎ）：《釋名・釋飲食》：「鮓，菹也，以鹽、米釀魚以爲菹，熟而食之也。」

〔九〕「龍之」三句：《晉書》卷三六《張華傳》：「陸機嘗餉華鮓，於時賓客滿座，華發器，便曰：『此龍肉也。』衆未之信，華曰：『試以苦酒濯之，必有異。』既而五色光起。機還問鮓主，果云：『園中茅積下得一白魚，質狀殊常，以作鮓，過美，故以相獻。』」《拾遺記》卷六載：「（漢宣帝）以香金爲鉤，縭絲爲綸，丹鯉爲餌，釣得白蛟，長三丈，若大蛇，無鱗甲。帝曰：『非祥也。』命太官爲鮓，肉紫骨青，味甚香美，班賜羣臣。帝思其美，漁者不能復得，知爲神異之物。」物，指鬼魅精怪。《史記》一〇五《扁鵲倉公列傳》：

「(長桑君)乃出其懷中藥予扁鵲：『飲是以上池之水，三十日當知物矣。』」司馬貞《索隱》：「服之三十日，當見鬼物也。」《風俗通義》卷九《怪神・世間多有精物妖怪百端》：「汝南有許季山者，素善卜卦，言家當有老青狗物。」孫詒讓《札迻》卷一〇《風俗通・怪神第九》：「案：古書多謂鬼魅爲物。《漢書・郊祀志》云：『有物曰蛇。』顏注云：『物謂鬼神也。』《春秋繁露・王道篇》云：『乾谿有物女。』此云『狗物』，猶言『狗魅』也。」楊樹達《漢書管窺・宣元六王傳》「或明鬼神，信物怪」云：「物當讀爲鬽。《説文九篇上・鬼部》云：鬽，老物精也。或作魅……鬽字从鬼，而與人死爲鬼者不同。顏云物亦鬼，非也。」四靈，《禮記・禮運》：「何謂四靈？麟、鳳、龜、龍謂之四靈。」孔穎達疏：「以此四獸皆有神靈，異於他物，故謂之靈。」

〔一〇〕五酉：各本作「五協」。今按：「五協」當作「五酉」，改。晉干寶《搜神記》卷一九《五酉》：「孔子曰：『此物也，何爲來哉？……夫六畜之物，及龜、蛇、魚、鱉、草、木之屬，久者神皆憑依，能爲妖怪，故謂之五酉。五酉者，五行之方，皆有其物。酉者，老也，物老則爲怪，殺之則已，夫何患焉？』」

〔一一〕有莘(shēn)：古國名。故地在今河南開封。《史記》卷三《殷本紀》裴駰《集解》：「《列女傳》曰：『湯妃有莘氏之女。』」張守節《正義》曰：「《括地志》云：『古莘國在汴州陳留縣東五里，故莘城是也。』《陳留風俗傳》云：『陳留外黄有莘昌亭，本宋地，莘氏邑也。』」一説，在今山東曹縣西北。《左傳・僖公二十八年》：「晉侯登有莘之虚以觀師。」楊伯峻注：「莘，舊國名。……據《春秋輿圖》，有莘氏之虚在今山東曹縣西北。」

〔一二〕瀟湘之開國：待考。今按：或指蕭繹天監十三年（五一四）封湘東王事。本書《序》曰：「粤以凡庸，早賜茅社，祚土瀟湘。」《艺文類聚》卷五二引裴子野《丹陽尹湘東王善政碑》曰：「銘曰：疏爵分品，奄有瀟湘。君王光啓，既表南國。」開國，開建邦國。晉代封爵，自郡公至縣男，皆冠開國之號，南北朝至唐宋均沿襲之。

〔一三〕「靈龜」句：《説苑》卷一八《辨物》：「靈龜文五色，似金似玉。」

〔一四〕臛（huò）：肉羹。南朝宋劉敬叔《異苑》卷三「諸葛博識」條：「吾被拘繫，方見烹臛。」

17　飽食高卧，〔一〕立言何求焉？〔二〕修德履道，〔三〕身何憂焉？〔四〕居安慮危，〔五〕戚也；見險懷懼，憂也。紛紛然，榮枯寵辱之動也，〔六〕人其能不動乎？仲尼其人也，抑吾其次之。有佞而進，有退其寧退乎？〔七〕予不喜游宴淹留，〔八〕每宴輒早罷，不復沾酌矣。

【校注】

〔一〕飽食高卧：形容生活悠閑。飽食，《莊子·列禦寇》：「飽食而遨遊，汎若不繫之舟。」高卧，高枕而卧。《世説新語·排調》：「（高靈）戲曰：『卿屢違朝旨，高卧東山，諸人每相與言：「安石不肯出，將如蒼生何？」今亦蒼生將如卿何？』」

〔二〕立言：《左傳·襄公二十四年》：「大上有立德，其次有立功，其次有立言，雖久不廢，此之謂不朽。」孔穎達疏：「立言，謂言得其要，理足可傳，其身既没，其言尚存。」

〔三〕履道：躬行正道。《周易·履卦》：「履道坦坦，幽人貞吉。」

〔四〕身：各本同。吴校：「『身』上疑有脱字。」

〔五〕居安慮危：《左傳·襄公十一年》：「《書》曰：『居安思危。』思則有備，有備無患。」

〔六〕榮枯：本指草木的盛衰，此喻人生之得意與失意。《後漢書》卷一七《馮異傳》：「結死生之約，同榮枯之計。」

〔七〕有退：《四庫全書》本下有小字云：「按此下疑有脱文。」重校本「有」下旁側有小字「直而」，《叢書集成》本、《百子全書》本、龍溪精舍本作「有直而退」。吴校：「下句當是『有直而退』，脱二字。」又校：「『有退』疑作『有直而退』。」

〔八〕「予不喜」句：各本同。吴校：「『予不喜游宴淹留』，按此以下似别爲一條。」

18 大虚所以高者，〔一〕以其輕而無累也。人生苟清而無欲，則飄飄之氣淩焉。〔二〕

【校注】

〔一〕大虚：即「太虚」。《文選》卷一一孫興公《遊天台山賦》「太虚遼廓而無閡」，李善注：「太虚，謂天也。」

「大」，同「太」。

〔二〕飄飄：輕盈舒緩、超塵脱俗的樣子。《史記》卷一一七《司馬相如列傳》：「相如既奏《大人》之頌，天子大説，飄飄有淩雲之氣，似游天地之間意。」今按：「淩」下或脱「雲」字，或「焉」爲「雲」之訛。

19 擣衣清而徹，〔一〕有悲人者。此是秋士悲於心，〔二〕擣衣感於外，内外相感，愁情結悲，然後哀怨生焉。苟無感，何嗟何怨也？

【校注】

〔一〕擣衣：古時將衣服置石上以杵反復春搗，使之柔軟，稱爲「擣衣」。後亦泛指捶洗。北周庾信《夜聽搗衣》詩：「秋夜搗衣聲，飛度長門城。」清倪璠注：「《字林》云：『直春曰搗。』古人搗衣，兩女子對立，執一杵如春米然，今易作卧杵，對坐搗之，取其便也。」搗、擣同。　徹：通「澈」。清澄。

〔二〕秋士：遲暮不遇之士。《淮南子》卷一〇《繆稱》：「春女思，秋士悲，而知物化矣。」

20 長沮浴，桀溺問焉：〔一〕「今日浴佳耶？」曰：「佳。」長沮曰：「浴須浴其内，然後其表。〔二〕五臟六腑尚有未潔，〔三〕四支八體何爲者耶？〔四〕夫浴者，將使表裏潔也。内苟含瑕，何遽浴耶？」

【校注】

〔一〕「長沮」二句：長沮、桀溺，傳説中春秋時楚國的隱士。《論語・微子》：「長沮、桀溺耦而耕。」劉寶楠《正義》引金履祥曰：「長沮、桀溺，名皆從水，子路問津，一時何自識其姓名？諒以其物色名之。」

〔二〕「浴須」二句：《管子》卷一三《心術上》：「『潔其宫，開其門』。宫者，謂心也。心也者，智之舍也，故曰宫。」《全晉文》卷九四傅玄《傅子》：「人皆知滌其器而莫知洗其心。」《南史》卷四七《荀伯玉傳》載竺景秀語：「若許某自新，必吞刀刮腸，飲灰洗胃。」錢鍾書《管錐編》（增訂）第五册「三九六頁」條引《金樓子・立言》此文，曰：「『浴内』、『潔裏』與『潔宫』、『洗心』、『洗胃』，一致同揆。」然，各本同，《四庫全書》本作「而」。

〔三〕五臟六腑：亦作「五藏六府」。《太平御覽》卷三六三引《韓詩外傳》曰：「惟天命本人情，人有五藏六府。何謂五藏？情藏於腎，神藏於心，魂藏於肝，魄藏於肺，志藏於脾。何謂六府？咽喉，量入之府；胃者，五穀之府；大腸，轉輪之府；小腸，受成之府；膽，積精之府；膀胱，精液之府也。」

〔四〕四支：《孟子・盡心下》：「四肢之於安佚也，性也。」「支」，同「肢」。八體：各本同。今按：疑當作「六體」。指人的頭、身和四肢。《漢書》卷七五《翼奉傳》：「天變見於星氣日蝕，地變見於奇物震動。所以然者，陽用其精，陰用其形，猶人之有五臧六體，五臧象天，六體象地。」然後世亦有「八體」之説，如清惠士奇《禮説》卷一《天官上》：「八體：首也、腹也、足也、股也、目也、口也、耳也、手也。」清孫奇逢《讀易大旨》卷四《説卦傳》：「首也、腹也，即乾坤也；足也、股也、耳目也、手口也，即震巽坎離艮兑也。」則「八體」似亦爲固定説法，但不知蕭繹時有此説法否。

21 孔子東游，見兩小兒相鬭。〔一〕一兒曰：「我以日初出去人近。」一兒曰：「日中近。」一兒曰：「日初出如車蓋，〔二〕至中裁如盤盂；〔三〕豈不近者大遠者小？」一兒曰：「日初出，滄滄涼涼，〔四〕至日中有如探湯；〔五〕此非遠者涼近者熱耶？」孔子亦不知。日中天而小，落扶桑而大，〔六〕爲政亦如是矣。須日用不知，〔七〕如中天之小也；須赫赫然，〔八〕此蓋落日之治，不足稱也。

【疏證】

《列子·湯問》：「孔子東游，見兩小兒辯鬭。問其故。一兒曰：『我以日始出時去人近，而日中時遠也。』一兒以日初出遠，而日中時近也。一兒曰：『日初出大如車蓋，及日中，則如盤盂：此不爲遠者小而近者大乎？』一兒曰：『日初出滄滄涼涼，及其日中如探湯：此不爲近者熱而遠者涼乎？』孔子不能決也。兩小兒笑曰：『孰爲汝多知乎？』」亦見晉張華《博物志》卷八《史補》。

【校注】

〔一〕相鬭：辯論，鬭嘴。鬭，《論語·季氏》：「戒之在鬭。」劉寶楠《正義》：「鬭，猶争也。」

〔二〕日初出：《四庫全書》本作「初日」。

〔三〕裁：《後漢書》卷二四《馬援傳》李賢注：「裁，僅也，與纔同。」

〔四〕滄滄：涼貌。

〔五〕探湯：探試沸水。形容炙熱。

〔六〕扶桑：《楚辭・九歌・東君》：「暾將出兮東方，照吾檻兮扶桑。」王逸注：「日出，下浴於湯谷，上拂其扶桑，爰始而登，照曜四方。」《淮南子》卷三《天文》：「日出於暘谷，浴於咸池，拂於扶桑，是謂晨明。」今按：扶桑乃日出處，非日落處，頗疑原文有誤。

〔七〕日用不知：《周易・繫辭上》：「仁者見之謂之仁，知者見之謂之知，百姓日用而不知，故君子之道鮮矣。」

〔八〕須：《百子全書》本、龍溪精舍本作「雖」。　赫赫然：《國語》卷一七《楚語上》：「赫赫楚國，而君臨之。」韋昭注：「赫赫，顯盛也。」

22　居家治理，可移於官，〔一〕何也？治國須如治家，所以自家刑國，〔二〕石奮之爲家可矣。〔三〕若謂治國異治家者，則條章不治，民無依焉。故治國者親民，若治家也。心不可欺物，〔四〕不可示物。〔五〕不欺不示，得其衷也。欺之則物不信，示之則民驕矣。自家刑國，自國刑家，〔六〕可無失矣。

【校注】

〔一〕「居家」二句：《孝經·廣揚名章》：「子曰：『君子之事親孝，故忠可移於君；事兄悌，故順可移於長；居家理，故治可移於官。是以行成於内，而名立於後世矣！』」《越縵堂讀書記·金樓子》：「此可證《孝經》舊本『居家理』下無『故』字，『理治』與『治理』，傳寫偶異耳。元行沖疏『故』字明皇所加，信而有徵。」今按：元行沖，唐人；明皇，指唐明皇李隆基。李隆基曾撰《孝經注》，元行沖受詔爲之作疏。又，《梁書》卷二五載：徐勉爲書誡其子崧曰：「孔子曰：『居家治理，可移於官。』既已營之，宜使成立，進退兩亡，便貽恥笑。」

〔二〕刑：《詩經·大雅·思齊》：「刑於寡妻，至於兄弟，以御於家邦。」陸德明《經典釋文》云：「《韓詩》云：『刑，正也。』」《梁書》卷二《武帝紀中》載天監七年詔有云：「思欲式敦讓齒，自家刑國。」

〔三〕石奮：西漢河内温人。初爲小吏，侍漢高祖。文帝時官至太中大夫。景帝即位，列爲九卿。身與四子皆官至二千石，號爲萬石君。景帝末，以上大夫禄告老歸家。奮治家嚴，一家孝謹，事上以恭慎著聞。《史記》卷一〇三、《漢書》卷四六有傳。

〔四〕物：《左傳·昭公十一年》：「晉荀吴謂韓宣子曰：『不能救陳，又不能救蔡，物以無親。』」楊伯峻注引顧炎武曰：「物，人也。」

〔五〕示：以事告人。《老子》第三六章：「國之利器，不可以示人。」

〔六〕自國刑家：《梁書》卷五《元帝紀》載大寶二年王僧辯上表曰：「臣等或世受朝恩，或身荷重遇，同休等戚，自國刑家，苟有腹心，敢以死奪。」

23　見善則喜，聞惡則憂，民之情也。苟無憂喜，其惟聖人乎！〔一〕若無喜而不喜，無憂而不憂，蓋何足稱也？

【校注】

〔一〕「苟無」二句：《禮記·樂記》：「及夫敦樂而無憂，禮備而不偏者，其唯大聖乎？」《禮記·中庸》：「子曰：『無憂者，其惟文王乎！以王季爲父，以武王爲子，父作之，子述之。』」鄭玄注：「聖人以立法度爲大事，子能述成之，則何憂乎？」今按：憂喜俱屬情緒反應，而聖人是否有情是魏晉玄學的重要論題。《世説新語·文學》：「僧意在瓦官寺中，王苟子來，與共語，便使其唱理。意謂王曰：『聖人有情不？』王曰：『無。』重問曰：『聖人如柱邪？』王曰：『如籌算，雖無情，運之者有情。』僧意云：『誰運聖人邪？』苟子不得答而去。」又，同書《傷逝》：「王戎喪兒萬子，山簡往省之，王悲不自勝。簡曰：『孩抱中物，何至於此？』王曰：『聖人忘情，最下不及情；情之所鍾，正在我輩。』簡服其言，更爲之慟。」

24 白鳥，〔一〕蚊也。齊桓公卧於柏寢，〔二〕謂仲父曰：〔三〕「吾國富民殷，無餘憂矣。一物失所，寡人猶爲之悒悒，〔四〕今白鳥營營，饑而未飽，〔五〕寡人憂之。」因開翠紗之幬，〔六〕進蚊子焉。其蚊有知禮者，不食公之肉而退；其蚊有知足者，（嗚）〔噍〕公而退；〔七〕其蚊有不知足者，遂長嘘短吸而食之，及其飽也，腹腸爲之破潰。〔八〕公曰：「嗟乎，民生亦猶是。〔九〕」乃宣下齊國，修止足之鑒，節民玉食，節民錦衣，齊國大化。

【校注】

〔一〕白鳥：各本同。吴校：「按馬驌《繹史》引無此『白』。」白鳥，《大戴禮記》卷二《夏小正》：「白鳥也者，謂蚊蚋也。」

〔二〕齊桓公：春秋時齊國國君，姜姓，名小白。爲春秋霸主之一。事蹟詳《史記》卷三二《齊太公世家》。柏寢：齊臺名。故址在今山東廣饒境。《晏子春秋》卷六《雜下》：「景公新成柏寢之臺。」《史記》卷三二《齊太公世家》：「景公坐柏寢，歎曰：『堂堂！誰有此乎？』」

〔三〕仲父：指管仲。管仲名夷吾，字仲。春秋時齊國潁上人。曾輔佐齊桓公。《史記》卷六二有傳。《荀子》卷三《仲尼》：「（齊桓公）倓然見管仲之能足以託國也……遂立以爲仲父。」楊倞注：「仲者，夷吾之字；父者，事之如父。」

〔四〕猶爲之悒悒：各本同。吴校：「《繹史》作『猶爲於邑』。」《太平御覽》卷九四五引《金樓子》作「猶爲於邑」。今按：「悒悒」、「於邑」義同，即憂鬱，愁悶。

〔五〕「今白鳥」二句：各本同。吴校：「《繹史》作『白鳥營饑而求飽』。」《太平御覽》卷九四五引《金樓子》作「白鳥營饑而求飽」。營營，勞而不知休息。《列子》卷一《天瑞》：「吾又安知營營而求生非惑乎？」

〔六〕「因開」句：各本同。吴校：「《繹史》作『寡人因之，開翠紗之幬』。」《太平御覽》卷九四五引《金樓子》作「寡人因之，開翠紗之帳」。

〔七〕（嗺）（jí）公而退：各本作「嘴（zuǐ）公而退」。吴校：「『觜』，《繹史》作『嘴』，下有『之肉』二字。」今按：《太平御覽》卷九四五引《金樓子》作「嗺公之肉而退」，且「嗺」下有小注：「子立切。」《集韻・緝部》：「嗺，歃也。」嘴，《龍龕手鑑・口部》：「嘴，正作觜，鳥啄也。」當以作「嗺」爲是，據改。

〔八〕「腹腸」句：重校本脱一頁，值底本卷四第十一頁，缺文自此節「潰」字至下第三十一節「是則漢」止。

〔九〕猶是：各本同。吴校：「《繹史》『是』下有『矣』字，無『乃宣』以下數句。」《太平御覽》卷九四五引《金樓子》「是」下有「矣」字。

25　夫鬭者，忘其身〔者〕也，〔一〕忘其親者也。〔二〕行須臾之怒，而鬭終身之禍，然而爲之，是忘其身也。〔三〕

【疏證】

《説苑》卷五《貴德》：「孫卿曰：『夫鬬者，忘其身者也，忘其親者也，忘其君者也。行須臾之怒，而鬬終身之禍，然乃爲之，是忘其身也。家室離散，親戚被戮，然乃爲之，是忘其親也。君上之所致惡，刑法之所大禁也。然乃犯之，是忘其君也。』」亦見《荀子》卷二《榮辱》。

【校注】

〔一〕身者也：各本脱「者」字。今按：《説苑》卷五《貴德》「身」下有「者」字，下文亦有「者」與之對，故據補。

〔二〕「忘其親」句：《荀子》卷二《榮辱》楊倞注：「蓋當時禁鬬殺人之法戮及親戚。《尸子》曰：『非人君之用兵也，以爲民傷鬬，則以親戚徇一言而不顧之也。』」又，《荀子》卷二《榮辱》、《説苑》卷五《貴德》「也」下有「忘其君者也」五字。

〔三〕「是忘」句：各本同。今按：依文理，下文當有文字論「忘其親者也」，今無，故疑下有脱文。

26 **入是國也，言信乎羣臣，則可留也；行忠乎羣臣，則可仕也；澤乎百里，**〔一〕**則富可安也。**〔二〕

【疏證】

《説苑》卷一六《説叢》：「曾子曰：『入是國也，言信乎羣臣，則留可也；忠行乎羣臣，則仕可也；澤施乎百姓，則安可也。』」亦見《孔子家語》卷二《致思》。

【校注】

〔一〕百里：各本同，《説苑》卷一六《説叢》、《孔子家語》卷二《致思》作「百姓」。

〔二〕富可安：各本同，《説苑》卷一六《説叢》作「安可」，《孔子家語》卷二《致思》作「富可」。

27　鳳無司晨之善，〔一〕麟乏警夜之功；〔二〕日月不齊光，參辰不並見；〔三〕冰炭不同室，〔四〕粉墨不同橐：〔五〕有之矣。

【校注】

〔一〕司晨：《尸子》卷下：「使星司夜，月司時，猶使雞司晨也。」《抱朴子》外篇《逸民》：「麟不吠守，鳳不司晨。」

〔二〕警夜：《文選》卷二張平子《西京賦》：「衛尉八屯，警夜巡晝。」薛綜注：「晝則巡行非常，夜則警備不虞也。」

〔三〕參辰：參星和辰星，分别在西方和東方，出没各不相見。漢揚雄《法言》卷一《學行》：「吾不睹參辰之相比也，是以君子貴遷善。」

〔四〕「冰炭」句：《韓非子》卷一九《顯學》：「夫冰炭不同器而久，寒暑不兼時而至。」

〔五〕粉墨：白粉與黛墨。 槖：《詩經·大雅·公劉》：「迺裹餱糧，於槖於囊。」毛傳：「小曰槖，大曰囊。」

28 **古語云：「不鑒於鏡而鑒於人，**〔一〕**鑒鏡則辨形，鑒人則懸知善惡。**〔二〕**」是知鑒於人勝鑒乎鏡矣。**

【疏證】

《墨子》卷五《非攻上》：「子墨子言曰：古者有語曰：『君子不鏡於水，而鏡於人。鏡於水見面之容，鏡於人則知吉與凶。』」

【校注】

〔一〕鑒：《左傳·襄公二十八年》：「獻車於季武子，美澤可以鑒。」杜預注：「光鑒形也。」

〔二〕「鑒鏡」二句：《尚書·酒誥》：「古人有言曰：『人無於水監，當於民監。』」王應麟《玉海》卷三一「杖書」條引《太公陰謀》：「（武王）鏡銘曰：『以鏡自照見形容，以人自照見吉凶。』」《國語》卷一九《吴語》：「王其盍亦鑒於人，無鑒於水。」懸知，預知。北周庾信《和趙王看伎》：「懸知曲不誤，無事畏周郎。」

29 楚王之食楚也，故愛楚四境之民；越王之食越也，故愛越四境之民。天子之食天下也，吾是以知兼愛天下之民矣。

【疏證】

《墨子》卷七《天志下》：「今是楚王食於楚之四境之內，故愛楚之人；越王食於越，故愛越之人。今天兼天下而食焉，我以此知其兼愛天下之人也。」

30 成瓦者炭，而瓦不可以得炭；潤竹者水，而竹不可以得水。蒿艾有火，〔一〕不燒不燃；土中有水，不掘無泉。〔二〕百梅能使百人酸，一梅不足成味也。

【疏證】

《淮南子》卷一七《說林》：「瓦以火成，不可以得火；竹以水生，不可以得水。」「槁竹有火，弗鑽不然；土中有水，弗掘無泉。」「百梅足以爲百人酸，一梅不足以爲一人和。」亦見《文子》卷上《上德》。

【校注】

〔一〕蒿艾：各本同，《淮南子》卷一七《説林》作「槁竹」。

〔二〕不掘無泉：各本同，《淮南子》卷一七《説林》作「弗掘無泉」。王念孫《讀書雜誌・淮南内篇雜誌第十七・説林》「弗掘無泉」條云：「『弗掘無泉』，本作『弗掘不出』，謂不掘則泉不出，非謂無泉也。後人改爲『不出』爲『無泉』者，取其與然字爲韻耳。不知此四句以火與水隔句爲韻，火，古讀若燬，説見《唐韻正》。而鑽與然、掘與出，則於句中各自爲韻。若云『弗掘無泉』，則反失其韻矣。《太平御覽・火部二》引此已誤。且泉即水也，既云『土中有水』，則不得又言『無泉』矣。《文子・上德篇》正作『土中有水，不掘不出』。」

31 孔文舉言：〔一〕「武王伐紂而懸之白旗；〔二〕漢祖入關，〔三〕子嬰不死。〔四〕武王歷年，〔五〕止有白魚之瑞；〔六〕漢祖祥應，其瑞不一。〔七〕是則漢祖優而武王劣也。」殷洪遠云：〔八〕「魏武興師，本由親舉；〔九〕漢祖初起，本是亂兵。〔一〇〕此則魏武優於漢帝。」蔣子通言：〔一一〕「漢祖取天下如登山，光武取天下如走丸。〔一二〕」當尋、邑百萬，〔一三〕震古未聞，〔一四〕滹沱河冰，身面流血，〔一五〕豈其易也？凡如此例，有書不如無書，〔一六〕委之煨燼，於事爲宜矣。

【疏證】

《藝文類聚》卷一二引後漢孔融《周武王漢高祖論》曰：「武王從后稷以來，至其身，相承積五十世，俱有魚鳥之瑞。至高祖一身修德，瑞有四：呂公望形而薦女；呂后見雲知其處；白蛇分，神武哭；西入關，五星聚。又武王伐紂，斬而刺之；高祖入秦，赦子嬰而遺之。是寬裕又不如高祖也。」

【校注】

〔一〕孔文舉：孔融字文舉，東漢魯國人，孔子二十世孫。獻帝時爲北海相，歷少府、太中大夫，名重天下。後爲曹操所殺。文辭有名於世，爲「建安七子」之一。《後漢書》卷七〇有傳。

〔二〕武王：指周武王姬發。文王死，發遵其遺志，盟諸侯於孟津，滅商，建立周王朝。生平事蹟詳《史記》卷四《周本紀》。《史記·周本紀》：「武王至商國，商國百姓咸待於郊。於是武王使羣臣告語商百姓曰：『上天降休！』商人皆再拜稽首，武王亦答拜。遂入，至紂死所。武王自射之，三發而後下車，以輕劍擊之，以黃鉞斬紂頭，縣大白之旗。已而至紂之嬖妾二女，二女皆經自殺。武王又射三發，擊以劍，斬以玄鉞，縣其頭小白之旗。」

〔三〕漢祖：指漢高祖劉邦。邦字季，西漢沛人。秦末，起兵反秦，西畧地關中。後滅項羽，建漢王朝。《史記》卷八、《漢書》卷一有紀。

〔四〕子嬰：秦始皇孫，扶蘇子。秦末，趙高殺二世，立子嬰爲王，後爲項羽所殺。生平事蹟詳《史記》卷六《秦始皇本紀》。《史記》卷八《高祖本紀》：「漢元年十月，沛公兵遂先諸侯至霸上。秦王子嬰素車白馬，繫頸以組，封皇帝璽符節，降軹道旁。諸將或言誅秦王。沛公曰：『始懷王遣我，固以能寬容；且人已服降，又殺之，不祥。』乃以秦王屬吏，遂西入咸陽。」

〔五〕歷年：經歷年歲。《孟子·萬章上》：「禹之相舜也，歷年多，施澤於民久。」

〔六〕白魚之瑞：《史記》卷四《周本紀》載：武王九年遂興師伐紂，「師尚父號曰：『總爾衆庶，與爾舟楫，後至者斬！』武王渡河，中流，白魚躍入王舟中，武王俯取以祭。」

〔七〕「其瑞」句：《史記》卷八《高祖本紀》：「高祖，沛豐邑中陽里人，姓劉氏，字季。父曰太公，母曰劉媪。其先劉媪嘗息大澤之陂，夢與神遇。是時雷電晦冥，太公往視，則見蛟龍於其上。已而有身，遂產高祖。高祖爲人，隆準而龍顔，美鬚髯，左股有七十二黑子。……好酒及色。常從王媪、武負貰酒，醉卧，武負、王媪見其上常有龍，怪之。高祖每酤留飲，酒讎數倍。……高祖爲亭長時，常告歸之田。呂后與兩子居田中耨，有一老父過請飲，呂后因餔之。老父相呂后曰：『夫人天下貴人。』令相兩子，見孝惠，曰：『夫人所以貴者，乃此男也。』相魯元，亦皆貴。老父已去，高祖適從旁舍來，呂后具言客有過，相我子母皆大貴。高祖問，曰：『未遠。』乃追及，問老父。老父曰：『鄉者夫人嬰兒皆似君，君相貴不可言。』高祖乃謝曰：『誠如父言，不敢忘德。』及高祖貴，遂不知老父處。……高祖被酒，夜徑澤中，令一人行前。行前者還報曰：『前有大蛇當徑，願還。』高祖醉，曰：『壯士行，何畏！』乃前，拔劍擊斬蛇。蛇遂分爲兩，徑開。行數里，醉，因卧。後人來至蛇所，有一老嫗夜哭。人問何哭，嫗曰：『人殺吾子，故哭之。』人曰：『嫗子何爲見殺？』嫗曰：『吾子，白帝子也，化爲蛇，當道，今爲赤帝子斬之，故哭。』人乃以嫗爲不誠，欲告之，嫗因忽不見。……秦始皇帝常曰『東南有天子氣』，於是因東遊以厭之。高祖即自疑，亡匿，隱於芒、碭山澤岩石之間。呂后與人俱求，常得之。高祖怪問之。呂后曰：『季所居上常有雲氣，故從往常得季。』」《漢書》卷一《高帝紀》：「元年冬十月，五星聚于東井。沛公至霸上。」

〔八〕殷洪遠：殷融字洪遠，祖籍陳郡長平，仕東晉，官至吏部尚書。見《晉書》卷六六《陶侃傳》及卷八三《殷顗傳》等。

〔九〕魏武：指魏武帝曹操。漢末，天下大亂，操拜典軍校尉，行奮武將軍，率軍討董卓。後又破黄巾軍，收降卒三十餘萬。終平定中原，三分天下。詳《三國志》卷一《武帝紀》。

〔一〇〕漢祖：指漢高祖劉邦。秦末，高祖爲亭長，陳勝事起，天下大亂，沛縣父老殺沛令，縣吏蕭何、曹參等收沛子弟二三千人，擁立劉邦爲沛公。劉邦勢力漸大，後統一天下。《史記》卷八及《漢書》卷一有紀。

〔一一〕蔣子通：蔣濟字子通，楚國平阿人。漢末爲曹操丞相府主簿，徙西曹屬。歷仕魏文、明二帝。齊王曹芳即位，遷太尉，進封都鄉侯。卒，謚曰景侯。有《萬機論》十卷。《三國志》卷一四有傳。

〔一二〕光武：漢光武帝劉秀，字文叔，南陽蔡陽人。王莽末，起兵。建武元年稱帝，定都洛陽。《後漢書》卷一有紀。　走丸：《漢書》卷五四《蒯通傳》：「相率而降，猶如阪上走丸也。」顔師古注：「言乘勢便易。」

〔一三〕尋、邑：指王莽大司徒王尋、大司空王邑。西漢末，二人將兵百萬，與劉秀戰，爲劉秀所破。事詳《後漢書》卷一《光武帝紀》。

〔一四〕震：《四庫全書》本「聞」下有小字云：「案『震』當作『振』。」重校本、《叢書集成》本、《百子全書》本、龍溪精舍本「震」作「振」。吳校：「『震』當作『振』。」今按：「振」、「震」通。《玄應音義》卷二「震動」注：「震、振，二形通用也。」《詩經·周頌·載芟》：「匪今斯今，振古如茲。」毛傳：「振，自也。」

〔一五〕「滹沱河」二句：《後漢書》卷一《光武帝紀上》載：西漢末更始二年正月，劉秀兵敗，率兵逃難。「晨夜兼行，蒙犯霜雪，天時寒，面皆破裂。至呼沱河，無船，適遇冰合，得過，未畢數車而陷。進至下博城西，遑惑不知所之。」滹沱河，即呼沱河。《後漢書》卷一《光武帝紀上》李賢注曰：「《山海經》云：『太戲之山，滹沱之水出焉。』在今代州繁畤縣東，流經定州深澤縣東南，即光武所度處，今俗猶謂之危度口。臣賢案：呼沱河舊在饒陽南，至魏太祖曹操因饒河故瀆決，令北注新溝水，所以今在饒陽縣北。」今按：在今河北西部。

〔一六〕「有書」句：《孟子·盡心下》：「孟子曰：『盡信《書》，則不如無《書》。吾於《武成》，取二三策而已矣。』」

32 往者（承）〔崇〕華殿災，〔一〕詔問高堂隆：〔二〕「此何災？」隆曰：「殿名崇華，而爲天災所除，是天欲使節儉，勿復興崇華之飾也。」

【疏證】

《三國志》卷二五《高堂隆傳》：「崇華殿災，詔問隆：『此何咎？於禮，寧有祈禳之義乎？』隆對曰：『夫災變之發，皆所以明教誡也，惟率禮修德，可以勝之。《易傳》曰：「上不儉，下不節，孽火燒其室。」又曰：「君高其臺，天火爲災。」此人君苟飾宫室，不知百姓空竭，故天應之以旱，火從高殿起也。上天降鑒，故譴告陛下；陛下宜增崇人道，以答天意。』」亦見《宋書》卷三二《五行志三》。

【校注】

〔一〕崇華殿：各本作「承華殿」，《三國志》卷二五《高堂隆傳》作「崇華殿」，本節下文亦曰「殿名崇華」。今按：「承」，當是「崇」之訛，據改。《藝文類聚》卷六二引《魏志》曰：「青龍三年秋，洛陽崇華殿災，改名九龍殿。」

〔二〕高堂隆：字升平，泰山平陽人。魏明帝時曾官侍中，領太史令，遷光禄勳。爲人剛正忠直，屢犯顏切諫。《三國志》卷二五有傳。

33 君子有三患：未之聞，患弗得聞；既聞之，患弗能學；既學之，患弗能行。君子有四恥：〔一〕有其位無其言，君子恥之；〔有其言，〕〔二〕無其行，君子恥之；既得之又失之，君子恥之；地有餘而民不足，君子恥之。

【疏證】

《禮記·雜記下》：「君子有三患：未之聞，患弗得聞也；既聞之，患弗得學也；既學之，患弗能行也。君子有五恥：居其位無其言，君子恥之；有其言無其行，君子恥之；既得之而又失之，君子恥之；地有餘而民不足，君子恥之；衆寡均而倍焉，君子恥之。」亦見《説苑》卷一六《談叢》、《孔子家語》卷二《好生》。

【校注】

〔一〕四恥：各本同。今按：《禮記·雜記下》、《説苑》卷一六《談叢》載爲「五恥」，四種與本節相同，《禮記·雜記下》另有「衆寡均而倍焉，君子恥之」，《説苑》卷一六《談叢》作「朝不坐，燕不議，君子恥之」。

〔二〕有其言：各本脱，而「之」下有小字云：「案此下疑脱『有其言』三字。」今按：以有此三字爲是，據《禮記》等補。

34　制將之法，必使弛張從時。事疑則争生，勢侔則亂起。所以蕭、樊被於縲紲，〔一〕信、布見於誅夷。〔二〕馭將之間，可不深慎之？

【校注】

〔一〕蕭、樊：指蕭何、樊噲。《史記》卷五三《蕭相國世家》載：漢初，蕭何爲相國，有民道遮上書，言蕭何賤彊買民田宅數千萬。高祖疑之，下廷尉，械繫之。《史記》卷九五《樊酈滕灌列傳》載：高祖病重，人有惡樊噲黨於吕氏，「高帝聞之大怒，乃使陳平載絳侯代將，而即軍中斬噲。陳平畏吕后，執噲詣長安。」後高祖崩，吕后釋噲。　縲(léi)紲(xiè)：捆綁犯人的繩索。引申爲牢獄。

〔二〕信、布：指韓信和黥布。韓信以軍功，封齊王，項羽已破，徙封楚。次年，人有上書告信謀反，高祖械繫信，貶爵淮陰侯。後，終以謀反罪被斬於長樂鍾室。事詳《史記》卷九二《淮陰侯列傳》。黥布以軍功封淮南王，韓信、彭越等功臣被誅，布心恐，遂反，終被高祖征滅。事詳《史記》卷九一《黥布列傳》。

35　夫陶犬無守夜之警，瓦雞無司晨之益。塗車不能代勞，木馬不中馳逐。〔一〕勢者君之輿，威者君之策，臣者君之馬，民者君之輪。勢固則輿安，威定則策勁，臣從則馬良，〔二〕民和則輪利。

【疏證】

《太平御覽》卷九〇五引《抱朴子》曰：「陶犬無守夜之益，瓦雞無司晨之警。」并見《海録碎事》卷七下引《洞冥記》、《記纂淵海》卷六五引《韓詩外傳》。

《鄧子·無厚篇》：「勢者君之輿，威者君之策，臣者君之馬，民者君之輪。勢固則輿安，威定則策勁，臣順則馬良，民和則輪利。爲國失此，必有覆車奔馬折輪敗載之患，安得不危！」並見《韓非子》卷一四《外儲説右下》。

【校注】

〔一〕「夫陶犬」四句：孫詒讓《札迻》卷一〇《金樓子·立言篇上》：「案：下篇『鋸齒不能咀嚼』章亦有此四句，彼文較完，此復贅，當删。《終制篇》亦有『瓦雞乏司晨之用』語。」今按：此四語亦見本書《立言篇下》第三十節，「瓦雞」句又見本書《終制篇》第一·五節。塗車，泥車。《禮記·檀弓下》：「塗車芻靈，自古有之，明器之道也。」孫希旦《集解》：「塗車、芻靈，皆送葬之物也。」木馬，《説苑》卷一六《談叢》：「木馬不能行，亦不費食。」吴校：「四語見下廿二之一行，此可省。『勢者』乃另一段。」

〔二〕從：各本同，《鄧子·無厚篇》作「順」。今按：蕭繹祖父名順之，此當是避其諱而改。

36 獵猛虎者，不於北苑；〔一〕釣鯨鯢者，不於南池。〔二〕何則？園非猛虎之藪，池非鯨鯢之處也。〔三〕責罷者以舉千鈞，〔四〕督跛者以及走兔，驅騏驥於庭，求猿猱於檻：猶倒裘而索領也。

【疏證】

《鄧子·無厚篇》：「獵羆虎者，不於外圂；釣鯨鯢者，不於清池。何則？圂非羆虎之窟也，池非鯨鯢之泉也。……責疲者以舉千鈞，責兀者以及走兔，驅逸足於庭，求猨捷於檻：斯逆理而求之，猶倒裳而索領。」

【校注】

〔一〕北苑：宫廷北面的皇室園林，此處泛稱皇室園林。苑，各本同，《四庫全書》本作「園」，下有小字云：「案『園』原本作『苑』，謹據下文校改。」今按：下文指「園非猛虎之藪」。前作「苑」，後作「園」，必有一非。

〔二〕鯨鯢：晉崔豹《古今注》卷中《魚蟲》：「鯨魚者，海魚也。大者長千里，小者數十丈。一生數萬子，常以五月、六月就岸邊生子，至七八月導從其子還大海中，鼓浪成雷，噴沫爲雨，水族驚畏，皆逃匿，莫敢當者。其雌曰鯢，大者亦長千里，眼爲明月珠。」《文選》卷五左太沖《吳都賦》：「長鯨吞航，修鯢吐浪。」

〔三〕池：各本「池」下有小字云：「案『池』原本訛（《四庫全書》本無「訛」字）作『河』，謹據下文校改。」

〔四〕罷：《廣雅·釋詁》：「罷，勞也。」王念孫《疏證》：「罷與疲同。」

37　諸子興於戰國，〔一〕文集盛於二漢，〔二〕至家家有製，人人有集。〔三〕其美者足以叙情志，敦風俗；其弊者祇以煩簡牘，疲後生。〔四〕往者既積，來者未已。翹足志學，〔五〕白首不徧。或昔之所重，今反輕；今之所重，古之所賤。嗟我後生，博達之士，有能品藻異同，删整蕪穢，使卷無瑕玷，覽無遺功，可謂學矣。〔六〕

【校注】

〔一〕諸子：指先秦的各派學者及其著作。《漢書》卷三〇《藝文志》：「戰國從衡，真僞分争，諸子之言，紛然殽亂。」

〔二〕文集：亦稱「别集」，一人或數人作品匯集編成的書。《隋書》卷三五《經籍志四》：「别集之名，蓋漢東京之所創也。自靈均已降，屬文之士衆矣，然其志尚不同，風流殊别。後之君子，欲觀其體勢，而見其心靈，故别聚焉，名之爲集。」

〔三〕「至家家」二句：魏晉以來，世家重文，故文集尤多。如《梁書》卷三三《王筠傳》載筠撰《自序》曰：「非有七葉之中，名德重光，爵位相繼，人人有集，如吾門世者也。沈少傅約語人云：『吾少好百家之言，身爲四代之史，自開闢已來，未有爵位蟬聯，文才相繼，如王氏之盛者也。』」

〔四〕後生：後人，後世之人。詳郭在貽《訓詁叢稿·六朝俗語雜釋》「後生」條。

〔五〕志學：《論語·爲政》：「吾十有五而志於學。」

〔六〕可謂學矣：《大戴禮記》卷四《曾子立事》：「曾子曰：『君子攻其惡，求其過，彊其所不能，去私欲，從事於義，可謂學矣。』」

38 夫聰明疏通者戒於太察，寡聞少見者戒於壅蔽，〔一〕勇猛剛强者戒於太暴，仁愛温良者戒於無斷也。

【疏證】

《漢書》卷八一《匡衡傳》：「匡衡復上疏曰：『蓋聰明疏通者戒於大察，寡聞少見者戒於雍蔽，勇猛剛强者戒於大暴，仁愛温良者戒於無斷，湛静安舒者戒於後時，廣心浩大者戒於遺忘。』」

【校注】

〔一〕壅蔽：指人受蒙蔽而視聽不明。壅，《漢書》卷八一《匡衡傳》作「雍」，顔師古注曰：「雍，讀曰壅。」

39 世有習干戈者，賤乎俎豆；〔一〕修儒行者，忽行武功。〔二〕范甯以王弼比桀紂，〔三〕

謝混以簡文方赧獻，〔四〕(李)〔季〕長有顯武之論，〔五〕文(莊)〔度〕有廢莊之說。〔六〕余以爲不然。余以孫吳爲營壘，〔七〕以周孔爲冠帶，〔八〕以老莊爲歡宴，〔九〕以權實爲稻糧，〔一〇〕以卜筮爲神明，以政治爲手足。〔一一〕一圍之木持千鈞，五寸之楗制開闔：〔一二〕總之者明也。

【疏證】

《說苑》卷一六《談叢》：「一圍之木，持千鈞之屋；五寸之鍵，而制開闔。豈材足任哉？蓋所居要也。」亦見《淮南子》卷九《主術》、《文子》卷一一《上義》。

【校注】

〔一〕俎豆：指儒家禮儀之事。《論語·衛靈公》：「衛靈公問陳於孔子。孔子對曰：『俎豆之事，則嘗聞之矣；軍旅之事，未之學也。』明日遂行。」

〔二〕武功：指武事。《詩經·豳風·七月》：「二之日其同，載纘武功。」孔穎達疏：「至二之日之時，君臣及其民俱出田獵，則繼續武事，年常習之，使不忘戰也。」

〔三〕「范甯」句：《晉書》卷七五《范甯傳》載：「時以浮虛相扇，儒雅日替，甯以爲其源始於王弼、何晏，二人之罪深於桀紂，乃著論曰：……」晉人范甯字武子，祖籍南陽順陽。少篤學，崇儒學，疾浮虛。起家餘杭令，遷臨淮太守，封陽遂鄉侯。後官豫章太守。撰有《穀梁集解》。王弼，字輔嗣，三國魏山陽人。夙慧，拜尚書郎。齊王芳正始末，以公事免。弼好論儒道，與何晏、夏侯玄等開魏晉玄學清談之風。有《周易注》、《老子注》等。生平詳《三國志》卷二八《鍾會傳》裴松之注引《王弼傳》、《世説新語·文學》。

〔四〕「謝混」句：《晉書》卷九《簡文帝紀》：「帝雖處尊位，拱默守道而已，常懼廢黜。……帝雖神識恬暢，而無濟世大畧，故謝安稱爲惠帝之流，清談差勝耳。沙門支道林嘗言『會稽有遠體而無遠神』。謝靈運跡其行事，亦以爲赧獻之輩云。」今按：據《晉書·簡文帝紀》，以簡文爲「赧獻」者乃「謝靈運」，此作「謝混」，未知孰是。謝混，字叔源，祖籍陳郡。謝安孫，東晉孝武帝婿。襲父琰爵望蔡公，歷中書令、中領軍、尚書左僕射。坐黨劉毅，爲劉裕所誅。有集五卷。《晉書》卷七九有傳。簡文，晉簡文帝司馬昱，字道萬，元帝少子，封會稽王。即位後，留心典籍，長於清談。謚號簡文。赧獻，指周赧王和漢獻帝，二人俱亡國之君。周赧王乃東周國君，東周爲秦所滅，周赧王出降。事詳《史記》卷四《周本紀》。漢獻帝劉協禪位於曹丕，東漢王朝滅亡。事詳《後漢書》卷九《獻帝紀》。

〔五〕「季長」句：《後漢書》卷六〇《馬融傳》：「永初四年，拜爲校書郎中，詣東觀典校秘書。是時鄧太后監朝，騭兄弟輔政。而俗儒世士，以爲文德可興，武功宜廢，遂寢搜狩之禮，息戰陳之法，故猾賊從横，乘此無備。融乃感激，以爲文武之道，聖賢不墜，五才之用，無或可廢。元初二年，上《廣成頌》以諷諫。」季長，各本作「李長」。今按：「李」當是「季」之誤，改。東漢馬融字季長，扶風茂陵人。安帝時曾拜議郎，歷武都太守、南郡太守。以忤梁冀免官，髡徙朔方。遇赦，復拜議郎，重在東觀著述。卒於家。顯武，宣揚武功。

〔六〕「文度」句：《晉書》卷七五《王坦之傳》：「坦之有風格，尤非時俗放蕩，不敦儒教，頗尚刑名學，著《廢莊論》。」文度，各本作「文莊」。今按：「文莊」，許《注》作「文度」，是，據改。東晉王坦之字文度，祖籍太原晉陽。曾爲大司馬桓温長史，封藍田侯。孝武即位，與謝安共輔幼主。卒，謚曰獻。

〔七〕孫吳：孫武和吳起，二人俱是著名的軍事家，此處借指兵法。孫武，春秋時齊國樂安人。以兵法求見吳王闔閭，用爲將，有戰功。有《孫子兵法》傳世。吳起，戰國時衛國左氏人。爲魏將，屢建戰功。後奔楚，楚悼王任爲相。悼王死，爲宗室大臣所殺。著有《吳起兵法》，已佚。《史記》卷六五有二人傳。

〔八〕周孔：周公和孔子。此處代指儒家學説。

〔九〕老莊：老子和莊子。此處代指道家學説。

〔一〇〕權實：佛教語，謂佛法之二教。權教爲小乘説法，取權宜義，法理明淺；實教爲大乘説法，顯示真要，法理高深。梁簡文帝《大法頌序》：「二諦現空有之津，二智包權實之底。」此處代指佛法。

〔一一〕政治：指治理國家所施行的一切措施。《周禮・地官・遂人》：「掌其政治禁令。」此處借指法家政治思想。

〔一二〕「一圍」二句：又見本書《立言篇下》第十八節，唯「一圍」作「十圍」。圍，長度單位，説法不一。《經典釋文》卷二六「百圍」，陸德明釋文引李云：「徑尺爲圍。」同卷「三圍」，陸德明釋文引崔云：「圍環八尺爲一圍。」《文選》卷三九枚叔《上書諫吳王》：「夫十圍之木，始生而蘖。」張銑曰：「三尺曰圍。」鈞，古代重量單位。《尚書·五子之歌》：「關石和鈞，王府則有。」孔穎達疏：「《律曆志》云：三十斤爲鈞。」楗，各本同，《説苑》卷一六《談叢》作「鍵」。今按：楗、鍵均有「門閂」之義。《文選》一三宋玉《風賦》李善注：「《字林》曰：楗，拒門也。」《急就篇》卷三顔師古注：「鍵以鐵，有所豎關，若門牡之屬也。」

40 顔回希(舜)〔聖〕，所以早亡；〔一〕賈誼好學，遂令速殞。〔二〕揚雄作賦，有夢腸之談；〔三〕曹植爲文，有反胃之論。〔四〕生也有涯，智也無涯，〔五〕以有涯之生，逐無涯之智，〔殆已。〕〔六〕余將養性養神，獲麟於《金樓》之制也。〔七〕

【疏證】

《莊子》内篇《養生主》：「吾生也有涯，而知也無涯。以有涯隨無涯，殆已；已而爲知者，殆而已矣。」

【校注】

〔一〕顔回：字子淵，春秋末魯國人。孔子弟子，貧而好學。早卒。後世尊爲「復聖」。《史記》卷六七《仲尼弟子列傳》有傳。《史記·仲尼弟子列傳》：「回，年二十九，髮盡白，蚤死。」司馬貞《索隱》引《家語》云：「年二十九而髮白，三十二而死。」聖：各本作「舜」。吳校：「『舜』疑作『聖』。」今按：吳校是，據改。「聖」指孔子，《論語》和後世文獻均有顏回仰慕孔子的記載。《論語・子罕》：「顏淵喟然歎曰：『仰之彌高，鑽之彌堅。瞻之在前，忽焉在後。夫子循循然善誘人，博我以文，約我以禮，欲罷不能。既竭吾才，如有所立卓爾，雖欲從之，末由也已。』」漢揚雄《法言》卷一《學行》：「昔顏嘗睎夫子矣。」希、睎同，仰慕。漢桓譚《新論》卷八《祛蔽》：「顏淵所以命短，慕孔子，所以殤其年也。」

〔二〕賈誼：西漢河南洛陽人。文帝時爲博士，遷太中大夫。後謫爲長沙王太傅，徵拜梁王太傅。以懷才不遇，憂鬱而死，死時年三十三。《史記》卷八四、《漢書》卷四八有傳。《史記》本傳載：「(誼)年十八，以能誦詩屬書聞於郡中。……廷尉乃言賈生年少，頗通諸子百家之書。文帝召以爲博士。」

〔三〕「揚雄」二句：桓譚《新論・祛蔽》：「(揚)子雲亦言：『成帝時，趙昭儀方大幸，每上甘泉，詔令作賦，爲之卒暴，思精苦，賦成，遂困倦小卧，夢其五藏出在地，以手收而内之。及覺，病喘悸大少氣，病一歲。』」揚雄，字子雲，西漢蜀郡成都人。長於辭賦。年四十，始遊京師，以文見召，奏《甘泉》、《河東》、《羽獵》、《長楊》等賦。成帝時任給事黄門郎。後仕王莽，爲大夫。《漢書》卷八七有傳。

〔四〕「曹植」二句：《太平御覽》卷三七六引《魏畧》曰：「陳思王精意著作，食飲損減，得反胃病也。」又，《紺珠集》卷一、《錦繡萬花谷》前集卷二〇、《記纂淵海》卷七五、《古今合璧事類備要》前集卷四三、《天中記》卷三七、《山堂肆考》卷一一六、《廣博物志》卷二九引《金樓子》，「論」下有「言勞神也」四字。《海録碎事》卷一八引《抱朴子》曰：「揚雄作賦，有夢腸之談；曹植爲文，有反胃之論：言勞神也。」今按：「言勞神也」，似爲校讀者的注釋，故《紺珠集》卷一作爲小注附於文中。頗疑後人不察，遂移入正文。

《海録碎事》引作《抱朴子》，或是誤記。曹植，字子建，三國魏沛國譙人。曹操子。漢獻帝建安中封平原侯，徙封臨淄侯。曹丕稱帝，封鄄城王，徙雍丘王。明帝時，徙封東阿王，又改封陳王，後鬱鬱而終。謚思，世稱陳思王。《三國志》卷一九有傳。

〔五〕智：吴校：「『智』，《莊子》本作『知』。」今按：「知」、「智」同。

〔六〕「以有涯」三句：《莊子》内篇《養生主》郭象注：「以有限之性，尋無極之知，安得而不困哉？」殆已，各本無。今按：細味此上下文語意，似未完足，據《莊子》内篇《養生主》補此二字。

〔七〕獲麟：《左傳・哀公十四年》：「春，西狩獲麟。」杜預注：「麟者，仁獸，聖王之嘉瑞也。時無明王，出而遇獲，仲尼傷周道之不興，感嘉瑞之無應，故因《魯春秋》而修中興之教。絶筆於『獲麟』之一句，所感而作，固所以爲終也。」此處借指著作之絶筆，意謂將以《金樓子》爲絶筆之作。

41　夫石田不生五穀，〔一〕構山不游麋鹿，〔二〕何哉？以其無所因也。〔三〕故龍藉風而飛，〔四〕龜由火而兆，〔五〕有其資焉。〔六〕常善利物，無棄人也。〔七〕富貴不可以傲貧，〔八〕賢明不可以輕暗。夷吾侈而鮑叔廉，〔九〕其性不同也；張竦潔而陳遵污，〔一〇〕其行不齊也。然而終能相善者，蓋無棄人之謂也。〔一一〕

【疏證】

《淮南子》卷一二《道應》：「是故石上不生五穀，秃山不遊麋鹿，無所陰蔽隱也。」亦見《文子·上禮篇》。

《意林》卷五引《典論》曰：「夷吾侈而鮑叔廉，此其志不同也；張竦潔而陳遵污，此其行不齊也。」

【校注】

〔一〕石田：《左傳·哀公十一年》：「得志於齊，猶獲石田也，無所用之。」

〔二〕構山：人工構築之山，假山。吴校：「疑。」

〔三〕因：依靠，憑藉。

〔四〕龍藉風而飛：《周易·乾卦·文言》：「九五曰『飛龍在天，利見大人』，何謂也？子曰：『同聲相應，同氣相求。水流濕，火就燥，雲從龍，風從虎，聖人作而萬物睹。』」

〔五〕龜由火而兆：《説文解字·卜部》：「兆，灼龜坼也。从卜，兆象形。兆，古兆省。」《周禮·春官·大卜》鄭玄注：「兆者，灼龜發於火，其形可占者，其象似玉、瓦、原之璺罅，是用名之焉。」

〔六〕資：憑藉。《文選》卷二〇顔延年《皇太子釋奠會作詩》：「資此夙知，降從經志。」李善注：「資，猶藉也。」焉：各本同。吴校：「『焉』疑作『也』。」今按：吴校不確。「焉」可用於句末，表肯定。其例甚多，如《史記》卷二八《封禪書》：「每世之隆，則封禪答焉。」參楊樹達《詞詮》卷七「焉」字條。

〔七〕「常善」二句：《老子》第二七章：「聖人常善救人，故無棄人；常善救物，故無棄物。」

〔八〕「富貴」句：《晏子春秋》卷三載：晏子曰：「貴不淩賤，富不傲貧。」亦見同書卷四。

〔九〕「夷吾」句：《史記》卷六二《管晏列傳》載，管仲少時常與鮑叔牙游，二人終身相善。管仲爲齊國上卿後，「富擬於公室，有三歸、反坫」，而人稱鮑叔爲廉士。《莊子·徐無鬼》：「管仲有病。桓公問之，曰：『仲父之病，病矣，可不謂云，至於大病，則寡人惡乎屬國而可？』管仲曰：『公誰欲與？』公曰：『鮑叔牙。』曰：『不可。其爲人潔廉，善士也，其於不已若者，不比之；又一聞人之過，終身不忘。』」夷吾，春秋時齊國管仲名夷吾。鮑叔，即鮑叔牙，春秋時齊國大夫。齊桓公欲用爲宰，薦管仲以代己。生平詳《史記》卷三二《齊太公世家》及《管晏列傳》。

〔一〇〕「張竦」句：《漢書》卷九二《遊俠傳·陳遵》：「遵少孤，與張竦伯松俱爲京兆史。竦博學通達，以廉儉自守，而遵放縱不拘，操行雖異，然相親友，哀帝之末俱著名字，爲後進冠。」張竦，字伯松，或作德松，西漢時京兆杜陵人。王莽居攝，封淑德侯，官丹陽太守。莽敗，爲亂兵所殺。事蹟詳《漢書》卷七六《張敞傳》及卷九九《王莽傳》、《漢紀》卷一八《宣帝紀二》。陳遵，字孟公，西漢末京兆杜陵人。王莽當政，封嘉威侯，官河南太守。更始時，爲大司馬護軍。更始敗，爲人所殺。《漢書》卷九二《遊俠傳》有傳。

〔一一〕棄人：《意林》卷五引《魏子》曰：「録人一善，則無棄人；採材一用，則無棄材。」

42　或説人須才學，不資矜素。〔一〕余謂不然。昔孔文舉有言：〔二〕「三人同行，兩人聰雋，一夫底下。饑年無食，謂宜食底下者，譬猶蒸一猩猩，煮一鸜鵒耳。」此蓋悖道之言也，寧有是乎？禰衡云：〔三〕「荀彧彊可與語，〔四〕餘人皆酒甕飯囊。〔五〕」魏時劉陶語人曰：〔六〕「智者弄愚人，如弄一丸於掌中。」

【疏證】

《意林》卷五引楊泉《物理論》曰：「漢末有管秋陽者，與弟及伴一人，避亂俱行。天雨雪，糧絶，謂其弟曰：『今不食伴，則三人俱死。』乃與弟共殺之，得糧達舍，後遇赦無罪。此人可謂善士乎？孔文舉曰：『管秋陽愛先人遺體，食伴無嫌也。』荀侍中難曰：『秋陽貪生殺生，豈不罪邪？』文舉曰：『此伴非會友也。若管仲啖鮑叔，貢禹食王陽，此則不可。向所殺者，猶鳥獸而能言耳。今有犬齧一狸，狸齧一鸚鵡，何足怪也？昔重耳戀齊女而欲食狐偃，叔敖怒楚師而欲食伍參，賢哲之忿，猶欲啖人，而況遭窮者乎。』」

《抱朴子》外篇《彈禰》：「衡游許下，自公卿國士以下，衡初不稱其官，皆名之云阿某，或以姓呼之爲其兒，呼孔融爲大兒，呼楊修爲小兒，荀彧猶强可與語，過此以往，皆木梗泥偶，似人而無人氣，皆酒甕飯囊耳。」

《三國志》卷一四《劉曄傳》裴松之注引《傅子》曰：「陶字季治，善名稱，有大辯。曹爽時爲選部郎，鄧颺之徒稱之以爲伊吕。當此之時，其人意陵青雲，謂玄曰：『仲尼不聖。何以知其然？智者圖國；天下羣愚，如弄一丸於掌中，而不能得天下。』」

【校注】

〔一〕「不資」句：謂不依憑賢德和天資。矜，通「賢」。清朱駿聲《説文通訓定聲·坤部》：「矜，叚借爲賢。」各本「素」下有小字云：「案此句疑誤。」

〔二〕孔文舉：孔融字文舉，東漢魯國人，孔子二十世孫。獻帝時爲北海相，歷少府、太中大夫。自負才氣，對曹操多侮慢之詞，爲曹所殺。《後漢書》卷七〇有傳。

〔三〕禰衡：字正平，東漢平原般人。孔融薦於曹操，曾擊鼓罵曹。操怒，送與劉表。表不能容，復送與黄祖，見殺。《後漢書》卷八〇《文苑列傳》有傳。

〔四〕荀彧：字文若，東漢潁川潁陰人。曾爲曹操重要謀士。任侍中，封萬歲亭侯。後爲操所忌，飲藥而卒。《後漢書》卷七〇有傳。彊可：各本同，《紺珠集》卷一、《海録碎事》卷九、《六帖補》卷一三、《説郛》卷二三引《金樓子》作「可彊」。

〔五〕酒甕飯囊：《論衡》卷一三《別通》：「今則不然，飽食快飲，慮深求卧，腹爲飯坑，腸爲酒囊，是則物也。」《顔氏家訓》卷五《誡兵》：「今世士大夫，但不讀書，即稱武夫兒，乃飯囊酒甕也。」

〔六〕劉陶：字季冶，三國魏淮南成德人。爲人高才而薄行，官至平原太守。事蹟詳《三國志》卷一四《劉曄傳》。

43 晉中朝庾道季云：〔一〕「廉頗、藺相如，〔二〕雖千載死人，〔三〕凜凜如有生氣。〔四〕曹攄、李志，〔五〕雖久在世，〔六〕黯黯如九泉下人。〔七〕〔人〕皆如此，〔八〕便可結繩而理。〔九〕」並抑抗之論也。〔一〇〕

【疏證】

《世説新語·品藻》：「庾道季云：『廉頗、藺相如，雖千載上死人，懍懍恒如有生氣。曹蜍、李志，雖見在，厭厭如九泉下人。人皆如此，便可結繩而治，但恐狐狸猯貉噉盡。』」亦見《藝文類聚》卷二二引《郭子》。

【校注】

〔一〕中朝：南渡以後人對建都在中原的西晉王朝之稱。庾道季：虞龢字道季，祖籍潁川鄢陵。東晉穆帝升平中，爲丹陽尹。廢帝海西公太和初，爲中領軍，卒於官。《晉書》卷七三有傳。今按：余嘉錫《世説新語箋疏·品藻》引程炎震云：「《金樓子》九上引此文……惟云『晉中朝庾道季』，『中朝』字有誤。」

〔二〕廉頗：戰國時趙國人。仕趙守城伐敵，屢有戰功。封信平君，任假相國。後老死於楚。　藺相如：戰國時趙國人。原爲趙宦者令繆賢舍人。趙惠文王時，秦昭王强索趙和氏璧，相如攜璧入秦，又完璧歸趙。後，秦、趙黽池會，相如以大智維護了趙王尊嚴，升上卿。廉頗曾一度嫉妒藺相如功績，後負荆請罪，二人和好。二人事蹟詳《史記》卷八一《廉頗藺相如列傳》。

〔三〕千載：各本同。吴校：「『載』下《世説》有『上』字。」

〔四〕凜凜如：各本同，《世説新語·品藻》作「懍懍恒如」。凜凜，嚴正、剛烈貌。「凜」，通「懍」。

〔五〕攄：重校本、《叢書集成》本、《百子全書》本、龍溪精舍本作「蜍」。吴校：「按『攄』，《世説》作『蜍』。」《世説新語·品藻》劉孝標注：「蜍，曹茂之小字也。《曹氏譜》曰：『茂之字永世，彭城人也。祖韶，鎮東將軍司馬。父曼，少府卿。茂之仕至尚書郎。』《晉百官名》曰：『志字温。祖江夏鍾武人。』《李氏譜》曰：『志祖重，散騎常侍。父慕，純陽令。志仕至員外常侍，南康相。』」余嘉錫《箋疏》：「《金樓子·立言》篇作『曹攄』，或梁元帝所見本與孝標不同。」

〔六〕久：《世説新語·品藻》作「見」。

〔七〕黯黯：重校本、《叢書集成》本、《百子全書》本、龍溪精舍本作「厭厭」。吴校：「《世説》作『厭厭』。」黯黯，沮喪憂愁、無精打采貌。

〔八〕人：底本、《四庫全書》本脱，重校本、《叢書集成》本、《百子全書》本、龍溪精舍本「皆」上有「人」字。吴校：「『皆』上《世説》有『人』字。」今按：以有「人」字爲當，據補。

〔九〕結繩：上古無文字，結繩以記事。古人多以此代指純樸之民風。晉孫綽《喻道論》：「夫時移世異，物有薄淳，結繩之前，陶然太和。」理：各本同，《世説新語・品藻》作「治」，其下尚有「但恐狐狸猯貉噉盡」八字。劉孝標注：「言人皆如曹、李質魯淳慤，則天下無姦民，可結繩致治。然才智無聞，功跡俱滅，身盡於狐狸，無擅世之名也。」

〔一〇〕抑抗之論：意謂非平情之論。《後漢書》卷四〇《班固傳》論曰：「若固之序事，不激詭，不抑抗……信哉其能成名也。」李賢注：「抑，退也；抗，進也。」

44 魏長高有雅體，〔一〕而才學非所經。〔二〕初官出，虞存嘲之曰：〔三〕「與卿約法三章：〔四〕談死，〔五〕文筆刑，〔六〕商畧底罪。〔七〕」魏怡然而笑，無忤於色。更覺長高之爲高，虞存之爲愚也。

【疏證】

《世説新語・排調》：「魏長齊雅有體量，而才學非所經。初宦當出，虞存嘲之曰：『與卿約法三章：談者死，文筆者刑，商畧抵罪。』魏怡然而笑，無忤於色。」

【校注】

〔一〕魏長高：各本同，《世説新語・排調》作「魏長齊」。劉孝標注：「《魏氏譜》曰：『顗字長齊，會稽人。祖胤，處士。父説，大鴻臚卿。顗仕至山陰令。』」余嘉錫《箋疏》：「程炎震云：『《金樓・立言篇》作魏長高。』又云：『更覺長高之爲高，虞存之爲愚也。』則長齊當作長高，草書相近之誤耳。」

〔二〕經：《四庫全書》本作「矜」。經，擅長。見徐震堮《世説新語校箋》附録《詞語簡釋》。

〔三〕虞存：《世説新語・政事》劉孝標注引孫統《存誄叙》曰：「存字道長，會稽山陰人也。祖陽，散騎常侍。父偉，州西曹。存幼而卓拔，風情高逸，歷衛軍長史、尚書吏部。」

〔四〕約法三章：《漢書》卷一《高祖本紀》載：劉邦入咸陽，召諸父老，曰：「與父老約法三章耳：殺人者死，傷人及盗抵罪。」

〔五〕談：指清談玄理。

〔六〕文筆：指寫作詩文。《文心雕龍》卷九《總術》：「今之常言，有文有筆，以爲無韻者筆也，有韻者文也。」本書《立言篇下》第五十一節亦有「文筆」之論。

〔七〕商略：討論。此處指品鑒人物。今按：清談、寫作和品評人物是魏晉時文士風流儒雅之事。魏長高才學不足，不擅此道，故虞存嘲之。　底罪：重校本、《叢書集成》本、《百子全書》本、龍溪精舍本作「抵罪」。吴校：「『商略底罪』，乃『抵罪』之誤。」今按：「底」，通「抵」。《史記》卷八《高祖本紀》司馬貞《索隱》引韋昭曰：「抵，當也。謂使各當其罪。」

45　卞彬爲《禽獸決録》，云「羊淫而狠，豬卑而(攣)〔率〕，鵝頑而傲，狗險而出」，〔一〕皆指斥貴勢。其《蝦蟇科斗賦》云「紆青拖紫，出入苔中」，〔二〕以比當時令僕也；〔三〕「科斗唯唯，〔四〕羣浮闇水，唯朝繼夕，聿役如鬼〔五〕」，比令史、咨事也。〔六〕非不才也，然復安用此才乎？

【疏證】

《南齊書》卷五二《卞彬傳》：「彬頗飲酒，擯棄形骸。……彬又目禽獸云：『羊性淫而狠，豬性卑而率，鵝性頑而傲，狗性險而出。』皆指斥貴勢。其《蝦蟆賦》云：『紆青拖紫，名爲蛤魚。』世謂比令僕也。又云：『科斗唯唯，羣浮暗水，維朝繼夕，聿役如鬼。』比令史、諮事也。文章傳於閭巷。」亦見《太平御覽》卷八八九引卞彬《禽獸決録》。

【校注】

〔一〕「卞彬」五句：各本「出」下有小字云：「案《太平御覽》引齊卞彬《禽獸決録》云：『羊性淫而狠，豬性卑而率，狗性險而出，皆指斥當時貴勢：羊淫狠謂吕文顯，豬卑率謂朱隆之，狗險出謂吕文庶也。』無『鵝頑而傲』句。」卞彬，字士蔚，祖籍濟陰冤句。仕宋爲員外郎。入齊，官至綏建太守。才操不羣，文多指刺。《南齊書》卷五二、《南史》卷七二有傳。又，《南齊書·卞彬傳》及《南史·卞彬傳》、《太平御覽》卷八八九引卞彬《禽獸決録》於「羊」、「豬」、「鵝」、「狗」後均有「性」字，疑此脱。率，粗率，粗劣。各本作「攣」，《南齊書・卞彬傳》、《南史・卞彬傳》、《太平御覽》引卞彬《禽獸決録》均作「率」，此當是涉形而誤，據改。又，出，疑諸本皆爲「拙」之訛，即愚拙。

〔二〕「其《蝦蟇科斗賦》」二句：《蝦蟇科斗賦》，賦名。今不存。蝦蟇，亦作「蛤蟆」。科斗，即蝌蚪。明李時珍《本草綱目》卷四二《蟲四・蝌蚪》：「蝌蚪生水中，蝦蟇、青鼃之子也。……蝌蚪狀如河豚，頭圓，身上青黑色，始出有尾無足，稍大則足生尾脱。」紆青拖紫，蝌蚪身爲青黑色，有尾，游於水中，故稱紆青拖紫。此用以暗指公卿。《文選》卷五四揚子雲《解嘲》：「紆青拖紫，朱丹其轂。」李善注引《東觀漢記》：「印綬，漢制：公侯紫綬，九卿青綬。」苔，本指苔蘚，又諧音雙關「臺」，指朝廷，禁中。

〔三〕令僕：尚書令和尚書僕射。

〔四〕唯唯：《詩經・齊風・敝笱》：「敝笱在梁，其魚唯唯。」鄭玄箋：「唯唯，行相隨順之貌。」

〔五〕聿役如鬼：吴校：「疑。」聿役，蠕動貌。《藝文類聚》卷九五後漢王延壽《王孫賦》：「耳聿役以適知。」

〔六〕令史：掌文書案牘之官。　咨事：詢問政事。此處指以備諮詢的官吏。咨，《南齊書》卷五二《卞彬傳》作「諮」。今按：「諮」，同「咨」。《説文解字・口部》：「謀事曰咨。」

46　蕭賁忌日拜官，〔一〕又經醉自道父名。有人譏此事，賁大笑曰：「不樂而已，〔二〕何妨拜官；温酒之談，〔三〕聊慕言在。」了無作色。賁頗讀書而無行，在家徑偷祖母袁氏物，〔四〕及問其故，具道其母所偷，祖母乃鞭其母。出貨之，所得餘錢，乞問，乃沽酒供醉。本名渙，兄弟共以其憸，〔五〕因（爲呼）〔呼爲〕賁。〔六〕此人非不學，然復安用此學乎？

【校注】

〔一〕蕭賁：字文奐，南蘭陵人。齊竟陵王蕭子良之孫。起家梁湘東王蕭繹法曹參軍。侯景之亂，蕭繹以十萬之師，未戰而退，賁恨而譏之，繹不悦。後以他事被蕭繹收監餓死，又追戮其屍。《南史》卷四四有傳。　忌日：《禮記·祭義》：「君子有終身之喪，忌日之謂也。」鄭玄注：「忌日，親亡之日。」

〔二〕不樂：《禮記·檀弓上》：「子思曰：『喪三日而殯，凡附於身者，必誠必信，勿之有悔焉耳矣。三月而葬，凡附於棺者，必誠必信，勿之有悔焉耳矣。喪三年以爲極，亡則弗之忘矣，故君子有終身之憂，而無一朝之患，故忌日不樂。』」

〔三〕温酒之談：《太平御覽》卷五六二引《世説》曰：「桓玄呼人温酒，自道其父名，既而曰：『英雄正自粗疏。』」今按：桓玄父名温，桓玄自道父名，正與蕭賁自道父名同類，故蕭賁引以自解。

〔四〕徑：各本同。吴校：「『徑』疑作『經』。」　袁氏：蕭子良妃，蕭賁之祖母。《南齊書》卷二〇《武穆裴皇后傳》：「竟陵王子良妃袁氏布衣時有過，后加訓罰。」卷四〇《蕭子良傳》載：「太孫少養於子良妃袁氏，甚著慈愛。」此「袁氏」與本書所指當是同一人。

〔五〕憸：奸佞，邪僻。《説文解字·心部》：「憸，憸詖也。憸利於上，佞人也。」

〔六〕因呼爲賁：各本作「因爲呼賁」，《四庫全書》本作「因呼爲賁」。今按：《四庫全書》本語意順暢，據改。「憸」而呼之爲「賁」，蓋「賁」同「斑」。《集韻・刪韻》：「辬，《説文》：『駁文也。』或作斑。辬，古作賁。」《吕氏春秋》卷二二《慎行論・壹行》：「孔子卜，得《賁》。孔子曰：『不吉。』子貢曰：『夫賁亦好矣，何謂不吉乎？』孔子曰：『夫白而白，黑而黑，夫賁又何好乎？』」高誘注：「賁，色不純也。」陳奇猷《校釋》：「賁、斑音近通假。……賁非本質之正色，故高以色不純爲訓。」清李賡芸《炳燭編・賁》：「蓋賁，固色之不一者，故亦讀爲斑。」

47 世人有才學不勝朋友，而好作文章，苦辱朋友，此謂學螳蜋之鈇，運蛣蜣之甲，〔一〕何足以云。吾少讀兵書，三十餘年，搜纂數千，〔二〕止爲一帙，〔三〕菁華領褏，〔四〕備在其中。性頗尚仁，每宏解網。〔五〕重囚將死，或許伉儷自看；〔六〕城樓夜寒，必綈袍之賜。〔七〕狴牢併遣，〔八〕犴圄空虚。〔九〕盜者更鳴，還取將軍之帳；〔一〇〕姦夫改往，復錫舍人之車。〔一一〕由來此事，差非一揆。〔一二〕但性頗狷急，或有不堪，不欲藴蓄胸襟，須令豁然無滯，將令士庶文武，見我所懷。兵法軍令，省而不煩，此言當矣，乃爲法三章。一曰叛者。去燕就楚，從魏入韓，説趙王之陰謀，〔一三〕燒鄴都之倉廩；〔一四〕故曰叛者死。二曰不附。夫不附者，功成欲受其禄，事亂欲避其禍。玉節猶建，〔一五〕或可畏威；金湯倘覆，急須犇走。雖招厚祿，常歎脂膏，〔一六〕空加隆遇，不酬國士。〔一七〕當小寇馮陵，〔一八〕勤王以及，〔一九〕豈可見拒？抑揚横議，〔二〇〕出入異辭：故曰不附者（死）〔刑〕。〔二一〕三曰違令。麾之不進，〔二二〕鼓之不止；〔二三〕應追白虎，反入青龍；〔二四〕我舉正正之旗，彼往亭亭之地；〔二五〕我攻却月，彼向横雲。〔二六〕百萬之師，復何益也？然而李廣數奇，〔二七〕或非深失；龐涓戰死，偶值伏兵：〔二八〕故曰違令者抵臯。〔二九〕

【校注】

〔一〕「此謂」二句：《資治通鑑》卷一六〇《梁紀十六》「梁武帝太清元年」載：東魏使軍司杜弼作檄移梁朝曰：「舉螳螂之斧，被蛣蜣之甲。」胡三省注：「螳螂舉臂以捍物，微有鋒利，故以諭斧；蛣蜣，蜣蜋也，翼在甲，下故以諭甲。」學，疑爲「舉」之訛。螳蜋之鈇，螳蜋前足似鍘刀，故稱。螳蜋，即螳螂，昆蟲名。鈇，鍘刀。《漢書》卷七六《尹翁歸傳》顔師古注：「鈇，斫莝刃也。」《莊子·人間世》：「汝不知夫螳蜋乎？怒其臂以當車轍，不知其不勝任也。」蛣（jié）蜣（qiāng），俗稱屎殼郎、坌屎蟲。渾身有黑色硬殼，似甲。

〔二〕數千：各本同。吴校：「『千』下疑有『言』字。」

〔三〕止爲一帙：疑指蕭繹爲荆州刺史時所撰之《玉韜》一帙十卷。見本書卷五《著書篇》第十九節。

〔四〕褏：《四庫全書》本作「袖」，《百子全書》本、龍溪精舍本作「裦」。今按：「褏」、「裦」，同「袖」。

〔五〕解網：《史記》卷三《殷本紀》：「湯出，見野張網四面，祝曰：『自天下四方皆入吾網。』湯曰：『嘻，盡之矣！』乃去其三面，祝曰：『欲左，左。欲右，右。不用命，乃入吾網。』諸侯聞之，曰：『湯德至矣，及禽獸。』」

〔六〕「重囚」二句：《太平御覽》卷六四三引《東觀漢記》曰：「鮑昱爲泚陽長。縣人趙堅殺人繫獄，其父母詣昱，自言年七十餘，惟有一子，適新娶，今繫獄當死，長無種類，涕泣求哀。昱憐其言，令將妻入獄，解械止宿，遂任身有子。」

〔七〕必綈袍之賜：各本同。吴校：「『必』下疑有脱字。」綈袍，厚繒製成之袍。《史記》卷七九《范雎傳》載：范雎先事魏須賈，因事遭疑，備受羞辱，遂逃亡秦。「既相秦，秦號曰張禄，而魏不知，以爲范雎已死久矣。魏聞秦且東伐韓、魏，魏使須賈於秦。范雎聞之，爲微行，敝衣間步之邸，見須賈。須賈見之而驚曰：『范叔固無恙乎！』范雎曰：『然。』須賈笑曰：『范叔有説於秦邪？』曰：『不也。雎前日得過於魏相，故亡逃至此，安敢説乎！』須賈曰：『今叔何事？』范雎曰：『臣爲人庸賃。』須賈意哀之，留與坐飲食，曰：『范叔一寒如此哉！』乃取其一綈袍以賜之。」

〔八〕狴牢：《孔子家語》卷一《始誅》王肅注：「狴，獄牢也。」

〔九〕犴圄：犴，《荀子》卷二〇《宥坐》楊倞注：「犴，亦獄也。」圄，《説文解字・幸部》：「圄：囹圄，所以拘罪人。」

〔一〇〕「盜者」二句：《史記》卷七五《孟嘗君列傳》：「（秦昭王）囚孟嘗君，謀欲殺之。孟嘗君使人抵昭王幸姬求解。幸姬曰：『妾願得君狐白裘。』此時孟嘗君有一狐白裘，直千金，天下無雙，入秦獻之昭王，更無他裘。孟嘗君患之，徧問客，莫能對。最下坐有能爲狗盜者，曰：『臣能得狐白裘。』乃夜爲狗，以入秦宫藏中，取所獻狐白裘至，以獻秦王幸姬。幸姬爲言昭王，昭王釋孟嘗君。孟嘗君得出，即馳去，更封傳，變名姓以出關。夜半至函谷關。秦昭王後悔出孟嘗君，求之已去。即使人馳傳逐之。孟嘗君至關，關法雞鳴而出客，孟嘗君恐追至，客之居下坐者有能爲雞鳴，而雞齊鳴，遂發傳出。」又，《淮南子》卷一二《道應》：「楚將子發好求技道之士，楚有善爲偷者往見曰：『聞君求技道之士。臣，偷也，願以技齎一卒。』子發聞之，衣不給帶，冠不暇正，出見而禮之。左右諫曰：『偷者，天下之盜也。何爲之禮！』君曰：『此非左右之所得與。』後無幾何，齊興兵伐楚，子發將師以當之，兵三却。楚賢良大夫皆盡其計而悉其誠，齊師愈强。於是市偷進請曰：『臣有薄技，願爲君行之。』子發曰：『諾。』不問其辭而遣之。偷則夜解齊將軍之幬帳而獻之。子發因使人歸之，曰：『卒有出薪者，得將軍之帷，使歸之於執事。』明又復往取其枕。子發又使人歸之。明日又復往取其簪，子發又使歸之。齊師聞之，大駭，將軍與軍吏謀曰：『今日不去，楚君恐取吾頭。』乃還師而去。」今按：蕭繹此或是合孟嘗君「雞鳴狗盜」事與「楚善爲偷」事於一。

〔一二〕「姦夫」二句：《戰國策》卷一〇《齊三》「孟嘗君舍人有與君之夫人相愛者」章：「孟嘗君舍人有與君之夫人相愛者。或以問孟嘗君曰：『爲君舍人而内與夫人相愛，亦甚不義矣，君其殺之。』君曰：『睹貌而相悦者，人之情也，其錯之勿言也。』居朞年，君召愛夫人者而謂之曰：『子與文游久矣，大官未可得，小官公又弗欲。衛君與文布衣交，請具車馬皮幣，願君以此從衛君游。』于衛甚重。齊、衛之交惡，衛君甚欲約天下之兵以攻齊。是人謂衛君曰：『孟嘗君不知臣不肖，以臣欺君。且臣聞齊、衛先君，刑馬壓羊，盟曰：「齊、衛後世無相攻伐，有相攻伐者，令其命如此。」今君約天下者兵以攻齊，是足下倍先君盟約而欺孟嘗君也。願君勿以齊爲心。君聽臣則可；不聽臣，若臣不肖也，臣輒以頸血湔足下衿。』衛君乃止。齊人聞之曰：『孟嘗君可語善爲事矣，轉禍爲功。』」

〔一二〕一揆：謂同一道理，一個模樣。《孟子・離婁下》：「地之相去也，千有餘里；世之相後也，千有餘歲。得志行乎中國，若合符節，先聖後聖，其揆一也。」

〔一三〕「説趙王」句：似指蘇秦説趙王事。《戰國策》卷三《秦策一》「蘇秦始將連衡」章載：蘇秦以連横説秦惠王失敗後，發奮苦學，「期年揣摩成，曰：『此真可以説當世之君矣！』於是乃摩燕烏集闕，見説趙王於華屋之下，抵掌而談。趙王大悦，封爲武安君。受相印。革車百乘，綿繡千純，白璧百雙，黄金萬溢，以隨其後，約從散横，以抑强秦。故蘇秦相於趙而關不通。」

〔一四〕「燒鄴都」句：似指漢末官渡之戰中許攸説曹操事。《三國志》卷一《武帝紀》：「紹謀臣許攸貪財，紹不能足，來奔，因説公擊瓊等。」裴松之注：「《曹瞞傳》曰：公聞攸來，跣出迎之，撫掌笑曰：『子遠，卿來，吾事濟矣！』……攸曰：『公孤軍獨守，外無救援而糧穀已盡，此危急之日也。今袁氏輜重有萬餘乘，在故市、烏巢，屯軍無嚴備；今以輕兵襲之，不意而至，燔其積聚，不過三日，袁氏自敗也。』公大喜，乃舉精鋭步騎，皆用袁軍旗幟，銜枚縛馬口，夜從間道出，人抱束薪，所歷道有問者，語之曰：『袁公恐曹操鈔畧後軍，遣兵以益備。』聞者信以爲然，皆自若。既至，圍屯，大放火，營中驚亂。大破之，盡燔其糧穀寶貨。」鄴都，在今河北臨漳西南鄴鎮。建安中，曹操爲魏王，定都於此。今按：官渡之戰發生在今河南中牟東北，燒糧草之故市在河南滎陽東北，與本書所謂「鄴都」不合，疑「鄴都」或爲「許都」之訛。

〔一五〕玉節：玉製的符節。古代天子、王侯的使者持以爲憑。《周禮・地官・掌節》：「守邦國者用玉節，守都鄙者用角節。」

〔一六〕「雖招」二句：意謂雖以厚禄招之，而其人不知足。脂膏，比喻富貴境地。《後漢書》卷三一《孔奮傳》：「（建武）八年，賜爵關内侯。時天下擾亂，惟河西獨安，而姑臧稱爲富邑，通貨羌胡，市日四合，每居縣者，不盈數月輒致豐積。奮在職四年，財産無所增。……時天下未定，士多不修節操，而奮力行清潔，爲衆人所笑，或以爲身處脂膏，不能以自潤，徒益苦辛耳。」

〔一七〕「空加」二句：意謂加其人以隆遇，却得不到相應的報答。國士：一國中才能最優秀的人才。《戰國策》卷一八《趙一》「晉畢陽之孫豫讓」章載：豫讓爲智伯復仇，多次刺殺趙襄子不成，趙襄子面數豫讓，豫讓曰：「臣事范、中行氏，范、中行氏以衆人遇臣，臣故衆人報之；知伯以國士遇臣，臣故國士報之。」

〔一八〕馮陵：横行，猖獗。《文選》卷五八王仲寶《褚淵碑文》張銑注：「憑陵，勇暴貌也。」今按：「馮」、「憑」古今字。

〔一九〕勤王：指君主的統治受到威脅而動摇時，臣子起兵救援。

〔二〇〕橫議：放肆地議論。《孟子》卷六《滕文公下》：「聖王不作，諸侯放恣，處士橫議，楊朱、墨翟之言盈天下。」

〔二一〕刑：各本作「死」。吴校：「『死』疑作『刑』。」今按：蕭繹以爲治軍簡明爲要，故模仿劉邦入關之「約法三章」——「殺人者死，傷人及盜抵罪」，後世或有化作「死」、「刑」、「抵罪」三等刑法者。本節前已經稱「叛者死」，此不當又稱「不附者死」，故吴校有理，今改「死」作「刑」。

〔二二〕麾：《玉篇・麻部》：「麾，指麾也。」

〔二三〕鼓：指擊鼓使進。《周易・中孚卦》：「六三，得敵，或鼓或罷，或泣或歌。」

〔二四〕「應追」二句：指應追向右邊，結果去了左邊。青龍、白虎：飾有青龍、白虎圖案的軍旗。此指左邊和右邊。《禮記・曲禮上》：「行，前朱鳥而後玄武，左青龍而右白虎。」陳澔《集説》：「朱鳥、玄武、青龍、白虎，四方宿名也，以爲旗章。」《吴子・治兵》：「必左青龍，右白虎；前朱雀，後玄武；招摇在上，從事於下。」

〔二五〕「我舉」二句：指本應指揮軍隊去往平地，反而去了高地。正正，《孫子・軍争》：「無邀正正之旗，勿擊堂堂之陳。」曹操注：「正正，齊也。」《太平御覽》卷三〇一引《兵書要決》曰：「孫子稱：『無要正正之旗，無擊堂堂之陣。』正正之旗者，謂行軍也，前後正治，故不可要而擊之也；堂堂之陣者，謂營軍也，堂堂不冒亂者，不可就而擊之。」亭亭，《文選》卷二張平子《西京賦》：「干雲霧而上達，狀亭亭以苕苕。」薛綜注：「亭亭、苕苕，高貌也。」蕭繹《馳檄告四方》：「舉整整之旗，掃亭亭之氣。」

〔二六〕却月：指如半月的陣形。《宋書》卷四八《朱齡石傳》：「高祖乃遣白直隊主丁旿，率七百人，及車百乘，于河北岸上，去水百餘步，爲却月陣，兩頭抱河，車置七仗士，事畢，使豎一白毦。」梁吴均《從軍行》：「陳頭横却月，馬腹帶連錢。」蕭繹《藩難未静述懷詩》：「溪雲連陣合，却月半山空。」　横雲：直綫形，亦指陣形。庾信《庾開府集》卷七《周使持節大將軍廣化郡開國公丘乃敦崇傳》：「澆沙聚石之營，却月横雲之陣。」

〔二七〕李廣：隴西成紀人，西漢名將。文帝時，爲武騎常侍。景帝時任隴西、北地、雁門等郡太守。武帝時，入爲未央衛尉。後爲右北平太守。猿臂善射，愛撫士卒。匈奴畏懼，稱之爲飛將軍。然終未封侯。元狩四年，從大將軍衛青擊匈奴，以行軍迷失道路，被責赴幕府對簿，自殺。《史記》卷一〇九、《漢書》卷五四有傳。　數奇：《漢書》本傳：「大將軍陰受上指，以爲李廣數奇，毋令當單于，恐不得所欲。」顔師古注：「言廣命隻不耦合也。」

〔二八〕「龐涓」二句：《史記》卷六五《孫子吴起列傳》載：魏與趙攻韓，齊使田忌將救韓。孫子建議田忌用減竈之法吸引魏軍，魏將龐涓中計。「孫子度其行，暮當至馬陵。馬陵道狹，而旁多阻隘，可伏兵，乃斫大樹白而書之曰『龐涓死於此樹之下』。於是令齊軍善射者萬弩，夾道而伏，期曰『暮見火舉而俱發』。龐涓果夜至斫木下，見白書，乃鑽火燭之。讀其書未畢，齊軍萬弩俱發，魏軍大亂相失。龐涓自知智窮兵敗，乃自剄，曰：『遂成豎子之名！』」

〔二九〕辠：《説文解字·辛部》：「辠，犯法也。从辛从自。言辠人蹙鼻苦辛之憂。秦以辠似皇字，改爲罪。」

48 曾子曰：〔一〕「昔楚人掩口而言，〔二〕欲以説王，王以爲慢，〔三〕遂加之誅。」衛太子以紙閉鼻，〔四〕漢武帝謂聞己之臭，〔五〕又致大辠。二者事殊而相似，時異而怨同。〔六〕

【疏證】

《韓非子》卷一〇《内儲説下・六微》：「荆王所愛妾有鄭袖者，荆王新得美女，鄭袖因教之曰：『王甚喜人之掩口也，爲近王，必掩口。』美女入見，近王，因掩口。王問其故，鄭袖曰：『此固言惡王之臭。』及王與鄭袖、美女三人坐，袖因先誡御者曰：『王適有言，必亟聽從王言。』美女前，近王甚，數掩口。王悖然怒曰：『劓之！』御因揄刀而劓美人。」

《太平御覽》卷三六七引《三輔故事》曰：「衛太子嶽鼻。太子來省疾，至甘泉宫，江充告太子勿入，陛下有詔，惡太子鼻嶽，以紙蔽其鼻。充語武帝曰：『太子不欲聞陛下膿臭，故蔽鼻。』武帝怒太子，太子走還。」

【校注】

〔一〕曾子：名參，字子輿，春秋末魯國南武城人。孔子弟子。《史記》卷六七《仲尼弟子列傳》有傳。今按：下文「昔楚人」云云，蓋本之《韓非子》，則此「曾子」當是「韓子」，或蕭繹偶誤。誤記。

〔二〕掩口：《禮記・曲禮上》：「長者與之提攜，則兩手奉長者之手。負劍辟咡。詔之，則掩口而對。」孔穎達疏：「必教之使掩口而對，恐氣觸人也。」

〔三〕慢：《玉篇·心部》：「慢，輕侮也。」

〔四〕衛太子：即戾太子劉據。漢武帝長子。元狩初立爲太子。武帝末年，江充用事。征和二年（前九一）巫蠱之禍起，據爲江充所誣，舉兵斬充，與丞相劉屈氂戰於長安，兵敗自經死。後武帝知其冤，族滅江充家。宣帝即位，追謚戾。《漢書》卷六三《武五子傳》有傳。　閉：各本同。《太平御覽》卷三六七引《三輔故事》作「蔽」。

〔五〕漢武帝：即劉徹，西漢皇帝，景帝中子。在位五十四年。崩，謚孝武，廟號世宗。《史記》卷一二、《漢書》卷六有紀。

〔六〕怨：通「冤」，冤屈。

立言篇九下

1 魏明修許昌宮，〔一〕作景福、承光、永寧、昌宴、百子、延休諸殿，〔二〕築建神芝觀；又作長壽、康樂、永休、宜昌諸堂，建承露盤；〔三〕穿虞淵池，〔四〕激引流川，蛟龍吐水，〔五〕珍木芳草，周環後庭。嗚呼！足稱過差者矣。〔六〕

【校注】

〔一〕魏明：魏明帝曹叡，字元仲。好治宮室，能詩文，在位十三年。《三國志》卷三有紀。《三國志·明帝紀》：「（太和六年九月）行幸摩陂，治許昌宮，起景福、承光殿。」

〔二〕「作景福」句：《藝文類聚》卷六二引魏韋誕《景福殿賦》曰：「又有外城金狄，詭貌殊姿，列於應門，肅有容威。若乃離殿別館，粲如列星。安昌、延休、清宴、永寧，美百號之特居，嘉休祥之令名。」《初學記》卷二四引《洛陽宮殿簿》曰：「（許昌）永寧宮有景福殿、安昌殿、延休殿。」《文選》卷一一何平叔《景福殿賦》：「右个清宴，西東其宇。連以永寧，安昌臨圃。」李善注：「清宴，殿名。……《洛陽宮殿簿》曰：許昌宮永寧殿七間，安昌殿十間。」今按：魏明帝許昌宮有安昌、清宴殿，無昌宴殿，疑「昌宴」爲「安昌、清宴」之脱誤。

〔三〕承露盤：漢武帝於建章宮築神明臺，立銅仙人舒掌捧銅盤承接甘露，冀飲以延年。魏明帝亦於芳林園置承露盤。《漢書》卷二五《郊祀志上》：「其後又作柏梁、銅柱、承露仙人掌之屬矣。」顔師古注：「蘇林曰：『仙人以手掌擎盤承甘露。』師古曰：『《三輔故事》云建章宫承露盤高二十丈，大七圍，以銅爲之，上有仙人掌承露，和玉屑飲之。』」《三國志》卷三《明帝紀》裴松之注引《魏畧》載：太子舍人張茂以明帝盛興宫室，乃上書諫曰：「陛下不兢兢業業，念崇節約，思所以安天下者，而乃奢靡是務，中尚方純作玩弄之物，炫燿後園，建承露之盤，斯誠快耳目之觀，然亦足以騁寇讎之心矣。」各本「鎜」下有小字云：「案《三國志》作『盤』。」

〔四〕虞淵：《文選》卷一一何平叔《景福殿賦》：「爾乃建淩雲之層盤，浚虞淵之靈沼。清露瀼瀼，渌水浩浩。樹以嘉木，植以芳草。」李善注：「虞淵，靈沼名也。韋仲將《景福殿賦》曰：『虞淵靈沼，渌水泱泱。』」

〔五〕蛟龍吐水：《文選》卷一一何平叔《景福殿賦》：「若乃虯龍灌注，溝洫交流。」李善注：「言爲虯龍之形，吐水灌注，以成溝洫，交横而流。」

〔六〕過差：過分，失度。《尚書·胤征》「羲和湎淫，廢時亂日」，孔安國傳：「沈湎於酒，過差非度。」

2 老子云「生之徒，十有三；死之徒，十有三」，〔一〕而人莫能向生之徒也。夫水之性也，寂寥長邁，〔二〕此其本性也。其波濤鼓怒，頽山穴石，蓋有以云耳。〔三〕

【疏證】

《老子》第五〇章：「出生入死。生之徒，十有三；死之徒，十有三；人之生，動之於死地，亦十有三。」

【校注】

〔一〕「老子」句：十有三，一説爲十分之三，見任繼愈《老子新譯》；一説爲十三，「有」同「又」，見最早解釋《老子》的《韓非子》。《韓非子》卷六《解老》：「人始於生而卒於死。始之謂出，卒之謂入。故曰：『出生入死。』人之身三百六十節，四肢九竅，其大具也。四肢與九竅十有三者，十有三者之動静盡屬於生焉。屬之謂徒也，故曰：『生之徒也，十有三者。』至其死也，十有三具者皆還而屬之於死，死之徒亦有十三。故曰：『生之徒十有三，死之徒十有三。』凡民之生生，而生者固動，動盡則損也；而動不止，是損而不止也。損而不止則生盡，生盡之謂死，則十有三具者皆爲死死地也。故曰：『民之生生而動，動皆之死地之十有三。』」老子，即老聃，姓李名耳，字聃，春秋時楚國苦縣人。曾任周守藏室之史。孔子曾向他問禮。一説即老萊子，一説周太史儋。著《道德經》五千言，亦名《老子》。《史記》卷六三有傳。徒，通「塗」。

〔二〕寂寥長邁：《文選》卷五左太沖《吴都賦》：「濆薄沸騰，寂寥長邁。」李周翰注：「寂寥，無聲也；邁，行也。言衆水混合，既入廣大之處，無沸騰之聲，澹然常行也。」

〔三〕有以：各本同。吴校：「『有以』下疑有脱字。」今按：「有以」，古籍多見，作「有故」解，未必有脱字。

3 金樽玉盃，不能使薄酒更厚；鑾輿鳳駕，不能使駑馬健捷。有是哉！右手吹竽，左手擊節，必不諧矣。〔一〕

【疏證】

《文選》卷二七江文通《望荆山》詩李善注引曹植樂府詩曰：「金樽玉杯，不能使薄酒更厚。」

【校注】

〔一〕「右手」三句：《韓非子》卷八《功名》：「右手畫圓，左手畫方，不能兩成。」

4 《吕覽》云：〔一〕「衣人在寒，食人在饑。」陳思王云：〔二〕「投虎千金，不如一豚肩；〔三〕寒者不思尺璧，而思襁衣，足也。〔四〕」

【疏證】

《吕氏春秋》卷八《仲秋紀·愛士》：「衣人以其寒也，食人以其饑也。」

《藝文類聚》卷五引陳王曹植《表》曰：「臣聞寒者不貪尺玉，而思短褐；饑者不願千金，而美一飡。夫千金、尺玉至貴，而不若一飡、短褐者，物有所急也。」亦見賈思勰《齊民要術》序。

【校注】

〔一〕《吕覽》：即《吕氏春秋》。戰國末秦相吕不韋召集門客編寫的一部雜家類著作。

〔二〕陳思王：即曹植。植字子建，沛國譙人，曹操子。初封平原侯，徙封臨淄侯。兄曹丕廢漢自立後，植備受猜忌。明帝即位，徙封東阿，又改封陳王，鬱鬱而終。謚思，世稱陳思王。《三國志》卷一九有傳。

〔三〕豚肩：猪腿。《太平御覽》卷八九一：「《吕氏春秋》曰：『衣人在寒，食人在饑。』陳思稱：『投虎千金，不如一豚肩。』」今按：疑《太平御覽》引自《金樓子》而脱書名。

〔四〕襁衣：《藝文類聚》卷五引陳王曹植《表》、賈思勰《齊民要術》序作「短褐」。襁，同「繦」。《説文解字·衣部》：「繦，負兒衣。」

5 千里之路，不可別以準繩；〔一〕萬家之邦，不可（不）明〔以〕曲直。〔二〕

【疏證】

《管子》卷四《宙合》：「苟大意得，不以小缺爲傷。聖人美而著之曰：『千里之路，不可扶以繩；萬家之都，不可平以準。』」

【校注】

〔一〕「千里」二句：《管子》卷四《宙合》唐尹知章注：「繩直千里，路必窮也。」

〔二〕「萬家」二句：《管子》卷四《宙合》唐尹知章注：「平準萬家，居必塞也。」今按：據《管子》卷四《宙合》及唐尹知章注，《管子》原意是萬物取其大意，不以小缺爲傷。原文「萬家之邦，不可不明曲直」意與此反，故「不可不明」當作「不可明以」，下「不」字衍，今刪。又「曲直」上補「以」字以與「不可別以準繩」句一律。

6 凡爲善難，任善易。奚以知之？今與驥俱走，人不勝驥矣；〔一〕若夫居於車上，驥不勝人矣。夫人主亦有車，〔二〕無去其車，〔三〕則衆善皆盡力竭能矣。

【疏證】

《吕氏春秋》卷一七《審分覽·審分》：「凡爲善難，任善易。奚以知之？人與驥俱走，則人不勝驥矣；居於車上而任驥，則驥不勝人矣。人主好治人臣之事，則是與驥俱走也，必多所不及矣。夫人主亦有居車，無去車，則衆善皆盡力竭能矣。」

【校注】

〔一〕「今與」：《吕氏春秋》卷一七《審分覽·審分》高誘注：「言君好爲人臣之官事，是謂與驥俱走，無以勝之也。」

〔二〕車：比喻權勢。《韓非子》卷一三《外儲説右上》：「國者，君之車也；勢者，君之馬也。夫不處勢以禁誅擅愛之臣，而必德厚以與天下齊行以争民，是皆不乘君之車，不因馬之利，釋車而下走者也。」《淮南子》卷九《主術》：「權勢者，人主之車輿；爵禄者，人臣之轡銜也。是故人主處權勢之要，而持爵禄之柄，審緩急之度，而適取予之節，是以天下盡力而不倦。」

〔三〕去：《吕氏春秋》卷一七《審分覽·審分》高誘注：「去，猶釋也。去，讀去就之去。」

7　秋早寒則冬必暖，〔一〕春雨多則夏必旱，天地不能兩，〔二〕而況於人乎？

【疏證】

《吕氏春秋》卷二《仲春紀·情欲》：「秋早寒則冬必暖矣，春多雨則夏必旱矣，天地不能兩，而況於人類乎？」

【校注】

〔一〕早：各本同，龍溪精舍本作「旱」，疑訛。

〔二〕「天地」句：各本同。吴校：「『兩』下疑有脱誤。」今按：原文意謂天地不能秋早寒而冬也寒，春多雨而夏亦多雨。吴校疑所不當疑。

8　天道圜而地道方。何以説天道之圜也？精氣一上一下，〔一〕圜周復雜，無所稽留，〔二〕故曰天道圜。何以説地道之方也？萬物殊類殊形，皆有分職，〔三〕故曰地道方。

【疏證】

《吕氏春秋》卷三《季春紀・圜道》：「天道圜，地道方。聖王法之，所以立上下。何以説天道之圜也？精氣一上一下，圜周復雜，無所稽留，故曰天道圜。何以説地道之方也？萬物殊類殊形，皆有分職，不能相爲，故曰地道方。」

【校注】

〔一〕精氣：《周易・繫辭上》：「精氣爲物，遊魂爲變。」孔穎達疏：「云精氣爲物者，謂陰陽精靈之氣，氤氲積聚而爲萬物也。」

〔二〕「圜周」二句：《吕氏春秋》卷三《季春紀・圜道》高誘注：「雜，猶匝。無所稽留，運不止也。」

〔三〕分職：各司其職。《吕氏春秋》卷三《季春紀・圜道》高誘注：「不能相爲，不能相兼。」

9　夫以衆勇，無所畏乎孟賁矣；〔一〕以衆力，無所畏乎烏獲矣；〔二〕以衆視，無以畏乎離婁矣；〔三〕以衆智，無以畏乎堯舜矣。〔四〕〔夫以衆者，〕此君人者之大寶也。〔五〕

【疏證】

《呂氏春秋》卷四《孟夏紀·用衆》：「故以衆勇，無畏乎孟賁矣；以衆力，無畏乎烏獲矣；以衆視，無畏乎離婁矣；以衆知，無畏乎堯舜矣。夫以衆者，此君人之大寶也。」

【校注】

〔一〕孟賁：傳爲戰國時衛國人，一説齊國人。《呂氏春秋》卷四《孟夏紀·用衆》高誘注：「孟賁，古大勇士。」《太平御覽》卷四三七引劉向《新序》曰：「夫勇士孟賁，水行不避蛟龍，陸行不避虎狼，發怒吐氣，聲響動天。」

〔二〕烏獲：戰國時秦國人。《呂氏春秋》卷四《孟夏紀·用衆》高誘注：「烏獲，有力人，能舉千鈞。」《史記》卷五《秦本紀》：「武王有力好戲，力士任鄙、烏獲、孟説皆至大官。」

〔三〕離婁：《呂氏春秋》卷四《孟夏紀·用衆》高誘注：「離婁，黄帝時明目人，能見針末於百步之外。」《孟子·離婁上》焦循《正義》：「離婁，古之明目者，黄帝時人也。黄帝亡其玄珠，使離朱索之。離朱，即離婁也，能視於百步之外，見秋毫之末。」

〔四〕「以衆智」三句：《呂氏春秋》卷四《孟夏紀·用衆》高誘注：「堯、舜，聖帝也。言百發之中，必有羿、逢蒙之功；衆知之中，必有與聖人同。故曰『無畏於堯舜也』。」

〔五〕「夫以」二句：原文脱「夫以衆者」四字，《呂氏春秋》卷四《孟夏紀·用衆》「此君」上有「夫以衆者」。今按：當據補以完足語意。高誘注：「《淮南記》曰：『萬人之衆無廢功，千人之衆無絶良。』故人君以衆爲大寶也。」

10 有以乘舟死者，欲禁天下之船；有以用兵喪其國者，欲偃天下之兵。譬之若水火，能善用之則爲福，不能善用則爲禍。義兵之爲天下良藥也，〔一〕亦大（也）〔矣〕。〔二〕

【疏證】

《吕氏春秋》卷七《孟秋紀・蕩兵》：「夫有以噎死者，欲禁天下之食，悖；有以乘舟死者，欲禁天下之船，悖；有以用兵喪其國者，欲偃天下之兵，悖。夫兵不可偃也，譬之若水火然，善用之則爲福，不能用之則爲禍；若用藥者然，得良藥則活人，得惡藥則殺人。義兵之爲天下良藥也，亦大矣。」

【校注】

〔一〕良藥：《吕氏春秋》卷七《孟秋紀・蕩兵》高誘注：「義兵除天下之兇殘，解百姓之倒懸而生育之，故方之於良藥。」

〔二〕矣：各本作「也」。吴校：「『也』疑作『矣』。」今按：《吕氏春秋》卷七《孟秋紀・蕩兵》作「矣」，且前有

「也」字，當不重複，據改。

11　**夫吞舟之魚，〔一〕不游清流；鴻鵠高飛，不就茂林。何則？其志極遠。牛刀割雞，〔二〕矛戟採葵，〔三〕甚非謂也。〔四〕**

【疏證】

《説苑》卷七《政理》：「楊朱見梁王，言治天下如運諸掌然。梁王曰：『先生有一妻一妾不能治，三畝之園不能芸，言治天下如運諸手掌，何以？』楊朱曰：『臣有之。君不見夫羊乎？百羊而羣，使五尺童子荷杖而隨之，欲東而東，欲西而西。君且使堯牽一羊，舜荷杖而隨之，則亂之始也。臣聞之，夫吞舟之魚不游淵，鴻鵠高飛，不就汙池，何則？其志極遠也。黄鐘大吕，不可從繁奏之舞，何則？其音疏也。將治大者不治小，成大功者不小苛，此之謂也。』」亦見《列子·楊朱》。

《論衡》卷三〇《自紀》：「牛刀割雞，舒戟采葵，鈇鉞裁箸，盆盎酌卮，大小失宜，善之者希。」

【校注】

〔一〕吞舟之魚：《淮南子》卷九《主術》：「吞舟之魚，蕩而失水，則制於螻蟻，離其居也。」高誘注：「魚能吞舟，言其大也。」

〔二〕牛刀割雞：比喻大材小用。《論語·陽貨》：「子之武城，聞弦歌之聲。夫子莞爾而笑曰：『割雞焉用牛刀？』」《太平御覽》卷九八〇引《物理論》曰：「夫解小而引大，了淺而伸深，猶以牛刀割雞，長殳刈薺。」

〔三〕矛戟採葵：比喻用非所以。葵，蔬菜名。《詩經·豳風·七月》：「七月亨葵及菽。」

〔四〕非謂：猶無謂，沒有意義。

12 昔有假人於越而救溺子，越人雖善游，子必不生矣。失火而取水於海，海水雖多，火必不滅矣，遠水不可救近火也。

【疏證】

《韓非子》卷七《說林上》：「魯穆公使衆公子或宦於晉，或宦於荆。犁鉏曰：『假人於越而救溺子，越人雖善游，子必不生矣。失火而取水於海，海水雖多，火必不滅矣，遠水不救近火也。今晉與荆雖强，而齊近，魯患其不救乎！』」

13 夫奔車之（士）上無仲尼，〔一〕覆（車）〔舟〕之（士）下無伯夷。〔二〕故號令者，國之舟車也。安則廉貞生，危則爭鄙起矣。

【疏證】

《韓非子》卷八《安危》：「奔車之上無仲尼，覆舟之下無伯夷。故號令者，國之舟車也。安則智廉生，危則争鄙起。」

【校注】

〔一〕上：底本、《四庫全書》本作「士上」，重校本、《叢書集成》本、《百子全書》本、龍溪精舍本此句與下文兩「士」字並無。吴校：「『夫奔車之士上無仲尼覆舟之士』，兩『士』字並疑衍。」今按：《韓非子》卷八《安危》無兩「士」字，據删。仲尼：即孔子。名丘，字仲尼，魯國昌平鄉陬邑人。儒家的創始者，歷代尊爲聖人。《史記》卷四七有傳。

〔二〕覆車：各本作「覆舟」。《四庫全書》本「車」下有小字云：「案『覆車』據下文疑當作『覆舟』，與上『奔車』對文。」今按：《韓非子》卷八《安危》作「覆舟」，且「舟」與下文「舟車」之「舟」呼應，故作「舟」是，據改。伯夷：商末孤竹國君之子。相傳伯夷父遺命立其弟叔齊爲君，叔齊讓伯夷，伯夷遁去，叔齊亦不立而相與往歸西伯。周武王伐紂，兩人叩馬諫，以爲不仁。及周滅商，夷、齊恥食周粟而餓死於首陽山。《史記》卷六一有二人傳。

14　管仲有言：〔一〕「無翼而飛者，聲也；〔二〕無根而固者，情也。〔三〕」然則聲不假翼，

其飛甚易；情不待根，其固非難。以之垂文，〔四〕可不慎歟？〔五〕

【疏證】

《文心雕龍》卷九《指瑕》：「管仲有言：『無翼而飛者，聲也；無根而固者，情也。』然則聲不假翼，其飛甚易；情不待根，其固匪難。以之垂文，可不慎歟！」

【校注】

〔一〕管仲：名夷吾，又名敬仲，字仲，謚號敬，史稱管子，春秋時齊國潁上人。曾經鮑叔牙力薦，爲齊國上卿，後輔佐齊桓公成爲春秋時首位霸主。《史記》卷六二有傳。《管子》卷一〇《戒》：「管仲復於桓公曰：『無翼而飛者，聲也；無根而固者，情也；無方而富者，生也。公亦固情謹聲，以嚴尊生，此謂道之榮。』」

〔二〕無翼而飛：《管子》卷一〇《戒》唐尹知章注：「出言門庭，千里必應，故曰『無翼而飛』。」

〔三〕無根而固：《管子》卷一〇《戒》唐尹知章注：「同舟而濟，胡越不患異心，知其情也，故曰『無根而固』。」

〔四〕垂文：著文傳於後世。

〔五〕「可不」句：吴校：「按此合下『古來文士』一條並《文心雕龍·指瑕篇》語，疑誤入。」孫詒讓《札迻》卷一〇《金樓子·立言篇九下》：「此章與下章『古來文士異世爭驅』云云，當並爲一條，皆《文心雕龍·

指瑕篇》文。劉彦和時代較元帝略前，故此節之。」今按：《太平御覽》卷九四五引「陳思之文，羣才之儁也」云云，標明出自《金樓子》。故知此條不是四庫館臣誤入，而是《金樓子》摘取《文心雕龍》，孫詒讓説是。

15　古來文士，異世争驅，〔一〕而慮動難（固）〔圓〕，〔二〕鮮無瑕病。陳思之文，羣才之儁也，〔三〕《武帝誄》云「尊靈永蟄」，〔四〕《明帝頌》云「聖體浮輕」。〔五〕「浮輕」有似於蝴蝶，〔六〕「永蟄」可擬於昆蟲，〔七〕施之尊極，〔八〕不其嗤乎？〔九〕

【疏證】

《文心雕龍》卷九《指瑕》：「古來文才，異世争驅。或逸才以爽迅，或精思以纖密，而慮動難圓，鮮無瑕病。陳思之文，羣才之俊也，而《武帝誄》云『尊靈永蟄』，《明帝頌》云『聖體浮輕』。『浮輕』有似於蝴蝶，『永蟄』頗疑於昆蟲，施之尊極，豈其當乎？」

【校注】

〔一〕「異世」句：各本同。吴校：「此下《文心雕龍》有『或逸才以爽迅，或精思纖密』二句。」

〔二〕動：清劉淇《助字辨略》卷三「動」字條：「《漢書·食貨志》：『又動欲慕古，不度時宜。』……凡云動者，即兼動輒之意，乃省文也。動，舉動也；輒，即也。言每舉動即如此也。」圓：各本作「固」。吴校：「『固』疑作『圓』」。今按：吴校是，《文心雕龍》卷九《指瑕》作「圓」，據改。圓，周到。

〔三〕儁：各本同，《文心雕龍》卷九《指瑕》、《太平御覽》卷九四五引《金樓子》作「俊」。今按：「儁」、「俊」通。

〔四〕尊靈永蟄：意指尊貴的英靈永遠蟄伏。曹植《武帝誄》：「潛闥一扃，尊靈永蟄。」

〔五〕聖體浮輕：指聖王的身體浮輕。吴校：「董斯張曰：考曹集『聖體浮輕』，語出《獻襪頌》，彦和誤引。」今按：《藝文類聚》卷七〇引魏曹植《冬至獻襪頌》曰：「翱翔萬域，聖體浮輕。」是劉勰誤引，蕭繹沿誤。

〔六〕浮輕：各本同，《四庫全書》本脱此二字，而於上文「浮輕」下有小字云：「案此下應疊『浮輕』二字與下文作對句。」

〔七〕「永蟄」句：《顏氏家訓》卷四《文章》：「陳思王《武帝誄》，遂深永蟄之思；潘岳《悼亡賦》，乃愴手澤之遺：是方父於蟲，匹婦於考也。」可，各本同，《文心雕龍》卷九《指瑕》、《太平御覽》卷九四五引《金樓子》作「頗」。擬，《文心雕龍》卷九《指瑕》作「疑」。

〔八〕極：各本「極」下有小字云：「案《太平御覽》作『德』。」今按：宋本《太平御覽》作「極」。

〔九〕嗤：各本同，《太平御覽》卷九四五引《金樓子》作「蚩」。今按：「蚩」、「嗤」通。

16 夫翠餙羽而體分，〔一〕象美牙而身喪，蚌懷珠而致剖，蘭含香而遭焚，膏以明而自煎，〔二〕桂以蠹而成疾：〔三〕並求福而得禍。衣錦尚褧，〔四〕惡其文之著也。

【疏證】

揚雄《太玄賦》：「薰以芳而致燒兮，膏含肥而見焫。翠羽媺而殃身兮，蚌含珠而擘裂。」又畧見《太平御覽》卷九八三引《蘇子》。

《禮記·中庸》：「《詩》曰『衣錦尚絅』，惡其文之著也。」

【校注】

〔一〕翠：《說文解字·羽部》：「翠，青羽雀也。」　餙：《四庫全書》本、重校本、《叢書集成》本、《百子全書》本作「飾」。今按：「餙」、「飾」同。

〔二〕自：各本同，《緯畧》卷一二、《太平御覽》卷九五七、《天中記》卷五一引《金樓子》作「遂」。

〔三〕蠹：《漢書》卷九五《南粵傳》：「謹北面因使者獻白璧一雙，翠鳥千，犀角十，紫貝五百，桂蠹一器」顏師古注：「應劭曰：『桂樹中蝎蟲也。』蘇林曰：『漢舊常以獻陵廟，載以赤轂小車。』師古曰：『此蟲食桂，故味辛，而漬之以蜜食之也。』」

〔四〕褧（jiǒng）：麻布單罩衣。《詩經·衛風·碩人》：「碩人其頎，衣錦褧衣。」毛傳：「夫人德盛而尊，嫁則錦衣加褧襜。」鄭玄箋：「國君夫人翟衣而嫁。今衣錦者，在塗之所服也。」明楊慎《升庵經說·毛詩·

褧衣》：「褧衣，或作絅衣，《説文》作檾衣，《儀禮》作潁衣，又作景衣，音義並同，皆嫁時在途之衣也。」

17 夫辟狸之不可使搏（雞）甝，牛之不可使捕鼠。〔一〕今人才有欲平九州、并方外，〔二〕責之以細事，是猶用鈇斤剪毛髮也。〔三〕

【疏證】

《淮南子》卷九《主術》：「譬猶狸之不可使搏牛，虎之不可使搏鼠也。今人之才，或欲平九州，并方外，存危國，繼絶世，志在直道正邪，決煩理挐，而乃責之以閨閤之禮，奥窔之間；或佞巧小具，諂進愉説，隨鄉曲之俗，卑下衆人之耳目，而乃任之以天下之權，治亂之機：是猶以斧劗毛，以刀伐木也，皆失其宜矣。」

【校注】

〔一〕「夫辟」二句：《太平御覽》卷九一二引《金樓子》作「狸之不可棲處，牛不可使捕鼠」。今按：據《淮南子》卷九《主術》，意謂狸不可搏牛，虎不能捕鼠。故疑《太平御覽》卷九一二引《金樓子》「棲處」是「搏甝」形誤。「雞」字是衍文。辟，通「譬」，《集韻・寘韻》：「譬，《説文》『諭也』，或作『辟』。」甝（hán），《爾雅・釋獸》：「甝，白虎。」

〔二〕九州：古代分中國爲九州。説法不一。《尚書·禹貢》作冀、兖、青、徐、揚、荆、豫、梁、雍；《爾雅·釋地》有幽、營州而無青、梁州；《周禮·夏官·職方》有幽、并州而無徐、梁州。後以「九州」泛指天下。并：王念孫《讀書雜誌·淮南内篇第九·主術》「并方外」條：「并本作從，從猶服從。襄十年《左傳》注：『從，猶服也。』言使方外之國服從也。」方外：域外，邊遠地區。《史記》卷六〇《三王世家》：「遠方殊俗，重譯而朝，澤及方外。」

〔三〕鈇：《百子全書》本、龍溪精舍本作「鐵」。

18　夫據幹窺井，〔一〕雖通視不能見其（情）〔睛〕，〔二〕借明於鏡以照之，則（分寸）〔寸分〕可察也。〔三〕吞舟之魚，蕩而失水，則制於螻蟻，〔四〕離其處也；猿狖失木，擒於狐狸，非其所也。故十圍之木，持千鈞之屋；五寸之楗，制九重之城。〔五〕豈其才之足任哉？所居得其要也。

【疏證】

《淮南子》卷九《主術》：「夫據除而窺井底，雖達視猶不能見其睛，借明於鑒以照之，則寸分可得而察也。……吞舟之魚，蕩而失水，則制於螻蟻，離其居也；猿狖失木，而禽於狐狸，非其處也。……是故十圍之木，持千鈞之屋；五寸之鍵，制開闔之門。豈其材之巨小足哉？所居要也。」亦見《説苑》卷一六《談叢》、《文子》卷一一《上義》。

【校注】

〔一〕幹：《莊子・秋水》：「出跳樑乎井幹之上，入休乎缺甃之崖。」陸德明《經典釋文》：「司馬云：井欄也。」

〔二〕通視：《淮南子》卷九《主術》作「達視」。　睛：各本作「情」，《淮南子》卷九《主術》作「睛」。今按：作「睛」是，據改。《淮南子》卷九《主術》高誘注：「睛，目瞳子也。」

〔三〕寸分：各本作「分寸」，《淮南子》卷九《主術》作「寸分」。今按：作「寸分」是，據改。《淮南子》卷九《主術》高誘注：「分，毛也。一曰疵。」寸分，短毛，細小的毛髮。

〔四〕「吞舟」三句：《莊子・庚桑楚》：「吞舟之魚，碭而失水，則蟻能苦之。」

〔五〕「故十圍」數句：吴校：「按上篇云『一圍之木持千鈞』，此『十』字疑誤。」今按：本書《立言篇上》第三十六節有「一圍之木持千鈞，五寸之楗制開闔」語。

19　《〔文〕子》曰：〔一〕「耳聽者，學在皮膚；心聽者，學在肌肉；神聽者，學在骨髓也。」〔二〕

【疏證】

《文子》卷上《道德》：「老子曰：學問不精，聽道不深。凡聽者將以達智也，將以成行也，將以致功名也。不精不明，不深不達。故上學以神聽，中學以心聽，下學以耳聽。以耳聽者，學在皮膚；以心聽者，學在肌肉；以神聽者，學在骨髓。」

【校注】

〔一〕《文子》：各本無「文」字。今按：據下文內容，知出自《文子》，故補「文」字。《漢書》卷三〇《藝文志》著録：「《文子》九篇。」下注：「老子弟子，與孔子並時，而稱周平王問，似依託者也。」今本十二篇，真僞有争議。

〔二〕「耳聽」數句：《莊子》內篇《人世間》：「仲尼曰：『若一志，無聽之以耳而聽之以心，無聽之以心而聽之以氣。聽止於耳，心止於符，氣也者，虛而待物者也。唯道集虛，虛者，心齋也。』」

20　翟人以豐狐玄豹之皮獻晉文（帝）〔公〕，〔一〕〔公〕歎曰：「皮美以自（皐）〔辠〕。」〔二〕人有積醉寐亡裘者，宋君曰：「醉足亡裘乎？」答曰：「桀醉亡天下，〔三〕而況裘乎？」

【疏證】

《韓非子》卷七《喻老》：「翟人有獻豐狐玄豹之皮於晉文公，文公受客皮而歎曰：『此以皮之美自爲罪。』夫治國者以名號爲罪，徐偃王是也；以城與地爲罪，虞、虢是也。故曰：『罪莫大於可欲。』」

《韓非子》卷七《説林上》：「紹績昧醉寐而亡其裘，宋君曰：『醉足以亡裘乎？』對曰：『桀以醉亡天下，而《康誥》曰「毋彝酒」。彝酒者，常酒也。常酒者，天子失天下，匹夫失其身。』」

【校注】

〔一〕翟：同「狄」，古族名。主要居住在北方。　晉文公：名重耳，春秋時晉國國君。生平詳《左傳》僖公二十五年、二十八年、三十年、三十二年、三十三年及《史記》卷三九《晉世家》。　豐狐：大狐狸。公：底本、《四庫全書》本作「帝」，重校本作「公」，且旁側有重小字「公」；《叢書集成》本、《百子全書》本、龍溪精舍本作「公」，且重一「公」字。吴校：「『帝』當作『公』，又重一『公』字，屬下句。」今按：勘以《韓非子》卷七《喻老》，吴校是，改補。

〔二〕皐：各本作「辠」。吴校：「當作『辠』。」今按：《韓非子》卷七《喻老》作「罪」，吴校是，據改。「辠」，同「罪」。

〔三〕桀：名履癸，夏末暴君，曾造酒池，爲長夜之飲。生平事蹟詳《史記》卷二《夏本紀》。

21 有人謂中行文子曰：〔一〕「此嗇夫也，〔二〕公何不就其舍？」文子曰：「吾嘗好音，此人遺我鳴琴；吾嘗好佩，此人遺余玉玦：非愛吾以禮者也。」

【疏證】

《韓非子》卷八《説林下》：「晉中行文子出亡，過於縣邑，從者曰：『此嗇夫，公之故人，公奚不休舍？且待後車。』文子曰：『吾嘗好音，此人遺我鳴琴；吾好佩，此人遺我玉環：是振我過者也。以求容於我者，吾恐其以我求容於人也。』乃去之。果收文子後車二乘而獻之其君矣。」亦見《説苑》卷一三《權謀》。

【校注】

〔一〕中行(háng)文子：即荀寅，春秋時晉國人。曾爲晉下卿，將中軍，因與趙鞅有矛盾，爲趙、韓、魏、智四卿所逐，奔朝歌，後又奔齊國。卒，謚文。事蹟詳《左傳》昭公二十九年、哀公四年及《史記》卷四三《趙世家》。又，晉軍制有左、中、右三行，荀氏曾將中行，故後人以中行爲姓。荀寅謚文，故後人稱之爲中行文子。

〔二〕嗇夫：官吏名。先秦縣及縣所屬各級官吏之長多稱嗇夫。

22 《〔淮南〕子》曰：〔一〕滌盃而食，洗爵而飲，〔二〕可以養家客，未可以饗三軍。兕虎在後，隋珠在前，〔三〕弗及掇珠，先避後患。〔四〕聞雷掩耳，見電瞑目。耳聞所惡，不如無聞；目見所惡，不如無見。火可見而不可握，水可循而不可毁。〔五〕故有象之屬，莫貴於火；有形之類，莫尊於水。身曲影直者，未之聞也。〔六〕用百人之所能，則〔得〕百人之力；〔七〕舉〔千人之所愛，則得千人之心〕；〔八〕譬若伐樹而引其本，千枝萬葉莫能弗從也。

【疏證】

《淮南子》卷一四《詮言》：「滌杯而食，洗爵而飲，浣而後饋，可以養家老，而不可以饗三軍。」又見《淮南子》卷二〇《泰族》。

《淮南子》卷一七《説林》：「兕虎在於後，隨侯之珠在於前，弗及掇者，先避患而後就利。」

《吕氏春秋》卷二《仲春紀·貴生》：「耳聞所惡，不若無聞；目見所惡，不若無見。故雷則揜耳，電則揜目，此其比也。」

《淮南子》卷一《原道》：「夫光可見而不可握，水可循而不可毁。故有像之類，莫尊於水。」

《淮南子》卷一〇《繆稱》：「故上多故，則民多詐矣。身曲而景直者，未之聞也。」

《淮南子》卷一〇《繆稱》：「用百人之所能，則得百人之力；舉千人之所愛，則得千人之心；辟若伐樹而引其本，千枝萬葉則莫得弗從也。」

【校注】

〔一〕《淮南子》：各本脱「淮南」二字。今按：據下文内容，知出自《淮南子》，故補「淮南」二字。

〔二〕爵：古代一種盛酒器，像雀形，比尊彝小。《左傳·莊公二十一年》孔穎達疏：「爵，飲酒器，玉爵也。」

〔三〕隋珠：即「隨珠」。《史記》卷八七《李斯列傳》張守節《正義》引《説苑》云：「昔隨侯行，遇大蛇中斷，疑其靈，使人以藥封之，蛇乃能去，因號其處爲斷蛇丘。歲餘，蛇銜明珠，徑寸絶白而有光，因號『隨珠』。」

〔四〕先避後患：《淮南子》卷一七《説林》作「先避患而後就利」。今按：疑原文有脱誤。

〔五〕循：通「揗」，撫摩。朱駿聲《説文通訓定聲·屯部》：「循，假借爲揗。」

〔六〕「未之」句：《四庫全書》本此下另爲一節。

〔七〕得：各本脱，今據《淮南子》卷一〇《繆稱》補。

〔八〕「舉千人」二句：原文脱「舉」下「千人之所愛則得千人之心」十一字，今據《淮南子》卷一〇《繆稱》補。

23　剥牛皮，鞹以爲鼓，〔一〕**正三軍之衆，然爲牛計，不若服軛；狐白之裘，**〔二〕**天子**

被之在廟堂，〔三〕爲狐計，不若走於平澤。行合趣同，〔四〕千里相從；趣不合，行不同，對門不逢也。

【疏證】

《淮南子》卷一六《説山》：「剥牛皮，鞹以爲鼓，正三軍之衆，然爲牛計者，不若服於軛也。狐白之裘，天子被之而坐廟堂，然爲狐計者，不若走於澤。」

《淮南子》卷一六《説山》：「行合趨同，千里相從；行不合，趨不同，對門不通。」

【校注】

〔一〕鞹（kuò）：同「鞟」，去掉毛的獸皮。此處用作動詞。

〔二〕狐白之裘：《漢書》卷八一《匡衡傳》：「夫富貴在身而列士不譽，是有狐白之裘而反衣之也。」顔師古注：「狐白，謂狐掖下之皮，其色純白，集以爲裘，輕柔難得，故貴也。」

〔三〕「不若」句：重校本、《叢書集成》本、《百子全書》本、龍溪精舍本此下另爲一節。吴校：「按此下别爲一條。」

〔四〕趣：各本同，《淮南子》卷一六《説山》作「趨」。今按：「趣」、「趨」通。趣，旨趣、意向。

24　江出岷山，〔一〕河出崑崙，〔二〕(涇)〔濟〕出王屋，〔三〕潁出少室，〔四〕漢出嶓冢：〔五〕分流同注於東海，出則異，所歸者同也。

【疏證】

《淮南子》卷一六《説山》：「江出岷山，河出崑崙，濟出王屋，潁出少室，漢出嶓冢：　分流舛馳，注於東海，所行則異，所歸則一。」

【校注】

〔一〕岷山：　山名。在四川北部，綿延四川、甘肅兩省邊境。爲長江上游支流岷江、嘉陵江支流白龍江發源地。

〔二〕崑崙：　山名。在西藏、新疆和青海之間，爲黄河之源頭。

〔三〕濟：　各本作「涇」。今按：《淮南子》卷一六《説山》作「濟」，《淮南子》卷四《墬形》亦曰「濟出王屋」，據改。濟，濟水。發源於王屋山。　王屋：　山名。位於河南濟源。

〔四〕潁：　潁河，源出河南登封西南，東南流，入淮。　少室：　在河南登封北，嵩山西。東太室，西少室，相距七十里，總名嵩山。

〔五〕嶓冢：　山名。在今甘肅天水與隴南禮縣之間。古人誤以爲是漢水上源。　漢：　漢水。長江最大支流。發源於陝西西南部漢中寧强北的米倉山，東南流經陝西漢中和安康、湖北西部和中部，至武漢入長江。

25 登高使人欲望，臨深使人欲闚，處使然也；射則使人端，釣則使人恭，事使然也。〔一〕或吹火而然，〔二〕或吹火而滅，所以吹者異也。

【疏證】

《淮南子》卷一六《説山》：「登高使人欲望，臨深使人欲闚，處使然也；射者使人端，釣者使人恭，事使然也。」又見《説苑》卷一六《談叢》。

《淮南子》卷一六《説山》：「或吹火而然，或吹火而滅，所以吹者異也。」

【校注】

〔一〕「登高」六句：孫詒讓《札迻》卷一〇《金樓子・立言篇下》：「此《淮南子・説山》文，後《雜記篇》亦有此數語，而文小異。此篇多雜摭古書語，而《淮南子》尤夥，今不備舉。」釣則使人恭，《墨子》卷一三《魯問》：「子墨子曰：『釣者之恭，非爲魚賜也。』」

〔二〕然：同「燃」，古今字。

26　善爲民者樹德，〔一〕不善爲民者樹怨。然政不必然也。專用聰明，事必不成；專用晦昧，事必有悖。一明一晦，得之矣。

【疏證】

《韓非子》卷一二《外儲説左下》：「孔子曰：『善爲吏者樹德，不能爲吏者樹怨。』」又見《説苑》卷一四《至公》、《孔子家語》卷二《致思》。

《意林》卷二引《尹文子》曰：「專用聰明，則功不成；專用晦昧，則事必悖。一明一晦，衆之所載。」

【校注】

〔一〕爲民：治民。《左傳·文公六年》：「不告閏朔，棄時政也，何以爲民？」民，各本同，《韓非子》卷一二《外儲説左下》作「吏」，下同。今按：民，據上引諸證，或是「吏」之訛。

27　殷亡，焚衆器皆盡，惟琬琰不焚。〔一〕君子則唯仁義存而已矣。

【校注】

〔一〕「殷亡」三句：《史記》卷四《周本紀》：「武王馳之，紂兵皆崩畔紂。紂走，反入登於鹿臺之上，蒙衣其殊玉，自燔于火而死。」張守節《正義》：「《周書》云：『甲子夕，紂取天智玉琰五，環身以自焚。』注：『天智，玉之善者，縫環其身自厚也。凡焚四千玉也，庶玉則銷，天智玉不銷，紂身不盡也。』」琬琰，泛指美玉。《楚辭·遠遊》洪興祖《補注》：「琬音宛，琰音剡，皆玉名。」

28 **夫一妻擅夫，〔一〕衆妾皆亂；一臣專君，羣臣皆弊。〔二〕其可忽哉！**

【疏證】

《意林》卷二引《申子》曰：「妒妻不難破家，亂臣不難破國。一妻擅夫，衆妻皆亂；一臣專君，羣臣皆蔽。」

【校注】

〔一〕擅：《説文解字·手部》：「擅，專也。」

〔二〕弊：《意林》卷二引《申子》作「蔽」。今按：「弊」、「蔽」可通，蒙蔽。

29 **人莫（不）〔能〕左畫方，〔一〕右畫圓。〔二〕以骨去蟻，蟻愈多；以魚敺蠅，〔三〕蠅愈至。弓矢不調，則羿不能中也；〔四〕六馬不和，則造（夫）〔父〕不能致遠；〔五〕士民不親，則湯、**

武不能必勝。〔六〕夜光之璧、黄彝之尊，〔七〕始乃中山之璞、溪林之榦，〔八〕及良工琢磨，則登廟廊之上矣。加脂粉則宿瘤進，〔九〕蒙不潔則西施屏。〔一〇〕人之學也亦如此，豈可不學邪？世莫學馭龍而學馭馬，莫學治鬼而學治人，先其急修也。〔一一〕若使南海無采珠之民，崑山無破玉之工，則明珠不御於椒室，〔一二〕美玉不佩乎褘裳也。〔一三〕

【疏證】

《韓非子》卷一二《外儲説左下》：「子綽曰：『人莫能左畫方而右畫圓也。以肉去蟻，蟻愈多；以魚驅蠅，蠅愈至。』」亦畧見《韓非子》卷八《功名》、《春秋繁露》卷一二《陰陽終始》、《史記》卷一二八《龜策列傳》。

《荀子》卷一〇《議兵》：「弓矢不調，則羿不能以中微；六馬不和，則造父不能以致遠；士民不親附，則湯、武不能以必勝也。」亦畧見《新序》卷三《雜事》。

《意林》卷六引桓範《世要》：「加脂粉則嫫母進，蒙不潔則西施屏。今學亦如此，學之脂粉亦厚矣。」又見《太平御覽》卷六〇七引《韓子》。

《淮南子》卷一七《説林》：「人莫欲學御龍，而皆欲學御馬；莫欲學治鬼，而皆欲學治人，急所用也。」

《意林》卷四引姚信《士緯》曰：「若使南海無採珠之氏，崑山無破玉之工，則明珠不御於椒室，美玉不佩於桂宫。」

【校注】

〔一〕能：底本、《四庫全書》本作「不」，重校本、《叢書集成》本、《百子全書》本、龍溪精舍本作「能」。吴校：「『不』當作『能』。」今按：勘以《韓非子》一二《外儲説左下》，吴校是。據改。

〔二〕圓：各本「圓」下有小字云：「案此下疑有缺文」。

〔三〕敺：各本同，《韓非子》一二《外儲説左下》作「驅」。今按：「敺」、「驅」通。《漢書》卷二五《郊祀志下》：「先敺失道。」顔師古曰：「『敺』與『驅』字同。」

〔四〕羿：上古有窮氏部落的首領，善射。事蹟詳《尚書・五子之歌》、《左傳・襄公四年》、《史記》卷三一《吴世家》。古代神話有謂堯時十日並出，植物枯死，封豕長蛇爲害，羿射去九日，又射殺封豕長蛇，民賴以安。事詳《淮南子》卷六《覽冥》、《淮南子》卷八《本經》等。

〔五〕造父：古之善御者，傳説他爲周穆王御，日馳千里。事詳《穆天子傳》、《史記》卷四三《趙世家》等。父，底本作「夫」，《四庫全書》本、重校本、《叢書集成》本、《百子全書》本、龍溪精舍本作「父」。朱校：「『夫』當作『父』。」吴校：「『夫』乃『父』之誤。」今按：朱校、吴校是，據改。

〔六〕湯武：商湯與周武王的合稱，俱是賢君。二人事蹟詳《史記》卷三《殷本紀》及卷四《周本紀》。《周易・革卦》：「湯武革命，順乎天而應乎人。」

〔七〕夜光之璧：寶玉名。《戰國策》卷一四《楚一》「張儀爲秦破從連横」章：「（楚王）乃遣使車百乘，獻雞駭之犀、夜光之璧於秦王。」　黄彝之尊：周代禮器，祭祀時灌地所用之尊。其器畫目形，飾以黄金，故又稱黄目。《周禮・春官・宗伯》：「秋嘗、冬烝，祼用斝彝、黄彝，皆有舟。」《夢溪筆談》卷一九《器用》：「禮書所載黄彝，乃畫人目爲飾，謂之『黄目』。予游關中，得古銅黄彝，殊不然，其刻畫甚繁，大體似繆篆，又如欄盾間所畫回波曲水之文，中間有二目，如大彈丸，突起煌煌然，所謂黄目也。視其文，仿佛有牙角口吻之象。或謂黄目乃自是一物。」今按：據下文「溪林之榦」，則黄彝當以木爲之。

〔八〕中山：山中。《荀子》卷六《富國》：「使處女嬰寶珠，佩寶玉，負戴黄金，而遇中山之盜也，雖爲之逢蒙視……由將不足以免。」

〔九〕宿瘤：漢劉向《列女傳》卷六《辯通傳・齊宿瘤女》：「宿瘤女者，齊東郭採桑之女，閔王之后也。項有大瘤，故號宿瘤。」後以爲醜女的典型。《三國志》卷二七《徐邈傳》：「然宿瘤以醜見傳，而臣以醉見識。」

〔一〇〕「蒙不潔」句：《孟子》卷八《離婁下》：「孟子曰：『西子蒙不潔，則人皆掩鼻而過之。雖有惡人，齋戒沐浴，則可以祀上帝。』」西施，姓施，或稱先施，別名夷光，亦稱西子。春秋末年越國苧羅人，著名美女。事蹟詳《吴越春秋》卷五《勾踐陰謀外傳》。《管子》卷一一《小稱》：「毛嬙、西施，天下之美人也。」

〔一一〕修：各本同，《百子全書》本、龍溪精舍本作「務」。

〔一二〕椒室：即椒房。《漢書》卷六六《車千秋傳》顔師古注：「椒房，殿名，皇后所居也。以椒和泥塗壁，取其溫而芳也。」

〔一三〕褘(huī)裳：即褘衣，王后六服之一。《周禮・天官・内司服》鄭玄注：「褘衣，畫翬者……從王祭先王則服褘衣。」

30 鋸齒不能咀嚼，箕口不能別味，〔一〕榼耳不能理音樂，〔二〕屩鼻不能達芬芳。〔三〕（畫月）〔釜目〕不能摴望舒之景，〔四〕牀足不能有尋常之步。〔五〕跨孺子之竹馬，不免於勞脚；剥玉蚌之盈案，〔六〕無解於虚腹。圖敖倉以救饑，〔七〕仰天漢以解渴，〔八〕指水不能赴其渴，望冶不能止其寒。〔九〕陶犬無守夜之警，瓦雞無司晨之益。塗車不能代勞，木馬不能馳逐。〔一〇〕皆所忽也。〔一一〕亦猶草木有龍膽、狗脊、虎掌、麞牙，〔一二〕而非四獸也。〔一三〕雨以時降則謂之甘，及其失節則謂之苦。〔一四〕秦氏晝懸衡石，〔一五〕王莽夜御燈火，〔一六〕庶事彌以亂矣。〔一七〕

【疏證】

《抱朴子》外篇《博喻》：「鋸齒不能咀嚼，箕舌不能別味，壺耳不能理音，屩鼻不能識氣，釜目不能攄望舒之景，牀足不能追尋常之逝。」

《抱朴子》外篇《應嘲》：「孺子之馬，不免於脚剥；土梓之盈案，無益於腹虚也。」

《抱朴子》外篇《應嘲》：「畫廄倉以救饑，仰天漢以解渴。」

《太平御覽》卷九〇五引《抱朴子》曰：「陶犬無守夜之益，瓦雞無司晨之警。」亦見《海録碎事》卷七下引《洞冥記》、《記纂淵海》卷六五引《韓詩外傳》。

【校注】

〔一〕箕：《禮記·曲禮上》鄭玄注：「箕，去棄物。」孔穎達疏：「箕是棄物之器。」　口：各本同，《抱朴子》外篇《博喻》作「舌」。

〔二〕榼(kē)耳：各本同，《抱朴子》外篇《博喻》作「壺耳」。榼，古代盛酒或貯水的器具。

〔三〕屩(juē)鼻：草鞋上繫繩的前紐。一説爲鞋前隆起如鼻，故稱。屩，《釋名·釋衣服》：「屩，草履。」

〔四〕釜目：各本作「畫月」，《抱朴子》外篇《博喻》作「釜目」。今按：「畫月」當作「釜目」，與「鋸齒」、「箕口」、「榼耳」、「屩鼻」、「牀足」對應，據改。釜目，指釜口兩邊提舉處兩孔如兩目然，故曰釜目。　搼：各本同，《抱朴子》外篇《博喻》作「攄」。「搼」、「攄」通。搼，《説文解字·手部》新附：「搼，舒也。」攄，《文選》卷四五班孟堅《答賓戲》吕向注：「攄，舒也。」　望舒：《楚辭·離騷》王逸注：「望舒，月御也。」《後漢書》卷六〇下《蔡邕傳》李賢注：「望舒，月也。」

〔五〕尋常：《國語》卷三《周語下》韋昭注：「八尺爲尋，倍尋爲常。」

〔六〕玉蚌：各本同，《抱朴子》外篇《博喻》作「土柈」。今按：玉蚌疑爲「土柈」之訛。土柈，楊明照《校箋》：「蓋用嬰兒以塵飯、塗羹、木胾相與爲戲事。《韓非子》卷一一《外儲説左上》：『夫嬰兒相與戲也，以塵爲飯，以塗爲羹，以木爲胾，然至日晚必歸饟者，塵飯塗羹可以戲而不可食也。』」之：重校本、《叢書集成》本、《百子全書》本、龍溪精舍本作「以」。吴校：「『之』當作『以』。」

〔七〕敖倉：秦代所建倉名。《史記》卷七《項羽本紀》：「漢軍滎陽，築甬道屬之河，以取敖倉粟。」裴駰《集解》引臣瓚曰：「敖，地名。在滎陽西北山，臨河有大倉。」後泛指糧倉。《淮南子》卷一七《説林》：「近敖倉者不爲之多飯，臨江河者不爲之多飲，期滿腹而已。」倉地在河南鄭州西北邙山上。以：各本同。今按：據上下文意和前後句式，頗疑此句及下句「以」上脱「無」字。

〔八〕天漢：《詩經·小雅·大東》：「維天有漢，監亦有光。」毛傳：「漢，天河也。」

〔九〕冶：《急就章》第三章顔師古注：「冶，銷金鐵之爐也。」

〔一〇〕「陶犬」四句：各本同。吴校：「『陶犬無守夜之警』至『木馬不能馳逐』，按此四句已見上篇，唯『能』字作『中』。」今按：亦見本書《立言篇上》第三十五節「瓦雞」句又見本書《終制篇》第1·5節。

〔一一〕皆所忽也：各本「忽也」下有小字云：「案此句疑有誤。」

〔一二〕龍膽：草名。《農政全書》卷四六：「龍膽草，一名龍膽，一名陵游，俗呼草龍膽……根類牛膝而根一本十餘莖，黄白色。」狗脊：草名。《太平御覽》卷九九〇引《神農本草經》曰：「狗脊一名百丈，味苦平，生川谷，治要背。」明李時珍《本草綱目》卷一二下《草一·狗脊》：「狗脊有二種：一種根黑色，如狗脊骨，一種有金黄色，如狗形。皆可入藥。」　虎掌：《太平御覽》卷九九〇引《本草經》曰：「虎掌味苦，温生山谷，治心痛、寒熱。」　鏖牙：白居易《官舍閒題》：「禄米鏖牙稻，園蔬鴨脚葵。」《農政全書》卷五一：「獐牙菜生水邊，苗初搨地生，葉似龍鬚菜葉而長窄，葉頭頗團而不尖，其葉嫩薄，又似牛尾菜葉，亦長窄。」鏖，同獐。

〔一三〕「而非」句：《抱朴子》内篇卷三《黄白》：「俗人見方用龍膽、虎掌、雞頭、鴨蹠、馬蹄、犬血、鼠尾、牛膝，皆謂之血氣之物也。」又，《四庫全書》本於此下另爲一節。

〔一四〕「雨以」三句：《詩經·小雅·甫田》：「以祈甘雨，以介我稷黍，以穀我士女。」孔穎達疏：「甘雨者，以長物則爲甘，害物則爲苦。」《左傳·昭公四年》：「春無淒風，秋無苦雨。」杜預注：「霖雨爲人所患苦。」孔穎達疏：「《詩》云『以祈甘雨』，此云苦雨。雨水一也，味無甘苦之異，養物爲甘，害物爲苦耳。」

〔一五〕秦氏：指秦始皇嬴政。《史記》卷六《秦始皇本紀》：「侯生盧生相與謀曰：『……天下之事無小大皆決於上，上至以衡石量書，日夜有呈，不中呈不得休息。』」裴駰《集解》：「駰案：石，百二十斤。」張守節《正義》：「衡，秤衡也。言表牋奏請，秤取一石，日夜有程期，不滿不休息。」

〔一六〕王莽：字巨君，濟南東平陵人。漢平帝時，爲大司馬。初始元年，稱帝，改國號新。《漢書》卷九九有傳。《漢書》本傳：「（莽）又好變改制度，政令煩多，當奉行者，輒質問乃以從事，前後相乘，憒眊不渫。莽常御燈火至明，猶不能勝。」

〔一七〕庶：《詩經·小雅·小明》：「念我獨兮，我事孔庶。」鄭玄箋：「庶，衆也。」

31　菁茅，〔一〕薪草也，〔二〕《書》尊其貴；〔三〕王（睢）〔雎〕，〔四〕野鳥也，《詩》重其辭；〔五〕羊、雁，賤畜也，《禮》見其質；〔六〕蒺棘，〔七〕鄙木也，《易》以定刑。〔八〕所謂常善救物，故無棄財，〔九〕而況人身！取人誠如是也。〔一〇〕

【疏證】

《老子》第二七章：「是以聖人常善救人，而無棄人；常善救物，而無棄物。」

【校注】

〔一〕菁（jīng）茅：《春秋穀梁傳·僖公四年》：「菁茅之貢不至，故周室不祭。」范寧注：「菁茅，香草，所以縮酒。」

〔二〕薪草：用作柴火的草。《玉篇·艸部》：「薪，柴也。」

〔三〕《書》尊其貴：《尚書·禹貢》：「包匭菁茅。」孔安國傳：「匭，匣也。菁以爲菹，茅以縮酒。」陸德明《經典釋文》引鄭玄曰：「茅有毛刺曰菁茅。」

〔四〕王雎（jū）：鳥名。一名雎鳩。《爾雅·釋鳥》：「鵙鳩，王鵙。」郭璞注：「雕類，今江東呼之爲鶚，好在江渚山邊食魚。」陸德明《經典釋文》：「本又作雎。」雎，底本訛作「睢」。吴校：「當從且作雎。」今據改。

〔五〕《詩》重其辭：《詩經·周南·關雎》：「關關雎鳩，在河之洲。窈窕淑女，君子好逑。」鄭玄箋：「雎鳩，王雎也，鳥摯而有別。」

〔六〕《禮》：指《周禮》。　質：各本同。朱校：「『質』疑『贄』。」今按：「質」，通「贄」，初次拜見時所執的禮物。《周禮·春官宗伯》：「以禽作六贄，以等諸臣：孤執皮帛，卿執羔，大夫執雁，士執雉，庶人執鶩，工商執雞。」《越縵堂讀書筆記·金樓子》：「此足見古『贄』字祇作『質』。」

〔七〕蘩（cóng）棘：叢生的荆棘。蘩，各本同，《叢書集成》本作「聚」。今按：「蘩」，同「叢」。

〔八〕《易》以定刑：《周易·坎卦》：「上六：係用徽纆，寘於叢棘。」孔穎達疏：「叢棘謂囚執之處，以棘叢而禁之也。」

〔九〕「所謂」二句：《老子》第二七章漢河上公注：「聖人所以常教人忠孝者，欲以救人在命，使貴賤各得其所也。聖人所以教民順四時，以救萬物之殘傷。聖人不賤石而貴玉，視之如一。」

〔一〇〕「取人」句：各本「是也」下有小字云：「案自『羊雁』至『是也』，原本誤於《捷對篇》，復見又缺『菁茅』四句。詳考文義，宜屬此篇，謹校正。」

32　阿膠五尺，不能止黃河之濁；〔一〕弊（車）〔箄〕徑尺，不足救鹽池之（泄）〔滷〕。〔二〕

【疏證】

《太平御覽》卷七六六引孔融《同歲論》曰：「阿膠徑寸，不能止黃河之濁。」亦見《抱朴子》外篇

《嘉遁》。

《太平御覽》卷七五七引孔融《同歲論》曰：「弊箄徑尺，不足以救鹽池之鹹。」

【校注】

〔一〕「阿膠」二句：庾信《哀江南賦》：「弊箄不能救鹽池之鹹，阿膠不能止黃河之濁。」清吴兆宜注：「尚瑗曰：『雷斆《炮炙論》序：「弊箄淡滷。」注：常使之甑中，箄能淡鹽味。』」清倪璠注：「《淮南畢萬術》曰：『膠橈水則清，敝箕止鹹。取箕以納醬中，鹹著箕矣。』孔融曰：『敝箄不能救鹽池之滷。』《説文》曰：『箄，蔽也，所以甑底也。』《淮南子》曰：『阿膠一寸，不能止黃河之濁。』」五尺，各本同。今按：疑「五尺」當作「五寸」。阿膠，中藥名。用驢皮加水熬成的膠，亦稱驢皮膠。

〔二〕「弊箄」二句：箄、滷，底本、《四庫全書》本作「車」、「泄」，重校本、《叢書集成》本、《百子全書》本、龍溪精舍本作「箄」、「滷」。吴校：「『車』乃『箄』之誤，『泄』乃『滷』之誤。孔融云『弊箄不能救鹽池之滷』。箄，所以蔽甑底者。」今按：吴校是，據改。箄（bì），亦作「箅」。釜中的竹屜。《物理小識》卷六：「雷氏《炮炙論》云『敝箄淡鹵』，注云『常使舊甑中，箄能淡鹽味』。」滷（lǔ），《爾雅・釋言》：「滷、矜、鹹，苦也。」又，滷，《太平御覽》卷七五七引孔融《同歲論》作「鹹」。

33 殷洪遠云：〔一〕「周旦腹中有三斗爛腸。〔二〕」

【校注】

〔一〕殷洪遠：殷融字洪遠，祖籍陳郡長平。東晉咸和初爲庾亮都督府司馬，後爲丹陽尹，遷尚書，穆帝時拜太常卿吏部尚書。生平詳《晉書》卷六六《陶侃傳》及卷八三《殷顗傳》等。

〔二〕周旦：即周公旦。周文王之子，武王之弟。武王卒，成王幼，周公攝政。成王長，還政於王。又製定禮樂制度，分封諸侯，使周王朝强盛。生平事蹟詳《史記》卷四《周本紀》、卷三三《魯周公世家》。爛腸：借指酒。《吕氏春秋》卷一《孟春紀・本生》：「肥肉厚酒，務以自强，命之曰『爛腸之食』。」又，各本「腸」下有小字云：「案原本『云』作『念』，『旦』作『恒』，『腹』下無『中』字。謹據曾慥《類説》校改。」今按：《四庫全書》本《類説》查無此條。

34　桓元子在荆州，〔一〕恥以威刑爲政。與令史杖，〔二〕上（梢）〔捎〕雲根，下拂地足。〔三〕余比庶幾焉。〔四〕《詩》云：「宜民宜人，受禄於天。」〔五〕

【疏證】

《世説新語・政事》：「桓公在荆州，全欲以德被江、漢，恥以威刑肅物。令史受杖，正從朱衣上過。桓式年少，從外來，云：『向從閣下過，見令史受杖，上捎雲根，下拂地足。』意譏不著。桓公云：『我猶患其重。』」

【校注】

〔一〕桓元子：桓温字元子，祖籍譙國龍亢。晉穆帝永和元年三四五任荆州刺史，都督荆、司等四州諸軍事。後專擅朝政，意欲受禪，未成，疾卒。《晉書》卷九八有傳。　荆州：州名。治所在今湖北荆州。《世説新語・政事》劉孝標注：「《温别傳》曰：『温以永和元年自徐州遷荆州刺史，在州寬和，百姓安之。』」

〔二〕令史：官名。刺史府中的屬官，掌文書事務等職。　杖：六朝時，郎、令史有過須受杖罰。《晉書》卷九三《外戚・王濛傳》：「復爲司徒左西屬。濛以此職有譴則應受杖，固辭。詔爲停罰，猶不就。」《南齊書》卷三九《陸澄傳》：「郎官舊有坐杖，有名無實。澄在官，積前往罰，一日並受千杖。」參清顧炎武《日知録》卷二八「官受杖」條、清趙翼《陔餘叢考》卷一七「唐時簿尉受杖」條。

〔三〕「上捎」二句：言杖刑時，杖不著人身。捎，各本作「梢」，《四庫全書》本、《世説新語・政事》作「捎」。今按：作「捎」是，據改。捎，《正字通・手部》：「捎，掠也。」雲根，雲起之處，形容高遠。地足，地之足，形容其低。

〔四〕庶幾：《周易・繫辭下》：「顔氏之子，其殆庶幾乎？」高亨注：「庶幾，近也，古成語，猶今語所謂『差不多』，贊揚之辭。」

〔五〕「《詩》云」三句：《詩經・大雅・假樂》：「假樂君子，顯顯令德。宜民宜人，受禄於天。保右命之，自天申之。」孔穎達《正義》：「言上天嘉美而愛樂此君子成王也，以其有光光然明察之善德，宜於民而能安之，宜人而能官之，以此能受其福禄於天，是天嘉樂之也。」

35 《書》稱：「立功立事，可以永年。」〔一〕君子之用心也，恒須以濟物爲本，〔二〕加之以立功，重之以修德，豈不美乎？

【校注】

〔一〕「《書》稱」三句：《漢書》卷二三《刑法志》：「《詩》云：『宜民宜人，受禄於天。』《書》曰：『立功立事，可以永年。』言爲政而宜於民者，功成事立，則受天禄而永年命。」顔師古注：「今文《泰誓》之辭也。永，長也。」今按：今本《尚書·泰誓》作「立定厥功，惟克永世」。又，《漢書·刑法志》並引《詩》、《書》，頗疑三十四節、三十五節原是一條，四庫館臣輯録時誤分。

〔二〕濟物：猶濟人。《文選》卷四三嵇叔夜《與山巨源絶交書》：「子文無欲卿相而三登令尹，是乃君子思濟物之意也。」

36 楚人畏荀卿之出境，〔一〕漢氏追匡衡之入界，〔二〕是知儒道實有可尊。故皇甫嵩手握百萬之衆而不反，〔三〕豈非儒者之貴乎？

【疏證】

《後漢書》卷七九下《儒林傳・謝該》載：孔融上書薦謝該云：「楚人止孫卿之去國，漢朝追匡衡於平原，尊儒貴學，惜失賢也。」

【校注】

〔一〕「楚人」句：《後漢書》卷七九下《儒林傳・謝該》李賢注：劉向《孫卿子後序》所論孫卿事曰：「卿名況，趙人也。楚相春申君以爲蘭陵令。或謂春申君曰：『湯以七十里，文王以百里。孫卿賢者，今與之百里地，楚其危乎！』春申君謝之。孫卿去之趙，後客或謂春申君曰：『伊尹去夏入殷，殷王而夏亡；管仲去魯入齊，魯弱而齊彊。故賢者所在，君尊國安。今孫卿天下賢人，所去之國其不安乎？』春申君使人聘孫卿，乃還，復爲蘭陵令。」此事亦見《戰國策》卷一七《楚四》及《韓詩外傳》卷四。荀卿，荀況字卿，戰國時趙國人。漢人避宣帝諱，稱之爲孫卿、孫子。荀卿曾遊學於齊，三爲稷下學宮祭酒。齊人或讒荀卿，乃適楚。終老於蘭陵。著有《荀子》。《史記》卷七四有傳。

〔二〕「漢氏」句：《後漢書》卷七九下《儒林傳・謝該》李賢注：「前書匡衡爲平原文學，長安令楊興薦之於車騎將軍史高，曰：『衡材智有餘，經學絶倫，但以無階朝廷，故隨牒在遠方。將軍試召置幕府，貢之朝廷，必爲國器。』高然其言，辟衡爲議曹史，薦衡於帝，帝以爲郎中。」今按：「漢氏追匡衡之入界」或指漢廷追究匡衡多占土地而不治罪事。《漢書》卷八一《匡衡傳》：「初，衡封僮之樂安鄉，鄉本田堤封三千一百頃，南以閩佰爲界。初元元年，郡圖誤以閩佰爲平陵佰。積十餘歲，衡封臨淮郡，遂封真平陵佰以爲界，多四百頃。至建始元年，郡乃定國界，上計簿，更定圖，言丞相府。衡謂所親吏趙殷曰：『主簿陸賜故居奏曹，習事，曉知國界，署集曹掾。』明年治計時，衡問殷國界事：『曹欲奈何？』殷曰：『賜以爲舉計，令郡實之。恐郡不肯從實，可令家丞上書。』衡曰：『顧當得不耳，何至上書？』亦不告曹使舉也，聽曹爲之。後賜與屬明舉計曰：『案故圖，樂安鄉南以平陵佰爲界，不從故而以閩佰爲界，解何？』郡即復以四百頃付樂安國。衡遣從史之僮，收取所還田租穀千餘石入衡家。司隸校尉駿、少府忠行廷尉事劾奏：『衡監臨盜所主守直十金以上。《春秋》之義，諸侯不得專地，所以壹統尊法制也。衡位三公，輔國政，領計簿，知郡實，正國界，計簿已定而背法制，專地盜土以自益，及賜、明阿承衡意，猥舉郡計，亂減縣界，附下罔上，擅以地附益大臣，皆不道。』於是上可其奏，勿治，丞相免爲庶人，終於家。」匡衡，字稚圭，西漢東海承人。宣帝時射策甲科，除爲太常掌故。元帝時，官至丞相，封樂安侯。成帝初，衡多占本土地四百頃，收取田租，遭有司彈劾免爲庶人。

〔三〕「故皇甫嵩」句：《後漢書》卷七一《皇甫嵩傳》載：嵩既破黄巾，威震天下，而朝政日亂，海内虚困。故信都令漢陽閻忠干説嵩趁機奪取天下，嵩云：「人未忘主，天不祐逆。若虚造不冀之功，不速朝夕之禍，孰與委忠本朝，守其臣節。雖云多讒，不過放廢，猶有令名，死且不朽。反常之論，所不敢聞。」忠知計不用，因亡去。皇甫嵩，字義真，東漢安定朝那人。少好《詩》、《書》。靈帝徵爲議郎，遷北地太守。黄巾起事，嵩率兵破之，有戰功，擢冀州牧，封槐里侯，官至太尉。

37　摯虞論〔蔡〕邕《玄表賦》(日)〔曰〕：〔一〕「《〔幽〕通》精以整，〔二〕《思玄》博而贍，〔三〕《玄表》擬之而不及。」余以爲仲治此説爲然也。〔四〕

【校注】

〔一〕「摯虞」句：孫詒讓《札迻》卷一〇《金樓子·立言篇下》：「此蓋論摯虞《文章流别》之語，『邕』上當有『蔡』字。《文選》謝朓《拜中書記室辭隋王牋》注引蔡邕《玄表賦》云『庶小善之有益』是也。宋本《蔡中郎集》無此賦。」今按：孫説是，據補「蔡」字。同時，各本「日」顯爲「曰」之訛，改。蔡邕，字伯喈，東漢陳留圉人。靈帝建寧三年，辟司徒橋玄府。光和初，坐忤宦官，徙五原。董卓專權，徵署祭酒，遷尚書，拜左中郎將，封高陽鄉侯。卓誅，坐下獄死。所著有《獨斷》、《勸學》等。《後漢書》卷六〇有傳。摯虞，字仲治，西晉京兆長安人。泰始中舉賢良，拜中郎，累官至衛尉卿。惠帝永興元年，從帝至長安，旋流離鄠杜間。還洛，官太常卿。懷帝永嘉中，遭亂餓死。有《三輔決録注》、《文章流别志論》等。《晉書》卷五一有傳。《玄表賦》，今佚，僅存《文選》卷四〇謝玄暉《拜中書記室辭隋王牋》李善注所引「庶小善之有益」句。

〔二〕「《幽通》」句：各本脱「幽」字。孫詒讓《札迻》卷一〇《金樓子·立言篇下》：「『通』上當有『幽』字，謂張平子《幽通賦》也。」今按：據孫説補「幽」字。《幽通》，東漢班孟堅所作《幽通賦》。見《漢書》卷一〇〇上《叙傳》及《文選》卷一四。孫説「張平子」當是班孟堅之誤。

〔三〕《思玄》：東漢張衡所作《思玄賦》。見《後漢書》卷五九《張衡傳》及《文選》卷一五。

〔四〕「余以爲」句：仲治，孫詒讓《札迻》卷一〇《金樓子·立言篇下》：「『仲治』當作『仲洽』，見《晉書》本傳。」今按：孫此説誤，作「仲洽」者，今本《晉書》之誤。《世説新語·文學》「太叔廣甚辯給」條及劉孝標注引王隱《晉書》並作「仲治」，且虞、治義協「唐虞至治」之稱，合古人名、字慣例。又，《四庫全書》本「然也」下有小字云：「案此段疑有缺文。」

38 蔡邕言：〔一〕「忠臣不用，用臣不忠；〔二〕善言不入，入言不善；罪人無刑，刑人無罪。」傅玄言：〔三〕「寵臣大柄，〔四〕其君則病；寵臣過隆，其君則聾。」王良、造父不能同車而馭，〔五〕伯喈、叔夜不可並琴而彈。〔六〕是知人君不可分權也。人君當以江海爲腹，林藪爲心，使天下民不能測也。徒有其聲，而無其實，若魚目之珠，〔七〕入市而損價，斵冰爲璧，見日而銷也。〔八〕

【疏證】

《韓非子》卷一四《外儲説右下》：「故王良、造父天下之善御者也，然而使王良操左革而叱咤之，使造父操右革而鞭笞之，馬不能行十里，共故也。田連、成竅天下善鼓琴者也，然而田連鼓上，成竅擫下，而不能成曲，亦共故也。夫以王良、造父之巧，共轡而御不能使馬，人主安能與其臣共權以爲治？以田連、成竅之巧，共琴而不能成曲，人主又安能與其臣共勢以成功乎？」

《太平御覽》卷七六引《唐子》曰：「君人者，秉南面之尊，操殺生之柄，威如秋霜，恩如春養，何求而不得，何化而不從？君人者，當以江海爲腹，山林爲面，當使其觀者不知江〔河〕〔何〕藏，山何有。」亦畧見同書卷三七一引《唐子》。

【校注】

〔一〕「蔡邕」句：蔡邕語今不見載於他籍。

〔二〕「忠臣」二句：《新序》卷一《雜事》：「晉平公閒居，師曠侍坐，平公曰：『子生無目眹，甚矣，子之墨墨也。』師曠對曰：『天下有五墨墨，而臣不得與一焉。』平公曰：『何謂也？』師曠曰：『……忠臣不用，用臣不忠，下才處高，不肖臨賢，而君不悟，此二墨墨也。』」

〔三〕傅玄：字休奕，北地泥陽人。三國魏末，州舉秀才，除郎中，入選爲著作郎。後遷弘農太守。晉武帝立，封鶉觚子，官至司隸校尉。卒，謚剛。著有《傅子》。《晉書》卷四七有傳。又，下傅玄語今不見載於他籍。

〔四〕大柄：《禮記·禮運》：「是故，禮者君之大柄也，所以別嫌明微，儐鬼神，考制度，別仁義，所以治政安君也。」鄭玄注：「柄，所操以治事。」此指治事大權。柄，各本同，《四庫全書》本作「病」，下有小字云：「此『病』字疑『柄』之訛。」

〔五〕王良、造父：古代善御者。王良，見《孟子·滕文公下》《吕氏春秋·審分》等。造父，見《史記·趙世家》。

〔六〕伯喈：蔡邕字伯喈。《後漢書》卷六〇《蔡邕傳》載其「妙操音律」。叔夜：嵇康字叔夜，三國時魏譙國銍人。爲「竹林七賢」之一，善《廣陵散》。《晉書》卷四九有傳。

〔七〕魚目之珠：《文選》卷四〇任彦昇《到大司馬記室箋》：「惟此魚目，唐突璵璠。」李善注：「魚目似珠。……《雒書》曰：『秦失金鏡，魚目入珠。』《韓詩外傳》曰：『白骨類象，魚目似珠。』」

〔八〕「斲冰」二句：桓譚《新論·啓寤》：「畫水鏤冰，與時消釋。」《鹽鐵論》卷五《相刺》：「畫脂鏤冰，費日損功。」《抱朴子》内篇卷二《論仙》：「鏤冰雕朽，終無必成之功。」

39 王懷祖之在會稽，〔一〕居喪，每聞角聲即灑掃，〔二〕爲逸少之吊也。〔三〕如此累年，逸少不至。及爲揚州，稱逸少罪，逸少於墓所自誓不復仕焉。余以爲懷祖爲得，逸少爲失也。懷祖地不賤乎逸少，〔四〕頗有儒術。〔五〕逸少直虚勝耳！才既不足以爲高物，〔六〕而長其狠傲，「隱不違親，貞不絶俗」，〔七〕生不能養，死方肥遯，〔八〕能書何足道也？若然，（魏）〔衛〕（勰）〔協〕之善畫，〔九〕綏明之善棋，〔一〇〕皆可凌物者也。〔一一〕懷祖構怨，宜哉！主父偃之心，〔一二〕蘇季子之（帛）〔歎〕，〔一三〕自於懷祖見之。

【疏證】

《世説新語・仇隙》：「王右軍素輕藍田，藍田晚節論譽轉重，右軍尤不平。藍田於會稽丁艱，停山陰治喪。右軍代爲郡，屢言出吊，連日不果。後詣門自通，主人既哭，不前而去，以陵辱之。於是彼此嫌隙大構。後藍田臨揚州，右軍尚在郡。初得消息，遣一參軍詣朝廷，求分會稽爲越州，使人受意失旨，大爲時賢所笑。藍田密令從事數其郡諸不法，以先有隙，令自爲其宜。右軍遂稱疾去郡，以憤慨致終。」劉孝標注引《中興書》曰：「羲之與述志尚不同，而兩不相能。述爲會稽，艱居郡境，王羲之後爲郡，申慰而已，初不重詣，述深以爲恨。喪除，徵拜揚州，就徵，周行郡境，而不歷羲之。臨發，一别而去。羲之初語其友曰：『王懷祖免喪，正可當尚書，投老可得爲僕射。更望會稽，便自邈然。』述既顯授，又檢校會稽郡，求其得失，主者疲於課對。羲之恥慨，遂稱疾去郡，墓前自誓不復仕。朝廷以其誓苦，不復徵也。」

【校注】

〔一〕王懷祖：王述字懷祖，祖籍太原晉陽。襲父承爵藍田縣侯，故又稱「王藍田」。曾爲揚州刺史，後官至散騎常侍、尚書令。卒，謚曰穆，以避穆帝改謚曰簡。《晉書》卷七五有傳。

〔二〕角聲：畫角之聲。古代軍中吹角以爲昏明之節。

〔三〕逸少：王羲之字逸少，祖籍琅邪臨沂。起家秘書郎，遷右軍將軍、會稽内史。故又稱「王右軍」。與揚州刺史王述不協，稱病去，不復出。工書法，後世尊爲「書聖」。《晉書》卷八〇有傳。

〔四〕地：門第。今按：王懷祖，太原王氏；王逸少，琅邪王氏。俱漢魏以來高門。參宋本《世説新語》附汪藻《世説敍録・人名譜》。

〔五〕「頗有」句：《隋書》卷三二《經籍志一・經》著録：「《春秋左氏經傳通解》四卷。王述之撰。」「《春秋旨通》十卷。王述之撰。」「王懷祖頗有儒術」，於此有徵也。

〔六〕以爲高物：各本同，《四庫全書》本作「以高乎物」。

〔七〕「隱不」二句：《後漢書》卷六八《郭太傳》：「或問汝南范滂曰：『郭林宗何如人？』滂曰：『隱不違親，貞不絶俗。天子不得臣，諸侯不得友。吾不知其它。』」「隱不違親」下李賢注：「介推之類。」「貞不絶俗」下李賢注：「柳下惠之類。」

〔八〕「生不」二句：乃就王羲之「墓前自誓」言，意謂在父母生前不能贍養，父母死後方自誓守墓而不仕。能養，指贍養父母。《論語・爲政》：「子游問孝。子曰：『今之孝者，是謂能養。至於犬馬，皆能有養；不敬，何以别乎？』」肥遯(dùn)，《周易・遯卦》：「上九，肥遯，無不利。」孔穎達疏：「子夏傳曰：『肥，饒裕也。』……上九最在外極，無應於内，心無疑顧，是遯之最優，故曰肥遯。」後因稱退隱爲「肥遯」。

〔九〕衛協：各本作「魏勰」。今按：當作「衛協」。協，西晉人。以善畫稱，當世有畫聖之名。謝赫《古畫品録》置諸第一品。事蹟詳《古畫品録》、《歷代名畫記》卷五。

〔一〇〕綏明：即馬綏明。《抱朴子》内篇卷三《辯問》：「善圍棋之無比者則謂之棋聖，故嚴子卿、馬綏明於今有棋聖之名焉；……善圖畫之過人者則謂之書聖，故衛協、張墨於今有書聖之名焉。」《三國志》卷二《文帝紀》裴松之注引《典論》云：「昔有馬合鄉侯善彈棋。」又，《隋書》卷三四《經籍志・子三》「《棋勢》四卷」下小字著録：「《圍棋勢》二十九卷，晉趙王倫舍人馬朗等撰。」未知馬合鄉侯、馬朗與馬綏明有關否。

〔一一〕淩物：謂傲視他人。物，人。

〔一二〕「主父偃」句：《史記》卷一一二《主父偃傳》載：主父偃初游宦，貧乏，不得志。後上書武帝，得重用，「大臣皆畏其口，賂遺累千金。人或説偃曰：『太横矣。』主父曰：『臣結髮遊學四十餘年，身不得遂，親不以爲子，昆弟不收，賓客棄我，我阸日久矣。且丈夫生不五鼎食，死即五鼎烹耳。吾日暮途遠，故倒行暴施之。』」「元朔二年，主父言齊王内淫佚行僻，上拜主父爲齊相。至齊，遍召昆弟賓客，散五百金予之，數之曰：『始吾貧時，昆弟不我衣食，賓客不我内門；今吾相齊，諸君迎我或千里。吾與諸君絶矣，毋復入偃之門！』」主父偃，西漢齊國臨淄人。武帝元光時，拜郎中，一歲四遷爲中大夫。元朔二年出任齊王相，告齊王與姊奸事，齊王自殺，偃亦被族誅。《史記》卷一一二、《漢書》卷六四有傳。

〔一三〕「蘇季子」句：《戰國策》卷三《秦一》「蘇秦始將連横」章：「（蘇秦）將説楚王，路過洛陽。父母聞之，清宫除道，張樂設飲，郊迎三十里；妻側目而視，傾耳而聽；嫂蛇行匍伏，四拜自跪而謝。蘇秦曰：『嫂何前倨而後卑也？』嫂曰：『以季子之位尊而多金。』蘇秦曰：『嗟乎！貧窮則父母不子，富貴則親戚畏懼。人生世上，勢位富貴，蓋可忽乎哉！』」蘇季子，蘇秦字季子，戰國時東周雒陽軒里人。以遊説爲約從長，並相六國，趙封爲武安君。後從約解，爲齊客卿，齊大夫與争寵，被殺。《史記》卷六九有傳。歎，各本作「帛」，《四庫全書》本作「歎」。今按：當作「歎」，以與上文「心」對，改。

40　堯問舜：「紫舌之民，〔一〕不可與語，若何？」舜曰：「君若遠鑑，必知通塞。紫舌之民，何難合同？」余以爲善對。故管仲曰「放老馬，得迷道；隨螘壤，得水穴」也。〔二〕

【校注】

〔一〕紫舌之民：指邊遠的四夷之民。因其語言、風俗不同於中原，故難與語。南朝梁簡文帝《南郊頌序》：「於是龍光之地，日浴之鄉，紫舌黄支，頭飛鼻飲，自西至南，無不思服。」

〔二〕「故管仲」數句：《韓非子》卷七《説林上》：「管仲、隰朋從桓公伐孤竹，春往冬反，迷惑失道。管仲曰：『老馬之智可用也。』乃放老馬而隨之，遂得道。行山中無水，隰朋曰：『蟻冬居山之陽，夏居山之陰，蟻壤寸而有水。』乃掘地，遂得水。」

41　韓昭侯使吏行縣之南門外，〔一〕有黄犢食苗。昭侯下令曰：「當苗時禁牛馬入田。」乃得南門黃犢。人以爲神。

【疏證】

《韓非子》卷九《内儲説上》：「韓昭侯使騎於縣，使者報，昭侯問曰：『何見也？』對曰：『無所見也。』昭侯曰：『雖然，何見？』曰：『南門之外，有黃犢食苗道左者。』昭侯謂使者：『毋敢洩吾所問於女。』乃下令曰：『當苗時禁牛馬入人田中，固有令，而吏不以爲事，牛馬甚多入人田中。亟舉其數上之；不得，將重其罪。』於是三鄉舉而上之。昭侯曰：『未盡也。』復往審之，乃得南門之外黃犢。吏以昭侯爲明察，皆悚懼其所而不敢爲非。」

【校注】

〔一〕韓昭侯：戰國時韓國國君。戰國時韓國弱小，韓昭侯任用申不害主持國政，使韓國致治，諸侯不敢侵韓。在位二十六年。生平詳《史記》卷四五《韓世家》等。行：巡視。

42 人心不同，有如其面。〔一〕昔燕昭重樂毅而惠王疑其能，〔二〕魏武誅文舉而曹丕收其集。〔三〕劉向、劉歆立言相反，〔四〕郗愔、郗超所奉各異，〔五〕而況九族乎，〔六〕百姓乎！處於堂之陰，而知日月之次序也；見瓶中之（暑）〔冰〕，〔七〕而知天下之寒暑也。鼓不預於五音而爲五音之主，〔八〕水不預於五味而爲五味之和，〔九〕將軍不預於五官而爲五官之督也。〔一〇〕蘭生空谷，不爲莫用而不芳；舟在江海，不爲莫乘而不浮。先針而後縷，〔一一〕可以成帷蓋；先縷而後針，不可以成衣服。有是哉！

【疏證】

《淮南子》卷一五《兵畧》：「處於堂上之陰而知日月之次序，見瓶中之冰而知天下之寒暑。夫物之所以相形者微，唯聖人達其至。故鼓不與於五音而爲五音主，水不與於五味而爲五味調，將軍不與於五官之事而爲五官督。故能調五音者，不與五音者也；能調五味者，不與五味者也；能治五官之事者，不可揆度者也。」亦畧見《禮記·學記》、《意林》卷二引《申子》。

《淮南子》卷一六《説山》：「蘭生幽宫，不爲莫服而不芳；舟在江海，不爲莫乘而不浮。」亦畧見《文子》卷上《上德》。

《淮南子》卷一六《説山》：「先針而後縷，可以成帷；先縷而後針，不可以成衣。」

【校注】

〔一〕「人心」二句：《左傳·襄公三十一年》：「子産曰：『人心之不同，如其面焉。吾豈敢謂子面如吾面乎？』抑心所謂危，亦以告也。」

〔二〕「昔燕昭」句：《史記》卷八〇《樂毅傳》：「樂毅於是爲魏昭王使於燕，燕王以客禮待之。樂毅辭讓，遂委質爲臣，燕昭王以爲亞卿，久之。……會燕昭王死，子立爲燕惠王。惠王自爲太子時嘗不快於樂毅，及即位，齊之田單聞之，乃縱反間於燕，曰：『齊城不下者兩城耳。然所以不早拔者，聞樂毅與燕新王有隙，欲連兵且留齊，南面而王齊。齊之所患，唯恐他將之來。』於是燕惠王固已疑樂毅，得齊反間，乃使騎劫代將，而召樂毅。樂毅知燕惠王之不善代之，畏誅，遂西降趙。」燕昭，即燕昭王，名職，戰國時燕國國君。即位後，卑身厚幣築黄金臺招納人才，奮發圖强。事蹟詳《戰國策》卷二九《燕策一》、卷三〇《燕策二》及《史記》卷三四《燕召公世家》等。樂毅，戰國末靈壽人。初仕趙，後仕魏，爲魏使於燕，燕昭王招爲亞卿，拜上將軍，兼佩趙相國印。爲燕破齊，燕封昌國君。惠王即位，毅受猜忌，去之趙，趙封望諸君。卒於趙。惠王，昭王子。後爲其相公孫操所殺。事蹟詳《戰國策》卷三〇《燕策二》、《史記》卷三四《燕召公世家》。

〔三〕「魏武」句：《後漢書》卷七〇《孔融傳》：「曹操既積嫌忌，而郗慮復構成其罪，遂令丞相軍謀祭酒路粹枉狀奏融曰：……書奏，下獄棄市。……魏文帝深好融文辭，每歎曰：『楊、班儔也。』募天下有上融文章者，輒賞以金帛。所著詩、頌、碑文、論議、六言、策文、表、檄、教令、書記凡二十五篇。」魏武，即魏武帝曹操。《三國志》卷一有紀。文舉，孔融字文舉，東漢魯國人。獻帝時爲北海相，歷少府，太中大夫。自負才氣，對曹操多侮慢之詞，爲曹操所殺。曹丕，字子桓。曹操次子。漢獻帝末，操死，嗣爲魏王，繼任丞相。尋代漢稱帝，即魏文帝。《三國志》卷二有紀。

〔四〕「劉向」句：《漢書》卷三六《劉歆傳》：「歆及向始皆治《易》，宣帝時，詔向受《穀梁春秋》，十餘年，大明習。及歆校秘書，見古文《春秋左氏傳》，歆大好之。……歆以爲左丘明好惡與聖人同，親見夫子，而公羊、穀梁在七十子後，傳聞之與親見之，其詳畧不同。歆數以難向，向不能非間也，然猶自持其《穀梁》義。」劉向，本名更生，字子政，西漢沛人。治《春秋穀梁傳》。宣帝時任散騎諫大夫給事中。元帝時，官至中壘校尉。劉歆，劉向子。字子駿，後改名秀，字穎叔。哀帝時，累遷奉車光禄大夫，出爲河内太守。平帝遷中壘校尉。王莽稱帝，爲國師，封嘉新公。二人事蹟詳《漢書》卷三六。

〔五〕「郗愔(yīn)」句：《太平御覽》五一八引《魏志》曰：「郗超字景興，一字嘉賓。父愔爲司徒。愔事道，超奉佛。愔又好聚，積錢數千萬，嘗開庫任超所取。超性好施，一日之中，散與親故，都盡。」郗愔，字方回，東晉高平金鄉人。晉孝武帝時，加都督浙江東五郡軍事。卒，謚文穆。郗超，曾官中書侍郎，轉左司徒長史。二人事蹟詳《晉書》卷六七。

〔六〕九族：以自己爲本位，上推至高祖，下推至玄孫爲九族。《尚書·堯典》：「克明俊德，以親九族。」孔安國傳：「以睦高祖、玄孫之親。」一説父族四、母族三、妻族二爲九族，見孫星衍《尚書今古文注疏》引夏侯、歐陽等説。

〔七〕冰：底本、《四庫全書》本作「晷」。重校本、《叢書集成》本、《百子全書》本、龍溪精舍校本作「潛」。吴校：「『晷』疑『□』(今按：原文模糊)或『潛』」。今按：晷本是測日影的儀器，非置於瓶中者；而潛，同潛，乃旁出之泉水或乾涸之水，與此處「瓶中」無涉。《淮南子》卷一五《兵畧》作「冰」，據改。

〔八〕預：各本同，《淮南子》卷一五《兵畧》作「與」，下文同。　五音：《孟子·離婁上》：「不以六律，不能正五音。」趙岐注：「五音，宫、商、角、徵、羽。」

〔九〕五味：《禮記·禮運》：「五味，六和，十二食，還相爲質也。」鄭玄注：「五味，酸、苦、辛、鹹、甘也。」

〔一〇〕五官：《禮記·曲禮下》：「天子之五官，曰司徒、司馬、司空、司士、司寇，典司五衆。」鄭玄注：「此亦殷時制也。」

〔一一〕「先針」句：《淮南子》卷一六《説山》高誘注：「縷非針無以通，故宜先也。」

43　公沙穆曰：〔一〕「居家之方，唯儉與約；立身之道，唯謙與學。」〔二〕世人有忿者題其門爲「鳳」字，〔三〕彼不覺，大以爲欣，而意在「凡鳥」也。有寄檳榔與家人者，題爲「合」字，蓋「人一口」也。〔四〕人有駡奴而命名「風」者，「凡蟲」也。〔五〕如此皆爲聽察焉。〔六〕

【疏證】

《世説新語·簡傲》：「嵇康與吕安善，每一相思，千里命駕。安後來，值康不在，喜出户延之，不入。題門上作『鳳』字而去。喜不覺，猶以爲欣。故作『鳳』字，凡鳥也。」

【校注】

〔一〕公沙穆：字文乂，東漢北海膠東人。習《韓詩》、《公羊春秋》，尤鋭思《河》、《洛》推步之術。官至遼東屬國都尉。《後漢書》卷八二下《方術列傳》有傳。

〔二〕「居家」四句：公沙穆此語今不見載於他籍。又，《叢書集成》本、《百子全書》本、龍溪精舍本於此下別爲一節。吴校：「按此下疑別爲一條。」

〔三〕鳳：《説文解字・鳥部》：「鳳，神鳥也。」

〔四〕「有寄」三句：《世説新語・捷悟》：「人餉魏武一杯酪，魏武啖少許，蓋頭上題『合』字以示衆。衆莫能解。次至楊修，修便啖，曰：『公教人啖一口也，復何疑！』」

〔五〕「人有」二句：《論衡》卷一六《商蟲篇》：「夫蟲，風氣所生，蒼頡知之，故凡蟲爲風之字，取氣於風。」

〔六〕「如此」句：各本「察焉」下有小字云：「案自『阿膠五尺』至『爲聽察焉』十一段，原本誤入《捷對篇》。別卷載『殷洪遠』以下三段，又標《金樓子・立言下》之目。詳考文義，皆應屬此篇，恭（《四庫全書》本作「謹」）校正。」

44　夫目察秋毫，不見華嶽；耳聽宫徵，不聞雷霆。君子用心必須普也。〔一〕故麇鹿成羣，虎豹所避；衆鳥成列，鷹隼不游。若臨事方就，則不舉矣。渴而穿井，臨難鑄兵，並無益也。非直是矣，〔二〕復須適時用矣。魯人有身善〔織〕屨，〔三〕妻善織縞，〔四〕而徙於越。或謂之曰：「子必窮矣：夫屨而履，越人跣行；〔五〕夫縞而冠，〔六〕越人被髮。〔七〕」蓋無益矣！

【疏證】

《説苑》卷一七《雜言》：「目察秋毫之末者，視不能見太山；耳聽清濁之調者，不聞雷霆之聲。」畧見《淮南子》卷二《俶真》、《文子》卷三九《守静》、《關尹子·九藥》。

《説苑》卷一七《雜言》：「麋鹿成羣，虎豹避之；飛鳥成列，鷹鷲不擊。」

《説苑》卷一七《雜言》：「越石父曰：『人勿言也，譬之猶渴而穿井，臨難而後鑄兵，雖疾從而不及也。』」畧見《晏子春秋》卷五、《説苑》卷一二《奉使》、《黄帝内經素問》卷一。

《韓非子》卷七《説林上》：「魯人身善織屨，妻善織縞，而欲徙於越。或謂之曰：『子必窮矣。』魯人曰：『何也？』曰：『屨爲履之也，而越人跣行；縞爲冠之也，而越人被髮。以子之所長，游於不用之國，欲使無窮，其可得乎？』」畧見《淮南子》卷一六《説山》。

【校注】

〔一〕普：《玉篇·日部》：「普，徧也。」

〔二〕直：楊樹達《詞詮》卷五：「直，表態副詞，爲『但』、『僅』之義。」

〔三〕善織屨（jù）：各本脱「織」字，《四庫全書》本「善」下有「織」字。今按：下文有「善織縞」，故此當補「織」字以與下文對。屨，單底鞋。多以麻、葛、皮等製成。《周禮·天官·屨人》：「掌王及后之服屨。」鄭玄注：「複下曰舄，禪下曰屨。」

〔四〕縞：《禮記·王制》孔穎達疏：「縞，白色生絹。亦名爲素。」

〔五〕跣行：赤足行走。《説文解字·足部》：「跣，脚親地也。」

〔六〕縞而冠：《禮記·玉藻》：「縞冠玄武，子姓之冠也。縞冠素紕，既祥之冠也。」孔穎達疏：「縞是生絹而近吉，當祥祭之時，身著朝服，首著縞冠，以其漸吉故也。」《韓非子》卷七《説林上》王先慎《集解》：「《禮·王志》鄭注『殷尚白而縞衣裳』，是周以前衣裳皆用縞。《玉藻》『縞冠素紕，既祥之冠也』，則周人惟冠用縞耳。」

〔七〕被髮：謂髮披散。《禮記·王制》：「東方曰夷，被髮文身，有不火食者矣。」

45　夫水澄之半日，必見目睫；動之半刻，〔一〕已失方圓。静之勝動，〔二〕誠非一事也。

【校注】

〔一〕刻：計時單位。古代以漏壺計時，一晝夜分爲百刻。漢哀帝建平二年分晝夜爲百二十刻。梁武帝天監年間，以八刻爲一辰，晝夜十二辰共得九十六刻。

〔二〕「静之」句：《淮南子》卷一六《説山》：「水定則清正，動則失平。故惟不動，則所以無不動也。」《淮南子》卷一七《説林》：「水静則平，平則清，清則見物之形，弗能匿也。」

46 **良匠能與人規矩，〔一〕不能使人巧；明師授人〔方〕書，〔二〕不能使人〔爲〕。〔三〕搜尋仞之隴，求千天之木；〔四〕望牛跡之水，〔五〕求吞舟之魚：未可得也。**

【疏證】

《抱朴子》内篇卷一三《極言》：「良匠能與人規矩，不能使人必巧也；明師能授人方書，不能使人必爲也。」亦畧見《孟子·盡心下》。

《抱朴子》内篇卷一四《勤求》：「夫搜尋仞之壟，求千天之木；瀌牛跡之中，索吞舟之鱗：用日雖久，安能得乎？」

【校注】

〔一〕規矩：畫圓形和方形的器具。

〔二〕方書：各本脱「方」字。今按：《抱朴子》内篇卷一三《極言》「書」上有「方」字，據補。方書，醫書或方術之書。

〔三〕使人爲：各本脱「爲」字，「人」下有小字云：「案『人』下疑脱一字。」今按：據《抱朴子》内篇卷一三《極言》，「使人」下有「必爲」二字，然上文「使人巧」，此處與之對應，當是「使人爲」，故知脱「爲」字，今補。

〔四〕尋仞之隴：指小山丘。尋仞，古代長度單位，一般以八尺爲尋，七尺爲仞。　干天：參天，謂高出空際。

〔五〕望：各本同，《抱朴子》内篇卷三《極言》作「漉」。今按：似以作「漉」爲當。《禮記·月令》：「（仲春之月）毋竭川澤，毋漉陂池，毋焚山林。」陸德明《經典釋文》：「漉，竭也。」意謂使水乾涸。　牛跡：牛蹄踩過留下的小坑。

47 曾子曰：〔一〕「患身之不善，不患人之莫己知。〔二〕丹青在山，民知而求之；善珠在淵，民知而取之。〔三〕」至道在學，而人不知就之，惑夫！吾假延晷漏，〔四〕常慮奄忽，〔五〕幼好狂簡，〔六〕頗有勤成，諸生孰能傳吾書者？使黄巾緑林，〔七〕不能攘奪；炎上潤下，〔八〕時爲保持。則關西夫子，〔九〕此名方丘；〔一〇〕東里先生，夢中相報。〔一一〕

【疏證】

《管子》卷一一《小稱》：「管子曰：『身不善之患，毋患人莫己知。丹青在山，民知而取之；美珠在淵，民知而取之。』」

【校注】

〔一〕曾子：各本同。今按：「患身」云云見《管子》卷一一《小稱》，故「曾子」疑當作「管子」，或蕭繹誤記。曾子，名參，字子輿，春秋末魯國南武城人。孔子弟子。以孝行著稱。相傳著《大學》，後世尊爲「宗聖」。《史記》卷六七《仲尼弟子列傳》有傳。

〔二〕「患身」二句：《管子》卷一一《小稱》唐尹知章注：「言但患身之不善耳，無患人不知己也。」

〔三〕「丹青」四句：《管子》卷一一《小稱》唐尹知章注：「丹青與珠，各有可用之性，故雖在山泉而藏，人猶知而取之，況在於人懷善而不知乎。」丹青，《漢書》卷五七《司馬相如傳上》：「其土則丹青赭堊。」顔師古注：「張揖曰：『丹，丹沙也。青，青雘也。』……師古曰：丹沙，今之朱沙也。青雘，今之空青也。」

〔四〕假延：暫且延緩。《廣韻・馬韻》：「假，且也。」晷漏：晷與漏，古代測時的儀器。此指時間。

〔五〕奄忽：謂人生短暫。《後漢書》卷六四《趙岐傳》：「卧蓐七年，自慮奄忽，乃爲遺令勑兄子。」

〔六〕狂簡：《論語・公冶長》：「吾黨之小子狂簡，斐然成章，不知所以裁之。」朱熹《集注》：「狂簡，志大而略於事也。」

〔七〕黄巾緑林：原爲農民起義，此泛指戰亂。黄巾，東漢末年，張角等發動起義，徒衆數十萬，皆以黄巾裹頭，稱爲黄巾軍。事詳《後漢書》卷八《靈帝紀》。緑林，西漢末，新市人王匡、王鳳等聚於緑林山中，至七八千人，王莽天鳳四年起事，又號下江兵。事詳《漢書》卷九七《王莽傳》。

〔八〕炎上潤下：指水火。《尚書·周書·洪範》：「五行：一曰水，二曰火，三曰木，四曰金，五曰土。水曰潤下，火曰炎上。」今按：蕭繹意指無論戰亂還是水火都不讓其著作毀壞。

〔九〕關西夫子：指楊震。震字伯起，東漢弘農華陰人。「少好學，受《歐陽尚書》於太常桓郁，明經博覽，無不窮究。諸儒爲之語曰：『關西孔子楊伯起。』」《後漢書》卷五四有傳。關西，指函谷關或潼關以西的地區。夫子，指孔子。

〔一〇〕方丘：比於孔丘。《廣韻·陽韻》：「方，比也。」

〔一一〕「東里先生」二句：《後漢書》卷三九《周磐傳》載：「建光元年，(磐)年七十三，歲朝會集諸生，講論終日，因令其二子曰：『吾日者夢見先師東里先生，與我講於陰堂之奥。』」東里先生，所指不詳。今按：或指西漢路温舒。温舒，字長君，鉅鹿東里人，通《春秋》大義，擅天文曆數。《漢書》卷五一有傳。

48　曹植曰：「漢之二祖，俱起布衣。〔一〕高祖闕於微細，〔二〕光武知於禮德。〔三〕高祖又鮮君子之風，溺儒冠不可言敬，〔四〕辟陽淫僻，〔五〕與衆共之。《詩》《書》禮樂，帝堯之所以爲治也，而高帝輕之。〔六〕濟濟多士，〔七〕文王之所以獲寧也，〔八〕高帝蔑之不用。〔九〕聽戚姬之邪媚，〔一〇〕致吕氏之暴戾，〔一一〕果令凶婦肆酖酷之心。〔一二〕凡此諸事，豈非寡計淺慮？斯不免於閭閻之人，〔一三〕當世之匹夫也。世祖多識仁智，奮武略以攘暴，興義兵以掃殘，〔一四〕破二公於昆陽，斬阜、賜於漢津。〔一五〕當此時也，九州鼎沸，四海淵湧，〔一六〕言帝者二三，稱王者四五。〔一七〕若克東齊難勝之寇，〔一八〕降赤眉不計之虜。〔一九〕彭寵以望異内隕，〔二〇〕龐萌以叛主取誅，〔二一〕隗戎以背信軀斃，〔二二〕公孫以離心授首。〔二三〕爾乃廟勝而後動衆，〔二四〕計定而後行師。於時戰克之將，籌畫之臣，承詔奉令者獲寵，違命犯旨者顛危。故曰建武之行師也，〔二五〕計出於主心，勝決於廟堂。故竇融因聲而景附，〔二六〕馬援一見而歎息。〔二七〕」諸葛亮曰：〔二八〕「曹子建論光武，將則難比於韓、周，〔二九〕謀臣則不敵良、平。〔三〇〕時人談者亦以爲然。吾以此言誠欲美大光武之德，而有誣一代之俊異。何哉？〔三一〕追觀光武二十八將，〔三二〕下及馬援之徒，忠貞智勇，無所不有。篤而論之，〔三三〕非減曩時。所以張、陳特顯於前者，乃自高帝動多闊疏，故良、平得廣於忠信，彭、勃得横行於外。〔三四〕語有『曲突徙薪爲彼人，焦頭爛額爲上客』，〔三五〕此言雖小，有似二祖之時也。光武神畧計較，生於天心，故帷幄無他所思，〔三六〕六奇無他所出，〔三七〕於是以謀合議同，共成王業而已。光武稱鄧禹曰：〔三八〕『孔子有回而門人益親。』〔三九〕歎吴漢曰：〔四〇〕『將軍差彊吾意，〔四一〕其武力可及，而忠不可及。』與諸臣計事，常令馬援後言，以爲援策每與諧合。〔四二〕此皆明君知臣之審也。光武上將非減於韓、周，謀臣非劣於良、平，原其光武策慮深遠，有杜漸曲突之明。〔四三〕高帝能疏，故張、陳、韓、周有焦爛之功耳。〔四四〕」黄瓊言：〔四五〕「光武創基於冰泮之中，〔四六〕用兵於枳棘之地，〔四七〕有奇功也。」或曰：「光武之時，敵寧有若項羽者？〔四八〕」余應之曰：「昔馬援見公孫述，〔四九〕自修飾作邊幅，〔五〇〕知無大志。推羽之行，皆較然可見，而胡有疑也？仲長公理言世祖文史爲勝，〔五一〕晉簡文言光武雄豪之類，〔五二〕最爲規檢之風。世誠以爲子建言其始，〔五三〕孔明揚其波，公理導其源，簡文宏其說。則通人之談，世祖爲極優矣。」

【疏證】

《藝文類聚》卷一二引魏陳王曹植《漢二祖優劣論》曰：「客有問余曰：『夫漢二帝高祖、光武，俱爲受命撥亂之君，此時事之難易，論其人之優劣，孰者爲先？』余應之曰：『昔漢之初興，高祖因暴秦而起，遂誅强楚，先有天下，功齊湯武，業流後嗣，誠帝王之元勳，人君之盛事也。然而名不繼德，行不純道，身没之後，崩亡之際，果令凶婦肆酖酷之心，嬖妾被人豕之刑，亡趙幽囚，禍殃骨肉，諸吕專權，社稷幾移。凡此諸事，豈非高祖寡計淺慮以致？然彼之雄才大畧，俶儻之節，信當世至豪健壯傑士也。又其梟將畫臣，皆古今之鮮有，歷世之希睹，彼能任其才而用之，聽其言而察之，故兼天下，有帝位，流巨勳，而遺元功也。世祖體乾靈之休德，禀貞和之純精，通黄中之妙理，韜亞聖之懿才。其爲德也，聰達而多識，仁智而明恕，重慎而周密，樂施而愛人，值陽九無妄之世，遭炎光厄會之運，殷爾雷發，赫然神舉，用武畧以攘暴，興義兵以掃殘，神光前驅，威風先逝，軍未出於南京，莽已斃於西都。夫其盪滌凶穢，勦除醜類，若順迅風而縱烈火，曬白日而掃朝雲也。爾乃廟勝而後動衆，計定而後行師，故攻無不陷之壘，戰無奔北之卒。是以羣下欣欣，歸心聖德，宣仁以和衆，邁德以來遠。故竇融聞聲而影附，馬援一見而歎息。股肱有濟濟之美，元首有穆穆之容。敦睦九族，有唐虞之稱；高尚純樸，有羲皇之素；謙虚納下，有吐握之勞；留心庶事，有日昃之勤。乃規宏跡而造皇極，創帝道而立德基。是以計功而業殊，比隆則事異，旌德則靡愆，言行則無穢，量力則勢微，論輔則力劣。卒能握乾圖之休徵，應五百之顯期，立不刊之遐跡，建不朽之元功。金石播其休烈，詩書載其勳懿。故曰光武其優也。』」

【校注】

〔一〕布衣：《荀子》卷一九《大畧》：「古之賢人，賤爲布衣，貧爲匹夫。」漢桓寬《鹽鐵論》卷六《散不足》：「古者庶人耋老而後衣絲，其餘則麻枲而已，故命曰布衣。」

〔二〕高祖：漢高祖劉邦，字季，西漢沛人。項羽入關，邦封爲漢王。後勝項羽，建立漢朝。廟號高祖。《史記》卷八、《漢書》卷一有紀。闕於微細：不拘小節。微細，各本同，《百子全書》本作「細微」。

〔三〕光武：即漢光武帝劉秀，字文叔，南陽蔡陽人。王莽廢漢自立，秀起兵討之。建武元年稱帝。廟號世祖。《後漢書》卷一有紀。

〔四〕「溺儒冠」句：《史記》卷九七《酈生陸賈列傳》載：劉邦麾下騎士言：「沛公不好儒，諸客冠儒冠來者，沛公輒解其冠，溲溺其中。與人言，常大罵。未可以儒生説也。」

〔五〕辟陽：辟陽侯審食其。食其，西漢沛人。高祖六年，封辟陽侯。事蹟詳《史記》卷八、九、一〇、一一八等。《史記》卷九七《陸賈傳》載：「辟陽侯行不正，得幸吕太后。」

〔六〕高帝輕之：漢高帝劉邦輕視《詩》《書》，史書多有記載。如《史記》卷九七《酈生陸賈列傳》載：「陸生時時前説稱《詩》《書》。高帝罵之曰：『乃公居馬上而得之，安事《詩》《書》！』」

〔七〕濟濟：衆多貌。《詩經·大雅·文王》：「濟濟多士，文王以寧。」

〔八〕文王：即周文王，姬姓，名昌。商紂王時爲西伯，招賢納士，實力日强，爲其子武王滅紂奠定了基礎。生平詳《史記》卷四《周本紀》。《史記·周本紀》：「西伯曰文王，遵后稷、公劉之業，則古公、公季之法，篤仁，敬老，慈少。禮下賢者，日中不暇食以待士，士以此多歸之。伯夷、叔齊在孤竹，聞西伯善養老，盍往歸之。太顛、閎夭、散宜生、鬻子、辛甲大夫之徒皆往歸之。」

〔九〕蔑：《周易·剥卦》：「蔑貞，凶。」《經典釋文》卷二「蔑」條引鄭云：「輕慢。」

〔一〇〕戚姬：即戚夫人，西漢濟陰定陶人，高祖寵姬。事蹟詳《史記》卷九《吕太后本紀》、卷五五《留侯世家》等。《史記·吕太后本紀》：「及高祖爲漢王，得定陶戚姬，愛幸，生趙隱王如意。孝惠爲人仁弱，高祖以爲不類我，常欲廢太子，立戚姬子如意，如意類我。戚姬幸，常從上之關東，日夜啼泣，欲立其子代太子。吕后年長，常留守，希見上，益疏。如意立爲趙王後，幾代太子者數矣，賴大臣争之，及留侯策，太子得毋廢。」

〔一一〕吕氏：各本同，《四庫全書》本作「吕后」。吕氏，即吕雉，字娥姁，單父人。劉邦稱帝，立爲皇后。惠帝卒，臨朝稱制。《史記》卷九有紀，《漢書》卷九七有傳。

〔一二〕「果令」句：指吕后殺如意，殘害戚夫人事。《史記》卷九《吕太后本紀》：「吕后最怨戚夫人及其子趙王，乃令永巷囚戚夫人，而召趙王。……孝惠元年十二月，帝晨出射。趙王少，不能蚤起。太后聞其獨居，使人持酖飲之。犂明，孝惠還，趙王已死。……太后遂斷戚夫人手足，去眼，煇耳，飲瘖藥，使居厠中，命曰『人彘』。」酖酷，歹毒。酖，以毒酒殺人。

〔一三〕閭閻：里巷内外之門，此處泛指民間。《漢書》卷一三《異姓諸侯王表》「閭閻偪於戎狄」，顔師古注：「閭，里門也；閻，里中門也。」

〔一四〕兵：各本同，《百子全書》本作「師」。

〔一五〕「破二公」二句：《後漢書》卷一上《光武帝紀》：「（地皇三年十一月）與王莽前隊大夫甄阜、屬正梁丘賜戰於小長安，漢軍大敗，還保棘陽。更始元年正月甲子朔，漢軍復與甄阜、梁丘賜戰於沘水西，大破之，斬阜、賜。……莽聞阜、賜死，漢帝立，大懼，遣大司徒王尋、大司空王邑將兵百萬，其甲士四十二萬人，五月，到潁川，復與嚴尤、陳茂合。……六月己卯，光武遂與營部俱進，自將步騎千餘，前去大軍四五里而陳。……光武乃與敢死者三千人，從城西水上衝其中堅，尋、邑陳亂，乘鋭崩之，遂殺王尋。城中亦鼓噪而出，中外合埶，震呼動天地，莽兵大潰，走者相騰踐，奔殪百餘里間。會大雷風，屋瓦皆飛，雨下如注，滍川盛溢，虎豹皆股戰，士卒争赴，溺死者以萬數，水爲不流。王邑、嚴尤、陳茂輕騎乘死人度水逃去。」二公，指王莽大司徒王尋、大司空王邑。昆陽，縣名，屬潁川郡。治所即今河南葉縣。阜、賜，指前隊大夫甄阜、屬正梁丘賜。漢津，指沘水，在今河南南陽。

〔一六〕「九州」二句：比喻形勢紛擾動亂。

〔一七〕「言帝」二句：王莽新朝末，緑林軍劉玄、赤眉軍劉盆子均稱帝。劉永、公孫述、李憲、秦豐、彭寵、隗囂等割據一方。《後漢書》卷一上《光武帝紀》：「是時長安政亂，四方背叛。梁王劉永擅命睢陽，公孫述稱王巴蜀，李憲自立爲淮南王，秦豐自號楚黎王，張步起琅邪，董憲起東海，延岑起漢中，田戎起夷陵，並置將帥，侵畧郡縣。又别號諸賊銅馬、大彤、高湖、重連、鐵脛、大搶、尤來、上江、青犢、五校、檀鄉、五幡、五樓、富平、獲索等，各領部曲，衆合數百萬人，所在寇掠。」

〔一八〕「若克」句：指光武帝劉秀破張步事。時張步稱齊王，佔據山東一帶。《後漢書》卷一上《光武帝紀》：「（建武五年冬十月）耿弇等與張步戰於臨淄，大破之。帝幸臨淄，進幸劇。張步斬蘇茂以降，齊地平。」

〔一九〕赤眉： 西漢末年農民起義軍。王莽建新朝，琅琊人徐宣、謝禄、楊音等各聚衆起兵。爲區别敵我，眉均塗成赤色，故稱赤眉軍。集衆至三十萬，奉劉盆子爲帝，一度攻入長安，後爲光武帝圍擊而失敗。事詳《後漢書》卷一一《劉盆子傳》。

〔二〇〕彭寵： 字伯通，南陽宛人。劉玄更始時爲漁陽太守，後歸光武帝劉秀。自負其功，意望甚高，光武即位，不得志。建武二年，發兵反。次年連結匈奴，自立爲燕王。後被殺。《後漢書》卷一二有傳。

〔二一〕龐萌： 東漢山陽人。初參加王常、成丹等領導的起義軍。附劉玄，爲冀州牧。後降劉秀，爲侍中。建武四年以疑怨叛漢，六年被殺。《後漢書》卷一二有傳。

〔二二〕隗戎： 即隗囂。囂字季孟。王莽末起兵，據隴西，初附劉玄，旋自稱西州上將軍。後歸光武，又叛附公孫述。建武九年，以屢爲漢軍所敗，幽憤死。《後漢書》卷一三有傳。今按： 古稱西方少數民族曰戎。囂，甘肅天水成紀人，故曹植稱其爲戎。 軀⿱堯毛： 各本同。吴校：「『軀⿱堯毛』疑作『⿱堯毛軀』。」今按： 吴校似可從，「⿱堯毛軀」與下文「授首」對。

〔二三〕公孫： 指公孫述，字子陽，扶風茂陵人。劉玄更始二年，阻擊緑林軍於綿竹，自立爲蜀王，次年稱帝，國號「成家」。建武三年，光武帝遣將軍李育攻三輔，兵敗亡歸。後爲吴漢、臧宫所攻，被創而死。《後漢書》卷一三有傳。

〔二四〕廟勝： 《漢書》卷六九《趙充國傳》顔師古注：「廟勝，謂謀於廟堂而勝敵也。」

〔二五〕建武： 光武帝劉秀年號，自公元二五年至五六年。

〔二六〕竇融：字周公，東漢扶風平陵人。融先從王匡鎮壓緑林、赤眉，後歸劉玄，據有河東之地。光武建武五年，歸附，歷官涼州牧，拜冀州牧，大司空。卒，謚曰戴侯。《後漢書》卷二三有傳。因聲而景附：指竇融因光武聲名，遣使通好事。《後漢書・竇融傳》：「融等遥聞光武即位，而心欲東向，以河西隔遠，未能自通。……五年夏，遣長史劉鈞奉書獻馬。」聲，指名聲，聲望。景附，如影附身，喻依附密切。景，同「影」。

〔二七〕馬援：字文淵，東漢扶風茂陵人。新莽時爲郡督郵，莽敗，依隗囂，後歸光武。拜隴西太守，伏波將軍。後擊武陵五溪蠻，卒於軍。《後漢書》卷二四有傳。《後漢書》本傳：「建武四年冬，(隗)囂使援奉書洛陽。援至，引見於宣德殿。世祖笑謂援曰：『卿遨遊二帝間，今見卿，使人大慚。』援頓首辭謝，因曰：『當今之世，非獨君擇臣也，臣亦擇君矣。臣與公孫述同縣，少相善。臣前至蜀，述陛戟而後進臣。臣今遠來，陛下何知非刺客奸人，而簡易若是？』帝復笑曰：『卿非刺客，顧説客耳。』援曰：『天下反覆，盜名字者不可勝數。今見陛下，恢廓大度，同符高祖，乃知帝王自有真也。』」

〔二八〕諸葛亮：字孔明，三國時蜀琅邪陽都人。輔佐劉備稱帝。劉備死，受遺詔輔佐劉禪。後病卒五丈原軍中，謚爲忠武。《三國志》卷三五有傳。

〔二九〕將：各本同。朱校：「案『將』上當補『上』字，觀後『光武上將』句可見。」今按：朱校似可從，「上將」與下文「謀臣」對。韓、周：指韓信、周勃。韓信，淮陰人。初從項羽，不受重用。亡歸劉邦，任大將軍。爲戰勝項羽主要功臣。西漢立，封楚王。後爲吕后與相國蕭何計誘入長安長樂宫，以謀反罪被斬。《史記》卷九二、《漢書》卷三四有傳。周勃，泗水沛人。從劉邦定天下，封絳侯。惠帝時，任太尉。呂后死，與陳平定計誅諸呂。文帝時，拜右丞相。卒，謚武。《史記》卷五七有傳。

〔三〇〕敵：各本同。吴校：「『敵』下疑有『於』字。」良、平：指張良、陳平。張良，字子房，沛郡城父人。爲劉邦主要謀士，封留侯。卒，謚文成。《史記》卷五五有傳。陳平，河南陽武人。初從項羽，後歸劉邦，曾爲高祖獻六奇計，封曲逆侯。惠帝、呂后、文帝時歷任丞相。卒，謚獻。《史記》卷五六有傳。

〔三一〕哉：各本同，《四庫全書》本作「者」。

〔三二〕光武二十八將：《後漢書》卷二二：「永平中，顯宗追感前世功臣，乃圖畫二十八將於南宫雲臺。」二十八人爲：鄧禹、馬成、吴漢、王梁、賈復、陳俊、耿弇、杜茂、寇恂、傅俊、岑彭、堅鐔、馮異、王霸、朱祐、任光、祭遵、李忠、景丹、萬脩、蓋延、邳彤、銚期、劉植、耿純、臧宫、馬武、劉隆。

〔三三〕篤而論之：猶言「要而言之」。

〔三四〕彭、勃：各本同。今按：上文諸葛亮提及張良、陳平，故下文曰「張、陳」，曰「良、平」；據此，上文提及韓信、周勃，下文當曰「韓、周」，曰「信、勃」，故疑「彭」乃「信」之誤。彭，指彭越，字仲，山陽昌邑人。楚漢戰争時，歸漢。助漢攻楚，高祖稱帝，封梁王。後高祖聽呂后言，誅之，夷三族。《史記》卷九〇有傳。

〔三五〕「語有」句：《藝文類聚》卷八〇引漢桓譚《新論》曰：「淳于髡至鄰家，見其竈突之直，而積薪在傍，謂曰：『此且有火災。』使爲曲突而徙薪，鄰家不聽。後果焚其屋，鄰家救火乃滅。烹羊具酒謝救火者，不肯呼髡。智士譏之曰：『曲突徙薪無恩澤，燋頭爛額爲上客。』蓋傷其賤本而貴末也。」亦見《漢書》卷六〇八《霍光傳》。突，烟囱。爲彼人，各本「人」下有小字云：「案《漢書》作『亡恩澤』。」彼人，衆人。

〔三六〕帷幄：將帥的幕府、軍帳。《史記》卷一三〇《太史公自序》：「運籌帷幄之中，制勝於無形，子房計謀其事，無知名，無勇功，圖難於易，爲大於細。」此借指出謀劃策。

〔三七〕六奇：指漢陳平爲高祖劉邦所謀畫的六奇計。《史記》卷五六《陳丞相世家》：「凡六出奇計，輒益邑，凡六益封。奇計或頗秘，世莫能聞也。」《史記》卷一三〇《太史公自序》：「六奇既用，諸侯賓從於漢；吕氏之事，平爲本謀，終安宗廟，定社稷。」清錢大昭《漢書辨疑·陳平傳》：「間疏楚君臣，一奇計也；夜出女子二千人滎陽東門，二奇計也；躡漢王立信爲齊王，三奇計也；僞遊雲夢縛信，四奇計也；解平城圍，五奇計也；其六當在從擊臧荼、陳豨、黥布時，史傳無文。」此處指出奇制勝的謀畧。

〔三八〕鄧禹：字仲華，南陽新野人。光武即位，拜大司徒，封酇侯。明帝時拜太傅。卒，謚元。《後漢書》卷一六有傳。《後漢書》本傳：「（建武元年正月）是月，光武即位於鄗，使使者持節拜禹爲大司徒。策曰：『制詔前將軍禹：深執忠孝，與朕謀謨帷幄，決勝千里。孔子曰：「自吾有回，門人日親。」斬將破軍，平定山西，功效尤著。百姓不親，五品不訓，汝作司徒，敬敷五教，五教在寬。今遣奉車都尉授印綬，封爲酇侯，食邑萬户。敬之哉！』」

〔三九〕回：顔回，即顔淵，字子淵，春秋末魯國人。孔子弟子，貧而好學。列德行科。後世尊爲「復聖」。《史記》卷六七《仲尼弟子列傳》有傳。《史記·仲尼弟子列傳》：「回年二十九，髮盡白，蚤死。孔子哭之慟，曰：『自吾有回，門人益親。』」

〔四〇〕吴漢：字子顔，東漢南陽宛人。曾與諸將擁劉秀爲帝，任大司馬，封舞陽侯。屢立戰功。卒，謚忠。《後漢書》卷一八有傳。《後漢書》本傳：「諸將見戰陳不利，或多惶懼，失其常度。漢意氣自若，方整厲器械，激揚士吏。帝時遣人觀大司馬何爲，還言方修戰攻之具，乃歎曰：『吴公差强人意，隱若一敵國矣！』」

〔四一〕差彊吾意：意謂尚能令我滿意。差，勉强，尚。

〔四二〕「以爲」句：《後漢書》卷二四《馬援傳》：「（援）善兵策，帝常言『伏波論兵，與我意合』，每有所謀，未嘗不用。」

〔四三〕杜漸：防微杜漸。曲突：即「曲突徙薪」。

〔四四〕焦爛之功：指在危險時刻建立功勳。焦爛，「焦頭爛額」之省稱。

〔四五〕黄瓊：字世英，東漢江夏安陸人。順帝時拜尚書僕射，桓帝時累官至司空。卒，謚忠。《後漢書》卷六一有傳。《後漢書》本傳載黄瓊上疏：「光武以聖武天挺，繼統興業，創基冰泮之上，立足枳棘之林。」

〔四六〕冰泮：冰凍融解。《後漢書》卷六一《黄瓊傳》李賢注：「冰泮喻危陷。」

〔四七〕枳棘：枳木與棘木。《後漢書》卷六一《黄瓊傳》李賢注：「枳棘喻艱難。」

〔四八〕項羽：名籍，字羽，秦末下相人。秦亡，自立爲西楚霸王，封諸侯王。繼與劉邦争衡，兵敗，自殺。《史記》卷七有紀、《漢書》卷三一有傳。

〔四九〕「昔馬援」句：《後漢書》卷二四《馬援列傳》：「公孫述稱帝於蜀，（隗）囂使援往觀之。援素與述同里閈，相善，以爲既至當握手歡如平生，而述盛陳陛衛，以延援入，交拜禮畢，使出就館，更爲援製都布單衣、交讓冠，會百官於宗廟中，立舊交之位。述鸞旗旄騎，警蹕就車，磬折而入，禮饗官屬甚盛，欲授援以封侯大將軍位。賓客皆樂留，援曉之曰：『天下雄雌未定，公孫不吐哺走迎國士，與圖成敗，反修飾邊幅，如偶人形。此子何足久稽天下士乎！』因辭歸，謂囂曰：『子陽井底蛙耳，而妄自尊大，不如專意東方。』」

〔五〇〕邊幅：指人的儀表、衣著。

〔五一〕仲長公理：仲長統字公理，東漢山陽高平人。獻帝建安中，尚書令荀彧舉爲尚書郎，後參丞相曹操軍事。著《昌言》。《後漢書》卷四九有傳。今按：蕭繹稱「仲長公理」，不稱「仲長統」，蓋避兄蕭統諱。文史爲勝：《太平御覽》卷九〇引薛瑩《漢紀》曰：「王莽之際，天下雲亂，英雄並發，其跨州據郡僭制者多矣。人皆冀於非望，然考其聰明仁勇，自無光武儔也。弘寬博納，計慮如神。是以任光、竇融望風景附，馬援一見，睹顔識奇。故能以十數年間掃除羣凶，清復海内，豈非天之所輔贊哉！古者師不内御，而光武命將皆授以方畧，使奉圖而進，其違失無不折傷意，豈文史之過乎？不然，雖聖人其猶人病諸！」

〔五二〕晉簡文：晉簡文帝司馬昱，字道萬，元帝少子。初封琅邪王，桓温廢廢帝，迎立之。卒，謚曰簡文，廟號太宗。《晉書》卷九有紀。今按：晉簡文之語今不見於他籍。

〔五三〕世誠：蕭繹字世誠，此爲作者自稱。古人偶有自稱字者。參顧炎武《日知録》卷二三《自稱字》。以爲：各本同。吴校：「按『爲』下疑有脱誤。」

49 一兔走街，萬夫争之，由未定也。積兔滿市，過者不顧，〔一〕非不欲兔，分已定矣，〔二〕雖鄙人不争。〔三〕故治國存乎定分而已。〔四〕

【疏證】

《吕氏春秋》卷一七《審分覽・慎勢》：「慎子曰：『今一兔走，百人逐之。非一兔足爲百人分也，由未定。由未定，堯且屈力，而况衆人乎？積兔滿市，行者不顧，非不欲兔也，分已定矣。分已定，人雖鄙不争。故治天下及國，在乎定分而已矣。』」亦見《慎子・君人》。

【校注】

〔一〕顧：《吕氏春秋》卷一七《審分覽・慎勢》高誘注：「顧，視。」

〔二〕分：名分。

〔三〕雖鄙人：各本同。今按：《吕氏春秋》卷一七《審分覽・慎勢》「雖」上有「分已定」三字。鄙人，鄙俗之人。

〔四〕定分：《吕氏春秋》卷一七《審分覽·慎勢》高誘注：「分土畫界，各守其封，故定分也。」陳奇猷《校釋》引畢沅曰：「注『定分』似當作『分定』。」奇猷案：「此『定分』謂定其名分、職分等，不僅指分土畫界言也。高注不全面。」

50 河上公序言：〔一〕「周道既衰，老子疾時王之不爲政，故著《道德經》二篇，西入流沙。〔二〕」至魏晉之間，詢諸大方，〔三〕復失老子之旨，乃以無爲爲宗，背禮違教，傷風敗俗，至今相傳，猶未祛其惑。皇甫士安云：〔四〕「世人見其書云『谷神不死，是謂玄牝』，〔五〕故好事者遂假託老子以談神仙。老子雖存道德，尚清虚，然博貫古今，垂文《述而》之篇，〔六〕及《禮傳》所載，〔七〕孔子慕焉是也。而今人學者，乃欲棄禮學，絶仁義，云獨任清虚，可以致治，〔八〕其違老子親行之言。」

【校注】

〔一〕河上公：西漢人，莫知其姓名。傳説文帝時，築草庵於河濱，時人稱爲河上公。帝好讀《老子》，有不解處，時人莫能道之。聞其解《老子》義旨，即親往問之，授帝《素書》二卷，囑熟研之，所疑即解。見《神仙傳》卷三。余嘉錫《古書通例》卷一《案著録第一》有云：「今河上公《注》有葛仙翁《序》曰：『於是作《道》《德》二篇，五千文，上下《經》焉。』河上公《注》，晉以後僞書，不足據。」

〔二〕西入流沙：《後漢書》卷三〇下《襄楷傳》載：襄楷上書，有云：「或言老子入夷狄爲浮屠。浮屠不三宿桑下，不欲久生恩愛，精之至也。天神遺以好女，浮屠曰：『此但革囊盛血。』遂不眄之。其守一如此，乃能成道。」《南齊書》卷五〇四《高逸・顧歡傳》：「歡著《夷夏論》曰：『道經云：「老子入關之天竺維衛國，國王夫人名曰净妙，老子因其晝寢，乘日精入净妙口中。後年四月八日夜半時，剖左腋而生，墜地即行七步，於是佛道興焉。」此出《玄妙内篇》。』」《郡齋讀書志》卷一六著録《老子化胡經》一〇卷，曰：「右魏明帝爲之序。經言老子歸崑崙化胡，次授罽賓，後及天竺。按裴松之《三國志注》言『世稱老子西入流沙，化胡成佛』。其説蓋起於此。《議化胡經八狀》附於後。《唐志》云：『萬歲通天元年，僧惠澄上言乞毀《老子化胡經》，秋官侍郎劉如璿等議狀。』證其非僞，此是也。」流沙，指西域地區。

〔三〕大方：即大方之家，謂見多識廣，明曉大道的人。《莊子・秋水》：「今我睹子之難窮也，吾非至於子之門則殆矣，吾長見笑於大方之家。」

〔四〕皇甫士安：皇甫謐字士安，自號玄晏先生，安定朝那人。好讀書。晉武帝時，累徵不就。《晉書》卷五一有傳。

〔五〕「世人」句：《老子》第六章：「谷神不死，是謂玄牝。玄牝之門，是謂天地根。綿綿若存，用之不勤。」《老子》河上公注：「人能養神則不死，神謂五藏之神也。」一説谷即山谷，谷神即大道。《老子》三國魏王弼注：「谷中央無谷也。無形無影，無逆無違，處卑不動，守靜不衰，谷以之成而不見其形，此至物也。」宋司馬光《道德真經論》：「中虛故曰谷，不測故曰神，天地有窮而道無窮，故曰不死。」玄牝，《老子》河上公注：「玄，天也，於人爲鼻；牝，地也，於人爲口。」

〔六〕垂文：本指留下文章，這裏指被記載。《述而》：指《論語·述而》篇，是篇有云：「子曰：『述而不作，信而好古，竊比於我老彭。』」今按：此「老」，昔人有以爲指老子。

〔七〕《禮傳》：指《禮記》。「三禮」之中，古以《周禮》、《儀禮》爲「經」，《禮記》爲「傳」。今按：《禮記·曾子問》多次記載孔子「聞諸老聃」的言論。如：「孔子曰：『昔者吾從老聃助葬於巷黨，及堩，日有食之。』老聃曰：『丘，止柩就道右，止哭以聽變。』既明反，而後行。曰：『禮也。』……吾聞諸老聃云。」又如：「子夏曰：『金革之事無辟也者，非與？』孔子曰：『吾聞諸老聃曰：「昔者魯公伯禽，有爲爲之也。今以三年之喪從其利者，吾弗知也。」』」

〔八〕「乃欲」四句：《漢書》卷三〇《藝文志·諸子》：「道家者流……及放者爲之，則欲絶去禮學，兼棄仁義，曰獨任清虛，可以爲治。」

51　古之學者爲己，今之學者爲人。〔一〕學而優則仕，仕而優則學，〔二〕古人之風也；修天爵以取人爵，獲人爵而棄天爵，末俗之風也。〔三〕古人之風，夫子所以昌言；〔四〕末俗之風，孟子所以扼腕。〔五〕然而古人之學者有二，〔六〕今人之學者有四。〔七〕夫子門徒，轉相師受，通聖人之經者，謂之儒。屈原、宋玉、枚乘、長卿之徒，〔八〕止於辭賦，則謂之文。今之儒博窮子史，但能識其事，不能通其理者，謂之學。至如不便爲詩如閻纂，〔九〕善爲章奏如伯松，〔一〇〕若此之流，汎謂之筆。吟詠風謡，流連哀思者，〔一一〕謂之文。而學者率多不便屬辭，守其章句，〔一二〕遲於通變，質於心用。〔一三〕學者不能定禮樂之是非，辯經教之宗旨，〔一四〕徒能揚榷前言，〔一五〕抵掌多識，〔一六〕然而挹源知流，亦足可貴。筆退則非謂成篇，進則不云取義，神其巧惠，筆端而已。至如文者，維須綺縠紛披，〔一七〕宮徵靡曼，〔一八〕脣吻遒會，〔一九〕情靈摇盪。而古之文筆，今之文筆，其源又異。至如《象》《繫》《風》《雅》，〔二〇〕名墨農刑，〔二一〕虎炳豹鬱，〔二二〕彬彬君子。〔二三〕卜談四始，〔二四〕(李)〔劉〕言七畧，〔二五〕源流已詳，今亦置而弗辨。潘安仁清綺若是，〔二六〕而評者止稱情切，〔二七〕故知爲文之難也。曹子建、陸士衡，皆文士也，〔二八〕觀其辭致側密，〔二九〕事語堅明，〔三〇〕意匠有序，遺言無失，雖不以儒者命家，此亦悉通其義也。偏觀文士，畧盡知之。至於謝玄暉，〔三一〕始見貧小，然而天才命世，過足以補尤。任彦昇甲部闕如，〔三二〕才長筆翰，善輯流畧，〔三三〕遂有龍門之名，〔三四〕斯亦一時之盛。夫今之俗，〔三五〕搢紳稚齒，〔三六〕閭巷小生，〔三七〕學以浮動爲貴，用百家則多尚輕側，〔三八〕涉經記則不通大旨，苟取成章，貴在悦目。龍首豕足，〔三九〕隨時之義；〔四〇〕牛頭馬髀，彊相附會。事等張君之（弧）〔瓠〕，徒觀外澤；〔四一〕亦如南陽之里，難就窮檢矣。〔四二〕射魚指天，〔四三〕事徒勤而靡獲；適郢首燕，馬雖良而不到。〔四四〕夫挹酌道德，憲章前言者，君子所以行也，〔四五〕是故言顧行，行顧言。原憲云：〔四六〕「無財謂之貧，學道不行謂之病。」末俗學徒，頗或異此：或假兹以爲伎術，〔四七〕或狎之以爲戲笑。若謂爲伎術者，犂軒（胘）〔眩〕人，〔四八〕皆伎術也；若以爲戲笑者，少府鬭（獲）〔猴〕，〔四九〕皆戲笑也。未聞彊學自立，和樂慎禮，若此者也。口談忠孝，色方在於過鴻；〔五〇〕形服儒衣，〔五一〕心不則於德義。〔五二〕既彌乖於本行，實有長於澆風。〔五三〕一失其源，則其流已遠。與其不隕穫於貧賤、不充詘於富貴、不（畏）〔慁〕君王、不累長上、不（聞）〔閔〕有司者，〔五四〕何其相反之甚！

【疏證】

《論語·憲問》：「子曰：『古之學者爲己，今之學者爲人。』」

《論語·子張》：「子夏曰：『仕而優則學，學而優則仕。』」

《禮記·儒行》：「儒有不隕穫於貧賤，不充詘於富貴，不慁君王，不累長上，不閔有司，故曰儒。」

【校注】

〔一〕「古之」二句：《論語・憲問》何晏《集解》：「孔曰：爲己，履而行之；爲人，徒能言之。」宋邢昺疏：「《正義》曰：此章言古今學者不同也。古人之學則履而行之，是爲己也；今人之學空能爲人言説之，己不能行，是爲人也。」朱熹《集注》引程子曰：「爲己，欲得之於己也。爲人，欲見知於人也。」「古之學者爲己，其終至於成物。今之學者爲人，其終至於喪己。」

〔二〕「學而」二句：《論語・憲問》朱熹《集注》：「優，有餘力也。仕與學理同而事異，故當其事者，必先有以盡其事而後可及其餘，然仕而學則所以資其仕者益深，學而仕則所以驗其學者。」《論語・學而》：「子曰：行有餘力則以學文。」

〔三〕「修天爵」三句：《孟子・告子上》：「孟子曰：『有天爵者，有人爵者。仁義忠信，樂善不倦，此天爵也；公卿大夫，此人爵也。古之人修其天爵，而人爵從之。今之人修其天爵，以要人爵；既得人爵，而棄其天爵，則惑之甚者也，終亦必亡而已矣。』」趙岐注：「天爵以德，人爵以禄。」

〔四〕昌言：美言，善言。《尚書・大禹謨》：「禹拜昌言。」漢孔安國傳：「以臯陶言爲當，故拜受而然之。」

〔五〕扼腕：用一隻手握住另一隻手腕，表示振奮、惋惜、憤慨等情緒。《戰國策》卷三一《燕策三》：「燕太子丹質于秦亡歸」章「樊於期偏袒扼腕而進曰：『此臣日夜切齒拊心，乃今得聞教！』」

〔六〕人：各本同，《太平御覽》卷五八五引《金樓子》無此字。

〔七〕「今人」句：「人」、「有」，各本同，《太平御覽》卷五八五引《金樓子》無此二字。又，「四」下有「焉」字。

〔八〕屈原：名平，戰國時楚國公族。事楚懷王，曾任三閭大夫等職。後受讒遭忌，被放逐。頃襄王時投汨羅江而死。著《離騷》、《九章》、《九歌》等。《史記》卷八四有傳。　宋玉：戰國時楚國鄢人。或謂屈原弟子。頃襄王時爲大夫。以賦見稱，作《九辨》、《登徒子好色賦》等。　枚乘：字叔，西漢臨沂淮陰人。景帝時爲吴王劉濞郎中。濞欲謀反，上書諫，不納，遂爲梁孝王客。後景帝召爲弘農都尉，以病去官。武帝即位，年邁，以安車蒲輪徵之，死途中。善辭賦，有《七發》。《漢書》卷五一有傳。　長卿：司馬相如字長卿，西漢蜀郡成都人。初事景帝爲武騎常侍，病免。去梁，從枚乘等遊。後歸蜀。武帝時拜中郎將，坐事免，尋復爲郎，拜孝文園令，病免。工辭賦，有《上林》、《大人》等賦。《史記》卷一一七有傳。

〔九〕閻纂：人名。生平不詳。今按：疑爲「閻纘」，「纘」、「纂」通。纘（zuǎn），字續伯，西晉巴西安漢人。惠帝初，太傅楊駿以爲舍人，轉安復令。駿誅，棄官葬駿。河間王顒引爲西戎司馬，封平樂鄉侯，屢上疏。累官至漢中太守。《晉書》卷四八有傳。嚴可均《全晉文》録閻纘文五篇，並云：「案：《隋志》，梁有隴西太守《閻纂集》二卷，未知即此否？」

〔一〇〕伯松：張竦字伯松，西漢末京兆杜陵人。初爲京兆史。王莽居攝，竦上奏頌莽功德，封爲淑德侯，官丹陽太守。長安語曰：「欲求封過張伯松，力戰鬬不如巧爲奏。」莽敗，客於池陽，爲兵所殺。事蹟詳《漢書》卷七六《張敞傳》、卷九九《王莽傳》及《漢紀》卷一八《宣帝紀二》。　章奏：並爲文體名，臣僚呈報皇帝的文書。章，明徐師曾《文體明辨序説·章》：「按劉勰曰：『章者，明也。』古人言事，皆稱上書。漢定禮儀，乃有四品，其一曰章，用以謝恩。及考後漢，論諫慶賀，閒亦稱章，豈其流之寖廣歟？自唐而後，此制遂亡。」奏，明徐師曾《文體明辨序説·奏疏》：「按奏疏者，羣臣論諫之總名也。……奏者，進也。」

〔一一〕哀思：《禮記·樂記》：「亡國之音哀以思，其民困。」原意指悲哀愁思，這裏引申爲情思。

〔一二〕守其章句：指僅能墨守五經的注釋。章句，剖章析句，經學家解説經義的一種方式。

〔一三〕質於心用：指不善於獨立思考。質，《玉篇·貝部》「質，樸也。」

〔一四〕經教：經指五經，教謂儒教。

〔一五〕揚榷前言：約略陳述前人之説。揚榷，約略，舉其大概。《莊子·徐無鬼》：「頡滑有實，古今不代，而不可以虧，則可不謂有大揚榷乎！」

〔一六〕抵掌多識：善於言談，且聞見廣博。抵掌，擊掌，指人在談話中激昂的神情。

〔一七〕維：重校本、《叢書集成》本、《百子全書》本、龍溪精舍本作「惟」。吴校：「『維』當作『惟』。」今按：「維」、「惟」通。　綺縠紛披：形容文辭繁複。綺縠，精美的絲織品。紛披，盛多貌。

〔一八〕宫徵靡曼：指作品的音節靡靡動聽。

〔一九〕遒：各本同，《太平御覽》卷五八五引《金樓子》作「適」。今按：似以「適」爲是。《史記》卷一二七《日者列傳》：「歲穀不熟不能適。」司馬貞《索隱》云：「適，猶調也。」適會，和諧，協調。《文心雕龍·養氣》：「故宜從容率情，優柔適會。」

〔二〇〕《彖》《繫》：指《周易》中《彖辭》和《繫辭》。《彖》，《彖辭》，《周易》中斷卦之辭。《周易·乾卦》：「《彖》曰：『大哉乾元，萬物資始。』」孔穎達疏：「夫子所作《彖辭》，統論一卦之義，或説其卦之德，或説其卦之義，或説其卦之名。……案褚氏、莊氏並云：『彖，斷也，斷定一卦之義，所以名爲《彖》也。』」《繫》，《繫辭》，亦名《繫辭傳》，《周易》篇名。傳説孔子所作十翼之一。《風》《雅》：指《詩經》中的《國風》和《大雅》、《小雅》。亦用以指代《詩經》。

〔二一〕名墨農刑：名家、墨家、農家和法家，並爲諸子百家學派。名家，以正名辨義爲主，主要代表爲鄧析、惠施、公孫龍等。《史記》卷一三〇《太史公自序》：「名家苛察繳繞……故曰『使人儉而善失真』。」《漢書》卷三〇《藝文志·諸子》：「名家者流，蓋出於禮官。」墨家，戰國初墨翟所創立的學派。後學有相里氏、相夫氏、鄧陵氏等。《漢書·藝文志·諸子》：「墨家者流，蓋出於清廟之守。茅屋采椽，是以貴儉；養三老五更，是以兼愛；選士大射，是以上賢；宗祀嚴父，是以右鬼；順四時而行，是以非命；以孝視天下，是以上同。」農家，反映農業生産和農民思想的學術派别。主張勸耕桑，以足衣食。《漢書·藝文志·諸子》：「農家者流，蓋出於農稷之官。播百穀，勸耕桑，以足衣食。」法家，起源於春秋時的管仲、子産，發展於戰國時的李悝、商鞅、申不害、慎到等人，戰國末韓非集法家學説的大成。《史記·太史公自序》：「法家不别親疏，不殊貴賤，一斷於法，則親親尊尊之恩絶矣。」《漢書·藝文志·諸子》：「法家者流，蓋出於理官，信賞必罰，以輔禮制。」

〔二二〕虎炳豹鬱：謂文采如虎豹紋理般明著鮮豔。《抱朴子》外篇卷三《尚博》：「大人虎炳，君子豹蔚。」

〔二三〕彬彬：《論語・雍也》：「質勝文則野，文勝質則史，文質彬彬，然後君子。」何晏《集解》引包咸曰：「彬彬，文質相半之貌。」

〔二四〕卜：指卜商，即子夏，春秋末衛國人，一説晉國温人。孔子弟子，以文學見稱。曾爲魯國莒父宰。孔子死後，講學於西河。事蹟詳《論語・子路》、《史記》卷六七《仲尼弟子列傳》。南北朝梁時人一般認爲《毛詩大序》是卜商所作，如《文選》卷四五《毛詩序》，即題名卜子夏。四始：《毛詩大序》：「一國之事，繫一人之本，謂之『風』；言天下之事，形四方之風，謂之『雅』；雅者，正也，言王政之所由廢興也，政有大小，故有『小雅』焉，有『大雅』焉；『頌』者，美盛德之形容，以其成功告於神明者也。是謂四始，《詩》之至也。」孔穎達疏引鄭玄《答張逸》云：「四始：『風』也，『小雅』也，『大雅』也，『頌』也。此四者，人君行之則爲興，廢之則爲衰。」

〔二五〕劉：各本作「李」，《四庫全書》本作「劉」。今按：當以「劉」爲是。劉指西漢末劉歆，曾著《七畧》。《漢書》卷三〇《藝文志》：「至成帝時，以書頗散亡，使謁者陳農求遺書於天下。詔光禄大夫劉向校經傳諸子詩賦，步兵校尉任宏校兵書，太史令尹咸校數術，侍醫李柱國校方技。每一書已，向輒條其篇目，撮其指意，録而奏之。會向卒，哀帝復使向子侍中奉車都尉歆卒父業。歆於是總羣書而奏其《七畧》，故有《輯畧》，有《六藝畧》，有《諸子畧》，有《詩賦畧》，有《兵書畧》，有《術數畧》，有《方技畧》。」

〔二六〕潘安仁：潘岳字安仁，西晉滎陽中牟人。武帝時，舉秀才，出爲河陽令，轉懷縣令。後累遷爲給事黄門侍郎。終被誣以謀反，伏誅。《晉書》卷五五有傳。清綺：形容文辭簡淨漂亮。《世説新語・文學》：「孫興公云：『潘文淺而淨，陸文深而蕪。』」劉孝標注引《晉陽秋》曰：「岳善屬文，清綺絕世。」又引《續文章志》曰：「岳爲文，選言簡章，清綺絕倫。」

〔二七〕「而評者」句：《文心雕龍》卷三《誄碑》：「潘岳構意，專師孝山，巧於序悲，易入新切，所以隔代相望，能徵厥聲者也。」情切，各本「切」下有小字云：「案原本作『悄叨』。」謹據《太平御覽》校改。」

〔二八〕曹子建：三國魏曹植字子建。《三國志》卷一九有傳。陸士衡：陸機字士衡。西晉吳郡吳縣人。吳亡，不仕。晉武帝太康末，與弟雲入洛。後仕晉，河橋之敗，與弟雲及從弟耽並被誅。詩重藻繪排偶，駢文亦佳。著《晉記》四卷，《洛陽記》一卷，《要覽》若干卷。後人輯有《陸士衡集》。《晉書》卷五四有傳。

〔二九〕辭致側密：各本同。吳校：「疑。」側密，側麗綿密，即豔麗浮華而細緻周密。

〔三〇〕堅明：明確。《弘明集》卷三何承天《答宗居士書》：「證譬堅明，文詞淵富。」堅，各本同，《四庫全書》本作「更」。

〔三一〕謝玄暉：謝朓字玄暉，祖籍陳郡陽夏。少好學，文章清麗。爲南齊「竟陵八友」之一。明帝時曾官南東海太守，行南徐州事。東昏侯即位，朓爲人誣陷，下獄死。長於五言詩，爲永明體代表，世稱「小謝」。《南齊書》卷四七、《南史》卷一九有傳。

〔三二〕任彥昇：任昉字彥昇，祖籍樂安博昌。南齊「竟陵八友」之一。入梁，拜黃門侍郎，御史中丞，秘書監。後出爲新安太守，卒於官舍。昉以文才見知，時與沈約詩並稱「任筆沈詩」。今存《任彥昇集》輯本。

《梁書》卷一四、《南史》卷五九有傳。　甲部：古代書籍四部分類法之一。晉荀勗以六藝、小學爲甲部，李充略加調整，以五經爲甲部，隋唐以來沿用不改。　闕如：存疑不言。《論語・子路》：「君子於其所不知，蓋闕如也。」何晏《集解》引包咸曰：「君子於其所不知，當闕而勿據。」

〔三三〕流略：漢劉向整理羣書，九流以別諸子，其子劉歆總羣書而撰《七略》，故後世以「流略」泛指前代書籍。南朝梁王筠《昭明太子哀册文》：「括囊流略，包舉藝文。」

〔三四〕龍門：指衆望所歸者。《世説新語・德行》：「李元禮風格秀整，高自標持，欲以天下名教是非爲己任。後進之士，有升其堂者，皆以爲登龍門。」劉孝標注：「龍門，一名河津，在長安九百里。水懸絶，龜魚之屬莫能上，上則化爲龍矣。」《文選》卷五五劉孝標《廣絶交論》：「近世有樂安任昉，海内髦傑，……蹈其閫閾，若升闕里之堂；入其奥隅，謂登龍門之阪。」另，吴《譜》「天監三年」下，有云：「按：『遂有』二字上，疑有闕文。」

〔三五〕夫今之俗：各本同，《太平御覽》卷五八五引《金樓子》「夫」上有「若」字，「俗」下有「也」字。

〔三六〕搢紳：《漢書》卷二五《郊祀志上》：「其語不經見，縉紳者弗道。」顔師古注：「李奇曰：『縉，插也，插笏於紳。』……字本作搢，插笏於大帶與革帶之間。」此處亦借指士大夫。

〔三七〕「閭巷」句：《太平御覽》卷五八五引《金樓子》無下「學以浮動爲貴，用百家則多尚輕側，涉經記則不通大旨」句。小生，指新學後進者。

〔三八〕輕側：輕靡險怪。《隋書》卷七六《文學傳序》：「煬帝初習藝文，有非輕側之論，暨乎即位，一變其體。」

〔三九〕龍首豕足：猶言牛頭不對馬嘴。謂對書義的解釋與原旨相去甚遠。下文「牛頭馬髀」義同。

〔四〇〕義：各本同，《太平御覽》卷五八五引《金樓子》作「宜」。今按：「義」、「宜」通。

〔四一〕「事等」二句：張君，指三國蜀郡成都人張裔。《三國志》卷四一《張裔傳》：「乃以裔爲益州太守，徑往至郡。（雍）闓遂趑趄不賓，假鬼教曰：『張府君如瓠壺，外雖澤而內實麤，不足殺，令縛與吳。』」《太平御覽》卷九七九引《蜀志》曰：「張裔，字君嗣，如瓠壺，外澤而內麤。」瓠，各本作「弧」。吳校：「『弧』疑作『瓠』。」今按：吳校是，據改。

〔四二〕「亦如」三句：《後漢書》卷二二《劉隆傳》載：東漢建武中，州郡多有違法事，光武下詔檢核，「時諸郡各遣使奏事，帝見陳留吏牘上有書，視之，云『潁川、弘農可問，河南、南陽不可問』。帝詰吏由趣，吏不肯服，抵言於長壽街上得之。帝怒。時顯宗爲東海公，年十二，在幄後言曰：『吏受郡敕，當欲以墾田相方耳。』帝曰：『即如此，何故言河南、南陽不可問？』對曰：『河南帝城，多近臣，南陽帝鄉，多近親，田宅逾制，不可爲準。』帝令虎賁將詰問吏，吏乃實首服，如顯宗對。於是遣謁者考實，具知姦狀。」南陽，郡名。治所在宛縣，即今河南南陽。東漢光武帝爲南陽蔡陽人。

〔四三〕射魚指天：《呂氏春秋》卷一七《審分覽·知度》：「成王霸者固有人，亡國者亦有人。桀用羊辛，紂用惡來，宋用唐鞅，齊用蘇秦，而天下知其亡。非其人而欲有功，譬之若夏至之日而欲夜之長也，射魚指天而欲發之當也。舜、禹猶若困，而況俗主乎？」

〔四四〕「適郢」二句：《抱朴子》内篇卷一四《勤求篇》：「所謂適楚而道燕，馬雖良而不到，非行之不疾，然失其道也。」首，《史記》卷九二《淮陰侯列傳》「北首燕路」，張守節《正義》：「首，向也。」

〔四五〕行也：各本同，《太平御覽》卷五八五引《金樓子》「行」下有「之」字。

〔四六〕原憲：字子思，一稱原思、仲憲，春秋時魯國人，一説宋人，孔子弟子。貧而樂道。孔子爲魯司寇，以爲家邑宰。《史記》卷六七《仲尼弟子列傳》有傳。《莊子・讓王》：「子貢乘大馬，中紺而表素，軒車不容巷，往見原憲。原憲華冠縰履，杖藜而應門。子貢曰：『嘻！先生何病？』原憲應之曰：『憲聞之，無財謂之貧，學而不能行謂之病。今憲貧也，非病也。』子貢逡巡而有愧色。」

〔四七〕伎：各本同，《四庫全書》本作「技」，下同。今按：「伎」、「技」通。

〔四八〕犂(lí)軒眩人：底本作「犂軒胘人」，《四庫全書》本作「犂軒眩人」，重校本、《叢書集成》本、《百子全書》本、龍溪精舍本作「犂靬眩人」。吳校：「本作『犂靬眩人』。」今按：胘(xián)乃牛之百葉，作「眩」是，據改。犂軒，《史記》卷一二三《大宛傳》作「黎軒」；《漢書》卷六一《張騫傳》作「犛靬(qián)」，卷九六《西域傳》作「犂靬」；《後漢書》卷八八《西域傳》作「犂鞬(jiàn)」。古國名，即古羅馬帝國。眩人，魔術師。《漢書》卷六一《張騫傳》：「而大宛諸國發使隨漢使來……以大鳥卵及犛靬眩人獻於漢。」顔師古注：「眩，讀與幻同。即今吞刀吐火、植瓜種樹、屠人截馬之術皆是也。」

〔四九〕少府：官名。西漢始置，太后三卿之一，掌太后宮庫藏出納，冠太后宮名爲號，品秩與正卿略同。　鬬猴：各本作「鬬獲」。今按：「獲」，當作「猴」，改。《漢書》卷七七《蓋寬饒傳》：「酒酣樂作，長信少府檀長卿起舞，爲沐猴與狗鬭，坐皆大笑。」《初學記》卷二六引劉孝儀《謝晉安王賜宜城酒啓》：「少府鬭猴，莫能致笑；大夫落雉，不足解顔。」《書叙指》卷八：「發笑事曰鬭猴、落雉。」

〔五〇〕「色方」句：《孟子·告子上》：「孟子曰：『……弈秋，通國之善弈者也。使弈秋誨二人弈，其一人專心致志，惟弈秋之爲聽。一人雖聽之，一心以爲有鴻鵠將至，思援弓繳而射之，雖與之俱學，弗若之矣。』」

〔五一〕形服儒衣：《莊子·田子方》：「莊子曰：『周聞之，儒者冠圜冠者知天時，履句屨者知地形，緩佩玦者事至而斷。君子有其道者，未必爲其服也；爲其服者，未必知其道也。公固以爲不然，何不號於中國曰：「無此道而服此服者，其罪死！」』」

〔五二〕「心不」句：《文選》卷一〇潘安仁《西征賦》：「誦六藝以飾奸，焚詩書而面牆。心不則於德義，雖異術而同亡。」李善注：「《左氏傳》富辰曰：『心不則德義之經爲頑。』」

〔五三〕澆風：浮薄的社會風氣。《玉篇·水部》：「澆，薄也。」

〔五四〕「與其」數句：《禮記·儒行》鄭玄注：「隕穫，困迫失志之貌也。充詘，歡喜失節之貌。慁，猶辱也。累，猶繫也。閔，病也。言不爲天子、諸侯、卿大夫、羣吏所困迫而違道，孔子自謂也。充或爲統，閔或爲文。」孔穎達疏：「此明孔子自言己之儒所行如此，故繫於諸儒之末也。不隕穫於貧賤者，隕穫是困迫失志之貌，言己雖遇貧賤，不隕穫失志也。不充詘於富貴者，充詘是歡喜失節之貌，言雖得富貴，不歡喜失節。不慁君王者，慁，辱也，言不見慁辱於君王而違道也。不累長上者，累，猶繫也，長上謂卿大夫，言不以累繫於長上而失志也。不閔有司者，閔，病也，有司謂羣吏言，儒者不以困病於有司而失常，謂不以羣吏所困迫。」與其，各本同，《四庫全書》本作「其與」。今按：似以「其與」爲當。慁（hùn），各本作「畏」，《禮記・儒行》作「慁」。今按：當以作「慁」爲是，據改。閔，各本作「聞」，《禮記・儒行》作「閔」。今按：當以作「閔」爲是，據改。

52 王仲任言：〔一〕「夫説一經者爲儒生；〔二〕博古今者爲通人；〔三〕上書奏事者爲文人；〔四〕能精思著文連篇章爲鴻儒，〔五〕若劉向、揚雄之列是也。〔六〕蓋儒生轉通人，通人爲文人，文人轉鴻儒也。〔七〕」

【疏證】

《論衡》卷一三《超奇篇》：「夫能説一經者爲儒生，博覽古今者爲通人，采掇傳書以上書奏記者爲文人，能精思著文連結篇章者爲鴻儒。故儒生過俗人，通人勝儒生，文人踰通人，鴻儒超文人。故夫鴻儒，所謂超而又超者也。」

【校注】

〔一〕王仲任：王充字仲任，東漢會稽上虞人。早年受業太學，師事班彪。曾爲州治中。章帝特詔公車徵，病不行。好讀書，勤於著述，有《論衡》八十五篇。《後漢書》卷四九有傳。

〔二〕儒生：各本同，《太平御覽》卷五八五引《金樓子》「生」下有「也」字。

〔三〕「博古」句：各本同，《太平御覽》卷五八五引《金樓子》「人」下有「也」字；《論衡》卷一三《超奇篇》「博」下有「覽」字。

〔四〕「上書」句：《論衡》卷一三《超奇篇》「上書」上有「采掇傳書以」五字。文人，各本同，《太平御覽》卷五八五引《金樓子》「人」下有「也」字。

〔五〕「能精思」句：《論衡》卷一三《超奇篇》「連」下有「結」字，「章」下有「者」字。《太平御覽》卷五八五引《金樓子》「儒」下有「也」字。鴻儒，泛指博學之士。《論衡》卷一三《超奇篇》黄暉《校釋》引孫人和《論衡校録》曰：「何休《公羊序》云：『是以治古學貴文章者，謂之俗儒。』徐彦疏云：『謂之俗儒者，即《繁露》云：「能通一經曰儒生，博覽羣書號曰洪儒。」今本《繁露》脱此文。疑儒生、通人、文人、鴻儒之分別，仲任蓋依舊説也。』」

〔六〕劉向、揚雄：《太平御覽》卷五八五引《金樓子》作「劉子政」、「揚子雲」。劉向，字子政。揚雄，字子雲，西漢蜀郡成都人。雄長於辭賦，以文見召，奏《甘泉》、《河東》、《羽獵》、《長楊》等賦。成帝時任給事黄門郎。後仕王莽，爲大夫。校書天禄閣。著有《方言》、《訓纂篇》、《法言》、《太玄經》。《漢書》卷八七、八八有傳。

〔七〕「文人」句：《太平御覽》卷五八五引《金樓子》「轉」下有「爲」字。又，各本「也」下有小字云：「案此條原本止有《金樓子》三字，無篇名。考文義，與前段相類，謹附於此。」

53 子思云：〔一〕「堯身長十尺，眉乃八采；〔二〕舜身長六尺，面頷無毛。〔三〕禹、湯、文、武及周公，〔四〕或勤思勞體，〔五〕或折臂望陽，〔六〕或禿骭背僂。〔七〕聖賢在德，豈在貌乎？」〔八〕

【疏證】

《孔叢子·居衛》：「子思適齊，齊君之嬖臣，美鬚眉立乎側，齊君指之而笑，且言曰：『假貌可相易，寡人不惜此之鬚眉於先生也。』子思曰：『非所願也。所願者，唯君修禮義，富百姓，而伋得寄帑於君之境內，從繦負之列，其榮多矣。若無此鬚鬣，非伋所病也。昔堯身修十尺，眉分八彩，實聖；舜身修八尺有奇，面頷無毛，亦聖；禹、湯、文、武及周公勤思勞體，或折臂望視，或禿骭背僂，亦聖。不以鬚眉美鬒爲稱也。人之賢聖在德，豈在貌乎？且吾性無鬚眉，而天下王侯不以此損其敬。由是言之，伋徒患德之不邵美也，不病毛鬋之不茂也。』」

【校注】

〔一〕子思：孔伋字子思，戰國時魯國陬邑人，孔子之孫。相傳受業於曾子，孟子發揮其學說，形成思孟學派。今本《禮記》中《中庸》、《表記》、《坊記》等傳爲其所撰。另有《子思》，已佚。生平事蹟詳《史記》卷四七《孔子世家》、《孟子・告子下》。

〔二〕「堯身」二句：《太平御覽》卷八〇引《帝王世紀》曰：「（帝堯陶唐氏）身長十尺，常夢攀天而上之。」《初學記》卷九引《帝王世紀》曰：「堯伊祁姓也，母曰慶都，孕十四月而生堯於丹陵。名曰放勛，鳥庭荷勝，眉有八采，豐下鋭上。」又，乃，《孔叢子・居衛》作「分」。

〔三〕「舜身」二句：《太平御覽》卷八一引《帝王世紀》曰：「舜，姚姓也。……名重華，字都君。龍顔大口，黑色，身長六尺一寸，有聖德。」

〔四〕武及周公：各本同，《四庫全書》本「武」下無「及」字。

〔五〕勤思勞體：指大禹爲治理洪水，勞身焦思。《史記》卷二《夏本紀》：「禹傷先人父鯀功之不成受誅，乃勞身焦思，居外十三年，過家門不敢入。薄衣食，致孝於鬼神。卑宫室，致費於溝減。陸行乘車，水行乘船，泥行乘橇，山行乘檋。左準繩，右規矩，載四時，以開九州，通九道，陂九澤，度九山。」

〔六〕折臂：指湯之異貌，傳説各有不同。《藝文類聚》卷一二引《春秋元命苞》曰：「湯臂四肘，是謂神肘。」《太平御覽》卷八三引《雒書靈准聽》曰：「黑帝子湯，長八尺一寸，或曰七尺，連珠庭，臂二肘。」同卷引《春秋元命苞》曰：「湯臂二肘，是爲神剛。」卷三六九引《春秋玄命苞》曰：「湯臂四肘，是謂神剛，象月推移，以綏四方。」望陽：亦作「望羊」，聯緜詞，遠視貌。此爲周武王之異相。《白虎通》卷七《聖人》：「聖人皆有異表：……湯臂三肘，是謂柳、翼，攘去不義，萬民蕃息。……武王望羊，是謂攝揚，盱目陳兵，天下富昌。」《論衡》卷三《骨相篇》：「表候者，骨法之謂也。傳言黃帝龍顏……湯臂再肘……武王望陽，周公背僂。」

〔七〕禿骭（gàn）：脛無毛。骭，指小腿。《太平御覽》卷三七二引《正部》曰：「夏禹治水，腓無胈，脛無毛。」《莊子・天下篇》：「墨子稱道曰：『昔禹之湮洪水，決江河而通四夷九州也。……禹親自操橐耜，而九雜天下之川。腓無胈，脛無毛，沐甚雨，櫛疾風，置萬國。』」背僂：駝背。《白虎通》卷七《聖人》：「周公背僂，是謂强俊，成就周道，輔於幼主。」《太平御覽》卷三七一引《孫卿子》曰：「周公傴，背不伸也。」

〔八〕乎：各本「乎」下有小字云：「案此卷原本載《金樓子》三段，一出《立言篇》，一出《興王篇》。此段不標篇名，或蒙上《立言》之目，謹附於此。」

54 按《周禮》：〔一〕「筮人氏掌三《易》，〔二〕夏曰《連山》，〔三〕殷曰《歸藏》，〔四〕周曰《周易》。」解此不同。〔五〕按杜子春云：〔六〕「《連山》，伏羲也；〔七〕《歸藏》，黃帝也。〔八〕」予曰：〔九〕「按《禮記》曰：〔一〇〕『我欲觀殷道，得《坤》《乾》焉。』今《歸藏》先以《坤》，後《乾》，〔一一〕則知是殷明矣。推《歸藏》既則殷制，〔一二〕《連山》理是夏書。」

【疏證】

《周禮·春官·大卜》：「大卜……掌三《易》之法，一曰《連山》，二曰《歸藏》，三曰《周易》。其經卦皆八，其別皆六十有四。」

《周禮·春官·筮人》：「筮人掌三《易》，以辨九筮之名，一曰《連山》，二曰《歸藏》，三曰《周易》。」

【校注】

〔一〕《周禮》：書名。西漢時，河間獻王得《周官》，缺《冬官》，補以《考工記》，西漢末列爲經而屬於禮，故稱《周禮》。書中所載與周時制度多不合，有人疑爲僞作。

〔二〕筮人氏：重校本、《叢書集成》本、《百子全書》本、龍溪精舍本「人」下無「氏」字。吴校：「『氏』字衍。」今按：《太平御覽》卷六〇九、《天中記》卷三七引《金樓子》有「氏」字。筮人，掌卜筮的人。《儀禮·特牲饋食禮》：「筮人取筮於西塾，執之，東面受命於主人。」鄭玄注：「筮人，官名也。筮，問也。」

〔三〕《連山》：三《易》之一。《周禮·春官·大卜》賈公彦疏：「其卦以純艮爲首，艮爲山，山上山下是名連山，雲氣出内於山，故名《易》爲《連山》。」

〔四〕《歸藏》：三《易》之一，相傳爲黄帝所作。《周禮·春官·大卜》賈公彦疏：「此《歸藏易》，以純坤爲首，坤爲地，故萬物莫不歸而藏於中，故名爲《歸藏》也。」漢桓譚《新論》：「《歸藏》四千三百言……藏於太卜。」《隋書》卷三二《經籍志一》：「《歸藏》十三卷，晉太尉薛貞注。……漢初已亡，案晉《中經》有之，唯載卜筮，不似聖人之旨。」

〔五〕解此不同：《論衡》卷二八《正説》：「説《易》者皆謂伏羲作八卦，文王演爲六十四。夫聖王起，河出《圖》，洛出《書》。伏羲王，《河圖》從河水中出，《易》卦是也。禹之時，得《洛書》，《書》從洛水中出，《洪範》九章是也。故伏羲以卦治天下，禹案《洪範》以治洪水。古者烈山氏之王得《河圖》，夏后因之曰《連山》；烈山氏之王得《河圖》，殷人因之曰《歸藏》；伏羲氏之王得《河圖》，周人因之曰《周易》。其經卦皆八，其别六十四，文王、周公因彖十八章究六爻。世之傳説《易》者，言伏羲作八卦，不實其本，則謂伏羲真作八卦也。伏羲得八卦，非『作』之；文王得成六十四，非『演』之也。『演』『作』之言，生於俗傳。苟信一文，使夫真是幾滅不存。既不知《易》之爲《河圖》，又不知存於俗何家《易》也，或時《連山》、《歸藏》，或時《周易》。案《禮》夏、殷、周三家相損益之制，較著不同。如以周家在後，論今爲《周易》，則《禮》亦宜爲《周禮》。六典不與今《禮》相應，今《禮》未必爲周，則亦疑今《易》未必爲周也。案左丘明之《傳》，引周家以卦，與今《易》相應，殆《周易》也。」《初學記》卷二一引《帝王世紀》曰：「庖犧氏作八卦，神農重之爲六十四卦。黄帝堯舜引而伸之，分爲二《易》。至夏人因炎帝曰《連山》，殷人因黄帝曰《歸藏》。文王廣六十四卦，著九六之爻，謂之《周易》。」

〔六〕杜子春：河南緱氏人。西漢末從劉歆受《周禮》。東漢儒者鄭衆、賈逵並從受業。自此，《周禮》之學始傳。事蹟詳《經典釋文·序録》、《隋書》卷三二《經籍志》。孔穎達《周易注疏》卷首：「《周禮·太卜》三《易》云，一曰《連山》，二曰《歸藏》，三曰《周易》。杜子春云：『《連山》伏犧，《歸藏》黄帝。』」《玉海》卷三五「周三《易》」條：「王洙曰：『《山海經》云：「伏羲氏得《河圖》，夏后因之曰《連山》；黄帝氏得《河圖》，商人因之曰《歸藏》；列山氏得《河圖》，周人因之曰《周易》。」斯乃杜子春之所憑。』」

〔七〕伏羲：傳説中的三皇之一，風姓。相傳其始畫八卦。事蹟詳《周易·繫辭》、《帝王世紀》等。

〔八〕黄帝：古帝名，本姓公孫，改姓姬。亦號軒轅氏、有熊氏。以土德王，土色黄，故曰黄帝。事蹟詳《史記》卷一《五帝本紀》。

〔九〕予曰：各本同，《太平御覽》卷六〇九、《天中記》卷三七引《金樓子》作「難曰」。

〔一〇〕《禮記》：書名。爲西漢人戴聖采先秦舊籍編定，共四十九篇。有漢鄭玄注及唐孔穎達正義。《禮記·禮運》：「孔子曰：『我欲觀夏道，是故之杞，而不足徵也，吾得《夏時》焉。我欲觀殷道，是故之宋，而不足徵也，吾得《坤》《乾》焉。《坤》《乾》之義，《夏時》之等，吾以是觀之。』」

〔一一〕先以坤：重校本、《叢書集成》本、《百子全書》本、龍溪精舍本「先」下無「以」字。吴校：「九行『先以坤』，『以』字衍。」今按：《太平御覽》卷六〇九、《天中記》卷三七引《金樓子》有「以」字。

〔一二〕則：重校本、《叢書集成》本、《百子全書》本、龍溪精舍本作「是」。吴校：「『則』當作『是』。」今按：《太平御覽》卷六〇九、《天中記》卷三七引《金樓子》作「在」。

55　銘頌所稱，〔一〕興公而已。〔二〕夫披文相質，〔三〕博約温潤。〔四〕吾聞斯語，未見其

人。〔五〕班固碩學，〔六〕尚云贊頌相似；〔七〕陸機鉤深，〔八〕猶稱碑賦如一。〔九〕

【校注】

〔一〕「銘頌」句：此節截自蕭繹《内典碑銘集林序》。銘，文體的一種。明徐師曾《文體明辨序説·銘》：「按鄭康成曰：『銘者，名也。』劉勰云：『觀器而正名也。』故曰：『作器能銘，可以爲大夫矣。』考諸夏商鼎彝尊卣盤匜之屬，莫不有銘……其後作者寖繁，凡山川、宮室、門、井之類皆有銘詞，蓋不但施之器物而已。然要其體不過有二：一曰警戒，二曰祝頌。陸機曰：『銘貴博約而温潤。』」頌，文體的一種。《文體明辨序説·頌》：「按《詩》有六義，其六曰頌。頌者，容也，美盛德之形容，以其成功告於神明者也。若商之《那》、周之《清廟》諸什，皆以告神，乃頌之正體也。」所，王引之《經典釋詞》卷九：「所，猶可也。」

〔二〕「興公」句：各本「而已」下有小字云：「案此句疑有誤。」今按：蕭繹《内典碑銘集林序》「銘頌所稱，興公而已」上有「次道、孝伯、嘉賓、玄度：斯數子者，亦一代名人，或修理止於伽藍，或歸心盡於談論」等文字，意謂次道等人無銘頌可稱，可稱者唯孫興公。「疑有誤」者，實未明乎此。興公，孫綽字興公，太原中都人，東晉著名文人。《晉書》卷五六有傳。

〔三〕披文相質：《文選》卷一七陸士衡《文賦》：「碑披文以相質。」李善注：「碑以叙德，故文質相半。」張少康《文賦集釋》引黄侃曰：「碑是頌體，而當叙事，故文其表而質存乎裏。」

〔四〕博約温潤：《文選》卷一七陸士衡《文賦》：「銘博約而温潤。」李善注：「博約，謂事博文約也。銘以題勒示後，故博約温潤。」五臣注：「銑曰：『博謂意深，約謂文省。』」張少康《文賦集釋》引徐復觀曰：「按銘勒於器物之上，字數受限制，故須義博而文約；語多含蓄，故體貌温潤。」

〔五〕「吾聞」二句：《論語・季氏》：「孔子曰：『見善如不及，見不善如探湯。吾見其人矣，吾聞其語矣。隱居以求其志，行義以達其道。吾聞其語矣，未見其人也。』」

〔六〕「班固」句：《後漢書》卷四〇《班固傳》：「年九歲，能屬文誦詩賦，及長，遂博貫載籍，九流百家之言，無不窮究。」班固字孟堅，東漢扶風安陵人。曾撰《漢書》。《後漢書》卷四〇有傳。

〔七〕「尚云」句：《文心雕龍》卷二《頌讚》：「遷史固書，託贊褒貶。約文以總録，頌體以論辭。」《稗編》卷七五云：「《文章緣起》曰：『漢司馬相如作《荆軻贊》，世已不傳，厥後班孟堅漢史以論爲贊，至宋范曄更以韻語。』……大抵贊有二體，若作散文，當祖班氏史評；若作韻語，當宗東方朔《畫像贊》。《金樓子》有云：『班固碩學，尚云贊頌相似。』信然！」贊，文體名。明徐師曾《文體明辨序説・贊》：「按字書云：『贊，稱美也，字本作讚。』」……其體有三：一曰雜贊……二曰哀贊……三曰史贊。」

〔八〕「陸機」句：《晉書》卷五四《陸機傳》稱「機天才秀逸，辭藻宏麗」。陸機曾撰《文賦》，探討文學創作規律。《文心雕龍》卷九《總術》稱「陸氏《文賦》，號爲曲盡」，可謂「鉤深」之代表。鉤深，探索深奥的意義。《周易・繫辭》：「鉤深致遠。」

〔九〕碑：碑文。《文心雕龍》卷三《誄碑》：「夫屬碑之體，資乎史才，其序則傳，其文則銘。標序盛德，必見清風之華；昭紀源懿，必見峻偉之烈：此碑之制也。夫碑實銘器，銘實碑文，因器立名，事光於誄。」賦：文體名。是韻文和散文的綜合體。講究詞藻、對偶、用韻。今按：陸機之碑文，多用賦體，講究對偶、詞藻，故蕭繹譏之。

56 **楊泉《〔蠶〕賦》序曰：**〔一〕**「古人作賦者多矣，而獨不賦蠶，乃爲《蠶賦》。」是何言與？楚蘭陵荀況有《蠶賦》，**〔二〕**近不見之，**〔三〕**有文不如無述也。**

【校注】

〔一〕楊泉：晉人，著有《太玄經》、《物理論》等。《隋書》卷三五《經籍志·集》：「晉處士《楊泉集》二卷。」《意林》卷五《太玄經》十四卷，小注：「梁國楊泉，字德淵。」《蠶賦》：各本脱「蠶」字。今按：《太平御覽》卷八二五引《金樓子》「賦」上有「蠶」字，今據補。又，楊泉《蠶賦》見《藝文類聚》卷六五、嚴可均輯《全三國文》卷七五。

〔二〕蘭陵：古地名。在今山東臨沂蒼山蘭陵鎮一帶。荀況：荀子字卿，名況，戰國時趙國人。著有《荀子》。《史記》卷七四有傳。《蠶賦》：荀子《蠶賦》見《荀子》卷一八《賦》。

〔三〕「近不」句：《太平御覽》卷八二五引《金樓子》「近不見之」上有「德淵」二字。

57 **黄金滿（筒）〔笥〕，**〔一〕**不以投龜；**〔二〕**明珠徑寸，豈勞彈雀。**〔三〕

【校注】

〔一〕笥：底本、《四庫全書》本作「筒」，重校本、《叢書集成》本、《百子全書》本、龍溪精舍本作「笥」。吳校：「乃『笥』之誤。」今按：《太平御覽》卷九三一引《金樓子》作「笥」，據改。笥，盛小型物件的方形竹器。

〔二〕不以投黿：此反用荆軻以金塊投黿之典。《燕丹子》載：燕太子丹得荆軻，盡心侍之。「後日，與軻之東宫，臨池而觀。軻拾瓦投黿，太子令人奉槃金。軻用抵，抵盡復進。軻曰：『非爲太子愛金也，但臂痛耳。』」

〔三〕「明珠」二句：《莊子・讓王篇》：「今且有人於此，以隨侯之珠，彈千仞之雀，世必笑之。是何也？則其所用者重，而所要者輕也。」《太平御覽》卷九二二引《太玄經》曰：「明珠彈雀，貴不當也。」亦見《吕氏春秋》卷二《仲春紀・貴生》。又，各本「雀」下有小字云：「案自『案《周禮》』以下四條，原本俱無見（《四庫全書》本、重校本、《叢書集成》本、《百子全書》本、龍溪精舍本無「見」字。吳校：「九行小注『見』字衍」）。《太平御覽》引《金樓子》有之，無篇名。考文義，皆（《四庫全書》本作「似」）應屬此篇，謹附於此。」

金樓子卷第四

金樓子卷第五

梁孝元皇帝撰

著書篇十〔一〕

1 《連山》三秩三十卷。〔二〕金樓年在弱冠著此書，至於立年其功始就，躬親筆削，極有其勞。〔三〕

【校注】

〔一〕「著書」句：各本有小字云：「案昭德《讀書志·金樓子》目録(《四庫全書》本無「昭德讀書志」五字)有《著書篇》。《永樂大典·金樓子·聚書篇》後有『自《連山》三秩』至『已上六百七十七卷』云云。今案其文，蓋係《著書篇》正文，脱其篇目，因誤與《聚書》合爲一篇。今分爲《著書篇》。《大典》又别載《金樓子·著書篇》五條，其二條與《藝文類聚》所載梁元帝《孝子傳序》、《懷舊志序》相出入，而首尾殘缺，文亦互異，知原書具載序論，非僅目録。今徧考諸書，凡可補者悉附於後，庶存其大畧云。」今按：蕭繹所著書，《梁書》卷五《梁元帝紀》載：「所著《孝德傳》三十卷，《忠臣傳》三十卷，《丹陽尹傳》十卷。《注漢書》一百一十五卷，《周易講疏》十卷，《内典博要》一百卷，《連山》三十卷，《洞林》三卷，《玉韜》十卷，《補闕子》十卷，《老子講疏》四卷，《全德志》、《懷舊志》、《荆南志》、《江州記》、《貢職圖》、《古今同姓名録》一卷，《筮經》十二卷，《式贊》三卷，文集五十卷。」《南史》卷八《梁本紀·元帝》所載較《梁書》多《金樓子》十卷，少《江州記》一卷。又《洞林》作《詞林》，《全德志》作《古今全德志》，《荆南志》作《荆南地記》，《懷舊志》作《懷舊傳》，餘同。

〔二〕「《連山》」句：《梁書》卷五《梁元帝紀》、《南史》卷八《梁本紀·元帝》並著録：「《連山》三十卷。」《隋志》卷三四《經籍志三》著録：「《連山》三十卷，梁元帝撰。」《酉陽雜俎續集》卷四《貶誤篇》：「梁元帝《易連山》每卦引《歸藏》、《斗圖》、《立成》、《委化》、《集林》及焦贛《易林》。」《連山》，古《易》名。《周禮·春官·大卜》：「掌三易之法，一曰《連山》，二曰《歸藏》，三曰《周易》。」賈公彦疏：「其卦以純艮爲首，艮爲山，山上山下是名連山，雲氣出内於山，故名《易》爲《連山》。」秩，《四庫全書》本作「袟」。今按：「袟」、「袠」、「帙」，異體字。《説文解字·巾部》「帙：書衣也。从巾，失聲。袠：帙，或从衣。」秩，用同「袟」，一説爲「袟」之誤。本篇下同，不再出校。

〔三〕「金樓」四句：各本爲雙行小字，且《四庫全書》本「金樓」上有「原注」二字。據《四庫全書》本「原注」二字及文中口吻可推知，此當是蕭繹自注，今以小號字附於正文條目下，删「原注」二字。下同，不再出校。筆削，指著述。筆，書寫記録；削，删改時用刀削刮簡牘。蕭繹《〈金樓子〉序》有「夕望湯池，觀仰月之勢，朝瞻美氣，眺非烟之色，替於筆削」云云。躬親筆削，指親自動手寫作。

2 《金樓秘訣》一秩二十二卷。〔一〕金樓纂，即連雜事，〔二〕無奇也。

【校注】

〔一〕《金樓秘訣》：此書《梁書》卷五《梁元帝紀》、《南史》卷八《梁本紀·元帝》、《隋書·經籍志》無著録。

〔二〕連：辛德勇《由梁元帝著述書目看兩晉南北朝時期的四部分類體系——兼論卷軸時代卷與帙的關係》認爲：「『連』應指『連山』，所以與《連山》同屬一類。」

3 《周易義疏》三秩三十卷。〔一〕金樓奉述制義，私小小措意也。

【校注】

〔一〕「《周易義疏》」句：各本「卷」下有小字云：「案《梁書》本紀『義』作『講』，『三十卷』作『十卷』。」又，《梁書》卷五《梁元帝紀》、《南史》卷八《梁本紀·元帝》俱載有「《周易講疏》十卷」，不知是否即此書。《隋志》卷三四《經籍志》著録「梁武帝《周易講疏》三十五卷」，姚振宗《隋書經籍志考證》云，蕭繹《周易義疏》乃「因此《疏》觸類而長者」。今按：蕭繹本亦愛好玄學，顏之推《顏氏家訓》卷三《勉學篇》：「泊於梁世，兹風復闡，《莊》、《老》、《周易》，總謂『三玄』。武皇、簡文，躬自講論。……元帝在江、荆間，復所愛習，召置學生，親爲教授，廢寢忘食，以夜繼朝，至乃倦劇愁憤，輒以講自釋。吾時頗預末筵，親承音旨，性既頑魯，亦所不好云。」

4 《禮雜私記》五秩五十卷。〔一〕十七卷，未成。

【校注】

〔一〕《禮雜私記》：此書《梁書》卷五《梁元帝紀》、《南史》卷八《梁本紀·元帝》、《隋書·經籍志》無著録。

5 右四件，一百三十二卷，甲部。〔一〕

【校注】

〔一〕甲部：古代書籍四部分類法中四部之一。晉荀勗以六藝、小學爲甲部，李充略加調整，以五經爲甲部。本書《立言篇下》第一·五節：「任彦昇甲部闕如，才長筆翰，善緝流略，遂有龍門之名。」

6 《注前漢書》十二秩一百一十五卷。〔一〕

【校注】

〔一〕「《注前漢書》」句：《梁書》卷五《梁元帝紀》、《南史》卷八《梁本紀·元帝》並著録：「《注漢書》一百一十五卷。」《隋書》卷三三《經籍志》：「梁元帝《注漢書》一百一十五卷，並亡。」又，本書《聚書篇》第一·五節：「又於江州江革家，得元嘉前後書五帙，又就姚凱處得三帙，又就江録處得四帙：足爲一部，合二十帙，一百一十五卷，並是元嘉書，紙墨極精奇。」今按：「元嘉前後書」，疑乃「元嘉《前漢書》」，此前後相加僅得十二帙，非二十帙。故疑「二十」爲「十二」之倒誤。此節《注前漢書》十二秩一百一十五卷正合此數，蓋蕭繹所注即其所聚元嘉寫本《漢書》一百一十五卷。蕭繹注《前漢書》頗爲用功。姚振宗《隋書經籍志考證》曰：「按《廣弘明集》二十七載梁簡文《答湘東王書》，有曰：『注《漢》功夫轉有次第，思見此書，有甚飢惄。』即謂此《漢書注》也。」顏之推《顏氏家訓》卷六《書證篇》：「《漢書》：『田肎賀上。』江南本皆作『宵』字。沛國劉顯，博覽經籍，偏精班《漢》，梁代謂之《漢》聖。顯子臻，不墜家業。讀班史，呼爲『田肎』。梁元帝嘗問之，答曰：『此無義可求，但臣家舊本，以雌黄改「宵」爲「肎」。』元帝無以難之。吾至江北，見本爲『肎』。」

7 《孝德傳》三秩三十卷。〔一〕金樓合衆家《孝子傳》成此。〔二〕

【校注】

〔一〕《孝德傳》：《梁書》卷五《梁元帝紀》、《南史》卷八《梁本紀·元帝》並著録：「《孝德傳》三十卷。」《隋書》卷三三《經籍志》著録：「《孝德傳》三十卷，梁元帝撰。」蕭繹《孝德傳》略有殘存：《藝文類聚》卷二〇引《孝德傳序》及《孝德傳・皇王篇贊》、《孝德傳・天性篇贊》；《初學記》卷一七引《天性篇贊》；《太平御覽》卷五一〇引《孝德傳》「繆斐」事，卷六一六引「張楷」事；《太平廣記》卷二九二引《孝德傳》「陽雍」事。

〔二〕衆家《孝子傳》：《隋書》卷三三《經籍志》著録衆家《孝子傳》有：「《孝子傳贊》三卷，王韶之撰；《孝子傳》十五卷，晉輔國將軍蕭廣濟撰；《孝子傳》十卷，宋員外郎鄭緝之撰；《孝子傳》八卷，師覺授撰；《孝子傳》二十卷，宋躬撰；《孝子傳略》二卷。」

8　《忠臣傳》三秩三十卷。〔一〕金樓自爲序。〔二〕

【校注】

〔一〕「《忠臣傳》」句：各本「卷」下有小字云：「案《隋書・經籍志》有《顯忠傳》三卷，梁元帝撰。」《梁書》卷五《梁元帝紀》、《南史》卷八《梁本紀・元帝》並録：「《忠臣傳》三十卷。」《隋書》卷三三《經籍志》：「《忠臣傳》三十卷，梁元帝撰；《顯忠録》二十卷，梁元帝撰。」今按：《南史》卷七六《隱逸傳・阮孝緒》：「湘東王著《忠臣傳》、《集釋氏碑銘》、《丹陽尹録》、《研神記》，並先簡孝緒而後施行。」則《忠臣傳》、《集釋氏碑銘》、《丹陽尹録》、《研神記》，並請阮孝緒審閲。《玉海》卷五八《藝文類》録《梁孝德忠臣傳》，曰：「元帝爲湘東王時，常記録忠臣義士及文章之美者。筆有三品，忠孝全者，用金管書之；

德行精粹者，用銀管書之；文章贍逸者，以斑竹管書之。」《藝文類聚》卷二〇引《忠臣傳》之《記託篇贊》、《諫争篇贊》、《執法篇贊》、《死節篇序》、《忠孝傳序》，卷二四引《諫争篇序》；《初學記》卷一七引《受託篇贊》、《諫争篇贊》、《忠孝傳序》，卷二一引「劉弘」事。《藝文類聚》卷二〇引梁元帝《上〈忠臣傳〉表》、梁王筠《答湘東王示〈忠臣傳〉箋》、《初學記》卷一七引梁元帝《上〈忠臣傳〉表》。另，《顯忠録》非蕭繹撰，據章宗源、姚振宗考證，乃後魏清河王懌所撰，《隋書》卷三三《經籍志》誤入。

〔二〕金樓自爲序：各本同。今按：依《著書篇》體例，「自爲序」下應述撰人，此處無，疑有脱文。

9 《丹陽尹傳》一秩十卷。〔一〕金樓爲尹京時自撰。〔二〕

【校注】

〔一〕《丹陽尹傳》：《梁書》卷五《梁元帝紀》、《南史》卷八《梁本紀·元帝》並録：「《丹陽尹傳》十卷。」《隋書》卷三三《經籍志》：「《丹陽尹傳》十卷，梁元帝撰。」

〔二〕尹京：各本同。吳校：「《丹陽尹傳》一秩十卷。『尹京』疑作『京尹』，按元帝自序云『亦即丹陽爲京尹』。」今按：吳《譜》據《梁書》之《武帝紀》、《元帝紀》考得繹之遷丹陽，在普通三年（五二二）十月前後。據《丹陽尹傳序》「每念忝莅京河，茲焉四載」，知此書成於蕭繹爲丹陽尹之第四年，即普通六年（五二六）。

10 《仙異傳》一秩三卷。〔一〕金樓年小時自撰，〔二〕其書多不經。〔三〕

【校注】

〔一〕《仙異傳》：此書《梁書》卷五《梁元帝紀》、《南史》卷八《梁本紀・元帝》、《隋書・經籍志》無著録。

〔二〕小：各本同，《百子全書》本作「少」。

〔三〕不經：謂不合常理。《後漢書》卷六八《郭太傳》：「後之好事，或附益增張，故多華詞不經，又類卜相之書。」

11 《黄妳自序》一秩三卷。〔一〕金樓小時自撰，此書不經。

【校注】

〔一〕《黄妳自序》：《梁書》卷五《梁元帝紀》、《南史》卷八《梁本紀・元帝》、《隋書・經籍志》無著録。各本「妳」下有小字云：「案梁朝有名士呼書卷爲『黄妳』，即見本書《雜記篇》。原本『黄』訛『王』，謹校正。」本書《雜記篇上》第三節：「有人讀書，握卷而輒睡者。梁朝有名士呼書卷爲黄妳，此蓋見其美神養性如妳媪也。」妳（nǎi），同嬭、奶。今按：古書卷爲黄色，乳母著黄衣，外在顔色相近；又讀書能引瞌睡，乳母善撫兒眠，内在功用亦近。故蕭繹將二者比擬，以黄妳喻書籍。

12　《全德志》一秩一卷。〔一〕金樓自撰。

【校注】

〔一〕《全德志》：《梁書》卷五《梁元帝紀》著録爲《全德志》一卷，《南史》卷八《梁本紀·元帝》著録爲《古今全德志》一卷。《隋書》卷三三《經籍志》：「《全德志》一卷，梁元帝撰。」

13　《懷舊志》一秩一卷。〔一〕金樓撰。〔二〕

【校注】

〔一〕《懷舊志》：朱校：「案《南史》作《懷舊傳》二卷。」《梁書》卷五《梁元帝紀》著録爲《懷舊志》一卷，《南史》卷八《梁本紀·元帝》作二卷。《隋書》卷三三《經籍志》：「《懷舊傳》九卷，梁元帝撰。」《日本國見在書目》：「《懷舊志》九卷，梁元帝撰。」《史通》卷一〇《雜述》：「普天率土，人物弘多，求其行事，罕能周悉，則有獨舉所知，編爲短部，若戴逵《竹林名士》、王粲《漢末英雄》、蕭世誠《懷舊志》、盧子行《知己傳》：此之謂小録者也。」浦起龍《通釋》：「此謂私志之書，各録知交，而非正史。」又，蕭繹《與劉孝綽書》：「近在道務閒，微得點翰，雖無紀行之作，頗有懷舊之篇。」顔之推《顔氏家訓》卷四《文章篇》：「王籍《入若耶溪》詩云：『蟬噪林逾静，鳥鳴山更幽。』江南以爲文外斷絶，物無異議。……孝元諷味，以爲不可多得，至《懷舊志》載於《籍傳》。」「吾家世文章，甚爲典正，不從流俗。梁孝元在藩邸時，撰

《西府新文》，訖無一篇見録者，亦以不偶於世，無鄭衛之音故也。有詩賦銘誄書表啓疏二十卷，吾兄弟始在草土，並未得編次，便遭火蕩盡，竟不傳於世。銜酷茹恨，徹於心髓！操行見於《梁史・文士傳》及孝元《懷舊志》。」《周書》卷四〇《顔之儀傳》：「父協……梁元帝爲湘東王，引協爲其府記室參軍。協不得已，乃應命。梁元帝後著《懷舊志》及詩，並稱讚其美。」《南史》卷四四《齊武帝諸子傳・竟陵王子良》附孫賁傳：「賁字文奂……起家湘東王法曹參軍，得一府歡心。及亂，王爲檄，賁讀至『偃師南望，無復儲胥露寒；河陽北臨，或有穹廬氈帳』，迺曰：『聖制此句，非爲過似，如體目朝廷，非關序賊。』王聞之大怒，收付獄，遂以餓終。又追戮賁屍，乃著《懷舊傳》以謗之，極言誣毀。」今按：考《梁書》卷五《元帝紀》，「王爲檄」之「檄」作於簡文帝大寶三年（五五二）二月，是蕭繹《懷舊志》當成書於其後。

〔二〕撰：各本同，《四庫全書》本作「自撰」。

14 《研神記》一秩一卷。〔一〕金樓自爲序，付劉瑴纂次。〔二〕

【校注】

〔一〕《研神記》：此書《梁書》卷五《梁元帝紀》、《南史》卷八《梁本紀・元帝》無著録。《隋書》卷三三《經籍志》：「《研神記》十卷，蕭繹撰。」《日本國見在書目》：「《研神記》一卷，梁相東王撰。」又，唐呂温《呂衡州集》卷二有《上官昭容書樓歌》，其序云：「貞元十四年，友人崔仁亮於東都買得《研神記》一卷，有昭容列名書縫處，因用感歎而作是歌。」歌曰：「君不見，洛陽南市賣書肆，有人買得《研神記》。紙上香多蠹不成，昭容題處猶分明，令人惆悵難爲情。」唐釋道宣《律相感通傳》：「《搜神》、《研神》、《冥祥》、《冥報》、《旌異》、《述異》、《志怪》、《録幽》，曾經閲之。」元潛説友《咸淳臨安志》卷二五：「華石山，在縣西二里，高二十五丈，有洞穴在水中，深不可測。按《研神記》云：『秦時神人移來鎮此。』」「安國山，在縣北二里，高七十丈，周二十五里，本名曰匡山。按梁孝元帝《研神記》云：『吴興山墟，名曰臨安匡瞻山，青松蓋嶺，餘無雜木，望之可愛，時人呼爲安國山。』」

〔二〕劉瑴：字仲寶，祖籍沛國相縣。善辭翰，隨湘東王在藩十餘年，當時文檄皆其所爲。官至吏部尚書，國子祭酒。《南史》卷五〇《劉瓛傳》有附傳。瑴，底本訛作「彀」。吴校：「『彀』當作『瑴』。」今據改。

15

《晉仙傳》一秩五卷。〔一〕金樓使顔協撰。〔二〕

【校注】

〔一〕《晉仙傳》：此書《梁書》卷五《梁元帝紀》、《南史》卷八《梁本紀·元帝》、《隋書·經籍志》無著録。卷：各本「卷」下有小字云：「案《梁書·顔協傳》『協所撰《晉仙傳》五篇』。」

〔二〕顔協：字子和，祖籍琅邪臨沂，顔之推之父。釋褐湘東王國常侍，又兼府記室。蕭繹出鎮荆州，轉正記室。大同五年，卒。《梁書》卷五〇、《南史》卷七二有傳。《梁書》本傳：「協所撰《晉仙傳》五篇、《日月災異圖》兩卷，遇火湮滅。」顏真卿《顏魯公集》卷一六《唐故通議大夫行薛王友柱國贈秘書少監國子祭酒太子少保顏君廟碑銘并序》：「(顏見遠)生梁鎮西記室參軍諱協字子和，感家門事義，不求聞達。元帝著《懷舊詩》以傷之。撰《晉仙傳》五篇。」唐僧皎然《杼山集》卷六《五言賦顏氏古今一事得〈晉仙傳〉送顏逸》：「曾看顏氏傳，多記晉時仙。却憶桐君老，俱還桂父年。青春留鬢髮，白日向雲烟。遠別賫遺簡，囊中有幾篇。」題下有自注云：「梁湘東王國常侍顏協著《晉仙傳》五篇。」

16 《繁華傳》一秩三卷。〔一〕金樓使劉緩撰。〔二〕

【校注】

〔一〕《繁華傳》：此書《梁書》卷五《梁元帝紀》、《南史》卷八《梁本紀·元帝》、《隋書·經籍志》無著録。所謂《繁華傳》，蓋歷代孌童傳。繁華，《文選》卷二三阮嗣宗《詠懷》：「昔日繁華子，安陵與龍陽。」六臣注：「繁華，喻人美盛如春華之繁。」

〔二〕劉緩：字含度，祖籍平原高唐人。蕭繹爲荆州刺史時，緩爲其府記室，時西府盛集文學，緩居其首。後遷中録事，復隨府江州，卒。《梁書》卷四九、《南史》卷七二有傳。

17 右一十一件，二百一十一卷，乙部。〔一〕

【校注】

〔一〕「二百」二句：底本、重校本、《叢書集成》本、《百子全書》本、龍溪精舍本「部」下有小字云：「案右件僅二百二卷。」乙部，古代書籍四部分類法中四部之一。晉荀勗以諸子、兵書、術數爲乙部。東晉李充加以調整，以歷史記載爲乙部。

18 《孝子義疏》一秩十卷。奉述制旨，並自小小措意。〔一〕

【校注】

〔一〕《孝子義疏》：《梁書》卷五《梁元帝紀》、《南史》卷八《梁本紀·元帝》並著録：「《老子講疏》四卷。」《隋書·經籍志》無著録。唐陸德明《經典釋文·叙録》：「《老子》，近代有梁武帝父子及周弘正《講疏》，北學有杜弼注，世頗行之。」《顏氏家訓》卷三《勉學》：「洎於梁世，兹風復闡，《莊》、《老》、《周易》，總謂『三玄』。武皇、簡文，躬自講論。周弘正奉贊大猷，化行都邑，學徒千餘，實爲盛美。元帝在江、荆間，復所愛習，召置學生，親爲教授，廢寢忘食，以夜繼朝，至乃倦劇愁憤，輒以講自釋。」姚振宗《隋書經籍志考證》「梁武帝《老子講疏》」條：「《金樓子·著書篇》『《孝子義疏》一秩十卷。奉述制旨』。案所奉述者即述此書也。」又，各本「意」下有小字云：「案《梁書》本紀武帝有《老子講疏》，元帝有《老子講疏》四卷。今自注云『奉述制旨』，則『孝』字即『老』字之訛，『義』字即『講』字之訛。但卷數不同，未敢輒改，附識於此。」

19　《玉韜》一秩十卷。〔一〕金樓出牧渚宮時撰。〔二〕

【校注】

〔一〕《玉韜》：《梁書》卷五《梁元帝紀》、《南史》卷八《梁本紀·元帝》並著録：「《玉韜》十卷。」《隋書》卷三四《經籍志》：「《玉韜》十卷，梁元帝撰。」本書《雜記下》第二十二節：「余六歲能爲詩。其後著書之中，唯《玉韜》最善。」本書《立言篇上》第四十七節：「吾少讀兵書，三十餘年，搜纂數千，止爲一秩。菁華領袖，備在其中。」此「一秩」，當指《玉韜》。章如愚《羣書考索》後集卷五〇《兵門》「兵法」條：「自今觀之，兵法以韜名者，如《太公之韜》，梁元帝《玉韜》，劉裕《金韜》，皆韜也。」此處「劉裕」爲「劉祐」之誤。《隋書》卷七八《劉祐傳》：「(劉祐)後奉詔撰兵書十卷，名曰《金韜》，上善之。」王應麟《玉海》卷一四一《兵制·兵法》「梁玉韜」條：「《隋志》梁元帝《玉韜》十卷。劉祐隋開皇中奉詔撰兵書十卷，名曰《金韜》。」

〔二〕渚宮：春秋時楚國宫名，地在荆州江陵，即今湖北荆州江陵。今按：據此自注，則《玉韜》作於蕭繹第二次任荆州刺史時，即太清元年(五四七)後。

20 《貢職圖》一秩一卷。〔一〕

【校注】

〔一〕《貢職圖》： 本篇第五十八節一作「職貢圖」，一作「貢職圖」。今按： 貢職、職貢，義同，指古代藩屬或外國對於朝廷按時的貢納。《梁書》卷五《梁元帝紀》、《南史》卷八《梁本紀·元帝》並載：「《貢職圖》一卷。」《隋書·經籍志》無著録。本篇第五十八節梁元帝《職貢圖序》有云「皇帝君臨天下之四十載」，是其作序時在梁武帝大同七年(五四一)。又有云：「臣以不佞，推轂上游。夷歌成章，胡人遥集。款開蹶角，沿溯荆門。瞻其容貌，訴其風俗。如有來朝京輦，不涉漢南，別加訪採，以廣聞見。名爲《貢職圖》云爾。」據知《職貢圖》作於蕭繹在荆州刺史任上。《玉海》卷五六《梁職貢圖》：「《名畫記》：元帝畫《職貢圖》，並序外國貢事。」「李公麟有帖云： 梁元帝鎮荆州，作《職貢圖》，首虜而終蠶，凡三十餘國。」《歷代名畫記》卷三：「《職貢圖》，一，外國酋渠諸蕃土俗本末，仍各圖其來貢者之狀，《金樓子》言之，梁元帝畫。」卷七：「(梁元帝蕭繹)任荆州刺史日，畫《蕃客入朝圖》，帝極稱善。又畫《職貢圖》，並序，善畫外國來獻之事。」據《職貢圖序》、《歷代名畫記》等可知，《職貢圖》乃繪畫，今存殘卷，然是否爲梁元帝蕭繹所繪原圖或其摹本，研究者頗有異説。金維諾《中國美術史論集·〈職貢圖〉的時代與作者》以之爲北宋所摹原圖，忠實保存原圖風貌；岑仲勉《金石論叢·現存的〈職貢圖〉是梁元帝原本嗎》認爲殘圖非原本；余太山《兩漢魏晉南北朝正史西域傳研究·〈梁書·西北諸戎傳〉與〈梁職貢圖〉》，則以爲今存殘卷幾乎没有出自蕭繹之手的可能性。

21　《語對》三秩三十卷。〔一〕

【校注】

〔一〕《語對》：此書《梁書》卷五《梁元帝紀》、《南史》卷八《梁本紀・元帝》無著録。《隋書》卷三四《經籍志》：「《語對》十卷，朱澹遠撰；《語麗》十卷，朱澹遠撰。」姚振宗《隋書經籍志考證》：「此《語對》似即朱氏所與修者，至隋僅存其一帙也。」今按：此朱澹遠與本書《聚書篇》第一・五節所載「又得州民朱澹遠送異書」之朱澹遠當是同一人。又，《直齋書録解題》卷一四《類書類》：「《語麗》十卷，梁湘東王功曹參軍朱澹遠撰。采摭書語之麗者，爲四十門。案：前志但有雜家而無類書，《新唐書・志》始别出爲一類。此書乃猶列雜家，要之實類書也，但其分門類無倫理。澹遠又有《語對》一卷，不傳。」

22　《同姓同名録》一秩一卷。〔一〕金樓撰。

【校注】

〔一〕《同姓同名録》：各本「録」下有小字云：「案《梁書》本紀作《古今同姓名録》。」《梁書》卷五《梁元帝紀》、《南史》卷八《梁本紀・元帝》並著録：「《古今同姓名録》一卷。」《隋志》卷三三《經籍志》：「《同姓名録》一卷，梁元帝撰。」《郡齋讀書志》卷一四：「《同姓名録》三卷，右梁元帝撰。纂類歷代同姓名人，成書一卷。唐陸善經續增廣之。齊梁間士大夫之俗，喜徵事以爲其學淺深之候，梁武帝與沈約徵栗事是也。類書之起，當在是時，故以此録爲首。」《四庫全書總目》子部類書録《古今同姓名録》二卷，提要曰：「梁孝元皇帝撰是書，見於《梁書》本紀及《隋書·經籍志》者皆作一卷。唐陸善經續而廣之，故《讀書志》、《書録解題》皆作三卷。其本皆不傳。此本爲《永樂大典》所載，又元人葉森所增補者也。雖輾轉附益，已非其舊，然幸其體例分明，不相淆雜。凡善經及森所綴入者，皆一一標注，尚可考見元帝之原本。則類事之書，莫古於是編矣。《史記·淮陰侯列傳贊》稱兩韓信，此辨同姓名之始。然劉知幾《史通》猶譏司馬遷全然不別，班固曾無更張。至遷不知有兩子我，故以宰予爲預田恒之亂。不知有兩公孫龍，故以堅白同異之論傅合於孔門之弟子。其人相混，其事俱淆，更至於語皆失實。則辨析異同，殊別時代，亦未嘗非讀書之要務，非但綴瑣聞，供談資也。明萬曆中，余寅别撰《同姓名録》十二卷，周應賓又補一卷。國朝王廷燦又補八卷，所録比此本加詳。然發凡起例，終以此本爲椎輪之始焉。」

23 《式苑》一秩三卷。〔一〕金樓自撰。

【校注】

〔一〕《式苑》：各本「卷」下有小字云：「案《梁書》本紀有《式贊》三卷，『苑』字疑訛。」《梁書》卷五《梁元帝紀》、《南史》卷八《梁本紀·元帝》並著録：「《式贊》三卷。」《文心雕龍·書記》：「式者，則也。陰陽盈虚，五行消息，變雖不常，而稽之有則也。」陸侃如、牟世金《譯注》：「式，同栻，古代占時日用的器具，後世稱星盤。這裏指占時日的記載。《周禮·春官·大史》：『大師抱天時與大師同車。』鄭玄注引鄭司農云：『大出師，則大史主抱式以知天時，處吉凶。』賈公彦疏：『抱式者，據當時占文謂之式，以其見時候有法式，故謂載天文者爲式。』」辛德勇《由梁元帝著述書目看兩晉南北朝時期的四部分類體系——兼論卷軸時代卷與帙的關係》認爲：「《式苑》也未見《隋志》著録，但以『苑』名篇，正是蕭梁類書的通行習慣。……梁元帝《式苑》應當是與此相類似的類書。」

24 《荆南志》一秩二卷。〔一〕金樓自撰。

【校注】

〔一〕《荆南志》：朱校：「案《南史》作《荆南地記》一卷。」《梁書》卷五《梁元帝紀》著録「《荆南志》一卷」，《南史》卷八《梁本紀·元帝》著録「《荆南地記》一卷」，《隋書》卷三三《經籍志》著録：「《荆南地志》二卷，蕭世誠撰。」又，《太平御覽》卷四九引《荆南志》「華容方臺山」云云、卷六六「高沙湖」云云、卷六九「枝江縣界内洲大小凡三十七」云云。《太平寰宇記》卷一四六引《荆南志》「此州北江呼爲薔薇江」云云；又「翠澤平晶，水陸瀰曠，芰荷殷生，鱗羽滋阜」云云；又「縣界内洲大小凡三十七」云云；又「荆潭以上爲湕水，荆潭以下爲漕水」；又「楚地以北，山東有層臺」云云。《山堂肆考》卷一八引《荆南志》「方臺山」云云。《天中記》卷五一引《荆南志》「娑羅」云云。

25 《江州記》一秩三卷。〔一〕

【校注】

〔一〕「《江州記》」句：朱校：「案《梁書》本紀作二卷。」《梁書》卷五《梁元帝紀》：「《江州記》一卷。」而《南史》卷八《梁本紀·元帝》、《隋書·經籍志》無著録。

26 《奇字》二秩二十卷。〔一〕金樓付蕭賁撰。〔二〕

【校注】

〔一〕《奇字》：此書《梁書》卷五《梁元帝紀》、《南史》卷八《梁本紀·元帝》、《隋書·經籍志》無著録。

〔二〕蕭賁：字文奂，南朝梁南蘭陵人。起家湘東王蕭繹法曹參軍。侯景之亂，賁恨繹不入援，諫之。繹不悦，後以他事收獄餓死，追戮賁屍。賁有文才，好著述。嘗著《西京雜記》。《南史》卷四四有傳。

27 《長州苑記》一秩三卷。〔一〕金樓與劉之亨等撰。〔二〕

【校注】

〔一〕《長州苑記》：此書《梁書》卷五《梁元帝紀》、《南史》卷八《梁本紀·元帝》、《隋書·經籍志》無著録。朱校：「『州』字疑誤。」今按：「州」疑當作「洲」。長洲苑，故址在今江蘇蘇州西南、太湖北。春秋時爲吴王闔閭游獵之所。《吴越春秋》卷二《闔閭内傳》載闔閭「走犬長洲」。《漢書》卷五一《枚乘傳》枚乘説吴王曰：「修治上林，雜以離宫，積聚玩好，圈守禽獸，不如長洲之苑。」顔師古注：「服虔曰：『吴苑。』孟康曰：『以江水洲爲苑也。』韋昭曰：『長洲在吴東。』」《文選》卷五左太沖《吴都賦》：「帶朝夕之濬池，佩長洲之茂苑。」

〔二〕劉之亨：字嘉會，祖籍南陽涅陽。梁武帝時舉秀才，拜太學博士。後代兄劉之遴爲安西湘東王蕭繹長史，南郡太守，有政績。《梁書》卷四〇、《南史》卷五〇有傳。

28 《玉子訣》一秩三卷。〔一〕金樓付劉綏撰。

【校注】

〔一〕《玉子訣》：此書《梁書》卷五《梁元帝紀》、《南史》卷八《梁本紀·元帝》、《隋書·經籍志》無著録。玉子，疑指玉製的圍棋子。南朝梁武帝《圍棋賦》：「枰則廣羊文犀，子則白瑶玄玉。」則《玉子訣》爲一部記載圍棋技藝的書。

29　《寶帳仙方》一秩三卷。〔一〕

【校注】

〔一〕《寶帳仙方》：　此書《梁書》卷五《梁元帝紀》、《南史》卷八《梁本紀・元帝》、《隋書・經籍志》無著録。

30　《食要》一秩十卷。〔一〕金樓付虞預撰。〔二〕

【校注】

〔一〕《食要》：　此書《梁書》卷五《梁元帝紀》、《南史》卷八《梁本紀・元帝》、《隋書・經籍志》無著録。

〔二〕虞預：　人名。　蕭繹僚屬。《北齊書》卷四五《文苑・顔之推傳》載之推《觀我生賦》曰：「仗御武於文吏，以虞預爲郢州司馬，領城防事。」《資治通鑑》卷一六四《梁紀二十》「簡文帝大寶二年」五月：「丁和以大石磕殺鮑泉及虞預，沈於黄鶴磯。」

31　《辯林》二秩二十卷。〔一〕

【校注】

〔一〕「《辯林》」句：　各本「卷」下有小字云：「案《隋書・經籍志》《辨(《四庫全書》本作「辯」)林》二十卷，

注：蕭賁撰。」《辯林》，《隋書》卷三四《經籍志》：「《辯林》二十卷，蕭賁撰。」今按：此書《梁書》卷五《梁元帝紀》、《南史》卷八《梁本紀·元帝》無著録，《隋書》卷三四《經籍志》著録爲蕭賁撰。姚振宗《隋書經籍志考證》：「此《辨林》大抵亦付蕭賁撰而獨不著，豈轉寫佚失歟？」

32 《藥方》一秩十卷。〔一〕

【校注】

〔一〕《藥方》：此書《梁書》卷五《梁元帝紀》、《南史》卷八《梁本紀·元帝》、《隋書·經籍志》無著録。

33 《補闕子》一秩十卷。〔一〕金樓爲序，付鮑泉、東里撰。〔二〕

【校注】

〔一〕「《補闕子》」句：《梁書》卷五《梁元帝紀》、《南史》卷八《梁本紀·元帝》並録《補闕子》十卷。《隋書》卷三四《經籍志》「《鬼谷子》三卷」下注：「梁有《補闕子》十卷，《湘東鴻烈》十卷，並元帝撰。亡。」《漢書》卷三〇《藝文志·諸子》「縱横家」著録：「《闕子》一篇。」馬國翰《玉函山房輯佚書·闕子序》：「《漢志》縱横十二家有《闕子》一篇，在《龐煖》之後，《國筮子》、《秦零陵令信》之前，當爲六國時人。《隋志》

云：『梁有《補闕子》十卷，《湘東鴻烈》十卷，並元帝撰，亡。』《唐志》載：『梁元帝《補闕子》十卷。』蓋梁時《闕子》書已不傳，故元帝補之。隋時未見其書，至唐初蒐得而著於目，今並佚矣。」

〔二〕鮑泉：字潤岳，祖籍東海。泉博涉史傳，兼有文筆。少事蕭繹，及蕭繹承制，累遷信州刺史。蕭繹以長子方諸爲郢州刺史，泉爲長史，行府州事。後爲侯景所殺。《梁書》卷三〇、《南史》卷六二有傳。東里：疑爲任昉之第四子。《梁書》卷一四《任昉傳》：「昉第四子東里，頗有父風，官至尚書外兵郎。」

34 《譜》一秩十卷。〔一〕金樓付王競撰。〔二〕

【校注】

〔一〕《譜》：此書《梁書》卷五《梁元帝紀》、《南史》卷八《梁本紀·元帝》、《隋書·經籍志》無著録。

〔二〕王競：人名。生平無考。

35 《夢書》一秩十卷。〔一〕金樓使丁覘撰。〔二〕

【校注】

〔一〕《夢書》：此書《梁書》卷五《梁元帝紀》、《南史》卷八《梁本紀·元帝》無著録。《隋書》卷三四《經籍志》：「《夢書》十卷。」不著撰人。

〔二〕丁覘：人名。《顏氏家訓》卷二《慕賢》：「梁孝元前在荆州，有丁覘者，洪亭民耳，頗善屬文，殊工草隸；孝元書記，一皆使之。軍府輕賤，多未之重，恥令子弟以爲楷法，時云：『丁君十紙，不敵王褒數字。』吾雅愛其手跡，常所寶持。孝元嘗遣典籤惠編送文章示蕭祭酒，祭酒問云：『君王比賜書翰，及寫詩筆，殊爲佳手，姓名爲誰？那得都無聲問？』編以實答。子雲歎曰：『此人後生無比，遂不爲世所稱，亦是奇事。』於是聞者稍復刮目。稍仕至尚書儀曹郎，末爲晉安王侍讀，隨王東下。及西臺陷殁，簡牘湮散，丁亦尋卒於揚州。前所輕者，後思一紙，不可得矣。」《法書要録》：「丁覘與智永同時人，善隸書，世稱『丁眞永草』。」《法書會要》：「陳世丁覘亦工飛白。」

36　右一十八件，一百六十卷，丙部。〔一〕

【校注】

〔一〕「一百」二句：底本、重校本、《叢書集成》本、《百子全書》本、龍溪精舍本「部」下有小字云：「案右件僅一百五十九卷。」丙部，中國古籍四部分類法中四部之一。晉荀勖分羣書爲四部，以史類和雜著爲丙部。東晉李充重分四部，以諸子爲丙部。

37 《安成煬王集》一秩四卷。〔一〕

【校注】

〔一〕「《安成煬王集》」句：各本「卷」下有小字云：「案《梁書》安成康王秀子機襲封，謚曰煬，所著詩賦數千言，世祖集而序之。原本訛作『煬帝王集』，係鈔寫訛舛，謹校正。又《隋書·經籍志》：『《安成煬王集》五卷。』」《隋書》卷三五《經籍志》「梁《蕭琮集》七卷」下注：「梁又有《安成煬王集》五卷，亡。」安成煬王，指蕭機。機字智通，梁武帝弟安成王秀之子。秀薨，機襲封安成郡王。薨，謚曰煬。機家既多書，博學强記。《梁書》卷二二、《南史》卷五二有傳。今按：此書《梁書》卷五《梁元帝紀》、《南史》卷八《梁本紀·元帝》無著録。《梁書》卷二二《蕭機傳》：「所著詩賦數千言，世祖集而序之。」則《安成煬王集》乃是蕭繹集纂並作序，故蕭繹列於此篇中。

38 《集》三秩三十卷。〔一〕

【校注】

〔一〕「《集》三秩」句：各本「卷」下有小字云：「案《梁書》本紀《文集》五十卷，《隋書·經籍志》作五十二卷，又有《梁元帝小集》十卷。疑作此書時方三十卷，非訛也。謹校（《四庫全書》本無「謹校」二字）。」《梁書》卷五《梁元帝紀》、《南史》卷八《梁本紀·元帝》並著録：「文集五十卷。」《隋書》卷三五《經籍志》著録：「《梁元帝集》五十二卷、《梁元帝小集》十卷。」

39 《碑集》十秩百卷。〔一〕付蘭陵蕭賁撰。

【校注】

〔一〕「《碑集》」句：各本「卷」下有小字云：「案《隋書·經籍志》梁元帝撰《雜碑》二十二卷，《碑文》十五卷。此作百卷，疑至隋時，已失其全。謹校（《四庫全書》本無「謹校」二字）。」今按：四庫館臣謂「《隋書·經籍志》梁元帝撰《雜碑》二十二卷，《碑文》十五卷」，是誤讀原文。《隋書》卷三五《經籍志》「《雜碑集》二十二卷」下注：「梁有《釋氏碑文》三十卷，梁元帝撰。《雜碑》二十二卷，《碑文》十五卷，晉將作大匠陳勰撰。」依《隋志》書名在前，作者在後例，「《雜碑》二十二卷，《碑文》十五卷」顯爲陳勰撰。《南史》卷七六《隱逸傳·阮孝緒》曰：「湘東王著《忠臣傳》、《集釋氏碑銘》、《丹陽尹録》、《研神記》，並先簡孝緒而後施行。」則蕭繹編撰有《集釋氏碑銘》。蕭繹另有《内典碑銘集林》三十卷，《廣弘明集》卷三〇蕭繹《内典碑銘集林序》：「予幼好雕蟲，長而彌篤，遊心釋典，寓目詞林，頃常搜聚，有懷著述。譬諸法海，無讓波瀾；亦等須彌，歸同一色。故不擇高卑，唯能是與。儻未詳悉，隨而足之。名爲《内典碑銘集林》，合三十卷。庶將來君子，或裨觀見焉。」錢鍾書《管錐編》第四册《全梁文》卷一六「梁元論文」條云：「元帝《内典碑銘集林序》。按此集『合三十卷』，據《金樓子·著書篇》，尚有《碑集》十秩百卷『付蘭陵蕭賁撰』，吾國編集金石，肇始斯人。觀『幼好雕文』、『寓目詞林』等語，集碑之旨，出於愛翫詞章，不同後世金石學之意在考訂文獻或玩賞書法也。」頗疑《碑集》可能包括《集釋氏碑銘》、《内典碑銘集林》等書。

40 《詩英》一秩十卷。〔一〕付瑯琊王孝祀撰。〔二〕

【校注】

〔一〕「《詩英》」句：各本「卷」下有小字云：「案《隋書·經籍志》有《詩英》九卷，注：謝靈運集。注又云梁十卷，不著姓名，疑即元帝此書。謹校(《四庫全書》本無「謹校」二字)。」此書《梁書》卷五《梁元帝紀》、《南史》卷八《梁本紀·元帝》無著録。《隋書》卷三五《經籍志》「《詩英》九卷」下注「謝靈運集。梁十卷」。

〔二〕王孝祀：人名。《資治通鑑》卷一六三《梁紀十九》「簡文帝大寶元年」二月：「繹遣舍人王孝祀等送子方畧爲質以求和，魏人許之。」同書卷一六五《梁紀二十一》「元帝承聖三年」十一月：「乃使御史中丞王孝祀作降文。」又，《文館詞林》卷六九五梁元帝《責南軍令》有云：「今遣舍人王孝祀往，具申闊曲。」

41 右四件，一百四十四卷，丁部。〔一〕

【校注】

〔一〕丁部：古代書籍四部分類法中四部之一。晉荀勖分羣書爲四部，以詩賦、圖贊、《汲冢書》爲丁部。東晉李充加以調整，以詩賦爲丁部。

42 《内典博要》三秩三十卷。〔一〕

【校注】

〔一〕「《内典博要》」句：各本「卷」下有小字云：「案《梁書》本紀作『一百卷』。」《梁書》卷五《梁元帝紀》、《南史》卷八《梁本紀·元帝》並著録：「《内典博要》一百卷。」《隋書》卷三四《經籍志》：「《内典博要》三十卷。」未著撰者。今按：佛教徒稱佛經爲内典。《内典博要》當是摘録佛經精華的類書。然此書在隋唐以後均署虞孝敬撰，虞孝敬爲湘東王蕭繹記室，疑此書爲蕭繹付虞孝敬撰。《舊唐書》卷四七《經籍志》：「《内典博要》三十卷，虞孝景（今按：此當是避諱改字）撰。」《新唐書》卷五九《藝文志》：「虞孝敬《高僧傳》六卷，又《内典博要》三十卷。」《通志》卷六七：「《内典博要》三十卷，虞孝恭（今按：此當是避宋廟諱改字）撰。」《法苑珠林》卷一一九：「《内典博要》一部四十卷，右湘東王記室虞孝敬撰。頗同《皇覽》、《類苑》之流。後得出家，改名惠命。」《三寶紀》卷一一：「《内典博要》三十卷。右一部三十卷，湘東王記室虞孝敬撰。該羅經論，所有要事，備皆收録，頗同《皇覽》、《類苑》之流。敬後出家，召命入關，亦更有著述云。然此《博要》亦是内學羣部之要逕也。」《續高僧傳》卷一《譯經篇·僧伽婆羅傳》附《道命傳》：「逮太清中，湘東王記室虞孝敬，學周内外，撰《内典博要》三十卷。該羅經論，條貫釋門，諸有要事，備皆收録。頗同《皇覽》、《類苑》之流。渚宫陷没，便襲染衣，更名道命，流離關輔，亦有著述云云。」

43 已上六百七十七卷。〔一〕

【校注】

〔一〕六百七十七卷：各本同。今按：實際爲六百六十六卷。又，朱校：「案《梁書·元帝紀》尚有《洞林》三卷、《筮經》十二卷，當補附於此。」今按：舊題蕭繹的著作尚有十七種：（一）《梁史》。《周書》卷四二《蕭大圜傳》：「（北朝周）建德四年，除滕王逌友。逌嘗問大圜曰：『吾聞湘東王作《梁史》，有之乎？餘傳乃可抑揚，帝紀奚若？隱則非實，記則攘羊。』對曰：『言者之妄也。如使有之，亦不足怪。昔漢明爲《世祖紀》，章帝爲《顯宗紀》，殷鑒不遠，足爲成例。且君子之過，如日月之蝕，彰於四海，安得而隱之？如有不彰，亦安得而不隱？蓋子爲父隱，直在其中；諱國之惡，抑又禮也。』」（二）《顯忠録》二十卷。《隋志》卷三三《經籍志》著録：「《顯忠傳》二十卷，梁元帝撰。」姚振宗《隋書經籍志考證》：「此題梁元帝，因上下文而寫誤也。」兩《唐書》均著録爲元懌。《魏書》卷六〇《韓麒麟傳》附韓子熙傳：元懌被殺後，久不得葬，子熙與賓客伏闕上書曰：「王之忠誠款篤，節義純貞，非但蘊藏胸襟，實乃形於文翰。搜括史傳，撰《顯忠録》，區目十篇，分卷二十。」則《顯忠録》作者實爲北魏元懌。（三）《湘東鴻烈》十卷。《隋志》卷三四《經籍志》：「《鬼谷子》三卷」下小字注：「梁有《補闕子》十卷，《湘東鴻烈》十卷，並元帝撰，亡。」本書《立言篇上》第十五節：「性過抑揚，恒欲權衡稱物，所以隆暑不辭熱，凝冬不憚寒，著《鴻烈》者，蓋爲此也。」姚振宗《隋書經籍志考證》：「案此一篇（今按：即本書《立言篇上》第十五節）似即《湘東鴻烈》之序文，《淮南》内篇號曰《鴻烈》，意蓋仿其名稱，以此爲内篇歟？而自爲著述，不令賓客參預，則謂異於《淮南》也。稱湘東則在未即位之前。此與《補闕子》兩書雖曰『梁有』而皆非《七録》所載，其列於縱横家者，豈其文辯仿戰國策士之所爲，亦畧如《補闕子》者歟？諸書罕見引述，莫得而詳。《金樓子·著書篇》未見記録，則殘缺之餘，不免遺漏也。」吴《譜》：「蕭繹既以《湘東鴻烈》與《吕氏春秋》、《淮南子》相類比，《湘東鴻烈》與《金樓子》卷數亦同，疑《湘東鴻烈》者，乃《金樓子》一書之初名。」鴻烈，《西京雜記》卷三：「淮南王安著《鴻烈》二十一篇。鴻，大也；烈，明也；言大明禮教，號爲《淮南子》。」漢高誘《淮南子序》：「然其大較，歸之於道，號曰《鴻烈》。鴻，大也；烈，明也；以爲大明道之言也。」（四）《金樓子》十卷。《隋志》三四《經籍志》：「《金樓子》十卷，梁元帝撰。」《南史》卷八《梁本紀·元帝》著録《金樓子》十卷。《郡齋讀書志》卷一二：「《金樓子》十卷。右梁元帝撰。繹書十〔五〕篇，論歷古興亡之跡，《箴戒》、《立言》、《志怪》、《雜説》、《自叙》、《著書》、《聚書》，通曰『金樓子』者，在藩時自號。」《直齋書録解題》卷一〇：「《金樓子》十卷，梁元帝繹世誠爲湘東王時所述也。雜記古今聞見。末一卷爲自序。」(五)《錦帶》一卷。《直齋書録解題》卷六：「《錦帶》一卷。梁元帝撰。比事麗語，若法帖中《章草》、《月儀》之類也。」今按：《四庫全書總目》一三七《錦帶提要》：「《錦帶》一卷。舊本題梁昭明太子蕭統撰。陳振孫《書録解題》又云梁元帝撰。比事儷語，在法帖中《章草》、《月儀》之類。詳其每篇自叙之詞，皆山林之語，非帝冑所宜言。且詞氣不類六朝，亦復不類唐格。疑宋人案《月令》集爲駢句，以備箋啓之用。後來附會，題爲統作耳。今刻本《昭明集》中亦有之，題曰『十二月啓』。然《昭明集》乃後人所輯，非其原本，未可據以爲信也。」(六)《纂要》。《玉函山房輯佚書》經編小學類輯梁元帝《纂要》一卷。《序》曰：「《纂要》一卷，梁元皇帝撰。……《南史・元帝紀》備載帝著作，無《纂要》之目。《隋志》『《纂要》一卷』，題『戴安道，亦云顏延之』，《唐志》載顏延之《纂要》六卷。諸書引者，亦多作顏延年。唯徐堅《初學記》引《纂要》，復引梁元帝《纂要》。《太平御覽》因之，凡有五節，體制與諸引顏延年者無異。意顏書本一卷，元帝增之，故爲六卷；徐稱『《纂要》』者，顏之本書，稱『梁元帝《纂要》』，帝所續歟？然古無明徵。姑依所引别輯一家，前後比次，亦隱見修續之意云。」(七)《山水松石格》一卷。《宋史》卷二〇七《藝文志》：「梁元帝《畫山水松石格》一卷」。《四庫全書總目》卷一一四《山水松石格提要》：「《山水松石格》一卷，浙江鮑士恭家藏本。舊本題梁孝元皇帝撰。案：是書《宋藝文志》始著録。其文凡鄙，不類六朝人語。且元帝之畫，《南史》載有宣尼像，《金樓子》載有《職貢圖》，《歷代名畫記》載有《蕃客入朝圖》、《遊春苑圖》、《鹿圖》、《師利圖》、《鵜鶘陂澤圖》、《芙蓉湖醮鼎圖》，《貞觀畫史》載有文殊像。是其擅長，惟在人物。故姚最《續畫品録》惟稱湘東王殿下工於像人，特盡神妙。未聞以山水松石傳，安有此書也？」(八)《洞林》三卷。《梁書》卷五《梁元帝紀》著録《洞林》三卷，《南史》卷八《梁本紀・元帝》著録《詞林》三卷。姚振宗《隋書經籍志考證》認爲「《詞林》爲《洞林》之誤」。又案：「今本《金樓子・著書篇》無《洞林》之目，唯有《玉子訣》一秩三卷，金樓付劉緩撰，豈即《洞林》之異名歟？似不然也。又《洞林》自序見《藝文類聚》。《金樓子・著書篇》亦不載，則今輯本遺漏也。」《隋志》卷三四《經籍志》：「《洞林》三卷，梁元帝撰。」今按，《御覽》卷三四七《兵部》七八引《洞林》曰「曲阿令趙元瞻兒字虎舒，從吾學卜」云云。此可佐證《洞林》爲蕭繹自撰，因繹善卜故也。(九)《筮經》十二卷。《梁書》卷五《梁元帝紀》、《南史》卷八《梁本紀・元帝》並著録：「《筮經》十二卷。」(一〇)《西府新文》十一卷。蕭淑與修。《隋志》卷三五《經籍志》：「《西府新文》十一卷，並《録》。梁蕭淑撰。」今按：《顔氏家訓》卷四《文章篇》：「吾家世文章甚爲典正，不從流俗。梁孝元在藩邸時，撰《西府新文》，訖無一篇見録者，亦以不偶於世，無鄭、衛之音故也。」似蕭淑編是書，乃受湘東王繹之命。(一一)《玉苑麗文》一卷。(一二)《玉苑》五卷。《日本國見在書目》：「《玉苑麗文》一，湘東王撰。《玉苑》五，同撰。」(一三)《相馬經》一卷。《宋史》卷二〇六《藝文志》著録：「蕭繹《相馬經》一卷。」《隋書》卷三四《經籍志》著録：「《相馬經》一卷。」未著録作者。(一四)《詩評》。遍照金剛《文鏡秘府論・南卷・論文意》引王昌齡《詩格》云：「故梁朝湘東王《詩評》曰：『作詩不對，本是吼文，不名爲詩。』」盧盛江《彙校彙考》引王晉光《文鏡秘府論探源》曰：「《論文意》作者尚能看到原書，則《詩評》至唐仍可見。藤原佐世《日本國見在書目録》收録《詩品》三卷，《詩評》六卷，三卷本大概是鍾嶸所著，六卷本《詩評》不知是否即梁元帝原作。若是，則蕭繹體制似大於鍾嶸。從《論文意》的引文看，湘東王很著重詩文的對偶格律，這正與他的精雕細琢的作風一致。……説『湘東王』，不説『梁元帝』，《詩評》自是蕭繹較早時期所作。」（一五）《漢武洞冥記》。據余嘉錫《四庫提要辯證》卷一八考證，《漢武洞冥記》爲蕭繹所作。是書舊本題後漢郭憲撰。憲字子横。然此書所載，皆怪誕不根之談，未必真出憲手。又詞句縟豔，亦迥異東京，或六朝人依託爲之。宋晁載之《續談助》卷一，録《洞冥記》廿餘條載之，跋云：「張東之言隨其父在江南拜父友孫義强、李知續，二公言似非子横所録。其父乃言後梁尚書蔡天寶《與岳陽王啓》，稱湘東昔造《洞冥記》一卷，則《洞冥記》梁元帝所作。」余嘉錫據此認爲：「據其所考，則此書出於六朝人依託，非郭憲所撰。唐人已言之矣。其所引蔡天寶《與岳陽王啓》，唐去六朝不遠，必無舛誤。惟蔡天寶應作蔡大寶，《周書》、《北史》均附見《蕭詧傳》，嘗爲詧使江陵見元帝，令注所制《玄覽賦》。岳陽王即詧也。大寶叙其耳目所聞見，其言最可徵信，然則此書實梁元帝作也。」（一六）《孫子兵法》注。《長短經》卷九引《孫子》、《通典》卷一五一《兵四》引《孫子》，下均有蕭世誠注，則蕭繹亦曾爲《孫子》作過注解。如《長短經》卷九：《孫子·五間第十》：「反間者，因敵間而用之者也。」蕭世誠曰：「言敵使人來候我，我佯不知，而示以虚事，前却期會，使歸相語，故曰反間也。」（一七）《孝友傳》。《舊唐書》卷四六《經籍志》著録：「《孝友傳》八卷，梁元帝撰。」《隋書》卷三三《經籍志》著録「《孝友傳》八卷」，不著撰人，而其上「《孝德傳》三十卷」，其下有「《忠臣傳》三十卷」均著「梁元帝撰」。姚振宗《隋書經籍志考證》卷二〇有《考證》云：「案《魏書·韓麒麟傳》：『麒麟子顯宗撰《馮氏燕志》、《孝友傳》各十卷。』章氏疑此爲韓氏書，或近似之。《舊唐書》題梁元帝，是因上下文牽涉寫誤。」章氏書，指章宗源所著《隋書經籍志考證》，與姚氏同名書，俱見《二十五史補編》。

44 夫安親揚名，〔一〕陳乎三德；〔二〕立身行道，〔三〕備乎六行。〔四〕孝無優劣，〔五〕能使甘泉自湧，〔六〕鄰火不焚，〔七〕地出兼金，〔八〕天降神女，〔九〕騰麏自（犪）〔擾〕，〔一〇〕嘯虎還仁，〔一一〕陳弇黃雀之祥，〔一二〕禽（兼）〔堅〕赤石之瑞，〔一三〕孟仁之筍出林，〔一四〕中華之梓生屋。〔一五〕感通之至，良〔有〕可稱。〔一六〕

【校注】

〔一〕安親揚名：《孝經·諫諍章》：「曾子曰：『若夫慈愛、恭敬、安親、揚名，則聞命矣。』」

〔二〕三德：《周禮·地官·師氏》：「以三德教國子：一曰至德，以爲道本；二曰敏德，以爲行本；三曰孝德，以知逆惡。」

〔三〕立身行道：《孝經·開宗明義章》：「子曰：『夫孝，德之本也，教之所由生也。復坐，吾語汝。身體髮膚，受之父母，不敢毀傷，孝之始也。立身行道，揚名於後世，以顯父母，孝之終也。夫孝，始於事親，中於事君，終於立身。』」

〔四〕六行：《周禮·地官·大司徒》：「六行：孝、友、睦、婣、任、恤。」鄭玄注：「善於父母爲孝，善於兄弟爲友，睦親於九族，婣親於外親，任信於友道，恤振憂貧者。」

〔五〕孝無優劣：各本同。吴校：「按此下疑有脱文。」

〔六〕甘泉自湧：《拾遺記》卷六：「曹曾，魯人也。本名平，慕曾參之行，改名爲曾。家財巨億，事親盡禮，日用三牲之養，一味不虧於是。不先親而食新味也，爲客於人家，得新味則含懷而歸。不畜雞犬，言喧囂驚動於親老。時亢旱，井池皆竭。母思甘清之水，曾跪而操缾，則甘泉自湧，清美於常。」又，「能使甘泉自湧，鄰火不焚，地出兼金，天降神女」，「感通之至，良有可稱」，亦見本篇第四十九節《孝德傳序》。

〔七〕鄰火不焚：《東觀漢記》卷一六「古初」條：「長沙有義士古初，遭父喪未葬，鄰人火起，及初舍，棺不可移。初冒火伏棺上，會火滅，以爲孝感所致云。」《太平御覽》卷四一一引《晉中興書》曰：「何琦字萬倫。遭母優，停柩在殯，爲鄰火所逼，烟焰已交，家乏僮役，計無從出。乃匍匐棺所，號哭而已。俄而風止火息，堂屋一間乃免。」梁武帝蕭衍《孝思賦》：「顧長沙之臨湘，有古初之道始。時父殁而未葬，遇鄰火之卒起。乃伏棺而長號，雨暴至而火死。又何琦其亦然，獨柩屋而全止。」

〔八〕地出兼金：《太平御覽》卷四一一引劉向《孝子圖》曰：「郭巨，河内温人，甚富。父没，分財二千萬爲兩分與兩弟，己獨取母供養寄住。鄰有凶宅，無人居者，共推與之居，無禍患。妻産男，慮養之則妨供養，乃令妻抱兒欲掘地埋之，於土中得金一釜，上有鐵券云：『賜孝子郭巨。』巨還宅主，宅主不敢受，遂以聞官。官依券題還巨，遂得兼養兒。」事亦見《搜神記》卷一一《郭巨》。兼金，《孟子·公孫丑下》：「前日於齊，王餽兼金一百而不受。」趙岐注：「兼金，好金也，其價兼倍於常者。」兼，本篇第四十九節《孝德傳序》作「黄」。

〔九〕天降神女：《太平御覽》卷四一一引劉向《孝子圖》曰：「前漢董永，千乘人。少失母，獨養父。父亡無以葬，乃從人貸錢一萬。永謂錢主曰：『後若無錢還君，當以身作奴。』主甚愍之。永得錢葬父畢，將往爲奴，於路忽逢一婦人，求爲永妻。永曰：『今貧若是，身復爲奴，何敢屈夫人爲妻？』婦人曰：『願爲君婦，不恥貧賤。』永遂將婦人至。錢主曰：『本言一人，今何有二？』永曰：『言一得二，理何乖乎？』主問永妻曰：『何能？』妻曰：『能織耳。』主曰：『爲我織千疋絹，即放爾夫妻。』於是索絲，十日之内千疋絹足。主驚，遂放夫妻二人而去。行至本相逢處，乃謂永曰：『我是天之織女，感君至孝，天使我償之。今君事了，不得久停。』語訖，雲霧四垂，忽飛而去。」《搜神記》卷一《董永》亦載此事。

〔一〇〕騰麏自擾：《晉書》卷八八《孝友傳》載：許孜孝友恭讓，敏而好學。「二親没，柴毁骨立，杖而能起，建墓於縣之東山，躬自負土，不受鄉人之助。或愍孜羸憊，苦求來助，孜晝助不逆，夜便除之。每一悲號，鳥獸翔集。孜以方營大功，乃棄其妻，鎮宿墓所，列植松柏亘五六里。時有鹿犯其松栽，孜悲歎曰：『鹿獨不念我乎！』明日，忽見鹿爲猛獸所殺，置於所犯栽下。孜悵惋不已，乃爲作冢，埋於隧側。猛獸即於孜前自撲而死，孜益歎息，又取埋之。自後樹木滋茂，而無犯者。積二十餘年，孜乃更娶妻，立宅墓次，烝烝朝夕，奉亡如存，鷹雉棲其梁，簷鹿與猛獸擾其庭圃，交頸同遊，不相搏噬。」麏，獐子。

《楚辭》淮南小山《招隱士》：「白鹿麏麚兮，或騰或倚。」擾，底本作「獿」，《四庫全書》本、重校本、《叢書集成》本、《百子全書》本、龍溪精舍本作「擾」。吴校：「按『獿』字疑誤，《山海經》云『獿，蜀中大牛也』，此似用晉許孜事。」又校：「當作『擾』，即『擾』字。」今按：吴校是。「獿(kuí)」，當作「擾」，據改。擾即「擾」的異體字。自擾，猶自馴。《史記》卷二《夏本紀》：「陶唐既衰，其後有劉累，學擾龍於豢龍氏，以事孔甲。」裴駰《集解》：「應劭曰：『擾音柔。擾，馴也。能順養得其嗜慾也。』」《文選》卷六左太沖《魏都賦》：「莫赤匪狐，九尾而自擾。」李善注引應劭曰：「《漢書》曰：擾，馴也。」《梁書》卷三〇《裴子野傳》：「居喪盡禮，每之墓所，哭泣處草爲之枯，有白兔馴擾其側。」

〔一一〕嘯虎還仁：《太平御覽》卷四一一引宋躬《孝子傳》曰：「韋俊，字文高，京兆杜陵人。嘗與父共有所之，夜宿逆旅。時多虎，將曉，虎繞屋號吼，俊乃出户當之。虎弭耳屈膝，伏而不動。俊跪曰：『汝饑，可食我，不宜驚吾老親。』虎逡廵而退，屋人皆安全。」

〔一二〕陳弇黄雀之祥：《後漢書》卷七九上《儒林傳上》：「陳留陳弇，字叔明，亦受《歐陽尚書》於司徒丁鴻，仕爲蘄長。」李賢注引《續漢書》曰：「弇以《尚書》教授，躬自耕種，常有黄雀飛來，隨弇翱翔。」

〔一三〕禽堅：各本作「禽兼」。今按：「禽兼」當作「禽堅」，改。堅，三國時成都人。《三國志》卷三八《許靖傳》裴松之注引《益州耆舊傳》曰：「成都禽堅有至孝之行，(王)商表其墓，追贈孝廉。」《華陽國志》卷三《蜀志》：「禽堅精動殊俗，隗通石横中流，吴順赤烏來巢。」卷一〇《先賢士女總讚論》：「禽堅，字孟由，成都人也。父信，爲縣使越嶲，爲夷所得，傳賣歷十一種。去時堅方妊六月。生母更嫁。堅壯，乃知父湮没，鬻力傭賃，得碧珠以求父。一至南中，三出徼外，周旋萬里，經時六年四月，突瘴毒狼虎，乃至夷中得父。父相見悲感，夷徼哀之。即將父歸，迎母致養。州郡嘉其孝，召功曹，辟從事，列上東觀。太守王商追贈孝廉，令李苾爲立碑銘，迄今祠之。」然典籍所記禽堅無「赤石之瑞」事，此或典籍有脱，或即「得碧珠」事，抑或本書原文有脱，更或蕭繹誤記。

〔一四〕「孟仁」句：各本同。吴校：「按《楚國先賢傳》，孟宗字恭武，母亡，冬月泣於林，筍出，取以祭。此云孟仁，未詳。」今按：孟宗即孟仁。《三國志》卷四八《孫晧傳》裴松之注：「《吴録》曰：『仁字恭武，江夏人也，本名宗，避晧字，易焉。』……《楚國先賢傳》曰：『宗母嗜筍，冬節將至。時筍尚未生，宗入竹林哀歎，而筍爲之出，得以供母，皆以爲至孝之所致感。』」

〔一五〕「中華」句：各本同。吴校：「按『中』當讀如『仲』。」今按：「中」、「仲」通。《太平御覽》卷五一一引《東觀漢記》曰：「應慎字仲華，爲東平相。事後母至孝，精誠感應，梓樹生廳前屋上，徙置府庭，繁茂長大。」古人以樹生屋上爲祥瑞。《太平御覽》卷八七三引京房《易傳》曰：「君有德生聖子，則木生屋上及朝庭。」

〔一六〕良有：底本脱「有」字，《四庫全書》本、《叢書集成》本、《百子全書》本、龍溪精舍本「良」下有「有」字。吴校：「『良』下有『有』字。」今按：吴校是。本篇第四十九節《孝德傳序》曰：「感通之至，良有可稱。」據補。

45　余中年承乏，〔一〕攝牧神州。〔二〕戚里英賢，〔三〕(南)〔尚〕冠髦俊，〔四〕車如流水，〔五〕俱踵許掾之門；〔六〕人同連璧，〔七〕咸登樂尹之館。〔八〕

【校注】

〔一〕承乏：承繼空缺的職位。多用作任官的謙詞。《左傳·成公二年》：「敢告不敏，攝官承乏。」杜預注：「言欲以己不敏，攝承空乏。」

〔二〕神州：指揚州。《金樓子序》：「粤以凡庸，早賜茅社，祚土瀟湘，搴帷(挾)〔陝〕服，早攝神州。」蕭繹曾於普通七年(五二六)以丹陽尹攝揚州刺史。參吴《譜》普通七年「湘東王繹代理揚州刺史」條。

〔三〕戚里：《漢書》卷四六《石奮傳》：「於是高祖召其姊爲美人，以奮爲中涓，受書謁，徙其家長安中戚里。」顔師古注：「於上有姻戚者，則皆居之，故名其里爲戚里。」《文選》卷六左太沖《魏都賦》：「亦有戚里，寘宫之東。」五臣吕延濟注：「戚里，外戚所居之里。」此泛指親戚鄰里。

〔四〕尚冠：里名。《文選》卷一〇潘岳《西征賦》：「所謂尚冠、脩成，黄棘、宣明……亡其處而有其名。」李善注：「皆里名也。《漢書》曰：宣帝舍長安尚冠里。」尚，各本作「南」。《藝文類聚》卷三四引梁元帝《懷舊志序》作「尚」，據改。　髦俊：《百子全書》本作「俊髦」。「髦俊」、「俊髦」，義同，指才智傑出之士。

〔五〕車如流水：《後漢書》卷一〇上《皇后紀·明德馬皇后》：「太后詔曰：『……前過濯龍門上，見外家問起居者，車如流水，馬如游龍，倉頭衣緑褠，領袖正白，顧視御者，不及遠矣。』」

〔六〕許掾：指許詢。《世説新語·文學》載「許掾年少時」云云，劉孝標於「許掾」下注：「詢也。」《世説新語·言語》：「劉真長爲丹陽尹，許玄度出都就劉宿。」劉孝標注引《續晉陽秋》曰：「許詢字玄度，高陽人，魏中領軍允玄孫。總角秀惠，衆稱神童，長而風情簡素。司徒掾辟，不就，蚤卒。」《世説新語·言語》：「劉尹云：『清風朗月，輒思玄度。』」劉孝標注引《晉中興士人書》曰：「許詢能清言，於時士人皆欽慕仰愛之。」又，唐釋道宣《三寶感通録》卷一引《地志》曰：「晉時高陽許詢誯建業，見者傾都。劉恢爲丹陽尹，有名當世。日數造之，歎曰：『今見許公，使我遂爲輕薄京尹。』於郡立齋以處之。」

〔七〕連璧：《世説新語·容止》：「潘安仁、夏侯湛並有美容，喜同行，時人謂之『連璧』。」

〔八〕樂尹：即樂廣。廣善清言，尚名教，與王衍並名重於時。累遷侍中、河南尹。後爲吏部尚書，左僕射，尚書令。《晉書》卷四三有傳。《世説新語·言語》：「樂令女適大將軍成都王潁。」劉孝標注引虞預《晉書》曰：「樂廣字彦輔，南陽人。清夷沖曠，加有理識。累遷侍中、河南尹。在朝廷用心虚淡，時人重其貞貴，代王戎爲尚書令。」

46 老聃貴弱，〔一〕孔子貴仁，〔二〕陳駢貴齊，〔三〕楊朱貴己，〔四〕而終爲令德。〔五〕

【疏證】

《吕氏春秋》卷一七《審分覽·不二》：「聽羣衆人議以治國，國危無日矣。何以知其然也？

老耽貴柔，孔子貴仁，墨翟貴廉，關尹貴清，子列子貴虛，陳駢貴齊，陽生貴己，孫臏貴勢，王廖貴先，兒良貴後。」

【校注】

〔一〕老聃：傳説即老子，姓李名耳，字聃，春秋時楚國苦縣人。曾任周守藏室之史。著《道德經》五千言，亦名《老子》。《史記》卷六三有傳。聃，重校本、《叢書集成》本、《百子全書》本、龍溪精舍本作「耼」。吴校：「『聃』，當作『耼』。」貴弱：《老子》第三六章：「柔弱勝剛强。」第四〇章：「弱者道之用。」第七六章曰：「堅强者死之徒，柔弱者生之徒。……强大處下，柔弱處上。」此均老子貴弱之證。

〔二〕貴仁：仁是孔子理想的道德境界。孔子之言「仁」，著於《論語》最多。阮元《揅經室集·〈論語〉論仁論》：「《論語》言五常之事詳矣，惟論仁者凡五十有八章。『仁』字之見於《論語》者，凡百有五，爲尤詳。」楊伯峻《論語譯注》統計爲一〇九次。此孔子貴仁之一證。

〔三〕陳駢：即田駢，戰國時齊國人。習黄老之學。齊宣王時至稷下講學，長於論辯，有「天口駢」之稱。所撰《田子》二十五篇，《漢書》卷三〇《藝文志》列入道家，已佚。事蹟詳《史記》卷七四《孟子荀卿列傳》、《戰國策》卷一一《齊策四》。貴齊：齊萬物，同死生。《莊子·天下篇》：「公而不當，易而無私，決然無主，趣物而不兩，不顧於慮，不謀於知，於物無擇，與之俱往。古之道術有在於是者，彭蒙、田駢、慎到聞風而悦之。齊萬物以爲首，曰：『天能覆之而不能載之，地能載之而不能覆之，大道能包之而不能辯之。』知萬物皆有所可，有所不可。故曰：『選則不遍，教則不至，道則無遺者矣。』」《尸子·廣澤篇》：「田子貴均。」

〔四〕楊朱：戰國時期魏國人。其説主張貴生，重己，不以物累形，孟子斥爲異端。著述不傳，其言論散見於《莊子》、《孟子》、《韓非子》、《呂氏春秋》等。生平事蹟見《孟子·滕文公下》、《列子》卷七《楊朱》等。貴己：《呂氏春秋》卷一七《審分覽·不二》高誘注：「輕天下而貴己。」《孟子·盡心上》：「孟子曰：『楊子取爲我，拔一毛而利天下，不爲也。』」《列子》卷七《楊朱》：「楊朱曰：『伯成子高不以一毫利物，舍國而隱耕。大禹不以一身自利，一體偏枯。古之人損一毫利天下不與也，悉天下奉一身不取也。人人不損一毫，人人不利天下，天下治矣。』」

〔五〕「而終」句：各本「德」下有小字云：「案數語係引《呂氏春秋》，（《四庫全書》本有「下」字）應有缺文。」

47 春風秋月，〔一〕賞心樂事。〔二〕净竹節之船，〔三〕驅桂條之馬。〔四〕

【校注】

〔一〕春風秋月：《南齊書》卷五三《良政傳序》：「永明之世十許年中，百姓無雞鳴犬吠之警，都邑之盛，士女富逸，歌聲舞節，袨服華妝，桃花緑水之間，秋月春風之下，蓋以百數。」

〔二〕賞心樂事：《文選》卷三〇謝靈運《擬魏太子鄴中集詩序》：「建安末，余時在鄴宮，朝遊夕讌，究歡愉之極。天下良辰美景，賞心樂事，四者難并。」

〔三〕浄：各本同。今按：頗疑爲「浮」之訛。　竹節之船：《北堂書鈔》卷一三七「竹舡」條：「《山海經》云：『衛丘之田，水有竹，大可爲舟。』注曰：『一節竹爲之。』」

〔四〕桂條：馬名，亦名「桂枝馬」。《藝文類聚》卷九三引梁元帝《答齊國雙馬書》：「名重桂條，形圖柳谷。襄陽地穴，近求未易；滇池水裏，遠訪猶難。」梁元帝《樹名詩》：「逢君桂枝馬，車下覓新知。」

48　洛城之前，猶有甄侯之館。〔一〕

【校注】

〔一〕「猶有」句：各本「館」下有小字云：「案原本《金樓子·著書篇》僅存五條，其『能使甘泉自湧』四語與《藝文類聚》所載梁元帝《孝德傳序》同，『中年承乏』八句與《藝文類聚》所載梁元帝《懷舊志序》同，則《著書篇》原載各書序論惜割裂不全。謹校補數則於後。」甄侯之館，吴校：「案元帝《謝賜第啓》云『北連城闕，有似甄侯之舍』。」《世説新語·言語》：「魏明帝爲外祖母築館於甄氏。」劉孝標注：「《魏書》曰：『文昭甄皇后，明帝母也。父逸，上蔡令。烈宗即位，追封上蔡君。嫡孫象襲爵，象薨，子暢嗣，起大第，車駕親自臨之。』」

49　《孝德傳序》曰：「夫天經地義，〔一〕**聖人不加。**〔二〕**原始要終，**〔三〕**莫踰孝道。能使**

甘泉自湧，鄰火不焚，地出黄金，天降神女： 感通之至，良有可稱。」

【校注】

〔一〕天經地義：《孝經·三才章》：「夫孝，天之經也，地之義也。」晉潘岳《世祖武皇帝誄》：「永言孝思，天經地義。」

〔二〕聖人不加：《孝經·聖治章》：「曾子曰：『敢問聖人之德，無以加於孝乎？』子曰：『天地之性，人爲貴。人之行，莫大於孝。……夫聖人之德，又何以加於孝乎？』」揚雄《法言》卷一三《孝至》：「孝，至矣乎！一言而該，聖人不加焉。」晉李軌注：「一言而孝，兼該百行，聖人無以加之，是至德也。」

〔三〕原始要終：《孝經·開宗明義章》：「子曰：『夫孝，德之本也，教之所由生也。復坐，吾語汝。身體髮膚，受之父母，不敢毁傷，孝之始也。立身行道，揚名於後世，以顯父母，孝之終也。夫孝，始於事親，中於事君，終於立身。』」《周易·繫辭下》：「《易》之爲書也，原始要終以爲質也。」孔穎達疏：「原窮其事之初始……又要會其事之終末。」

【補】

《孝德傳·皇王篇贊》曰： 天子之孝，曰聖與仁。重瞳表德，參漏通神。皇矣高祖，連鑣舜禹；天經地義，重規沓矩。道踰七十，聲超三五。（見《藝文類聚》卷二〇、《梁文紀》卷四、《漢魏六朝百三名家集·梁元帝集》，此據《藝文類聚》補）

《孝德傳·天性篇贊》曰：生之育之，長之畜之，顧我復我，答施何時。欲報之德，不可方思。涓塵之孝，河海之慈。廢書歎息，泣下漣洏。（見《藝文類聚》卷二〇、《初學記》卷一七、《梁文紀》卷四、《漢魏六朝百三名家集·梁元帝集》，此據《藝文類聚》補）

50 《上〈忠臣傳〉表》曰：「資父事君，〔一〕實曰嚴敬；〔二〕求忠出孝，〔三〕義兼臣、子。是以冬温夏清，〔四〕盡事（君）〔親〕之節；〔五〕進思將美，〔六〕懷出奉之義。羲軒改物，〔七〕殷周受命，三能十亂，〔八〕九棘五臣，〔九〕靡不夙夜在公，〔一〇〕忠爲令德。〔一一〕若使縉雲得姓之子，〔一二〕姬昌魯衛之臣，〔一三〕是知禮合君親，〔一四〕孝忠一體，性與率由，〔一五〕因心致極。〔一六〕臣連華霄漢，憑暉日月。〔一七〕三握再吐，〔一八〕夙奉紫庭之慈；〔一九〕春詩秋禮，早蒙丹扆之訓。〔二〇〕宣帝褒德，〔二一〕麟閣畫充國之形；〔二二〕顯宗念功，〔二三〕雲臺圖仲華之象。〔二四〕」

【校注】

〔一〕資父事君：《孝經·士章》：「資於事父以事母而愛同，資於事父以事君而敬同。故母取其愛，而君取其敬，兼之者父也。故以孝事君則忠，以敬事長則順。忠順不失，以事其上，然後能保其禄位，而守其祭祀，蓋士之孝也。」

〔二〕嚴敬：《孝經·紀孝行章》：「子曰：『孝子之事親也，居則致其敬，養則致其樂，病則致其憂，喪則致其哀，祭則致其嚴。五者備矣，然後能事親。』」

〔三〕求忠出孝：《後漢書》卷二六《韋彪傳》載：彪上議引孔子言曰：「求忠臣必於孝子之門。」

〔四〕冬温夏凊：《禮記·曲禮上》：「凡爲人子之禮，冬温而夏凊，昏定而晨省。」陸德明《音義》：「凊，七性反，字从冫，冰冷也，本或作水旁，非也。」

〔五〕親：各本作「君」，《四庫全書》本、《初學記》卷一七梁元帝《上〈忠臣傳〉表》作「親」。今按：「冬温夏凊」乃人子事親之禮，「君」當從《四庫全書》本、《初學記》作「親」，據改。

〔六〕進思將美：《孝經·事君章》：「子曰：『君子之事上也，進思盡忠，退思補過，將順其美，匡救其惡，故上下能相親也。』」

〔七〕羲軒：伏羲氏和軒轅氏。　改物：改變前朝的文物制度。多指改正朔、易服色。後因以指改朝换代。《左傳·昭公九年》：「文之伯也，豈能改物？」杜預注：「言文公雖霸，未能改正朔、易服色。」《國語》卷二《周語中》：「叔父若能光裕大德，更姓改物，以創制天下，自顯庸也。」

〔八〕三能：指三公。周以太師、太傅、太保爲三公。　十亂：《尚書·泰誓》：「予（今按，指周武王）有亂臣十人，同心同德。」孔安國傳：「我治理之臣雖少而心德同。」孔穎達疏：「《釋詁》云：亂，治也。」後以「十亂」泛指輔佐皇帝的有才能的人。

〔九〕九棘：《周禮·秋官·朝士》：「左九棘，孤、卿、大夫位焉，羣士在其後。右九棘，公、侯、伯、子、男位焉，羣吏在其後。」鄭玄注：「樹棘以爲立者，取其赤心而外刺，象以赤心三刺也。」後因以爲九卿的代稱。　五臣：周文王與周武王均有五臣。周文王五臣：《尚書·君奭》：「惟文王尚克修和我有夏。亦惟有若虢叔，有若閎夭，有若散宜生，有若泰顛，有若南宫括。」孔安國傳：「凡五臣佐文王爲胥附奔走，先後禦侮之任。」周武王五臣：《文選》卷五八王仲寶《褚淵碑文》：「五臣兹六，八元斯九。」李善注：「《吕氏春秋》曰：『武王之佐五人。』高誘曰：『周公旦、召公奭、太公望、畢公高、蘇公忿生也。』」

〔一〇〕夙夜在公：《詩經·召南·采蘩》：「被之僮僮，夙夜在公。」《詩經·魯頌·有駜》：「夙夜在公，在公明明。」

〔一一〕忠爲令德：《左傳·成公十年》：「鄭伯討立君者，戊申，殺叔申、叔禽。君子曰：『忠爲令德，非其人猶不可，況不令乎？』」

〔一二〕縉雲得姓之子：指縉雲氏。因官縉雲而以爲姓氏。《史記》卷一《五帝本紀》：「縉雲氏有不才子。」裴駰《集解》引賈逵曰：「縉雲氏，姜姓也，炎帝之苗裔，當黄帝時，任縉雲之官也。」縉雲，古官名。《左傳·文公十八年》杜預注：「縉雲，黄帝時官名。」《漢書》卷一九《百官公卿表上》顔師古注引漢應劭曰：「春官爲青雲，夏官爲縉雲。」得姓，獲得姓氏。《國語》卷一〇《晉語四》：「凡黄帝之子，二十五宗，其得姓者十四人爲十二姓。」韋昭注：「得姓，以德居官而賜之姓也。」

〔一三〕姬昌：周文王姓姬，名昌。商紂王時爲西伯，招賢納士，實力日强。事蹟詳《史記》卷四《周本紀》。　魯：周代諸侯國名。爲周公封地。故地在今山東濟寧東南至江蘇沛縣、安徽泗縣一帶。《史記》卷四《周本紀》：「(周武王)封弟周公旦於曲阜，曰魯。」　衛：周代諸侯國名。周公封周武王弟康叔於衛。先後建都於朝歌(今河南淇縣)、楚丘(今河南滑縣)、帝丘(今河南濮陽)和野王(今河南沁陽)等地。

〔一四〕禮：各本同，《藝文類聚》卷二〇、《初學記》卷一七引梁元帝《上〈忠臣傳〉表》作「理」。今按：「禮」、「理」通。

〔一五〕率由：《尚書・微子之命》：「率由典常，以蕃王室。」此處爲歇後，意爲遵循成規。

〔一六〕因心：各本同，《初學記》卷一七引梁元帝《上〈忠臣傳〉表》作「恩義」。　極：通「亟」。《廣雅・釋詁》：「亟，敬也。」

〔一七〕「臣蓮華」二句：意謂身爲皇子，得到皇帝的恩寵。霄漢、日月喻指帝王。

〔一八〕三握再吐：《史記》卷三三《魯周公世家》：「周公戒伯禽曰：『我文王之子，武王之弟，成王之叔父，我於天下亦不賤矣。然我一沐三捉髮，一飯三吐哺，起以待士，猶恐失天下之賢人。子之魯，慎無以國驕人。』」

〔一九〕紫庭：帝王宫庭。

〔二〇〕丹扆(yǐ)：丹屏，帝王寶座後的屏風。借指帝王。

〔二一〕宣帝：指漢宣帝劉詢。即位後，勵精圖治，任用賢能。卒，謚曰宣，廟號中宗。《漢書》卷八有紀。

〔二二〕麟閣：　即麒麟閣，在漢長安城内，即今陝西西安西北。《漢書》卷五四《蘇武傳》：「（宣帝）甘露三年，單于始入朝。上思股肱之美，乃圖畫其人於麒麟閣，法其形貌，署其官爵、姓名。唯霍光不名，曰大司馬大將軍博陸侯姓霍氏，次曰衛將軍富平侯張安世……次曰後將軍營平侯趙充國……。皆有功德，知名當世，是以表而揚之，明著中興輔佐，列於方叔、召虎、仲山甫焉。凡十一人，皆有傳。」顔師古注：「張晏曰：『武帝獲麒麟時作此閣，圖畫其像於閣，遂以爲名。』師古曰：『《漢宫閣疏名》云蕭何造。』」　充國：　趙充國字翁孫，西漢隴西上邽人。武帝時以騎士補羽林，遷車騎將軍長史。昭帝時遷中郎將，擢爲後將軍。宣帝即位，封營平侯。官至蒲類將軍，將軍少府，後將軍衛尉。卒，謚曰壯侯。《漢書》卷六九有傳。

〔二三〕顯宗：　東漢孝明帝劉莊廟號。莊，初名陽。光武帝第四子。《後漢書》卷二有紀。

〔二四〕雲臺：　漢宫中高臺名。漢光武帝時，用作召集羣臣議事之所。《後漢書》卷二二《馬武傳論》：「永平中，顯宗追感前世功臣，乃圖畫二十八將於南宫雲臺。」　仲華：　鄧禹字仲華，東漢南陽新野人。少遊學長安，與劉秀親善。新莽末從劉秀鎮壓銅馬軍，得信任。光武帝即位，拜大司徒，封酇侯。明帝時拜太傅。卒，謚元。後明帝追感前世功臣，乃圖畫二十八將於南宫雲臺，其首即「太傅高密侯鄧禹」。《後漢書》卷一六有傳。又，梁王筠有《答湘東王示〈忠臣傳〉牋》，曰：「竊以孝實天經，忠爲令德。百行攸先，一心靡忒。昔淮南《鴻烈》，事無的準；沛王《通論》，義止儒術。東平獲譽，良爲片言；臨淄見稱，文辭小道。孰若理冠君親，義兼臣子？　謹當宣示遐邇，光揚德音。」

51 《忠臣傳序》曰：「夫天地之大德曰生，聖人之大寶曰位。〔一〕因生所以盡孝，因位所以立忠。事君事父，資敬之禮寧異？〔二〕爲臣爲子，率由之道斯一。忠爲令德，竊所景行。〔三〕且孝子、烈女、逸民，咸有别傳，至於忠臣，曾無述製。〔四〕今將發篋陳書，備加論討。〔五〕」

【疏證】

《周易·繫辭下》：「天地之大德曰生，聖人之大寶曰位。」

【校注】

〔一〕大寶：各本同，《四庫全書》本「寶」上脱「大」字。

〔二〕「事君」二句：《孝經·士章》：「資於事父以事母而愛同，資於事父以事君而敬同。」

〔三〕竊：各本同。吴校：「『竊』，《詞海遺珠》作『寶』。」景行：《詩經·小雅·車舝》：「高山仰止，景行行止。」鄭玄箋：「古人有高德者則慕仰之，有明行者則而行之。」

〔四〕「且孝子」四句：吴校：「『且孝子』至『無述制』，《詞海遺珠》少此數句。」烈女，重校本、《叢書集成》本、《百子全書》本、龍溪精舍本作「列女」；《藝文類聚》卷二〇、《漢魏六朝百三名家集·梁元帝集》、《梁文紀》卷四録《忠臣傳序》皆作「烈女」。吴校：「『烈女』，當作『列女』。」今按：「列女」猶「烈女」。謂重義輕生，有節操的女子。《戰國策》卷二七《韓策二》：「非獨政之能，乃其姊者，亦列女也。」《史記》卷八六《刺客列傳》作「烈女」。別傳，重校本、《叢書集成》本、《百子全書》本、龍溪精舍本作「列傳」；《藝文類聚》卷二〇、《漢魏六朝百三名家集·梁元帝集》、《梁文紀》卷四録《忠臣傳序》皆作「別傳」。吴校：「『別傳』，當作『列傳』。」

〔五〕論討：《四庫全書》本、《百子全書》本作「討論」。

52 《忠臣傳·諫争篇序》曰：「富貴寵榮，人所不能忘也；刑戮流放，人所不能甘也。而士有冒雷霆，〔一〕犯顔色，吐一言，終知自投鼎鑊，〔二〕取離刀鋸，〔三〕而曾不避者，其故何也？蓋傷茫茫禹跡，〔四〕毁於一朝；赫赫宗周，〔五〕滅成禾黍。〔六〕何者？百世之後，王化漸頽，欽若之信既盡，〔七〕解網之仁已泯。〔八〕徒以繼體所及，〔九〕守器攸歸，〔一〇〕出則清警傳路，〔一一〕處則憑玉負扆，〔一二〕事無暫舛，〔一三〕意有必從，所謂生於深宫之中，長於婦人之手，未嘗知憂，未嘗知懼。況惑褒人之巧笑，〔一四〕迷陽阿之妙舞，〔一五〕重之以刳斮，〔一六〕用之以逋逃。〔一七〕亦有傾天滅地，汙宫豬社之罪；〔一八〕拔本塞源，〔一九〕裂冠毁冕之釁。於是策名委質，〔二〇〕守死不二之臣，以剛腸疾惡之心，確乎貞一之性，不忍見霜露麋鹿，棲於宫寢，〔二一〕麥穗黍離，被於宗廟。故瀝血抽誠，〔二二〕披胸見款，〔二三〕

赴焦爛於危年，〔二四〕甘滅亡於昔日，冀桐宮有反道之明，〔二五〕望夷無不言之恨。〔二六〕而九重懸遠，〔二七〕百雉嚴絶，〔二八〕丹心莫亮，〔二九〕白刃先指，見之者掩目，聞之者傷心，然後鳴條有不收之魂，〔三〇〕商郊致白旗之戮。〔三一〕

【疏證】

《文選》卷三八庾元規《讓中書令表》：「夫富貴寵榮，臣所不能忘也；刑罰貧賤，臣所不能甘也。」

《荀子》卷二〇《哀公》：「魯哀公問於孔子曰：『寡人生於深宮之中，長於婦人之手，寡人未嘗知哀也，未嘗知憂也，未嘗知勞也，未嘗知懼也，未嘗知危也。』」

【校注】

〔一〕雷霆：比喻帝王或尊者的暴怒。

〔二〕鼎鑊(huò)：鼎和鑊，古代兩種烹飪器。亦用作酷刑，用以烹人。

〔三〕離：通「罹」。《漢書》卷四《文帝紀》顔師古注：「罹，遭也。」刀鋸：《國語》卷四《魯語上》：「中刑用刀鋸。」韋昭注：「割劓用刀，斷截用鋸。」

〔四〕禹跡：相傳夏禹治水，足跡遍於九州，後因稱國家的疆城爲禹跡。《左傳·襄公四年》：「芒芒禹跡，畫爲九州。」

〔五〕赫赫：《國語》卷一七《楚語上》：「赫赫楚國，而君臨之。」韋昭注：「赫赫，顯盛也。」　宗周：指周王朝。因周爲所封諸侯國之宗主國，故稱。周代王都所在，如豐、鎬、洛邑亦稱爲宗周。《詩經·小雅·正月》：「赫赫宗周，褒姒威之。」《禮記·祭統》：「即宫於宗周，奔走無射。」鄭玄注：「周既去鎬京，猶名王城爲宗周也。」

〔六〕禾黍：《詩經·王風·黍離》毛序：「《黍離》，閔宗周也。周大夫行役，至於宗周，過故宗廟宫室，盡爲禾黍。閔周室之顛覆，彷徨不忍去而作是詩也。」後以「禾黍」爲悲憫故國破敗或勝地廢圮之典。

〔七〕欽若：敬順。《尚書·堯典》：「乃命羲和，欽若昊天，曆象日月星辰，敬授民時。」

〔八〕解網：解開羅網。比喻寬宥、仁德。《史記》卷三《殷本紀》：「湯出，見野張網四面，祝曰：『自天下四方皆入吾網。』湯曰：『嘻，盡之矣！』乃去其三面，祝曰：『欲左，左。欲右，右。不用命，乃入吾網。』諸侯聞之，曰：『湯德至矣，及禽獸。』」

〔九〕繼體：《史記》卷四九《外戚世家》司馬貞《索隱》：「繼體謂非創業之主，而是嫡子繼先帝之正體而立者也。」

〔一〇〕守器攸歸：指承繼帝位。守器，指守護國家的重器。器，指象徵君權的器物，如祭器、車服等。攸歸，所歸。《詩經·大雅·泂酌》「豈弟君子，民之攸歸。」

〔一一〕清警傳路：舊時帝王出行，清除道路，警戒行人。

〔一二〕憑玉：憑靠玉做的几案。《尚書・顧命》：「皇后憑玉几，道揚末命。」負扆：背靠屏風。指皇帝臨朝聽政。《荀子》卷一二《正論》：「居則設張容負依而坐。」楊倞注：「户牖之間謂之依，亦作『扆』，扆、依音同。」《淮南子》卷一三《氾論》：「周公繼文王之業……負扆而朝諸侯。」高誘注：「負，背也。扆，户牖之間。言南面也。」

〔一三〕暫：《説文解字・日部》：「暫，不久也。」段玉裁注：「今俗云『霎時間』，即此字也。」

〔一四〕「況惑」句：《史記》卷四《周本紀》：「三年，幽王嬖愛褒姒。……褒姒不好笑，幽王欲其笑萬方，故不笑。幽王爲烽燧大鼓，有寇至則舉烽火。諸侯悉至，至而無寇，褒姒乃大笑。幽王説之，爲數舉烽火。其後不信，諸侯益亦不至。……又廢申后，去太子也。申侯怒，與繒、西夷犬戎攻幽王。幽王舉烽火徵兵，兵莫至。遂殺幽王驪山下，虜褒姒，盡取周賂而去。」

〔一五〕陽阿：《淮南子》卷二《俶真》：「足蹀《陽阿》之舞，而手會《緑水》之趨。」高誘注：「陽阿，古之名倡也。」

〔一六〕「重之」句：相傳商紂殘暴，「焚炙忠良，刳剔孕婦」，「斮朝涉之脛，剖賢人之心」。事詳《尚書・泰誓》。刳（kū）斮（zhuó），斬殺。

〔一七〕「用之」句：《史記》卷四《周本紀》載武王誓師於商郊牧野，曰：「今殷王紂維婦人言是用，自棄其先祖肆祀不答，昏棄其家國，遺其王父母弟不用，乃維四方之多罪逋逃是崇是長，是信是使，俾暴虐於百姓，以姦軌於商國。」裴駰《集解》引孔安國曰：「言紂棄其賢臣，而尊長逃亡，罪人信用之也。」用，各本同，《藝文類聚》二四引梁元帝《忠臣傳・諫争篇序》作「因」。

〔一八〕汙宫瀦（zhū）社：指國家滅亡。漢荀悦《漢紀》卷三〇《平帝紀》：「臣聞叛逆之國，既以誅討，則瀦其宫以爲汙池，納垢濁焉。」瀦，本爲水停聚處。《周禮・地官・稻人》：「稻人，掌稼下地，以瀦畜水，以防止水，以溝蕩水。」鄭玄注：「偃瀦者，畜流水之陂也。」

〔一九〕拔本塞源：比喻背棄根本。《左傳・昭公九年》：「我在伯父，猶衣服之有冠冕，木水之有本原，民人之有謀主也。伯父若裂冠毁冕，拔本塞原，專棄謀主，雖戎狄，其何有余一人？」

〔二〇〕策名委質：《左傳・僖公二十三年》：「策名委質，貳乃辟也。」杜預注：「名書於所臣之策。」孔穎達疏：「古之仕者於所臣之人書己名於策，以明繫屬之也。」此指因仕宦而獻身於朝廷。

〔二一〕「不忍見」二句：《史記》卷一一八《淮南王傳》載：淮南王劉安欲反，伍被諫曰：「臣聞子胥諫吴王，吴王不用，乃曰『臣今見麋鹿游姑蘇之臺也』。今臣亦見宫中生荆棘，露霑衣也。」《後漢書》卷八《孝靈帝紀》：「贊曰：靈帝負乘，委體宦孽。徵亡備兆，《小雅》盡缺。麋鹿霜露，遂棲宫衛。」李賢注：「言帝爲政貪亂，任寄不得其人，尋以獻帝遷播，洛陽丘墟，故麋鹿棲宫衛也。」

〔二二〕瀝血抽誠：刺破皮膚滴血發誓，以示竭誠。

〔二三〕款：《荀子》卷一《修身》楊倞注：「款，誠款也。《説文》云：『款，意有所欲也。』」

〔二四〕焦爛：「焦頭爛額」之省稱，形容處境窘迫、危險。《淮南子》卷一六《説山》：「淳于髡之告失火者，此其類。」高誘注：「淳于髡，齊人也。告其鄰，突將失火，使曲突徙薪。鄰人不從，後竟失火。言者不爲功，救火者焦頭爛額爲上客。」

〔二五〕「冀桐宫」句：《史記》卷三《殷本紀》：「帝太甲既立三年，不明，暴虐，不遵湯法，亂德，於是伊尹放之於桐宫。三年，伊尹攝行政當國，以朝諸侯。帝太甲居桐宫三年，悔過自責，反善，於是伊尹乃迎帝太甲而授之政。帝太甲修德，諸侯咸歸殷，百姓以寧。伊尹嘉之，乃作《太甲訓》三篇，褒帝太甲，稱太宗。」《太平御覽》卷八三引《帝王紀》曰：「桐宫，蓋殷之墓地，有離宫可居，在鄴西南。」桐宫，殷商時伊尹流放太甲處，在今河北臨漳。「反」，同「返」。

〔二六〕「望夷」句：《史記》卷六《秦始皇本紀》：「二世乃齋於望夷宫，欲祠涇，沈四白馬。使使責讓高以盜賊事。高懼，乃陰與其婿咸陽令閻樂、其弟趙成謀……閻樂前即二世數曰：『足下驕恣，誅殺無道，天下共畔足下，足下其自爲計。』二世曰：『丞相可得見否？』樂曰：『不可。』二世曰：『吾願得一郡爲王。』弗許。又曰：『願爲萬户侯。』弗許。曰：『願與妻子爲黔首，比諸公子。』閻樂曰：『臣受命於丞相，爲天下誅足下，足下雖多言，臣不敢報。』麾其兵進。二世自殺。」望夷，秦代宫名。故址在今陝西涇陽東南，因東北臨涇水以望北夷，故名。

〔二七〕九重：《文選》卷三三宋玉《九辯》：「豈不鬱陶而思君兮，君之門以九重。」張銑注：「雖思見君，而君門深邃不可至。」洪興祖《楚辭補注》卷八補曰：「《月令》云『九門磔攘』，天子有九門，謂關門、遠郊門、近郊門、城門、皋門、庫門、雉門、應門、路門也。」

〔二八〕百雉：《禮記·坊記》：「都城不過百雉。」鄭玄注：「雉，度名也，高一丈，長三丈。」這裏指國都。

〔二九〕亮：各本同。清孫梅《四六叢話》引《金樓子》作「諒」。

〔三〇〕「然後」句：《史記》卷二《夏本紀》：「湯修德，諸侯皆歸湯，湯遂率兵以伐夏桀。桀走鳴條，遂放而死。」裴駰《集解》：「孔安國曰：『地在安邑之西。』鄭玄曰：『南夷地名。』」鳴條，古地名。在今山西運城安邑鎮北。

〔三一〕「商郊」句：《史記》卷四《周本紀》：「武王至商國，商國百姓咸待於郊。……遂入，至紂死所。武王自射之，三發而後下車，以輕劍擊之，以黄鉞斬紂頭，縣大白之旗。已而至紂之嬖妾二女，二女皆經自殺。武王又射三發，擊以劍，斬以玄鉞，縣其頭小白之旗。」

53 《忠臣傳·死節篇序》曰：「自非識君臣之大體，鑒生死之宏分，〔一〕何以能滅七尺之軀，〔二〕殉一顧之感？〔三〕然平路康衢，〔四〕從容之道進；危塗險徑，忠貞之節興。登平路者易爲功，涉險塗者難爲力。〔五〕從容之用，世不乏人；忠貞之槩，時難屢有。」

【校注】

〔一〕宏：各本同，《藝文類聚》卷二〇引梁元帝《忠臣傳·死節篇序》作「弘」。今按：「宏」、「弘」通。

〔二〕七尺之軀：《淮南子》卷七《精神》：「吾生也有七尺之形，吾死也有一棺之土。」《三國志》卷二《文帝紀》裴注引《魏書》：「（曹丕）與素所敬者大理王朗書曰：『生有七尺之形，死唯一棺之土，唯立德揚名，可以不朽，其次莫如著篇籍。』」

〔三〕一顧：指被人看重，推崇。《文選》卷三〇謝玄暉《和王主簿怨情》：「生平一顧重，宿昔千金賤。」李善注：「鄭玄《毛詩箋》曰：顧，回首也。《列女傳》曰：『楚成鄭子瞀者，楚成王之夫人也。初，成王登臺，子瞀不顧，王曰：「顧，吾與女千金。」子瞀遂行不顧。』曹植詩曰：『一顧千金重，何必珠玉錢。』」

〔四〕康衢：四通八達的大路。《列子·仲尼》：「堯乃微服游於康衢。」

〔五〕「登平路」二句：《漢書》卷一三《異姓諸侯王表》：「鐫金石者難爲功，摧枯朽者易爲力。」

【補】

《忠臣傳·記（《初學記》卷一七作「受」）託篇贊》：太真英挺，投袂勤王；伯猷蹈節，身殞名揚；嶷嶷景倩，主亡與亡。嗟乎尚矣，惟國之良。（見《藝文類聚》卷二〇、《初學記》卷一七、《梁文紀》卷四，此據《藝文類聚》補）

《忠臣傳·諫（《藝文類聚》卷二〇作「陳」，卷二四引序作「諫」）争篇贊》：子政鏗鏗，誠存社稷；朱雲折檻，遂其婞直。（見《藝文類聚》卷二〇、《初學記》卷一七、《梁文紀》卷四、《漢魏六朝百三名家集·梁元帝集》，此據《藝文類聚》補）

《忠臣傳・執法篇贊》：設官分職，咸曰師師。彼己之子，邦之直司。豺狼當路，安問狐狸。昏明有世，直道無時。（見《藝文類聚》卷二〇、《梁文紀》卷四、《漢魏六朝百三名家集・梁元帝集》，此據《藝文類聚》補）

54 《丹陽尹傳序》曰：「《傳》曰『大夫受郡』，〔一〕《漢書》曰『尹者，正也』。〔二〕及其用人，〔三〕實難〔斯〕授（受）。〔四〕廣漢和顏接下，〔五〕子高自輔經術，〔六〕孫寶行嚴霜之誅，〔七〕袁（宏）〔安〕留冬日之愛。〔八〕自二京版蕩，〔九〕五馬南渡，〔一〇〕固乃上燭天文，下應地理爾。其地勢可得而言：東以赤山爲成皋，〔一一〕南以長淮爲伊洛，〔一二〕北以鍾山爲華阜，〔一三〕西以大江爲黄河，既變淮海爲神州，〔一四〕亦即丹陽爲京尹。〔一五〕雖得人之盛，〔一六〕頗愧前賢；而眄遇之深，多用宰輔。皇上受圖負扆，〔一七〕寶曆惟新，〔一八〕制禮以告成功，作樂以彰治定，〔一九〕豈直四三皇，六五帝，孕夏陶周而已哉？〔二〇〕若夫位以德叙，德以位成，每念忝莅京河，〔二一〕兹焉四載。〔二二〕以入安石之門，思勤王之政；〔二三〕坐真長之室，想清談之風。〔二四〕求瘼餘晨，〔二五〕頗多夏景，〔二六〕今綴采英賢，爲《丹陽尹傳》。」

【校注】

〔一〕「《傳》曰」句：《左傳·哀公二年》載：趙簡子誓曰：「克敵者，上大夫受縣，下大夫受郡，士田十萬，庶人工商遂，人臣隸圉免。」《藝文類聚》卷六引《風俗通》曰：「周制，天子方千里，分爲縣，縣有四郡。故《左氏傳》曰：『上大夫受縣，下大夫受郡。』至秦始皇，初置三十六郡，以監縣。」傳，指《左傳》，亦名《左氏春秋》或《春秋左氏傳》。

〔二〕尹：《爾雅·釋言》：「尹，正也。」《尚書·益稷》：「庶尹允諧。」孔安國傳：「尹，正也。」今按：今本《漢書》中無「尹，正也」之語，或蕭繹誤記。

〔三〕及：各本同，龍溪精舍本作「故」。

〔四〕實難斯授：底本、《四庫全書》本、《藝文類聚》卷五〇引梁元帝《丹陽尹傳序》均作「實難授受」，重校本、《叢書集成》本、《百子全書》本、龍溪精舍本作「實難斯授」。吳校：「當作『實難斯授』。」今按：吳校是，據改。

〔五〕廣漢：指趙廣漢，字子都，西漢涿郡蠡吾人。曾任守京兆尹，潁川郡太守，京兆尹。《漢書》卷七六有傳。《漢書》本傳：「廣漢爲二千石，以和顔接士，其尉薦待遇吏，殷勤甚備。」

〔六〕子高：張敞字子高，西漢河東平陽人。昭帝初舉察廉爲甘泉倉長。宣帝即位，擢豫州刺史，元康中守京兆尹。元帝即位，徵爲左馮翊。《漢書》卷七六有傳。《漢書》本傳：「敞爲人敏疾，賞罰分明，見惡輒取，時時越法縱舍，有足大者。其治京兆，畧循趙廣漢之跡。方畧耳目，發伏禁姦，不如廣漢，然敞本治《春秋》，以經術自輔，其政頗雜儒雅，往往表賢顯善，不醇用誅罰，以此能自全，竟免於刑戮。」

〔七〕孫寶：字子嚴，西漢潁川鄢陵人。成帝鴻嘉中歷任益州、冀州刺史。徵爲京兆尹。平帝時，起爲大司農，尋免。《漢書》卷七七有傳。《漢書》本傳：「徵爲京兆尹。故吏侯文以剛直不苟合，常稱疾不肯仕，寶以恩禮請文，欲爲布衣友。日設酒食，妻子相對。文求受署爲掾，進見如賓禮。數月，以立秋日署文東部督郵。入見，敕曰：『今日鷹隼始擊，當順天氣取姦惡，以成嚴霜之誅，掾部渠有其人乎？』」

〔八〕袁安：各本作「袁宏」，《藝文類聚》卷五〇引梁元帝《丹陽尹傳序》作「袁安」。今按：「袁宏」當爲「袁安」之誤，據改。袁宏字彦伯，小字虎，祖籍陳郡陽夏。《晉書》卷九二《文苑傳》有傳。史無載其爲尹及爲官仁愛事。袁安字邵公，東漢汝南汝陽人。明帝時拜楚郡太守，徵爲河南尹。後，官至司徒。《後漢書》卷四五有傳。《後漢書》本傳：「安少傳良學。爲人嚴重有威，見敬於州里。……後舉孝廉，除陰平長，任城令，所在吏人畏而愛之。……徵爲河南尹。政號嚴明，然未曾以臧罪鞫人。常稱曰：『凡學仕者，高則望宰相，下則希牧守。錮人於聖世，尹所不忍爲也。』聞之者皆感激自勵。在職十年，京師肅然，名重朝廷。」冬日之愛：《左傳·文公七年》：「酆舒問於賈季曰：『趙衰、趙盾孰賢？』對曰：『趙衰，冬日之日也。趙盾，夏日之日也。』」杜預注：「冬日可愛，夏日可畏。」後以「冬日」比喻仁愛慈惠，「夏日」比喻態度嚴厲。

〔九〕二京：指長安與洛陽。長安爲西漢都城，洛陽爲東漢都城。版蕩：《詩經·大雅》有《板》、《蕩》二詩，譏刺周厲王無道而導致國家敗壞、社會動亂。後因以指政局混亂或社會動盪。版，同「板」。

〔一〇〕五馬南渡：《藝文類聚》卷一三引《晉陽秋》曰：「太安中，童謡曰：『五馬浮渡江，一馬化爲龍。』永嘉大亂，王室淪覆，唯琅琊、西陽、汝南、南頓、彭城五王獲濟，至是中宗登祚。先是五鐸見於晉陵，靈數玄感，若合符契。」

〔一一〕赤山：山名。在今江蘇句容西南三十里。《太平寰宇記》卷九〇「江南東道二」：「絳巖山，《圖經》云：『在絳巖湖側，山上有龍坑祠，即湖神也。』本名赤山，丹陽之義出於此，天寶初改爲絳巖山。」成皋：又稱虎牢，舊城在今河南滎陽汜水鎮。漢初於此置成皋縣。地形勢險要，爲歷代軍事重鎮。

〔一二〕長淮：指淮河。伊洛：指伊河和洛河。

〔一三〕鍾山：即紫金山。位於江蘇南京東北郊。華阜：《藝文類聚》卷五〇引梁元帝《丹陽尹傳序》作「卓阜」，嚴可均《全梁文》引作「芒阜」。華阜指華山，五嶽之一，位於陝西西安以東華陰境內。阜，《文選》卷四左太沖《蜀都賦》劉逵注：「阜，大山也。」

〔一四〕淮海：今江蘇、山東、河南、安徽四省的接壤地區。此處用以代指揚州。《尚書·禹貢》：「淮海維揚州。」神州：指中原地區。《世説新語·言語》：「王丞相愀然變色曰：『當共戮力王室，克復神州，何至作楚囚相對！』」

〔一五〕丹陽：郡名。據《宋書》卷三五《州郡志》，丹陽郡，晉武帝太康二年移治建康，元帝太興元年改爲尹。此後迄梁陳，丹陽尹治所皆在建康，即今江蘇南京。蕭繹《玄覽賦》：「既攝州於淮海，且作尹乎中京。」

〔一六〕人：各本同，《藝文類聚》卷五〇引梁元帝《丹陽尹傳序》作「仁」。今按：「仁」，通「人」。

〔一七〕受圖：《尚書中候》載：河伯曾以《河圖》授大禹。後因稱帝王受命登位爲受圖。負扆：背靠屏風。指皇帝臨朝聽政。

〔一八〕寶曆：指國祚，皇位。惟新：指新政權建立。《詩經·大雅·文王》：「周雖舊邦，其命維新。」毛傳：「乃新在文王也。」

〔一九〕「制禮」二句：《禮記·樂記》：「王者功成作樂，治定制禮。」

〔二〇〕孕夏陶周：化育夏代，陶冶周代。

〔二一〕京河：指流經京城的河流，此處代指京城所在地丹陽。《藝文類聚》卷五〇引梁簡文帝《復臨丹陽教》曰：「猥以庸薄，作守京河。」《藝文類聚》卷五六引梁武帝《清暑殿聯句柏梁體》，丹陽丞劉汎聯句曰：「燮贊京河豈微物。」

〔二二〕兹焉四載：據吴《譜》，蕭繹於普通三年（五二二）爲丹陽尹，《丹陽尹傳》作於其在任之第四年，即普通七年（五二六）。

〔二三〕「以入」二句：《晉書》卷七九《謝安傳》：「尋除吴興太守。在官無當時譽，去後爲人所思。……嘗與王羲之登冶城，悠然遐想，有高世之志。羲之謂曰：『夏禹勤王，手足胼胝；文王旰食，日不暇給。今四郊多壘，宜思自效，而虚談廢務，浮文妨要，恐非當今所宜。』安曰：『秦任商鞅，二世而亡，豈清言致患邪？』」安石，謝安字安石，祖籍陳郡陽夏。年四十餘始出仕，東晉孝武時官至録尚書事。太元八年，任征討大都督，於淝水大破苻堅。封建昌縣公，都督揚荆、司等十五州軍事。卒，謚文靖。《晉書》卷七九有傳。勤王，盡力於王事。

〔二四〕「坐真長」二句：《晉書》卷七五《劉惔傳》：「以惔雅善言理，簡文帝初作相，與王濛並爲談客，俱蒙上賓禮。時孫盛作《易象妙於見形論》，帝使殷浩難之，不能屈。帝曰：『使真長來，故應有以制之。』乃命迎惔。盛素敬服惔，及至，便與抗答，辭甚簡至，盛理遂屈。一坐撫掌大笑，咸稱美之。……尤好《老》、《莊》，任自然趣。」真長，劉惔字真長，祖籍沛國相縣。少有名，雅善清談。歷司徒左長史，侍中，丹陽尹。《晉書》卷七五有傳。清談，亦稱玄談。指魏晉以來崇尚老莊，空談玄理的風氣。

〔二五〕求瘼餘晨：謂政務之餘暇。瘼，《詩經·小雅·四月》毛傳：「瘼，病。」此指民間疾苦。

〔二六〕夏：重校本、《叢書集成》本、《百子全書》本、龍溪精舍本、《藝文類聚》卷五〇、《漢魏六朝百三名家集》均作「暇」。吴校：「『夏』，當作『暇』。」今按：夏，通「暇」。清·朱駿聲《説文通訓定聲·豫部》：「夏，叚借爲暇。」夏景，閒暇之時。

55 《全德志序》曰：「老子言『全德歸厚』，〔一〕莊周云『全德不刑』，〔二〕《吕覽》稱『全德之人』，〔三〕故以『全德』創其名也。此《志》（隆）〔陸〕大夫爲首。〔四〕伊人有學有辯，不夭不貧。〔五〕寶劍在前，鼓瑟從後，連環炙輠，〔六〕雍容卒歲，〔七〕駟馬高車，優游宴喜，〔八〕既令公侯踞掌，〔九〕復使要荒蹶角，〔一〇〕入室生光，豈非盛矣？若乃（河）〔何〕宗九策，〔一一〕事等神鉤；〔一二〕陽雍雙璧，〔一三〕理歸玄感。〔一四〕南陽樊重，高閣連雲；〔一五〕北海公沙，門人成市。〔一六〕咨此八龍，〔一七〕各傳一藝；夾河兩郡，家有萬石。〔一八〕人生行樂，〔一九〕止足爲先。〔二〇〕但使樽酒不空，坐客恒滿。〔二一〕寧與孟嘗聞琴，承睫淚下，〔二二〕中山聽息，悲不自禁，〔二三〕同年而語也？〔二四〕」

【校注】

〔一〕全德歸厚：今本《老子》無此語，然第五五章有「含德之厚，比於赤子」云云。全德，《後漢書》卷三七《桓榮傳》李賢注：「全德言無玷缺也。」《世説新語·政事》：「殷仲堪當之荆州，王東亭問曰：『德以居全爲稱，仁以不害物爲名。方今宰牧華夏，處殺戮之職，與本操將不乖乎？』」

〔二〕莊周：莊子名周，戰國時宋國蒙人。嘗爲蒙漆園吏，後居家講學。爲道家代表人物。有《莊子》一書。《史記》卷六三有傳。　全德不刑：意謂全德者形體不受損害，亦即能形全。《莊子·天地》載：子貢曰：「執道者德全，德全者形全，形全者神全。神全者，聖人之道也。託生與民並行而不知其所之，汒乎淳備哉！功利機巧，必忘夫人之心。若夫人者，非其志不之，非其心不爲。雖以天下譽之，得其所謂，謷然不顧；以天下非之，失其所謂，儻然不受。天下之非譽無益損焉，是謂全德之人哉！我之謂風波之民。」

〔三〕《吕覽》：即吕不韋召集門下賓客所編纂的《吕氏春秋》，因其中有八《覽》，故稱《吕覽》。《吕氏春秋》卷一《孟春紀·本生》：「不言而信，不謀而當，不慮而得；精通乎天地，神覆乎宇宙；其於物無不受也，無不裹也，若天地然；上爲天子而不驕，下爲匹夫而不惛：此之謂全德之人。」高誘注：「其德行升降，無所虧闕，故曰全。」

〔四〕陸大夫：指陸賈。賈，西漢初楚人，以客從劉邦定天下。《史記》卷九七、《漢書》卷四三有傳。陸，各本作「隆」，《藝文類聚》卷二一引梁元帝《全德志序》作「隆」，汪紹楹校：「按『隆』當作『陸』，所云寶劍，鼓瑟，公侯踞掌，要荒厥角，皆陸賈事，見《史記·賈傳》。」今按：汪校是，據改。

〔五〕天：各本同，《藝文類聚》卷二一引梁元帝《全德志序》作「天」，汪紹楹校：「按《賈傳》云陸生竟以壽終，是『天』當作『夭』。」

〔六〕連環：《戰國策》卷一三《齊策六》「齊閔王之遇殺」章：「秦始皇嘗使使者遺君王后玉連環，曰：『齊多智，而解此環不？』君王后以示羣臣，羣臣不知解；君王后引椎椎破之，謝秦使曰：『謹以解矣！』」　炙輠：《史記》卷七四《孟子荀卿列傳》：「談天衍，雕龍奭，炙轂過髡。」司馬貞《索隱》：「《劉向《別録》『過』字作『輠』。輠，車之盛膏器也。炙之雖盡，猶有餘津，言髡智不盡如炙輠也。」

〔七〕雍容：從容不迫。《文選》卷一班孟堅《兩都賦》序：「雍容揄揚，著於後嗣。」吕向注：「雍，和；容，緩。」

〔八〕「駟馬」二句：《史記》卷九七《陸賈傳》載：孝惠帝時，吕太后專權，欲王諸吕，畏大臣諫阻。陸賈自度不能争之，乃病免家居，過着悠遊華貴的生活。「常安車駟馬，從歌舞鼓琴瑟侍者十人，寶劍直百金，謂其子曰：『與汝約：過汝，汝給吾人馬酒食，極欲，十日而更。所死家，得寶劍車騎侍從者。』」

〔九〕公侯踞掌：指陸賈説陳平事。《史記》卷九七《陸賈傳》載：呂太后專權時，危劉氏。右丞相陳平憂懼，陸賈徑往請之，爲謀劃數事。陳平用其計，呂太后謀益衰。陸賈以此遊漢廷公卿間，名聲藉甚。踞掌，猶抵掌。指人在談話中的激昂神情。《戰國策》卷三《秦一》「蘇秦始將連衡」章：「抵掌而談。」高誘注：「抵，據也。」

〔一〇〕要荒蹶角：指南越王趙佗稱臣。《史記》卷一一三《南越列傳》載：呂太后崩，趙佗乘機以兵威邊，乘黄屋左纛，稱制。孝文帝元年，陸賈出使南越，令趙佗去黄屋稱制，同於諸侯，佗「乃頓首謝，願長爲藩臣，奉貢職」。要荒，古稱王畿外極遠之地。要，要服，指距離王畿一千五百里至二千里的地區。荒，荒服，指距離王畿二千至二千五百里的地區。蹶角，《文選》卷四三丘希範《與陳伯之書》：「朝鮮昌海，蹶角受化。」五臣良曰：「蹶角，謂以額頭叩地也。」

〔一一〕何宗：人名。《華陽國志校補圖志》卷一〇上《先賢士女總讚論》：「何宗，字彦英，郫縣人也。通經緯、天官、推步、圖讖。知劉備應漢九世之運，讚立先主。」事蹟亦畧見《三國志》卷四五《楊戲傳》。何，各本作「河」。今按：當是「何」之訛，改。九策：事不詳。或指推算劉備應漢九世之運事。

〔一二〕神鉤：《搜神記》卷九《張氏鉤》：「京兆長安有張氏，獨處一室。有鳩自外入，止於牀。張氏祝曰：『鳩來。爲我禍也，飛上承塵；爲我福也，即入我懷。』鳩飛入懷。以手探之，則不知鳩之所在，而得一金鉤，遂寶之。自是子孫漸富，資財萬倍。蜀賈至長安，聞之，乃厚賂婢，婢竊鉤與賈。張氏既失鉤，漸漸衰耗。而蜀賈亦數罹窮厄，不爲己利。或告之曰：『天命也，不可力求。』於是齎鉤以反張氏，張氏復昌。故關西稱『張氏傳鉤』云。」

〔一三〕陽雍雙璧：《太平廣記》卷二九二引《孝德傳》曰：「魏陽雍，河南洛陽人，兄弟六人，以傭賣爲業。公少修孝敬，達於遐邇。父母歿，葬禮畢，長慕追思，不勝心目。乃賣田宅，北徙絶水漿處，大道峻阪下爲居。晨夜輦水，將給行旅，兼補履屩，不受其直，如是累年不懈。天神化爲書生，問曰：『何故不種菜以給？』答曰：『無種。』乃與之數升。公大喜，種之，其本化爲白璧，餘爲錢。書生復曰：『何不求婦？』答曰：『年老，無肯者。』書生曰：『求名家女，必得之。』有徐氏，右北平著姓，女有名行，多求不許，乃試求之。徐氏笑之，以爲狂僻，然聞其好善，戲笑媒曰：『得白璧一雙，錢百萬者，與婚。』公即具送。徐氏大愕，遂以妻之。生十男，皆令德俊異，位至卿相。今右北平諸陽，其後也。」亦見《搜神記》卷一一《楊伯雍》，「陽雍」作「楊公伯雍」。今按：《太平廣記》卷二九二所引《孝德傳》或即蕭繹所著之《孝德傳》。

〔一四〕玄感：冥冥中的感應。《文選》卷三六傅季友《爲宋公修張良廟教》：「風雲玄感，蔚爲帝師。」李周翰注：「《易》云：『雲從龍，風從虎。』此深感應也。玄，深；蔚，盛也。」

〔一五〕南陽：郡名。治所在宛縣，即今河南南陽。　樊重：《後漢書》卷三二《樊宏傳》：「樊宏字靡卿，南陽湖陽人也，世祖之舅。……父重，字君雲，世善農稼，好貨殖。重性温厚，有法度，三世共財，子孫朝夕禮敬，常若公家。其營理産業，物無所棄，課役童隸，各得其宜，故能上下戮力，財利歲倍，至乃開廣田土三百餘頃。其所起廬舍，皆有重堂高閣，陂渠灌注。」

〔一六〕北海：東漢時諸侯國名，治所在劇縣，即今山東昌樂西。　公沙：公沙穆，字文乂，東漢北海膠東人。《後漢書》卷八二有傳。《後漢書》本傳：「長習《韓詩》、《公羊春秋》，尤鋭思《河》《洛》推步之術。居建成山中，依林阻爲室，獨宿無侶。時暴風震雷，有聲於外呼穆者三，穆不與語。有頃，呼者自牖而入，音狀甚怪，穆誦經自若，終亦無它妖異，時人奇之。後遂隱居東萊山，學者自遠而至。」

〔一七〕八龍：《後漢書》卷六二《荀淑傳》：「（淑）有子八人：儉、緄、靖、燾、汪、爽、肅、旉，並有名稱，時人謂之『八龍』。」後以稱揚人家子弟或弟兄。

〔一八〕「夾河」二句：《漢書》卷六〇《杜周傳》：「杜周，南陽杜衍人也。……始周爲廷史，有一馬，及久任事，列三公，而兩子夾河爲郡守，家訾累巨萬矣。」

〔一九〕人生行樂：《漢書》卷六六《楊惲傳》載楊惲《報孫會宗書》，有云：「人生行樂耳，須富貴何時！」

〔二〇〕止足：知止知足。《老子》第四四章：「知足不辱，知止不殆，可以長久。」止，各本同，《藝文類聚》卷二一引梁元帝《全德志序》作「上」，汪紹楹校：「疑當作『止』。」

〔二一〕「但使」二句：《後漢書》卷七〇《孔融傳》載：孔融賦閒，賓客日盈其門，「常歎曰：『坐上客恒滿，尊中酒不空，吾無憂矣。』」

〔二二〕「寧與」二句：《説苑》卷第一一《善説》：「雍門子周以琴見乎孟嘗君。孟嘗君曰：『先生鼓琴，亦能令文悲乎？」……雍門子周曰：『然臣之所爲足下悲者事也：夫聲敵帝而困秦者，君也；連五國之約南面而伐楚者，又君也。天下未嘗無事，不從則横。從成則楚王，横成則秦帝。楚王秦帝，必報讎於薛矣。夫以秦、楚之强而報讎於弱薛，譬之猶摩蕭斧而伐朝菌也，必不留行矣。天下有識之士，無不爲足下寒心酸鼻者。千秋萬歲之後，廟堂必不血食矣。高臺既以壞，曲池既以塹，墳墓既已下而青廷矣，嬰兒豎子樵采薪蕘者，蹢躅其足而歌其上，衆人見之，無不愀焉爲足下悲之，曰：「夫以孟嘗君尊貴，乃可使若此乎？」』於是孟嘗君泫然，泣涕承睫而未殞。雍門子周引琴而鼓之，徐動宮徵，微揮羽角，切終而成曲。孟嘗君涕浪汙增欷而就之，曰：『先生之鼓琴，令文立若破國亡邑之人也。』」孟嘗，即孟嘗君田文，戰國齊貴族。爲戰國四公子之一，以善養士著稱。《史記》卷七五有傳。聞，各本同，《四庫全書》本、《藝文類聚》卷二一引梁元帝《全德志序》作「問」。

〔二三〕「中山」二句：《漢書》卷五三《景十三王·中山靖王劉勝傳》：「建元三年，代王登、長沙王發、中山王勝、濟川王明來朝，天子置酒，勝聞樂聲而泣。問其故，勝對曰：『臣聞悲者不可爲累欷，思者不可爲歎息。故高漸離擊筑易水之上，荆軻爲之低而不食；雍門子壹微吟，孟嘗君爲之於邑。今臣心結日久，每聞幼眇之聲，不知涕泣之横集也。』」中山，指西漢中山王劉勝，漢宗室，景帝之子。息，重校本、《叢書集成》本、《百子全書》本、龍溪精舍本作「樂」。吴校：「『息』，《元帝集》作『樂』。」《藝文類聚》卷二一引梁元帝《全德志序》作「息」。

〔二四〕同年而語：猶言相提並論。漢賈誼《過秦論上》：「試使山東之國，與陳涉度長絜大，比權量力，則不可同年而語矣。」

56 《全德志論》曰：「物我俱忘，〔一〕無貶廊廟之器；〔二〕動寂同遺，何累經綸之才。〔三〕雖坐三槐，〔四〕不妨家有三徑；〔五〕接五侯，〔六〕不妨門垂五柳。〔七〕但使良園廣宅，〔八〕面水帶山，饒甘果而足花卉，葆筠篁而玩魚鳥。〔九〕九月肅霜，〔一〇〕時饗田畯；〔一一〕三春捧繭，〔一二〕乍酬蠶妾。酌斗酒而歌南山，〔一三〕烹羔豚而擊西缶。〔一四〕或出或處，〔一五〕並以全身爲貴；優之游之，〔一六〕咸以忘懷自逸。〔一七〕若此衆君子，可謂得之矣。」

【校注】

〔一〕物我俱忘：《梁書》卷一三《沈約傳》載：約撰《郊居賦》，有云：「惟至人之非己，固物我而兼忘。」

〔二〕廊廟：指朝廷。《後漢書》卷二九《申屠剛傳》李賢注：「廊，殿下屋也；廟，太廟也。國事必先謀於廊廟之所也。」

〔三〕經綸：指治理國家的抱負和才能。《周易·屯卦》：「《象》曰：雲雷，屯。君子以經綸。」孔穎達疏：「經謂經緯，綸謂綱綸，言君子法此屯象，有爲之時，以經綸天下，約束於物。」

〔四〕三槐：相傳周代宫廷外種有三棵槐樹，三公朝天子時，面向三槐而立。後因以三槐喻三公。《周禮·

秋官・朝士》：「面三槐，三公位焉。」

〔五〕三徑：東漢趙岐《三輔決録・逃名》：「蔣詡歸鄉里，荆棘塞門，舍中有三徑，不出，唯求仲、羊仲從之遊。」後因以借指歸隱者的家園。陶潛《歸去來辭》：「三徑就荒，松竹猶存。」

〔六〕接：重校本、《叢書集成》本、《百子全書》本、龍溪精舍本「接」上有「但」字。吴校：「按『接』上《集》有『但』字，此誤移下文。」今按：吴校所謂下文指「但使良園廣宅」，《藝文類聚》卷二一引梁元帝《全德志論》「接」上無「但」字，宋王楙《野客叢書》卷二四「借對」條引此文「接」上作「雖」字。疑原文無「但」字，語氣實承上文「雖」字而一貫，故王楙補「雖」字，後人不察，意補「但」字。

〔七〕五侯：漢成帝同日封其舅王譚平阿侯、王商成都侯、王立紅陽侯、王根曲陽侯、王逢時高平侯，世謂之「五侯」。事見《漢書》卷九八《元后傳》。此處借指權貴豪門。

〔八〕五柳：東晉陶潛曾作《五柳先生傳》以自況，文中云：「宅邊有五柳樹，因以爲號焉。」此處借指志趣高尚的隱士。

〔八〕「但使」句：《後漢書》卷四九《仲長統傳》載：統欲卜居曠野，以樂其志，「論之曰：『使居有良田廣宅，背山臨流，溝池環帀，竹木周布，場圃築前，果園樹後。』」但，重校本、《叢書集成》本、《百子全書》本、龍溪精舍本「使」上無「但」字。吴校：「按《集》無『但』字，當在『接五侯』上。」

〔九〕葆：通「寶」，珍愛。《史記》卷五五《留侯世家》：「果見穀城山下黄石，取而葆祠之。」裴駰《集解》引徐廣曰：「《史記》珍寶字皆作『葆』。」　筠篁：叢竹。

〔一〇〕肅霜：《詩經·豳風·七月》：「九月肅霜，十月滌場。」毛傳：「肅，縮也，霜降而收縮萬物。」孔穎達疏：「九月之時，收縮萬物者，是露爲霜也。」一説，肅霜猶肅爽，指天高氣爽。

〔一一〕田畯：古代勸農之官。《詩經·豳風·七月》毛傳：「田畯，田大夫也。」

〔一二〕「三春」句：《禮記·祭義》：「古者天子諸侯，必有公桑蠶室，近川而爲之，築宫仞有三尺，棘牆而外閉之。及大昕之朝，君皮弁素積，卜三宫之夫人、世婦之吉者，使入蠶於蠶室，奉種浴於川，桑於公桑，風戾以食之。歲既單矣，世婦卒蠶，奉繭以示於君，遂獻繭於夫人。夫人曰：『此所以爲君服與？』遂副褘而受之，因少牢以禮之。」

〔一三〕「酌斗酒」句：《漢書》卷六六《楊惲傳》載惲《報孫會宗書》，有云：「臣之得罪，已三年矣。田家作苦，歲時伏臘，亨羊炰羔，斗酒自勞。家本秦也，能爲秦聲。婦，趙女也，雅善鼓瑟。奴婢歌者數人，酒後耳熱，仰天拊缶而呼烏烏。其詩曰：『田彼南山，蕪穢不治，種一頃豆，落而爲萁。人生行樂耳，須富貴何時！』」斗，《四庫全書》本、《藝文類聚》卷二一、《漢魏六朝百三名家集·梁元帝集》作「升」。

〔一四〕西缶：戰國時，在秦趙澠池之會上，趙王爲秦王鼓瑟，秦王却不肯爲趙王擊缶。趙臣藺相如以「頸血濺大王」威脅秦王，迫使秦王擊缶，從而爲趙雪恥。因秦在西方，故稱秦王所擊之缶爲「西缶」。詳《史記》卷八一《廉頗藺相如列傳》。《文選》卷一〇潘安仁《西征賦》：「恥東瑟之偏鼓，提西缶而接刃。辱十城之虚壽，奄咸陽以取儁。」今按：蕭繹此處作「西缶」者乃與上句「南山」相對，似別無深意。

〔一五〕或出或處：謂出仕和隱退。《周易·繫辭上》：「君子之道，或出或處。」

〔一六〕優之游之：《詩經·小雅·采菽》：「優哉游哉，亦是戾矣。」

〔一七〕忘懷：陶淵明《五柳先生傳》：「嘗著文章自娛，頗示己志，忘懷得失，以此自終。」

57 《懷舊志序》曰：「吾自北守琅臺，〔一〕東探禹穴。〔二〕觀濤廣陵，〔三〕面金湯之設險；〔四〕方舟宛委，〔五〕眺玉笥之干霄。〔六〕臨水登山，命儔嘯侶。中年承乏，攝牧神州，戚里英賢，南冠髦俊，〔七〕蔭真長之弱柳，〔八〕觀茂（宏）〔弘〕之舞鶴，〔九〕清酒繼進，甘果徐行。長安（郡）〔羣〕公，爲其延譽；〔一〇〕扶風長者，刷其羽毛。〔一一〕於是駐伏熊，〔一二〕迴驅□，〔一三〕命鄒湛，〔一四〕召王祥。〔一五〕余顧而言曰：『斯樂難常，〔一六〕誠有之矣。』日月不居，〔一七〕零露相半。〔一八〕素車白馬，〔一九〕往矣不追；春華秋實，〔二〇〕懷哉何已。獨軫魂交，〔二一〕情深宿草，〔二二〕故備書爵里，陳懷舊焉。」

【校注】

〔一〕琅臺：即瑯琊臺，在瑯琊郡瑯琊山上。此處代指南瑯琊郡。今按：蕭繹爲南瑯琊郡太守，《梁書》卷五《元帝紀》失載，據吴《譜》考證，時當天監十六年（五一七）。

〔二〕禹穴：相傳爲夏禹的葬地，在今浙江紹興之會稽山。《史記》卷一三〇《太史公自序》：「二十而南游江、淮，上會稽，探禹穴。」裴駰《集解》引張晏曰：「禹巡狩至會稽而崩，因葬焉。上有孔穴，民間云禹入此穴。」此處代指會稽郡。今按：蕭繹出爲會稽太守之時間，《梁書》卷五《元帝紀》失載，據吴《譜》考證，時當天監十八年（五一九）。

〔三〕廣陵：郡名，治所在今江蘇揚州東北。《南齊書》卷一四《州郡上》：「南兗州鎮廣陵，漢故王國。有江都浦水，魏文帝伐吴出此，見江濤盛壯，歎云：『天所以限南北也。』」

〔四〕金湯：「金城湯池」的省稱。《漢書》卷四五《蒯通傳》：「必將嬰城固守，皆爲金城湯池，不可攻也。」顏師古注：「金以喻堅，湯喻沸熱不可近。」這裏指長江。

〔五〕方舟：《莊子·山木》：「方舟而濟於河。」成玄英疏：「兩舟相並曰方舟。」這裏指乘船。　宛委：即宛委山，一名玉笥山。在今浙江紹興東南。《史記》卷一三〇《太史公自序》：「上會稽，探禹穴。」張守節《正義》：「《括地志》云：『石箐山一名玉笥山，又名宛委山，即會稽山一峰也，在會稽縣東南十八里。』《吴越春秋》云：『禹案《黄帝中經》九山，東南天柱，號曰宛委，赤帝左闕之填，承以文玉，覆以盤石，其書金簡青玉爲字，編以白銀，皆瑑其文。禹乃東巡，登衡山，血白馬以祭。禹乃登山，仰天而笑，忽然而卧，夢見繡衣男子自稱玄夷倉水使者，却倚覆釜之山，東顧謂禹曰：「欲得我山神書者，齊於黄帝之嶽，岩嶽之下，三月季庚，登山發石。」禹乃登宛委之山，發石，乃得金簡玉字，以水泉之脈。』」

〔六〕玉笥：山名。即宛委山。　干霄：猶參天。謂高入云霄。

〔七〕「中年承乏」四句：亦見本篇第四十五節。

〔八〕真長：劉惔字真長。仕東晉，曾官丹陽尹。《晉書》卷七五有傳。《南齊書》卷三九《劉瓛傳》：「丹陽尹袁粲於後堂夜集，瓛在座，粲指庭中柳樹謂瓛曰：『人謂此是劉尹時樹，每想高風；今復見卿清德，可謂不衰矣。』」劉尹，即劉真長。

〔九〕宏：各本同，《藝文類聚》卷三四引梁元帝《懷舊志序》作「弘」。今按：「宏」、「弘」舊常通，但人名從主人，此處疑當作「弘」。茂弘，東晉王導字茂弘。祖籍琅邪臨沂。洛陽傾覆，導聯合南北士族擁司馬睿稱帝，官至丞相。卒，謚文獻。《晉書》卷六五有傳。又按：茂弘「舞鶴」事待考。《世説新語·排調》「劉遵祖少爲殷中軍所知」有云：「昔羊叔子有鶴善舞，嘗向客稱之。」《初學記》卷八「鶴澤」條引劉義慶《世説》曰：「晉羊祜鎮荆州於江陵，澤中得鶴，教其舞動，以樂賓友。」然人物、地點與本書所載均異，作「茂弘」者或是蕭繹誤記。

〔一〇〕「長安」二句：此用王粲事。《三國志》卷二一《王粲傳》：「獻帝西遷，粲徙長安，左中郎將蔡邕見而奇之。時邕才學顯著，貴重朝廷，常車騎填巷，賓客盈坐。聞粲在門，倒屣迎之。粲至，年既幼弱，容狀短小，一坐盡驚。邕曰：『此王公孫也，有異才，吾不如也。吾家書籍文章，盡當與之。』」羣公，底本、《四庫全書》本作「郡公」，重校本、《叢書集成》本、《百子全書》本、龍溪精舍本作「羣公」。吴校：「當作『羣公』。」今按：吴校是，據改。《後漢書》卷六〇《蔡邕傳》載：帝特詔問邕，有云：「每訪羣公，庶聞忠言。」

〔一一〕「扶風」二句：指馬融教授鄭玄事。《後漢書》卷三五《鄭玄傳》載：玄通諸經，「以山東無足問者，乃西入關，因涿郡盧植，事扶風馬融。融門徒四百餘人，升堂進者五十餘生。融素驕貴，玄在門下，三年不得見，乃使高業弟子傳授於玄。玄日夜尋誦，未嘗怠倦。會融集諸生考論圖緯，聞玄善算，乃召見於樓上，玄因從質諸疑義，問畢辭歸。融喟然謂門人曰：『鄭生今去，吾道東矣。』」扶風，郡名。治所槐里縣，即今陝西興平東南。馬融爲漢扶風茂林人。長者，《韓非子》卷一七《詭使》：「重厚自尊，謂之長者。」《後漢書》卷二四《馬援傳》「京師長者」，李賢注：「長者，謂豪俠者也。」古貴人盛德者、端重者均可稱長者。參桂馥《札樸》卷六「長者」條。刷羽毛，梳理羽毛。此處比喻教育培養。

〔一二〕伏熊：古代在車箱前横木雕上伏熊紋飾，爲皇子輿服規格。《後漢書·輿服志上》：「公、列侯安車，朱班輪，倚鹿較，伏熊軾，皂繒蓋，黑轓，右騑。」

〔一三〕迴駟□：各本「駟」下有小字云：「原缺一字。」吴校：「按《集》作『迴結駟』。」《藝文類聚》卷三四引梁元帝《懷舊志序》作「迴駟」；《梁文紀》卷四、《漢魏六朝百三名家集·梁元帝集》、嚴可均《全梁文》作「迴結駟」；《御定淵鑑類函》卷五六作「迴上駟」。

〔一四〕鄒湛：字潤甫，南陽新野人。仕魏歷通事郎，太學博士。西晉泰始初，轉尚書郎。入爲太子中庶子。太康中，補渤海太守，遷侍中。元康末卒。《晉書》卷九二《文苑》有傳。

〔一五〕王祥：字休徵，琅邪臨沂人。魏高貴鄉公立，拜司隸校尉，累遷司空，太尉。入晉，拜太保，進爵爲公。卒，謚元。《晉書》卷三三有傳。

〔一六〕斯樂難常：《文選》卷四二魏文帝《與朝歌令吴質書》：「每念昔日南皮之遊，誠不可忘。既妙思六經，逍遥百氏。彈棋間設，終以六博。高談娛心，哀箏順耳，馳騁北場，旅食南館。浮甘瓜於清泉，沈朱李於寒水。白日既匿，繼以朗月，同乘並載，以遊後園，輿輪徐動，參從無聲。清風夜起，悲笳微吟，樂往哀來，愴然傷懷。余顧而言：『斯樂難常。』足下之徒，咸以爲然。今果分別，各在一方，元瑜長逝，化爲異物。每一念至，何時可言！」

〔一七〕日月不居：《文選》卷四一孔文舉《論盛孝章書》：「歲月不居，時節如流。」李善注：「《國語》：文姜曰：『日月不居，人誰不安。』」居，停留。

〔一八〕零露相半：謂半數友朋已逝。零露，《詩經·鄭風·野有蔓草》：「野有蔓草，零露漙兮。」鄭玄箋：「零，落也。」

〔一九〕素車白馬：《後漢書》卷八一《獨行傳·范式》載：范式字巨卿，與汝南張劭元伯爲友。式忽夢見元伯告以已死之日，望能相及。式覺寤，悲歎泣下。「式便服朋友之服，投其葬日，馳往赴之。式未及到，而喪已發引，既至壙，將窆，而柩不肯進。其母撫之曰：『元伯，豈有望邪？』遂停柩移時，乃見有素車白馬，號哭而來。其母望之曰：『是必范巨卿也。』巨卿既至，叩喪言曰：『行矣元伯！死生路異，永從此辭。』會葬者千人，咸爲揮涕。」

〔二〇〕春華秋實：《顔氏家訓》卷三《勉學》：「講論文章，春華也；修身利行，秋實也。」《三國志》卷一二《邢顒傳》載：邢顒字子昂，其人德行堂堂，淵深法度。爲平原侯植家丞，無所屈撓，與曹植不合。庶子劉楨諫植曰：「家丞邢顒，北土之彦，少秉高節，玄静澹泊，言少理多，真雅士也。楨誠不足同貫斯人，並列左右。而楨禮遇殊特，顒反疏簡，私懼觀者將謂君侯習近不肖，禮賢不足，采庶子之春華，忘家丞之秋實。爲上招謗，其罪不小，以此反側。」此處指文采漂亮與品德高尚的友朋。

〔二一〕軫：《楚辭・九章》：「出國門而軫懷兮。」王逸注：「軫，痛也。」 魂交：《莊子・齊物論》：「其寐也魂交，其覺也形開。」陸德明《經典釋文》引司馬彪曰：「精神交錯也。」

〔二二〕宿草：《禮記・檀弓上》：「朋友之墓，有宿草而不哭焉。」孔穎達疏：「宿草，陳根也，草經一年則根陳也，朋友相爲哭一期，草根陳乃不哭也。」陶潛《悲從弟仲德》詩：「流塵集虛坐，宿草旅前庭。」

58 《職貢圖序》曰：竊聞職方氏掌天下之圖，〔一〕四夷八蠻，〔二〕七閩九貉，〔三〕其所由來久矣。漢氏以來，南羌旅距，〔四〕西域憑陵，〔五〕創金城，〔六〕開玉關，〔七〕絶夜郎，〔八〕討日逐。〔九〕睹犀甲則建朱崖，〔一〇〕聞蒲萄則通大宛，〔一一〕以德懷遠，〔一二〕異乎是哉！皇帝君臨天下之四十載，〔一三〕垂衣裳而賴兆民，〔一四〕坐巖廊而彰萬國。〔一五〕梯山航海，〔一六〕交臂屈膝，〔一七〕占雲望日，〔一八〕重譯至焉。〔一九〕自塞以西，萬八千里，路之峽者，尺有六寸。〔二〇〕高山尋雲，深谷絶景。〔二一〕雪無冬夏，與白雲而共色；冰無早晚，與素石而俱貞。踰空桑而歷昆吾，〔二二〕度青丘而跨丹穴。〔二三〕炎風、弱水，〔二四〕不革其心；身熱、頭痛，〔二五〕不改其節。故以明珠、翠羽之珍，細而弗有；龍文、汗血之驥，〔二六〕却而不乘。

尼丘乃聖，猶有圖人之法；〔二七〕晉帝君臨，實聞樂賢之象。〔二八〕甘泉寫閼氏之形，〔二九〕後宮玩單于之圖。〔三〇〕臣以不佞，〔三一〕推轂上游，〔三二〕夷歌成章，〔三三〕胡人遥集。〔三四〕款(開)〔關〕蹶角，〔三五〕沿泝荆門，〔三六〕瞻其容貌，(訴)〔訊〕其風俗。〔三七〕如有來朝京輦，〔三八〕不涉漢南，〔三九〕別加訪採，以廣聞見，名爲《貢職圖》云爾。〔四〇〕

【校注】

〔一〕職方氏：周代官名。《周禮・夏官・職方氏》：「職方氏掌天下之圖，以掌天下之地，辨其邦國、都鄙、四夷、八蠻、七閩、九貉、五戎、六狄之人民，與其財用、九穀、六畜之數要，周知其利害。」鄭玄注：「職，主也，四方之職貢。」

〔二〕四夷：古代華夏族對四方少數民族的統稱。《尚書・畢命》：「四夷左衽，罔不咸賴。」孔安國傳：「言東夷、西戎、南蠻、北狄，被髮左衽之人，無不皆恃賴三君之德。」《後漢書》卷八五《東夷傳》：「凡蠻、夷、戎、狄總名四夷者，猶公、侯、伯、子、男皆號諸侯云。」　八蠻：《禮記・王制》「南方曰蠻」，孔穎達疏引《爾雅》漢李巡注云：「一曰天竺，二曰咳首，三曰僬僥，四曰跛踵，五曰穿胸，六曰儋耳，七曰狗軹，八曰旁春。」

〔三〕七閩：指古代居住在今福建和浙江南部的閩人。《周禮・夏官・職方氏》賈公彦疏：「叔熊居濮如蠻，後子從分爲七種，故謂之七閩。」　九貉：古代北方的少數民族。《周禮・夏官・職方氏》鄭玄注引鄭司農云：「北方曰貉、狄。」

〔四〕南羌：《説文解字・羊部》：「羌，西戎牧羊人也。」此言南羌者，蓋避上文夷字，故以羌代之，實同南蠻，指南方少數民族。　旅距：《後漢書》二四《馬援傳》：「若大姓侵小民，黠羌欲旅距，此乃太守事宜。」李賢注：「旅距，不從之貌。」王先謙《集解》：「旅距，聚衆相拒耳。」

〔五〕西域：漢以來對玉門關、陽關以西地區的總稱。《漢書》卷九六《西域傳序》：「西域以孝武時始通，本三十六國，其後稍分至五十餘，皆在匈奴之西，烏孫之南。南北有大山，中央有河，東西六千餘里，南北千餘里。東則接漢，阸以玉門、陽關，西則限以葱嶺。」

〔六〕金城：古郡名，在今甘肅蘭州之西北。《漢書》卷七《昭帝紀》載：始元六年，「以邊塞闊遠，取天水、隴西、張掖郡各二縣置金城郡。」

〔七〕玉關：即玉門關。漢時爲通往西域各地的門户。故址在今甘肅敦煌西北小方盤城。《漢書》卷九六《西域傳下》：「贊曰：孝武之世，圖制匈奴，患者兼從西國，結黨南羌，乃表河西，列四郡，開玉門，通四域，以斷匈奴右臂，隔絶南羌、月氏。」

〔八〕夜郎：漢時西南地區古國名。在今貴州西北部及雲南、四川二省部分地區。《史記》卷一一七《司馬相如傳》載相如《難蜀父老》，有云：「今罷三郡之士，通夜郎之塗，三年於兹，而功不竟，士卒勞倦，萬民不贍。」

〔九〕日逐：匈奴王號。《漢書》卷九四《匈奴傳上》：「（左賢王）病死，其子先賢撣不得代，更以爲日逐王。

日逐王者，賤於左賢王。」《文選》卷五一王子淵《四子講德論》：「今聖德隆盛，威靈外覆，日逐舉國而歸德，單于稱臣而朝賀。」吕向注：「日逐、單于，皆匈奴名。」

〔一〇〕朱崖：即珠崖，郡名。治所在今海南海口。

〔一一〕大宛：古國名。爲西域三十六國之一，北通康居，南面和西南面與大月氏接界，盛産葡萄。大約在今烏兹别克斯坦、塔吉克斯坦、吉爾吉斯斯坦三國交界的費爾幹納盆地。見《史記》一二三《大宛傳》、《漢書》卷九六《西域傳上》。《漢書》卷九六《西域傳下》：「遭值文、景玄默，養民五世，天下殷富，財力有餘，士馬强盛。故能睹犀布、玳瑁則建珠崖七郡，感枸醬、竹杖則開牂柯、越巂，聞天馬、蒲陶則通大宛、安息。」

〔一二〕懷遠：安撫邊遠的人。《左傳・僖公七年》：「臣聞之，招攜以禮，懷遠以德。」

〔一三〕「皇帝」句：指梁武帝大同七年（五四一）。梁武帝於天監元年（五〇二）登基，至大同七年，正四十年。

〔一四〕垂衣裳：謂定衣服之制，示天下以禮。《周易・繫辭下》：「黄帝、堯、舜垂衣裳而天下治，蓋取諸乾坤。」韓康伯注：「垂衣裳以辨貴賤，乾尊坤卑之義也。」賴：《廣韻・泰韻》：「賴，利也。」兆民：《禮記・月令》：「行慶施惠，下及兆民。」鄭玄注：「天子曰兆民。」《尚書・吕刑》：「一人有慶，兆民賴之。」

〔一五〕巖廊：高峻的廊廡，借指朝廷。《漢書》卷五六《董仲舒傳》：「蓋聞虞舜時，游於巖郎之上，垂拱無爲，而天下太平。」顔師古注引晉灼曰：「堂邊廡巖郎，謂巖峻之郎也。」郎，通「廊」。

〔一六〕梯山航海：登山渡海。謂長途跋涉。

〔一七〕交臂：拱手。《戰國策》卷二三《魏策二》「楚王攻梁南」章：「魏不能支，交臂而聽楚。」屈膝：《文選》卷四四司馬長卿《喻巴蜀檄》：「北征匈奴，單于怖駭，交臂受事，屈膝請和。」

〔一八〕占雲：望雲氣以測吉凶。《十洲記·聚窟洲》載：「征和三年，武帝幸安定，西胡月支國王遣使獻香四兩。……使者對曰：『……臣國去此三十萬里，國有常占，東風入律，百旬不休，青雲干呂，連月不散者，當知中國時有好道之君。』」望日：比喻嚮往明君。《史記》卷一《五帝紀》：「帝堯者，放勛。其仁如天，其知如神。就之如日，望之如雲。」

〔一九〕重譯：《漢書》卷一二《平帝紀》：「元始元年春正月，越裳氏重譯獻白雉一，黑雉二，詔使三公以薦宗廟。」顏師古注：「譯謂傳言也。道路絶遠，風俗殊隔，故累譯而後乃通。」

〔二〇〕「路之峽」二句：《漢書》卷九六上《西域記》載：罽賓至漢道路險阻，「杜欽說大將軍王鳳曰：『……又有三池，磐石阪，道陿者尺六七寸，長者徑三十里。臨崢嶸不測之深，行者騎步相持，繩索相引，二千餘里乃到縣度。』」峽，重校本、《叢書集成》本、《百子全書》本、龍溪精舍本、《漢魏六朝百三名家集·梁元帝集》及《藝文類聚》卷五五引梁元帝《職貢圖序》作「狹」；《古儷府》卷一〇引作「峽」；《梁文紀》卷四、《玉海》卷一五二引作「陿」。今按：陿，同「狹」；峽，通「狹」。

〔二一〕「高山」二句：《淮南子》卷一五《兵畧》：「山高尋雲，溪肆無景。」高誘注：「極溪之深，不見景也。」景，日光。

〔二二〕空桑：《楚辭·九歌·大司命》：「君迴翔兮以下，踰空桑兮從女。」王逸注：「空桑，山名，司命所經。」《漢書》卷二二《禮樂志》顏師古注：「空桑，地名也，出善木，可爲琴瑟也。」　昆吾：傳説中山名。《山海經·中山經》：「又西二百里曰昆吾之山，其上多赤銅。」郭璞注：「此山出名銅，色赤如火，以之作刃，切玉如割泥也。」

〔二三〕青丘：傳説中的東方國名。《山海經·海外東經》：「朝陽之谷……青丘國在其北，其狐四足九尾。」一説，山名。《山海經·南山經》：「又東三百里，曰青丘之山。」　丹穴：傳説中的山名。《山海經·南山經》：「丹穴之山……有鳥焉，其狀如雞，五采而文，名曰鳳皇。」《文選》卷三張平子《東京賦》：「鳴女牀之鸞鳥，無丹穴之鳳皇。」

〔二四〕炎風：傳説中南方炎熱之地。《淮南子》卷五《時則》：「南方之極，自北户孫之外，貫顓頊之國，南至委火炎風之野，赤帝、祝融之所司者，萬二千里。」　弱水：由於水淺地僻不通舟楫而只用皮筏濟渡的水道，古人往往認爲是水弱不能載舟，因稱弱水。古時所稱弱水者甚多，如《尚書·禹貢》：「黑水西河惟雍州，弱水既西。」又：「導弱水至於合黎，餘波入於流沙。」《山海經·西山經》：「勞山，弱水出焉，而西流注於洛。」《山海經·大荒西經》：「(昆侖之丘)其下有弱水之淵。」《海内十洲記·鳳麟洲》：「鳳麟洲在西海之中央，地方一千五百里，洲四面有弱水繞之，鴻毛不浮，不可越也。」此處指僻遠之地。

〔二五〕頭痛：山名。在今塔什庫爾干喀喇崑崙山一帶。《漢書》卷九六上《西域記》載：罽賓至漢道路險阻，「杜欽説大將軍王鳳曰：『……又歷大頭痛、小頭痛之山，赤土、身熱之阪，令人身熱無色，頭痛嘔吐，驢畜盡然。』」《宋書》卷九七《蠻夷傳》：「史臣曰：　漢世西譯遐通，兼途累萬，跨頭痛之山，越繩度之險，生行死徑，身往魂歸。」

〔二六〕龍文、汗血：《漢書》卷九六下《西域傳》：「贊曰：　……自是之後，明珠、文甲、通犀、翠羽之珍盈於後宫，蒲梢、龍文、魚目、汗血之馬充於黄門，鉅象、師子、猛犬、大雀之羣食於外囿。」「蒲梢、龍文、魚目、汗血之馬」下顔師古注引孟康曰：「四駿馬名也。」

〔二七〕「尼丘」二句：《論語・八佾》：「子夏問曰：『「巧笑倩兮，美目盼兮，素以爲絢兮」何謂也？』子曰：『繪事後素。』」尼丘，指孔子。圖人，指描繪人之肖像。又，《漢書》卷三〇《藝文志》著録：「《孔子徒人圖法》二卷。」

〔二八〕「晉帝」二句：《太平御覽》卷六五七引《晉書》曰：「彭城王紘上言：『樂賢堂有先帝手畫佛象，經歷寇難，而此堂猶存，宜敕作頌。』帝下其議。蔡謨曰：『佛者，夷狄之俗，非經典之制。先帝量同天地，多才多藝，聊因臨時而畫此象，至於雅好佛道，所未及聞也。今欲發王命，勑史官，上稱先帝好佛之志，下爲夷狄作一像之頌，於義有疑焉。』於是遂寢。」亦見唐修《晉書》卷七七《蔡謨傳》。晉帝，即《晉書》所稱「先帝」，指晉明帝司馬紹。樂賢，指樂賢堂。

〔二九〕「甘泉」句：《漢書》卷六八《金日磾傳》：「日磾母教誨兩子，甚有法度，上聞而嘉之。病死，詔圖畫於甘泉宫，署曰『休屠王閼氏』。日磾每見畫常拜，鄉之涕泣，然後乃去。」甘泉，即甘泉宫，在今陝西淳化西北甘泉山。閼(yān)氏(zhī),漢代稱匈奴單于妻。《史記》卷九三《韓信盧綰列傳》張守節《正義》:「閼,於連反,又音燕。氏音支。單于嫡妻號,若皇后。」

〔三〇〕「後宫」句:蓋指漢陳平解「平城之圍」事。《漢書》卷一《高祖紀》:「(劉邦)遂至平城,爲匈奴所圍,七日,用陳平秘計得出。」顔師古注引應劭曰:「陳平使畫工圖美女,間遣人遺閼氏,云漢有美女如此,今皇帝困厄,欲獻之。閼氏畏其奪己寵,因謂單于曰:『漢天子亦有神靈,得其土地,非能有也。』於是匈奴開其一角,得突出。」單于,漢時匈奴君長的稱號。《史記》卷一一〇《匈奴列傳》:「匈奴單于曰頭曼。」裴駰《集解》:「單于者,廣大之貌,言其象天單于然。」

〔三一〕不佞:不才,用作自我的謙稱。《左傳·昭公二十五年》:「不佞不能與二三子同心,而以爲皆有罪。」

〔三二〕推轂上游:指出爲荆州刺史。今按:據《梁書》卷三《武帝紀下》,蕭繹普通七年(五二六)十月至大同五年(五三九)七月爲荆州刺史,太清元年(五四七)正月再爲荆州刺史。參以上文「皇帝君臨天下之四十載」云云,則知《職貢圖》當作於太清元年以後。推轂,《史記》卷一〇二《張釋之馮唐列傳》:「臣聞上古王者之遣將也,跪而推轂,曰閫以内者,寡人制之;閫以外者,將軍制之。」後因以稱任命將帥之禮。上游,長江上游,此以代指荆州。

〔三三〕夷歌成章:《文選》卷四左太沖《蜀都賦》:「陪以白狼,夷歌成章。」劉逵注:「白狼夷在漢壽西界,漢明帝時,作詩三章以頌漢德,益州刺史朱輔驛傳其詩奏之。」事詳《後漢書》卷八六《西南夷傳》。

〔三四〕胡人遥集:《文選》卷一一王文考《魯靈光殿賦》:「胡人遥集於上楹,儼雅跽而相對。」張載注:「皆胡夷之畫形也。人尊於鳥獸，故著於上楹。」

〔三五〕款關：猶款塞，謂外族前來通好。《史記》卷一三〇《太史公自序》：「海外殊俗，重譯款塞。」裴駰《集解》引應劭曰：「款，叩也。皆叩塞門來服從也。」《南齊書》卷一《高帝紀上》：「遐方款關而慕義，荒服重譯而來庭。」關，各本作「開」，《百子全書》本、《古儷府》卷一〇、《梁文紀》卷四録作「關」。今按：當以「關」爲是，據改。

〔三六〕沿泝：順水下行與逆水上行，意謂來往。荆門：山名。在今湖北枝江西北之長江南岸，與北岸虎牙山相對。《水經注》卷三四《江水》：「江水東歷荆門、虎牙間。……此二山，楚之西塞也。」

〔三七〕訊：底本、《四庫全書》本作「訴」，重校本、《叢書集成》本、《百子全書》本、龍溪精舍本作「訊」。吴校：「『訴』當作『訊』。」今按：吴校是，據改。訊，詢問。

〔三八〕京輦：指京城。《文選》卷二六潘安仁《在懷縣作》李善注：「京輦，謂天子所居輦轂之下也。」梁京城在建康，即今江蘇南京。

〔三九〕漢南：漢水以南。此處借指荆州。《爾雅·釋地》：「漢南曰荆州。」

〔四〇〕貢職圖：重校本、《叢書集成》本、《百子全書》本、龍溪精舍本作「職貢圖」。吴校：「當作『職貢圖』，與前合。」又校：「按《集》中尚有《洞林序》、《内典碑銘集林序》，今附録於後。」今按：「貢職」、「職貢」義同，《梁書》卷五《梁元帝紀》、《南史》卷八《梁本紀·元帝》並載：「《貢職圖》一卷。」又，《玉海》卷一五二「梁職貢圖」：「其自序云：『乃纂百國一卷，今存二十有七，爲湘東王時諸番使者入貢，圖其形貌服飾，次以本國風俗。』序曰：『尼丘有徒人之法，晉帝有樂象之賢。甘泉寫閼氏之形，後宮玩單于之圖。夷歌成章，胡人遥集。自塞以西，萬八千里，路之陋者，尺有六寸。高山尋雲，深谷絶景，占雲望日，度青丘而跨丹穴。』梁天監元年八月，交州獻鸚鵡，林邑、于陁利國朝貢；二年七月，扶南、龜兹、中天竺朝貢；三年九月，北天竺朝貢；五年七月乙丑，鄧主朝貢；九年，林邑、于闐朝貢；十年，宕昌朝貢，婆利國貢金席；十一年三月庚申，高麗朝貢，四月，扶南、百濟、林邑朝貢，九月，宕昌朝貢；十二年，林邑、于闐、扶南朝貢；十四年，蠕蠕、狼牙修朝貢；十五年八月，蠕蠕、河南朝貢；十六年，河南、扶南、婆利朝貢；十七年，于陁利朝貢；十八年七月，于闐、扶南朝貢；普通元年正月庚子，扶南、高麗，三月，滑國，四月，河南朝貢；二年十一月，百濟、新羅；三年八月甲子，婆利、白題貢；四年，狼牙修；七年，河南、高麗、林邑、滑；大通元年，林邑、師子、高麗；中大通元年，盤盤；三年六月，丹丹朝貢；五年，波斯朝貢；大同五年八月乙酉，扶南獻生犀；中大同元年八月甲午，渴盤陀獻方物。」亦參同書卷五六《梁職貢圖》。　云爾：各本「爾」下有小字云：「案自《孝德傳序》以下者（《四庫全書》本無「者」字），俱從《藝文類聚》增補。」

【補】

《職貢圖贊》：北通玄兔，南漸朱鳶；交河悠遠，合浦回邅。兹海無際，陰山接天；遐哉烏穴，永矣雞田。（見《藝文類聚》卷七四、《梁文紀》卷四、《漢魏六朝百三名家集·梁元帝集》，此

據《藝文類聚》補）

《洞林序》：蓋聞玄枵之野，鬼方難測；朱鳥之舍，神道莫知。而緹幔曉披，即辯黄鍾之氣；靈臺夕望，便知玉井之色。復以談乎天者，雖絶名言之外；存乎我者，還居稱謂之中。余幼學星文，多歷歲稔。海中之書，畧皆尋究；巫咸之説，偏得研求。雖紫微迢遞，如觀掌握；青龍顯晦，易乎窺覽。羨門五將，亟經玩習；韓終六壬，常所寶愛。至如周王白雉之筮，殷人飛燕之卜。著名聚雪，非關地極之山；卦有密雲，能擁西郊之氣。爻通七聖，世經三古。山陽王氏，直解談玄；河東郭生，纔能射覆。兼而兩之，竊自許矣。（見《藝文類聚》卷七五、《漢魏六朝百三名家集・梁元帝集》、《梁文紀》卷四，此據《藝文類聚》補）

《内典碑銘集林序》：夫法性空寂，心行處斷，感而遂通，隨方引接。故鵲園善誘，馬苑弘宣，白林將謝，青樹已列，是宣金牒，方寄銀身。自像教東流，化行南國。吴主至誠，歷七霄而光曜；晉王畫像，經五帝而彌新。次道、孝伯，嘉賓、玄度：斯數子者，亦一代名人，或修理止於伽藍，或歸心盡於談論，銘頌所稱，興公而已。

夫披文相質，博約温潤，吾聞斯語，未見其人。班固碩學，尚云讚頌相似；陸機鉤深，猶聞碑賦如一。唯伯喈作銘，林宗無愧，德祖能誦，元常善書，一時之盛，莫得繫踵。況般若玄淵，眞如妙密，觸言成累，繫境非眞。金石何書，銘頌誰闡？然建塔紀功，招提立寺，或興造有由，或誓願所記，故鐫之立石，傳諸不朽。亦有息心應供，是曰桑門，或謂智囊，或稱印手。高座擅名，預伊師之席；道林見重，陪飛龍之座。峨嵋、廬阜之賢，鄴中、宛鄧之哲，昭哉史册，可得而詳。故碑文之興，斯焉尚矣！

夫世代亟改，論文之理非一；時事推移，屬詞之體或異。但繁則傷弱，率則恨省；存華則失體，從實則無味。或引事雖博，其意猶同；或新意雖奇，無所倚約；或首尾倫帖，事似牽課；或翻復博涉，體製不工。能使豔而不華，質而不野，博而不繁，省而不率，文而有質，約而能潤，事隨意轉，理逐言深，所謂菁華，無以間也。

予幼好雕蟲，長而彌篤，遊心釋典，寓目詞林，頃常搜聚，有懷著述。譬諸法海，無讓波瀾；亦等須彌，歸同一色。故不擇高卑，唯能是與；儻未詳悉，隨而足之。名爲《内典碑銘集林》，合三十卷。庶將來君子，或裨觀見焉。（見《廣弘明集》卷二〇、《釋文紀》卷二二、《漢魏六朝百三名家集·梁元帝集》，此據《廣弘明集》補）

捷對篇十一

1　夫三端爲貴，舌端在焉；〔一〕四科取士，言語爲一。〔二〕雖諜諜利口，致戒嗇夫；〔三〕便便爲嘲，且聞謔浪。〔四〕聊復記言，以觀捷對。

【校注】

〔一〕「夫三端」二句：《韓詩外傳》卷七：「是以君子避三端：避文士之筆端，避武士之鋒端，避辯士之舌端。」梁簡文帝《舌賦》：「夫三端所貴，三寸著名。」

〔二〕「四科」二句：《論語·先進》：「德行：顏淵、閔子騫、冉伯牛、仲弓。言語：宰我、子貢。政事：冉有、季路。文學：子游、子夏。」

〔三〕「雖諜諜」二句：《史記》卷一〇二《張釋之傳》：「釋之從行，登虎圈。上問上林尉諸禽獸簿，十餘問，尉左右視，盡不能對。虎圈嗇夫從旁代尉對上所問禽獸簿甚悉，欲以觀其能口對響應無窮者。文帝曰：『吏不當若是邪？尉無賴！』乃詔釋之拜嗇夫爲上林令。釋之久之前曰：『陛下以絳侯周勃何如人也？』上曰：『長者也。』又復問：『東陽侯張相如何如人也？』上復曰：『長者。』釋之曰：『夫絳侯、東陽侯稱爲長者，此兩人言事曾不能出口，豈斆此嗇夫諜諜利口捷給哉！且秦以任刀筆之吏，吏爭以亟疾苛察相高，然其敝徒文具耳，無惻隱之實。以故不聞其過，陵遲而至於二世，天下土崩。今陛下以嗇夫口辯而超遷之，臣恐天下隨風靡靡，争爲口辯而無其實。且下之化上疾於景響，舉錯不可不審也。』文帝曰：『善。』乃止不拜嗇夫。」諜諜，《史記·張釋之傳》司馬貞《索隱》：「《漢書》作『喋喋』，口多言。」今按：諜，通「喋」。嗇夫，官名。漢代爲各部門職吏或鄉官。虎圈嗇夫，《史記·張釋之傳》張守節《正義》：「掌虎圈。」

〔四〕「便便」二句：《後漢書》卷八〇上《文苑傳·邊韶》載：邊韶字孝先，以文章知名，教授數百人。「韶口辯，曾晝日假卧，弟子私嘲之曰：『邊孝先，腹便便。懶讀書，但欲眠。』韶潛聞之，應時對曰：『邊爲姓，孝爲字。腹便便，五經笥。但欲眠，思經事。寐與周公通夢，静與孔子同意。師而可嘲，出何典記？』嘲者大慚。韶之才捷皆此類也。」便便，腹部肥滿貌。

2　晉武帝受禪，〔一〕探〔策〕得「一」字，〔二〕朝士失色。裴楷對曰：〔三〕「天得一以清，地得一以寧，侯王得一以爲天下貞。」〔四〕

【疏證】

《世説新語·言語》：「晉武帝始登阼，探策得『一』。王者世數，繫此多少。帝既不説，羣臣失色，莫能有言者。侍中裴楷進曰：『臣聞天得一以清，地得一以寧，侯王得一以爲天下貞。』帝説，羣臣歎服。」

【校注】

〔一〕晉武帝：即司馬炎。炎字安世，河内温縣人。魏元帝咸熙二年代魏，建立晉朝。廟號世祖。《晉書》卷三有紀。

〔二〕探策：占卜求籤。策，占卜用的籌碼。各本脱「策」字，今據《世説新語·言語》補。

〔三〕裴楷：字叔則，河東聞喜人。三國魏末，司馬昭爲丞相，辟爲掾，遷尚書郎。入晉，累遷散騎常侍，河内太守，侍中。惠帝時官至光禄大夫，開府儀同三司。卒，謚曰元。《晉書》卷三五有傳。

〔四〕「天得一」三句：《老子》第三九章：「昔之得『一』者：天得『一』以清，地得『一』以寧，神得『一』以靈，穀得『一』以盈，萬物得『一』以生，侯王得『一』以爲天下正。」今按：貞、正，義同。《周易·師卦》：「彖曰：師，衆也；貞，正也。」《世説新語·言語》劉孝標注引王弼《老子注》云：「一者，數之始，物之極也。各是一物，所以爲主也。各以其一，致此清、寧、貞。」

3 宋文帝嘗與羣臣（汎）〔臨〕天淵池，〔一〕帝垂綸而釣，回旋良久，〔二〕竟不得魚。王景文乃越席曰：〔三〕「臣以爲垂綸者清，故不獲貪餌。」此並風流閒勝，實爲美矣。〔四〕

【疏證】

《太平御覽》卷八三四引《宋書》曰：「文帝嘗與羣臣臨天泉池，帝垂綸良久，不獲。王景文越席曰：『臣以爲垂綸者清，故不獲貪餌。』衆皆稱善。」

【校注】

〔一〕「宋文帝」句：宋文帝，即劉義隆，小字車兒，南朝宋武帝第三子。少帝廢，即位，親執朝政，整頓吏治，社會安定，史稱「元嘉之治」。後爲太子劉劭所殺。《宋書》卷五、《南史》卷二《宋本紀》有紀。臨，各本作「汎」，《南史》卷二三《王彧傳》、《太平御覽》卷八三四引《宋書》並作「臨」。今按：「汎」當作「臨」，宋文帝乃臨池垂綸，非汎舟於池。淵，各本同，《南史》卷二三《王彧傳》、《太平御覽》卷八三四引《宋書》並作「泉」。天泉池，即天淵池。作「泉」者，蓋後人避唐諱改。《宋書》卷四三《徐羡之傳》載：宋少帝被殺前夕，「是夕寢於龍舟，在天淵池。」《南史》卷一《宋本紀・少帝》作「夕游天泉池，即龍舟而寢」。《資治通鑑》卷一二〇《宋紀二》「文皇帝元嘉元年」胡三省注：「魏氏作華林園天淵池於洛中，晉氏南渡，放其制作之於建康，華林園在宮城北隅。」

〔二〕回旋：指來回移動位置。

〔三〕王景文：王彧字景文，避宋明帝諱，以字行，祖籍琅邪臨沂。宋文帝時，曾官太子舍人，宣城太守。明帝時，累官尚書左僕射，中書監，揚州刺史。明帝疾篤，賜死。謚曰懿。《宋書》卷八五、《南史》卷二三有傳。

〔四〕「此並」二句：《四庫全書》本「矣」下有小字云：「案『此並』以下疑係原注，原本並作大字，姑仍其舊。」

4　盧志問陸士衡：〔一〕「陸抗、陸遜是卿何物？〔二〕」答曰：「如卿於盧珽、盧毓相似。〔三〕」

【疏證】

《世説新語・方正》：「盧志於衆坐問陸士衡：『陸遜、陸抗，是君何物？』答曰：『如卿於盧毓、盧珽。』士龍失色。既出户，謂兄曰：『何至如此，彼容不相知也？』士衡正色曰：『我父祖名播海内，寧有不知，鬼子敢爾！』議者疑二陸優劣，謝公以此定之。」亦見《太平御覽》卷三八八引《郭子》。

【校注】

〔一〕盧志：字子道，一作子通，范陽涿人，司空盧毓孫，尚書珽少子。初辟公府掾，出爲鄴令。惠帝建武元年，督兵迎惠帝還洛陽。與陸機弟陸雲有隙，機率軍進洛陽，兵敗，志讒之，機兄弟同時被殺。志後官至尚書，洛陽没，北投劉琨，爲劉粲所得，被害。《晉書》卷四四有傳。　陸士衡：陸機字士衡，吴郡吴縣人。吴丞相陸遜孫、吴大司馬陸抗子。吴亡，與弟雲入洛。惠帝即位，遷太子洗馬著作郎，尚書中兵郎，轉殿中郎。河橋之敗，與弟雲及從弟耽並誅。《晉書》卷五四有傳。

〔二〕陸抗：字幼節，陸遜子。孫權赤烏中拜建武將軍校尉，代領父兵。孫晧即位，加鎮軍大將軍，領益州牧。累官大司馬，荆州牧，病卒。　陸遜：本名議，字伯言。仕吴，官至丞相。以反對孫權廢太子，受責，憤恚卒。謚曰昭侯。《三國志》卷五八有二人傳記。

〔三〕盧毓：字子家。仕曹魏，官至司空，封容城侯。卒，謚曰成侯。《三國志》卷二二有傳。《三國志》本傳裴松之注引《世語》曰：「珽字子笏。……珽及子皓、志並至尚書。」今按：六朝人極重家諱，盧志面稱陸機祖、父之名，是爲無禮，故陸機報復之。

5 陳（大）〔泰〕、武（該）〔陔〕同在景王坐，〔一〕景王問鍾毓曰：〔二〕「皋陶何如人？〔三〕」對曰：「古之懿士。〔四〕」〔顧謂陳泰、武陔曰：〕〔五〕「君子周而不比，羣而不黨也。」〔六〕

【疏證】

《世説新語·排調》：「鍾毓爲黄門郎，有機警。在景王坐燕飲，時陳羣子玄伯、武周子元夏同在坐，共嘲毓。景王曰：『皋繇何如人？』對曰：『古之懿士。』顧謂玄伯、元夏曰：『君子周而不比，羣而不黨。』」

【校注】

〔一〕陳泰、武陔：各本作「陳大、武該」。今按：陳大、武該當是陳泰、武陔。「大」、「太」、「泰」通，但名從主人，當作「泰」。該，「陔」之訛。陳泰，字玄伯，潁川許昌人，陳羣子。仕曹魏，官至左僕射。卒，謚穆。《三國志》卷二二有傳。武陔，字元夏，沛國竹邑人，武周子。魏時累遷下邳太守，司隸校尉。入晉，拜尚書，掌吏部。遷左光禄大夫、開府儀同三司。卒，謚定。《晉書》卷四五有傳。今按：此段與《世説新語·排調》所載有異，當有脱文。據《世説新語·排調》「鍾毓爲黄門郎」條，則時在座者還有景王司馬師，發問者乃司馬師，故鍾毓以「古之懿士」答之，「懿」正犯司馬師父司馬懿諱。《世説新語·排調》另載此事異聞，亦可證「懿士」確爲司馬懿而發：「晉文帝與二陳共車，過唤鍾會同載，即駛車委去。比出，已遠。既至，因嘲之曰：『與人期行，何以遲遲？望卿遥遥不至。』會答曰：『矯然懿實，何必同羣。』帝復問會：『皋繇何如人？』答曰：『上不及堯、舜，下不逮周、孔，亦一時之懿士。』」今據《世説新語·排調》補校以完足文意。景王：即司馬師，字子元，河内温人。仕曹魏，官至輔軍大將軍，輔政。侄司馬炎建晉朝，先後追尊爲景王、景帝。《晉書》卷二有紀。

〔二〕鍾毓：字稚叔，潁川長社人，鍾繇子。魏明帝太和中，遷黄門侍郎。高貴鄉公時，累遷尚書，加後將軍，都督徐州、荆州諸軍事。卒，謚惠。《三國志》卷一三有傳。

〔三〕皋陶：傳説虞舜時的司法官。《論語·顏淵》：「舜有天下，選於衆，舉皋陶，不仁者遠矣。」今按：「皋陶」之「陶」犯鍾毓父鍾繇嫌名。《世説新語·排調》「晉文帝與二陳共車」條余嘉錫《箋疏》：「李慈銘云：『案皋陶古皆作咎繇。……故司馬昭以戲鍾會，非僅取同音也。』……《援鶉堂筆記》三十云：『蓋舊讀繇爲遥，以其父名爲戲也。』」

〔四〕懿士：有美德的人。今按：「懿」犯司馬師父司馬懿諱。

〔五〕「顧謂」句：各本脱。今按：據《世説新語・排調》，下文「君子」云云乃景王對陳泰、武陔而言，今補「顧謂陳泰、武陔曰」七字。

〔六〕「君子」二句：《論語・爲政》：「子曰：『君子周而不比，小人比而不周。』」孔安國注：「忠信爲周，阿黨爲比。黨，助也。君子雖衆，不相私助。」今按：「周」犯武陔父武周諱，「羣」犯陳泰父陳羣諱。

6　崔正熊詣〔都〕郡，〔一〕〔都〕郡將姓陳，〔二〕問正熊曰：「君去崔杼幾世？〔三〕」答曰：「正熊之去崔杼，如明府之去陳恒也。〔四〕」

【疏證】

《世説新語・言語》：「崔正熊詣都郡。都郡將姓陳，問正熊：『君去崔杼幾世？』答曰：『民去崔杼，如明府之去陳恒。』」

【校注】

〔一〕崔正熊：《世説新語・言語》劉孝標注：「《晉百官名》曰：『崔豹字正熊，燕國人。惠帝時官至太傅丞。』」《世説新語・言語》余嘉錫《箋疏》：「李慈銘云：『案太傅無丞，當是僕字之誤。』」《隋書》卷三二《經籍志》：「《論語集義》八卷，晉尚書左中兵郎崔豹集。」　都郡：指州治所在的郡。各本脱「都」字。

今按：據《世說新語·言語》，「郡」上有「都」字，據補，下同。

〔二〕都郡將：《世說新語·言語》余嘉錫《箋疏》：「都郡將者，以他郡太守兼都督本郡軍事也。」周一良《魏晉南北朝史札記·〈三國志〉札記》「郡將」條：「蓋自西漢以來，太守即可通稱郡將。」「都郡謂州治所在之郡，郡將亦指太守。」

〔三〕崔杼：春秋時齊國大夫。杼趁齊靈公病，立太子光，是爲莊公。莊公私通杼妻，杼殺之，另立莊公異母弟杵臼。後崔氏諸子內亂，杼自殺。生平事蹟詳《史記》卷三二《齊太公世家》。

〔四〕明府：《後漢書》卷二七《張湛傳》：「明府位尊德重，不宜自輕。」李賢注：「郡守所居曰府。明者，尊高之稱。」陳恒：又名陳成子、田成子、田常，春秋時齊國大夫。齊簡公四年，恒弑簡公，立簡公弟鶩，自爲相，專國政。生平事蹟詳《史記》卷三二《齊太公世家》、卷四六《田敬仲完世家》。今按：都郡將陳以弑君者崔杼戲侮崔正熊，崔正熊亦以弑君者陳恒針鋒相對地回擊。

7　安成公何勗與殷元喜共食，〔一〕元喜即淳之子也，〔二〕勗曰：「益殷尊羹。〔三〕」元喜徐舉頭曰：「何無忌諱？」勗乃無忌子。〔四〕

【疏證】

《太平御覽》卷八六一引《宋書》曰：「殷淳子孚，有父風。嘗與侍中何勗共食，孚羹盡，勗云：

『益殷蓴羹。』勗，司空無忌子也。孚徐輟筯曰：『何無忌諱！』」

【校注】

〔一〕「安成公」句：何勗，祖籍東海郯縣，襲父爵封安成郡公。《宋書》卷七一《徐湛之傳》：「安成公何勗，無忌之子也。」殷元喜，即殷孚，祖籍陳郡長平，殷淳之子。宋世祖大明末，爲始興相。官至尚書吏部郎，撫軍長史。《宋書》卷五九、《南史》卷二七有傳。今按：殷孚字，《宋書》、《南史》本傳失載，據此文，知字「元喜」。

〔二〕淳：殷淳字粹遠。宋少帝景平初，歷秘書丞，中書黄門侍郎。《宋書》卷五九、《南史》卷二七有傳。

〔三〕蓴（chún）：植物名，又名莼菜，嫩葉可做湯菜。

〔四〕無忌：即何無忌。晉安帝義熙初遷江州刺史，封安城郡公。後，持節督戰死。謚忠肅。《晉書》卷八五有傳。今按：蓴、淳同音，犯殷元喜父殷淳諱，「無忌」犯何勗父諱。

8　劉悛勸謝瀹酒曰：〔一〕「謝莊兒不得道不能飲。〔二〕」對曰：「苟得其人，自可沈湎。〔三〕」悛乃（沔）〔勔〕之子。〔四〕諸如此類，雖以至諱爲嘲，而答者爲優。〔五〕

【疏證】

《太平御覽》卷八四四引《齊書》曰：「瀹嘗與劉悛飲，推辭久之。悛曰：『謝莊兒不可云不能飲！』綸曰：『苟得其人，自可沉湎千日！』悛甚慚無言。」

【校注】

〔一〕劉悛：字士操，祖籍彭城，劉勔子。劉宋時，隨父征討，累戰皆勝。入齊，官至散騎常侍、五官尚書。《南齊書》卷三七有傳。謝瀹：字義潔，祖籍陳郡陽夏，謝莊子。起家車騎行參軍。入齊，累遷吏部尚書。明帝即位，稱疾不出，惟以飲酒爲事。位終太子詹事。謚簡子。《南齊書》卷四三有傳。

〔二〕謝莊：字希逸。宋孝武帝即位，除侍中，遷左衛將軍。明帝時，官至中書令，加金紫光禄大夫。卒，謚憲。《宋書》卷八五、《南史》卷二〇有傳。

〔三〕沈湎：《尚書·泰誓上》：「沈湎冒色，敢行暴虐。」孔穎達疏：「人被酒困，若沈於水，酒變其色，湎然齊同，故沈湎爲嗜酒之狀。」

〔四〕劉勔：字伯猷。仕宋，初爲廣州增城令。明帝臨崩，顧命以爲守尚書右僕射。後廢帝元徽初，桂陽王休範爲亂，勔戰敗死，謚曰忠昭。《宋書》卷八六、《南史》卷三九有傳。又，劉悛直呼謝瀹父謝莊名，極爲不敬，故謝瀹犯劉悛父劉勔嫌名。勔，各本作「沔」。今按：當作「勔」。

〔五〕「諸如」三句：各本作小字注，《四庫全書》本「諸」上有『原注』二字。今按：此當是蕭繹自注，故移入正文，下文處理同。參本書《著書篇》第一節校注〔四〕。

9 魏文帝受禪，〔一〕郭淮晚到，〔二〕帝曰：「防風後至，便行大戮。」〔三〕對曰：「五帝教民以德，〔四〕夏后始用刑書。〔五〕臣在唐虞之世，〔六〕知免防風之戮。」

【疏證】

《三國志》卷二六《郭淮傳》：「黄初元年，奉使賀文帝踐阼，而道路得疾，故計遠近爲稽留。及羣臣歡會，帝正色責之曰：『昔禹會諸侯於塗山，防風後至，便行大戮。今溥天同慶而卿最留遲，何也？』淮對曰：『臣聞五帝先教導民以德，夏后政衰，始用刑辟。今臣遭唐虞之世，是以自知免於防風之誅也。』帝悦之。」亦見《藝文類聚》卷三九引《魏志》。

【校注】

〔一〕魏文帝：即曹丕。丕字子桓，沛國譙人，曹操次子。漢獻帝延康元年，操死，丕嗣爲魏王，繼任丞相。尋廢漢建魏。卒，謚曰文。《三國志》卷二有紀。

〔二〕郭淮：字伯濟，太原陽曲人。曹魏名將，封陽曲侯。卒，謚曰貞。《三國志》卷二六有傳。

〔三〕防風：《國語》卷五《魯語下》：「昔禹致羣神於會稽之山，防風氏後至，禹殺而戮之。其骨節專車。」韋昭注：「防風，汪芒氏之君名也。」

〔四〕五帝：上古傳説中的五位帝王，説法不一。一般認爲是黄帝（軒轅）、顓頊（高陽）、帝嚳（高辛）、唐堯、虞舜。事蹟詳《史記》卷一《五帝本紀》。

〔五〕夏后：《史記》卷二《夏本紀》：「禹於是遂即天子位，南面朝天下，國號曰夏后，姓姒氏。」

〔六〕唐虞：唐堯與虞舜的並稱。《論語·泰伯》：「唐虞之際，於斯爲盛。」

10 宋武帝登霸陵，〔一〕乃眺西京，〔二〕使傅亮等各詠古詩名句。〔三〕亮誦王仲宣詩曰：〔四〕「南登霸陵岸，回首望長安。」〔五〕

【校注】

〔一〕宋武帝：即劉裕。裕字德輿，小名寄奴，祖籍彭城，東晉時遷居京口。晉恭帝元熙二年，廢晉稱帝，國號宋。卒，謚武，廟號高祖。《宋書》卷一至卷三、《南史》卷一《宋本紀》有紀。霸陵：即灞陵，漢文帝陵名。故址在今陝西西安東。《三輔黄圖》卷六《陵墓》：「文帝霸陵，在長安城東七十里，因山爲藏，不復起墳，就其水名，因以爲陵號。」

〔二〕西京：西漢都長安，東漢改都洛陽，因稱洛陽爲東京，長安爲西京。東晉末長安屬後秦。今按：據《宋書》卷二《武帝紀》，東晉義熙十二年（四一六）八月，劉裕率衆北伐，明年九月至長安。其登霸陵，眺長安當在此年。

〔三〕傅亮：字季友，祖籍北地靈州。博涉經史，尤善文詞。晉末，爲建威參軍。仕宋，累官中書監，尚書令，加散騎常侍、左光禄大夫、開府儀同三司。後被文帝處死。《宋書》卷四三、《南史》卷一五有傳。

〔四〕王仲宣：即王粲。粲字仲宣，山陽高平人。漢末董卓之亂後，至荆州依劉表。曹操平荆州，辟爲丞相掾，遷軍謀祭酒，進侍中。病卒。所撰有《漢末英雄記》十卷，集十一卷。《三國志》卷二一有傳。

〔五〕「南登」二句：見《文選》卷二三王仲宣《七哀詩二首》之一。今按：誦此詩之背景及人，史載各異。《南史》卷一九《謝晦傳》載：「武帝聞咸陽淪没，欲復北伐，晦諫以士馬疲怠，乃止。於是登城北望，慨然不悦，乃命羣僚誦詩，晦詠王粲詩曰：『南登霸陵岸，回首望長安。悟彼下泉人，喟然傷心肝。』帝流涕不自勝。」《晉書》卷九二《郭澄之傳》載：「從裕北伐，既克長安，裕意更欲西伐，集僚屬議之，多不同。次問澄之，澄之不答，西向誦王粲詩曰：『南登霸陵岸，回首望長安。』裕便意定，謂澄之曰：『當與卿共登霸陵岸耳。』因還。」

11　（揚）〔楊〕子州年七歲，〔一〕甚聰慧。孔永詣其父，〔二〕父不在，乃呼兒出，爲設果，有楊梅。永指示兒曰：「此真君家果。」兒答曰：「未聞孔雀是夫子家禽。」〔三〕如此之流，並皆文雅可觀，不關得喪也。

【疏證】

《世説新語·言語》：「梁國楊氏子，九歲，甚聰惠。孔君平詣其父，父不在，乃呼兒出，爲設果。果有楊梅，孔指以示兒曰：『此是君家果。』兒應聲答曰：『未聞孔雀是夫子家禽。』」亦見《初學記》卷一七引劉劭《幼童傳》，《藝文類聚》卷八七、九一，《太平御覽》卷三八五、四六四、五一八、九二四引《郭子》。

【校注】

〔一〕楊子州：底本作「揚子州」，《四庫全書》本、重校本、《叢書集成》本、《百子全書》本、龍溪精舍本作「楊子州」。「州」下有小字云：「案《藝文類聚》作『楊氏子』，《太平御覽》引作『梅周』，誤。」《太平御覽》卷九七二引《金樓子》作「楊周」；《藝文類聚》卷八七引《郭子》作「楊氏子」；《太平御覽》卷三八五、四六四、九二四引《郭子》作「梁國楊氏子」，《太平御覽》卷五一八引《郭子》、《太平廣記》卷二四五引《啓顔録》作「晉楊修」。《世説新語·言語》亦作「梁國楊氏子」，余嘉錫《箋疏》：「嘉錫案：楊德祖非晉人，晉亦不聞別有楊修，《啓顔録》誤也。」吴校：「『揚』當作『楊』，按内同。」今按：吴校是，據改。

〔二〕孔永：《四庫全書》本「永」下有小字云：「案《藝文類聚》、《太平御覽》俱作孔君平。」今按：《太平御覽》卷九七二引《金樓子》，《初學記》卷一七引劉劭《幼童傳》，《藝文類聚》卷八七、九一，《太平御覽》卷三八五、四六四、九二四引《郭子》，《太平廣記》卷二四五引《啓顔録》作「孔君平」，《太平御覽》卷五一八引《郭子》作「孔文舉」。孔永，人名。生平無考。又，《世説新語·言語》余嘉錫《箋疏》：「敦煌本《殘類書》曰：『楊德祖少時與孔融對食梅。融戲曰：「此君家果。」祖曰：「孔雀豈夫子家禽？」』與諸書又不同。皆一事而傳聞異辭。」

〔三〕夫子：古代對男子的敬稱，多用於讀書人。此尊稱孔永。

12 劉道真常與一人共素（拌）〔柈〕草中食，〔一〕見一嫗將二兒過，〔二〕並青衣，調之曰：「青羊將二羔。」嫗答曰：「兩豬共一槽。」

【疏證】

《藝文類聚》卷二五引《語林》曰：「道真嘗與一人共索袢草中食，見一嫗將二兒過，並青衣，嘲之曰：『青羊將兩羔。』嫗答曰：『兩豬共一槽。』」

【校注】

〔一〕劉道真：《世説新語·德行》劉孝標注：「《晉百官名》曰：『劉寶，字道真，高平人。』」顔師古《漢書叙例》：「劉寶字道真，高平人。晉中書郎，河內太守，御史中丞，太子中庶子，吏部郎，安北將軍，侍皇太子講《漢書》，別有《駁議》。」《三國志》卷三五《諸葛亮傳》裴松之注引《蜀記》曰：「晉初扶風王駿鎮關中，司馬高平劉寶、長史滎陽桓隰諸官屬士大夫共論諸葛亮。」　素柈：本色的盤子。各本作「素拌」，《藝文類聚》卷二五引《語林》作「索袢」，《太平廣記》卷二五三引《啓顔録》、《詩話總龜》卷三七引《因話录》作「素盤」。吴校：「『拌』疑作『柈』。」今按：吴校是，據改。柈，盤子。後多作「槃」、「盤」。晉葛洪《抱朴子》外篇《應嘲》：「土柈之盈案，無益於腹虛也。」

〔二〕將：帶領。《淮南子》卷一八《人間》：「居數月，其馬將胡駿馬而歸。」

13　祖士言與鍾雅相調，〔一〕祖語鍾曰：「汝潁川之士，〔二〕利如錐。」鍾答曰：「卿燕代之人，〔三〕鈍如槌。」祖曰：「以我鈍槌，打汝利錐。」鍾曰：「吾有神錐。〔四〕」祖曰：「既有神錐，亦有神槌。〔五〕」

【疏證】

《藝文類聚》卷二五引《語林》曰：「鍾雅語祖士言：『我汝潁之士，利如錐；卿燕代之士，鈍如槌。』祖曰：『以我鈍槌，打爾利錐。』鍾曰：『自有神錐，不可得打。』祖曰：『既有神錐，亦有神槌。』」亦見《太平御覽》卷四六六引《語林》、卷七六四引王隱《晉書》。

【校注】

〔一〕祖士言：祖納字士言，祖逖之兄，祖籍范陽遒縣。晉元康中，官至太子詹事，封晉昌公。《晉書》卷六二有傳。　鍾雅：字彥胄，祖籍潁川長社。仕東晉，拜尚書左丞，遷御史中丞。死於蘇峻之難。《晉書》卷七〇有傳。

〔二〕潁川：郡名。治所在許昌縣，即今河南許昌東。

〔三〕燕代：戰國時燕國、代國所在地。泛指今河北西北部和山西東北部地區。祖士言祖籍范陽遒縣，正屬古燕代。　槌：捶擊的器具。漢王充《論衡》卷一三《效力》：「鑿所以入木者，槌叩之也。」

〔四〕吾有神錐：各本同，《藝文類聚》卷二五引《語林》「錐」下有「不可得打」四字。

〔五〕「亦有」句：各本「槌」下有小字云：「案《太平御覽》載此段文小異，（《四庫全書》本有「今」字）附録備考：祖納謂梅陶及鍾雅曰：『君汝潁之士，利如錐；我幽冀之士，鈍如椎。持鈍椎捶君利錐，皆當摧矣。』陶、雅並稱有神錐，不可得摧。納曰：『假有神錐，必有神椎。』陶、雅無以對。」今按：各本附録文字見《太平御覽》卷四六四引《晉書》，而卷七六四引王隱《晉書》曰：「梅陶及鍾雅數記餘事，祖納輒困，因謂之曰：『君汝潁之士，利如錐；我幽冀之士，鈍如椎。』」文字畧異。

14　費禕使吴，〔一〕孫權饗之。〔二〕逆敕羣臣：〔三〕「使至，伏食勿起。」禕至，權爲輟食，〔而羣下不起。〕〔四〕禕嘲之曰：「鳳凰來朝，麒麟吐哺。〔五〕鈍驢無知，伏食如故。」諸葛瑾輟食，〔六〕反嘲之曰：「（援）〔爰〕植梧桐，〔七〕以待鳳凰。有何燕雀，自稱來翔。〔何不彈射，使還故鄉〕！〔八〕諸如此例，合曰〔俳〕調，〔九〕過爲疏鄙也，不足多稱。

【疏證】

《三國志》卷六四《諸葛恪傳》裴松之注引《恪別傳》曰：「權嘗饗蜀使費禕，先逆敕羣臣：『使至，伏食勿起。』禕至，權爲輟食，而羣下不起。禕啁之曰：『鳳皇來翔，騏驎吐哺，驢騾無知，伏食如故。』恪答曰：『爰植梧桐，以待鳳皇，有何燕雀，自稱來翔？何不彈射，使還故鄉！』禕停食餅，素筆作《麥賦》，恪亦請筆作《磨賦》，咸稱善焉。」

【校注】

〔一〕費禕：字文偉，江夏鄳人。劉備時，爲太子舍人。劉禪立，爲黄門侍郎，遷侍中。數使吴，應對稱職。官至大將軍，録尚書事，封成鄉侯。後爲人所害，謚曰敬侯。《三國志》卷四四有傳。

〔二〕孫權：字仲謀，吴郡富春人。東漢末，繼其兄孫策據有江東六郡。後稱帝，國號吴。卒，謚大皇帝，廟號太祖。《三國志》卷四七有傳。饗：《詩經・小雅・彤弓》鄭玄箋：「大飲賓曰饗。」孔穎達疏：「謂以大禮飲賓，獻如命數，設牲俎豆，盛於食、燕。」

〔三〕逆：預先，事先。《資治通鑑》卷一二六《宋紀八》「文皇帝元嘉二十八年」：「逆燒城府船乘。」胡三省注：「敵未至而先燒，故曰逆。」

〔四〕「權爲」二句：各本脱「而羣下不起」。今按：輟食即停下，不吃食物，以示對客人的禮貌。孫權已經「輟食」，費禕不得再嘲之「伏食如故」，所嘲當是其臣下，故「輟食」下有脱文。《三國志》卷六四《諸葛恪傳》裴松之注引《恪別傳》有「而羣下不起」五字，據補。

〔五〕吐哺：各本同，《四庫全書》本脱此二字。吐哺，吐出嘴裏食物，意指停食。《漢書》卷一《高帝紀上》：「漢王輟飯吐哺，曰：『豎儒幾敗乃公事！』」顔師古注：「哺，口中所含食也。」

〔六〕諸葛瑾：字子瑜，又字敦仁，祖籍琅邪陽都，諸葛亮兄。漢末避亂江東，仕吴，官至大將軍、左都護，領豫州牧。《三國志》卷五二有傳。今按：《三國志》卷六四《諸葛恪傳》裴松之注引《恪別傳》、《太平廣記》卷二四五引《啓顔録》均載爲「諸葛恪」事。諸葛恪，字元遜，諸葛瑾子。

〔七〕爰：底本、《四庫全書》本作「援」，重校本、《叢書集成》本、《百子全書》本、龍溪精舍本作「爰」。吴校：「『援』本作『爰』。」今按：《三國志》卷六四《諸葛恪》裴松之注引《恪别傳》、《太平廣記》卷二四五引《啓顔録》均作「爰」，據改。爰，語首助詞，無義。

〔八〕「何不」二句：底本、《四庫全書》本脱，重校本、《叢書集成》本、《百子全書》本、龍溪精舍本有此八字。吴校：「裴松之注尚有『何不彈射，使還故鄉』二句。」今按：據《三國志》卷六四《諸葛恪傳》裴松之注引《恪别傳》補此八字。

〔九〕俳調：底本、《四庫全書》本脱「俳」字，重校本、《叢書集成》本、《百子全書》本、龍溪精舍本有「俳」字。吴校：「『調』上脱一『俳』字。」今按：吴校是，據補。俳調，戲謔調笑。

15 羊戎好爲雙聲。〔一〕江夏王設齋，〔二〕使戎鋪舒法坐。〔三〕戎處分曰：〔四〕「官教前牀，可開八尺。〔五〕」江夏曰：「開牀小狹。」戎復唱曰：「官家恨狹，更廣八分。〔六〕」文帝與戎對曰：〔七〕「金溝清（泄）〔泚〕，〔八〕銅池漾洩，〔九〕（極）〔既〕佳光景，〔一〇〕當得劇棋。〔一一〕」此其滑稽之雄，未足以稱辯也。

【疏證】

《太平御覽》卷七〇六引沈約《宋書》曰：「羊戎好爲雙聲。江夏王義恭嘗設齋，使戎布牀。須臾王出，以牀狹，乃自開牀。戎曰：『官家恨狹，更廣七寸。』王笑曰：『卿豈唯善雙聲，乃辯士也。』」

【校注】

〔一〕羊戎：祖籍泰山南城，羊玄保子。仕宋，位通直郎。坐謗時政，賜死。生平見《宋書》卷五四《羊玄保傳》、《南史》卷三六《羊玄保傳》附。雙聲：二字同聲母爲雙聲。《南史》卷二〇《謝莊傳》：「王玄謨問莊何者爲雙聲，何者爲疊韻。答曰：『玄護爲雙聲，碻磝爲疊韻。』其捷速若此。」錢大昕《十駕齋養新録》卷一六「雙聲」條：「六朝人重雙聲，雖婦人女子皆能辨之。」今按：南朝時「玄」、「護」同屬匣母，故爲雙聲。

〔二〕江夏王：指劉義恭，南朝宋宗室，祖籍彭城。文帝元嘉初封江夏王。《宋書》卷六一《武三王列傳》、《南史》卷一三《宋宗室及諸王列傳》有傳。設齋：備辦素食。

〔三〕法坐：本指佛説法之座，後用以泛指正座。坐，同「座」。

〔四〕處分：吩咐，安排。

〔五〕「官教」二句：各本同。吴騫校：「按『八尺』二字非雙聲，疑有誤。考《南史·羊玄保傳》：江夏王義恭嘗設齋，使戎布牀，須臾王出，以牀狹，乃自開牀。戎曰：『官家恨狹，更廣八分。』王笑曰：『卿豈唯善雙聲，乃辯士也。』」今按：羊戎語中「官」、「教」同屬見母，「可」、「開」同屬溪母，均是雙聲。

〔六〕「官家」二句：羊戎語中「官」、「家」同屬見母，「恨」、「狹」同屬匣母，「更」、「廣」同屬見母，均屬雙聲。王國維《人間詞話》卷下(二)曰：「雙聲疊韻之論，盛於六朝，唐人猶多用之。至宋以後，則漸不講，並不知二者爲何物。乾嘉間，吾鄉周松靄先生(春)著《杜詩雙聲疊韻譜括畧》，正千餘年之誤，可謂有功文苑者矣。其言曰：『兩字同母謂之雙聲，兩字同韻謂之疊韻。』余按用今日各國文法通用之語表之，則兩字同一子音者謂之雙聲。如《南史·羊玄保傳》之『官家恨狹，更廣八分』，『官』、『家』、『更』、『廣』四字，皆從k得聲。」分，量詞。長度單位，一寸的十分之一。

〔七〕「文帝」句：各本同。吴騫校：「按此句疑有脱誤，考《南史·羊玄保傳》云：文帝好與玄保棋，嘗中使至，玄保曰：『今日上何召我耶？』戎曰：『金溝清泚，銅池搖颺，既佳風景，當得劇棋。』」今按：吴校是，原文有脱文。

〔八〕「金溝」句：泚，各本作「泄」。吴騫校：「按『泄』當從《南史·羊玄保傳》作『泚』。」今按：吴校可從，據改。羊戎語中「金」、「溝」同屬見母，「清」、「泚」同屬清母，是雙聲。金溝，指宫中溝渠。《文選》卷二二徐敬業《古意酬到長史溉登琅邪城》：「金溝朝灞滻，甬道入鴛鸞。」李善注：「戴延之《西征記》曰：『御溝引金谷水，從閶闔門入。』」清泚，清澈。

〔九〕銅池：簷下承接雨水的銅槽。《漢書》卷八《宣帝紀》：「金芝九莖産於函德殿銅池中。」顔師古注：

「銅池，承霤是也，以銅爲之。」　漾洩：蕩漾。「漾」、「洩」同屬以母，是雙聲。

〔一〇〕既：各本作「極」，《南史》卷三六《羊玄保傳》作「既」。今按：「極」屬羣母，「既」屬見母，當以「既」爲是。據改。「既」、「佳」、「光」、「景」同屬見母，是雙聲。

〔一一〕「當得」句：「當」、「得」同屬端母，「劇」、「棋」同屬羣母，均是雙聲。劇，戲也。李白《長干行》：「折花門前劇。」

16　吴遣張温聘蜀，〔一〕百官皆餞焉。秦宓未往，〔二〕諸葛亮累催之，〔三〕温曰：「彼何人也？」亮曰：「益州學者也。」〔四〕及至，温問宓曰：「君學乎？」宓曰：「五尺僮子皆學，〔五〕何必小人？」温復問曰：「天有頭乎？」宓曰：「有之。」温曰：「何方？」宓曰：「《詩》云：『乃睠西顧。』〔六〕以此推之，頭在西地。〔七〕」温曰：「天有耳乎？」宓曰：「天處高而聽卑，〔八〕《詩》云：『鶴鳴九皋，聲聞於天。』〔九〕若其無耳，何以聽之？」温曰：「天有足乎？」宓曰：「『天步艱難，之子不猶。』〔一〇〕若其無足，何以步之？」温曰：「天有姓乎？」宓曰：「姓劉。」温曰：「何以然也？」答曰：「今天子姓劉，故以此知之。」温曰：「〔日〕生於東乎？〔一一〕」宓曰：「雖生於東，而没於西。」既學而又辯，此其優也。

【疏證】

《三國志》卷三八《秦宓傳》：「吴遣使張温來聘，百官皆往餞焉。衆人皆集而宓未往，亮累遣使促之，温曰：『彼何人也？』亮曰：『益州學士也。』及至，温問曰：『君學乎？』宓曰：『五尺童子皆學，何必小人！』温復問曰：『天有頭乎？』宓曰：『有之。』温曰：『在何方也？』宓曰：『在西方。《詩》曰：「乃眷西顧。」以此推之，頭在西方。』温曰：『天有耳乎？』宓曰：『天處高而聽卑，《詩》云：「鶴鳴於九皋，聲聞於天。」若其無耳，何以聽之？』温曰：『天有足乎？』宓曰：『有。《詩》云：「天步艱難，之子不猶。」若其無足，何以步之？』温曰：『天有姓乎？』宓曰：『有。』温曰：『何姓？』宓曰：『姓劉。』温曰：『何以知之？』答曰：『天子姓劉，故以此知之。』温曰：『日生於東乎？』宓曰：『雖生於東而没於西。』答問如響，應聲而出，於是温大敬服。」亦見《華陽國志》卷七《劉後主志》。

【校注】

〔一〕張温：字惠恕，三國吴郡吴人。初拜議郎，孫權時累官太子太傅。年三十二，以輔義中郎將使蜀，爲蜀所重。後病卒。《三國志》卷五七有傳。《三國志》卷四七《孫權傳》：「黄武三年夏，遣輔義中郎將張温聘於蜀。」

〔二〕秦宓：字子敕，三國蜀廣漢綿竹人。劉備定益州，以爲從事祭酒。劉禪時拜左中郎將、長水校尉，遷大司農。博學有才，應對敏捷，有才士之稱。《三國志》卷三八有傳。

〔三〕諸葛亮：字孔明，祖籍琅邪陽都，蜀漢丞相。謚爲忠武。《三國志》卷三五有傳。

〔四〕益州：州名。東漢末治所在成都，即今四川成都。

〔五〕僮：《三國志》卷三八《秦宓傳》作「童」。今按：「僮」，同「童」。指未成年者。《左傳·哀公十一年》：「公爲與其嬖僮汪錡乘，皆死，皆殯。」陸德明《經典釋文》：「『僮』，本亦作『童』。」

〔六〕「乃睠」句：《詩經·大雅·皇矣》：「乃眷西顧，此維與宅。」今按：「睠」、「眷」，異體字。

〔七〕西地：重校本、《叢書集成》本、《百子全書》本、龍溪精舍本作「西方」。吴校：「『頭在西地』，本作『西方』。」

〔八〕「天處高」句：意謂天處高位而能洞悉下界卑微之處。《史記》卷三八《宋微子世家》：「子韋曰：『天高聽卑。君有君人之言三，熒惑宜有動。』」

〔九〕「鶴鳴」二句：《詩經·小雅·鶴鳴》：「鶴鳴於九皋，聲聞於野。……鶴鳴於九皋，聲聞於天。」毛傳：「皋，澤也。」鄭玄箋：「皋，澤中水溢出所爲坎，自外數至九，喻深遠也。」陸德明《經典釋文》：「《韓詩》云：『九皋，九折之澤。』」

〔一〇〕「天步」句：《三國志》卷三八《秦宓傳》、《華陽國志》卷七《劉後主志》「天步」上有「《詩》云」二字。《詩經·小雅·白華》：「天步艱難，之子不猶。」毛傳：「步，行也；猶，可也。」鄭玄箋：「猶，圖也。天行此艱難之妖久矣，王不圖其變之所由爾。」

〔一一〕日生：底本脱「日」字。《四庫全書》本、重校本、《叢書集成》本、《百子全書》本、龍溪精舍本「生」上有「日」字。吴校：「『生』上本有『日』字。」今按：《三國志》卷三八《秦宓傳》、《華陽國志》卷七《劉後主志》「生」上有「日」字，據補。

17　吴紀陟使魏廷，〔一〕問曰：「吴（戎）〔戍備〕幾何？〔二〕」曰：「西陵以至（京）〔江〕都，〔三〕五千七百里。」「道里甚遠，〔四〕難以堅守！〔五〕」答曰：「譬如八尺之身，其護風寒，不過數處。」裴松之謂不如「金城萬雉，防之者四門而已」。〔六〕

【疏證】

《三國志》卷四八《孫皓傳》裴松之注：「干寶《晉紀》曰：陟、璆奉使如魏……晉文王饗之，百寮畢會，使儐者告曰……又問：『吴之戍備幾何？』對曰：『自西陵以至江都，五千七百里。』又問曰：『道里甚遠，難爲堅固？』對曰：『疆界雖遠，而其險要必争之地，不過數四，猶人雖有八尺之軀靡不受患，其護風寒亦數處耳。』文王善之，厚爲之禮。臣松之以爲人有八尺之體靡不受患，防護風寒豈唯數處？取譬若此，未足稱能。若曰譬如金城萬雉，所急防者四門而已。方陟此對，不猶愈乎！」

【校注】

〔一〕紀陟：字子上，三國吴丹楊人。仕吴，官至中書令。曾奉使如魏，應對得體。生平參《三國志》卷四八《孫晧傳》裴松之注引《吴録》。

〔二〕戍備：底本作「戎」，《四庫全書》本作「域」，重校本、《叢書集成》本、《百子全書》本、龍溪精舍本作「戍」。吴校：「按干寶《晉紀》作『吴之戍備幾何』，此疑有脱誤。」又校：「『戎』本作『戍』。」今按：「戎」，干寶《晉紀》作「戍備」，許嵩《建康實録》卷四同，據改。

〔三〕西陵：指西陵峽，長江三峽之一。在今湖北巴東至宜昌之間。　江都：各本作「京都」，《三國志》卷四八《孫晧傳》裴松之注引《吴録》、《建康實録》卷四、《通志》卷一二〇作「江都」。今按：作「江都」是。江都，縣名，故址在今江蘇揚州江都西南。

〔四〕道里：各本同。吴校：「按干寶《晉紀》上有『又問曰』三字。」

〔五〕難以堅守：《建康實録》卷四、《通志》卷一二〇作「難爲堅固」。守，各本同。吴校：「干寶《晉紀》作『固』。」

〔六〕裴松之：字世期，祖籍河東聞喜。晉太元中拜殿中將軍。入宋，歷太子洗馬，永嘉太守，轉遷至國子博士，進太中大夫。注陳壽《三國志》，並著《晉紀》。《宋書》卷六四有傳。　金城：《後漢書》卷四〇《班固傳上》李賢注：「金城，言堅固也。」　萬雉：雉，古代計算城牆面積的單位。《禮記·坊記》：「古制國不過千乘，都城不過百雉。」鄭玄注：「雉，度名也。高一丈，長三丈爲雉。」

18　習鑿齒詣釋道安，〔一〕值持鉢趨堂，鑿齒乃翔往衆僧之齋也。〔二〕衆皆捨鉢斂衽，〔三〕唯道安食不輟，不之禮也。習甚恚之，乃厲聲曰：「四海習鑿齒，故故來看爾。〔四〕」道安應曰：「彌天釋道安，無暇得相看。」〔五〕習愈忿，曰：「頭有鉢上色，鉢無頭上毛。」道安曰：「面有匙上色，匙無面上坳。〔六〕」習又曰：「大鵬從南來，衆鳥皆戢翼。〔七〕何物凍老鴟，〔八〕腩腩低頭食。〔九〕」道安曰：「微風入幽谷，安能動大才。〔一〇〕猛虎當道食，不覺蚤虻來。」於是習無以對。〔一一〕

【疏證】

梁釋慧皎《高僧傳》卷五《義解·晉長安五級寺釋道安傳》：「及聞安至止，即往修造。既坐，稱言：『四海習鑿齒。』安曰：『彌天釋道安。』時人以爲名答。」

【校注】

〔一〕「習鑿齒」句：《太平御覽》卷九二七引《晉書》曰：「習鑿齒詣釋道安，值衆僧齋。衆皆捨鉢斂衽，唯道安食不輟。鑿齒曰：『大鵬從南來，衆鳥皆戢翼。何忽凍老鴟，腩腩低頭食？』」習鑿齒，字彦威，東晉襄陽人。初辟爲從事，累遷别駕，出爲衡陽太守。後以足疾居家。博學洽聞，以文筆著稱。著有《漢晉春秋》、《襄陽耆舊傳》。《晉書》卷八二有傳。釋道安，本姓衛，扶柳人。十六國時前秦高僧。十二歲出家，從佛圖澄受業。後在襄陽、長安等地宣傳佛教，並組織參與佛經翻譯。《高僧傳》卷五有傳。

〔二〕齋：佛制，比丘過午皆不許食，因以午前、午中之食爲齋。　也：各本同。吴校：「『也』疑作『地』。」

〔三〕斂衽：整飭衣襟，表示恭敬。《戰國策》卷一四《楚策一》「江乙説于安陵君」章：「一國之衆，見君莫不斂衽而拜，撫委而服。」

〔四〕故故：特意。參張相《詩詞曲語詞匯釋》卷四「故(四)」條。

〔五〕「彌天」二句：宋葉夢得《石林詩話》卷下有云：「舊不解『四海』『彌天』爲何等語，因梁慧皎《高僧傳》載鑿齒與道安書云：『夫不終朝而雨六合者，彌天之雲也。弘淵源以潤八極者，四海之流也。』故摘其語以爲戲耳。」李慈銘《越縵堂讀史札記全編·晉書札記》：「蓋以海、齒、爾爲一韻，天、安、參爲一韻，故當時以爲佳對。」今按：「看」，李作「參」，或小誤。亦參周一良《魏晉南北朝史札記·〈晉書〉札記》「習鑿齒與釋道安之對話」條。

〔六〕坳：各本「坳」下有小字云：「習面坳也。」

〔七〕戢：《詩經·小雅·鴛鴦》：「鴛鴦在梁，戢其左翼。」鄭玄箋：「戢，斂也。」

〔八〕物：各本同，《太平御覽》卷九二七引《晉書》作「忽」。

〔九〕喃喃：通「喃喃」，象聲詞，形容咀嚼聲。

〔一〇〕大才：重校本、《叢書集成》本、《百子全書》本、龍溪精舍本作「大材」。吴校：「『大才』當作『大材』。」今按：「才」、「材」通。

〔一二〕「於是」句：各本「對」下有小字云：「案《太平御覽》載此事曰：釋道安俊辯有高才，自北至荆州，與習鑿齒初相見。道安曰：『彌天釋道安。』鑿齒曰：『四海習鑿齒。』」今按：此案語所引事見《太平御覽》卷四六四引《晉書》。

志怪篇十二

1·1 夫耳目之外無有怪者，余以爲不然也。水至寒而有温泉之熱，火至熱而有蕭丘之寒；〔一〕重者應沈而有浮石之山，〔二〕輕者當浮而有沈羽之水；〔三〕淳于能剖臚以理腦，〔四〕元化能刳腹以浣胃；〔五〕養由拂蜻蛉之左翅，〔六〕燕丹使衆雞之夜鳴：〔七〕皆其例矣。

【疏證】

《抱朴子》内篇卷二《論仙》：「水性純冷，而有温谷之湯泉；火體宜熾，而有蕭丘之寒焰；重類應沈，而南海有浮石之山；輕物當浮，而牂柯有沈羽之流。萬殊之類，不可一概斷之。」

《抱朴子》内篇卷五《至理》：「淳于能解顱以理腦，元化能刳腹以澣胃。」

【校注】

〔一〕「水至寒」二句：《西京雜記》卷五《董仲舒天象》：「水極陰而有温泉，火至陽而有涼焰。」蕭丘，傳説中的海島名。《劉子·從化》：「水性宜冷，而有華陽温泉，猶曰水冷，冷者多也；火性宜熱，而有蕭丘寒炎，猶曰火熱，熱者多也。」《本草綱目》卷六《火一·陽火陰火》「有蕭丘之寒火」下自注：「蕭丘在南海中，上有自然之火，春生秋滅。生一種木，但小焦黑。出《抱朴子》外篇。」

〔二〕浮石之山：《太平御覽》卷四九引《交州記》：「海中有浮石山，而峙高數十丈，去永平嘗百餘里，浮在水上。」同書卷五二引《交州記》：「有浮石山在海中，石虛輕可以磨脚，煮飲之止渴。」

〔三〕沈羽之水：《海内十洲記·鳳麟洲》：「鳳麟洲在西海之中央，地方一千五百里，洲四面有弱水繞之，鴻毛不浮，不可越也。」

〔四〕淳于：指淳于意，西漢齊臨淄人。爲齊太倉令，世稱倉公。精於醫道，爲人治病，決死生多驗。今存應對文帝詔問所舉二十五病例醫案。《史記》卷一〇五有傳。臚：通「顱」。

〔五〕元化：華佗字元化，東漢沛國譙人。精研醫術，不求仕進。《後漢書》卷八二下及《三國志》卷二九《方技傳》有傳。《後漢書》本傳載：「(佗)精於方藥，處齊不過數種，心識分銖，不假稱量。針灸不過數處。若疾發結於內，針藥所不能及者，乃令先以酒服麻沸散，既醉無所覺，因刳破腹背，抽割積聚。若在腸胃，則斷截湔洗，除去疾穢，既而縫合，傅以神膏，四五日創愈，一月之間皆平復。」

〔六〕養由：指養由基，春秋時楚國的善射者。《左傳》宣公十二年、成公十六年、襄公十三年及《呂氏春秋》卷九《季秋紀·精通》、《戰國策》卷二《西周》「蘇厲謂周君」章等都有關於其事蹟的記載。《藝文類聚》卷七四引《尸子》曰：「荆莊王命養由基射蜻蛉，王曰：『吾欲得之。』養由基援弓射之，拂左翼，王大喜。」拂，掠過。

〔七〕燕丹：指戰國時燕國太子丹。丹曾在秦國爲人質，後逃歸，募刺客荆軻刺殺秦王，事敗，被秦王追殺。

事蹟詳《戰國策》卷三一《燕三》、《史記》卷三四《燕召公世家》、卷八六《刺客列傳》等。《藝文類聚》卷六引《燕丹子》曰：「燕丹去秦，夜到關，關門未開，丹爲雞鳴，衆雞皆鳴，遂得逃歸。」

1·2 謂夏必長，而蒜麥枯焉；〔一〕謂冬必死，而竹柏茂焉。謂始必終，而天地無窮焉；謂生必死，而龜蛇長存焉。若謂受氣者皆有一定，則雉有化蜃，雀之爲蛤，〔二〕蠰蟲（仮）〔假〕翼，〔三〕川黿奮蜚，〔四〕鼠化爲鴽，〔五〕草死爲螢，〔六〕人化爲虎，〔七〕蛇化爲龍，〔八〕其不然乎？

【疏證】

《抱朴子》内篇卷二《論仙》：「謂夏必長，而薺麥枯焉；謂冬必凋，而竹柏茂焉；謂始必終，而天地無窮焉；謂生必死，而龜鶴長存焉。」

《抱朴子》内篇卷二《論仙》：「若謂受氣皆有一定，則雉之爲蜃，雀之爲蛤，壤蟲假翼，川蛙翻飛，水蠆爲蛉，荇苓爲蛆，田鼠爲鴽，腐草爲螢，鼉之爲虎，蛇之爲龍，皆不然乎？」

【校注】

〔一〕蒜麥：重校本、《叢書集成》本、《百子全書》本、龍溪精舍本作「薺麥」。吴校：「當作『薺麥』，見《繁露》。」王明《抱朴子內篇校釋》卷二《論仙》：「『薺』，敦煌、影古寫本作『蒜』，《御覽》二十二、九百七十七作『蒜麥』，九百五十三作『薺麥』。《微旨篇》『若以薺麥之死生』，《道意篇》『不可以薺麥之細碎』，是本書有『薺麥』之語。然九百七十七引在蒜門，似亦可據。《淮南子》卷十九《脩務》：『夫橘柚冬生，而人曰冬死，死者衆；薺麥夏死，人曰夏生，生者衆。』」蒜麥，指蒜和麥。

〔二〕「則雉」二句：《左傳·昭公二十年》杜預注：「蜃，大蛤也。」《禮記·月令》：「季秋之月……爵入大水爲蛤；……孟冬之月……雉入大水爲蜃。」《論衡》卷一六《講瑞》：「亦或時政平氣和，衆物變化，猶春則鷹變爲鳩，秋則鳩化爲鷹，蛇鼠之類輒爲魚鱉，蝦蟆爲鶉，雀爲蜃蛤。」蜄（shèn），同「蜃」，大蛤。

〔三〕蠰（shàng）：重校本、《叢書集成》本、《百子全書》本、龍溪精舍本作「壤」。吴校：「『蠰蟲』當作『壤蟲』。」今按：「壤」、「蠰」通。朱駿聲《説文通訓定聲·壯部》：「（壤）又爲蠰，《淮南·道應》：『猶黄雀與壤蟲也。』」蠰，《爾雅·釋蟲》：「蠰，齧桑。」郭璞注：「似天牛，角長，體有白點，喜齧桑樹，作孔入其中。江東呼爲齧髮。」　假：各本作「仮」。今按：《抱朴子》内篇卷二《論仙》作「假」，據改。假，憑藉，依靠。

〔四〕鼃（wā）：同「蛙」。　蜚：通「飛」。今按：《淮南子》卷一一《齊俗》所云「蝦蟆爲鶉」與「川鼃奮蜚」屬同類現象。

〔五〕鴽（rú）：鵪鶉之類的小鳥。《大戴禮記·夏小正》：「三月……田鼠化爲鴽。鴽，鵪也。」

〔六〕草死爲螢：《禮記·月令》：「季夏之月……腐草爲螢。」

〔七〕人化爲虎：《淮南子》卷二《俶真》：「昔公牛哀轉病也，七日化爲虎。其兄掩户而入覘之，則虎搏而殺之。」

〔八〕蛇化爲龍：《史記》卷四九《外戚世家》：「褚先生曰：丈夫龍變。《傳》曰：『蛇化爲龍，不變其文；家化爲國，不變其姓。』」

1·3 及其乾鵲知來，〔一〕猩猩識往；〔二〕太皥師蜘蛛而結罟，〔三〕金天據九扈以爲政；〔四〕軒轅候鳳鳴而調律，〔五〕唐堯觀蓂莢以候時：〔六〕此又未必劣於人也。逍遥（國）〔園〕葱變而爲韭，〔七〕壯武縣桑化而爲柏，〔八〕汝南之竹變而爲蛇，〔九〕茵郁之藤化而爲鮔。〔一〇〕盧耽爲治中，化爲雙白鵠；〔一一〕王喬爲鄴令，變作兩蜚鳬。〔一二〕諒以多矣，〔一三〕故作《志怪篇》。

【疏證】

《淮南子》卷一三《氾論》：「猩猩知往而不知來，乾鵲知來而不知往。」

《抱朴子》内篇卷一《對俗篇》：「太昊師蜘蛛而結網，金天據九鳸以正時，帝軒俟鳳鳴以調律，唐堯觀蓂莢以知月，歸終知往，乾鵲知來。」

【校注】

〔一〕乾鵲知來：《淮南子》卷一三《氾論》高誘注：「乾鵲，鵲也，人將有來事憂喜之徵，則鳴，此知來也。知歲多風，多巢於木枝，人皆探其卵，故曰『不知往』也。」乾鵲，《詩經・召南・鵲巢》「維鵲有巢」，馬瑞辰《通釋》：「鵲即乾鵲，今之喜鵲也……鵲性喜晴，故名乾鵲。」宋吴曾《能改齋漫録・辨誤一》：「前輩多以『乾鵲』爲『乾』音『干』，或以對『濕螢』者有之。唯王荆公以爲『虔』字，意見於『鵲之彊彊』，此甚爲得理。余嘗廣之曰：乾，陽物也。乾有剛健之意。而《周易・統卦》有云：『鵲者，陽鳥，先物而動，先事而應。』《淮南子》曰：『乾鵲知來而不知往，此修短之分也。』以是知音『干』爲無義。」一説，「乾，猶云清脆響亮，形容詞。……由於喜鵲叫聲清脆而響亮，故名之曰『乾鵲』。」參王鍈《詩詞曲語辭例釋》「乾」條。

〔二〕猩猩識往：《淮南子》卷一三《氾論》高誘注：「猩猩，北方獸名，人面獸身，黄色。《禮記》曰：『猩猩能言，不離走獸。』見人狂走，則知人姓字。』又嗜酒，人以酒搏之，飲而不能息，不知當醉，以擒其身也。」《藝文類聚》卷九五、《太平御覽》卷九〇八均引《淮南萬畢術》曰：「歸終知來，猩猩知往。」《論衡》卷六《龍虚》：「狌狌知往，乾鵲知來。」

〔三〕太皞：《荀子》卷一二《正論》楊倞注：「太皞，伏羲也。」皞，通「昊」。《漢書》卷二〇《古今人表》：「太昊帝宓羲氏。」顔師古注引張晏曰：「太昊，有天下號也。作罔罟田漁以備犧牲，故曰宓羲氏。」《周易・繫辭下》：「古者包犧氏之王天下也，仰則觀象於天，俯則觀法於地，觀鳥獸之文與地之宜，近取諸身，遠取諸物，於是始作八卦，以通神明之德，以類萬物之情。作結繩而爲網罟，以佃以漁，蓋取諸《離》。」

〔四〕金天：即金天氏少昊，名摯，黄帝之子。《左傳·昭公元年》杜預注：「金天氏，帝少昊。」《漢書》卷二〇《古今人表》顔師古注引張晏曰：「以金德王，故號曰金天。」九扈：相傳爲少皞時仿九種鳥名設置的九種主管農事之官。《左傳·昭公十七年》載：昭子問郯子少皞氏以鳥名官之故，郯子曰：「我高祖少皞摯之立也，鳳鳥適至，故紀於鳥，爲鳥師而鳥名。……九扈爲九農正。」杜預注：「以九扈爲九農之號，各隨其宜以教民事。」《獨斷》卷上：「少昊之世，置九農之官如左。春扈氏農正，趣民耕種。夏扈氏農正，趣民芸除。秋扈氏農正，趣民收斂。冬扈氏農正，趣民蓋藏。棘扈氏農正，常謂茅氏，一曰掌人百果。行扈氏農正，晝爲民驅鳥。宵扈氏農正，夜爲民驅獸。桑扈氏農正，趣民養蠶。老扈氏農正，趣民收麥。」

〔五〕「軒轅」句：《吕氏春秋》卷五《仲夏紀·古樂》：「昔黄帝令伶倫作爲律。伶倫自大夏之西，乃之阮隃之陰，取竹於嶰溪之谷，以生空竅厚鈞者，斷兩節間，其長三寸九分而吹之，以爲黄鐘之宫，吹曰『舍少』。次制十二筒，以之阮隃之下，聽鳳皇之鳴，以別十二律。其雄鳴爲六，雌鳴亦六，以比黄鐘之宫，適合。黄鐘之宫，皆可以生之，故曰黄鐘之宫，律吕之本。」軒轅，傳説黄帝姓公孫，居於軒轅之丘，故名曰軒轅。事蹟詳《史記》卷一《五帝本紀》。候，《抱朴子》内篇卷一《對俗篇》或作「侯」，參王明《抱朴子内篇校釋》。

〔六〕唐堯：古賢帝名。初封於陶，又封於唐，號陶唐氏。事蹟詳《史記》卷一《五帝本紀》。蓂莢：古代傳説中的一種瑞草。《白虎通》卷下《封禪》：「日曆得其分度，則蓂莢生於階間。蓂莢，樹名也，月一日生一莢，十五日畢，至十六日去莢。故莢階生似日月也。」

〔七〕「逍遥園」句：園，各本作「國」。今按：「國」當作「園」，改。《太平御覽》卷九七七引《後秦書》曰：「姚興種葱，皆化爲韭，其後兵戈日盛。」梁釋慧皎《高僧傳》卷二《譯經中·晉長安鳩摩羅什傳》：「（姚）興弘始三年三月，有樹連理，生於廣庭，逍遥園葱變爲茝，以爲美瑞，謂智人應入。」又《隋書》卷六九《王劭傳》載：王劭上書曰：「《稽覽圖》云：『治道得，則陰物變爲陽物。』鄭玄注云：『葱變爲韭亦是。』」逍遥園，在今陝西西安西北。

〔八〕壯武縣：西晉初屬城陽郡，後改屬高密郡。治所在今山東即墨西。西晉時壯武郡公張華封於此。《宋書》卷三二《五行志》：「永康元年四月，壯武國有桑化爲柏。是月，張華遇害。」亦見《晉書》卷二八《五行志》、卷三六《張華傳》。

〔九〕汝南：郡名。東晉時治所在懸瓠城，即今河南汝南。《異苑》卷三：「晉太元中，汝南人入山伐竹，見一竹中，蛇形已成，上枝葉如故。」

〔一〇〕茵郁之藤化而爲鮔：事待考。鮔，即黄鱔。《玉篇·魚部》：「鮔，市演切，魚，似蛇。鱓，同上。」《太平御覽》九三七引《抱朴子》曰：「田地既有自然之鱓，而有荇莖、芩根、土龍之屬化爲鱓。」

〔一一〕盧耽：晉人。《水經注》卷三七《泿水》引鄧德明《南康記》曰：「昔有盧耽，仕州爲治中，少棲仙術，善解雲飛。每夕輒淩虛歸家，曉則還州。嘗於元會至朝，不及朝列，化爲白鵠至闕前，迴翔欲下，威儀以石擲之，得一隻履，耽驚還就列，内外左右，莫不駭異。時步騭爲廣州，意甚惡之，便以狀列聞，遂至誅滅。」《太平寰宇記》卷一六四所載畧同。治中：「治中從事史」之省稱，官名。爲州之佐吏，掌衆曹文書。

〔一二〕鄴：縣名，治所在今河北臨漳西南鄴鎮。王喬：東漢河東人，明帝時爲鄴令。《後漢書》卷八二《方術傳》有傳。《風俗通義》卷二《正失》：「俗説孝明帝時，尚書郎河東王喬，遷爲葉令。喬有神術，每月朔常詣臺朝，帝怪其數而無車騎，密令太史候望，言其臨至時，常有雙鳧從南飛來；因伏伺，見鳧舉羅，但得一雙舄耳。使尚方識視，則四年中所賜尚書官屬履也。」此事亦見《後漢書》卷八二《方術傳》。　蜚：通「飛」。

〔一三〕諒：《説文解字·言部》：「諒，信也。」　以：王引之《經傳釋詞》卷一：「以，猶而也。」

2　秦青謂友人曰：〔一〕「韓娥東之齊，〔二〕至雍門鬻歌。〔三〕既〔去〕，〔四〕而餘響繞梁，三日不絶。（遇）〔過〕逆旅，〔五〕人辱之，娥因舉聲哀哭，〔六〕一（哭）〔里〕老少悲愁，〔七〕三日不食；娥復舉聲長歌，一里抃舞不能自禁，〔八〕忘向之悲也。〔九〕乃厚賂之。〔一〇〕雍門人至今善歌。〔一一〕」

【疏證】

《列子》卷五《湯問》：「薛譚學謳於秦青，未窮青之技，自謂盡之，遂辭歸。秦青弗止，餞於郊衢，撫節悲歌，聲振林木，響遏行雲。薛譚乃謝求反，終身不敢言歸。秦青顧謂其友曰：『昔韓娥東之齊，匱糧，過雍門，鬻歌假食。既去，而餘音繞梁欐，三日不絶，左右以其人弗去。過逆旅，逆旅人辱之。韓娥因曼聲哀哭，一里老幼悲愁，垂涕相對，三日不食。遽而追之。娥還，復爲曼聲長歌。一里老幼喜躍抃舞，弗能自禁，忘向之悲也。乃厚賂發之。故雍門之人至今善歌哭，放娥之遺聲。』」亦見晉張華《博物志》卷八。

【校注】

〔一〕秦青：《列子》卷五《湯問》張湛注：「秦國之善歌者。」

〔二〕韓娥：《列子》卷五《湯問》張湛注：「韓國善歌者也。」

〔三〕雍門：《戰國策》卷八《齊一》「田忌爲齊將」章高誘注：「雍門，齊西門名也。」

〔四〕既去：各本脱「去」字。今按：《列子》卷五《湯問》作「既去」，據補。

〔五〕逆旅：《左傳·僖公二年》杜預注：「逆旅，客舍也。」過：各本作「遇」。今按：《列子》卷五《湯問》作「過」，據改。

〔六〕舉：《列子》卷五《湯問》作「曼」。

〔七〕里：各本作「哭」。今按：《列子》卷五《湯問》作「里」，據改。里，古代地方行政組織。其制不一。或二十五家、或五十家、或七十二家、或八十家、或一百家爲一里。

〔八〕抃舞：拍手而舞。極言歡樂。

〔九〕向：時間副詞，剛纔。《説文解字·日部》「鄉」段玉裁注：「鄉或作鄕，今人語曰向年、向時、向者，即鄉字也。」

〔一〇〕乃厚賂之：各本同，《列子》卷五《湯問》作「乃厚賂發之」，據本節下文小字注，知《永樂大典》别卷引《金樓子》作「乃厚賂而遣之」。今按：「賂」下脱一「發」或「遣」字。賂，《詩經·魯頌·泮水》毛傳：「賂，遺也。」孔穎達疏：「賂者，以財遺人之名，故賂爲遺也。」

〔一一〕「雍門人」句：各本「歌」下有小字云：「案别卷載《金樓子》一條，其事同，其文互異，又不著篇名，附録於此，以備考：薛譚學謳於秦青，未窮青之旨，於一日遂辭歸。秦青乃餞於郊衢，撫節悲歌，聲震林木，響遏行雲。薛譚乃謝求返，終身不敢言歸。秦青謂其友曰：『昔韓娥東之齊，匱糧，過雍門鬻歌，假食既去，而響繞梁三日不絶，左右以其人弗去。過逆旅，逆旅（《四庫全書》本有「之」字）人辱之。韓娥因曼聲哀哭，一里老幼悲愁，涕泣相對，三日不食。遽追而謝之。娥復曼聲長歌，一里老幼喜歡抃舞，弗能自禁。乃厚賂而遣之。故雍門之人至今善歌善哭，效娥之遺聲。』」又，《列子》卷五《湯問》張湛注：「六國時有雍門子，名周，善琴，又善哭，以哭干孟嘗君。」《漢書》卷五三《景十三王·中山靖王傳》載建元三年，中山王勝來朝，天子置酒，勝聞樂聲而泣。問其故，勝對答有云：「雍門子壹微吟，孟嘗君爲之於邑。」顔師古注：「如淳曰：『雍門子以善鼓琴見孟嘗君。』」

3　有人以偃師獻周穆王，〔一〕甚巧，能作木人，趨走俯仰如人。(鎮)〔頷〕其頤則可語，〔二〕捧其手則可舞。王與盛姬共觀，〔三〕木人瞚其目招王左右侍者。〔四〕王大怒，欲誅偃師。偃師大怖，乃剖木以示王，皆附會革、木所爲，五臟完具。王大悦，乃廢其肝，則目不能瞚；廢其心，則口不能語；廢其脾，則手不能運。〔五〕王厚賜之。〔六〕

【疏證】

《列子》卷五《湯問》：「周穆王西巡狩，越崑崙，不至弇山。反還，未及中國，道有獻工人名偃師，穆王薦之，問曰：『若有何能？』偃師曰：『臣唯命所試。然臣已有所造，願王先觀之。』穆王曰：『日以俱來，吾與若俱觀之。』越日偃師謁見王。王薦之，曰：『若與偕來者何人邪？』對曰：『臣之所造能倡者。』穆王驚視之，趨步俯仰，信人也。巧夫鎮其頤，則歌合律；捧其手，則舞應節。千變萬化，惟意所適。王以爲實人也，與盛姬内御並觀之。技將終，倡者瞬其目而招王之左右侍妾。王大怒，立欲誅偃師。偃師大慴，立剖散倡者以示王，皆傅會革、木、膠、漆、白、黑、丹、青之所爲。王諦料之，内則肝、膽、心、肺、脾、腎、腸、胃，外則筋骨、支節、皮毛、齒髮，皆假物也，而無不畢具者。合會復如初見。王試廢其心，則口不能言；廢其肝，則目不能視；廢其腎，則足不能步。穆王始悦而歎曰：『人之巧乃可與造化者同功乎？』詔貳車載之以歸。」

【校注】

〔一〕優師：古代以樂舞、戲謔爲業的藝人。　周穆王：姓姬，名滿，西周國君。傳其曾西征。生平事蹟詳《史記》卷四《周本紀》、《穆天子傳》。

〔二〕頷(qīn)：底本、《四庫全書》本作「鎮」，重校本、《叢書集成》本、《百子全書》本、龍溪精舍本作「頷」。吴校：「『鎮』，《列子》作『頷』。按《廣韻》，『頷』音欽，曲頤也。作『鎮』，誤。」今按：吴校是，據改。《説文解字・頁部》：「頷，低頭也。」《列子》卷五《湯問》殷敬順《釋文》：「頷，猶摇頭也。」

〔三〕盛姬：盛伯之女，穆天子寵姬，病卒於穆天子西巡途中，謚曰哀淑人。事蹟詳《穆天子傳》卷六。

〔四〕瞚(shùn)：各本同，《列子》卷五《湯問》作「瞬」。今按：「瞚」、「瞬」，異體字。陸德明《經典釋文》：「瞚，又作瞬，動也。」

〔五〕「王大悦」數句：《列子》卷五《湯問》張湛注：「此皆以機關相使，去其機關之主，則不能相制御，亦如人五藏有病，皆外應七孔與四支也。」

〔六〕「王厚賜」句：季羡林《〈列子〉與佛典》一文認爲此故事本之於西晉竺法護所譯《生經》卷三《佛説國王五人經》。《佛説國王五人經》曰：「時第二工巧者轉行至他國。應時國王喜諸技術，即以材木作機關木人，形貌端正，生人無異，衣服顔色，黠慧無比，能工歌舞，舉動如人。辭言：『我子生若干年，國中恭敬，多所饋遺。』國王聞之，命使作技。王及夫人，升閣而觀。作伎歌舞，若干方便。跪拜進止，勝於生人。王及夫人，歡喜無量。便角（宋、元、明本作「眨」）眼，色視夫人。王遥見之，心懷忿怒，促敕侍者，斬其頭來：『何以眼視吾夫人？』謂有惡意，色視不疑。其父啼泣，淚出五（宋、元、明本作「數」）行。長跪請命：『吾有一子，甚重愛之。坐起進退，以解憂思。愚意不及，有是失耳。假使殺者，我共當死。唯以加哀，原其罪亹。』時王恚甚，不肯聽之。復白王言：『若不活者，願自手殺，勿使餘人。』王便可之，則拔一肩榍，機關解落，碎散在地。王乃驚愕：『吾身云何嗔於材木？此人工巧，天下無雙，作此機關，三百六十節，勝於生人。』即以賞賜億萬兩金。即持金出，與諸兄弟，令飲食之。以偈頌曰：『觀此工巧者，多所而成就。機關爲木人，過逾於生者。歌舞現伎樂，令尊者歡喜。得賞若干寶，誰爲最第一？』」

4　周穆王時，西極有化人，〔一〕能入水火，〔二〕貫金石，反山川，〔三〕移城郭。〔四〕穆王爲起中天之臺，〔五〕鄭衛奏《承雲》之樂，〔六〕月月獻玉衣，〔七〕日日薦玉食。〔八〕幻人猶不肯舍。乃攜王至幻人之宮，構以金銀，〔九〕絡以珠玉，鼻口所納，皆非人間物也。〔一〇〕由是王心厭宫室，幻人易之耳。〔一一〕王大悦，〔一二〕肆志遠遊。〔一三〕

【疏證】

《列子》卷三《周穆王》：「周穆王時，西極之國有化人來，入水火，貫金石，反山川，移城邑；乘虛不墜，觸實不硋，千變萬化，不可窮極。既已變物之形，又且易人之慮。穆王敬之若神，事之若君。推路寢以居之，引三牲以進之，選女樂以娱之。化人以爲王之宫室卑陋而不可處，王之廚饌腥螻而不可饗，王之嬪御膻惡而不可親。穆王乃爲之改築。土木之功，赭堊之色，無遺巧焉。五府爲虚，而臺始成。其高千仞，臨終南之上，號曰中天之臺。簡鄭衛之處子娥媌靡曼者，施芳澤，正蛾眉，設笄珥，衣阿錫，曳齊紈。粉白黛黑，佩玉環，雜芷若以滿之，奏《承雲》、《六瑩》、《九韶》、《晨露》以樂之。月月獻玉衣，旦旦薦玉食。化人猶不舍然，不得已而臨之。居亡幾何，謁王同游。王執化人之祛，騰而上者，中天迺止。暨及化人之宫。化人之宫構以金銀，絡以珠玉；出雲雨之上，而不知下之據，望之若屯雲焉。耳目所觀聽，鼻口所納嘗，皆非人間之有。王實以爲清都、紫微、鈞天、廣樂，帝之所居。王俯而視之，其宫榭若累塊積蘇焉。王自以居數十年不思其國也。化人復謁王同游，所及之處，仰不見日月，俯不見河海。光影所照，王目眩不能得視；音響所來，王耳亂不能得聽。百骸六藏，悸而不凝，意迷精喪，請化人求還。化人移之，王若殞虚焉。既寤，所坐猶嚮者之處，侍御猶向者之人。視其前，則酒未清，肴未昲。王問所從來。左右曰：『王默存耳。』由此穆王自失者三月而復。更問化人。化人曰：『吾與王神游也，形奚動哉？且曩之所居，奚異王之宮？曩之所游，奚異王之圃？王閒恒有，疑暫亡。變化之極，徐疾之間，可盡模哉？』王大悅。不恤國事，不樂臣妾，肆意遠游。」

【校注】

〔一〕化人：《列子》卷三《周穆王》張湛注：「化幻人也。」

〔二〕能入：各本同，《太平御覽》卷七三七引《金樓子》、《列子》卷三《周穆王》「入」上無「能」字。

〔三〕「貫金石」二句：各本同，《太平御覽》卷七三七引《金樓子》作「貫石及山川」。

〔四〕郭：各本同，《太平御覽》卷七三七引《金樓子》、《列子》卷第三《周穆王》作「邑」，且其下有「乘虚不墜，觸實不硋，千變萬化，不可窮極」十六字。

〔五〕中天：《文選》卷一班孟堅《西都賦》：「樹中天之華闕，豐冠山之朱堂。」李周翰注：「中天，高及天半。」

〔六〕鄭衛：指春秋戰國時鄭國與衛國，兩國之風俗輕靡淫逸。此借指美麗妖冶的女子。　奏：各本同，《太平御覽》卷七三七引《金樓子》作「奉」。　《承雲》：《楚辭·遠游》：「張《咸池》奏《承雲》兮，二女御《九韶》歌。」王逸注：「《承雲》即《雲門》，黄帝樂也。」《淮南子》卷一一《齊俗》：「《咸池》、《承雲》、《九韶》、《六英》，人之所樂也。」

〔七〕月月：各本同，《太平御覽》卷七三七引《金樓子》作「日日」。

〔八〕日日：各本同，《太平御覽》卷七三七引《金樓子》作「月月」，《列子》卷第三《周穆王》作「旦旦」。

〔九〕構：各本同，《太平御覽》卷七三七引《金樓子》作「稱」。

〔一〇〕非人：各本同，《太平御覽》卷七三七引《金樓子》「非」下有「常」字。

〔一一〕幻人：各本同，《太平御覽》卷七三七引《金樓子》「人」下有「曰」字。今按：此處上下文意不貫，疑有脱文。

〔一二〕王大悦：各本同，《太平御覽》卷七三七引《金樓子》「王」下無「大」字。

〔一三〕肆志：各本同，《太平御覽》卷七三七引《金樓子》「肆」上有「遂」字。

5 短人在康居國北，〔一〕男女皆長三尺。

【疏證】

《三國志》卷三〇《烏丸鮮卑東夷傳》裴松之注引《魏畧·西戎傳》曰：「短人國在康居西北，男女皆長三尺。」亦見《太平御覽》卷三七八引《魏畧·西域傳》。

【校注】

〔一〕「短人」句：各本同。《三國志》卷三〇《烏丸鮮卑東夷傳》裴松之注引《魏畧·西戎傳》、《太平御覽》卷三七八引《魏畧·西戎傳》「人」下有「國」字。北，《三國志》裴松之注作「西北」，《太平御覽》作「西」。康居，古西域國名。約在今巴爾喀什湖和鹹海之間。《漢書》卷九六上《西域傳》有傳。

6　夫餘國有美珠，〔一〕大如酸棗。〔二〕

【疏證】

《藝文類聚》卷八四引《魏畧》曰：「夫餘出珠，珠大如酸棗。」亦見《後漢書》卷八五《東夷・夫餘傳》、《三國志》卷三〇《烏丸鮮卑東夷傳》、《初學記》卷二七引《魏畧》。

【校注】

〔一〕夫餘：古國名。漢代夫餘族所建。在今中國東北地區。《後漢書》卷八五有傳。

〔二〕酸棗：棘木的果實，較棗小，味酸。《孟子・告子上》「養其樲棘」，漢趙岐注：「樲棘，小棘，所謂酸棗也。」

7　海中得一布褐，〔一〕長三丈。〔二〕

【疏證】

《三國志》卷三〇《烏丸鮮卑東夷傳》：「毌丘儉討句麗，句麗王宫奔沃沮，遂進師擊之。沃沮邑落皆破之，斬獲首虜三千餘級，宫奔北沃沮。……王頎別遣追討宫，盡其東界。問其耆老『海東復有人不』，耆老言國人嘗乘船捕魚。……又説得一布衣，從海中浮出，其身如中人衣，其兩袖長三丈。」亦見《後漢書》卷一一五《東夷傳》。

【校注】

〔一〕褐：《詩經·豳風·七月》鄭玄箋：「褐，毛布也。」《孟子·滕文公上》：「許子衣褐。」趙岐注：「以毳織之，若今馬衣也。或曰：褐，枲衣也；一曰粗布衣也。」

〔二〕長三丈：《後漢書》卷一一五《東夷傳》、《三國志》卷三〇《烏丸鮮卑東夷傳》均云「兩袖長三丈」。今按：「長」前或脱「兩袖」二字。又，丈，各本同，重校本訛作「尺」。

8 **天下之大物，有北海之蟹，舉其螯能加山焉；〔一〕有東海之魚焉，有海燕焉，〔二〕一日逢魚頭，七日遇魚尾。魚産，三百里海水如血。**

【疏證】

《太平御覽》卷九四二引《玄中記》曰：「天下之大物，北海之蟹，舉一螯能加於山，身故在水中。」

《太平御覽》卷九三六引《玄中記》曰：「東方之東海，有大魚焉，行海者一日逢魚頭，七日遇尾。其産，則三百里水爲血。」

【校注】

〔一〕加山：支撑起山。「加」通「架」。《説文解字・言部》：「誣，加也。」段玉裁注：「古無架字，以加爲之。」

〔二〕「有海燕」句：朱校：「案此句似衍文。」海燕，《南齊書》卷一九《五行志》：「永明九年，鹽官縣石浦有海魚乘潮來，水退不得去，長三十餘丈，黑色無鱗，未死，有聲如牛，土人呼爲海燕，取其肉食之。」

9 大月支及西胡有牛，〔一〕名曰日及，〔二〕今日割取其肉，明日瘡即愈。〔三〕故漢人有至其國者，西胡以此牛示之。漢人對曰：「吾國有蟲，〔四〕名曰蠶，〔五〕如人，〔六〕食桑葉而吐絲。〔七〕」外國人〔莫〕〔復〕不信有蠶。〔八〕

【疏證】

《藝文類聚》卷六五引《玄中記》曰：「大月氏有牛，名曰日及，割取肉一二斤，明日瘡愈。漢人入國，示之以爲珍異。漢人曰：『吾國有蟲，大如小指，名曰蠶。食桑葉，爲人吐絲。』外國復不信有之。」亦見《太平御覽》卷八二五、九〇〇及《太平寰宇記》卷一八四引《玄中記》。

【校注】

〔一〕大月支：亦作「大月氏」，古族名。月氏的一支。漢文帝初年，在匈奴壓迫下，原遊牧於敦煌、祁連間的月氏人，一部分遷至今伊黎河上游流域，稱大月氏。文帝後元三年左右，大月氏遭烏孫攻擊，又西遷大夏。約在武帝元朔元年漢使張騫曾至其國。其分爲休密、雙靡、貴霜、肸頓、都密五部翕侯。一世紀中葉，貴霜翕侯兼併其他四部，建立貴霜王國。詳參《史記》卷一二三《大宛傳》、《漢書》卷九六上《西域傳》。　西胡：古代對葱嶺内外西域各族的泛稱。王國維《觀堂集林·西胡考上》：「漢人謂西域諸國爲西胡，本對匈奴與東胡言之。前漢人謂葱嶺以東之國曰西胡，東漢人於葱嶺東西諸國皆謂之西胡，南北朝人亦並謂葱嶺東西諸國爲西胡。西胡亦單稱胡。」

〔二〕日及：《藝文類聚》卷六五、《太平御覽》卷八一五引《玄中記》並同；《四庫全書》本、《紺珠集》卷一引《金樓子》作「白皮」；《太平廣記》卷四三四引《金樓子》作「白及」；《太平御覽》卷九〇〇引《玄中記》作「反牛」。今按：「日及」、「白及」、「白皮」、「反牛」，未知孰是。

〔三〕「今日」二句：重校本、《叢書集成》本、《百子全書》本、龍溪精舍本「肉」下有「一二斤」三字。吴校：「《天中記》作『割取肉一二斤，明日瘡愈』。」又，瘡，各本同，《紺珠集》卷一引《金樓子》作「創」。《太平廣記》卷四三四引《金樓子》「瘡」上有「其」字。

〔四〕「吾國」句：有，各本同，《太平廣記》卷四三四引《金樓子》脱。又，重校本、《叢書集成》本、《百子全書》本、龍溪精舍本「蟲」下有「大如小指」四字。

〔五〕曰：各本同，《太平廣記》卷四三四引《金樓子》作「爲」。

〔六〕如人：重校本、《叢書集成》本、《百子全書》本、龍溪精舍本無此二字，《太平廣記》卷四三四引《金樓子》作「爲人衣」。吴校：「《天中記》作『大如小指，名曰蠶，食桑葉』，此『如人』字尤誤。」今按：古人多以爲蠶馬頭而女身，如《荀子》卷一八《賦》稱蠶「身女好而頭馬首」，《山海經・海外北經》有「女子跪據樹歐絲」之説，《搜神記》卷一四《女化蠶》有「女及馬皮，盡化爲蠶」的傳説。故頗疑「如人」上下有脱訛。

〔七〕桑：各本同，《太平廣記》卷四三四引《金樓子》作「樹」。

〔八〕復：底本、《四庫全書》本作「莫」，重校本、《叢書集成》本、《百子全書》本、龍溪精舍本作「復」。吴校：「『莫』字疑誤，《天中記》作『外國人復不信有之』。」又校：「句疑有誤，『莫』，《天中記》作『復』。」又校：「『莫』字衍。」今按：《太平廣記》卷四三四引《金樓子》，《藝文類聚》卷六五、《太平御覽》卷八二五引《玄中記》均作「復」，據改。

10　東南有桃都山，〔一〕山有大桃樹，〔二〕上有天雞。〔三〕日初出，照此桃，天雞即鳴，天下之雞感之而鳴。樹下有兩鬼，對樹持葦索，〔四〕取不祥之鬼食之。〔五〕今人正旦作兩桃人，〔六〕以索中置雄雞〔毛〕，〔七〕法乎此也。

【疏證】

《太平御覽》卷四七引《郡國志》曰：「台州桃都山，上有大桃樹，上有天雞，日初出桃樹，天雞即鳴，雞下聞之而鳴。樹下有兩鬼，持葦索，取不祥之鬼，食之。」亦見南朝梁任昉《述異記》卷下、《藝文類聚》卷九一及《太平御覽》卷九一八引《玄中記》。

【校注】

〔一〕桃都山：傳説中的山名。南朝梁宗懔《荆楚歲時紀》引《括地圖》：「桃都山有大桃樹，盤屈三千里，上有金雞，日照則鳴。」都，各本下有小字云：「案別卷引此作『郁』。」今按：《太平御覽》卷九六七、《紺珠集》卷一引《金樓子》、《藝文類聚》卷九一、《太平御覽》卷九一八引《玄中記》均作「都」。仍以作「都」爲是。

〔二〕「山有」句：各本同，《太平御覽》卷九六七引《金樓子》「山」下有「上」字，「有」下無「大桃」二字。

〔三〕上有天雞：各本同，《太平御覽》卷九六七引《金樓子》作「樹上有雞」。

〔四〕對樹：各本同，《太平御覽》卷九六七引《金樓子》無「樹」字。今按：疑「樹」字衍。葦索：用葦草編成的繩索。漢應劭《風俗通義》卷八《祀典·桃梗葦茭畫虎》：「謹按《黄帝書》：『上古之時，有神荼與鬱壘昆弟二子，性能執鬼。度朔山上有桃樹，二人於樹下簡閲百鬼，無道理、妄爲人禍害，神荼與鬱壘縛以葦索，執以食虎。』於是縣官常以臘除夕飾桃人，垂葦茭，畫虎於門，皆追效於前事，冀以禦凶也。」南朝梁宗懔《荊楚歲時記》載：正月一日，「帖畫雞或斲鏤五采及土雞於户上，造桃板著户，謂之仙木，繪二神貼户左右，左神荼，右鬱壘，俗謂之門神。按：莊周云：『有掛雞於户，懸葦索於其上，插桃符於旁，百鬼畏之。』」

〔五〕不祥：不善。《尚書·君奭》：「我亦不敢知曰：其終出于不祥。」孔安國傳：「言殷紂其終墜厥命，以出于不善之故。」

〔六〕旦：各本同，《太平御覽》卷九六七引《金樓子》作「朝」。桃人：《百子全書》本、龍溪精舍本作「桃梗」。

〔七〕「以索中」句：各本「雞」下脱「毛」字，《太平御覽》卷九六七引《金樓子》無此句。今按：《太平御覽》卷二九引《玄中記》：「今人正朝作兩桃人立門旁，以雄雞毛置索中，蓋遺(勇)〔象〕也。」據此，則置於索中的是「雄雞毛」，當補「毛」字。又，《荊楚歲時記》引莊周語：「掛雞於户，懸葦索於其上。」又引太史丞鄧平語曰：「臘者，所以迎刑送德也。大寒至，常恐陰勝，故以戌日臘。戌者，温氣也，用其氣日殺雞以謝刑德。雄著門，雌著户，以和陰陽。」《宋書》卷一四《禮志》：「舊時歲旦，常設葦茭桃梗，磔雞於宮及百寺門，以禳惡氣。」《南齊書》卷五七《魏虜》：「蠟日逐除，歲盡，城門磔雄雞，葦索桃梗，如漢儀。」是南北朝時歲旦又有設葦茭桃梗、磔雄雞懸門的風俗。

11　玉之精爲白虎，金之精爲車渠，〔一〕**楓脂千歲爲琥珀，**〔二〕**銅之精爲奴，錫之精爲**

婢，松脂千歲爲茯苓。〔三〕

【疏證】

《太平御覽》卷八八六引《玄中記》曰：「玉精爲白虎，金精爲車馬，銅精爲僮奴，鉛精爲老婦。」亦畧見《太平御覽》卷八一二、八一三引《玄中記》。

《太平御覽》卷八〇八引《玄中記》曰：「楓脂淪入地中，千秋爲琥珀。」

《抱朴子》内篇卷一一《仙藥》：「松柏脂淪入地千歲，化爲茯苓。」亦見張華《博物志》卷四。

【校注】

〔一〕車渠：《太平御覽》卷八八六引《玄中記》作「車馬」。《本草綱目》卷四六《介二・車渠》：「時珍按：《韻會》云：『車渠，海中大貝也。背上壟文如車輪之渠，故名。』……車渠，大蛤也。大者長二三尺，闊尺許，厚二三寸。」

〔二〕琥珀：各本同，《太平御覽》卷九五七引《金樓子》作「虎魄」。今按：「琥珀」同「虎魄」。又，「楓脂千歲爲琥珀」，此句與上下兩句式不類，頗疑當置於下文「錫之精爲婢」下。

〔三〕茯苓：寄生在松樹根上的菌類植物，古人認爲是松脂所化，服之有延年之功。《淮南子》卷一六《説山》：「千年之松，下有茯苓。」高誘注：「茯苓，千歲松脂也。」

12　大秦國人長十丈，〔一〕小秦國人長八尺，〔二〕一足國人長九寸。〔三〕

【疏證】

《初學記》卷一九引《河圖龍文》曰：「龍伯國人長三十丈，以東得大秦國，人長十丈。」亦見《太平御覽》卷三七七引《河圖玉板》。

【校注】

〔一〕大秦：古代中國史書中對羅馬帝國的稱呼。《後漢書》卷八八《西域傳·大秦》：「（大秦國）以在海西，亦曰海西國。……其人民皆長大平正，有類中國，故謂之大秦。」

〔二〕小秦國：顧炎武《日知録》卷二九「大秦」條：「《晉書·載記》：『石季龍時，有安定人侯子光，自稱佛太子，謂大秦國來，當王小秦國。』以中國爲小秦，則益爲誇誕矣。」

〔三〕一足國：待考。或指奇股國，《淮南子》卷四《墬形》記海外三十六國，有云：「奇股民，一臂民，三身民。」高誘注：「奇，隻也；股，脚也。言其人一臂一手一鼻孔也。」抑或指柔利國，《山海經·海外北經》：「柔利國在一目東，爲人一手一足，反膝，曲足居上。」又，《太平御覽》卷三七八引《詩含神霧》曰：「東北極有人長九寸。」《列子》卷五《湯問》：「東北極有人名曰諍人，長九寸。」

13　女國有〔横〕〔黄〕池水，〔一〕婦人入浴，出則孕。若生男子，三年即死。

【疏證】

《山海經・海外西經》：「女子國在巫咸北，兩女子居，水周之。」晉郭璞注：「有黃池，婦人入浴，出即懷姙矣。若生男子，三歲輒死。」

【校注】

〔一〕女國：傳説中的女子國。古代史籍中多有記載，如《後漢書》卷八五《東夷傳・東沃沮》：「又説海中有女國，無男人。或傳其國有神井，闚之輒生子云。」《隋書》卷八三《西域傳・女國》：「女國，在葱嶺之内，其國代以女爲王。」「黄」，各本作「横」，下有小字云：「案别卷作『潢』。」今按：「横」，《山海經・海外西經》郭璞注作「黄」，據改。「黄」、「潢」通。《文選》卷三四枚叔《七發》：「黄池紆曲。」朱駿聲《説文通訓定聲・壯部》曰：「當爲潢。」

14 (神)〔祖〕洲之上有不死草，〔一〕似菰苗，〔二〕人已死，此草覆之即活。秦始皇時，〔三〕大苑中多枉死者，〔四〕有鳥如烏狀，銜此草墜地，以之覆死人，即起坐。始皇遣問北郭鬼谷先生，〔五〕云「東海(亶)〔祖〕洲上不死之草，〔六〕生瓊田中」。〔七〕

【疏證】

《海内十洲記・祖洲》：「祖洲近在東海之中，地方五百里，去西岸七萬里。上有不死之草，草形如菰苗，長三四尺，人已死三日者，以草覆之，皆當時活也，服之令人長生。昔秦始皇大苑中，多枉死者横道，有鳥如烏狀，銜此草覆死人面，當時起坐而自活也。有司聞奏，始皇遣使者齎草以問北郭鬼谷先生。鬼谷先生云：『此草是東海祖洲上，有不死之草，生瓊田中。或名爲養神芝，其葉似菰苗，叢生，一株可活一人。』」

【校注】

〔一〕祖洲：各本作「神洲」。今按：《海内十洲記》作「祖洲」，據改。祖洲爲古代傳説中的十洲之一。

〔二〕菰：多年生草本植物。《本草綱目》卷二三《穀二・菰米》：「菰本作苽。茭草也，其中生菌如瓜形，可食，故謂之苽。其米須霜彫時采之，故謂之凋苽，或訛爲雕胡。」

〔三〕秦始皇：即嬴政。滅六國，建立秦王朝後，稱始皇帝。《史記》卷六有紀。

〔四〕大苑：古養禽獸、植林木的地方，多是帝王或貴族的園林。

〔五〕鬼谷先生：指戰國時人鬼谷子。《史記》卷六九《蘇秦傳》載：蘇秦「習之於鬼谷先生」。裴駰《集解》：「徐廣曰：『潁川陽城有鬼谷，蓋是其人所居，因爲號。』駰案：《風俗通義》曰『鬼谷先生，六國時從横家』。」司馬貞《索隱》曰：「鬼谷，地名也。扶風池陽、潁川陽城並有鬼谷墟，蓋是其人所居，因爲號。」《太平廣記》卷四引《仙傳拾遺》：「鬼谷先生，晉平公時人，隱居鬼谷，因爲其號。先生姓王，名栩，亦居清溪山中。」

〔六〕祖洲：各本作「亶洲」。今按：《海内十洲記》作「祖洲」，據改。

〔七〕瓊田：猶言玉田，傳説中能生靈草的田。北周庾信《周趙國公夫人紇豆陵氏墓誌銘》：「胡香四兩，嗟西域之使稀；靈草一枝，恨瓊田之路絶。」

15 秦始皇聞鬼谷先生言，因遣徐福入海求金菜玉蔬並一寸葚。〔一〕「金菜玉蔬」四字，諸本同，然莫曉何義。

【校注】

〔一〕徐福：秦琅邪人，方士。秦始皇時，上書言海中有三神山，仙人居之。始皇因遣福發童男女數千人，入海求仙，竟不返。生平事蹟詳《史記》卷六《秦始皇紀》及卷一一八《淮南衡山列傳》、《太平廣記》卷四《神仙》「徐福」條、《雲笈七籤》卷二六「祖洲」條及卷一一〇「徐福」條等。清梁玉繩《史記志疑》卷三四：「徐市又作福者，『市』與『芾』同，即『韍』字，語轉又爲『福』，非徐有兩名。」並一寸椹：各本同，《太平御覽》卷九七六、《天中記》卷四六、五一引《金樓子》脱此四字。各本「葚」下有小字云：「案此條（《四庫全書》本有「又見《箴戒篇》」五字）原本多脱誤，謹據《太平御覽》校補。」今按：此條亦見本書

《箴戒篇》第十八節，惟「金菜玉蔬」作「玉蔬金菜」，「葚」作「椹」。「椹」，同「葚」。《詩經・衛風・氓》「於嗟鳩兮，無食桑葚」，《經典釋文》：「葚，本又作椹，音甚，桑實也。」又，據《海内十洲記・扶桑》載：「（扶桑）又有椹……九千歲一生實耳，味絶甘香美。」古有以此椹爲神仙上藥，食之可長生不老者，如《藝文類聚》卷八一引《漢武内傳》曰：「西王母謂武帝曰：『其太上之藥，乃有風實雲子，玉津金漿，冥陵驎膽，炎山夜日，東掇扶桑之丹椹，俯采長河之文藻，大真紅芝，九色鳳腦，有得食之，後天而老，此太上之所服。』」《藝文類聚》卷八八引《神異經》曰：「東方有樹焉，高八十丈，敷張自輔，葉長一丈，廣六尺，名曰扶桑。有椹焉，長三尺五寸。」

16　秦王遣徐福求桑椹於碧海之中。〔一〕海中止有扶桑樹，〔二〕長數千丈，樹〔兩〕兩根同生，〔三〕更相依倚，是名扶桑。〔四〕仙人食其椹，而體作金光，飛騰（元宮）〔空玄〕也。〔五〕

【疏證】

《海内十洲記・扶桑》：「扶桑在碧海中，地方萬里。……多生林木，葉皆如桑。又有椹樹，長者數千丈，大二千餘圍。樹兩兩同根偶生，更相依倚，是以名爲扶桑。仙人食其椹，而一體皆作金光色，飛翔空玄。」

【校注】

〔一〕桑椹：各本同，《太平御覽》卷九七三引《金樓子》作「一寸椹」；且「椹」下無「於」字。

〔二〕「海中」句：《太平御覽》卷九七三引《金樓子》無「海中止」三字。止，各本同。今按：參以《海內十洲記·扶桑》「又有椹樹」，疑「止」爲「又」字之訛。扶桑，《山海經·海外東經》：「湯谷上有扶桑，十日所浴，在黑齒北。」郭璞注：「扶桑，木也。」

〔三〕樹兩兩根同生：各本脱一「兩」字，《太平御覽》卷九七三引《金樓子》作「樹兩兩同根生」；《海內十洲記·扶桑》作「樹兩兩同根偶生」。今按：據《太平御覽》補一「兩」字，使語意更明。

〔四〕名扶桑：各本同，《太平御覽》卷九七三引《金樓子》「名」下有「爲」字。

〔五〕「飛騰」句：空玄，各本作「元宮」，《太平御覽》卷九七三引《金樓子》作「玄宮」。今按：「元宮」、「玄宮」於此均不可解。當依《海內十洲記·扶桑》作「空玄」（《百子全書》本《海內十洲記·扶桑》作「空立」）。蓋「空玄」倒訛作「玄宮」，後人避諱改爲「元宮」，今改正。空玄，即在空中無所依傍而懸立。「玄」，通「懸」，《文選》卷三張平子《東京賦》：「左瞰陽谷，右睨玄圃。」李善注：「《淮南子》曰：『……懸圃在崑崙閶闔之中。』『玄』與『懸』古字通。」又，各本「宮也」下有小字云：「案原本云『求一寸甚，尚云難得，豈知碧海中有扶桑樹』云云。謹據《太平御覽》校改。」又，此節和上節內容連貫，或本當是一段。

17 豫章有石，〔一〕以水灌之便熱，以鼎置其上，灼食則熟。張茂先，〔二〕博物君子也；雷孔章，〔三〕亦一時之學士也。入洛，齎此石以示張，〔四〕張曰：「所謂燃石也。〔五〕」余從兄勱爲廣州，〔六〕嘗致數片，煮食猶須燒之。

【疏證】

《水經注》卷三九《贛水》載南昌縣出燃石，並引《異物志》曰：「石色黄白而理疎，以水灌之便熱，以鼎著其上，炊足以熟，置之則冷，灌之則熱，如此無窮。元康中，雷孔章入洛，齎石以示張公。張公曰：『此謂燃石。』於是乃知其名。」亦畧見《異苑》卷二、《太平御覽》卷五二引曹叔雅《異物志》。

【校注】

〔一〕豫章：郡名，治所在今江西南昌。

〔二〕張茂先：張華字茂先，西晉范陽方城人。爲人博物洽聞。著有《博物志》十卷，《集》十卷。《晉書》卷三六有傳。

〔三〕雷孔章：雷煥字孔章，西晉豫章人。煥妙達緯象，曾助張華在豫章豐城縣覓得雙劍。事蹟詳《晉書》卷三六《張華傳》。

〔四〕齎（jī）：《説文解字·貝部》：「齎，持遺也。」

〔五〕燃石：《太平御覽》卷四八引《宋永初山川記》曰：「商安縣西有羊山，山有燃石，黄白而理粗，以水灌之便熱，若石灰，以鼎置之，烹煮可熟。」今按：疑即生石灰石。

〔六〕勱：即蕭繹的從兄蕭勱。勱字文約，梁武帝從父弟蕭昺之子。襲封吴平侯，累遷淮南太守，豫章内史。徙廣州刺史。卒，謚光。《南史》卷五一《梁宗室上》有傳。爲廣州：即任廣州刺史。廣州，州名。三國時吴分交州置，南朝後轄境漸小，梁時治所在番禺縣，即今廣東廣州。

18 余丙申歲婚，〔一〕初婚之日，風景韶和，末乃覺異。妻至門而疾風大起，折木發屋，無何而飛雪亂下，〔二〕帷幔皆白，翻灑屋内，莫不縞素，〔三〕乃至垂覆闌瓦有時飛墜，此亦怪事也。至七日之時，天景恬和，無何雲翳，〔四〕俄而洪濤波流，井溷俱溢，〔五〕昏曉不分。〔六〕從叔廣州昌住在西州南門，〔七〕新婦將還西州，車至廣州門，而廣州殞逝，〔八〕又怪事也。（喪）〔長〕還之日，〔九〕復大雨霔，〔一〇〕車軸折壞，不復得前。爾日天雷震，西州廳事兩柱俱時粉碎，〔一一〕於時莫不戰慄，此又尤爲怪也。

【校注】

〔一〕「余丙申」句：《南史》卷一二《后妃傳·徐妃》：「帝制《金樓子》述其淫行。初，妃嫁夕，車至西州，而疾風大起，發屋折木。無何，雪霰交下，帷簾皆白。及長還之日，又大雷震西州聽事兩柱俱碎。帝以爲不祥，後果不終婦道。」丙申，天監十五年（五一六）。朱校：「案丙申爲天監十五年，考《南史·徐妃傳》云『以天監十六年十二月，拜湘東王妃』，是婚於丙申，拜妃在丁酉也，是時元帝年九歲。」今按：蕭繹所娶爲徐昭佩，世稱徐妃。《梁書》卷七《世祖徐妃傳》：「世祖徐妃諱昭佩，東海郯人也。……天監十六年十二月，拜湘東王妃。生世子方等、益昌公主含貞。太清三年五月，被譴死，葬江陵瓦官寺。」《梁書·世祖徐妃傳》云「天監十六年」拜湘東王妃，與蕭繹自云「丙申歲婚」不合，或是成婚在前，拜妃在後。

〔二〕無何：不久。

〔三〕縞素：指白色。今按：白色是喪服顔色，《史記》卷八《高祖本紀》：「今項羽放殺義帝於江南，大逆無道。寡人親爲發喪，諸侯皆縞素。」故頗爲人忌諱。《宋書》卷八《明帝紀》載明帝多忌諱，「宣陽門，民間謂之白門，上以白門之名不祥，甚諱之。尚書右丞江謐嘗誤犯，上變色曰：『白汝家門！』謐稽顙謝，久之方釋。」唐段成式《酉陽雜俎》卷一七曰：「《南史》言，宋明帝惡言白。問金樓子言，子婚日，疾風雪下，幃幕變白，以爲不祥。抑知俗忌白久矣。」

〔四〕雲翳：雲彩堆積，天空陰暗。《文選》卷二九曹顔遠《思友人詩》：「密雲翳陽景，霖潦淹庭除。」五臣張銑注：「翳，掩也。」

〔五〕溷：厠所。《釋名·釋宫室》：「厠，雜也。……或曰溷，言溷濁也。」

〔六〕「昏曉」句：《越縵堂讀書記·金樓子》：「《四庫提要》謂《南史·徐妃傳》言元帝著《金樓子》以道其穢行，今此書無之。按今本既非完書，而其述宣修容事有云：『及饋人失禮，接之彌篤。每語繹曰：「妒婦不憚破家，況復甚於此者也！」』所云饋人，猶今言室人，此即斥徐妃事。又《志怪篇》云：『余丙申歲婚，初昏之日，風景韶和，末乃覺異。妻至門而疾風大起，折木發屋，無何而飛雪亂下，帷幔皆白，翻灑屋内，莫不縞素。至七日之時，天景恬和，無何雲翳，俄而洪濤奔流，井瀆俱溢，昏曉不分。』按此不過一雪一雨，何足爲怪，而備載之，蓋著其兆之不祥，知全書所指斥者，必尚多矣。」

〔七〕從叔：堂叔父。廣州昌：指蕭昌。昌字子建，梁武帝蕭衍從父弟。曾官廣州刺史，故稱「廣州昌」。下文之「廣州」亦指其人。《梁書》卷二四、《南史》卷五一有傳。《梁書》本傳：「（天監）六年，遷持節、督廣交越桂四州諸軍事，輔國將軍、平越中郎將、廣州刺史。……屬爲有司所劾，入留京師，忽忽不樂，遂縱酒虚悖。在石頭東齋，引刀自刺，左右救之，不殊。十七年，卒，時年三十九。」西州：東晉置，本爲揚州刺史治所。故址在今江蘇南京朝天宫西。自東吴以來，「西州」即有諸王之住宅。《六朝事迹編類》卷二「六朝宫殿」：「吴孫權遷都建鄴，徙武昌宫室材瓦繕治太初宫。《吴實録》有曰臺城，蓋宫省之所寓也；有曰東府，蓋宰相之所居也；有曰西州，蓋諸王之所宅也。」亦參周一良《魏晉南北朝史札記·〈晉書〉札記》「西州」條。今按：蕭昌、蕭繹並爲王侯，故居西州。

〔八〕廣州殞逝：《梁書》卷二四《蕭昌傳》載蕭昌卒於天監十七年（五一八），乃戊戌歲，非丙申歲（五一六）。

〔九〕長還：各本作「喪還」。今按：《南史》卷一二《后妃傳·徐妃》作「長還」。當以「長還」爲是，改。《通典》卷五九「已拜時婿遭小功喪或婦遭大功喪可迎議」條：「晉中書郎范汪問劉惔曰：『從妹與荀始文婚，已及好歲拜時，有從叔父德度喪，會叔親患危篤，欲令荀氏迎從妹，盡婦敬於夫氏，以有此喪爲難，故爲此議。拜時出於近代，將以宗族多虞，吉事宜速，故好歲拜，新年便可迎也。惡歲可迎，是拜時已成婦也。在塗之婦，猶服夫氏，況已交拜禮成，便當迎是長還也。」』

〔一〇〕霔（zhù）：慧琳《一切經音義》卷二二引《慧苑音義》：「大雨名洪霔。」注：「寫水曰霔。」

〔一一〕廳事：重校本、《叢書集成》本、《百子全書》本、龍溪精舍本作「聽事」。吴校：「『西州廳事』，當作『聽事』。」聽事：廳堂。官府治事之所。《資治通鑑》卷八九《晉紀十一》「愍帝建興二年」胡三省注：「中庭曰聽事，言受事察訟於是。漢晉皆作聽事，六朝以來乃始加『广』作『廳』。」此處指揚州刺史官署。

19　荆州高齋，〔一〕盛夏之月無白鳥，〔二〕余亟寢處於其中，〔三〕及移餘齋，則聚蚊之聲如雷。〔四〕數丈之間，如此之異。〔五〕

【校注】

〔一〕高齋：高雅的書房、屋舍。《宋書》卷七二《文九王·景素傳》載：劉璡上書有云：「荆州高齋刻楹柏構，王廢而不處。」高，各本同，《百子全書》本、龍溪精舍本作「亭」，疑訛。

〔二〕白鳥：《大戴禮記》卷二《夏小正》：「白鳥也者，謂蚊蚋也。」本書《立言篇上》第二十四節：「白鳥，蚊也。」

〔三〕亟（qì）：《左傳·成公十六年》杜預注：「亟，數也。」《漢書》卷二三《刑法志》顔師古注：「亟，屢也。」

〔四〕如雷：各本同，《太平御覽》卷九四五引《金樓子》「雷」下有「矣」字。

〔五〕「如此」句：各本同，《太平御覽》卷九四五引《金樓子》「異」下有「吁可怪哉」四字。

20 **或世見，〔一〕或世不見者。〔二〕涸澤數百歲，谷之不徙，水之不絶者，〔三〕生慶忌。〔四〕慶忌狀如人，其長四寸，衣黄〔衣〕，冠〔黄冠〕，〔五〕乘小馬。以其名呼之，可使千里外，一日反報。**〔六〕

【疏證】

《管子》卷一四《水地》：「或世見，或世不見者，生蟡與慶忌。故涸澤數百歲，谷之不徙，水之不絶者，生慶忌。慶忌者，其狀若人，其長四寸，衣黄衣，冠黄冠，戴黄蓋，乘小馬，好疾馳。以其名呼之，可使千里外，一日反報。此涸澤之精也。」亦見《搜神記》卷一二引《管子》。

【校注】

〔一〕世見：《管子》卷一四《水地》唐尹知章注：「謂下谷不徙，水不絶之也。」見，各本同，《百子全書》本、龍溪精舍本作「用」，疑訛。

〔二〕世不見者：各本同。今按：《管子》卷一四《水地》「者」下有「生蟡與慶忌」五字，本文或脱。世不見：《管子》卷一四《水地》唐尹知章注：「謂涸川，水有時而絶。」

〔三〕「涸澤」三句：《管子》卷一四《水地》唐尹知章注：「謂涸澤之中，有谷有水，谷不徙而水不絶也。」

〔四〕慶忌：神話中水怪名。《晉書》卷二五《輿服志》：「齊人見千歲涸澤之神，名曰慶忌，冠大冠，乘小車，好疾馳。」《太平御覽》卷八八六引《白澤圖》曰：「故水石者精名慶忌，狀如人，乘車蓋，日馳千里。以其名呼之，可使入水取魚。」

〔五〕「衣黃衣」二句：各本作「衣黃冠」。今按：《管子》卷一四《水地》作「衣黃衣，冠黃冠」，據補。

〔六〕反：通「返」。

21 （北）〔涸〕澤之精生於（蟲）〔蟡〕。〔蟡〕者，〔一〕一頭兩身，狀若蛇。以其名呼之，可以取魚鱉，此並涸水之精也。

【疏證】

《管子》卷一四《水地》：「涸川之精者生於蟡。蟡者，一頭而兩身，其形若虵，其長八尺。以其名呼之，可以取魚鼈，此涸川水之精也。」

【校注】

〔一〕涸：各本作「北」。今按：據《管子》卷一四《水地》，「北」當作「涸」，今改。澤：《管子》卷一四《水地》作「川」，王念孫疑「川」下當有「水」字；又，俞樾疑「於」字衍，《管子》原文當作「涸川之水生蟡」，且「涸川之精」與下文「涸川水之精」文義重複，「知非《管子》原文」。詳參黎翔鳳《管子校注》卷一四《水地》。蟡蟡者：各本作「蟲者」。今按：據《管子》卷一四《水地》，「蟲」當作「蟡（guǐ）」，「蟲者」當作「蟡蟡者」，一「蟡」屬下句，改補。《管子》卷一四《水地》黎翔鳳《校注》：「何如璋云：《山海經·北山經》：『渾夕之山有蛇，一首兩身，名曰肥遺。』郭注云：『《管子》之「蟡」，亦此類。』翔鳳案：『肥遺』之合音爲『蟡』，何説是也。」

22 齊桓公北征孤竹，〔一〕未至卑耳之谿，〔二〕見人長一尺，形具焉，〔三〕右袪衣而走馬前，〔四〕左右皆不見。桓公曰：「吾事之不濟也，豈有人若此乎？」管仲曰：〔五〕「臣聞山神有俞（如小）兒，〔六〕狀長一尺而人形，見此，〔七〕霸王之君興，〔八〕則山神見也。走馬前，導之也；袪衣，前有水也；右袪衣，從右方可涉也。」至卑耳之谿，有贊水者，〔九〕公乃從右方而涉。既濟水，公拜管仲於馬前，曰：「仲父，聖人也。」管仲曰：「聖人先知無形，今已有形，臣非聖人也，善承教爾。〔一〇〕」

【疏證】

《管子》卷一六《小問》：「桓公北伐孤竹，未至卑耳之谿十里，闟然止，瞠然視，援弓將射，引而未敢發也，謂左右曰：『見是前人乎？』左右對曰，『不見也。』公曰：『事其不濟乎！寡人大惑。今者寡人見人，長尺而人物具焉，冠，右袪衣，走馬前疾，事其不濟乎！寡人大惑。豈有人若此者乎？』管仲對曰：『臣聞登山之神，有俞兒者，長尺而人物具焉。霸王之君興而登山，神見，且走馬前疾，道也。袪衣，示前有水也。右袪衣，示從右方涉也。』至卑耳之谿，有贊水者曰：『從左方涉，其深及冠；從右方涉，其深至膝。若右涉，其大濟。』桓公立拜管仲於馬前曰：『仲父之聖至若此，寡人之抵罪也久矣。』管仲對曰：『夷吾聞之，聖人先知無形。今已有形，而後知之，臣非聖也，善承教也。』」亦見《説苑》卷一八《辨物》、任昉《述異記》卷上。

【校注】

〔一〕齊桓公：姜姓，名小白，春秋時齊國國君。爲春秋五霸之首。生平詳《史記》卷三二《齊太公世家》。孤竹：《國語》卷六《齊語》：「遂北伐山戎，𠛬令支、斬孤竹而南歸。」韋昭注：「二國，山戎之與也。……令支，今圉縣，屬遼西，孤竹之城存焉。」今按：孤竹故地在今河北盧龍。

〔二〕卑耳：《史記》卷二八《封禪書》「（桓公）西伐大夏，涉流沙，束馬懸車，上卑耳之山。」司馬貞《索隱》曰：「卑耳，山名，在河東大陽。」今按：在今山西平陸。

〔三〕形具焉：各本「焉」下有小字云：「案《管子》作『人物具焉』。」

〔四〕袪：撩起，舉起。《吕氏春秋》卷二三《貴直論·知化》：「子胥兩袪高蹶而出於庭。」高誘注：「兩手舉衣而行。」

〔五〕管仲：字夷吾，春秋時齊國潁上人。初事齊公子糾。糾敗，桓公以爲上卿，號仲父。卒，謚曰敬子。《史記》卷六二有傳。

〔六〕「臣聞」句：各本「兒」下有小字云：「案《管子》作『登山之神有俞兒者』。」重校本、《叢書集成》本、《百子全書》本、龍溪精舍本無「如小」二字。吴校：「『如小』二字衍。」今按：「如小」二字衍；或「俞」下脱一「兒」字，原文作「臣聞山神有俞兒，如小兒狀。」今據《管子》卷一六《小問》删「如小」二字。

〔七〕見此：各本同。今按：「見此」與下文「山神見」犯複，疑爲衍文；或「見」爲「具」之形訛，屬上文，原文作「……而人形具，此霸王之君興」。

〔八〕霸王：古稱有天下者爲王，諸侯之長爲霸。《管子》卷一八《度地》：「能爲霸王者，蓋天子聖人也。」

〔九〕贊水者：《管子》卷一六《小問》唐尹知章注：「謂贊引渡水者。」

〔一〇〕善承教：《管子》卷一六《小問》唐尹知章注：「善承古人之法。」

23 桓公與管仲闔門而謀伐莒，〔一〕未發而已聞於國。桓公怒，〔二〕管仲曰：「國必有聖人。」桓公曰：「然，有藝席，〔三〕必是人也。」少頃東郭邳至，〔四〕桓公問曰：「子言伐莒也？」曰：「然！」公曰：「何以知之？」曰：「臣視二君之在臺上也，口開而闔，〔五〕是言莒也。舉手而指，又當莒也。君有甲兵之色，臣是以知之也。」

【疏證】

《管子》卷一六《小問》：「桓公與管仲闔門而謀伐莒，未發也，而已聞於國，〔桓公怒，謂管仲曰：『寡人與仲父闔門而謀伐莒，未發也，而已聞於國，〕其故何也？』管仲曰：『國必有聖人。』桓公曰：『然。夫之役者，有執席食以視上者，必彼是邪？』於是乃令之復役，毋復相代。少焉東郭郵至，桓公令儐者延而上，與之分級而上，問焉。曰：『子言伐莒者乎？』東郭郵曰：『然，臣也。』桓公曰：『寡人不言伐莒，而子言伐莒，其故何也？』東郭郵對曰：『臣聞之，君子善謀，而小人善意，臣意之也。』桓公曰：『子奚以意之？』東郭郵曰：『夫欣然喜樂者，鐘鼓之色也。夫淵然清静者，縗經之色也。漻然豐滿而手足拇動者，兵甲之色也。日者臣視二君之在臺上也，口開而不闔，是言莒也；舉手而指，勢當莒也。且臣觀小國諸侯之不服者，唯莒於是。臣故曰伐莒。』桓公曰：『善哉，以微射明，此之謂乎！子其坐，寡人與子同之。』」亦見《吕氏春秋》卷一八《審應覽・重言》、《説苑》卷一三《權謀》、《韓詩外傳》卷四、《論衡》卷二六《知實》等。

【校注】

〔一〕莒：周代諸侯國名。後爲楚所滅。《左傳・隱公二年》「莒人入向」，杜預注：「莒國，今城陽莒縣。」

《墨子》卷五《非攻中》：「東方有莒之國者，其爲國甚小，間於大國之間。」故址在今山東莒縣。

〔二〕桓公怒： 《管子》卷一六《小問》黎翔鳳《校注》：「翔鳳案： 趙本『其』上有『矣。桓公怒，謂管仲曰：寡人與仲父闔門而謀伐莒，未發也，而已聞於國』二十七字。就全書考察，趙本非別有可據之善本，則爲趙本所意增也。『桓公怒』三字，爲趙本所妄加，觀桓公與東郭郵之問答，心平氣和，無半點怒意，且與《呂氏春秋》諸書不合，其妄決矣。此文或有脱失，然不如趙本所加也。」今按： 黎翔鳳誤，本書正有「桓公怒」三字，趙本《管子》當別有所據。

〔三〕有藝席： 各本「席」下有小字云：「案《呂氏春秋》作『有執蹠痟（《四庫全書》本作「蹠瘠」）而上視者』。」藝席，《管子》卷一六《小問》作「執席」，唐尹知章注：「桓公與管仲謀時，役人於前乃有執席而食。」今按：「藝」、「執」通。古人席地而坐，地鋪席，有專掌鋪席之事者。故《周禮》有「司几筵」，曰：「掌五几、五席之名物，辨其用與其位。」

〔四〕邘： 各本「邘」下有小字云：「案《呂氏春秋》作『牙』。」吴校：「『東郭邸』，『邸』，《説苑》作『垂』。又校：『邘』當『邪』之誤。」

〔五〕口開而闔： 各本同，《管子》卷一六《小問》作「口開而不闔」，《呂氏春秋》卷一八《審應覽·重言》作「呿而不唫」，《説苑》卷一三《權謀》作「籲而不吟」，《論衡》卷二六《知實》作「口垂而不噞」。《顔氏家訓》卷七《音辭》：「北人之音，多以舉、莒爲矩；唯李季節云：『齊桓公與管仲於臺上謀伐莒，東郭牙望見桓公口開而不閉，故知所言者莒也。然則莒、矩必不同呼。』此爲知音矣。」《管子》卷一六《小問》黎翔鳳

《校注》：「俞正燮云：……〔莒〕是古有二本，一作『口開而不合』，一作『口開而合』，皆象聲知之。……翔鳳案：《説文》『莒，居許切』，仍爲合口呼，與《管子》不合。……《孟子》『以遏徂莒』，《毛詩》作『徂旅』……黄梅讀『旅』同里，此『開而不合』之音也。」

24　山中有寅日稱虞吏者，〔一〕虎也；稱當路〔君〕者，〔二〕狼也；辰日稱雨師者，〔三〕龍也。知其物，〔四〕則不能爲害矣。

【疏證】

《抱朴子》内篇卷一七《登涉》：「山中寅日，有自稱虞吏者，虎也；稱當路君者，狼也；稱令長者，老狸也。卯日稱丈人者，兔也；稱東王父者，麋也；稱西王母者，鹿也。辰日稱雨師者，龍也；稱河伯者，魚也；稱無腸公子者，蟹也。……但知其物名，則不能爲害也。」

【校注】

〔一〕寅：地支的第三位，古代用以紀年、月、日、時。　虞吏：《尚書·舜典》孔安國傳：「虞，掌山澤之官。」

〔二〕當路君：各本脱「君」字，「路」下有小字云：「案《抱朴子》有『君』字。」今據《抱朴子》内篇卷一七《登涉》補。當路，《後漢書》卷五六《張綱傳》：「豺狼當路，安問狐狸！」

〔三〕辰：地支的第五位。古用以紀年、月、日、時。　雨師：古代傳説中司雨的神。《周禮·春官·大宗伯》：「以槱燎祀司中、司命、風師、雨師。」

〔四〕物：各本「物」下有小字云：「案《抱朴子》有『名』字。」今按：《太平御覽》卷八一〇及卷八八六引《抱朴子》並無「名」字。

25　**山精如小兒而獨足，足向後〔一〕，喜犯人，名蚑，呼之即止，一名熱〔六〕〔穴〕，〔二〕可兼呼之。夜在山中見胡人者，銅鐵精也；見秦人者，百歲木也。中夜見火光者，〔三〕亦久枯木也。〔皆不爲害。〕〔四〕**

【疏證】

《抱朴子》内篇卷一七《登涉》：「抱朴子曰：『山中山精之形，如小兒而獨足，走向後，喜來犯人。人入山，若夜聞人音聲大語，其名曰蚑，知而呼之，即不敢犯人也。一名熱内，亦可兼呼之。……山中夜見火光者，皆久久枯木所作，勿怪也；山中夜見番人者，銅鐵之精；見秦者，百歲木之精。勿怪之，並不能爲害。』」

【校注】

〔一〕足：各本「足」下有小字云：「案《太平御覽》卷八八六引《抱朴子》作『走』。」今按：《太平御覽》卷八八六引《抱朴子》作「足」。

〔二〕熱宍：各本作「熱六」。「熱」下有小字云：「案《抱朴子》有『内』字。」「六」下有小字云：「案《抱朴子》作『亦』。」今按：《異苑》卷三、《太平御覽》卷八八六及《太平廣記》卷三九七引《抱朴子》作「超空」；《抱朴子》内篇卷一七《登涉》作「熱内」，王明《校釋》：「『内』蓋『肉』之壞字。」依王明校，則本文「六」當是「宍」之訛，今改作「宍」。「宍」，古「肉」字。

〔三〕中夜：各本同。今按：《抱朴子》内篇卷一七《登涉》「中」上有作「山」字，《説郛》卷一一七《志怪録》「枯竹根」條引《金樓子》作「中宵」，中宵即中夜，半夜。

〔四〕「亦久」三句：《説郛》卷一一七《志怪録》「枯竹根」條：「《金樓子》云：山中夜見胡人者，銅鐵精也。中宵見火光者，朽木也。皆不爲害。温州有人，山中遇一波斯，抱野雞，見人揮霍，鑽入石壁中，其石自合。」今按：以《説郛》對勘，本文「枯木也」下脱「皆不爲害」四字，據補。另「温州有人」云云，亦當是《金樓子》佚文。

26 外國方士能咒，能臨淵禹步，〔一〕龍浮出。有物長數十丈，方士咒之，即縮，長數寸，掇取著壺中，輒有四五，以水養之。〔二〕餘國少雨患者，輒齎此龍往賣之，一龍直金十斤。取一頭置水中，〔二〕即興雲雨。

【疏證】

《藝文類聚》卷九六引《抱朴子》曰：「案使者甘宗所奏西域事云：『外國方士能神呪者，臨川禹步吹氣，龍即浮出。初出乃長十數丈，方士吹之，一吹則龍輒一縮，至長數寸，乃取著壺中，以少水養之。外國常患旱災，於是方士聞有旱處，便齎龍往賣之，一龍直金數十斤。舉國會斂以雇之，直畢，乃發壺出龍，著淵中，因復禹步吹之，長數十丈，須臾而雨四集矣。』」

【校注】

〔一〕禹步：本指跛行。《尸子·君治》：「禹於是疏河決江，十年未闞其家，手不爪，脛不毛，生偏枯之疾，步不相過，人曰禹步。」此稱巫師、道士作法的步法。《法言》卷一三《重黎》「巫步多禹」，晉李軌注：「(禹)治水土，涉山川，病足，故行跛也。禹自聖人，是以鬼神、猛獸、蜂蠆、蛇虺莫之螫耳，而俗巫多效禹步。」《抱朴子》内篇卷一一《仙藥》：「禹步法：前舉左，右過左，左就右。次舉右，左過右，右就左。次舉右，右過左，左就右。」卷一七《登涉》：「禹步法：正立，右足在前，左足在後，次復前右足，以左足從右足併，是一步也。次復前右足，次前左足，以右足從左足併，是二步也。次復前右足，以左足從右足併，是三步也。如此禹步之道畢矣。」

〔二〕養之：各本同，《百子全書》本、龍溪精舍本作「□□」。

〔三〕取一：各本同，《百子全書》本、龍溪精舍本作「□□」。

27 巨龜在沙嶼間，〔一〕背上生樹木，如淵島。嘗有商人依其採薪及作食。龜被灼熱，便還海，於是死者數十人。

【疏證】

《西京雜記》卷五：「昔人有游東海者，既而風惡，船漂不能制，船隨風浪，莫知所之。一日一夜，得至一孤洲，共侶歡然。下石植纜，登洲煮食，食未熟而洲沒，在船者斫斷其纜，船復漂蕩。向者孤洲乃大魚，怒掉揚鬣，吸波吐浪而去，疾如風雲。在洲死者十餘人。」

【校注】

〔一〕「巨龜」句：《太平寰宇記》卷一六〇「海豐縣」載：「有巨龜，其大不知幾千里，今渡海，往往見巨龜在沙嶼間，背上生樹木，如洲島。昔有商者或依以採薪及作食，龜既熱，便入海，於是死者輒數千人，然後知其龜也。」又，錢鍾書《管錐編》第二册《太平廣記》卷四六六「以魚或巨龜爲洲」條引《西京雜記》及《金樓子》此節，曰：「疑胥來自釋典。《生經》卷三第三五則畧云：『有一鱉王，游行大海，時出水際卧，其身廣長，邊各六十里。有賈客從遠方來，謂是高陸之地。五百賈客車馬六畜有數千頭，各止頓其上，炊作飲食，破薪燃火。鱉王身遭火燒，馳入大海。賈謂地移，悲哀呼嗟：「今定死矣！」鱉痛不能忍，投身入水，人畜併命。』第三六則却謂鱉王告衆人：『慎莫恐怖，吾被火焚，故捨入水，欲令痛息，今當相安，終不相危。』因忍痛負衆人安濟。」沙嶼，沙灘和小島。亦泛指小沙島。南朝齊張融《海賦》：「沙嶼相接，洲島相連。」

28

海鴨大如鵝，〔一〕班白文，〔二〕亦名文鳥。〔三〕

【校注】

〔一〕大如鵝：各本「鵝」下有小字云：「案《太平御覽》作『如常鴨』。」今按：「鵝」，《太平御覽》卷九一九、《記纂淵海》卷九七引《金樓子》並作「如常鴨」。

〔二〕班白：指黑白相間。「班」，同「斑」。

〔三〕文：各本「文」下有小字云：「案《太平御覽》作『交』。」今按：《太平御覽》卷九一九、《記纂淵海》卷九七引《金樓子》並作「交」。

29

水鵠大而無尾，〔一〕和鳴如鵠，〔二〕聲在水底。

【校注】

〔一〕水鵠：水鳥名。《藝文類聚》卷五七引徐幹《七喻》曰：「雲鶬水鵠，熊蹯豹胎。」

〔二〕鵠：通稱天鵝。似雁而大，頸長，飛翔甚高。　和鳴：相互應和而鳴。《詩經·周頌·有瞽》：「喤喤厥聲，肅雝和鳴。」

30　鯨鯢一名海鰌，〔一〕穴居海底。鯨入穴則水溢，爲潮來；鯨出穴則水入，爲潮退。〔二〕鯨鯢既出入有節，〔三〕故潮水有期。

【疏證】

《太平御覽》卷六八引《風土記》曰：「俗説鯢一名海鰌，長數千里，穴居海底。入穴則水溢，爲潮；出穴則水入，潮退。出入有節，潮水有期。」亦見《初學記》卷三〇引《水經》。

【校注】

〔一〕鯨鯢(ní)：晉崔豹《古今注》卷中《魚蟲》：「鯨魚者，海魚也。大者長千里，小者數十丈。一生數萬子，常以五月、六月就岸邊生子，至七八月導從其子還大海中，鼓浪成雷，噴沫爲雨，水族驚畏，皆逃匿，莫敢當者。其雌曰鯢，大者亦長千里，眼爲明月珠。」《文選》卷五左太沖《吳都賦》：「長鯨吞航，修鯢吐浪。」海鰌（qiū）：唐劉恂《嶺表録異》卷下：「海鰌，即海上最偉者也。其小者亦千餘尺，吞舟之説，固非謬也。每歲，廣州常發艑船，過安南貨易，路經調黎深闊處，或見十餘山，或出或没。篙工曰：『非山島，鰌魚背也。』雙目閃爍，鬐鬛若簸朱旗。日中忽雨霢霂，舟子曰：『此鰌魚噴氣，水散於空，風勢吹來若雨耳。』」

〔二〕「鯨出」二句：《太平御覽》卷九三八引《金樓子》無此二句。

〔三〕鯨鯢：各本同，《太平御覽》卷九三八引《金樓子》無「鯢」字。

31 用紫芝煮石，〔一〕石美如芋，〔二〕食之可更調和五味，〔三〕下橘皮、葱豉。名山之下生葱韭者，〔四〕是古人食石種也。故語曰：「寧得一把五茄，〔五〕不用金玉一車；〔六〕寧得一片地榆，〔七〕不用明月寶珠。」五茄一名金鹽，地榆一名玉豉：唯此二物，〔八〕可以煮石。

【校注】

〔一〕紫芝：也稱木芝，真菌的一種，似靈芝。生於山地枯樹根上，可入藥，古人以爲瑞草。漢王充《論衡》卷一九《驗符》：「建初三年，零陵泉陵女子傅寧宅，土中忽生芝草五本，長者尺四五寸，短者七八寸，莖葉紫色，蓋紫芝也。」石：指矿物類藥物。魏晉間名士多喜服食。《抱朴子》外篇《雜應》：「其服諸石藥，一服守中十年五年者及吞氣服符飲神水輩，但爲不饑耳，體力不任勞也。……近有一百許法，或服守中石藥數十丸，便辟四五十日不饑，練松柏及術，亦可以守中，但不及大藥，久不過十年以還。……洛陽有道士董威輦，常止白社中，了不食，陳子叙共守事之，從學道積久，乃得其方，云以甘草、防風、莧實之屬十許種擣爲散，先服方寸匕，乃吞石子大如雀卵十二枚，足辟百日，輒更服散，氣力顔色如故也。欲還食穀者，當服葵子湯下石子，乃可食耳。又赤龍血青龍膏作之，用丹砂曾青水，以石内其中，復須臾，石柔而可食也。若不即取，便消爛盡也。食此石以口取飽，令人丁壯。又有引石散，以方寸匕投一斗白石子中，以水合煮之，亦立熟如芋子，可食以當穀也。張太元舉家及弟子數十人，隱居林慮山中，以此法食石十餘年，皆肥健。但爲須得白石，不如赤龍血青龍膏，取得石便可用，又當煮之，有薪火之煩耳。」

〔二〕芋：各本同，《太平御覽》卷九七七引《金樓子》作「脂」。芋，俗稱芋頭。《史記》卷七《項羽本紀》：「今歲饑民貧，士卒食芋菽。」司馬貞《索隱》：「芋，蹲鴟也。」《文選》卷四揚子雲《蜀都賦》唐李善注：「蹲鴟，大芋也，其形類蹲鴟。」

〔三〕調和：各本同，《太平御覽》卷九七七引《金樓子》無「和」字。五味：《禮記・禮運》鄭玄注：「五味，酸、苦、辛、鹹、甘也。」

〔四〕生葱韭者：各本同，《太平御覽》卷九七七引《金樓子》作「生葱葱薤者」。「韭」，《四庫全書》本作「韮」。今按：「韭」、「韮」通。

〔五〕五茄：亦作「五加」，灌木。根皮和莖皮稱五加皮，可入藥。新葉亦可食用，因以五葉交加者爲上品，故名。北魏賈思勰《齊民要術》卷一〇《五穀果蓏菜茹非中國物産者·地榆》：「（地榆）其實黑如豉……與五茄煮，服之可神仙。」宋無名氏《謝氏詩源》：「余近讀《煮石經》云：『五加皮，一名金鹽。』」明李時珍《本草綱目》卷三六《木三·五加》：「慎微曰：東華真人《煮石經》云：『昔有西域真人王屋山人王常云：「何以得長久？何不食石蓄金鹽。何以得長壽？何不食石用玉豉。」』玉豉，地榆也；金鹽，五加也：皆是煮石而餌，得長生之藥也。昔孟綽子董士固相與言云：『寧得一把五加，不用金玉滿車；寧得一斤地榆，不用明月寶珠。』」茄，重校本、《叢書集成》本、《百子全書》本、龍溪精舍本作「加」，下同。吴校：「『茄』本作『加』，下同。」

〔六〕一車：《太平御覽》卷九七七引《金樓子》同，重校本、《叢書集成》本、《百子全書》本、龍溪精舍本作「滿車」。吴校：「『一車』本作『滿車』。」

〔七〕地榆：藥用植物。中醫以根入藥，有涼血、止血功能。《太平御覽》卷一〇〇〇引《神農本草經》曰：「地榆苦寒，主消酒，生寃句。」《齊民要術》卷一〇《五穀果蓏菜茹非中國物産者·地榆》：「《神仙服食經》曰：『地榆，一名玉札。』北方難得，故尹公度曰：『寧得一斤地榆，不用明月珠。』其實黑如豉，北方呼豉爲札，當言玉豉。與五茄煮，服之可神仙。是以西域真人曰：『何以支長久，食石畜金鹽；何以得長壽，食石用玉豉。』此草霧而不濡，太陽氣盛也。鑠玉爛石。炙其根作飲，如茗氣。其汁釀酒，治風痺，補腦。《廣志》曰：『地榆可生食。』」片：各本同。今按：《齊民要術》卷一〇《五穀果蓏菜茹非中國物産者·地榆》、《本草綱目》卷三六《木三·五加》均作「斤」，似以作「斤」爲是。

〔八〕唯此：各本同，《四庫全書》本無「此」字。

32 有樹名獨根，〔一〕分爲二枝：其東向一枝是木威樹，〔二〕南向一枝是橄欖樹。〔三〕扶南國今衆香皆共一木：〔四〕根是旃檀，〔五〕節是沈香，〔六〕花是雞舌，〔七〕葉是霍香，〔八〕膠是薰陸。〔九〕

【疏證】

《太平御覽》卷九八一引俞益期《箋》曰：「外國老胡説：『衆香共是一木，木花爲雞舌香。』」又，卷九八二引俞益期《箋》曰：「衆香共是一木，木膠爲薰陸。」又，「衆香共是一木，木節是青木。」又，「衆香共是一木，木根爲旃檀。」又，「衆香共是一木，木葉爲霍香。」又，「衆木共是一木，木心爲沉香。」

【校注】

〔一〕獨根：各本同，《太平御覽》卷九七二引《金樓子》無「根」字。

〔二〕木威：植物名。即烏欖。《齊民要術》卷一〇《五穀果蓏菜茹非中國物産者·木威》：「《廣州記》：

『木威，樹高丈，子如橄欖而堅，削去皮，以爲粽。』」

〔三〕橄欖：果樹名。果實可食，亦可入藥。《文選》卷五左太沖《吴都賦》劉逵注：「橄欖，生山中，實如雞子，正青，甘美，味成時食之益善。始興以南皆有之，南海常獻之。」

〔四〕「扶南國」句：《酉陽雜俎》卷一八：「木五香，根栴檀，節沈，花雞舌，葉藿，膠薰。」《夢溪筆談》卷二二：「段成式《酉陽雜俎》記事多誕，其間叙草木異物尤多謬妄率記，異國所出，欲無根柢。如云一木五香，根旃檀，節沉香，花雞舌，葉藿，膠薰陸，此尤謬。旃檀與沉香兩木元異，雞舌即今丁香耳。今藥品中所用者亦非藿香，自是草葉，南方至多。薰陸小木而大葉，海南亦有薰陸，乃其膠也，今謂之乳頭香。五物迥殊，元非同類。」今按：沈氏責段成式之謬妄率記，似未知段氏亦有所本。且晉嵇含《南方草木狀》卷中《蜜香沉香》載：「蜜香、沉香、雞骨香、黄熟香、棧香、青桂香、馬蹄香、雞舌香。案此八物，同出於一樹也。交趾有蜜香樹，榦似櫃柳，其花白而繁，其葉如橘。欲取香，伐之，經年，其根榦枝節，各有別色也。木心與節堅黑，沉水者爲沉香，與水面平者爲雞骨香；其根，爲黄熟香；其榦，爲棧香；細枝緊實未爛者，爲青桂香；其根節輕而大者，爲馬蹄香；其花不香，成實乃香，爲雞舌香。珍異之木也。」參宋王觀國《學林》卷八「五木香」。扶南，古國名。在今柬埔寨至越南南部西貢一帶。參《晉書》卷九七《四夷傳》。

〔五〕旃檀：即檀香。

〔六〕沈香：香木名。產於亞熱帶，木質堅硬而重，心材爲著名熏香料，可入藥。《南史》卷七八《夷貊傳上·林邑國》:「沈木香者,土人斫斷,積以歲年,朽爛而心節獨在,置水中則沈,故名曰沈香。」

〔七〕雞舌:即丁香。《初學記》卷一一引漢應劭《漢官儀》曰:「尚書郎含雞舌香伏奏事,黄門郎對揖跪受,故稱尚書郎懷香握蘭,趨走丹墀。」

〔八〕霍香:多年生草本植物。莖和葉有香味,可以入藥,嫩葉供食用,亦可作香料用。《文選》卷五左太沖《吴都賦》劉逵注引漢楊孚《異物志》:「藿香,交趾有之。」霍,各本同,《四庫全書》本作「藿」。今按:「霍」,通「藿」。

〔九〕薰陸:即乳香,香料名。爲橄欖科常緑喬木的凝固樹脂,可供藥用。

33　地肺,〔一〕荆州濟江西岸安船處也,洪潦常浮不没,故云地肺也。其中有人焉,居南定縣,〔二〕足骨無節(解),〔三〕身有毛,卧時更相扶,然後能起。

【疏證】

《太平御覽》卷一七二引《交州記》曰:「南定縣人足骨無節,身有毛,卧者更扶始得起。故《山海經》云:『交脛人國脚脛曲戾相交。』所以謂之交趾。」亦見《太平寰宇記》卷一七〇引《交州記》。

【校注】

〔一〕地肺:明謝肇淛《五雜組》:「荆州濟江西岸有地肺,洪潦常浮不没,其狀若肺焉,故名。駱賓王吸金丹於地肺，即此也。或云終南山亦曰地肺，一云太一山。」明徐應秋《玉芝堂談薈》卷二四曰：「荆州府有地肺山，洪水常浮不没。」《明一統志》卷六二：「地肺：在府境，以荆州濟江西岸，洪潦常浮不没，故云地肺。」

〔二〕南定縣：屬交趾郡，治所在今越南南定。今按：南定縣屬交州，與荆州相去甚遠。故此節前後不相屬，似當爲兩條，或原文有脱。

〔三〕節：各本作「節解」，義不明。今按：《太平御覽》卷一七二引《交州記》無「解」字，據删。節，關節。

34 晉寧縣境内出大鼠，〔一〕狀如牛，〔二〕土人謂之鼹鼠。〔三〕天時將災，〔四〕則從山出遊畎畝，〔五〕散落其毛，悉成小鼠，盡耗五稼。〔六〕

【校注】

〔一〕晉寧縣：西晉太康元年（二八〇）改陽安縣置，屬桂陽郡。治所在今湖南資興東南。

〔二〕狀：各本同，《太平御覽》卷九一一引《金樓子》作「鼠狀」，與上文重一「鼠」字。

〔三〕鼹（yǎn）鼠：亦作「偃鼠」，又稱「鼹」、「鼠母」、「隱鼠」。傳説中的一種大獸。《爾雅·釋獸》：「鼹，鼠身長鬚而賊，秦人謂之小驢。」《初學記》卷二九：「郭璞《洞林》曰：宣城郡有隱鼠，大如牛，形似鼠。象脚，脚有三甲，皆如驢蹄。身赤色，胸前尾上白。《異物志》曰：鼠母，頭脚似鼠，毛蒼口鋭，大如水牛，而畏狗。水田時有外災，起於鼠。」《太平廣記》卷四四〇引前蜀杜光庭《録異記・鼠》曰：「鼴鼠首尾如鼠，色青黑，短足有指，形大，重千餘斤。出零陵郡界，不知所來。民有災及爲惡者，鼠輒入其田中，振落毛衣，皆成小鼠，食其苗稼而去。」李時珍《本草綱目》卷五一下《獸三・隱鼠》：「(蘇)頌曰：鼹鼠出滄州及胡中，似牛而鼠首黑足，大者千斤，多伏於水，又能堰水放沫。」明方以智《物理小識》卷一〇：「《貞白》載鼠王大如牛；蘇頌以鼴出滄州及胡，如牛；《金樓子》云晉寧大鼠謂之偃牛；《晉書》言宣城出隱鼠，如牛，驢蹄；《梁書》言倭有山鼠，如牛。其殆《爾雅》之鼴、《山海經》倚帝山之獸乎？」「鼹」，各本同，《太平御覽》卷九一一引《金樓子》作「偃」。

〔四〕天時將災：各本同，《太平御覽》卷九一一引《金樓子》作「時將失」。

〔五〕則從：各本同，《太平御覽》卷九一一引《金樓子》「則」上有「鼠」字。

〔六〕盡耗五稼：各本同，《太平御覽》卷九一一引《金樓子》作「五稼必盡耗也」。

35 利水内有木材，〔一〕元嘉中大水，〔二〕有千餘段木流出，斧跡未滅。俗曰：「漢將攻越，〔三〕築城，伐木於利水，〔四〕未運之前，一夜忽失數千段，咸爲鬼所匿。〔五〕」今所流木，〔六〕昔鬼匿之者。〔七〕

【疏證】

《太平御覽》卷九五三引王韶之《始興記》曰：「漢將滅越，王築城伐木，將運之，一夜，木數千件頓亡，越亡之徵。」

【校注】

〔一〕利水：各本同，《太平御覽》卷九五二引《金樓子》無「水」字。利水即今廣東仁化、曲江兩縣境内之錦江。

〔二〕元嘉：漢桓帝劉志年號，自一五一年至一五三年；又，南朝宋文帝劉義隆亦有元嘉年號，自四二四年至四五三年。今按：王韶之（三八〇—四三五）爲南朝宋人，從文中稱「漢」、稱「今」推論，此「元嘉」當是宋文帝年號。

〔三〕將：各本同，《太平御覽》卷九五二引《金樓子》作「將將」。

〔四〕伐：各本同，《太平御覽》卷九五二引《金樓子》作「浮」。

〔五〕咸爲鬼所匿：各本同，《太平御覽》卷九五二引《金樓子》作「時或見之」。

〔六〕流：各本同，《太平御覽》卷九五二引《金樓子》作「見」。

〔七〕昔鬼匿之者：各本同，《太平御覽》卷九五二引《金樓子》作「豈非昔鬼匿之木乎」。

36 滎陽郡山中有巨龜，〔一〕長八九尺，〔二〕下有文字，〔三〕前後足下各躡一龜，有時踰山越水，咸觀異之。〔四〕

【疏證】

《太平廣記》卷四七二引《録異記》曰：「道州營陵中鼉，甲長八尺，下自然有文字，前後四足各踏一龜。踏龜有時行，或逾山越水，俗莫敢犯。」

【校注】

〔一〕滎陽郡：各本同。《太平御覽》卷九三一引《金樓子》作脱「滎」字。明徐應秋《玉芝堂談薈》卷三五「龜背金書」條、明陳耀文《天中記》卷五七引《金樓子》均作「道州營陵」。滎陽郡，三國魏置，治所在滎陽縣，即今河南鄭州西北古滎鎮。

〔二〕八九：各本同。《太平御覽》卷九三一、明徐應秋《玉芝堂談薈》卷三五「龜背金書」條、明陳耀文《天中記》卷五七引《金樓子》無「九」字。

〔三〕下有：各本同。《太平御覽》卷九三一引《金樓子》作「腹下有」，明徐應秋《玉芝堂談薈》卷三五「龜背金書」條、明陳耀文《天中記》卷五七引《金樓子》作「下自然有」。

〔四〕「前後足下」三句：明徐應秋《玉芝堂談薈》卷三五「龜背金書」條、明陳耀文《天中記》卷五七引《金樓子》作：「前後四足各踏一龜。踏龜（《玉芝堂談薈》無此二字）有時行，或踰山越水，俗莫敢犯。」《太平廣記》卷四七二引《録異記》文字與明徐應秋《玉芝堂談薈》卷三五「龜背金書」條、明陳耀文《天中記》卷五七引《金樓子》同，而《天中記》明著引自「《録異記》、《金樓子》」。又，《太平廣記》卷一三一引《異苑》曰：「宋元嘉初，益州刺史遣三人入山伐樵，路迷，忽見一龜，大如車輪，四足各躡一小龜而行，又有百餘黄龜從其後。」

37 晉時，營道令何潛之於縣界得一鳥，〔一〕大如白鷺，膝上自然有銅環貫之。〔二〕

【疏證】

《太平御覽》卷九二八引盛弘之《荆州記》曰：「晉太元中，營道令何諧之於縣内得一鳥，大如白鷺，膝上及髀有銅環貫之，環大小刻鏤如橄欖，妙絶人工，于時京師皆觀之。」

【校注】

〔一〕營道：縣名。治所在今湖南寧遠東南。何潛之：《太平御覽》卷九二八引盛弘之《荆州記》作「何諧之」。何潛之抑或何諧之，生平無考。

〔二〕膝上：各本同，《太平御覽》卷九二八引盛弘之《荆州記》「膝上」下有「及髀」二字。

38 有清鹽池，〔一〕鹽正四方，廣半寸，其形扶疎，〔二〕似石。〔三〕人耕池旁地，取池水沃種之，〔四〕去勿回視，即生此鹽。

【校注】

〔一〕清鹽池：各本同，《太平御覽》卷八六五引《金樓子》作「清池」。

〔二〕扶疎：繁茂分披貌。《世説新語·汰侈》：「（晉武帝）嘗以一珊瑚樹高二尺許賜（王）愷。枝柯扶疎，世罕其比。」此處指晶體鹽紋理成放射狀。

〔三〕似石：各本同。吴校：「『似石』一作『如有』。」《太平御覽》卷八六五引《金樓子》作「似有」。宋高似孫《緯畧》卷一二「鹽田」條作「似石」。

〔四〕沃：各本同，《太平御覽》卷八六五引《金樓子》作「波」。

39　太極山有采華之草，服之，乃通萬里之言。

【疏證】

《藝文類聚》卷一九引《括地圖》曰：「太極山采華之草，服之，通萬里之言。」卷八八引《玄中記》曰：「大樹之山西，則有采華之樹，服之則通萬國之言。」亦見《太平御覽》卷九九四引《括地圖》、卷九五二引《玄中記》。

40　孔子冢在魯城北，塋中樹以百數，皆異種，魯人世世無能名者。傳言孔子弟子既皆異國之人，各持其國樹來種之。孔子塋中，至今不生荆棘草木。〔一〕

【疏證】

《史記》卷四七《孔子世家》「孔子葬魯城北泗上」，裴駰《集解》引《皇覽》曰：「孔子冢去城一里。冢塋百畝，冢南北廣十步，東西十三步，高一丈二尺。冢前以瓴甓爲祠壇，方六尺，與地平。本無祠堂。冢塋中樹以百數，皆異種，魯人世世無能名其樹者。民傳言『孔子弟子異國人，各持其方樹來種之』。其樹柞、枌、雒離、安貴、五味、毚檀之樹。孔子塋中不生荆棘及刺人草。」亦見《齊民要術》卷一〇《五穀果蓏菜茹非中國物産者・木》引《皇覽・冢記》。

【校注】

〔一〕「孔子塋中」二句：《太平御覽》卷九九四、《古今事文類聚》後集卷三二、《記纂淵海》卷九四引《金樓子》曰：「魯城北孔塋中，不生刺人草木。」塋，《漢書》卷三六《楚元王傳》顔師古注：「塋，冢地。」

41　東平思王冢在東平。〔一〕民相傳言思王歸國後，思歸京師，後葬，其冢上松柏皆西靡。是時，思王皆生埋所寵幸者，其號呼之聲，後數十年猶有聞者。

【疏證】

《漢書》卷八〇《宣元六王・東平思王傳》顏師古注引《皇覽》曰：「東平思王冢在無鹽，人傳言王在國，思歸京師，後葬，其冢上松柏皆西靡也。」亦見《藝文類聚》卷八八引《聖賢冢墓記》。

《太平御覽》卷一八八引《聖賢冢墓記》曰：「東平思王奢靡，及死，生葬所幸奴婢著銅窗內，令守冢。」

【校注】

〔一〕東平思王：即劉宇。宇，西漢宣帝之子，封爵號東平王。卒，謚思。《漢書》卷八〇有傳。東平，西漢諸侯國名。治所無鹽縣，在今山東東平東南。《元和郡縣志》卷一一《河南道・須昌縣》：「東平思王宇墓在縣東四十九里。漢東平思王宇，宣帝子，後薨葬於此。其冢松柏皆西靡。王奢侈，生葬所愛幸者。守冢者常聞號呼，數年後乃不復聞聲。」

42 修羊公止於華陰山，〔一〕以道干漢景帝，〔二〕帝禮遇之。數歲道不可得，有詔問修羊公：「何〔日〕能發？」〔三〕語未訖，於牀上化爲白〔石〕羊，〔四〕題其脅曰：「修羊公謝天子。」後置石羊於通靈臺上。〔五〕

【疏證】

《列仙傳》卷上「修羊公」條：「修羊公者，魏人也。在華陰山上石室中，有懸石榻，卧其上，石盡穿陷。略不食，時取黄精食之。以道干景帝，帝禮之，使止王邸中。數歲，道不可得，有詔問修羊公：『能何日發？』語未訖，牀上化爲白羊，題其脅曰：『修羊公謝天子。』後置石羊於靈臺上，羊後復去，不知所在。」

【校注】

〔一〕止於：各本同，《太平御覽》卷九〇二引《金樓子》無「止」字。華陰山：山名。在今湖南臨武西南三十里。

〔二〕干：干謁。《春秋公羊傳·定公四年》：「伍子胥父誅乎楚，挾弓而去楚，以干闔廬。」何休注：「不待禮見曰干。」漢景帝：即劉啓，西漢皇帝。《史記》卷一一有紀。各本「帝」下有小字云：「案別卷作『武帝』。」今按：《列仙傳》卷上、《太平御覽》卷九〇二引《金樓子》均作「景帝」，無「漢」字。

〔三〕何日能發：各本脱「日」字，《列仙傳》作「能何日發」，意謂修羊公之道術何日能顯露，今於「何」下補「日」字。

〔四〕白石羊：各本脱「石」字，《太平御覽》卷九〇二引《金樓子》「白」下有「石」字。今按：《列仙傳》卷上「修羊公」條作「白羊」，《雲笈七籤》卷一〇八《列仙傳·修羊公》作「白石羊」。本書下文有「置石羊於通靈臺」，所置者當是「修羊公」所化之石羊，則此當作「白石羊」，據補「石」字。

〔五〕通靈臺：各本同。今按：傳漢武帝鉤弋夫人卒，帝築通靈臺於甘泉宮。事詳《漢武故事》。則「通靈臺」起於漢武帝時，與本文載漢景帝時事不合。《列仙傳》卷上「修羊公」條作「靈臺」。靈臺，本西周臺名，漢亦有靈臺，在長安西北，爲觀測天象之所。《三輔黄圖》卷五《臺榭》：「漢靈臺在長安西北八里。《漢始》曰：『清臺，本爲候者觀陰陽天文之變，更名曰靈臺。』郭延生《述征記》曰：『長安宮南有靈臺，高十五仞，上有渾儀，張衡所制，又有相風銅烏。』」或「景帝」爲「武帝」之誤，或「通靈臺」當作「靈臺」。當然，小説家言亦可不必深究。

43　合浦有康頭山，〔一〕山上有一頭鹿，〔二〕額上戴科藤一枝，〔三〕四條直上，各長丈許。〔四〕

【疏證】

《太平御覽》卷九〇六引《交州記》曰：「合浦口有麚，角當額上，載科藤一株，三四條，長可一尋。射師從禽，每見而不敢射。」亦見《太平廣記》卷四四三引《交州記》、《酉陽雜俎》卷一六引《南康記》。

【校注】

〔一〕合浦：郡名。漢置，郡治在今廣西壯族自治區合浦東北，以産珍珠著名。各本「浦」下有小字云：「案原本作『蒲』，今依別卷校改。」

〔二〕山上：各本同，《太平御覽》卷九九五引《金樓子》無「上」字。鹿，各本同。《太平御覽》卷九〇六引《交州記》作「麢」。

〔三〕科藤：藤之一種。《太平御覽》卷九九五引漢楊孚《異物志》曰：「科藤圍數寸，重於竹，可以爲杖，篾以縛船及以爲席，勝於竹也。」 枝：各本同，《太平御覽》卷九九五引《金樓子》作「枚」，《太平御覽》卷九〇六引《交州記》作「株」。

〔四〕丈：各本同，《太平御覽》卷九九五引《金樓子》作「一丈」。

44 《地鏡經》凡出三家：〔一〕有《師曠地鏡》，〔二〕有《白澤地鏡》，〔三〕有《六甲地鏡》。〔四〕三家之經，但説珍寶光氣。前金樓先生是嵩高道士，〔五〕多遊名山，尋丹砂，〔六〕於石壁上見有古文，見照寶物之秘方，用以照寶，遂獲金玉。

【校注】

〔一〕《地鏡經》：《隋書》卷三四《經籍志》「《乾坤鏡》二卷」下注：「梁《天鏡》、《地鏡》、《日月鏡》、《四規鏡》

經各一卷，《地鏡圖》六卷，亡。」《日本國見在書目》：「《地鏡經》一。」庚信《徵調曲》之五：「地鏡則山澤俱開。」清倪璠注：「古有《地鏡圖》。又《地鏡圖》云：『欲知寶所在地，以大鏡夜照，見影若光在鏡中者，物在下也。』」

〔二〕師曠：春秋晉國樂師。《孟子·離婁上》：「師曠之聰，不以六律，不能正五音。」

〔三〕白澤：傳説中的神獸名。《雲笈七籤》卷一〇〇《紀·軒轅本紀》：「（黄帝）於海濱得白澤神獸，能言，達於萬物之情。」《隋書》卷三四《經籍志》載：「《白澤圖》一卷。」

〔四〕六甲：五行方術之一，即所謂遁甲之術。《後漢書》卷八二《方術傳序》「其流又有風角遁甲」，唐李賢注：「遁甲，推六甲之陰而隱遁也。」

〔五〕金樓先生：《抱朴子》内篇卷一六《黄白》：「金樓先生所從青林子受作黄金法。」今按：蕭繹所謂「金樓先生」或即此人。又，《隋書》卷三十二《經籍志》「孝經援神契七卷」下小注：「《嵩高道士歌》一卷。亡」。姚振宗《考證》云：「按嵩高道士不知是否即魏嵩山道士寇謙之也。謙之事跡，詳見《魏書·釋老志》。本《志·道經》録亦載之。又《金樓子·志怪篇》稱前嵩高道士多遊名山云云，殆即其人。」嵩高：即嵩山，在今河南登封西北。《史記》卷二八《封禪書》：「中岳，嵩高也。」

〔六〕丹砂：即朱砂，礦物名。古代道教徒用以化汞煉丹。《抱朴子》内篇卷四《金丹》：「凡草木燒之即燼，而丹砂燒之成水銀，積變又還成丹砂。」

45 凡有樹木之變枝柯，南枝枯折者，寶在樹南；西枝枯折者，寶在樹西也。

【疏證】

唐釋道世《法苑珠林》卷三七引《地鏡圖》曰：「夫寶物在城郭丘牆之中，樹木爲之變，視柯偏有折枝，是其候也。視折枝所向，寶在其方。」亦見《太平御覽》卷八〇二引《地鏡圖》。

46 凡藏諸寶，忘不知處者，以銅盤盛井花水，〔一〕赴所擬地照之，〔二〕見人影者，物在下也。

【疏證】

唐釋道世《法苑珠林》卷三七引《地鏡圖》曰：「凡藏寶，忘不知處，以大銅槃盛水，著所疑地行照之，見人影者，物在下也。」亦見《太平御覽》卷八〇二引《地鏡圖》。

【校注】

〔一〕井花水：李時珍《本草綱目》卷五《水二・井泉水》引汪穎曰：「井水新汲，療病，利人。平旦第一汲，爲井華水，其功極廣，又與諸水不同。」今按：「花」、「華」通。

〔二〕「赴所」句：擬，各本同，唐釋道世《法苑珠林》卷三七引《地鏡圖》、《太平御覽》卷八〇二引《地鏡圖》作

「疑」。「照」上有「行」字。今按：「擬」，通「疑」。《漢書》卷八七《揚雄傳上》顏師古注：「擬，疑也。」又，南唐劉崇遠《金華子雜編》卷下引《志怪篇》文同此篇，則所引即《金樓子·志怪篇》，「所擬地照之」作「所失處掘地」。

47　入名山，牽白犬，抱白雞，〔一〕山神大喜，芝草及寶玉等自出。〔二〕

【疏證】

《藝文類聚》卷七引《地鏡》曰：「入名山，必先齋五十日，牽白犬，抱白雞，以鹽一勝，山神大喜，芝草異藥寶玉爲出。」亦見《太平御覽》卷三八引《地鏡圖》、《抱朴子》内篇卷一一《仙藥》。

【校注】

〔一〕抱白雞：《太平御覽》卷九〇五、《御定淵鑑類函》卷四三六引《金樓子》作「抱白鶴」。「鶴」當是「雞」之誤。

〔二〕「芝草」句：各本「出」下有小字云：「案《太平御覽》引《地(境)〔鏡〕(「境」，《四庫全書》本、重校本、《叢書集成》本、《百子全書》本、龍溪精舍本作「鏡」。吴校：「『境』乃『鏡』」字誤。」今按：吴校是，改)圖》曰：『夫寶物在城郭丘牆之中，(「丘牆」，重校本、《叢書集成》本、《百子全書》本、龍溪精舍本作「丘墟」。吴校：當作「丘墟」。今按：唐釋道世《法苑珠林》卷三七、《太平御覽》卷八〇二引《地鏡圖》均作「丘牆」)樹木爲之變，視柯偏有折枯，是其侯也。視折枯所向，實有其方。凡有金寶，常變作積蛇，見此輩便脱隻履若衣以擲之、溺之，即得。凡藏寶，忘不知處，以大銅盤盛水，著所疑地行照之，見人影者，物在下也。』據此，則『凡有樹木之變』以下三段皆《地鏡經》之文，因其文互異，謹録以備考。」

48 有石連理生樹，〔一〕高一尺五寸，枝頭葉皆紫，吴時人獻以爲瑞。

【疏證】

梁任昉《述異記》卷上：「案消山有石樓樹，吴太皇元年，郡吏伍曜於海際得之，枝莖紫色，有光，南越謂之石連理也。」亦見《宋書》卷二九《符瑞志》。

【校注】

〔一〕連理：異根草木，枝幹連生。古人以爲吉祥之兆。漢班固《白虎通》卷六《封禪》：「德至草木，朱草生，木連理。」

49 青龍元年五月庚辰，〔一〕〔神〕芝産於長平之習陽。〔二〕六月甲子，許昌典農中郎將〔蔣〕充奉以其事聞。〔三〕色丹紫，質光耀，高尺八寸，散爲三十六莖，枝幹似珊瑚之形。

【疏證】

《太平御覽》卷八七三引繆襲《神芝讚》曰：「青龍元年，神芝産於長平之習陽，許昌典農中郎蔣充奉表以聞。其色丹紫，其質光耀，上別爲三幹，分爲九枝，散爲三十六莖，委綏連屬，似珊瑚之狀。考圖按譜，蓋美乎前代矣。」亦見《藝文類聚》卷九八引魏繆襲《神芝讚》。

【校注】

〔一〕青龍：三國時魏明帝年號。青龍元年即公元二三三年。

〔二〕神芝：各本脱「神」字。今按：《藝文類聚》卷九八、《太平御覽》卷八七三、九八六引魏繆襲《神芝讚》並作「神芝」，據補。　長平：縣名。治所在今河南西華東北。　習陽：城名。《水經注》卷二二《潁水》：「又東過西華縣北……縣北有習陽城。」《魏書》卷一〇六《地形志》：「長平，前漢屬汝南，後漢屬陳國，晉屬潁川。有長平城、習陽城。」

〔三〕許昌：縣名，三國魏黄初二年（二二一）改許縣置，治所在今河南許昌東。　典農中郎將：官職名。掌管屯田事物，各郡國有屯田者置，魏六品。　蔣充：各本脱「蔣」字，《藝文類聚》卷九八、《太平御覽》卷八七三引魏繆襲《神芝讚》、嚴可均《全三國文》卷三八録此文並作「蔣充」。今按：原文當作「蔣充」，據補。蔣充，人名。生平無考。

50　巴蛇食象，〔一〕三歲而出其骨，君子服之，無心腹之疾。

【疏證】

《山海經·海内南經》：「巴蛇食象，三歲而出其骨，君子服之，無心腹之疾。」

【校注】

〔一〕巴蛇食象：《山海經·海内南經》郭璞注：「今南方蚺蛇吞鹿，鹿已爛，自絞於樹，腹中骨皆穿鱗甲間出，此其類也。《楚詞》曰：『有蛇吞象，厥大何如？』説者云長千尋。」《楚辭·天問》：「靈蛇吞象，厥大何如？」蔣驥注：「象，獸之最大者。《海内南經》：『巴蛇食象，三歲出其骨。』郭注云：『其長千尋。』庾仲《雍江記》：『羿屠巴蛇於洞庭，其骨若陵，故曰巴陵。有象暴骨，爲象骨山。』《朝鮮記》：『朱卷國，黑蛇青首，食象。』《聞奇録》：『有書生遊番禺山中，見氣高丈餘，如烟鄉。人曰：此蛇吞象也。』」

51　魏明帝時，〔一〕京兆人食噉兼十許人，〔二〕遂大肥不能摇動。其父曾作〔遠〕方長（史）〔吏〕，〔三〕官徙送彼縣，令共食之；〔四〕一二年中，一鄉爲之（斂）〔儉〕。〔五〕

【疏證】

《三國志》卷三《明帝紀》裴松之注引《博物志》曰：「時京邑有一人，失其姓名，食啖兼十許人，遂肥不能動。其父曾作遠方長吏，官徙送彼縣，令故義傳供食之；一二年中，一鄉中輒爲之儉。」亦見《太平御覽》卷三七八、八四九引《博物志》。

【校注】

〔一〕魏明帝：即曹叡，字元仲，曹丕子。卒，謚曰明。《三國志》卷三有紀。

〔二〕京兆：京都。《漢書》卷一九《百官公卿表》顏師古注：「京，大也；兆者，衆數。言大衆所在，故云京兆也。」此指三國魏都洛陽。　噉：《三國志》卷三《明帝紀》裴松之注引《博物志》作「啖」。今按：「噉」、「啖」同。

〔三〕遠方長吏：各本作「方長史」，《三國志》卷三《明帝紀》裴松之注引《博物志》、《太平御覽》卷三七八、八四九引《博物志》作「遠方長吏」。今按：「方長史」不詞，據補「遠」字。長史、長吏，魏均有設置。長史爲官府、軍府屬吏之長。長吏指地方郡縣長官。從下文「送彼縣」、「一鄉爲之儉」判斷，當以作「長吏」爲是，據改。

〔四〕共：通「供」。《漢書》卷七《昭帝紀》：「共養省中。」顏師古注：「共讀曰供，音居用反。」

〔五〕儉：底本、《四庫全書》本作「歛」，重校本、《叢書集成》本、《百子全書》本、龍溪精舍本作「儉」。吴校：

「『斂』乃『儉』之誤。」今按：《三國志》卷三《明帝紀》裴松之注引《博物志》及《太平御覽》卷三七八、八四九引《博物志》並作「儉」，作「儉」是，據改。儉，貧乏，不足。《廣雅·釋詁》：「儉，少也。」

52

東海有牛魚，形如牛，〔一〕剥其皮貫之，〔二〕潮水至則毛起，潮水去則毛弭。〔三〕

【疏證】

晉張華《博物志》卷三：「東海中有牛體魚，其形狀如牛，剥其皮懸之，潮水至則毛起，潮去則毛伏。」

【校注】

〔一〕「東海」二句：吴校：「按《博物志》作『東海有牛體魚，其形狀如牛』。」又校：「疑作『東海之魚名海燕焉』，按海大魚有名海燕者，見《宋書·五行志》。」《太平御覽》卷八九九引《金樓子》「牛」下無「魚形如牛」四字。

〔二〕貫：各本同，《博物志》卷三作「懸」。

〔三〕潮水：各本同，《太平御覽》卷八九九引《金樓子》、《博物志》卷三「潮」下無「水」字。弭：平順。

53　奇肱國民能爲飛車，〔一〕從風遠行，至於（亶）〔豫〕州。〔二〕（傷）〔湯〕破其車，〔三〕不以示民。〔四〕十年，（西）〔東〕風至，〔五〕復使給車遣歸。

【疏證】

晉張華《博物志》卷二：「奇肱民善爲拭扛，以殺百禽，能爲飛車，從風遠行。湯時西風至，吹其車至豫州。湯破其車，不以視民。十年，東風至，乃復作車，遣返，而其國去玉門關四萬里。」亦見梁任昉《述異記》卷下，《藝文類聚》卷一引《括地圖》，《太平御覽》卷九、七七三、七九七引《括地圖》，《太平廣記》卷四八二引《博物志》。

【校注】

〔一〕奇肱：神話傳説中的國名。《山海經·海外西經》：「奇肱之國在其北，其人一臂三目，有陰有陽，乘文馬。」晉郭璞注：「其人善爲機巧，以取百禽，能作飛車，從風遠行。湯時得之於豫州界中，即壞之，不以示人。後十年，西風至，復作遣之。」

〔二〕豫州：各本作「亶州」。《紺珠集》本、《説郛》本《金樓子》作「稟洲」，《博物志》卷二、《述異記》卷下、《藝文類聚》卷一引《括地圖》等皆作「豫州」。今按：「稟洲」當是「亶州」之形訛，亶州在海外，《史記》卷六《秦始皇本紀》張守節《正義》引《括地志》曰：「亶洲在東海中，秦始皇使徐福將童男女入海求仙人，止住此洲，共數萬家，至今洲上人有至會稽市易者。吴人《外國圖》云：『亶洲去瑯琊萬里。』」故作「豫州」是，據改。豫州，古九州之一。《爾雅・釋地》：「河南曰豫州。」

〔三〕「湯破」句：《紺珠集》本、《説郛》本《金樓子》作「歸則別給」。湯，各本作「傷」，《博物志》卷二、《述異記》卷下、《藝文類聚》卷一引《括地圖》等皆作「湯」。今按：作「湯」是，據改。湯，名履。商王朝開國之君。事蹟詳《史記》卷三《殷本紀》。

〔四〕示：各本同。《紺珠集》本、《説郛》本《金樓子》作「視」。

〔五〕東：各本作「西」，《山海經・海外西經》郭璞注，《藝文類聚》卷一引《括地圖》，《太平御覽》卷九、七七三、七九七引《括地圖》作「西」，《博物志》卷二、《太平廣記》卷四八二引《博物志》作「東」。今按：奇肱國本爲傳説之國，然諸書引《括地圖》均云「西風」吹奇肱國民車至湯國界，則奇肱國在湯西，其返國，當乘「東風」爲是，改。

54 無（腹）〔腸〕國人長而無（腹）〔腸〕。〔一〕

【疏證】

《山海經・海外北經》：「無腸之國在深目東，其爲人長而無腸。」

【校注】

〔一〕「無腸國」句：《山海經・海外北經》郭璞注：「爲人長大，腹内無腸，所食之物直通過。」兩「腸」字，各本作「腹」。許《注》疑爲「腸」字之誤。今按：許《注》所疑是，據改。

55 甘水之間，〔一〕有羲和國。〔二〕有女子，方浴〔日〕於甘淵。〔三〕

【疏證】

《山海經·大荒南經》：「東海之外，甘水之間，有羲和之國。有女子，名曰羲和，方浴日於甘淵。」

【校注】

〔一〕甘水：傳説中的水名。《山海經·大荒東經》：「有甘山者，甘水出焉，生甘淵。」袁珂《校注》：「所謂甘淵、湯谷、窮桑，蓋一地也。」

〔二〕羲和國：《山海經·大荒南經》郭璞注：「羲和，蓋天地始生，主日月者也。故《啓筮》曰：『空桑之蒼蒼，八極之既張，乃有夫羲和，是主日月，職出入，以爲晦明。』又曰：『瞻彼上天，一明一晦，有夫羲和之子，出於暘谷。』故堯因此而立羲和之官，以主四時。其後世遂爲此國。作日月之象而掌之，沐浴運轉之於甘水中，以効其出入暘谷、虞淵也。所謂世不失職耳。」

〔三〕浴日：各本脱「日」字，《山海經·大荒南經》「浴」下有「日」字。今按：以有「日」字爲是，據補。

56 白鹽山，山峯洞澈，〔一〕有如水精，及其映月，〔二〕光似琥珀。胡人和之，〔三〕以供國厨，名爲君王鹽，〔四〕亦名玉華鹽。〔五〕

【校注】

〔一〕「白鹽山」二句：各本同，《太平御覽》卷八六五引《金樓子》「山山」作「小小」，「澈」作「激」，疑均誤。洞徹，透明。南朝梁沈約《新安江至清淺深見底貽京邑遊好》詩：「洞徹隨清淺，皎鏡無冬春。」

〔二〕月：重校本、《叢書集成》本、《百子全書》本、龍溪精舍本、《太平御覽》卷八六五引《金樓子》作「日」。吴校：「『月』一作『日』。」

〔三〕和：各本同，《太平御覽》卷八六五引《金樓子》作「扣」。今按：疑當作「扣」。扣，猶摳，挖。

〔四〕君王鹽：《酉陽雜俎》卷一〇「君王鹽」條：「白鹽崖有鹽如水精，名爲君王鹽。」

〔五〕玉華鹽：各本「華」下有小字云：「案曾慥《類説》作『玉傘』。」《天中記》卷四六引《金樓子》曰：「玉華鹽：胡中有鹽，瑩澈如水晶，謂之玉華鹽。」《廣博物志》卷四一引《金樓子》同。《緯畧》卷三、《紺珠集》本《金樓子》畧同，而「水晶」作「水精」，《説郛》本《金樓子》作「冰」。又，《本草綱目》卷一一《金石部·光明鹽》：「釋名：石鹽、聖石、水晶鹽。集解：《金樓子》云：『胡中白鹽，産於崖，映月光明，洞澈如水晶，胡人以供國厨，名君王鹽，亦名玉華鹽。』」諸書引《金樓子》文字有異同。

57　大月氏國善爲蒲萄花葉酒，〔一〕或以根及汁醖之。其花似杏而緑蘂碧鬚，〔二〕九春之時，〔三〕萬頃競發，如鸞鳳翼。八月中，風至，吹葉上，傷裂有似綾紈，故風爲蒲萄風，〔四〕亦名裂葉風也。〔五〕

【校注】

〔一〕大月氏：亦作「大月氐」，古族名，月氏的一支。詳《史記》卷一二三《大宛傳》、《漢書》卷九六上《西域傳》。氏，各本同，《太平御覽》卷九七二引《金樓子》作「氐」。吴校：「『氐』當作『氏』。」

〔二〕杏：各本同，《太平御覽》卷九七二引《金樓子》作「香」。　蘂：各本同，《太平御覽》卷九七二引《金樓子》作「榮」。

〔三〕九春：《文選》卷二三阮嗣宗《詠懷詩》之四：「夭夭桃李花，灼灼有輝光。悦懌若九春，磬折似秋霜。」張銑注：「春，陽也；陽數九，故云九春。」

〔四〕故風：各本同，《太平御覽》卷九七二引《金樓子》「風」上有「人呼」二字。

〔五〕裂葉風：《海録碎事》卷一「裂葉風」條引《洞冥記》曰：「裂葉風，八月風也。」亦見宋陳元靚《歲時廣記》卷三「裂葉風」條引《洞冥記》。

58　巴陵僧房中木，〔一〕愈翦疾生。終南山有（子）〔梓〕，〔二〕伐之瘡隨合。〔三〕

【校注】

〔一〕「巴陵」句：《齊民要術》卷一〇《五穀果蓏菜茹非中國物産者·娑羅》引盛弘之《荆州記》曰：「巴陵縣南有寺，僧房牀下忽生一木，隨生旬日，勢凌軒棟，道人移房避之，木長便遲，但極晚秀。有外國沙門見之，名爲娑羅也。」亦見《太平御覽》九六一引盛弘之《荆州記》。巴陵，郡名。南朝宋元嘉十六年置。治所在巴陵，即今湖南岳陽。

〔二〕「終南山」句：《史記》卷五《秦本紀》：「(秦文公)二十七年，伐南山大梓，豐大特。」裴駰《集解》：「徐廣曰：『今武都故道有怒特祠，圖大牛，上生樹本，有牛從木中出，後見於豐水之中。』」張守節《正義》：「《括地志》云：『大梓樹在岐州陳倉縣南十里倉山上。』《録異傳》云：『秦文公時雍南山有大梓樹，文公伐之，輒有大風雨，樹生合不斷。時有一人病，夜往山中，聞有鬼語樹神曰：「秦若使人被髮，以朱絲繞樹伐汝，汝得不困耶？」樹神無言。明日病人語聞公，如其言伐樹，斷中有一青牛出，走入豐水中。其後牛出豐水中，使騎擊之，不勝。有騎墮地，復上，髮解，牛畏之，入不出。故置髦頭，漢、魏、晉因之。武都郡立怒特祠，是大梓牛神也。按今俗畫青牛障是。』」亦見《搜神記》卷一八《怒特祠》、《水經注》卷一七《渭水》引《列異傳》。終南山，各本同，《史記》卷五《秦本紀》作「南山」，張守節《正義》引《録異傳》作「雍南山」。終南山爲秦嶺主峰之一。在陝西西安南。「梓」，底本、《四庫全書》本作「子」，重校本、《叢書集成》本、《百子全書》本、龍溪精舍本作「木」。吴校：「『子』疑作『木』。」今按：作「子」文意不通，據《史記》卷五《秦本紀》，當作「梓」，改。

〔三〕「伐之」句：《四庫全書》本此節與下文合爲一節。

59·1　浣紗女死，三蛟至葬所。〔一〕竇武母窆，蛇擊柩前。〔二〕(羅)含〔塗〕之雞能言，〔三〕西(周)〔晉〕之犬解語。〔四〕合浦桐葉，飛至洛陽；〔五〕始興鼓木，奔至臨武。〔六〕

【校注】

〔一〕「浣紗」二句：《搜神後記》卷一〇《蛟子》：「長沙有人，忘其姓名，家住江邊。有女子，渚次澣衣，覺身中有異，復不以爲患，遂姙身，生三物，皆如鮧魚。女以己所生，甚憐異之，乃著澡盤水中養之。經三月，此物遂大，乃是蛟子。各有字：大者爲當洪，次者爲破阻，小者爲撲岸。天暴雨水，三蛟一時俱去，遂失所在。後天欲雨，此物輒來。女亦知其當來，便出望之。蛟子亦舉頭望母，良久方去。經年後，女亡，三蛟子一時俱至墓所，哭之，經日乃去。聞其哭聲，狀如狗嗥。」《太平御覽》卷九三〇、《太平廣記》卷四二五、《廣博物志》卷四九俱引此事作《續搜神記》。

〔二〕「竇武」二句：《後漢書》卷六九《竇武傳》：「初，武母産武而並産一蛇，送之林中。後母卒，及葬未窆，有大蛇自榛草而出，徑至喪所，以頭擊柩，涕血皆流，俯仰蛣屈，若哀泣之容，有頃而去。時人知爲竇氏之祥。」《搜神記》卷一四《竇氏蛇》並載此事。竇武，字游平，東漢扶風平陵人。靈帝時，拜大將軍，輔朝政。《後漢書》卷六九有傳。窆(biǎn)，《周禮·地官·鄉師》鄭玄注引鄭司農曰：「窆，謂葬下棺也。」

〔三〕「含塗」句：《御定佩文韻府》卷八之二「能言雞」條引《洞冥記》曰：「羅含之雞能言，西周之犬能語。」《初學記》卷三〇引王子年《拾遺記》曰：「含塗國去王都七萬里，人善服鳥獸，雞犬皆使能言。」任昉《述異記》卷下、《太平御覽》卷七一三引《拾遺録》、卷九一八引王子年《拾遺記》同。含塗，各本作「羅含」。羅含字君章，東晉桂陽耒陽人。《晉書》卷九二有傳。今按：今本《晉書·羅含傳》無「雞能言」之事。據《拾遺記》、《述異記》等，「羅含」爲「含塗」之誤。「含塗」爲國名，正與下文「西（周）〔晉〕」相對，據改。

〔四〕「西晉」句：《初學記》卷二九引《述異記》曰：「陸機少時好獵。在吴，豪客獻快犬，名黄耳。機後仕洛，戲語犬曰：『我家絶無書，汝能馳往否？』犬摇尾作聲應之。機爲書，盛以竹筒，繫之犬頸。犬疾走向吴，其作答内竹筒内，仍馳還洛。」亦見《藝文類聚》卷九四、《太平御覽》卷九〇五引《述異記》。今按：陸機事在西晉，各本「西周」當是「西晉」之誤，今改。解語，能理解人的話語。

〔五〕「合浦」二句：晉嵇含《南方草木狀》卷中：「杉，一名披煔。合浦東二百里，有杉一樹，漢安帝永初五年春，葉落，隨風飄入洛陽城，其葉大常杉數十倍。術士廉盛曰：『合浦東杉葉也。此休徵，當出王者。』帝遣使驗之，信然。乃以千人伐樹，役夫多死者。其後三百人坐斷株上食，過足相容。至今猶存。」亦見《太平御覽》卷九五七引劉欣期《交州記》。《藝文類聚》卷三一引陳江總《遇長安使寄裴尚書詩》曰：「傳聞合浦葉，遠向洛陽飛。」今按：桐，或當作「杉」。合浦，郡名。西漢元鼎六年（前一一一）

置，治所在今廣西壯族自治區合浦縣東北。

〔六〕「始興」二句：《太平御覽》卷五八二引盛弘之《荆州記》曰：「始興郡陽山縣有豫章木，本徑可二丈，名爲聖木。秦時，伐此木爲鼓顙，顙成，忽有奔逸，北至桂陽。」又引王韶之《始興記》曰：「息於臨武，遂之洛陽，因名聖鼓城。今在臨武。」始興，郡名。三國時吴置，治所在曲江縣，即今廣東韶關東南。臨武，縣名，西漢置，屬桂陽郡，治所在今湖南臨武東。

59·2 樂安（胡氏）〔故市〕，枯骨吟嘯；〔一〕遼水浮棺，有人言語。〔二〕鬼來求助，張林使鬼而致富；〔三〕神女爲董永織縑而免災。〔四〕

【校注】

〔一〕「樂安」二句：《太平御覽》卷四八六引《幽明録》曰：「樂安縣故市，經荒亂，人民餓死，枯體填地。每至天陰將雨，輒聞吟嘯呻歎，聲聒於耳。」樂安，縣名，東漢時置，屬豫章郡，治所在今江西德興東北。故市，各本作「胡氏」，「氏」下有小字云：「案別卷引作『市』。」今按：《太平御覽》卷四八六引《幽明録》作「故市」。胡氏，蓋「故市」之訛誤，據改。

〔二〕「遼水」二句：《搜神記》卷一六《遼水浮棺》：「漢不其縣有孤竹城，古孤竹君之國也。靈帝光和元年，遼西人見遼水中有浮棺，欲斫破之，棺中人語曰：『我是伯夷之弟，孤竹君也。海水壞我棺槨，是以漂流，汝斫我何爲？』人懼，不敢斫，因爲立廟祠祀。吏民有欲發視者，皆無病而死。」亦畧見《水經注》卷一四《濡水》引《晉書・地道志》。

〔三〕「鬼來」二句：《太平廣記》卷三二二「張君林」條引《甄異録》：「吴縣張君林，居東鄉楊里。隆安中，忽有鬼來助驅使。林原有舊藏器物中破甑，已無所用，鬼使撞甕底穿爲甑。比家人起，飯已熟。此鬼無他須，唯啖甘蔗。……乃令林家取白罌，盛水，覆頭。明旦視之，有物在中。林家素貧，遂致富，嘗語：『毋惡我，日月盡自去。』後果去。」事亦畧見《太平御覽》卷七五七引《録異傳》。今按：張林，即張君林，《太平廣記》卷三二二引《甄異録》、《太平御覽》卷七五七引《録異傳》均作「張君林」，原文或脱「君」字。

〔四〕「神女」句：《搜神記》卷一《董永》：「漢董永，千乘人。少偏孤，與父居，肆力田畝，鹿車載自隨。父亡，無以葬，乃自賣爲奴，以供喪事。主人知其賢，與錢一萬，遣之。永行三年喪畢，欲還主人，供其奴職。道逢一婦人，曰：『願爲子妻。』遂與之俱。主人謂永曰：『以錢與君矣。』永曰：『蒙君之惠，父喪收藏。永雖小人，必欲服勤致力，以報厚德。』主曰：『婦人何能？』永曰：『能織。』主曰：『必爾者，但令君婦爲我織縑百疋。』於是永妻爲主人家織，十日而畢。女出門，謂永曰：『我，天之織女也。緣君至孝，天帝令我助君償債耳。』語畢，淩空而去，不知所在。」縑，《漢書》卷九七上《外戚傳・史皇孫王夫人》：「媪爲翁須作縑單衣。」顔師古注：「縑，即今之絹也。」

59·3　懷德郡石解語，〔一〕臨川間山能嘯。〔二〕泗水却流，〔三〕蓋泉赴節。〔四〕蟲食葉成字，〔五〕鴝口畫作書。〔六〕狐屈指而作簿書，〔七〕狸羣叫而講經傳。〔八〕黿頭戴銀釵，〔九〕豬（脾）〔髀〕帶金鈴。〔一〇〕

【校注】

〔一〕「懷德」句：《左傳・昭公八年》：「八年春，石言於晉魏榆。晉侯問於師曠曰：『石何故言？』對曰：『石不能言，或馮焉。不然，民聽濫也。抑臣又聞之曰：「作事不時，怨讟動於民，則有非言之物而言。」』」懷德郡，待考。今按：南朝梁以前有「懷德縣」，無「懷德郡」，疑此有誤。解語，會説話。

〔二〕「臨川」句：《太平御覽》卷八八四引《搜神記》曰：「臨川間諸山有妖物，來常因大風雨，有聲如嘯。能射人，有頃便腫，大毒。有雌雄，雄急而雌緩。急者不過半日間，緩者經宿。其方人常有以求之，求之小晚則死。俗名曰刀勞鬼。」臨川，郡名。三國時吴置，治所在臨汝縣，即今江西臨川西。

〔三〕「泗水」句：《論衡》卷四《書虚》：「傳書言：孔子當泗水之葬，泗水爲之却流。此言孔子之德，能使水却，不湍其墓也。」《孔子集語》卷下引《白虎通》曰：「孔子卒，受魯君璜玉，葬郭之北，泗水爲之却流。」泗水，水名。源出今山東泗水東陪尾山。

〔四〕「蓋泉」句：《搜神後記》卷一《姑舒泉》：「臨城縣南四十里有蓋山，百許步有姑舒泉。昔有舒女，與父析薪於此泉，女因坐，牽挽不動，乃還告家。比還，惟見清泉湛然。女母曰：『吾女好音樂。』乃作弦歌，泉湧洄流，有朱鯉一雙。今人作樂嬉戲，泉故湧出。」《述異志》上卷及《文選》卷四三劉孝標《重答劉秣陵沼書》李善注、《藝文類聚》卷九、《太平御覽》卷五七二並引紀義《宣城記》載此事。赴節，應和節拍。漢王粲《七釋》：「邪睨鼓下，伉音赴節。」

〔五〕「蟲食葉」句：《漢書》卷二七中之下《五行志》：「昭帝時，上林苑中大柳樹斷仆地，一朝起立，生枝葉，有蟲食其葉，成文字，曰『公孫病已立』。」亦見《漢書》卷七五《眭弘傳》及《搜神記》卷六《蟲葉成文》。《文心雕龍》卷一《正緯》：「於是伎數之士，附以詭術，或説陰陽，或序災異，若鳥鳴似語，蟲葉成字，篇條滋蔓，必假孔氏，通儒討核，謂僞起哀平，東序秘寶，朱紫亂矣。」

〔六〕「鵠口」句：《藝文類聚》卷九〇引《列仙傳》曰：「蘇耽去後，忽有白鶴十數隻，夜集郡東門樓上，一隻口畫作書字，言曰：『是城郭，人民非，三百甲子當復歸。』咸謂是耽。」今按：「鵠」，通「鶴」。此事亦見《太平廣記》卷一三「蘇仙公」條引《神仙傳》。

〔七〕「狐屈」句：《搜神後記》卷九《古冢老狐》：「吴郡顧旃，獵至一崗，忽聞人語聲，云：『咄咄！今年衰。』乃與衆尋覓。崗頂有一穽，是古時冢，見一老狐蹲冢中，前有一卷簿書，老狐對書屈指，有所計校。乃放犬咋殺之。取視簿書，悉是姦人女名。已經姦者，乃以朱鉤頭。所疏名有百數，旃女正在簿次。」

〔八〕「狸羣」句：《搜神記》卷一八《胡博士》：「吴中有一書生，皓首，稱胡博士，教授諸生。忽復不見。九月初九日，士人相與登山游觀，聞講書聲，命僕尋之。見空冢中羣狐羅列，見人即走。老狐獨不去，乃是皓首書生。」

〔九〕「黿頭」句：《後漢書・五行志》：「靈帝時，江夏黄氏之母，浴而化爲黿，入於深淵，其後時出見。初浴簪一銀釵，及見，猶在其首。」亦見《搜神記》卷一四《人化黿》。

〔一〇〕「豬臂」句：《搜神記》卷一八《豬臂金鈴》：「晉有一士人，姓王，家在吴郡，還至曲阿。日暮，引船上當大埭，見埭上有一女子，年十七八，便呼之留宿。至曉解金鈴繫其臂。使人隨至家，都無女人。因逼豬欄中，見母豬臂有金鈴。」臂，底本、《四庫全書》本作「髀」，重校本、《叢書集成》本、《百子全書》本、龍溪精舍本作「胛」。吴校：「『髀』當作『胛』」。今按：《搜神記》卷一八《豬臂金鈴》、《太平御覽》卷九〇三引祖台之《志怪》作「臂」。胛，肩胛。髀，大腿。「髀」和「胛」均非戴金鈴之部位，當以作「臂」爲是，據改。

59·4　成皋之魚號慨，〔一〕華(陰)〔隆〕之狗涕零。〔二〕武昌郡閤杖有蓮華，〔三〕長安城門斧柯生葉。〔四〕黄巾將走，草作鳥獸之形；〔五〕董卓欲誅，葉爲人馬之狀。〔六〕有莘氏女採兒於空桑之中，〔七〕水濱浣嫗得子於流竹之裏。〔八〕陸機引軍而牙折，〔九〕桓玄出游而蓋飄。〔一〇〕

【校注】

〔一〕「成皋」句：事待考。今按：成皋，各本同。疑或是「成彪」之誤。《太平御覽》卷九三六引《幽明録》

曰：「成彪兄喪，哀悼結氣，晝夜哭泣。後釣於澤，經所共飲處，釋綸悲感，有大魚跳入舡中，俯視諸小魚，彪仰天號慟，俛而見之，悉放小魚，大者便自出舡去。」

〔二〕「華隆」句：《搜神記》卷二〇《華隆家犬》：「太興中，吴民華隆養一快犬，號『的尾』，常將自隨。隆後至江邊伐荻，爲大蛇盤繞，犬奮咋蛇，蛇死。隆僵仆無知，犬彷徨涕泣，走還舟，復反草中。徒伴怪之，隨往，見隆悶絶，將歸家。犬爲不食，比隆復蘇，始食。隆愈愛惜，同於親戚。」亦見《太平御覽》卷九〇五引《幽明録》。華隆，各本作「華陰」。今按：《搜神記》卷二〇《華隆家犬》、《太平御覽》卷九〇五引《幽明録》作「華隆」，當是，據改。

〔三〕「武昌」句：《宋書》卷三〇《五行志》：「王敦在武昌，鈴下儀仗生華如蓮花狀，五六日而萎落。」亦見《晉書》卷二七《五行志》、《搜神記》卷七《儀仗生花》。武昌郡，三國時吴置，治所在武昌縣，即今湖北鄂州。杖，據《宋書·五行志二》、《晉書·五行志》等，疑作「仗」。

〔四〕「長安」句：事待考。門，各本同。《四庫全書》本作「閤」。

〔五〕「黄巾」三句：《後漢書·五行志二》載：中平元年（一八四）夏，「東郡，陳留濟陽、長垣，濟陰冤句、離狐縣界，有草生，其莖靡纍腫大如手指，狀似鳩雀龍蛇鳥獸之形，五色各如其狀，毛羽頭目足翅皆具。近草妖也。是歲黄巾賊始起。」亦見《搜神記》卷六《草作人狀》。黄巾，東漢末年太平道首領張角等起兵，徒衆數十萬，皆以黄巾裹頭，稱爲黄巾軍。

〔六〕「董卓」三句：《太平御覽》卷九九四引《風俗通》曰：靈帝光和七年（一八四），「陳留濟陰諸郡，路邊草生，作人狀，操持矛弩牛馬，萬狀備具。後關東誅董卓，陳留濟陰棄好即戎，吏民殲殘。草妖之興，豈不或信？」今按：《後漢書・五行志二》、《搜神記》卷六《草作人狀》與《太平御覽》卷九九四引《風俗通》所載實爲同一事。董卓，字仲穎，隴西臨洮人。東漢末，天下大亂，卓將兵入洛陽，行廢立，後爲王允、吕布所殺。《三國志》卷六有傳。

〔七〕「有莘」句：《吕氏春秋》卷一四《孝行覽・本味》：「有侁氏女子採桑，得嬰兒於空桑之中，獻之其君。其君令烰人養之。察其所以然，曰：『其母居伊水之上，孕，夢有神告之曰：「臼出水而東走，毋顧。」明日，視臼出水，告其鄰，東走十里，而顧其邑，盡爲水，身因化爲空桑。』故命之曰伊尹。」高誘注：「侁，讀曰莘。」有莘（shēn），古國名。故地在今河南開封，一説，在今山東曹縣北。

〔八〕「水濱」句：《華陽國志》卷四《南中志》：「有竹王者，興於遯水。先是有一女子浣於水濱。有三節大竹流入女子足間，推之不肯去。聞有兒聲，取持歸，破之，得一男兒。養之長，有才武，遂雄夷濮，氏以竹爲姓。捐所破竹於野，成竹林，今竹王祠竹林是也。」

〔九〕「陸機」句：《宋書》卷三〇《五行志》：「晉惠帝太安二年，成都王穎使陸機率衆向京師，擊長沙王乂。軍始引而牙竿折，俄而戰敗，機被誅。穎尋奔潰，卒賜死。」事亦見《晉書》卷二七《五行志》。陸機，字士衡，吴郡吴人。吴亡，與弟雲入洛。仕晉，官至尚書中兵郎，封關中侯，進中書郎。河橋之敗，被誅。《晉書》卷五四有傳。牙，《文選》卷三張平子《東京賦》：「戈矛若林，牙旗繽紛。」薛綜注引《兵書》曰：「牙旗者，將軍之旌，謂古者天子出，建大牙旗竿上，以象牙飾之，故云牙旗。」此指牙旗旗竿。

〔一〇〕「桓玄」句：《宋書》卷三四《五行志》：「元興三年正月，桓玄游大航南，飄風飛其轜輗蓋。三月，玄敗。」事亦見《太平御覽》卷八七六引《晉中興書》、《晉書》卷二九《五行志》。桓玄，字敬道。東晉末，襲父爵爲南郡公。曾據有荆、雍，領荆、江二州刺史，都督荆、司等八州。後稱帝，不久爲劉裕等所討，敗死。《晉書》卷九九有傳。

59·5 隕石於宋都，〔一〕雨（玉）〔土〕於薄邑。〔二〕取董奉之杏，去即值虎；〔三〕持歸（姜）〔美〕之橘，還輒遇蛇。〔四〕益陽金人，杖築地而成井；〔五〕滁水竹王，以劍擊石而出水。〔六〕夫差之女死，以玉壺送（葬）韓重；〔七〕〔崔氏〕之女亡，以金罌贈別。〔八〕

【校注】

〔一〕「隕石」句：《左傳·僖公十六年》：「十六年春，隕石於宋五，隕星也。六鷁退飛，過宋都，風也。」宋都，在今河南商丘。

〔二〕「雨土」句：《墨子》卷五《非攻下》：「還至乎商王紂，天不序其德，祀用失時，兼夜中，十日雨土于薄，九鼎遷止，婦妖宵出，有鬼宵吟，有女爲男，天雨肉，棘生乎國道，王兄自縱也。」雨土，各本作「雨玉」。今按：據《墨子》，當作「雨土」，改。薄，《太平御覽》卷八三引《墨子》、卷八七七引《尚書中候》均作「亳」。薄，同「亳」。亳，古都邑名。曾是商湯的都城。傳有三處。一説在今河南商丘東南，傳説湯曾居於此，又名南亳。一説在今河南商丘北，傳説諸侯擁戴湯爲盟主於此，又名北亳。一説在今河南偃師西，傳説湯攻克夏時所居，又名西亳。《史記》卷三《殷本紀》裴駰《集解》：「皇甫謐曰：『梁國穀熟爲南亳，即湯都也。』」張守節《正義》引《括地志》云：「宋州穀熟縣西南三十五里南亳故城，即南亳，湯都也。宋州北五十里大蒙城爲景亳，湯所盟地，因景山爲名。河南偃師爲西亳，帝嚳及湯所都，盤庚亦徙都之。」

〔三〕「取董奉」二句：《藝文類聚》卷八七引《神仙傳》曰：「董奉居廬山，爲治病，重者種杏五株，輕者一株。於林中所在，簞食一器，是换一穀，少者虎逐之，乃以穀賑貧窮，號董仙杏林。」亦見《太平御覽》卷九六八引《神仙傳》。

〔四〕「持歸美」二句：《異苑》卷二《石城甘橘》：「南康歸美山石城内，有甘橘、橙柚。就食其實，任意取足。脱持歸者，便遇大蛇，或顛仆失徑。家人啖之，輒病。」歸美，各本作「歸姜」。《太平御覽》卷九六六、卷九七一、卷九七三引《異苑》均作「歸美」。今按：「姜」乃「美」之形訛，據改。歸美山，在今江西定南西南。《太平御覽》卷一七九引鄧德明《南康記》曰：「南康縣歸美山，去縣七百里，下有石城，高數丈，遠望嵯峨，靈闕騰空，故老謂之神闕。」

〔五〕「益陽」二句：《後漢書·郡國志》「長沙郡·益陽」，李賢注引《荆州記》曰：「縣南十里有平岡，岡有金井數百，淺者四五尺，深者不測。俗傳云有金人以杖撞地，輒便成井。」亦見《水經注》卷三八《資水》、《北堂書鈔》卷一五九、《初學記》卷七、《太平御覽》卷一八九引《荆州記》。益陽，縣名，西漢置，治所在今湖南益陽東。

〔六〕「𤅢水」二句：此「𤅢水竹王」即上節「水濱浣嫗得子於流竹之裏」中「浣嫗」之子，事見本篇五十九·四節校注〔八〕。《華陽國志》卷四《南中志》：「王與從人嘗止大石上，命作羹。從者白無水，王以劍擊石，水出。今王水是也，破石存焉。」𤅢水，又作「豚水」、「遯水」，即今北盤江。源於雲南宣威北部，流經貴州省西部。《漢書》卷二八《地理志》：「夜郎，豚水東至廣鬱。」𤅢，重校本、《叢書集成》本、《百子全書》本、龍溪精舍本作「遯」。吴校：「『𤅢』當作『遯』。」

〔七〕「夫差」二句：《太平御覽》卷七六一引《搜神記》曰：「吴王夫差女玉，悦童子韓重，結氣死。形見，將重入冢，取崑崙玉壺與之。」事亦見《搜神記》卷一六《紫玉》及《藝文類聚》卷八四、《太平御覽》卷八〇五、《太平廣記》卷三一六「韓重」條引《搜神記》。夫差，春秋末吴國國君。曾大敗越國，使越屈服。後越興兵滅吴，夫差自殺。生平事蹟詳《左傳》定公十三年、哀公元年、《史記》卷三一《吴太伯世家》、《吴越春秋》、《越絶書》等。又，各本「送」下衍「葬」字，今删。

〔八〕「崔氏」二句：《太平廣記》卷三二四引《幽明録》曰：「崔茂伯女，結婚裴祖兒。婚家相去五百餘里，數歲不通。八月中，崔女暴亡，裴未知也。日將暮，女詣裴門，拊掌求前。提金罌，受二升許，到牀前而立。裴令坐，問所由，女曰：『我是清河崔府君女，少聞大人以我配君，不幸喪亡，大義不遂，雖同牢未顯，然斷金已著，所以故來報君耳。』便别以金罌贈裴。」亦畧見《太平御覽》卷七五八引《幽明録》。崔氏，各本脱。今按：據《太平御覽》卷七五八、《太平廣記》卷三二四引《幽明録》，此爲崔茂伯女事，原文有脱，據補二字。罌，小口大腹之瓶。

59·6 石言於晉國，〔一〕石立於泰山。〔二〕神降於莘，〔三〕蛇鬭於鄭。〔四〕子文受於菟之乳，〔五〕魏顆獲結草之功。〔六〕龍（戰）〔止〕於夏庭，〔七〕樹生於殷廟。〔八〕會稽城門之鼓，擊之聲聞洛陽，遂得號爲雷門。〔九〕是何怪（於）〔與〕？〔一〇〕妖祥之事，〔一一〕可殫言乎？

【校注】

〔一〕「石言」句：《左傳·昭公八年》：「八年春，石言於晉魏榆，晉侯問於師曠曰：『石何故言？』對曰：『石不能言，或馮焉。不然，民聽濫也。抑臣又聞之曰：「作事不時，怨讟動於民，則有非言之物而言。」』」亦見《説苑》卷一八《辨物》。

〔二〕「石立」句：《漢書》卷二七中之上《五行志》：「孝昭元鳳三年正月，泰山萊蕪山南匈匈有數千人聲。民視之，有大石自立，高丈五尺，大四十八圍，入地深八尺，三石爲足。石立處，有白烏數千集其旁。」亦見《搜神記》卷六《泰山石立》。

〔三〕「神降」句：《左傳·莊公三十二年》：「秋，七月，有神降於莘。」莘，春秋時號邑，在今河南陝縣東南。

〔四〕「蛇鬭」句：《左傳·莊公十四年》：「初，内蛇與外蛇鬭於鄭南門中，内蛇死。」亦見《漢書》卷二七《五行志》及《搜神記》卷六《龍鬭》。

〔五〕「子文」句：《左傳・宣公四年》：「初，若敖娶於䢵，生鬭伯比。若敖卒，從其母畜於䢵，淫於䢵子之女，生子文焉。䢵夫人使棄諸夢中，虎乳之。䢵子田，見之，懼而歸。夫人以告，遂使收之。楚人謂乳穀，謂虎於菟，故命之曰鬭穀於菟。以其女妻伯比，實爲令尹子文。」子文，一名鬭穀於菟。春秋時楚國人，曾爲楚令尹。生平事蹟詳《左傳》僖公七年、二十三年及宣公四年。於菟，虎的别稱。

〔六〕「魏顆」句：《左傳・宣公十五年》：「秋七月，秦桓公伐晉，次於輔氏。壬午，晉侯治兵於稷，以略狄土，立黎侯而還。及雒，魏顆敗秦師於輔氏，獲杜回，秦之力人也。初，魏武子有嬖妾，無子。武子疾，命顆曰：『必嫁是。』疾病，則曰：『必以爲殉！』及卒，顆嫁之，曰：『疾病則亂，吾從其治也。』及輔氏之役，顆見老人結草以亢杜回，杜回躓而顛，故獲之。夜夢之曰：『余，而所嫁婦人之父也。爾用先人之治命，余是以報。』」魏顆，春秋時晉人。

〔七〕「龍止」句：《史記》卷四《周本紀》：「昔自夏后氏之衰也，有二神龍止於夏帝庭而言曰：『余，褒之二君。』夏帝卜殺之與去之與止之，莫吉。卜請其漦而藏之，乃吉。於是布幣而策告之，龍亡而漦在，櫝而去之。」本書《箴戒篇》第十五節：「其先夏后氏衰，有二龍止於夏庭。」「止」，各本作「戰」。今按：《史記》卷四《周本紀》、本書《箴戒篇》俱作「止」，據改。

〔八〕「樹生」句：《史記》卷三《殷本紀》：「帝太戊立伊陟爲相。亳有祥桑穀共生於朝，一暮大拱。帝太戊懼，問伊陟。伊陟曰：『臣聞妖不勝德，帝之政其有闕與？帝其修德。』太戊從之，而祥桑枯死而去。伊陟贊言於巫咸。」廟，《史記》卷三《殷本紀》作「朝」。

〔九〕「會稽」三句：《藝文類聚》卷九〇引《臨海記》曰：「郡西北有白鶴山，周迴六十里，高三百丈，有泄水懸注，遥望如倒掛白鶴，因以爲名。古老相傳云：『此山昔有晨飛鵠，入會稽雷門鼓中，於是雷門鼓鳴，洛陽聞之。』」亦略見《太平御覽》卷四七引《郡國志》、《太平寰宇記》卷九六引《會稽記》。《六朝事迹編類》卷八「潛鶴鼓」：「臺城端門上二鼓，初得於會稽雷門，傳是越王舊物，擊之，聲聞洛陽。」雷門，《漢書》卷七六《王尊傳》：「尊曰：『毋持布鼓過雷門！』」顔師古注：「雷門，會稽城門也，有大鼓。越擊此鼓，聲聞洛陽，故尊引之也。」

〔一〇〕與：底本、《四庫全書》本作「於」，重校本、《叢書集成》本、《百子全書》本、龍溪精舍本作「與」。吴校：「『於』當是『與』，平聲。」今按：「於」不表示疑問語氣。吴校是，據改。與，可用爲語氣詞，表疑問。如《論語·學而》：「夫子至於是邦也，必聞其政，求之與，抑與之與？」詳楊樹達《詞詮》卷九「與」字條。

〔一一〕祥：《史記》卷三《殷本紀》裴駰《集解》引孔安國曰：「祥，妖怪。」

金樓子卷第五

金樓子卷第六

梁孝元皇帝撰

雜記篇十三上〔一〕

1　成湯誅獨木，〔二〕管仲誅史符，〔三〕吕望誅任禼，〔四〕魏操誅文舉，〔五〕孫策誅高岱，〔六〕黄祖誅禰衡，〔七〕晉相誅嵇康，〔八〕漢宣誅楊惲：〔九〕此豈關大盜者？深防政術，腹誹心謗，〔一〇〕不可全也。

【疏證】

《荀子》卷二〇《宥坐篇》載：孔子曰：「是以湯誅尹諧，文王誅潘止，周公誅管叔，太公誅華仕，管仲誅付里乙，子産誅鄧析、史付。」《説苑》卷一五《指武》載：孔子曰：「昔者，湯誅蠋沐，太公誅潘址，管仲誅史附里，子産誅鄧析，此五子未有不誅也。」亦見《尹文子・大道下》、《孔子家語》

卷一《始誅》。

【校注】

〔一〕「雜記」句：各本「上」下有小字云：「案此篇目録本分上、下，原本割裂，有載上、下篇名者，今仍分屬。其但標《雜記篇》者，則附於上篇之後，下篇之前。又此篇雜引子史，疑皆有斷語。（《四庫全書》本有「因」字）原本割裂失去，故或有或無，今悉仍其舊。謹識於此。」

〔二〕成湯：姓子，名履。契之後裔。夏桀無道，湯發兵滅之，建立商朝。事蹟詳《史記》卷三《殷本紀》。獨木：《説苑》卷一五《指武》作「蠋沐」，《荀子》卷二〇《宥坐篇》、《尹文子·大道下》、《孔子家語》卷一《始誅》作「尹諧」，生平無考。今按：蠋沐、尹諧，似非一人。

〔三〕管仲：名夷吾，字仲，謚號敬。春秋時齊國潁上人。爲齊國上卿，輔佐齊桓公成爲春秋時首位霸主。有《管子》十九卷。《史記》卷六二有傳。　史符：《説苑》卷一五《指武》作「史附里」，《荀子》卷二〇《宥坐篇》、《尹文子·大道下》、《孔子家語》卷一《始誅》作「付里乙」，生平無考。

〔四〕吕望：姜姓，吕氏，名尚，字子牙，東海人。家貧，釣於渭濱，周文王遇之，與語，大悦曰：「吾太公望子久矣。」故稱太公望，俗稱姜太公。佐文王、武王滅商，有大功。封於齊，爲齊國始祖。《史記》卷三二有傳。　禼（xiè）：《四庫全書》本、重校本、《叢書集成》本、《百子全書》本、龍溪精舍本作「卨」。今按：禼、卨同。任禼，《説苑》卷一五《指武》作「潘址」，《荀子》卷二〇《宥坐篇》作「華仕」，《尹文子·大道下》、《孔子家語》卷一《始誅》作「華士」。《韓非子》卷一三《外儲説右上》曰：「太公望東封於齊，齊東海上有居士曰狂矞、華士昆弟二人者，立議曰：『吾不臣天子，不友諸侯，耕作而食之，掘井而飲之，吾無求於人也；無上之名，無君之禄，不事仕而事力。』太公望至於營丘，使執殺之，以爲首誅。」

〔五〕魏操：即魏武帝曹操，字孟德。東漢沛國譙人。《三國志》卷一有紀。文舉：孔融字文舉，東漢魯國人。孔子二十世孫。獻帝時爲北海相，歷少府、太中大夫。文辭有名於世，爲「建安七子」之一。有《孔北海集》。《後漢書》卷七〇有傳。《後漢書》本傳：「曹操既積嫌忌，而郗慮復構成其罪，遂令丞相軍謀祭酒路粹枉狀奏融曰：『少府孔融，昔在北海，見王室不静，而招合徒衆，欲規不軌，云「我大聖之後，而見滅於宋，有天下者，何必卯金刀」。及與孫權使語，謗訕朝廷。又融爲九列，不遵朝儀，秃巾微行，唐突宫掖。又前與白衣禰衡跌蕩放言，云「父之於子，當有何親？論其本意，實爲情欲發耳。子之於母，亦復奚爲？譬如寄物缻中，出則離矣」。既而與衡更相讚揚。衡謂融曰：「仲尼不死。」融答曰：「顔回復生。」大逆不道，宜極重誅。』書奏，下獄棄市。時年五十六。」

〔六〕孫策：字伯符，吴郡富春人，吴主孫權長兄。東漢末年曾割據江東。《三國志》卷四六有傳。高岱：《三國志》卷四六《孫策傳》裴松之注引《吴録》曰：「時有高岱者，隱於餘姚，策命出使會稽丞陸昭逆之，策虚己候焉。聞其善《左傳》，乃自玩讀，欲與論講。或謂之曰：『高岱以將軍但英武而已，無文學之才。若與論《傳》，而或云不知者，則某言符矣。』又謂岱曰：『孫將軍爲人，惡勝己者，若每問，當言不知，乃合意耳。如皆辨義，此必危殆。』岱以爲然，及與論《傳》，或答不知。策果怒，以爲輕己，乃囚之。知交及時人皆露坐爲請，策登樓，望見數里中填滿。策惡其收衆心，遂殺之。岱字孔文，吴郡人也。受性聰達，輕財貴義。其友士拔奇，取於未顯，所友八人，皆世之英偉也。」

〔七〕黄祖：東漢末年荆州牧劉表的部將。事蹟見《後漢書》卷八〇下《文苑列傳》、《三國志》卷一〇《荀彧傳》裴松之注引《典畧》等。　禰衡：字正平，東漢平原般人。少有才辯，孔融薦於曹操，衡稱病不往。操忿其侮慢，召爲鼓吏，反爲衡所辱。操怒，送與劉表。表不能容，復送與黄祖，見殺。今存《鸚鵡賦》。《後漢書》本傳：「黄祖在蒙衝船上，大會賓客，而衡言不遜順，祖慚，乃訶之，衡更熟視曰：『死公！云等道？』祖大怒，令五百將出，欲加箠，衡方大罵，祖恚，遂令殺之。祖主簿素疾衡，即時殺焉。（祖長子）射徒跣來救，不及。祖亦悔之，乃厚加棺斂。衡時年二十六。」事亦畧見《三國志》卷一〇《荀彧傳》裴松之注引《典畧》。

〔八〕晉相：指司馬昭。昭字子上，河内温縣人，司馬懿子。仕魏，封晉公，爲相國，專擅國政。發兵滅蜀，進爵晉王，尋卒。子炎代魏稱帝，追尊爲文帝。《晉書》卷二有紀。　嵇康：字叔夜，魏譙國銍人。齊王芳正始間，除郎中，拜中散大夫，後隱居不仕，爲「竹林七賢」之一。終以忤司馬昭，坐事誅。《晉書》卷四九有傳。《晉書》本傳：鍾會有憾於嵇康，「言於文帝曰：『嵇康，卧龍也，不可起。公無憂天下，顧以康爲慮耳。』因譖『康欲助毌丘儉，賴山濤不聽。昔齊戮華士，魯誅少正卯，誠以害時亂教，故聖賢去之。康、安等言論放蕩，非毀典謨，帝王者所不宜容。宜因釁除之，以淳風俗』。帝既昵聽信會，遂並害之。」

〔九〕漢宣：即漢宣帝劉詢。詢，字次卿。昭帝死，大臣霍光等迎立爲帝。謚曰宣，廟號中宗。《漢書》卷八有紀。楊惲：字子幼，華陰人。仕漢，官至大司農，光禄勳。後爲人所誣，腰斬。《漢書》卷六六有傳。《漢書》本傳：「惲宰相子，少顯朝廷，一朝以晻昧語言見廢，内懷不服……會有日食變，騶馬猥佐成上書告惲『驕奢不悔過，日食之咎，此人所致』。章下廷尉案驗，得所予會宗書，宣帝見而惡之。廷尉當惲大逆無道，要斬。妻子徙酒泉郡。」

〔一〇〕腹誹心謗：《史記》卷三〇《平準書》：「（張）湯奏當異九卿見令不便，不入言而腹誹，論死。自是之後，有腹誹之法。」

2 龜所以有殼者，何也？欲以自衛也。而人求而鑽灼之，何也？爲殼也。翠所以可愛者，爲有羽也。而人殺之，何也？爲毛也。〔一〕私家有器甲，欲以防盜也，而王法治之；閭閻間有利口之人者，〔二〕欲自進也，而縣官裁之：〔三〕可不戒哉！

【校注】

〔一〕「龜所以」數句：《劉子·韜光》：「翠以羽自殘，龜以智自害，丹以含色磨肌，石以抱玉碎質：此四者，生於異俗，與人非不隔也。託性於山林，寄情於物外，非有求於人也；然而自貽伊患者，未能隱其形也。若使翠斂翮於明丘之林，則解羽之患永脱；龜曳尾於暘谷之泥，則鑽灼之悲不至。」翠，各本同，《四庫全書》本作「鳥」。《説文解字·羽部》：「翠，青羽雀也，出鬱林。」又，《文選》卷四左太沖《蜀都賦》劉逵注：「翠，翠鳥也。」

〔二〕閭閻：指民間。《漢書》卷三〇《異姓諸侯王表》顔師古注：「閭，里門也。閻，里中門也。」利口：能言善辯。

〔三〕縣官：指朝廷、官府。亦爲天子之别稱。《史記》卷五七《絳侯周勃世家》司馬貞《索隱》：「縣官謂天子也。所以謂國家爲縣官者，《夏官》王畿内縣即國都也。王者官天下，故曰縣官也。」裁：《淮南子》卷一〇「度伎能而裁使之」，高誘注：「裁，制也。」

3　有人讀書，握卷而輒睡者。梁朝有名士呼書卷爲「黄妳」，〔一〕此蓋見其美神養性如妳媪也。〔二〕夫兩葉蔽目，不見泰山；兩豆塞耳，不聞雷奮；〔三〕以其專志也。專志既過，不覺睡也。

【疏證】

《鶡冠子》卷上《天則》：「夫耳之主聽，目之主明。一葉蔽目，不見太山；兩豆塞耳，不聞雷霆。」

【校注】

〔一〕黄妳(nǎi)：《紺珠集》本、《説郛》本《金樓子》曰：「黄妳，書卷，言怡神如黄妳。」「妳」，同「奶」，乳汁。

〔二〕妳媪：乳母。南朝梁武帝《孝思賦序》：「年未髫齔，内失所恃。餘喘妗娦，妳媪相長。」慧琳《一切經音義》卷九八「妳媪」注：「上搦矮反，考聲，謂乳兒嫗也。下烏皓反。文穎注《漢書》云：幽州及漢中皆謂老嫗爲媪。《説文》：女老稱也。」見：各本同，《太平御覽》卷六一六引《金樓子》作「言」。美：各本同，《太平御覽》卷六一六引《金樓子》作「怡」。

〔三〕「夫兩葉」四句：《劉子·專學》：「夫兩葉掩目，則冥默無睹；雙珠填耳，必寂寞無聞。」

4 趙簡子沈鸞激於河，〔一〕曰：「吾嘗好聲〔色〕，〔二〕爲吾致之；吾嘗好宫室，爲吾致之；吾嘗好良馬善御，爲吾致之。吾好賢士，而鸞激未嘗進一人。是長吾過而黜吾善也。」夫簡子者，能善督責於臣矣。

【疏證】

《吕氏春秋》卷二〇《恃君覽·驕恣》：「趙簡子沈鸞徼於河，曰：『吾嘗好聲色矣，而鸞徼致之；吾嘗好宫室臺榭矣，而鸞徼爲之；吾嘗好良馬善御矣，而鸞徼來之。今吾好士六年矣，而鸞徼未嘗進一人也。是長吾過而絀善也。』故若簡子者，能厚以理督責於其臣矣。」亦見《説苑》卷一

《君道》、《水經注》卷四《河水》。

【校注】

〔一〕趙簡子：即趙鞅，春秋末期晉國六卿之一。晉昭公時，趙簡子爲大夫，專國事。生平事蹟詳《史記》卷四三《趙世家》。　鸞激：各本同。重校本、《叢書集成》本、《百子全書》本、龍溪精舍本作「欒激」。吴校：「『鸞』當作『欒』，下同。按此條與《説苑》所載微異。」今按：《吕氏春秋》卷二〇《恃君覽·驕恣》作「鸞徼」。生平無考。

〔二〕聲色：底本、《四庫全書》本脱「色」字，重校本「聲」下旁側有小字有「色」字，《叢書集成》本、《百子全書》本、龍溪精舍本「聲」下有「色」字。吴校：「『聲』下《説苑》有『色』字。」今按：《吕氏春秋》卷二〇《恃君覽·驕恣》、《説苑》卷一《君道》、《水經注》卷四載此事均有「色」字，據補。

5　有人以人物就問司馬徽者，〔一〕徽初不辨其高下，〔二〕每輒言「佳」。其婦諫之曰：「人以君善士，故質疑問於君，君宜論辯，使各得其所。而一者言『佳』，二者言『佳』，豈人所咨問君之意耶？」徽曰：「汝此言亦復佳。」此所以避時也。

【疏證】

《世説新語·言語》劉孝標注引《司馬徽别傳》曰：「徽字德操，潁川陽翟人。有人倫鑒識，居荆州，知劉表性暗，必害善人，乃括囊不談議時人。有以人物問徽者，初不辨其高下，每輒言『佳』。其婦諫曰：『人質所疑君，宜辨論，而一皆言「佳」，豈人所以咨君之意乎？』徽曰：『如君所言，亦復佳。』其婉約遜遁如此。」

【校注】

〔一〕司馬徽：字德操，潁川陽翟人，東漢末年隱士。清雅，有人倫鑒識，人稱「水鏡先生」。事蹟參《三國志》卷三七《龐統傳》裴松之注引《襄陽記》、《世説新語·言語》及劉孝標注引《司馬徽别傳》、《藝文類聚》卷九四引董正《别傳》等。

〔二〕高下：優劣，得失。《吕氏春秋》卷二六《士容論·任地》：「操事則苦，不知高下，民乃逾處。」

6 劉穆之居京下，〔一〕家貧。其妻江嗣女，穆之好往妻兄家乞食，每爲妻兄弟所辱，穆之不〔以〕爲恥。〔二〕一日往妻家，食畢，求檳榔。〔三〕江氏〔兄〕弟戲之曰：〔四〕「檳榔本以消食，君常飢，何忽須此物？」後穆之來爲宋武佐命。〔五〕及爲丹陽尹，〔六〕乃召妻兄弟，設盛饌，勸酒令醉，言語致歡。座席將畢，令厨人以金柈貯檳榔一斛，〔七〕曰：「此日以爲口實。〔八〕」客因此而退。

【疏證】

《太平御覽》卷九七一引《宋書》曰：「劉穆之少時，家貧，誕節嗜酒食，不修拘檢。好往妻兄家乞食，多見辱，不以爲恥。其妻江嗣女，甚明識，每禁不令往。江氏後有慶會，屬勿來，穆之猶往。食畢，求檳榔。江氏兄弟戲之曰：『檳榔消食，君乃常飢，何忽須此？』妻復截髮市肴饌，爲其兄弟以餉穆之，自此不對穆之梳沐。及穆之爲丹陽尹，將召妻兄，妻泣而稽顙以致謝。穆之曰：『本不匿怨，無所致憂！』及至醉，穆之乃令廚人以金盤貯檳榔一斛以進之。」亦見《太平御覽》卷八四八引《宋書》。

【校注】

〔一〕劉穆之：字道和，小字道民，東莞莒人，世居京口。佐劉裕奪天下，爲心腹重臣。《宋書》卷四二有傳。

京下：指京口。即今江蘇鎮江。元李治《敬齋古今黈》卷四：「洛言洛下，稷言稷下。……言稱下者，猶言在此處也。」

〔二〕不以爲恥：各本脱「以」字，今據《太平御覽》卷九七一引《宋書》補。

〔三〕檳榔：《藝文類聚》卷八七引周成《雜字》曰：「檳榔，果也，似螺，可食。」同卷引《異物志》曰：檳榔樹果實「剖其上皮，煮其膚熟而貫之，堅如乾棗，以夫留古賁並食，則滑美下氣，及宿食消穀」。

〔四〕兄弟：底本脱「兄」字，《四庫全書》本、《叢書集成》本、《百子全書》本、龍溪精舍本「弟」上有「兄」字，重校本「弟」上旁側有小字「兄」字。吳校：「『弟』上本有『兄』字。」今按：《太平御覽》卷九七一引《宋書》及《南史》卷一五《劉穆之傳》「弟」上有「兄」字，且本節下文亦言「兄弟」，故以有「兄」爲是，據補。

〔五〕宋武：指宋武帝劉裕。裕字德輿，祖籍彭城，東晉時遷居京口。初爲北府兵將領，以戰功，官至相國，封宋王。代晉稱帝，國號宋。卒，謚武，廟號高祖。《宋書》卷一至卷三、《南史》卷一《宋本紀》有紀。佐命：古代帝王建立王朝，自謂秉承天命，故稱輔佐之重臣爲佐命。

〔六〕丹陽尹：京師所在丹陽郡行政長官。劉宋第三品。《宋書》卷四二《劉穆之傳》：「（義熙）八年，加丹陽尹。」

〔七〕柈：同「槃」、「盤」。盤子。《抱朴子》外篇《應嘲》：「土柈之盈案，無益於腹虛也。」

〔八〕口實：《周易·頤卦》：「自求口實。」孔穎達疏：「求其口中之實也。」引申爲食品或口中所含之物。《藝文類聚》卷八七引《廣志》曰：「木實曰檳榔，樹無枝，畧如柱，其顛生穟而秀，生棘針，重疊其下，彼方珍之，以爲口實。亦出交趾。」亦用以指話柄或談資。今按：劉穆之顯然有憾於昔日江氏兄弟「檳榔消食」之事，故此「口實」，義實雙關。

7 顏師伯要倖，〔一〕貴臣莫二，而多納貨賄，家累千金。宋世祖常與師伯樗蒲，〔二〕籌將決，世祖先擲得雉，〔三〕喜謂必勝。師伯後擲得盧，〔四〕帝失色。師伯（擲）遽斂（手）

〔子〕，〔五〕佯曰：「幾作盧爾。」是日，師伯一輸百金。〔六〕

【校注】

〔一〕顏師伯：字長淵，琅邪臨沂人。宋世祖劉駿的寵臣。《宋書》卷七七、《南史》卷三四有傳。

〔二〕宋世祖：指劉駿。駿字休龍，宋文帝第三子。文帝爲太子劉劭所殺，駿率兵進討，至新亭即位稱帝。卒，謚曰孝武帝，廟號世祖。《宋書》卷六、《南史》卷二《宋本紀》有紀。　樗蒲：古代一種博戲，後世亦以指賭博。漢馬融《樗蒲賦》：「昔玄通先生遊於京都，道德既備，好此樗蒲。」

〔三〕雉：古代博戲中的彩名。《晉書》卷八五《劉毅傳》：「後於東府聚摴蒱大擲，一判應至數百萬，餘人並黑犢以還，唯劉裕及毅在後。毅次擲得雉，大喜，褰衣繞牀，叫謂同坐曰：『非不能盧，不事此耳。』」明彭大翼《山堂肆考》卷一六九《技藝・五木》：「古者烏曹氏作博，以五木爲子，有梟、盧、雉、犢、塞，爲勝負之采。博頭有刻梟形者爲最勝，盧次之，雉、犢又次之，塞爲最下。」此種博戲尚有不同規則。參閱唐李肇《唐國史補》卷下「叙古摴蒲法」條、宋程大昌《演繁露》卷六《投五木瓊榥玖骰》。

〔四〕盧：古時樗蒲戲彩名。擲五子全黑者稱盧，得彩十六，爲頭彩。《晉書》卷八五《劉毅傳》：「裕惡之，因挼五木久之，曰：『老兄試爲卿答。』既而四子俱黑，其一子轉躍未定，裕厲聲喝之，即成盧焉。」

〔五〕師伯：各本「伯」下衍「擲」字，《南史》卷三四《顏師伯傳》及《資治通鑑》卷一二九《宋紀十一》「武帝大明四年」載此事，俱無「擲」字。今按：「擲」乃涉上文而衍，删。　斂子：收起博籌。「子」，各本作「手」，《南史》卷三四《顏師伯傳》及《資治通鑑》卷一二九《宋紀十一》「武帝大明四年」下作「子」。今按：樗蒲中，盧勝雉，顏師伯擲作盧，迅速收起博籌，旁人不及反應，故曰「幾作盧爾」。若是「斂手」，則博籌俱在，明勝宋世祖，於上下文不通，故「手」當作「子」，據改。

〔六〕百金：各本同，《南史》卷三四《顏師伯傳》及《資治通鑑》卷一二九《宋紀十一》「武帝大明四年」下俱作「百萬」。《資治通鑑·宋紀十一》「武帝大明四年」載此事，胡三省注有云：「此亦師伯爲佞之一端。」

8　宋山陽王休祐屢以言語忤顏色。〔一〕有庾（□敏）〔道愍〕者能相手板，〔二〕休祐以己手板託爲他許，〔三〕令占之。庾曰：「此板相乃甚貴，然後使人多諐忤。」休祐以褚淵詳密，〔四〕乃換其板。他日淵得侍帝，〔五〕自稱「下官」，〔六〕太宗多忌，〔七〕甚不悅。〔八〕而手板往往入相，〔九〕余以爲信然。

【校注】

〔一〕宋山陽王休祐：劉休祐，宋文帝第十三子。初封山陽王，後改封晉平王，先後爲湘州、豫州、荆州、南徐州刺史。貪淫，好財色，以狠戾忤上，被殺，謚曰刺王。《宋書》卷七二《文九王傳》、《南史》卷一四《宋宗室及諸王傳》有傳。　顏色：此處指皇帝的臉色、情面。

〔二〕庾道愍：潁川鄢陵人，有孝行，頗能屬文，尤精相板。歷仕宋、齊。《南史》卷七三《孝義傳》有傳。底本「庾」下有空格符「□」，「愍」作「敏」；《四庫全書》本作「庾道敏」，重校本、《叢書集成》本、《百子全書》本、龍溪精舍本作「庾敏」。吴校：「『庾』下本無缺字。」今按：四庫本有「道」字是，「敏」，當作「愍」，據改。

〔三〕手板：《宋書》卷一八《禮志五》：「笏者，有事則書之。……手板，則古笏矣。」《隋書》卷一二《禮儀志》：「笏，案《禮》：『諸侯以象，大夫魚須文竹，士以竹，本象可也。』凡有指畫於君前，受命書於笏，笏畢用也。《五經要義》曰：『所以記事，防忽忘。』《禮圖》云：『度二尺有六寸，中博二寸，其殺六分去一。』晉、宋以來，謂之手板，此乃不經，今還謂之笏，以法古名。自西魏以降，五品已上，通用象牙，六品已下，兼用竹木。」《隋書》卷三四《經籍志三》載：「《相手板經》六卷。梁《相手板經》、《受板圖》、韋氏《相板印法指署鈔》、魏征東將軍程申伯《相印法》，各一卷，亡。」他許：他人所用。「許」，各本同，《南史》七三《孝義傳·庾道愍》載此事作「物」。清朱駿聲《説文通訓定聲·豫部》：「許，假借爲御。」

〔四〕褚淵：字彦回，祖籍河南陽翟。歷仕宋、齊，官至司空，録尚書事。卒，謚文簡。《南齊書》卷二三有傳。詳密：審慎周密。

〔五〕得：重校本、《叢書集成》本、《百子全書》本、龍溪精舍本「淵」下無「得」字。吴校：「『得』字衍。」今按：《南史》七三《孝義傳·庾道愍》作「他日，彦回侍明帝」，無「得」字。

〔六〕下官：《宋書》卷四二《劉穆之傳》：「先是郡縣爲封國者，内史、相並於國主稱臣，去任便止。至世祖孝建中，始革此制，爲下官致敬。」今按：褚淵對皇帝而自稱下官，有視皇帝爲諸侯國主之嫌，是其失誤，故明帝「甚不悦」。

〔七〕「太宗」句：《宋書》卷八《明帝紀》載：「(明帝)末年好鬼神，多忌諱，言語文書，有禍敗凶喪及疑似之言應回避者，數百千品，有犯必加罪戮。改『騧』爲馬邊瓜，亦以『騧』字似『禍』字故也。以南苑借張永，云『且給三百年，期訖更啓』。其事類皆如此。宣陽門，民間謂之白門，上以白門之名不祥，甚諱之。尚書右丞江謐嘗誤犯，上變色曰：『白汝家門！』謐稽顙謝，久之方釋。太后停屍漆牀先出東宫，上嘗幸宫，見之怒甚，免中庶子官，職局以之坐者數十人。内外常慮犯觸，人不自保。宫内禁忌尤甚，移牀治壁，必先祭土神，使文士爲文詞祝策，如大祭饗。」太宗，指宋明帝劉彧。彧字休炳，宋文帝第十一子。廟號太宗。《宋書》卷八、《南史》卷三《宋本紀》有紀。

〔八〕甚不悦：重校本、《叢書集成》本、《百子全書》本「悦」下有小字云：「疑有脱文。」吴校：「下有脱誤。」《南史》七三《孝義傳·庾道愍》「悦」下有「休祐具以狀言，帝乃意解」等文字。

〔九〕入相：反映人的命運。

9 南陽劉類，好察民間，〔一〕聞狗逐豬子聲，謂吏殺豬，便曳五官掾孫弼。〔二〕時在職有三不肯，〔免、死與〕遷之也。〔三〕吏題其門曰：「劉府君，三不肯。」此戒褊急也，〔四〕余豈可不三復斯言哉！〔五〕

【疏證】

《三國志》卷一五《梁習傳》裴松之注引《魏畧·苛吏傳》曰：「高陽劉類，歷位宰守，苛慝尤甚，以善修人事，不廢於世。嘉平中，爲弘農太守。……嘗案行，宿止民家。民家二狗逐豬，豬驚走，頭插柵間，號呼良久。類以爲外之吏擅共飲食，不復徵察，便使伍百曳五官掾孫弼入，頓頭責之。弼以實對，類自愧不詳，因託問以他事。……舊俗，民謗官長者有三不肯，謂遷、免與死也。類在弘農，吏民患之，乃題其門曰：『劉府君有三不肯。』類雖聞之，猶不能自改。其後安東將軍司馬文王西征，路經弘農，弘農人告類荒耄不任宰郡，乃召入爲五官中郎將。」

【校注】

〔一〕劉類：人名。曾爲弘農太守。生平見《三國志》卷一五《梁習傳》裴松之注引《魏畧·苛吏傳》。

〔二〕「便曳」句：原文語意不明。今按：據《三國志》卷一五《梁習傳》裴松之注引《魏畧·苛吏傳》，當有脱文。五官掾，官名。郡國屬吏，地位僅次於功曹，職主祭祀。孫弼：人名。生平無考。

〔三〕「時在」二句：吴校：「『便曳五官掾孫弼。時在職有三不肯遷之也』，按數句疑有脱誤。」今按：原文不可句讀。據《三國志》卷一五《梁習傳》裴松之注引《魏畧·苛吏傳》，於「遷」上補「免、死與」以使語意畧順。

〔四〕褊（biǎn）急：《詩經·魏風·葛屨》序：「魏地陿隘，其民機巧趨利，其君儉嗇褊急。」孔穎達疏：「褊急，言性躁。」今按：蕭繹自以性褊急，如本書《立言篇上》第四十七節自言「性頗狷急」，《自序篇》第四節自言「性乃隘急」，故有「戒褊急」之論。

〔五〕三復斯言：反復誦讀並體會這句話。《論語·先進》：「南容三復《白圭》。」

10 **荆楚間有人名「我」者，此人向父恒稱「我」，〔一〕向子恒稱名，此其異也。〔二〕**

【校注】

〔一〕父恒：各本同，《雞肋編》卷上引《金樓子》「父」下無「恒」字。

〔二〕異也：各本同，《雞肋編》卷上引《金樓子》「也」下有「又有名子爲大人者，北人恒呼子爲大人，此尤異也」句，或爲本節佚文。

11 **衛人有夫妻祝神者，使得布百匹。其夫曰：「何少耶？」妻曰：「布若多，子當買妾也。」**

【疏證】

《韓非子》卷一〇《内儲説下》：「衛人有夫妻禱者而祝曰：『使我無故，得百束布。』其夫曰：

『何少也？』對曰：『益是，子將以買妾。』」

12 韓子曰：〔一〕「燕人李季，其妻私通，〔二〕還，〔三〕見私通者在內。令解髮出門。〔四〕季曰：『是何人？』妻曰：『無之。』季曰：『吾見鬼也。』妻曰：『宜取五（姓）〔牲〕尿浴。』〔五〕季〔曰：「諾。」妻〕乃詐之曰：〔六〕『此蘭湯也。』」〔七〕

【疏證】

《韓非子》卷一〇《內儲說下》：「燕人李季好遠出，其妻私有通於士，季突至，士在內中，妻患之。其室婦曰：『令公子裸而解髮，直出門，吾屬佯不見也。』於是公子從其計，疾走出門。季曰：『是何人也？』家室皆曰：『無有。』季曰：『吾見鬼乎？』婦人曰：『然。』『爲之奈何？』曰：『取五牲之矢浴之。』季曰：『諾。』乃浴以矢。一曰浴以蘭湯。」

【校注】

〔一〕韓子：即韓非子。戰國末韓國人，先秦法家學派之集大成者。所著有《韓非子》。《史記》卷六三有傳。

〔二〕李季：各本同，《韓非子》卷一〇《內儲說下》「季」下有「好遠出」三字。

〔三〕還：各本同，《韓非子》卷一〇《内儲説下》作「季突至」。

〔四〕「令解髮」句：各本同。今按：據《韓非子》卷一〇《内儲説下》，此乃其妻令私通者解髮出門，疑「令」上有脱文。

〔五〕五牲：古代用作祭品的五種動物，即牛、羊、豕、犬、雞。牲，各本作「姓」，下有小字云：「案《韓非子》作『牲』。」《韓非子》王先慎《集解》曰：「乾道本『牲』作『姓』。盧文弨云：『姓』，一作『牲』，《藏》本作『性』，似『牲』之訛。先慎案：《御覽》引正作『牲』。」今按：作「牲」是，據改。尿：各本同，《韓非子》卷一〇《内儲説下》作「矢」。

〔六〕季乃詐之：各本同。今按：此句不可解，據《韓非子》卷一〇《内儲説下》補「曰諾妻」三字。

〔七〕「此蘭湯」句：蘭湯，芳香的浴水。《楚辭·九歌·雲中君》：「浴蘭湯兮沐芳，華采衣兮若英。」王逸注：「蘭，香草也。」《藝文類聚》卷三八《祭祀》引《幽明録》曰：「廟方四丈……夾樹蘭香；齋者煮以沐浴後祭，所謂蘭湯。」又，各本「也」下有小字云：「案以上十二條，原本有《雜記上篇》標目，今彙於前。其無標目者若干條則附於上篇之後，下篇之前。」

13 **夫結繩之約，〔一〕不可治亂秦之緒；〔二〕干戚之舞，〔三〕不可解聊城之圍。〔四〕且熊經鳥伸，〔五〕非謂傷寒之治；〔六〕呼吸吐納，〔七〕又非續骨之膏。〔八〕故知濟世各有其方也。**

【疏證】

《後漢書》卷五二《崔寔傳》載寔《政論》曰：「聖人能與世推移，而俗士苦不知變。以爲結繩之約，可復理亂秦之緒；干戚之舞，足以解平城之圍。夫熊經鳥伸，雖延曆之術，非傷寒之理；呼吸吐納，雖度紀之道，非續骨之膏。蓋爲國之法，有似理身，平則致養，疾則攻焉。」

【校注】

〔一〕結繩之約：指上古簡樸的條約或約定。結繩，《周易·繫辭下》：「上古結繩而治，後世聖人易之以書契。」孔穎達疏：「結繩者，鄭康成注云：『事大大結其繩，事小小結其繩。』義或然也。」約，《漢書》卷一《高帝紀》顏師古注：「約，要也，謂言契也。」

〔二〕秦：指秦王朝。緒：同「序」，次序。

〔三〕干戚：《禮記·樂記》孔穎達疏：「干，盾也；戚，斧也。武舞所執之具。」

〔四〕聊城之圍：《史記》卷八三《魯仲連傳》：「燕將攻下聊城，聊城人或讒之燕，燕將懼誅，因保守聊城，不敢歸。齊田單攻聊城歲餘，士卒多死而聊城不下。魯連乃爲書，約之矢以射城中，遺燕將。……燕將見魯連書，泣三日，猶豫不能自決。……乃自殺。聊城亂，田單遂屠聊城。」聊城，春秋時齊邑。在今山東聊城西北。

〔五〕熊經鳥伸：古代鍛煉身體之法。《莊子·刻意》：「吹呴呼吸，吐故納新，熊經鳥申，爲壽而已矣。」成玄英疏：「吹冷呼而吐故，呴暖吸而納新，如熊攀樹而自懸，類鳥飛空而伸脚。」

〔六〕傷寒：中醫學之疾病名。《黄帝内經》卷一六：「帝曰：『人傷於寒而轉爲熱，何也？』歧伯曰：『夫寒盛則生熱也。』」

〔七〕吐納：吐故納新。道家養生之術。三國魏嵇康《養生論》：「又呼吸吐納，服食養身，使形神相親，表裏俱濟也。」

〔八〕續骨：將斷骨接上。《後漢書》卷五二《崔寔傳》李賢注：「言鳥伸不可療傷寒，吸氣不能續斷骨也。」

14 **晉樂見殺，士會奔秦；〔一〕子糾見誅，〔二〕管夷吾方霸。〔三〕時乎，時乎！事不同也。**

【校注】

〔一〕「晉樂」二句：晉樂，即晉公子樂，晉文公之子。襄公時仕於陳，襄公卒，賈季使使召之，而趙盾使人殺之於郫。事蹟詳《左傳·文公六年》。士會，即范武子，士氏，名會，春秋時晉國人。晉文公時正卿，襄公死，奉趙盾命使秦迎立公子雍，趙盾旋變計立靈公，會遂羈留秦國。後，回晉。卒，謚武。生平事蹟詳《左傳》文公六年、十三年，宣公十六年。

〔二〕子糾：即公子糾，春秋時齊國人。襄公言行無常，殺誅不當，公子糾奔魯，公子小白逃莒。後，公孫無知殺襄公，齊國無君。小白先歸，是爲桓公。齊、魯戰於乾時，魯大敗，齊命魯殺糾。事蹟詳《左傳·莊公九年》、《史記》卷三二《齊太公世家》。

〔三〕管夷吾：即管仲，字夷吾。初侍公子糾，子糾死，鮑叔薦之於桓公，得重用，齊國遂成霸主。《史記》卷六二有傳。

15　吉凶在天，猶影之在形，響之應聲也；〔一〕形動則影動，聲出則響應，此分數乃有所繫，〔二〕非身口之進退也。〔三〕

【疏證】

《三國志》卷六一《陸凱傳》載凱《陳移都武昌疏》曰：「臣聞吉凶在天，猶影之在形，響之在聲也，形動則影動，形止則影止，此分數乃有所繫，非在口之所進退也。」

【校注】

〔一〕「吉凶」三句：《尚書·大禹謨》：「禹曰：『惠迪吉，從逆凶，惟影響。』」孔安國傳：「迪，道也。順道吉，從逆凶。吉凶之報，若影之隨形，響之應聲，言不虛。」「在」，各本同，《四庫全書》本作「隨」。

〔二〕分數：天分，命數。

〔三〕「非身」句：身口，各本同。《三國志》卷六一《陸凱傳》作「在口」。又，「之」下有「所」字。

16　蓋聞騏驥長鳴，伯樂昭其能；〔一〕盧狗悲號，〔二〕韓國知其壯。〔三〕是以效之齊秦之路，〔四〕以逆千里之任；〔五〕〔試之狡兔之捷，以驗搏噬之用。〕〔六〕

【疏證】

《文選》卷三七曹子建《求自試表》曰：「臣聞騏驥長鳴，伯樂昭其能；盧狗悲號，韓國知其才。是以效之齊楚之路，以逞千里之任；試之狡兔之捷，以驗搏噬之用。」

【校注】

〔一〕「蓋聞」二句：《戰國策》卷一七《楚策四》「汗明見春申君」章：「汗明曰：『君亦聞驥乎？夫驥之齒至矣，服鹽車而上太行。蹄申膝折，尾湛胕潰，漉汁灑地，白汗交流，中阪遷延，負轅不能上。伯樂遭之，下車攀而哭之，解紵衣以冪之。驥於是俯而噴，仰而鳴，聲達於天，若出金石聲者，何也？彼見伯樂之知己也。』」伯樂，姓孫，名陽，春秋秦穆公時人，以善相馬著稱。事蹟詳《莊子·馬蹄》、《列子·說符》。

〔二〕盧狗：即韓盧，亦作「韓子盧」。《戰國策》卷五《秦策三》「范雎至秦」章：「以秦卒之勇，車騎之多，以當諸侯，譬若馳韓盧而逐蹇兔也。」鮑彪注：「韓盧，俊犬名。《博物志》：『韓有黑犬，名盧。』」《廣雅·釋獸》「韓獹」，王念孫《疏證》：「《初學記》引《字林》云：『獹，韓良犬也。……獹，通作盧。』」《文選》卷三七曹子建《求自試表》李善注引高誘曰：「韓國之盧犬，古之名狗也。然悲號之義未聞也。」劉良

注：「盧，黑也，謂黑狗也。齊人韓國相狗於市，遂有狗號鳴，而國知其善。」

〔三〕壯：各本同，《文選》卷三七曹子建《求自試表》作「才」。

〔四〕齊秦之路：東齊西秦，意謂距離遥遠也。秦，各本同，《文選》卷三七曹子建《求自試表》作「楚」。

〔五〕逆：各本同，《文選》卷三七曹子建《求自試表》作「逞」。今按：似當以「逞」爲是。

〔六〕「試之」二句：各本脱。今按：上文所謂「齊秦之路」，「千里之任」云云均指「騏驥」而言，尚未論及「盧狗」，故「之任」下顯有脱文，據曹子建《求自試表》補，以與上文「盧狗悲號」云云相應。

17 夫矢人豈不仁於函人？〔一〕矢人惟恐不傷人，函人惟恐傷人。故伎術不同也。〔二〕射使人端，釣使人恭，登高而望，臨深而闚，事使然也。〔三〕出林不得直道，行險不得履繩。〔四〕鬻棺者欲民之死，蓄穀者欲歲之饑。船漏水入，壺漏内虚也。〔五〕狂者東走，逐者亦東走；溺者入水，救者亦入水：事雖同而心異也。

【疏證】

《孟子·公孫丑上》：「孟子曰：『矢人豈不仁於函人哉？矢人唯恐不傷人，函人唯恐傷人。巫匠亦然。故術不可不慎也。』」

《淮南子》卷一六《説山》：「登高使人欲望，臨深使人欲窺，處使然也。射者使人端，釣者使人恭，事使然也。」亦見《説苑》卷一六《談叢》。

《淮南子》卷一七《説林》：「出林者不得直道，行險者不得履繩。」亦見卷一〇《繆稱》、卷二〇《泰族》。

《淮南子》卷一七《説林》：「鬻棺者欲民之疾病也，畜粟者欲歲之荒饑也。」

《淮南子》卷一六《説山》：「狂者東走，逐者亦東走，東走則同，所以東走則異。溺者入水，拯者亦入水，入水則同，所以入水者則異。」亦見《韓非子》卷七《説林上》。

【校注】

〔一〕矢人：《周禮・考工記・矢人》：「矢人爲矢。」 函人：《周禮・考工記・函人》：「函人爲甲。」

〔二〕伎：《四庫全書》本作「技」。今按：「伎」，通「技」。

〔三〕「射使」五句：《淮南子》卷一六《説山》高誘注：「端然後中，恭然後得，故曰事使然也。」

〔四〕繩：《淮南子》卷一七《説林》高誘注：「繩，亦直也。」

〔五〕壺漏：各本同，《太平御覽》卷八三七引《金樓子》作「囊洞」。

18 孔子游舍於山，〔一〕使子路取水，〔二〕逢虎於水，與戰，〔三〕攬尾，得之，内於懷中。取水還，〔四〕問孔子曰：〔五〕「上士殺虎如之何？〔六〕」子曰：「上士殺虎，持虎頭。」「中士殺虎如之何?〔七〕」子曰:「中士殺虎持虎耳。〔八〕」又問:「下士殺虎如之何?」子曰:「下士殺虎捉虎尾。〔九〕」子路出尾,棄之。復懷石盤曰:〔一〇〕「夫子知虎在水,而使我取水,是欲殺我也。」乃欲殺夫子。問:〔一一〕「上士殺人如之何?〔一二〕」曰:「用筆端。」「中士殺人如之何?」曰:「用語言。〔一三〕」「下士殺人如之何?」曰:「用石盤。」子路乃棄盤而去。〔一四〕

【疏證】

《殷芸小説》卷二:「孔子嘗遊於山,使子路取水,逢虎於水所,與共戰,攬尾得之,内懷中。取水還,問孔子曰:『上士殺虎如之何?』子曰:『上士殺虎持虎頭。』又問曰:『中士殺虎如之何?』子曰:『中士殺虎持虎耳。』又問曰:『下士殺虎如之何?』子曰:『下士殺虎捉虎尾。』子路出尾棄之。因恚孔子曰:『夫子知水所有虎,使我取水,是欲死我。』乃懷石盤,欲中孔子。又問:『上士殺人如之何?』子曰:『上士殺人用筆端。』又問:『中士殺人如之何?』子曰:『中士殺人用舌脣。』又問:『下士殺人如之何?』子曰:『下士殺人懷石盤。』子路出而棄之,於是心服。」

【校注】

〔一〕「孔子」句:《諸子匯函》引《金樓子》此節,標題作「逢虎」。

〔二〕子路：仲由字子路，春秋時魯國卞人。孔子弟子。性直好勇。孔子任魯司寇時，使爲季孫氏家臣。後仕衛，因事被殺。《史記》卷六七《仲尼弟子列傳》有傳。

〔三〕與戰：《太平御覽》卷八九二引《金樓子》「與」下有「共」字。

〔四〕「內於」二句：《太平御覽》卷八九二引《金樓子》「懷」下無「中取水」三字。

〔五〕孔子：《太平御覽》卷八九二引《金樓子》「子」上無「孔」字。

〔六〕如之何：各本同，《太平御覽》卷八九二引《金樓子》作「如何」。下文「中士殺虎」、「下士殺虎」處同。

〔七〕中士：《太平御覽》卷八九二引《金樓子》「中士」上有「又問」二字。

〔八〕「中士殺虎」句：各本同，《太平御覽》卷八九二引《金樓子》作「中士捉耳」。

〔九〕「下士殺虎」句：各本同，《太平御覽》卷八九二引《金樓子》作「捉虎尾」。

〔一〇〕復懷石：《太平御覽》卷八九二引《金樓子》「懷」上無「復」字。

〔一一〕問：《太平御覽》卷八九二引《金樓子》「問」下有「曰」字。

〔一二〕如之何：各本同，《太平御覽》卷八九二引《金樓子》作「云何」。下文「中士殺人」、「下士殺人」處同。

〔一三〕語言：各本同，《太平御覽》卷八九二引《金樓子》作「言語」。

〔一四〕棄盤：《四庫全書》本、《太平御覽》卷八九二引《金樓子》「棄」下有「石」字。去：各本同，《太平御覽》卷八九二引《金樓子》作「行」。

19　昔莊子妻死，〔一〕惠子吊之，〔二〕方箕踞鼓盆而歌。〔三〕豈非達乎？

【疏證】

《莊子·至樂》：「莊子妻死，惠子吊之，莊子則方箕踞鼓盆而歌。惠子曰：『與人居，長子、老、身死，不哭亦足矣，又鼓盆而歌，不亦甚乎！』莊子曰：『不然。是其始死也，我獨何能無槩然？察其始，而本無生；非徒無生也，而本無形；非徒無形也，而本無氣。雜乎芒芴之間，變而有氣，氣變而有形，形變而有生，今又變而之死。是相與爲春秋冬夏四時行也。人且偃然寢於巨室，而我噭噭然隨而哭之，自以爲不通乎命，故止也。』」

【校注】

〔一〕莊子：即莊周，戰國時宋國蒙人。嘗爲蒙漆園吏，後居家講學、著書。爲道家學派代表人物。今存《莊子》一書。《史記》卷六三有傳。

〔二〕惠子：即惠施，戰國時宋國人。名家學派的代表人物。善辯，與莊子友善。生平事蹟散見《莊子》、《戰國策》等。

〔三〕箕踞鼓盆：《莊子·至樂》成玄英疏：「箕踞者，垂兩脚如簸箕形也。盆，瓦缶也。莊子知生死之不二，達哀樂之爲一，是以妻亡不哭，鼓盆而歌。」

20

夏侯章爲孟嘗君所禮,〔一〕駕駟馬,有百人之食,〔二〕而章見人必毁孟嘗君。〔三〕人有問其故,答曰:「臣無功於孟嘗君,不爾,則無見君之長也。〔四〕」余以爲不然。

【疏證】

《戰國策》卷一〇《齊策三》「孟嘗君奉夏侯」章:「孟嘗君奉夏侯章以四馬百人之食,遇之甚歡。夏侯章每言未嘗不毁孟嘗君也。或以告孟嘗君,孟嘗君曰:『文有以事夏侯公矣,勿言,董之。』繁菁以問夏侯公,夏侯公曰:『孟嘗君重非諸侯也,而奉我四馬百人之食。我無分寸之功而得此,然吾毁之以爲之也。君所以得爲長者,以吾毁之者也。吾以身爲孟嘗君,豈得持言也?』」

【校注】

〔一〕夏侯章:姓夏侯,名章,齊人,孟嘗君舍人。事見《戰國策》卷一〇《齊策三》「孟嘗君奉夏侯」章。孟嘗君:即田文,戰國時齊國貴族,封於薛,稱薛公,號孟嘗君,爲戰國四公子之一,以善養士著稱。《史記》卷七五有傳。

〔二〕百人之食:《戰國策》卷一〇《齊策三》鮑彪注:「言饗之厚。」

〔三〕毁:《戰國策》卷一〇《齊策三》姚宏注:「毁,謗。」

〔四〕長(zhǎng):敦厚。《文選》卷四七袁彦伯《三國名臣序贊》:「子瑜都長,體性純懿。」李善注:「都長,謂體貌都閑而雅性長厚也。」

21 東方有士曰爰旌(因)〔目〕，〔一〕將有適，〔二〕而飢於道。狐(丘)〔父〕之盜(父)〔丘〕見之，〔三〕下壺飡以予之。〔四〕問：「子誰也？」曰：「我狐(丘)〔父〕之盜(父)〔丘〕也。〔五〕」曰：「吾不食也。」兩手據地而嘔之，不出，喀喀然，伏地而死也。

【疏證】

《新序》卷七《節士》：「東方有士曰袁旌目，將有所適，而飢於道。狐父之盜曰丘，見之，下壺餐以與之。袁旌目三餔而後能視，仰而問焉。曰：『子誰也？』曰：『我狐父之盜丘人也。』袁旌目曰：『嘻，汝乃盜也，何爲而食我？以吾義不食也。』兩手據地而歐之，不出，喀喀然，遂伏地而死。」亦見《吕氏春秋》卷一二《季冬紀·介立》、《列子》卷八《説符篇》。

【校注】

〔一〕爰旌目：底本、《四庫全書》本作「爰旌因」，重校本、《叢書集成》本、《百子全書》本、龍溪精舍本作「爰旌目」。吴校：「『因』乃『目』之誤，事見《吕氏春秋》。」今按：「袁旌因」，《吕氏春秋》卷一二《季冬紀·介立》、《列子》卷八《説符》、《劉子·妄瑕》作「爰旌目」；《新序》卷七《節士》作「袁旌目」。諸本無有作「因」者，今改爲「目」，下同。又，爰、袁同。《廣韻·元韻》：「爰，亦姓，出濮陽，亦舜裔胡公之後。袁，或作『爰』。」

〔二〕將有適：各本同。吴校：「袁旌因將有適。」今按：《新序》卷七《節士》作「將有所適」。

〔三〕狐父之盜丘：各本作「狐丘之盜父」，《吕氏春秋》卷一二《季冬紀·介立》、《列子》卷八《説符》作「狐父之盜曰丘」，《新序》卷七《節士》作「狐父之盜丘人也」。今按：「狐丘」當作「狐父」，盜父當作「盜丘」，據《吕氏春秋》、《列子》等改。狐父，地名。又名狐父亭。《史記》卷五四《曹相國世家》：「擊秦司馬夷軍碭東，破之，取碭、狐父。」裴駰《集解》：「徐廣曰：『伍被曰：吴濞敗於狐父。』」司馬貞《索隱》：「《地理志》：碭，屬梁國。狐父，地名。在梁碭之間。徐氏引伍被云吴濞敗於狐父，是吴與梁相拒而敗處。」張守節《正義》：「《括地志》云狐父亭在宋州碭山縣東南三十里。」在今安徽碭山東南。

〔四〕壺飧：各本同，《新序》卷七《節士》、《吕氏春秋》卷一二《季冬紀·介立》作「壺餐」。即壺盛的湯飯熟食。《資治通鑑》卷六六《漢紀五十八》「獻帝建安十四年」胡三省注：「熟食曰飧。」

〔五〕狐父之盜丘也：各本作「狐丘之盜父也」。吴校：「按《新序》作『狐父之盜丘人也』。」今按：《吕氏春秋》卷一二《季冬紀·介立》、《列子》卷八《説符篇》作「狐父之人丘也」。《新序》卷七《節士》石光瑛《校釋》：「舊本作『狐父之盜丘人也』，訛不可讀，今依《列》、《吕》文改。蓋人雖爲盜，無有公然自承其名者。」本文承《新序》而來，而「盜」字有，故石氏《校釋》似不確，今僅「父」、「丘」互置，以與上文一致。

22 《太史公書》有時而謬。〔一〕《鄭世家》云子產鄭成公子，而實子國之子也。〔二〕《尚書·顧命》衛實侯爵，〔三〕《衛世家》則言伯爵，〔四〕斯又乖也。《尚書》云〔啓〕金縢是周公東征之時，〔五〕《史記》是姬旦〔薨〕後，〔六〕又紕繆焉。其餘瑣碎亦不爲少。

【校注】

〔一〕《太史公書》：漢司馬遷《史記》原名。《史記》卷一三〇《太史公自序》：「凡百三十篇，五十二萬六千五百字，爲《太史公書》。」

〔二〕子産：公孫僑字子産，又字子美，春秋時鄭國人，子國之子。曾爲鄭國正卿。生平事蹟詳《左傳》襄公三十年、三十一年，昭公元年、六年，《史記》卷四二《鄭世家》等。　鄭成公：春秋時鄭國國君，名睔。在位四十四年。事蹟詳《史記》卷四二《鄭世家》。《史記》卷四二《鄭世家》：「子産者，鄭成公少子也。」

〔三〕「尚書」句：《尚書・顧命》：「惟四月哉生魄，王不懌。甲子，王乃洮頮水，相被冕服，憑玉几。乃同召太保奭、芮伯、彤伯、畢公、衛侯、毛公、師氏、虎臣、百尹、御事。」侯爵，古代五等爵位之一。《禮記・王制》：「王者之制禄爵，公、侯、伯、子、男，凡五等。」

〔四〕「衛世家」句：《史記》卷三七《衛康叔世家》：「成王長，用事，舉康叔爲周司寇，賜衛寶祭器，以章有德。康叔卒，子康伯代立。康伯卒，子孝伯立。孝伯卒，子嗣伯立。嗣伯卒，子庢伯立。庢伯卒，子靖伯立。靖伯卒，子貞伯立。貞伯卒，子頃侯立。頃侯厚賂周夷王，夷王命衛爲侯。」司馬貞《索隱》：「《康誥》稱命爾侯于東土，又云『孟侯，朕其弟，小子封』，則康叔初封已爲侯也。比子康伯即稱伯者，謂方伯之伯耳，非至子即降爵爲伯也。故孔安國曰『孟，長也。五侯之長，謂方伯』。方伯，州牧也，故五代孫祖恒爲方伯耳。至頃侯德衰，不監諸侯，乃從本爵而稱侯，非是至子而削爵，及頃侯賂夷王而稱侯也。」今按：蕭繹見《衛世家》稱「康伯」等，與《尚書·顧命》「侯爵」不符，故云太史公之乖。起蕭繹於地下，使讀《索隱》此説，可以解惑矣。

〔五〕「尚書」句：《尚書·金縢》：「既克商二年，王有疾，弗豫。二公曰：『我其爲王穆卜。』周公曰：『未可以戚我先王。』公乃自以爲功，爲三壇同墠。爲壇於南方，北面，周公立焉。植璧秉珪，乃告太王、王季、文王。史乃册祝。……公歸，乃納册於金縢之匱中。王翼日乃瘳。武王既喪，管叔及其羣弟乃流言於國，曰：『公將不利於孺子。』周公乃告二公曰：『我之弗辟，我無以告我先王。』周公居東二年，則罪人斯得。於後，公乃爲詩以貽王，名之曰《鴟鴞》。王亦未敢誚公。秋，大熟，未獲，天大雷電以風，禾盡偃，大木斯拔，邦人大恐。王與大夫盡弁，以啓金縢之書，乃得周公所自以爲功代武王之説。」啓，底本、《四庫全書》本脱，重校本、《叢書集成》本、《百子全書》本、龍溪精舍本「云」下有「啓」字。吴校：「『金縢』上疑有『啓』字。」今按：吴校是，補「啓」字。金縢，《尚書·金縢》：「公歸，乃納册於金縢之匱中。」蔡沈《集傳》：「金縢，以金緘之也。」周公，姬姓，名旦，周文王之子，武王之弟。武王卒，成王幼，周公攝政。平管叔、蔡叔之變，定東夷之亂。成王長，還政於王。生平事蹟詳《史記》卷四《周本紀》、卷三三《魯周公世家》。東征，指周公討伐東方叛亂事，即《尚書·金縢》所云「居東二年」，《史記》卷三三《魯周公世家》所云「寧淮夷東土，二年而畢定」。

〔六〕「史記」句：《史記》卷三三《魯周公世家》：「周公卒後，秋未穫，暴風雷，禾盡偃，大木盡拔。周國大恐。成王與大夫朝服以開金縢書，王乃得周公所自以爲功代武王之説。」司馬貞《索隱》：「據《尚書》，武王崩後有此雷風之異。今此言周公卒後更有暴風之變，始開金縢之書，此不然也。蓋由史遷不見《古文尚書》，故説乖誤。」薨，底本、《四庫全書》本脱，重校本、《叢書集成》本、《百子全書》本、龍溪精舍本「旦」下有「薨」字。吴校：「『姬旦』下疑有『薨』字。」今按：吴校是，據補「薨」字。

23 諸葛孔明嘗戰於鳳山。〔一〕

【校注】

〔一〕諸葛孔明：諸葛亮字孔明，琅邪陽都人。輔佐劉備稱帝，劉備死，受遺詔輔佐劉禪。多次出兵攻魏。卒，謚爲忠武侯。《三國志》卷三五有傳。鳳山：山名。今重慶巫溪東、四川井研東均有鳳山。又，張澍輯《諸葛亮集·故事》卷二《遺事篇》引《金樓子》此文，澍案：「果州南十里有朱鳳山，高一百七十二丈，周回二十里。昔有鳳皇集山。又長寧縣西有鳳山，志言武侯馳馬其上，又名走馬嶺。諸葛所戰，宜爲長寧之鳳山也。」

24 諸葛孔明到益州，〔一〕嘗戰於石室。〔二〕

【校注】

〔一〕益州：西漢時置，東漢中平中移治成都，即今四川成都。

〔二〕石室：地名。張澍輯《諸葛亮集·故事》卷二《遺事篇》引《金樓子》此文，澍案：「《華陽國志》：文翁立學，精舍講堂爲石室。任豫《益州記》：石室，其藥爐節制猶古，建堂基高六尺，屋廈三間，皆畫古人之像，及禮器瑞物。堂西有二石。又案《搜神記》，益州之西，雲南之東，有神祠，尅山石爲室。孔明所戰，當係干寶所説石室也。」

25 諸葛孔明嘗戰於萬騎溪。〔一〕

【校注】

〔一〕「諸葛」句：《四庫全書》本無此條。萬騎溪，地名。張澍輯《諸葛亮集·故事》卷二《遺事篇》引《金樓子》此文，澍案：「《寰宇記》：巴渠縣東八十里有萬户溪。不知即萬騎溪否？」

26 諸葛孔明戰於石井。〔一〕

【校注】

〔一〕石井：疑指石井山。清顧祖禹《讀史方輿紀要》卷一二二「黎平府」：「石井山在府西南四十里。」即在今貴州黎平西南。

27　曹植曰：〔一〕「吾志不果，吾道不行，將（來）采史官之實録，〔二〕〔辯〕時俗之得失，〔三〕爲一家之言，〔四〕藏之名山，〔五〕此外徒虚言耳。」

【疏證】

《文選》卷四二曹子建《與楊德祖書》：「若吾志未果，吾道不行，則將采庶官之實録，辯時俗之得失，定仁義之衷，成一家之言。雖未能藏之於名山，將以傳之於同好。」

【校注】

〔一〕曹植：字子建，三國魏沛國譙人。曹操子。兄丕即位，植備受猜忌。明帝徙封東阿王，又改封陳王，後鬱鬱而終。謚思，世稱陳思王。其人文才富豔，後人輯所作爲《曹子建集》。《三國志》卷一九有傳。

〔二〕將采：各本「將」下衍「來」字。今按：《文選》卷四二曹子建《與楊德祖書》「將」下無「來」字，據删。史官：各本同，《文選》卷四二曹子建《與楊德祖書》作「庶官」。庶官指百官。《尚書·周官》：「推賢讓能，庶官乃和。」　實録：《文選》卷四二曹子建《與楊德祖書》李善注：「班固《漢書》司馬遷贊曰：『有良史之才，其文直，其事該，不虚美，不隱惡，故謂之實録。』應劭曰：『言其實録事也。』」

〔三〕辯時俗：各本脱「辯」字，《文選》卷四二曹子建《與楊德祖書》「時」上有「辯」字。今據補。

〔四〕一家之言：《史記》卷一三〇《太史公自序》：「以拾遺補藝，成一家之言。」《漢書》卷六二《司馬遷傳》載遷《報任安書》：「僕竊不遜，近自托於無能之辭，網羅天下放失舊聞，考之行事，稽其成敗興壞之理，凡百三十篇，亦欲以究天人之際，通古今之變，成一家之言。」

〔五〕藏之名山：《史記》卷一三〇《太史公自序》：「藏之名山，副在京師，俟後世聖人君子。」司馬貞《索隱》：「言正本藏之書府，副本留京師也。《穆天子傳》云：『天子北征，至於羣玉之山，河平無險，四徹中繩，先王所謂策府。』郭璞云：『古帝王藏策之府。』則此謂『藏之名山』是也。」《漢書》卷六二《司馬遷傳》載遷《報任安書》曰：「僕誠已著此書，藏之名山，傳之其人通邑大都，則僕償前辱之責，雖萬被戮，豈有悔哉！」

28　昔洛下有洞穴，〔一〕其深不測。有一婦人欲殺其夫，謂夫未嘗見此穴。夫自送觀此穴，婦遂推夫下穴，經多時至底。婦於後擲飯物，如欲祭之。此人良久乃蘇，得飯食。徊徨覓路，仍得一穴，便匍匐從就，覺所踐如塵，而聞粳米香，〔二〕噉之芬美，〔三〕過於充飢。即裹以爲糧，緣穴行，而食此物。既盡，復遇如泥者，味似向塵，」〔三〕又齎以去。食所齎將盡，便入都。郛郭修整，〔四〕宮觀壯麗，臺榭房宇，悉以金銀爲飾，雖無日月，明踰三光。〔五〕人皆長三丈，〔六〕被羽衣，奏歌樂。長人語令前去。〔七〕凡過如此者九。有人云：「君命不得停，還，問張華，〔八〕當悉。」此人便隨穴而行，出交州。〔九〕後歸洛，問張華，示之二物。華云：「如塵者是黄河下龍〔涎〕，〔一〇〕泥是崑山泥也。〔一一〕」因訴華，云「爲妻所苦」，華乃取其妻而煮之。〔一二〕

【疏證】

《太平廣記》卷一九七「張華」條引《幽冥録》曰：「洛中有一洞穴，深不可測。有一婦人欲殺夫，謂夫曰：『未曾見此穴。』夫自過視之。至穴，婦推夫墜穴，至底。婦擲飯物，如欲祭之。此人當時顛墜恍惚，良久乃蘇，得飯食之，氣力稍强。周惶覓路，乃得一穴，匍匐從就，崎嶇反側。行數十里，穴小寬，亦有微明，遂得寬平廣遠之地。步行百餘里，覺所踐如塵，而聞秔米香，啗之芬美，過於充飢。即裹以爲糧，緣穴行，而食此物。既盡，復遇如泥者，味似向塵，又齎以去。所歷幽遠，里數難測。就明曠而食所齎盡，便入一都。郛郭修整，宮館壯麗，臺榭房宇，悉以金魄爲飾。雖無日月，明踰三光。人皆長三丈，被羽衣，奏奇樂，非世所聞也。便告請求哀。長人語令前去，從命進道。凡遇如此者九處。最後所至，苦告飢餒。長人入，指中庭一大柏樹，近百圍，下有一羊，令跪捋羊鬚。初得一球，長人取之。次捋又取，後捋令啗食，即得療飢。請問九處之名，求停不去。答曰：『君命不得停，還，問張華，當悉。』此人便復隨穴而行，遂得出交郡。往還六七年間，即歸洛，問華，以所得二物視之。華云：『如塵者是黄河龍涎；泥是崑山下泥；九處地仙名九館；羊爲癡龍；其初一珠，食之與天地等壽，次者延年，後者充飢而已。』」

【校注】

〔一〕洛下：猶言洛陽。南朝梁劉令嫻《祭夫徐悱文》：「調逸許中，聲高洛下。」元李治《敬齋古今黈》卷四：「洛言洛下，稷言稷下。……言稱下者，猶言在此處也。」

〔二〕粳米：粳稻米。粳稻爲水稻的一種，米質黏性較秈稻强，脹性小。《南史》卷六二《徐孝克傳》：「（徐孝克）家道壁立，所生母患，欲粳米爲粥，不能常辦。」

〔三〕「噉之芬美」數句：重校本「美」下有小字云：「下脱一段，見注。」《叢書集成》本有小字云：「下脱文一段，見注。」《百子全書》本有小字云：「下脱文一段，見後注。」龍溪精舍本亦有小字注：「下脱文一段，見後注。」且另起一段。吴校：「下脱一段，見注。」今按：此文意不貫，當有脱文，據《太平廣記》卷一九七「張華」條引《幽冥録》補。

〔四〕郛郭：外城。《文選》卷五左太沖《吴都賦》：「郛郭周匝，重城結隅。」

〔五〕三光：漢班固《白虎通》卷四《封公侯》：「天有三光：日、月、星。」

〔六〕人皆長三丈：各本同，《四庫全書》本無此五字。

〔七〕語：《四庫全書》本作「誥」。

〔八〕張華：字茂先，西晉范陽方城人。爲人博物洽聞，世無與比。著有《博物志》十卷，《集》十卷。《晉書》卷三六有傳。

〔九〕交州：古地名。晉時治龍編縣，即今越南河北省仙遊東。

〔一〇〕龍涎：底本、《四庫全書》本脱「涎」字，《叢書集成》本、《百子全書》本、龍溪精舍本「龍」下有「涎」字。吴校：「脱『涎』字。」今按：吴校是，據補。

〔一一〕崑山：山名。今按：疑爲傳説中的崑崙山。

〔一二〕「華乃」句：底本、重校本、《叢書集成》本、《百子全書》本、龍溪精舍本「煮之」下有小字云：「案『《幽冥録》云』云云（今按：此下引文同於《太平廣記》卷一九七所引之《幽冥録》，已作爲前【疏證】，故此畧）與此條當爲一事，而其文互異。謹附録以備考。」《四庫全書》本按語：「案《太平御覽》引《幽冥録》曰：『洛下有洞穴，婦欲殺夫，推下，經多時至底。仍得一穴，行數十里，見人皆長三丈，披羽衣，如此九處。最晚所至，告飢，長人指中庭柏樹，下有一羊，令跪捋羊。得一珠，後得始令其噉之，即得療飢。復沿穴而行，出交州。問張華，云：「九處地仙，名九館大夫。羊爲癡龍，初一珠，食之天地等壽，次者延年，後者止充飢而已。」』」今按：此條并見《法苑珠林》卷四一、《初學記》卷二九、《藝文類聚》卷九

四、《太平御覽》卷八〇三及卷九〇二、《太平廣記》卷一九七等引《幽冥録》、《殷芸小説》卷七，其中尤以《太平廣記》卷一九七所引最爲詳盡，《四庫全書》本案語所引出《太平御覽》卷八〇三所引《幽冥録》。

29 馬耽以才學知名，〔一〕譙縱文表皆耽所製，〔二〕會則賦詩，亦多箴諫。〔三〕蜀土聞王師當至，耽方檢封儲藏，爲國防守，朱齡石具以聞。〔四〕耽性軒傲，故猶徙邊。自發之後，諸譖日至。耽〔至〕越嶲界，〔五〕謂所親曰：「朱侯不因我下，〔六〕而見遣來此，必惑於衆口，恐卒不免也。」居無幾，而聞蜀信當至，遥判知盡。沐浴，席地安卧，作詩畢，歎曰：「所恨生於亂世矣，我雖不引藥，〔七〕比於瞑目，信有事，便隨宜見殺，勿歎我狂也。」言訖泯然，若已絶矣。蜀使既至，〔八〕一遵其言，戮屍，迄無所知。此謂能耿介也。〔九〕

【校注】

〔一〕馬耽：人名，籍貫不詳。十六國時期爲後蜀尚書令。晉伐蜀，蜀主譙縱棄成都出走，馬耽封府庫以待晉師，後自殺。事蹟散見《晉書》卷一〇〇《譙縱傳》、《宋書》卷四八《朱齡石傳》。

〔二〕譙縱：巴西南充人，十六國時期後蜀國君。《晉書》卷一〇〇有傳。

〔三〕亦多：《四庫全書》本無「亦」字。

〔四〕朱齡石：字伯兒，沛郡沛人。晉安帝時，曾隨劉裕平定桓玄、盧循之亂，後又受命討伐佔領蜀地的譙縱，威名甚著，備得劉裕信任。《宋書》卷四八有傳。

〔五〕「耽至」句：《晉書》卷一〇〇《譙縱傳》作「徙馬耽於越嶲，追殺之」。各本「耽」下脱「至」字，吴校：「『耽』下疑有『至』字。」今據吴校補「至」字。越嶲，重校本、《叢書集成》本、《百子全書》本、龍溪精舍本作「越巂」。吴校：「『越嶲』，當作『越巂』。」今按：「嶲」、「巂」通。漢有越巂郡。見《漢書》卷九五《西南夷傳》，《史記》卷一一六《西南夷列傳》作「越嶲」，在今四川西昌。

〔六〕朱侯：指朱齡石。侯，古時對士大夫的尊稱。《世説新語·言語》：「尊侯明德君子，何以病瘧？」下：指地位低下。

〔七〕引藥：喝藥自盡。《晉書》卷一〇〇《譙縱傳》作「引繩而死」。

〔八〕蜀使既至：《晉書》卷一〇〇《譙縱傳》：「須臾，齡石師至，遂戮屍焉。」中華書局點校本《晉書》校勘記云：「『齡石師未至越嶲，《通鑑》一一六、《通志》一三〇『師』作『使』，疑是。」今按：證以此條，確當作「使」。

〔九〕「此謂」句：耿介，《楚辭·九辯》：「獨耿介而不隨兮，願慕先聖之遺教。」王逸注：「執節守度，不枉傾也。」又，各本「也」下有小字云：「案《晉書·譙縱傳》：『朱齡石徙馬耽於越嶲，追殺之。耽之徒也，謂其徒曰：「朱侯不送我京師，滅衆口也，吾必不免。」乃盥洗而卧，引繩而死。須臾，齡石師至，遂戮屍焉。』史謂『不送我京師，滅衆口也』，此謂『朱齡石具以聞』，與史不同一也；史謂『師至』，此謂『蜀使既

《四庫全書》本作「繼」)至』，與史不同二也；史謂『引繩而死』，此謂『言訖泯然，若已絶』，與史不同三也。又考《宋書·朱齡石傳》譙縱『奔於涪城，巴西人王志斬送僞尚書令馬耽，封府庫以待王師』，則封府庫以待宋(《四庫全書》本下有「之」字)師者，志也，並無從越嶲事。《晉書》則謂『其尚書令馬耽封倉庫以待王師』，此亦謂『耽方檢封儲藏，爲國防守』，各書不同又(《四庫全書》本無「又」字)如此。」

30 何承天於太祖座戲庾登之曰：〔一〕「夫因禍爲福，〔二〕未必皆智也。」庾答曰：「我亦幾與三豎同戮。〔三〕」承天爲謝晦作表云：〔四〕「當浮舟東下，戮此三豎。」〔五〕故庾公以此嘲之。〔六〕承天失色。又與林公道人同太祖坐，〔七〕常令二人棋。林公指三棋謂承天曰：「維當承流，〔八〕直戮此三豎。」詠此言至於再三。承天汗浹背，恍惚蒼茫，遂致失局。

【校注】

〔一〕何承天：祖籍東海郯縣。仕宋，曾爲衛將軍謝晦諮議參軍，領記室。晦將反，承天爲造表檄。晦被誅，承天被宥。後官至御史中丞。《宋書》卷六四、《南史》卷三三有傳。　太祖：即宋文帝劉義隆，南朝宋武帝第三子。少帝廢，即位。後爲太子劉劭所殺。本廟號曰中宗，後世祖宋孝武帝劉駿即位，追改廟號爲太祖。《宋書》卷五、《南史》卷二有傳。　庾登之：字元龍，祖籍潁川鄢陵。初爲宋武帝鎮軍參軍，以功，封曲江縣五等男。謝晦爲荆州刺史，請爲長史、南郡太守。晦敗，免官禁錮還家。後爲司徒長史、南東海、豫章太守等。《宋書》卷五三、《南史》卷三五有傳。

〔二〕因禍爲福：《史記》卷六九《蘇秦傳》：「智者舉事，因禍爲福，轉敗爲功。」庾登之本爲謝晦長史，因與謝晦有矛盾，常不到府。晦拒王師，使庾登之留守，登之不從。後謝晦失敗，登之因而免罪。

〔三〕豎：豎子，對人的鄙稱。《漢書》卷四三《酈食其傳》：「沛公罵曰：『豎儒！』」顔師古注：「言其賤劣如僮豎。」

〔四〕謝晦：字宣明，祖籍陳郡陽夏。東晉末，曾爲劉裕太尉參軍，轉從事中郎。入宋，遷中領軍，以佐命功封武昌縣公。少帝即位，加領中書令，尋與徐羡之、傅亮共廢殺少帝，迎立文帝。後出爲荆州刺史。元嘉三年(四二六)，舉兵拒命，爲檀道濟所破，尋誅。《宋書》卷四四、《南史》卷一九有傳。

〔五〕「承天」三句：宋太祖元嘉三年，謝晦自江陵以討王弘、王曇首、王華爲名，起兵反，所奉表云：「義師克振，中流清蕩，便當浮舟東下，戮此三豎。」此表乃何承天代筆。事詳《宋書》卷四四《謝晦傳》、卷六四《何承天傳》及《南史》卷三五《庾登之傳》。

〔六〕「故庾公」句：《南史》卷三五《庾登之傳》：「(謝)晦拒王師，欲登之留守，登之不許。晦敗，登之以無任免官禁錮還家。何承天戲之曰：『因禍爲福，未必皆知。』登之曰：『我亦幾與三豎同戮。』承天爲晦作表云：『當浮舟東下，戮此三豎。』故登之爲嘲。」

〔七〕林公：《四庫全書》本無「公」字。　道人：六朝時佛教徒之别稱。參錢大昕《十駕齋養新録》卷一九「道人道士之別」條。

〔八〕維：重校本、《叢書集成》本、《百子全書》本、龍溪精舍本作「惟」。吴校：「『維』乃『惟』之誤。」

31 孟昶立功，〔一〕專由妻也。〔二〕昶謂妻曰：「劉邁毁我於桓玄，〔三〕正應作賊耳。〔四〕」妻曰：「觀君非謀及婦人，〔五〕或由須錢財故也。」於是下其絳帳，姊妹適人者有帳並縫衣服，〔六〕皆方便借取，〔七〕密壞爲襖，得三千餘領。及平京城，昶軍容最盛。〔八〕

【校注】

〔一〕孟昶：字彦達，祖籍城陽平昌。桓玄稱帝，昶與劉裕合謀討之。拜丹陽尹，累遷禮部尚書、尚書右僕射。後盧循起事，晉軍累敗，遂自殺。事蹟詳《晉書》卷一〇《安帝紀》、《世説新語·企羡》等。

〔二〕妻：《晉書》卷九六《列女傳》：「孟昶妻周氏，昶弟顗妻又其從妹也。二家並豐財産。初，桓玄雅重昶而劉邁毁之，昶知，深自惋失。及劉裕將建義，與昶定謀，昶欲盡散財物以供軍糧，其妻非常婦人，可語以大事，乃謂之曰：『劉邁毁我於桓公，便是一生淪陷，決當作賊。卿幸可早爾離絶，脱得富貴，相迎不晚也。』周氏曰：『君父母在堂，欲建非常之謀，豈婦人所諫！事之不成，當於奚官中奉養大家，義無歸志也。』昶愴然久之而起。周氏追昶坐，云：『觀君舉厝，非謀及婦人者，不過欲得財物耳。』時其所生女在抱，推而示之曰：『此而可賣，亦當不惜，況資財乎！』遂傾資産以給之，而託以他用。及事之將舉，周氏謂顗妻云：『一昨夢殊不好，門内宜浣濯沐浴以除之，且不宜赤色，我當悉取作七日藏厭。』顗妻信之，所有絳色者悉斂以付焉。乃置帳中，潛自剔綿，以絳與昶，遂得數十人被服赫然，悉周氏所出，而家人不之知也。」

〔三〕劉邁：字伯羣，東晉彭城沛人。桓玄篡位，劉裕、孟昶謀討之，邁懼禍，告玄，玄封其爲重安侯，一宿又殺之。《晉書》卷八五有傳。　桓玄：字敬道，襲父爵爲南郡公。曾據有荆、雍，領荆、江刺史，都督荆、司等八州。後稱帝，國號楚。不久，劉裕等起兵反對，敗死。《晉書》卷九九有傳。

〔四〕作賊：謂造反。《宋書》卷八五《王景文傳》：「吾自了不作偷，猶如不作賊。」説詳周一良《魏晉南北朝史札記·〈宋書〉札記》「劉彧與方鎮及大臣詔書中當時口語」條。

〔五〕婦人：各本同。《晉書》卷九六《列女傳》「人」下有「者」字。

〔六〕縫衣服：或當作「絳衣服」，《晉書》卷九六《列女傳》載「〔孟〕顗妻信之，所有絳色者悉斂以付焉」可證。

〔七〕方便：即設法。南朝人習用口語。説詳周一良《魏晉南北朝史札記·〈宋書〉札記》「劉彧與方鎮及大臣詔書中當時口語」條。

〔八〕軍容：《文選》卷五左太沖《吴都賦》：「軍容蓄用，器械兼儲。」劉逵注：「軍容，軍之容表，言矛劍等也。」

32 巢尚之求官，〔一〕執事就其求狀。〔二〕尚之乃狀云：「尚之始祖父，〔三〕堯讓天下不受，仍次魯郡。〔四〕巢尚之年若干。」所由以其無三代，〔五〕疑於序用，聞之於孝武帝。〔六〕武帝拊牀賞歎，曰：「此必不凡，彌宜用之。」

【校注】

〔一〕巢尚之：人名，祖籍魯郡。宋孝武帝時與戴法興等受寵倖，威行遠近。事蹟散見《宋書》卷五七《蔡興宗傳》、卷九四《恩幸傳》、《南史》卷七七《恩幸傳》等。

〔二〕執事：職能部門的專職官吏。　狀：用於陳述家世生平的一種文體。明徐師曾《文體明辨序說·書記》：「按劉勰云：『書記之用廣矣。』考其雜名，古今多品，是故有書，有奏記，有啓，有簡，有尺牘，有狀，有疏，有牋，有劄；而書記則其總稱也。……五曰狀，狀用儷語。」

〔三〕始祖父：此處指巢父，傳説爲堯時的隱士。《藝文類聚》卷三六引嵇康《高士傳》曰：「巢父，堯時隱人。年老，以樹爲巢，而寢其上，故人號爲巢父。堯之讓許由也，由以告巢父，巢父曰：『汝何不隱汝形，藏汝光，非吾友也。』乃擊其膺而下之，許由悵然不自得。乃遇清泠之水，洗其耳，拭其目，曰：『嚮者聞言，負吾友。』遂去，終身不相見。」一説巢父爲許由之號。宋韓淲《澗泉日記》卷中：「譙周《古史考》曰：『許由夏常居巢，故一號巢父。』」

〔四〕次：住，留居。　魯郡：西晉時改魯國置，屬豫州。治所在魯縣，即今山東曲阜東北。

〔五〕所由：即「所由官」，吏人之稱。因事必經由其手，故稱。《梁書》卷七《皇后·高祖丁貴嬪傳》：「婦人無閫外之事，賀及問訊牋什，所由官報聞而已。」《資治通鑑》卷一七七《隋紀一》「隋文帝開皇十年」：「上不懌，乃令殿内去杖，欲有決罰，各付所由。」胡三省注：「所由，猶言所主也。」詳郭在貽《訓詁叢稿·六朝俗語雜釋》「所由」條。　無三代：　指其父以上三代無名。六朝用人講究門第，巢尚之祖上三代無名，故有司猶豫不定，不敢舉用。

〔六〕孝武帝：　即劉駿。駿字休龍，南朝宋文帝第三子。廟號世祖，謚曰孝武帝。《宋書》卷六、《南史》卷二有紀。

33　世人相與呼父爲鳳毛，〔一〕而孝武亦施之祖，〔二〕便當可得通用。不知此言意何所出。王翼在座，〔三〕聞孝武此言，逕造謝超宗：〔四〕「向侍御坐，〔五〕天旨云弟有鳳毛，〔六〕吾不曾見此物，暫借一看。」翼非惟不曉此旨，近不知超宗是謝鳳之兒。超宗感觸既深，狼狽起，還内裏避之。翼謂超宗還内檢取鳳毛，坐齋中待望。〔七〕久之，超宗心懼微歇，〔八〕兼冀其已悟，於是更出對客。翼又謂之曰：「鳳毛止於此一看，本不將去，差無損失，〔九〕那得遂不見借？」超宗又走，乃令門人密往喻之，翼然後去。翼即是於孝武座呼羊肉爲蹲鴟者，〔一〇〕乃其人也。超宗〔字〕〔子〕幾卿，〔一一〕中拜率更令。〔一二〕騶人姓謝，〔一三〕亦名超宗，亦便自稱姓名云：「超宗蟲蟻，〔一四〕就官乞睞。〔一五〕」幾卿既不容訕此言，〔一六〕騶人謂爲不許，而言之不已，幾卿又走。

【疏證】

《太平御覽》卷九一五引《宋書》曰：「謝鳳子超宗有文辭，盛得名譽，選補新安王子鸞國常侍。王母殷淑儀卒，超宗作誄，奏之，帝大嗟賞，謂謝莊曰：『超宗殊有鳳毛！』時右衛將軍劉道隆在御坐，出，候超宗曰：『聞君有異物，可見乎？』超宗曰：『懸罄之室，復有異物耶？』道隆武人，無識，正觸其父名，曰：『旦侍宴，至尊説君有鳳毛。』超宗徒跣還内，道隆謂檢覓毛，至闇，待不得，乃去。」

【校注】

〔一〕鳳毛：《世説新語・容止》：「王敬倫風姿似父。作侍中，加授桓公公服，從大門入。桓公望之，曰：『大奴固自有鳳毛。』」余嘉錫《箋疏》：「南朝人通稱人子才似其父者爲鳳毛。」今按：「呼父爲鳳毛」不通，「父」前疑脱「類」字或「似」字。

〔二〕「而孝武」句：《南齊書》卷三六《謝超宗傳》：「王母殷淑儀卒，超宗作誄奏之，帝大嗟賞，曰：『超宗殊有鳳毛，恐靈運復出。』」今按：謝靈運爲謝超宗之祖，故蕭繹曰「孝武亦施之祖」。

〔三〕王翼：劉宋時人，曾出爲廣州刺史。事蹟畧見《宋書》卷六《孝武帝紀》。今按：《南史》卷一九《謝超宗傳》載此事作劉道隆問謝超宗，而非王翼，或是傳聞有異。劉道隆，南朝宋宗室。《宋書》卷四五、

《南史》卷一七有傳。

〔四〕逕造：直接拜訪。逕，徑直，直接。造，《廣雅·釋言》：「造，詣也。」謝超宗：祖籍陳郡陽夏。謝靈運之孫，謝鳳之子。超宗好學，有文辭，盛得名譽。《南齊書》卷三六、《南史》卷一九有傳。

〔五〕向：時間副詞，剛纔。《説文解字·日部》「曏」段玉裁注：「曏或作鄉，今人語曰向年、向時、向者，即曏字也。」

〔六〕天旨：《文選》卷四五劉孝標《辯命論》六臣注：「翰曰：『天旨，謂天子意也。』」

〔七〕齋：家居的房屋。《世説新語·言語》：「孫綽賦《遂初》，築室畎川，自言見止足之分。齋前種一株松，恒自手壅治之。」

〔八〕懼：重校本、《叢書集成》本、《百子全書》本、龍溪精舍本作「瞿」。吴校：「『懼』當作『瞿』，見《禮記·雜記》。」今按：《禮記·雜記》：「免喪之外，行於道路，見似目瞿，聞名心瞿。」孫希旦《集解》：「瞿者，瞿瞿然，驚貌。」「瞿」、「懼」通。《尸子》卷上：「聽言，耳目不瞿，視聽不深，則善言不往焉。」孫星衍校：「『瞿』字，《長短經·釣情篇》引作『懼』。」

〔九〕差無：完全没有。

〔一〇〕「翼即是」句：《顔氏家訓》卷三《勉學》：「江南有一權貴，讀誤本《蜀都賦》注，解『蹲鴟，芋也』，乃爲『羊』字。人饋羊肉，答書云：『損惠蹲鴟。』舉朝驚駭，不解事義。久後尋跡，方知如此。」孫詒讓《札迻》卷一〇《金樓子·雜記篇十三上》：「《顔氏家訓》卷三《勉學》云：『江南有一權貴，讀誤本《蜀都賦》注，解「蹲鴟，芋也」，乃爲「羊」字。人饋羊肉，答書云「損惠蹲鴟」。」江南權貴似指王翼。元帝云『於孝武座呼羊肉爲蹲鴟』，顔云『人饋羊肉答書』，或所聞之異也。」蹲鴟（chī），《文選》卷四左太沖《蜀都賦》劉逵注：「蹲鴟，大芋也。」

〔一一〕子：各本作「字」。今按：「字」是「子」之訛誤，改。　幾卿：《梁書》卷五〇《文學・謝幾卿傳》：「謝幾卿，陳郡陽夏人。曾祖靈運，宋臨川内史；父超宗，齊黄門郎：並有重名於前代。」

〔一二〕「中拜」句：《梁書》卷五〇《謝幾卿傳》：「尋起爲國子博士，俄除河東太守，秩未滿，陳疾解。尋除太子率更令，遷鎮衛南平王長史。」今按：據《梁書》卷五〇《文學・謝幾卿傳》及卷二二《太祖五王・南平王偉傳》推之，謝幾卿爲太子率更令或在梁普通年間，故疑此「中」上脱「普通」二字。率更令，「太子率更令」之省稱，官名。秦始置，爲太子屬官，掌東宫門户及賞罰之事。

〔一三〕騶人：爲長官駕馭車馬的人。

〔一四〕蟲蟻：此處爲自謙語，意謂下賤之人。

〔一五〕睞：眄睞，眷顧。南朝梁任昉《到大司馬記室箋》：「況昉受教君子，將二十年，咳唾爲恩，眄睞成飾。」

〔一六〕詶：《玉篇・言部》：「詶，答也。」

34　（劉）〔到〕撝少有豪氣，〔一〕家産富，〔二〕厚自奉養；伎妾藝貌，當時絶倫；築館穿池，雅有佳趣；飲食珍味，貴游莫及。〔三〕當世之士，皆願與交。撝隨方接對，無不諧款。

齊武帝微時，〔四〕撝未之識，時嘗附人車載至撝門，同乘與撝善，獨下造焉，言畢而辭退。撝怪而問焉，對曰：「與蕭侍郎同車。〔五〕」撝自至車後請焉，既而歡飲如舊相識。齊武甚懷之。〔六〕

【疏證】

《南齊書》卷三七《到撝傳》：「撝資籍豪富，厚自奉養，宅宇山池，京師第一，妓妾姿藝，皆窮上品。才調流贍，善納交游，庖廚豐腆，多致賓客。」

【校注】

〔一〕到撝(huī)：各本作「劉撝」。今按：「劉撝」當作「到撝」，據《南齊書》改。到撝，字茂謙，祖籍彭城武原。起家宋太學博士。入齊，一歲三遷，歷司徒左長史、御史中丞，官至廬陵王中軍長史。《南齊書》卷三七、《南史》卷二五有傳。

〔二〕家産富：各本同。今按：文中語氣不暢，疑「富」上或下脱一字。

〔三〕貴游：指無職事的王公貴族。亦泛指顯貴者。《周禮·地官·師氏》：「掌國中失之事以教國子弟，凡國之貴游子弟學焉。」鄭玄注：「貴游子弟，王公之子弟。游，無官司者。」

〔四〕齊武帝：即蕭賾。賾字宣遠，高帝長子。高帝死，賾繼位。謚武，廟號世祖。《南齊書》卷三、《南史》卷四《齊本紀》有紀。

〔五〕侍郎：「王國侍郎」之省稱，官名。六朝諸王國皆置侍郎，專司贊相及通傳教令。今按：《南齊書》卷三《武帝紀》：「（蕭賾）初爲尋陽國侍郎，辟州西曹書佐，出爲贛令。」

〔六〕「齊武」句：《南齊書》卷三七《到撝傳》：「世祖即位，遷太子中庶子，不拜。又除長沙王中軍長史，司徒左長史。宋世，上數遊會撝家，同從明帝射雉郊野，渴倦，撝得早青瓜，與上對剖食之。上懷其舊德，意眄良厚。至是一歲三遷。」

35 何敬容書名，〔一〕「敬」字大作「苟」，小作「文」；「容」字大作「父」，小作「口」。陸倕弄之曰：〔二〕「卿名『苟』既奇大，『父』殊不小。」敬容不能答。常事衣服，夏月入朝，衣裳不整，乃扶伏牀下，〔三〕以熨斗熨之。衣既甚輕，背便焦灼。〔四〕不辯「屯」、「乇」兩字之異，〔五〕答人書曰「吾比乇弊」，〔六〕時人以爲笑也。不知晉國及晉朝，人或嘲之曰：「獻公殺賈后，〔七〕重耳殺懷愍，〔八〕卿憶此？」敬容曰：「從來所難此，〔九〕故足稱匪人也。〔一〇〕」

【校注】

〔一〕何敬容：字國禮，廬江灊人。梁武帝天監中，累遷揚州治中、吳郡太守，有治績。官至尚書令。侯景亂作，卒。《梁書》卷三七、《南史》卷三〇有傳。

〔二〕陸倕：字佐公，吳郡吳人。南齊時爲「竟陵八友」之一。梁武帝天監初，爲右軍安成王主簿。累遷揚州大中正、太常卿。《梁書》卷二七、《南史》卷四八有傳。　弄：各本同，《四庫全書》本作「戲」。按，陸倕戲侮何敬容事亦見《太平御覽》卷二一〇引《梁書》。

〔三〕扶伏：同「匍匐」，聯緜詞。

〔四〕「常事」數句：《南史》卷三〇《何敬容傳》：「敬容身長八尺，白皙美鬚眉，性矜莊，衣冠鮮麗。武帝雖衣浣衣，而左右衣必須潔。嘗有侍臣衣帶卷摺，帝怒曰：『卿衣帶如繩，欲何所縛？』敬容希旨，故益鮮明。常以膠清刷鬢，衣裳不整，伏牀熨之，或暑月背爲之焦。每公庭就列，容止出人。」

〔五〕屯：《莊子·外物》：「心若縣於天地之間，慰暋沈屯。」陸德明《經典釋文》引司馬彪云：「屯，難也。」《説文解字·屮部》：「屯，難也，象屮木之初生，屯然而難。从屮貫一。一，地也；尾曲。」　乇(zhé)：《説文解字·乇部》：「乇，艸葉也。垂采，上貫一，下有根，象形字。」

〔六〕乇弊：「屯」、「乇」二字字形相近，何敬容不辨，以「屯弊」爲「乇弊」。屯弊，艱難衰敗。

〔七〕獻公：春秋時晉國國君，名詭諸。晚年寵愛驪姬，欲立其子奚齊。殺太子申生，逼走公子重耳、夷吾，終亂晉國。事蹟散見《左傳》僖公四年、五年、六年、九年、十五年及《史記》卷三九《晉世家》。　賈后：名南風，平陽襄陵人。晉惠帝即位，立爲皇后。爲人妒忌多權詐，荒淫放恣，擅政十年，爲趙王司馬倫所殺。《晉書》卷三一有傳。賈，各本同，龍溪精舍本作空格。

〔八〕重耳：晉獻公次子。驪姬之亂，重耳出奔，後依靠秦繆公之力歸國即位，史稱晉文公。事蹟見《左傳》僖公二十五年、二十八年、三十年、三十二年、三十三年及《史記》卷三九《晉世家》。　懷愍：各本同。

今按：疑當作「愍懷」，即晉愍懷太子。其人名遹，字熙祖，惠帝長子，性剛，爲賈后廢殺。《晉書》卷五三有傳。

〔九〕難：《戰國策》卷三三《中山策》姚宏注：「難，惡也。」此：吴校：「『此』下疑有『説』字。」

〔一〇〕匪人：行爲不端正的人。

36 宋玉戲太宰「屢游」之談，〔一〕後人因此流遷反語至相習。〔二〕至如太宰之言「屢游」，鮑照之「伐鼓」，〔三〕孝綽「步武」之談，〔四〕韋粲「浮柱」之説，〔五〕是中太甚者，不可不避耳。俗士非但文章如此，至言論尤事反語。何僧智者，〔六〕嘗於任昉坐賦詩，〔七〕而〔言〕其詩〔言〕不類。〔八〕任云：「卿詩可謂高厚。〔九〕」何大怒，〔一〇〕曰：「遂以我〔詩〕爲狗號？〔一一〕」任逐後解説，遂不相領。〔一二〕任君復云：〔一三〕「經蓄一枕，不知是何木？」會有委巷之謂任君曰：〔一四〕「此枕是標櫧之木。〔一五〕」任託不覺悟，此人乃以宣誇於衆，有自得之色。夫子曰：「必也正名乎？」〔一六〕斯言讜矣。〔一七〕

【校注】

〔一〕宋玉：各本同。今按：《顔氏家訓》卷四《文章》：「世人或有文章引詩『伐鼓淵淵』者，《宋書》已有屢游之誚。」王利器《集解》：「李慈銘曰：『案《金樓子・雜記上》云：「宋玉戲太宰屢游之談，流連反語，遂有鮑照伐鼓、孝綽布武、韋粲浮柱之作。」此處「《宋書》」，本亦作「宋玉」。』劉盼遂曰：『案梁元帝《金樓子・雜記篇》……據孝元之言，是引《詩》「伐鼓淵淵」者爲鮑照，然而沈約《宋書》明遠附見《南平王鑠傳》中，不見「伐鼓」之文，亦無「屢游」之誚。《隋書・經籍志》正史類有徐爰《宋書》六十五卷、孫嚴《宋書》六十五卷、宋文明中撰《宋書》六十一卷，則明遠「伐鼓」、「屢游」故實，當在此三史中矣。』」范文瀾《文心雕龍注》卷九《指瑕》引《金樓子・雜記篇上》，曰：「玉是書字之訛。」此或以爲《顔氏家訓》卷四《文章》「宋書」當作「宋玉」，或以爲《金樓子・雜記篇上》「宋玉」當作「宋書」，今資料缺失，已難遽斷。宋玉，戰國時楚人。或稱是屈原弟子，曾爲楚頃襄王大夫。其人才高貌美，流傳作品以《九辯》最爲可信。生平事蹟參《史記》卷八四《屈原賈生傳》。　太宰：春秋列國掌政者稱太宰。晉時避司馬師諱，改太師爲太宰。

〔二〕反語：魏晉南北朝時的一種隱語。以兩個字先正切，再倒切，成爲另外兩個字。

〔三〕鮑照：字明遠，東海人。宋武帝時爲中書舍人。後任臨海王劉子頊前軍參軍，爲亂兵所殺。《宋書》卷五一、《南史》卷一三有傳。　伐鼓：《顔氏家訓》卷四《文章》王利器《集解》：「俞正燮《癸巳類稿》卷七《反切正義》已舉《金樓子》及《顔氏家訓》此文爲言。《文鏡秘府論》西册《論病文二十八病》第二十：『翻語病者，正言是佳詞，反語則深累是也。如鮑明遠詩云：「雞鳴關吏起，伐鼓早通晨。」伐鼓，正言是佳詞，反語腐骨，是其病也。崔氏云：「伐鼓，反語腐骨，是其病。」』是伐鼓反語爲腐骨。屢游反語未詳。此《文心雕龍・指瑕篇》所謂『比語求蚩，反音取瑕』是也。鮑明遠詩，見《文選・行藥至城東橋》一首。又案：陸機《贈顧交趾公貞詩》：『伐鼓五嶺表，揚旌萬里外。』謝惠連《猛虎行》：『伐鼓功未著，振旅何時從？』梁武帝《藉田詩》：『啓行天猶暗，伐鼓地未悄。』均引《詩》『伐鼓淵淵』，不獨明遠一人而已。《詩中密旨・六病例》『反語病六』亦云：『篇中正言是佳詞，反語則理累。鮑明遠詩：「伐鼓早通晨。」伐鼓則正字，反語則反字。』器又案：六朝人所用『伐鼓』有二義：一爲出師，即本《詩經》；一爲戒晨，《水經・漯水注》云：『後置大鼓於其上(平城白樓)，晨昏伐以千椎，爲城裏諸門啓閉之候，謂之戒晨鼓也。』即其義也。若鮑詩所用，則後一義也，此應分別。」周法高《〈顏氏家訓〉〈金樓子〉「伐鼓」解》認爲：「『伐鼓』所以要避的原因，是『伐鼓』是『父』的反語。《金樓子》把『伐鼓』、『步武』、『浮柱』連舉，其實都切『父』字。」「《家訓》在上文提到詩文中不能隨便用『父』、『母』、『耶』的字樣，把『伐鼓』切『父』，在行文上更加貫注，假使解作『腐骨』，便無意義了。」又提到丁梧梓以爲「屢游」是「劉裕」之反語。

〔四〕孝綽：即劉孝綽，本名冉，字孝綽，祖籍彭城安上里。善屬文，梁武帝天監初，起家著作佐郎。累遷秘書丞、廷尉卿。位終秘書監。《梁書》卷三三、《南史》卷三九有傳。步武：劉孝綽《侍宴集賢堂應令》：「布武登玉墀，委坐陪瑶席。」今按：孝綽詩今存者無「步武」之句，有「布武」，未知即指此否。

〔五〕韋粲：字長蒨，祖籍京兆杜陵。初爲梁晉安王行參軍，累遷通直散騎常侍，出爲衡州刺史。侯景之亂中被殺。《梁書》卷四三、《南史》卷五八有傳。今按：韋粲詩無存。

〔六〕何僧智：各本同，《太平御覽》卷五八六引《金樓子》作「何贈智」，「何」上有「有」字。《廣博物志》卷二九引作「何贈箸」。何僧智，人名。生平無考。

〔七〕嘗：各本同，《太平御覽》卷五八六、《廣博物志》卷二九引《金樓子》作「常」。今按：「嘗」、「常」通。任昉：字彦昇，祖籍樂安博昌。初仕宋，爲丹陽尹主簿。入齊，爲竟陵王子良記室。入梁，拜黄門侍郎，御史中丞，秘書監。後出爲新安太守。《梁書》卷一四、《南史》卷五九有傳。坐：各本同，《太平御覽》卷五八六、《廣博物志》卷二九引《金樓子》作「座」。今按：「坐」，通「座」。

〔八〕「而其詩」句：各本作「言其詩不類」，《太平御覽》卷五八六、《廣博物志》卷二九引《金樓子》作「其詩言不類」。今按：據上下文意，當以「其詩言不類」爲是，據改。不類，不善，不好。

〔九〕高厚：春秋時齊國人。先爲太子光傅，後爲太子牙傅，被殺。《左傳·襄公十六年》：「齊高厚之詩不類。」後因以「高厚」指詩作不佳。范文瀾《文心雕龍注》卷九《指瑕》引《金樓子·雜記篇上》，曰：「高厚切狗，厚高切號。」

〔一〇〕何：各本同，《太平御覽》卷五八六、《廣博物志》卷二九引《金樓子》作「其人」。

〔一一〕我詩：各本脱「詩」字，《太平御覽》卷五八六、《廣博物志》卷二九引《金樓子》「我」下有「詩」字。今按：當以有「詩」字是，據補。

〔一二〕領：《淮南子》卷八《本經》高誘注：「領，理也。」

〔一三〕任君：《梁書》卷一四《任昉傳》：「昉好交結，獎進士友，得其延譽者，率多升擢，故衣冠貴游，莫不争與交好，坐上賓客，恒有數十。時人慕之，號曰任君，言如漢之三君也。」

〔一四〕之謂：各本同。范文瀾《文心雕龍注》卷九《指瑕》引《金樓子・雜記篇上》「之」下作「□」，曰：「原缺。」今按：疑「之」下脱「人」字，「謂」連下讀。句讀作：「會有委巷之〔人〕，謂任君曰。」委巷：指民間。《禮記・檀弓上》：「小功不爲位也者，是委巷之禮也。」鄭玄注：「委巷，猶街里，委曲所爲也。」

〔一五〕標櫧（zhū）：櫧木之梢。標，樹梢。《後漢書》卷六〇上《馬融傳》李賢注：「杪、標，並木末也。」櫧，常緑喬木。《山海經・中山經》：「又東南二百里，曰前山，其木多櫧。」郭璞注：「似柞，子可食。冬夏生。作屋柱，難腐。」今按：范文瀾《文心雕龍注》卷九《指瑕》引《金樓子・雜記篇上》曰：「標櫧，反語爲哺糟。」

〔一六〕正名：辨正名稱、名分，使名實相符。《論語・子路》：「子曰：『必也正名乎！』」

〔一七〕讜（dǎng）：讜言。《漢書》卷一〇〇《叙傳上》顔師古注：「讜言，善言也。」

37 孔翁歸解玄言，〔一〕能屬文，好飲酒，氣韻標達。〔二〕嘗語余曰：「翁歸不畏死，但願仲秋之時，猶觀美月；季春之日，得玩垂楊。有其二物，死所歸矣。〔三〕」余謂斯言雖有過差，〔四〕無妨有才也。

【校注】

〔一〕孔翁歸：人名。《梁書》卷四九《文學・何遜傳》：「又有會稽孔翁歸、濟陽江避，並爲南平王大司馬府記室。翁歸亦工爲詩，避博學有思理，更注《論語》、《孝經》。二人並有文集。」

〔二〕標達：灑脱不羈。

〔三〕死所歸：視死亡爲歸家。《淮南子》卷一〇《繆稱》：「生所假也，死所歸也。」

〔四〕過差：過分，失度。《尚書・胤征》孔安國傳：「沈湎於酒，過差非度。」

38　王思微性好潔淨，〔一〕每還侍中省，〔二〕洗浴必乞御水。〔三〕水清濁與他井不異，且貴水名耳。

【校注】

〔一〕王思微：人名。祖籍琅邪臨沂，王思遠兄，南齊東昏侯永元中爲江州長史。生平事蹟見《南齊書》卷四三《王思遠傳》。《太平御覽》卷九〇五、《廣博物志》卷四七引《金樓子》曰：「王思微性好淨潔，左右提衣，悉令白紙裹手指。在宅有犬汙柱，思微令門生洗之，意猶不已，更令刮削，復言未足，遂令易柱。」今按：此節四庫館臣漏輯，據文意，可補於此。

〔二〕侍中省：官署名。掌侍奉皇帝，贊導衆事，顧問應對及獻納諫諍等，參與決策，是中樞機構之一。

〔三〕御水：《後漢書》卷七八《宦者列傳》李賢注：「水入宫苑爲御水。」

39　盧陵威王之蓄内也，〔一〕千門相似，萬户如一。〔二〕齋前悉施木天以蔽光景，〔三〕春花秋月之時，暗如深夜撤燭。内人有不識晦明者，〔四〕動經一紀焉。〔五〕所以然者，正以桑中之契，〔六〕犇則難禁；柳園之下，〔七〕空牀多怨。所以嚴其制而峻其網，家人譬之廷尉，〔八〕門内同於苦廬。〔九〕雖制控堅嚴，而金玉滿室，土木緹罽，〔一〇〕不可勝云。〔一一〕及凶寇濟江，〔一二〕而憑陵京邑，王之邸第，邇於路左。重門自啓，〔一三〕無復擊柝之聲；〔一四〕春服初成，〔一五〕遂等闕氏之飾。〔一六〕黄金滿匱，前屬九虎；〔一七〕白璧千雙，後輸六郡。〔一八〕向之所閉，今之所開；向之所聚，今之所散。屏去三惑，〔一九〕可不戒乎？〔二〇〕

【校注】

〔一〕盧陵威王：即蕭續。續字世訢，梁武帝第五子。武帝天監八年封盧陵郡王。歷江、雍、荆等州刺史。多聚馬仗，極意聚斂。卒，謚威。《梁書》卷二九、《南史》卷五三有傳。

〔二〕「千門」二句：《文選》卷一一王文考《魯靈光殿賦》：「千門相似，萬户如一。」張載注：「千門萬户，言衆多也。相似如一，言皆好也。」

〔三〕木天：木製天棚。

〔四〕晦明：指黑夜和白晝。

〔五〕一紀：《國語》卷一〇《晉語四》韋昭注：「十二年歲星一周，爲一紀。」

〔六〕桑中：地名。《詩經·鄘風·桑中》：「云誰之思？美孟姜矣。期我乎桑中，要我乎上宫，送我乎淇之上矣。」鄭玄箋：「桑中、上宫，所期地也。」朱熹《集傳》：「桑中、上宫、淇上，又沬鄉之中小地名也。……衛俗淫亂，世族在位，相竊妻妾。故此人自言將采唐於沬，而與其所思之人相期會迎送如此也。」後因以指私奔幽會之處。

〔七〕柳園：古代詩文中多載女子在柳園中紡織，此借指女子所居之處。《文選》卷二九《古詩十九首》之二：「青青河畔草，鬱鬱園中柳。盈盈樓上女，皎皎當窗牖。娥娥紅粉妝，纖纖出素手。昔爲倡家女，今爲蕩子婦。蕩子行不歸，空牀難獨守。」庾信《周太傅鄭國公夫人鄭氏墓誌銘》：「柳園秉杼，桑津浴蠶。」《藝文類聚》卷三二引陳張正見《賦得佳期竟不歸詩》曰：「良人萬里向河源，倡婦三秋思柳園。」卷五九引陳伏知道《從軍五更轉》曰：「三更夜驚新，横吹獨吟春。强聽梅落花，誤憶柳園人。」

〔八〕廷尉：官署名。掌刑獄。

〔九〕苫廬：指居喪之廬。苫（shān），古代居喪者所寢之草墊。《儀禮·既夕禮》：「居倚廬，寢苫枕塊。」鄭玄注：「苫，編藁。」

〔一〇〕緹罽（jì）：赤黄色的毛織品，代指華貴的裝飾。

〔一一〕「不可」句：蕭繹生活奢華，史有明載。《南史》卷五三《蕭續傳》：「續多聚馬仗，蓄養趫雄，耽色愛財，極意收斂，倉儲庫藏盈溢。臨終有啓，遣中隸事參軍謝宣融送所上金銀器千餘件，武帝始知其富。以爲財多德寡，因問宣融曰：『王金盡於此乎？』宣融曰：『此之謂多，安可加也。夫王之過如日月蝕，欲令陛下知之，故終而不隱。』」

〔一二〕凶寇濟江：指侯景之亂。梁武帝太清二年（五四七），侯景發動叛亂，領兵南下，渡過長江，攻入京師建康，並縱兵搶掠。事詳《梁書》卷五六《侯景傳》。

〔一三〕重門：古代宮門多重，故稱。《文選》卷三〇謝玄暉《觀朝雨詩》吕向注：「重門，帝宮門也。」

〔一四〕擊柝（tuò）：《周易・繫辭下》：「重門擊柝，以待暴客。」

〔一五〕春服：《論語・先進》：「莫春者，春服既成。」

〔一六〕閼（yān）氏（zhī）：《史記》卷九三《韓信傳》：「匈奴騎圍上，上乃使人厚遺閼氏。」張守節《正義》：「閼，於連反，又音燕。氏音支。單于嫡妻號，若皇后。」

〔一七〕九虎：《漢書》卷九九《王莽傳下》：「（王莽）拜將軍九人，皆以虎爲號，號曰『九虎』。」此處借指侯景的軍隊。

〔一八〕後輪六郡：指蕭續的財物被侯景軍隊掠走。侯景爲鮮卑化羯人，故稱。六郡，原指漢隴西、天水、安定、北地、上郡、西河六郡，此六郡皆靠近少數民族。《漢書》卷二八《地理志下》：「天水、隴西，山多林木，民以板爲室屋。及安定、北地、上郡、西河，皆迫近戎狄，修習戰備，高上氣力，以射獵爲先。……

漢興，六郡良家子選給羽林、期門，以材力爲官，名將多出焉。」

〔一九〕三惑：《後漢書》卷五四《楊震傳》附《楊秉傳》：「秉性不飲酒，又早喪夫人，遂不復娶，所在以淳白稱。嘗從容言曰：『我有三不惑：酒，色，財也。』」又同傳《贊》曰：「楊氏載德，仍世柱國。震畏四知，秉去三惑。」

〔二〇〕「可不」句：蕭繹、蕭續不和，當與蕭續因「西歸内人」事得罪蕭繹有關。《南史》卷五三《蕭續傳》：「始元帝母阮修容得幸，由丁貴嬪之力，故元帝與簡文相得，而與廬陵王少相狎，長相謗。元帝之臨荆州，有宫人李桃兒者，以才慧得進，及還，以李氏行。時行宫户禁重，續具狀以聞。元帝泣對使訴於簡文，簡文和之不得。元帝猶懼，送李氏還荆州，世所謂西歸内人者。自是二王書問不通。及續薨，元帝時爲江州，聞問，入閤而躍，屧爲之破。」故蕭繹載蕭續閨門不謹以報復之。

40　昔潘君之慕虢雨之爲人也，〔一〕虢雨好學，方夏，置金鏤龍盤於側，以洗墨渝焉，〔二〕潘君慕之，遂無冬夏，置金鏤龍盤於側，而不以洗墨渝也。此豈所謂愛？其滯質而失其實也。〔三〕廬濛侯之姸也，〔四〕行必捻其纓，〔五〕顔氏學之，動足而捻其纓，爲不姸也如舊：此又潘君也。〔六〕

【校注】

〔一〕昔：《四庫全書》本下有「者」字。　號雨：人名。生平無考。

〔二〕墨渝：墨污。《藝文類聚》卷三一引後漢張奐《與陰氏書》曰：「篤念既密，文章燦爛，名實相副，奉讀周旋，紙弊墨渝，不離於手。」《廣弘明集》卷二四王曼穎《與皎法師書》：「紙弊墨渝，迄來能罷。」

〔三〕滯質：拘泥於外在形式。

〔四〕盧濛侯：生平無考。

〔五〕行必：龍溪精舍本作「必行」。　纓：《説文解字·糸部》：「纓，冠系也。」段玉裁注：「冠系，可以系冠者也。系者，繫也，以二組繫於冠，卷結頤下，是謂纓。」

〔六〕「此又」句：龍溪精舍本本節與下節合爲一節。

41　余以九日從上幸樂遊苑，〔一〕被敕押，〔二〕伏蒙敕板軍主；〔三〕新從荆還，〔四〕人馬器甲，震耀京輦，百姓觀者如堵牆焉。上諸子之中，特垂慈愛，(相)〔賜〕賚相接。〔五〕其日賦詩蒙賞，其晚道義被稱，〔六〕左右拭目，朋友改觀。此時天高氣清，炎涼調適，千載一時矣。上謂人曰余「義如荀粲，〔七〕武如孫策」。〔八〕余經侍副君講，〔九〕時季秋也，召登含露之閣，同時奉令者，定襄侯祗、舍人庾肩吾而已。〔一〇〕曲蒙恩宴，自夜至朝，奉玉裕之温，〔一一〕入銅龍之省。〔一二〕曈曨日色，〔一三〕還想安仁之賦；〔一四〕徘徊月影，懸思子建之文：〔一五〕此又一生之至樂也。余後爲江州刺史，〔一六〕副君賜報曰：「京師有語曰：〔一七〕『議論當如湘東王，仕宦當如王克。』〔一八〕」〔克〕時始爲僕射、領選也。〔一九〕

【校注】

〔一〕九日：指農曆九月九日。南朝齊梁時有九月九日馬射和講武之習。《南齊書》卷九《禮上》：「九月九日馬射。或説云，秋金之節，講武習射，像漢立秋之禮。」本書《興王篇》第二一·八節載：「九月九日，上出講武，時士女觀者，遠近畢至」。　樂遊苑：苑名。《太平寰宇記》卷九〇「昇州上元縣」：「樂遊苑在覆舟山南。北連山築臺觀，苑内起正陽、林光等殿。」《六朝事迹編類》卷四「樂遊苑」：「《輿地志》云：在晉爲藥園，宋元嘉中以其地爲北苑，更造樓觀，後改爲樂遊苑。」故址在今江蘇南京江寧覆舟山南。

〔二〕敕押：即受到皇帝任命掌管安排游樂遊苑事。押，掌管，統轄。

〔三〕板：官制術語。晉南北朝時，王公大臣及地方長官可以臨時委任官吏，授官時，書其辭於板，故稱爲板或板授。　軍主：一軍的主將。南北朝時置。其下設軍副，所統兵力無定員，自數百人至萬人以上不等。

〔四〕新從荆還：吴《譜》繫此事於梁武帝大同五年（五三九），蕭繹去荆州刺史任，入爲護軍將軍、領石頭戍事。九月九日從梁武帝於樂遊苑講武，受敕爲軍主。今按：吴《譜》以繹「蒙敕板軍主」爲「受敕爲軍主」，誤。其意實爲繹受敕可以自行任命軍主，非繹自己爲軍主。

〔五〕賜賚：底本、《四庫全書》本作「相賚」，重校本、《叢書集成》本、《百子全書》本、龍溪精舍本作「賜賚」。吴校：「『相賚』疑作『賜賚』。」今按：「相賚相接」難通，從吴校改。

〔六〕道義：講説經典之義理。

〔七〕荀粲：字奉倩，三國魏潁川潁陰人。粲諸兄並以儒術論議，而粲獨好言道，常以爲子貢稱夫子之言性與天道，不可得聞，然則六籍雖存，固聖人之糠秕。當時能言者不能屈。生平事蹟詳《三國志》卷一〇《荀彧傳》裴松之注。

〔八〕孫策：字伯符，吴郡富春人，吴主孫權長兄。東漢末年割據江東，其英氣傑濟，猛鋭冠世。《三國志》卷四六有傳。

〔九〕副君：《漢書》卷七一《疏廣傳》：「太子，國儲副君。」今按：據《梁書》卷四《簡文帝紀》，梁大同五年時太子爲蕭綱。

〔一〇〕定襄侯祇：梁武帝弟南平王蕭偉之子蕭祇，天監中封定襄侯。《南史》卷五二《梁宗室傳下·南平王》有附傳。　舍人：「太子舍人」簡稱，爲太子屬官，掌文書公案等。　庾肩吾：字子慎，一字慎之，祖籍南陽新野。太子蕭綱的主要僚屬。善爲文，「宮體」文學的重要代表之一。《梁書》卷四九、《南史》卷五〇有傳。

〔一一〕玉裕：《文選》卷二〇陸士衡《皇太子宴玄圃宣猷堂有令賦詩》：「茂德淵沖，天姿玉裕。」李善注引《廣雅》：「裕，容也。」張銑注：「天然之姿容如玉也。」

〔一二〕銅龍之省：指東宮。漢代太子宫門曾以銅龍作裝飾品。《漢書》卷一〇《成帝紀》「太子出龍樓門」，顔師古注引三國魏張晏曰：「門樓上有銅龍，若白鶴、飛廉之爲名也。」

〔一三〕曈曨：《説文解字·日部》：「曈，曈曨，日欲明也。」

〔一四〕安仁：潘岳字安仁，滎陽中牟人。仕西晉，官至給事黄門侍郎，爲權臣賈謐「二十四友」之一。後被誣謀反，伏誅。岳工詩賦，尤長哀誄之文，有《閒居賦》、《秋興賦》、《懷舊賦》、《悼亡詩》三首等。《晉書》卷五五有傳。《文選》卷一三潘安仁《秋興賦》有「月朣朧以含光兮，露淒清以凝冷」之句，此云「曈曨日色」，似出此賦。「朣朧」，同「曈曨」。

〔一五〕子建：曹植字子建，曹操子，三國魏沛國譙人。漢獻帝建安時封平原侯，後多次改封，魏明帝時，又改封陳王。鬱鬱而終，謚思，世稱陳思王。植文才富豔，後人輯所作爲《曹子建集》。《三國志》卷一九有傳。《文選》卷二三曹子建《七哀詩》：「明月照高樓，流光正徘徊。」李善注：「夫皎月流輝，輪無輟照，以其餘光未没，似若徘徊。」

〔一六〕「余後」句：《梁書》卷五《元帝紀》：「(大同)六年，出爲使持節、都督江州諸軍事、鎮南將軍、江州刺史。」又，《太平御覽》卷五九五引《金樓子》「江州」下無「刺史」二字。

〔一七〕語：各本同，《太平御覽》卷五九五引《金樓子》作「論」。

〔一八〕宦：各本同，《太平御覽》卷五九五引《金樓子》「宦」作「官」。王克：《四庫全書》本「也」下有小字云：「案王克時，史無此人，且此二句必有韻之語，『時』字文義當屬下句。考《梁書》王瑩字奉光，光，武帝時爲左僕射。『克』與『光』以形相近而訛，上脱『奉』字，『光』與『王』音正相協。今未敢輒改，姑仍其舊。」今按：王瑩字奉光，祖籍琅邪臨沂，《梁書》卷一六、《南史》卷二三有傳。王瑩卒於天監十五年（五一六），時距蕭繹出爲江州刺史已經二十四年，何能云「時始爲僕射、領選也」？故絶非此人。《太平御覽》卷五九五引《金樓子》「克」字重，當一屬上文，一屬下文，作「仕宦當如王克。克時始爲僕射、領選也」。故原文脱一「克」字，據補。《梁書》卷三：「（太清二年春正月）辛丑，以尚書僕射謝舉爲尚書令，守吏部尚書王克爲尚書僕射。」或即此人。《南史》卷二三《王彧傳》附《王克傳》：「克美容貌，善容止，仕梁歷司徒右長史、尚書僕射。臺城陷，仕侯景，位太宰、侍中、録尚書事。景敗，克迎候王僧辯，問克曰：『勞事夷狄之君。』克不能對。次問璽紱何在，克默然良久曰：『趙平原將去。』平原名思賢，景腹心也，景授平原太守，故克呼焉。僧辯乃誚克曰：『王氏百世卿族，便是一朝而墜。』仕陳，位尚書右僕射。」《陳書》卷二四《周弘正傳》載蕭繹與周弘直書曰：「京師搢紳，無不附逆，王克已爲家臣，陸緬身充卒伍，唯有周生，確乎不拔。」

〔一九〕僕射：「尚書僕射」之省稱，官名。尚書省次官，佐尚書令執行政務，南朝時有左、右僕射，若置祠部尚書，則唯置一尚書僕射。領選：謂兼管選舉官吏之事。

42 余作《金樓子》未竟，從荆州還都，〔一〕時有言是鍛真金爲樓子者，〔二〕來詣余，三爵之後，〔三〕往往乞借「金樓子」玩弄之，應大奇巧。此則近可咍也。〔四〕

【校注】

〔一〕從荆州還都：據《梁書》卷三《武帝紀》及卷五《元帝紀》，蕭繹於普通七年（五二六）至大同五年（五三九）、太清元年（五四七）至承聖元年（五五二）兩度出任荆州刺史。

〔二〕鍛真金爲樓子：道家和佛教中均有關於「金樓」的傳説，如《抱朴子》内篇卷一五《雜應》載：老君「金樓玉堂，白銀爲階」。後秦佛陀耶舍、竺佛念譯《佛説長阿含經》卷第三載：妙匠天造法殿，「法殿上有八萬四千寶樓，其金樓者銀爲户牖」。大約有人受這些影響，誤以爲《金樓子》是「鍛真金爲樓子者」。

〔三〕三爵：《左傳·宣公二年》：「臣侍君宴，過三爵，非禮也。」爵，雀形酒杯。

〔四〕咍：嗤笑。《楚辭·九章·惜誦》：「行不羣以巔越兮，又衆兆之所咍。」

43 宋岱之雞，猶解談説。〔一〕

【疏證】

《太平御覽》卷三九〇引《世説》曰：「宋處宗甚有思理才，常買得一長鳴雞，愛養之甚，至恒籠盛著窗間。雞遂作人語，與處宗談語，極有言思，終日不輟。處宗因此言遂大進。」亦見《藝文類聚》卷五五引《世説》、卷九一引《幽明録》；《太平御覽》卷七六四引《世説》、卷九一八引《幽明録》。

【校注】

〔一〕宋岱：《文心雕龍》卷四《論説》：「宋岱、郭象鋭思於機神之區，夷甫、裴頠交辨於有無之域。」明何良俊《何氏語林》卷七載：「宋處宗甚有思理」云云，下注：「《晉陽秋》曰：『宋岱，字處宗，沛國人，官兖州刺史。』」宋岱當即宋處宗，理由有二：（一）《尚書·舜典》：「歲二月，東巡守，至於岱宗。」《初學記》卷五引《五經通義》：「（泰山）一曰岱宗，言王者受命易姓，報功告成，必於岱宗也。東方萬物始交代之處。宗，長也，言爲羣岳之長。」宋岱字處宗，合於古人名、字意義之關係。（二）《隋書》卷三二《經籍志》著録：「《周易論》一卷，晉荆州刺史宋岱撰。」《舊唐書》卷四六《經籍志》著録：「《易論》一卷，宋處宗撰。」《新唐書》卷五七《藝文志》著録：「宋處宗《通易論》一卷。」顯然宋岱即宋處宗。宋岱，《晉書》無傳。《晉書》卷五七《羅尚傳》：「荆州刺史宗岱率建平太守孙阜救之，次於江州。」《華陽國志》卷八《大同志》：「（晉太安二年正月）荆州刺史宋岱水軍三萬，助（羅）尚，次墊江。」《晉書·羅尚傳》「宗」亦當是「宋」之訛。又，《太平御覽》卷五九五引《語林》：「宋岱爲青州刺史，著《無鬼論》甚精，莫能屈。」卷八八四引同。卷五〇〇及卷八八四引「宋」作「宗」，誤。

44　昔玉池國有民，婿面大醜；〔一〕婦國色，鼻齆。〔二〕婿乃求媚此婦，終不肯回。〔三〕遂買西域無價名香而熏之，〔四〕還入其室。婦既齆矣，豈分香臭哉！世有不適物而變通求進，〔五〕蓋皆此類也。

【校注】

〔一〕婿：各本同，《太平御覽》卷九八一引《金樓子》作「聟」。　大：各本同，《太平御覽》卷九八一引《金樓子》作「十二」。

〔二〕齆：鼻病。隋巢元方《諸病源候論·鼻病諸候·鼻齆候》：「鼻氣不宣調，故不知香臭而爲齆也。」

〔三〕回：各本同，《太平御覽》卷九八一引《金樓子》「回」下有「顧」字。

〔四〕遂買西域：各本同，《太平御覽》卷九八一引《金樓子》作「遂往西市」。西域，漢以來對玉門關、陽關以西地區的總稱。參《漢書》卷九六《西域傳》、《後漢書》卷八八《西域傳》。

〔五〕不：《四庫全書》本「不」下有「説」字。

45　參絲之絞以弦琴，〔一〕緩張則撓，〔二〕急張則絶。〔三〕

【疏證】

《太平御覽》卷八一四引蔡邕《廣連珠》曰：「參絲之絞以弦琴，緩張則撓，急張則絶。」

【校注】

〔一〕參（sǎn）：《儀禮·大射儀》「參七十」，漢鄭玄注：「參讀爲糝。糝，雜也。」　絞：用兩股以上條狀物擰成一根繩索。《禮記·雜記上》唐孔穎達疏：「知以一股所謂纏絰者，若是兩股相交，則謂之絞。」

〔二〕撓：通「橈」。《周易·大過卦》：「棟橈，凶。」陸德明《釋文》：「橈，曲折也。」

〔三〕「急張」句：各本「絶」下有小字云：「案以下七條原本無篇名，附録於此。」

46　王仲宣昔在荆州，〔一〕著書數十篇，荆州壞，盡焚其書。〔二〕今存者一篇，〔三〕知名之士咸重之。見虎一毛，不知其斑。〔四〕

【校注】

〔一〕王仲宣：王粲字仲宣，山陽高平人。漢獻帝初平中，西京亂，赴荆州依劉表，曹操平荆州，辟爲丞相掾，官至侍中。其人博學善文，爲「建安七子」之一。有《漢末英雄記》十卷，《集》十一卷。《三國志》卷二一有傳。

〔二〕「荆州」三句： 明袁褧《楓窗小牘》卷上：「余嘗見内庫書《金樓子》有李後主手題，曰：『梁孝元謂：「王仲宣昔在荆州，著書數十篇，荆州壞，盡焚其書。今在者一篇，知名之士咸重之。見虎一毛，不知其斑。」後西魏破江陵，帝亦盡焚其書，曰：「文武之道，盡今夜矣。」何「荆州壞」、「焚書」二語先後一轍也？詩以慨之曰：「牙籤萬軸裹紅綃，王粲書同付火燒。不是祖龍留面目，遺篇那得到今朝。」』書卷皆薛濤紙所抄，惟『今朝』字誤作『金朝』，徽廟惡之，以筆抹去。後書竟如讖入金也。」

〔三〕存： 各本同，《太平御覽》卷六〇二、《天中記》卷三七引《金樓子》作「在」。

〔四〕「見虎」三句：《意林》卷五引楊泉《物理論》曰：「見虎一毛，不知其斑。道家笑儒者之拘，儒者嗤道家之放，皆不見本也。」又，各本「斑」下有小字云：「案原本僅存末八字，謹據《太平御覽》校補。」

47　桂華無實，〔一〕玉卮無當。〔二〕

【校注】

〔一〕「桂華」句：《漢書》卷二七《五行志中》載成帝時歌謡：「桂樹華不實，黄爵巢其顛。」《爾雅》卷九：「梫，木桂。」晉郭璞注：「今南人呼桂厚皮者爲木桂，桂樹葉似枇杷而大，白華，華而不著子。」無，各本同，《紺珠集》卷一引《金樓子》作「不」。

〔二〕「玉卮」句：《韓非子》卷一三《外儲説右上》：「堂溪公見昭侯曰：『今有白玉之卮而無當，有瓦卮而有當，君渴，將何以飲？』君曰：『以瓦巵。』堂溪公曰：『白玉之巵美，而君不以飲者，以其無當耶？』君曰：『然。』堂溪公曰：『爲人主而漏泄其羣臣之語，譬猶玉巵之無當。』堂溪公每見而出，昭侯必獨卧，惟恐夢言泄於妻妾。」巵，酒杯。當，各本「當」下有小字云：「當，底也。今俗猶有（《百子全書》本作「言」）『匡當』之言也。」《白孔六帖》卷一六：「玉巵無當。當，底也。」《丹鉛餘録》卷一四：「《韓子》『玉巵無當』，《廣韻》云：『當』，底當也，徐鉉云：『今俗猶有「匡當」之言。』」

48　周赧王即位，〔一〕負債而逃之，〔二〕名爲逃債之宫，今洛陽南宫誃臺是也。〔三〕竊民(鐵)〔鈇〕而藏之。〔四〕

【疏證】

《太平御覽》卷八五引《帝王世紀》曰：「(赧王)四十五年，王如秦，得罪於秦，秦攻周。或説秦王，乃止。王雖居天子之位，爲諸侯之所侵逼，與家人無異；多貰於民，無以歸之，乃上臺以避之，故周人因名其臺曰逃債之臺，洛陽南宫誃臺是也。」

【校注】

〔一〕周赧王：姓姬，名延，戰國時周國君。時周已分東周、西周兩小國。赧王名爲天子，實寄居於西周。

生平事蹟詳《史記》卷四《周本紀》。《史記·周本紀》司馬貞《索隱》：「赧非謚，《謚法》無赧，正以微弱，竊鈇逃債，赧然慚愧，故號曰『赧』耳。……《爾雅》曰面慚曰赧。」

〔二〕負債而逃之：各本同。今按：據上下文及《漢書》卷一四《諸侯王表》顏師古注、《太平御覽》卷八五引《帝王世紀》，周赧王負債而逃，躲入高臺，故疑「之」下有脱文。

〔三〕誃臺：臺名。故址在今河南洛陽境内。北魏酈道元《水經注》卷一六《穀水》：「洛陽諸宫，名曰南宫，有誃臺、臨照臺。」

〔四〕鈇：底本、《四庫全書》本作「鐵」，重校本、《叢書集成》本、《百子全書》本、龍溪精舍本作「鈇」。吴校：「『鐵』當作『鈇』」。今按：吴校是，據改。鈇，《墨子·備穴》岑仲勉《簡注》：「鈇，斧也。」《漢書》卷一四《諸侯王表》：「自幽、平之後，日以陵夷，至虖阸隔河洛之間，分爲二周，有逃責之臺，被竊鈇之言。」顏師古注：「服虔曰：『周赧王負責，無以歸之。主迫責急，乃逃於此臺，後人因以名之。』劉德曰：『洛陽南宫誃臺是也。』應劭曰：『竊鈇，謂出至路邊，竊取人鈇也。』師古曰：『應説非也。鈇鉞，王者以爲威，用斬戮也。言周室衰微，政令不行於天下，雖有鈇鉞，無所用之，是謂私竊隱藏之耳。』」

49　專諸學炙魚，〔一〕香聞數里。王僚索魚炙，〔二〕專諸持一利鋼刀藏著魚腹中。〔三〕持刀戟者於後鉤專諸，而諸隱刀刺王僚乳，出徹後屏風。僚子羌忌，〔四〕走及犇牛，手接飛燕。闔閭患之，石室銅户，藏翳備之也。

【疏證】

《吴越春秋》卷三《王僚使公子光傳》：「專諸曰：『凡欲殺人君，必前求其所好。吴王何好？』光曰：『好味。』專諸曰：『何味所甘？』光曰：『好嗜魚之炙也。』專諸乃去，從太湖學炙魚，三月得其味，安坐待公子命之。……（吴王僚十三年）四月，公子光伏甲士於窋室中，具酒而請王僚。……王僚乃被棠鐵之甲三重，使兵衛陳於道，自宫門至於光家之門。階席左右，皆王僚之親戚，使坐立侍，皆操長戟交軹。酒酣，公子光佯爲足疾，入窋室裹足，使專諸置魚腸劍炙魚中進之。既至王僚前，專諸乃擘炙魚，因推匕首，立戟交軹，倚專諸胸。胸斷臆開，匕首如故，以刺王僚，貫甲達背。王僚既死，左右共殺專諸，衆士擾動，公子光伏其甲士以攻僚衆，盡滅之。」事亦見《史記》卷八六《刺客列傳》、《初學記》卷二二引《烈士傳》、《太平御覽》卷一八四引《列士傳》等。

《太平御覽》卷一八四引《列士傳》曰：「吴王闔閭畏王僚之子慶忌，作石室銅户以備之。」

【校注】

〔一〕專諸：春秋時吴堂邑人。《史記》卷八六《刺客列傳》有傳。

〔二〕王僚：春秋時吴王餘昧之子。餘昧卒，乃立子僚。時餘昧長兄諸樊之子公子光不服，乘吴伐楚失利，使專諸刺殺之。公子光代立爲王，是爲吴王闔閭。事詳《史記》卷三一《吴太伯世家》。

〔三〕持一：《四庫全書》本「持」下無「一」字。

〔四〕羌忌：即「慶忌」。《容齋隨筆》卷七《羌慶同音》：「王觀國彥賓、吴棫材老有《學林》及《叶韻補注》、《毛詩音》二書皆云：《詩》、《易》、《太玄》凡用慶字，皆與陽字韻叶，蓋羌字也。引蕭該《漢書音義》，慶音羌。又曰：『《漢書》亦有作羌者，班固《幽通賦》「慶未得其云已」，《文選》作羌，而他未有明證。』予按《揚雄傳》所載《反離騷》『慶夭顇而喪榮』，注云：『慶，辭也，讀與羌同。』最爲切據。」慶忌，吴王僚之子，以勇聞。公子光刺殺王僚，慶忌在衛。公子光憂之，乃使要離刺殺之。事詳《史記》卷八六《刺客列傳》、《吴越春秋》卷四《闔閭内傳》。

50　漢張猛、(皇甫)〔邯鄲〕商，〔一〕少而(善)相〔善〕，〔二〕爲狎既過，乃至相殺，爰及出奔。〔三〕故君子知慎之。貌必齊莊，〔四〕於事爲善。

【疏證】

《三國志》卷一八《龐淯傳》注引《典畧》曰：「建安初，(張)猛仕郡爲功曹，是時河西四郡以去涼州治遠，隔以河寇，上書求别置州。詔以陳留人邯鄲商爲雍州刺史，别典四郡。時武威太守缺，詔又以猛父昔在河西有威名，乃以猛補之。商、猛俱西。初，猛與商同歲，每相戲侮，及共之官，行道更相責望。暨到，商欲誅猛。猛覺之，遂勒兵攻商。商治舍與猛側近，商聞兵至，恐怖登屋，呼猛字曰：『叔威，汝欲殺我耶？然我死者有知，汝亦族矣。請和解，尚可乎？』猛因呼曰：『來。』

商逾屋就猛，猛因責數之，語畢，以商屬督郵。督郵録商，閉置傳舍。後商欲逃，事覺，遂殺之。是歲建安十四年也。」

【校注】

〔一〕張猛：字叔威，東漢末敦煌人。建安中猛殺邯鄲商，後被將軍韓遂攻敗，自焚死。事蹟詳《後漢書》卷六五《張奂列傳》及《三國志》卷一八《龐淯傳》注引《典畧》。邯鄲商：各本作「皇甫商」。清李慈銘《越縵堂讀書記·金樓子》云：「《後漢書·張奂傳》載：其子猛殺刺史邯鄲商，此云『漢張猛、皇甫商，少而相善，爲狎既過，乃至相殺』。按《三國志·龐淯傳》注引魚豢《典畧》亦作『邯鄲商』，則此書誤也。」今按：李慈銘説是，據改。邯鄲商，陳留人。

〔二〕相善：底本、《四庫全書》本作「善相」，重校本、《叢書集成》本、《百子全書》本、龍溪精舍本作「相善」。吴校：「『善相』疑作『相善』。」今按：吴校是，據改。

〔三〕爰及出奔：各本同。今按：《三國志》卷一八《龐淯傳》注引《典畧》無明載「出奔」事，或指邯鄲商「欲逃」事，或原文有脱誤。

〔四〕齊莊：嚴肅誠敬。《禮記·祭義》：「孝子將祭祀，必有齊莊之心以慮事。」

51 丘遲出爲永嘉郡，〔一〕羣公祖道於東亭，〔二〕〔任〕敬子、沈隱侯俱至。〔三〕丘云：

「少來搜集書史，頗得諸遺書，無復首尾，或失名，〔四〕凡有百餘卷，皆不得而知。今併欲焚之。」二客乃謂主人云：「可皆取出共看之。」傳金紫末至，〔五〕二客以向諸書示之，傳乃發擿剖判，〔六〕皆究其流出，所得三分有二，賓客咸所悦服。

【校注】

〔一〕丘遲：字希範，吴興烏程人。齊時，以秀才累遷殿中郎。入梁，爲中書郎，待詔文德殿。天監三年（五〇四），出爲永嘉太守。《梁書》卷四九、《南史》卷七二有傳。永嘉郡：梁時屬東揚州，治所在永寧縣，即今浙江温州。

〔二〕祖道：《漢書》卷六六《劉屈氂傳》：「貳師將軍李廣利將出兵擊匈奴，丞相爲祖道，送至渭橋。」顔師古注：「祖者，送行之祭，因設宴飲焉。」東亭：即東冶亭。《建康實録》卷九《烈宗孝武皇帝》「太元七年」下有云：「是歲，三吴士大夫置東冶，以爲餞送所。」原注：「案，《地圖》：名東冶，即國之置冶鑄處，在汝南灣東南，西臨淮水，去今縣城東八里，桃花園東二里。汝南灣，即晉汝南王初過江，家於此地。」《六朝事迹編類》卷四「東冶亭」：「晉太元中，於汝南灣東南置亭，爲士大夫餞送之所。楊修之有詩曰：『忍淚相看酒共持，一生心事幾人知。年年折盡東亭柳，此别綿綿無盡期。』舊傳在縣東八里。」《釋名》卷五《釋宫室》：「亭，停也，亦人所停集也。」

〔三〕任敬子：底本、《四庫全書》本脱「任」字，重校本「敬」上有旁側有小字「任」，《叢書集成》本、《百子全書》本、龍溪精舍本「敬」上有「任」字。吴校：「『敬子』上脱『任』字，乃任彦昇也。」今按：吴校是，據補。任敬子，即任昉。昉字彦昇，祖籍樂安博昌。卒，謚曰敬子。《梁書》卷一四、《南史》卷五九有傳。沈隱侯：即沈約。約字休文，吴興武康人。仕齊，爲「竟陵八友」之一。入梁，爲尚書僕射，封建昌縣侯。卒，謚隱。《梁書》卷一三、《南史》卷五七有傳。

〔四〕名：各本同，《太平御覽》卷六〇二引《金樓子》下有「姓」字。

〔五〕傅金紫：即傅昭。昭字茂遠，祖籍北地靈州。仕齊，累至尚書左丞。入梁，累遷至散騎常侍、金紫光禄大夫。博極古今，尤善人物，世稱學府。卒，謚貞。《梁書》卷二六、《南史》卷六〇有傳。金紫，「金紫光禄大夫」省稱。魏晉以來，有左右光禄大夫及光禄大夫，皆銀印青綬。重者詔加金章紫綬，常兼加爲養老告病者或以爲禮贈之官。

〔六〕發擿（zhì）：闡釋疑難。

雜記篇十三下〔一〕

1　殷湯取士於商賈，〔二〕周武取士於負薪，〔三〕齊桓取士於車轅，〔四〕大漢取士於奴僕。〔五〕明王聖主取士以賢，不拘卑賤，故其功德洋溢，〔六〕名流竹帛也。〔七〕

【疏證】

《三國志》卷六一《吴書·陸凱傳》：「凱上疏曰：『……臣聞殷湯取士於商賈，齊桓取士於車轅，周武取士於負薪，大漢取士於奴僕。明王聖主取士以賢，不拘卑賤，故其功德洋溢，名流竹素，非求顔色而取好服、捷口、容悦者也。』」

【校注】

〔一〕「雜記」句：《四庫全書》本作「雜記下篇」。

〔二〕「殷湯」句：《史記》卷三《殷本紀》：「伊尹名阿衡。阿衡欲奸湯而無由，乃爲有莘氏媵臣，負鼎俎，以滋味説湯，致于王道。或曰，伊尹處士，湯使人聘迎之，五反然後肯往從湯，言素王及九主之事。」

〔三〕「周武」句：《史記》卷三二《齊太公世家》：「吕尚蓋嘗窮困，年老矣，以漁釣奸周西伯。」今按：西伯，文王也。蕭繹云「周武」，蓋沿陸凱之誤。負薪，《後漢書》卷四〇《班固傳上》：「採擇狂夫之言，不逆負薪之議。」李賢注：「負薪，賤人也。」

〔四〕「齊桓」句：《吕氏春秋》卷一九《離俗覽·舉難》：「甯戚欲干齊桓公，窮困無以自進，於是爲商旅將任車以至齊，暮宿於郭門之外。桓公郊迎客，夜開門，辟任車，爝火甚盛，從者甚衆。甯戚飯牛居車下，望桓公而悲，擊牛角疾歌。桓公聞之，撫其僕之手曰：『異哉！之歌者非常人也！』命後車載之。」

〔五〕「大漢」句：《史記》卷一一一《衛將軍驃騎列傳》：「大將軍衛青者，平陽人也。……青爲侯家人，少時歸其父，其父使牧羊。先母之子皆奴畜之，不以爲兄弟數。青嘗從入至甘泉居室，有一鉗徒相青曰：『貴人也，官至封侯。』青笑曰：『人奴之生，得毋笞罵即足矣，安得封侯事乎！』」後，衛青得漢武帝賞識，出征匈奴，屢建奇功，官至大司馬、大將軍，封長平侯。謚曰「烈」。

〔六〕其：《百子全書》本、龍溪精舍本無「其」字。

〔七〕竹帛：《墨子·天志中》：「又書其事於竹帛，鏤之金石，琢之槃盂，傳遺後世子孫。」後用以代指書籍、史籍。《史記》卷一〇《孝文本紀》：「然後祖宗之功德著於竹帛，施於萬世，永永無窮，朕甚嘉之。」

2 大器不可小用，〔一〕小士不可大任。〔二〕

【校注】

〔一〕「大器」句：《後漢書》卷一一〇《邊讓傳》載：蔡邕薦邊讓於何進，其書有云：「《傳》曰『函牛之鼎以亨雞，多汁則淡而不可食，少汁則熬而不可熟』。此言大器之於小用，固有所不宜也。」

〔一二〕大任：重任。《孟子·告子下》：「故天將降大任於是人也，必先苦其心志，勞其筋骨，餓其體膚，空乏其身，行拂亂其所爲，所以動心忍性，曾益其所不能。」《淮南子》卷九《主術》：「是故有大略者不可責以捷巧，有小智者不可任以大功。」

3　(周)〔梁〕君出獵，〔一〕見白雁爲羣，〔梁君下車，彀弓，欲射之。道有行者，梁君謂行者止，行者不止，白雁羣駭，〕〔二〕(周)〔梁〕君鼓弩欲射道之行者。其御公孫龍下車拊矢曰：〔三〕「君以雁射人，無乃虎狼也？」

【疏證】

《新序》卷二《雜事》：「梁君出獵，見白雁羣，梁君下車，彀弓，欲射之。道有行者，梁君謂行者止，行者不止，白雁羣駭，梁君怒，欲射行者。其御公孫龍下車撫矢曰：『君止。』梁君忿然作色而怒曰：『龍不與其君，而顧與他人，何也？』公孫龍對曰：『昔齊景公之時，天大旱三年，卜之曰：「必以人祠，乃雨。」景公下堂頓首曰：「凡吾所以求雨者，爲吾民也。今必使吾以人祠，乃且雨，寡人將自當之。」言未卒，而天大雨方千里者，何也？爲有德於天，而惠於民也。今主君以白雁之故，而欲射人，龍謂主君言，無異於虎狼。』」亦見《藝文類聚》卷六六及卷一〇〇、《太平御覽》卷四五七及卷八三二引《莊子》、《太平御覽》卷三九〇引《説苑》、《太平御覽》卷九一七引《新語》。

【校注】

〔一〕梁君：各本作「周君」。吴校：「下有脱文。『周君』亦作『梁君』。」今按：《新序》卷二《雜事》、《藝文類聚》、《太平御覽》等引此事，「周君」均作「梁君」，據改。下同。梁，即魏，戰國七雄之一。魏惠王時遷都大梁，因稱梁。

〔二〕「見白雁」數句：重校本「羣」下有旁側、《叢書集成》本、《百子全書》本、龍溪精舍本「羣」下有小字云：「下有脱文。」吴校：「『周君出獵，見白雁爲羣，周君鼓弩欲射道之行者』，按《新序》曰：『梁君出獵，見白雁羣，梁君下車，彀弓，欲射之。道有行者，梁君謂行者止，行者不止，白雁羣駭，梁君怒，欲射行者。』此與微别，且疑有脱誤。」又校：「下有脱文。」今按：「見白雁爲羣，周君鼓弩欲射道之行者」，上下文句意不連貫，有脱文，今據《新序》校補。彀，《説文解字·弓部》：「彀，張弩也。」

〔三〕公孫龍：人名。姓公孫，名龍。先秦時名公孫龍者有三，一見《史記》卷六七《仲尼弟子列傳》，字子石，楚人，孔子學生；一爲平原君客，爲堅白異同之辨，著《公孫龍子》者，事蹟見《史記》卷七六《平原君虞卿列傳》；一即本書所載。龍，吴校：「『龍』，《新序》作『襲』。」《藝文類聚》卷六六及卷一〇〇、《太平御覽》卷四五七及卷八三二引《莊子》、《太平御覽》卷三九〇引《説苑》、《太平御覽》卷九一七引《新語》並作「龍」。　拊：《新序》卷二《雜事》作「撫」，《荀子》卷六《富國》楊倞注：「拊與撫同。」《禮記·曲禮上》孔穎達疏：「撫，按止也。」

4　魏絳請施舍積粟。〔一〕自公以下有積者，盡出之。國無滯粟，〔二〕亦無困人；〔三〕公無禁利，〔四〕又無貪民。〔五〕行之期年，國乃有節。〔六〕此蓋邃古之法耳。今若開府〔庫〕，〔七〕併以濟民，忽值妖賊，便當束手。此劉虞惜放火，所以見誅；〔八〕仲堪賑貧民，於兹匱矣。〔九〕

【疏證】

《左傳·襄公九年》：「晉侯歸，謀所以息民。魏絳請施舍，輸積聚以貸。自公以下，苟有積者，盡出之。國無滯積，亦無困人；公無禁利，亦無貪民。祈以幣更，賓以特牲，器用不作，車服從給。行之期年，國乃有節。」

【校注】

〔一〕魏絳：春秋時晉國人，亦稱魏莊子。晉悼公時初任中軍司馬，後任下軍主將。卒，謚莊。事蹟詳《左傳》襄公三年、十一年、十八年及《史記》卷四四《魏世家》。

〔二〕國無滯粟：《左傳·襄公九年》杜預注：「散在民。」

〔三〕亦無困人：《左傳·襄公九年》杜預注：「不匱乏。」

〔四〕公無禁利：《左傳·襄公九年》杜預注：「與民共。」

〔五〕無貪民：《左傳·襄公九年》杜預注：「禮讓行。」

〔六〕節：指禮節、法度。

〔七〕府庫：底本、《四庫全書》本脱「庫」字，重校本「府」下旁側有小字「庫」，《叢書集成》本、《百子全書》本、龍溪精舍本「府」下有「庫」字。吴校：「下當有『庫』字。」今按：吴校是，據重校本等補。

〔八〕「此劉虞」句：劉虞，字伯安，東漢末東海郯人。曾官幽州刺史，幽州牧。靈帝時拜太尉。董卓秉政，授大司馬。率兵討公孫瓚，兵敗被殺。《後漢書》卷七三有傳。《後漢書》本傳載：獻帝初平四年冬，劉虞率衆十萬攻公孫瓚。瓚時部曲放散在外，倉卒自懼不免，乃掘東城欲走。劉虞兵不習戰，「又愛人廬舍，敕不聽焚燒，急攻圍不下。瓚乃簡募鋭士數百人，因風縱火，直衝突之。虞遂大敗，與官屬北奔居庸縣」。後終爲公孫瓚所誣陷，被殺。

〔九〕「仲堪」二句：仲堪，即殷仲堪，祖籍陳郡長平。仕晉，曾爲振威將軍、都督荆益寧三州諸軍事、荆州刺史。安帝時爲桓玄所敗，自殺。《晉書》卷八四有傳。《太平御覽》卷一〇〇引《晉書》載：安帝隆安中，「王恭又與庾楷起兵討江州刺史王愉及譙王尚之兄弟。（桓）玄、仲堪謂恭事必克捷，一時響應。仲堪令玄與楊佺期爲前鋒，玄至盆口，獲王愉。詔以玄爲江州，各西還，屯於尋陽，共相結約，推玄爲盟主。後荆州大水，仲堪賑恤飢者，倉廪空竭。玄乘其虚而伐之，至江陵，仲堪數道拒之，不克。佺期自襄陽來救，期敗走，殷仲堪亦見害」。

5　趙簡子出畋，〔一〕命鄭龍射野人，〔二〕使無驚吾鳥。〔三〕龍曰：「吾先君晉文公伐衛，〔四〕不僇一人；〔五〕今君一畋而欲殺良民，是虎狼也。」簡子曰：「人畋得獸，我畋得士。」〔六〕故緣木愈高者愈懼，人爵愈貴者愈危，可不慎乎？〔七〕

【疏證】

《太平御覽》卷四五七引《莊子》曰：「趙簡子出田，鄭龍爲右，有一野人。簡子曰：『龍下射彼，使無驚吾馬。』三命鄭龍，鄭龍不對，簡子怒。鄭龍曰：『昔踐土之盟，不戮一人。虎狼殺人，固將救之。』簡子還車，輟田，曰：『今吾田也得士。』」亦見《太平御覽》卷八三二引《莊子》。

【校注】

〔一〕趙簡子：名趙鞅，春秋末晉國正卿。晉頃公時，專晉權。卒，謚簡。生平事蹟詳《左傳》昭公二十九年，定公十年、十三年，《史記》卷四三《趙世家》。

〔二〕鄭龍：人名。生平無考。　野人：《儀禮·喪服》：「禽獸知母而不知父。野人曰：『父母何算焉！』都邑之士則知尊禰矣。」賈公彦疏引《論語》鄭玄注：「野人粗畧，與都邑之士相對。亦謂國外爲野人。」

〔三〕鳥：《太平御覽》卷四五七引《莊子》作「馬」。

〔四〕晉文公：春秋時晉國國君，名重耳。晉國内亂，重耳出奔，後依靠秦繆公之力歸國即位，成爲春秋五霸之一。事蹟詳《左傳》僖公二十五年、二十八年、三十年、三十二年、三十三年，《史記》卷三九《晉世家》。《左傳·僖公二十八年》載晉文公伐衛事。

〔五〕僇：通「戮」。

〔六〕「我畂」句：吴校：「按此下疑别是一條。」

〔七〕「故緣木」句：《大戴禮記》卷八《子張問入官》：「故上者辟如緣木者務高，而畏下者滋甚。」《藝文類聚》卷五七引宋謝惠連《連珠》曰：「蓋聞修己知足，慮德其逸，竟榮昧進，志忘其審。是以飲河滿腸，而求安愈泰；緣木務高，而畏下滋甚。」

6 齊桓公飲酒醉，〔一〕遺其冠，恥之，三日不朝。管仲曰：〔二〕「此非有國之恥，胡不雪之以政？」公曰：「善。」因發倉粟賜貧窮，論囹圄出薄罪。〔三〕處三日而民歌之曰：「公胡不復遺其冠！〔四〕」

【疏證】

《韓非子》卷一五《難二》：「齊桓公飲酒醉，遺其冠，恥之，三日不朝。管仲曰：『此非有國之恥也，公胡不雪之以政？』公曰：『善。』因發倉囷賜貧窮，論囹圄出薄罪。處三日而民歌之曰：

『公乎，公乎，胡不復遺其冠乎！』」

【校注】

〔一〕齊桓公：姜姓，名小白，春秋時齊國國君。在位時任用管仲改革，成爲春秋五霸之首。事蹟詳《史記》卷三二《齊太公世家》。

〔二〕管仲：名夷吾，字仲，謚號敬，史稱管子，春秋時齊國潁上人。任政相齊，齊桓公以霸。《史記》卷六二有傳。

〔三〕囹圄：《禮記·月令》：「（仲春之月）命有司，省囹圄，去桎梏。」孔穎達疏：「囹，牢也；圄，止也，所以止出入。皆罪人所舍也。」

〔四〕冠：重校本、《叢書集成》本、《百子全書》本、龍溪精舍本「冠」下有「乎」字。吳校：「下脱『乎』字。」

7　齊宣王晝卧於社山，〔一〕父老十三人迎勞王，王命賜父老田不租，又無徭役。父老皆拜，而閭丘先生獨不拜。王問之，對曰：「臣願得壽而富貴也。」王曰：「夫生殺有時，壽非寡人所得許也；今倉廩以備災荒，〔二〕無以富先生；大官無缺，無以貴先生。」閭丘曰：「不然。願大王選良吏以牧之，臣得壽矣；春秋振之以時，〔三〕無煩擾百姓，臣得富矣；大王出令曰『少者敬老』，則臣得貴矣。」王曰：「善夫！〔四〕」

【疏證】

《説苑》卷一一《社山》：「齊宣王出獵於社山，社山父老十三人相與勞王。王曰：『父老苦矣！』謂左右：『賜父老田不租。』父老皆拜，閭丘先生獨不拜。王曰：『父老以爲少耶？』謂左右：『復賜父老無徭役。』父老皆拜，閭丘先生又不拜。王曰：『拜者去，不拜者前。』曰：『寡人今日來觀，父老幸而勞之，故賜父老田不租。父老皆拜，先生獨不拜，寡人自以爲少，故賜父老無徭役。父老皆拜，先生又獨不拜，寡人得無有過乎？』閭丘先生對曰：『惟聞大王來遊，所以爲勞大王：望得壽於大王，望得富於大王，望得貴於大王。』王曰：『夫殺生有時，非寡人所得與也，無以壽先生；倉廪雖實，以備菑害，無以富先生；大官無缺，小官卑賤，無以貴先生。』閭丘先生對曰：『此非人臣所敢望也。願大王選良富家子有修行者以爲吏，平其法度，如此，臣少可以得壽焉；春秋冬夏，振之以時，無煩擾百姓，如是，臣可少得以富焉；願大王出令，令少者敬長，長者敬老，如是，臣可少得以貴焉。今大王幸賜臣田不租，然則倉廪將虚也；賜臣無徭役，然則官府無使焉：此固非人臣之所敢望也。』齊王曰：『善！願請先生爲相。』」亦見《藝文類聚》卷三六引嵇康《高士傳》、《太平御覽》卷三八三引《國語》。

【校注】

〔一〕齊宣王：姓田，名辟彊，戰國時齊國國君。謚宣。生平事蹟詳《戰國策》卷九《齊策二》、《史記》卷四六

《田敬仲完世家》。　社山：山名，在今山東臨淄臨淄西。《隋書》卷三〇《地理志》：「臨淄：有社山、葵丘、牛山、稷山。」　臥：各本「臥」下有小字云：「案《説苑》作『出獵』。」今按：今本《説苑》卷一一《社山》作「出獵」，《太平御覽》卷六三三引《説苑》作「遊」。

〔三〕「壽非」二句：重校本「也今倉」三字爲墨釘。

〔三〕振：《周易·蠱卦》：「君子以振民育德。」陸德明《經典釋文》：「振，濟也。」

〔四〕善：底本、重校本、《叢書集成》本、《百子全書》本、龍溪精舍本「夫」下有小字云：「案『善』原本訛作『蒼』，《説苑》作『善』。謹校正。」

8　主有三惡：〔一〕不修文德而尚武力，〔二〕不明教化而枉任刑，是一惡也；妃妾以百數，〔三〕黔首多鰥寡，〔四〕是二惡也；男不耕耨，女不紡績，杼軸既空，〔五〕田疇蕪穢，是三惡也。主有三殆：〔六〕倍德而好色，〔七〕親諂諛，遠忠直，嬖子衆多，〔八〕嫡嗣無立，是一殆也；嚴刑峻法，是二殆也；犬馬啖黍，民不厭糟糠，〔九〕是三殆也。〔一〇〕

【校注】

〔一〕惡：《説文解字·心部》：「惡，過也。」《廣韻·鐸韻》：「惡，不善也。」

〔二〕力：《百子全書》本、龍溪精舍本作「功」。

〔三〕妾以：《四庫全書》本「妾」下無「以」字。

〔四〕黔首：《禮記・祭義》鄭玄注：「黔首，謂民也。」孔穎達疏：「黔首，謂萬民也。黔，謂黑也。凡人以黑巾覆頭，故謂之黔首。」《史記》卷六《秦始皇本紀》：「二十六年……更民名曰黔首。」鰥寡：《詩經・小雅・鴻雁》：「爰及矜人，哀此鰥寡。」毛傳：「老無妻曰鰥，偏喪曰寡。」

〔五〕杼軸：織布機上的梭子和筘。代指織機。「軸」，通「柚」。《詩經・小雅・大東》：「小東大東，杼柚其空。」朱熹《集傳》：「杼，持緯者也；柚，受經者也。」

〔六〕殆：《爾雅・釋詁》：「殆，危也。」

〔七〕倍：通「背」，背離。而：《四庫全書》本無「而」字。

〔八〕嬖子：姬妾所生之子。《左傳・閔公二年》：「内寵並后，外寵二政，嬖子配嫡，大都耦國，亂之本也。」

〔九〕糟糠：酒滓、穀皮等粗劣食物。《史記》卷六一《伯夷列傳》：「仲尼獨薦顔淵爲好學，然回也屢空，糟糠不厭。」

〔一〇〕是三殆也：底本、重校本、《叢書集成》本、《百子全書》本、龍溪精舍本「也」下有小字云：「案此段誤與上段合爲一文，義實不相屬。首句作『有此三惡』，謹據下文『主有三殆』句校改。」

9 田光、鞠武俱往候荆軻。〔一〕燕太子以武陽性好彈，〔二〕太子爲作金丸。〔三〕

【校注】

〔一〕「田光」句：《四庫全書》本無此條。田光，戰國時燕之處士。自殺以激荆卿報燕太子。事蹟詳《戰國策》卷三一《燕策三》、《史記》卷八六《刺客列傳》。鞠武，戰國時人，爲燕太子傅，曾向燕太子薦田光。事蹟詳《史記》卷八六《刺客列傳》。荆軻，戰國末期衛國人。受燕太子之託，入秦刺殺秦王，失敗被殺。事蹟詳《史記》卷八六《刺客列傳》。今按：此句與下文無涉，或是涉下節而衍，或是有脱文。

〔二〕燕太子：名丹，戰國末燕王喜之子。曾使荆軻獻督亢地圖於秦，以趁機襲刺秦王。事蹟詳《戰國策》卷三一《燕策三》及《史記》卷三四《燕召公世家》、卷八六《刺客列傳》等。武陽：《史記》卷八六《刺客列傳》作「舞陽」。姓秦，燕國勇士。荆軻入秦行刺秦王，舞陽爲副。行刺未成，與荆軻同時被殺。事蹟詳《史記》卷八六《刺客列傳》。

〔三〕金丸：《史記》卷八六《刺客列傳》司馬貞《索隱》引《燕丹子》曰：「軻與太子遊東宫池，軻拾瓦投鼃，太子捧金丸進之。」今按：據《史記》卷八六《刺客列傳》司馬貞《索隱》，太子乃爲荆軻作金丸，非爲舞陽。此節前後語意不貫，疑有脱訛。

10　燕田光、鞠武往候荆軻，〔一〕軻時飲酒醉卧，光等往（取）〔視〕之，〔二〕唾其耳中而去。軻醉覺，問曰：「誰唾我耳？」婦曰：「燕太子師傅向來，〔三〕是二人唾之。」軻曰：

「出口入耳，〔四〕此必大事。」

【疏證】

《藝文類聚》卷一七引《列士傳》曰：「燕丹使田光往候荆軻，值其醉，唾其耳中，軻覺曰：『此出口入耳之言，必大事也。』則往見光。」亦見《太平御覽》卷三六六引《列士傳》。

【校注】

〔一〕燕田光：《四庫全書》本「田」上無「燕」字。

〔二〕往視之：底本作「往取之」，《四庫全書》本作「往視之」。重校本、《叢書集成》本、《百子全書》本、龍溪精舍本無「往取之」三字。吴校：「『往取之』三字衍。」今按：「往取之」不可解，當從《四庫全書》本作「往視之」，據改。

〔三〕師傅：老師的通稱。《穀梁傳·昭公十九年》：「羈貫成童，不就師傅，父之罪也。」向：時間副詞，剛纔。《説文解字·日部》「曏」段玉裁注：「曏或作鄉，今人語曰向年、向時、向者，即曏字也。」

〔四〕出口入耳：《左傳·昭公二十年》：「(楚)王曰：『言出於余口，入於爾耳，誰告建也？』」

11 **燕田光、鞠武俱往候荆軻，軻在席擊筑而歌，〔一〕莫不髮上穿冠。〔二〕**

【校注】

〔一〕筑：古代一種弦樂器，似箏，以竹尺擊之，聲音悲壯。

〔二〕髮上穿冠：《史記》卷八六《刺客列傳》載：荆軻入秦行刺，「太子及賓客知其事者，皆白衣冠以送之。至易水之上，既祖，取道，高漸離擊筑，荆軻和而歌，爲變徵之聲，士皆垂淚涕泣。又前而爲歌曰：『風蕭蕭兮易水寒，壯士一去兮不復還！』復爲羽聲忼慨，士皆瞋目，髮盡上指冠。」《淮南子》卷二〇《泰族》：「荆軻西刺秦王，高漸離、宋意爲擊筑而歌於易水之上，聞者莫不瞋目裂眦，髮植穿冠。」

12　昔鄧通從理入口，〔一〕相者曰「必餓死」。漢文帝曰：〔二〕「能富通者，我也。〔三〕」賜以銅山。〔四〕其後果餓死。

【疏證】

《史記》卷一二五《佞幸傳·鄧通》：「文帝時時如鄧通家遊戲，然鄧通無他能，不能有所薦士，獨自謹其身以媚上而已。上使善相者相通，曰：『當貧餓死。』文帝曰：『能富通者在我也。何謂貧乎？』於是賜鄧通蜀嚴道銅山，得自鑄錢。……及文帝崩，景帝立，鄧通免，家居。居無何，人有告鄧通盜出徼外鑄錢。下吏驗問，頗有之，遂竟案，盡没入鄧通家，尚負責數巨萬。長公主賜鄧通，吏輒隨没入之，一簪不得著身。於是長公主乃令假衣食，竟不得名一錢，寄死人家。」

【校注】

〔一〕鄧通：西漢時蜀郡南安人，漢文帝寵臣，官至上大夫。景帝立，免歸。《史記》卷一二五、《漢書》卷九三有傳。從理：豎紋。「從」，同「縱」。《漢紀》卷九《景帝紀》：「亞夫爲河内太守，許負相之曰：『君侯三年爲侯，八年爲將，九年爲相，貴重於人臣無二。其後當餓死。縱理入口，餓死法也。』」舊題後周王朴撰《太清神鑑》卷一：「縱理入口，餓死不久。」

〔二〕漢文帝：即劉恒。恒，高祖中子，初封代王，吕后死，大臣誅諸吕，迎立爲帝。謚文，廟號太宗。《史記》卷一〇、《漢書》卷四有紀。

〔三〕我也：各本同，《史記》卷一二五《佞幸傳・鄧通》、《漢書》卷九三《佞幸傳・鄧通》「我」上有「在」字。

〔四〕銅山：出産銅礦的山。《史記》卷一二五《佞幸傳・鄧通》張守節《正義》：「《括地志》云：『雅州榮經縣北三里有銅山，即鄧通得賜銅山鑄錢者。』」今按：榮經縣，即漢嚴道縣，在今四川雅安。

13 枚乘有云：〔一〕「磨礱不見其損，〔二〕有時而盡；種樹不見其長，有時而大；積行不知其善，有時而用；棄義不知其惡，有時而亡也。」

【疏證】

《漢書》卷五一《枚乘傳》載：乘爲吴王濞郎中，吴王謀爲逆。乘奏書諫曰：「磨礱底厲，不見其損，有時而盡；種樹畜養，不見其益，有時而大；積德累行，不知其善，有時而用；棄義背理，不知其惡，有時而亡。」亦見《文選》卷三九枚叔《上書諫吴王》。

【校注】

〔一〕枚乘：字叔，西漢臨沂淮陰人。景帝時爲吴王劉濞郎中。濞欲謀反，上書諫，不納。遂去吴至梁，爲梁孝王客。吴楚七國反時，再致書勸劉濞罷兵。後景帝召爲弘農都尉，以病去官。武帝即位，以安車蒲輪徵之，死途中。《漢書》卷五一有傳。　有：各本同，《四庫全書》本「乘」下無「有」字。

〔二〕磨礱（lóng）：磨石。《漢書》卷五一《枚乘傳》顔師古注：「礱亦磨也。」

14　楚國龔舍，〔一〕初隨楚王朝，宿未央宫，〔二〕見蜘蛛焉。有赤蜘蛛大如栗，四面縈羅網，有蟲觸之而死者，退而不能得出焉。舍乃歎曰：「吾生亦如是矣。〔三〕仕宦者，人之羅網也，豈可淹歲？〔四〕」於是掛冠而退。〔五〕時人笑之，謂舍爲蜘蛛之隱。

【校注】

〔一〕龔舍：字君倩，西漢武原人。初，爲楚王常侍。哀帝時累拜太山太守，光禄大夫，上書辭官。王莽居攝中，卒。《漢書》卷七二有傳。《漢書》本傳：「楚王入朝，聞舍高名，聘舍爲常侍，不得已隨王，歸國固辭，願卒學，復至長安。」

〔二〕楚王：漢哀帝時楚王爲劉紆。參《漢書》卷八〇《宣元六王·楚孝王囂傳》。未央宮：宮殿名。《史記》卷八《高祖本紀》：「蕭丞相營作未央宮，立東闕、北闕、前殿、武庫、太倉。」《三輔黃圖》卷二《漢宮》：「未央宮，周迴二十八里，前殿東西五十丈，深五十丈，高三十五丈。」故址在今陝西西安西北長安故城内西南隅。

〔三〕矣：各本同，《太平御覽》卷九四八引《金樓子》作「耳」。

〔四〕淹歲：經年。

〔五〕掛冠：指辭官。《後漢書》卷八三《逸民傳·逢萌》：「時王莽殺其子宇，萌謂友人曰：『三綱絶矣！不去，禍將及人。』即解冠掛東都城門，歸，將家屬浮海，客於遼東。」

15 桓譚有《新論》，〔一〕華譚又有《新論》；〔二〕揚雄有《太玄經》，〔三〕楊泉又有《太玄經》。〔四〕談者多誤，〔五〕動形言（也）〔色〕。〔六〕或云桓譚有《新論》，何處復有華譚？揚子有《太玄經》，〔七〕何處復有《太玄經》？〔八〕此皆由不學使之然也。〔九〕

【校注】

〔一〕桓譚：字君山，沛國相人。王莽時任掌樂大夫。劉玄時，拜太中大夫。光武帝徵爲議事給事中，出爲六安郡丞，道病卒。《後漢書》卷二八上有傳。《後漢書》本傳：「譚著書言當世行事二十九篇，號曰《新論》。」有：《太平御覽》六〇二引《金樓子》「譚」下無「有」字。

〔二〕華譚：字令思，廣陵人。晉武帝時歷官郵城令，尚書郎。惠帝時遷鷺江内史，封都亭侯。元帝時官至秘書監，加散騎常侍。《晉書》卷五二有傳。《隋書》卷三四《經籍志》「《新論》十卷」下小字注：「《新論》十卷，晉金紫光祿大夫華譚撰。」

〔三〕揚雄：字子雲，西漢蜀郡成都人。年四十，始游京師，奏《甘泉》、《河東》、《羽獵》、《長楊》等賦。成帝時任給事黄門郎。後仕王莽，爲大夫。著有《方言》、《訓纂篇》、《法言》、《太玄經》。《漢書》卷八七、八八有傳。

〔四〕楊泉：字德淵，晉梁國徵士。曾摘采秦漢諸子學説撰《物理論》，又有《太玄經》，俱早佚。《隋書》卷三四《經籍志》「《新論》十卷」下小注：「梁有《楊子物理論》十六卷，《楊子大元經》十四卷，並晉徵士楊泉撰。」《意林》卷五：「《太玄經》十四卷，梁國楊泉字德淵撰。」又：《太平御覽》六〇二引《金樓子》、《永樂大典》卷四九四〇引《金樓子·雜記篇下》「泉」下無「又」字。

〔五〕者：各本同，《太平御覽》六〇二引《金樓子》作「此」。

〔六〕動行言色：謂表現在言語臉色上。色，底本、《四庫全書》本作「也」，重校本、《叢書集成》本、《百子全書》本、龍溪精舍本作「色」。吴校：「『也』乃『色』之誤。」《太平御覽》六〇二引《金樓子》作「色」，「形」下無「言」字。今按：吴校是，「也」當作「色」，據改。

〔七〕揚子：《太平御覽》六〇二引《金樓子》「子」下有「但」字。

〔八〕「何處」句：《太平御覽》六〇二引《金樓子》「有」作「聞」，「經」下有「也」字。

〔九〕「此皆」句：《太平御覽》六〇二引《金樓子》「皆」上無「此」字，「也」作「矣」。

16 諸葛、司馬二相，〔一〕誠一國之宗師，霸王之賢佐也。〔二〕孔明起巴蜀之地，蹈一州之土，省任刑法，整齊軍伍，步卒數萬，〔三〕長驅祁山，〔四〕慨然有河、洛飲馬之志。〔五〕仲達據天下十倍之地，仗兼并之衆，據牢城，〔六〕擁精鋭，無擒敵之意。若此人不（已）〔亡〕，〔七〕則雍、（梁）〔涼〕敗矣。〔八〕方（知）〔之〕司馬，〔九〕理大優乎！〔一〇〕

【疏證】

《三國志》卷三五《諸葛亮傳》裴松之注引吴大鴻臚張儼《默記·述佐篇·論亮與司馬宣王書》曰：「漢朝傾覆，天下崩壞，豪傑之士，競希神器。魏氏跨中土，劉氏據益州，並稱兵海内，爲世霸主。諸葛、司馬二相，遭值際會，託身明主，或收功於蜀漢，或册名於伊、洛。丕、備既没，後嗣繼統，各受保阿之任，輔翼幼主，不負然諾之誠，亦一國之宗臣，霸王之賢佐也。歷前世以觀近事，二相優劣，可得而詳也。孔明起巴、蜀之地，蹈一州之土，方之大國，其戰士人民，蓋有九分之一也，而以貢贄大吴，抗對北敵，至使耕戰有伍，刑法整齊，提步卒數萬，長驅祁山，慨然有飲馬河、洛之志。仲達據天下十倍之地，仗兼并之衆，據牢城，擁精鋭，無禽敵之意，務自保全而已，使彼孔明自來自去。若此人不亡，終其志意，連年運思，刻日興謀，則涼、雍不解甲，中國不釋鞍，勝負之勢，亦已決矣。昔子産治鄭，諸侯不敢加兵，蜀相其近之矣。方之司馬，不亦優乎！」亦見《太平御覽》卷四四五引《蜀志》。

【校注】

〔一〕諸葛：指諸葛亮。亮字孔明，三國時琅邪陽都人。輔佐劉備稱帝，劉備死，受遺詔輔佐劉禪。多次出兵攻魏。謚爲忠武。《三國志》卷三五有傳。　司馬懿：字仲達，三國河内温人。曹操爲丞相，辟爲文學掾。魏明帝時，任大將軍，多次率軍與諸葛亮抗衡。後，專擅朝政。其孫司馬炎代魏稱帝，追尊爲宣帝。《晉書》卷一有紀。

〔二〕霸：各本同，《永樂大典》卷九二二引《金樓子·雜記下篇》作「伯」。今按：「伯」、「霸」通。《荀子》卷一八《成相》：「子胥見殺百里徙。穆公任之，强配五伯六卿施。」楊倞注：「伯讀曰霸。」

〔三〕步卒：各本同，《三國志》卷三五《諸葛亮傳》裴松之注引吴大鴻臚張儼《默記·述佐篇·論亮與司馬宣王書》、《太平御覽》卷四四五引《蜀志》「步」上有「提」字。

〔四〕祁山：在今甘肅禮縣東。漢代在西漢水北岸山上築城，極爲嚴固，即今祁山堡，爲兵家必争之地。諸葛亮曾多次出祁山而攻魏。

〔五〕河、洛飲馬：在黄河和洛河中飲馬。此指滅掉曹魏，統一中原。

〔六〕牢城：《廣雅·釋詁》：「牢，堅也。」

〔七〕亡：底本、《四庫全書》本作「已」，重校本、《叢書集成》本、《百子全書》本、龍溪精舍本作「死」。吴校：「『若此人不已，則雍梁敗矣』，句疑有誤。」《三國志》卷三五《諸葛亮傳》裴松之注引吴大鴻臚張儼《默記·述佐篇·論亮與司馬宣王書》、《太平御覽》卷四四五引《蜀志》作「亡」。今按：「已」爲「亡」之形訛，據改。

〔八〕雍：州名。東漢時治所在姑臧縣，即今甘肅武威。建安中移治長安縣，即今陝西西安西北。涼：各本作「梁」。《三國志》卷三五《諸葛亮傳》裴松之注引吴大鴻臚張儼《默記·述佐篇·論亮與司馬宣王書》、《太平御覽》卷四四五引《蜀志》作「涼」。今按：「梁」當是「涼」音訛，據改。涼，州名。東漢時治所在隴縣，即今甘肅張家川回族自治縣。三國魏黄初中移治姑臧縣。

〔九〕之：各本作「知」。今按：《永樂大典》卷九二二引《金樓子·雜記下篇》、《三國志》卷三五《諸葛亮傳》裴松之注引吴大鴻臚張儼《默記·述佐篇·論亮與司馬宣王書》、《太平御覽》卷四四五引《蜀志》作「之」，據改。

〔一〇〕理大優乎：各本同，《三國志》卷三五《諸葛亮傳》裴松之注引吴大鴻臚張儼《默記·述佐篇·論亮與司馬宣王書》、《太平御覽》卷四四五引《蜀志》作「不亦優乎」。

17 高貴鄉公賦詩，〔一〕給事中甄歆、陶成嗣各不能著詩，〔二〕受罰酒。金谷聚，〔三〕前絳邑令邵榮陽中牟潘豹、沛國劉邃不能著詩，〔四〕並罰酒三升。斯無才之甚矣。

【疏證】

《初學記》卷一二引魏《高貴鄉公集》曰：「幸華林，賜羣臣酒。酒酣，上援筆賦詩，羣臣以次作。二十四人不能著詩，授罰酒，黄門侍郎鍾會爲上。」

《緯畧》卷八引《金谷園詩序》曰：「石崇元康六年從京出爲征虜將軍，有別廬在南縣界澗谷中。時征西大將軍王詡當還長安，與衆賢共送往澗中，晝夜遊宴，遂各賦詩，不能者罰酒。邑令潘豹、散騎常侍劉邃、南郡太守石嶲各罰酒三升。」亦畧見《世説新語·品藻》「謝公云」條劉孝標注引《金谷詩叙》。

【校注】

〔一〕高貴鄉公：即曹髦。髦字彦士，魏文帝曹丕孫。初封郯縣高貴鄉公，後立爲帝。因不滿司馬昭專權，率殿中宿衛討昭，反爲昭所殺。帝愛好文雅，有其祖之流風。《三國志》卷四有紀。《三國志》本紀載：「(甘露二年)五月辛未，帝幸辟雍，會命羣臣賦詩。侍中和逌、尚書陳騫等作詩稽留，有司奏免官，詔曰：『吾以暗昧，愛好文雅，廣延詩賦，以知得失，而乃爾紛紜，良用反仄。其原逌等。主者宜敕自今以後，羣臣皆當玩習古義，修明經典，稱朕意焉。』」

〔二〕甄歆、陶成嗣：《永樂大典》卷一二〇四四引《金樓子・雜記下篇》作「甄陶、成嗣」。　給事中：官名。常侍從皇帝左右，備顧問應對，參議政事。因執事於殿中，故名。

〔三〕金谷：古地名。晉石崇在此築金谷園。《初學記》卷八引晉郭緣生《述征記》：「金谷，谷也。地有金水，自太白源南流經此谷，注穀水。」北魏酈道元《水經注》一六《穀水》：「穀水又東，左會金谷水，水出太白原，東南流歷金谷，謂之金谷水。東南流逕晉衛尉卿石崇之故居。」故址在今河南洛陽西北。

〔四〕絳邑：縣名，晉平陽郡屬縣，治所在今山西侯馬西。　中牟：縣名，晉滎陽郡屬縣，治所在今河南中牟東。　潘豹：人名。滎陽中牟人，潘岳之弟。生平參《晉書》卷五五《潘岳傳》。今按：「前絳邑令邵滎陽中牟潘豹」，可讀作「前絳邑令邵滎陽、中牟潘豹」；或讀作「前絳邑令邵、滎陽中牟潘豹」，「邵」下脱字；亦可讀作「前絳邑令滎陽中牟潘豹」，「邵」字衍。《晉書》卷五五《潘岳傳》載潘豹曾爲「燕令」，《緯畧》卷八引《金谷園詩序》作「邑令潘豹」，不知是否即「絳邑令」。滎陽，郡名。治所在滎陽縣，即今河南鄭州西北古滎鎮。又，《永樂大典》卷一二〇四四引《金樓子・雜記下篇》「豹」下有「不能著詩」四字。　沛國：封國名。東漢時改沛郡置。西晉時治所在相縣，即今安徽淮北西北。劉邃：人名。生平無考。

18 畢卓常飲廢職。〔一〕比舍郎釀熟，〔二〕卓因醉，夜至其甕間取酒飲之。掌酒者不察，執而縛之。郎往視之，乃畢吏部也，〔三〕遽釋其縛。卓遂與主人飲於甕間，取醉而去。卓嘗謂人曰：「右手持酒杯，左手執蟹螯，拍浮酒池中，〔四〕便足了一生也。」

【疏證】

《藝文類聚》卷四八引《晉中興書》曰：「畢卓字茂世，新蔡人，少亦放達。泰興末，爲吏部郎，常飲酒廢職。比舍郎釀熟，卓因醉，夜至其甕間取酒飲。掌酒者不察，執而縛之。郎往視之，乃畢吏部也，遽釋其縛。卓遂引主人宴於甕側，取醉而去。卓常謂人曰：『右手持酒巵，左手持蟹螯，拍浮酒池中，便足了一生。』」亦見《世説新語·任誕》及劉孝標注引《晉中興書》、《太平御覽》卷四九七引《晉中興書》。

【校注】

〔一〕畢卓：字茂世，新蔡鮦陽人。爲人傲達。晉元帝太興末，爲吏部郎。後，爲温嶠平南長史，嘗閉室酣飲累日。卒官。《晉書》卷四九有傳。

〔二〕比舍：鄰舍，鄰居。

〔三〕畢吏部：畢卓時爲吏部郎，故稱。吏部郎，魏晉南北朝尚書省吏部曹長官之通稱，掌官吏銓選調動之事，屬吏部尚書。六品。

〔四〕拍浮：拍水浮游，即泳游。

19 孔静居山陰，〔一〕宋武微時，〔二〕以静東豪，〔三〕故往候之。〔四〕静時晝寢，夢人語曰：「天子在門。」覺寤，即遣人出看，而帝亦適至。静虚己接對，〔五〕仍留帝宿。夜設粥，無鮭，〔六〕新伏鵝卵，〔七〕令煮以爲肴。〔八〕賊平，京都以静爲奮威將軍、會稽内史。〔九〕

【疏證】

《太平御覽》卷九一九引《宋書》曰：「孔静居山陰，宋武微時，往候之。静時寢，夢人語曰：『天子在門。』覺寤，即遣人出看，而帝適至。静虚己接待，乃留帝宿。夜設粥，無鮭，新伏鵝卵，令煮以爲食。賊平，以静爲奮威將軍。」

【校注】

〔一〕孔静：名一作「靖」，字季恭，南朝宋會稽山陰人。劉裕平桓玄，以爲會稽内史，累遷吴興太守。晉安帝義熙中，拜侍中。劉裕代晉稱帝，加開府儀同三司，讓不受。《宋書》卷五四、《南史》卷二七有傳。山陰：會稽郡屬縣，治所在今浙江紹興。

〔二〕宋武：即宋武帝劉裕。裕字德輿，小名寄奴，祖籍彭城，東晉時遷居京口。南朝宋開國君主。卒，謚武，廟號高祖。《宋書》卷一至卷三、《南史》卷一《宋本紀》有紀。

〔三〕東豪：江東豪族。

〔四〕候：拜訪，探望。漢王符《潛夫論》卷八《交際》：「不候謂之倨慢，數來謂之求食。」

〔五〕虚己：虚心誠意。《韓詩外傳》卷二：「君子盛德而卑，虚己以受人。」

〔六〕鮭（xié）：《學林》卷五「鮭」條：「一與鞋同音，魚菜之總名也。《類篇》曰『吴人謂魚菜之總稱曰鮭』。」參周一良《魏晉南北朝史札記·〈南齊書〉札記》「鮭」條。

〔七〕新伏鵝卵：剛剛進行孵化的鵝卵。伏（fù），《廣韻·去宥韻》：「伏，鳥菢子。」

〔八〕肴：同「餚」，魚肉之類的葷菜。

〔九〕「賊平」二句：《宋書》卷五四《孔靖傳》：「及帝定桓玄，以季恭爲内史。」《南史》卷二七《孔靖傳》：「及帝定桓玄，以季恭爲會稽内史。」賊平，指劉裕平定桓玄事。晉安帝元興二年（四〇三年）桓玄篡位，三年（四〇四）爲劉裕等平定。奮威將軍：將軍名號。西漢時始置，爲雜號將軍。晉宋時爲四品。内史：官名。王國行政長官，職同太守。

20　元嘉中，張永開玄武湖，〔一〕值古冢，上有一銅斗，有柄（若酒枓）。〔二〕太祖訪之朝士，〔三〕莫有識者。何承天曰：〔四〕「此亡新威斗。〔五〕王莽三公亡，〔六〕皆以賜之。一在冢内，一在冢外。〔七〕」俄而又啓冢，内得一斗。〔八〕〔復有一石，〕有銘書稱「大司徒甄邯之墓」。〔九〕

【疏證】

《太平御覽》卷五五八引《宋書》曰：「何承天博見古今，爲一時所重。張永嘗開玄武湖，遇古冢。冢上得一銅斗，有柄，文帝以訪於朝士。承天曰：『此亡新威斗。王莽時，三公亡，皆賜之。一在冢外，一在冢内。時三公居江左者，唯甄邯爲大司徒，必邯之墓。』俄而又啓冢，内更得一斗。復有一石，銘云：『大司徒甄邯之墓。』」亦見《初學記》卷七引謝綽《宋拾遺》、《太平御覽》卷六一二引《宋書》。

【校注】

〔一〕元嘉：南朝宋文帝劉義隆年號，自四二四年至四五三年。　張永：字景雲，南朝宋吴郡吴人。初爲主簿，累遷尚書中兵郎。涉獵書史，能爲文章，爲文帝所知。明帝時，封孝昌縣侯。累官至南兗州刺史。《宋書》卷五三、《南史》卷三一有傳。　玄武湖：湖名，在今江蘇南京市内。

〔二〕若酒桍：吴校：「『酒桍』未詳，按《南史》卷三三《何承天傳》無『若酒桍』三字。」《太平御覽》卷五五八、六一二引《宋書》及《初學記》卷七引謝綽《宋拾遺》、《南史》卷三三《何承天傳》皆無此三字，據删。桍，木名。今按：酒桍，義不明，疑「桍」爲「瓠」之訛，「瓠」通「壺」，酒瓠即酒壺。

〔三〕太祖：指宋文帝劉義隆。義隆，宋武帝第三子。少帝廢，即位，改元元嘉。本廟號曰中宗。孝武帝劉駿即位，追改廟號爲太祖。《宋書》卷五、《南史》卷二《宋本紀》有紀。

〔四〕何承天：人名。祖籍東海郯縣。《宋書》卷六四、《南史》卷三三有傳。《宋書》本傳：「承天五歲失父，母徐氏，廣之姊也，聰明博學，故承天幼漸訓議，儒史百家，莫不該覽。」

〔五〕新：朝代名。王莽初封新都侯，後篡漢稱帝，建國號曰新。　威斗：新莽爲顯示威嚴所作的器物。《漢書》卷九九下《王莽傳》：「(天鳳)四年八月，莽親之南郊，鑄作威斗。威斗者，以五石銅爲之，若北斗，長二尺五寸，欲以厭勝衆兵。」顔師古注：「李奇曰：『以五色藥石及銅爲之。』蘇林曰：『以五色銅鑛冶之。』師古曰：『李説是也。若今作鍮石之爲。』」參宋王楙《野客叢書》卷一三「新莽威斗」條。

〔六〕三公：古代中央三種最高官銜的合稱。王莽以司馬、司徒、司空爲三公。詳《漢書》卷九九中《王莽傳》。

〔七〕冢外：各本同。《太平御覽》卷五五八引《宋書》、《南史》卷三三《何承天傳》「外」下尚有「時三公居江左者，唯甄邯爲大司徒，必邯之墓」等語；唯「公」，《南史》卷三三《何承天傳》作「臺」。

〔八〕内得：《太平御覽》卷五五八引《宋書》、《南史》卷三三《何承天傳》「内」下有「更」字。

〔九〕「復有」二句：各本脱「復有一石」四字。今按：「大司徒甄邯之墓」銘文不可能刻於斗上，《太平御覽》卷五五八引《宋書》、《南史》卷三三《何承天傳》有「復有一石」等語，則此銘書刻於石，是原文有脱，據補。　大司徒：官職名，爲三公之一，主管教化。　甄邯：人名。漢平帝時封承陽侯，王莽稱帝，拜大司馬，封承新公。生平事蹟詳《漢書》卷九九《王莽傳》。今按：《漢書》卷九九《王莽傳》：「太保、後承承陽侯甄邯爲大司馬，承新公；丕進侯王尋爲大司徒，章新公；步兵將軍成都侯王邑爲大司空，隆新公：是爲三公。」似甄邯不曾任大司徒之職。

21 余好爲詩賦及著書，〔一〕宣修容敕旨曰：〔二〕「夫政也者，生民之本也，爾其勖之。〔三〕」余每留心此處，恒舉燭理事，夜分而寢。〔四〕

【校注】

〔一〕書：《四庫全書》本作「詩」，疑訛。

〔二〕宣修容：指蕭繹生母阮氏。阮氏號修容，謚曰宣，故云。生平詳本書《后妃篇》第七節及《梁書》卷七、《南史》卷一二《后妃傳》。

〔三〕勖：《尚書·泰誓中》：「勖哉夫子，罔或無畏。」孔安國傳：「勖，勉也。」

〔四〕夜分：《後漢書》卷一《光武帝紀下》李賢注：「分猶半也。」三國魏曹植《上責躬詩表》：「晝分而食，夜分而寢。」

22 余六歲能爲詩，〔一〕其後著書之中，唯《玉韜》最善。〔二〕

【校注】

〔一〕「余六歲」句：本書《自序篇》第二節：「余六歲解爲詩，奉敕爲詩曰：『池萍生已合，林花發稍稠。風入花枝動，日映水光浮。』因爾稍學爲文也。」

〔二〕《玉韜》：本書《著書篇》第十九節：「《玉韜》一秩十卷。」原注：「金樓出牧渚宮時撰。」《梁書》卷五《元帝紀》、《南史》卷八《梁本紀·元帝》並載《玉韜》十卷。《隋志》卷三四《經籍志》：「《玉韜》十卷，梁元帝撰。」吴《譜》：大同四年（五三八），繹三十一歲，《玉韜》成書。

23 昔孔甲過人家，〔一〕主方産子，占之曰：「子必有殃。」孔甲曰：「以爲余子，誰爲殃之？」及長，果見斫木而傷足。

【疏證】

《呂氏春秋》卷六《季夏紀·音初》：「夏后氏孔甲田於東陽萯山，天大風晦盲，孔甲迷惑，入於民室，主人方乳，或曰『后來，是良日也，之子是必大吉』，或曰『不勝也，之子是必有殃』。后乃取其子以歸，曰：『以爲余子，誰敢殃之？』子長成人，幕動，坼橑，斧斫斬其足，遂爲守門者。孔甲曰：『嗚呼！有疾，命矣夫！』」亦見《論衡》卷四《書虚篇》、卷一七《指瑞篇》、《宋書》卷一九《樂志》。

【校注】

〔一〕孔甲：夏代國君。在位侍奉鬼神，淫亂不好德，諸侯多叛。事蹟詳《史記》卷二《夏本紀》。

24 高蒼梧叔能爲風車，〔一〕可載三十人，日行數百里。

【校注】

〔一〕高蒼梧叔：待考。　風車：即飛車。晉皇甫謐《帝王世紀》：「奇肱氏能爲飛車，從風遠行。」

25 梁有富人虞氏，財資無量，登高樓，臨大路，陳酒博弈其上，〔一〕樓下俠客相隨而行，樓上博弈者争采而笑。〔二〕會飛鳶墜腐鼠，正中俠客。俠客聞樓上笑，謂虞氏以鼠投己，夜聚攻，滅虞氏。

【疏證】

《列子》卷八《説符》：「虞氏者，梁之富人也，家充殷盛，錢帛無量，財貨無訾。登高樓，臨大路，設樂陳酒，擊博樓上。俠客相隨而行。樓上博者射，明瓊張中，反兩㯓魚而笑。飛鳶適墜其腐鼠而中之。俠客相與言曰：『虞氏富樂之日久矣，而常有輕易人之志。吾不侵犯之，而乃辱我以腐鼠。此而不報，無以立慬於天下。請與若等戮力一志，率徒屬必滅其家爲等倫。』皆許諾。至期日之夜，聚衆積兵以攻虞氏，大滅其家。」亦見《淮南子》卷一八《人間》。

【校注】

〔一〕博弈：《漢書》卷九二《遊俠傳·陳遵》顔師古注：「博，六博；弈，圍棋也。」此指賭博。

〔二〕采：彩頭，賭注。

26　（宋）〔市〕丘之鼎以烹雞，〔一〕多瀋則淡，〔二〕少瀋則焦。

【疏證】

《呂氏春秋》卷一八《審應覽·應言》：「白圭謂魏王曰：『市丘之鼎以烹雞，多洎之則淡而不可食，少洎之則焦而不熟。』」亦見《後漢書》卷一一〇《邊讓傳》。

【校注】

〔一〕市：各本作「宋」。今按：《呂氏春秋》卷一八《審應覽·應言》作「市」。高誘注：「市丘，魏邑。」在今河南鄭州西北。《後漢書》卷一一〇《邊讓傳》李賢注引《呂氏春秋》亦作「市」。據改。

〔二〕瀋（shěn）：《左傳·哀公三年》杜預注：「瀋，汁也。」

27 鄭泉願得五百斛船貯酒，〔一〕四時甘肥置兩頭，〔二〕謂人言：「死必葬我於陶家之側，百年之後，形化爲土，得爲酒器，豈不美哉？」

【疏證】

《三國志》卷四七《孫權傳》裴松之注引《吴書》曰：「（鄭泉）博學有奇志，而性嗜酒，其閑居每曰：『願得美酒滿五百斛船，以四時甘脆置兩頭，反覆没飲之，憊即住而啖肴膳。酒有斗升減，隨即益之，不亦快乎！』……泉臨卒，謂同類曰：『必葬我陶家之側，庶百歲之後而成土，幸見取爲酒壺，實獲我心矣。』」

【校注】

〔一〕鄭泉：字文淵，三國時陳郡人。仕吴，累官郎中、太中大夫。博學有奇志，性嗜酒。生平詳《三國志》卷四七《孫權傳》裴松之注引《吴書》。

〔二〕甘肥：《三國志》卷四七《孫權傳》裴松之注引《吴書》作「甘脆」。甘肥、甘脆並指美味。

28 李元禮洌洌如長松下風，〔一〕周君颼颼如小松下風。〔二〕

【疏證】

《太平御覽》卷九五三引《世説》曰：「李元禮洌洌如長松下風，周君飀飀如小松下風。」

【校注】

〔一〕「李元禮」句：李膺字元禮，東漢潁川襄城人。桓帝時爲司隸校尉。靈帝初，與陳蕃謀誅宦官，事敗，免官。黨錮再起，下獄死。膺性簡亢，以聲名自高。《後漢書》卷六七有傳。《世説新語·賞譽》：「世目李元禮『謖謖如勁松下風』。」洌洌，象聲詞。形容風聲之冷峻。《初學記》卷三引晉陸機《感時賦》：「寒洌洌而寖興，風謖謖而妄作。」此處喻人剛勁嚴峻。

〔二〕「周君」句：各本「風」下有小字云：「案此條原本不載篇名，詳文義，因屬此篇。謹附。」周君，疑指周子居，或爲「周子居」之脱訛。《世説新語·賞譽》：「陳仲舉嘗歎曰：『若周子居者，真治國者器。譬諸寶劍，則世之干將。』」劉孝標注引《汝南先賢傳》曰：「周乘字子居，汝南安城人。天資聰朗，高峙嶽立，非陳仲舉、黄叔度之儔，則不交也。仲舉嘗歎曰：『周子居者，真治國之器也。』爲太山太守，甚有惠政。」又《太平御覽》卷二三〇引《續漢書》曰：「周垂（今按：當是「乘」之訛）字子居，拜侍御史、公車司馬令，不畏强御，以是見怨於幸臣。」據知，周子居與李元禮乃同時代、同類之人物。飀飀，象聲詞。形容風聲迅捷，喻人之幹練果斷。

29 魏文侯見宋陵子，〔一〕三仕，不願。〔二〕文侯曰：「何貧乎？」曰：「王見楚富者，牧羊九十九而願百。嘗訪邑里故人，其鄰人貧，有一羊者，富拜之曰：『吾羊九十九，今君之一，盈成我百，〔三〕則牧數足矣。』鄰者與之。從此觀焉，富者非(貧)〔富〕，貧者非(富)〔貧〕也。」〔四〕

【疏證】

《太平御覽》卷九〇二引《符子》曰：「魏文侯見宋陵子，三仕，不顧，文侯曰：『何貧？』子曰：『王見楚富者，牧羊九十九，而願百。嘗訪邑里故人，其鄰人貧，有一羊，富者拜之曰：「吾羊九十九，今君之一，盈我成百，則牧數足矣。」鄰者與之。從此觀焉，富者非富，貧者非貧也。』」

【校注】

〔一〕魏文侯：姬姓，魏氏，名斯，戰國時魏國之開國者。事蹟詳《史記》卷四四《魏世家》。宋陵子：人名。生平無考。

〔二〕願：各本同，《太平御覽》卷九〇二引《符子》作「顧」。

〔三〕盈成我百：《太平御覽》卷九〇二引《符子》作「盈我成百」。

〔四〕「富者」二句：吴校：「本作『富者非富，貧者非貧也』。」重校本、《叢書集成》本、《百子全書》本、龍溪精舍本作「富者非富，貧者非貧也」。今按：《太平御覽》卷九〇二引《符子》、明郭偉《百子金丹》及明汪定國《諸子褒異》引《金樓子》均作「富者非富，貧者非貧也」。依上下文意，吴校是，據改。又，底本、重校本、《叢書集成》本、《百子全書》本、龍溪精舍本「也」下有小字云：「案此條原本無見，明郭偉所輯《百子金丹》亦無篇名。謹附於此。」《四庫全書》本作：「案此條原本無，《太平御覽》引作《符子》，明郭偉所輯《百子金丹》引作《金樓子》。謹附於此。」明郭偉《百子金丹》卷七外編引《金樓子》此節，題作「貧富」，後有項仲昭評點曰：「富豪擁有千駟，而親故家無擔石，衣不蔽體，不蒙假貸，反因抵典，以收重息，欲盈己之百羊，所以富益富，貧益貧也。有以宋陵子之説告之者乎！」

自序篇十四〔一〕

1 人間之世，飄忽幾何，〔二〕如鑿石見火，〔三〕窺隙觀電。〔四〕螢睹朝而滅，露見日而消，豈可不自序也？

【校注】

〔一〕自序：各本同，《太平御覽》卷六〇二、六一六、七二八，《説郛》卷五八下引《金樓子》均作「自叙」。今按：序、叙同義。明徐師曾《文體明辨序説·序》云：「按《爾雅》云『序，緒也』，字亦作『叙』，言其善叙事理，次第有序，若絲之緒也。」

〔二〕飄忽：指光陰迅速消逝或時間短暫。《文選》卷一六陸士衡《歎逝賦》：「時飄忽其不再，老晼晚其將及。」李善注引《思玄賦》：「辰倏忽其不再。」同書卷二六《古詩十九首》之四：「人生寄一世，奄忽若飆塵。」

〔三〕鑿石見火：《宋書》卷二一《樂志》引古樂府《滿歌行》曰：「命如鑿石見火，居世竟能幾時。」

〔四〕窺隙觀電：宋釋智圓《涅盤玄義發源機要》四引《淮南子》曰：「人生天地間，如鑿石見火，電光過隙。」

2 余六歲解爲詩，〔一〕奉敕爲詩曰：「池萍生已合，林花發稍稠。〔二〕風入花枝動，日映水光浮。〔三〕」因爾稍學爲文也。

【校注】

〔一〕六：各本同，《永樂大典》卷八〇七録《南北朝詩話》引《金樓子·自序》作「七」。又，本書《雜記篇下》第二十二節：「余六歲能爲詩。」

〔二〕稠：各本同，《太平御覽》卷六〇二、《説郛》卷五八《幼童傳》「孫士潛」條引《金樓子》作「周」。今按：當以「稠」爲是。《文選》卷一九束廣微《補亡詩》之三：「黍發稠華，亦挺其秀。」李善注：「《蒼頡篇》曰：『稠，衆也。』」

〔三〕映：各本同，《太平御覽》卷六〇二引《金樓子·自叙》作「照」。

3 昔葛稚川《自序》曰：〔一〕讀書萬卷，十五屬文。〔二〕

【疏證】

《抱朴子》外篇《自叙》：「年十六，始讀《孝經》、《論語》、《詩》、《易》，貧乏無以遠尋師友，孤陋寡聞，明淺思短，大義多所不通，但貪廣覽，於衆書乃無不暗誦精持。曾所披涉，自正經、諸史、百家之言，下至短雜文章，近萬卷。……洪年十五六時，所作詩賦雜文，當時自謂可行。至於弱冠，更詳省之，殊多不稱意。」

【校注】

〔一〕葛稚川：葛洪字稚川，自號抱朴子，東晉丹陽郡句容人。曾受封爲關内侯，後隱居羅浮山煉丹。著《神仙傳》、《抱朴子》、《肘後備急方》、《西京雜記》等。《晉書》卷七二有傳。

〔二〕屬文：《文選》卷一七陸士衡《文賦》：「每自屬文，尤見其情。」李善注：「屬，綴也。」

4　余不閑什一，〔一〕憎人治生，〔二〕性乃隘急。刑獄決罪，多從厚降；大辟之時，〔三〕必有不忍之色。〔四〕多所捶扑，左右之間耳。〔五〕劉之亨嘗語余曰：〔六〕「君王明斷不凡。」〔七〕此皆大寬小急也。天下萬事，汎汎罪犯，〔八〕余皆寬貫之，〔九〕必有不遜者，〔一〇〕多不蒙宏貸也。〔一一〕

【校注】

〔一〕閑：《爾雅·釋詁》：「閑，習也。」什一：十分之一，指利潤率或税率。《文選》卷四一楊子幼《報孫會宗書》：「惲幸有餘禄，方糴賤販貴，逐什一之利。」李善注：「什一，謂十中之一也。《尚書大傳》曰：王者十一而税。」此處指經營謀利之事。

〔二〕治生：經營家業，謀生計。

〔三〕大辟：《尚書·呂刑》：「大辟疑赦，其罰千鍰。」孔安國傳：「死刑也。」孔穎達疏：「《釋詁》云：辟，罪也。死是罪之大者，故謂死刑爲大辟。」

〔四〕不忍：不忍心。《淮南子》卷九《主術》：「仁者雖在斷割之中，其所不忍之色可見也。」

〔五〕左右：指侍從者。

〔六〕劉之亨：字嘉會，祖籍南陽涅陽。仕梁，曾官安西湘東王蕭繹府長史，南郡太守。《梁書》卷四〇、《南史》卷五〇有傳。

〔七〕君王：諸侯王之尊稱。南朝宋鮑照《還都口號》：「君王遲京國，遊子思鄉邦。」

〔八〕汎汎：重校本下「汎」字作墨釘。汎汎，衆多貌。

〔九〕寬貰(shì)：赦免，寬恕。

〔一〇〕不遜：無禮。遜，《廣雅·慁韻》：「遜，恭也。」

〔一一〕宏貸：寬恕。《漢書》卷八三《朱博傳》：「時有大貸。」顏師古注：「貸，謂寬假於下也。」

5　魏文帝曰：〔一〕「余於彈棋畧盡其妙，〔二〕能用手巾角拂。〔三〕有儒生能（以低）〔低頭以〕巾角而拂之。〔四〕〔馬〕合鄉侯、東方安世、張公子並皆一時佳手。〔五〕」余經蒙儲皇賚彈棋具、駿犀子、彭城錦石局、銀鏤香白檀牀，〔六〕余遂歸於不解，未曾一中。

【疏證】

《世説新語・巧藝》：「彈棋始自魏宫内，用妝奩戲。文帝於此戲特妙，用手巾角拂之，無不中。有客自云能，帝使爲之。客著葛巾角，低頭拂棋，妙踰於帝。」劉孝標注：「《典論》帝自叙曰：『戲弄之事，少所喜，惟彈棋畧盡其妙。少時嘗爲之賦。昔京師少工有二（今按：「二」或爲「三」之誤）焉：合鄉侯、東方世安、張公子，常恨不得與之對也。』《博物志》曰：『帝善彈棋，能用手巾角。時有一書生，又能低頭以所冠葛巾角撇棋也。』」亦畧見《三國志》卷二《文帝紀》裴松之注引《典論・自叙》。

【校注】

〔一〕魏文帝：即曹丕。丕字子桓，沛國譙人，曹操次子。漢獻帝延康元年，操死，嗣爲魏王，繼任丞相。尋代漢建魏。卒，謚曰文。《三國志》卷二有紀。

〔二〕彈棋：古代博戲之一。《西京雜記》卷二「彈棋代蹴踘」條：「成帝好蹴踘，羣臣以蹴踘爲勞體，非至尊所宜。帝曰：『朕好之，可擇似而不勞者奏之。』家君作彈棋以獻，帝大悦。」《後漢書》卷三四《梁冀傳》：「（梁冀）性嗜酒，能挽滿、彈棋、格五、六博、蹴踘、意錢之戲。」李賢注引《藝經》曰：「彈棋，兩人對局，白黑棋各六枚，先列棋相當，更先彈之。其局以石爲之。」

〔三〕手巾：《資治通鑑》卷一六六《梁紀二十二》「敬帝紹泰元年」胡三省注：「今人盥洗，以布拭手，長七八尺，謂之手巾。」

〔四〕低頭以巾角：各本作「以低巾角」。今按：《世説新語·巧藝》劉孝標注引《博物志》、《三國志》卷二《文帝紀》裴松之注引《博物志》並云「低頭」。本文應作「低頭以巾角」，改補。

〔五〕馬合鄉侯：各本脱「馬」字，《三國志》卷二《文帝紀》裴松之注引《典論·自敘》作「馬合鄉侯」，《太平御覽》卷七五五、《酉陽雜俎》續集卷四《貶誤》引魏文帝《典論》亦同。今按：「合鄉侯」前脱「馬」字，據補。《後漢書》卷二四《馬援傳》：「永初七年，鄧太后詔諸馬子孫還京師，隨四時見會如故事，復紹封光子朗爲合鄉侯。」光爲東漢名將馬援之子，此馬合鄉侯當指馬朗或朗之子孫。安世：《三國志》卷二《文帝紀》裴松之注引《典論·自敘》同，《世説新語·巧藝》劉孝標注引《典論·自敘》作「世安」。

〔六〕「余經」句：蕭繹有《謝東宫賜彈棋局啓》，云：「繹本慚游藝，彌愧拂巾。鳳峙鷹揚，信難議擬；烏跂星懸，曾何仿佛。蓮花未易，玉屑不工。緣邊之法，庶遵細柳之陣；徘徊之勢，方希明月之樓。子桓有錫，聞於遂古；季緒蒙賜，即事可傳。」此與本文所指當爲同一事。經，曾經。儲皇，皇太子，指蕭統或蕭綱。賚，賞賜，賜予。駮犀子，以斑犀角刻作的棋子。駮犀，亦作「駮犀」，即斑犀。《後漢書》卷三三《馮魴傳》：「帝嘗幸其府，留飲十許日，賜駮犀具劍、佩刀、紫艾綬、玉玦各一。」李賢注：「以班犀飾劍也。」局，棋盤。牀，古代坐具。《禮記·内則》陳澔《集説》：「牀，《説文》云：『安身之几坐。』非今之卧牀也。」

6 余性不耐奏對，〔一〕侍姬應有二三百人，並賜將士。

【校注】

〔一〕「余性」句：各本「對」下有小字云：「案此下疑有脱文。」

7 余不飲酒，而又不憎人飲。每遇醉者，輒欣欣然而已。〔一〕

【校注】

〔一〕欣欣：《詩經·大雅·鳧鷖》毛傳：「欣欣然，樂也。」

8 吾年十三，誦百家譜，〔一〕雖略上口，遂感心氣疾，〔二〕當時犇走，及長漸善。頻喪五男，銜悲悒忽，〔三〕心地荼苦。〔四〕居則常若尸存，行則不知所適，有時覺神在形外，不復附身。及以大兒爲南征不復，〔五〕繼奉國諱，〔六〕隨念灰滅，萬慮盡矣。既感心氣，累問通人：〔七〕「心氣之名，當爲何起？」多無以對。余以爲《莊子》云「無疾而呼，其笑若驚」，〔八〕此心氣也。曼倩有言「陰陽争則心氣動，心氣動則精神散」，〔九〕華譚曰「肝氣微則面青，心氣動則面赤」，〔一〇〕左氏云「周王心疾終」，〔一一〕「（於童）〔子重〕心疾卒」，〔一二〕曹志亦有心疾。〔一三〕殷師者，仲堪之父也，〔一四〕有此病。〔一五〕近張思光居喪之後，〔一六〕感此病。涼國太史令趙歐造乾度，〔一七〕歷三十年，以心疾卒。晉阮裕謂士狂者，〔一八〕豈其余乎？

【校注】

〔一〕百家譜：六朝重門第，譜學甚發達。僅《隋書》卷三三《經籍志二》著録名「百家譜」者即有：「劉湛《百家譜》二卷，王儉《百家集譜》十卷，王逡之《續儉百家譜》四卷、《百家譜拾遺》一卷，王僧孺《百家譜》三十卷、《百家譜集鈔》，賈執《百家譜》二十卷，傅昭《百家譜》十五卷」，另有「《百家譜世統》十卷、《百家譜鈔》五卷」。《南史》卷五九《王僧孺傳》：「武帝以是留意譜籍，州郡多離其罪，因詔僧孺改定《百家譜》。」

〔二〕心氣疾：據上下文，蕭繹所謂心氣疾癥狀爲「奔走」、「呼」、「笑」，此實爲精神失常，今稱之爲精神病。古人以心爲思維器官，故稱爲心氣疾。

〔三〕怳忽：《文選》卷一九宋玉《神女賦序》：「晡夕之後，精神怳忽，若有所喜。」李善注：「怳忽，不自覺知之意。」「忽」，《四庫全書》本作「惚」。

〔四〕荼苦：如荼之苦。《詩經·邶風·谷風》：「誰謂荼苦，其甘如薺。」

〔五〕「及以」句：《梁書》卷四四《世祖二子傳》：「忠壯世子方等字實相，世祖長子也。……時河東王爲湘州刺史，不受督府之令，方等乃乞征之，世祖許焉。拜爲都督，令帥精卒二萬南討。方等臨行，謂所親曰：『吾此段出征，必死無二；死而獲所，吾豈愛生。』及至麻溪，河東王率軍逆戰，方等擊之，軍敗，遂溺死，時年二十二。世祖聞之，不以爲感。後追思其才，贈侍中、中軍將軍、揚州刺史。謚曰忠壯世子，並爲招魂以哀之。」大兒，指蕭方等。南征，指征湘州。

〔六〕國諱：猶國喪。此指太清三年（五四九）侯景之亂中，梁武帝蕭衍餓死於臺城事。詳《梁書》卷三《武帝紀下》。

〔七〕通人：《論衡》卷一三《超奇》：「博覽古今者爲通人。」

〔八〕莊子：名周，戰國時宋國蒙人。嘗爲蒙漆園吏，後居家講學、著書。爲道家學派代表人物。今存《莊子》一書。《史記》卷六三有傳。今按：今本《莊子》不見此語。

〔九〕「曼倩」句：《漢書》卷六五《東方朔傳》云：「朔免冠頓首曰：『臣聞樂太甚則陽溢，哀太甚則陰損，陰陽變則心氣動，心氣動則精神散，精神散而邪氣及。銷憂者莫若酒，臣朔所以上壽者，明陛下正而不阿，因以止哀也。愚不知忌諱，當死。』」曼倩，東方朔字曼倩，西漢平陽厭次人。武帝時，待詔金馬門。後爲常侍郎，太中大夫。《史記》卷一二六《滑稽列傳》、《漢書》卷六五有傳。

〔一〇〕華譚：字令思，廣陵江都人。晉武帝太康中舉秀才，歷官鄄城令、尚書郎。惠帝時，封都亭侯。官至秘書監，加散騎常侍。有《新論》、《辨道》，今均佚。《晉書》卷五二有傳。今按：其他典籍不見載華譚此語。《酉陽雜俎》卷一一：「飲酒者肝氣微則面青，心氣微則面赤也。」與此類似，然未知爲華譚語否？

〔一一〕「左氏」句：《左傳·昭公二十一年》：「二十一年春，天王將鑄無射。泠州鳩曰：『王其以心疾死乎？夫樂，天子之職也。夫音，樂之輿也。而鐘，音之器也。天子省風以作樂，器以鐘之，輿以行之。小者不窕，大者不摦，則和於物，物和則嘉成。故和聲入於耳而藏於心，心億則樂。窕則不咸，摦則不容，心是以感，感實生疾。今鐘摦矣，王心弗堪，其能久乎！』」《左傳·昭公二十二年》載：夏四月，「王有心疾，乙丑，崩于榮錡氏」。

〔一二〕子重：春秋時楚國令尹，楚莊王之弟。《左傳·襄公三年》：「三年春，楚子重伐吴，爲簡之師。……君子謂：『子重於是役也，所獲不如所亡。』楚人以是咎子重。子重病之，遂遇心疾而卒。」楊伯峻注：「古人所謂心疾非今日之心臟病，而是今日之精神病。自古至清代中葉誤以爲心之作用爲腦之作用。來華之比利時人南懷仁著《窮理學》，謂記憶之功在腦，其書竟亦爲清廷焚毁，事見董含《三岡識畧》。昭元年《傳》云『明淫心疾』，亦謂思慮過度而得腦病。」「子重」，底本、《四庫全書》本作「於童」，重校本、《叢書集成》本、《百子全書》本、龍溪精舍本作「子重」。吴校：「『童』疑作『動』」。今按：當作「子重」，據改。

〔一三〕曹志：字允恭，譙國譙人，曹植子。入晉，爲樂平太守，遷章武、趙郡太守。入爲散騎常侍、國子博士，遷祭酒。《三國志》卷一九、《晉書》卷五〇有傳。《三國志》卷一九《陳思王傳》裴松之注引《志别傳》有云：「志遭母憂，居喪盡哀，因得疾病，喜怒失常，太康九年卒，謚曰定公。」

〔一四〕仲堪：殷仲堪，祖籍陳郡長平。父師，驃騎諮議參軍、晉陵太守、沙陽男。仲堪仕晉，官至振威將軍、都督荆益寧三州諸軍事、荆州刺史。後爲桓玄所敗，自殺。《晉書》卷八四有傳。

〔一五〕病：各本同，《百子全書》本、龍溪精舍本作「疾」。《世説新語·紕漏》「殷仲堪父病」條，劉孝標注引《續晉陽秋》：「仲堪父曾有失心病，仲堪腰不解帶，彌年父卒。」

〔一六〕張思光：張融字思光，吴郡吴人。宋孝建中爲新安王北中郎參軍，出爲封溪令。入齊，累官太子中庶子、司徒左長史。有文集《玉海》，已佚。《南齊書》卷四一、《南史》卷三二有傳。

〔一七〕涼國：國名。東晉十六國時期建立在今甘肅一帶的政權，國號皆稱「涼」。有前涼、後涼、北涼、南涼、西涼等。　太史令：也稱太史，官職名。掌管推算曆法。　乾度：本指日月星辰等天體的運行變化，此處指曆法。　趙歐：人名。《魏書》卷一〇七《律曆志上》：「（魏）世祖平涼土，得趙歐所修《玄始曆》，後謂爲密，以代《景初》。」「正始四年冬，（公孫）崇表曰：『……高宗踐祚，乃用敦煌趙歐《甲寅》之曆，然其星度，稍爲差遠。』」同卷《律曆志下》載李業興上書：「業興推步已來，三十餘載，上算千載之日月星辰有見經史者，與涼州趙歐、劉義隆廷尉卿何承天、劉駿南徐州從事史祖沖之參校，業興《甲子元曆》長於三曆一倍。」

〔一八〕阮裕：字思曠，祖籍陳留尉氏。仕晉，累遷侍中。以疾築室會稽剡山。徵金紫光禄大夫，不就，卒。《晉書》卷四九《阮籍傳》附有《阮裕傳》。

9 吾小時，夏日夕中下絳紗蚊綯，〔一〕中有銀甌一枚，貯山陰甜酒，〔二〕卧讀有時至曉，率以爲常。又經病瘡，肘膝爛盡。〔三〕比以來三十餘載，〔四〕泛玩衆書萬餘矣。曰余年十四，〔五〕苦眼疾沈痼，比來轉暗，〔六〕不復能自讀書。三十六年來，〔七〕恒令左右唱之。〔八〕曾生所謂「誦《詩》讀《書》，與古人居；讀《書》誦《詩》，與古人期」，〔九〕兹言是也。〔一〇〕

【校注】

〔一〕「吾小時」三句：各本同，《太平御覽》卷六一六引《金樓子·自叙》作「吾時夏夕中下絳紗」。今按：蚊綯，頗不可解，或即指蚊帳。綯（táo），《詩經·豳風·七月》：「晝爾于茅，宵爾索綯。」毛傳：「綯，絞也。」鄭玄箋：「夜作絞索，以待時用。」陳奂《傳疏》：「索者，糾繩之名，綯即繩也。索綯猶言糾繩。」《重修玉篇》卷二七《糸部》：「綯，大刀切，糾絞繩索也。」

〔二〕山陰：縣名。時屬會稽郡，治所在今浙江紹興。甜酒：黄酒。洪亮吉《曉讀書齋初録》卷上：「今世盛行紹興酒，或以爲不知起於何時，今考梁元帝《金樓子》云：『銀甌一枚貯山陰甜酒，時復進之。』則紹興酒梁時已有名。」吴校：「『甜』當作『瀋』。『瀋』當作『橎』。見謝靈運《山居賦》『苦以術成，甘以橎熟』。皮日休詩：『明朝有物充君信，橎酒三瓶寄夜航。』」

〔三〕「卧讀」四句：《顔氏家訓》卷三《勉學》：「梁元帝嘗爲吾説：『昔在會稽，年始十二，便已好學。時又患疥，手不得拳，膝不得屈。閑齋張葛幃避蠅獨坐，銀甌貯山陰甜酒，時復進之，以自寬痛。率意自讀史書，一日二十卷，既未師受，或不識一字，或不解一語，要自重之，不知厭倦。』」今按：此可與本書《自序篇》相印證。孫詒讓《札迻》卷一〇《金樓子・自序篇十四》引《顏氏家訓・勉學篇》云：「即此事也。」

〔四〕比以來：各本同，《太平御覽》卷六一六引《金樓子・自叙》作「此以來」。今按：頗疑「比」爲「此」之誤。

〔五〕曰：重校本、《叢書集成》本、《百子全書》本、龍溪精舍本作「自」。吴校：「『曰』疑作『自』。」今按：《太平御覽》卷六一六引《金樓子・自叙》作「曰」。曰，句首助詞。《玉篇・曰部》：「曰，語端也。」

〔六〕「比來」句：《梁書》卷五《元帝本紀》：「初生患眼，高祖自下意治之，遂盲一目，彌加愍愛。既長好學，博總羣書，下筆成章，出言爲論，才辯敏速，冠絶一時。」比來，《資治通鑑》卷七五《魏紀七》「邵陵厲公嘉平元年」：「比來天下奢靡。」胡三省注：「比，近也。比來，猶言近來也。」「比」指過去，「來」爲「時」義。參王鍈《詩詞曲語辭例釋》「比（一）」條。「比」，各本同，《太平御覽》卷六一六引《金樓子・自叙》作「此」。

〔七〕三十六年來：各本同。朱校：「案元帝被戕，年止四十七，今以十四及三十六年合計，則已五十歲矣。疑三十六年或是二十六年之訛。」今按：朱校頗有道理，抑或「三十六年來」前有脱文。

〔八〕「恒令」句：《南史》卷八《梁本紀・元帝》：「性愛書籍，既患目，多不自執卷，置讀書左右，番次上直，晝夜爲常，晷無休已，雖睡，卷猶不釋。五人各伺一更，恒致達曉。常眠熟大鼾，左右有睡，讀失次第，或偷卷度紙。帝必驚覺，更令追讀，加以榎楚。」

〔九〕「曾生」數句：《意林》卷一引《尸子》：「孔子云：『誦《詩》讀《書》，與古人居；讀《詩》誦《書》，與古人謀。』」《孔子集語》卷上《子貢第二》引《金樓子》：「子曰：『誦《詩》讀《書》，與古人居；讀《書》誦《詩》，與古人期。』」則此語一作孔子，且「期」一作「謀」。又，《困學紀聞》卷八曰：「《尸子》引孔子曰：『誦《詩》讀《書》，與古人居。』《金樓子》曰：『曾生謂「誦《詩》讀《書》，與古人居；讀《書》誦《詩》，與古人期。」』孟子：『誦其詩，讀其書，不知其人可乎？』斯言亦有所本。」曾生，即曾參，字子輿，春秋末魯國南武城人。孔子弟子。相傳著《大學》，並傳其學於子思。後世尊爲「宗聖」。《史記》卷六七《仲尼弟子列傳》有傳。

〔一〇〕「兹言」句：各本「是也」下有小字云：「案此段又見別卷，作《金樓子·雜記下篇》，（《四庫全書》本有「但」字）無『小』字、『日』字（《四庫全書》本無「日字」二字）、『蚊絢』字，『甜』作『瀋』，『讀』下無『書』字。今詳（《四庫全書》本有「考」字）其文義，宜屬此篇。謹校正。」

10　余將冠，〔一〕方好《易》卜，〔二〕及至射覆，〔三〕十中乃至八九。〔四〕嘗經至郢州，〔五〕從兄平西令吾射金玉、琥珀、三指鐶，〔六〕筮遇䷫《姤》之䷉《履》，〔七〕其辭曰：「上既爲天，其體則圓，指鐶之象，〔八〕金玉在焉。〔九〕寅爻帶乎虎，〔一〇〕琥珀生光，在合中央。合中之物，凡有三種，按卦而談，或輕或重。」〔一一〕又有人名裹襞紙中，〔一二〕射之，得䷱《鼎》卦，〔一三〕余言曰：「《鼎》卦上離爲日，下巽爲木，日下安木，杲字也。」此是典籤裴重歡疏潘杲名，〔一四〕與余射之。他驗皆如此也。

【校注】

〔一〕冠：古代男子到成年則舉行加冠禮，叫做冠。《禮記·曲禮上》：「男子二十冠而字。」鄭玄注：「成人矣，敬其名。」《孟子·滕文公下》：「丈夫之冠也，父命之。」

〔二〕《易》卜：據《周易》以卜筮之術。《晉書》卷九五《藝術·杜不愆傳》：「少就外祖郭璞學《易》卜，屢有驗。」

〔三〕及至：各本同。吳校：「『至』字疑衍。」射覆：《漢書》卷六五《東方朔傳》：「上嘗使諸數家射覆，置守宫盂下，射之，皆不能中。」顏師古注：「數家，術數之家也。於覆器之下而置諸物，令闇射之，故云射覆。」

〔四〕十中乃至八九：吳校：「當作『十乃至八九中』，或『十乃至中八九』。」

〔五〕郢州：州名，南朝宋時置，治所在夏口，即今湖北武漢武昌。

〔六〕平西：「平西將軍」之省稱。考《梁書》、《南史》諸紀傳，蕭繹從兄而鎮郢州者，唯蕭恪。恪，字敬則，蕭衍同父異母兄弟南平元襄王蕭偉之子，嗣爲南平王。薨，謚靖節。《南史》卷五二《梁宗室下》有傳。

今按：恪於梁武帝太清中至簡文帝大寶初爲郢州刺史，然未明其爲平西將軍，或史失載。　鐶：《百子全書》本作「環」。

〔七〕《姤》：爲《周易》六十四卦之第四十四卦，巽下乾上䷫。《履》：爲《周易》六十四卦之第一〇卦，兑下乾上䷉。《姤》之《履》，即《姤》卦變爲《履》卦。䷉，底本脱，吴校：「履上亦當有䷉。」今按：各本於每卦上均畫有卦象，然亦偶有脱漏，今徑補，不再出校。

〔八〕鐶：《四庫全書》本作「環」。

〔九〕「金玉」句：《姤》卦之上爲乾卦，《周易·説卦》：「乾爲天，爲圜，爲君，爲父，爲玉，爲金。」

〔一〇〕「寅爻」句：各本「帶乎虎」下有小字云：「案《後周書》作『寅爻帶午（《四庫全書》本有「上」字）則爲虎』。」今按：《太平御覽》卷七二八引《後周書》作「寅爻帶午，寅則爲虎」。寅爻，以《周易》占筮時，有以六爻配天干、地支之「納甲」法，此即是以寅配爻。帶乎虎，《周易·上經》：「《履》：履虎尾，不咥人。亨。……六三：眇能視，跛能履，履虎尾，咥人，凶。武人爲於大君。……九四：履虎尾，愬愬，終吉。」

〔一一〕「按卦」二句：《太平御覽》卷七二八引《後周書》曰：「梁孝元，凡諸伎術，無所不該。南平嗣王恪嘗以銅合盛金玉、虎珀、指環，請孝元射覆，卦遇《姤》之《履》，林曰：『上既爲天，其體則圓，指環之象，金玉在焉。寅爻帶牛，寅則爲虎，琥珀生光，在合中央。合中之物，凡有三種。案卦而談，或輕或重。』恪於是神服。」

〔一二〕襞（bì）：《漢書》卷八七《揚雄傳上》顔師古注：「襞，疊衣也。」此泛指折疊。

〔一三〕《鼎》：爲六十四卦之第五十卦，巽下離上䷱。《周易·説卦》：「巽爲木，爲風，爲長女，爲繩直，爲工，爲白，爲長，爲高，爲進退，爲不果，爲臭。……離爲火，爲日，爲電，爲中女，爲甲胄，爲戈兵。」

〔一四〕典籤：官名。本爲掌管文書的小吏。南朝時諸王任刺史者，朝廷設長史、典籤作爲佐屬官。諸王子往往尚在童年，所以郡内軍政大權實際都由長史、典籤掌握。典籤多由時主的親近充任，權力尤重，稱爲籤帥。參清趙翼《廿二史札記》卷一二《齊制典籤之權太重》，高敏、張旭華《南朝典籤制度考略》。裴重歡：人名。生平無考。　疏：條陳。此處意爲書寫。　潘杲：人名。生平無考。

11　余初至荆州，〔一〕卜雨。時孟秋之月，〔二〕陽亢日久，〔三〕月旦雖雨，〔四〕俄而便晴。有人云：「諺曰『雨月額，千里赤』，蓋旱之徵也。」〔五〕吾乃端筮拂蓍，遇䷗《復》不動，〔六〕既而言曰：「庚子爻爲世，〔七〕水出生於金。〔八〕七月建申，〔九〕申子辰又三五合，〔一〇〕必在此月。」五日庚子，果值甘雨。余又以十七日筮何時。雲卷金翹，〔一一〕日輝合璧，〔一二〕紅塵暗陌，丹霞映□。〔一三〕謂亢陽之勢，未霑膏澤。〔一四〕筮遇䷜《坎》之䷇《比》，〔一五〕於是輟蓍而歎曰：「《坎》者水也，〔一六〕子爻爲世，其在今夜三更乎？〔一七〕地上有水，〔一八〕《坎》之爲《比》，〔一九〕其方有甘雨乎？」〔二〇〕欣然有自得之志。〔二一〕

【校注】

〔一〕余初至荆州：各本同，《太平御覽》卷七二八引《金樓子・自叙》「初」上無「余」字，「荆州」下有「聊附見首末」五字。《梁書》卷五《元帝本紀》：「普通七年，出爲使持節、都督荆、湘、郢、益、寧、南梁六州諸軍事、西中郎將、荆州刺史。」

〔二〕時孟秋：各本同，《太平御覽》卷七二八引《金樓子・自叙》無「時」字。

〔三〕陽亢：各本同，《太平御覽》卷七二八引《金樓子・自叙》作「亢陽」。今按：本節下文有「亢陽之勢」，似以「亢陽」爲是。亢陽，指天晴。《藝文類聚》卷一〇〇引梁簡文帝《謝敕示苦旱詩啓》：「今者亢陽以來，爲日未久。」

〔四〕月旦：亦稱月朝，舊曆每月初一。此處指農曆七月初一。

〔五〕「諺曰」二句：各本「徵也」下有小字云：「案曾慥《類説》『月額』下有『月内多雨之細者，如織懸絲』十一字。」月額，即月旦，指舊曆每月初一。《海録碎事》卷一引《金樓子》曰：「旦日雨謂之雨月額。」《古今合璧事類備要》前集卷二引《金樓子》曰：「月額雨，謂旦日雨爲月額雨，如織垂絲。」

〔六〕復：各本同，《太平御覽》卷七二八引《金樓子・自叙》作「動」。《復》，六十四卦之第二十四卦，震下坤上䷗。

〔七〕世：世卦。漢京房《易》學術語。京氏分八卦爲八宮，每宮以一純卦（八卦之重卦）統七變卦（一世、二世、三世、四世、五世、遊魂、歸魂），注以世應、飛伏、升降，並配天干地支五行，以占凶吉。每卦皆取世爻爲占筮之兆象，觀其爻變而定其禍福災異。各卦世爻之位不一。

〔八〕水出生於金：古五行家有木、火、土、金、水五行相生相尅之説。其云金生水。又，《太平御覽》卷七二八引《金樓子·自叙》「世」下無「水出生」三字。

〔九〕建申：古代天文學稱北斗星斗柄所指爲建。一年之中，斗柄旋轉而依次指向十二辰，稱爲十二月建。農曆的月份即由此而定，如正月稱建寅，二月稱建卯……十一月稱建子，十二月稱建丑。建申即夏曆七月。

〔一〇〕申子辰：建申月子日之時。《漢書》卷一〇〇《叙傳上》：「辰倏忽其不再。」顔師古注：「辰，時也。」

三五：心宿和柳宿（今按：亦稱「噣宿」）。《詩經·召南·小星》：「嘒彼小星，三五在東。」毛傳：「三，心；五，噣。四時更見。」三國魏曹丕《雜詩》之一：「天漢迴西流，三五正從横。」

〔一一〕「余又」二句：句不可解。今按：疑「何」爲「雨」之訛；或「何」下脱「雨」字；或「時」字當重，一屬下文讀。金翹，黄色菊花卷曲的花瓣。此指雲彩在陽光的照耀下如同金色的菊花瓣。吴校：「『雲卷』云云，插入不倫。」

〔一二〕輝：各本同，《太平御覽》卷七二八引《金樓子·自叙》作「耀」。合璧：圓璧。喻太陽當空而照。

〔一三〕□：《四庫全書》本作「日」，《太平御覽》卷七二八引《金樓子·自叙》作「峙」。

〔一四〕霔：各本同，《太平御覽》卷七二八引《金樓子·自叙》作「霔」。膏澤：指滋潤作物的雨水。

〔一五〕筮：各本「筮」下有小字云：「案『雲卷』以下二十五字原本脱去，又訛爲『當雨』二字。謹據《太平御覽》校補。」吴校：「『當雨』二字并不解。」　坎：爲八卦之第五卦；亦爲六十四卦之第二十九卦，坎下坎上䷜。　比：爲六十四卦之第八卦，坤下坎上䷇。《坎》之《比》，即《坎》卦變爲《比》卦。

〔一六〕「《坎》者」句：《周易·説卦》：「坎爲水，爲溝瀆。」

〔一七〕其在：各本同，《太平御覽》卷七二八引《金樓子·自叙》「在」下有「金」字。　乎：《四庫全書》本、《太平御覽》卷七二八引《金樓子·自叙》作「平」。

〔一八〕地上有水：《周易·比卦》：「《象》曰：地上有水，《比》。」《比》卦下爲坤，據《周易·説卦》，《坤》爲地，《坎》爲水，故云。

〔一九〕《坎》之爲《比》：各本同，《太平御覽》卷七二八引《金樓子·自叙》作「稱之爲《比》」。

〔二〇〕「其方」句：《太平御覽》卷七二八引《金樓子·自叙》文字與本文畧異，數句可句讀爲「坎者水也，子爻爲世，其在金，今夜三更，平地上有水，稱之爲《比》，其方有甘雨乎？」

〔二一〕「欣然」句：各本「志」下有小字云：「案末七字原本脱去。謹據《太平御覽》校補。」

12　姚文烈善龜卜，〔一〕謂余曰：「此二十一日將雨，其在虞淵之時。〔二〕」余乃筮之，遇䷎《謙》之䷽《小過》，〔三〕既而言曰：〔四〕「坤、艮二象俱在土，〔五〕非直無雨，乃應開霽。」俄而星如玉李，〔六〕月上金〔波〕，〔七〕霧生猶縠，〔八〕河垂似帶。余乃欣然。〔九〕

【校注】

〔一〕姚文烈：人名。生平無考。姚，各本同，《太平御覽》卷七二八引《金樓子·自叙》作「桃」。龜卜：灼龜甲以卜。

〔二〕虞淵：傳説爲日没處。《淮南子》卷三《天文》：「日至於虞淵，是謂黄昏。」

〔三〕《謙》之《小過》：即《謙》卦變爲《小過》卦。《謙》，爲《周易》六十四卦之第十五卦，艮下坤上䷎。《小過》，爲《周易》六十四卦之第六十二卦，艮下震上䷽。

〔四〕既而：各本同，《太平御覽》卷七二八引《金樓子·自叙》「既」下無「而」字。

〔五〕「坤、艮」句：《周易·説卦》：「坤爲地……艮爲山，爲徑路，爲小石。」土，各本同，《四庫全書》本、《太平御覽》卷七二八引《金樓子·自叙》「土」下有「宫」字。

〔六〕玉李：如玉之李。

〔七〕波：底本、重校本、《叢書集成》本、《百子全書》本、龍溪精舍校刊作空格，《四庫全書》本作小注「原缺」。吴校：「按朱勝非《紺珠集》作『金波』。」今按：《太平御覽》卷七二八引《金樓子·自叙》、《紺珠集》卷一引《金樓子》作「金波」，據補。《漢書》卷二二《禮樂志》：「月穆穆以金波，日華燿以宣明。」顔師古注：「言月光穆穆，若金之波流也。」蕭繹《對燭賦》：「月似金波初映空。」

〔八〕縠：《漢書》卷四五《江充傳》：「充衣紗縠襌衣。」顔師古注：「紗縠，紡絲而織之也。輕者爲紗，縐者爲縠。」

〔九〕「余乃」句：各本「余」下有小字云：「案原本『俄而下』作『果晴無星，如玉李』十字。謹（《四庫全書》本無「謹」字）據《太平御覽》校補。（《四庫全書》本有「《御覽》」二字）『金』字下又缺三字，曾慥《類説》載《金樓子》有云『霧生猶縠，河垂似帶』，又有云『星懸玉李，雲展金翹』，當即此二段中語。謹據此校補，二字改一字，仍缺一字，但『雲展金翹』，《御覽》引在上段中，豈慥以意作對語耶？今未敢輒改，附識於此。」

13　吾齔年之時，〔一〕誦呪受道於法朗道人，〔二〕誦得《浄觀世音呪》、《藥上王呪》、《孔雀王呪》。〔三〕中尉何登善能解作外典呪癰疽、禹步之法，〔四〕余就受之。至十歲時，敕旨賜向道：「〔士〕〔上〕黄侯曄、建安侯正立，〔五〕並是汝年時，汝不學義？〔六〕」余尚幼，未能受。〔七〕年十二三，侍讀臧嚴又有此勸。〔八〕余答曰：「只誦呪自是佳伎倆，〔九〕請守此一隅。〔一〇〕」其年末，乃頽然改途，不復説呪也。

【校注】

〔一〕齔年：童年。齔（chèn），兒童换齒。《國語》卷一六《鄭語》韋昭注：「毀齒曰齔。」《孔子家語》卷六《本命》：「是以男子八月生齒，八歲而齔。」

〔二〕呪：同「咒」。法朗：僧昭之别名。其人少事天師道士，能咒厭。位廷尉卿，太清三年卒。《南史》

卷三七有傳。

〔三〕《孔雀王呪》：《出三藏記集》卷一三《尸梨蜜傳》：「初，江東未有呪法，蜜傳出《孔雀王》諸神呪，又授弟子覓歷高聲梵唄，傳響于今。」

〔四〕中尉：南北朝時諸侯國屬官名。掌武職，主盜賊。　何登善：人名。生平無考。　外典：佛教徒稱佛書以外的典籍爲外典。《顏氏家訓》卷五《歸心》：「內典初門，設五種禁；外典仁義禮智信，皆與之符。」　癰疽：毒瘡名。《急就篇》卷四：「癰疽瘛瘲痿痹痕。」顏師古注：「癰之言壅也，氣壅否結，裏腫而潰也。癰之久者曰疽。」此處疑指一種消除毒瘡的咒語。　禹步：巫師、道士作法的步法。《尸子·君治》：「禹於是疏河決江，十年未闞其家，手不爪，脛不毛，生偏枯之疾，步不相過，人曰禹步。」《法言》卷一三《重黎》「巫步多禹」，晉李軌注：「（禹）治水土，涉山川，病足，故行跛也。禹自聖人，是以鬼神、猛獸、蜂蠆、蛇虺莫之螫耳，而俗巫多效禹步。」《抱朴子》內篇卷一一《仙藥》：「禹步法：前舉左，右過左，左就右。次舉右，左過右，右就左。次舉右，右過左，左就右。」亦見《抱朴子》卷一七《登涉》。

〔五〕上黃侯曄：蕭曄字通明，南朝梁南蘭陵人。初封安陸侯，改封上黃侯。遷給事黃門侍郎，出爲晉陵太守。卒，謚替侯。《南史》卷五二《梁宗室下》有傳。「上」，各本作「士」。今按：「士」當作「上」，改。　建安侯正立：蕭正立，梁武帝弟臨川王蕭宏之子，封建安侯。生平詳《梁書》卷二二《太祖五王傳》。

〔六〕義：明徐師曾《文體明辨序説》：「按字書云：『義者，理也。』本其理而疏之，亦謂之義，若《禮記》所載《冠義》、《祭義》、《射義》諸篇是已。」此處指儒家經典及其闡釋之作。

〔七〕「未能」句：吴校：「『敕旨賜向』至『未能受』，按此段頗不可句解，疑有誤。」

〔八〕侍讀：官名。南北朝時爲皇帝、太子、王公講讀經史之官吏。臧嚴：字彦威，祖籍東莞莒縣。曾爲湘東王蕭繹侍讀，累遷王宣惠輕車府參軍，兼記室。繹遷荆州，隨府轉西中郎安西録事參軍。繹入爲石頭戍軍事，除安右録事。繹遷江州，爲鎮南諮議參軍，卒官。《梁書》卷五〇《文學下》、《南史》卷一八有傳。

〔九〕伎倆：技能。

〔一〇〕一隅：指事物的一個方面。《論語·述而》：「舉一隅不以三隅反，則不復也。」

14　石季倫篤好林藪，〔一〕有別廬在河南界金谷澗中，〔二〕澗中有水碓、土窑。〔三〕

【疏證】

《世説新語·品藻》：「謝公云：『金谷中蘇紹最勝。』」劉孝標注引石崇《金谷詩叙》曰：「余以元康六年，從太僕卿出爲使持節，監青、徐諸軍事、征虜將軍。有別廬在河南縣界金谷澗中，或高或下，有清泉茂林，衆果竹柏、藥草之屬，莫不畢備。又有水碓、魚池、土窟，其爲娱目歡心之物備矣。」

【校注】

〔一〕石季倫：石崇字季倫，小名齊奴，西晉渤海南皮人。封安陽鄉侯。曾官南中郎將、荆州刺史。性奢靡。後爲趙王司馬倫矯詔誅殺。晉書卷三三有傳。《文選》卷四五石季倫《思歸引序》：「余少有大志，誇邁流俗。……晚節更樂放逸，篤好林藪，遂肥遁於河陽别業。」林藪：山林與澤藪。多指山野隱居之所。

〔二〕河南：郡名。漢高祖時置，治所在洛陽縣，即今河南洛陽東北漢魏故城。西晉時都洛陽，置河南尹。金谷：地名。在今河南洛陽西北。

〔三〕「澗中」句：吴校：「按此條非自序，疑當在《雜記篇》。」又校：「石季倫一條，鮑云不似《自序》中語，極是。」「有」，《四庫全書》本「有」上有「又」字。水碓，利用水力舂米的裝置。土窑，《世説新語·品藻》劉孝標注引《金谷詩叙》作「土窟」。《魏晉南北朝札記·〈晉書〉札記·土窟》：「土窟蓋即今日河南陝西一帶之窑洞，故以驕奢著稱之石崇金谷園中亦有土窟，不必定爲隱逸者所居。」

《金樓子》卷第六〔一〕

【校注】

〔一〕重校本文下有「乾隆癸卯仲春重校一過，知不足齋記」語。

書《金樓子》後〔一〕

嗚呼！文字顯晦之故，夫豈偶然也哉？往余之乞二母「雙節詩」於周太史書倉也，〔二〕實介邵君二雲、羅君臺山。〔三〕越二年丁酉，〔四〕孫君遲舟入都，〔五〕余又舉以相屬。己亥孟冬，〔六〕余客吴興，得遲舟書，則太史贈言久託臺山郵寄，而臺山蹤跡渺不相知，浮沈之感，寤寐縈迴。將裁書以詢二雲，會二雲之族霈葵至自長洲，〔七〕言戊戌重九，〔八〕二雲北上遇臺山於吴門，臺山出周太史貽余書軸，長尺有奇，厚幾三寸，授二雲轉寄。霈葵曾受其書，由武林寄余，而余未之得也。是夕遂治裝至武林求之，歷五旬又二日，而後得之於望江門外素不相識之人之手。蓋二年以來，輾轉付託，閱十有餘人。題緘之字，已磨滅殆盡，不可辨識，而緘封且半敝矣。啓而讀之，不惟「雙節」贈言無恙也，太史從《永樂大典》輯録《金樓子》六卷，命致鮑君以文者亦儼然在焉。〔九〕齎達以文相與，忻幸久之。夫霈葵與余並以衣食奔走，前此之不相見者，幾及十年。向非邂逅吴興，余即再介二雲求之，太史贈言尚可復得，而所謂《金樓子》者，勢必漸就殘佚。歲月愈深，人事遞遷，其烏從而求之？又烏從而得之？説者謂余之乞言，齋心歙涕，先靈殆呵護之。顧余則以爲太史表徵闡幽之力，與以文拳拳稽古之心，實隱隱焉遥相契合，而《金樓子》之得以善本流布藝林，誠哉有數存焉！然則古今來文字之足以不朽者，其精神不可終閟，類如是矣。余聞臺山歸江右後，早遊道山。今「雙節」贈言，得補登集録，而《金樓子》以文梓入叢書，豈惟需葵爲能不負二雲之託，抑臺山有知，亦且含笑地下也已。

乾隆四十六年嘉平七日蕭山汪輝祖跋。〔一〇〕

【校注】

〔一〕《四庫全書》本無此後序。

〔二〕周太史書倉：即周永年，字書昌，又字書倉、書愚，號林汲山人。清山東歷城人。乾隆三十六年進士。召修《四庫全書》，改翰林院庶吉士，授編修。《章氏遺書》卷一八有《周書昌别傳》，《清史稿》卷四八一《儒林》二有傳。

雙節詩：汪輝祖《雙節堂庸訓》自序云：「冠以『雙節堂』者，獲免於大戾，禀二母訓也。」汪父有妻方氏，卒時汪年紀尚幼，故《雙節堂庸訓》稱「吾母見背，輝祖未有識知」。另有妾王氏和徐氏，徐氏爲輝祖生母。二母即指王氏和徐氏。「雙節詩」之「雙節」亦當與此二人有關，《雙節堂庸訓》二人軼事未曾提及二人有詩作，抑或汪氏所寫追述懿德之詩。

〔三〕邵君二雲：即邵晉涵，字與桐，號二雲，又號南江，清浙江餘姚人。乾隆三十六年進士。授編修，入四庫館分任編校。官至侍講學士。《清史稿》卷四八一《儒林》二有傳。羅君臺山：即羅有高，字臺山。乾隆三十年舉人。《清史列傳》卷七二有傳。汪輝祖《雙節堂庸訓·亡友》：「羅臺山，江西瑞金人。乾隆乙酉舉人。己丑會試，以邵二雲先容，得訂交焉。又七年，余佐慈溪知縣黄補余幕中，臺山方主鄞縣。邵雙橋家迓以來，共晨夕者二旬。奉《雙節堂贈言》，乞爲論定。越二年，叙别於錢塘寓舍。凡《贈言》中古文，一一次第點正。通《内典》，嘗進余以攝生之道，余未之能行也。而臺山以己亥正月卒於家。」

〔四〕丁酉：即乾隆四十二年（一七七七）。

〔五〕孫遲舟：即孫辰東，清歸安人。乾隆三十七年會元榜眼，曾任翰林院編修。汪輝祖《雙節堂庸訓·亡友》：「孫遲舟，初名宸。歸安人。乾隆壬辰舉禮部試第一，第一甲第二名進士及第。官翰林院編修。先是，歲丙戌，遲舟方持父服，課平湖知縣劉冰齋二子學，余治申韓家言，佐平湖幕，稱莫逆交。甲午丁内艱，主講東陽書院，余客海寧，屢寄文字商正。丙申，余再館平湖，遲舟服闋，過余叙别。明年，遲舟舉男，余舉女，因有婚姻之訂，是爲庚子之春。其後秋分，校順天鄉試，卒於闈中。」

〔六〕己亥：即乾隆四十四年（一七七九）。

〔七〕霈葵：邵晉涵的族人，生平待考。

〔八〕戊戌：即乾隆四十三年（一七七八）。

〔九〕鮑君：指鮑廷博，字以文，號渌飲，清安徽歙縣長塘人，嘉慶八年欽賜舉人。家藏書甚富。四庫館開，廷博獻精本六百餘種。後將家藏善本刻成《知不足齋叢書》，《金樓子》即入其第九集。《清史列傳》卷七二有傳。

〔一〇〕嘉平：臘月的别稱。汪輝祖：幼名鰲，字焕曾，號龍莊，晚號歸廬，清浙江蕭山人。乾隆四十年進士，任湖南寧遠知縣，調署道州知州，旋被劾去官。生平詳阮元《揅經室集二集》卷三《循吏汪輝祖傳》、瞿兑之《汪輝祖傳述》。另《清史稿》卷四七七有傳。

附録

一、今《永樂大典》存《金樓子》文

1 卷六六六二(第一九四頁)

《金樓子·説蕃篇》: 昔藩屏之盛者,則劉德字君道,造次儒服,卓爾不羣。好古文,武帝在位,來朝,對辟廱、明堂、靈臺,故世謂之「三廱對」也。(本書《説蕃篇》第八節)

2 卷九二二二(第四四七頁)

《金樓子·雜記下篇》: 諸葛、司馬二相,誠一國之宗師,伯王之賢佐也。孔明起巴蜀之地,蹈一州之土,省任刑法,整齊軍伍,步卒數萬,長驅祁山,慨然有河、洛飲馬之志。仲達據天下十倍之地,仗兼并之衆,據牢城,擁精鋭,無擒敵之意。若此人不已,則雍梁敗矣。方之司馬,理大優乎?(本書《雜記篇下》第十六節)

3　卷二四〇八（第一一四八頁）

《金樓子·戒子篇》：子夏曰：「與人以實，雖疎必密；與人以虛，雖戚必疎。」（本書《戒子篇》第十節）

4　卷二九四九（第一五二六頁）

《金樓子·雜記上篇》：衛人有夫妻祝神者，使得布百匹。其夫曰：「何少邪？」妻曰：「布若多，子當買妾也。」（本書《雜記篇上》第十一節）

5　卷二九四九（第一五二九頁）

《金樓子·興王篇》：魏武帝曹操，用師大較依孫、吴之法，而因事設奇，量敵制勝，變化如神。（本書《興王篇》第十七節）

6　卷二九七八（第一六三一頁）

《金樓子·志怪篇》：一足國人長九寸。（本書《志怪篇》第十二節）

7　卷三〇〇〇(第一六七〇頁)
《金樓子·雜記下篇》：周君出獵，見白雁爲羣，周君鼓弩欲射道之行者，其御公孫龍下車拊矢曰：「君以雁射人，無乃虎狼也？」(本書《雜記篇下》第三節)

8　卷三五八四(第二一二六頁)
《金樓子·説蕃篇》：劉讓前史作「褒」。嗣爲梁王，初，孝王有罍尊，直千金，戒後世善寶之，毋得以與人。讓之后曰任后，聞而欲得之，讓之祖母李太后曰：「先王有命，毋得以尊予人也。他物雖鉅萬，猶自恣。」任后絶欲得之，讓直使人開府，以尊賜任后。天子下吏驗問，公卿治奏，以爲不孝，讓誅也。《漢書》、《太平御覽》並同。(本書《説蕃篇》第三十七節)

9　卷五八三九(第二五五二頁)
《金樓子·興王篇》：成湯時聘伊尹任以國政，林樹久不花，一旦生如鳳翼。(本書《興王篇》第十一節)

10　卷八五二六(第三九四七頁)

《金樓子》：成湯母感狼星之精，又感黑龍而上。（本書《興王篇》第十一節）

11 卷一一九五一（第五〇三四頁）

《金樓子·興王篇》：梁高祖武皇，生而靈異，頂垂帶，有聖德。嘗有桑門釋僧輝，不知何從來也。自云有許負之法，通名詣上，見而驚曰：「檀越頂上有伏龍，此非人臣之相，貧道所未見也。若封泰山，願能見覓。」上笑而不答。此後莫知所之。（本書《興王篇》第二十一節）

12 卷一二〇四三（第五二一三頁）

《金樓子·箴戒篇》：帝紂好爲長夜之飲。時人爲之語曰：「車行酒，騎行炙，百二十日爲一夜。」（本書《箴戒篇》第十一節）

13 卷一二〇四三（第五二一五頁）

《金樓子·説蕃篇》：劉義宣在荆鎮時嘗獻世祖酒，先自酌飲，封送所餘，其不識大體如此。（本書《説蕃篇》第四十九節）

14 卷一二〇四四(第五二一七頁)

《金樓子·雜記下篇》: 高貴鄉公賦詩,給事中甄陶、成嗣各不能著詩,受罰酒。金谷聚,前絳邑令邵榮陽、中牟潘豹不能著詩,沛國劉邃不能著詩,並罰酒三斗。斯無才之甚矣。(本書《雜記篇下》第十七節)

15 卷一二一四八(第五二四九頁)

《金樓子·箴戒篇》: 漢哀帝即位,寵任董賢。均田之制從此墮壞。百姓訛言,持籌相驚,被髮徒跣而走。漢氏衰矣。(本書《箴戒篇》第二十六節)

16 卷一三〇八二(第五六三八頁)

《金樓子·立言下》: 夫水澄之半日,必見目睫; 動之半刻,已失方圓。静之勝動,誠非一事也。(本書《立言篇下》第四十五節)

17 一三一三五(第五六六八頁)

《金樓子·雜記下篇》: 孔静居山陰,宋武微時,以静東豪,故往候之。静時晝寢,夢人語曰:

「天子在門。」覺寤，即遣人出看，而帝亦適至。（本書《雜記篇下》第十九節）

18　卷一三一三六（第五六八〇頁）

《金樓子·興王篇》：周文王昌，母曰太任，夢長人感己，而生文王。（本書《興王篇》第十二節）

19　卷一三一三九（第五六八五頁）

《金樓子·興王篇》：漢世祖文叔，嘗夢乘赤龍登天上，珠階玉闥。（本書《興王篇》第十六節）

20　卷一三一三九（第五六九〇頁）

《金樓子·興王篇》：梁高祖武王，生而靈異，有聖德。始齊高在府，夢著屐，上太極殿，三人從，一人齊武，一人齊明，一人張天地圖而不識，意言是太祖子弟。及踐阼，嘗與太祖密燕，謂太祖曰：「我辛苦得天下，而祚不傳孫。我死，龍子當得。龍子，齊武小名。龍子死，當屬阿度。阿度，齊明小名。此後當還卿子孫。」遂至大霸。及太傅援京邑，在越城假寐，忽夢見一大人，著朱衣，牽三匹馬來。太傅因騎一匹，騰空半天而墜。次衡陽王一馬，踴過屋而落。後上騎一匹，因化成龍，遂飛上天。此幽讚神明，吉之先見。（本書《興王篇》二十一節）

21 卷一三一三九(第五六九五頁)

《金樓子·興王篇》：昔孔子夢三槐間，豐、沛邦有赤虹，化爲黄玉。(本書《興王篇》第十四節)

22 卷一三四五三(第五七七九頁)

《金樓子·雜記下篇》：趙簡子出畋，命鄭龍射野人，使無驚吾鳥。龍曰：「吾先君晉文公伐衛，不僇一人；今君一畋而欲殺良民，是虎狼也。」簡子曰：「人畋得獸，我畋得士。」故緣木愈高者愈懼，人爵愈貴者愈危。可不慎乎？(本書《雜記篇下》第五節)

23 卷一三八二三(第五九一七頁)

《金樓子·箴戒篇》：齊武帝時，隱靈寺雕飾炫麗，四月八日皆往。往以宦門防門，有禮拜者，男女不得同日至也。僧尼並皆妍少，俗心不盡，或以箱籠貯姦人而進之。後爲覘伺所得，並皆誅死。(本書《箴戒篇》第六十一節)

24 一三八二三(第五九一七頁)

《金樓子·箴戒篇》：齊武帝時，内人出家，爲異衣，住禪靈寺者，猶愛帶之如初。(本書《箴戒

篇》第六十二節）

25 卷一四五三六（第六三九〇頁）

《金樓子·志怪篇》：有石連理生樹，高一尺五寸，枝頭葉皆紫，吴時人獻以爲瑞。（本書《志怪篇》第四十八節）

26 卷一四五三七（第六四〇〇頁）

《金樓子·雜記下篇》：枚乘有云：「種樹不見其長，有時而大。」（本書《雜記篇下》第十三節）

27 卷一四五三七（第六四〇二頁）

《金樓子·志怪篇》：孔子冢在魯城北，塋中樹以百數，皆異種。魯人世世無能名者。傳言孔子弟子既皆異國之人，各持其國樹來種之。孔子塋中，至今不生荆棘草木。（本書《志怪篇》第四十節）

28 卷一八二〇七（第七一〇四頁）

《金樓子·二南五霸篇》：秦穆公滅滑，晉之邊邑也。當是時晉文公喪，尚未葬，太子襄公怒，哀（經）〔經〕發兵，遮秦兵於殽，擊之，虜三將。晉文公夫人，繆公女也，曰：「繆公怨此三人入骨髓，心願歸之，我君得此，快意烹之。」晉君許三將歸。歸至，繆公素服郊迎。哭曰：「孤不用百里奚、蹇叔之言，以辱三子，三子何辠乎？」（本書《説蕃篇》第五節）

29 卷一九六三六（第七三一〇頁）

《金樓子·説蕃篇》：梁蕭遥光美風姿，眉目如畫，髮鬢若點漆，隆準，口如含丹而足蹇，體殊肥壯，脚如三歲小兒。（本書《説蕃篇》第五十一節）

30 卷一九六三六（第七三一一頁）

《金樓子·興王篇》：帝堯日角方目。（本書《興王篇》第八節）

31 卷四九四〇（第八三四五頁）

《金樓子·雜記下篇》：桓譚有《新論》，華譚又有《新論》；楊雄有《太元經》，楊泉有《太元經》。談者多誤。動形言也。或云桓譚有《新論》，何處復有華譚？楊子有《太元經》，何處復有《太元經》？此皆由不學使之然也。（本書《雜記篇下》第十五節）

32 卷一三三四一(第九一三五頁)

《金樓子·志怪篇》: 地榆一名玉豉,可以煮石。(本書《志怪篇》第三十一節)

33 卷一九八六五(第九二七九頁)

《金樓子·立言上》: 潤竹者水,而竹不可以得水。(本書《立言篇上》第三十節)

34《海外新發現永樂大典一七卷》之卷一三二〇三(第三五〇頁)

《金樓子》: 夫人須適時用矣。魯人有身善織屨,妻善織縞,而徙於越。或謂之曰:「子必窮矣: 夫屨而履,越人跣行; 夫縞而冠,越人被髮。蓋有益矣!」(本書《立言篇下》第四十四節)

35《海外新發現永樂大典一七卷》之卷一三二〇三(第三五二頁)

《金樓子·雜記下篇》: 枚乘有云:「磨礱不見其損,有時而盡; 種樹不見其長,有時而大; 積行不知其善,有時而用; 棄義不知其惡,有時而亡也。」(本書《雜記篇下》第十三節)

二、《金樓子》佚文

1 余於諸僧重招提琰法師，隱士重華陽陶貞白，士大夫重汝南周弘正，其於義理，清轉無窮，亦一時之名士也。（《陳書》卷二四《周弘正傳》載：「元帝嘗著《金樓子》」云云）

2 予以仰占辛苦，侵犯霜露，又恐流星入天牢。（唐段成式《酉陽雜俎》卷一一《廣知》引《金樓子》）

3 《楚詞》云：「虵有吞象，厥大如何？」（唐段公路《北户録》卷一引《金樓子》）

4 余謂《水仙》不及《洛神》，《擬古》勝乎士衡矣。（《太平御覽》卷五八七引《金樓子》。今按：此當爲本書《説蕃》第二十三節佚文）

5 劉備叛走，曹操使阮瑀爲書與備，馬上立成。有以此爲能者，吾以爲兒戲耳。（《太平御覽》卷六〇〇引《金樓子》）

6　王思微性好浄潔，左右提衣，悉令白紙裹手指。在宅，有犬汙柱，思微令門生洗之，意猶不已，更令刮削，復言未足，遂令易柱。（《太平御覽》卷九〇五引《金樓子》。今按：本書《雜記篇上》第三十八節：「王思微性好潔浄，每還侍中省，洗浴必乞御水。水清濁與他井不異，且貴水名耳。」本條或是此節佚文）

7　五尺之鯉，一寸之鯉，但小大殊，鱗之數等。（《太平御覽》卷九三六、《天中記》卷五六引《金樓子》）

8　余之抄畧，譬猶摘翡翠之藻羽，脱犀象之牙角。（宋潘自牧《記纂淵海》卷七五引《金樓子》）

9　華匱十重，緹巾十襲。（宋潘自牧《記纂淵海》卷八三引《金樓子》云：「子聚書四十年，得書八萬卷，河間之在漢室，頗謂過之。華匱十重，緹巾十襲。」今按：本書《聚書篇》第一・一〇節存「吾今年四十六歲，自聚書來四十年，得書八萬卷，河間之侔漢室，頗謂過之矣」數句，「華匱十重，緹巾十襲」當是《金樓子》佚文）

10 西域有瘿藤，可以酌酒，自有文章，映徹可愛，其大如杯。（宋李璧《王荆公詩注》卷二一引《金樓子》）

11 崖蜜，櫻桃。（宋朱翌《猗覺寮雜記》卷上：「東坡《橄欖》云：『待得餘甘回齒頰，已輸崖蜜十分甜。』王立之《詩話》云：『崖蜜，櫻桃，出《金樓子》。』」）

12 龍驤肅方澤，虎嘯出平皋。（明王禕《大事記續編》卷二九：「（温）乃命參軍周楚、孫盛守輜重，自將步卒直指成都李福及從兄權等。攻彭模楚等，禦之。福退走。温又擊權等，三戰三捷。賊衆散，自間道歸成都。」下小字云：「蕭繹《金樓子》載温伐蜀之詩曰：『龍驤肅方澤，虎嘯出平皋。』其氣蓋吞李勢矣。」）

13 皆不爲害。温州有人，山中遇一波斯，抱野雞，見人揮霍，鑽入石壁中，其石自合。（《説郛》卷一一七《志怪録》「枯竹根」條云：「《金樓子》云：山中夜見胡人者，銅鐵精也。中宵見火光者，朽木也。皆不爲害。温州有人，山中遇一波斯，抱野雞，見人揮霍，鑽入石壁中，其石自合。」今按：「山中夜見胡人者，銅鐵精也。中宵見火光者，朽木也。皆不爲害。」見本書《志怪篇》第二十五節，原文作「夜在山中見胡人者，銅鐵精也；見秦人者，百歲木也。中夜見火光者，亦久枯木也。」今本《金樓子》佚「皆不爲害」四字，且疑下文「温州」云云，亦是《金樓子》佚文）

14 鈎槖駹。（明方以智《通雅》卷四七云：「顛當，土蜘蛛，蓋蛈蝪之轉語也。《爾雅》『王蛈蝪』，郭注：『蛭蟷也。』蛈蝪，音迭湯，聲轉爲顛當。《鬼谷》謂之蛈母，《金樓子》謂之鈎槖駹。」）

15 揚雄作《甘泉賦》，夢吐白鳳。（明徐應秋《玉芝堂談薈》卷六引《金樓子》）

16 船神名馮耳，下船三呼其名，除百忌。（明徐應秋《玉芝堂談薈》卷一三引《金樓子》）

17 舜時羽民獻火浣之布。（清徐文靖《管城碩記》卷一八引《金樓子》）

18 又有名子爲大人者，此人恒呼子爲大人，此尤異也。（宋莊綽《雞肋編》卷上引《金樓子》，「又有」上尚有「荆間」云云，見本書《雜記篇上》第十節。）

19 梁祝事。（明徐樹丕《識小録》卷三「梁山伯」條：「梁山伯、祝英臺，皆東晉人。梁家會稽，祝家上虞，同學於杭者三年，情好甚密。祝先歸，梁後過上虞尋訪，始知爲女子。歸告父母，欲娶之。而祝已許馬氏子矣。梁悵然不樂，誓不復娶。後三年，梁爲鄞令，病死，遺言葬清道山下。又明年，祝爲父所逼適馬氏，累欲求死。會過梁葬處，風波大作，舟不能進。祝乃造梁冢，失聲哀慟。冢忽裂，祝投而死焉，冢復自合。馬氏聞其事於朝，太傅謝安請贈爲義婦。和帝時，梁復顯露異助戰伐，有司立廟於鄞縣。廟前橘二株相抱，有花蝴蝶，橘蠹所化也，婦孺以梁稱之。按：梁祝事異矣！《金樓子》及《會稽異聞》皆載之。夫女爲男飾，乖矣！然始終不亂，終能不變，精誠之極。至於神異，宇宙間何所不有，未可以爲誕。」）

20 徐妃淫行。（《南史》卷一二《后妃·梁元徐妃傳》：「帝制《金樓子》述其淫行。初，妃嫁夕，車至西州，而疾風大起，發屋折木。無何，雪霰交下，帷簾皆白。及長還之日，又大雷震西州聽事兩柱俱碎。」今按：徐妃嫁日諸種怪異，《南史》所載均與本書《志怪篇》第十八節同，文字亦相仿佛，則《南史》記載源自本書。唯《南史》所云徐妃淫行，今本《金樓子》無載，當已亡佚。又本書《后妃篇》第七·五節云「饋人失禮」，似即指徐妃事，參清李慈銘《越縵堂讀書記·金樓子》）

三、《南史·梁本紀·元帝》

世祖孝元皇帝諱繹，字世誠，小字七符，武帝第七子也。初，武帝夢眇目僧執香鑪，稱託生王宫。既而帝母在采女次侍，始褰户幔，有風回裾，武帝意感幸之。采女夢月墮懷中，遂孕。天監七年八月丁巳生帝，舉室中非常香，有紫胞之異。武帝奇之，因賜采女姓阮，進爲修容。十三年，封湘東王。太清元年，累遷爲鎮西將軍、都督、荆州刺史。

三年三月，侯景陷建鄴。四月，世子方等至自建鄴，知臺城不守。帝命栅江陵城，周迴七十里。鎮西長史王沖等拜牋請爲太尉、都督中外諸軍事，承制主盟。帝不許，曰：「吾於天下不賤，寧俟都督之名；帝子之尊，何藉上台之位。議者可斬。」投筆流淚。沖等重請，不從。又請爲司空，以主諸侯，亦弗聽。乃開鎮西府，辟天下士。

是月，帝徵兵於湘州刺史河東王譽，譽拒命。尋上甲侯韶自建鄴至，宣三月十五日密詔，授帝位假黄鉞、大都督中外諸軍事、司徒、承制。於是立行臺於南郡而置官司焉。

七月，遣世子方等討河東王譽，軍敗，死之。又遣鎮兵將軍鮑泉討譽。

九月乙卯，雍州刺史岳陽王詧舉兵寇江陵，其將杜崱兄弟來降，詧遁走。鮑泉攻湘州，未尅；又遣左衛將軍王僧辯代將。

及簡文帝即位，改元爲大寶元年。帝以簡文制於賊臣，卒不遵用。正月，使少子方畧質于魏，魏不受質而結爲兄弟。

四月，尅湘州，斬謽，湘州平。雍州刺史岳陽王詧自稱梁王，蕃于魏，魏遣兵助伐襄陽。先是，邵陵王綸書已言凶事，秘之，以待湘州之捷。是月壬寅，始命陳瑩報武帝崩問，帝哭於正寢。

六月，江夏王大款、山陽王大成、宜都王大封自信安來奔。

九月辛酉，以前郢州刺史南平王恪爲中衛將軍、尚書令、開府儀同三司。改封大款爲臨川郡王，大成爲桂陽郡王，大封爲汝南郡王。

十一月甲子，南平王恪等奉牋進位相國，總百揆。帝不從。

二年三月，侯景悉兵西上。

四月，景遣其將宋子仙、任約襲郢州，執刺史方諸。庚戌，領軍王僧辯屯師巴陵。

五月癸未，帝遣將胡僧祐、陸法和援巴陵。

六月，僧祐等擊破景將任約軍，禽約，景解圍宵遁。以王僧辯爲征東將軍、開府儀同三司、尚書令，帥衆追景，所至皆捷。進圍郢州，獲賊將宋子仙等。

九月，盤盤國獻馴象。

十月辛丑朔，紫雲如蓋臨江陵城。是月，簡文帝崩，開府儀同三司王僧辯等奉表勸進。帝奉諱，大臨三日，百官縞素，答表不許。司空南平王恪率宗室，領軍將軍胡僧祐率羣僚，江州別駕張佚率吏人，並奉牋勸進。帝固讓。

十一月乙亥，僧辯又奉表勸進，又不從。時巨寇尚存，帝未欲即位，而四方表勸，前後相屬，乃下令斷表。

承聖元年二月，王僧辯衆軍發自尋陽，帝馳檄四方，購獲景及逆者，封萬户開國公，絹布五萬疋。三月，僧辯等平景，傳首江陵。戊子，以賊平告明堂、太社。己丑，僧辯等又表勸進曰：

衆軍以今月戊子，總集建康，賊景烏伏獸窮，頻擊頻挫，姦竭詐盡，深溝自固。臣等分勒武旅，百道同趨，突騎短兵，犀函鐵楯，結隊千羣，持戟百萬，止紂七步，圍項三重，轟然大潰，羣凶四滅。京師少長，俱稱萬歲。長安酒食，於此價高。九縣雲開，六合清朗，矧伊黔首，誰不載躍！

伏惟陛下咀痛茹哀，嬰憤忍酷。自紫庭絳闕，胡塵四起，壖垣好時，冀馬雲屯，泣血臨兵，嘗膽誓衆。而吴、楚一家，方與七國俱反；管、蔡流言，又以三監作亂。西涼義衆，阻秦塞而不通；并州遺黎，跨飛狐而見絶。豺狼當路，非止一人；鯨鯢不梟，倏焉五載。英武克振，怨恥並雪，永尋霜露，伊何可勝。臣等輒依故實，奉修社廟，使者持節，分告園陵。嗣后升遐，龍輴未殯，承華掩曜，梓宫莫測。並即隨由備辦，禮具凶荒，四海同哀，六軍袒哭。聖情孝友，理當感慟。

日者，百司岳牧，仰祈宸鑒。以錫珪之功，既歸有道；當璧之禮，允屬聖明。而優詔謙沖，杳然凝邈，飛龍可躋，而《乾》爻在四，帝閽云叫，而閶闔未開。謳歌再馳，是用翹首。所以越人固執，熏丹穴以求君；周人樂推，逾岐山而事主。漢王不即位，無以貴功臣；光武止蕭王，豈謂紹宗廟。黄帝遊於襄城，尚訪御人之道；放勳寂於姑射，猶使罇俎有歸。伊此儻來，豈聖人所欲？帝王所應，不獲已而然。伏讀璽書，尋諷制旨，領懷物外，未奉慈衷。陛下日角龍顔之姿，表於徇齊之日；彤雲素靈之瑞，基於應物之初。博學則大哉無所與名，深言則曄乎文章之觀。忠爲令德，孝實動天。加以英威茂畧，雄圖武算，指麾則丹浦不戰，顧眄則阪泉自蕩。地維絶而重紐，天柱傾而更植。鑿河津於孟門，百川復啓；補穹儀以五石，萬物再生。縱陛下拂袗衣而遊廣成，登峍山而去東土，羣臣安得仰訴，兆庶何所歸仁。況郊祀配天，罍篚禮曠，齋宫清廟，匏竹不陳。仰望鑾輿，匪朝伊夕，瞻言法駕，載渴且飢。豈可久稽衆議，有曠彝則。舊邦凱復，函、洛已平。高奴、櫟陽，宫館雖毁；濁河清渭，佳氣猶存。皋門有亢，甘泉四敞，土圭測景，仙人承露。斯蓋九州之赤縣，六合之樞機。博士捧圖書而稍還，太常定禮儀其已立，豈得不揚清蹕而赴名都，具玉鑾而旋正寢。昔東周既遷，鎬京遂其不復；長安一亂，郟、洛永以爲居。夏后以萬國朝諸侯，文王以六州匡天下。方之跡基百里，劍杖三尺，以殘楚之地，抗拒六戎，一旅之卒，翦夷三叛，坦然大定，御輦東歸。解五牛於冀州，秣六馬於譙郡，緬求前古，其可得歟？對揚天命，無所讓德，有理存焉，敢重祈奏。

帝尚未從。

辛卯，宣猛將軍朱買臣奉帝密旨，害豫章王棟及其二弟橋、樛。

四月乙巳，益州刺史、新除假黄鉞、太尉武陵王紀僭位於蜀，年號天正。帝遣兼司空蕭泰、祠部尚書樂子雲拜謁塋陵，修復社廟。丁巳，下令解嚴。

五月庚午，司空南平王恪及宗室王侯、大都督王僧辯等，復拜表上尊號。帝猶固讓。甲申，以開府儀同三司、江州刺史王僧辯爲司徒。乙酉，斬賊左僕射王偉、尚書吕季畧、少府卿周石珍、舍人嚴亶於江陵市，乃下令赦境内。齊將潘樂、辛術等攻秦郡，王僧辯遣將杜崱帥衆拒之。以陳霸先爲征北大將軍、開府儀同三司、徐州刺史。齊人賀平侯景。

八月，武陵王紀率巴、蜀之衆東下，遣護軍將軍陸法和屯巴峽以拒之。

九月甲戌，司空南平王恪薨。

十月乙未，前梁州刺史蕭循自魏至江陵，以爲平北將軍、開府儀同三司。戊申，執湘州刺史王琳於殿内。庚戌，琳長史陸納及其將潘烏累等舉兵反，攻陷湘州。是月，四方征鎮王公卿士復勸進表，三上，乃許之。

冬十一月丙子，皇帝即位於江陵，改太清六年爲承聖元年。逋租宿責，並許弘宥；孝子順孫，悉皆賜爵。長徒鎖士，特加原宥；禁錮奪勞，一皆曠蕩。是日，帝不升正殿，公卿陪列而已。時有兩日俱見。己卯，立王太子方矩爲皇太子，改名元良。立皇子方智爲晉安郡王，方畧爲始安郡王。追尊所生妣阮修容爲文宣太后。改謚忠壯太子爲武烈太子，封武烈子莊爲永嘉王。是月，陸納遣將軍潘烏累等破衡州刺史丁道貴於渌口，道貴走零陵。

十二月，陸納分兵襲巴陵，湘州刺史蕭循擊走之。天門山獲野人，出山三日而死。星隕吴郡。淮南有野象數百，壞人室廬。宣城郡猛獸暴食人。

是歲，魏廢帝元年。

二年春正月乙丑，詔王僧辯討陸納。戊寅，以吏部尚書王褒爲尚書僕射。己卯，江夏宫南門籥牡飛。

三月庚寅，有兩龍見湘州西江。

夏五月甲申，魏大將尉遲迥進兵逼巴西，潼州刺史楊乾運以城納迥。己丑，武陵王紀軍至西陵。

六月乙卯，王僧辯平湘州。

秋七月，武陵王紀衆大潰，見殺。

八月戊戌，尉遲迥平蜀。

九月，齊遣郭元建及將邢杲遠、步大汗薩、東方老帥衆頓合肥。

冬十一月辛酉，僧辯留鎮姑孰，豫州刺史侯瑱據東關壘，徵吴興太守裴之横帥衆繼之。戊戌，以尚書左僕射王裦爲左僕射，湘東太守張綰爲右僕射。

十二月，宿豫土人東方光據城歸化，齊江西州郡皆起兵應之。

三年春正月，魏帝爲相安定公所廢，而立齊王廓，是爲恭帝元年。

三月，主衣庫見黑蛇長丈許，數十小蛇隨之，舉頭高丈餘南望，俄失所在。帝又與宫人幸玄洲苑，復見大蛇盤屈於前，羣小蛇遶之，並黑色。帝惡之，宫人曰：「此非怪也，恐是錢龍。」帝敕所司即日取數千萬錢鎮於蛇處以厭之。因設法會，赦囚徒，振窮乏，退居棲心省。又有蛇從屋墮落帝帽上，忽然便失。又龍光殿上所御肩輿復見小蛇縈屈輿中，以頭駕夾膝前金龍頭上，見人走去，逐之不及。城濠中龍騰出，焕爛五色，竦躍入雲，六七小龍相隨飛去。羣魚騰躍，墜死於陸道。龍處爲窟若數百斛圖。舊大城上常有紫氣，至時稍復消歇。甲辰，以司徒王僧辯爲太尉、車騎大將軍。戊申，以護軍將軍、郢州刺史陸法和爲司徒。

夏四月癸酉，以征北大將軍、開府儀同三司陳霸先爲司空。

六月癸未，有黑氣如龍見於殿内。

秋九月辛卯，帝於龍光殿述《老子》義。先是，魏使宇文仁恕來聘，齊使又至江陵，帝接仁恕有闕，魏相安定公憾焉。乙巳，使柱國萬紐于謹來攻。

冬十月丙寅，魏軍至襄陽，梁王蕭詧率衆會之。丁卯，停講，内外戒嚴，輿駕出行城柵，大風拔木。丙子，續講，百僚戎服以聽。詔徵王僧辯。

十一月甲申，幸津陽門講武，置南北兩城主。帝親觀閲，風雨總集，部分未交，旗幟飄亂，帝趣駕而回，無復次序。風雨隨息，衆竊驚焉。乙酉，以領軍胡僧祐爲都督城東城北諸軍事，右僕射張綰爲副；左僕射王褒都督城西城南諸軍事，直殿省元景亮爲副。丁亥，魏軍至柵下。丙申，徵廣州刺史王琳入援。丁酉，大風，城内火燒居人數千家。以爲失在婦人，斬首尸之。是日，帝猶賦詩無廢。以胡僧祐爲開府儀同三司。庚子，信州刺史徐世譜、晉安王司馬任約軍次馬頭岸。是夜，有流星墜城中，帝援蓍筮之，卦成，取龜式驗之，因抵于地曰：「吾若死此下，豈非命乎？」因裂帛爲書催僧辯曰：「吾忍死待公，可以至矣。」戊申，胡僧祐、朱買臣等出戰，買臣敗績。辛亥，魏軍大攻，帝出枇杷門親臨陣督戰。僧祐中流矢薨，軍敗，反者斬西門守卒以納魏軍。帝見執，如梁王蕭詧營，甚見詰辱。他日，乃見魏僕射長孫儉，譎儉云：「埋金千斤於城内，欲以相贈。」儉乃將帝入城，帝因述詧相辱狀，謂儉曰：「向聊相謔，欲言耳；豈有天子自埋金乎？」儉乃留帝於主衣庫。

十二月丙辰，徐世譜、任約退戍巴陵。辛未，魏人戕帝。明年四月，梁王方智承制，追尊爲元皇帝，廟號世祖。

帝聰悟俊朗，天才英發，出言爲論，音響若鍾。年五六歲，武帝嘗問所讀書，對曰：「能誦《曲禮》。」武帝使誦之，即誦上篇。左右莫不驚歎。初生患眼，醫療必增，武帝自下意療之，遂盲一目。乃憶先夢，彌加愍愛。及長好學，博極羣書。武帝嘗問曰：「孫策在江東，于時年幾？」答曰：「十七。」武帝曰：「正是汝年。」帝性不好聲色，頗慕高名，爲荆州刺史，起州學宣尼廟。嘗置儒林參軍一人，勸學從事二人，生三十人，加稟餼。帝工書善畫，自圖宣尼像，爲之贊而書之，時人謂之三絶。與裴子野、劉顯、蕭子雲、張纘及當時才秀爲布衣交。常自比諸葛亮、桓温，惟纘許焉。

性好矯飾，多猜忌，於名無所假人。微有勝己者，必加毁害。帝姑義興昭長公主子王銓兄弟八九人有盛名。帝妒害其美，遂改寵姬王氏兄王珩名琳以同其父名。忌劉之遴學，使人鴆之。如此者甚衆，雖骨肉亦徧被其禍。始居文宣太后憂，依丁蘭作木母。及武帝崩，秘喪逾年，乃發凶問。方刻檀爲像，置于百福殿内，事之甚謹。朝夕進蔬食，動静必啓聞，跡其虚矯如此。

性愛書籍，既患目，多不自執卷。置讀書左右，番次上直，晝夜爲常，略無休已，雖睡，卷猶不釋。五人各伺一更，恒致達曉。常眠熟大鼾，左右有睡，讀失次第，或偷卷度紙。帝必驚覺，更令追讀，加以櫝楚。雖戎署殷湊，機務繁多，軍書羽檄，文章詔誥，點毫便就，殆不遊手。常曰：「我韜於文士，愧於武夫。」論者以爲得言。

始在尋陽，夢人曰：「天下將亂，王必維之。」又背生黑子，巫媼見曰：「此大貴不可言。」初，武帝敕賀革爲帝府諮議，使講《三禮》。革西上，意甚不悦，過别御史中丞江革。江革告之曰：「吾嘗夢主上徧見諸子，至湘東王，脱帽授之。此人後必當璧，卿其行乎。」革頷之。及太清之禍，遂膺歸運。

自侯景之難，州郡太半入魏，自巴陵以下至建康，緣以長江爲限。荆州界北盡武寧，西拒峽口；自嶺以南，復爲蕭勃所據。文軌所同，千里而近，人户著籍，不盈三萬。中興之盛，盡於是矣。

武陵之平，議者欲因其舟艦遷都建鄴，宗懍、黄羅漢皆楚人，不願移，帝及胡僧祐亦俱未欲動。僕射王褒、左户尚書周弘正驟言即楚非便。宗懍及御史大夫劉懿以爲建鄴王氣已盡，且渚宫洲已滿百，於是乃留。尋而歲星在井，熒惑守心，帝觀之慨然而謂朝臣文武曰：「吾觀玄象，將恐有賊。但吉凶在我，運數由天，避之何益？」及魏軍逼，閹人朱買臣按劍進曰：「惟有斬宗懍、黄羅漢，可以謝天下。」帝曰：「曩實吾意，宗、黄何罪？」二人退入於人中。

及魏人燒栅，買臣、謝答仁勸帝乘暗潰圍出就任約。帝素不便馳馬，曰：「事必無成，徒增辱耳。」答仁又求自扶，帝以問僕射王褒。褒曰：「答仁，侯景之黨，豈是可信？成彼之勳，不如降也。」乃聚圖書十餘萬卷盡燒之。答仁又請守子城，收兵可得五千人。帝然之，即授城内大都督，以帝鼓吹給之，配以公主。既而又召王褒謀之，答仁請入不得，歐血而去。遂使皇太子、王褒出質請降。有頃，黄門郎裴政犯門而出。帝乘白馬素衣出東門，抽劍擊闔曰：「蕭世誠一至此乎！」魏師至凡二十八日，徵兵四方，未至而城見尅。

在幽逼，求酒飲之，製詩四絶。其一曰：「南風且絶唱，西陵最可悲，今日還蒿里，終非封禪時。」其二曰：「人世逢百六，天道異貞恒，何言異螻蟻，一旦損鵾鵬。」其三曰：「松風侵曉哀，霜雰當夜來，寂寥千載後，誰畏軒轅臺？」其四曰：「夜長無歲月，安知秋與春？原陵五樹杏，空得動耕人。」梁王詧遣尚書傅準監行刑，帝謂之曰：「卿幸爲我宣行。」準捧詩，流淚不能禁，進土囊而殞之。梁王詧使以布帊纏屍，斂以蒲席，束以白茅，以車一乘，葬于津陽門外。愍懷太子元良及始安王方略等，皆見害。徐世譜、任約自馬頭走巴陵。約後降于齊。將軍裴畿、畿弟機並被害。謝答仁三人相抱，俱見屠。汝南王大封、尚書左僕射王褒以下，並爲俘以歸長安。乃選百姓男女數萬口，分爲奴婢，小弱者皆殺之。

帝於伎術無所不該，嘗不得南信，筮之，遇《剥》之《艮》。曰「南信已至，今當遣左右季心往看」。果如所説，賓客咸驚其妙。凡所占決皆然。初從劉景受相術，因訊以年，答曰：「未至五十，當有小厄，禳之可免。」帝自勉曰：「苟有期會，禳之何益？」及是四十七矣。特多禁忌，牆壁崩倒，屋宇傾頹，年月不便，終不修改。庭草蕪没，令鞭去之，其慎護如此。

著《孝德傳》、《忠臣傳》各三十卷，《丹陽尹傳》十卷，注《漢書》一百十五卷，《周易講疏》十卷，《内典博要》百卷，《連山》三十卷，《詞林》三卷，《玉韜》、《金樓子》、《補闕子》各十卷，《老子講疏》四卷，《懷舊傳》二卷，《古今全德志》、《荆南地記》、《貢職圖》、《古今同姓名録》一卷，《筮經》十二卷，《式贊》三卷，文集五十卷。

初，承聖二年三月，有二龍自南郡城西升天，百姓聚觀，五采分明。江陵故老竊相泣曰：「昔年龍出建康淮，而天下大亂，今復有焉，禍至無日矣。」帝聞而惡之，逾年而遘禍。又江陵先有九十九洲，古老相承云：「洲滿百，當出天子。」桓玄之爲荆州刺史，内懷篡逆之心，乃遣鑿破一洲，以應百數。隨而崩散，竟無所成。宋文帝爲宜都王，在藩，一洲自立，俄而文帝纂統。後遇元凶之禍，此洲還没。太清末，枝江楊之閣浦復生一洲，羣公上疏稱慶，明年而帝即位。承聖末，其洲與大岸相通，惟九十九云。

論曰：帝王之位，天下之重職；文武之道，守國所常遵。其於行用，義均水火，相資則可，專任成亂。觀夫有梁諸帝，皆一之而已。……元帝居勢勝之地，啓中興之業。既雪讎恥，且應天人。而内積猜忍，外崇矯飾。攀號之節，忍酷於逾年；定省之制，申情於木偶。竟而雍州引寇，釁起河東之戮；益部親尋，事習邵陵之窘。悖辭屈於僧辯，殘虐極於圓正，不義不昵，若斯之甚。而復謀無經遠，心勞志大，近捨宗國，遠迫强鄰，外弛藩籬，内崇講肆，卒於溘至戕隕，方追始皇之跡，雖復文籍滿腹，何救社廟之墟。歷觀書契以來，蓋亦廢興代有，未見三葉遘愍，頓若蕭宗之酷。……

善乎鄭文貞公論之曰：……元帝以盤石之宗，受分陝之任，屬君親之難，居連率之長。不能撫劍嘗膽，枕戈泣血，躬先士卒，致命前驅，遂乃擁衆逡巡，内懷觖望，坐觀國變，以爲身幸。不急莽、卓之誅，先行昆弟之戮。又沈猜忍酷，多行無禮，騁智辯以飾非，肆忿戾以害物。爪牙重將，心膂謀臣，或顧眄以就拘囚，或一言而及葅醢，朝之君子，相顧懍然。自謂安若泰山，算無遺策，怵於邪説，即安荆楚。雖元惡克翦，社稷未寧，而西鄰責言，禍敗旋及。斯乃上靈降鑒，此焉假手，天道人事，其可誣乎？其篤志藝文，採浮華而棄忠信；戎昭果毅，先骨肉而後寇讎。口誦《六經》，心通百氏，有仲尼之學，有公旦之才，適足以益其驕矜，增其禍患，何補金陵之覆没，何救江陵之滅亡哉！

（選自中華書局標點本《南史》卷八《梁本紀下·元帝》）

四、歷代《金樓子》著録、評論輯要

1 《陳書》卷二四《周弘正傳》

元帝嘗著《金樓子》，曰：「余於諸僧重招提琰法師，隱士重華陽陶貞白，士大夫重汝南周弘正，其於義理，清轉無窮，亦一時之名士也。」

2 《南史》卷八《梁紀·元帝紀》

……《玉韜》、《金樓子》、《補闕子》各十卷。

3 《南史》卷一二《后妃·梁元徐妃傳》

帝制《金樓子》述其淫行。

4 《隋書》卷三四《經籍志》子部雜家

《金樓子》十卷。梁元帝撰。

5〔日〕藤原佐世撰《日本國見在書目録》子部雜家

《金樓子》十卷。蕭世誠撰。

6《舊唐書》卷四七《經籍志》子部雜家

《金樓子》十卷梁元帝撰。

7《新唐書》卷五九《藝文志》子部雜家

梁元帝《金樓子》十卷。

8 宋王堯臣等撰，清錢東垣等集釋《崇文總目集釋》卷三子部雜家

《金樓子》十卷，梁湘東王繹撰。

〔錢〕侗案：《隋志》二十卷，今本六卷。元帝爲湘東王時，自號「金樓子」。是書成於其時，故以命名。諸家書目竟題爲元帝撰，失其實矣。《宋志》題湘東王繹，是也，今從之。

9 宋黄伯思《東觀餘論》卷下《跋金樓子後》

梁元帝《金樓子》自謂絶筆之製，余久欲見之。及觀其書，但裒萃傳記，殊無衿臆語，恐所著諸書類若是。然以帝子之尊，不嗜聲色，而沈酣文史，纂述殆二百卷，勤博至斯，自可賞慕。至於忿狷忌前，揚伉儷之惡，尋鬩伯之兵，以至守株延敵，自忘其國，深可嗟慨！長睿父書。

10 宋鄭樵《通志》卷六八《藝文畧·雜家》

《金樓子》十卷。梁元帝撰。

11 宋晁公武《郡齋讀書志》卷一二子部雜家類

《金樓子》十卷。右梁元帝繹撰。書十〔五〕篇，論歷代興亡之跡，《箴戒》、《立言》、《志怪》、《雜説》、《自叙》、《著書》、《聚書》，通曰「金樓子」者，在藩時自號。

12 宋陳振孫《直齋書録解題》卷一〇雜家類

《金樓子》十卷。梁元帝繹世誠爲湘東王時所述也。雜記古今聞見。末一卷爲自序。

13　宋章如愚《羣書考索》卷九《經史門·諸子百家》

若《尉繚子》《唐志》則作於六國時之尉繚，《尸子》則作於魯人之尸佼，《呂氏春秋》之作於呂不韋，《淮南子》之作於劉安，《論衡》之作於王充，《風俗通義》之作於應劭，《説林》之作於孔衍，《抱朴子外篇》之作於葛洪，《金樓子》之作於梁元帝，《古今注》之作於崔豹，《續古今精義》之作於唐周蒙，《類苑》之作於劉孝標，《羣書治要》之作於魏徵，《帝王畧論》之作於虞世南，《理道要訣》之作於杜佑：此所謂雜家者然也。

14　宋袁褧《楓窗小牘》卷上

余嘗見内庫書《金樓子》，有李後主手題曰：「梁孝元謂：『王仲宣昔在荆州，著書數十篇。荆州壞，盡焚其書，今在者一篇，知名之士咸重之。見虎一毛，不知其斑。』後西魏破江陵，帝亦盡焚其書，曰：『文武之道，盡今夜矣！』何『荆州壞』、『焚書』二語先後一轍也。詩以慨之曰：『牙籤萬軸裹紅綃，王粲書同付火燒。不是祖龍留面目，遺篇那得到今朝？』」書卷皆薛濤紙所抄，惟「今朝」字誤作「金朝」，徽廟惡之，以筆抹去，後書竟如讖入金也。

15　宋尤袤撰《遂初堂書目》雜家類

《金樓子》。

16 元馬端臨《文獻通考》卷二一四《經籍考》
《金樓子》十卷。鼂氏曰：「梁元帝繹撰。書十篇，論歷古興亡之跡，《箴戒》、《立言》、《志怪》、《雜説》、《自叙》、《著書》、《聚書》，通曰《金樓子》者，作藩時自號。」
陳氏曰：「雜記古今聞見，末一卷爲自序。」

17《宋史》卷二〇五《藝文志》子部雜家
湘東王繹《金樓子》十卷。

18 明王世貞《弇州四部稿》卷一五一《藝苑卮言》
自三代而後，人主文章之美，無過於漢武帝、魏文帝者，其次則漢文、宣、光武……梁武、簡文、元帝……凡二十九主。而著作之盛，則無如蕭梁父子。……元帝《孝德》、《忠臣》傳各三十卷，《丹陽尹傳》十卷，《注漢書》一百十五卷，《易講疏》十卷，《内典博要》一百卷，《連山》三十卷，《洞林》三卷，《玉韜》、《金樓子》、《補闕子》各十卷，《老子講疏》四卷，《全德》、《懷舊》志各一卷，《荆南志》、《江州記》、《職貢圖》、《古今同姓録》各一卷，《筮經》十二卷，《式贊》三卷，文集五十卷。昭明才不足而識有餘，簡文才有餘而識不足，武、元二主才識小不逮，而學勝之。人則昭明美矣。

19 明焦竑《國史·經籍志》卷四下子部雜家

《金樓子》十卷，梁元帝。

20 明胡應麟《詩藪》外編卷二「梁武纂輯諸書至兩千餘卷」條下注

諸書名俱載《梁史》，已録《巵言》中，此不列。今唯元帝《金樓子》尚行，小説易傳，亦一驗也。

21 明陳正學《金樓子》輯本序：　金樓子者，梁元帝在藩時以名其所著書也。帝生平撰述幾數百卷，《金樓子》則論歷代興亡、雜説、志怪，凡十卷。帝嘗切齒《淮南》、《吕覽》之書，以爲賓客遊士所著，故其憲章前典，搜摭寄瑣，不憚勤渠，勒成一家，以垂□□，乃世遠言湮，十卷無□可考，惟散見於群書。園居消夏，采掇若而則，鳩爲一卷，嘗臠知鼎，少備文獻之遺云。

崇禎初元伏日

灌園子陳正學撰並著

22 明張溥《漢魏六朝百三家集題辭·梁元帝集》

間讀梁元帝與武陵王書，言：「兄肥弟瘦，讓棗推梨，上林聞鳥，宣室披圖。」友于之情，三復流涕。漢明東海，詞無以加。乃縱兵六門，參夷流血，同室之鬩，甚於寇讎，外爲可憐之言，内無急難之痛，狡人好語，固難以嘗測也。荆南定蹕，强虜叩城，地非王氣，自速其災。然召師覆國，禍發岳陽，帝好殺家人，卒殺之者家人也。驪山之火，君子緩誅申戎，而先咎幽王，有以哉！帝不好聲色，頗有高名，獨爲詩賦，婉麗多情，妾怨迴文，君思出塞，非好色者不能言。而徐娘角枕，垂刺《金樓》，内教之鬩，不能謂當璧無過也。釋典諸文，雕鏤匠意，威鳳紺馬，增其爛熳。顧涅槃德宗，讓悟父兄，道心三降，其風薄矣。詔令書表，咄咄火攻，挾陳思之才，攘子桓之坐，眇僧化身，固一神物哉！

23 清卞永譽《式古堂書畫彙考》卷一八載《米起山龍瓶帖》

近自吴中得奇（原蹟「奇」字旁注）書數十種，其《金樓子》、《漢武故事》等書皆范石湖家藏，然所費不尠矣。

24 《四庫全書總目》卷一一七子部雜家類《金樓子》

《金樓子》六卷　雜家類一　雜學之屬

《金樓子》六卷，《永樂大典》本，梁孝元皇帝撰。《梁書》本紀稱：帝博總羣書，著述詞章多行于世，其在藩時嘗自號「金樓子」，因以名書。《隋書·經籍志》、《唐書》、《宋史·藝文志》俱載其目爲二十卷，晁公武《讀書志》謂其書十五篇，是宋代尚無闕佚。至宋濂《諸子辨》、胡應麟《九流緒論》所列「子部」，皆不及是書，知明初漸已湮晦，明季遂竟散亡。故馬驌撰《繹史》，徵采最博，亦自謂未見傳本，僅從他書摭録數條也。今檢《永樂大典》各韻，尚頗載其遺文。核其所據，乃元至正間刊本。勘驗序目，均爲完備。惟所列僅十四篇，與晁公武十五篇之數不合。其《二南五霸》一篇，與《説蕃篇》文多復見，或傳刻者亂其目，而反佚其本篇歟？又《永樂大典》詮次無法，割裂破碎，有非一篇而誤合者，有割綴别卷而本篇反遺之者。其篇端序述，亦惟《戒子》、《后妃》、《捷對》、《志怪》四篇尚存，餘皆脱逸。然中間《興王》、《戒子》、《聚書》、《説蕃》、《立言》、《著書》、《捷對》、《志怪》八篇，皆首尾完整。其他文雖攙亂，而幸其條目分明，尚可排比成帙。謹詳加裒綴，參考互訂，釐爲六卷。其書於古今聞見事蹟，治忽貞邪，咸爲苞載。附以議論，勸戒兼資。蓋亦雜家之流。而當時周秦異書未盡亡佚，具有徵引。如許由之父名，兄弟七人，十九而隱；成湯凡有七號之類，皆史外軼聞，他書未見。又《立言》、《聚書》、《著書》諸篇，自表其撰述之勤，所紀典籍源流，亦可補諸書所未備。惟永明以後，豔語盛行，此書亦文格綺靡，不出爾時風氣。其故爲古奥，如紀始安王遥光一節，句讀難施，又成變體。至於自稱「五百年運，余何敢讓」，儼然上比孔子，尤爲不經。是則瑕瑜不掩，亦不必曲爲諱爾。

25《四庫全書總目》卷八五史部目録類《欽定天禄琳琅書目》

至於每書之首，多有御製詩文題識，並恭録於舊跋之前，奎藻光華，增輝簡册。旁稽舊典，自古帝王惟唐太宗有《賦尚書》一篇、《詠司馬彪續漢志》一篇，宋徽宗有《題南唐舊本金樓子》一篇而已。未有乙覽如是之博，宸章如是之富，鑒别如是之詳明，品題如是之精確者。

26《四庫全書總目》卷八六史部目録類《集古録》

古人法書惟重真跡。自梁元帝始集録碑刻之文爲《碑英》一百二十卷，見所撰《金樓子》，是爲金石文字之祖。

27《四庫全書總目》卷九四子部儒家類《御製日知薈説》

考三代以前，帝王訓誡多散見諸子百家中，真贋相參，不盡可據。《漢書》所載黄帝以下諸目，班固已注爲依託，亦不足憑。惟所載《高帝八篇》、《文帝十二篇》爲帝王御製著録儒家之始，今其書不傳。然高帝當戰伐之餘，政兼霸術；文帝崇清浄之學，源出道家，其詞未必盡醇。久而散佚，或以是歟？梁元帝《金樓子》，體儕説部，抑又次焉。

28《四庫全書總目》卷一一四子部藝術類《山水松石格提要》元帝之畫，《南史》載有宣尼像，《金樓子》載有《職貢圖》，《歷代名畫記》載有《蕃客入朝圖》、《游春苑圖》、《鹿圖》、《師利圖》、《鵜鶘陂澤圖》、《芙蓉湖醮鼎圖》，《貞觀畫史》載有文殊像。是其擅長，惟在人物。

29 清王鳴盛《十七史商榷》卷五九「阮太后與《金樓子》互異」條「文宣阮太后本姓石。初，齊始安王遥光納焉。遥光敗，入東昏宫。建康城平，爲武帝采女。天監七年八月，生元帝于後宫。拜爲修容，賜姓阮氏。隨元帝出藩。大同九年六月，薨于江州正寢，時年六十七。其年十一月，歸葬江寧，謚曰宣。元帝即位，追崇文宣太后。」《梁書》同。按元帝所撰《金樓子》第二卷《后妃篇》叙述其母梁宣修容事甚詳，此書第一卷《興王篇》述梁高祖武皇帝甚詳，云即位五十年，似元帝已即位後語，而於太后仍稱修容，不言尊號者，蓋未及追改也。又言齊世祖因荀昭華薦以入宫，及隆昌中，少帝失德，太后以端正反獲賜與。建武中，遥光聘焉，又歷叙在遥光府諸善行。是太后先事二帝一王，然後爲梁武帝所納，《金樓子》初不諱言，而無入東昏宫事。又生於宋順帝昇明元年丁巳六月十一日，大同九年癸亥六月二日薨於江州内寢，春秋六十七。自丁巳至癸亥正六十七年，則非大同六年，皆當以《金樓子》爲是，《南史》、《梁書》皆誤。

又，「元帝徐妃《南史》較詳」條

《南史》於《梁元帝徐妃傳》述其淫亂之事甚詳，其文參倍於《梁書》。考《梁書》於《忠壯世子方等傳》中已言元帝述徐妃穢行，牓於大閤，則於《后妃傳》何以隻字不及，此不及《南史》。又：「帝制《金樓子》述其淫行。初，妃嫁夕，車至西州，而疾風大起，發屋折木。無何，雪霰交下，帷簾皆白。及長還之日，又大雷震西州聽事兩柱俱碎。帝以爲不祥，後果不終婦道。」考《金樓子》第五卷《志怪篇》述丙申歲婚日妻至門而大風雪等事甚詳，與史合，獨無所爲述其淫行者。此書久亡，吾友邵太史晉涵抄得，鮑文學廷博刻之，已非足本。

30 清孫星衍《孫氏祠堂書目》内編卷二雜家

《金樓子》六卷，梁元帝撰。

31 清阮元《文筆策問》

問六朝至唐皆有長於文，長於筆之稱，如顔延之云「竣得臣筆，測得臣文」是也。何者爲文？何者爲筆？何以宋以後不復分别此體？

男福謹擬對曰：自明人以唐宋八家爲古文，於是世之人惟知有唐宋古文之稱；竊考之唐以前所稱似不如此也。唐人每以文與筆並舉，又每以詩與筆並舉，是筆與詩文似有别也。由唐溯晉，則南北朝文筆之稱，多見於史，分别更顯矣。況《金樓子》、《文心雕龍》諸書極分明哉。謹綜六朝唐人之所謂文，所謂筆，與宋明之説不同而見於書史者，不分年代類列之，以明其體矣。

32　清周中孚《鄭堂讀書志》卷五三子部十之一雜家類一雜家之屬上

《金樓子》六卷。《知不足齋叢書》本。

孝元皇帝御撰。《四庫全書》著録。《隋志》、新舊《唐志》、《崇文目》、《讀書志》、《書録解題》、《通考》、《宋志》俱作十卷。其書至明代漸無傳本，明人論著皆不及之，焦氏《經籍志》亦不過虛立其目耳。惟《永樂大典》尚載其文，今館本即據以録出，分爲六卷。凡《興王》、《箴戒》、《后妃》、《終制》、《戒子》、《聚書》、《二南五霸》、《説蕃》、《立言》、《著書》、《捷對》、《志怪》、《雜記》、《自序》十四篇。其《二南五霸篇》僅存三條，皆與《説蕃篇》同，疑《説蕃篇》中有二南五霸之事，後人因誤分之，非原有之目也。觀晁氏止稱書十篇，是以此本僅存其目而删其文焉。然晁氏惟舉《箴戒》、《立言》、《志怪》、《雜説》、即《雜記》。《自叙》、《著書》、《聚書》七目，餘三篇不舉其目，僅云「論歷代興王之跡」，當即指《興王》、《后妃》、《終制》、《戒子》、《説蕃》諸篇爾。皆雜記古今聞見，而於歷代盛衰治亂興亡之際，尤能綜括始末，以資法戒。所徵引者，亦多周秦古書，非今所及見，則更有裨於考證矣。其本書《自序篇》，止紀雜事而不及著述，故前復有自序。序稱：「今纂開闢已來，至乎耳目所接，即以先生爲號，名曰《金樓子》。蓋士安之《玄晏》，稚川之《抱朴》者焉！」乃其在藩時所作，故《宋志》尚題湘東繹云。鮑淥飲從歷城周書倉永年得《永樂大典》輯録本，重校付梓，末有乾隆辛丑汪龍莊輝祖書後。《説郛》止節録一卷，皆是本所已具云。

33 清沈復粲《鳴野山房書目》卷三子之雜家

《魏晉百家小説十二家》雜志家卷八「《金樓子》」。

34 清邵懿辰撰、邵章續録《增訂四庫簡明目録標注》卷一三子部一〇雜家類

《金樓子》六卷，梁元帝撰。原本十五篇，久已散佚，今從《永樂大典》録出，尚存十四篇。

【續録】元至正間刊本，《説郛》本一卷，《子書百種》本，《龍威秘書》本。

35 清張宗泰《魯巖所學集》卷一一

書《金樓子》後

梁元帝《金樓子》本二十卷，今哀輯爲六卷，凡分十四目。《興王篇》敘歷代聖明之主，而終以其

父武帝。《箴戒篇》叙古今亂亡之君。《后妃篇》説歷代賢妃，而終以其母宣信后。《終制篇》明薄葬之義。《戒子篇》多格言至訓，最可觀玩。《聚書篇》述所得所寫之書，凡八萬卷。《説蕃篇》雜舉古侯王善惡之事，以列勸戒。《立言篇》極修飾之功，而文亦博辯宏肆。《著書篇》舉所撰著之書，及諸書序。《捷對篇》表古今應對之才。《志怪篇》輯異事異聞。《雜記篇》摭拾瑣屑碎事。《自序篇》則自譽所長。惟《二南五霸篇》有目無書。特是其書係後人重編之本，雖多補正之處，而尚有未及糾舉者。如《説蕃篇》「劉荆」下「後竟使巫祝咀」，「咀」當作「詛」；「劉建」下「王后父胡應爲將軍」，「王后」上脱「號」字，「綬千具」，「具」下脱「置軍官品員」五字；「劉去」下「去令昭信爲后」，「令」是「立」字。又劉彭祖封趙王，而前作「彭祖」，後作「趙王」，蕭遥光襲封始安王，而忽作「遥光」，忽作「始安」，令讀者不知其爲一人，爲二人。兹特據《漢書》、《南齊書》逐條考正其誤。又《終制篇》「不得設牀帳盟器」，「盟」爲「明」之訛。《立言篇》「涇出王屋」，按涇水自出幵頭山，與王屋無涉，則「涇」亦「濟」之訛也。

再書《金樓子》後

《戒子篇》云：「欲求子孝，必先爲慈；將責弟悌，務念爲友。」《立言篇》云：「夫鬪者，忘其身，行須臾之怒，而開（今按：當作「鬪」）終身之禍，是忘其身也。」其於敦倫飭紀之道，思患預防之義，可謂言之痛切矣。則夫君父在危急之秋，所當蹈湯赴火以拯之，而不容遲疑觀望之。弟子有過越之行，亦當淵海其量以容之，而不得與之日尋干戈也。夫何臺城被圍之日，其望赴救之師，如水深火熱之不可以頃刻緩。乃徘徊依違，坐視君父之饑餓困頓以死，是尚得爲有人心乎？厥後洊登大寶，岳陽構釁，兵連禍結，相持不解，卒使投命異國，勾引强寇。以堂堂中國帝王之尊，卒殞首烏幔之下。倫常之慘，竟禍至此乎！竊嘗論古今帝王之家，前惟曹氏諸子，文帝文采風流，映照一時，陳王則激昂頓挫，樹幟文壇。後有梁武諸子，昭明編纂《文選》，衣被百代，元帝亦著《金樓子》，垂範來世。兩家可以媲美。而魏文忌克骨肉，不過屢行降黜而止，蕭氏叔姪則竟怨毒日深，致造門庭内非常之禍。以視魏武諸子，則又相去不侔矣。

36　清莫友芝《持静齋藏書記要》卷之下

《金樓子》六卷，梁元帝撰，依閣鈔《永樂大典》本。

37　清莫友芝撰，傅增湘訂補《藏園訂補郘亭知見傳本書目》卷一〇上子部一〇上雜家類

《金樓子》六卷。梁孝元皇帝撰。《説郛》本一卷。知不足齋本。元至正間刊本。

38　清·謝章鋌《課餘續録》卷四

《金樓子》六卷。梁孝元皇帝撰。按此書已刻於鮑氏知不足齋，予曾以鮑刻校之。跋云：辛巳

四月校其脱文，悉據鮑本過録，誤字亦據改，兩字皆可通者則並旁注而不加塗改。此本按語亦有勝於鮑本者。如卷四「趙宣之肉食」節，卷六「仕宦當如王克時」節。考據俱精審，鮑氏俱無之。鮑本末有汪輝祖跋，謂是書乃周書倉於《永樂大典》中録寄鮑以文刻入叢書。此本殆亦同時並録，録者未知爲何人，實非書倉之本，故案語有詳畧歟？今湖北崇文書局所刻《百子全書》，其中《金樓子》一種，亦用鮑氏本。藥階退叟章鋌記於船同空寓齋之樓上。

今按：謝氏鈔本現藏於臺灣，許《注》本即以此爲底本，今《子部珍本叢刊》第一五二册有影印。然勘以《金樓子》諸本，謝氏鈔本實源自四庫本。張舜徽《清人筆記條辨》稱謝氏「既耗日於場屋應試之文，復疲精神於書院講習之地，未遑問學，見書不多」。其以四庫本爲秘寶，不亦宜乎？

39　清丁日昌《持静齋書目》卷三雜家類

《金樓子》六卷。閣本依鈔。梁孝元皇帝撰。

40　清李慈銘《越縵堂讀書記·金樓子》

閲梁元帝《金樓子》。此書于《永樂大典》中掇拾而成，不免奇零斷續，其脱誤處亦甚多。元帝爲人險薄忮忍，所長不過豔詩小賦，故此書大半勦襲子史中語，間及文藝，而《立言篇》有云：「周公没五百年有孔子，孔子没五百年有太史公。五百年運，余何敢讓焉？」幾於病狂之言。又其《興王篇》，歷叙其父武帝之爲齊明所委任；《后妃篇》歷叙其母宣修容云本姓石，揚州會稽上虞人，武帝賜姓阮。《梁書》作餘姚人。之爲齊少帝、舊鬱林王。始安王所寵倖，可謂不識廉恥。惟其時古書多存，偶一引用，亦足以證佐見聞。如云：「居家治理，可移於官，何也？治國須如治家，所以自家刑國。」此可證《孝經》舊本「居家理」下無「故」字，「理治」與「治理」，傳寫偶異耳。元行沖疏「故」字明皇所加，信而有徵。云：「菁茅，薪草也，《書》尊其貴；王雎，野鳥也，《詩》重其辭；羊、雁，賤畜也，《禮》見其質；棗棘，鄙木也，《易》以定刑。」此足見古「贄」字祇作「質」。又如《世説》載楊氏子荅孔坦「夫子家禽」語，此作揚子州荅孔永。《晉書》載習鑿齒、釋道安「四海」、「彌天」之語，此作習語云：「四海習鑿齒，故故來看爾。」道安應曰：「彌天釋道安，無暇得相看。」蓋皆以韻語取勝，截去下兩句在，則無謂也。《顔氏家訓》載江南一權貴誤讀《蜀都賦注》「蹲鴟，芋也」爲羊字，此作王翼於宋孝武坐呼羊肉爲蹲鴟，翼即向謝超宗求觀鳳毛者。《後漢書・張奂傳》載其子猛殺刺史邯鄲商，此云「漢張猛、皇甫商，少而相善，爲狎既過，乃至相殺」。按《三國志・龐淯傳》注引魚豢《典畧》亦作「邯鄲商」，則此書誤也。《四庫提要》謂「《南史・徐妃傳》言元帝著《金樓子》以道其穢行，今此書無之」。按今本既非完書，而其述宣修容事有云：「及饋人失禮，接之彌篤。每語繹曰：『妒婦不憚破家，況復甚於此者也！』」所云饋人，猶今言室人，此即斥徐妃事。又《志怪篇》云：「余丙申歲婚，初昏之日，風景韶和，末乃覺異。妻至門而疾風大起，折木發屋，無何而飛雪亂下，帷幔皆白，翻灑屋内，莫不縞素。至七日之時，天景恬和，無何雲翳，俄而洪濤奔流，井溷俱溢，昏曉不分。」按此不過一雪一雨，何足爲怪，而備載之，蓋著其兆之不祥，知全書所指斥者，必尚多矣。其《雜記篇》云：「余作《金樓子》未竟，從荆州還都，時有言是鍛真金爲樓子者，來詣余，三爵之後，往往乞借『金樓子』玩弄之。」亦可爲談噱之助。至其《立言篇》云：「潘岳賦云：『太夫人御板輿，乘輕軒，柳垂陰，車結軌，或宴于林，或宴于沚。兄弟斑白，兒童稚齒。稱福壽以獻觴，或一懼而一喜。』嗟夫，天下之至樂，唯斯而已矣！天下之至樂，唯斯而已矣！忽忽窮生，百年之内，曷由復如此矣。」此則令永感之人，誦之流涕。

41　清陸以湉《冷廬雜識》卷二「梁元帝」條

梁元帝於甲戌歲被害，年四十七。所著《金樓子》自言于丙申歲婚，則是年方九歲耳。何其早也！又言：「余年十四，苦眼疾沈痼，比來轉暗，不復能自讀書。三十六年來，恒令左右唱之。」計自年十四迄於末年，未及三十六之數，疑必有誤。

42　清耿文光《萬卷精華樓藏書記》卷九一《子部・金樓子》

《金樓子》六卷，梁孝元皇帝撰。知不足齋本。前有撰書序，次目録，凡十四篇：曰《興王》，曰

《箴戒》，曰《后妃》，曰《終制》，曰《戒子》，曰《聚書》，曰《二南五霸》，曰《説蕃》，曰《立言》，分上下。曰《著書》，曰《捷對》，曰《志怪》，曰《雜記》，分上下。曰《自序》，述平生事凡十三則，與每篇一小序者不同，又是一例。後有至正三年葉森跋。是書采自《永樂大典》，有重編書目：首卷二篇，二卷五篇，三卷一篇，四卷上下一篇，五卷三篇，六卷二篇，次序，如原目，惟各加篇字。書中有案語。乾隆四十六年鮑廷博重刊本，汪輝祖跋。

《終制篇》案：原本不列篇名，考其文義，應係《終制篇》，謹校補。又前半或有缺文，謹識。文光案：是篇言喪葬。

《二南五霸篇》案：此篇僅存三條，皆與《説蕃篇》同。疑《説蕃篇》中有「二南五霸」之事，後人因誤分之，非原有之目也。觀晁氏《志》無此目，可見。今存其目，而删其文。

《説蕃篇》案：此篇蓋雜舉古侯王善惡之事，以列勸戒，而宗室爲多。其事多以類相從，如所謂昔藩屏之盛德者某某，功業無成者某某是也。意原書必各有標目，半佚之矣。

《著書篇》案：晁《志》《金樓子》目録有《著書篇》。《永樂大典·金樓子·聚書篇》後有「自《連山》三秩」至「已上六百七十七卷」云云。今案其文，蓋係《著書篇》正文，脱其篇目，因誤與《聚書》合爲一篇。今分爲《著書篇》。《大典》又別載《金樓子·著書篇》五條，其二條與《藝文類聚》所載梁元帝《孝子傳序》、《懷舊志序》相出入，而首尾殘缺，文亦互異，知原書具載序論，非僅目録。今徧考諸書，凡可補者悉附於後，庶存其大畧云。

《雜記篇》案：此篇雜引子史，疑皆有斷語。原本割裂失去，故或有或無，今仍其舊。

《聚書篇》案：皆言至某地寫書，得某家書，自聚來四十年，得書八萬卷。篇中所存書目如《五經》正副本，《史》、《漢》、《三國志》、《晉書》、《格五戲》、《起居注》、琬法師《衆義疏》及《衆經序》，又《陰陽卜祝》、《家宅》等書，又得元嘉後書，紙墨極精奇。又得元嘉《後漢》並《史記》、《續漢》、《春秋》、《周官》、《尚書》及諸子集等，可一千餘卷。又得細書《周易》、《尚書》、《周官》、《禮儀》、《禮記》、《毛詩》、《春秋》各一部，又寫得《前漢》、《後漢》、《史記》、《三國志》、《晉陽秋》、《莊子》、《老子》、《肘後方》、《離騷》等，合六百三十四卷，悉在一巾箱中。書極精細。又蘭左衛欽寫得蘭書，往往未渡江時書，或是南鄭間製作，甚新奇。諸所餉書，如樊光注《爾雅》、高誘注《戰國策》、《童子傳》之例。又所得法書，並是二王書也。郡五官虞嚼大有古跡，可五百許卷，並留之；伏事客、房篆又有三百許卷，並留之。因而遂蓄諸跡。

43 清譚獻《復堂日記》卷五

閱《金樓子》六卷。鄂刻出於鮑氏《叢書》。鮑本傳之《永樂大典》，脱誤不完，世無足本矣。梁元所述，蓋鄉里之原人，文章之中駟。閏位餘分，不幸而爲帝王，存此書與李後主之填詞、宋徽宗之繪事同一可哀。自謂切齒於不韋、淮南之倩人，而雜採子史，取《淮南》者尤多，又與《文心雕龍》、《世説新語》相出入，未免於稗販也。中多文語，婉約可誦，即所謂「綺縠紛披，宫徵靡曼，脣吻遒會，情靈摇盪」者已。《金樓子》紀孔翁歸語曰：「翁歸不畏死，但願仲秋之時，猶觀美月；季春之日，得玩垂楊。」附記於此。

又：自以爲儒家之書，前則《鴻烈》、《論衡》，後則《金樓》、《家訓》，皆志在立言，文采燦然者矣。

44 清張之洞撰，范希正補正《書目答問》卷三子部雜家

《金樓子》六卷。梁元帝。知不足齋本。兼釋老。【補】潮州鄭氏龍溪精舍重刻知不足齋本，武昌局匯刻《百子》本。孫詒讓《札迻》，校此書七則。

45 清張之洞《輶軒語》「通論讀書・讀書宜多讀古書」

《太玄經》、《易林》、《物理論》、《中論》、《人物論》、《高士傳》、《博物志》、《古今注》、《南方草木狀》、《洛陽伽藍記》、《荆楚歲時記》、《世説》、《抱朴子》、《金樓子》之屬，雖頗翔實雅訓，僅資詞章談助，非其所急。

46　清姚振宗《隋書經籍志考證》卷三〇雜家類

《金樓子》十卷，梁元帝撰。梁元帝有《漢書注》，見史部正史類。帝自序畧曰：「先生曰：余於天下爲不賤焉。竊念臧文仲既没，其立言於世，曹子桓云『立德著書，可以不朽』，杜元凱言『德者非所企及，立言或可庶幾』，故户牖懸刀筆，而有述作之志矣。常笑淮南之假手，每蚩不韋之託人。由是年在志學，躬自搜纂，以爲一家之言。」「今纂開闢已來，至乎耳目所接，即以先生爲號，名曰《金樓子》。蓋士安之《玄晏》，稚川之《抱朴》者焉！」

《南史》本紀著：《金樓子》、《補闕子》各十卷。

唐《日本國見在書目》：《金樓子》十卷，蕭世誠撰。

《唐書·經籍志》：《金樓子》十卷，梁元帝撰。

《唐書·藝文志》：梁元帝《金樓子》十卷。

《宋史·藝文志》：湘東王《金樓子》十卷。

晁氏《讀書志》：《金樓子》十卷。梁元帝繹撰。繹書十五篇，論歷代興亡之跡，《箴戒》、《立言》、《志怪》、《雜説》、《自叙》、《著書》、《聚書》，通曰「金樓子」者，在藩時自號。案衢本云十篇，敚「五」字，今從袁本。

陳氏《書録解題》：《金樓子》十卷。梁元帝繹世誠爲湘東王時所述也。雜記古今聞見。末一卷爲自序。

《四庫提要》曰：是書明初漸已湮晦，明季遂竟散亡。今檢《永樂大典》各韻，尚頗載其遺文。惟所列僅十四篇，與晁公武十五篇之數不合。其篇端序述，亦惟《戒子》、《后妃》、《捷對》、《志怪》四篇尚存，餘皆脱逸。然中間《興王》、《戒子》、《聚書》、《説蕃》、《立言》、《著書》、《捷對》、《志怪》八篇，皆首尾完整。其他文雖攙亂，而幸其條目分明，尚可排比成帙。謹詳加裒綴，參考互訂，釐爲六卷。其書於古今聞見事蹟，治忽貞邪，咸爲苞載。附以議論，勸戒兼資。惟永明以後，豔語盛行，此書亦文格綺靡，不出爾時風氣。至於自稱「五百年運，余何敢讓」，儼然上比孔子，尤爲不經。是則瑕瑜不掩，亦不必曲爲諱爾。謹案：帝又數言「余于天下爲不賤也」，則在藩時居然以周公自命。

47 胡玉縉《四庫全書總目提要補正》卷三五雜家類一

《金樓子》六卷。《隋書·經籍志》、《唐書》、《宋史》藝文志俱載其目爲二十卷，晁公武《讀書志》謂其書十五卷，是宋代尚無闕佚。其書於古今聞見，治忽貞邪，咸爲苞載，附以議論，勸誡兼資，蓋亦雜家之流。

宋袁氏《楓窗小牘》云：「内庫書《金樓子》，有李後主手題云云，惟『今朝』字誤作『金朝』，徽廟惡之，以筆抹去。」是亦足徵宋之有完書也。又譚廷獻《復堂日記》五云：「自謂切齒於不韋、淮南之倩人，而雜採子史，取《淮南》者尤多，又與《文心雕龍》、《世説新語》相出入，未免于稗販也。」李慈銘《桃華聖解盦日記》己集五二云：「此書於《永樂大典》中掇拾而成，不免奇零斷續，其脱誤處亦甚多。元帝爲人險薄忮忍，所長不過豔詩小賦，故此書大半勦襲子史中語，間及文藝，而《立言篇》有云：『周公没五百年有孔子，孔子没五百年有太史公。五百年運，余何敢讓焉？』幾于病狂之言。又其《興王篇》，歷叙其父武帝之爲齊明所委任；《后妃篇》歷叙其母宣修容云本姓石，揚州會稽上虞人，武帝賜姓阮。《梁書》作餘姚人。之爲齊少帝、蓋鬱林王。始安王所寵倖，可謂不識廉恥。惟其時古書多存，偶一引用，亦足以證佐見聞。如云：『居家治理，可移於官，何也？治國須如治家，所以自家刑國。』此可證《孝經》舊本『居家理』下無『故』字，『理治』與『治理』，傳寫偶異耳。元行沖疏『故』字明皇所加，信而有徵。云：『菁茅，薪草也，《書》尊其貴；王雎，野鳥也，《詩》重其辭；羊、雁，賤畜也，《禮》見其質；蘩棘，鄙木也，《易》以定刑。』此足見古『贄』字祇作『質』。又如《世説》載楊氏子答孔坦『夫子家禽』語，此作揚子州答孔永。《晉書》載習鑿齒、釋道安『四海』、『彌天』之語，此作習語云：『四海習鑿齒，故故來看爾。』道安應曰：『彌天釋道安，無暇得相看。』蓋皆以韻語取勝，截去下兩句在，則無謂也。《顔氏家訓》載江南一權貴誤讀《蜀都賦注》『蹲鴟，芋也』爲羊字，此作王翼于宋孝武坐呼羊肉爲蹲鴟，翼即向謝超宗求觀鳳毛者。《後漢書·張奂傳》載其子猛殺刺史邯鄲商，此云『漢張猛、皇甫商，少而相善，爲狎既過，乃至相殺』。按《三國志·龐淯傳》注引魚豢《典畧》亦作『邯鄲商』，則此書誤也。《提要》

謂『《南史·徐妃傳》言元帝著《金樓子》以道其穢行，今此書無之』。按今本既非完書，而其述宣修容事有云：『及饋人失禮，接之彌篤。每語繹曰：「妒婦不憚破家，況復甚於此者也！」』所云饋人，猶今言室人，此即斥徐妃事。又《志怪篇》云『余丙申歲婚，初昏之日』云云，按此不過一雪一雨，何足爲怪，而備載之，蓋著其兆之不祥，知全書所指斥者，必尚多矣。其《雜記篇》云：『余作《金樓子》未竟，從荆州還都，時有言是鍛真金爲樓子者，來詣余，三爵之後，往往乞借「金樓子」玩弄之。』亦可爲談噱之助。至其《立言篇》云：潘岳賦云『太夫人御板輿』云云，此則令永感之人，誦之流涕。」玉縉案：李引《提要》語蓋誤。又案陸以湉《冷廬雜識》二云：「梁元帝於甲戌歲被害，年四十七，所著《金樓子》，自言於丙申歲婚，則是年方九歲耳，何其早也。又言余年十四，苦眼疾沉痼，比來轉暗，不復能讀書，三十六年來，恒令左右唱之。計自年十四迄於末年，未及三十六之數，疑必有誤。」此説詳人所畧，特録之。

48 清沈德壽《抱經樓藏書志》卷四四雜家類三

《金樓子》六卷，抄本。梁孝元皇帝撰。（今按：原書「撰」下抄有《金樓子》序。又，沈氏鈔本今藏上海圖書館。）

49 清楊琪光《百子辨正·讀金樓子》

梁孝元帝繹纘《金樓子》十四篇，今覽核其文辭，視草野專一之士未多讓，假凛遵無少背畔，是爲同道於治，何至抱蜀冠羣倫，未贏三周，國社鏟，身並膏鈇斧哉。蓋屬言無繫於沈幾，又溺於玄。洎敵臨疆境，猶爲誦講不輟，即屬儒緩，亦爲迂曲不足議國是。况肩遐遠大任，可如是之不達變應機務於危離之頃耶？夫老氏爲世庸猥所矜尚，久指爲執大象要科，以習爲不輕置，竟罹大禍不爲宜，可以杜祖述之口，而沈於中者亦可以寢矣。蓋孝元承其考妣宗奉西教之餘，欲易以恍惚窈冥者以救喪敗，豈知俞促其亡而莫緩，奚不即縱心於所遠徵之參五神道，必可弭變而適於治。特濟變亦必有文武干用之周材，而株守溢熾之説，亦難助救於險難之交也。時已無其人，繹以支手持之，其如之何哉！

50 張壽鏞《諸子大綱》之第十一講《南北朝隋唐諸子》(三)雜家(乙)

梁元帝《金樓子》六卷十四篇。原十五篇。其書綜括古今，兼資勸誡，所徵引者亦多周秦古書，非今所及見。《舊唐書·經籍志》、《新唐書·藝文志》《金樓子》十卷，今傳於世者爲知不足齋刻本，而蕭山汪輝祖跋之者也。如《興王篇》述上古以迄梁武帝，《箴戒篇》自夏桀以迄東昏侯，《后妃篇》自虞二妃以迄梁宣修容，雖不敢作信史觀，亦有事實可據也。其《戒子篇》則引后稷廟堂金人銘曰：「戒之哉！無多言，多言多敗；無多事，多事多患。勿謂何傷，其禍將長；勿謂何害，其禍將大。」又引崔子玉《座右銘》曰：「無道人之短，無説己之長。施人慎勿念，受恩慎勿忘。」又引杜恕《家戒》曰：見《世説新語》。「張子臺，視之似鄙樸人，然其心中不知天地間何者爲美，何者爲惡，敦然與陰陽合德。作人如此，自可不富貴，禍害何因而生？」又引馬文淵曰：「聞人之過失，如聞親之名。親之名可聞，而口不可得言也。好論人長短，忘其善惡者，寧死不願聞也。龍伯高敦厚周慎，謙約節儉，吾愛之重之，願汝曹效之；杜季良憂人之憂，樂人之樂，父喪致客，數郡畢至，吾愛之重之，不願汝曹效之。效伯高不得，猶爲謹敕之士，所謂刻鵠不成尚類鶩者也。效季良不得，所謂畫虎不成反類狗也。」裴松之以爲援馬援。可謂切至之言。又引顔延年云：「喜怒者性所不能無，常起於褊量，而止於宏識。然喜過則不重，怒過則不威。能以恬漠爲體，寬裕爲器，善矣。」又如《聚書篇》則言：「聚書四十年，得書八萬卷，河間河間獻王劉德。之侔漢室，頗謂過之矣。」又如《立言篇》曰：「伯樂教其所憎者相千里馬，其所愛者相駑馬。千里之馬不時有，其利緩；駑馬日售，其利急。所謂『下言而上用者』也。」又曰：「長沮浴，桀溺問焉：『今日浴佳耶？』曰：『佳。』長沮曰：『浴須浴其内，然後其表。五臟六腑尚有未潔，四支八體何爲者耶？夫浴者，將使表裏潔也。内苟含瑕，何遽浴耶？』」至《著書篇》則與《梁書》本紀所録多有出入，可取而勘之。梁武帝有兄吉，既生統，昭明太子。又生繹，元帝。皆湛於文學，奇哉！

51 孫德謙《諸子通考》卷一「梁元帝《金樓子》」條

天下一致而百慮，同歸而殊途。何者？夫儒者列君臣、父子之禮，序夫婦、長幼之别；墨者堂高三尺，土階三等，茅茨不剪，采椽不斲，冬日以鹿裘爲禮，盛暑以葛衣爲貴；法家不殊貴賤，不别親疏，嚴而少恩，所謂法也；名家苛察繳繞，檢而失真，是謂名也；道家虚無爲本，因循爲務，中原喪亂，實爲此風，何、鄧誅於前，裴、王滅於後，蓋爲此也。

謙案：梁元此文説本史談。其以道家之學，謂爲虚無爲本，因循爲務。蓋亦知六家之旨，秉要執本，不能不歸之於道。然于何、鄧諸人所以被誅滅之故，乃推其原於此，則未識何、晏之徒，彼特學於道家而實失其真者耳。夫道家爲君人南面之術，其虚無因循云者，固就君道言之。談之説曰：「虚者，道之常；因者，君之綱。」蓋以爲人上者，當清虚自守，少私寡欲，出而治民。又當因其好惡以施政令，不可擅作威福，逆民之意而自取覆亡也。乃後人不明此意，言無則入之玄虚，言因則失之廢弛。於是放浪形骸，違背禮制，不但親受殺身之禍，並以亡人之國，若何、鄧數子皆其驗也，而道家豈任其咎哉？夫諸子之中，其最亂者莫如道家。始焉方士託之神仙，自注：《漢志》神仙在方伎家。以求長生不死之術；三國以降，釋家竊其餘緒而别立爲一幟；至符籙之事出，又惑人於禍福而去道滋遠矣。其似是而非者，則以晉人清談爲尤甚。何則？典午之世，剖析玄理，未嘗不依據道家，而浮文妨要，恥尚失所，遂使老莊之書所以爲治世之術堙没而不得復顯者，皆何、鄧輩有以致之也。《傳》曰：「惡莠，恐其亂苗。」吾能無深惡之乎？而梁元帝反以爲道家之失，是則大謬不然者也。

52　江瑔《讀子卮言》第二章「論諸子與經史集之相通」

惟自周、秦、兩漢以後，子學失傳，後世子書惟如《傅子》、《物理論》、《抱朴子》、《金樓子》、《劉子》、《文中子》、《因論》、《兩同書》、《蟫子》、《化書》及近代之《唐子》、《潛書》、《賀氏激書》諸種稍具子體，然廖廖不可多覯，此外則罕有得子之真者。

53　《清史稿》卷一四七《藝文志》子部雜家

梁孝元帝《金樓子》六卷。乾隆時敕輯。

54　黄侃《文選平點·文選序》

此序選文宗旨、選文條例皆具，宜細事審繹，毋輕發難端。《金樓子》論文之語，劉彦和《文心》一書，皆其翼衛也。

55 劉咸炘《舊書别録》卷四（乙二）「金樓子」

章先生謂諸子衰而文集盛，蓋謂專門變爲總雜，辭勝而理乏也。諸子既衰，而子書變爲雜記，其所以變者，記載淆之也。諸子引事，皆以明理，《韓非・儲説》屬詞比事，亦云繁矣，而旨無旁出，非泛論雜鈔，若史論、傳記、類書也。自揚雄《法言》始作史論，桓譚《新論》始記雜事。傅玄記載，遂侵史職；《抱朴》詞藻，幾失質體。至於梁元《金樓》，遂成類書矣。其人本無學術，非有立言之旨，而猥慕著書之名，自言「笑淮南之假手，嗤不韋之託人」，恃其聚書之富，鈔纂陳説，雜記近事，以充篇幅。此章先生所謂「黠於求名而陋於立實」，又傅玄、葛洪之不屑矣。

書今存者凡十四篇。其曰《興王》，曰《箴戒》，曰《后妃》，曰《説蕃》，皆鈔古事，或末加數語；其曰《戒子》，曰《立言》，則雜鈔古言，與己作混列。子史文篇無所不録，大氐鈔八而作二，叙次無理，傳寫又亂之。其曰《捷對》，曰《志怪》，曰《雜記》，則記瑣屑諧戲甚多，亦有幾條古言。其曰《終制》，曰《自序》，則自述。曰《著書》，則自載所著之書及其序跋。統觀全體，竟是書鈔文集，陳言累累，絶少胸中之造，謂之纂言可耳，何謂立乎？《立言篇》有云：「諸子興於戰國，文集盛於二漢，至家家有製，人人有集。其美者足以叙情志，敦風俗；其弊者祇以煩簡牘，疲後生。」「博達之士，有能品藻異同，删整蕪穢，使卷無瑕玷，覽無遺功，可謂學矣。」觀其立意，蓋亦欲以和會羣言，仿《吕覽》、《淮南》之所爲，而學識不逮，既無統宗，又無鑒别，智小謀大，故並類書而不成，僅與當時鈔詞之書（原闕）之流校其長短，而方上援孔子、太史公，擬其書於獲麟，不亦赧乎？

謝枚如《課餘續録》記其所藏鈔本與鮑本不盡同，按語亦有勝於鮑本者。

又：卷四(乙二)「六朝諸子」

儒、雜之中，大抵汎作勉學崇禮之言，譙周《法訓》啓之。魏朗云：「己是而彼非，不當與非爭；彼是而己非，不當與是爭。」周生烈云：「讓一得百，爭十失九。」凡若此類，是後世格言汎主謙恭之所祖。儒而惟此，幾於原矣。又東漢以降，品藻之風盛行，儒家書由揚雄《淵騫篇》而推廣之。臧否當時人物，若周明《周子》、殷基《通語》、袁準《正書》《正論》之類，開史論之先，侵記事之職。張儼《默記》至全載《出師表》，至傅玄而遂成史料，至《金樓子》而遂成類書焉。此一類也。

56 劉汝霖《東晉南北朝學術編年》「世祖孝元皇帝承聖二年癸酉(五五三)」

梁主撰《金樓子》。梁主喜撰述，以是年成《金樓子》十卷。又喜蒐集墳籍，四十年中，凡得八萬卷。

57 余嘉錫《目録學發微》卷三《目録學源流考中·晉至隋》

《金樓子·聚書篇》：「吾今年四十六歲，自聚書來四十年，得書八萬卷，河間之侔漢室，頗謂過之矣。」……考王僧辯以承聖元年三月平侯景，十一月帝即位，三年帝崩，年四十七。當四十六歲時，侯景之平已逾年，文德殿之書必已早送至江陵，安得尚只八萬卷？《聚書篇》於所得數帙數卷皆記之，何以於此事獨置之不言？且其文自比河間之侔漢室，明是未即位時之語。「今年四十六歲」及「聚書四十年」句，必皆傳寫之誤。《金樓子序》云：「粤以凡庸，早賜茅社，祚土瀟湘，褰帷按服。早攝神州，晚居外相。」又云：「昔爲俎豆之人，今成介冑之士。智小謀大，功名其安在哉？」考太清三年，侯景寇没京師，密詔以帝爲侍中，假黄鉞大都督中外諸軍事，司徒承制，所謂晚居外相也。故知此書當作于未平侯景以前，斷未至四十六歲明矣。

主要參考文獻

《十三經注疏》，上海古籍出版社一九九七年影印清阮元校刻版
《漢魏古注十三經》，中華書局一九九八年版
《周易集解纂疏》，清李道平撰，中華書局一九九四年版
《周易譯注》，周振甫撰，中華書局一九九一年版
《尚書今古文注疏》，清孫星衍撰，中華書局一九八六年版
《詩經原始》，清方玉潤撰，中華書局一九八六年版
《詩三家義集疏》，清王先謙撰，中華書局一九八七年版
《大戴禮記匯校集解》，方向東撰，中華書局二〇〇八年版
《春秋左傳注》，楊伯峻著，中華書局一九九〇年第二版
《論語正義》，清劉寶楠撰，中華書局一九九〇年版
《孟子正義》，清焦循撰，中華書局一九八七年版

《孟子字義疏證》，清戴震疏證，中華書局一九六一年版
《四書章句集注》，宋朱熹集注，中華書局一九八三年版
《四書稗疏·孟子稗疏》，清王夫之著，《船山全書》之六，岳麓書社一九八八年版
《四書釋地續》，清閻若璩撰，文淵閣《四庫全書》本，上海古籍出版社一九八七年影印版
《韓詩外傳》，漢韓嬰撰，許維遹校釋，中華書局一九八〇年版
《爾雅校箋》，周祖謨校箋，雲南人民出版社二〇〇四年版
《釋名疏證補》，漢劉熙撰，清畢沅疏證，王先謙補，中華書局二〇〇八年版
《説文解字》，漢許慎著，中華書局一九六三年版
《説文解字注》，清段玉裁注，上海古籍出版社一九八八年第二版
《玉篇》，南朝梁顧野王撰，中華書局一九八七年年版
《類篇》，宋司馬光等編，中華書局一九八四年版
《廣雅疏證》，清王引之撰，江蘇古籍出版社一九八四年版
《宋刻集韻》，宋丁度撰，中華書局二〇〇五年第二版
《經籍籑詁》，清阮元撰集，中華書局一九八二年版
《經義述聞》，清王引之撰，江蘇古籍出版社二〇〇〇年版

《經傳釋詞》，清王引之撰，江蘇古籍出版社二〇〇〇年版
《春秋毛氏傳》，清毛奇齡撰，文淵閣《四庫全書》本，上海古籍出版社一九八七年影印版
《春秋占筮書》，清毛奇齡撰，《叢書集成初編》本
《助字辨略》，清刘淇撰，《萬有文庫》第二集七百種，商務印書館民國二十六年版
《詞詮》，楊樹達著，上海古籍出版社二〇〇七年版
《訓詁叢稿》，郭在貽著，上海古籍出版社一九八五年版

《古本竹書紀年輯證》，方詩銘、王修齡撰，上海古籍出版社二〇〇五年版
《古本竹書紀年輯校、今本竹書紀年疏證》，王國維撰，遼寧教育出版社一九九七年版
《世本八種》，中華書局二〇〇八年版
《國語》，上海古籍出版社一九九八年版
《國語集解》，徐元誥撰，中華書局二〇〇二年版
《戰國策》，上海古籍出版社一九八五年第二版
《逸周書彙校集注》，黄懷信、張懋鎔、田旭東撰，上海古籍出版社二〇〇七年版
《史記》，漢司馬遷著，南朝宋裴駰集解，唐司馬貞索隱，唐張守節正義，中華書局一九五九年排印本

《漢書》，漢班固著，唐顔師古注，中華書局一九六二年排印本
《漢書藝文志注釋彙編》，陳同慶編，中華書局一九八三年版
《東觀漢記》，漢劉珍等撰，吴樹平校注，中華書局二〇〇八年版
《漢紀》，漢荀悦撰；《後漢紀》晉袁宏撰，中華書局二〇〇二年版
《越絶書》，漢袁康著，吴平輯録，上海古籍出版社一九八五年版
《越絶書校注》，漢袁康著，張仲清校注，國家圖書館出版社二〇〇九年版
《吴越春秋輯校匯考》，漢趙曄著，周生春輯校，上海古籍出版社一九九七年版
《華陽國志校補圖注》，晉常璩著，任乃强校注，上海古籍出版社一九八七年版
《帝王世紀》，晉皇甫謐撰，遼寧教育出版社一九九七年版
《高士傳》，晉皇甫謐撰，文淵閣《四庫全書》本，上海古籍出版社一九八七年影印版
《三國志》，晉陳壽著，南朝宋裴松之注，中華書局一九六二年排印本
《後漢書》，南朝宋范曄著，唐李賢注，中華書局一九六五年排印本
《宋書》，南朝梁沈約著，中華書局一九七四年排印本
《南齊書》，南朝梁蕭子顯著，中華書局一九七二年排印本
《水經注校證》，北魏酈道元著，陳橋驛校證，中華書局二〇〇七年版

《洛陽伽藍記校釋》，北魏楊衒之撰，周祖謨校釋，中華書局一九六三年版
《洛陽伽藍記校注》，北魏楊衒之撰，范祥雍校注，上海古籍出版社一九七八年新版
《魏書》，北齊魏收著，中華書局一九七四年排印本
《晉書》，唐房玄齡著，中華書局一九七四年排印本
《梁書》，唐姚思廉著，中華書局一九八七年排印本
《梁書校注》，熊清元校注，四川出版集團巴蜀書社二〇一一年版
《陳書》，唐姚思廉著，中華書局一九七二年排印本
《北齊書》，唐李百藥著，中華書局一九八七年排印本
《隋書》，唐魏徵著，中華書局一九八二年排印本
《南史》，唐李延壽著，中華書局一九八七年排印本
《北史》，唐李延壽著，中華書局一九八七年排印本
《建康實録》，唐許嵩撰，中華書局一九八六年版
《日本國見在書目》，〔日〕藤原佐世撰，《古逸叢書》本
《三輔黄圖》，無名氏撰，文淵閣《四庫全書》本，上海古籍出版社一九八七年影印版
《元和郡縣志》，唐李吉甫編，中華書局一九八三年版

《史通通釋》，唐劉知幾撰，清浦起龍釋，上海古籍出版社一九七八年版
《通典》，唐杜佑著，中華書局一九八八年版
《六朝事迹編類》，宋張敦頤撰，中華書局二〇一二年版
《禹貢指南》，宋毛晃撰，文淵閣《四庫全書》本，上海古籍出版社一九八七年影印版
《資治通鑑》，宋司馬光撰，中華書局一九九七年版
《路史》，宋羅泌撰，文淵閣《四庫全書》本，上海古籍出版社一九八七年影印版
《通志》，宋鄭樵著，中華書局一九八七年版
《通志二十畧》，宋鄭樵著，中華書局一九九五年版
《崇文總目》，宋王堯臣撰，清錢東垣等輯釋，清錢侗撰附録，《叢書集成初編》本
《郡齋讀書志校證》，宋晁公武著，孫猛校證，上海古籍出版社一九九〇年版
《直齋書録解題》，宋陳振孫著，上海古籍出版社一九八七年版
《文獻通考》，元馬端臨著，中華書局一九八六年版
《大事記續編》，明王禕撰，文淵閣《四庫全書》本，上海古籍出版社一九八七年影印版
《國史經籍志》，明焦竑撰，《叢書集成初編》本
《繹史》，清馬驌撰，中華書局二〇〇二年版

《二十五史補編》，中華書局一九五六年版
《二十五史三編》，岳麓書社一九九四年版
《歷代經籍典》，臺灣中華書局一九七〇年版
《欽定四庫全書總目》，清永瑢等撰，中華書局一九九七年整理本
《讀通鑑論》，清王夫之著，中華書局一九七五年版
《十七史商榷》，清王鳴盛著，上海書店出版社二〇〇五年版
《廿二史考異》，清錢大昕著，上海古籍出版社二〇〇四年版
《史記志疑》，清梁玉繩著，中華書局一九八一年版
《古書疑義舉例五種》，清俞樾等著，中華書局一九五六年版
《文史通義校注》，清章學誠著，葉瑛校注，中華書局一九九四年版
《復堂日記》，清譚獻著，河北教育出版社二〇〇一年版
《漢魏六朝墓銘纂例》，清李富孫撰，《叢書集成初編》本
《江南通志》，清趙宏恩等監修，文淵閣《四庫全書》本，上海古籍出版社一九八七年影印版
《讀史方輿紀要》，清顧祖禹撰，中華書局二〇〇五年版
《南朝齊會要》，清朱銘盤撰，上海古籍出版社二〇〇六年版

《南朝梁會要》，清朱銘盤撰，上海古籍出版社二〇〇六年版
《諸史考異》，清洪頤煊撰，光緒十五年廣雅書局刻本
《歷代職官表》，清黄本驥編，上海古籍出版社二〇〇五年版
《兩漢三國學案》，清唐晏撰，中華書局一九八六年版
《金石萃編》，清王昶編撰，陝西人民美術出版社一九九〇年版
《鳴野山房書目》，清沈復粲撰，上海古籍出版社二〇〇五年版
《增訂四庫簡明目録標注》，清邵懿辰撰，邵章續録，中華書局一九五九年版
《鄭堂讀書志》，清周中孚撰，上海書店出版社二〇〇九年版
《孫氏祠堂書目》，清孫星衍撰，上海古籍出版社二〇〇八年版
《持静齋書目》，清丁日昌撰，上海古籍出版社二〇〇八年版
《持静齋藏書記要》，清莫友芝，上海古籍出版社二〇〇九年版
《抱經樓藏書志》，清沈德壽撰，上海圖書館藏鉛印本
《賭棋山莊筆記合刻·課餘續録》，清謝章鋌撰，上海圖書館藏清光緒二十七年刻本
《書林清話》，清葉德輝著，中華書局一九五七年版
《僞書通考》，張心澂撰，上海書店一九九八年版

《藏園訂補郘亭知見傳本書目》，清莫友芝撰，傅增湘訂補，中華書局二〇〇九年版
《四庫全書總目提要補正》，胡玉縉撰，上海書店出版社一九九八年版
《余嘉錫説文獻學·目録學發微》，余嘉錫著，上海古籍出版社二〇〇一年版
《四庫提要辯證》，余嘉錫著，中華書局二〇〇七年第二版
《中國歷代人名大辭典》，張撝之、沈起煒、劉德重主編，上海古籍出版一九九九年版
《中國歷史地名大辭典》，史爲樂主編，中國社會科學出版社二〇〇五年版
《簡明中國歷史地圖集》，譚其驤主編，中國地圖出版社一九九一年版
《中國官制大辭典》，徐連達編著，上海大學出版社二〇一〇年版
《漢魏兩晉南北朝佛教史》，湯用彤著，中華書局一九八三年版
《秦漢文學編年史》，劉躍進撰，商務印書館二〇〇六年版
《南北朝文學編年史》，曹道衡、劉躍進撰，人民文學出版社二〇〇〇年版
《中國文學家大辭典·先秦漢魏晉南北朝卷》，曹道衡、沈玉成編撰，中華書局一九九六年版
《中國古籍善本書目·子部》，上海古籍出版社一九九六年版
《蕭綱蕭繹年譜》，吴光興撰，社會科學文獻出版社二〇〇六年版
《東晉南北朝學術編年史》，劉汝霖撰，《民國叢書》第三編，上海書店影印

《秦漢方士與儒生》，顧頡剛著，上海古籍出版社一九九八年版
《金石論叢》，岑仲勉著，上海古籍出版社一九八一年版
《中國美術史論集》，金維諾著，人民美術出版社一九八一年版
《南齊書校議》，朱季海撰，中華書局一九八四年版
《文史考古論叢》，陳直撰，天津古籍出版社一九八八年版
《魏晉南北朝史論集》，周一良著，北京大學出版社一九九七年版
《魏晉南北朝史札記》，周一良著，中華書局二〇〇七年第二版
《中國地方行政制度史：魏晉南北朝地方行政制度》，嚴耕望撰，上海古籍出版社二〇〇七年版
《兩漢魏晉南北朝正史西域傳研究》，余太山著，中華書局二〇〇三年版
《中國古籍版刻辭典》（增訂本），瞿冕良著，蘇州大學出版社二〇〇九年版
《中國古代服飾史》，周錫保撰，中國戲劇出版社一九八四年版

《諸子集成》，上海書店一九八六年影印版
《諸子集成補編》，四川人民出版社一九九七年版
《百子全書》，浙江古籍出版社一九九八年版

《漢魏叢書》，明程榮編，吉林人民出版社一九九二年版
《子部珍本叢刊》，方勇主編，綫裝書局二〇一二年版
《鄧子》，舊題周鄧析撰，《百子全書》本，浙江古籍出版社一九八八年版
《吴子》，舊題周吴起撰，《百子全書》本，浙江古籍出版社一九九八年版
《老子校釋》，朱謙之撰，中華書局一九八四年版
《老子今注今譯》，陳鼓應撰，中華書局一九八四年版
《莊子集釋》，清郭慶藩輯，中華書局一九六一年版
《莊子今注今譯》，陳鼓應撰，中華書局一九八三年版
《管子校注》，黎翔鳳撰，梁運華整理，中華書局二〇〇四年版
《公孫龍子校釋》，吴毓江校釋，上海古籍出版社二〇〇一年版
《墨子閒詁》，清孫星衍撰，中華書局二〇〇一年版
《荀子集解》，清王先謙撰，中華書局一九八八年版
《十一家注孫子兵法校理》，三國魏曹操等注，楊丙安校理，中華書局一九九九年版
《鶡冠子彙校集注》，黄懷信撰，中華書局二〇〇四年版
《商君書注譯》，高亨注譯，中華書局一九七四年版

《商君書錐指》，蔣禮鴻撰，中華書局一九八六年版
《韓非子集解》，戰國韓非著，王先慎集解，中華書局一九九八年版
《韓非子集釋》，戰國韓非著，陳奇猷集釋，中華書局上海編輯所一九五八年版
《韓非子新校注》，戰國韓非著，陳奇猷校注，上海古籍出版社二〇〇〇年版
《晏子春秋集釋》，吴則虞著，中華書局一九六二年版
《文子疏義》，王利器疏，中華書局二〇〇〇年版
《文子校釋》，李定生、徐慧君校釋，上海古籍出版社二〇〇四年版
《吕氏春秋集釋》，戰國吕不韋編著，許維遹集釋，上海古籍出版社二〇〇二年版
《吕氏春秋校釋》，戰國吕不韋編著，陳奇猷校釋，上海古籍出版社二〇〇二年版
《山海經校譯》，袁珂校譯，上海古籍出版社一九八五年版
《鬼谷子集校集注》，許富弘撰，中華書局二〇〇八年版
《燕丹子》，無名氏撰，程毅中點校，中華書局一九八五年版
《新語校注》，漢陸賈著，王利器校注，中華書局一九八六年版
《新書校注》，漢賈誼撰，閻振益、鍾夏校注，中華書局二〇〇〇年版
《淮南鴻烈集解》，漢劉安編著，劉文典集解，中華書局一九八九年版

《説苑校證》，漢劉向撰，向宗魯校證，中華書局一九八七年版
《新序校釋》，漢劉向編著，石光瑛校釋，中華書局二〇〇一年版
《列女傳》，漢劉向編著，遼寧教育出版社一九九八年版
《春秋繁露義證》，漢董仲舒著，蘇興義證，中華書局一九九二年版
《白虎通疏證》，漢班固著，陳立疏證，中華書局一九九四年版
《鹽鐵論校注》，漢桓寬著，王利器校注，中華書局一九九二年版
《法言義疏》，漢揚雄著，汪榮寶義疏，中華書局一九八七年版
《太玄集注》，漢揚雄撰，宋司馬光集注，中華書局一九九八年版
《潛夫論校正》，漢王符著，汪繼培箋，中華書局一九八五年版
《新輯本桓譚新論》，漢桓譚撰，朱謙之校輯，中華書局二〇〇九年版
《焦氏易林》，漢焦延壽撰，《叢書集成初編》本
《論衡校釋》，漢王充著，黄暉校釋，中華書局一九九〇年版
《風俗通義校注》，漢應劭撰，王利器校注，中華書局二〇一〇年第二版
《獨斷》，漢蔡邕撰，文淵閣《四庫全書》本，上海古籍出版社一九八七年影印版
《太平經合校》，王明編，中華書局一九六〇年版

《列仙傳校箋》，王叔岷校箋，中華書局二〇〇七年版
《神仙傳校釋》，晉葛洪撰，胡守爲校釋，中華書局二〇一〇年版
《抱朴子内篇校釋》，晉葛洪著，楊明照校釋，中華書局一九八五年版
《抱朴子外篇校箋》，晉葛洪著，王明校箋，中華書局一九九一年版
《孔子家語疏證》，清陳士珂輯，上海書店一九八七年版
《列子集釋》，楊伯峻集釋，中華書局一九七九年版
《拾遺記》，晉王嘉撰，梁蕭綺録，中華書局一九八一年版
《搜神記》，晉干寶撰，汪紹楹校注，中華書局一九七九年版
《搜神後記》，晉陶潛撰，汪紹楹校注，中華書局一九八一年版
《佛説長阿含經》，後秦佛陀耶舍、竺佛念譯，《大正藏》本
《世説新語箋疏》，南朝宋劉義慶著，余嘉錫箋疏，上海古籍出版社一九九三年版
《世説新語校箋》，南朝宋劉義慶著，楊勇校箋，中華書局二〇〇六年版
《世説新語校箋》，南朝宋劉義慶著，徐震堮校箋，中華書局一九八四年版
《金樓子校注》，南朝梁蕭繹著，許德平校注，嘉新水泥公司文化基金會研究論文第一〇三種，一九六七年版

《齊民要術校釋》，北魏賈思勰著，繆啓愉校釋，中國農業出版社一九九八年版
《劉子集校》，南朝梁劉勰著，林其錟、陳鳳金集校，上海古籍出版社一九八五年版
《劉子校釋》，北齊劉晝著，傅亞庶校釋，中華書局一九九八年版
《顔氏家訓集解》，北齊顔之推著，王利器集解，中華書局一九九三年版
《弘明集》，南朝梁僧祐撰，《四部精要》本，上海古籍出版社一九九二年版
《高僧傳》，南朝梁釋慧皎撰，湯用彤校注，中華書局一九九二年版
《殷芸小説》，南朝梁殷芸撰，周楞伽輯注，上海古籍出版社一九八四年版
《高僧傳合集》，上海古籍出版社一九九一年版
《八代談藪校箋》，隋陽玠著，黄大宏校箋，中華書局二〇一〇年版
《漢魏六朝筆記小説大觀》，上海古籍出版社一九九九年版
《穆天子傳》，無名氏撰，《漢魏六朝筆記小説大觀》本
《神異經》，漢東方朔撰，《漢魏六朝筆記小説大觀》本
《海内十洲記》，漢東方朔撰，《漢魏六朝筆記小説大觀》本
《西京雜記》，漢劉歆撰，晉葛洪集，《漢魏六朝筆記小説大觀》本
《博物志》，晉張華撰，《漢魏六朝筆記小説大觀》本

《古今注》，晉崔豹撰，《漢魏六朝筆記小説大觀》本
《南方草木狀》，晉嵇含撰，《漢魏六朝筆記小説大觀》本
《裴子語林》，晉裴啓撰，《漢魏六朝筆記小説大觀》本
《異苑》，南朝宋劉敬叔撰，《漢魏六朝筆記小説大觀》本
《幽明録》，南朝宋劉義慶撰，《漢魏六朝筆記小説大觀》本
《續齊諧記》，南朝梁吴均撰，《漢魏六朝筆記小説大觀》本
《荆楚歲時記》，南朝梁宗懔撰，《漢魏六朝筆記小説大觀》本
《五朝筆記小説大觀》，上海文藝出版社一九九一年版
《北堂書鈔》，唐虞世南撰，中國書店一九八九年版
《藝文類聚》，唐歐陽詢撰，上海古籍出版社一九九九新二版
《初學記》，唐徐堅撰，中華書局一九六二年版
《一切經音義》，唐慧琳撰，上海古籍出版社二〇〇八年版
《正續一切經音義》，唐釋玄應撰，遼釋希麟續撰，上海古籍出版社一九八六年版
《廣弘明集》，唐釋道宣撰，《四部精要》本，上海古籍出版社一九九二年版
《北户録》，唐段公路撰，文淵閣《四庫全書》本，上海古籍出版社一九八七年影印版

《琱玉集》，《叢書集成初編》本
《意林》，唐馬總編，《道藏要籍選刊》本，上海古籍出版社一九八六年影印版
《酉陽雜俎》，唐段成式撰，《唐五代筆記小説大觀》本，上海古籍出版社二〇〇〇年版
《太平御覽》，宋李昉等編，中華書局一九六〇年版
《太平廣記》，宋李昉等編，中華書局一九六一年新版
《紺珠集》，宋朱勝非撰，明天順刊本，中國社會科學院藏
《海録碎事》，宋葉廷珪撰，中華書局二〇〇二年版
《古今事文類聚》，宋祝穆撰，文淵閣《四庫全書》本，上海古籍出版社一九八七年影印版
《雲笈七籤》，宋張君房編，中華書局二〇〇三年版
《記纂淵海》，宋潘自牧撰，文淵閣《四庫全書》本，上海古籍出版社一九八七年影印版
《涅槃玄義發源機要》，宋釋智圓撰，《大正藏》本
《學林》，宋王觀國撰，中華書局一九八八年版
《唐語林校證》，宋王讜撰，周勛初校證，中華書局一九八七年版
《能改齋漫録》，宋吴曾撰，文淵閣《四庫全書》本，上海古籍出版社一九八七年影印版
《野客叢書》，宋王楙撰，中華書局一九八七年版

《樂書》，宋陳暘撰，文淵閣《四庫全書》本，上海古籍出版社一九八七年影印版
《泉志》，宋洪遵撰，文淵閣《四庫全書》本，上海古籍出版社一九八七年影印版
《夢溪筆談》，宋沈括著，上海書店出版社二〇〇一年版
《考古質疑》，宋葉大慶著，中華書局二〇〇七年版
《容齋隨筆》，宋洪邁著，上海古籍出版社一九九六年版
《習學記言序目》，宋葉適撰，中華書局一九七七年版
《楓窗小牘》，宋袁褧撰，文淵閣《四庫全書》本，上海古籍出版社一九八七年影印版
《東觀餘論》，宋黄伯思撰，文淵閣《四庫全書》本，上海古籍出版社一九八七年影印版
《猗覺寮雜記》，宋朱翌撰，《叢書集成初編》本
《羣書考索》，宋章如愚撰，廣陵書社二〇〇八年版
《類説》，宋曾慥撰，文淵閣《四庫全書》本，上海古籍出版社一九八七年影印版
《玉海》，元王應麟撰，廣陵書社二〇〇七版
《敬齋古今黈》，元李治撰，中華書局一九九五年版
《永樂大典》，明解縉等編，中華書局一九八六年版
《海外新發現永樂大典十七卷》，上海辭書出版社二〇〇三年版

《少室山房筆叢》，明胡應麟著，上海書店出版社二〇〇一年版
《説郛三种》，明陶宗儀撰，上海古籍出版社一九八八年版
《五雜組》，明謝肇淛撰，上海書店出版社二〇〇九年版
《山堂肆考》，明彭大翼撰，文淵閣《四庫全書》本，上海古籍出版社一九八七年影印版
《釋文紀》，明梅鼎祚編，文淵閣《四庫全書》本，上海古籍出版社一九八七年影印版
《玉芝堂談薈》，明徐應秋撰，文淵閣《四庫全書》本，上海古籍出版社一九八七年影印版
《巵林》，明周嬰撰，福建人民出版社二〇〇六年版
《西湖遊覽志餘》，明田汝成輯撰，上海古籍出版社一九五八年版
《天中記》，明陳耀文撰，文淵閣《四庫全書》本，上海古籍出版社一九八七年影印版
《廣博物志》，明董斯張撰，文淵閣《四庫全書》本，上海古籍出版社一九八七年影印版
《疑耀》，明張萱撰，文淵閣《四庫全書》本，上海古籍出版社一九八七年影印版
《伐檀齋集》，明張元凱撰，文淵閣《四庫全書》本，上海古籍出版社一九八七年影印版
《弇州四部稿》，明王世貞撰，文淵閣《四庫全書》本，上海古籍出版社一九八七年影印版
《日知録集釋》，清顧炎武撰，黄汝成集釋，上海古籍出版社二〇〇六年版
《讀書紀數畧》，清宫夢仁編，文淵閣《四庫全書》本，上海古籍出版社一九八七年影印版

《管城碩記》，清徐文靖著，文淵閣《四庫全書》本，上海古籍出版社一九八七年影印版
《義門讀書記》，清何焯撰，中華書局一九八七年版
《十駕齋養新録》，清錢大昕著，江蘇古籍出版社二〇〇〇年版
《札樸》，清桂馥著，中華書局一九九二年版
《雙節堂庸訓》，清汪輝祖撰，民國十一年鉛印本
《魯巖所學集》，清張宗泰撰，民國二十五年模憲堂刻本
《冷廬雜識》，清陸以湉撰，中華書局一九八四年版
《曉讀書齋雜録》，清洪亮吉撰，《續修四庫全書》第一一五五册，上海古籍出版社二〇〇二年版
《兩般秋雨盦隨筆》，清梁紹壬著，上海古籍出版社二〇一二年版
《札迻》，清孫詒讓著，中華書局一九八九年版
《越縵堂讀書記》，清李慈銘撰，中華書局二〇〇六年第二版
《越縵堂讀史札記全編》，清李慈銘撰，北京圖書館出版社二〇〇三年版
《癸巳類稿》，清俞正燮著，遼寧教育出版社二〇〇一年版
《癸巳存稿》，清俞正燮著，遼寧教育出版社二〇〇三年版
《玉函山房輯佚書》，清馬國翰輯，廣陵書社二〇〇五年版

《讀書雜誌》，清王念孫撰，江蘇古籍出版社二〇〇〇年版
《鍾山札記》，清盧文弨撰，中華書局二〇一〇年版
《諸子平議》，清俞樾撰，中華書局上海編輯所一九五四年版
《茶香室叢鈔》，清俞樾撰，中華書局一九九五年版
《過庭録》，清宋翔鳳撰，中華書局一九八六年版
《乙卯劄記》，清章學誠撰，中華書局二〇〇六年版
《百子辨正》，清楊琪光著，上海圖書館藏清光緒刻本
《觀堂集林》，王國維撰，河北教育出版社二〇〇三年版
《讀子巵言》，江瑔著，一九一七年商務印書館本
《諸子通考》，孫德謙著，上海圖書館藏孫氏手稿本
《諸子大綱》，張壽鏞撰，上海圖書館藏民國三十三年鉛印本
《劉咸炘學術論集》，黄曙輝編校，廣西師範大學出版社二〇〇七年版
《積微居甲文説》，楊樹達撰，上海古籍出版社二〇〇六年版
《魏晉玄學論稿》，湯用彤撰，上海古籍出版社二〇〇一年版
《管錐編》，錢鍾書撰，中華書局一九八六年第二版

《清人筆記條辨》，張舜徽撰，華中師範大學出版社二〇〇四年版
《中國神話傳説詞典》，袁珂編，上海辭書出版社一九八五年版
《金樓子研究》，鍾仕倫撰，中華書局二〇〇四年版
《中國文言小説總目提要》，寧稼雨著，齊魯書社一九九六年版

《楚辭補注》，宋洪興祖補注，中華書局一九八三年版
《賈誼集校注》，漢賈誼撰，王洲明、徐超校注，人民文學出版社一九九六年版
《揚雄集校注》，漢揚雄著，張震澤校注，上海古籍出版社一九九三年版
《張衡詩文集校注》，漢張衡撰，張震澤校注，上海古籍出版社二〇〇九年版
《建安七子集》，俞紹初輯校，中華書局二〇〇五年版
《曹操集》，三國魏曹操著，中華書局一九五九年版
《曹植集校注》，三國魏曹植著，趙幼文校注，人民文學出版社一九九八年版
《諸葛亮集》，三國蜀諸葛亮著，張澍輯，中華書局一九六〇年版
《阮籍集校注》，晉阮籍撰，陳伯君校注，中華書局一九八七年版
《文賦集釋》，晉陸機著，張少康集釋，人民文學出版社二〇〇二年版

《陶淵明集》，南朝宋陶淵明撰，逯欽立校注，中華書局一九七九年版
《鮑參軍集注》，南朝宋鮑照撰，錢仲聯增補集説，上海古籍出版社一九八〇年版
《謝宣城集校注》，南朝齊謝朓撰，曹融南校注集説，上海古籍出版社一九九一年版
《劉孝標集校注》，南朝梁劉峻撰，羅國威校注，學苑出版社二〇〇三年版
《詩品箋注》，南朝梁鍾嶸撰，曹旭箋注，人民文學出版社二〇〇九年版
《江文通集彙注》，南朝梁江文通撰，明胡之驥彙注，中華書局一九八四年版
《文選》，南朝梁蕭統編，李善注，上海古籍出版社一九八六年版
《文選》，胡克家刻本，中華書局一九七七年版
《六臣注文選》，中華書局一九八七年版
《何遜集校注》，南朝梁何遜撰，李伯齊校注，中華書局二〇一〇年版
《文心雕龍注》，南朝梁劉勰著，范文瀾注，人民文學出版社一九五八年版
《文心雕龍譯注》，南朝梁劉勰著，陸侃如、牟世金譯注，齊魯書社一九八一年版
《庾子山集注》，北周庾信撰，清倪璠注，中華書局二〇〇七年版
《玉臺新詠箋注》，南朝陳徐陵編，清吴兆宜注、程琰刪補，中華書局一九八五年版
《文館詞林校證》，唐許敬宗編，羅國威校證，中華書局二〇〇一年版

《文鏡秘府論彙校彙考》，〔日〕遍照金剛撰，盧盛江校考，中華書局二〇〇六年版
《樂府詩集》，宋郭茂倩撰，上海古籍出版社一九九八年版
《王荆公詩注》，宋李壁注，文淵閣《四庫全書》本，上海古籍出版社一九八七年影印版
《詩藪》，明胡應麟撰，上海古籍出版社一九五八年版
《文章辨體序説》，明吴訥撰；《文體明辨序説》，明徐師曾撰。人民文學出版社一九六二年版
《漢魏六朝百三名家集》，明張溥輯，江蘇廣陵古籍刻印社一九九〇年版
《漢魏六朝百三家集題辭注》，明張溥撰，殷孟倫注，人民文學出版社一九六〇年版
《全上古三代秦漢三國六朝文》，清嚴可均輯，中華書局一九八五年版
《古謡諺》，清杜文瀾輯，中華書局一九五八年版
《四六叢話》，清孫梅著，人民文學出版社二〇一〇年版
《文筆策問》，清阮元撰，學海堂本
《人間詞話》，王國維撰，中華書局二〇〇九年版
《文選平點》，黄侃評點，黄焯編次，上海古籍出版社一九八五年版
《魯迅輯録古籍叢編》，人民文學出版社一九九一年版
《故事新編》，魯迅著，人民文學出版社一九七九年版

《詩詞曲語辭匯釋》，張相著，中華書局一九五五年版
《詩詞曲語辭例釋》，王鍈著，中華書局一九八六年版
《先秦漢魏晉南北朝詩》，逯欽立輯，中華書局一九八三年版
《漢魏六朝文學論集》，逯欽立遺著，陝西人民出版社一九八四年版
《〈顏氏家訓〉〈金樓子〉「伐鼓」解》，周法高撰，歷史語言研究所集刊第一三册
《關於〈金樓子〉研究的幾個問題》，劉躍進撰，收《古典文獻學論稿》，學苑出版社一九九九年第二版
《南朝典籤制度考略》，高敏、張旭華撰，中華書局《文史》第五三、五四輯
《由梁元帝著述書目看兩晉南北朝時期的四部分類體系——兼論卷軸時代卷與帙的關係》，辛德勇撰，中華書局《文史》第四九輯

初版後記

《金樓子疏證校注》歷時六年，終於即將出版。回想這六年的艱辛，似乎有很多話要説，但又不知從何説起。在當今這個時代，兩人花六年整理一部書，時間似乎太長了點，但我們覺得還是值得的。

二〇〇六年底，熊清元研究《梁書》多年的集成式著作《梁書校注》剛剛完成，陳志平也完成了博士論文《劉子研究》的修改，我們均從事六朝文史研究，志同道合，商議決定做《金樓子》的校注工作，並很快就工作起來了。

首先，是搜羅《金樓子》的版本。除了手頭已有的知不足齋初刻本、《叢書集成》本、龍溪精舍本、掃葉山房本《金樓子》外，我們還奔走於國内幾大圖書館之間，收集其他各種版本資料。在中國社科院圖書館，我們查閱到明刊本《紺珠集》；在國家圖書館找到了鮑廷博、吴騫的兩種《金樓子》校勘記；在上海圖書館發現了沈德壽鈔本。二〇一一年，我們還購得了一部標有「乾隆癸卯仲春重校一過，知不足齋記」的知不足齋重刻本《金樓子》。

緊接着是確定注書體例。《金樓子》全書多引舊籍和前人陳説，如何處理這些資料，成了一件頗費腦筋的事情。我們反復討論斟酌，決定在段落編號上，仿前人注《世説新語》之例，逐節編號；在注釋體例上，分「疏證」和「校注」兩部分。最終，形成了如本書《例言》所述之體例。

二〇〇九年年底初稿已經完成，此後又經過了六次修改。在這個過程中，不少師友給予了熱情而無私的幫助：中國社科院文學所劉躍進先生爲書稿提供了不少資料，並爽快惠序；華中師范大學文學院戴建業教授熱心快腸，幫助聯繫出版事宜；陳志平的同學胡小林博士幫助在南京大學圖書館複印了許德平的《金樓子校注》，師弟彭鴻程博士提供了《書品》二〇一一年第一期上張文冠的文章《〈金樓子校箋〉補校二則》供我們參考，友人李華斌爲我們複印了清謝章鋌手校並跋的鈔本《金樓子》，彌補了該本藏於臺灣，未能一見的遺憾。對於師友們的幫助，我們深表感謝。

我們還要特別感謝上海古籍出版社。二〇〇八年，我們已經和一家出版社達成了出版意向，並簽訂了出版合同。二〇一一年我們提交了初稿。同年五月，中華書局許逸民先生《金樓子校箋》面世，面對相同的出版項目，出版方壓力很大，最終提出終止合同。我們隨即將書稿寄給了上海古籍出版社，經過兩個多月的審稿，出版社説書稿達到他們的要求，可以出版。尤其令我們感動的是當時接收稿件的田松青先生回答我們審稿情況時的話：「我們審稿只講質量，是不講人情的。」對於上海古籍出版社堅守學術質量的品格，我們表示崇高的敬意。在修改的過程中，上海古籍出版社趙昌平總編和熊揚志先生審閲了部分内容，對注釋體例提出了很好的意見，李國章、曹中孚二位先生先後審讀原稿，拈出若干疏誤並提出修改建議，最終曹光甫先生審閲了全稿，指出了不少失誤和不規範之處，奚彤雲副總編輯、劉賽先生爲本書的出版也出力甚多，在此對諸位先生表示誠摯的謝意。

最後，想要説明的是，本書是我們合作的成果，全書從初稿到修改和補正，我們都反復討論，已分不清那一部份成果屬於誰了。至於署名，熊清元秉君子之風，爲提攜後進，謙虚爲懷，故讓學生陳志平置前。

本書亦是教育部人文社會科學研究規劃基金項目「魏晉南北朝諸子學研究」成果之一，項目批准號：12YJA751008。

陳志平　熊清元

二〇一三年十二月三十日

再版後記

本書自二〇一四年十二月出版以來，雖不乏讀者好評，但以研習六朝文史爲日課的筆者，幾經審閲，依然陸續發現了一些不足之處。藉此次再版的機會，我們主要做了以下工作：一是删削了某些略嫌繁複的注釋引文，此爲主要工作；二是修正並補充了少量校勘、注釋；三是訂正了少數訛誤文字。以上幾方面，合計約有百餘處。

限於學力，本書存在的問題一定難免，願專家和讀者有以教之。

二〇二二年八月三十一日